MEYERS
GROSSES
TASCHEN
LEXIKON

Band 19

MEYERS GROSSES TASCHEN LEXIKON

in 24 Bänden

Herausgegeben und bearbeitet
von Meyers Lexikonredaktion
3., aktualisierte Auflage

Band 19:
Ru – Schw

B.I.-TASCHENBUCHVERLAG
Mannheim/Wien/Zürich

Chefredaktion:
Werner Digel und Gerhard Kwiatkowski
Redaktionelle Leitung der 3. Auflage:
Dr. Gerd Grill M.A.
Redaktion:
Eberhard Anger M.A., Dipl.-Geogr. Ellen Astor,
Dipl.-Math. Hermann Engesser, Reinhard Fresow, Ines Groh,
Bernd Hartmann, Jutta Hassemer-Jersch, Waltrud Heinemann,
Heinrich Kordecki M.A., Ellen Kromphardt, Wolf Kugler,
Klaus M. Lange, Dipl.-Biol. Franziska Liebisch, Mathias Münter,
Dr. Rudolf Ohlig, Heike Pfersdorff M.A., Ingo Platz,
Joachim Pöhls, Dr. Erika Retzlaff,
Hans-Peter Scherer, Ulrike Schollmeier, Elmar Schreck,
Kurt Dieter Solf, Klaus Thome, Jutta Wedemeyer, Dr. Hans Wißmann,
Dr. Hans-Werner Wittenberg

CIP-Titelaufnahme der Deutschen Bibliothek
Meyers Großes Taschenlexikon: in 24 Bänden/hrsg. u. bearb.
von Meyers Lexikonred. [Chefred.: Werner Digel
u. Gerhard Kwiatkowski].
Mannheim; Wien; Zürich: BI-Taschenbuch-Verl.
Früher im Bibliograph. Inst., Mannheim, Wien, Zürich.
ISBN 3-411-11003-1 kart. in Kassette
ISBN 3-411-02900-5 (2., neu bearb. Aufl.)
ISBN 3-411-02100-4 (Aktualisierte Neuausg.)
ISBN 3-411-01920-4 (Ausg. 1981)
NE: Digel, Werner [Red.]
Bd. 19. Ru – Schw. – 3., aktualisierte Aufl. – 1990
ISBN 3-411-11193-3

Als Warenzeichen geschützte Namen
sind durch das Zeichen ⓦ kenntlich gemacht
Etwaiges Fehlen dieses Zeichens bietet keine Gewähr dafür,
daß es sich um einen nicht geschützten Namen handelt,
der von jedermann benutzt werden darf

Das Wort MEYER ist für
Bücher aller Art für den Verlag
Bibliographisches Institut & F.A. Brockhaus AG
als Warenzeichen geschützt

Lizenzausgabe mit Genehmigung
von Meyers Lexikonverlag, Mannheim

Alle Rechte vorbehalten
Nachdruck, auch auszugsweise, verboten
© Bibliographisches Institut & F.A. Brockhaus AG, Mannheim 1990
Druck: Klambt-Druck GmbH, Speyer
Einband: Wilhelm Röck GmbH, Weinsberg
Printed in Germany
Gesamtwerk: ISBN 3-411-11003-1
Band 19: ISBN 3-411-11193-3

Ru

Ru, chem. Symbol für ↑Ruthenium.

Ruanda, Staat in Afrika, ↑Rwanda.

Ruanda-Urundi, vom ehem. Dt.-Ostafrika 1919/20 abgetrennter, unter belg. Völkerbundsmandat gestellter Landesteil (54 172 km^2) im dicht besiedelten Zwischenseengebiet; bestand aus 2 Kgr., in denen die Tussi (14% der Bev.) als Hirtenadel über die Hackbau treibende Bantubev. der Hutu herrschten; die Unabhängigkeit 1962 brachte eine Teilung des seit 1945 unter UN-Treuhandschaft stehenden Geb. in die Republik Rwanda (N-Teil) und das Kgr. bzw. (seit 1966) Republik Burundi (S-Teil).

Ruapehu [engl. ru...], 2 797 m hohe höchste Erhebung der Nordinsel Neuseelands, schnee- und gletscherbedeckter Vulkan.

Ruark, Robert Chester [engl. 'ruːɑːk], * Wilmington (N. C.) 29. Dez. 1915, † London 1. Juli 1965, amerikan. Schriftsteller. - Setzte sich in Romanen und Essays v. a. mit soziolog. und [afrikan.] Rassenproblemen auseinander; u. a. „Die schwarze Haut" (R., 1955), „Nie mehr arm" (R., 1959), „Uhuru" (R., 1962) „Der Honigsauger" (R., 1965).

Rub Al Khali [ˈrʊp alˈxaːli], größte Sandwüste der Erde, im S und SO der Arab. Halbinsel; etwa 700 000 km^2.

rubato [italien.] ↑Tempo rubato.

Rubbia, Carlo, * Gorizia (Friaul-Julisch-Venetien) 31. März 1934, italien. Physiker. - Nach Tätigkeiten an der Columbia University (New York) und an der Univ. Rom seit 1962 beim Europ. Kernforschungszentrum (CERN) in Genf. Für seine bed. Arbeiten auf dem Gebiet der Elementarteilchenphysik erhielt er 1984 (zus. mit S. van der Meer) den Nobelpreis für Physik.

Rubbra, Edmund [engl. 'rʌbrə], * Northampton 23. Mai 1901, † 14. Febr. 1986, engl. Komponist. - Wurde v. a. mit Orchesterwerken bekannt (u. a. 8 Sinfonien, Konzerte); daneben Chorwerke, Kammer- und Klaviermusik, Lieder.

Rubefazientia [lat.] ↑Hautreizmittel.

Rubeis, Aloysius de [...be-ɪs], italien. Komponist, ↑Rossi, Luigi.

Rubel (ukrain. Karbowanez), russ.-sowjet. Geldeinheit. Der Name R. verdrängte seit dem 14. Jh. die Bez. Griwna als Geldwert und bezeichnete seitdem Barrensilber von landschaftl. verschiedenem Gewicht. Wurde seit 1704 als Silbermünze geprägt, war bis 1897 zugleich Währungsgrundlage und seitdem Scheidemünze einer Goldwährung, die im 1. Weltkrieg verfiel. Nach Einstellung des Silber-R. 1924 als Münze erst ab 1961 in Kupfernickel erneuert (1 R. = 100 Kopeken).

Ruben, im A. T. Name des ältesten Sohnes von Jakob und Ahnherr eines israelit. Stammes, der im südl. Ostjordanland angesiedelt war.

Rüben, fleischig verdickte Speicherorgane bei zweikeimblättrigen Pflanzenarten, an deren Aufbau Hauptwurzel (Pfahlwurzel) und ↑Hypokotyl in wechselnden Anteilen beteiligt sind.

Rübenaaskäfer (Blitophaga), holarkt. Gatt. der Aaskäfer mit zwei in Europa durch Kahlfraß an Rübenpflanzen schädl. Arten: **Brauner Rübenaaskäfer** (Blitostreifiger R., Blitophaga opaca; 9–12 mm

Peter Paul Rubens, Helene Fourment mit ihrem Sohn Frans (um 1635). München, Alte Pinakothek

Rübenfliegen

lang, schwarz, oberseits fein goldbraun behaart) und **Schwarzer Rübenaaskäfer** (Runzeliger R., Blitophaga undata; 11–15 mm lang, schwarz, fast unbehaart und mit runzeligen Flügeldecken).

Rübenfliegen (Runkelfliegen), Bez. für zwei Arten holarkt. verbreiteter, 6–7 mm großer, schlanker, stubenfliegenähnl. Fliegen. Die Larven werden v. a. durch Minieren in Blättern bzw. durch Blattfraß an Futter- und Zuckerrüben, Spinat und Mangold schädlich.

Rübenpflanzen, ↑hapaxanthe Pflanzen mit Rüben als Speicherorganen. Zu den R. gehören zahlr. Gemüse- (z. B. Möhre, Rettich) und Futterpflanzen (z. B. Runkelrübe).

Rubens, Peter Paul ['ru:bəns, niederl. 'ry:bəns], * Siegen 28. Juni 1577, † Antwerpen 30. Mai 1640, fläm. Maler. - Seit 1589 in Antwerpen. Reiste 1600 nach Italien; Hofmaler Herzog Vincenzos I. (Gonzaga) von Mantua. In Italien entstanden weibl. Bildnisse sowie Altarbilder und zahlr. Skizzen. Alle in Italien aufgenommenen und verarbeiteten Einwirkungen (Antike und Michelangelo, Tizian und Tintoretto, Raffael, die Carracci und Caravaggio) finden sich in der dramat. „Beweinung" (um 1608/09; Berlin-Dahlem). Im Nov. 1608 kehrte R. nach Antwerpen zurück, wo er eine große Werkstatt aufbaute. Das span. Statthalterpaar in Brüssel ernannte ihn zum Hofmaler. 1610 heiratete R. Isabella Brant (* 1591, † 1626; u. a. „Doppelbildnis in der Geißblattlaube", um 1609/10; München, Alte Pinakothek). Die großen Altarwerke: „Kreuzaufrichtung" (1609/10) und „Kreuzabnahme" (1611/12; beide Antwerpen, Kathedrale) kennzeichnen die erste Reifestufe einer Kunst, die die Grundlage der europ. Barockmalerei wurde. Neben von Pathos und Sinnlichkeit erfüllten Bildern wie dem „Raub der Töchter des Leukippos" (um 1618) und der „Amazonenschlacht" (vor 1619) stehen religiöse Darstellungen, das große und das kleine „Jüngste Gericht" (um 1615/16 bzw. 1618–20) wie auch „Der Höllensturz der Verdammten" (um 1620; alle München, Alte Pinakothek). Der Bildgedanke wurde von R. in Zeichnungen und Farbskizzen in Öl fixiert (sie gehören zu den schönsten, unmittelbarsten Werken). Die Ausführung lag zumeist bei Mitarbeitern, z. B. van Dyck, J. Jordaens und F. Snijders; danach überarbeitete R. selbst noch einmal das Werk (noch heute strittige Zuschreibungen). Bes. berühmt ist sein Inkarnat (Farbton der Haut), nur in eigenhändigen Partien und die (Öl)farben Gelb, Rot und Blau über Weiß unvermischt in drei dünnen Schichten (jeweils mit Harzlasur) aufgetragen und verschmelzen zu einem transparenten aquarellartigen Eindruck. Zu seinen größten Aufträgen zählen die beiden Medici-Gemäldezyklen für Paris (1622–25 für Palais Luxembourg; heute Louvre; und 1628–31 für die Geschichte Heinrichs IV., erhalten elf Entwürfe; u. a. in Berlin-Dahlem und in den Uffizien in Florenz). Die diplomat. Tätigkeit von R. markieren Erhebungen in den engl. und span. Ritterstand; 1630 heiratete R. die sechzehnjährige Helene Fourment, Bildnismodell vieler Werke. Das letzte große Altarwerk, der „Ildefonso-Altar" (1630–32; Wien, Kunsthistor. Museum), ist ein kolorist. Höhepunkt. Bed. Raum nimmt in seinem Spätwerk die Landschaft ein, u. a. „Landschaft mit Philemon und Baucis" (1635–40, Wien, Kunsthistor. Museum), „Landschaft mit Regenbogen" (um 1635; München, Alte Pinakothek) und das Gegenstück „Schloß Steen" (1635–37; London, National Gallery); sie beruhen auf Naturstudien, zeigen reale Elemente und atmosphär. Stimmungen, beziehen aber auch allegor. Hinweise ein und sind zugleich Deutungen kosm. Geschehens. Im letzten Jahrzehnt hörten Werkstattarbeiten zugunsten eigenhändiger Schöpfungen fast völlig auf. Die Bildkomposition, bislang von großen Diagonalen bestimmt oder als offene Spirale aufgebaut, ist nun stärker in sich geschlossen. Zu seinen bed. Spätwerken gehören auch einige Bilder seiner zweiten Frau: „Helene Fourment mit ihrem Sohn Frans" (um 1635, München, Alte Pinakothek), „Das Pelzchen" (um 1638; Wien, Kunsthistor.Museum). - Das Werk von R., über 2 000 Bilder, 600 überwiegend eigenhändig, etwa 200 Handzeichnungen (v. a. in der Albertina in Wien), wurde durch Reproduktionsstiche der eigenen Stecherwerkstatt verbreitet; es hat die europ. Kunst über Jh. hinaus beeinflußt und geprägt. - Abb. S. 5, Abb. auch Bd. 3, S. 57, Bd. 5, S. 257.

📖 *Cotte, S.: R. u. seine Welt. Bayreuth 1980. - Warnke, M.: P. P. R. Leben u. Werk. Köln 1977. - Baudouin, F.: P. P. R. Königstein/Ts. 1977. - Liess, R.: Die Kunst des P. R. Braunschweig 1977.*

Rübenwanzen (Meldenwanzen, Piesmidae), weltweit verbreitete Fam. kleiner Landwanzen mit rd. 30 meist paläarkt. verbreiteten Arten, davon vier in M-Europa; Körper abgeplattet und mit kurzen Beinen; Schildchen sehr klein; Deckflügel mit Gitterstruktur; Pflanzensauger, v. a. an Melde und Rübenpflanzen; als Schädling bekannt die **Rübenblattwanze** (Piesma quadrata), 2,5–3,5 mm lang, graubraun, überträgt eine viröse Kräuselkrankheit.

Rübenweißling, svw. Kleiner Kohlweißling († Kohlweißling).

Rübenzucker, svw. ↑Saccharose.

Rübezahl, dt. Sagengestalt; erscheint als Bergmännlein, Mönch, Riese oder Tier, foppt und führt Wanderer in die Irre, schickt Unwetter, hütet Schätze und beschenkt Arme. R.geschichten sammelte und erfand J. Prätorius (* 1630, † 1680).

Rubianus, Crotus ↑Crotus Rubianus.

Rubiazeen [lat.], svw. ↑Rötegewächse.

Rubidium [zu lat. rubidus „dunkelrot"

(nach der Farbe der Spektrallinien)], chem. Symbol Rb; metall. Element aus der I. Hauptgruppe des Periodensystems der chem. Elemente, Ordnungszahl 37, mittlere Atommasse 85,47, Schmelzpunkt 38,89 °C, Siedepunkt 688 °C. Das nur an völlig trockener Luft silberglänzende, sonst mit einem grauen Oxidfilm überzogene R. ist wie alle Alkalimetalle sehr weich und extrem reaktionsfähig; in seinen Verbindungen liegt es einwertig vor. In der Häufigkeit der chem. Elemente steht R. an 17. Stelle. R.salze kommen in der Natur als Beimengungen von Kaliummineralen vor. R. wird als Kathodenmaterial oder -belag für Photozellen sowie als Gettermaterial für Elektronenröhren verwendet. 1861 von R. Bunsen und G. Kirchhoff entdeckt.

Rubidium-Strontium-Methode, eine Methode der Altersbestimmung; sie beruht auf dem Zerfall des Rubidiumisotops Rb 87 in das Strontiumisotop Sr 87.

Rubikon (lat. Rubico), im Altertum Name eines kleinen Flusses zum Adriat. Meer, vermutl. der heutige Rubicone (Mündung nw. vom Rimini) mit Gallia Cisalpina; mit Cäsars Übergang über den R. begann 49 v. Chr. der Bürgerkrieg.

Rubik-Würfel ↑ Zauberwürfel.

Rubin [zu lat. rubeus „rot"] ↑ Korund.

Rubiner, Ludwig, Pseud. Ernst Ludwig Grombeck, *Berlin 12. Juli 1881, †ebd. 26. Febr. 1920, dt. Dichter. - Aktivist.-revolutionärer Expressionist, Mitarbeiter von F. Pfemferts „Aktion" u. a. pazifist. Zeitschriften. Aufsehen erregte sein polit. Ideendrama „Die Gewaltlosen" (1919).

Rubinglas (Goldrubinglas), Glas mit feinstverteiltem (kolloidalem) Gold.

Rubinglimmer (Lepidokrokit, γ-Goethit), aus γ-Eisenoxidhydrat, γ-FeO(OH), bestehendes rubin- bis gelbrotes, rhomb. kristallisierendes Mineral, das meist in dünnen Täfelchen auftritt; es zeigt starke Doppelbrechung; Mohshärte 5, Dichte 4,1 g/cm³. R. entsteht v. a. durch Verwitterung anderer Eisenminerale.

Rubinlaser ↑ Laser.

Rubinschtein, Anton Grigorjewitsch [russ. rubin'ʃtjejn], auch A. Rubinstein, *Wychwatinez (Gouv. Podolsk) 28. Nov. 1829, †Peterhof (= Petrodworez) 20. Nov. 1894, russ. Pianist, Komponist und Dirigent. - Gefeierter Klaviervirtuose, leitete 1862–67 und 1887–90 das Petersburger Konservatorium. Zu seinen der Romantik verpflichteten Kompositionen zählen Opern (u. a. „Der Dämon", 1875), Oratorien, Sinfonien, Klavierkonzerte, Klavierstücke.

Rubinstein, Anton, russ. Pianist, ↑ Rubinschtein, Anton Grigorjewitsch.

R., Artur, *Łódź 28. Jan. 1887, †Genf 20. Dez. 1982, amerikan. Pianist polnischer Herkunft. - Wurde v. a. als Interpret F. Chopins und span. Komponisten, aber auch der Wiener Klassik, F. Schuberts u. a. bekannt. Autobiographie: „Erinnerungen. Die frühen Jahre" (1973).

R., Ida, *Charkow 5. Okt. 1888, †Vence 20. Sept. 1960, russ. Tänzerin und Schauspielerin. - Schülerin von M. M. Fokin, 1909–11 Mitglied von Diaghilews „Ballets Russes". Wurde v. a. wegen ihrer Schönheit und dramat. Ausdruckskraft bewundert; sie initiierte mehrere Bühnenwerke.

Rüblinge (Collybia), Gatt. der Lamellenpilze mit rd. 40 dünnstieligen, kleinen bis mittelgroßen, meist braunen, zähen, dünnfleischigen Arten in den Wäldern Eurasiens und N-Amerikas. In M-Europa u. a.: **Gefleckter Rübling** (Collybia maculata), bis 10 cm hoch, weißl., auf dem Hut rosarot gefleckt, bitter schmeckend; **Samtfußrübling** (Winterrübling, Winterpilz, Collybia velutipes), bis 8 cm hoch, büschelig von Okt. bis Mai an abgestorbenem Laubholz wachsend, Hut honiggelb, in der Mitte rotbraun, Lamellen gelbl., eßbar.

Rubljow (Rublev), Andrei, *zw. 1360/70, †1427 (1430?), russ. Maler. - Mönch, Begründer des Moskauer Malerkreises um Feofan Grek, ist die weiche, rhythm. Linienführung und helles, durchsichtiges Kolorit. - *Werke:* Ikonostase der Verkündigungskathedrale in Moskau (1405) und der Uspenski-Kathedrale in Wladimir (1408; z. T. Moskau, Tretjakow-Galerie, z. T. Leningrad, Russ. Museum), Dreifaltigkeitsikone (um 1411; Moskau, Tretjakow-Galerie).

Rubner, Max, *München 2. Juni 1854, †Berlin 27. April 1932, dt. Physiologe. - Prof. in Marburg und Berlin; grundlegende Arbeiten über Wärmehaushalt, -abgabe und -schutz des menschl. Organismus, Arbeits- und Ernährungsphysiologie.

Rüböl, aus Rübsen- (*Rübsenöl*) und Rapssamen (*Rapsöl*) gewonnenes Öl, das v. a. aus Glyceriden der einfach ungesättigten Erucasäure, $H_3C-(CH_2)_7-CH=CH-(CH_2)_{11}-COOH$, besteht. Gereinigtes R. ist hellgelb und wird als Speiseöl oder für techn. Zwecke verwendet.

Rubor [lat.], entzündl. Rötung der Haut, ein Kardinalsymptom der ↑Entzündung.

Rubrik [zu lat. rubrica „rote Erde, rote Farbe"], 1. urspr. der rot ausgezeichnete Textanfang in ma. Handschriften; 2. in liturg. Büchern der kath. Kirche die (rot gedruckten) Anweisungen für rituelle Handlungen; 3. eine Spalte, in die etwas nach einer bestimmten Ordnung (unter einer bestimmten Überschrift) eingetragen wird.

Rubrum [lat. „das Rote"], kurze Inhaltsangabe als Aufschrift (bei Akten u. ä.; urspr. in roter Schrift).

Rübsen (Rübsaat, Rübenkohl, Rübengras, Brassica rapa), aus M- und S-Europa stammende Art des Kohls mit blaugrün bereiften, stengelumfassenden Blättern und gelben Blüten in lockeren Trauben; Schoten-

Rübsenblattwespe

früchte. R. wird in den beiden Formengruppen Öl-R. und Wasserrübe kultiviert. Die **Ölrübse** (Rübenraps, Brassica rapa var. silvestris) wird in mehreren Kulturformen einjährig als *Sommer-R.* oder überwinternd als *Winter-R.* angebaut. Die etwa 30–35% Öl enthaltenden Samen werden ähnl. wie die des †Raps verwendet. Die **Wasserrübe** (Stoppel-, Brach-, Halm-, Herbst-, Saatrübe, Weiße Rübe, Brassica rapa var. rapa) ist zweijährig mit langgestreckter Wurzel- oder rundl. Hypokotylrübe; überwiegend als Viehfutter verwendet (90% Wasser, 0,7% Kohlenhydrate, 0,9% Eiweiß).

Rübsenblattwespe (Kohlrübenblattwespe, Runkelrübenblattwespe, Athalia rosae, Athalia colibri), in Eurasien, S-Afrika und N-Amerika verbreitete, 6–8 mm große, rotgelbe, schwarz gezeichnete Blattwespe; Larven werden durch Blattfraß an Rübsen, Senf, Raps, Kohl u. a. Kreuzblütlern schädlich.

Rübsenöl †Rüböl.

Rubus [lat.], vielgestaltige Gatt. der Rosengewächse mit mehr als 700 Arten in elf Untergatt.; v. a. auf der Nordhalbkugel, jedoch auch in trop. Bergländern sowie in Australien und Neuseeland; niederliegende oder kletternde Kräuter oder Sträucher mit meist weißen, rosa- oder purpurfarbenen Blüten in endständigen Rispen oder Doldentrauben und roten, schwarzen oder gelben Beeren (Sammelsteinfrüchte). Zahlr. Wild- und Kulturpflanzen werden genutzt, z. B. die Brombeere, die Himbeere und die Moltebeere.

Ruchgras (Geruchgras, Riechgras, Anthoxanthum), Gatt. der Süßgräser mit rd. 20 Arten in Eurasien und im Mittelmeergebiet mit einblütigen Ährchen (mit nur zwei Staubgefäßen) in einer Rispe. Die bekannteste einheim. Art ist das **Gemeine Ruchgras** (Wohlriechendes R., Anthoxanthum odoratum) in lichten Wäldern, auf Wiesen und Weiden; mehrjähriges Horstgras mit 15–25 cm hohen Halmen und 2–10 cm langer Scheinähre; spaltet beim Verwelken das den charakterist. Heugeruch bedingende †Kumarin ab.

Ruck, die zeitl. Änderung der Beschleunigung, d. h. die dritte Ableitung des Weges nach der Zeit.

rückbezüglich, svw. †reflexiv.

rückbezügliches Fürwort †Pronomen.

Rückbildung, svw. †retrograde Bildung.

Rückbuchung, Korrektur einer unrichtigen Buchung durch Gegenbuchung auf der anderen Seite des Kontos.

Rückbürgschaft †Bürgschaft.

Rücken [zu althochdt. rucki, eigtl. „der Gekrümmte"], (Dorsum) die dem Bauch gegenüberliegende Seite (Dorsalseite) des tier. und menschl. Körpers. Bei den *Säugetieren* im allg. gilt als R. die obere (beim Menschen die hintere), von Nacken und Becken begrenzte Rumpfwand. Beim *Menschen* ist der R. der tragkräftigste Körperteil. Er erstreckt sich vom Dornfortsatz des siebten Halswirbels und den beiden Schulterblattregionen, einschl. der hinteren Teile des Schultergelenks, bis zu den Konturen des Steißbeins (in der R.mittellinie) und den beiden Darmbeinkämmen und ist durch das Vorhandensein großer, flächiger Rückenmuskeln ausgezeichnet. Die Achse des R. und den wichtigsten R.teil bildet die Wirbelsäule, über deren Dornfortsätzen die mediane *R.furche* verläuft, die unten von der flachen Kreuzbeinregion abgelöst wird. In ihr liegt das *Sakraldreieck* mit Spitze in der Gesäßfurche und Basis zw. den beiden hinteren oberen Darmbeinstacheln, über denen die Haut grübchenförmig eingezogen ist. Bei der Frau ist die Haut auch über dem Dornfortsatz des fünften (letzten) Lendenwirbels eingedellt, so daß sich bei ihr das Sakraldreieck nach oben zur *Lendenraute (Michaelis-Raute)* erweitert; die Rautenbreite zeigt die Beckenweite an.

♦ langgestreckter, abgerundeter Höhenzug.

Rückenflosse (Pinna dorsalis), in Ein- bis Mehrzahl vorkommende unpaare, dorsomediane Flosse bei den im Wasser lebenden Wirbeltieren, bes. bei den Fischen (wird bei Haien und Walen auch **Finne** genannt). Die R. dient allg. der Stabilisierung der Körperlage und der Steuerung der Bewegung, durch Aufspreizen vorhandener Hartstrahlen auch der Abwehr von Feinden.

Rückenmark (Medulla spinalis), bei allen Wirbeltieren (einschließl. Mensch) ein in Körperlängsrichtung im Wirbelkanal (†Wirbel) verlaufender ovaler oder runder Strang, der mit seinen Nervenzellen und -fasern einen Teil des Zentralnervensystems darstellt und gehirnwärts am Hinterhauptsloch in das verlängerte Mark (†auch Gehirn) übergeht. Das R. wird embryonal als †Medullarrohr angelegt.

Beim *Menschen* läßt sich das R. in folgende, kontinuierl. ineinander übergehende **Rückenmarkssegmente** gliedern: 8 Halssegmente (Zervikalsegmente), 12 Brustsegmente (Thorakalsegmente), 5 Lendensegmente (Lumbalsegmente), 5 Kreuzbeinsegmente (Sakralsegmente) und 1–2 Steißbeinsegmente (Kokzygealsegmente). Da das R. auf Grund des stärkeren Wachstums der Wirbelsäule während der Individualentwicklung nur bis zur Höhe des 2.–3. Lendenwirbels reicht, wo es in einen bindegewebigen **Endfaden** (Filum terminale) übergeht, der in Höhe des 2. Kreuzbeinwirbels ansetzt, liegen die R.segmente jeweils höher als die entsprechenden Spinalnerven. – Rings um den sehr engen, mit Liquor gefüllten **Zentralkanal** des R. (*R.kanal,* Canalis centralis) ist die **graue Substanz** im Querschnitt in der Form eines H oder eines Schmetterlings angeordnet, deren beide dorsale Schenkel bzw. Zipfel die *Hinterhörner,* die beiden ventralen die *Vorderhörner* bilden, zw. denen noch

Rückenmarkserkrankungen

kleine *Seitenhörner* liegen. Die graue Substanz wird von den Nervenzellkörpern gebildet. Am größten sind die motor. multipolaren Ganglienzellen der Vorderhörner, deren Neuriten (Vorderwurzelfasern) die vorderen Wurzeln der Spinalnerven mit efferenten (motor.) Fasern bilden. In den Seitenhörnern liegen die vegetativen (sympath.) Ganglienzellen, in den Hinterhörnern jene Ganglienzellen, die von den hinteren Wurzeln her mit sensiblen Nervenfasern (Hinterwurzelfasern) verbunden sind. Kurz vor der Vereinigung mit der vorderen erscheint die hintere Wurzel jeder Seite durch eine Anhäufung von Nervenzellen zu einem eiförmigen **Spinalganglion** (Ganglion spinale) aufgetrieben. Vorder- und Hinterwurzelfasern vereinigen sich zu den R.nerven (↑Spinalnerven), die den Wirbelkanal durch das **Zwischenwirbelloch** (Foramen intervertebrale) verlassen. – Die graue Substanz wird von der weißen Substanz, dem *Markmantel*, umschlossen. Die **weiße Substanz** besteht aus Nervenfasern, die zus. eine Reihe (aus der Peripherie) aufsteigender und (aus dem Gehirn) absteigender Leitungsbahnen bilden (afferente bzw. efferente Leitungsbahnen). Die größte efferente Bahn ist die für die willkürl. Bewegungen zuständige paarige *Pyramidenseitenstrangbahn* (↑Pyramidenbahn). Die absteigenden Bahnen des ↑extrapyramidalen Systems leiten unwillkürl. Bewegungsimpulse und Impulse für den Muskeltonus aus dem Hirnstamm rückenmarkwärts zu den motor. Vorderhornzellen. Zu den afferenten Bahnen gehören die sensiblen **Hirnstrangbahnen**. Sie erhalten ihren Erregungszustrom nicht nur von der Epidermis bzw. den Druck- und Berührungsrezeptoren her, sondern auch aus den die Tiefensensibilität (Lage- und Bewegungsempfindungen) betreffenden kleinen „Sinnesorganen" der Muskeln, Sehnen und Gelenke. Im Seitenstrang ziehen die **Kleinhirnseitenstrangbahnen** aufwärts, die dem Kleinhirn u. a. Meldungen aus den Muskeln und Gelenken zur Erhaltung des Körpergleichgewichts vermitteln. Im Vorderteil des Seitenstrangs schließl. laufen u. a. zwei Stränge des *Tractus spinothalamicus* gehirnwärts, die die Schmerz- und Temperatur- bzw. die Tastempfindungen zur Schaltstelle im Thalamus leiten. Das R. dient jedoch nicht einfach nur als Leitungs- und Umschaltapparat zw. Körperperipherie und Gehirn. Vielmehr sind in den sog. Eigenapparat des R. eine Reihe unwillkürlicher nervaler Vorgänge, die **Rückenmarksreflexe**, eingebaut; die Schaltzellen der entsprechenden Reflexbögen liegen in der grauen Substanz.

Das mit der **weichen Rückenmarkshaut** (Pia mater spinalis) verbundene R. ist eingebettet in die Gehirn-R.-Flüssigkeit (Zerebrospinalflüssigkeit, Liquor) des Subarachnoidalraums (Cavum subarachnoidale) unter der **Spinnwebhaut** des R. (Arachnoidea spinalis), aufge-

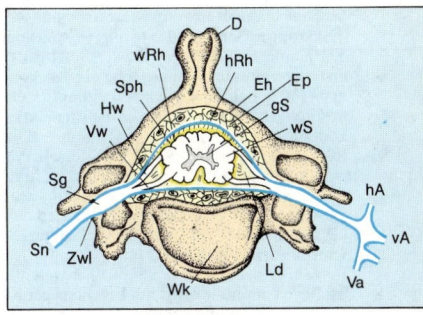

Rückenmark (Querschnitt).
D Dornfortsatz, Eh Endorhachis,
Ep Epiduralraum, gS graue Substanz, hA hinterer Ast,
hRh harte Rückenmarkshaut,
Hw Hinterwurzel, Ld Ligamentum denticulatum, Sg Spinalganglion,
Sn Spinalnerv, Sph Spinnwebhaut,
vA vorderer Ast, Va Verbindungsast,
Vw Vorderwurzel, Wk Wirbelkörper,
wRh weiche Rückenmarkshaut,
wS weiße Substanz,
Zwl Zwischenwirbelloch

hängt v. a. jederseits durch ein Band (Ligamentum denticulatum). Auf die Spinnwebhaut, dieser dicht anliegend, folgt die **harte Rückenmarkshaut** (Dura mater spinalis), die von der Auskleidung *(Endorhachis)* des Wirbelkanals durch den als Polster wirkenden, mit halbflüssigem Fett, Bindegewebe, Venengeflechten und Lymphgefäßen ausgefüllten **Epiduralraum** (Cavum epidurale) getrennt ist. Die harte R.haut bildet einen in sich geschlossenen, unten in den Endfaden übergehenden Sack *(Durasack, Duralsack)*.

⌨ *Kuhlenbeck, H.: The central nervous system of vertebrates. Bd. 4: Spinal cord and deuterencephalon. Basel 1975.*

Rückenmarkserkrankungen, zusammenfassende Bez. für Nervenkrankheiten, die im Rückenmark lokalisiert sind; z. B. die nach Infektionskrankheiten auftretende oder durch Fortleitung entzündl. Prozesse (von den Rückenmarkshäuten) entstehende **Rückenmarksentzündung** (Myelitis). Die **Rückenmarkserweichung** (Myelomalazie) ist eine durch verschiedene Krankheitsvorgänge (Entzündungen, Durchblutungsstörungen, Tumordruck) bedingte degenerative Veränderung der Rückenmarkssubstanz. – **Rückenmarkstumoren** sind im Bereich des Rückenmarks vorkommende Geschwülste. Vom eigtl. Rückenmark ausgehende Geschwülste nennt man *intramedulläre Rückenmarkstumoren*, von den Rückenmarkshäuten, den Nervenwurzeln oder der Wirbelsäule ausgehende Geschwülste *extramedulläre Rückenmarks-*

Rückenmarkshäute

tumoren. Die neurolog. Ausfallserscheinungen (Lähmungen, Sensibilitätsstörungen) sind von der Tumorgröße und dem Sitz der Geschwulst im Querschnitt und in der Höhe des Rückenmarks abhängig. Bei völliger Leitungsunterbrechung an einer Stelle des Rückenmarks kommt es zur ↑Querschnittslähmung. Die **Rückenmarksschwindsucht** (Tabes dorsalis) ist eine meist langsam fortschreitende syphilit. R., für die v. a. eine von den Hinterwurzeln aufsteigende Degeneration der Hinterstränge kennzeichnend ist. Die Rückenmarksschwindsucht tritt 4 bis 35 (durchschnittl. 12) Jahre nach der Infektion auf. Früher wesentl. häufiger, kommt sie heute nur bei einem geringen Teil der Syphiliskranken vor.

Rückenmarkshäute ↑Rückenmark.
Rückenmarkskanal ↑Rückenmark.
Rückenmarksnerven, svw. ↑Spinalnerven.
Rückenmarksschwindsucht ↑Rückenmarkserkrankungen.
Rückenmarkssegmente ↑Rückenmark.
Rückenmarkstumoren ↑Rückenmarkserkrankungen.
Rückenmarksverletzungen, traumat. Schädigungen des Rückenmarks, im weiteren Sinne auch der Rückenmarkshäute und Nervenwurzeln; man unterscheidet offene Verletzungen (durch direkte Gewalteinwirkung wie Schuß oder Stich) und gedeckte Verletzungen (durch direkte, nicht eindringende, aber auch durch indirekte Gewalteinwirkung). Stumpfe Gewalteinwirkung kann zur *Rückenmarkserschütterung* (mit kurzdauernden Funktionsstörungen) führen. Bei der *Rückenmarksquetschung* liegen z. T. irreversible (nicht rückgängig zu machende) Veränderungen der Rückenmarkssubstanz mit entsprechenden Dauerfolgen (z. B. Reflex- und Sensibilitätsausfall sowie Blasen- und Mastdarmlähmung) vor. Die bleibenden Ausfälle können in einem Querschnittssyndrom bestehen (↑ auch Querschnittslähmung). - Eine typ. Folge von Auffahrunfällen ist das *Schleudertrauma der Halswirbelsäule* (Peitschenschlagsyndrom) u. a. mit hartnäckigem Kopfschmerz im Hinterhauptsbereich.
⌑ *Marx, P.: Die Gefäßerkrankungen v. Hirn u. Rückenmark.* Stg. 1977.

Rückenmuskeln (Musculi dorsi), neben tieferliegenden, längsverlaufenden Muskeln v. a. die breiten, flächenhaften, oberflächl. dorsalen Muskeln des Körperstamms bzw. Rumpfs, v. a. der ↑Kapuzenmuskel und **breite Rückenmuskel** (Musculus latissimus dorsi): oberflächl. liegende Muskelplatte, die von den unteren Brust- und Lendenwirbeln sowie dem Darmbeinkamm zur Vorderseite des Oberarmknochens verläuft und den Arm an den Rumpf und nach rückwärts zieht sowie ihn nach innen dreht; beim Hängen an den Armen (v. a. bei hangelnden Tieren wie den Affen) trägt er das Becken und damit den ganzen Rumpf.

Rückenschwimmer (Wasserbienen, Notonectidae), weltweit verbreitete Fam. der Wasserwanzen mit mehr als 150 Arten, davon sechs 10–16 mm lange, schwimm- und flugfähige Arten in Deutschland; Rücken dachförmig gekielt; schwimmen mit der Bauchseite nach oben und führen unter den Flügeln und v. a. mit Hilfe zweier Haarreihen am Hinterleib Atemluft mit. - R. können mit ihrem Rüssel den Menschen sehr schmerzhaft stechen.

Ruckers [niederl. ˈrykərs], im 16./17. Jh. berühmte Cembalobauerfamilie in Antwerpen, deren Instrumente zu den besten aller Zeiten gehören. Der bedeutendste Vertreter ist *Andreas R. d. Ä.* (≈ Antwerpen 30. Aug. 1579, † ebd. um 1654?), von dem Instrumente von 1601 bis 1644 erhalten sind.

Rückerstattung, Wiedergutmachung für während der NS-Herrschaft entgegen rechtsstaatl. Prinzipien entzogene Vermögensgegenstände. Die R. wurde zuerst durch Verordnungen der Militärregierungen der westl. Besatzungszonen unterschiedl. geregelt. Lücken in der Regelung der R. wurden durch das BundesrückerstattungsG vom 19. 7. 1957 geschlossen, in dem R.ansprüche, die auf einen Geldbetrag oder Schadenersatz gerichtet und durch die BR Deutschland zu erfüllen sind, geregelt werden.

Rückert, Friedrich, Pseud. Freimund Raimar, * Schweinfurt 16. Mai 1788, † Neuses bei Coburg 31. Jan. 1866, dt. Dichter. - Spätromant. Lyriker; sprachgewandter Übersetzer und Nachdichter fernöstl. und oriental. Lyrik. 1815 Redakteur beim Cottaschen „Morgenblatt..." in Stuttgart; ab 1826 Prof. für oriental. Philologie in Erlangen, 1841–47 in Berlin. Neben seiner patriot.-polit. Befreiungslyrik [gegen Napoleon] in „Dt. Gedichte" (1814) stehen u. a. die idyll. Sammlung „Liebesfrühling" (1844); meist mit biedermeierl. Thematik, zeigen sie außergewöhnl. Formenvielfalt, Sprachgewandtheit und Virtuosität. Seine Bemühungen führten R. u. a. zu den Fabeln, Sprüchen und Erzählungen in klass. Alexandrinern im sechsbändigen Werk „Die Weisheit des Brahmanen" (1836–39). Die „Kindertotenlieder" (hg. 1872) wurden von G. Mahler vertont.

Rückfahrscheinwerfer ↑Kraftfahrzeugbeleuchtung.

Rückfall, im Strafrecht die wiederholte Straffälligkeit eines Täters, der sich frühere Verurteilungen nicht hat zur Warnung dienen lassen *(Rückfalltäter).* Nach §48 StGB wird derjenige, der eine vorsätzl., im Höchstmaß mit mindestens 1 Jahr Freiheitsstrafe bedrohte Straftat begeht und schon mindestens zweimal im räuml. Geltungsbereich des StGB zu Strafe verurteilt worden ist und wegen dieser Taten mindestens 3 Monate Freiheitsstrafe verbüßt hat, grundsätzl. mit einer Freiheitsstrafe von mindestens 6 Monaten bestraft. Eine frühere Tat bleibt außer Betracht, wenn zw. ihr und der folgenden Tat mehr als 5 Jahre verstrichen sind.

Rückfallfieber (Febris recurrens), durch Borreliaarten (Spirochäten) verursachte, von Zecken oder Kleiderläusen übertragene, anzeigepflichtige fieberhafte Infektionskrankheit, v. a. der trop. und subtrop. Länder; mit mehreren vier bis sieben Tage andauernden Fieberschüben, zw. denen fieberfreie Intervalle von mehreren Tagen liegen. Im weiteren Verlauf werden die Fieberschübe kürzer, die Intervalle länger, bis die Erkrankung schließl. abklingt. Das Fieber ist von Kopf- und Gliederschmerzen, Übelkeit und Erbrechen, u. U. von Gehirnhautreizung begleitet. R. hinterläßt keine andauernde Immunität. Behandlung mit Antibiotika.

Rückfördergewinde ↑ Dichtung (Technik).

Rückgrat, die Höckerreihe der ↑ Dornfortsätze; auch svw. ↑ Wirbelsäule.

Rückgratverkrümmung ↑ Wirbelsäulenverkrümmung.

Rückgriff (Regreß), Geltendmachung eines Anspruchs, der einem Schuldner gegen einen anderen daraus erwächst, daß der Schuldner dem Gläubiger selbst eine Leistung erbringen mußte. Der R.anspruch beruht darauf, daß auch der andere im Verhältnis zum Schuldner verpflichtet ist, für die Erfüllung des Gläubigeranspruchs ganz oder teilweise aufzukommen.

Rückkaufswert, Abfindung des Versicherungsnehmers nach Kündigung einer Lebensversicherung, bei der eine Deckungsrückstellung aus Sparanteilen der Prämien gebildet wurde. Der R. liegt in den ersten Vertragsjahren (v. a. wegen der Abschlußkosten) unter und in späteren Vertragsjahren (v. a. wegen gutgeschriebener Gewinnanteile) über der Summe der gezahlten Prämien.

Rückkopplung (Feedback), Zurückführung eines Teils der Ausgangsgröße eines [informationsverarbeitenden] Systems auf dessen Eingang, z. B. zu Zwecken der Regelung; bei Verstärkern speziell die Rückwirkung einer der Ausgangsspannung proportionalen Signalspannung in den Eingangskreis oder auf eine Steuerelektrode (z. B. Steuergitter einer Elektronenröhre). Als *[elektro]akust. R.* bezeichnet man die Erscheinung, daß bei Auftreffen von Schallwellen aus einem Lautsprecher auf ein Mikrophon der gleichen Übertragungsanlage ein allmähl. ansteigender, ständig lauter werdender Ton hörbar wird.
Von den *Sozialwiss.* auf die allg. Theorie menschl. Verhaltens übertragen, wird R. verstanden als die Korrektur von Verhaltensweisen durch ein Individuum oder durch Gruppen bzw. Organisationen auf Grund von Rückmeldungen an den Urheber dieser Verhaltensweisen.

Rückkreuzung, Kreuzung von Individuen der ersten Tochtergeneration mit Individuen der Elterngeneration; dient z. B. dazu, festzustellen, ob ein dominantes äußeres Merkmal homo- oder heterozygot angelegt ist.

Rücklagen, (Reservefonds) aus der Zurückbehaltung von Gewinnen im Unternehmen oder der Einzahlung von Gesellschaftern stammende betriebl. Reserven. *Offene R.:* Das über den Nennbetrag des Haftungskapitals einer Kapitalgesellschaft hinausgehende, zusätzlich vorhandene Eigenkapital; es wird in der Bilanz als gesonderter Posten R. auf der Passivseite ausgewiesen. Die Bildung von R. erfolgt durch Zuweisung aus dem Gewinn und dient in erster Linie der Selbstfinanzierung des Unternehmens. Bei der AG unterscheidet man zwischen *gesetzl. R.* und *freien Rücklagen.* Freie R. können durch die Ausgabe von ↑Gratisaktien in Grundkapital verwandelt werden. - *Stille R.:* Eigenkapitalteile, deren Existenz aus der Bilanz nicht zu ersehen ist. Sie entstehen entweder durch Unterbewertung von Vermögensteilen oder durch Überbewertung von Verbindlichkeiten. ♦ in der *Sozialversicherung* von den jeweiligen Trägern zu unterhaltende Guthaben, die der Sicherung der Verbindlichkeiten in beitragsarmen Zeitabschnitten dienen.

rückläufiges Wörterbuch ↑ Wörterbuch.

Rücklicht, svw. Schlußleuchte (↑ Kraftfahrzeugbeleuchtung).

Rückpositiv, bei großen Orgeln derjenige sich aufgestellte Teil der Pfeifen, der sich im Rücken des Organisten befindet. - ↑ auch Hauptwerk, ↑ Positiv.

Rückprojektion ↑ Film (spezielle Aufnahmeverfahren).

Rückruf, 1. im ↑ Urheberrecht die dem Urheber eines Werks unter bestimmten Voraussetzungen eingeräumte Befugnis zur Rücknahme des einem anderen übertragenen Nutzungsrechts; 2. zuerst in den USA häufiger vorgekommener R. von Kraftfahrzeugen durch die Herstellerfirma, wenn schwerwiegende Mängel an einer Serie festgestellt wurden.

Rückschein, einem Einschreiben oder einer Wertsendung beigefügte Empfangsbestätigung, die vom Empfänger unterschrieben und dem Absender durch die Post zugestellt wird.

Rückschlagspiele, Bez. für alle Spiele, in denen ein Ball zurückgespielt werden muß; meist wird ein Ball über ein Netz oder eine Schnur gespielt (bei Pelota und Squash gegen eine Mauer). Ziel aller R. ist es, den Ball so zu plazieren, daß er nicht zurückgespielt werden kann. Die am meisten gespielten *Netzspiele* sind Tennis, Tischtennis, Federball (als Wettkampfsport Badminton), Faust- und Volleyball.

Rückschlagventil

Rückschlagventil, Absperrvorrichtung, die sich bei Umkehr der Strömungsrichtung selbsttätig schließt.

rückschreitende Erosion ↑Erosion.

Rückstellfeder ↑Biegefeder.

Rückstellkraft (Richtkraft, Direktionskraft), diejenige Kraft, die ein physikal. System (z. B. ein Massenpunkt im Schwerefeld oder eine elektr. Ladung im elektr. Feld) erfährt, wenn es aus einer stabilen Gleichgewichtslage *(Ruhelage)* herausgebracht wird. Die R. ist bestrebt, das System wieder in diese stabile Gleichgewichtslage zurückzubringen. Eine durch die Schwerkraft bewirkte R. erfährt z. B. ein aus seiner Ruhelage herausgebrachtes Pendel.

Rückstellungen, Passivposten der Bilanz zur Berücksichtigung der am Bilanzstichtag schon erkennbaren, der Höhe nach aber noch ungewissen Verbindlichkeiten und drohenden Verluste. Die Hauptgruppen von R. sind Pensions-R. für Altersversorgungszusagen an Betriebsangehörige, Steuer-R. für schon entstandene, aber noch nicht fällige Steuern sowie sonstige R., z. B. für Prozeßrisiken bei schwebenden Verfahren, drohende Verluste aus schwebenden Geschäften.

Rückstoß, die Kraft, die (nach dem Impulssatz) auf einen Körper ausgeübt wird, von dem eine Masse mit einer bestimmten Geschwindigkeit ab- oder ausgestoßen wird, z. B. der R. einer Rakete beim Ausströmen der Brenngase, der R., der beim Abfeuern eines Geschosses auf die Lafette und den Geschützunterbau ausgeübt wird bzw. (bei bewegl. Rohr) die Repetiervorgänge bewirkt *(Rückstoßlader).*

Rückstoßlader, Maschinenwaffe, bei der die Rückstoßbewegung des bewegl. Rohres über die Entriegelung und Öffnung des Verschlusses alle notwendigen Repetiervorgänge durchführt.

Rückstoßstrahlung, Strahlung, die entsteht, wenn ein Atom bei Emission eines Teilchens oder Quants einen Rückstoß erleidet.

Rückstrahler, allg. Bez. für Vorrichtungen, die einfallende elektromagnet. Strahlung (Licht, Funkwellen) mit geringer Streuung wieder in die Einfallsrichtung zurückwerfen; i. e. S. Bez. für alle als Warnsignale an Fahrzeugen (↑auch Kraftfahrzeugbeleuchtung) verwendeten, rot oder gelb gefärbten Glas- oder Kunststoffkörper, deren verspiegelte Rückseite in Form von Würfelecken profiliert ist, so daß das einfallende Licht nach dreimaliger Totalreflexion parallel zur Einfallsrichtung zurückgeworfen wird; derartige sog. Katzenaugen können auch eine Vielzahl von stark gekrümmten kleinen Sammellinsen gleicher Wirkung enthalten. Bei Verkehrszeichen, Leitpfosten u. a. werden Reflexfolien, in denen Glaskugeln von 0,05–0,1 mm Durchmesser eingebettet sind, verwendet.

Rücktritt, einseitige Lossage vom Vertrag mit der Folge, daß beide Vertragsparteien Zug um Zug zur Rückgewähr bereits erbrachter Leistungen verpflichtet sind (Rückabwicklungspflichten). Der R. erfolgt durch einseitige (formlos mögl.) Willenserklärung (Gestaltungsrecht) und darf grundsätzl. nicht an Bedingungen geknüpft werden. Bei ↑Dauerschuldverhältnissen tritt an seine Stelle die für die Zukunft vertragsbeendend wirkende ↑Kündigung. *Gesetzl. R.rechte* finden sich v. a. als Folge von Leistungsstörungen, z. B. im Kauf- und Werkvertragsrecht. *Vertragl. R.rechte* müssen besonders vereinbart werden. Die das R.verhältnis regelnden Bestimmungen der §§ 346ff. BGB gelten unmittelbar nur für letztere, sind jedoch auf die gesetzl. R.rechte entsprechend anwendbar.

◆ im *Staats-* und *Verfassungsrecht* svw. ↑Demission.

◆ im *Strafrecht* ist der **Rücktritt vom Versuch** ein persönl. Strafaufhebungsgrund für denjenigen, der freiwillig die Vollendung einer von ihm begonnenen Straftat (beim unbeendeten Versuch) bzw. den Eintritt des Erfolges (beim beendeten Versuch) verhindert. Wird die Tat ohne sein Zutun nicht vollendet oder - bei Beteiligung mehrerer - unabhängig von seinem früheren Tatbeitrag begangen, genügt zur Straflosigkeit auch sein ernsthaftes Bemühen, die Vollendung zu verhindern.

Rücktrittbremse, bes. bei Fahrrädern verwendete Freilaufnabenbremse, die beim Rückwärtsbewegen der Pedale einen Bremsmantel gegen die umlaufende Nabenhülse preßt.

Rückvergütung, im *Handel* die von der Umsatzhöhe abhängige Gewinnbeteiligung der Mgl. einer genossenschaftl. Handelsunternehmung am Gewinn.

◆ im *Versicherungswesen* die Beitragsrückerstattung, z. B. wenn innerhalb eines bestimmten Zeitraumes kein Versicherungsfall eingetreten ist.

Rückversicherung (Reassekuranz), Versicherung der Versicherung; Übernahme eines Teilwagnisses von einem Versicherer durch einen Versicherer (Rückversicherer) gegen Entgelt.

Rückversicherungsvertrag, Bez. für den am 18. Juni 1887 zw. dem Dt. Reich und Rußland geschlossenen geheimen (defensiven) Vertrag mit „ganz geheimem" (offensivem) Zusatzprotokoll. Der R. verpflichtete den Vertragspartner zur Neutralität, falls Deutschland von Frankr. oder Rußland von Österreich-Ungarn unprovoziert angegriffen würde. Das Zusatzprotokoll erkannte die russ. Interessen in Bulgarien an und versprach daher den Geist der dt.-öst. Zweibunds, des Dreibunds und der Mittelmeerabkommen. Der lange Zeit überschätzte R. wurde ab 1890 von Caprivi nicht mehr erneuert (↑auch deutsche Geschichte).

Rückwechsel ↑ Wechsel.
Rückwirkung von Gesetzen, die aus Gründen der Rechtsstaatlichkeit (Rechtssicherheit) problemat. Wirkung, die ein Gesetz auf in der Vergangenheit liegende Sachverhalte hat. Eine *unechte (retroperspektive) R. v. G.* liegt vor, wenn Gesetze künftige Rechtsfolgen von in der Vergangenheit gründenden Sachverhalten ändern (z. B. Änderung der Studienbestimmungen nach Aufnahme, aber vor Beendigung des Studiums). Sie ist rechtswidrig, wenn der einzelne auf eine bestimmte Rechtslage vertrauen durfte und mit gesetzl. Änderungen nicht zu rechnen brauchte. Eine *echte (retroaktive) R. v.G.* liegt vor, wenn in der Vergangenheit abgeschlossene Tatbestände nachträgl. eine Änderung in ihrer rechtl. Beurteilung erfahren (z. B. nachträgl. erhöhte steuerl. Belastungen). Bei Nachteil für den Betroffenen ist sie grundsätzl. unwirksam. Im materiellen Teil des Strafrechts besteht ein Rückwirkungsverbot nach §§ 1, 2 StGB und Art. 103 Abs. 2 GG. - In *Österreich* und der *Schweiz* gibt es ebenfalls ein Rückwirkungsverbot von Strafgesetzen.

Rückzugsgebiete, in der *Ökologie* ↑ Refugialgebiete.

Rückzugsvölker, Restgruppen, die unter dem Druck ihnen überlegener Völker in ungünstige Randgebiete des Siedlungsraumes abgedrängt wurden, z. B. Pygmäen, Negritos, die Urbevölkerung Australiens.

Rudaki, Abu Abdellah Dschafar [pers. rudæ'kiː], * Rudak bei Samarkand wohl 858, † ebd. 940 oder 941, pers. Gelehrter, Dichter und Musiker. - Lebte bis 938 in Buchara am Hof des Samanidenkönigs Nasr II., den er in vielen Kassiden besang; einer der gefeiertsten pers. Dichter.

Ruda Śląska [poln. 'ruda 'ɕlõska], poln. Stadt in Oberschlesien, 270 m ü. d. M., 147 000 E. Nach Königshütte und Tschenstochau wichtigster Standort der poln. Hüttenind. - 1303 erstmals als *Ruda* erwähnt; erhielt 1939 Stadtrecht; heutiger Name seit 1958 nach Zusammenschluß mit dem 1940 als **Friedenshütte** gegr. **Nowy Bytom.**

Rudbeck, Olof [schwed. ˌruːdbɛk], latinisiert Olaus Rudbeckius, * Västerås 1630, † Uppsala 17. Sept. 1702, schwed. Naturforscher und Universalgelehrter. - Entdeckte 1651 die Bed. der Lymphgefäße und widerlegte Galens Lehrmeinung von der Rolle der Leber bei der Blutbildung; 1660 Prof. in Uppsala. Berühmt wurde R. durch seine kulturhistor. Schrift „Atland eller Manheim" (1679–1702), in der er Schweden mit Platons Atlantis identifizierte und in der er den Norden als Wiege der Kultur ansah.

Rudbeckia (Rudbeckie) [nach O. Rudbeck], svw. ↑ Sonnenhut.

Rudd, Roswell Hopkins, jun. [engl. rʌd], * Sharon (Conn.) 17. Nov. 1935, amerikan. Jazzmusiker (Posaunist). - Gründete 1964 mit J. Tchicai das „New York Art Quartet", gehört zu den wichtigsten Posaunisten des Free Jazz.

Rude, François [frz. ryd], * Dijon 4. Jan. 1784, † Paris 3. Nov. 1855, frz. Bildhauer. - Begann als Klassizist; berühmt wurde er mit dem Sockelrelief „Auszug der Freiwilligen von 1792" am Arc de Triomphe de l'Étoile (Paris 1833–36).

Rüde, das ♂ der Hundeartigen.

Rudel, wm. Bez. für eine Herde von Hirschen.

Rudenko, Roman Andrejewitsch [russ. ruˈdjɛnkɐ], * Nossowka (Gebiet Tschernigow) 30. Juli 1907, † Moskau 23. Jan. 1981, sowjet. Jurist. - Mgl. der KPdSU seit 1926; 1945/46 sowjet. Hauptankläger in den Nürnberger Prozessen, seit 1953 Generalstaatsanwalt der Sowjetunion; seit 1961 Mgl. des ZK der KPdSU.

Rudé Právo [tschech. 'rudɛː 'praːvɔ „rotes Recht"], tschechoslowak. Tageszeitung, ↑ Zeitungen (Übersicht).

Ruder, Steuerorgan eines Schiffes oder Bootes, i. d. R. am Heck angeordnet. In frühester Zeit wurden Schiffe durch einen am Heck schräg ins Wasser gehaltenen Riemen gesteuert, später dann durch an den Schiffsseiten, meist an Steuerbord, manchmal aber auch an beiden Seiten befestigte Riemen. Im 8. Jh. in O-Asien, ab dem 12. Jh. in Europa (Hansekogge) begann sich das Heck-R. als Regel-R. durchzusetzen.

Durch das gelegte, d. h. winklig zur Schiffslängsachse gedrehte R. und das daran vorbeiströmende Wasser (bzw. die abgelenkte Schraubenströmung) wird eine quer zur Fahrtrichtung wirkende Kraft erzeugt, die das Heck des Schiffes zur Seite drückt und so die Fahrtrichtung des Schiffes ändert. Man unterscheidet die R.: 1. nach ihrem **Querschnitt:** das früher gebaute *Platten-* oder *Flächen-R.* aus starken Holzbohlen oder einer Stahlplatte, das Binnenschiffen zur Erhöhung der Steuerfähigkeit bei geringem Tiefgang oft als *Mehrflächen-R.* ausgeführt *(Hitzler-R.);* das heute meist verwendete *Profil-* oder *Verdrängungs-R.* mit einem zur Verringerung des Widerstandes und Erhöhung der Wirkung stromlinienförmig gestalteten, durch Stegplatten ausgesteiften R.körper mit Flächen bis über 100 m² und Gewichten bis über 100 t. - 2. nach ihrer **Befestigung:** das im R.koker (↑ Koker) oben und in der R.hacke (ein etwas nach oben gezogener Sporn an Achteroder R.steven) unten gelagerte *Normal-R.;* das nur oben gelagerte *Schwebe-R.,* häufig spatenförmig ausgeführt als *Spaten-R.* mit geringstem Widerstand, aber kleiner R.kraftübertragungsfähigkeit; das im R.koker und mittig gelagerte *Halb-Schwebe-R.,* häufig als *Sporn-R.* ausgeführt, das große R.kräfte strömungsgünstig überträgt, heute für Großschiffe häufig verwendet wird. - 3.

13

Ruderalpflanzen

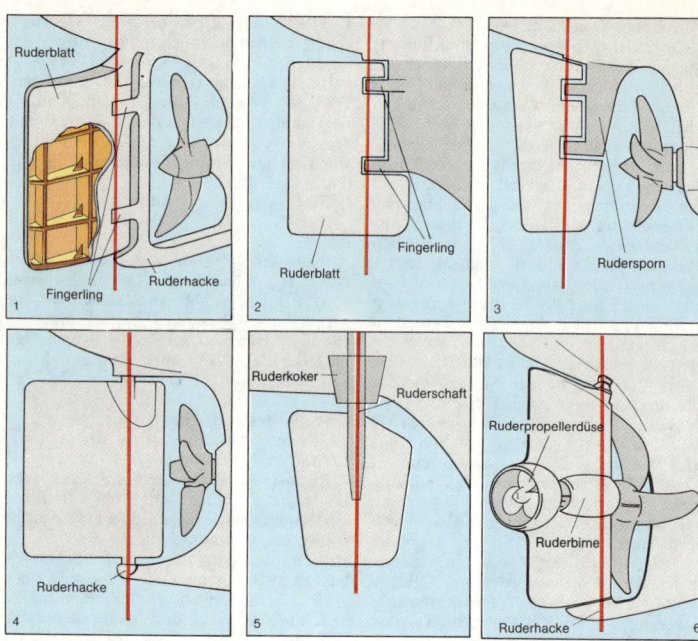

Ruder. 1 Halb-Balance-/Normalruder, 2 Halb-Balance-/Halb-Schweberuder, 3 Halb-Balance-/Halb-Schweberuder, als Spornruder ausgeführt, 4 Simplex-Balance-/Normalruder, 5 Balance-/Schweberuder, als Spatenruder ausgeführt, 6 Balance-/Aktivruder

nach der **Lage des Ruderschaftes:** das *Normal-R.* mit dem R.schaft an der Stirnseite des R.blattes (erfordert hohen Kraftaufwand, ist bruchanfällig); das *Balance-R.* (Simplex-Balance-R.), mit einem Teil der R.fläche vor dem R.schaft (benötigt geringen Kraftaufwand); das *Halb-Balance-R.*, mit einem festen, stromlinienförmigen Leitkörper vor dem R.blatt, mit dem es eine strömungsgünstige Einheit bildet (sehr gute Steuerfähigkeit).

Als **Sonderform** gibt es heute: das *Aktiv-R.*, dessen im R.blatt untergebrachter, in einer Düse sich drehender elektr. Propeller die R.wirkung erhöht; das *Flettner-R.*, bei dem durch eine eigengesteuerte Hilfs- oder Vorflosse der Strömungsverlauf verbessert wird; das *Düsen-R.* (Kortdüse), dessen R.blatt zu einem um die R.achse drehbaren, düsenförmigen Ring um den Propeller wurde, der die Schraubenströmung ablenkt; das *Bugstrahl-R.*, bei dem der Querschub durch einen von einem querschiffs im Bug eingebauten Propeller oder einer Pumpe erzeugten, starken Wasserstrahl erfolgt (meist zum An- und Ablegen oder zum genauen Stationieren von Spezialschiffen benutzt); die *Tiefen-R.* beim Unterseeboot, die entweder an Bug oder Turm und Heck angebracht und um eine horizontale Achse drehbar sind oder als Kugeloberflächensegmente am Bug ausgefahren werden können; sie ermöglichen die Tiefensteuerung eines Unterseeboots. - ↑auch Ruderanlage.

📖 *Dijkstra, G.: Selbststeuerungsanlagen.* Dt. Übers. Bielefeld 1979.

♦ bewegl. Teil des Tragflügels *(Quer-R.)* oder des Höhen- und Seitenleitwerks *(Höhen-* bzw. *Seiten-R.)* eines ↑Flugzeugs (allg. jede bewegl. Steuerfläche eines Luftfahrzeugs oder Flugkörpers) zur Richtungsänderung und Steuerung von Nick-, Roll- und Gierbewegungen.

♦ gemeinsprachl. svw. ↑Riemen.

Ruderalpflanzen [zu lat. rudus „Geröll, Schutt"] (Schuttpflanzen), meist unscheinbar blühende Pflanzen, die sich auf Bauschutt, Häuserruinen, Schotteraufschüttungen, Müllplätzen, an Wegrainen, Mauerfüßen und ähnl. Orten angesiedelt haben. Sie gehören einheim. und eingeschleppten, auch spontan eingedrungenen Arten an, sind ↑Kulturfolger und zeichnen sich durch Anpassungsfähigkeit, große Lebenszähigkeit und starke Vermehrung aus (z. B. viele Arten von Knöterich-, Gänsefuß- und Malvengewächsen).

Rudersport

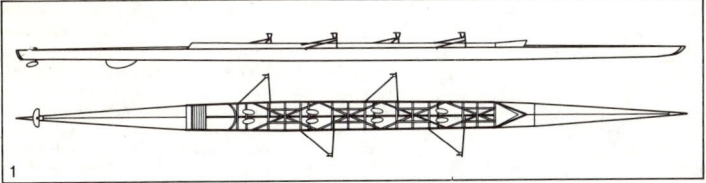

Rudersport. 1 Rennboot (Aufsicht und Seitenansicht), 2 Rennboot (Querschnitt)

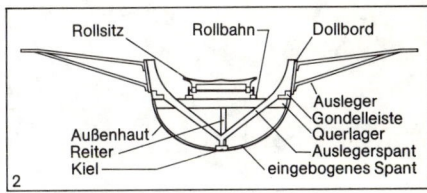

Ruderanlage, Gesamtheit der zum Steuern eines Schiffes benötigten Anlagen, bes. die Einrichtung zum Bewegen des Ruders durch Drehen des Ruderschafts. Früher und heute noch bei Booten geschieht dies mit Hilfe der **Ruderpinne,** einer waagrecht am oberen Ende des meist außenbords verlaufenden Ruderschaftes angebrachten Stange. Bei großen Schiffen bildet den oberen Abschluß des Ruderschaftes der **Ruderquadrant,** ein Viertelkreissegment, der über die Ruderleitung (Seile, Ketten) oder eine Axiometerleitung (Stahlgestänge mit Kegelradübertragung) durch Drehen des Steuerrades bewegt wird. Müssen große Ruderkräfte bewältigt werden, benötigt man eine **Rudermaschine,** bei der ein Elektromotor über ein Schnecken- oder Zahnradgetriebe oder eine hydraul. Anlage den Ruderquadranten, eine kurze Ruderpinne oder direkt das Querhaupt (das *Ruderjoch*) als oberen Abschluß des Ruderschaftes bewegt. Die Befehle dazu werden durch Steuerrad, -knöpfe, -schalter oder Steuerknüppel bzw. direkt von der Selbststeueranlage elektr. oder hydraul. an die Rudermaschine gegeben. Aus Sicherheitsgründen müssen alle Schiffe eine Not-R. haben, meist eine zweite Rudermaschine oder die Möglichkeit zur Bewegung des Ruders von Hand. - Abb. S. 16.

Ruderboot, kleines, aus Holz, Kunststoff oder Stahl gefertigtes Wasserfahrzeug, das durch Riemen (gemeinsprachl. meist Ruder genannt) angetrieben wird.

Ruderenten ↑ Enten.

Ruderfrösche (Flugfrösche), artenreiche Fam. 2–8 cm langer, oft sehr bunter, laubfroschähnl. Froschlurche, v. a. in Regenwäldern u. Savannen Afrikas, Madagaskars u. SO-Asiens (einschl. der Sundainseln); mit meist großen Haftscheiben an Zehen- und Fingerenden, zw. denen sich bei einigen Arten (z. B. beim **Javan. Flugfrosch** [Rhacophorus reinwardtii]: 7,5 cm groß, oberseits grün, unterseits gelb; auf Java, Borneo) großflächige Häute ausspannen, die die Tiere zu kurzen Gleitflügen von Baum zu Baum befähigen.

Ruderfüßer (Pelecaniformes, Steganopodes), seit dem Oligozän bekannte, heute mit über 50 Arten in allen warmen und gemäßigten Regionen verbreitete Ordnung mittelgroßer bis sehr großer Wasservögel; gut fliegende, oft auch ausgezeichnet segelnde, jedoch an Land recht unbeholfene Tiere mit langen Flügeln und kurzen Beinen, bei denen alle vier Zehen durch Schwimmhäute verbunden sind (*Ruderfuß*). - Zu den R. rechnet man Tropikvögel, Fregattvögel, Pelikane, Tölpel, Kormorane und Schlangenhalsvögel.

Ruderfußkrebse (Kopepoden, Copepoda), Unterklasse meist 0,5 bis wenige mm großer Krebstiere mit rd. 4000 Arten in Meeres- und Süßgewässern, auch an feuchten Landbiotopen (z. B. Moospolster, wasserbenetzte, algenbewachsene Felsen); z. T. Parasiten (bes. an Fischen), z. T. freilebende Arten; im letzteren Fall ist der Körper langgestreckt, in zwei Abschnitte gegliedert; Entwicklung über die Larvenstadien Nauplius und Metanauplius. Viele freilebende Arten haben als Fischnahrung große Bedeutung.

Rudergänger, Besatzungs-Mgl. eines Schiffes, das nach Anweisungen das Schiff steuert.

Ruderhacke (Stevenhacke) ↑ Ruder.

Ruderhaus, Deckshaus auf kleinen Schiffen, in dem sich die Steueranlage und die Navigationsgeräte befinden.

Ruderjoch ↑ Ruderanlage.
Ruderkoker ↑ Koker, ↑ Ruder.
Rudermaschine ↑ Ruderanlage.
Ruderpinne ↑ Ruderanlage.
Ruderquadrant ↑ Ruderanlage.

Ruderschnecken (Gymnosomata), Ordnung 2–40 mm langer, schalenloser Meeresschnecken (Überordnung Hinterkiemer); räuberisch lebende Tiere, deren Fuß durch breite, dem Schwimmen dienende Schwimmlappen gekennzeichnet ist.

Rudersport, Form des Wassersports, vorwiegend als Mannschaftssport betrieben. Die Ruderer sitzen mit dem Rücken zum Bug des Bootes und treiben ihr Boot mittels Riemen oder Skulls an. Für das Wander- und Übungsrudern werden breitere Boote, sog. **Gigs** verwendet, die aus Mahagoni-, Eichen-

Ruderwanzen

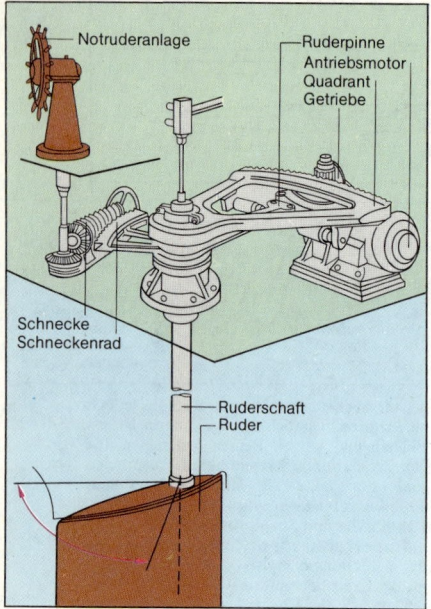

Elektrische Quadrantruderanlage (schematisch)

oder Zedernholz in Klinkerbauweise gebaut sind. Beim **Rennrudern** kommen schmale, leichte Boote zum Einsatz. Man unterscheidet *Rennboote* mit einer glatten, äußerst dünnen Außenhaut (Kraweelbau) und ohne Kiel (Vorschriften über Bauweise und Abmessungen bestehen nicht) und den Rennbooten angeglichene, bes. leicht gebaute *Renngigs,* deren Abmessungen vorgeschrieben sind. Regatten (Wettfahrten) werden in folgenden [olymp.] Bootsklassen ausgetragen: Einer, Zweier ohne Steuermann, Zweier mit Steuermann, Doppelzweier, Vierer ohne Steuermann, Vierer mit Steuermann, Doppelvierer und Achter. Im Einer, Doppelzweier und Doppelvierer werden Skulls (2,95 m lang) verwendet, in allen anderen Bootsgattungen Riemen (3,82 m lang). Die Wettkampfstrecke beträgt bei Männern 2 000 m, bei Frauen 1 000 m, bei männl. und weibl. Jugendlichen 1 500 bzw. 1 000 m, bei Schülern 1 000 m.

Ruderwanzen (Wasserzikaden, Corixidae), mit über 200 Arten in stehenden Gewässern weltweit verbreitete Fam. der Wasserwanzen, darunter in M-Europa 35 (2–15 mm lange) Arten. R. rudern mit den abgeflachten, borstenbesetzten Hinterbeinen im Wasser; sie können auch fliegen. In M-Europa kommt häufig die **Europ. Ruderwanze** (Corixa punctata) vor; bis 15 mm lang.

Rüdesheim am Rhein, hess. Stadt im Rheingau, 86 m ü. d. M., 10 100 E. Rheingauer Weinmuseum; Weinverarbeitung und -handel, Fremdenverkehr; Kurbetrieb (lithiumhaltige, alkal. Thermalquelle im Ortsteil **Assmannshausen.** - Im frühen MA neben einem Fronhof des Erzbischofs von Mainz entstanden; erstmals 1090 gen.; seit 1820 Stadtrecht. - Pfarrkirche mit Teilen des roman. (12. Jh.) und spätgot. (1390–1400) Vorgängerbaus. Reste der ehem. Befestigung (15. Jh.), Wohnbauten (17.–19. Jh.) und Adelshöfe, Ruinen der umgebenden Burgen; Niederwalddenkmal.

Rüdiger, männl. Vorname (zu german. hroþ „Ruhm, Preis" und althochdt. ger „Speer").

Rüdiger von Bechelaren (= Pöchlarn), Gestalt der Dietrichepik und des „Nibelungenliedes"; Vorbild stauf. Rittertums; wird zw. Gefolgschaftspflicht und Verwandtschaftstreue zerrieben.

Rudiment [lat.], allg. svw. Bruchstück, Rest, Überbleibsel.
◆ in der *Biologie:* nicht mehr vollständig ausgebildetes, verkümmertes, teilweise oder gänzl. bedeutungslos gewordenes Organ bei einem Lebewesen (wichtiger Hinweis in bezug auf die Stammesgeschichte). **Rudimentäre Organe** sind z. B. beim Menschen die Schwanzwirbel, der Wurmfortsatz des Blinddarms, die Muskeln der Ohrmuscheln.

Rudinì, Antonio Starrabba, Marchese di, * Palermo 16. April 1839, † Rom 7. Aug. 1908, italien. Politiker. - Als Min.präs. 1891/92 (zugleich Außenmin.) und 1896–98 (zugleich Innenmin.) beendete R. die expansionist. Kolonialpolitik F. Crispis.

Rudnicki [poln. rud'nitski], Adolf, * Warschau 19. Febr. 1912, poln. Schriftsteller. - Bankbeamter; nahm am 2. Weltkrieg und am Warschauer Aufstand teil. Stoff seiner Erzählungen sind Kriegserlebnisse, die Leiden der poln. Juden und Probleme des Künstlers; u. a. „Die Ungeliebte" (1936), „Goldene Fenster" (1954), „Krakowskie Przedmieście voll von Dessert" (Essays, 1986).

R., Lucjan, * Sulejów bei Pietrków Trybunalski 2. Jan. 1882, † Warschau 8. Juni 1968, poln. Schriftsteller. - Sein Roman „Die Wiedergeburt" (1920) schildert die Entwicklung eines Dorfjungen zum klassenbewußten Arbeiter.

Rudolf (Rudolph), männl. Vorname (von althochdt. Hruodolf, zu german. hroþ „Ruhm, Preis" und althochdt. wolf „Wolf").

Rudolf, Name von Herrschern:
Hl. Röm. Reich:
R. von Schwaben (R. von Rheinfelden), ✕ bei Hohenmölsen 10. Okt. 1080, Hzg. von Schwaben (seit 1057), Gegenkönig (seit 1077). - Seit 1059 ∞ mit Mathilde († 1060), Tochter Kaiser Heinrichs III., seit 1066 mit Adelheid († 1079), Schwester der Königin Ber-

tha; spielte eine führende Rolle in der Fürstenopposition gegen Heinrich IV.; am 15. März 1077 zum Gegenkönig gewählt.

R. I., Graf von Habsburg, * Schloß Limburg (Breisgau) 1. Mai 1218, † Speyer 15. Juli 1291, Röm. König (seit 1273). - Baute als Parteigänger der Staufer seine territoriale Machtgrundlage im Aar- und Zürichgau sowie am Oberrhein konsequent aus. 1276 konnte R. Ottokar II. von Böhmen zur Anerkennung seiner Wahl und zum Verzicht auf Österreich, Steiermark, Kärnten, Krain und das Egerland zwingen. Landfriedenswahrung (gegen das Raubritterunwesen), straffe Verwaltung des Reichsguts (Einsetzung von Reichslandvögten), Begünstigung der Städte gehörten zu den wichtigsten Maßnahmen seiner inneren Politik. Gegenüber Frankr. behauptete R. die Lehnsoberhoheit über die Franche-Comté, in Italien aber gab er der wiederauflebenden päpstl. Rekuperationspolitik nach. Der Erwerb der Kaiserkrone als Fortsetzung stauf. Tradition und Sicherung der Dyn. scheiterte.

R. II., * Wien 18. Juli 1552, † Prag 20. Jan. 1612, König von Ungarn (1572–1608) und Böhmen (1575–1611), Kaiser (seit 1576). - Ältester Sohn Kaiser Maximilians II.; unterstützte gegenreformator. Bestrebungen, was 1604 zu einem Aufstand in Ungarn führte. Dies und die zunehmende Inaktivität (den Türkenkrieg 1593–1606 beendete sein Bruder Matthias) führten zu einer Verschwörung seiner Brüder und der Erzhzg. der steir. Linie gegen R.: 1608 mußte R. Ungarn, Mähren und Österreich, 1611 auch Böhmen abtreten. Förderte in seiner Residenz Prag Gelehrte, u. a. T. Brahe und J. Kepler.

Burgund:

R. I., † 25. Okt. 912 (?), König von Hochburgund (seit 888). - Sohn des Welfen Konrad I., d. J.; wurde nach dem Sturz Karls III., des Dicken, zum König erhoben; scheiterte mit seinem Versuch, Lothringen zu gewinnen und mußte die Lehnsoberhoheit Arnulfs von Kärnten anerkennen.

Frankreich:

R., † Auxerre 14. (15.?) Jan. 936, Hzg. von Burgund (921–923), König (seit 923). - Nach dem Tod seines Schwiegervaters Robert I. von Franzien gegen den Karolinger Karl III., den Einfältigen, zum König erhoben. Den Anschluß Lothringens an das ostfränk.-dt. Reich erkannte er 935 fakt. an.

Österreich:

R. IV., der Stifter, * 1. Nov. 1339, † Mailand 27. Juli 1365, Hzg. (seit 1358). - Sohn Hzg. Albrechts II., des Lahmen. Auf Vergrößerung seines Territoriums und Konsolidierung seiner Landesherrschaft bedacht; erwarb 1363 Tirol und förderte seine Residenz (Gründung der Wiener Univ., Ausbau des Stephansdoms; schloß 1363 mit Kaiser Karl IV. einen Erbvertrag, dessen Nutznießer schließl. die Habsburger wurden.

R., * Schloß Laxenburg bei Mödling 21. Aug. 1858, † Schloß Mayerling 30. Jan. 1889, Erzhzg. und Kronprinz. - Einziger Sohn Kaiser Franz Josephs I.; zu Freidenkertum und Liberalismus neigend, betont „großöstr." denkend und krit. gegen den dt.-östr. Zweibund; beging mit seiner Geliebten, der Baronesse Mary Vetsera (* 1871), unter nicht restlos geklärten Umständen Selbstmord.

Rudolf von Ems, * Hohenems (Vorarlberg) um 1200, † Italien vermutl. vor 1254, mittelhochdt. Epiker. - Ministeriale der Herren von Montfort (Bodensee). Schrieb das Epos „Gerhard", den in Indien spielenden Legendenroman „Barlaam und Josaphat" (um 1225/30), nach frz. Vorlage den höf. Roman „Willehalm von Orlens" (um 1235/40); die „Weltchronik" (etwa 36000 Verse) und ein Alexanderepos blieben unvollendet.

Rudolf, Leopold, * Wien 3. Mai 1911, † ebd. 4. Juni 1978, östr. Schauspieler. - Seit 1945 Ensemblemitglied des Theaters in der Josefstadt in Wien; bed. Charakterdarsteller in Stücken von Strindberg, Tschechow, Schnitzler, Hofmannsthal und Pirandello; auch Film- und Fernsehrollen.

Rudolfsee ↑ Turkanasee.

Rudolph, Niels-Peter, * Wuppertal 2. Juni 1940, dt. Regisseur. - 1963 Inszenierungen in Bochum, Stuttgart, München, Hamburg. 1980–85 Intendant des Dt. Schauspielhauses in Hamburg.

R., Paul Marvin, * Elkton (Ky.) 23. Okt. 1918, amerikan. Architekt. - Schüler von Gropius an der Harvard University; Vertreter der Stilrichtung des Brutalismus. - *Werke:* Gebäude der Kunst- und Architekturabteilung der Yale University, New Haven (1954–63), New Haven Gouvernement Center (1968).

Rudolphinische Tafeln (Rudolfinische Tafeln, Tabulae Rudolphinae), zu Ehren Kaiser Rudolfs II. benannte, von J. Kepler nach den Beobachtungen Tycho Brahes berechnete und herausgegebene Tafeln (1627) zur Bestimmung der Örter von Sonne, Mond und den damals bekannten fünf Planeten.

Rudolstadt, Krst. an der Saale, Bez. Gera, DDR, 194 m ü. d. M., 32400 E. Landesarchiv, Museen, u. a. Freilichtmuseum; Chemiefaserkombinat. - Entstand um 1300 in Anlehnung an eine Burg; 1326 Stadtrecht; ab 1599 Hauptort der Gft., 1710–1918 des Ft. Schwarzburg-R. - Barock sind die Schlösser Ludwigsburg und Heidecksburg; Stadtkirche (1634–36).

R., Landkr. im Bez. Gera, DDR.

Rudra, Gott der wed. Religion; gilt v. a. als Schützer der Tiere und der Jäger; mit Schiwa identifiziert.

Rudziński, Witold [poln. ru'dzĩjski], * Siebież (Litauen) 14. März 1913, poln. Komponist. - 1948 künstler. Leiter der Philharmonie und der Oper in Warschau, lehrt seit 1957 an der Warschauer Musikhochschule.

Komponierte Opern, Oratorien, Orchestermusik (Sinfonien), Klavierkonzerte, Kammermusik, Lieder.

Ruederer, Joseph ['ruːɛ...], * München 15. Okt. 1861, † ebd. 20. Okt. 1915, dt. Schriftsteller. - 1896 Mitbegründer des Münchener „Intimen Theaters". Verf. scharfsinniger satir. Volksstücke, u. a. „Die Fahnenweihe" (1895), in der die doppelte Moral korrupter bayr. Dorfhonoratioren entlarvt wird. - *Weitere Werke:* Wolkenkuckucksheim (Kom., 1909), Der Schmied von Kochel (Trag., 1911).

Rüegg, Walter ['ryːɛk], * Zürich 4. April 1918, schweizer. Soziologe. - 1959 Prof. in Zürich, 1961–70 in Frankfurt am Main, seit 1970 in Bern; Forschungsschwerpunkt auf bildungswiss. und kultursoziolog. Gebiet.

Rueil-Malmaison [frz. rɥɛjmalmɛ'zɔ̃], frz. Stadt im westl. Vorortbereich von Paris, Dep. Hauts-de-Seine, 63 400 E. Fachhochschule für Erdölprodukte; metallverarbeitende und pharmazeut. Ind. - Geht auf einen 871 erwähnten karoling. Königshof zurück. - Ehem. Schloß Malmaison (nach 1799 umgebaut für Joséphine de Beauharnais; heute Museum der napoleon. Epoche).

Ruetz, Michael ['ruɛts], * Berlin 4. April 1940, dt. Photograph. - 1969–73 Bildjournalist beim „Stern"; seit 1982 Prof. für Grafik-Design in Braunschweig, - *Werke:* „Auf Goethes Spuren" (1978), „Im anderen Deutschland" (1979), „APO. Berlin 1966-1969" (1980), „Veneto" (1985).

Ruf, (Ruef, Ruof) Jacob, * Zürich um 1500, † ebd. 1558, schweizer. Dramatiker. - Arzt in Zürich; schrieb moral.-didakt. Abhandlungen über bibl. Stoffe sowie geistl. und weltl. Dramen mit bibl. und histor.-patriot. Themen.

R., Sep, * München 9. März 1908, † ebd. 29. Juli 1982, dt. Architekt. - Prof. in München; funktionalist. Bauten, u. a. Dt. Pavillon auf der Brüsseler Weltausstellung von 1958 (mit E. Eiermann), Erweiterungs- und Umbau des German. Nationalmuseums in Nürnberg (1956–67), Amerikan. Botschaft in Bonn-Bad Godesberg (1959), Amtssitz des Bundeskanzlers in Bonn (1963–65), Bayer. Vereinsbank in München (1974).

Rufach (frz. Rouffach), frz. Stadt im südl. Elsaß, Dep. Haut-Rhin, 204 m ü. d. M., 4 600 E. - Urspr. merowing. Königsgut; 1238 Stadt. - Münster (1323 geweiht); ehem. Deutschordenskomturei (16. Jh.); Häuser des 14.–18. Jahrhunderts.

Ruffini-Körperchen (Ruffini-Endkolben) [nach dem italien. Biologen A. Ruffini, * 1864, † 1929], vermutl. Thermo- oder auch druck- und zugempfindl. Mechanorezeptoren in den unteren Schichten der Haut (v. a. in den Beugeseiten der Gliedmaßen), in der Mundschleimhaut, den Augenlidern, der Regenbogenhaut, dem Ziliarkörper und in der harten Hirnhaut.

Rufmord, Bez. für das Vorgehen, über eine Person etwas Nachteiliges, Ehrenrühriges zu verbreiten, wodurch bewirkt werden soll, daß sie ihr Ansehen verliert oder in hohem Maße einbüßt; systemat. Vorgehen in dieser Richtung wird als **Rufmordkampagne** bezeichnet.

Rufzeichen, im zivilen Funkverkehr als Kennung verwendete Buchstaben-Zahlen-Kombination, die eine Identifizierung der Station nach hat. Zugehörigkeit und Art der Funkstelle ermöglicht.

Rugby [engl. 'rʌgbɪ], engl. Stadt am Avon, Gft. Warwick, 59 600 E. R. School, eines der führenden engl. Internate (gegr. 1567, gilt als Geburtsstätte des Rugby); Kunstmuseum, Maschinenbau, Bekleidungs-, Zementind. - 1084 erstmals erwähnt; 1932 Stadtrecht.

Rugby ['rakbi, engl. 'rʌgbɪ; nach der engl. Stadt R.], Kampfspiel zw. 2 Mannschaften mit i. d. R. 15 Spielern (ein Schlußmann, 4 Dreiviertelspieler, 2 Halbspieler und 8 Stürmer). Das *R.feld* besteht aus dem eigtl. *Spielfeld* (95–100 m lang, 68,40 m breit) und dem *Malfeld;* dazw. stehen die *Malstangen* (Tore). Begonnen wird mit Antritt, danach darf der Ball geworfen, getreten, gefangen und getragen werden. Ziel des Spieles ist es, durch einen *Versuch* Punkte zu erringen; beim Versuch muß der ovale Ball im gegner. Malfeld von einem Angreifer auf den Boden gelegt werden, wodurch 4 Punkte erzielt sind; diese können auf 6 erhöht werden, wenn der Ball vom Spielfeld aus zw. die beiden senkrechten Stangen und über die Querlatte getreten wird. Der Ball darf mit der Hand nur nach hinten gespielt werden; wird er nach vorn gespielt oder fällt er beim Fangen in Richtung des gegner. Malfeldes, wird ein sog. *Gedränge* angeordnet. In der Aufstellung 3–2–3 stellen sich die Stürmer gegeneinander und bilden einen Tunnel, in den der Ball hineingeworfen wird. Jede Partei versucht, den Ball in ihren Besitz zu bekommen; ähnl. auch bei der *Gasse,* wenn der Ball die Seitenlinie überschritten hat: Die Stürmer müssen in gerader Linie im rechten Winkel zum Seitenaus stehen, der Ball muß in diesen Winkel eingeworfen werden. Spielzeit: 2 × 40 Minuten.

Ruge, Arnold, * Bergen/Rügen 13. Sept. 1802, † Brighton 31. Dez. 1880, dt. Politiker und Publizist. - Engagierter Burschenschafter; 1832–41 Privatdozent in Halle/Saale; Hg. der „Hallischen Jahrbücher für dt. Wiss. und Kunst" (Organ der Junghegelianer); gab 1844 in Paris zus. mit K. Marx die „Dt.-Frz. Jahrbücher" heraus; Mgl. der Frankfurter Nat.versammlung; trennte sich als bürgerl.-radikaler Demokrat von Marx, als dieser auf die kommunist. Position überging. Lebte ab 1850 in Großbrit. und vollzog 1866 mit dem Manifest „An die Nation" seinen Anschluß an Bismarcks Politik der Reichseinigung.

Rüge, im Kauf- und Werkvertragsrecht die Anzeige des Käufers bzw. Bestellers, daß die gekaufte Sache mängelbehaftet ist (sog. Mängelrüge); im Prozeß die Geltendmachung der Fehlerhaftigkeit einer Prozeßhandlung. **Rügefrist,** Verjährungsfrist für Mängelrügen (↑ Mängelhaftung); beim Kauf bewegl. Sachen beträgt die R. sechs, beim Kauf von Grundstücken zwölf Monate. Eine längere R. kann durch Vertrag vereinbart werden.

Rügen, Insel mit stark gelapptem Umriß vor der pommerschen Ostseeküste (DDR), vom Festland durch den Greifswalder Bodden und den Strelasund getrennt, 926 km², bis 161 m hoch, mit den Steilküsten Kap Arkona und Stubbenkammer. Fremdenverkehr in den Ostseebädern Binz, Sellin u. a.; Fährverkehr nach Schweden von Saßnitz aus; 2,5 km langer Fahrdamm nach Stralsund. - Seit Ende des 12. Jh. planmäßig besiedelt (anfangs v. a. von Dänen).

R., Landkr. im Bez. Rostock, DDR.

Rugge, Heinrich von ↑ Heinrich von Rugge.

Ruggiero [italien. rud'dʒɛːro], musikal. Satzmodell, das aus zwei durch Halb- und Ganzschluß harmon. aufeinander bezogenen Viertaktern in geradem Takt besteht. Der R. diente in der 1. Hälfte des 17. Jh. als Melodieschema für den improvisator. Vortrag gereimter Dichtung, ferner als Grundlage instrumentaler Tanz- und Variationssätze.

Rugier (lat. Rugi, Rugii), ostgerman. Stamm, urspr. in SW-Norwegen, im 2. Jh. v. Chr. an der pommerschen Küste (vermutl. auch auf Rügen) und im Gebiet der Weichselmündung ansässig. Sie wanderten Mitte des 4. Jh. n. Chr. zur mittleren Donau ab; das R.reich in Niederösterreich wurde 487 von Odoaker zerstört, gegen den 489 ein Bündnis mit Theoderich dem Großen geschlossen wurde; die Reste des Volkes gingen mit den Ostgoten zugrunde.

Rühe, Volker, * Hamburg 25. Sept. 1942, dt. Politiker (CDU). - Gymnasiallehrer; 1970-76 Mgl. der Hamburger Bürgerschaft, seit 1976 MdB; seit 1982 stellv. Fraktionsvors.; seit 1989 CDU-Generalsekretär.

Ruheenergie (Ruhenergie), die Energie E_0, die der ↑Ruhmasse m_0 gemäß der Einsteinschen Masse-Energie-Äquivalenz entspricht: $E_0 = m_0c^2$ (c Lichtgeschwindigkeit).

Ruhegehalt (Pension), Altersruhegeld von Beamten, dessen Höhe sich nach Länge der Dienstzeit und Höhe der Dienstbezüge richtet.

Ruhegeld, Regelleistung der gesetzl. Rentenversicherung (↑ Altersruhegeld, ↑ Rentenversicherung).

◆ betriebl. Leistung im Rahmen der ↑ betrieblichen Alters- und Hinterbliebenenversorgung.

Ruhekleid, Bez. für die (in bezug auf Färbung, Hautkammbildungen) schlicht aussehende Körperdecke der ♂♂ vieler Tiere zw. den Paarungs- bzw. Brutzeiten, wenn während dieser ein bes. ↑ Hochzeitskleid ausgebildet wird, wie dies bei vielen Fischen, Amphibien und den meisten Vögeln der Fall ist.

Ruhemauser ↑ Mauser.

Ruhepotential ↑ Membranpotential.

Ruhestadien (Ruheperioden), bei vielen Lebewesen Zeiten mit stark verminderter Stoffwechseltätigkeit derart, daß die Aktivität ruht und das Wachstum bzw. die Entwicklung unterbrochen sind. Dabei können niedere Temperaturen oder/und bes. Lichtverhältnisse (niedere Lichtintensität, kurze tägl. Beleuchtungsdauer), auch bes. hohe Temperaturen bzw. Trockenheit, zusätzlich auch hormonelle Einflüsse (z. B. bei der ↑ Diapause) von Bed. sein. R. bei Pflanzen sind u. a. Winterruhe, bei Tieren Kältestarre und Winterschlaf. - ↑ auch Dauerstadien.

Ruhestand (Rentenalter), der Lebensabschnitt, der für (selbständig und nichtselbständig) Berufstätige nach ihrer Loslösung aus dem Arbeitsleben eintritt. Die Bereitschaft zum Eintritt in den R. - wie der Widerstand dagegen - hängt u. a. von den Arbeitsanforderungen und -bedingungen für den alternden berufstätigen Menschen ab: z. B. neigen Ind.-arbeiter dazu, möglichst früh aus dem Berufsleben auszuscheiden; es nehmen zunehmend mehr die flexible Altersgrenze in Anspruch als höher qualifizierte und selbständige Berufstätige, die sich meist mit ihrem Beruf stärker identifizieren und in ihm eine Selbstbestätigung gefunden haben. Der grundlegende und plötzl. Wechsel aus gewohnten Lebenssituationen beim Eintritt in den R. kann v. a. bei Mangel an nicht berufsbezogenen Interessen (z. B. Hobbys) oder angesichts zu unzureichender sinnvoller Beschäftigungsangebote für aus dem Beruf geschiedene ältere Menschen (z. B. durch sog. Altenklubs, Volkshochschule etc.) zu einer Störung des seel. Gleichgewichts führen (**„Pensionierungsschock"**). Davon sind bes. jene Personen betroffen, deren persönl. Wertsystem (Statusbewußtsein usw.), Leistungsmotivation, Interessen und soziale Kontakte unter Vernachlässigung der persönl. Interessen einseitig auf die Arbeitssituation ausgerichtet waren.

Ruhestand des Beamten, Bez. für die Beendigung des öffentl.-rechtl. Dienstverhältnisses des Beamten durch den Verwaltungsakt der Versetzung in den Ruhestand. Bei polit. Beamten ist jederzeit die Versetzung in einen einstweiligen Ruhestand mögl., bei Nichtvereinbarkeit mit einem Abgeordnetenmandat ist der vorübergehende Eintritt in den Ruhestand die Regel. Für den Normalfall des Eintritts in den Ruhestand wegen Erreichung der Altersgrenze ist eine Mindestdienstzeit von 10 Jahren Voraussetzung. In den Ruhestand treten Beamte auf Lebenszeit ferner bei Dienstunfähigkeit. Statt der Dienstbezüge erhält der Beamte im Ruhestand Versorgungsbezüge und das Recht, die letzte

Ruhestörung

Dienstbez. mit dem Zusatz a. D. (= außer Dienst) zu führen.
Ruhestörung, Erregung von Lärm ohne berechtigten Anlaß bzw. in einem unzulässigen oder nach den Umständen vermeidbaren Ausmaß, der geeignet ist, die Allgemeinheit oder die Nachbarschaft erhebl. zu belästigen oder die Gesundheit eines anderen zu schädigen. Ist die R. als Tatbestand nicht speziell in Bundes- bzw. Landesrecht geregelt (z. B. BundesimmissionsschutzG, RasenmäherVO), so kann sie als Ordnungswidrigkeit nach § 117 OrdnungswidrigkeitenG mit einer Geldbuße bis zu 10 000 DM geahndet werden.

Ruhetonus, Spannungszustand der quergestreiften Muskulatur im Zustand körperl. Ruhe. Der R. ist für die Körperhaltung verantwortl., er wird vom Zentralnervensystem gesteuert und kann durch Narkotika und Muskelrelaxanzien ausgeschaltet werden.

Ruheumsatz, svw. ↑Grundumsatz.

Ruhla, Stadt im nw. Thüringer Wald, Bez. Erfurt, DDR, 350–480 m ü. d. M., 7 000 E. Uhrenind. - 1321 erstmals bezeugt (aber wesentl. älter); entstand 1921 aus dem Zusammenschluß der Teile beiderseits der Ruhla, die zu verschiedenen Territorien gehörten und 1896 Stadtrecht erhielten.

Rühm, Gerhard, * Wien 12. Febr. 1930, östr. Schriftsteller - Komponist, seit 1954 vorwiegend literar. tätig; Mgl. der „Wiener Gruppe". Verf. von Dialektgedichten, von konkreten, experimentellen akust. Texten, Hörspielen und happeningartigen Stücken sowie visuellen Versuchen („farbengedicht", 1965). - *Weitere Werke:* Knochenspielzeug. Märchen und Fabeln (1970), Mann und Frau (Text, 1972), Wahnsinn, Litaneien (1973), erzählung. ein sprechtext (1978), wintermärchen (1984).

Heinz Rühmann (1977)

Rühmann, Heinz, * Essen 7. März 1902, dt. Schauspieler. - Als Komiker und Charakterdarsteller populärster dt. Filmstar. Verkörperte zunächst den unschuldigen kleinen Mann, der in tragikom. Ereignisse verwickelt wird („Der Mustergatte", 1937; „Quax der Bruchpilot", 1941; „Die Feuerzangenbowle", 1944); später gerann die Darstellung verschiedener Charaktere oft zum Idealtyp des dt. Kleinbürgers: unpolit., passiv und trotz größter Probleme aufrecht-verschmitzt. - *Weitere Filme:* Charleys Tante (1955), Der Hauptmann von Köpenick (1956), Der Pfandleiher (1971), Der Hausmeister (1973), Es gibt noch Haselnußsträucher (1982).

Ruhmasse (Ruhemasse, eingeprägte Masse), die Masse m_0, die ein Körper in einem Bezugssystem besitzt, bezügl. dessen er ruht (↑Ruhsystem). Auf Grund der Einsteinschen Masse-Energie-Äquivalenz ist der R. die Ruheenergie $E_0 = m_0 c^2$ zugeordnet (c Lichtgeschwindigkeit).

Rühmkorf, Peter, * Dortmund 25. Okt. 1929, dt. Schriftsteller. - Mgl. der „Gruppe 47". Bezieht als Lyriker („Ird. Vergnügen in g", 1959; „Kunststücke", 1962; „Haltbar bis Ende 1999", 1979) und Dramatiker („Was heißt hier Volsinii?", 1969; „Lombard gibt den Letzten", 1972; „Die Handwerker kommen", 1974) eine gesellschafts- und zeitkrit. Position. Auch Verf. von literaturkrit. Essays und Abhandlungen („Über das Volksvermögen. Exkurse in den literar. Untergrund", 1967; „Walther von der Vogelweide, Klopstock und ich", 1975; „Strömungslehre I. Poesie", 1978; „Der Hüter des Misthaufens. Aufgeklärte Märchen", 1983).

Ruhpolding, Gem. in den Chiemgauer Alpen, Bay., 691 m ü. d. M., 6 300 E. Luftkurort. - Im 12. Jh. erstmals erwähnt. - Barocke Pfarrkirche (18. Jh.).

Ruhr, rechter Nebenfluß des Niederrheins, entspringt im Sauerland, mündet bei Duisburg-Ruhrort, 235 km lang; 75 km schiffbar.

Ruhr [zu althochdt. (h)ruora, eigtl. „(heftige) Bewegung, Unruhe (im Unterleib)"] (Dysenterie), (Bakterienruhr, bakterielle Dysenterie, Shigellose) endemisch bis epidemisch auftretende, meldepflichtige, durch ↑Shigellen verursachte Infektionskrankheit, v. a. des Dickdarms. Die R.erreger werden durch Schmutz- und Schmierinfektion (After-Mund) sowie durch kotinfizierte Lebensmittel übertragen und durch Fliegen verbreitet (Häufigkeitsgipfel im Sommer). Die Inkubationszeit beträgt in bis sieben Tage. Bei leichten Verlaufsformen (sog. **Sommerruhr**) kommt es nach raschem Fieberanstieg, Übelkeit und Erbrechen zu schmerzhaftem Stuhl- und Harndrang und zu Durchfällen mit wäßrig-dünnen Stühlen, die infolge katarrhalisch-geschwüriger Entzündung der Dickdarmschleimhaut Schleim- und Blutbeimengungen enthalten. Bei schweren Verlaufsformen (**tox. Bakterienruhr**) sind die Symptome auf Grund der Toxinwirkung und der Salz- und Wasserverluste heftiger (Koliken, häufiges Erbrechen, zahlreichere Stühle, Kreislaufgefährdung, u. U. auch zentralnervöse Symptome). - Die Behandlung besteht in der Gabe von Antibiotika (Tetrazykline, Chloramphenikol), in leichten Fällen auch von Sulfonamiden.

◆ ↑Amöbenruhr.

◆ Sammelbez. für verschiedene Erkrankungen von Haustieren durch ↑Kokzidien oder andere Erreger.

Ruhramöbe ↑Entamoeba.

Ruhrbehörde ↑Ruhrgebiet (Geschichte).

Ruhrbesetzung ↑Ruhrgebiet (Geschichte).

Ruhrfestspiele, 1947 vom DGB und der Stadt Recklinghausen gegr. Theaterfestival, das als kulturelles Zentrum für die Arbeitnehmer des Ruhrgebiets geplant war. In der dreimonatigen Spielzeit gibt es pro Jahr zwei (meist klass.) Festspielinszenierungen. Regisseure u. a. R. Sellner, K. Stroux und H. Koch; internat. Gastspiele 1970 erstmalig durch das Deutsche Theater in Berlin (Ost), 1972 durch das Ensemble des Opernhauses in Sarajevo.

Ruhrgebiet, Teil des Rhein-Westfäl. Ind.gebiets, größter industrieller Ballungsraum Europas in hervorragender Verkehrslage. Hier schneiden sich die beiden wichtigsten mitteleurop. Verkehrsachsen: In O–W-Richtung der Hellweg am N-Rand des Mittelgebirges, in N–S-Richtung der Rhein mit seinem weitreichenden Fluß- und Kanalverbindungen. Der Bau eines dichten Eisenbahnnetzes seit 1847 und der Ausbau der Autobahnen ergänzen das Verkehrssystem. Die Entwicklung des R. war abhängig von Steinkohlenvorkommen, deren Abbau und den auf ihn orientierten Ind.zweigen. Der Abbau begann im MA am Rande des Ruhrtals, er reicht heute bis nördl. der Lippe, von Kamp-Lintfort im W bis Ahlen im O; allerdings wurde die Anzahl der Zechen nach 1957 stark reduziert, auf Grund des Strukturwandels in der Energieversorgung und allg. Rationalisierungsmaßnahmen. Die Eisen- und Stahlgewinnung sowie deren Verarbeitung, die 2. wirtsch. Säule des R., war abhängig vom Hochofenkoks. Der Preisdruck auf dem Weltmarkt führte in den 1960er und 1970er Jahren zur Stillegung von Hütten und zur Konzentration in größeren Unternehmensgruppen. Die Krise in der Montanind. erforderte einen Strukturwandel im R.; neben bereits bestehenden Werken der Kohlechemie, Elektro-, Glas-, Textil- und Brauind. entstanden zahlr. neue Werke (u. a. Automobilind.). Hinzu kamen Einrichtungen des tertiären Sektors, wie Univ. bzw. Gesamthochschulen in Bochum, Dortmund, Essen und Duisburg. Ausdruck des jüngsten Strukturwandels ist die Entwicklung der rheinparallelen (auch linksrhein.) Ind.zone (sog. Rheinschiene).

Geschichte: Obwohl schon im MA im S des R. Kohle gefördert wurde, erlaubte erst die Dampfmaschine seit Mitte des 19. Jh. eine größere Fördertiefe und damit das Wandern der ergiebiger werdenden Zechen nach N. 1919 und 1920 war das R. Zentrum kommunist. Unruhen. Im Zuge der Auseinandersetzungen um die Zahlung dt. Reparationen und in engerem Zusammenhang mit der frz. Sicherheits- und Hegemonialpolitik kam es nach der Besetzung von Düsseldorf, Duisburg und Ruhrort durch frz. und belg. Truppen (1921) zur **Ruhrbesetzung** (1923–25), nachdem die Reparationskommission gegen die brit. Stimme ein schuldhaftes Versagen Deutschlands in Holz- und Kohlelieferungen festgestellt hatte. Die Reg. Cuno reagierte mit passivem Widerstand (**Ruhrkampf**), dessen Finanzierung eine Ursache der Inflation wurde. Der Dawesplan 1924 schuf die Voraussetzungen für die Beendigung der Ruhrbesetzung bis Aug. 1925.

Auch nach dem 2. Weltkrieg war das R., in dem auch große Teile der dt. Rüstungsind. konzentriert waren, wegen seines industriellen Potentials Objekt einer Sonderbehandlung. Auf Grund des Abkommens vom 28. April 1949 (**Ruhrstatut**) beschlossen die USA, Großbrit., Frankr. und die Beneluxstaaten die Errichtung der **Internat. Ruhrbehörde,** die als Kontrollbehörde (seit 1949 auch mit westdt. Beteiligung) die Produktion des R. an Kohle, Koks und Stahl auf den dt. und internat. Markt verteilen und übermäßige wirtsch. Konzentration verhüten sollte; sie wurde nach Errichtung der Europ. Gemeinschaft für Kohle und Stahl bis Febr. 1953 liquidiert.

📖 *Birkenhauer, J.: Rhein.-Westfäl. Industriegebiet. Paderborn 1984. - Achilles, F.: Dortmund u. das östl. R. Paderborn 1983. - Revier-Lex. Das R. von A–Z. Bielefeld 1983. - Schott, H.: Entwicklungsprozesse in Mittelstädten des östl. R. Stg. u. a. 1981. - R. heute. Hg. v. R. Koschnitzke. Bochum 1980. - Politik u. Gesellschaft im R. Hg. v. H. Kühr u. K. Rohe. Meisenheim 1979. - Tenfelde, K.: Sozialgesch. der Bergarbeiterschaft an der Ruhr im 19. Jh. Bonn 1977. - Löbbe, K./Kruck, R.: Wirtschaftsstrukturelle Bestandsaufnahme f. das R. Bln. 1976.*

Ruhrkohle AG, dt. Holdinggesellschaft, Sitz Essen, am 27. Nov. 1968 unter Mitwirkung der Bundesreg. gegründet zur Neuordnung des in die Krise geratenen Ruhrbergbaus. Im Grundvertrag wurde festgelegt, daß die defizitären Zechen und die dazugehörigen Kraftwerke und Grundstücke zum 1. Jan. 1970 von der R. AG übernommen werden; Stillegung zahlr. Zechen in den folgenden Jahren.

Ruhrkraut (Gnaphalium), weltweit verbreitete Gatt. der Korbblütler mit rd. 150 Arten; weißgrau-filzige oder wollig behaarte Kräuter mit wechselständigen, ganzrandigen Blättern; Blüten in von weiß, gelb oder rötlich gefärbten Hüllblättern umgebenen, vielblütigen Köpfchen mit ♀ Rand- und zwitt-

rigen Scheibenblüten. Wichtigste einheim. Art ist auf kalkarmen Böden das **Waldruhrkraut**.
Rührmichnichtan ↑ Springkraut.
Ruhrort ↑ Duisburg.
Ruhrstatut ↑ Ruhrgebiet (Geschichte).
Rührstück, dramat. Gattung; entstand als gesamteurop. Erscheinung in der Empfindsamkeit (zw. 1730 und 1800); enthält meist Scheinkonflikte zw. Moral und Laster, Demonstrationen unerschütterl. Tugend, die Diskussion religiöser, pädagog. und ökonom. Fragen. Die Handlung spielt meist im Kreis der bürgerl. Familie (Familiendrama). Konflikte werden im rührenden Versöhnungsschluß wieder aufgehoben. Autoren: A. W. Iffland und A. von Kotzebue.
Rührtrommel (Landsknechtstrommel, Rolltrommel), um 1500 entstandene Trommel mit zylindr. Körper aus Holz oder Messing, mit hoher Zarge (bis zu 75 cm) und beidseitiger Fellbespannung (Schlag- und Resonanzfell). Die Veränderung der Fellspannung geschieht durch Lederschleifen, die jeweils zwei Teile der zickzacklaufenden Spannleine zusammenfassen, heute auch durch Spannschrauben. Kleinere R. sind die *Wirbel-, Rollier-, Tenortrommel* und die *Basler Trommel*.
Ruhrwurz ↑ Flohkraut.
Ruhsystem, ein physikal. Bezugssystem, in dem der jeweils betrachtete Körper (insbes. ein Teilchen) ruht.
Ruin [lat.-frz.], Zusammenbruch, Verderben, Untergang; **ruinieren**, zerstören, zugrunde richten.
Ruine [lat.-frz.], Bauwerk in verfallenem Zustand. Seit der italien. Renaissance erfährt die R. zunehmend eine ästhet. Wertschätzung. Antike R. werden Darstellungsobjekte in Malerei und Zeichnung, bes. auch zum Studium der Proportionen. Roman. R. erscheinen im 15. und 16. Jh. in der Darstellung der Geburt Christi als Stall von Bethlehem. Eigenes Bildthema wird die R. bei G. Piranesi. Sie ist v. a. im 19. Jh. Staffage für heroische oder romant. Stimmungen (C. D. Friedrich). Im 18. und 19. Jh. wurden künstl. R. errichtet.
Ruisdael, Jacob van [niederl. 'rœyzda:l], * Haarlem 1628 oder 1629, □ ebd. 14. März 1682, niederl. Maler. - 1648 Mgl. der Haarlemer Malergilde; seit 1656/57 in Amsterdam. Sein Werk ist Höhepunkt der niederl. Landschaftsmalerei in der 2. Hälfte des 17. Jh.; Einzelmotive oder topographische Gegebenheiten gibt R. wirklichkeitsgetreu wieder, insgesamt wird aber die Natur dramat.-pathet. verwandelt und ins Symbolische überhöht (Tod und Vergänglichkeit wie auch zähe Lebenskraft). Bäumen und Wolken gilt seine bes. Aufmerksamkeit. R. hatte Einfluß auf die Malerei der Romantik. - *Werke:* Schloß Bentheim (Bremen, Kunsthalle), Ansicht des Damrak (Rotterdam, Museum Boymans-van Beuningen), Haarlem von den Dünen bei Overveen gesehen (um 1670; Berlin-Dahlem),

Die Mühle von Wijk bei Duurstede (1670; Amsterdam, Rijksmuseum), Der Judenfriedhof (2 Fassungen: nach 1670, Dresden, Gemäldegalerie; 1660–70, Detroit, Institute of Arts).
Ruiz [span. rruiθ], José Martínez, span. Schriftsteller, ↑ Azorín.
R., Juan, gen. Arcipreste de Hita, * Alcalá de Henares 1283 (?), † um 1350, span. Dichter. - Erzpriester; bedeutendster Vertreter der ma. Literatur Spaniens; sein „Libro de buen amor" (7173 Verse; hg. 1790; dt. Ausw. 1960 u. d. T. „Aus dem Buch der guten Liebe") ist ein didakt.-moral. Traktat über die Liebe in autobiograph. Form, der in umfassendes Lebens- und Sittenbild Spaniens im 14. Jh. in origineller stoffl. und formaler Vielfalt vermittelt.
Ruiz, Nevado de [span. rruiθ], Vulkan in der kolumbian. Zentralkordillere, 25 km sö. von Manizales; bei einem verheerenden Ausbruch des 5400 m hohen, schneebedeckten Vulkans am 13. Nov. 1985 wurde die Stadt Armero von Schlammassen überflutet. Die Katastrophe forderte rd. 23 000 Menschenleben.
Ruiz de Alarcón y Mendoza, Juan [span. 'rruiθ ðe alar'kon i men'doθa], * Tasco (Mexiko) 1581 (?), † Madrid 4. Aug. 1639, span. Dramatiker. - Zunächst Anwalt. Verf. origineller moralisierender Sittenkomödien wie „Verdächtige Wahrheit" (1624), „Das Ehemänner-Examen" (1634), „So gewinnt man Freunde" (1634).
Ruiz Zorrilla, Manuel [span. 'rruiθ θo'rriʎa], * El Burgo de Osma (Prov. Soria) 22. März 1833, † Burgos 13. Juni 1895, span. Politiker. - 1858 progressist. Cortesabg.; am Sturz Isabellas II. 1868 führend beteiligt, mehrfach republikan. Min.; 1871 und 1872/73 Min.präs.; ab 1873 im Exil und Organisator zahlr. Aufstände gegen die restaurierte bourbon. Monarchie.
Ruländer (Grauer Burgunder, Grauer Mönch, Pinot gris, Malvoisie, Tokay d'Alsace), keltert die nährstoffreiche Böden und beste Lagen beansprucht; wenig säurebetonte, körperreiche Weine.
Rulfo, Juan, * Sayula (Jalisco) 16. Mai 1918, † Mexiko 7. Jan. 1986, mex. Schriftsteller. - „Der Llano in Flammen" (En., 1953) und „Pedro Páramo" (R., 1955), in denen er die Lebensproblematik der indian. Bev. schildert, hatten starken Einfluß auf die gesamte lateinamerikan. Literatur.
Rum, arab. Bez. für die Byzantiner (Rhomäer, Oströmer). Die auf ehem. byzantin. Gebiet herrschenden Seldschuken von Ikonion (= Konya) nannten sich „Sultane der Rum" († Rum-Seldschuken). Die Osmanen verwendeten die Bez. für die Angehörigen der griech.-orthodoxen Kirche.
Rum [engl.], Trinkbranntwein aus vergorener Zuckerrohrmelasse (oder auch Zuckerrohrsaft) und aromat. Zusätzen. Eigtl. farblos

Rumänien

(weißer R.), die gelblichbraune Farbe erhält R. durch Zusatz von Zuckercouleur (Karamel); unterschiedl. Alkoholgehalt (zw. 38–83 Vol.-%), wird zum Verbrauch meist verdünnt. - ↑auch Rumverschnitt.

Rumänien

(amtl.: Republica România), Republik im sö. Mitteleuropa, zw. 43°37′ und 48°15′ n. Br. sowie 20°16′ und 29°41′ ö. L. **Staatsgebiet:** R. grenzt im N an die UdSSR, im W an Ungarn, im SW an Jugoslawien, im S an Bulgarien, im SO an das Schwarze Meer. **Fläche:** 237 500 km². **Bevölkerung:** 22,55 Mill. E (1985), 95 E/km². **Hauptstadt:** Bukarest. **Verwaltungsgliederung:** 40 Verw.-Geb. (Judeţe) und 1 Munizipium (Bukarest). **Staatssprache:** Rumänisch. **Nationalfeiertag:** 23. Aug. **Währung:** Leu (l) = 100 Bani. **Internationale Mitgliedschaften:** UN, COMECON, Warschauer Pakt, GATT. **Zeitzone:** Osteuropäische Zeit, d. i. MEZ + 1 Stunde.

Rumänien. Wirtschaftskarte

Landesnatur: Der nach W geöffnete Bogen der Karpaten trennt den ehem. zu Ungarn gehören Teil des Landes vom sog. rumän. Altreich. Die in R. im Moldoveanu bis 2 543 m hohen Karpaten sowie das Westsiebenbürg. Gebirge (im W) umschließen das Siebenbürg. Hochland. Im NW (Maramureş und Crişana) und SW (Banat) hat R. Anteil an den Randbereichen des Großen Ungar. Tieflandes. Den Außenrand der Karpaten säumt das Hügelland der Vorkarpaten. Daran schließt sich östl. der Ostkarpaten das stark zerschnittene Moldauplateau an, südl. der Süd- und Ostkarpaten das Tiefland der Walachei, an deren S-Rand die Donau in einer weiten Niederung fließt. Zw. dem Fluß und dem Schwarzen Meer liegt die Dobrudscha, der im NO das Donaudelta vorgelagert ist. Den Übergang zum Balkan bildet das Banater Gebirge im äußersten SW, jenseits der Temes-Cerna-Furche.

Klima: Es herrscht kontinentales mitteleurop. Übergangsklima. Die Gebirge empfangen über 1 500 mm Niederschlag/Jahr.

Vegetation: In den Bergen wächst bis 1 000 m

Rumänien

Höhe Buchen- und Eichenwald, darüber Mischwald, oberhalb von 1 500 m Nadelwald. Über der Waldgrenze (1 600–1 800 m) folgen alpine Matten.
Tierwelt: Bes. erwähnenswert ist das Vorkommen von Wildkatze, Luchs und Braunbär.
Bevölkerung: Über 88 % der Bev. sind aus den romanisierten Dakern hervorgegangene Rumänen, rd. 8 % sind Magyaren und Szekler. Die deutschstämmige Bev. hat seit dem 2. Weltkrieg stark abgenommen, größte Gruppen sind heute die Siebenbürger Sachsen und die Banater Schwaben. Außerdem leben zahlr. Minderheiten in R., u. a. Serben, Kroaten, Ukrainer, Russen, Bulgaren, Türken, Zigeuner. In R. sind 14 Kirchen vertreten, wobei die rumän.-orth. Kirche überwiegt. Die ungar.sprachige Bev. ist ref. oder röm.-kath., die Siebenbürger Sachsen sind luth., die Banater Schwaben röm.-kath. In der Dobrudscha leben etwa 30 000 Muslime. Schulpflicht besteht vom 6.–16. Lebensjahr; es wird auch in den Sprachen der Minderheiten unterrichtet. Von 44 Hochschulen haben 7 Univ.rang.
Wirtschaft: Die Landw. wurde 1949–62 kollektiviert, wobei Staatsbetriebe, landw. Produktionsgemeinschaften (LPG) und Maschinen- und Traktorenstationen eingerichtet wurden. Die Mgl. der LPGs dürfen privates Hofland besitzen. Private kleinbäuerl. Betriebe gibt es v. a. noch in ungünstigen Gebirgslagen. Angebaut werden Mais, Weizen u. a. Getreidesorten, Sonnenblumen, Zuckerrüben, Flachs, Kartoffeln, Sojabohnen, Reis, Gemüse; bed. ist der Wein- und Obstbau. Rinder, Schweine, Schafe, Ziegen, Pferde und Geflügel werden gehalten. In den Wäldern wird Nutzholz gewonnen. Wiederaufgeforstet wird überwiegend mit Nadelhölzern. Fischerei wird in der Donau und im Schwarzen Meer betrieben. Wichtige Bodenschätze sind Erdöl, das seit Mitte der 1850er Jahre im Karpatenvorland gefördert wird, Erdgas in Siebenbürgen, Steinkohle im Petroşanibecken, Eisenerze in der Poiana Ruscăi sowie Stein- und Kochsalz, Bauxit, Gold, Silber-, Uran- u. a. Erze. Nach dem 2. Weltkrieg wurde das Agrarland R. im Rahmen der sozialist. Planwirtschaft der Ostblockländer industrialisiert, wobei Grundstoff- und Schwerind. bevorzugt entwickelt wurden. Die wichtigsten Zweige sind heute die Metall-, Nahrungsmittel-, Textil- sowie [petro]chem. Ind. Seit 1971 bestehen auch Unternehmen mit ausländ. Kapitalbeteiligung (bis zu 49 %). Ziele des bed. Fremdenverkehrs sind die Schwarzmeerküste und das Donaudelta, die Karpaten (auch Wintersport und Jagd), zahlr. Heilbäder sowie die Moldauklöster.
Außenhandel: Ausgeführt werden Maschinen, Ausrüstungen und Fahrzeuge, Erdölprodukte, Konsumgüter, chem. Erzeugnisse, Nahrungsmittel, Eisen und Stahl, Möbel u. a., eingeführt Rohstoffe, chem. Grundstoffe und Verbindungen, Kunststoffe und Kunstharze u. a. Wichtigster Partner ist die UdSSR, gefolgt von der DDR, Polen, der BR Deutschland, Iran, Großbritannien und den USA.
Verkehr: Die verstaatlichte Eisenbahn hat ein Schienennetz von rd. 11 100 km, das Straßennetz hat rd. 73 000 km Länge. Wichtigster Seehafen ist Konstanza, bed. Flußhäfen sind Brăila, Galatz und Giurgiu. 1984 wurde der Donau-Schwarzmeer-Kanal fertiggestellt. Die staatl. Fluggesellschaft TAROM bedient die 17 ✈ des Inlands sowie zahlr. ✈ im Ausland. Internat. ✈ bestehen bei Bukarest und Konstanza.
Geschichte: Zur Vorgeschichte ↑ Europa.
Altertum und byzantin. Zeit: Die frühe Geschichte Rumäniens ist seit dem 2. Jt. v. Chr. die Geschichte der Daker und Dakiens mit seinen Reichsbildungen unter Burebista (um 70–44) und Decebalus (87–106), seit dem 7./6. Jh. die Geschichte der griech. Städte der Schwarzmeerküste, die Geschichte der röm. Dobrudscha und der röm. Prov. Dakien. Während die Dobrudscha bis ins späte 7. Jh. n. Chr. Bestandteil des Byzantin. Reiches war, mußte Dakien 271 von Aurelian aufgegeben werden. Die stark romanisierte Bev., die in den ehem. röm. Gebieten weiterlebte, bildete das Hauptelement im Prozeß der Herausbildung des rumän. Volkes. Die im Laufe der Jh. das Gebiet des heutigen R. beherrschenden Wandervölker (3. Jh. Goten, 4./5. Jh. Hunnen, 5./6. Jh. Gepiden, 6.–8. Jh. Awaren) blieben eine dünne, militär./polit. Oberschicht. Auch durch die im 6./7. Jh. eindringenden Slawen wurde das roman. Element nicht verdrängt.
MA und Neuzeit bis zur Gründung des Ft. R.: Das heutige R. umfaßt im wesentl. die histor. Gebiete der Moldau, der Walachei und Siebenbürgens (↑ auch Banat, ↑ Bessarabien, ↑ Bukowina, ↑ Dobrudscha). – Im 10.–13. Jh. entstanden die ersten nachweisbaren polit. Formationen (kleine Woiwodschaften) der bodenständigen rumän. Bev. (Blachi, Vlahi, Wlachen), im 13. Jh. werden die Rumänen erstmals urkundl. als Volk erwähnt. Im 10./11. Jh. erfolgte die magyar. Landnahme in Siebenbürgen, das bald teils von Magyaren, teils ab etwa 1150 von den Siebenbürger Sachsen kolonisiert wurde. In der Moldau und in der Walachei schuf die bis zum 13. Jh. großenteils abgeschlossene Assimilierung der Slawen und anderer Völkerschaften durch die Nachkommen der dakoroman. Protorumänen die Voraussetzungen für die Bildung der Donau-Ft. (Dragoş 1352/53 oder 1354 in der Moldau und Basarab I. um 1310 in der Walachei). *Siebenbürgen* hatte trotz vielfältiger Bande zur Walachei und zur Moldau seine eigene Entwicklung und zeigte sich stark auf M-Europa ausgerichtet. Die *Moldau* und die *Walachei* erkauften sich eine weitgehende innere Selbständigkeit gegen-

Rumänien

über den Osmanen bis zu Beginn des 18. Jh. durch Tributzahlungen. Erbitterten und z. T. erfolgreichen Widerstand gegen das osman. Vordringen leistete neben den walach. Fürsten Mircea dem Alten (⚭ 1386–1418) und Vlad Țepeș (⚭ 1456–62, 1476) der moldauische Fürst Stephan d. Gr. (⚭ 1457–1504). Dem walach. Fürsten Michael dem Tapferen (⚭ 1593–1601) gelang es als erstem rumän. Fürsten, sein Land mit Siebenbürgen (Okt. 1599) und der Moldau (Mai 1600) für kurze Zeit zu vereinigen. Die Unzuverlässigkeit der einheim. Fürsten veranlaßte die Osmanen in der Moldau ab 1711, in der Walachei ab 1716, griech. Adlige (sog. Phanarioten) auf den Fürstenthron zu setzen. Die Kleine Walachei (Oltenien) gehörte 1718–39 zu Österreich, die Bukowina fiel 1775 an Österreich, Bessarabien 1812 an Rußland.

Das Nat.bewußtsein wurde in der Moldau insbes. durch Dimitrie Cantemir gefördert. In Siebenbürgen trugen v. a. die 1697 gegr. griech.-kath. (unierte) Kirche und die Siebenbürg. Schule (Școala ardeleană) durch den Kampf für die soziale und polit. Emanzipation der Rumänen zur Herausbildung des Nat.bewußtseins bei. Trotz des wachsenden Zusammengehörigkeitsgefühls mußten die Donau-Ft. weitere Gebiete abtreten; seit dem Frieden von Küçük Kaynarcı (1774) gerieten sie zunehmend unter russ. Einfluß und konnten ihre stark eingeschränkte staatl. Autonomie nur dank der Rivalität der Großmächte behaupten. Um den wachsenden Ggs. zw. Rumänen und Griechen zu beseitigen, beendeten die Osmanen die Phanariotenherrschaft und beriefen einheim. Fürsten auf den Thron. Rußland gab dan von ihm 1828–34 besetzten Donau-Ft. 1831/32 die erste moderne Verfassung (das „Organ. Reglement"). Die Revolution von 1848, auf die Emanzipation der Donau-Ft. gerichtet, wurde durch Intervention östr., russ. und osman. Truppen unterdrückt. Nach der Niederlage Rußlands im Krimkrieg (1853/54–56) endete das russ. Protektorat; die Ft. blieben unter osman. Oberhoheit, jedoch unter Protektorat der 7 europ. Signatarmächte des Pariser Friedens; die Moldau erhielt S-Bessarabien zurück.

Neuzeit von 1859 bis zum Ende des Kgr. R. (1947): 1859 gelang es, den moldauischen Obersten A. I. Cuza zum gemeinsamen Fürsten der Moldau und der Walachei zu wählen. Am 24. Jan. 1862 rief Cuza die Vereinigung der beiden Ft. unter dem Namen *Rumänien* aus. Er säkularisierte den Kirchenbesitz und führte eine wichtige Agrarreform durch. Bei der Novellierung der Verfassung geriet er in Ggs. zu den Großbojaren, die ihn 1866 zur Abdankung zwangen; sein Nachfolger wurde Karl I. (⚭ 1866–1914) aus dem Hause Hohenzollern-Sigmaringen. Der Berliner Kongreß (1878) erkannte die volle Souveränität von R. an; es mußte jedoch erneut S-Bessarabien an Rußland abtreten, erhielt aber die nördl. Dobrudscha. Der am 14. März 1881 zum König proklamierte Karl I. schloß am 30. Okt. 1883 einen Geheimvertrag mit Österreich-Ungarn und dem Dt. Reich. Das Fortbestehen von Großgrundbesitz, Willkür und Unterdrückung führte zu großen Bauernrevolten (1888, 1907), die blutig niedergeschlagen wurden. Nach dem 2. Balkankrieg (1913) fiel auch die südl. Dobrudscha (sog. Cadrilater) an R. Im 1. Weltkrieg blieb R. zunächst neutral, erklärte aber am 27. Aug. 1916 Österreich-Ungarn den Krieg mit dem Ziel, sich Siebenbürgen einzuverleiben. Der gewaltige Gegenstoß der dt.-östr.-ungar. Streitkräfte zwang die rumän. Armee zum Rückzug. Am 7. Mai 1918 schloß R. Frieden mit den Mittelmächten. In den Friedensverträgen von 1919/20 wurde der Anschluß der Bukowina, der ganzen Dobrudscha, Siebenbürgens und des östl. Banats bestätigt. R. hatte sein Staatsgebiet von 130 000 auf 295 000 km^2 vergrößert.

Im März 1923 wurde eine neue Verfassung angenommen. Außenpolit. baute R. seine Beziehungen zu Polen aus und gründete zus. mit Jugoslawien und der ČSR 1920/21 die Kleine Entente. Ungelöste soziale Fragen und die verbreitete Korruption ließen keine innenpolit. Stabilisierung zustande kommen. Die Unzufriedenheit mit den großen Parteien stärkte rechtsgerichtete Gruppierungen, insbes. die 1927 gegr. Legion Erzengel Michael († Eiserne Garde), eine faschist. Bewegung. Die 1893 gegr. Sozialdemokrat. Arbeiterpartei Rumäniens spielte nur eine bescheidene Rolle; von ihr spaltete sich 1921 die Kommunist. Partei Rumäniens ab, die 1924 verboten wurde. Innenpolit. Krisen gingen auch von der Krone aus. Karl II. (⚭ 1930–40) übte eine ausgeprägte Willkürherrschaft aus, die 1938 in offene Diktatur mündete. Außenpolit. verblieb R. im 2. Weltkrieg zunächst bei der Anlehnung an Frankr. Erst dessen Niederlage veranlaßte Karl II., eine Annäherung an die Achse Berlin-Rom zu suchen. R. konnte dadurch einer Besetzung entgehen, fand jedoch nirgends Unterstützung, als die Sowjetunion am 26. Juni 1940 ultimativ die Abtretung Bessarabiens und der nördl. Bukowina forderte und sich diese Gebiete angliederte. Im 2. Wiener Schiedsspruch vom 30. Aug. 1940 mußte R. auf N-Siebenbürgen zugunsten Ungarns verzichten, am 7. Sept. 1940 trat es die südl. Dobrudscha im Vertrag von Craiova an Bulgarien ab. Karl II. wurde von dem von ihm zum Min.präs. mit unbeschränkten Vollmachten ernannten General I. Antonescu gezwungen, abzudanken (6. Sept. 1940). Antonescu rief Karls Sohn Michael I. zum König aus und proklamierte den „Nat. Staat der Legionäre" (Beginn der profaschist. Militärdiktatur), der dem Dreimächtepakt beitrat. Abgesichert durch die seit Okt. 1940 im Land

Rumänien

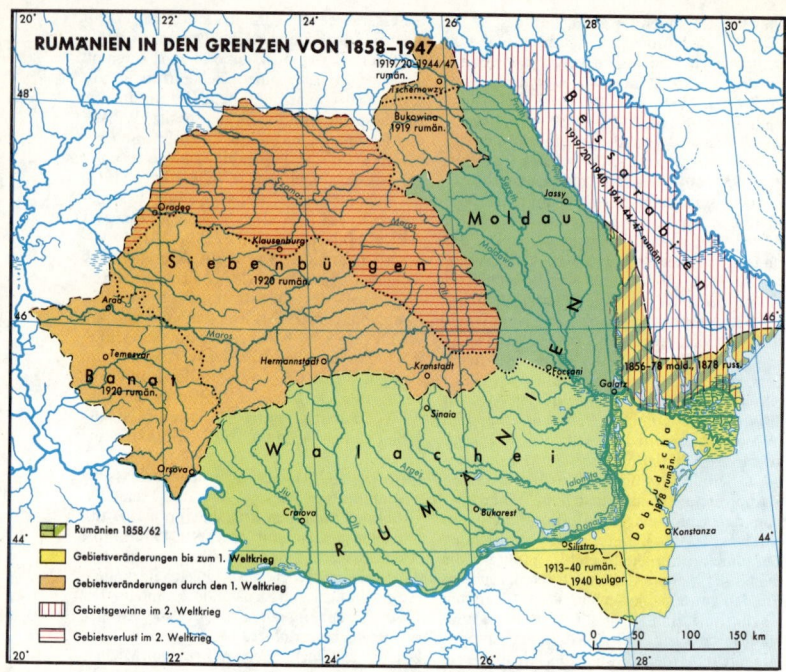

RUMÄNIEN IN DEN GRENZEN VON 1858–1947

- Rumänien 1858/62
- Gebietsveränderungen bis zum 1. Weltkrieg
- Gebietsveränderungen durch den 1. Weltkrieg
- Gebietsgewinne im 2. Weltkrieg
- Gebietsverlust im 2. Weltkrieg

stationierten dt. Truppen, entledigte sich Antonescu im Jan. 1941 der mitregierenden Legion; sie wurde verboten. R. trat am 22. Juni 1941 an der Seite des Dt. Reiches in den Krieg gegen die Sowjetunion ein. Im Juni 1944 bildete sich eine Koalition von Widerstandskräften. Am 23. Aug. 1944 wurde das Regime Antonescu gestürzt; König Michael I. ließ Antonescu verhaften; es kam zur bedingungslosen Kapitulation; die sowjet. Streitkräfte besetzten das Land. Nach der Bombardierung Bukarests durch die dt. Luftwaffe hatte R. am 24./25. Aug. dem Dt. Reich den Krieg erklärt, an dem es bis zum Ende teilnahm. Der Friedensvertrag (Paris 10. Febr. 1947) bestätigte den Verlust Bessarabiens und der nördl. Bukowina an die Sowjetunion, des Cadrilaters an Bulgarien, andererseits die Wiedervereinigung N-Siebenbürgens mit R. Am 6. März 1945 wurde eine Reg. der Nat.demokrat. Front unter P. Groza, dem Führer der Bauernfront (gegr. 1933), eingesetzt. Die am 23. März 1945 legitimierte, von der Rumän. Kommunist. Partei (RKP) bereits in Angriff genommene Agrarreform zerschlug zunächst den Großgrundbesitz zugunsten kleiner Bauernbetriebe und bereitete den Weg zur Kollektivierung mit der Enteignung des bäuerl. Besitzes vor. Am 19. Nov. 1946 gewann Groza unter Behinderung von Gegnern der Linkskoalition die ersten Nachkriegswahlen für den im Mai 1946 gegr. Block der Demokrat. Parteien (entsprach der Nat.demokrat. Front) und bildete erneut die Reg. In der 2. Jahreshälfte 1947 wurden die Nat. Bauernpartei, die Nat.liberale Partei und der rechte Flügel der Sozialdemokrat. Partei aufgelöst, ihre Führer wurden verurteilt. König Michael wurde am 30. Dez. 1947 zur Abdankung gezwungen und ging ins Exil, die Volksrepublik R. wurde ausgerufen.

Volksrepublik R. und Sozialist. Republik R.: Am 13. April 1948 wurde in der Großen Nat.versammlung die Verfassung angenommen (neue Verfassungen wurden am 24. Sept. 1952 [Proklamation des Überganges vom Kapitalismus zum Sozialismus] und am 21. Aug. 1965 [Proklamation der Sozialist. Republik R.] beschlossen). Im Juni 1948 wurden alle Ind.betriebe, Banken, Transportunternehmen und Versicherungsgesellschaften verstaatlicht. Im Dez. 1948 wurde die unierte Kirche aufgelöst, ihre Bischöfe wurden verhaftet. Am 19. Nov. 1968 gründete die RKP die Front der Sozialist. Einheit (FSE). Die Industrialisierung des Agrarlandes R. wurde rasch vorangetrieben. Parteigeschichte und Innenpolitik wurden zw. 1944 und 1965 durch G. Gheorghiu-Dej geprägt, seither ist N. Ceaușescu Parteichef und Staatsoberhaupt

Rumänien

(im Dez. 1967 Vors. des Staatsrates; am 28. März 1974 zum ersten Staatspräs. der Sozialist. Republik R. gewählt). R. integrierte sich in den Ostblock durch die Mitbegründung des Kominform (Sept. 1947), des COMECON (Jan. 1949) und des Warschauer Paktes (Mai 1955). Der Rückzug der sowjet. Besatzungstruppen 1958 schuf die Voraussetzung für die spätere Verfolgung eines unabhängigen Kurses der RKP gegenüber dem Führungsanspruch der KPdSU. Am 22. Aug. 1968 bestätigte die Große Nat.versammlung die „Erklärung über die Grundprinzipien der Außenpolitik Rumäniens": Gegenseitige Respektierung der nat. Unabhängigkeit und Souveränität, Nichteinmischung in die inneren Angelegenheiten anderer Länder. Seit der Mitte der 1960er Jahre praktiziert R. eine Außenpolitik der „Öffnung nach allen Seiten" und intensiviert seine Tätigkeit innerhalb der UN. Seine Eigenwilligkeit im Lager der sozialist. Staaten demonstrierte R. 1979/80 in der Außenpolitik, als ohne die Sowjetunion namentlich zu erwähnen, Staats- und Parteichef Ceaușescu deutl. Stellung gegen die sowjet. Intervention nahm. Die Rolle des „ehrlichen Maklers" zw. den Blöcken kam ins Wanken, nachdem die stalinist. Innenpolitik heftige Kritik im Westen hervorgerufen hatte. Der rumän. Handlungsspielraum wurde zudem durch die prekäre wirtsch. Lage erhebl. eingeengt. Die Wirtschaftskrise, die zu Beginn der 1980er Jahre in R. offen ausbrach, führte durch die Sparpolitik der Reg. zu einem drast. Rückgang des Lebensstandards der Bevölkerung. V. a. die Energieversorgung des Landes und die Versorgung mit Grundnahrungsmitteln sind schlecht. Die Umsiedlungspläne der Reg. für die dt.stämmige und ungar. Bev. führten zu Protesten und außenpolit. Spannungen mit Ungarn und der BR Deutschland. Im Febr. 1987 sprach sich Staats- und Parteichef N. Ceaușescu gegen Reformbestrebungen aus, wie sie der sowjet. Parteichef Gorbatschow in seinem Land durchführen möchte. Er stellte die von Moskau ausgehenden neuen Ideen offen als „im Gegensatz zum wiss. Sozialismus stehend" dar. R. geriet mit seiner Politik innerhalb des Warschauer Paktes und des COMECON in eine immer stärkere Isolierung.

Die katastrophale wirtsch. Lage und die stalinist. Herrschaftspraktiken führten im Dez. 1989, ausgehend von der Stadt Timișoara (Temesvar), zu einem Volksaufstand, in dessen Verlauf zahlr. Menschen zu Tode kamen und Staatschef N. Ceaușescu am 22. Dez. gestürzt wurde. Nach einem kurzen Gerichtsverfahren durch den inzwischen gebildeten Rat der Nat. Rettung wurde Ceaușescu zus. mit seiner Frau am 25. Dez. hingerichtet. Die Kämpfe zw. Anhängern des gestürzten Staats- und Parteichefs - v. a. der gefürchteten Geheimpolizei Securitate - und dem Militär, das sich auf die Seite der Demonstranten gestellt hatte, zogen sich bis in den Jan. 1990 hinein. Der Rat der Front der Nat. Rettung unter Führung des ehem. ZK-Mgl. der Kommunist. Partei, I. Iliescu, verbot die Kommunist. Partei, hob eine Reihe umstrittener Gesetze, u. a. die Umsiedlungsgesetze, auf und kündigte freie Wahlen an; zugleich wurde der Staatsname abgeändert und R. in Republik R. (vorher Sozialist. Republik R.) umbenannt. Die Geheimpolizei Securitate wurde offiziell aufgelöst. Eine Kommission soll eine neue Verfassung ausarbeiten. Unter dem Druck von Massenprotesten gegen die Informationspolitik und gegen Maßnahmen gegen die Opposition wurde Anfang Febr. 1990 der Rat der Front der Nat. Rettung aufgelöst und durch den Provisor. Rat der Nat. Einheit ersetzt, in dem auch Oppositionsgruppen vertreten sind. Für Mai 1990 wurden Neuwahlen ausgeschrieben. Am 19. März fanden v. a. in den großen Städten erneut Massendemonstrationen mit deutl. antikommunist. Tendenz statt. Sie zielen v. a. gegen die Beteiligung ehemaliger Funktionäre der KP an der Übergangsregierung.

Politisches System: Die mehrfach geänderte Verfassung vom 21. Aug. 1965, in der sich R. als Sozialist. Republik bezeichnete, wurde nach dem Umsturz Ende Dez. 1989 außer Kraft gesetzt, die führende Rolle der Kommunist. Partei gestrichen. Eine neue Verfassung wird ausgearbeitet, in der die Gewaltentrennung, die zeitl. Begrenzung polit. Mandate sowie Glaubens-, Presse- und Meinungsfreiheit verankert werden sollen. *Staatsoberhaupt* war bis Dez. 1989 der Staatspräs.; seither werden seine Aufgaben vom Vors. des Provisor. Rats der Nat. Einheit wahrgenommen. Als *Legislativorgan* fungierte unter N. Ceaușescu die Große Nat.versammlung, deren 349 Mgl. für 5 Jahre gewählt wurden. Die Kandidaten wurden von der Front der Sozialist. Einheit ausgewählt und aufgestellt. Die Aufgaben der Großen Nat.versammlung nimmt der Provisor. Rat der Nat. Einheit wahr, dessen Exekutivkomitee die Reg.aufgaben übernommen hat. Der Provisor. Rat der Nat. Einheit regiert durch Dekrete und Verordnungen. Die einzige zugelassene *Partei*, die rumän. Kommunist. Partei (RKP), wurde nach dem Umsturz verboten. Inzwischen haben sich neue polit. Gruppierungen gebildet, die an den Wahlen im Mai 1990 teilnehmen wollen.

R. ist in 40 *Verwaltungs*gebiete (Județe) und 1 Munizipium (Bukarest) untergliedert. Lokale Organe der Staatsmacht sind die gewählten Volksräte der Verwaltungsgebiete, der Städte und Gemeinden. Die Volksräte regeln lokale Angelegenheiten. Ihre Beschlüsse werden von den Vollzugsausschüssen ausgeführt.

Die *Recht*sprechung wird vom Obersten Gericht, den Judeţgerichten, den Volksgerichten in den Städten und Gemeinden sowie den Militärgerichten ausgeübt. Die Gerichte sind mit Berufs- und Laienrichtern besetzt.

Rumänisch

Die *Streitkräfte* sind rd. 179 500 Mann stark (Heer 140 000, Luftwaffe 32 000, Marine 7 500). Daneben gab es bis Jan. 1990 paramilitär. Verbände (Sicherheits- und Grenztruppen) mit 37 000 Mann und eine rd. 900 000 Mann starke Miliz. Es besteht allg. Wehrpflicht (Heer und Luftwaffe 16 Monate, Marine 2 Jahre). Die stark und besser als die Armee bewaffnete Geheimpolizei Securitate wurde aufgelöst.

📖 *Heinen, A.: Die Legion „Erzengel Michael" in R.* Mchn. 1986. - *Tontsch, G. H.: Partei u. Staat in R.* Köln 1985. - *Taschenlexikon R.* Hg. v. Bibliograph. Institut Leipzig. Leipzig 1984. - *Beer, K. P.: Zur Entwicklung des Parteien- und Parlamentssystems in R. 1928–1933.* 2 Bde. Ffm. u. a. 1982. - *Illyés, E.: Nat. Minderheiten in R.* Wien 1981. - *Arvinte, V.: Die Rumänen.* Tüb. 1980. - *Romania - an encyclopaedic survey.* Hg. v. A. Avramescu u. S. Celac. Bukarest 1980. - *Bercin, D.: Daco-Romania. Dt. Übers.* Mchn. u. a. 1978. - *R.* Hg. v. K.-D. Grothusen. Gött. 1977. - *Zach, K.: Orth. Kirche u. rumän. Volksbewußtsein im 15–18. Jh.* Wsb. 1977. - *Turczynski, E.: Konfession u. Nation* Düss. 1976. - *Turnock, D.: An economic geography of Romania.* London 1974. - *Huber, M.: Grundzüge der Gesch. Rumäniens.* Darmst. 1973.

Rumänisch, aus der nördl. und südl. der Donau gesprochenen lat. Sprache entstandene, zu den roman. Sprachen gehörende Sprache, die v. a. in Rumänien, aber auch in angrenzenden Gebieten von über 20 Mill. Menschen gesprochen wird. Das R. gliedert sich in vier Hauptmundarten: Das wieder in verschiedene Mundarten untergliederte **Dakorumänische** (v. a. in Rumänien), **Aromunisch** (oder *Mazedo-R.;* Makedonien und Albanien), **Meglenitisch** (nördl. von Saloniki) und **Istrorumänisch** (auf Istrien). Gemeinsam sind diesen Mundarten Entlehnungen aus vorroman. Sprachen (Dakisch, Illyrisch), aus dem Alban. und dem Slaw. der Zeit vor 1 000 n. Chr. sowie eine Reihe bereits urrumän. lautl. Eigentümlichkeiten gegenüber dem Lat.; eine dialektale Besonderheit ist das in kyrill. Schrift geschriebene †Moldauische. - Typisch für das R. sind u. a. der große Reichtum an Diphthongen und Triphthongen, die starke gegenseitige Beeinflussung von Vokalen und Konsonanten im Wort, die der Vokale durch die Verschiebung der Tonstelle. Daraus ergibt sich eine ständige Veränderung des Wortkörpers in der Flexion. Das R. besitzt viele Entlehnungen aus nichtroman. Sprachen, aus dem Slaw., Alban., Ungar., Griech. sowie den Turksprachen. Die Sprache wurde bis zur Mitte des 19. Jh. in einer modifizierten kyrill. Schrift geschrieben, um 1860 setzte sich die lat. Schrift durch.

📖 *Lombard, A.: La langue roumaine, une présentation.* Paris 1974. - *Schroeder, K. H.: Einf. in das Studium des R. Sprachwiss. u. Literaturgesch.* Bln. 1968.

rumänische Kunst, auf dem Gebiet des heutigen Rumänien entwickelten im MA Moldau und Walachei Züge einer eigentüml. rumän. Kunst, während das erst 1919/20 an Rumänien angeschlossene Siebenbürgen durch ständigen Austausch mit mitteleurop. Kunstzentren geprägt war: Roman. und got. Kirchenbauten entstanden an den kath. Bischofssitzen (Dom in Karlsburg [Alba Iulia], 1242–91) und in den sächs. Kolonistengemeinden. Seit dem 14. Jh. wurden typ. „Kirchenburgen" gegen die Türken errichtet. Gleichzeitig waren Moldau und Walachei dagegen von der byzantin. Kunst bestimmt. In der Walachei bildeten sich überkuppelte Sonderbauformen heraus, die Trikonchos und Kreuzkuppelkirchen nach W erweiterten (Klosterkirche in Dealu, 1499, Bischofskirche in Curtea de Argeş, um 1525). In der Moldau, wo einzelne Elemente auch von der abendländ. Gotik übernommen wurden, stellt das gestaffelte sog. moldauische Gewölbe eine nat. Eigenleistung dar, die vom 15. Jh. (Kirche Sfîntu Cruce in Pătrăuţi, 1487) bis spät 18. Jh. wirksam blieb.

Die rumän. Malerei erreichte mit strengen Fresken und Ikonen im 16. Jh. einen Höhepunkt (Curtea de Argeş). Damals wurden auch umfangreiche Freskenzyklen an den Außenwänden moldauischer Kirchen üblich (Klosterkirchen in Voroneţ und Humor). Im 19. Jh. suchten u. a. N. Grigorescu (*1838, †1907) und S. Luchian (*1869, †1916) Anschluß an die frz. Malerei ihrer Zeit. Den wichtigsten rumän. Beitrag zur modernen Kunst leistete der in Paris lebende Bildhauer C. Brancusi (Skulpturenensemble in Tîrgu Jiu, 1937).

📖 *Kunstdenkmäler in Rumänien.* Hg. v. R. Hootz u. a. Mchn. 1985. - *Réau, L.: L'art roumain.* Paris 1947.

rumänische Literatur, die Anfänge einer boden-, wenn auch nicht eigenständigen r. L. reichen bis ins 16. Jh.; die Sprache ist Altslaw., die Vorlagen sind byzant. (rhetor. Texte, Volksbücher, Chroniken). Hiervon unabhängig entfaltete sich eine reiche *Volksdichtung,* typ. ausgeprägt in der Doinǎ (Liebes- und Sehnsuchtslied) und der Ballade. Erstes überliefertes Dokument in rumän. Sprache ist ein Bojarenbrief von 1521. Eigenständigkeit gewann die r. L. mit Chroniken; am bedeutendsten war der Fürst und Polyhistor D. Cantemir. Die Besinnung auf nat. Größe und Eigenart führte zum Durchbruch des Rumän. im Schriftverkehr; 1688 erschien die erste rumän. Bibelübersetzung. Zunehmend wurde *Laienliteratur* (Volksbücher, moral. Schriften) in Übersetzungen oder Bearbeitungen verbreitet. Auf Grund der Erkenntnis vom roman. Ursprung der Rumänen und der Latinität ihrer Sprache versuchte die „Siebenbürgische Schule" die rumän. Sprache mit lat. und italien. Wörtern zu durchsetzen

rumänische Kunst

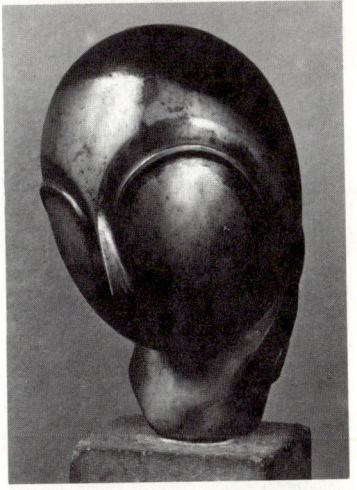

Rumänische Kunst. Links oben: Predigt des heiligen Johannes I. Chrysostomos (1530). Fresko in der Klosterkirche Humor bei Gura Humorului; rechts oben: Nicolae Grigorescu, Straße in Vitré (um 1882). Bukarest, Muzeul de Arta al R.S.R.; rechts: Constantin Brancusi, Mademoiselle Pogani (um 1920). Paris, Musée National d'Art Moderne

und die lat. Schrift einzuführen. Bed. Mgl. waren: S. Micu (*1745, †1806), G. Şincai (*1754, †1816), P. Maior (*um 1760, †1821), G. Lazăr (*1779, †1823), G. Asachi (*1788, †1869), I. Budai-Deleanu (*um 1763, †1820). Wachsendes Nationalbewußtsein und Öffnung nach dem Westen kennzeichneten die Periode nach 1821. Brennpunkte der Entwicklung waren v.a. die [1829 erscheinenden] ersten rumän. Zeitschriften in Bukarest und Jassy, in denen sich exemplar. die Gleichzeitigkeit der Auseinandersetzung mit Klassizismus und Romantik W-Europas spiegelte; dies gilt auch für den Lyriker G. Alexandrescu wie für den vielseitigsten Dichter der Epoche und ersten Sammler rumän. Volksdichtung, V. Alecsandri; bed. auch der Dramatiker und Novellist C. Negruzzi. Begründer der rumän. Literaturkritik ist T. L. Maiorescu; Mgl. des von ihm 1863 in Jassy gegr., die Nachahmung westeurop. Vorbilder ablehnenden Dichterkreises „Junimea" („Die Jugend") waren M. Eminescu, der Dramatiker I. L. Caragiale, der Erzähler I. Creangă und der Novellist I. Slavici. In scharfem Ggs. zur Junimea standen der marxist. Theoretiker und Publizist C. Dobrogeanu-Gherea (*1855, †1920), der Schriftsteller und Sprachforscher B. P. Hasdeu (*1838, †1907) sowie der Vorläufer des rumän. Symbolismus, A. Macedonski (*1854, †1920). Eine in Geschichte und Tradition verwurzelte Literatur verfaßten u.a. die Lyriker A. Vlahuţă (*1858, †1919), G. Coşbuc (*1866, †1918) und der Meister des histor. Romans, M. Sadoveanu.

Früheste Vertreter des noch vor 1914 einsetzenden Symbolismus waren die Lyriker D. Anghel (*1872, †1914) und I. Minulescu (*1881, †1944). Bed. für die Entwicklung der modernen rumän. Lyrik waren v.a. T. Arghezi (*1880, †1967), G. Bacovia (*1881, †1957),

rumänische Musik

I. Barbu (*1895, †1961), V. Voiculescu (*1884, †1963) und I. Vinea (*1895, †1964). Die führenden Prosaisten der 1920er und 1930er Jahre waren M. Sadoveanu, Cezar Petrescu, G. Galaction (*1879, †1961), L. Rebreanu (*1885, †1944) und Camil Petrescu (*1894, †1957), in den 1950er Jahren v. a. G. Călinescu (*1899, †1965). 1948 bis etwa 1964 war der sozialist. Realismus offiziell verbindl. Literaturnorm, der alle modernist. Strömungen zum Opfer fielen; Bed. erlangte die Prosa von Z. Stancu, T. Popovici, M. Preda (*1922), E. Barbu (*1924), auch die Lyrik von M. R. Paraschivescu (*1911, †1971) und G. Dumitrescu (*1920). Nach der Wiederaufnahme der vielfältigen stilistischen Mittel der Zwischenkriegszeit seit Mitte der 1960er Jahre ist heute neben einem parteilich-gesellschaftlichen Engagement v. a. eine antirealist. Phantastik sowie eine ästhetisierende Erprobung neuer Formen und Stile zu beobachten, z. B. bei L. Dimov (*1926), N. Stănescu, M. Sorescu (*1936), S. Mărculescu (*1936), I. Alexandru (*1941) und A. Blandiana (*1942). Zunehmende Einschränkung der Meinungsfreiheit und literar. Darstellungsmöglichkeiten [v. a. in den 1970er Jahren] veranlaßten u. a. den Religionshistoriker und Erzähler M. Eliade, die Romanciers P. Dumitriu, P. Goma (*1935) und P. Popescu (*1944) zur Emigration.
Rumänistik in der Diskussion. Hg. v. G. Holtus u. E. Radtke. Tübingen 1986. - Popa, M.: Gesch. der r. L. Dt. Übers. Bukarest 1980. - Stanomir, G.: Die rumän. Dramatik nach 1945. Ffm. 1980.

rumänische Musik, mit der Übernahme des Christentums im 9. Jh. fanden die liturg. Gesänge des byzantin.-slaw. Ritus Eingang, doch reichen handschriftl. Quellen nicht vor das 15. Jh. zurück. Bis zum 19. Jh. dokumentierte sich die weltl. Musik nahezu ausschließl. im Bereich der Volksmusik, deren Sammlung und Erforschung v. a. C. Brăiloiu, G. Breazul (*1887, †1961) und B. Bartók zu verdanken ist. An die Stelle vorher stark türk. Elemente trat seit Beginn des 19. Jh. ein zunehmender europ. Einfluß (Italien, Österreich, um 1900 Frankr.), der sich mit dem Aufkommen nat. rumän. Tendenzen verband. Bed. Komponisten: G. Stephănescu (*1843, †1925), D. G. Kirac (*1866, †1928), G. Enescu, A. Alessandrescu (*1893, †1959), M. Andricu (*1894, †1974), M. Mihalovici, P. Constantinescu (*1909, †1963), A. Vieru (*1926), A. Hrisanide (*1936), C. Miereanu (*1943).

Rumantsch (Rumontsch), svw. ↑Romantsch.

Rumäther, als Rumessenz verwendeter Ameisensäureäthylester.

Rumba [kuban.], Sammelbez. für afrokuban. Tänze, aus denen sich ab etwa 1914 ein zunächst in den USA, seit etwa 1930 auch in Europa verbreiteter Gesellschaftstanz entwickelte. Die in mäßigem bis raschem gera-

dem Takt stehende R. mit einer mehrschichtigen, synkopenreichen Rhythmik wird als offener Paartanz mit ausgeprägten Hüftbewegungen ausgeführt.

Rumelien (türk. Rumeli), von dem arab. Wort Rum abgeleiteter Name für das europ. Gebiet des Osman. Reiches seit 1352/54; Statthalterschaft mit Verwaltungssitz Edirne, später Sofia; um 1850 Thrakien und Makedonien umfassend. - Zu Ost-R. ↑Bulgarien (Geschichte).

Rumex [lat.], svw. ↑Ampfer.

Rumford, Sir (seit 1784) Benjamin Thompson, Earl (seit 1791) [engl. 'rʌmfəd], *North Woburn (Mass.) 26. März 1753, †Auteuil bei Paris 21. Aug. 1814, brit.-amerikan. Chemiker und Physiker. - Zunächst in engl., ab 1784 in bayr. Diensten, wo er als Kriegsminister die Reorganisation des bayr. Heers durchführte. Er gründete Arbeitshäuser, ließ den Engl. Garten in München anlegen und führte die Kartoffel in Bayern ein. Er stellte Untersuchungen zur Reibungswärme an und konstruierte ein Kalorimeter und ein Photometer. Auf R. geht die Gründung der Royal Institution of Great Britain (1799) zurück.

Rumija, verkarstetes Gebirge sw. des Skutarisees, Jugoslawien, bis 1593 m hoch.

Ruminantia [lat.], svw. ↑Wiederkäuer.

Rumma, Wadi Ar, eines der größten Wadis der Arab. Halbinsel, erstreckt sich über rd. 500 km von W nach O im zentralen Saudi-Arabien.

Rummy [engl. 'rʌmi] ↑Rommé.

Rumohr, Carl Friedrich von, Pseud. Joseph König, *Reinhardtsgrimma bei Dresden 6. Jan. 1785, †Dresden 25. Juli 1843, dt. Kunsthistoriker. - Einer der Begründer der dt. Kunstgeschichte als wiss. Disziplin; schrieb u. a. „Italien. Forschungen" (1826–31), „Zur Geschichte und Theorie der Formschneidekunst" (1837).

Rumor, Mariano, *Vicenza 16. Juni 1915, italien. Politiker. - Gymnasiallehrer; Kriegsdienst, ab 1943 im Widerstand; ab 1946 Mgl. der Konstituante, seit 1948 Abg.; 1954–64 Vizesekretär, 1964–68 Generalsekretär der Democrazia Cristiana; 1959–63 Landw.min.; 1968–70 und 1973/74 Min.präs.; 1972/73 Innenmin.; 1974–76 Außenmin.; 1965–73 Präs. der Union Européenne Democrate Chrétienne. - †22. Jan. 1990.

Rumor [lat.], in der Medizin svw. Geräusch (z. B. beim Auftreten turbulenter Blutströmung in Gefäßen).

Rundfunk

Rumpelfilter, ein Hochpaß zur Unterdrückung der durch mechan. Vibrationen bei Plattenspielern verursachten Rumpelgeräusche. Da ein R. alle Frequenzen unterhalb etwa 70 Hz abschneidet, wird auch die Wiedergabe der Bässe beschränkt.

Rumpf, (Körperstamm, Truncus) äußerl. meist wenig gegliederte Hauptmasse des Körpers der Wirbeltiere (einschl. Mensch), bestehend aus Brust, Bauch und Rücken; nicht zum R. gehören also Kopf, Hals, Gliedmaßen und Schwanz.
◆ ↑ Flugzeug.

Rumpffläche, durch flächenhafte Abtragung in langen Zeiträumen, v. a. unter trop.-wechselfeuchten Klimabedingungen, geschaffene flachwellige bis ebene Landoberfläche, durch die schräggestellte oder gefaltete Schichten gekappt *(eingerumpft)* wurden.

Rumpfgebirge, Bez. für einen nach Abschluß der Gebirgsbildung flächenhaft abgetragenen Gebirgskörper. Ist er nachträgl. durch Verwerfungen zerstückelt, spricht man von **Rumpfschollengebirge.**

Rumpfparlament, Bez. für die verbliebene Minderheit des engl. Parlaments nach der Vertreibung seiner presbyterian. Mgl. durch O. Cromwell (Dez. 1648).

Rumpftreppe, unter trop. Klimabedingungen entstandenes System von Verebnungsflächen, die um ein zentrales Hochgebiet in verschiedenen Höhenstufen ausgebildet sind.

Rumpler, Edmund, * Wien 4. Jan. 1872, † Tollow (= Züsow, Bezirk Rostock) 7. Sept. 1940, östr. Konstrukteur. - Gründete 1908 die R. Luftfahrzeugbau GmbH in Berlin und baute dort eine weiterentwickelte Form der „Taube" I. Etrichs (*R.-Taube*, eigtl. *Etrich-R.-Taube*), das bekannteste und erfolgreichste Flugzeug vor dem Ersten Weltkrieg. Außerdem entwickelte er das erste Kabinenflugzeug sowie zweimotorige Flugzeuge. 1921 konstruierte er den ersten stromlinienförmigen Kraftwagen („Tropfenauto"), mit Schwingachsen, Heckmotor und Vorderradantrieb.

Rumpsteak ['rʌmpsteːk; engl.], Fleischscheibe aus Lende oder Zwischenrückenstück des Rindes, wird gegrillt oder gebraten.

Rum-Seldschuken, türk. Dyn. von Ikonion (= Konya; *Ikon. Dyn.*) 1134–1308; hervorgegangen aus einem Zweig der Seldschuken; begründeten unter den nach Kleinasien eingewanderten Turkstämmen ein Ft. und gewannen 1134 Konya als Residenz. 1243 eroberten die Mongolen das Land, sie duldeten die R.-S. als Vasallen bis 1308.

Rumtopf, in Rum schichtweise eingelegte, gezuckerte Früchte.

Rumverschnitt, Mischung von Rum mit Alkohol anderer Art (R. braucht nur $1/20$ Rum zu enthalten).

Run [rʌn; engl. „Lauf"], allg. svw. Ansturm, Andrang, Zulauf; insbes. panikartiger Ansturm von Einlegern auf eine Bank, die wegen eines tatsächlich oder vermeintlich drohenden Konkurses um ihre Einlagen fürchten.

Runabouts [engl. 'rʌnəbaʊts], im Motorbootsport Bez. der 7 Bootsklassen mit Einbaumotoren (je nach Klasse bis 900, bis 1 300, bis 2 000, bis 3 000, bis 4 500, bis 7 000, über 7 000 cm^3); vorgeschrieben sind Serienmotoren ohne Kompressoren, die Abmessungen des Bootes und die Sitzplatzzahl.

Runcie, Robert [engl. 'rʌnsɪ:], * Liverpool 2. Okt. 1921, engl. anglikan. Theologe. - Seit 1970 Bischof von St. Albans, seit 1980 Erzbischof von Canterbury.

Runciman, Walter [engl. 'rʌnsɪmən], Viscount R. of Doxford (seit 1937), * South Shields 19. Nov. 1870, † Doxford (Northumberland) 13. Nov. 1949, brit. Politiker. - Mit Unterbrechungen 1899–1937 liberales (ab 1931 liberal-nat.) Unterhaus-Mgl.; 1908–11 Erziehungs-, 1911–14 Landw.-, 1914–16 und 1931–37 Handelsmin.; bereitete als „unabhängiger Vermittler" im Juli 1938 das Münchner Abkommen vor.

Rundbogenstil, svw. Neuromantik.

Runde, sportl. Begriff mit verschiedenen Bed.: in Wettkämpfen Bez. für eine *Zeiteinheit* (Boxen, Ringen) oder eine *Längeneinheit* (Bahnlaufen in der Leichtathletik oder im Radsport); außerdem Bez. für den *Verlauf eines Spiels* in Sportarten mit mehreren Stationen (Golf) oder eine abgeschlossene *Spiel-* oder *Wettkampfserie.*

runden, eine Zahl durch einen [kleineren oder größeren] Näherungswert ersetzen. Dabei werden im allg. folgende **Rundungsregeln** verwendet: 1. Folgt auf die letzte Stelle, die noch angegeben werden soll, eine der Ziffern 0, 1, 2, 3 oder 4, wird *ab*gerundet, d. h. die letzte stehenbleibende Ziffer wird nicht verändert; z. B. 3,141 ≈ 3,14. 2. Folgt auf die letzte Stelle, die noch angegeben werden soll, eine der Ziffern 5, 6, 7, 8 oder 9, dann wird *auf*gerundet, d. h. die letzte stehenbleibende Ziffer wird um 1 erhöht; z. B. 3,1415 ≈ 3,142.

Runderneuerung, die Erneuerung von Kfz.-Reifen (insbes. Diagonalreifen) nach Abfahren des Profils. Man unterscheidet: *Besohlung* (nur Erneuerung der Profilfläche), *R. von Schulter zu Schulter* und *R. von Wulst zu Wulst.* Die R. erfolgt nach Abschälen der abgenutzten Lauffläche und von Seitenteilen durch Aufvulkanisation neuer Reifenteile.

Rundfunk, die drahtlose (seltener leitungsgebundene) Verbreitung von für die Allgemeinheit bestimmten Informationen und Darbietungen aller Art in Wort und Ton (beim *Hör-* oder *Ton-R.,* ↑ Hörfunk) sowie als Bild (beim *Fernseh-R.,* ↑ Fernsehen) mit Hilfe modulierter hochfrequenter elektr. Wellen; i. e. S. die (auch als *Radio* bezeichnete) Gesamtheit der Anlagen, die zur Aufnahme

31

Rundfunkanstalten

akust. Signale und ihrer Übertragung auf funktecnn. Wege (als *R.sendungen*) einschl. ihrer Rückwandlung in R.empfängern (bei den R.hörern) dienen.

Völkerrecht: Die grundsätzl. völkerrechtl. Frage, ob der Funkverkehr innerhalb eines Staatsgebiets der Souveränität des jeweiligen Staates unterliegt oder ob alle Staaten ein Koimperium an den Funkwellen ausüben, ist ungeklärt. Da die Ausbreitung des R. nur schwer begrenzbar ist, wird versucht, zu internat. Regelungen zu kommen. So wird - schon wegen des begrenzten Vorrats an Frequenzbereichen - die Aufteilung der Frequenzen im Rahmen der ↑Internationalen Fernmelde-Union vorgenommen. Ohne Genehmigung der zuständigen Regierung darf kein Sender betrieben werden († auch Piratensender). Bei Störung einer ordnungsgemäß registrierten Frequenz kann der betroffene Staat die Abstellung der Störung verlangen. Eine völkerrechtl. Einschränkung der Freiheit jedes Staates in der Programmgestaltung besteht durch das Verbot feindl. Propaganda.

⊕ ↑ *Hörfunk*, ↑ *Fernsehen*.

Rundfunkanstalten, Bez. für staatl., privatwirtsch. oder als Körperschaften des öffentl. Rechts organisierte Hörfunk- und Fernsehsender.

In der BR Deutschland gibt es 9 Landes-R., die Hörfunk- und Fernsehprogramme ausstrahlen (BR, HR, NDR, RB, SR, SFB, SDR, SWF, WDR) und mit den 2 Bundesanstalten (DLF und DW) sowie mit dem amerikan. Sender RIAS Berlin (nur beratende Stimme) in der Arbeitsgemeinschaft der öffentl.-rechtl. R. der BR Deutschland (ARD) zusammengeschlossen sind. Reine Fernsehanstalt ist das gleichfalls als öffentl.-rechtl. Anstalt organisierte Zweite Deutsche Fernsehen (ZDF). - Neue Landesmediengesetze erlaubten in den letzten Jahren zunehmend die Gründung privater R. - ↑ auch *Fernsehen*, ↑ *Hörfunk*.

Rundhöcker, stromlinienförmige Felsbuckel, entstanden durch die abschleifende Wirkung des Eises in ehem. vergletscherten Gebieten.

Rundi (ki-Rundi) ↑ Rwanda.

Rundköpfe, auf ihre Haartracht zurückzuführende Bez. für die puritan. Anhänger der parlamentar. Partei während der Puritan. Revolution in England (1642–52); ihr Anführer war O. Cromwell; ihre royalist. Gegner waren die Kavaliere.

Rundling, bes. Typ des Weilers, der auf den ehem. dt.-slaw. Grenzraum in M-Europa beschränkt ist. Um den platzartigen Innenraum, der urspr. nur einen Zugang hatte, liegen die Hofstellen mit Anschluß an die Flur. - Abb. Bd. 5, S. 299.

Rundmäuler (Cyclostomata, Zyklostomen), einzige rezente Klasse fischähnl. Wirbeltiere (Überklasse ↑ Kieferlose) mit knapp 50, etwa 15–100 cm langen Arten in Meeres- und Süßgewässern; Körper aalförmig, mit unbeschuppter, schleimdrüsenreicher Haut und knorpeligem Skelett, bei dem die ↑Chorda dorsalis weitgehend erhalten bleibt; am Vorderdarm 5 bis 15 Paar rundl., meist offene Kiemenspalten. Man unterscheidet die beiden Unterklassen ↑ Inger und ↑ Neunaugen.

Rundmorchel, svw. Speisemorchel († Morchel).

Rundohriger Waldelefant ↑ Elefanten.

Rundspantbauweise, Schiffs- oder Bootsbauweise mit runder Spantform (Ggs. Knickspantbauweise).

Rundstab ↑ Astragalus.

Rundstahl, gewalztes, gezogenes, im Querschnitt kreisrundes Walzstahlprofil.

Rundstedt, Gerd von, * Aschersleben 12. Dez. 1875, † Hannover 24. Febr. 1953, dt. Generalfeldmarschall (seit 1940). - Berufsoffizier; Oberbefehlshaber West 1940/41 und ab 1942, im Juli 1944 nach der Invasion abgesetzt, im Sept. 1944 erneut in diese Funktion berufen; im März 1945 endgültig entlassen.

Rundstrahler, ungerichtet abstrahlende Sendeantenne.

Rundstrickmaschine ↑ Strickmaschinen.

Rundumlicht (Rundumkennleuchte), eine opt. Verkehrswarnvorrichtung, bei der durch Filter blau, gelb oder rot gefärbtes Licht in Form eines umlaufenden (von einem rotierenden Hohlspiegel gebündelten) Lichtbündels oder als Blinklicht nach allen Seiten abgestrahlt wird (z. B. als Blaulicht).

Rundwürmer, svw. ↑ Schlauchwürmer.

Runeberg, Johan Ludvig [schwed. ˌruːnəbærj], * Jakobsta 5. Febr. 1804, † Bogå 6. Mai 1877, schwed.-sprachiger finn. Dichter. - Von großem Einfluß auf die schwed. und finn. Literatur und die Entwicklung des patriot. Gedankens in Finnland; Nationaldichter. Schrieb [Liebes]lyrik und Versepik aus der Geschichte Finnlands, u. a. „Fähnrich Stahls Erzählungen" (1848–60), dessen Eingang „Vårt land" zur finn. Nationalhymne wurde.

Runen, Bez. für die in Stein, Metall oder Holz geritzten graphischen Zeichen der R.schrift, der ältesten Schrift der germanischsprachigen Stämme, die mit dem Aufkommen der christl.-ma. Kultur der lat. Schrift wich. Die Abhängigkeitsverhältnisse sind nicht eindeutig geklärt: griech., lat. und norditalische Alphabete werden als Vorbilder angesehen, die Ursprünge aber auch in der spätantiken mag. Zeichenwelt gesucht; auch mit german. Neuschöpfungen ist zu rechnen. Die R.schrift ist auch eine Begriffsschrift, d. h., die R. besitzen nicht nur einen Lautwert, sondern repräsentieren auch einen Begriff, der mit dem jedem Zeichen eigenen R.namen ident. ist.

Umstritten ist, inwieweit die R. nach Anzahl und Stellung in der R.reihe auch zahlensym-

Runen

bol. Wert hatten. Damit hängt das Problem der R.magie zusammen. Der Name „Rune" deutet auf eine Kunst, die Eingeweihten vorbehalten war (got. *runa* ist die Übersetzung von griech. *mystḗrion* „Geheimnis"), in der literar. Überlieferung Islands gelten die R. als *„reginkunnar"* (den Göttern entstammend), die isländ. Sagas erzählen wiederholt vom mag. Gebrauch der Runen, ebenso zahlr. Futharkritzungen.

Die R.inschriften fallen in die Zeit der sich ausgliedernden german. Einzeldialekte. Als Lautschrift ist das run. System von dieser Entwicklung nicht unbeeinflußt. Daraus ergibt sich folgende Einteilung nach chronolog.-geograph. Gesichtspunkten.

Frühurnordisch: Die ältesten Inschriften dieser Epoche stammen aus dem 2./3. Jh.; sie sind sprachl. weitgehend einheitl. und stehen einem undifferenzierten Germanisch noch nahe. Der Zeichenvorrat umfaßt 24 Runen (mit graph. Varianten):

ᚠ	ᚢ	ᚦ	ᚨ	ᚱ	ᚲ	ᚷ	ᚹ
f	u	þ	a	r	k	g	w

ᚺ	ᚾ	ᛁ	ᛃ	ᛇ	ᛈ	ᛉ	ᛊ
h	n	i	j	ï	p	z (R)	s

ᛏ	ᛒ	ᛖ	ᛗ	ᛚ	ᛜ	ᛞ	ᛟ
t	b	e	m	l	ŋ	d	o

„Futhark" wird die Reihe nach den ersten sechs Zeichen benannt. Die Fundorte der Inschriften liegen v. a. im dän.-schleswigschen Gebiet, erstrecken sich aber auch auf das südl. Norwegen und Schweden. Die ältesten R.träger sind vorwiegend lose Gegenstände, Fibeln, Waffenteile, Brakteaten (vorwiegend aus dem dän. Gebiet) usw. Die Inschriften sind jeweils kurz und in den meisten Fällen nur mit einiger Wahrscheinlichkeit deutbar.

Ostgermanisch: Nur wenige Denkmäler sind relativ sicher als ostgerman. zu bezeichnen; Kriterien dieser Zuweisung sind geograph. und sprachl. Art.

Späturnordisch: Um 600 machen sich in den nord. Inschriften Änderungen bemerkbar, die einzelsprachl. Züge zeigen, u. a. Synkope, Apokope, Umlaut, Brechung. Noch werden die überkommenen 24 Zeichen verwendet. Die Inschriften dieser Übergangszeit finden sich v. a. auf Steinplatten, die wohl als Grabbedeckungen dienten. Die lautl. Veränderungen beeinflussen auch das run. System. In der Stentoften-Inschrift (Blekinge) stehen z. B. für [a] zwei Zeichen.

Südgermanisch: In den oberdt. Inschriften zeigen sich die ersten Spuren der hochdt. Lautverschiebung, z. B. auf dem Speerblatt von Wurmlingen (Kreis Tuttlingen, Anfang des 7. Jh.). Die Funde sind in das 5. bis 7. Jh. zu datieren und liegen im Stammesbereich der Sachsen, Franken, Thüringer, Alemannen und Langobarden. Die Inschriften sind kurz, z. T. nur aus einem Namen bestehend. Es

ÖFFENTL.-RECHTL. RUNDFUNKANSTALTEN
(in der Bundesrepublik Deutschland)

Name (Abk.; Gründungsjahr)	Sitz	Hörfunk (HF)- und Fernsehprogramme (FS)
Bayerischer Rundfunk (BR; 1948)	München	4 HF, 2 FS○
Deutsche Welle (DW; 1953/1960)	Köln	HF⊖ in 34 Sprachen
Deutschlandfunk (DLF; 1960)	Köln	2 HF (1 deutschsprachiges und 1 Europaprogramm in 14 Sprachen)
Hessischer Rundfunk (HR; 1948)	Frankfurt am Main	4 HF, 1 FS○
Norddeutscher Rundfunk (NDR; 1955)	Hamburg	3 HF, 2 FS○
Radio Bremen (RB; 1948)	Bremen	4 HF, 2 FS○
RIAS Berlin (RIAS; 1945)	Berlin (West)	4 HF
Saarländischer Rundfunk (SR; 956/1964)	Saarbrücken	4 HF, 2 FS○
Sender Freies Berlin (SFB; 1953)	Berlin (West)	4 HF, 2 FS○
Süddeutscher Rundfunk (SDR; 1949)	Stuttgart	3 HF, 2 FS○
Südwestfunk (SWF; 1948/1951)	Baden-Baden	4 HF, 2 FS○
Westdeutscher Rundfunk (WDR; 1954)	Köln	1 FS (2. Fernsehprogramm)⊛
Zweites Deutsches Fernsehen (ZDF; 1961)	Mainz	

○ ARD - Gemeinschaftsprogramm (Erstes Dt. Fernsehen bzw. 1. Fernsehprogramm) und ein 3. Fernsehprogramm (z. T. gemeinsam mit anderen Rundfunkanstalten), zusätzl. das über Satelliten ausgestrahlte und in Kabelnetze eingespeiste Programm Eins Plus

⊖ Kurzzeitprogramme

⊛ zusätzl. das über Satelliten ausgestrahlte und in Kabelnetze eingespeiste Programm 3Sat

Zu den Sendebereichen der Landesrundfunkanstalten sowie zur Präsenz Bundes-, der Landesrundfunkanstalten und von RIAS Berlin in der BR Deutschland und in Berlin (West) † Karte Bd. 10, S. 81.

Runendänisch

wird noch das überlieferte 24-Zeichen-Inventar mit einigen Varianten verwendet.
Anglofriesisch: Die seit etwa 500 bezeugten Inschriften folgen der sprachl. Sonderentwicklung des nordseegerman. Sprachzweiges. Ihr paßt sich das R.inventar durch eine schrittweise Vermehrung auf 28 bis 33 Zeichen an. In der Version eines in der Themse gefundenen Messers lautet die R.reihe:

```
f u þ o r c g w
h n i j ė p x s
t b e ŋ d l m œ a æ y ea
```

Anglofries. Lautentwicklung bewirkt einen Wandel von a zu o (daher „Futhork"). Für das a wurde ein neues Zeichen geschaffen; das a, das durch eine Hebung zu æ [æ] wurde, bleibt bei seiner alten Repräsentation. Eine spezif. altengl. Rune ist (ea). Die etwa 15 fries. Inschriften (500–800) finden sich auf Münzen und anderen losen Gegenständen, die etwa 55 altengl. (500 bis 1000) auch auf Grabsteinen, Waffen und Reliquienschreinen.
Wikingerzeit: Auf die sprachl. Veränderungen des nordgerman. Sprachzweigs vom 6. bis 8. Jh., die eine Vermehrung des Phonembestandes beinhalteten, reagierte das run. System mit einer Verkürzung des 24typigen Futharks auf 16 Zeichen. Zwei Varianten des 16typigen „Futharks", von dem nur wenige Inschriften gefunden wurden, stehen offensichtl. von Anfang an nebeneinander, die „dän. R." (auch „gewöhnliche nord. R." genannt) und die „schwed.-norweg. R." (auch „Rökrunen, Kurzzweigrunen" genannt):

(links: dänische Runen; rechts: schwedisch-norwegische Runen)

In der Form ist eine Tendenz zur Vereinfachung erkennbar. Das jüngere „Futhark" ist zuerst auf dem Gørlev-Stein (Seeland, 9. Jh.) bezeugt. Der Glavendrup-Stein trägt mit 210 Runen die längste R.inschrift Dänemarks. -

Eine letzte Entwicklungsstufe stellen die „Hälsinge-R." dar, stablose R. aus der mittelschwed. Landschaft Hälsingland und Medelpad (11. Jh.): Hier wird das run. System in einer Art Kurzschrift auf einige bedeutungsunterscheidende Formelemente zurückgeführt. Eine Entwicklung dieser Art läßt vermuten, daß die R.schrift in einem hohen Grade auch Gebrauchsschrift war.
📖 *Düwel, K.: R.kunde. Stg. ²1983. - Opitz, S.: Südgerman. R.inschrr. im älteren Futhark aus der Merowingerzeit. Kirchzarten ²1980. - Klingenberg, H.: R.schr., Schriftdenken, R.inschrr. Hdbg. 1973. - Krause, W.: Die Sprache der nord. R.inschrr. Hdbg. 1971.*

Runendänisch † dänische Sprache.
Runenlied (finn. runo), ep.-lyr. Volkslied der Finnen. Die mündl. überlieferten R. wurden von Berufssängern in einer stereotyp. wiederkehrenden Melodie zur 5saitigen Kantele gesungen. Durch Kompilation einzelner R. schuf E. Lönnrot das Epos „Kalevala" (1849).

Runge, Carl, *Bremen 30. Aug. 1856, †Göttingen 3. Jan. 1927, dt. Mathematiker. - Prof. in Hannover und Göttingen; Arbeiten zur numer. Mathematik und zur Funktionentheorie.

R., Erika, *Halle/Saale 22. Jan. 1939, dt. Schriftstellerin und Filmregisseurin. - Zählt mit ihren Sozialreportagen und [halb]- dokumentar. Berichten in einer Mischung aus Interview, Tonbandprotokoll und Diskussionsaufzeichnung zu den wichtigsten Vertretern einer dokumentar. Literatur aus der Arbeitswelt, z. B. „Bottroper Protokolle" (1968), „Frauen. Versuche zur Emanzipation" (1969), „Südafrika: Rassendiktatur zw. Elend und Widerstand" (1974), „Berliner Liebesgeschichten" (1987). Ähnl. Thematik haben ihre dokumentar. angelegten Filme, u. a. „Warum ist Frau B. glücklich?" (1968), „Opa Schulz" (1976), „Lisa und Tshepo" (1981).

R., Friedlieb Ferdinand, *Billwärder (= Hamburg) 8. Febr. 1795, †Oranienburg 25. März 1867, dt. Chemiker. - Prof. in Breslau, danach Industriechemiker in Berlin und Oranienburg. R. isolierte aus Steinkohlenteer Anilin, Phenol und Pyrrol, außerdem entdeckte er die Alkaloide Koffein und Atropin.

R., Philipp Otto, *Wolgast 23. Juli 1777, †Hamburg 2. Dez. 1810, dt. Maler und Schriftsteller. - Ausbildung an der Kopenhagener Akad. (1799–1801); 1801–03 in Dresden, seit Nov. 1803 in Hamburg. Vertreter der dt. frühromant. Kunst. Befaßte sich mit der romant. Dichtung und Philosophie seiner Zeit und erstrebte eine urspr. Naivität im Sinne der Romantik; der unmittelbaren künstler. Darstellung sind ganze Gedankengebäude (pantheist. Konzeptionen) unterlegt. R. schuf Porträts, Selbstbildnisse (u. a. 1802/03; Hamburg, Kunsthalle; „Die Hülsenbeckschen Kinder", 1805/06; ebd.; „Die Eltern des Künstlers", 1806; ebd.) und als

Hauptwerk die „Vier Zeiten", Symbole für die vier Tages- und Jahreszeiten. Erhalten sind die Entwürfe und Studien (ab 1802), der „Morgen" als Gemälde ausgeführt (1. Fassung 1808, Hamburg, Kunsthalle; 2. Fassung 1809, ebd., Rekonstruktion). Verfaßte auch kunsttheoret. Schriften („Farbenkugel...", 1810) sowie 2 plattdt. Märchen („Von dem Machandelboom" und „Von dem Fischer un syner Fru", 1806) für die Sammlung der Brüder Grimm.

Runkelrübe, (Beta) Gatt. der Gänsefußgewächse mit etwa 12 Arten vom Mittelmeergebiet bis Vorderindien und Zentralasien; ein-, zwei- oder auch mehrjährige Kräuter mit aus Wurzeln und Hypokotyl gebildeten ↑Rüben; Blüten zu mehreren in Knäueln, die einfache oder zus.gesetzte Ähren bilden; die wirtsch. wichtigste Art ist die **Gemeine Runkelrübe** (Beta vulgaris), mit verdickter Pfahlwurzel, breit-eiförmigen Blättern und bis 1 m hohem Blütenstand; Unterarten sind der **Mangold** (Beta vulgaris convar. vulgaris), mit schwach verdickter Wurzel und großen, hellgrünen Blättern (werden als Gemüse gegessen) und die **Meerstrandrübe** (Wilde Rübe, Beta vulgaris ssp. maritima), mit spindelförmiger, verholzter dünner Wurzel; Stammpflanze der Kulturrüben.
♦ (Futterrunkel, Futterrübe, Dickrübe, Dickwurz, Burgunderrübe, Beta vulgaris convar. crassa var. crassa) in mehreren Sorten als Viehfutter angebaute, zweijährige Kulturform der Gemeinen R.; entwickelt im ersten Jahr eine überwiegend aus Hypokotyl bestehende, weit aus dem Boden ragende, gelb-, weiß- oder rotfleischige, verschieden gestaltete, kohlenhydratreiche Rübe; Verwendung als Wintersaftfutter für Rinder und Schweine.

Runkelstein (italien. Castel Roncolo), Burg im Sarntal bei Bozen (13.–14. Jh.).

Runse, durch fließendes Wasser gebildete Rinne an steilen Berghängen; häufig Steinschlag- und Lawinenbahn.

Runway [engl. ˈrʌnwei], Start- und Landebahn.

Runze, Ottokar, *Berlin 19. Aug. 1925, dt. Regisseur und Filmproduzent. - Gründete 1964 das „Europa-Studio" in Salzburg, das vorwiegend zeitgenöss. Autoren aufführte. Als Filmregisseur bekannt durch die gesellschaftskrit. Trilogie „Der Lord von Barmbek" (1973), „Im Namen des Volkes" (1974), „Das Messer im Rücken" (1975). - *Weitere Filme:* Verlorenes Leben (1976), Die Standarte (1977, nach A. Lernet-Holenia), Der Mörder (1979), Das zerbrochene Haus (1985).

Runzelkorn ↑photographische Effekte.

Ruodlieb, fragmentar. erhaltener, nach der Hauptperson ben. lat. Roman in leonin. Hexametern, um 1040/50 entstanden; verbindet in der Darstellung des Lebensweges von R. eine adlig-ritterl. Aufstiegsideologie mit benediktin. geprägter religiöser Tradition.

Rupert, alter dt. männl. Vorname, ↑Robert.

Rupert (Hruodpert, Ruprecht), hl., *um 650, †Salzburg um 720 (?), erster Bischof von Salzburg (um 700). - Aus rheinfränk. Adel; wirkte im Gebiet von Salzburg in der Tradition der iroschott. Mönche als Missionar und Klostergründer. - Fest: 24. März und 27. Sept.

Rupertiner, svw. ↑Robertiner.

Rupertiwinkel, Hügelland im Vorland der Chiemgauer Alpen, Bayern.

Rupie (engl. rupee) [Hindi], seit etwa 1540 Silbermünze der ind. Großmoguln, seit 1671 von der brit. Kompanie nachgeahmt, auch in Hinterindien sowie in O-Afrika verbreitet; seit 1835 setzte sich die brit. R. (= 16 Anna = 64 Paisa) durch, bis 1945 in Silber, seit 1947 in Nickel geprägt; 1957 Umstellung auf das Dezimalsystem (Indische Rupie); abweichende Teilungssysteme galten bes. auf frz. und portugies. Besitz, in manchen Malaienstaaten sowie in Afghanistan. Die für Dt.-Ostafrika 1890–1914 geprägten R. galten bis 1902 = 64 Pesa (↑Paisa), dann = 100 Heller.

Rupp, Heinz, *Stuttgart 2. Okt. 1919, Germanist. - 1958 Prof. in Mainz, seit 1959 in Basel. Beschäftigt sich v. a. mit althochdt. und mittelhochdt. Sprache und Literatur sowie mit Sprachproblemen der Gegenwart. Mithg. und Schriftleiter der Zeitschrift „Wirkendes Wort" seit 1968; Dudenpreisträger 1978.

Ruppiner See, Binnensee bei Neuruppin, DDR, 40 m ü. d. M., 8,5 km², durch den Ruppiner Kanal mit der Havel verbunden.

Ruprecht, männl. Vorname, Nebenform von Rupert, ↑Robert.

Ruprecht, hl. ↑Rupert, hl.

Ruprecht, Name von Herrschern:
Hl. Röm. Reich:
R. von der Pfalz, *Amberg 5. Mai 1352, †Burg Landskrone (in Oppenheim) 18. Mai 1410, Röm. König (seit 1400). - Als Kurfürst von der Pfalz (seit 1398) R. III.; am 21. Aug. 1400 von den rhein. Kurfürsten in Rhens zum Röm. König gewählt und am 6. Jan. 1401 in Köln gekrönt. Gegen ihn erhoben sich schon bald heftige Widerstände im Reich.
Pfalz:
R. I., *Wolfratshausen 9. Juni 1309, †Neustadt an der Weinstraße 16. Febr. 1390, Kurfürst (seit 1353). - Neffe Kaiser Ludwigs IV.; erhielt zus. mit seinem Bruder Rudolf (II. [†1353]) die Selbständigkeit der Pfalz-Gft. bei Rhein zugesichert. Gründer der Univ. Heidelberg.

Ruprechtskraut ↑Storchschnabel.

Ruptur [lat.], in der *Medizin* svw. Zerreißung (z. B. der Gebärmutter), Durchbruch (z. B. eines Magengeschwürs).

Rur, rechter Nebenfluß der Maas, NRW und Niederlande, entspringt auf dem Hohen Venn, mündet bei Roermond, 248 km lang; bei Schwammenauel gestaut.

Rurikiden

Ruriki̯den, erste histor. nachweisbare russ. Herrscherfam. vom 9.–16. Jh., nach der Legende auf den waräg. Heerführer Rurik († 879?) zurückgehend. Seit der 2. Hälfte des 9. Jh. baute die Dyn. von Kiew aus ihre Herrschaft aus. Mit Fjodor I. Iwanowitsch († 1598) starb die Dyn. aus.

Rus, alte, ihrer Herkunft nach umstrittene Bez. der ostslaw. Stämme in dem im 9./10. Jh. entstandenen Kiewer Reich für das von ihnen beherrschte Gebiet (**Kiewskaja Rus**); auch Bez. für die Stämme selbst.

Rusa̯fa, Ar (Resafa, Risafa), Ruinenstätte im nördl. Syrien, 26 km sw. von Rakka. In röm. Zeit Festung gegen das Perserreich; nach dem Grab des christl. Märtyrers Sergius in christl. Zeit **Sergiopolis** gen.; im 5. Jh. Bischofssitz; wurde 724 Sommerresidenz des Omaijadenkalifen Hischam Ibn Abd Al Malik (Bau eines Wüstenschlosses vor den Mauern der Stadt, 750 n. Chr. zerstört); noch um 1300 besiedelt. 1901 entdeckte Reste: rechteckig angelegte Stadtummauerung; Ruine der Sankt-Sergius-Basilika (5. Jh.); große Zisternen.

Rüsche [zu frz. ruche, eigtl. „Bienenkorb"], eingezogener (gekrauster) Besatz v. a. an Kleidern und Wäsche.

Ruschelzone, tekton. bedingte Zerrüttungszone im Gestein.

Rusellae, etrusk. Stadt in der Toskana, Italien, nö. von Grosseto, heute Roselle; Mgl. des Zwölfstädtebundes der Etrusker; seit 281 (?) v. Chr. mit Rom verbündet; röm. Kolonie unter Augustus; Überreste etrusk. Festungsmauern (frühes 6. Jh. v. Chr.), Ausgrabungen seit 1957.

Rush-hour [engl. 'rʌʃˌaʊə, eigtl. „Drängstunde"], Hauptverkehrszeit am Tage z. Z. des Arbeits- und Schulbeginns oder des Arbeits- und Geschäftsschlusses.

Rushing, Jimmy [engl. 'rʌʃɪŋ], eigtl. James Andrew R., * Oklahoma City 26. Aug. 1903, † New York 8. Juni 1972, amerikan. Bluessänger. - Wurde v. a. durch seine Mitwirkung im Orchester von „Count" Basie (1935–50) bekannt; gehört zu den bedeutendsten Vertretern des modernen, städt. Blues (Big City Blues).

Rusizi [frz. ruzi'zi], Ausfluß des Kiwusees, stürzt 680 m tief zur Ebene nördl. des Tanganjikasees ab, in den er mündet; rd. 150 km lang; bildet die Grenze von Zaïre gegen Rwanda und Burundi.

Rusk, Dean [engl. rʌsk], * in der County Cherokee (Ga.) 9. Febr. 1909, amerikan. Politiker. - Rechts- und Staatswissenschaftler; 1947–52 im Kriegs- und Außenministerium tätig, maßgebl. an der UN-Intervention in Korea und am Abschluß des Friedensvertrags mit Japan beteiligt; 1952–61 Präs. der Rockefeller Foundation; Außenmin. (1961–69), Prof. für internat. Recht an der University of Georgia seit 1970.

Ruska, Ernst, * Heidelberg 25. Dez. 1906, dt. Physiker. - Zus. mit seinem Bruder *Helmut R.* (* 1908, † 1973) ein Wegbereiter der Elektronenmikroskopie; baute 1931 mit M. Knoll das erste Elektronenmikroskop mit magnet. Linsen. R. erhielt hierfür 1986 den Nobelpreis für Physik (zusammen mit G. Binnig und H. Rohrer. - † 27. Mai 1988.

Ruskin, John [engl. 'rʌskɪn], * London 8. Febr. 1819, † Brantwood (Lancashire) 20. Jan. 1900, brit. Schriftsteller, Kunstkritiker und Sozialphilosoph. - Ab 1869 Prof. für Kunstgeschichte in Oxford. Beeinflußte durch seine kunstkrit., sozialen und eth. Schriften die engl. Gedankenwelt und das gesamte engl. Kunstleben seiner Zeit; erkannte in der Kunst ein Hauptmittel der moral., ästhet. und polit. Erziehung des Menschen. Trat auch für soziale und polit. Reformen ein („Die Adern des Reichtums", 1862).

Ruspina ↑ Monastir, Tunesien.

Ruß ↑ Memel.

Ruß, bei der unvollständigen Verbrennung oder therm. Zersetzung von Kohlenwasserstoffen entstehende, aus feinverteiltem Kohlenstoff und (je nach Ausgangsmaterial und Temperatur) wechselnden Mengen wasserstoff- und sauerstoffhaltiger Kohlenstoffverbindungen bestehende Produkte. Als techn. Produkt wird R. nach unterschiedl. Verfahren hergestellt: *Furnace-Verfahren* durch Verbrennen von Erdgas mit Erdölrückständen oder Steinkohlenteerölen; *Flammrußverfahren* durch Verbrennen von Produkten der Steinkohlenaufbereitung oder hochsiedenden Kohlenwasserstoffen. *Spalt-R.* entsteht durch therm. Zersetzung v. a. von Erdgas und Acetylen. R. wird als Füllstoff von Kautschuk und als Schwarzpigment (z. B. für Druckerschwärze) verwendet. R. ist auch Ausgangsmaterial bei der Herstellung von Kohleelektroden und Trockenbatterien.

Russe [bulgar. 'rusɛ], bulgar. Stadt an der Donau, 45 m ü. d. M., 167 000 E. Hauptstadt des Verw.-Geb. R.; Hochschule für Landw. und Bautechnik; Forschungsinst. für Landmaschinenbau; mehrere Museen. Werften, chem. Ind., Erdölraffinerie. Wichtigster bulgar. Donauhafen, mit dem auch rumän. Donauufer durch eine doppelstöckige Straßen- und Eisenbahnbrücke verbunden. - Ende des 1. Jh.–6. Jh. als Stadt **Sexanta Prisca** Stützpunkt der röm. Donauflottille; bed. Hafen und Festung auch im MA und Neuzeit.

Rüssel [zu althochdt. ruozzen „wühlen"] (Proboscis), die bis zur Röhrenform verlängerte, muskulöse, sehr bewegl., als Tastorgan (auch Greiforgan) dienende Nasenregion bei verschiedenen Säugetieren, z. B. Elefanten, Tapiren, Schweinen, Spitzmäusen. - Als R. werden auch durch Muskulatur oder Blutdruck bewegbare, ausstreckbare bzw. ausstülpbare Partien am Kopfende von Schnurwürmern, Kratzern, Vielborstigen Ringelwürmern, Egeln, Schnecken und Insekten (z. B. bei der Stubenfliege; als *Stech-R.* z. B. bei Blattläusen, Stechmücken; nur als *Saug-R.* v. a. bei Schmetterlingen) bezeichnet.

Rüsselbären, svw. ↑Nasenbären.

Rüsselegel (Rhynchobdellodea), Überfam. der ↑Blutegel mit mehr als 150, wenige mm bis 30 cm langen Arten im Süßwasser und im Meer; Stechrüssel ausstülpbar; leben ektoparasit. an Wirbeltieren und Wirbellosen; u. a. ↑Fischegel.

Rüsselkäfer (Rüßler, Curculionidae), weltweit verbreitete, mit rd. 45 000 (0,3–7 cm langen) Arten umfangreichste Fam. der Käfer, deren Kopf vorn rüsselartig vorgezogen ist und am Ende kurze, kauende Mundwerkzeuge trägt; Körper meist mit harter Kutikula; Fühler bei den meisten Arten gewinkelt; fliegen nur gelegentl., manche Arten ohne Flugvermögen. - R. versenken ihre Eier gewöhnl. in Pflanzengewebe, wozu sie mit dem Rüssel Löcher bohren; andere Arten legen die Eier in die Erde oder in kunstvoll gerollte Blattwickel (z. B. der Birkenstecher) ab. - Die madenförmigen Larven fressen im Innern von Pflanzen (z. B. Stengel, Knospen, Früchte, Holz), die Larven mancher Arten sind Blattminierer oder Gallenerzeuger, einige leben an Wurzeln in der Erde. Zahlr. R. können an Pflanzen und Vorräten schädl. werden, z. B. ↑Blütenstecher, ↑Kornkäfer, ↑Kiefernrüßler.

Russell [engl. rʌsl], engl. Adelsfam.; seit 1550 Inhaber des Adelstitels Bedford. Bed. Vertreter:

R., Bertrand, Earl, * Trelleck (Monmouthshire) 18. Mai 1872, † Plas Penrhyn bei Penrhyndeudraeth (Wales) 2. Febr. 1970, brit. Mathematiker und Philosoph. - Enkel von John R.; 1910–16 Dozent am Trinity College in Cambridge, 1916 Inhaftierung wegen Aufforderung zur Kriegsdienstverweigerung. Später Gastvorlesungen u. a. in Oxford, London, an der Harvard University, in Chicago, Los Angeles, Peking. Trat nach dem 2. Weltkrieg öffentl. gegen die atomare Rüstung, später auch gegen die amerikan. Beteiligung am Vietnamkrieg und gegen die Intervention der Warschauer-Pakt-Staaten in der Tschechoslowakei auf. Seine präzise wiss. Prosa trug ihm 1950 den Nobelpreis für Literatur ein. - R. entwickelte seine *Erkenntnistheorie* als einer gegen den Hegelianismus gerichteten realist. Position zu einem ↑logischen Atomismus, wonach alle Erkenntnis vom unbezweifelbaren, da in unmittelbarer Erfahrung gegebenen Daten abhängt. - In der *mathemat. Grundlagenforschung* ist R. einer der Hauptvertreter des ↑Logizismus. Die philosoph. Grundlagen für die Reduktion der Mathematik auf reine Logik hatte R. im Anschluß an seine Entdeckung der ↑Russellschen Antinomie und deren Erörterung mit G. Frege geschaffen. Seine Analyse der log. und semant. Antinomien führte ihn zu verschiedenen Formulierungen seines ↑Vicious-Circle Principle und der darauf aufbauenden ↑Typentheorie. Dabei stehen neben mathemat. und log. auch sprachphilosoph. Überlegungen (↑auch analytische Philosophie). - R. engagierte sich auch im gesellschaftspolit. Bereich, er wandte sich selbstlos und mutig gegen jegl. Art von Unterdrükkung. - R. prägte die engl. und amerikan. Philosophie des 20. Jh. entscheidend und gewann durch populärwiss. und sozialkrit. Schriften bed. Einfluß auf die öffentl. Meinung. - Das 1963 in London gegr. *B.-R.-Friedensinstitut* erinnert an die Impulse, die die internat. Friedensbewegung R. verdankt.

Werke: Principia Mathematica (1910–13; zus. mit A. N. Whitehead), Probleme der Philosophie (1912), Grundlagen für eine soziale Umgestaltung (1916), Mystik und Logik (1918), Einführung in die mathemat. Philosophie (1919), Religion and science (1935), Philosophie des Abendlandes (1946), Das menschl. Wissen (1948), Mein Leben (1967–1969).

📖 *Langhammer, W.:* B. R. Köln 1983. - *Sandvoss, E. R.:* B. R. Rbk. 1980. - *Würtz, D.:* Das Verhältnis v. Beobachtungs- u. theoret. Sprache in der Erkenntnistheorie B. Russells. Ffm. 1980. - B. R. Hg. v. R. Schoenman. London 1967. - *Aiken, L. W.:* B. R's philosophy of morals. New York 1963.

R., John, Earl (seit 1861), * London 18. Aug. 1792, † Pembroke Lodge (= London) 28. Mai 1878, brit. Politiker. - 1835–39 Innen-, 1839–41 Kolonialmin.; als Premiermin. (1846–52 und 1865/66) und Außenmin. (1852/53 und 1859–65) setzte sich R. für liberale brit. Interessen- und Gleichgewichtspolitik und Liberalisierung des Welthandels ein.

Russell [engl. rʌsl], **Charles Taze,** * Pittsburgh 16. Febr. 1852, † auf einer Bahnfahrt in Texas 31. Okt. 1916, amerikan. Kaufmann und Begründer der Zeugen Jehovas. - Urspr. Presbyterianer, wurde unter dem Einfluß adventist. Kreise und auf Grund eines chiliast. Bibelverständnisses zum Begründer der ↑Zeugen Jehovas; ab 1878 umfangreiche Predigt- und Propagandatätigkeit; erwartete mit zahlreichen Anhängern den endgültigen Anbruch des Reiches Gottes im Jahr 1914.

R., George Allan, * Cincinnati 23. Juni 1923, amerikan. Jazzmusiker (Komponist, Pianist). - Begann seine Laufbahn Anfang der 40er Jahre als Arrangeur für die Orchester von B. L. Carter, E. Hines, D. Gillespie u. a. Veröffentlichte 1953 mit „The lydian concept of tonal organization" die wichtigste theoret. Schrift des modernen Jazz, in der die modalen Gestaltungsprinzipien der 60er Jahre programmat. vorweggenommen wurden.

R., George William, Pseud. Æ, * Lurgan bei Belfast 10. April 1867, † Bournemouth 17. Juli 1935, ir. Dichter, Essayist und Maler. - Einer der führenden Vertreter der nat. ir. Bewegungen in Literatur und bildender Kunst; Mit-

Russell

begr. des Abbey Theatre in Dublin. Schrieb ekstat.-visionäre Lyrik (u. a. „The divine vision", 1904, „The candle of vision", 1918).

R., Henry Norris, * Oyster Bay (N. Y.) 25. Okt. 1877, † Princeton (N. J.) 19. Febr. 1957, amerikan. Astronom. - Prof. in Princeton und Direktor der dortigen Sternwarte. Arbeiten über Spektralphotometrie und Doppelsterne. R. verbesserte 1913 das von E. Hertzsprung entwickelte Farben- bzw. Temperatur-Leuchtkraft-Diagramm zum Hertzsprung-Russell-Diagramm.

R., Ken, * Southampton 3. Juli 1927, brit. Regisseur. - Drehte 1959-69 Fernsehfilme, seit 1963 Kinofilme [über Musiker], u. a. „Liebende Frauen" (1969), „Tschaikowsky - Genie und Wahnsinn" (1970), „Die Teufel" (1971), „Mahler" (1974), „Valentino" (1977); Pop-Opern sind die Verfilmung von „Tommy" (1974) und „Listztomania" (1975). - *Weitere Filme:* Der Höllentrip (1981), Gothic (1986).

R., Luis, * auf Careening Cay (Panama) 6. Aug. 1902, † New York 11. Dez. 1963, amerikan. Jazzmusiker (Pianist, Orchesterleiter). - Wirkte u. a. in Chicago bei J. Oliver und gründete 1927 in New York ein eigenes Orchester, dessen bedeutendster Solist ab 1929 Louis Armstrong war.

R., Pee Wee, eigtl. Charles Ellsworth R., * Maplewood (Mo.) 27. März 1906, † Alexandria (Va.) 15. Febr. 1969, amerikan. Jazzmusiker (Klarinettist). - Gehörte in den 20er Jahren u. a. zur Band von B. Beiderbecke, wirkte später v. a. in New York in den Gruppen von R. Nichols, E. Condon u. a.; einer der stilbildenden Klarinettisten des Dixieland-Jazz; charakterist. für seine Spielweise ist seine rauhe Tonbildung (↑Growl).

Russell-Saunders-Kopplung [engl. rʌsl; 'sɔːndəz; nach H. N. Russell und F. A. Saunders], svw. ↑L-S-Kopplung.

Russellsche Antinomie (Russelsches Paradox) [engl. rʌsl], die von B. Russell 1902 entdeckte und nach ihm ben. log. Antinomie, daß die Annahme der Existenz einer Menge aller Mengen, die sich selbst nicht als Element enthalten, zu einem Widerspruch führt. Ist R diese (dann eindeutig bestimmte) Menge, so besagt $R \in R$, daß R die darstellende Aussageform in der Definition von R selbst nicht erfüllt, also gerade nicht Element von R ist.

Rüsselratten (Petrodromus), Gatt. der ↑Rüsselspringer mit sechs Arten in Afrika.

Rüsselsheim, hess. Stadt am linken Untermainufer, 88 m ü. d. M., 57 800 E. Fachhochschule Wiesbaden (3 Fachbereiche). Automobilind. (Opel). - 830 erstmals gen.; Stadterhebung 1437; im 16./17. Jh. als Festung bed.; erhielt 1937 erneut Stadtrecht.

Rüsselspringer (Rohrrüßler, Macroscelididae), Fam. der Insektenfresser mit rd. 20 Arten in Afrika; Körperlänge etwa 10-30 cm, Schwanz knapp körperlang; Rumpf gedrungen; Schnauze röhrenförmig verlängert, mit biegsamem, bewegl. Rüssel; Augen und Ohren auffallend groß; stark verlängerte Hinterbeine befähigen die R. zu hüpfender Fortbewegung und weiten Sprüngen; überwiegend tagaktiv. R. zählen zu den höchstentwickelten Insektenfressern. - Zu den R. gehören u. a. Elefantenspitzmäuse und Rüsselratten.

Rüsseltiere (Proboscidea), bes. während der pleistozänen Eiszeiten nahezu weltweit verbreitete, heute weitgehend ausgestorbene Ordnung der Säugetiere von der Größe eines Zwergflußpferds bis rd. 4 m Schulterhöhe; mit Ausnahme der ursprünglichsten Formen Nase zu einem Rüssel verlängert; meist mit mächtigen (bei Mammuten bis zu 5 m langen) Stoßzähnen im Oberkiefer, bei anderen Arten auch im Unterkiefer. Ausgestorben sind u. a. Mammute, Mastodon, Dinotherium. Die einzige rezente Fam. bilden die ↑Elefanten.

Rüsselwanzen (Spitzwanzen, Aelia), paläarkt. verbreitete Gatt. der Schildwanzen mit drei (7-12 mm langen, strohfarbenen) einheim. Arten mit dunklen Längsstreifen; Kopf nach vorn leicht rüsselförmig verlängert; bekannteste schädl. Art ist die **Getreidespitzwanze** (Spitzling, Aelia acuminata), etwa 9 mm groß, graugelb, bräunl. punktiert mit dreieckigem Kopf; bohrt Grassamen an.

Rüsselwürmer (Priapswürmer, Priapulida), Stamm 2-200 mm langer, wurmförmiger Tiere mit zehn Arten in Meeren; Vorderende mit Längsreihen von Haken besetzt, einstülpbar; Schlund ausstülpbar, mit Zähnen bewaffnet; getrenntgeschlechtlich.

Russen, ostslaw. Volk in der UdSSR, stellt über 80 % der Bev. der RSFSR; in den übrigen Sowjetrepubliken beträgt ihr Anteil zw. 2,3 und 40,8 %.

Rußentferner, zur chem. Entfernung von Ruß in [Haushalts]öfen verwendete Mittel. Sie bestehen häufig aus Mischungen z. B. von Kochsalz und Zinkstaub mit Zusätzen von Natriumnitrat, Kaliumnitrat und Kupferverbindungen. Die R. setzen die Entzündungstemperatur des abgeschiedenen Rußes herab und tragen so zu seiner Verbrennung bei.

Russisch, zur östl. Gruppe der slaw. Sprachen gehörende Sprache der Russen; Amts- und Verkehrssprache in der Sowjetunion, wird von etwa 142 Mill. Menschen in der Sowjetunion als Muttersprache und rd. 3 Mill. russ. Emigranten v. a. in Amerika und im westl. Europa gesprochen.

Nach dem Nebeneinander von literar. Kirchenslawisch, einer als fremd empfundenen Sprache, und nichtliterar. russ. Volkssprache waren ab der 2. Hälfte des 18. Jh. Bestrebungen im Gange, eine „russ." Literatursprache zu schaffen, die dann durch Puschkin auf der Grundlage der vom Frz. beeinflußten russ. Umgangssprache der Gebildeten endgültig geformt wurde.

russische Kunst

Das R. wird in kyrill. Schrift geschrieben (↑ Kyrilliza). Das phonolog. System wird von einer konsequenten Palatalitätskorrelation beherrscht: nahezu jedem palatalen Konsonanten steht ein entsprechender nichtpalataler Konsonant gegenüber. Die 5 Vokalphoneme des R. /i, u, e, o, a/, die je nach Palatalität oder Nichtpalatalität des vorangehenden Konsonanten palatale bzw. nichtpalatale Varianten aufweisen, haben nur in betonter Silbe ihren vollen Lautwert, in Silben vor oder nach der Betonung werden sie verschieden stark reduziert bzw. verdumpft (*Akanje*, z. B. gospodin [gʊspa'dinʲ] „Herr"; *Ikanje*, z. B. more ['mɔrʲɪ] „Meer"). Die Betonung der russ. Wörter ist frei; sie unterscheidet Wortbedeutungen. - Das morpholog.-syntakt. System weist als Besonderheiten u. a. die Belebtheitskategorie bei Nomina (Genitiv in Akkusativfunktion) und das Verbalaspektsystem auf, das durch bestimmte Bildungselemente die Unterscheidung von vollendeter (perfektiver) und unvollendeter (imperfektiver) Handlung ermöglicht und dadurch den Verlust von Aorist und Imperfekt ersetzt. - Im Wortschatz kommt den echt russ. Wörtern eher die dingl., ihren kirchenslaw. Entsprechungen oft die übertragene Bed. zu.

📖 *Bruche-Schulz, G.: Russ. Sprachwiss.* Tüb. 1984. - *Hdb. des Russisten*. Hg. v. H. Jachnow. Wsb. 1984. - *Isačenko, A. V.: Die russ. Sprache der Gegenwart.* Mchn. ⁴1982. - *Panzer, B.: Strukturen des R.* Mchn. 1975.

russische Geschichte ↑ Sowjetunion (Geschichte).

russische Kunst, die altruss. Kunst setzt mit der Christianisierung des Reiches von Kiew (988) ein und ist wesentl. von byzantin. Einflüssen geprägt. Gründungsbau der altruss. **Baukunst** ist die vom Fürsten Wladimir als dreischiffige Kreuzkuppelkirche errichtete „Zehntkirche" in Kiew (989–996, Fundamente ergraben). Dasselbe Grundrißschema nahmen wenig später Kirchen u. a. in Tschernigow, Wischgorod und Nowgorod auf, deren Fassaden durch Nischen und Lisenen gegliedert wurden. Von 1037 an entstand in Kiew die an drei Seiten von offenen Galerien umgebene Sophienkathedrale mit fünf Schiffen und 13 Kuppeln. In der ersten Hälfte des 12. Jh. folgten überwiegend kleinere, weniger aufwendige Bauten, an seinem Ende v. a. einkuppelige Vierpfeilerkirchen (Pjatniza-Kirche in Tschernigow). Eine eigentüml. russ. Entwicklung ging von Nowgorod aus, insbes. von der 1045–52 erbauten Sophienkathedrale, die mit Fünfkuppelschema, vertikaler Wandgliederung, schmalen Fenstern und schmucklosen Säulen Strenge und Klarheit repräsentiert. Im Fürstentum Wladimir-Susdal verbanden sich byzantin. Grundrisse mit westl.-roman. Portal- und Fenstergliederung sowie kaukas. Dekor (Uspenski-Kathedrale, 1185–89, und Dmitri-Kathedrale, 1194–97, beide in Wladimir). Die Moskauer Architektur gewann seit dem 15. Jh. Bedeutung (Erlöserkathedrale des Andronikowklosters, vor 1427, in Moskau, Kathedrale des Dreifaltigkeits-Sergijew-Klosters, 1422/23, in Sagorsk). In der zweiten Hälfte des 15. Jh. berief Iwan III. neben russ. auch italien. Architekten zum Ausbau des Moskauer Kreml. A. Fieravanti (Uspenski-Kathedrale, 1475–79) und A. Novi (Erzengel-Michael-Kathedrale, 1505–09) mußten sich der russ. Sakralbautradition unterwerfen, während in Palast- und Wehrarchitektur Renaissanceformen zugelassen waren (Facettenpalast, 1487–91, von M. Ruffo und P. A. Solario). Die im übrigen Rußland weiterhin überwiegende Holzarchitektur wirkte noch auf steinerne „Zeltdachkirchen" wie die originelle Moskauer Basiliuskathedrale (1555–60) und erreichte Ende des 17. Jh. im (1768 abgerissenen) Zarenpalast von Kolomenskoje (= Moskau) ihren letzten Höhepunkt. - Die **innere Ausgestaltung** zeigt eine Verbindung von Mosaiken und Wandmalerei, die frühen Kiewer Kirchen (Sophienkathedrale, 1037–61, Mosaike um 1040–67, Fresken 11. und 12. Jh.) hielten sich eng an griech. Vorbilder und wirkten ihrerseits auf die Monumentalmalerei von Nowgorod, so in der Sophienkathedrale (1045–52 erbaut, erhalten die Seccomalerei der Marturi-Kapelle, wohl um 1109). Bei den Wandbildern der Kirche der Geburt Mariä im Antoniuskloster in Nowgorod (1117–19 erbaut, Fresken 1125, fragmentar. erhalten) schlagen auch westl.-roman. Einflüsse durch. Für die zunächst wenig eigenständige Ikonenmalerei wurde ↑ Feofan Grek bedeutend, sein wichtigster Nachfolger A. ↑ Rubljow prägte mit den vergeistigten Darstellungen der Moskauer Malerschule; mit ↑ Dionissi setzte sich in der 2. Hälfte des 15. Jh. ein eleganterer Stil durch.

18.–20. Jahrhundert: Durch die Reformen Peters d. Gr. wurde eine entschiedene Ausrichtung nach Westeuropa v. a. in der **Baukunst** mit der programmat. Stadtgründung von Petersburg eingeleitet. Zum Aufbau der neuen Hauptstadt (seit 1703) wurden zahlr. westeurop. Architekten berufen. D. Trezzinis nach dem Vorbild von Jesuitenkirchen ausgerichtete Peter-und-Pauls-Kathedrale (1712–32) markierte den Bruch mit der altruss. Sakralbautradition. Unter der Zarin Elisabeth II. war B. F. Rastrelli mit prunkvollen Rokokobauten erfolgreich (sog. Vierter Winterpalast, 1754–63), unter Katharina II. setzte sich der Klassizismus durch (Akad. der Schönen Künste, 1764–88, von J.-B. M. Vallin de la Mothe u. a.; Marmorpalast, 1768–85, von A. Rinaldi, Akad. der Wiss., 1783–89, von G. Quarenghi). A. N. Woronichins und I. J. Starows Kasaner Kathedrale in Petersburg (1802–12), der wichtigste klassizist. Bau der Stadt, ist auf urbanist. Eingliederung hin konzipiert. K. I. Rossi entwarf umfassende, das Stadtbild vereinheit-

russische Literatur

lichende Architekturensembles (Alexandertheater und -platz, 1816–34). In Moskau hatte der Brand von 1812 eine lebhafte Wiederaufbautätigkeit zur Folge; neben westl. geprägten Baustilen (O. I. Bowe, D. I. Schiljardi, A. G. Grigorjew) waren altruss.-historisierende Tendenzen wirksam (Großer Kremlpalast in Moskau, 1838–49, von K. A. Ton), die sich seit der Mitte des 19. Jh. ausbreiteten und auch die russ. Spielart des Jugendstils durchdrangen (Jaroslawler Bahnhof in Moskau, 1903/04, von F. O. Schechtel). Konstruktivist. Bauideen, deren kühnste Ausformungen bei K. S. Malewitsch und W. J. Tatlin Utopie blieben, kamen in sowjet. Zeit v. a. durch K. S. Melnikow zu prakt. Geltung. In den 1930er Jahren verstärkten sich wiederum historisierende Richtungen, so bei den Bahnhofsbauten der Moskauer Untergrundbahn. In neuerer, nachstalinist. Zeit sind wieder sachlichere Gestaltungsweisen zu verzeichnen (Gebäude des Rates für Gegenseitige Wirtschaftshilfe in Moskau, 1968). - Die russ. **Malerei** seit dem 18. Jh. war zunächst auf das Porträt konzentriert (I. M. Nikitin, A. P. Lossenko, F. S. Rokotow, W. L. Borowikowski). Daneben wurden K. P. Brjullow („Der letzte Tag von Pompeji", 1833) als Historienmaler, A. A. Iwanow mit religiösen Bildern erfolgreich. Die seit etwa 1860 führende Richtung eines sozialkrit. Realismus kristallisierte sich in der Künstlervereinigung Peredwischniki (gegr. 1870); deren bedeutendster Vertreter wurde I. J. Repin. Die russ. Landschaft wohe u. a. für I. I. Lewitan zum Thema. Von etwa 1890 an nahm die Petersburger Künstlergruppe „Mir iskusstwa" (mit W. A. Serow und M. A. Wrubel) Verbindung zur westeurop. Moderne auf. Noch wichtiger wurde wenig später das Kunstzentrum Moskau, wo die „rayonist." Bilder von M. F. Larionoff und N. S. Gontscharowa zur Abstraktion überleiteten und K. S. Malewitsch seinen radikalen „Suprematismus" entwickelte. Nach der Oktoberrevolution beherrschte zunächst die Avantgarde die sowjet. Kunst, wobei der reinen (abstrakten) Malerei des aus Deutschland zurückgekehrten W. Kandinsky eine stärker praktisch und propagandist. ausgerichtete Tendenz gegenüberstand, der sich als Revolutionskunst verstehende russ. Konstruktivismus (W. J. Tatlin, A. M. Rodtschenko, El Lissitzky). Seit 1922 setzte sich schrittweise der idealisierende † sozialistische Realismus durch, dessen Doktrin trotz gewisser Lockerungen seit dem Tode Stalins 1953 prinzipiell bis heute gültig ist. Die russ. und sowjet. Malerei der Moderne ist eng, oft durch Personalunion (Tatlin, Rodtschenko) mit der Entwicklung der **Skulptur** verknüpft (N. Gabo, A. Pevsner, für die später gleichfalls das Gebot des sozialist. Realismus bestimmend wurde. In beiden Gatt. hat seit etwa 1965 eine Anzahl nonkonformist. Künstler auf sich aufmerksam gemacht. Protagonisten dieser Opposition wie der Bildhauer E. I. Neiswestny und der Lichtkünstler L. W. Nussberg sind jedoch seither emigriert. Auch heute arbeiten offenbar eine Reihe bildender Künstler, ohne der offiziellen ideolog. Forderung nach positiver Aufbauarbeit an der sozialist. Gesellschaft nachzukommen und stehen vielfach unter Ausstellungsverbot. - Abb. auch S. 45.

📖 *Faensen, H./Beyer, K. G.: Kirchen u. Klöster im alten Rußland. Wien u. Mchn. ²1983. - Gesch. der r. K. Von den Anfängen bis zur Gegenwart. Hg. v. M. W. Alpatow u. a. Dt. Übers. Gütersloh 1975. - Hnikova, D.: Russ. Avantgarde, 1907–1922. Bern u. Stg. 1975. - Gray, C.: Das große Experiment: die r. K. 1863–1922. Dt. Übers. Köln ²1974. - Afanasjew, K. N.: Ideen, Projekte, Bauten. Sowjet. Architektur 1917 bis 1932. Dt. Übers. Dresden 1973. - Réau, L.: L'art russe. Verviers, Paris Neuausg. 1968. 3 Bde. - Rice, T. T.: Die Kunst Rußlands. Dt. Übers. Zürich 1965.*

russische Literatur, bestimmt man die r. L. als russischsprachige Literatur der Russen, so ist ihre älteste Periode weder sprachl. noch nat. ausschließl. russ., sondern kirchenslaw.-ostslaw.; erst im 14./15. Jh. entwickelte sich eine nationalruss. Literatur, deren Sprache jedoch bis ins 18. Jh. der kirchenslaw. Tradition vielfältig verpflichtet war.

Kiewer Literatur (11.–13. Jh.): Nach der Christianisierung des Kiewer Reiches (988) stand die gottesdienstl. und weltl. Übersetzungsliteratur im Vordergrund; ostslaw. Originalschrifttum zeigt sich in Predigten, Heiligenlegenden, der „Nestorchronik" und v. a. dem künstler. bed. „Igorlied".

Moskauer Literatur (14.–17. Jh.): Sie wurde geprägt durch den polit. Aufstieg Moskaus, hesychast. Strömungen und sektierer. Bewegungen. Anknüpfend an die Kiewer Literatur wurden v. a. Neuübersetzungen bekannter Erzählstoffe und hagiograph. Literatur geschaffen. Neben religiöser Publizistik, v. a. Nil Sorski und Joseph von Wolokalamsk stand propagandist. (Moskau als „drittes Rom") und annalist. Literatur. Das 16. Jh., in dem Moskau seine größte Machtentfaltung erreichte, brachte v. a. literar. Sammeltätigkeit enzyklopäd. Ausmaßes; die krit. Publizistik der Zeit setzte sich mit dem Zarismus auseinander (Maxim Grek), tadelte Auswüchse der Kirche und des Mönchtums und vertrat eigene polit. Anschauungen. Verstärkt drangen im 17. Jh. die russ. Umgangssprache und westeurop. Erzählgut in die Literatur ein, die älteren Gatt. (Hagiographie, Homiletik, Annalistik) wurden langsam abgelöst. Das 17. Jh. ist der Beginn der zunächst noch kirchenslaw. geschriebenen russ. Lyrik, der satir. milieuschildernden Erzählliteratur wie des Abenteuerromans und des auch engl. und dt. Einflüsse aufnehmenden didakt. Dramas. Die Reformen Pe-

russische Kunst

Russische Kunst. Oben (von links):
Dimitri-Kathedrale in Wladimir
(1194/97); Andrei Rubljow,
Dreifaltigkeitsikone (um 1411);
unten:
Michail Alexandrowitsch Wrubel,
Sitzender Dämon (1890). Beide Moskau,
Tretjakow-Galerie

russische Literatur

ters d. Gr. beschleunigten diesen Wandlungsprozeß, der jedoch (bes. beim Drama) bis ins 18. Jh. fortdauerte.
Klassizismus und Sentimentalismus (18. Jh.): Die erste neuruss. literar. Epoche ist der frz. und dt. beeinflußte aufklärer. Klassizismus, vertreten durch A. Cantemir (Satiren), K. Trediakowski (Verstheorie), M. W. Lomonossow (Stiltheorie), A. P. Sumarokow und D. I. Fonwisin (satir. Komödien), G. R. Derschawin (Lyrik), A. N. Radischtschew (sentimentaler Reiseroman). Literarhistor. bed. sind die satir. Zeitschriften der 1770er Jahre. Zur europ. Strömung des Sentimentalismus, die gegen den bis in die 1820er Jahre fortwirkenden späten Klassizismus auftrat, gehörte v. a. N. M. Karamsin mit stimmungs- und gefühlsreichen Erzählungen.
Russische Romantik (etwa 1820–etwa 1850): Nach einer präromant. Phase ab 1800 mit Lyrik W. A. Schukowskis und Dramen A. S. Gribojedows begann mit A. S. Puschkin das „goldene Zeitalter" der r. L.: Eine neue Poetik mit Betonung der offenen bzw. fragmentar. Form und Darstellung auch subjektivster seel. Erfahrungen von menschl. und histor. Schicksal sowie die Schaffung der modernen russ. Literatursprache ließ die r. L. zu einer der großen europ. Nationalliteraturen werden. Die prägenden Dichterpersönlichkeiten waren v. a. M. J. Lermontow, N. W. Gogol und A. S. Puschkin, der zwar im Sinne des Klassizismus begann, sich von diesem aber unter dem Einfluß Byrons und Shakespeares schon um 1820 löste; sein Versroman „Eugen Onegin", sein Drama „Boris Godunow" und seine ab 1830 vorherrschende Prosa bildeten die Höhepunkte in ihren Gatt. und wiesen bereits über den Rahmen der Romantik hinaus. Bed. auch die Lyriker A. A. Delwig, K. F. Rylejew und F. I. Tjuttschew. Das Ende der russ. Romantik und den Übergang zum Realismus markierte eine auf Gogol sich berufende literar. Gruppe der 1840er Jahre, die „natürl. Schule", deren charakterist. Gatt. die kurze Prosaskizze ist. Zahlr. Dichter der 2. Hälfte des 19. Jh. begannen im Rahmen dieser Gruppe zu publizieren (W. I. Dal, D. W. Grigorowitsch, v. a. I. S. Turgenjew, F. M. Dostojewski, N. A. Nekrassow, I. A. Gontscharow, A. N. Ostrowski). In diese Zeit fielen auch die Auseinandersetzungen zw. Westlern und Slawophilen sowie die Entstehung einer sozialfunktional bestimmten Literaturkritik (W. G. Belinski, A. I. Herzen).
Realismus (etwa 1850–etwa 1890): Die 2. Hälfte des 19. Jh. war in der r. L. die Epoche der großen realist. Erzähler, die sich durch Themenwahl (zeitgenöss. Probleme der russ. Gesellschaft), durch bes. Berücksichtigung sozialer und psycholog., aber auch gesellschaftskrit. Aspekte und durch eine möglichst detaillierte Darstellung von der Romantik unterschied: I. S. Turgenjew, I. A. Gontscharow, F. M. Dostojewski, L. N. Tolstoi, N. S. Leskow, M. J. Saltykow, A. N. Ostrowski. Beherrschende Kritikerpersönlichkeiten waren N. G. Tschernyschewski, N. A. Dobroljubow, D. I. Pissarew, deren nihilist. antiästhet. Vorstellungen die zeitgenöss. Erzählkunst jedoch wenig beeinflußten. Eine folklorist. und sozial ankläger. Versdichtung des Realismus vertrat N. A. Nekrassow; in der Tradition der Lyrik Tjuttschews standen A. A. Fet und A. K. Tolstoi. Das Ende des russ. Realismus markieren v. a. W. M. Garschin, G. I. Uspenski, W. G. Korolenko und A. P. Tschechow, dessen Kurzerzählungen und Dramen teilweise schon zur Moderne mit impressionist. und symbolist. Zügen gehören.
Symbolismus, Akmeismus, Futurismus (etwa 1890–etwa 1925): Anknüpfend an die frz. Symbolisten und die russ. impressionist. Lyriktradition Tjuttschews und Fets wandte sich der russ. Symbolismus gegen die gesellschaftskrit. Thematik und der vorherrschenden Prosa-Gatt. des Realismus; verfochten wurde das Prinzip des autonomen lyr. Ästhetizismus als Welterfahrung und Welterschaffung sowie philosoph.-religiöse Gedanken, v. a. von F. Sologub, W. J. Brjussow, A. A. Blok, D. S. Mereschkowski. Um 1912 trat neben dem Symbolismus der Akmeismus (N. S. Gumiljow, A. A. Achmatowa, O. E. Mandelschtam) und der Futurismus (W. W. Chlebnikow, W. W. Majakowski). Die realist. Erzähltradition des 19. Jh. setzten fort: M. Gorki, A. I. Kuprin, - symbolist. beeinflußt - A. M. Remisow, M. A. Kusmin. Nach dem Oktoberrevolution erstreckten sich der russ. avantgardist. Strömungen bis weit in die 1920er Jahre, in deren 2. Hälfte sie jedoch zunehmend ihre ästhet. Forderungen ändern mußten und klassenbewußte proletar. Literatur zu propagieren hatten. Das vielfältige literar. Leben formierte sich in wechselnden programmat. Gruppen um Dichterpersönlichkeiten und Zeitschriften, z. B. ↑LEF (mit futurist. Ausgangspunkt) um Majakowski, dem Proletkult, den Imaginisten mit S. A. Jessenin, den Serapionsbrüdern ab 1920/21 mit den führenden Prosaschriftstellern J. I. Samjatin, M. M. Soschtschenko, K. A. Fedin, W. W. Iwanow, I. L. Selwinski; bes. Bed. gewann die „ornamentale Prosa" I. J. Babels und B. A. Piljnaks sowie die an die realist. Erzähltradition anknüpfende L. M. Leonows, A. N. Tolstois. Literaturkritik und -theorie erreichten durch B. M. Eichenbaum (* 1886, † 1959), J. N. Tynjanow, W. B. Schklowski u. a. neue Analysetechniken (Formalismus).
Sowjetliteratur (ab etwa 1925): Ab Mitte der 1920er Jahre setzte mit F. W. Gladkow, A. A. Fadejew und M. A. Scholochow eine proletar., klassenbewußte Literatur ein, v. a. seit der verstärkten Industrialisierung und landw. Kollektivierung (ab 1928) zunehmend politisiert und in den Dienst des „sozialist. Auf-

baus" gestellt. Waren schon Anfang der 1920er Jahre führende Schriftsteller wie A. I. Kuprin, I. A. Bernin, B. K. Saizew, K. D. Balmont, I. S. Schmeljow emigriert, wurden durch die Verurteilung „formalist." Experimente, Auflösung aller literar. Gruppen (1932) und Erklärung des ↑sozialistischen Realismus zum einzigen künstler. Prinzip (auf dem 1. Sowjet. Schriftstellerkongreß 1934) zahlr. weitere Autoren zur Emigration gezwungen (u. a. J. I. Samjatin), oder später verfolgt (B. A. Pilnjak, I. J. Babel). Diese Periode der schematisierten Ansichten und typisierten „positiven" Helden währte - durch eine relativ liberalere Kulturpolitik während des 2. Weltkrieges teilweise unterbrochen (K. M. Simonow, A. A. Fadejew, A. A. Achmatowa, O. F. Berggolz [*1910], W. F. Panowa, die neben propagandist. Kriegsprosa auch Werke über individuelle Spontaneität im patriot. Widerstand verfaßten) - bis in die Zeit nach Stalins Tod (1953) und nach dem 20. Parteitag (1956). Die „Tauwetter"-Periode begann mit I. Ehrenburg, W. D. Dudinzew, D. A. Granin, J. M. Nagibin (*1920). Die überragenden Dichterpersönlichkeiten der späten 1950er und 1960er Jahre sind die schon in den Kriegsjahren publizierenden Lyrikerinnen W. F. Panowa, O. F. Berggolz, M. J. Aliger (*1915) und v. a. A. Achmatowa und N. A. Sabolozki (*1903, † 1958). Als Erzähler traten bes. hervor W. P. Nekrassow, die anfängl. als Lyriker bekannt gewordenen K. M. Simonow und B. L. Pasternak, K. A. Fedin, K. G. Paustowski, L. M. Leonow, W. A. Kawerin und M. A. Scholochow. Geschildert wurden nun auch Konflikte zw. Individuum und Kollektiv oder zw. Gruppeninteressen innerhalb der sowjet. Gesellschaft, wobei auf eindeutige „Parteilichkeit" oft verzichtet wurde. Weitere Kennzeichen waren Rehabilitierungen stalinist. Opfer, Aufhebung von Schreibverboten; die Auseinandersetzungen um die Nobelpreisverleihung an B. L. Pasternak (1958) machten jedoch die engen parteipolit. Grenzen künstler. Tätigkeit deutlich. Zeitkrit. Literatur (Beschäftigung mit eth. Problemen oder dem Generationskonflikt, Anklage des Stalinismus oder von Mißständen der Gegenwart) schufen die Erzähler W. F. Tendrjakow, W. P. Axjonow, J. P. Kasakow, W. A. Solouchin (*1924), W. W. Konezki (*1929), die Lyriker J. A. Jewtuschenko, R. I. Roschdestwenski (*1932), A. A. Wosnessenski, B. Achmadulina (*1937), B. S. Okudschawa. Literar. und literaturpol. Hauptvertreter der modernen russ.-sowjet. „Anklage"-Literatur ist A. I. Solschenizyn (1974 Ausbürgerung und Ausweisung); hinzuzurechnen sind die „Dissidenten" A. A. Amalrik, L. S. Kopelew. Mitte der 1970er Jahre kam es nach neuerl. Verfolgungen zu einer weiteren Emigrationswelle, u. a. J. A. Brodski (*1940), A. A. Galisch (*1919), N. M. Korschawin (*1925), W. L. Maximow, W. D. Nekrassow, A. D. Sinjawski, die heute u. a. in der Pariser Emigrantenzeitschrift „Kontinent" ein Publikationsorgan haben. In der UdSSR selbst werden offiziell verbotene Werke durch Samisdat-Ausgaben verbreitet. Wurde im Westen zunächst der „Dissidentenliteratur" bes. Aufmerksamkeit zuteil, sind in letzter Zeit zunehmend Bestrebungen im Gange, die vielfältigen Themenkreise der [offiziellen]r. L. der 1970er Jahre durch Übersetzungen zugängl. zu machen: Natur- und Geschichts- bzw. Kriegsdarstellungen verfaßten u. a. W. G. Rasputin, J. W. Trifonow, W. P. Katajew; Gesellschaftsromane und Erzählungen ähnl. Thematik (sog. „Stadt- oder Familienprosa") schrieben A. N. Rybakow (*1911), D. A. Granin (*1919), S. P. Salygin (*1913). Bed. Lyrik verfaßten R. F. Kasakowa (*1932), N. N. Matwewa (*1934), J. P. Moric (*1937); Memoiren schrieb M. Schaginjan. Innerhalb der Sowjetliteratur bestehen rd. 75 Nationalliteraturen. Neben der armen., georg., ukrain., estn. und lett. Literatur mit jahrhundertealter Tradition bestehen solche, die 1917 erst zur schriftl. Fixierung übergegangen waren Wegen intensiver Wechselwirkung und ähnl. Rezeption kann jedoch auch die in russ. Sprache geschriebene Literatur nichtruss. Völker zur russischsprachigen Literatur der UdSSR gerechnet werden, z. B. die Erzählungen des Kirgisen T. Aitmatow oder die moderne Lyrik des Tschuwaschen G. N. Aigi. ⬜ *Kasack, W.: R. L. des 20. Jh. in dt. Sprache. Mchn. 1985. - The third wave: Russian literature in emigration. Hg. v. O. Matich u. M. Heim. Ann Arbor (Mich.) 1984. - Kasack, W.: R. L. 1945–82. Mchn. 1983. - Woll, J./Treml, V. G.: Soviet dissident literature. Boston (Mass.) 1983. - Russ. Avantgarde 1907–21. Hg. v. B. Zelinsky. Bonn 1983. - Multinat. Lit. der Sowjetunion 1945–80. Red.: G. Lomidse u. a. Bln. 1981–85. 2 Bde. - Sowjetlit. heute. Hg. v. G. Lindemann. Mchn. 1979. - Holthusen, J.: R. L. im 20. Jh. Mchn. 1978. - Stender-Petersen, A.: Gesch. der r. L. Dt. Übers. Mchn. ³1978. - Kasack, W.: Lex. der r. L. ab 1917. Stg. 1976. Erg.- Bd. Mchn. 1986. - Hdb. der Sowjetlit. (1917–72). Hg. v. N. Ludwig. Lpz. 1975. - Grasshoff, H., u. a.: R. L. im Überblick. Von den Anfängen bis zur Oktoberrevolution. Lpz. 1974.*

russische Musik, die r. M. entwickelte sich bis zum 17. Jh. unabhängig von der abendländ. Musik. Zur *Volksmusik* gehören Scherz- (↑Tschastuschki), Brauchtums- und Erzähllieder, lyr. (↑Starinen), ep. (↑Bylinen) Lieder und Tänze („chorowody") überwirkten altkirchl. Modi, Pentatonik, asymmetr. Taktarten und gelegentl. freie Mehrstimmigkeit („podgolossok"), die wiederum zu mehrstimmigem Spiel auf den Volksinstrumenten führte - u. a. Gudok, Kobsa, Bandura, Domra, Balalaika, Gusli, an Blasinstrumenten u. a. Dudka. Professionelle, fahrende Volksmusikanten waren die „Skomoro-

russische Philosophie

chi". - Die russ. *Kirchenmusik*, bis ins 17. Jh. einstimmig, war urspr. an das Griech., Altkirchenslaw. bzw. Altbulgar. sowie an die byzantin. und altslaw. Liturgie gebunden. Schon das Kiewer Reich (12. Jh.) entwickelte spezif. russ. Neumen („krjuki"); über volkssprachl. Übersetzungen liturg. Texte setzten sich nat. Elemente durch. Über die Aneignung von Stil und Techniken aus Renaissance-Vokalpolyphonie, italien. Barock und Vorklassik entfaltete sich die Kirchenmusik u. a. mit M. S. Beresowski (* 1745, † 1777) und D. S. Bortnjanski zu einer Kunsthöhe, an die später russ. Romantik und Moderne anknüpfen konnten. - Die *weltl. Kunstmusik*, wie die Volksmusik von der Kirche heftig bekämpft, entwickelte sich seit dem späten 17. Jh., anfangs v. a. durch die Tätigkeit dt., italien., böhm. und frz. Musiker bes. am Moskauer Hof. Die sich dann herausbildende nat. Komponistenschule - u. a. W. A. Paschkewitsch (* um 1742, † 1797), I. J. Chandoschkin (* 1747, † 1804), Bortnjanski und J. I: Fomin (* 1761, † 1800) - verarbeitete Volksmusik in Opern und Instrumentalwerken. Die Blüte der nat. Musik beginnt mit M. I. Glinka. Mit den Opern „Das Leben für den Zaren" (1836) und „Ruslan und Ludmilla" (1842) schuf er zwei verschiedene, zukunftsweisende Operntypen, einen nat.-histor. und einen nat.-märchenhaften. Zu eigenständigen Lösungen der Wort-Ton-Beziehung gelangte A. S. Dargomyschski im musikal. Drama „Der steinerne Gast" (†872). Die nat. Musik auf einen Höhepunkt brachte dann die Gruppe „Das mächtige Häuflein" mit A. F. Borodin, Z. A. Kjui, M. A. Balakirew, M. Mussorgski, N. A. Rimski-Korsakow. Bes. bedeutsam wurde Balakirew mit seiner Volksliedersammlung (1866). Mussorgski stilisierte in seinen bed., psycholog. vertieften Opern und Liedern klangl. Qualitäten der russ. Sprache. Rimski-Korsakow gründete am Petersburger Konservatorium die erste russ. Komponistenschule. Für die ukrain. Musik wichtig wurde N. W. Lyssenko (* 1842, † 1912). Zum stärker westl. orientierten Flügel der russ. Nationalromantik zählen neben Tschaikowski A. G. Rubinschtein und S. W. Rachmaninow. Seit dem späten 19. Jh. erreichten russ. Pianisten, Geiger, Sänger und das klass. Ballett internat. Ruf. Schon zur Moderne leitet über A. N. Skrjabin; sein myst.-theosoph. geprägtes, v. a. harmon. zukunftsweisendes Werk drückt die Aufbruchsstimmung der vorrevolutionären Zeit aus. Schon vor der Revolution, u. a. durch Anregung des „mächtigen Häufleins", hatten sich einige weitere nat. Schulen gebildet: so in Georgien mit M. A. Balantschiwadse (* 1863, † 1937) und S. P. Paliaschwili (* 1871, † 1933; Oper „Absalom und Eteri", 1919); in Armenien mit Komitas (eigtl. S. G. Sogomarjan; * 1869, † 1935) und A. T. Tigranjan (* 1879, † 1950; Oper „Anusch", 1912); in Aserbaidschan U. A. Gadschibekow (* 1885, † 1948; Oper „Leili und Medschnun", 1908); ferner in Estland, Lettland und Litauen. Solche Ansätze wurden dann zu einer multinat. sowjet. Musikkultur verbreitert und vertieft, wie umgekehrt auch russ. Komponisten seit dem späten 19. Jh. fremde, z. B. mittelasiat. Folklore verarbeiten. Am bekanntesten wurde der Armenier A. I. Chatschaturjan. Die russ.-sowjet. Moderne erreichte mit S. S. Prokofjew und D. D. Schostakowitsch, deren auch stilist. reiches Werk sämtl. Gatt. von Gebrauchsmusik bis zu Sinfonik und Oper umspannt, einen ersten Gipfelpunkt. Die sowjet. Musik repräsentieren weiter u. a. R. M. Glier, J. A. Schaporin, T. N. Chrennikow und N. J. Mjaskowski, Lehrer von W. J. Schebalin, D. B. Kabalewski, I. I. Dserschinski (* 1909, † 1978). - Kampagnen (1936 und 1948) gegen den „Modernismus" hemmten die Entfaltung der sowjet. Musik, v. a. die jüngere Generation verbindet aber Tradition und „Erbe" mit Aneignung und Umsetzung von Errungenschaften der internat. Avantgarde - so v. a. O. W. Taktakischwili (* 1924), E. W. Denissow (* 1929), A. P. Petrow (* 1930), E. Tamberg (* 1930), V. Barkauskas (* 1931), J. Rääts (* 1932), R. K. Schtschedrin (* 1932), S. M. Slonimski (* 1932), A. G. Schnitke (* 1934), W. W. Silwestrow (* 1937), B. I. Tischtschenko (* 1939), A. Kneiffel (* 1943), A. Smirnow (* 1948), E. Firsowa (* 1950). Nicht zuletzt dadurch treten im Zusammenhang mit Futurismus, „Proletkult", „Produktionskunst" stehende Ansätze der frühen russ.-sowjet. Avantgarde wieder hervor, die im Zuge der gesellschaftl. Entwicklung seit den späten 1920ern zurückgedrängt waren, u. a. N. A. Roslawez (* 1881, † 1944), W. M. Deschewow (* 1889, † 1955), A. W. Mossolow (* 1900, † 1973).

📖 *Beitr. zur Musikkultur in der Sowjetunion und in der BR Deutschland.* Hg. v. C. *Dahlhaus* u. a. Wilhelmshaven 1982. - *Gojowy, D.: Neue sowjet. M. der 20er Jahre.* Laaber 1980. - *Schwarz, B.: Music and musical life in Soviet Russia, 1917 to 1970.* London 1972. - *Krebs, S. D.: Soviet composers and the development of Soviet music.* London 1970. - *Tcherepnin, A.: R. M.-Anthologie.* Dt. Übers. Bonn 1966. - *Prieberg, F. K.: Musik in der Sowjetunion.* Köln 1965. - *Laux, K.: Die Musik in Rußland u. in der Sowjetunion.* Bln. 1958.

russische Philosophie, Sammelbez. für das philosoph. Denken in Rußland. - In ihren Anfängen, vom 10. bis zum 17. Jh., steht die r. P. fast ausschließl. im Dienst der russ.-orth. Theologie und ist auf Anthropologie, Ethik und polit. Theorie begrenzt. Impulse empfängt die r. P. v. a. von der byzantin. Philosophie. - Erst mit der Öffnung zum Westen durch Peter d. Gr. beginnt die Geschichte der r. P. i. e. S. als einer eigenständigen Disziplin, wenn sie auch weiterhin ihren praxisorientierten, instrumentalen Charakter zur

russische Kunst

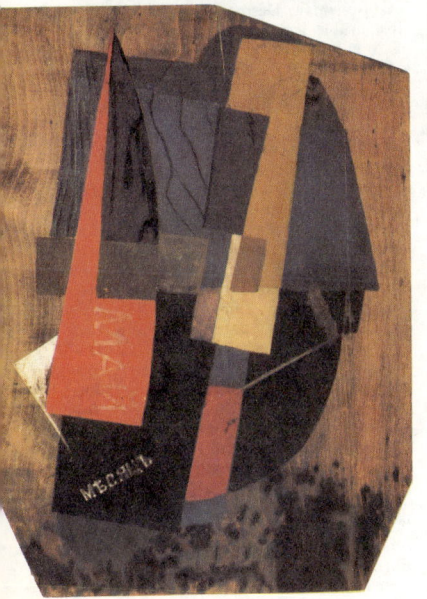

Russische Kunst. Oben (von links):
Ilja Jefimowitsch Repin, Die Ruhepause
(1882). Moskau, Tretjakow-Galerie;
Natalija Sergejewna Gontscharowa,
Frau mit Hut (um 1912). Paris, Museé
National d'Art Moderne;
unten (von links): Wladimir
Jewgrafowitsch Tatlin, Komposition
(1916). Privatbesitz; Alexandr
Alexandrowitsch Deineka, Die
Verteidigung Petrograds (1928).
Moskau, Tretjakow-Galerie

Durchsetzung eth., polit. und sozialer Zielsetzung beibehält. Im 19. Jh. gewinnen Geschichts- und Kulturphilosophie sowie Ästhetik an Interesse, während Metaphysik, philosoph. Theologie und Naturphilosophie weiterhin eine untergeordnete Rolle spielen. Als erster russ. Philosoph gilt im 18. Jh. G. S. Skoworoda, der „russ. Sokrates", dem es in krit. Stellung gegenüber dem Materialismus und sensualist. Empirismus um Selbstbeherrschung des Menschen geht. - Gegen Ende des 18. Jh. setzen sich Einflüsse des Skeptizismus und Rationalismus der frz. Aufklärung durch, die sich im Deismus, Utilitarismus und modernen Naturrecht entfalten und das sozialkrit. Interesse fördern. Hier sind v. a. die Dichter und Schriftsteller A. N. Radischtschew, M. W. Lomonossow und N. M. Karamsin zu nennen. Nach der Invasion der Napoleon. Truppen folgt eine entschiedene Hinwendung zur dt. Philosophie, zu Schelling, Kant, Fichte und v. a. zu Hegel, dessen Wirkung ab etwa 1830 über Jahre hinaus beherrschend bleibt und die Marxrezeption gegen Ende des 19. Jh. und danach entscheidend bedingt. Wesentl. Element der Entwicklung ist zugleich die Auseinandersetzung zw. Slawophilen (v. a. A. S. Chomjakow und K. S. Axakow [* 1817, † 1860]) und Westlern an dem Rückgriff ausschließ. auf die eigenen Traditionen oder das Festhalten an der Öffnung zum Westen. Bei den Westlern vollzieht sich eine zur dt. Entwicklung parallele Denkbewegung, die in der Folge unter Aufnahme von Ansätzen des frz. Sozialismus zu einem gemäßigten Radikalsozialismus führt und den Marxismus vorbereitet (v. a. W. G. Belinski, A. I. Herzen, M. A. Bakunin). Durch ihren Einfluß werden Anarchismus wie Nihilismus zu wichtigen Faktoren im russ. Geistesleben. - Neben diesen sozialkrit. Strömungen entwickelt sich eine bed., auf die Praxis hin orientierte Religionsphilosophie mit F. M. Dostojewski, L. N. Tolstoi und v. a. W. S. Solowjow, in dessen Einflußsphäre sich alle - häufig im Exil lebenden - russ. Religionsphilosophen bewegen, so z. B. S. N. Bulgakow und N. A. Berdjajew. Der †Revisionismus des frühen 20. Jh. orientiert sich an Nietzsche und dem †Empiriokritizismus von Mach und Avenarius (A. W. Lunatscharski, A. A. Bogdanow). Ihm stehen der „reine" Marxismus G. W. Plechanows und die Lehren W. I. Lenins (†Marxismus-Leninismus) gegenüber. Die Auseinandersetzung zw. den *Mechanizisten* (Vertreter einer bes. Form des †Mechanismus, d. h. eines durch Rezeption von Elementen des Positivismus modifizierten Materialismus, der die ökonom. Verhältnisse nur als dynam. Faktoren gelten ließ und von hier aus eine gemäßigte Wirtschaftspolitik vertritt) N. I. Bucharin und A. M. Deborin endet 1930/31 mit der offiziellen Ablehnung beider gegner. Positionen und dem Versuch einer Vermittlung zw. beiden. In der Folgezeit wird den grundlegenden Aussagen, wie der einer notwendigen histor. Entwicklung von niederen zu höheren Sozialformen durch den Klassenkampf, absolute Gültigkeit zuerkannt; dagegen wird dem systemat. Überbau, zu dem z. B. die These von der objektiven Realität der dialekt. Gegensätze gehört, eine gewisse Freiheit der Interpretation eingeräumt, die in nachstalinist. Zeit erweitert wird. Der Bereich, dem z. B. mathemat. Logik, Kybernetik und Informationstheorie zugehören, kann sich unabhängig entwickeln, besitzt jedoch keinen Einfluß auf die marxist. Theorie und Praxis. Aus ihm stammen eine Reihe wichtiger und grundlegender Beiträge etwa zur Beweistheorie und zur mehrwertigen Logik.

📖 *Goerdt, W.: R. P. Freib. 1984. - Berdjaev, N.: Die russ. Idee. Dt. Übers. St. Augustin 1983. - Berlin, I.: Russ. Denker. Dt. Übers. Ffm. 1981. - Dahm, H.: R. P. Tradition u. Gegenwart. Köln 1980. - Seebohm, T. M.: Ratio und Charisma. Ansätze zur Ausbildung eines philosoph. u. wiss. Weltverständnisses im Moskauer Rußland. Bonn 1977. - Russian philosophy. Hg. v. J. M. Edie u. a. Knoxville (Tenn.) Neuaufl. 1976. 3 Bde. - Bocheński, I. M.: Der sowjetruss. dialekt. Materialismus. Mchn. ⁵1969. - Lossky, N. O.: History of Russian philosophy. New York 1969.*

Russischer Desman [dt./schwed.] (Wychuchol, Bisamrüßler, Moschusbisam, Bisamspitzmaus, Desmana moschata), großer †Bisamrüßler in der sw. UdSSR; Körperlänge bis 20 cm; mit muskulösem, etwa ebenso langem Schwanz; Fell sehr dicht und weich, glänzend, rötlichbraun, unterseits silberweiß; liefert begehrtes Pelzwerk (*russ. Bisam, Silberbisam*).

Russischer Windhund, svw. †Barsoi.
russische Schrift †Kyrilliza.
Russische Sozialistische Föderative Sowjetrepublik †RSFSR.
Russische Tafel, Teil †Fennosarmatias, nimmt fast den gesamten europ. Teil der UdSSR ein.
Russisch-Japanischer Krieg (1904/1905), durch das Übergreifen des russ. Imperialismus nach der Mandschurei und nach Korea verursachter Krieg. Die expansive russ. Fernostpolitik und das jap. Großmachtstreben in Ostasien lösten in den 1890er Jahren schwere Spannungen um die Kontrolle über die Mandschurei und die Halbinsel Liaotung mit dem eisfreien Hafen Port Arthur aus. Die Weigerung, Korea ganz dem jap. Einfluß zu überlassen, führte Anfang 1904 zum Abbruch der diplomat. Beziehungen durch Japan und am 8./9. Febr. 1904 zur Zerstörung der russ. Kriegsflotte in Port Arthur. Nach einer Reihe von Niederlagen (u. a. Seeschlacht in der Tsuschimastraße, 27. Mai 1905) mußte Rußland im Frieden von Portsmouth am 5. Sept. 1905 die Pacht von Liao-

tung und die Konzession für die südmandschur. Eisenbahn Japan überlassen, das auch den S-Teil der Insel Sachalin erhielt und ein Protektorat über Korea errichten konnte.

russisch-orthodoxe Kirche, der nach Lehre, Liturgie und spezif. Prägung seiner Spiritualität den orth. Kirchen (↑orientalische Kirchen) zugehörige Kirchenverband, der durch seine Geschichte, durch das russ. Mönchtum und durch die slaw. Kirchensprache einen eigenständigen Charakter erhielt. Nach Christianisierungsversuchen der röm. und griech. Kirche fand das Christentum in Rußland Eingang, als Großfürst Wladimir I. von Kiew 988 die Taufe empfing und eine Massentaufe seiner Untertanen veranlaßte. Damit wurde das griech. geprägte Christentum Staatsreligion, und Rußland geriet in eine religiöse und kulturelle Abhängigkeit von Byzanz, die es von Westeuropa isolierte. Dieser Umstand förderte die Ausprägung einer nat. Eigenständigkeit der r.-o. K., wenn auch ihr Oberhaupt (seit 1037 ein Metropolit, zunächst in Kiew, ab 1299 in Wladimir, seit 1326 in Moskau) bis ins 15.Jh. hinein meist ein Grieche war. Das litauisch gewordene Kiew wurde 1355 eine neue Metropole, die nach der Personalunion mit Polen (1386) kath. beeinflußt wurde. Dadurch wurde das Moskauer Patriarchat zur stärksten Kraft der Orthodoxie und unterstützte den Führungsanspruch Moskaus. Nach der auf dem Konzil von Florenz 1439 beschlossenen Union mit Rom verweigerte für die r.-o. K. Großfürst Wassili II. die Anerkennung der Union; in Moskau wurde ein von Konstantinopel nicht bestätigter Metropolit gewählt, womit die Trennung von der griech.-orth. Kirche besiegelt wurde. Nach dem Fall Konstantinopels (1453) fühlte sich Moskau als das „Dritte Rom" zum Erben berufen. Durch das „Geistl. Reglement" Peters I. (1721) wurde das Patriarchat abgeschafft und durch den Hl. ↑Synod ersetzt, den ein weltl. Beamter, der Oberprokuror, kontrollierte. Dadurch wurde die r.-o. K. zu einem Instrument des Staates. Nach der Revolution von 1917 wurde die Patriarchatsverfassung wiederhergestellt, 1918 die Trennung von Kirche und Staat vollzogen, wodurch die r.-o. K. ihren gesamten weltl. Besitz verlor und ihr jede Unterrichtstätigkeit untersagt wurde. Durch die kirchl. Außenpolitik der Patriarchen ↑Alexi und ↑Nikodim gelang die Öffnung der r.-o. K. gegenüber der ökumen. Bewegung; 1961 wurde die r.-o. K. in den Weltrat der Kirchen aufgenommen.
📖 *Kuchinke, N.: Gott in Rußland.* Aschaffenburg 1984. - *Milosvic, D. Der goldene Ring. Das Christentum Rußlands.* Freib. 1982. - *Die R. O. K. in der Gegenwart.* Hg. v. W. Kasack. Mchn. 1979. - *Sundgren, N.: Gottes Volk in der Sowjetunion.* Dt. Übers. Witten 1978.

Rußland, 1. bis 1917 Bez. für das gesamte Russ. Reich (↑Sowjetunion, Geschichte); 2. i. e. S. die Gebiete der Sowjetunion mit traditionell russ. Sprache und Kultur; 3. unkorrekte, aber verbreitete Bez. für die Sowjetunion.

Rüßler, svw. ↑Rüsselkäfer.

Russolo, Luigi, * Portogruaro (Prov. Venedig) 30. April 1885, † Cerro Lago Maggiore 4. Febr. 1947, italien. Maler. - Mgl. der Futuristen; 1913 Entwicklung eines lärmerzeugenden Instruments, auf dem der Künstler die Geräusche der modernen Umwelt wiedergab. Den „bruitismo" proklamierte er in dem Manifest „L'arte dei rumori. Manifesto futuristico" (11. März 1913). - Abb. Bd. 7, S. 317.

Rußtaupilze (Capnodiaceae), Fam. nichtparasit. Schlauchpilze (Ordnung Pseudosphaeriales); mit dunklem Myzel, wachsen, begünstigt durch ↑Honigtau, oberflächl. auf Blättern, auch auf Früchten (**Rußtau**) und können die Assimilation behindern.

Rust, Alfred, * Hamburg 4.Juli 1900, † Ahrensburg 14. Aug. 1983, dt. Prähistoriker. - Grundlegende Forschungen v. a. zum Paläolithikum Syriens und Norddeutschlands; Entdecker und Ausgräber des Präaurignacien, der wichtigsten Fundstelle der Ahrensburger Gruppe und der Hamburger Gruppe bei Ahrensburg sowie der Heidelberger Kultur.

R., Bernhard, * Hannover 30. Sept. 1883, † Berne bei Brake (Unterweser) 8. Mai 1945 (Selbstmord), dt. Politiker. - Lehrer; machte ab 1924/25 in der NSDAP polit. Karriere: Gauleiter Hannover (Nord) bzw. Südhannover-Braunschweig 1925-40, MdR 1930-45, preuß. Kultusmin. 1933/34, Reichsmin. für Wiss., Erziehung und Volksbildung 1934-45.

Rust (amtl. Freistadt Rust), Stadt am W-Ufer des Neusiedler Sees, Österreich, 121 m ü. d. M., 1 700 E. Seemuseum; Schiffverarbeitung, im Umland Obst- und Weinbau. - 1317 erstmals als **Ceel** erwähnt; 1512 Markt und befestigt, 1681 königl.-ungar. Freistadt; 1919 österreichisch.

Rustaweli, Schota [russ. rusta'vjeli], georg. Dichter des 12.Jh. - Vermutl. Schatzmeister der Königin Tamar; nach seinem Namen ist das georg. Nationalepos „Der Mann im Tigerfelle" (erster Druck 1712) überliefert.

Rustebeuf [frz. ryt'bœf] ↑Rutebeuf.

Rustenburg [Afrikaans 'rœstənbœrx], Stadt im westl. Transvaal, Republik Südafrika, 1 234 m ü. d. M., 53 000 E. Tabakforschungsinst., Platinerzabbau und -aufbereitung, Tabakverarbeitung, Textilind.; Bahnstation.

Rüster [zu mittelhochdt. rust „Ulme"], svw. ↑Ulme.

Rustika [lat.], svw. ↑Bossenwerk.
◆ (Capitalis rustica) Form der ↑Kapitalis.

rustikal [lat.], 1. ländlich-einfach; in ländl. (altdt.) Stil; 2. von bäuerl.-schlichter Wesensart.

Rüstow, Alexander [...to], * Wiesbaden 8. April 1885, † Heidelberg 30. Juni 1963, dt. Nationalökonom und Soziologe. - 1933-49

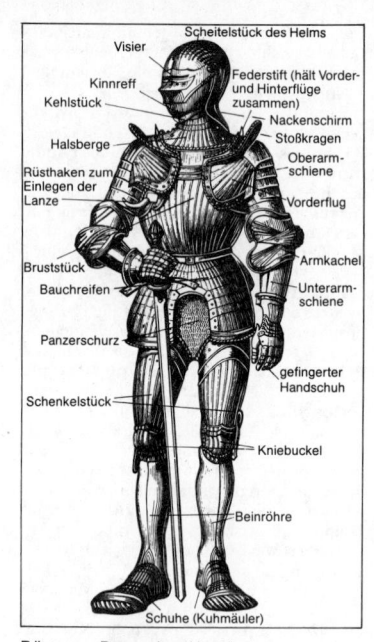

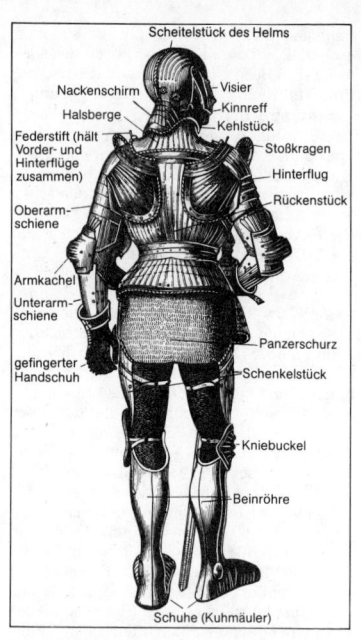

Rüstringen

Rüstung. Deutscher Harnisch
aus der 2. Hälfte des 15. Jh. (Vorder-
und Rückseite)

Prof. in Istanbul, 1949–55 in Heidelberg; trat v. a. mit Arbeiten zu Problemen der Beziehungen zw. Wirtschafts-, Kultur- und Gesellschaftssystem hervor und gilt als Mitbegr. des Neoliberalismus (u. a. „Ortsbestimmung der Gegenwart", 3 Bde., 1950–57; „Wirtschaft und Kultursystem", 1955).

Rüstringen, ehem. fries. Landschaft vom Jeverland bis zur Unterweser, 782 erstmals erwähnt, 793 als fries. Gau gen.; 12.–14. Jh. Bauernrepublik mit Konsularverfassung, im 14. Jh. von Häuptlingsherrschaften abgelöst.

Rüsttag, dt. Bez. für den Vorabend eines jüd. Festes.

Rüstung, Schutzbekleidung des Kriegers gegen Verwundungen. Neben Helm und *Beinschienen* (am Unterschenkel, das Schienbein deckend) diente im Altertum der Panzer zum Schutz des Körpers. In *Assyrien* waren mindestens seit etwa 1500 v. Chr. Lederpanzer mit Metallschuppen bekannt. Die ältesten Panzer aus Bronze in Europa gehören zum Typ der zweischaligen (Brustharnisch und Rückenschale mit Schulter- und Seitenverschlüssen) Glockenpanzer seit der *jüngeren Bronzezeit* (13. Jh. v. Chr.). Im *klass. Griechenland* des 5. Jh. wurde der Metallpanzer den Körperformen angepaßt, daneben Lederpanzer, Linnenpanzer (besetzt mit Metallschuppen). In *röm. Zeit* trug der einfache Soldat einen Lederpanzer (mit Metallplattenschutz auf der Brust); daneben gab es u. a. Kettenpanzer (Ringpanzer, hemdartige Panzer aus Ringen) und Schuppenpanzer (Schuppen aus Bronze oder Eisen), die in der *La-Tène-Zeit* auch von den Kelten benutzt wurden. Die R. des MA (Harnisch) bestand aus Eisenplatten, Röhren und Streifen. Als Panzer des 8.–13. Jh. *(Panzerhemd, Haubert* oder *Brünne,* die geschuppt, gegittert oder beringt sein konnten, sowie das *Kettenhemd)* gegen Stangenwaffen und Armbrust keinen hinreichenden Schutz mehr boten, entstand im 14. Jh. die Spangen-R., deren Weiterentwicklung, die Platten-R., im 15. Jh. höchste Vollendung erreichte. Für das Turnier wurden Spezial-R. angefertigt (Renn- und Stechzeug). Teile der (oft künstler. geschmückten) Voll-R. waren Helm, Halsberge; Brust mit Rüsthaken (zum Auflegen der Lanze), Bauchreifen, Schamkapsel, Beintaschen; Rücken mit Gesäßreifen; Achseln mit Vorder-, Hinterflügeln und Brechrändern oder Stoßkragen; *Armzeug (Armschienen)* und Handschuhe (ungefingert: Hentzen); *Beinzeug* und Schuhe. Der Fußknecht trug wegen des Gewichts (Voll-R.: 25–35 kg) nur Halb-R.; Arm- und Beinzeug fielen weg, die Halsberge wurde zum Schutz des Oberarms verlängert (Spangröls). Da der Ritter ohne Pferd hilflos war, mußte auch das Pferd geschützt werden. Seit dem 17. Jh. nur noch Prunkkleidung.

◆ Bez. für Maßnahmen und Mittel zur Vorbereitung und Führung von Kriegen; umfaßt i. e. S. Waffen und Massenvernichtungsmittel aller Art, darüber hinaus alle militär. verwendbaren Einrichtungen eines Staates. Die R.produktion der wichtigsten Staaten der Erde nimmt beständig zu und ist unbeschadet ständiger Abrüstungsverhandlungen und verschiedener R.kontrollvereinbarungen (↑ Abrüstung) seit 1945 doppelt so schnell gewachsen wie die zivile Güterproduktion. Die Weltausgaben für R. beliefen sich 1901–14 im Durchschnitt auf 4 Mrd. $ jährl., 1945–55 auf ca. 100 Mrd. $ jährl., 1970 auf 200 Mrd. $ und 1979 auf 480 Mrd. $; 1982 betrugen sie bereits 579 Mrd. $. Die gesamten Militärausgaben der Welt betrugen 1984 rd. 800 Mrd. $ (Angaben nach dem Stockholm International Peace Research Institute [SIPRI]). Die Weltausgaben für das Militär (R. und Personal) stellen 6 % des Weltbruttosozialprodukts dar; sie verbrauchen 10 % aller Rohstoffe und 40 % der Weltausgaben für wiss. Forschung. Ein Vergleich der Weltmilitärausgaben seit 1958 zeigt, daß der Anteil der Länder der Dritten Welt an ihnen ständig zunimmt. 1984 betrug der Anteil des Bruttosozialprodukts in Irak 29,75 % und im Iran 16,69 % (Golfkrieg seit 1980); in Israel waren es 20,74 %, in Ägypten 9,58 %, in Peru 8,21 %, in Kuba 8,0 %, in Pakistan 6,07 %. In den Industrienationen ist er vergleichsweise niedrig, ausgenommen die USA mit 9,16 % (1985) und die Sowjetunion mit 14,0 %. In der BR Deutschland betrug der Anteil 2,67 %, in der DDR 4,38 %, in Frankr. 3,29 % (jeweils 1984). Relativ verläßl. Daten über die R.ausgaben der Sowjetunion gibt es nicht; die Angaben westl. Institutionen differieren beträchtlich. Die 4 größten Waffenproduzenten sind die USA, die Sowjetunion, Frankr. und Großbrit. Sie beherrschen auch den Waffenhandel mit der Dritten Welt. Von den 1984 verkauften Großwaffen stammten rd. 90 % aus folgenden 6 Ländern: USA 29,1 %, Sowjetunion 37,1 %, Frankr. 11,1 %, Großbrit. 4,8 % Italien 4,4 % BR Deutschland 3,1 %. Der Nahe Osten war zu dieser Zeit mit 41,9 % Hauptimporteur schwerer Waffen in der Dritten Welt, gefolgt von Afrika mit 14,9 % und Ostasien mit 9,8 %, Europa importierte 18,3 %. Gleichzeitig nimmt die Zahl der Länder der Dritten Welt zu, die Waffen in Lizenz herstellen und auch exportieren (1984: 3,6 %). An der Lizenzvergabe ist auch die BR Deutschland stark beteiligt, deren R.unternehmen auf diese Weise die relativ restriktive R.exportpolitik der Bundesreg. umgehen können. Sowohl der direkte Waffenhandel wie die Lizenzvergabe binden die Empfängerländer sehr stark an die Versorgerstaaten; dies umso mehr, wenn ein Krieg geführt wird, in dem es auf schnelle Nachlieferung von Ersatzteilen und Munition ankommt.

Das starke Anwachsen der R.ausgaben ist v. a. durch die zunehmende Technisierung und Automatisierung von R.systemen bedingt. Sie brachten zugleich bestimmte Ind.-zweige (v. a. Luft- und Raumfahrtind., Elektro- und Elektronikind., Schiff- und Maschinenbau) in eine sehr große Abhängigkeit von staatl. R.aufträgen, wobei die Größenordnung dieser Aufträge und ihre lange Laufzeit die Konzentration in diesen Ind.zweigen förderte, eine Entwicklung, die verhindert, daß in diesem Bereich noch Marktmechanismen wirksam werden können. Diese Entwicklung, wie auch die zunehmend komplizierter werdende R.technik, hat zur Folge, daß die für militär. Beschaffungen verantwortl. Politiker, die Verwaltungsapparate der jeweiligen Streitkräfte und die für den Einsatz der Waffen zuständigen Militärs fakt. den Bedarf nicht nach Kosten-Nutzen-Gesichtspunkten auswählen können. Die Kontrollfunktion der Parlamente wird darüber hinaus dadurch erschwert, daß unter dem Vorwand des Sicherheitsrisikos nur wenige Politiker über Militärstrategie und R.programme vollständig informiert werden.

Innerhalb der Friedensforschung (↑ Frieden) wurden verschiedene Theorien über die Ursachen von R. und R.wettläufen und über ihre kriegsfördernden Folgen entwickelt sowie Programme ausgearbeitet, um das Wettrüsten zu beenden und R.ind. auf zivile Güterproduktion umzustellen. Diese Erkenntnisse haben sich jedoch bisher nicht auf die Politik der R. produzierenden Staaten ausgewirkt. - Abb. S. 50.

📖 *Waffenexporte u. Krieg.* Hg. v. Stockholm International Peace Research Institute (SIPRI). Dt. Übers. Rbk. 1984. - *Geyer, M.: Aufrüstung oder Sicherheit.* Wsb. 1980. - *Lutz, D. S.: Die R. der Sowjetunion.* Baden-Baden 1979. - *Knorr, L.: Vom Wettrüsten zur Abrüstung.* Köln 1978. - *Schwerpunkt R.* Bearb. v. R. Steinweg. Ffm. 1976. - *Barnet, R. J.: Der amerikan. R.wahn oder Die Ökonomie des Todes.* Dt. Übers. Rbk. 1971.

Rüstungsbegrenzung, mit der Rüstungskontrolle Gegenstand von Verhandlungen zur Minderung der durch Rüstung bedingten Kriegsgefahren (↑ auch Abrüstung).

Rüstungskontrolle ↑ Abrüstung.

Rüstzeit, nach der REFA-Lehre die Zeit, die der Vorbereitung der auftragsgemäß auszuführenden Arbeit dient.

Rutaceae [lat.], svw. ↑ Rautengewächse.

Rute, Reisigbündel als Züchtigungswerkzeug.
◆ Teil der Angel (↑ Angelfischerei).
◆ im *Obstbau* Bez. für einen Langtrieb an Obstgehölzen und Beerensträuchern, insbes. den Sproß von Himbeere und Brombeere.
◆ alte dt. Längeneinheit unterschiedl. Größe (10, 12, 14 oder 16 Fuß); entsprach z. B. in Baden 3,00 m, in Bayern 2,92 m.

Rutebeuf

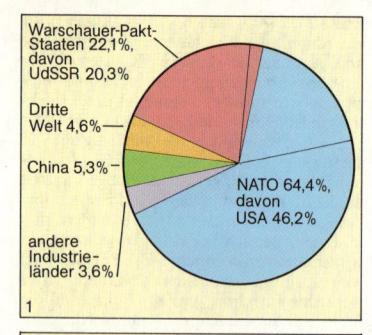

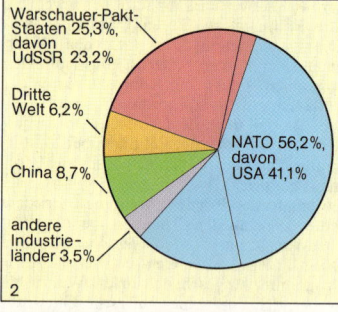

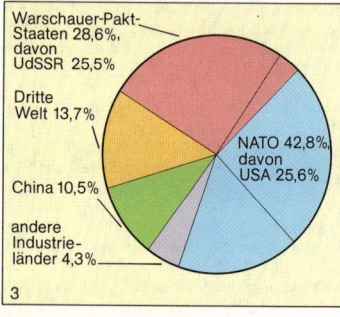

Diagram 1:
- Warschauer-Pakt-Staaten 22,1%, davon UdSSR 20,3%
- Dritte Welt 4,6%
- China 5,3%
- andere Industrieländer 3,6%
- NATO 64,4%, davon USA 46,2%

Diagram 2:
- Warschauer-Pakt-Staaten 25,3%, davon UdSSR 23,2%
- Dritte Welt 6,2%
- China 8,7%
- andere Industrieländer 3,5%
- NATO 56,2%, davon USA 41,1%

Diagram 3:
- Warschauer-Pakt-Staaten 28,6%, davon UdSSR 25,5%
- Dritte Welt 13,7%
- China 10,5%
- andere Industrieländer 4,3%
- NATO 42,8%, davon USA 25,6%

Rüstung. Verteilung der Weltmilitärausgaben 1958 (1), 1968 (2) und 1978 (3). Quelle: SIPRI-Jahrbuch 1979

◆ svw. ↑Penis (bei Tieren).

◆ wm. Bez. für: 1. den Schwanz des Hundes und den glatten (nicht buschigen; ↑Lunte) Schwanz von Haarraubwild; 2. das männl. Glied von Schalenwild, Raubwild und Hund (bei letzteren auch *Fruchtglied* genannt).

Rutebeuf (Rustebeuf, Rustebuef) [frz. ryt'bœf], * in der Campagne (?) vor 1250, † um 1285, frz. Dichter. - Bedeutendster frz. Lyriker vor F. Villon. Fahrender Spielmann; nahm in scharf satir. Gedichten zu polit. und sozialen Mißständen Stellung. „Das Mirakelspiel von Theophilus" (entstanden um 1261, hg. 1838) ist dem Fauststoff verwandt; zahlr. Kreuzzugslieder.

Rutenpilze (Phallales), Ordnung der Bauchpilze mit in der Jugend eiförmig-geschlossenen Fruchtkörpern *(Teufelseier)*. Bei der Reife streckt sich der Zentralstrang, durchbricht die Außenhülle und trägt an seiner Spitze dann die Sporenmasse (↑ Gleba). Man unterscheidet die Gatt. *Phallus, Dictyophora* und *Mutinus*.

Ruth, aus der Bibel übernommener weibl. Vorname, eigtl. wohl „Freundschaft".

Ruth, Gestalt und gleichnamiges Buch des A.T.; das Buch R. wird im Judentum als Festrolle für das Wochenfest benutzt. Es erzählt die Geschichte der Witwe R., die ihre Schwiegermutter nach Bethlehem begleitet und sich dort wieder verheiratet.

Ruthenen, veraltet für ↑ Ukrainer.

ruthenische Kirche, urspr. Bez. aller mit der röm.-kath. Kirche durch die Unionen von Brest-Litowsk (1595/96) und Uschgorod (1646) vereinigten Kirchen des byzantin.-slaw. Ritus, deren Anhänger im Gebiet des poln.-litauischen Staates und im NO Ungarns lebten. Die Bez. r. K. wird heute v. a. für die Gemeinschaft der in die USA emigrierten Katholiken aus Transkarpatien gebraucht.

Ruthenium [nach Ruthenien, dem früheren Namen der Ukraine], chem. Symbol Ru; metall. Element aus der VIII. Nebengruppe des Periodensystems der chem. Elemente, Ordnungszahl 44, mittlere Atommasse 101,07, Dichte 12,30 g/cm^3 (bei 20°C), Schmelzpunkt 2 310°C, Siedepunkt 3 900°C. Das silbergraue R. ist das leichteste und seltenste Platinmetall. In seinen meist farbigen Verbindungen tritt es v. a. vierwertig auf; wie Osmium bildet R. ein flüchtiges, sehr giftiges Tetroxid, RuO_4. In der Erdkruste ist R. zu $2 \cdot 10^{-6}$ Gewichts-% enthalten und steht in der Häufigkeit der chem. Elemente an 71. Stelle. In der Natur kommt R. als Begleitmetall von Platin sowie im Mineral *Laurit*, RuS_2, vor. R. wird als Bestandteil von Platin- und Palladiumlegierungen für Federspitzen und Spinndüsen sowie in Form von R.dioxid als Katalysator verwendet. R. wurde 1844 von K. Claus entdeckt.

Rutherford [engl. 'rʌðəfəd], Ernest, Lord R. of Nelson (seit 1931), * Spring Grove (= Brightwater) bei Nelson (Neuseeland) 30. Aug. 1871, † Cambridge 19. Okt. 1937, brit. Physiker. - 1898–1907 Prof. in Montreal, danach in Manchester, ab 1919 in Cambridge und Direktor des dortigen Cavendish Laboratory; ab 1903 Mgl. der Royal Society. - R. war einer der bedeutendsten Experimentalphysiker dieses Jh., insbes. auf dem Gebiet der Radioaktivität bzw. der Kernphysik. Auf Grund des unterschiedl. Durchdringungs- und Ionisationsvermögens unterschied R. 1897 zwei verschiedene radioaktive Strahlenarten, die er Alpha- und Betastrahlen nannte. 1902 erkannte R. zus. mit F. Soddy die Radioaktivität als Elementumwandlung und formulierte das radioaktive Zerfallsgesetz. 1911 entwickelte er das nach ihm ben. ↑Atommodell. 1919 gelang ihm die erste künstl. Kernumwandlung durch Beschuß von Stickstoff mit Alphastrahlen. Nobelpreis für Chemie 1908.

R., Joseph Franklin, * Booneville (Mo.) 8. Nov. 1869, † San Diego 8. Jan. 1942, amerikan. Jurist, Führer der Zeugen Jehovas. - Nach dem Tod C. T. Russells 1916 Leiter der später ↑ Zeugen Jehovas gen. Wachtturmgesellschaft; interpretierte die Wachtturmgesellschaft als endzeitl. Gemeinde und führte einen stark theokrat. Führungsstil ein.

R., Dame (seit 1967) Margaret, * London 11. Mai 1892, † Chalfont Saint Peter (Buckinghamshire) 22. Mai 1972, engl. Schauspielerin. - Darstellerin exzentr. Charaktere; internat. bekannt v. a. als Miss Marple in zahlr. Verfilmungen von Romanen A. Christies; hervorragend auch in O. Welles' „Falstaff" (1966).

Rutherfordium [rʌðə...; nach E. Rutherford] ↑ Kurtschatovium.

Rutherford-Modell [engl. ˈrʌðəfəd; nach E. Rutherford] ↑ Atommodell.

Rutil [zu lat. rutilus „rötlich"], tetragonale, in Form prismat., gestreckter oder säuliger Kristalle bzw. feinster Nadeln auftretendes, metall. glänzendes, durchscheinendes bis undurchsichtiges Mineral, TiO_2; meist rötl., aber auch gelb, gelblichbraun oder schwarz *(Nigrin)* gefärbt. Mohshärte 6,0; Dichte 4,2–4,3 g/cm^3; neben Ilmenit das wichtigste Titanerz. Synthet. hergestellte R.kristalle zeigen eine stärkere Lichtbrechung als Diamant und werden als Schmucksteine verwendet.

Rutilismus [zu lat. rutilus „rötlich"], (Rothaarigkeit) die natürl. Rotfärbung des menschl. Haares, bedingt durch einen Defekt an einem bestimmten (bisher noch nicht bekannten) Faktor in der Pigmentbildung (↑ Melanine), der einem einfach rezessiven Erbgang unterliegt. R. kommt - in unterschiedl. Verteilung - bei allen Menschenrassen vor, zeigt sich jedoch bei den dunkelhäutigen Rassen häufig nur als schwacher Rotschimmer des Haars. Bes. deutl. ist R. bei den hellfarbigen Europiden erkennbar.
♦ die [krankhafte] Neigung zu erröten.

Rutin [zu griech.-lat. ruta „Raute" (nach dem häufigen Vorkommen in Rautengewächsen)] (Vitamin P, Antipermeabilitätsfaktor) ↑ Vitamine.

Rüti (ZH), Gem. im schweizer. Kt. Zürich, 482 m ü. d. M., 9 300 E. Maschinenbau, Textilind. - 1206 gegr. Prämonstratenserabtei, bevorzugte Grabstätte der Grafen von Toggenburg, 1525 aufgehoben. - Ehem. Klosterkirche mit spätroman. Chor.

Rütlischwur, seit 1471/72 nachweisbare Bez. für das angebl. auf dem Rütli, einer Bergwiese über dem Urner See, im Aug. 1291 geschlossene „ewige Bündnis" der Schweizer Urkantone Uri, Schwyz und Unterwalden; gilt als Beginn der Schweizer. Eidgenossenschaft.

Rutschkupplung ↑ Kupplung.
Rüttelflug ↑ Fortbewegung.
Rütteljäger ↑ Falken.
Rütten & Loening [ˈløːnɪŋ] ↑ Verlage (Übersicht).

Rüttler, Vibrationsmaschinen (Schwingungserzeugung mittels umlaufender Unwuchten) zum Verdichten von Erd- und Baustoffmassen, insbes. Beton *(Rüttelbeton)*. *Außen-R.* werden beim Betonbau an der Schalung befestigt, um den Beton bereits während des Einbringens zu verdichten. Beim *Innen-R.* werden die an einem eingetauchten Teil (Rüttel- oder Vibrierflasche) befindl. Unwuchten über eine biegsame Welle angetrieben.

Ruttmann, Walter, * Frankfurt am Main 28. Dez. 1887, † Berlin 15. Juli 1941, dt. Filmregisseur. - Hauptvertreter des „Querschnittfilms" (opt.-rhythm., techn.-avantgardist. Montagen mit Dokumentarcharakter), z. B. „Berlin, Symphonie einer Großstadt" (1927), „Melodie der Welt" (1929). Später Industriefilme und faschist. Propagandafilme.

Rutulisch: kaukasische Sprachen.

Ruus Al Dschibal, Halbinsel im O der Arab. Halbinsel, bis etwa 2 200 m ü. d. M., trennt den Golf von Oman vom Pers. Golf. Die N-Spitze und die SO gehören zu Oman, im zentralen und westl. Teil liegen einige Scheichtümer der Vereinigten Arab. Emirate.

Ruusbroec (Rusbroec, Ruisbroeck, Ruysbroeck), Jan van [niederl. ˈryːzbruːk], sel., * Ruisbroek bei Brüssel 1293, † Groenendaal bei Brüssel 2. Dez. 1381, fläm. Mystiker. - 1318 Domvikar in Brüssel. Um 1330 entstanden erste Traktate sowie sein Hauptwerk „Zierde der geistl. Hochzeit", eine Darstellung der wahren myst. Lehre (Warnung vor geistl. Müßiggang, sittl. Wertung des Willens) im Ggs. zu den volkstüml.-quietist.-freigeistigen Ansichten v. a. der ↑ Brüder und Schwestern des freien Geistes, gegen die er sich scharf abgrenzte. Stiftete die Augustiner-Chorherren-Probstei Groenendaal, deren erster Prior er war (1353). Seine Mystik ist eine Synthese von Christus- und Trinitätsmystik: Der Geist muß drei Stufen überwinden, um zu Gott zu gelangen, in der Nachfolge Christi kann er in der Verborgenheit des Geistes zur Erneuerung seiner selbst gelangen und die „Brautfahrt" Christi erleben.

Ruvubu [frz. ruvuˈbu] ↑ Kagera.

Ruwenzori [...ˈzoːri], kristalline, horstartig aufgepreßte Gebirgskette in Ostafrika, über die die Grenze zw. Zaïre und Uganda verläuft, bis 5 109 m hoch, Schneegrenze in 4 400 m Höhe.

Ruwer, rechter Nebenfluß der Mosel, entspringt im westl. Hunsrück, mündet unterhalb von Trier, 40 km lang; am Unterlauf Weinbau.

Ruysbroeck, Jan van [niederl. ˈrœyzbruːk] ↑ Ruusbroec, Jan van.

Ruysdael, Salomon Jacobsz. van [niederl. ˈrœyzdaːl], * Naarden kurz nach 1600, ☐ Haarlem 3. Nov. 1670, niederl. Maler. - Einer der Begründer der holländ. Landschaftsmalerei; seit um 1630 beeinflußt von J. van Goyen; seit etwa 1645 von seinem Neffen J. Ruisdael. Liebt helle Stimmungen bei feiner Detailwiedergabe, u. a. „Flußlandschaft" (1632; Hamburg, Kunsthalle).

Ruyslinck, Ward [niederl. ˈrœyslɪŋk], eigtl. Raymond Charles Marie De Belser, * Berchem 17. Juni 1929, fläm. Schriftsteller. - Wichtigster fläm. Vertreter einer christl. zeitkrit. Richtung in krass-realist. Stil; u. a. „Die Rabenschläfer" (E., 1957), „Das Tal Hinnom" (R., 1961), „Das Reservat" (R., 1964), „De boze dood het medeleven (R., 1982).

Ruyter, Michiel Adriaansz. de [niederl. ˈrœytər], * Vlissingen 24. März 1607, † vor Syrakus 29. April 1676, niederl. Admiral (seit 1665). - Führte Flottenunternehmungen u. a. im Niederl.-Frz. Krieg (1675/76). Maßgebl. war sein Anteil an der Behauptung der niederl. Seestellung während der engl.-niederl. Seekriege (Siege u. a. im Ärmelkanal [1666] und bei Ostende [1673]).

Ružička, Leopold [serbokroat. ˈruʒitʃka], * Vukovar 13. Sept. 1887, † Mammern (Thurgau) 26. Sept. 1976, schweizer. Chemiker kroat. Herkunft. - Prof. in Utrecht, ab 1929 in Zürich. R. untersuchte Steroidhormone (u. a. Synthese von Androsteron und Testosteron). Erhielt 1939 (zus. mit A. Butenandt) den Nobelpreis für Chemie.

Růžičková, Zuzana [tschech. ˈruʒitʃkova:], * Pilsen 14. Jan. 1928, tschechoslowak. Cembalistin. - Konzertiert seit 1956 als geschätzte Interpretin in der ganzen Welt. Seit 1970 Prof. an der Prager Akademie.

Rwanda

(amtl.: Republika y'u Rwanda, frz.: République Rwandaise), Republik in Ostafrika, zw. 1° und 2° 50' s. Br. sowie 28° 50' und 31° ö. L. **Staatsgebiet:** R. grenzt im S an Burundi, im O an Tansania, im N an Uganda, im W an Zaïre. **Fläche:** 26 338 km², davon 25 240 km² Landfläche. **Bevölkerung:** 6,2 Mill. E (1985), 234,1 E/km². **Hauptstadt:** Kigali. **Verwaltungsgliederung:** zehn Präfekturen. **Amtssprachen:** Rwanda und Französisch. **Nationalfeiertag:** 1. Juli (Unabhängigkeitstag). **Währung:** Rwanda-Franc (F.Rw.) = 100 Centimes. Internat. Mitgliedschaften: UN, OAU, OCAM, dem GATT und der EWG assoziiert. **Zeitzone:** Osteurop. Zeit, d. i. MEZ + 1 Std.

Landesnatur: R. besteht aus einem in zahlr. Schollen zerbrochenen Hochland, das im W mit einer markanten Randschwelle an den Zentralafrikan. Graben grenzt und sich gegen O zur weitgehend versumpften Senke des Kagera abdacht. Im W verläuft die Grenze größtenteils durch den Kiwusee (1 460 m ü. d. M.). Die Ostwand des Zentralafrikan. Grabens bildet ein bis 3 000 m ü. d. M. gehobener Faltenzug, über den die Kongo-Nil-Wasserscheide verläuft. Nördl. schließt sich die Kette der Virungavulkane mit der höchsten Erhebung des Landes, dem Karisimbi (4 507 m), an.
Klima: R. hat wechselfeuchtes, trop. Klima, das durch die Höhenlage gemäßigt erscheint, mit zwei Regenzeiten (März–Mai, Okt.–Dez.) und einer stark ausgeprägten Trockenzeit (Juni–Aug.).
Vegetation: Trop. Bergwald und Feuchtsavannen bedecken bis in Höhen von 2 500 m ü. d. M. die westl. Gebirgslandschaft. Darüber folgen Bambus-, ab 2 600 m Kosobaumwälder; die obersten Höhenstufen tragen alpine Flora. Im trockeneren O herrschen Trockensavannen vor, im Überschwemmungsgsgeb. des Kagera Sumpfgräser.
Tierwelt: Es kommen u. a. Löwen, Leoparden, Flußpferde, Krokodile, Nashörner, Zebras, Antilopen sowie zahlr. Vögel und Affen vor.
Bevölkerung: 90% gehören zum Bantuvolk der Hutu, 9% zu den äthiopiden Tussi; außerdem leben pygmäische, asiat. und europ. Minderheiten in R. Etwa 54% sind kath. Christen, 11% prot. Christen und 9,6% Muslime. Vorherrschender Siedlungstyp ist die Streusiedlung. Rd. 75% der Kinder besuchen die Grundschule. R. verfügt über ein Staatl. Pädagog. Inst. und eine Univ. (gegr. 1963), beide in Butare.
Wirtschaft: R. ist ein Agrarstaat. Die Landw. arbeitet überwiegend für den Eigenbedarf; Kaffee und Tee werden für den Export kultiviert. Gehalten werden Rinder, Ziegen, Schafe, Schweine und Geflügel. Weniger als 10% der Landesfläche sind bewaldet. Noch dient der Holzeinschlag fast ausschließl. der Brennholzversorgung. Mit schweizer. Hilfe soll eine geregelte Forstwirtschaft aufgebaut werden. An Bodenschätzen gibt es Gasvorkommen im Kiwusee sowie einige Erzlagerstätten (Wolfram, Zinn). R., eines der ärmsten Länder der Erde, besitzt nur wenig Ind.betriebe; sie verarbeiten v. a. landw. und bergbaul. Produkte.
Außenhandel: Ausgeführt werden Kaffee, Pyrethrum, Tee, Zinn- und Wolframerze und deren Konzentrate, eingeführt Textilien und Bekleidung, Kfz., Erdölprodukte, Getreideerzeugnisse, Werkzeuge, Maschinen, Geräte, Arzneimittel u. a. Die wichtigsten Handelspartner sind die EG-Länder (bei denen die BR Deutschland an 1. Stelle steht), die USA, Japan und einige afrikan. Nachbarländer.
Verkehr: Das Straßennetz ist 7 000 km lang.

Binnenschiffahrt auf dem Kiwusee; internat. ⚓ bei der Hauptstadt.
Geschichte: Der straff organisierten Tussiherrschaft (↑ auch Tussi, ↑ Ruanda-Urundi) gelang es, R. in relativer Ruhe zu halten. 1899 brachte das Dt. Reich das Land unter sein Protektorat (Dt.-Ostafrika). Seit 1920 als Völkerbundsmandat, ab 1946 als UN-Treuhandgebiet von Belgien verwaltet. 1959 erhoben sich die Hutu und stürzten die Tussiherrschaft. 1962 wurde R. als Republik unabhängig. Die Überrepräsentierung der Tussi in der sozialen Oberschicht führte zu ständigen Unruhen, bis nach einem unblutigen Armeeputsch 1973 General Juvénal Habyarimana (*1937) als Staatspräs. die Macht übernahm. Seine Verfassungsänderungen und die Gründung der MRND machten R. zu einem straff organisierten, gleichgeschalteten Einparteienstaat. Zur Lösung der wirtsch. und sozialen Probleme strebt R. außenpolit. eine pragmat. begr. Blockfreiheit an. Seit 1976 bilden R., Burundi und Zaïre zur Förderung ihrer Zusammenarbeit die „Communauté des Pays des Grands Lacs". Im Okt. 1982 schloß R. seine Grenze zu Uganda, um den Flüchtlingsstrom aus Uganda einzudämmen.
Politisches System: Nach der durch Referendum vom 17. Dez. 1978 angenommenen Verfassung ist R. eine zentralisierte präsidiale Republik. *Staatsoberhaupt* und oberster Inhaber der *Exekutive* ist der als Vors. der Einheitspartei vom Volk auf 5 Jahre gewählte Staatspräs. (seit 1973 J. Habyarimana; 1979 durch Wahl im Amt bestätigt), er ist zugleich Verteidigungsmin. und ernennt die Reg. *Legislativ*organ mit eingeschränkten Befugnissen ist der durch Volkswahl bestimmte Nat.rat für Entwicklung, der mit ⁴/₅ Mehrheit der Reg.chef zur Änderung seiner Politik bzw. Reg. veranlassen, ihn aber nicht stürzen kann. Der 1975 gegr. Einheits*partei* „Mouvement Révolutionnaire National pour le Développement" (MRND) gehört jeder Bürger an. *Verwaltungs*mäßig ist R. in 10 Präfekturen und 143 Gemeinden gegliedert. Die *Rechts*ordnung stellt eine Mischung aus belg. und afrikan. Recht dar. Die *Streitkräfte* umfassen insgesamt rd. 5 150 Mann. Paramilitär. Kräfte sind rd. 1 200 Mann stark.

📖 *Polit. Lexikon Afrika.* Hg. v. R. Hofmeier u. M. Schönborn. ³1987. - *Hauf, T., u. a.: Éducation et développement au R.: problèmes, apories, perspectives. Mchn. 1974.* - *Sirven, P., u. a.: Géographie du R. Brüssel 1974.* - *Kagame, A.: Un abrégé de l'ethnohistoire du R. Butare 1972.* - *Vanderlinden, J.: La République Rwandaise. Paris 1970.* - *Vansina, J.: L'évolution du royaume R. des origines à 1900. Brüssel 1962. Nachdr. New York 1968.*

Rwanda (Ruanda, Kinyarwanda, kinya-Rwanda), einzige nat. und neben Frz. die offizielle Sprache Rwandas; gehört zu den Bantusprachen. Sehr eng verwandt mit *ki-Rundi* (Amtssprache in Burundi), obwohl beide von den Sprechern selbst als verschiedene Sprachen empfunden werden.

Ryan, Robert [engl. ˈraɪən], * Chicago 11. Nov. 1913, † New York 11. Juli 1973, amerikan. Filmschauspieler. - Darsteller selbstsicher-brutaler Männlichkeit, u. a. in „Stadt in Angst" (1954), „Die gefürchteten Vier" (1966), „Das dreckige Dutzend" (1962), „The Wild Bunch - Sie kannten kein Gesetz" (1969).

Rybakow-Test (Rybakow-Methode, Puzzlemethode), von dem russ. Arzt T. E. Rybakow um 1910 entwickeltes Verfahren der Psychodiagnostik, das darin besteht, unregelmäßige geometr. Figuren durch (gedankl. oder eingezeichnetes) Zerlegen und Umlegen zu regelmäßigen geometr. Figuren (Quadrate, Dreiecke, Kreise usw.) zu gestalten. Mit dem R.-T. werden v. a. räuml. Vorstellungsvermögen bzw. visuelle Kombinationsfähigkeit und Konzentrationsfähigkeit geprüft.

Rybatschi ↑ Rossiten.

Rybinsker Stausee, Stausee der oberen Wolga, oberhalb von Rybinsk (249 000 E), UdSSR, 4 580 km²; südlichster Teil des Wolga-Ostsee-Wasserwegs.

Rychner, Max [ˈriːçnər], * Lichtensteig (Kt. Sankt Gallen) 8. April 1897, † Zürich 10. Juni 1965, schweizer. Schriftsteller unf Literarhistoriker. - Feuilletonist bed. schweizer. Zeitungen, Hg. und Übersetzer (P. Valéry), Lyriker und Novellist. Betonte den überzeitl. Zusammenhang großer Dichtungen der abendländ. Kultur und sah sich als Mittler zw. dt. und frz. Geisteswelt (u. a. „Bedachte und bezeugte Welt", 1962).

Rydberg [schwed. ˌryːdbærj], Johannes (Janne), * Halmstad 8. Nov. 1854, † Lund 28. Dez. 1919, schwed. Physiker. - Prof. in Lund; ordnete 1890 die Spektren in Serien an und lieferte mit seiner dazu aufgestellten Formel ein fundamentales Ordnungsprinzip der spektroskop. Daten. 1897 schlug R. die Anordnung der chem. Elemente im Periodensystem nach der Ordnungszahl vor.

R., Viktor, *Jönköping 18. Dez. 1827, †Djursholm bei Stockholm 21. Sept. 1895, schwed. Dichter. - Sprachforscher; sein Gesamtwerk trägt religiöse, moderne naturwiss., aber auch zeitkrit. und soziale Züge; in seinen Romanen tritt er für den Fortschritt ein, u. a. „Der Korsar" (1857), „Der letzte Athener" (1859). Schuf eine kongeniale Übersetzung von Goethes „Faust".

Rydberg-Konstante [schwed. ˌryːdbærj; nach J. Rydberg], Formelzeichen R, grundlegende, in den Serienformeln für die Spektrallinien (z. B. Balmer-Formel), auftretende atomphysikal. Konstante: $R = 2\pi^2 me^4/(h^3c) = 1{,}097373 \cdot 10^7$ m^{-1} (e Elementarladung, m Elektronenmasse, c Lichtgeschwindigkeit, h Plancksches Wirkungsquantum); dieser auch mit R_∞ bezeichnete Wert gilt strenggenommen nur für „unendlich schwere" Atomkerne. Bei einem Kern der Masse M ist die Elektronenmasse m durch den Wert $mM/(m+M)$ (sog. reduzierte Masse) zu ersetzen. Z. B. ergibt sich für Wasserstoffatome der Wert $R_H = 1{,}0967758 \cdot 10^7 \text{m}^{-1}$.

Ryder, Albert Pinkham [engl. 'raɪdə], * New Bedford (Mass.) 19. März 1847, † New York 23. März 1917, amerikan. Maler. - Spätromant. Landschaftsmaler (Mondlichtszenen); einzigartig „Der tote Vogel" (zw. 1890 und 1900; Privatbesitz).

Rydz-Śmigły, Edward [poln. 'rɨts-'ɕmigwɨ], * Brzeżany (= Bereschany, Ukrain. SSR) 11. März 1886, † Warschau 12. Dez. 1941, polnischer Marschall (seit 1936). - Enger Mitarbeiter J. Piłsudskis; hatte als Kriegsmin. (1918) und als Chef verschiedener Operationsgruppen (1919–21) wesentl. Anteil an der militär. Absicherung des neuen Polen; ab 1921 Armeeinspekteur, ab 1935 Generalinspekteur, 1936–39 Oberster Befehlshaber.

Rykow, Alexei Iwanowitsch [russ. 'rɨkəf], * Saratow 13. Febr. 1881, † Moskau 18. März 1938 (erschossen), sowjet. Politiker. - Ab 1905 einer der führenden Bolschewiki; ab 1922 Mgl. des Politbüros der KPdSU, 1924 Nachfolger Lenins als Vors. des Rats der Volkskommissare, 1928 einer der Führer der rechten Opposition; 1930 Verlust aller Ämter und Parteiausschluß; im März 1938 zum Tode verurteilt.

Ryle [engl. raɪl], Gilbert, * Brighton (Sussex) 19. Aug. 1900, † 6. Okt. 1976, brit. Philosoph. - Seit 1945 Prof. in Oxford. Hauptvertreter der Oxford philosophy bzw. des linguist. Phänomenalismus, der späteren Richtungen der ↑analytischen Philosophie; zielt insbes. auf die Entwicklung einer von der Beschreibung des fakt. Sprachgebrauchs ausgehenden „nichtformalen Logik der Umgangssprache".

R., Sir (seit 1966) Martin, * Brighton (Sussex) 27. Sept. 1918, † Cambridge 14. Okt. 1984, brit. Astrophysiker. - Prof. für Radioastronomie in Cambridge; seit 1952 Mgl. der Royal Society. R. hat bahnbrechende Methoden zur genauen Untersuchung der von kosm. Objekten kommenden Radiostrahlung mit gegeneinander verschiebbaren, relativ kleinen Radioteleskopen entwickelt; erhielt 1974 zus. mit A. Hewish den Nobelpreis für Physik.

Rylejew, Kondrati Fjodorowitsch [russ. rɨljejɪf], * Batowo (Geb. Leningrad) 29. Sept. 1795, † Petersburg 25. Juli 1826, russ. Dichter. - Behandelte in seinen Dichtungen meist aufrüttelnd revolutionäre Themen; bed. Vertreter der dogmat. Agitationsdichtung mit pädagog. Absicht. Als einer der Führer des Dekabristenaufstandes hingerichtet.

Rylski, Maxim Fadejewitsch [russ. 'rɨlskij], * Kiew 19. März 1895, † ebd. 24. Juli 1964, ukrain.-sowjet. Schriftsteller. - Seit 1943 Mgl. der Ukrain. sowie seit 1958 der Akad. der Wiss. der UdSSR; seine von der Sowjetkritik häufig getadelten neoklassizist. Gedichte gehören zum Besten der neueren ukrain. Dichtung; bed. Übersetzungswerk (u. a. Shakespeare, Goethe, Heine, Mickiewicz).

Rysanek, Leonie ['ry:zanɛk], verh. Gausmann, * Wien 14. Nov. 1926, östr. Sängerin (dramat. Sopran). - Kam 1952 an die Bayer. Staatsoper in München, 1954 an die Wiener Staatsoper; v. a. gefeiert als Interpretin R. Wagners, R. Strauss' und des italien. Fachs.

Ryschkow, Nikolai Iwanowitsch, * 28. Sept. 1929, sowjet. Politiker. Ingenieur; seit 1985 Mgl. des Politbüros der ZK der KPdSU, seit Sept. 1985 Vors. des Ministerrats der UdSSR.

Ryti, Risto Heikki, * Huittinen (Verw.-Geb. Turku-Pori) 3. Febr. 1889, † Helsinki 25. Okt. 1956, finn. Politiker (Fortschrittspartei). - Reichstagsabg. 1919–24 und 1927–29; Finanzmin. 1921–24; Präs. der Bank von Finnland 1923–40 und 1944/45; Min.präs. 1939/40, Staatspräs. 1940–44; 1946 als Mitverantwortl. für Finnlands Beteiligung am Krieg gegen die UdSSR ab 1941 zu 10 Jahren Zuchthaus verurteilt, 1949 freigelassen.

Rzeszów [poln. 'ʒɛʃuf], poln. Stadt im Karpatenvorland, 215 m ü. d. M., 138 000 E. Verwaltungssitz des Verwaltungsgebiets R.; TH, Museum, Theater; Maschinenbau und Fahrzeugbau, Nahrungsmittelind. - 1354 erstmals erwähnt; erhielt 1427 Stadtrecht. - Spätgot. Pfarrkirche (15. Jh.; barockisiert); Bernhardinerkirche in der Renaissancestil (17. Jh.); Schloß (spätbarock umgestaltet).

Rzewski, Frederic [Anthony] [engl. rə'ʒɛfski], * Westfield (Mass.) 13. April 1938, amerikan. Komponist und Pianist. - Bed. Pianist der Avantgarde; gründete 1966 in Rom die Gruppe „Musica elettronica viva", mit der er kollektives Komponieren und Improvisieren als Live-Elektronik vorführte.

Rzewuski, Henryk Graf [poln. ʒɛ'vuski], * Sławuta (= Slawuta, Ukrain. SSR) 3. Mai 1791, † Cudnów 28. Febr. 1866, poln. Erzähler. - Verherrlicht in seinen Werken die poln. Vergangenheit; „Der Fürst, ‚mein Liebchen' und seine Parteigänger" (1845/46) ist der erste nennenswerte histor. Roman der poln. Literatur.

S

S, 19. Buchstabe des dt. Alphabets (im lat. Alphabet der 18.), im Griech. σ (↑Sigma), im Nordwestsemit. (Phönik.) W (Schin). Zahlwert im Semit. 300, im Griech. 200; der Buchstabe S bezeichnet im Griech., Lat. und in vielen europ. Sprachen den Laut [s], z.T. auch [z]; im Ungar. steht S für [ʃ], im Engl. auch für [ʒ].
◆ (Münzbuchstabe) ↑ Münzstätte.
S, Kurzzeichen:
◆ (chem. Symbol) für ↑ Schwefel.
◆ (Einheitenzeichen) für die Leitwerteinheit ↑ Siemens.
s, Einheitenzeichen für ↑ Sekunde.
S., Abk.:
◆ für Seite.
◆ für italien.: San, Sant', Santa und Santo; span.: San; portugies.: Santo und São.
SA, Abk. für: ↑ Sturmabteilung.
Sa., Abk. für lat.: Summa („Summe").
s. a., Abk. für: ↑ sine anno.
S. A. [frz. ɛ'sɑ], Abk. für: Société Anonyme, frz. Bez. für Aktiengesellschaft.
Saadja (Saadja Ben Josef), *in Ägypten 882, †Sura (Babylonien) 942, jüd. Gelehrter. - Bedeutendster ↑ Gaon des ma. Judentums; von ihm sind auf dem Gebiet des Religionsgesetzes, der [liturg.] Poesie, der Exegese und hebr. Grammatik sowie v. a. der [Religions]-philosophie wesentl. Impulse ausgegangen. Ein wichtiges Anliegen war ihm die Verteidigung des rabbin. Judentums gegen die traditionsfeindl. Gruppe der Karäer. Bediente sich auf mehreren Gebieten als erster Jude auch literar. der arab. Sprache. Hervorzuheben ist ein Bibelkommentar (mit der ersten arab. Bibelübersetzung) und das religionsphilosoph. Werk „Buch des Glaubens und Wissens".
Saalach, linker Nebenfluß der Salzach, entspringt in den Kitzbüheler Alpen, mündet nördl. von Salzburg als Grenzfluß zw. der BR Deutschland und Österreich, 103 km lang.
Saalburg, röm. Limeskastell im Taunus, nw. von Bad Homburg v. d. H., Hessen; angelegt als Erdkastell (um 90 n. Chr.); mehrfach ausgebaut im 2. Jh. (Holzkastell, Stein-Holz-Kastell); das heutige Steinkastell (Anfang 3. Jh.) wurde 1898–1917 auf z. T. gut erhaltenen Grundmauern rekonstruiert; außerhalb des Lagers u. a. Heiligtümer (z. B. ein wiederaufgebautes Mithräum) und ein großes Bad mit Fußbodenheizung.
Saale, linker Nebenfluß der Elbe, Hauptfluß Thüringens, entspringt im nördl. Fichtelgebirge (BR Deutschland), mündet sö. von Barby/Elbe (DDR), 427 km lang, schiffbar ab Halle/Saale-Trotha.
S., Fränkische ↑ Fränkische Saale.
Saaleeiszeit [nach der Saale], vorletzte Eiszeit des Quartärs in Norddeutschland.
Saalfeld, Martha, verh. vom Scheidt, *Landau in der Pfalz 15. Jan. 1898, †Bad Bergzabern 14. März 1976, dt. Schriftstellerin. - Während des NS Veröffentlichungsverbot; schrieb v. a. Landschafts- und Naturgedichte; „Pan ging vorüber" (1954) ist ein lyr. Roman über ein dichtendes Mädchen; „Die Judengasse" (R., 1965) ist in der Schilderung einer Kindheitsgeschichte eindringliche Anklage gegen den Antisemitismus.
Saalfeld, Landkr. im Bez. Gera, DDR.
Saalfelden am Steinernen Meer, östr. Marktgemeinde im Bundesland Salzburg, zentraler Ort des Mitterpinzgaus, 744 m ü. d. M., 12 000 E. Heimat- und Krippenmuseum; Sommerfrische und Wintersportplatz mit Heilmoorbad Ritzensee. - 788 erstmals gen.; seit 1350 als Markt bezeichnet. - 2 ehem. Schlösser aus dem 16. Jahrhundert.
Saalfeld/Saale, Krst. am NO-Rand des Thüringer Waldes, Bez. Gera, DDR, 235–330 m ü. d. M., 33 600 E. Verwaltungssitz des Landkr. Saalfeld; Edelstahlwerk, Schokoladen- und Süßwarenind. - Bei einem urspr. wohl fränk. Königshof entstand die erstmals 1057 gen. Burg, in deren Schutz sich eine Siedlung entwickelte, die 1208 erstmals als Stadt bezeugt wird; 1680–1735 Residenz der Herzöge von Sachsen-Saalfeld. - Spätgot. Johanniskirche (15. Jh.), spätgot. Rathaus (1526–37), spätgot. Schlößchen Kitzerstein (15. Jh.), Barockschloß (1677–1720); Reste der ma. Stadtbefestigung, u. a. 4 Tore; Burgruine Hoher Schwarm (14. Jh.). Am Stadtrand die Feengrotten (ehem. Alaunbergwerk).
saalische Phase [nach der Saale] ↑ Faltungsphasen (Übersicht).
Saalkirche, einschiffiger Kirchenbau, dessen Raum nicht durch Stützen unterteilt ist.
Saaltochter, schweizer. für Kellnerin.
Saane, linker Nebenfluß der Aare (Schweiz), entspringt in den westl. Berner Alpen, mündet westl. von Bern, 128 km lang.
Saanen, Hauptort des Bez. S. im schweizer. Kt. Bern, im oberen Saanetal, 1 020 m

Saar

ü. d. M., 5500 E. Fremdenverkehr. - Got. Mauritiuskirche (um 1200 und v. a. 15. Jh.) mit Wandmalereien.

Saar, Ferdinand von, * Wien 30. Sept. 1833, † ebd. 24. Juli 1906 (Selbstmord), östr. Erzähler und Lyriker. - Bis 1859 Berufsoffizier; schrieb pessimist. Poesie („Wiener Elegien", 1893) u. empfindsam-dekadente Erzählungen mit Stoffen aus der k. u. k. Armee und der Wiener Gesellschaft.

Saar (frz. Sarre), rechter Nebenfluß der Mosel, entspringt mit 2 Quellflüssen am Donon (Vogesen), erreicht bei Saargemünd die frz.-dt. Grenze, durchbricht unterhalb von Saarlouis den Hunsrück; mündet bei Konz, 246 km lang.

Saarbrücken, Hauptstadt des Saarlandes, in einem Becken des Saartales, 185–280 m ü. d. M., 187 600 E. Verwaltungssitz des Stadtverbandes S.; Univ. (gegr. 1948), Hochschule für Musik, Fachhochschule (u. a. für Architektur, Design, Informatik), Kath. Fachhochschule für Sozialwesen, Fachhochschule für Verwaltung und Werkkunstschule, Institut für Entwicklungshilfe; Verfassungsgerichtshof des Saarlandes; Saarland-Museum, Museum für Vor- und Frühgeschichte, geolog. Museum, Galerien; Theater; Landesarchiv; Dt.-Frz. Garten, Zoo. Vorherrschend ist seit der Mitte des 19. Jh. die Metallind., daneben Elektro-, Textil-, Nahrungsmittelind., Brauereien, Druck- und Verlagsgewerbe. Sitz mehrerer Bergwerksgesellschaften; Steinkohlenbergbau, u. a. im Ortsteil Dudweiler. Handelsplatz (jährl. Messe) an der dt.-frz. Grenze; Hafen, Stadtautobahn; ✈.
Geschichte: Im 1. Jh. n. Chr. entstand ein galloröm. Vicus, bei dem im 4. Jh. zum Schutz gegen german. Angriffe ein Kastell erbaut wurde; Besiedlungsspuren enden im 5. Jh.; Alt-S. entwickelte sich im 11. Jh. unterhalb der 999 erstmals erwähnten Burg; 1228 befestigt, erhielt 1321 Stadtrecht. Das 1267 erstmals erwähnte **Sankt Johann** erhielt 1321 Stadtrecht. **Malstatt** wird 960, **Burbach** 1313 erstmals erwähnt, als Malstatt-Burbach 1875 Stadtrecht; nach Eingemeindung des ehem. Dorfes **Sankt Arnual** (1896) wurden 1908 Alt-S., Sankt Johann und Malstatt-Burbach zur Stadt S. zusammengeschlossen, die seit 1947 Hauptstadt des Saarlandes ist.
Bauten: Stadtpfarrkirche (15., 17. und 20. Jh.) mit Grabdenkmälern des Hauses Nassau-S., barocke ev. Ludwigskirche (18. Jh.), Altes Rathaus (18. Jh.); Schloß (Neubau 19. Jh.); Stiftskirche im Stadtteil Sankt Arnual (13. und 14. Jh.).

S., Stadtverband im Saarland.

Saarburg, Stadt an der unteren Saar, Rhld.-Pf., 148 m ü. d. M., 5600 E. Glocken- und Metallgießerei, Weinhandel. - 964 erstmals erwähnt, erhielt 1291 Stadtrecht. - Burgruine (12. und 14. Jh.).

S., (frz. Sarrebourg) frz. Stadt an der Saar, Dep. Moselle, 12 700 E. Brauerei, Glasind. - Geht auf die Römerzeit zurück; merowing. Münzstätte; im 12./13. Jh. befestigter Handelsplatz (1229 Stadtrecht). - Barocke ehem. Stiftskirche (heute Museum).

Saargebiet ↑Saarland (Geschichte).

Saargemünd (frz. Sarreguemines), frz. Stadt an der Saar, Dep. Moselle, 24 800 E. Keram. Ind., die auf eine 1785 gegr. Porzellanmanufaktur zurückgeht.

Saarinen, Eero, * Kirkkonummi bei Helsinki 20. Aug. 1910, † Ann Arbor (Mich.) 1. Juli 1961, amerikan. Architekt und Designer finn. Herkunft. - Sohn von Eliel S.; der starke

Eero Saarinen, Empfangshalle des Dulles International Airport von Washington (1958–62)

Saarland

Einfluß Mies van der Rohes auf die Frühwerke ist noch in den kub. Formen der Gebäude des General Motors Technical Center in Detroit (1951–57) spürbar; er wich einer dynam. symbol. Formgebung, wobei den Dachkonstruktionen eine bes. Bed. zukommt (Schalendächer des Massachusetts Institute of Technology [1953–55]); dynam. wirkungsvoll dank Grund- und Aufriß u. a. auch die Empfangshalle des Dulles International Airport in Washington (1958–62). - Auch Entwurf von Sitzmöbeln.

S., Eliel, * Rantasalmi (Verw.-Geb. Mikkeli) 20. Aug. 1873, † Bloomfield Hills (Mich.) 1. Aug. 1950, amerikan. Architekt finn. Herkunft. - Ausgehend vom Stil der Wiener Sezession gelang S. mit dem Bahnhof in Helsinki (1904 Entwurf, 1910–14 erbaut) eine bed. Leistung. Seit 1923 in den USA, baute u. a. den Hochschulkomplex Cransbrook Academy of Arts (1927 ff.) in Bloomfield Hills (Mich.); seit 1937 in Architektengemeinschaft mit seinem Sohn Eero Saarinen.

Saarland, Bundesland im W der BR Deutschland, an der frz. und luxemburg. Grenze, 2568 km², 1,048 Mill. E (1986), 408 E/km², Landeshauptstadt Saarbrücken.

Landesnatur: Das S. hat Anteil an 3 großen Landschaftsräumen: Rhein. Schiefergebirge, Saar-Nahe-Bergland und Pfälzer Wald bzw. lothring. Schichtstufenland. Die höchste Erhebung mit 695 m liegt im N im Schwarzwälder Hochwald, einem Teil des Hunsrücks. Kernraum des S. sind Teile des Saar-Nahe-Berglands, näml. das Prims-Blies-Hügelland und das Mittelsaarländ. Waldland. Im O leitet das Glan-Alsenz-Bergland über zum Nordpfälzer Bergland. Den Übergang zum Pfälzer Wald und lothring. Schichtstufenland bilden Pfälzer Gebrüch, Westrich und Bliesgau. Ein Teil des Mittelsaarländ. Waldlands wird aus Schichten des Oberkarbon aufgebaut. Diese haben eine Mächtigkeit von über 4000 m mit zahlr. eingelagerten Steinkohlenflözen, von denen rd. 50 abbauwürdig sind. Der W des S. wird vom Tal der Saar von SO nach NW durchzogen; es wurde zu einer wichtigen Standortachse der Hüttenind. - Es herrscht gemäßigt ozean. Klima. - Das S. hat einen Waldanteil von rd. 30 %. Große geschlossene Waldgeb. finden sich v. a. im Mittelsaarländ. Waldland und im Schwarzwälder Hochwald.

Bevölkerung: Auf Grund der Realerbteilung entwickelte sich ein Arbeiterbauerntum mit landw. Kleinbesitz, der heute z. T. brach liegt. Leitlinien der meist bandartigen Siedlungen mit wenigen geschlossenen Ortskernen sind die alten Landstraßen, denen die Bebauung folgte. Fast nahtlos, vielfach jedoch in enger Verzahnung von Ind.-, Verkehrs- und Wohnflächen, erstreckt sich ein Verstädterungsgeb. etwa von Völklingen entlang der Saar bis Saarbrücken, ein weiteres von Saarbrücken aus im Sulzbachtal über Neunkirchen hinaus bis Ottweiler. Knapp ¾ der Bev. sind

Saarland. Wirtschaftskarte

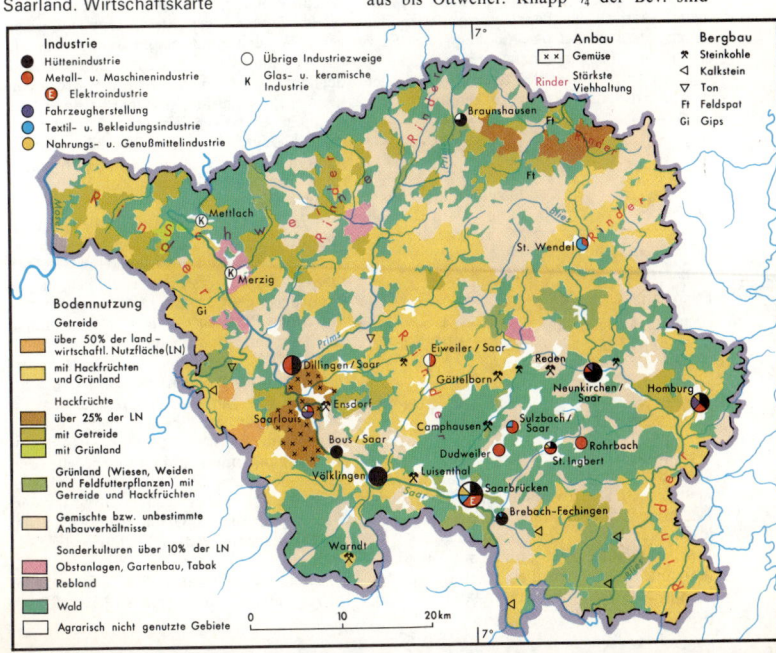

Saarland

kath., ¼ ev. Das S. verfügt über 4 Hochschulen und eine Univ. (gegr. 1948), die sich alle in Saarbrücken befinden.
Wirtschaft: Angebaut werden Getreide, Kartoffeln, Gemüse, Obst und Reben, daneben Rinder-, Schweine- und Geflügelzucht. Der Wald ist zu etwa 75% im Besitz von Staat und Gemeinden. Von den Bodenschätzen hat ausschließl. die Steinkohle Bed.; der Bergbau erreichte 1955 mit einer Förderung von 17,2 Mill. t Steinkohle einen Höchststand; seither ist die Förderung rückläufig. Mit dem Bergbau verbunden sind Veredelungsbetriebe (Kokereien, Kraftwerke). Auf der Basis der einheim. Kohle und der eingeführten lothring. Minette hat sich die Eisen- und Stahlind. entwickelt. Die Standorte der Hütten und Walzwerke sind eng an das Kohlerevier gebunden. Ähnl. wie im Ruhrgebiet haben die Krisen in der Montanind. in den 1960er und 70er Jahren zu Stillegungen und Konzentrierungsmaßnahmen geführt sowie das Bemühen gefördert, die Monostruktur (abgesehen von der überregional bed. Glas- u. Keramikind.) und die damit verbundenen Nachteile abzubauen. Nach 1960 wurden zahlr. neue Betriebe der Metallverarbeitung, Elektro-, Gummi- und Textilind., des Fahrzeugbaus angesiedelt sowie das größte Fertighauswerk Europas. Der Fremdenverkehr spielt im S. nur eine untergeordnete wirtsch. Rolle. - In den Verkehrsverhältnissen spiegelt sich die ungünstige Randlage des S. wider. Am besten ausgebaut ist die O-W-Verbindung (Mannheim-Saarbrücken-Paris) sowohl bei der Eisen- als auch bei der Autobahn. Die Saar ist mit dem frz. Kanalnetz verbunden; wichtigster Hafen ist Saarbrücken. Ein ⚓ befindet sich in Ensheim bei Saarbrücken.

VERWALTUNGSGLIEDERUNG
(Stand 1985)

	Fläche km²	Einwohner (in 1000)
Stadtverband		
Saarbrücken	411	355,6
Landkreise		
Merzig-Wadern	555	99,5
Neunkirchen	249	147,1
Saarlouis	459	205,6
Saar-Pfalz-Kreis	418	150,7
Sankt Wendel	476	89,8

Geschichte: Nach vorübergehend erfolgreichen Bemühungen Frankr., die Gebiete des heutigen S. zu gewinnen (u. a. Reunionen, Koalitionskriege), wurden als **Saargebiet** Teile der ehem. preuß. Rheinprov. und der ehem. bayr. Rheinpfalz 1920 polit. von Dt. Reich getrennt, dem Versailler Vertrag zufolge knapp 2 000 km² mit etwa 800 000 E, und, nach dem Scheitern frz. Annexionsversuche 1918/19 am brit. und amerikan. Widerstand, auf Grund des *Saarstatuts* (Art. 45–50 des Versailler Vertrags) ab 1920 für 15 Jahre der treuhänder. Verwaltung des Völkerbunds unterstellt. Bei der nach Ablauf dieser Frist vorgesehenen Volksabstimmung 1935 sprachen sich rd. 90 % der Bev. des Saargebiets für den Anschluß an das Dt. Reich aus. 1935–40 mit der Pfalz zum Gau Saarpfalz vereinigt, der 1940–45 Westmark hieß. Auch nach dem 2. Weltkrieg zielte die frz. Politik u. a. auf eine Annexion des Eisen- und Kohlereviers an der Saar; schließl. konnte wegen der abweichenden Zielsetzungen der übrigen Siegermächte nur die Einbeziehung des Saargebiets in die frz. Wirtschaft angestrebt werden. Am 2. Jan. 1946 kamen die ehem. reichseigenen Saargruben unter frz. Verwaltung. Am 15. Dez. 1947 trat die Verfassung in Kraft, Min.-präs. wurde J. Hoffmann (Christl. Volkspartei [CVP], 1947–51 und 1952–54 in Koalition mit der Sozialdemokrat. Partei Saar [SPS]). Am 1. April 1948 trat eine Zollunion mit Frankr. in Kraft. Das Gesetz über die Staatsangehörigkeit (15. 7. 1948) schuf eine internat. nicht anerkannte saarländ. Staatsangehörigkeit. Am 15. Mai 1950 wurde das S. assoziiertes Mgl. des Europarats. Die etwa gleichzeitig einsetzende Aktivität der BR Deutschland zugunsten des saarländ. Selbstbestimmungsrechts, der beginnende Aufbau der Europ. Gemeinschaft für Kohle und Stahl und der sich ab 1950 in der Organisierung einer gegen die frz. S.politik gerichteten Opposition zeigende Widerstand im S. selbst führten zu dt.-frz. Verhandlungen, nachdem eine Revision der Saarkonventionen (20. Mai 1953) nur eine geringe Entspannung gebracht hatte. Das im Rahmen der Pariser Verträge zw. Frankr. und der BR Deutschland ausgehandelte *Saarstatut* vom 23. Okt. 1954, das die „Europäisierung" des S. im Rahmen der Westeurop. Union vorsah, wurde in der Volksabstimmung vom 23. Okt. 1955 von der Saarbev. mit ⅔-Mehrheit abgelehnt, Min.präs. Hoffmann trat zurück. In der Landtagswahl vom 18. Dez. 1955 setzten sich, erstmals zugelassen, die die Angliederung an die BR Deutschland befürwortenden Parteien durch. Der im Rahmen des dt.-frz.-luxemburg. Saarabkommens vom 27. Okt. 1956 abgeschlossene dt.-frz. *Saarvertrag* (mit Folgegesetzen) gliederte polit. das Saarland ab 1. Jan. 1957 der BR Deutschland ein, wahrte für eine Übergangszeit (vorzeitig beendet am 5. Juli 1959) seinen wirtsch. Zusammenhang mit Frankr. und regelte u. a. den Kohleabbau an der saarländ.-frz. Grenze sowie die frz. Bezugsrechte auf Saarkohle. 1955–80 war die CDU stets stärkste Partei; aus den Landtagswahlen 1980 ging die SPD als stärkste Fraktion hervor und errang 1985 die absolute Mehrheit. Die CDU stellte 1956–85 den Min.präs. (1959–79 F.-J. Röder,

bis 1985 W. Zeyer), seitdem die SPD (O. Lafontaine); 1956–59 Koalition CDU/SPD/Dt. Partei Saar (DPS [FDP]), 1959–61 CDU/SPD, 1961–70 CDU/DPS (FDP); nach Alleinreg. der CDU 1970–77 erneut Koalition CDU/FDP bis 1985, seitdem Alleinreg. der SPD.
Verfassung: Nach der Verfassung vom 15. Dez. 1947 liegt die Exekutive bei der Landesreg., dem vom Landtag gewählten Min.präs. (Richtlinienkompetenz) und den von ihm mit Zustimmung des Landtags ernannten Min., die dem Landtag gegenüber verantwortl. sind. Die Legislative liegt beim Parlament, dem Landtag (50 auf 5 Jahre gewählte Abg.), doch besteht auch die Möglichkeit des Volksentscheids. Verfassungsrechtl. Streitfragen werden vom Verfassungsgerichtshof entschieden.
📖 *Fischer, Heinz: Regionalkunde Rheinland-Pfalz u. S. Mchn. 1981. - Wirtschaftsgeographie des Saarlandes. Hg. v. K. Mathias. Saarbrücken 1980. - Augustin, C., u. a.: Die wirtschaftl. u. soziale Entwicklung im Grenzraum Saar-Lor-Lux. Saarbrücken 1978. - Liedtke, H., u. a.: Das S. in Karte u. Luftbild. Neumünster 1974. - Herrmann, H.-W./Sante, G. W.: Gesch. des Saarlandes. Würzburg 1972.*

Saarländischer Rundfunk ↑ Rundfunkanstalten (Übersicht).

Saarländische Volkspartei, Abk. SVP, polit. Partei im Saarland, die sich aus Teilen der Anhängerschaft der Christl. Volkspartei rekrutierte; gegr. 1957; errang 1960 6, 1965 2 Landtagsmandate, beteiligte sich letztmals 1970 bei der Landtagswahl.

Saarlouis [za:rˈlʊi], Krst. an der mittleren Saar, Saarland, 180–220 m ü. d. M., 37 700 E. Verwaltungssitz des Landkr. S. V. a. metallverarbeitende und Elektroind., außerdem Tabakind., Pralinenfabrik, Brauerei. - Auf Befehl König Ludwigs XIV. von Frankr. und nach Plänen Vaubans zw. 1680/86 als Festung erbaut; 1889 Schleifung der Festungswerke, Garnison bis 1918; kam 1920 zum Saargebiet; 1936–45 **Saarlautern.** - 1944 wurde die Altstadt fast völlig zerstört; moderner Wiederaufbau.

S., Landkr. im Saarland.

Saar-Nahe-Bergland, Landschaft zw. dem Hunsrück im N, dem Rheinhess. Hügelland im O, dem Pfälzer Wald im S und dem pfälz.-saarländ. Muschelkalkgebiet im SW und W. Höchste Erhebung ist mit 687 m der Donnersberg, der im O, im sog. **Nordpfälzer Bergland,** liegt.

Saar-Pfalz-Kreis, Landkr. im Saarland.
Saar-Ruwer ↑ Mosel-Saar-Ruwer.
Saarstatut ↑ Saarland (Geschichte).
Saarvertrag ↑ Saarland (Geschichte).

Saas-Fee, Sommerfrische und Wintersportort am O-Fuß der Mischabel, Kt. Wallis, 1 800 m ü. d. M., 1 000 E.

Saat, (Aussaat, Einsaat) das Einbringen von Saatgut in den i. d. R. bes. bearbeiteten Boden *(S.bett),* der dadurch auch für Kei-

Saatgut

Saarland.
Flagge und Wappen

mung, Aufwuchs und Ertrag beste Bedingungen bietet. Im Land- und Gartenbau unterscheidet man v. a. *Gleichstands-* oder *Einzelkornsaat* (Ausbringung der Samen mit gleichmäßigen Abständen in den Reihen). Bei der *Direktsaat* wird ohne vorhergehende Bodenbearbeitung eingesät; *Reihensaat* (Aussaat in parallelen Reihen), *Breitsaat* (breitwürfig, meist mit der Hand ausgebrachte Saat), *Horst-* oder *Dibbelsaat* (horstweise Aussaat in bestimmten Abständen in Reihen).
♦ svw. ↑ Saatgut.
♦ Bez. für die aus dem ausgesäten Samen aufgehenden Pflänzchen.

Saatbeet (Aussaatbeet, Samenbeet), der Jungpflanzenanzucht (z. B. Spätgemüse, Heilpflanzen, Sämlingsunterlagen) dienendes Beet.

Saaterbse (Pisum sativum), Art der Gatt. Erbse mit den Kulturformen ↑ Ackererbse, ↑ Gartenerbse, **Markerbse** (Runzelerbse, Pisum sativum convar. medullare, mit viereckigen, trockenen Samen; werden unreif als Gemüse gegessen) und **Zuckererbse** (Pisum sativum convar. axiphium; die süßschmeckenden Hülsen und Samen werden unreif als Gemüse gegessen).

Saateule (Wintersaateule, Scotia segetum, Agrotis segetum), etwa 4 cm spannender, von Europa ostwärts bis Japan verbreiteter Eulenfalter mit graubraunen Vorder- und weißl. Hinterflügeln; Raupen glänzend grau, als Erdraupen tagsüber im Boden versteckt; fressen an Wurzeln und Blättern krautiger Pflanzen und Gräser.

Saatgans (Anser fabalis), fast 90 cm lange, dunkelgraue Gans auf Grönland und in N-Eurasien (↑ Gänse).

Saatgerste ↑ Gerste.

Saatgut (Saat), zur Erzeugung von Pflanzen oder zu ihrer Vermehrung vorgesehene Samen und Früchte (gesetzl. auch das Pflanzgut von Kartoffeln und Reben). Gehandeltes S. bestimmter Pflanzenarten (Getreide, Gräser, landwirtschaftl. Leguminosen, Öl- und Faserpflanzen, Hackfrüchte, Reben und eine

Saathafer

Reihe von Gemüsearten) bedarf einer amtl. Saatenanerkennung. Nach dem SortenschutzG vom 4. 1. 1977 unterscheidet man mehrere S.kategorien *(anerkanntes S.)* unterschiedl. Güte, v. a. das aus der letzten Stufe einer gezüchteten Sorte *(Elite-S.)* hervorgehende *Basis-S.* (früher: *Original-S., Hochzucht-S.*) und das aus dem Basis-S. hervorgehende *zertifizierte S.* (früher: *erste Absaat, anerkannter Nachbau*).

Saathafer ↑ Hafer.

Saatkrähe (Corvus frugilegus), rd. 45 cm langer, schwarzer, kolonieweise brütender Rabenvogel in Europa (ohne Skandinavien und Mittelmeerländer) und in großen Teilen Asiens; unterscheidet sich von der sehr ähnl. Rabenkrähe u. a. durch die unbefiederte, grauweiße Schnabelbasis (bei erwachsenen Tieren) und den schlankeren, spitzeren Schnabel; Teilzieher.

Saatplatterbse ↑ Platterbse.

Saatschnellkäfer (Humusschnellkäfer, Agriotes), Gatt. der Schnellkäfer mit zehn 6–15 mm langen einheim. Arten; Larven einiger Arten als Drahtwürmer schädl. an Wurzeln und Knollen verschiedener Kulturpflanzen (z. B. Getreide, Kartoffel- und Gemüsepflanzen); häufig ist u. a. der **Feldhumusschnellkäfer** (Gestreifter S., Agriotes lineatus): 8–10 mm lang, bräunl., grau behaart, mit gelbl. Flügeldecken.

Saatweizen ↑ Weizen.

Saatwicke (Futterwicke, Ackerwicke, Vicia sativa), Wickenart in Europa, W-Asien und N-Afrika; 30–90 cm hoch, mit behaartem, vierkantigem Stengel und behaarten Blättern mit Ranken an der Blattspitze; Blüte rotviolett, einzeln oder zu zweien in den Blattachseln; Hülsenfrucht höckrig und kurzhaarig; als Grünfutterpflanze angebaut.

Saavedra, Ángel de [span. saa'βeðra], Herzog von Rivas, ↑ Rivas, Ángel de Saavedra, Herzog von.

Saavedra Lamas, Carlos [span. saa'βeðra], * Buenos Aires 1. Nov. 1878, † ebd. 5. Mai 1959, argentin. Jurist und Politiker. - 1915 Unterrichts- und Justiz-, 1932–38 Außenmin., präsidierte dem Völkerbund und der Konferenz, die den Chacokrieg beilegte; erhielt 1936 den Friedensnobelpreis.

Saaz, Johannes von, dt. Dichter, ↑ Johannes von Tepl.

Saba, zu den Niederländ. Antillen gehörende Insel, 13 km², besteht aus einer Vulkanruine, deren Krater besiedelt ist.

Saba, Kgr. (1. Jt. v. Chr.–6. Jh. n. Chr.) in S-Arabien; das A. T. (1. Kön. 10; 2. Chron. 9) berichtet vom Besuch der legendären Königin (arab. Bilkis) von S. bei Salomo; in assyr. Texten des 8. Jh. v. Chr. erwähnt. Seit etwa Mitte des 6. Jh. v. Chr. errang S. weitgehend die Oberherrschaft über die Staaten Main (Ma'in; Minäerreich), Kataban und Hadramaut (endgültig im 3. Jh. n. Chr. unterworfen). Während der äthiop. Herrschaft (etwa zw. 325 und 360 n. Chr.) begann das Christentum die alten Gestirnskulte zu verdrängen. Um 575 wurde das Land pers. Prov., bis der letzte Statthalter sich 628 dem Islam anschloß.

Sabadell [span. saβa'ðɛl], span. Ind.stadt 20 km nnw. von Barcelona, 188 m ü. d. M., 184 900 E. Museen; Wollind., Baumwoll- und Seidenverarbeitung; Maschinenbau und Elektroindustrie.

Sabadille [span., letztl. zu lat. cibus „Nahrung"] (Schoenocaulon, Sabadilla), Gatt. der Liliengewächse mit nur 9 Arten in N- und M-Amerika; Zwiebelgewächse mit grundständigen, linealförmigen Blättern und kleinen, in dichter, langer, endständiger Ähre an blattlosem Schaft angeordneten Blüten. Die als **mex. Läusesamen** (Semen Sabadillae) bekannten, bis 5 mm großen, kastanienbraunen Samen der Art *Schoenocaulon officinale* enthalten bis zu 4 % Alkaloide und sind giftig (auch in dem als Hausmittel gegen Kopfläuse angewandten essigsauren Auszug: *Läuseessig, Sabadillessig*).

Sabah, Gliedstaat Malaysias, im N der Insel Borneo, 73 710 km², 1,18 Mill. E (1984), Hauptstadt Kota Kinabalu. S. nimmt den gebirgigen, im Kinabalu bis 4 101 m hohen N der Insel ein. Nur im NO ist eine breitere Küstenebene entwickelt, die weitgehend von Mangrove umstanden ist. Die altmalaiische, ins bewaldete Innere abgedrängte Bev. betreibt v. a. Brandrodungsfeldbau; an der Küste leben Jungmalaien von Fischerei und Landw.; die eingewanderten Chinesen befassen sich mit Land-, Holzwirtschaft und Handel. S. exportiert Rohholz, Kautschuk, Palmöl, Kopra, Kakao und Pfeffer. Abbau von Kupfererzen und Kohle, Vorkommen an Golderzen und Erdöl. Wichtigste Häfen sind Kota Kinabalu, Sandakan, Tawau und Labuan. Internat. ✈ Kota Kinabalu. - Bis 1963 unter dem Namen *Brit.-Nordborneo* brit. Kolonie, gehört seither zu Malaysia.

Sabalangebirge, Gebirge in NW-Iran, bis 4 811 m hoch.

Sabaoth, in der Vulgata Form des Gottesnamens ↑ Zebaoth.

Sabas (Sabbas), hl., * in Kappadokien 439, † Mar Saba bei Jerusalem 5. Dez. 532, griech. Mönch und Klostergründer. - Gründete 483 das nach ihm ben. Kloster Mar Saba und weitere Klöster; trat für das Bekenntnis von Chalkedon ein.

Sabata, Victor De ↑ De Sabata, Victor.

Sabatier, Paul [frz. saba'tje], * Carcassonne 5. Nov. 1854, † Toulouse 14. Aug. 1941, frz. Chemiker. - Prof. in Toulouse; erhielt für die Entwicklung der katalyt. Hydrierung organ. Verbindungen mit fein verteilten Metallpulverkatalysatoren 1912 (zus. mit V. Grignard) den Nobelpreis für Chemie.

Sábato, Ernesto [span. 'saβato], * Rojas (Prov. Buenos Aires) 23. Juni 1911, argentin.

Schriftsteller. - 1939-45 Prof. für Atomphysik an der Universität von La Plata; gab aus Protest gegen den Peronismus seine Stellung auf. Seine vielschichtigen psycholog. Romane, u. a. „Über Helden und Gräber" (1961), kreisen um metaphys. Probleme der menschl. Existenz. „Der Maler und das Fenster" (R., 1948) erschien 1976 u. d. T. „Maria oder die Geschichte eines Verbrechens".

Sabbas ↑Sabas, hl.

Sabbat [zu hebr. schabat „ruhen, ablassen"], im Judentum der 7. Tag der Woche (Sonnabend), Tag der Ruhe und der Heiligung. - Der S. dient der Erinnerung an Gottes Schöpfungswerk (1. Mos. 1-2, 3), jede Arbeit hat an diesem Tage zu unterbleiben. - Im Mittelpunkt des Gottesdienstes am S. stehen die Lesung des Wochenabschnittes aus der Thora und eine Lesung aus den Propheten. Am Abend erfolgt die Verabschiedung des S. in der ↑Habdala. Der S. war zu allen Zeiten ein Hauptzeichen der Unterscheidung des Judentums v. a. von Christentum und Islam.

Sabbatai Zwi, * Smyrna (= İzmir) 1626, † Ulcinj (Montenegro) 17. Sept. 1676, jüd. Pseudomessias und Sektengründer. - Kam nach traditioneller Ausbildung 1662 nach Jerusalem. Nathan aus Gaza (* 1644, † 1680) überzeugte ihn 1665, der Messias zu sein, und propagierte die Ankunft der Endzeit. Die Nachricht von Erscheinen des Messias verbreitete sich schnell in den jüd. Gemeinden Europas und des Orients, bes. unter den sephard. Juden. Die Bewegung (↑ auch Sabbatianismus) erreichte ihren Höhepunkt 1666. Die osman. Behörden stellten S. Z. vor die Wahl zw. Hinrichtung oder Übertritt zum Islam. Am 15. Sept. 1666 trat S. Z. zum Islam über, wodurch die Bewegung zurückging.

Sabbatianismus, nach ihrem Begründer ↑Sabbatai Zwi ben. messian. Bewegung im Judentum im 17./18. Jh. - Die rasche Ausbreitung des S. wurde unterstützt durch das Zusammentreffen von messian.-myst. Vorstellungen und Endzeiterwartungen mit Judenmassakern in Polen und in der Ukraine. Trotz eines Rückgangs nach der Konversion Sabbatai Zwis zum Islam, die sein „Prophet" Nathan aus Gaza mit Hilfe der Kabbala als heilsgeschichtl. notwendig deutete, wirkten die **Sabbatianer** bis weit ins 18. Jh. hinein. Die myst. Hoffnungen des S. auf baldige Erlösung beeinflußten auch andere religiöse Gruppierungen und Sekten und hatten eine Schwächung des Rabbinismus und einen Niedergang des traditionellen jüd. Gemeindeverständnisses zur Folge, wodurch andererseits allerdings auch das Gedankengut der Aufklärung leichteren Zugang zu jüd. Kreisen finden konnte.

Sabbatier-Effekt [frz. saba'tje] ↑photographische Effekte.

Sabbatjahr, Bez. für das alle sieben Jahre gefeierte Brachjahr, das im alttestamentl. Gesetz geboten ist. Es galt auch als allg. Erlaßjahr, in dem Schulden erlassen und Sklaven freigelassen werden sollten. Nach sieben S. wurde ein ↑Jobeljahr begangen.

Säbel, einschneidige Hieb- und Stichwaffe mit gekrümmter Klinge; zum Schutz der Faust ist der S.griff mit Bügel oder Korb versehen; war v. a. bei der leichten Kavallerie in Gebrauch. - Abb. S. 62.

Säbelantilope ↑Spießbock.

Säbelbeine, svw. ↑O-Beine.

Säbelfechten ↑Fechten.

Sabeller (lat. Sabelli), wiss. und poet. Bez. für die von den Sabinern und Umbrern ausgegangenen mittelitalischen Stämme der Volsker, Äquer, Marser, Herniker, Päligner und bes. für die Samniten.

Sabellianer ↑Modalismus.

Sabellius, christl. Theologe der 1. Hälfte des 3. Jh., wahrscheinl. aus Libyen stammend, seit um 215 in Rom,- Hauptvertreter des ↑Modalismus; S. lehrte, daß der eine Gott drei Gestalten oder *Prosopa* („Schauspielerrollen", später Bez. für die Personen der Trinität) habe; indem er den hl. Geist mit Vater und Sohn gleichsetzte, nahm er die spätere orthodoxe Lehre voraus; seine Auffassung, es handele sich um drei aufeinanderfolgende, als Personen nicht selbständige Offenbarungsstufen, wich jedoch von der allg. Glaubenslehre ab; deshalb exkommuniziert.

Säbelschnäbler (Recurvirostridae), Fam. etwa 40-50 cm langer, schlanker, hochbeiniger Wasservögel mit sieben Arten an Meeresstränden und Salzseen der Alten und Neuen Welt; schnell und gewandt fliegende, vorwiegend schwarz und weiß gefiederte Vögel mit langem, schlankem, gerade verlaufendem oder aufwärts gebogenem Schnabel. In Europa kommt neben dem fast 40 cm langen, rotbeinigen **Stelzenläufer** (Strandreiter, Himantopus himantopus) noch der **Eurasiat. Säbelschnäbler** (Recurvirostra avosetta) vor: etwa 45 cm lang, schwarz und weiß gefärbt; brütet in Bodennestern; Zugvogel.

Säbelzahnkatzen (Säbelzahntiger, Säbeltiger), Bez. für zwei ausgestorbene, seit dem Oligozän bis zum Pleistozän bekannte Unterfamilien der Katzen; weitverbreitete Raubtiere von der Gestalt und Größe eines starken Tigers; untere Eckzähne verkümmert, obere 15-20 cm lang, säbelförmig *(Säbelzähne)*.

SABENA, Abk. für: Société Anonyme Belge d'Exploitation de la Navigation Aérienne [frz. sɔsje'te anɔ'nim 'bɛlʒ dɛksplwata'sjɔ̃ dlanaviga'sjɔ̃ ae'rjɛn], belg. Luftverkehrsgesellschaft (↑Luftverkehrsgesellschaften [Übersicht]).

Sabha ['zapxa], Oasenstadt im Fessan, Libyen, 445 m ü. d. M., 113 000 E. Prov.hauptstadt; wirtsch. Mittelpunkt SW-Libyens; - Ab 1942 als Verwaltungszentrum des Fessan ausgebaut; aus 7 Oasen zusammengewachsen.

Säbel mit arabischer Inschrift (Detail; 17. Jh.)

Sabin, Albert Bruce [engl. 'sɛɪbɪn, 'sæbɪn], * Białystok 26. Aug. 1906, amerikan. Kinderarzt und Virologe poln. Herkunft. - Prof. in Cincinnati und in Columbia (S. C.); Forschungsarbeiten bes. über Kinderlähmung, gegen die er einen oral wirksamen Impfstoff mit Lebendvakzinen (↑ Sabin-Schluckimpfung) entwickelte.

Sabina, Karel, * Prag 29. Dez. 1813, † ebd. 9. Nov. 1877, tschech. Schriftsteller und Journalist. - Führende Persönlichkeit der radikalen Demokraten; wegen Teilnahme am Aufstand 1849 zum Tode verurteilt, später zu 18 Jahren Gefängnis begnadigt; 1857 amnestiert. Verfaßte von Byron beeinflußte Gedichte; seine romant. Romane und Novellen haben teilweise soziale Tendenz; schrieb auch Libretti (u. a. für B. Smetanas Oper „Die verkaufte Braut", 1866). Bed. Literaturkritiker.

Sabine (Sabina), weibl. Vorname lat. Ursprungs, eigtl. „die aus dem (altitalischen) Stamm der Sabiner".

Sabiner (lat. Sabini), im Altertum ein von den Umbrern abstammendes Volk M-Italiens mit den Hauptorten Amiternum, Cures, Nursia (= Norcia) und Reate (= Rieti). Durch den röm. *Raub der Sabinerinnen* (der Sage nach raubten die Römer, weil sie keine Frauen hatten, bei einem Fest die Frauen der S.; den darauf folgenden Rachezug der S. verhinderten die Frauen) spielten die S. eine bed. Rolle in der myth. Geschichte Roms; 290 v. Chr. wurden die S. von Rom unterworfen.

Sabiner Berge, westl. Randgebirge des Abruzz. Apennin (Italien), etwa 60 km lang, bis 1 365 m hoch.

Sabin-Schluckimpfung [engl. 'sɛɪbɪn, 'sæbɪn], Schluckimpfung gegen Kinderlähmung mit dem von A. B. ↑ Sabin entwickelten Lebendimpfstoff (durch Wirtspassagen abgeschwächte Poliomyelitisviren vom Typ I, II und III). Nach einer Grundimmunisierung erfolgen Auffrischungsimpfungen nach einem Jahr und anschließend nach je vier Jahren.

Sable Island [engl. 'sɛɪbl 'aɪlənd], kanad. Insel im Atlantik, vor der Küste von Nova Scotia, 40 km lang, 3 km breit, mit Wanderdünen; Leuchtturm mit Wetterstation. - Um 1500 von Portugiesen entdeckt und **Ilha Santa Cruz** gen., seit 1550 **Île de Sable.**

Säbler (Sicheltimalien, Säblertimalien, Pomatorhinini), Gatt.gruppe bis etwa 30 cm langer, vorwiegend brauner Singvögel (Unterfam. Timalien) mit rd. 30 Arten, v. a. in SO-Asien; Schnabel lang, türkensäbelförmig abwärts gekrümmt; z. T. Stubenvögel, z. B. der **Himalajasäbler** (Pomatorhinus montanus): etwa 25 cm lang; mit dunkelgrauem Oberkopf, breitem, weißem Augenstreif und weißer Unterseite.

Sabon, Jakob (Jacques) [frz. sa'bõ], * Lyon um 1535, † Frankfurt am Main (?) 1580, frz. Stempelschneider. - Tätig in Frankfurt am Main (u. a. für S. Feyerabend) und Antwerpen (für Plantin). Bis ins 18. Jh. Verwendung seiner „S.fraktur". Als „Kleine S." und „Grobe S." werden 2 große Schriftgrade bezeichnet.

Sabotage [...'ta:ʒə; frz., zu sabot „Holzschuh, Hemmschuh"], bewußte Beeinträchtigung von militär. oder polit. Aktionen oder Produktionsabläufen (↑ Betriebssabotage), z. B. durch [passiven] Widerstand oder Zerstörung wichtiger Anlagen und Einrichtungen; i. d. R. mit Freiheitsstrafe bis zu 5 Jahren oder mit Geldstrafe bedroht (z. B. §§ 87, 88 StGB).

Sabratha, Ruinenstätte an der westlibyschen Küste, 70 km wsw. von Tripolis; urspr. phönik. Siedlung (gegr. von Tyrus um 800 v. Chr.); seit 46 v. Chr. röm.; Colonia im 2. Jh. n. Chr.; Bischofssitz Mitte des 3. Jh.; Ausgrabungen seit 1920 legten u. a. das Forum, Reste von Tempeln, ein röm. Theater mit fast unzerstörter Front (3. Jh. n. Chr.) und frühchristl. Kirchen frei (u. a. Mosaike).

Sabri, Ali, * 30. Aug. 1920, ägypt. Politiker. - Ab 1952 enger Berater Nassers; verfolgte als Min.präs. (1962–65), als Vizepräs. der VAR (1965–67) und als Generalsekretär der ASU (1965–67 und 1968/69) eine an Moskau orientierte Politik; unter Sadat 1970 Vizepräs., 1971 entlassen, wegen Hochverrats zum Tode verurteilt, zu lebenslanger Zwangsarbeit begnadigt.

SAC, Abk. für: Societas Apostolatus Catholici (↑ Pallottiner).

◆ für Schweizer Alpen-Club (↑ Alpenvereine).

Sá Carneiro, Francisco [portugies. 'sakɐr'nɐi̯ru], * Porto 19. Juli 1934, † Lissabon

4. Dez. 1980 (Flugzeugabsturz), portugies. Jurist und Politiker. - Rechtsanwalt; unabhängiges Mgl. der Nat.versammlung 1969–73; Mitbegr. (1974) und Generalsekretär (1974–77) der Demokrat. Volkspartei (PPD), später Sozialdemokrat. Partei (PSD); Präs. der PSD seit 1978; Min. ohne Geschäftsbereich Mai–Juli 1974; war ab Jan. 1980 Premierminister.

Saccardo, Pier Andrea [italien. sak'kardo], *Treviso 23. April 1845, † Padua 12. Febr. 1920, italien. Botaniker. - 1879 Prof. in Padua. In seinem Hauptwerk „Sylloge fungorum omnium hucusque cognitorum" (18 Bde., 1882–1906; später erweitert auf 25 Bde., 1882–1932) beschrieb S. systemat. alle damals bekannten Pilze (rd. 70 000).

Saccharase [zaxa...; griech.], svw. ↑ Invertase.

Saccharide [zaxa...; griech.], svw. ↑ Kohlenhydrate.

Saccharimetrie [zaxa...; griech.], die Bestimmung des Zuckergehalts einer wäßrigen Lösung, z. B. durch Messen der Dichte mit einem Aräometer oder des opt. Drehvermögens mit einem ↑ Polarimeter (*Saccharimeter*).

Saccharin [zaxa...; griech.] (o-Sulfobenzoesäureimid), 1879 von C. Fahlberg entdeckte farblose, kristalline Substanz, die in der Form des leichter wasserlöslichen Natriumsalzes als künstl. Süßstoff verwendet wird. S. besitzt etwa die 550fache Süßkraft von Saccharose (Zucker).

Saccharomycetaceae [zaxa...; griech.], svw. ↑ Hefepilze.

Saccharose [zaxa...; griech.] (Rohrzucker, Rübenzucker, Sucrose), aus je einem Molekül Glucose und Fructose aufgebautes Disaccharid, das v. a. aus Zuckerrüben und Zuckerrohr, in geringem Maße auch aus dem Saft des Zuckerahorns gewonnen wird und ein wichtiges Nahrungsmittel darstellt (zur Gewinnung ↑ Zucker). Chem. Strukturformel:

Sacchini, Antonio [italien. sak'ki:ni], *Florenz 14. Juni 1730, † Paris 6. Okt. 1786, italien. Komponist. - Komponierte etwa 60 Opern, v. a. im Stil der Neapolitan. Schule, näherte sich jedoch in seinen letzen Werken (u. a. „Œdipe à Colone", 1786) unter dem Einfluß C. W. Glucks der frz. Tragédie lyrique.

Sacco di Roma [italien. 'sakko di 'ro:ma „Plünderung Roms"], Bez. für die monatelange Plünderung Roms (1527) durch die Söldnertruppen des späteren Kaisers Karl V.

Sacco-Vanzetti-Fall [italien. 'sakko], nach dem Schuhmacher N. Sacco (*1891) und dem Fischhändler B. Vanzetti (*1888) ben. amerikan. Justizfall, in dem beide des Mordes angeklagten Anarchisten italien. Herkunft trotz problemat. Beweisführung 1921 für schuldig erklärt und 1927 hingerichtet wurden. Der Fall, der weltweites Aufsehen erregte, ist bisher nicht definitiv geklärt; im Juli 1977 wurden Sacco und Vanzetti vom Gouverneur von Massachusetts rehabilitiert.

Sacerdotium [lat. „Priestertum"], im MA Bez. für die geistl. Gewalt (konkret: Papsttum) im Ggs. zur weltl. (konkret: Königtum [Regnum] bzw. Kaisertum [Imperium]).

SACEUR [engl. sə'kjʊə] ↑ NATO (Tafel).

Sacha, Eigenbez. der ↑ Jakuten.

Sachalin [zaxa'li:n, russ. sɐxɐ'lin], sowjet. Insel zw. Ochotsk. und Jap. Meer, durch den Tatar. Sund vom Festland getrennt, 948 km lang, 27–160 km breit; Bev.: Russen, Niwchen, früher Ainu. - Den N nimmt ein z. T. versumpftes Tiefland mit einzelnen Hügelketten ein, der mittlere und südl. Teil wird von zwei parallelen Gebirgszügen durchzogen. Das Klima ist bes. rauh im N, der S steht unter Monsuneinfluß. Zwei Drittel der Insel sind von Wald bedeckt. Erdöl und Erdgas werden im N (auch auf dem Schelf) und S gefördert, Steinkohle an der W-Küste. Hauptwirtschaftszweige sind außerdem Fischfang und -verarbeitung sowie die Holz- und Papierind.; Landw. wird im zentralen Längstal betrieben. Wichtigste Häfen sind Korsakow und Cholmsk. - 1643 wurde S. von Nord-S. in russ. Hand; 1855 Übereinkommen mit Japan, das im Besitz des südl. Teils von S. war, über eine gemeinsame Verwaltung; 1875 mußte Japan auf den südl. Teil verzichten, der 1905–45 aber erneut jap. war; seit 1945 gehört S. zur UdSSR.

Sachanlagevermögen ↑ Anlagevermögen.

Sacharja (Vulgata: Zacharias), alttestamentl. Prophet des 6. Jh. und gleichnamiges Buch des A. T., zu den Kleinen Propheten gerechnet. S. drängte auf den Wiederaufbau des Tempels und knüpfte an den Davididen Serubbabel seine Hoffnungen auf Wiederherstellung des david. Königtums.

Sacharow, Andrei Dmitrijewitsch [russ. 'saxərəf], *Moskau 21. Mai 1921, sowjet. Physiker und Bürgerrechtler. - Seit 1953 Mgl. der Akad. der Wiss. in Moskau; war führend an der Entwicklung der sowjet. Wasserstoffbombe beteiligt. 1968 wurde im Westen sein Memorandum „Gedanken über den Fortschritt, die fried. Koexistenz und geistige Freiheit" veröffentlicht. 1970 gründete S. ein Komitee zur Durchsetzung der Menschenrechte in der UdSSR. Er erhielt 1975 den Friedensnobelpreis; von Jan. 1980 bis Dez. 1986 nach Gorki verbannt („Neue Schriften bis Gorki 1980"; 1980). - † 14. Dez. 1989.

Sachbefugnis (Sachlegitimation), Bez. für die Tatsache, daß das im Prozeß geltend gemachte Recht dem Kläger zusteht (*Aktivle-*

gitimation) und sich gegen den Beklagten richtet (*Passivlegitimation*). Ihr Mangel führt zur Abweisung der Klage als unbegründet.

Sachbeschädigung, die vorsätzl. und rechtswidrige Beschädigung oder Zerstörung einer fremden, d. h. im Eigentum eines anderen stehenden Sache (§ 303 StGB). S. wird nur auf Antrag verfolgt und mit Freiheitsstrafe bis zu zwei Jahren oder mit Geldstrafe bestraft.

Sachbezüge (Naturalbezüge), Teil des Arbeitsentgelts, das in Sachgütern (z. B. freie Station, Heizung) geleistet wird. S. sind bei der Lohnsteuer als Einnahmen, in der Sozialversicherung bei der Beitrags- und Leistungsberechnung zu berücksichtigen.

Sachbuch, sich an den interessierenden Laien wendende Publikation, die [neue] Fakten und Erkenntnisse auf wiss., techn., polit., sozialem, wirtsch., kulturellem Gebiet in meist populärer und allgemeinverständl. Form darbietet; steht im Ggs. zur Belletristik und zum wiss. Fachbuch. Zum S. i. w. S. werden auch Lexikon, Wörterbuch und der „prakt. Ratgeber" gerechnet (im Engl. zusammengefaßt als Non-fiction im Ggs. zu Fiction).

Sache, im *Recht* Bez. für einen abgrenzbaren körperl. (§ 90 BGB) Teil der den Menschen umgebenden Außenwelt, der der Beherrschung durch eine einzelne Person zugängl. ist und deshalb Gegenstand von Rechten sein kann. Die Rechte an S. werden geregelt durch das ↑Sachenrecht, das auf der Unterscheidung von *bewegl.* (Mobilien) und *unbewegl. S.* (Immobilien) aufbaut. Unbewegl. S. sind die Grundstücke mit ihren wesentl. Bestandteilen (z. B. Gebäuden). Alle anderen S. zählen zu den beweglichen. Im Schuldrecht von Bed. ist die Unterscheidung zwischen *vertretbaren* und *unvertretbaren S.;* vertretbar sind bewegl. S., die im Verkehr nach Maß, Zahl und Gewicht bestimmt zu werden pflegen, wo also die individuelle S. durch eine gleiche ersetzt werden kann, unvertretbar sind z. B. Grundstücke, bes. angefertige Möbel usw. Besteht der bestimmungsgemäße Gebrauch einer Sache im Verbrauch oder der Veräußerung, so spricht man von einer *verbrauchbaren S.* (§ 92 BGB).

Im *östr. Recht* wird der Begriff umfassender gebraucht als im dt. Recht. Eine S. wird alles genannt, was von der Person unterschieden ist und den Menschen zum Gebrauch dient, also auch Unkörperliches, wie z. B. Forderungen. - In der *Schweiz* gilt im wesentl. das zum dt. Recht Gesagte.

Sacheinlagen, Einlagen bei der Gründung einer Handelsgesellschaft, bes. einer AG, die nicht in Bargeld bestehen (Sachgründung).

Sachem [engl. ˈsɛɪtʃəm; indian.], urspr. Bez. für den erbl. Oberhäuptling bei einigen nordamerikan. Indianerstämmen, später übertragen auf jeden indian. Häuptling, bes. im Sinne eines „Friedenshäuptlings".

Sachenrecht, dasjenige Gebiet des bürgerl. Rechts, das die Rechtsverhältnisse an ↑Sachen betrifft. Gesetzl. Grundlage ist in erster Linie das dritte Buch des BGB (§§ 854-1296). Dort sind der ↑Besitz sowie der Erwerb, Verlust und Inhalt der dinglichen Rechte geregelt. Gegenstand des S. ist damit die Zuordnung von Herrschaftsrechten an Sachen (z. B. Eigentum), während das ↑Schuldrecht sich mit den Forderungsrechten befaßt.

Sacher, Friedrich, Pseud. Fritz Silvanus, * Wieselburg (Niederösterreich) 10. Sept. 1899, östr. Schriftsteller. - Lyriker und Erzähler mit Vorliebe für die Darstellung des Kleinen, Zarten und Besinnlichen, z. B. „Mensch in den Gezeiten" (Ged., 1937), „Die Schatulle" (En., 1951), „Die Welt im Fingerhut" (Miniaturen, 1953).

S., Paul, * Basel 28. April 1906, schweizer. Dirigent. Gründete 1926 das Basler Kammerorchester, 1933 die Schola Cantorum Basiliensis (Lehr- und Forschungsinst. für alte Musik), leitete seit 1941 das Collegium Musicum Zürich.

Sacher-Masoch, Alexander, * Witkowitz (= Ostrau) 18. Nov. 1901, † Wien 17. Aug. 1972, östr. Schriftsteller. - 1938-45 in der Emigration; Lyriker und Erzähler; eindringl.-realist. Darsteller altöstr. Schicksale („Die Ölgärten brennen" [R., 1956]).

S.-M., Leopold Ritter von, Pseud. Charlotte Arand, Zoë von Rodenbach, * Lemberg 27. Jan. 1836, † Lindheim (= Altenstadt, Wetteraukreis) 9. März 1895, östr. Schriftsteller. - 1860 Prof. für Geschichte in Lemberg, 1880 Redakteur in Budapest, 1881-85 in Leipzig, 1890/91 in Mannheim. Schrieb zahlr. Romane mit pessimist. Darstellung des Familienlebens (u. a. „Die geschiedene Frau", 1870); seine Novellen schildern das poln.-jüd. Bauern- und Kleinbürgerleben („Galiz. Geschichten", 1877-81). Der Begriff „Masochismus" bezieht sich auf den Roman „Venus im Pelz" (1870), in dem vom Reiz des Leidens und einer durch Grausamkeit gesteigerten Leidenschaft die Rede ist.

Sachertorte, nach dem Wiener Hotelier F. Sacher (* 1816, † 1907) ben. Torte; Teig aus Eiern, Zucker, Schmelzschokolade und Mehl; mit Aprikosenmarmelade und Schokoladenguß überzogen.

Sachfahndung ↑Fahndung.
Sachfrüchte ↑Früchte (Recht).
Sachkapital ↑Kapital.
Sachkatalog, Katalog einer Bibliothek, in dem die Bücher systemat. nach Fachgebieten geordnet sind. - ↑ auch Schlagwortkatalog.
Sachleistungen ↑Barleistungen.
Sachmängel, Fehler einer Kaufsache, die eine erhebl. Minderung des Werts oder der Tauglichkeit für den gewöhnl. Verwendungszweck bedeuten. - ↑ auch Mängelhaftung.

Sachmet (Sechmet), ägypt. Göttin, die Krankheiten schickt und auch heilt; als Frau mit Löwenkopf dargestellt, in Memphis als Gemahlin des Ptah verehrt.

Sachregister ↑ Register.

Sachs, Curt, * Berlin 29. Juni 1881, † New York 5. Febr. 1959, dt. Musikforscher. - 1919–33 Direktor des Staatl. Instrumentensammlung in Berlin und Prof. an der Universität; emigrierte 1933, 1937 in die USA. Schrieb u. a. „Real-Lexikon der Musikinstrumente" (1913), „Handbuch der Musikinstrumentenkunde" (1920), „Geist und Werden der Musikinstrumente" (1929), „Eine Weltgeschichte des Tanzes" (1933), „Die Musik der Alten in Ost und West" (1943), „Rhythm and tempo" (1953).

S., Hans, * Nürnberg 5. Nov. 1494, † ebd. 19. Jan. 1576, dt. Meistersinger und Dichter. - Sohn eines Schneidermeisters; Schuhmacher; 1511–16 auf Wanderschaft in Deutschland; wurde 1520 in Nürnberg Meister (↑ Meistersang). Stellte sich früh auf die Seite Luthers; vertrat die Normen der bürgerl. Mittelschicht, distanzierte sich sowohl von revolutionären Bewegungen wie von fürstl. Tyrannei. Schuf über 4 000 Lieder geistl. und weltl. Inhalts. Seine Spruchgedichte haben geistl., histor., polit. und schwankhafte Inhalte (am populärsten: „Die Wittenbergisch Nachtigall" [1523] mit einer volkstüml. Darstellung der Lehre Luthers). Neben 85 Fastnachtsspielen schrieb S. über 100 Komödien und Tragödien v. a. über bibl. und histor. Stoffe, mit der Absicht, der städt. Mittel- und Unterschicht religiöse und weltl. Bildung nahezubringen und die Interessen des handeltreibenden Bürgertums durch die Propagierung von Frieden, Ordnung, Ehrbarkeit und Vernunft zu sichern. Nachdem S. zu Anfang des 18. Jh. als beschränkter Stümper abqualifiziert worden war, erreichte die durch Wieland und Goethe einsetzende S.rezeption mit Wagners Oper „Die Meistersinger von Nürnberg" (1868) ihren Höhepunkt.

📖 *Dutschke, M.: was ein singer soll singen. Unters. zur Reformationsdichtung des Meistersingers H. S. Ffm. 1985. - Tauber, W.: Der Wortschatz des H. S. Bd. 1 Bln. 1983. - Krause, H.: Die Dramen des H. S. Bln. 1979.*

S., Maurice, eigtl. M. Ettinghausen, * Paris 16. Sept. 1906, † Hamburg 14. April 1945, frz. Schriftsteller. - Von J. Maritain zum Katholizismus bekehrt; zeitweise Gestapospitzel, dann im KZ, in einem Hamburger Gefängnis vermutl. ermordet. Romancier, Essayist und zeitkrit. satir. Chronist. Auch literar. Porträts (u. a. von A. Gide und J. Cocteau).

S., Nelly, eigtl. Leonie S., * Berlin 10. Dez. 1891, † Stockholm 12. Mai 1970, dt.-schwed. Dichterin. - Aus jüd. Familie; floh 1940 nach Schweden. Gestaltete in ihrem der bibl. Psalmendichtung und der religiösen Mystik des jüd. Volkes verpflichteten Werk das Schicksal des jüd. Volkes, das die menschl. Bedrohtheit dokumentiert.Schriebu. a.„In den Wohnungen des Todes" (Ged., 1949), „Zeichen im Sand" (szen. Dichtungen, 1962), „Teile dich Nacht" (Ged., hg. 1971). 1965 Friedenspreis des Dt. Buchhandels; Nobelpreis für Literatur 1966 (mit S. J. Agnon).

Sachsa, Bad ↑ Bad Sachsa.

Sachseln, Gem. in der schweizer. Kt. Unterwalden ob dem Wald, am Sarnersee, 472 m ü. d. M., 3 500 E. - Pfarr- und Wallfahrtskirche (1672–84) mit spätgot. Hochaltar. Im Ortsteil **Flüeli** Wallfahrtskapelle des hl. Nikolaus von Flüe (17. Jh.).

Sachsen, Moritz Graf von, gen. Maréchal de Saxe, * Goslar 28. Okt. 1696, † Chambord 30. Nov. 1750, dt. Heerführer und frz. Marschall (seit 1744). - Natürl. Sohn Augusts II., des Starken, von Polen-Sachsen und der Gräfin Maria Aurora von Königsmarck; 1711 legitimiert. Ab 1720 in der frz. Armee; stieg im Östr. Erbfolgekrieg zum Generalfeldmarschall aller frz. Armeen auf. Seine kriegswiss. Gedanken („Einfälle über die Kriegskunst", 1731, dt. 1757) beeinflußten Friedrich d. Gr.

Sachsen, histor. Land in der DDR, umfaßt im wesentl. die heutigen Bezirke ↑ Leipzig, ↑ Karl-Marx-Stadt und ↑ Dresden.

Das Stammesherzogtum: Das (jüngere) Stammes-Hzgt. S. entstand um 900 beim Zerfall des Fränk. Reiches im ostfränk.-dt. Teilreich auf der Grundlage des alten Sachsenstammes (mit den Bereichen Engern, Westfalen, Ostfalen und Nordalbingien). Als Vertreter Ottos I. (953, 961 und 966) erlangte Hermann Billung in S. eine herzoggleiche Stellung. Nach dem Aussterben der Billunger folgten 1106 Lothar von Supplinburg und 1137/42 die Welfen. 1180 wurde Heinrich dem Löwen, der seine Macht bis nach Mecklenburg und Vorpommern ausgedehnt hatte, das Stammes-Hzgt. entzogen und unter die angrenzenden Herrschaften aufgeteilt. Aus einem Teil der sächs. Allodien Heinrichs des Löwen entstand das Hzgt. *Braunschweig-Lüneburg*. Der askan. rechtselb. Besitz um Wittenberg wurde 1260 unter Albrecht II. († 1298) als Hzgt. *S.-Wittenberg* selbständig und bekam 1356 (Goldene Bulle) auch die Kurwürde übertragen; 1423 fielen Land, Hzgt.titel und Kurwürde an die Wettin. Markgrafen von Meißen.

Die Markgrafschaft Meißen: Die 982 aus den Mark-Gft. Merseburg, Zeitz und Meißen gebildete Mark-Gft. Meißen gelangte 1089/1125 an das Haus Wettin. Christianisierung der Sorben und innerer Landesausbau erhielten ab etwa 1100 Aufschwung, als mit der einsetzenden Ostsiedlung zahlr. dt. Siedler ins Land kamen; seit Mitte des 12. Jh. entstanden Städte nach dt. Vorbild. Die Mark-Gft. umfaßte 1264 neben den wettin. Hausgütern Eilenburg und Camburg die Mark Niederlausitz (sächs. Ostmark), das Land Bautzen, die Dresdner

Sachsen

Elbgegend, die Gft. Rochlitz und Groitzsch und die Kirchenvogteien über das Bistum Naumburg-Zeitz und die Klöster Pegau, Chemnitz und Bosau (= Posa, Bez. Leipzig), die Land-Gft. Thüringen, die Pfalz-Gft. S. sowie das Pleißner Reichsland.

Das Kurfürstentum: Durch die Belehnung des Markgrafen Friedrich IV. von Meißen mit dem Kur-Ft. S. übertrug sich der Name des Kurlandes auf die meißn. und thüring. Besitzungen der Wettiner (**Kursachsen**). Durch die Teilung 1485 erhielt Kurfürst Ernst (Ernestin. Linie) das Kurland S., die Hauptmasse Thüringens und das Vogtland, Herzog Albrecht der Beherzte (Albertin. Linie) die Markgft. Meißen, Teile des Osterlandes um Leipzig und das nördl. Thüringen. Die Ernestiner Friedrich III., der Weise, und Johann der Beständige stifteten 1502 die Univ. Wittenberg (als Ersatz für die an die Albertiner gefallene Univ. Leipzig) und förderten Luther und den Protestantismus. Nach dem Schmalkald. Krieg übertrug Kaiser Karl V. 1547 das Kurland S. der albertin. Linie. Unter der absolutist. Herrschaft Augusts des Starken kam es zur Personalunion mit Polen (bis 1763). Neben bedeutenden kulturelle Leistungen (Dresdner Barock, J. S. Bach) trat der polit. Niedergang; S. war in den 2. Nord. Krieg und die Schles. Kriege verwickelt und wurde schließl. zw. Preußen und Österreich zu einer Macht zweiten Ranges herabgedrückt; 1806 wurde S. Mgl. des Rheinbunds und durch Napoleon zum Kgr. erhoben. Der Wiener Kongreß (1815) verkleinerte S. um mehr als die Hälfte (etwa 20 000 km² mit 864 000 E): Preußen gliederte die östl. Oberlausitz, die Niederlausitz, den Kreis Cottbus ein und bildete aus dem Gebiet des ehm. Hzgt. S.-Wittenberg, den Hochstiften Merseburg und Naumburg, den Gft. Mansfeld, Querfurt, dem Thüringer, z. T. dem Neustädter Kreis sowie dem Amt Henneberg sowie dem O des 1813 aufgelösten Kgr. Westfalen die neue Prov. Sachsen.

Die preußische Provinz Sachsen (1815–1945): Wirtschaftl. war S. die reichste Prov. Preußens, es wurde im 19. Jh. Zentrum des Zuckerrübenanbaus und des dt. Zuckerhandels, gleich Ausgangspunkt der Genossenschaftswesens (H. Schulze-Delitzsch). Die Magdeburger und Bitterfelder Braunkohle bildete neben der Förderung von Stein- und Kalisalzen seit den 1890er Jahren die Grundlage der umfangreichen chem. Ind. (u. a. Bitterfeld, Leuna, später das Bunawerk in Schkopau), hinzu kamen Verhüttungsind. und Maschinenbau. 1944 wurde die Prov. S. in die Prov. Magdeburg und Halle-Merseburg aufgeteilt, der Reg.-Bez. Erfurt kam an das Land Thüringen. Das Land Anhalt kam 1945 an die Prov. S. (1947–52 „Land S.-Anhalt").

Königreich und Land Sachsen (1815–1952): Das dem Kgr. S. verbliebene Gebiet umfaßte 14 000 km² mit etwa 1 183 000 E. 1831 erhielt S. eine Verfassung, die ein Zweikammersystem vorsah. Zu den liberalen Strömungen von 1830/31 gesellten sich 1848/49 demokrat., in wenigen ersten Ansätzen auch sozialistische Strömungen. Die Reg. gab den demokrat. Forderungen zunächst nach, kehrte aber schließl. zur Verfassung des Vormärz zurück. 1866 erfolgte der Beitritt zum Norddt. Bund. Seitdem nahm S. einen wirtsch. Aufschwung. - Am 10. Nov. 1918 wurde in Dresden von den Arbeiter-und-Soldaten-Räten die Republik S. ausgerufen. Die bei Einführung der parlamentar. Demokratie noch vorherrschende sozialist. Mehrheit ging durch die Ggs. zw. den Sozialisten bald zugunsten der bürgerl. Parteien, insbes. der Demokraten, zurück. Bis 1924 hielt sich die sozialist. Mehrheit, dann folgten Koalitionsreg. der Sozialdemokraten und der bürgerl. Parteien in wechselnder Zusammensetzung, 1930–33 die überparteil. Beamtenreg. W. Schieck. Es gelang aber nicht, die polit. Ggs. zu überbrücken. Nach dem Rücktritt der Reg. (10. März 1933) und der Ernennung des Gauleiters der NSDAP M. Mutschmann (* 1879, † 1947 [?]) zum Reichstatthalter in S. (Mai 1933) erlosch das polit. Eigenleben des Landes. Durch die Aufteilung Deutschlands in Zonen am 1. Juli 1945 kam auch das zuerst von amerikan. Truppen besetzte W-S. zur sowjet. Besatzungszone. Fast gleichzeitig wurden die westl. der Oder-Neiße-Linie gelegenen Teile der preuß. Prov. Niederschlesien dem Land S. eingegliedert. Mit der Aufhebung der Verfassung vom 28. Febr. 1947 durch die Verwaltungsreform der DDR am 25. Juli 1952 hörte das Land S. auf zu bestehen. - ↑ auch histor. Karte S. 68.

⏎ S. - *Histor. Landeskunde Mittteldeutschlands.* Hg. v. H. Heckmann. Würzburg 1985. - *Helbig, H.: Der Wettin. Ständestaat.* Köln ²1980. - *Gesch. Thüringens.* Hg. v. H. Patze u. W. Schlesinger. Wien u. Köln 1967–84. 6 Bde. in 9 Tlen. - *Hömberg, A.: Westfalen u. das sächs. Hzgt.* Münster 1963. - *Kötzschke, R./Kretzschmar, H.: Sächs. Gesch.* Dresden 1935. 2 Bde. Nachdr. Ffm. 1965. 2 in 1 Bd.

Sachsen (lat. Saxones), westgerman. Stamm oder Stammesverband, der spätestens seit dem 2. Jh. n. Chr. in Holstein siedelte und sich im 2. und 3. Jh. an der Nordseeküste bis zum Niederrhein ausdehnte. Seit Beginn des 5. Jh. wanderten die S. nach Britannien aus. - Die auf dem Festland verbliebenen S. breiteten sich im 6./7. Jh. - z. T. durch freiwillige Angliederung anderer Volksgruppen - von der unteren Elbe nach S und SO aus und erfaßten schließl. den Raum zw. Eider, Elbe und Saale, Werra und Unstrut sowie dem Niederrhein. 772–804 wurden sie trotz heftiger Widerstände von Karl d. Gr. dem Fränk. Reich gewaltsam eingegliedert und christianisiert; ihr Stammesrecht wurde aufgezeichnet (Lex Saxonum).

Sachsen-Altenburg ↑Sächsische Herzogtümer.
Sachsen-Anhalt ↑Anhalt (Geschichte), ↑Sachsen (preuß. Prov.).
Sachsen-Coburg und Gotha ↑Sächsische Herzogtümer.
Sachsenhausen, Ortsteil von Oranienburg, Bez. Potsdam, DDR. 1936–45 bestand in S. ein nat.-soz. KZ, dessen Insassen v. a. im 2. Weltkrieg zu Zwangsarbeit eingesetzt wurden. Von den rd. 200 000 Häftlingen kam mehr als die Hälfte um (ein erhebl. Teil bei der Räumung des Lagers im April 1945).
Sachsenheim, Hermann von ↑Hermann von Sachsenheim.
Sachsen-Meiningen ↑Sächsische Herzogtümer.
Sachsenring, 1927 eröffnete Rennstrecke für Automobil-, Motorrad- und Radrennen (8,618 km) bei Hohenstein-Ernstthal. Heute jährl. Austragungsort des Großen Preises der DDR für Motorräder.
Sachsenspiegel, das älteste und einflußreichste Rechtsbuch des dt. MA, 1224–31 von Eike von Repgow in lat. Sprache konzipiert und ins Niederdt. übertragen. Der S. faßte die im sächs. Gebiet geltenden gewohnheitsrechtl. Regeln des Landrechts und des Lehnsrechts zusammen und bildete die Vorlage der oberdt. Rechtsbücher (Deutschenspiegel, Schwabenspiegel). Sein Geltungsbereich erstreckte sich über das dt. Reichs- und Sprachgebiet hinaus auch auf Teile Rußlands, Polens und Ungarns; in Thüringen und Anhalt blieb er bis 1900 gültig.
Sachsenwald, größtes geschlossenes Waldgebiet in Schl.-H., östl. von Hamburg, 6 785 ha, urspr. Buchen-Eichen-Mischwald, heute stark mit Nadelhölzern durchsetzt. Im S. liegen Schloß Friedrichsruh und das Mausoleum Bismarcks.
Sachsen-Weimar-Eisenach ↑Sächsische Herzogtümer.
Sachsen-Wittenberg ↑Sachsen (Stammesherzogtum).
Sächsisch, svw. Obersächsisch (↑deutsche Mundarten).
Sächsische Herzogtümer, Bez. für die Teil-Hzgt. im thüring. Raum, die aus zahlr. Erbteilungen in der Ernestin. Linie der Wettiner entstanden, das ernestin. Hzgt. Sachsen ab 1572 zersplitterten. 1826 umfassende Neuordnung in die Hzgt. *Sachsen-Meiningen, Sachsen-Altenburg, Sachsen-Coburg und Gotha; Sachsen-Weimar-Eisenach* war bereits 1815 (Wiener Kongreß) zum Groß-Hzgt. erhoben worden (seit 1877 auch Groß-Hzgt. Sachsen gen.). Die 4 S. H. traten 1828 dem Mittelverein, Handelsverein, 1833/34 dem Dt. Zollverein, 1867 dem Norddt. Bund und 1871 dem Dt. Reich bei. 1918 dankten sämtl. thüring. Fürsten ab; 1918–21 entstand aus dem thüring. Freistaaten das Land Thüringen; Coburg fiel an Bayern.

Sächsische Schweiz, Teil des ↑Elbsandsteingebirges.
Sächsische Weltchronik, um 1230 in niederdt. Sprache verfaßte Darstellung der Weltgeschichte; erstes dt. Geschichtswerk in Prosa; die Verfasserschaft Eikes von Repgow wird neuerdings bestritten.
Sachunterricht, im Unterricht der Grundschule der Bereich, der dem Schüler die von ihm erlebte Umwelt erschließen und in ihrer Strukturiertheit verständl. machen soll. Als wenig differenzierter vorfachl. Unterricht knüpft er an die Erfahrungswelt des Kindes an, klärt und ordnet die zusammengetragenen Beobachtungen und bereitet zugleich auf den Fachunterricht der Sekundarstufe vor. Der S. wird in verschiedene Lernbereiche untergliedert (sozialer, soziokultureller und wirtsch. Bereich; naturwiss.-techn. Bereich; Biologie und Sexualerziehung; Geschichte, Erdkunde und Verkehrserziehung u. a.).
Sachurteil ↑Urteil.
Sachverhalt, ein abstrakter, in Aussagen vergegenwärtigter Gegenstand (ähnl. einer Zahl oder einem Begriff).
Sachversicherung, Teil der ↑Schadenversicherung; Objekt der Versicherung sind ↑Sachen im rechtl. Sinne.
Sachverständigenbeweis, Beweis durch eine bes. sachkundige Person (↑Sachverständiger) v. a. über Schlußfolgerungen aus bestimmten Tatsachen sowie über ausländ. Recht. Die rechtl. Würdigung des vom Sachverständigen erteilten Gutachtens ist dem Richter vorbehalten.
Sachverständigenrat (S. zur Begutachtung der gesamtwirtsch. Entwicklung), von der Bundesregierung bestelltes Gremium aus fünf Nationalökonomen zur Begutachtung der wirtsch. Entwicklung, das in einem jährlich bis zum 15. Nov. zu erstellenden Gutachten untersucht, wie die Ziele des ↑magischen Vierecks im Rahmen der marktwirtsch. Ordnung gleichzeitig erreicht werden können. Die Ergebnisse dieses Gutachtens haben den Charakter von Empfehlungen.
Sachverständiger, sachkundige Person, die dem Richter mit ihrer bes. Sachkunde bei der Wahrheitsfindung hilft. Ein ↑Sachverständigenbeweis kann in allen Verfahrensarten erhoben werden. Der Sachverständige teilt dem Gericht allg. Erfahrungsgrundsätze mit, stellt Tatsachen fest, die nur auf Grund bes. Sachkunde wahrgenommen, verstanden und beurteilt werden können, und zieht nach wiss. Regeln Schlußfolgerungen. Die Bestellung des S. obliegt dem Richter. Der S. kann von den Parteien wegen Besorgnis der Befangenheit abgelehnt werden.
Sachwalter, beim Vergleichsverfahren eine oder mehrere Personen, die als Interessenvertreter der Gläubiger den Schuldner bis zur Erfüllung des Vergleichs überwachen; der

Sachsen

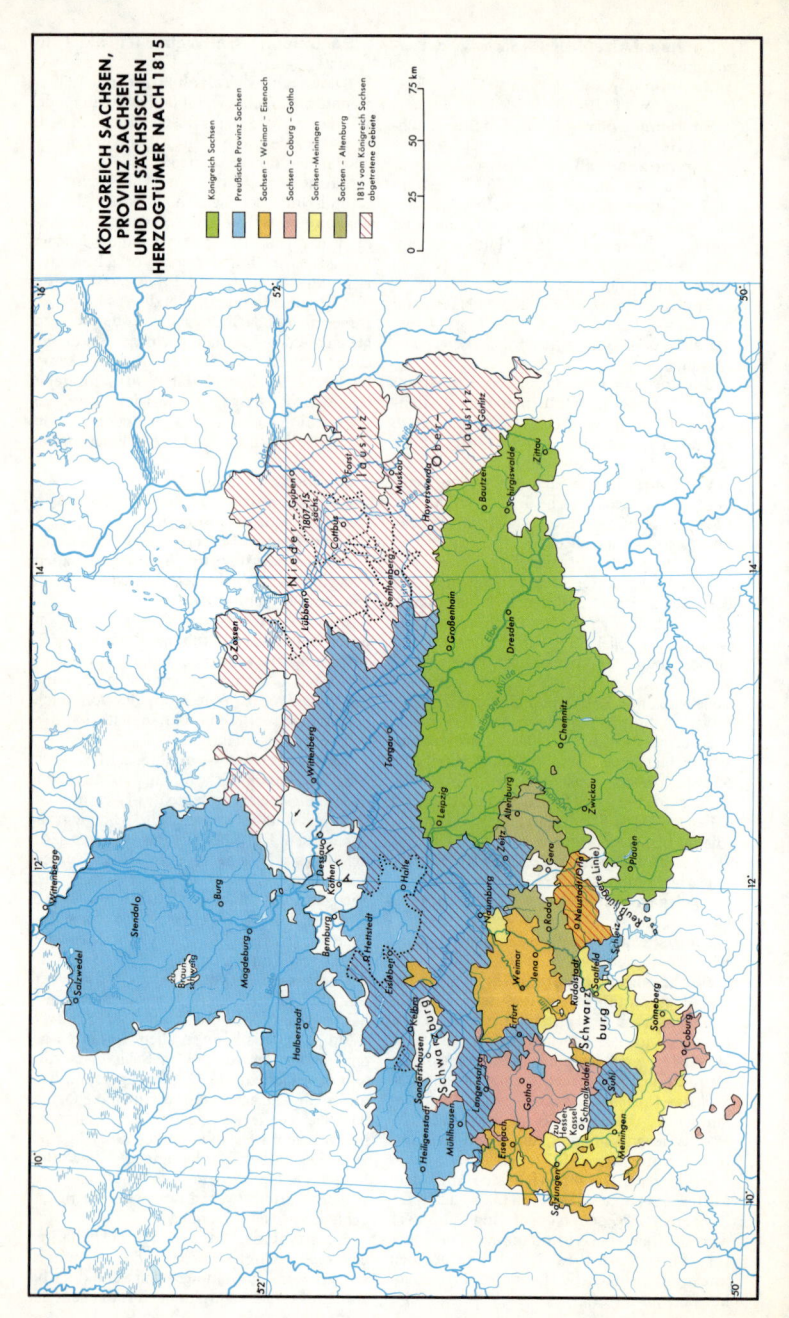

S. ist zu unterscheiden vom †Vergleichsverwalter.

Sachwert, der in Gütern verkörperte, vom Preis unabhängige Gebrauchswert. Durch eine Vermögensanlage in S., wie Grundstücken, Schmuck u. ä., können Verluste durch Geldentwertung vermieden werden.

Sachwörterbuch, svw. †Reallexikon.

Sachzwang (Funktionszwang), aus dem Anspruch der Verwirklichung des Rationalitätsprinzips und dem Ziel optimaler Effizienz und Wirtschaftlichkeit abgeleitete Verpflichtung zu bestimmten Handlungen. Sachzwänge schränken die Möglichkeit von Alternativen ein; [behauptete] S. begünstigen in Politik und Gesellschaft die Verfestigung bestehender Verhältnisse.

Sack, Erna, *Spandau (= Berlin) 6. Febr. 1898, † Mainz 2. März 1972, dt. Sängerin (Koloratursopran). - Kam über Wiesbaden und Breslau 1935 an die Dresdner Staatsoper und wurde durch Gastspiele und Konzerte internat. bekannt. Ihre Stimme reichte bis zum viergestrichenen c.

S., Gustav, * Schermbeck (Kreis Wesel) 28. Okt. 1885, ✕ Finta Mare bei Bukarest 5. Dez. 1916, dt. Schriftsteller. - Von Nietzsche beeinflußt; gestaltete v. a. in seinen Romanen (u. a. „Ein verbummelter Student", hg. 1917), das Bild einer verzweifelt antibürgerl. Existenz; auch Gedichte.

Sackgewebe (Sackleinwand), leinwandbindige Gewebe u. a. zur Fertigung von Säcken; häufig aus Jute- oder Hanfgarnen.

Säckingen, Stadt am Hochrhein, Bad.-Württ., 290 m ü. d. M., 14 300 E. Textil-, Metallind., Maschinenbau. Heilbad (Mineral- und Moorbad). - 878 erstmals als *Seckinga* erwähnt; entwickelte sich in Anlehnung an das im 7. Jh. entstandene Kloster; erhielt vor 1250 Stadtrecht, die seit 1307 gefürstete Äbtissin war bis zur Auflösung des Klosters (1806) Stadtherrin; seit 1978 **Bad Säckingen.** - Got. Münster Sankt Fridolin (1343-60; barockisiert) mit karoling. Krypta; sog. „Trompeterschlößle" (Victor-von-Scheffel-Gedenkstätte), gedeckte Holzbrücke (1570/80); Reste der Stadtbefestigung.

Sackmaß, Bez. für den Höhenverlust einer Dammaufschüttung infolge sog. Eigensetzung (Sackung) des geschütteten Bodens.

Sackmotten (Sackträgermotten, Futteralmotten, Coleophoridae), Fam. schmalflügeliger, etwa 10-15 mm spannender, oft metall. glänzender Schmetterlinge mit zahlr. Arten, v. a. in Eurasien, davon rd. 100 Arten in Deutschland; Raupen meist monophag, anfangs minierend, später in einem aus Gespinst oder aus Material der Futterpflanze bestehenden, artspezif. geformten Sack mit offenem Hinterende, Vorderende auf der Futterpflanze festgesponnen; einige Arten sind gebietsweise sehr schädl., z. B. †Lärchenminiermotte.

Sacra conversazione

Sackpapier, stark geleimtes Papier für Verpackungszwecke; meist aus ungebleichtem Sulfatzellstoff.

Sackpfeife (Dudelsack, Piva), ein in Europa verbreitetes, volkstüml. Blasinstrument, bestehend aus einem Windsack (Balg) aus Tierhaut, in dem 1-2 Spielpfeifen, meist mit Doppelrohrblatt, und 1-3 Bordunpfeifen mit einfachem Rohrblatt stecken. Der Spieler füllt über ein kurzes Mundrohr (Blaspfeife) den Windsack mit Luft und preßt ihn mit dem Arm gegen den Oberkörper, wodurch die gespeicherte Luft in die Pfeifen tritt. Zu der Spielpfeife gespielten Melodie erklingen ununterbrochen die auf Grundton und Quinte gestimmten Bordunpfeifen, auch *Stimmer, Brummer, Hummel* genannt. Der Klang ist scharf und durchdringend. - Die seit dem 1. Jh. v. Chr. in Asien nachweisbare S. war im MA hochgeschätzt und wurde später ein Volks-, Hirten- und Bettlerinstrument. Im 17. und 18. Jh. erlebte sie in der verfeinerten Form der †Musette eine neue Blüte. In Schottland gilt sie als Nationalinstrument und wird dort in der Militärmusik gespielt.

Sackspinnen (Clubionidae), verbreitete Fam. nachtaktiver Jagdspinnen mit rd. 1 500 Arten, davon über 60 Arten (2-15 mm lang) in Deutschland; verfertigen als Unterschlupf oder zur Eiablage an Pflanzen (z. B. zw. Blättern, in Grasbüscheln) sackförmige Nester. Der Biß der in den wärmeren Gegenden Deutschlands (z. B. Rheinland) vorkommenden **Dornfingerspinne** (Chiracanthium punctorium; 15 mm lang; Vorderleib rotbraun, Hinterleib gelbl.); verursacht beim Menschen heftige, stundenlang anhaltende Schmerzen (u. U. Ohnmacht und Kreislaufkollaps).

Sackträger (Sackspinner, Psychidae), mit rd. 800 Arten weltweit verbreitete Schmetterlingsfam., rd. 100 Arten in Deutschland; ♂♂ stets schwärzl. oder bräunl. geflügelt (Spannweite etwa 12-24 mm); ♀♀ flügellos, oft madenähnl., mit rückgebildeten Augen und Gliedmaßen; Raupen in artspezif., mit Pflanzenteilchen oder Sand verkleideten Gespinstsäcken.

Sackville-West, Victoria Mary [engl. 'sækvıl'west], * Knole Castle (Kent) 9. März 1892, † Sissinghurst Castle (Kent) 2. Juni 1962, engl. Schriftstellerin. - Aus dem Hochadel; 1913-45 ∞ mit H. G. Nicolson. Verfaßte v. a. Romane („Schloß Chevron", 1930; „Eine Frau von vierzig Jahren", 1932; „Weg ohne Weiser", 1960) und Erzählungen („Der Erbe", 1922), meist mit Stoffen aus der Welt der engl. Aristokratie und Geschichte.

SACLANT [engl. 'sæk'lænt], Abk. für engl.: Supreme Allied Commander Atlantic, Oberster Alliierter Befehlshaber Atlantik, Kommandobereich der †NATO.

Sacra conversazione (Santa conversazione) [italien. „heilige Unterhaltung"], Andachtsbild mit der thronenden Mutter Gottes mit dem Jesuskind und zwei oder vier Heiligen; zuerst von Giorgione gemalter Bildtypus, auch z. B. von G. Bellini, Palma Vecchio, Tizian, Correggio.

Sacramento [engl. sækrə'mεntoʊ], Hauptstadt des Bundesstaates Kalifornien, USA, am unteren S. River, 275 700 E. Kath. Bischofssitz; Univ. (gegr. 1947); Kunstmuseum; Nahrungsmittelind., Metall- und Holzverarbeitung, Hafen, ✈. - An der Stelle des Fort Sutter (gegr. 1841) entstand S. 1848 nach Goldfunden; Hauptstadt seit 1854.

Sacramento Mountains [engl. sækrə'mεntoʊ 'maʊntɪnz], Gebirgszug der Rocky Mountains im südl. New Mexico, USA, bis 3 659 m hoch.

Sacramento River [engl. sækrə'mεntoʊ 'rɪvə], mit 615 km längster Fluß Kaliforniens, entspringt in den Klamath Mountains, durchfließt den nördl. Teil des Kaliforn. Längstales, mündet zus. mit dem San Joaquin River in die San Francisco Bay; für Hochseeschiffe befahrbar bis Sacramento.

Sacra rappresentazione ↑ Rappresentazione sacra.

Sacré-Cœur [frz. sakre'kœːr], dem Herzen Jesu geweihte Kirche aus weißem Marmor (1875–1919) auf dem Montmartre in Paris.

Sacrificium, lat. Bez. für Opfer, bes. das kath. Meßopfer.

Sacro Bosco, engl. Mathematiker, ↑ Johannes de Sacro Bosco.

Sacy, Antoine Isaac Baron (seit 1814) Silvestre de [frz. sa'si], * Paris 21. Sept. 1758, † ebd. 21. Febr. 1838, frz. Orientalist. - Prof. für Arabisch in Paris, ab 1806 zugleich Prof. für Persisch am Collège de France; führender Arabist seiner Zeit. - *Werke:* Chrestomathie arabe (1806), Grammaire arabe (1810).

Sạda, Stadt im N der Arab. Republik Jemen, 10 000 E. Hl. Stadt der Zaiditen. - 10.–17. Jh. Residenz des Imams des Jemen; der befestigte Palast (13. Jh.) ist gut erhalten.

Sá da Bandeira [portugies. 'sa ðɐ βɐn'dɐjrɐ] ↑ Lubango.

Sadat, As, Muhammad Anwar, * Mit Abu Al Kaum (Prov. Al Minufijja) 25. Dez. 1918, † Kairo 6. Okt. 1981 (ermordet), ägypt. Politiker. - Gehörte zum „Komitee der freien Offiziere", das die Monarchie stürzte; als Generalsekretär der Nat. Union (1957–61), Parlamentspräs. (1960/61 und 1964–69), Mgl. des Präsidentschaftsrates (1962–64) und Vizepräs. (1969/70) einer der führenden Politiker unter Staatspräs. Nasser; dessen Nachfolger seit Okt. 1970 (1976 wiedergewählt), 1973/74 und seit Mai 1980 zugleich Min.präs.; verlangte 1972 den Abzug der sowjet. Militärberater und Techniker; schloß im Zuge seiner Politik eines friedl. Ausgleichs mit Israel (die ihn und Ägypten in der arab. Welt weitgehend isolierte) seit dem Krieg von 1973 im März 1979 einen Friedensvertrag mit Israel; erhielt mit dem israel. Min.präs. M. Begin den Friedensnobelpreis 1978.

Muhammad Anwar As Sadat (1975)

Sadduzäer [wohl von ↑ Zadok], religiöspolit. (konservative) Gruppierung des Judentums, die sich um 200 v. Chr. herausgebildet hat und v. a. einflußreiche und wohlhabende Kreise der Bev. umfaßte. Die S. kontrollierten den Tempelkult und waren im Synedrium stark vertreten. Sie bestanden im Ggs. zu den Pharisäern auf der alleinigen Verbindlichkeit des Bibelworts.

Sade, Donatien Alphonse François Marquis de [frz. sad], * Paris 2. Juni 1740, † Saint-Maurice bei Paris 2. Dez. 1814, frz. Schriftsteller. - Diplomatensohn; auf Grund seiner exzentr. Lebensführung 27 Jahre in Haft oder in Irrenanstalten; auf Veranlassung Napoleons I. von 1803 bis zum Tode in der Nervenheilanstalt Charenton. Bed. als Verf. psycholog.-aufklärer., stark obszöner Romane, u. a. „Justine und Juliette" (1797), „Die Marquise de Grange" (1813), und Erzählungen („Verbrechen der Liebe", 1800); wegen ihrer realist.-exakten Darstellung von Perversionen, die nach S. als „sadist." (↑ Sadismus) bezeichnet werden, lange nur für Psychopathologen interessant, werden seine Werke zunehmend literar. gewürdigt; ihr Amoralismus wirkte z. B. stark auf die existentialist. Literatur. - *Weitere Werke:* Philosophie im Boudoir (Dialoge, 1795), Die 120 Tage von Sodom oder Die Schule der Ausschweifung (R.-Fragment, entstanden 1785, erschienen 1904).
📖 *Barthes, R.: S., Fourier, Loyola.* Ffm. 1986. - *Hoffmann, D.: Die Figur des Libertin. Überlegungen zu einer polit. Lektüre de Sades.* Ffm. 1984. - *Seifert, H. U.: S.: Leser u. Autor.* Ffm. 1983.

Sadebaum [lat./dt.] ↑ Wacholder.

Sá de Miranda, Francisco de [portugies. 'sa ðɐ mi'rɐndɐ], * Coimbra 27. Okt. 1485, † Tapada (Minho) 15. März 1558, portugies. Dichter und Humanist. - Bedeutendster Erneuerer der portugies. Poesie, die er durch Einführung neuer italien. Versformen (u. a.

Sonett, Oktave, Kanzone) aus der Erstarrung löste.

Sadhu [Sanskrit „der Gute"], Bez. für einen Hindu, der sich als bettelnder Asket aus der Welt zurückgezogen hat.

Sadi, Abu Abdellah Moscharrefoddin Ebn Moslehoddin [pers. sæ''diː], * Schiras zw. 1213 und 1219, † ebd. 9. Dez. 1292, pers. Dichter. - Hervorragender Klassiker der pers. Literatur; führte vor Hafes die lyr. Form des Ghasels zu einem ersten Höhepunkt.

Sadismus [nach D. A. F. Marquis de Sade], von R. von Krafft-Ebing eingeführte Bez. für die perverse psych. Disposition, durch körperl. und/oder seel. Schmerzzufügung bei anderen oder sich selbst (**Sadomasochismus**) Lust zu empfinden. Im allg. unterscheidet man zw. S. im tägl. Umgang (etwa lustvolles Quälen oder Schikanieren von Mitarbeitern oder Untergebenen) und speziell sexuellem S., bei dem geschlechtl. Befriedigung nur dann erlangt wird, wenn der **Sadist** seinen Partner mißhandelt.

Sadler's Wells Ballet [engl. 'sædləz 'wɛlz 'bæleɪ] ↑ Royal Ballet.

Sadomasochismus [Kw. aus ↑ Sadismus und ↑ Masochismus] ↑ Sadismus.

Sadoul, Georges [frz. sa'dul], * Nancy 4. Febr. 1904, † Paris 13. Okt. 1967, frz. Filmhistoriker. - Seine „Histoire générale du cinéma" (1947–54) sowie seine zahlr. Monographien, z. B. über C. Chaplin (1952), G. Philipe (1960), G. Méliès (1961), zählen zu den Standardwerken der Filmgeschichte.

Sadová (dt. Sadowa), Ort im Ostböhm. Gebiet, ČSSR, 13 km nw. von Königgrätz. Die Schlacht bei ↑ Königgrätz wird auch Schlacht bei S. genannt.

Sadoveanu [rumän. sado'vɛ̯anu], Ion Marin, eigtl. Iancu-Leonte Marinescu, * Bukarest 15. Juni 1893, † ebd. 2. Febr. 1964, rumän. Schriftsteller. - Bis 1958 Intendant des Bukarester Nationaltheaters. Gestaltete mit „Jahrhunderte in Bukarest" (R., 1944) ein realist. Sitten- und Gesellschaftsbild Rumäniens um 1900, in dem Bildungsroman „Jahre der Entscheidung" (1957) den Werdegang eines jungen Intellektuellen in den 1920er Jahren.

S., Mihail, Pseud. M. S. Cobuz, * Pașcani 5. Nov. 1880, † Bukarest 19. Okt. 1961, rumän. Schriftsteller. - 1926 Abg., 1931 Senatspräs.; 1921 Mgl. der rumän. Akademie. Einer der produktivsten (über 120 Romane und Erzählungen) und größten Repräsentanten der rumän. Prosaliteratur; anfangs Naturalist, später dem sozialist. Realismus verpflichtet; seine Romane sind durch kraftvolle, farbige Natur- und Landschaftsschilderungen gekennzeichnet sowie durch Darstellung vitaler, unproblemat., bäuerl. Typen; u. a. „Ankutzas Herberge" (1928), „Die Nächte um Johanni" (1934), „Reiter in der Nacht" (1952).

Sadowski, russ. Schauspielerfamilie, die vorwiegend am Moskauer Maly-Theater engagiert war und in Stücken von Ostrowski, Gogol und Gorki ihre größten Triumphe feierte; bes. bekannt wurde *Prow Michailowitsch S.* (* 1818, † 1872), der als einer der Begründer der realist. russ. Schauspielkunst gilt.

Sadyattes, anderer Name von ↑ Kandaules.

SAE [engl. 'ɛs-ɛɪ'iː], Abk. für engl.: Society of Automotive Engineers, Kennzeichnung für Normen und Klassifikationen der Automobilindustrie.

Saeb, Mirsa Mohammad Ali Tabrisi [pers. sɑ''eb], * Isfahan 1602, † ebd. 1677, pers. Dichter. - Hauptvertreter des barocken, rhetor. gekünstelten „ind. Stils", Meister des Ghasels.

Saeculum obscurum [lat. „dunkles Jh."], Bez. für die Zeit zw. 880 (Zerfall des Karolingerreichs) und 1046 (Beginn der gregorian. Reform), die v. a. in Frankr. und Italien durch Auflösung der staatl. Ordnung und religiös-kulturellen Niedergang gekennzeichnet war.

SAE-Klassen [engl. 'ɛs-ɛɪ'iː], eine von der Society of Automotive Engineers (SAE) aufgestellte *Ölklassifizierung* zur Kennzeichnung von Mineralölen nach Viskoseklassen; genormt für Winteröle bei $-17,8\,°C$ ($0\,°F$) und für Sommeröle bei $98,9\,°C$ ($210\,°F$). Niedrige SAE-Klassen-Zahl entspricht dünnflüssigen (z. B. SAE 20), hohe (z. B. SAE 50) dickflüssigen Motorölen. Ein W bedeutet Winteröl (z. B. SAE 10 W). SAE 75 bis 250 betrifft Getriebeöle. Mehrbereichsöle entsprechen bei niedrigen Temperaturen den Bedingungen für Winteröle, bei höheren den von Sommerölen (z. B. SAE 20 W/50).

SAE-Leistung [engl. 'ɛs-ɛɪ'iː], bei einer Verbrennungskraftmaschine die am Schwungrad verfügbare und nach den Normen der Society of Automotive Engineers (SAE) ermittelte Nutzleistung; im Ggs. zur DIN-Leistung ohne kraftverzehrende Ausrüstungsteile bestimmt, daher bis 25% über der DIN-Leistung. Vielfach werden die dabei ermittelten PS als *SAE-PS* bezeichnet.

Saenredam, Pieter Jansz. [niederl. 'saːnrədɑm], * Assendelft bei Zaandam 9. Juni 1597, □ Haarlem 31. Mai 1665, niederl. Maler. - Sein Thema sind Außen- und v. a. Innenansichten nem. Kirchen, die er durch Konstruktionszeichnungen sorgfältig vorbereitete. Das zarte Licht und die themat. untergeordnete (von anderen ausgeführte) Staffage klären räuml. Größe und Zusammenhang. - Abb. Bd. 2, S. 117.

Safaitisch (Safatenisch), altnordarab. Dialekt (↑ arabische Sprache), überliefert in zahlr. Inschriften aus As Safa, einer vulkan. Gegend in S-Syrien. Die Inschriften entstanden um das 1./2. Jh.; sie sind bed. v. a. für die Erforschung des Lebens in vorislam. Zeit.

Safari [Swahili; zu arab. safar „Reise"],

Safatenisch

1. Bez. für längeren Überlandmarsch [mit Trägern und Lasttieren] (bes. in Afrika); **2.** Gesellschaftsreise zur Jagd oder Großwildbeobachtung *(Photosafari)*.

Safatenisch ↑Safaitisch.

Safawiden, zu den Aliden gehörende pers. Dyn. (1502–1722), die mit der Schaffung eines einheitl. Staates sowie der Einführung der Zwölferschia (↑Imamiten) als Staatsreligion die Grundlagen des heutigen Iran legte. Esmail I. († 1524) eroberte 1501 Täbris und bis zu seinem Tod den ganzen Iran und Irak. Die Herrschaft von Abbas I., d. Gr. (⌂ 1587–1629), bedeutete den Höhepunkt der Dyn. Unter seinen Nachfolgern begann der Machtverfall; Bagdad ging 1638 an die Osmanen verloren. Die Besetzung Isfahans durch die Afghanen beendete 1722 die Safawidenherrschaft.

Safdie, Moshe [engl. 'sæfdɪ], * Haifa 14. Juli 1938, kanad. Architekt israel. Herkunft. - Schachtelte in seinem Terrassenblockprojekt Habitat '67 für die Weltausstellung in Montreal 1967 Wohnzellen über- und nebeneinander, die innen variabel sind; das Wachstum der Komplexe bleibt offen. Zahlr. internat. Projekte.

Safe [engl. sɛɪf; eigtl. „der Sichere"] ↑Tresor.

Safe-Life-Prinzip [engl. 'sɛɪf'laɪf], Konstruktionsprinzip im Luftfahrzeugbau. Alle nach dem S.-L.-P. ausgelegten Bauelemente sind so bemessen, daß innerhalb der zugrundegelegten Betriebsdauer ein Bruch (Schwingbruch) mit größter Wahrscheinlichkeit nicht eintreten wird; nach Ablauf dieser Zeitspanne werden derartige Bauteile ausgetauscht.

Saffianleder [pers.-türk.-slaw./dt.] (Saffian, Perlziege[nleder]), feines, zähes Leder mit feinkörnigen Narben, aus Häuten der Hausziege; v. a. für Taschen und Bucheinbände.

Safflorit [italien.] (Spatiopyrit), rhomb., sprödes, zinnweißes bis graues, metall. glänzendes Mineral, $CoAs_2$. Mohshärte 4,5–5,5; Dichte 6,9–7,3 g/cm^3; wichtiges Kobalterz.

Safi, marokkan. Prov.hauptstadt am Atlantik, 197 300 E. Chemiekomplex „Maroc Phosphore"; Schwefelsäurefabrik; Hafen; Fischkonservierung.

Safid Rud, Zufluß zum Kasp. Meer in Iran, entsteht durch die Vereinigung von Ghesel Ausan und Schahrud, mündet nö. von Rascht, rd. 100 km lang.

Saflor [arab.] (Carthamus), Gatt. der Korbblütler mit rd. 25 Arten, verbreitet vom Mittelmeergebiet bis Z-Asien; steife Kräuter mit gezähnten oder fiederspaltigen, am Rand stacheligen Blättern und gelben, purpurfarbenen oder blauen Blüten in einzelnen oder in zu mehreren zusammengefaßten Blütenköpfchen; bekannteste Art ist der **Färbersaflor** (Färberdistel, Carthamus tinctorius), bis 80 cm hoch, mit gelben bis orangeroten Röhrenblüten; aus den Samen wird S.öl (Distelöl) mit hohem Gehalt an mehrfach ungesättigten Fettsäuren gewonnen; bed. u. a. als Speiseöl.

Safran [pers.-arab.], (Echter Safran) ↑Krokus.

♦ (Gewürzsafran) Bez. für die getrockneten, aromat. riechenden Blütennarben des Echten Safrans; enthalten als färbende Substanz Karotinoide, v. a. den gelben Farbstoff Krozin, ferner geschmackgebende äther. Öle und den Bitterstoff *Safranbitter* (Pikrokrozin, ein Glucosid des Dehydrozitrals). S. wird als Gewürz sowie als Lebensmittelfarbstoff verwendet.

Safranine [pers.-arab.], Azinfarbstoffe; wichtig ist das rotbraune *Safranin T* (3,7-Diamino-2,8-dimethyl-5-phenylphenazin) zum Färben von Papier und Leder.

Safranwurzel (Safranwurz), svw. ↑Gelbwurzel.

Safrol [Kw.] (4-Allyl-1,2-methylendioxybenzol), farbloses, würzig riechende Flüssigkeit, die Bestandteil einiger äther. Öle (v. a. des Sassafrasöls) ist und (synthet. hergestellt) in der Parfümind. verwendet wird.

Saftkugler (Glomeridae), Fam. rollasselähnl. Doppelfüßer mit vierzehn 2,5 bis 20 mm großen einheim. Arten (verbreitetste und artenreichste einheim. Gatt. *Glomeris*); können sich bei Gefahr zu einer Kugel zusammenrollen und durch Schlitze in den Intersegmentalhäuten Flüssigkeit zur Abwehr von Feinden ausscheiden.

Saftmale, kontrastierende bzw. durch kräftigere Farbgebung hervortretende Zonen vieler Blütenkronen zur Anlockung der bestäubenden Insekten; als Farbflecke (Schlundflecke bei Kastanie u. a.), Farbtüpfel (Fingerhut) oder Strichmuster (Storchschnabel) meist in Beziehung zu nektarführenden Blütenbereichen stehend.

Saftzeit, die artspezifisch verschiedene, witterungsabhängig einsetzende und unterschiedl. lange anhaltende Zeit der Saftbewegung in Bäumen nach dem Vegetationsbeginn.

Saga, jap. Stadt im NW von Kiuschu, 168 300 E. Verwaltungssitz der Präfektur S.; Verarbeitungsort für Agrarerzeugnisse.

Saga [isländ. „Bericht, Erzählung"] (Mrz. Sögur), Sammelbez. für skand., insbes. isländ. Prosaerzählungen des MA (mit Anfängen im 12. Jh.). Die S., deren Grundbestand im 14. Jh. abgeschlossen war, sind keine festumrissene Gatt.; sie umfassen eine Reihe von ep. Formen und werden inhaltl. geordnet. Den **Sagastil** kennzeichnet eine gehobene, aber dennoch natürl. Alltagsprosa sowie äußerste Knappheit und Präzision der Darstellung, verbunden mit Objektivität und Realismus. Dargestellt werden nur die bedeutungsvollen Höhepunkte eines Geschehens; die Figuren der Handlung werden nicht direkt charakterisiert, ebensowenig wird das Geschehen kommentiert.

Sagaliteratur, i.e. S. v.a. die skand. *Königsgeschichten* des Snorri Sturluson; ihre Tradition setzte in der Mitte des 12. Jh. ein, überliefert sind sie in Einzel- und Sammelhandschriften, z. T. erst aus dem 14. und 15. Jh. Die *Isländergeschichten* standen lange Zeit allein im Mittelpunkt der Forschung; die Stoffe dieser 36 Prosaerzählungen sind z. T. fiktiv und handeln von der Landnahme Islands; romanartige Biographien und der isländ. Familienroman sind die wichtigsten Typen. Die S. ist Teil der † altnordischen Literatur und stellt ein unter bes. histor. und gesellschaftl. Bedingungen Skandinaviens und Islands entstandenes Gegenstück zur höf. Epik W- und M-Europas dar.
Zur S. i. w. S. gehören Rittersagas, Prosaübersetzungen und -bearbeitungen v. a. frz. und anglonormann. Epik, Lügengeschichten, Märchen sowie histor. bzw. pseudohistor. Übersetzungsliteratur und hagiograph. Literatur (Marien-, Apostel- und Heiligenlegenden). Im 19. und 20. Jh. haben v. a. die Isländergeschichten insbes. den skand. histor. Roman seit der Romantik maßgebl. beeinflußt (S. Undset, H. Laxness) und stehen als Muster hinter zahlr. modernen Familienromanen.

Sagamibucht [jap. 'sa,gami, sa'gami], Meeresbucht an der Pazifikküste der jap. Insel Hondo, zw. der Isuhalbinsel im W und der Miurahalbinsel im O.

Sagan, Françoise [frz. sa'gã], eigtl. F. Quoirez, * Cajarc (Lot) 21. Juni 1935, frz. Schriftstellerin. - Hauptthema ihrer Werke ist die Erfahrung der unabänderl. Einsamkeit des Menschen und der Vorläufigkeit jeder erot. Beziehung, v. a. in den Romanen „Bonjour tristesse" (1955), „... ein gewisses Lächeln" (1956), „Lieben Sie Brahms?" (1959) und den Komödien „Ein Schloß in Schweden" (1960), „Valentine" (1963), „Ein Klavier im Grünen" (1970). - *Weitere Werke:* Blaue Flecken auf der Seele (R., 1972), Ein verlorenes Profil (R., 1974), Edouard und Beatrice (R., 1977), De guerre lassé (R., 1985).

Sagan (poln. Żagań), Stadt am mittleren Bober, Polen`, 110 m ü. d. M., 24 000 E. Textilind., Fertigung von Baukeramik. - Erste Erwähnung 1202, erstmals 1285 Stadt gen.; 1397–1472 Hauptstadt der piast. Teil-Hzgt. Sagan, das 1273/74 von Glogau abgetrennt, 1472 an die Wettiner, 1549 an die Habsburger kam, durch Kauf 1627–34 an Wallenstein, 1646–1786 an die Fürsten Lobkowitz, 1786 an die Biron von Kurland, 1845 an die Talleyrand-Périgords; 1929 erlosch der Herzogstitel. - Starke Zerstörungen im 2. Weltkrieg; erhalten sind die ehem. Augustinerkirche (14. Jh.) und die Franziskanerkirche (13. Jh.).

Sagarra i Castellarnau, Josep Maria de [katalan. sə'yarrə i kəstəʎər'nau], * Barcelona 5. März 1894, † ebd. 27. Sept. 1961, katalan. Schriftsteller. - Mit Gedichten, volkstüml. Versdramen und -epen einer der aktivsten Vertreter der neueren katalan. Literatur.

Sagasta, Práxedes Mateo, * Torrecilla en Cameros (Prov. Logroño) 21. Juli 1827, † Madrid 5. Jan. 1903, span. Politiker. - Ingenieur; führend beteiligt an Aufständen gegen Isabella II. ab 1854; 1868–74 mehrfach Min. und 1871/72 Min.präs.; akzeptierte 1875 die bourbon. Monarchie; als Führer der Liberalen und Gegenspieler von Cánovas del Castillo zw. 1874 und 1902 sechsmal Min.präsident.

Sage, Sammelbegriff für mündl. überlieferte, sprachl. und stilist. anspruchslose mundartl. Erzählung, deren Realitätsanspruch über dem des Märchens liegt. Ausgehend vom individuellen Wahrheitswert der S. unterscheidet man *Memorat* als Bericht über ein übernatürl. Erlebnis und *Fabulat* als Bericht mit nicht glaubhaften Elementen. Andere Unterscheidungskriterien sind solche nach inhaltl. (Natur-, Toten-, Kriminal-, Riesen-, Hexen-S., histor. [Kaiser]-S.), funktionalen (aitiolog. S. bzw. Erklärungs-S.) oder formalen Aspekten (Zeitungs-S., Schwank-S.). Von der Volks-S. müssen die nord. Sagas sowie die Götter- und Helden-S., die als Gegenstand der Hochdichtung meist literar. fixiert sind, unterschieden werden.

Säge, von Hand oder maschinell bewegtes Werkzeug zum Zertrennen (Sägen) von Holz, Metall, Stein, Kunststoff u. a., wobei als Trennelement ein mit einer Vielzahl kleiner, meist dreieckiger Schneiden (S.zähnen) versehenes oder mit Hartmetallstücken bestücktes Stahlblatt dient, das entweder steif und ungespannt (bei *Steif-S.*) oder eingespannt (bei *Spann-S.*) ist. - Um ein Klemmen des S.blattes beim Sägen zu vermeiden, sind die Zähne von Holz-S. abwechselnd nach links und rechts gebogen *(geschränkt)*. Metall-S. sind meist gewellt (Wellenzahnung), bei Handsägeblättern oder bei Kreissägeblättern mit einem Hohlschliff versehen. - Bei der *Hand-S.* unterscheidet man: 1. *Schrot-* oder *Zug-S.* mit Griffen an beiden Enden zum Zersägen von Baumstämmen; 2. *Handspann-S.* *(Gestell-S., Tischler-S.)* für Tischlerarbeiten; 3. die *Bügel-S.* mit einem in einen Holz- oder Stahlrohrbügel eingespannten S.blatt (z. B. die *Baum-S.,* die *Laub-S.* für Sperrholzarbeiten und die zum Metallsägen verwendete *Metallbügel-S.*); 4. die *Handsteif-S.* mit einem ungespannten steifen bzw. verstärkten Blatt, z. B. der *Fuchsschwanz,* die *Stich-* oder *Loch-S.* sowie die *Fein-* oder *Rücken-S.* - Bei den *Maschinen-S.* (*S.maschinen*) unterscheidet man: 1. die *Band-S.* mit einem endlosen S.blatt (S.band); 2. die *Kreis-S.* mit einem rotierenden, kreisförmigen S.blatt (z. B. die elektr. *Handkreis-S.,* die stationäre *Tischkreis-S.*); 3. die zum Zertrennen von Stämmen dienende *Gatter-S.;* 4. die tragbare *Ketten-S. (Motor-[ketten]-S.)* mit einer umlaufenden, mit S.zähnen versehenen Laschenkette; 5. die elektr. *Stich-S.* oder die *Pendelstich-S.,* deren

Sägebock

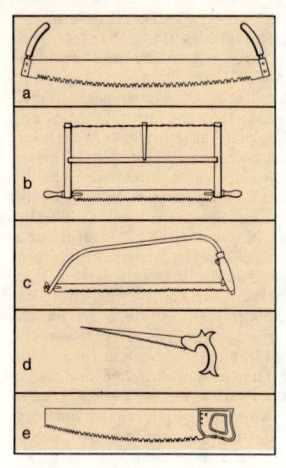

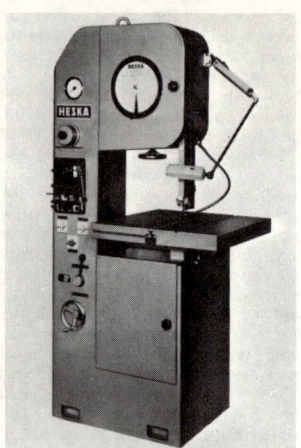

Säge. Links: Handsägen.
a Schrot- oder Zugsäge,
b Handspannsäge, c Bügelsäge,
d Stichsäge, e Fuchsschwanz;
rechts: Bandsägemaschine

Sägeblatt neben der Hub- noch eine Pendelbewegung ausführt; 6. die *Bügelsägemaschine (Kalt-S.)* für Metall, bei der das in einen Bügel eingespannte S.blatt über einen Exzentertrieb oder hydraul. hin- und herbewegt wird; 7. die *Drahtsägemaschine (Drahtseil-S.)* mit einem endlosen Drahtseil als Trennelement zum Zertrennen großer Natursteine.
📖 *Wörterb. der Fertigungstechnik.* Hg. v. G. Pahlitzsch. Bd. 8: *Fräsen, Sägen, Verzahnen.* Essen 1979.

Sägebock (Gerber, Prionus coriarius), schwarzbrauner, bis 4 cm langer ↑Bockkäfer in Eurasien und N-Afrika; mit lederartigen, gerunzelten Flügeldecken und dicken, stark gesägten Fühlern; fliegt in der Dämmerung an Waldrändern und auf Lichtungen.

Sägedach, svw. Scheddach (↑Dach).

Sägefische, svw. ↑Sägerochen.

Sägehaie (Pristiophoridae), Fam. bis 1,5 m langer, schlanker Haifische mit vier Arten in den Meeren um S-Afrika und Australien; ovovivipare oder lebendgebärende Knorpelfische mit schwertförmig verlängerter Schnauze und je einer Reihe langer, spitzer Zähne an den Außenrändern; Bodenbewohner.

Sägehornbienen (Melittidae), artenarme Fam. solitärer Bienen (in M-Europa zwölf meist dunkle, spärl. behaarte Arten); ♂♂ mit einseitig verdickten Fühlergliedern; Beinsammler mit starker Behaarung an Schienen und erstem Fußglied der Hinterbeine zum Polleneintragen; Brutnester im Boden. Bekannte Gatt. sind die **Hosenbienen** (Dasypoda, 12–17 mm groß) und die **Schenkelbienen** (Macropis, mit verdickten Hinterschenkeln).

Sägemuskel (Serratus, Musculus serratus), Bez. für drei paaarige, sägezahnartig gezackte, flache, unterhalb des breiten Rückenmuskels bzw. des ↑Kapuzenmuskels verlaufende Rückenmuskelverbände des Menschen; fungieren durch Anhebung bzw. Senkung der Rippen als Atemhilfsmuskeln, wirken ferner z. T. mit an der Fixierung und Bewegung des Schulterblatts und damit auch an der Anhebung des Arms.

Sägenaht (Sutura serrata), eine Schädelnaht mit sägeartig ineinander verzahnten Rändern.

Sägengewinde ↑Gewinde.

Säger (Mergus), Gatt. bis gänsegroßer Enten mit rd. zehn Arten auf Süßgewässern N-Eurasiens und Kanadas; ausgezeichnet tauchende, vorwiegend Fische fressende Vögel mit langem, dünnem, seitl. zusammengedrücktem, vorn meist hakig gekrümmtem Schnabel; brüten nicht selten in Höhlen; Zugvögel. - In Europa kommt u. a. der **Gänsesäger** (Mergus merganser) vor: bis 70 cm groß, ♂ mit schwarzem Rücken, weißer Unterseite, rotem Schnabel, ♀ mit grauem Rücken.

Sägerochen (Sägefisch, Pristidae), Fam. bis über 10 m langer, ovoviviparer Rochen mit sechs Arten in trop. und subtrop. Meeren (z. T. auch in Brack- und Süßgewässern); unterscheiden sich von den sonst recht ähnl. Sägehaien v. a. durch die etwas breitere, von oben nach unten zusammengepreßte Form, durch die Verschmelzung der Brustflossen mit den Kopfseiten und durch die Kiemenspalten auf der Körperunterseite; Bodenbewohner mit ähnl. Lebensweise wie die Sägehaie.

Sagert, Horst, * Dramburg 13. Okt. 1934, dt. Bühnenbildner. - Einer der führenden

Bühnengestalter der DDR. S. wurde bes. durch die Ausstattung von Molières „Tartuffe" (1963, Regie: B. Besson) und Brechts „Aufstieg und Fall der Stadt Mahagonny" (1964, Regie: F. Bennewitz) bekannt.

Sägetang (Fucus serratus), charakterist. Braunalgenart in der Gezeitenzone der Felsenküsten des Nordatlantiks; Thallus olivbraun, lederartig, bis 50 cm lang, bandförmig, am Rand gesägt, gabelig verzweigt; in Büscheln an (während der Ebbe) trockenfallenden Klippen.

Sägewespen (Hoplocampa), Gatt. der Blattwespen mit zahlr. Arten, davon neun in M-Europa; Larven im Inneren der Früchte von Rosengewächsen; oft schädlich, z. B. ↑ Apfelsägewespe.

Sägezahngenerator ↑ Kippgenerator.

Saghlul, Sad [zaˈglu:l], * in der Prov. Al Gharbijja 1860, † Kairo 23. Aug. 1927, ägypt. Politiker. - 1906-10 Unterrichts-, 1910-12 Justizmin.; Führer der Wafd-Partei und einflußreichster ägypt. Politiker bis zu seinem Tod; 1919 und 1921-23 von den Briten deportiert; 1924 Min.präs.; 1926/27 Präs. des Abg.hauses.

Sagitta [lat. „Pfeil"] ↑ Sternbilder (Übersicht).

Sagittalrichtung [lat./dt.], beim menschl. Körper die Richtung von vorn (ventral) nach hinten (dorsal).

Sagittalschnitt [lat./dt.] (Äquatorialschnitt), derjenige Schnitt durch ein opt. System, der senkrecht zum ↑ Meridionalschnitt verläuft.

Sagittaria [lat.], svw. ↑ Pfeilkraut.

Sagittarius [lat. „der Schütze"] ↑ Sternbilder (Übersicht).

Sago [indones.-engl.-niederl.] ↑ Maniok.

Sagopalme (Metroxylon), Gatt. der Palmen mit rd. 30 Arten im Malaiischen Archipel, auf Neuguinea und auf den Fidschiinseln; mittelhohe (bis maximal 15 m hohe) Fiederpalmen mit langen Ausläufern. Einige Arten, v. a. die *Echte S.* (Metroxylon sagu, Metroxylon laeve) und die Art *Metroxylon rumphii*, liefern Sago. Die Blätter werden als Baumaterial verwendet.

Sagorsk, sowjet. Stadt 70 km nnö. von Moskau, RSFSR, 108 000 E. Sitz der Moskauer orth. theolog. Akad., Priesterseminar, Residenz des Patriarchen der orth. Kirche von Rußland; Filmtechnikum, Spielwarenherstellung u. a. Ind.zweige. - Entstand aus einer Siedlung um das 1340 gegr. Dreifaltigkeits-Sergijew-Kloster. Die Klosteranlage wurde Mitte des 15. Jh. ummauert, 1540-50 wurden die Befestigungen verstärkt; Dreifaltigkeitskirche (1422), Heiligengeistkirche (1554), Uspenski-Kathedrale (um 1555-85; beim W-Portal kleine Kapelle mit „wundertätiger" Quelle).

Sagrosgebirge, Faltengebirgssystem im westl. Iran, bis 4 548 m hoch.

Sagunto [span. saˈɣunto] (dt. Sagunt), span. Stadt am Palancia, 46 m ü. d. M., 52 000 E. Archäolog. Museum; Theater; Zentrum eines Bewässerungsfeldbaugeb. - Im Altertum Stadt der Iberer; 219 v. Chr. (**Saguntum**) von Hannibal erobert und zerstört; 214 von Römern zurückerobert und wiederaufgebaut; unter Augustus Munizipium; fiel nach der Völkerwanderung an die Araber (bis 1248); hieß seit dem MA **Murviedro**, seit 1868 S. - Ruinen des Kastells und der 600 m langen Befestigungsmauern aus iber., röm., arab. und späterer Zeit; röm. Amphitheater.

Saha, Meghnad, * Seoratoli bei Baliati (Bangladesch) 6. Okt. 1894, † Delhi 16. Febr. 1956, ind. Physiker. - Prof. in Kalkutta. Seine 1920 formulierte Theorie der Sternmaterie bildete einen Ausgangspunkt der modernen Astrophysik.

Sahagún, Bernardino de [span. saaˈɣun] ↑ Bernardino de Sahagún.

Sahak, gen. Isaak der Große, * um 340, † Blur 7. Sept. 439, Katholikos von Großarmenien (seit 386/387). - Letzter Sproß aus dem Geschlecht Gregors des Erleuchters; gewann den königl. Sekretär Mesrop für den kirchl. Dienst und schuf mit ihm zus. die armen. Schrift.

Sahara [ˈzaːhara, zaˈhaːra], mit etwa 9 Mill. km^2 Fläche der größte geschlossene Wüstenraum der Erde, in N-Afrika. Ausdehnung vom Atlantik zum Roten Meer etwa 6 000 km, von N nach S 2 000 km; z. T. extrem trocken; wegen des Fehlens einer Vegetationsdecke sind mehr als $^3/_4$ der Oberfläche den Winden und Temperaturschwankungen unmittelbar ausgesetzt. Period. und episod. Niederschläge können mit reißenden Regenfluten ebenfalls in die Oberflächengestaltung eingreifen. Die westl. S. erstreckt sich zw. Atlantik und den Vorländern des Ahaggar, vom Antiatlas zum Senegal und Nigerbogen. Bis 250 km landeinwärts ermöglichen Tau und nässende Nebel die Ausbildung einer von Nomaden durchstreiften Wüstensteppe. Die seßhafte Bev. konzentriert sich in wenigen Hafenorten und einigen Oasen. Das Kerngebiet der westl. S. ist menschenleer und gliedert sich in große, 300 bis 400 m ü. d. M. gelegene Becken. Südl. der Steilstufe El Hank liegen ausgedehnte Sandwüsten. In der mittleren S. erheben sich die vulkan. Bergländer des Ahaggar und des Tibesti über 3 000 m Höhe, gesäumt von einem Kranz von Schichtstufen, deren Stirnseiten durch viele Wadis zerschnitten sind. Hier und in den Bergländern der Adrar des Iforas, des Aïr, des Djado-, Erdi- und Ennedi-Plateaus leben ehem. krieger. Nomaden (Tuareg, Tubu). Nördl. der zentralsahar. Bergländer liegen große Sanddünengebiete, Geröllwüsten und Felstrümmerwüsten. Die alger. S.gebiete zw. dem Saharaatlas und den Vorbergen des Ahaggar sind durch eine große Anzahl von Oasensiedlungen gekennzeichnet, die sich am Grunde der Senken oder Wadis in Ketten reihen oder auch zu Oasenland-

Saharaatlas

schaften verdichten, denen wichtige Transsaharatrouten folgen. Bei ausreichender Bewässerung kann die Wüste in den Oasen in fruchtbare Gärten verwandelt werden, die auf kleiner Fläche hohen Ertrag bringen, da der Anbau in mehreren „Stockwerken" betrieben wird. Die östl. S. ist eine gleichförmige Hochebene mit ausgedehnten Geröllfeldern und dem nahezu unpassierbaren Sandmeer der Libyschen Wüste. Östl. des Niltals steigt die Hochfläche in der Arab. und Nub. Wüste zu den Red Sea Hills bis über 2250 m an und bricht dann steil zum Roten Meer hin ab. Parallel zum Niltal verläuft eine Senkenzone mit Oasen und dem Neulandgewinnungsgebiet Neues Tal. Von den Bodenschätzen sind Erdöl in Algerien, Libyen und Tunesien, Erdgas v. a. in Algerien, Eisenerz in Mauretanien, Phosphat in der nördl. W-Sahara und Uranerz in Niger bed.; wichtigstes Verkehrsmittel der S. ist das Kamel, das vermutl. im 1. Jh. v. Chr. aus Arabien eingeführt wurde. Gut erschlossen ist der alger. Anteil (östl. und westl. Transsaharastraße). Von Zouerate führt eine 650 km lange Erzbahn nach Cansado, von Bu Craa ein Phosphatförderband nach Aaiún (z. Z. außer Betrieb), von den Erdöl- und Erdgasfeldern zahlr. Pipelines zu den Exporthäfen am Mittelmeer.

Vorgeschichte: Während der pleistozänen Pluviale bot die S. günstige Lebensbedingungen für Menschen (zahlr. Funde der Faustkeilkultur), nach Unterbrechung durch einschneidende Trockenphasen spätestens während des Mittelpaläolithikums wieder günstigere Verhältnisse (umfassende Verbreitung des Atérien); ab etwa 15 000 v. Chr. den heutigen Verhältnissen entsprechende Wüstenbildung; in der sog. neolith. Feuchtphase (6.–3. Jt.) in vielen Teilen der S. Viehzucht und Ackerbau (Felsbilder in den Bergländern).

Geschichte: Im Altertum war Griechen und Karthagern nur der Rand der S. näher bekannt. Die Römer drangen u. a. nilaufwärts vor, 19 v. Chr. in den Fessan, Ende des 1. Jh. n. Chr. in den Sudan. Im MA gab es Karawanenrouten; arab. Reisende kamen u. a. in den Sudan und zum Senegal. Die europ. Erforschung der S. begann erst im 19. Jh.; die letzten unerforschten Gebiete der S. wurden erst nach dem 2. Weltkrieg mit Hilfe von Luftaufnahmen erkundet.

📖 Vaes, B., u. a.: S. Dt. Übers. Mchn. 1981. - Schiffers, H.: Die S. Entwicklung in einem Wüstenkontinent. Kiel 1980. - Lauer, W./Frankenberg, P.: Zur Klima- u. Vegetationsgesch. der westl. S. Mainz; Wsb. 1979. - Hugot, H. J./Bruggmann, M.: Zehntausend Jahre S. Dt. Übers. Luzern u. Ffm. 1976.

Saharaatlas ['za:hara, za'ha:ra] ↑ Atlas.

saharanische Sprachen, Untergruppe der nilosaharan. Sprachfamilie (↑ Nilosaharanisch).

Saharier (Sahraouis), Bez. für mehrere Stämme im äußersten W der Sahara. Sprechen einen arab. Dialekt; früher ausschließl. Nomaden (Kamele), heute ist etwa die Hälfte seßhaft (Oasenwirtschaft, Fischerei, Bergbau).

Sahedan, Stadt in O-Iran, nahe der pakistan. und afghan. Grenze, 93 700 E. Hauptstadt des Verw.-Geb. Sistan und Belutschistan; Handelszentrum; Eisenbahnendpunkt.

Sahel, Küstenlandschaft in O-Tunesien, i. e. S. das Hinterland des Golfes von Hammamet, 20–40 km breit; trotz klimat. Ungunst bed. Kulturland und daher dicht besiedelt.

Sahelzone [zu arab. sahil „Küste"], Übergangszone vom eigtl. Wüstengebiet der Sahara zur Dornstrauchsavanne, am Saharasüdrand als breiter Gürtel vom Atlantik bis zum Roten Meer ausgebildet. Hier treten regelmäßig Dürren auf, auf die die Bev. urspr. eingestellt war: Die Nomaden respektierten Weide- und Brunnenrechte; es gab auch Land- und Wasserreserven, die nur in Dürrezeiten aufgesucht wurden. Als dieses Gleichgewicht gestört wurde (höhere Bev.dichte, vermehrter Anbau und Viehbestand [Überweidung]), kam es seit der Dürre von 1968 jahrelang zu Viehsterben, Abholzen der Holz- und Strauchvegetation und dadurch bedingte Zerstörung der dünnen Humusschicht, zu Hungersnot und Flucht.

📖 Klaus, D.: Klimatolog. u. klimaökolog. Aspekte der Dürre im Sahel. Wsb. 1981.

Sahib [arab.-Hindi], Herr (Anrede für Europäer).

Sahir ↑ Mohammed Sahir.

Sahl, Hans, * Dresden 20. Mai 1902, dt. Schriftsteller. - Journalist, v. a. Theater- und Filmkritiker; emigrierte 1933 und lebt seit 1941 in New York. Lyriker („Die hellen Nächte", 1941; „Wir sind die letzten", 1977) und Romancier („Die Wenigen und die Vielen", 1959); Stück: „Hausmusik" (1984); zahlr. Übersetzungen.

Sahla ['zaxla], Stadt in Libanon, 40 km östl. von Beirut, 46 800 E. Hauptstadt des Verw.-Geb. Bika; melchit. Erzbischofssitz; syr.-orth. theolog. Seminar; landw. Handelszentrum

Sahne ↑ Rahm.

Saiblinge (Salvelinus), Gatt. etwa 0,1–1 m langer, farbloser bis bunter Lachsfische in kühlen, sauerstoffreichen Süßgewässern z. T. auch in Meeren der nördl. Nordhalbkugel und der Alpen und Voralpen; Gestalt heringsförmig, mit weit gespaltener Maulöffnung und weißer Bandzeichnung am Vorderrand der Brust-, Bauch- und Afterflossen sowie am Unterrand der Schwanzflosse; von allen Süßwasserfischen am weitesten in arkt. Gebiete vorgedrungen; auf Spitzbergen von wirtsch. Bed.; man unterscheidet in Europa den ↑ Bachsaibling vom ↑ Seesaibling.

Saida, Stadt an der südl. Küste von Libanon, 24 700 E. Hauptstadt des Verw.-Geb. Libanon-Süd; Sitz eines maronit. Bischofs und eines melchit. Erzbischofs; Klosterbibliothek; Obstbau und -handel. - In der Antike **Sidon**; 1111–1291 in der Hand der Kreuzfahrer; gehörte 1516–1918 zum Osman. Reich. - Seekastell (um 1230) auf einer Felseninsel, Moschee (an der Stelle eines Johanniterhospitals des 13. Jh.), zwei eine. Karawansereien.

Saida [frz. sai'da; arab. za'i:da], Hauptstadt des Verw.-Geb. S. in NW-Algerien, 62 000 E. Wein- und Gemüsebau, Schafzucht.

Saidenbachtalsperre ↑Stauseen (Übersicht).

Said Halim Pascha, * Kairo 1863, † Rom 7. Dez. 1921 (ermordet), osman. Politiker. - Enkel von Mehmet Ali; gehörte zur Bewegung der Jungtürken. Ab 1911 Außenmin., 1913–17 Großwesir; leitete die Modernisierung der Armee ein.

Saiditen (Seiditen) ↑Zaiditen.

Said Pascha, Muhammad (Mehmet), * Kairo 17. März 1822, † Alexandria 18. Jan. 1863, Vizekönig von Ägypten (seit 1854). - Sohn Mehmet Alis; leitete Reformen in Verwaltung, Rechtswesen und in der Wirtschaftsstruktur ein; 1856 konzessionierte er den Bau des Sueskanals.

Saier, Oskar, * Wagensteig (heute zu Buchenbach, Landkr. Breisgau-Hochschwarzwald) 12. Aug. 1932, dt. kath. Theologe. - 1972 Weihbischof der Erzdiözese Freiburg im Breisgau, seit 1978 dort Erzbischof.

Saiga [russ.] (Saigaantilope, Saiga tatarica), bis 1,4 m lange, im Sommer oberseits graugelbl., unterseits weißl., im Winter weißl. Antilope (Unterfam. *Saigaartige* [Saiginae]) in den Steppen der südl. UdSSR; ♂ mit leicht gekrümmtem, bernsteinfarbenem, etwa 25 cm langem Gehörn; ernähren sich von (z. T. sehr salzhaltigen) Pflanzen.

saiger, in der Geologie übl., aus dem Bergbau stammende Bez. für senkrecht.

Sahara und Sahelzone. Übersichtskarte

Saigon ['zaıgɔn, zaı'gɔn] ↑Thanh Phô Hô Chi Minh.

Saijab, As, Badr Schakir, * Dschaikur (Verw.-Geb. Basra) 1926, † Kuwait 24. Dez. 1964, irak. Dichter. - Zunächst Kommunist, später Nationalist. Einer der führenden irak. Dichter der Gegenwart; Mitbegr. der arab. „freien" Poesie.

Saijid (Sidi), arab. Titel, heute im allg. svw. „Herr"; auch Ehrentitel der Nachkommen des Propheten und von Heiligen.

Saikaku, Ihara ↑Ihara Saikaku.

Saiko, George, * Seestadtl 5. Febr. 1892, † Rekawinkel (Niederösterreich) 23. Dez. 1962, östr. Schriftsteller. - Entwickelte in seinen psycholog. und gesellschaftskrit. Romanen einen mag. Realismus. - *Werke:* Auf dem Floß (R., 1948), Der Mann im Schilf (R., 1955), Der Opferblock (E., 1962).

Sailer, Johann Michael, * Aresing 17. Nov. 1751, † Regensburg 20. Mai 1832, dt. kath. Theologe und Pädagoge. - 1780 Prof. für Dogmatik in Ingolstadt, 1784 für Pastoraltheologie und Ethik in Dillingen, wegen innerkirchl. Intrigen 1794 entlassen. 1799 erneut Prof. in Ingolstadt, 1800 in Landshut; 1829 Bischof in Regensburg. - S. ist der Begründer der kath. Erneuerung um 1800; einflußreich als Theologe und Verf. pädagog. Schriften; durch seine „Erziehung zur Innerlichkeit als Voraussetzung zur Erlösung" Wegbereiter zur Überwindung der kath. Aufklärung.

Saimakanal [schwed. 'sajma], Schiffahrtskanal zw. dem Saimasee, Finnland, und dem Finn. Meerbusen bei Wyborg, UdSSR; 43 km lang, davon 22 km in Finnland; 8 Schleusen; 1845–56 erbaut.

Saimasee [schwed. 'sajma], Seensystem in SO-Finnland, 76–82 m ü. d. M., insgesamt 4 400 km²; davon entfallen auf den eigtl. S. 1 490 km².

Sainete [span., eigtl. „Würze, Wohlgeschmack"], Einakter, der sich im span. Thea-

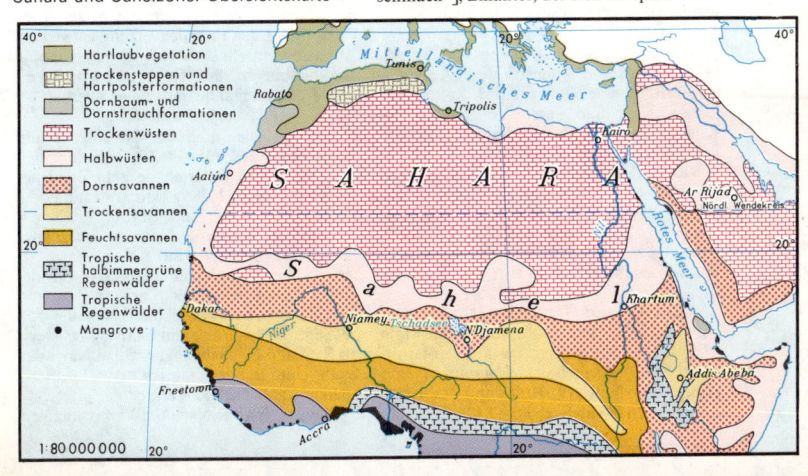

Saint

ter des Barock (17. Jh.) als Nach- oder Zwischenspiel entwickelte. Bed. als populäres sozialkrit. Medium; in den 1920er Jahren durch Operette und Variété verdrängt.

Saint [engl. snt; frz. sɛ̃:; zu lat. sanctus „heilig"], frz. und engl. für: heilig.

Saint Albans [engl. snt'ɔ:lbənz], engl. Stadt am Fuß der Chiltern Hills, Gft. Hertford, 50 900 E. Anglikan. Bischofssitz; Museum; Marktstadt; Aluminiumverarbeitung, Druckerei-, Textil-, Bekleidungs- u. a. Ind. - Das antike **Verulamium**, 15 v. Chr. gegr., war Hauptort der Katuvellauner, wurde 43 n. Chr. Munizipium; S. A., nach dem ersten engl. Märtyrer, dem hl. Alban († um 305, hier bestattet), ben., entstand im 10. Jh. um ein Kloster (793–1539); erhielt 1553 Stadtrecht; wurde 1877 anglikan. Bischofssitz. - Normann. Kathedrale (geweiht 1115). Bei Ausgrabungen wurden Reste des antiken Verulamium aus dem 1./2. Jh. gefunden.

Saint-Amant, Marc Antoine Girard, Sieur de [frz. sɛ̃ta'mã], eigtl. Antoine Girard, * Quevilly (Seine-Maritime) 30. Sept. 1594, † Paris 29. Dez. 1661, frz. Lyriker. - 1634 Mgl. der Académie française; Gegner Malherbes. Verteidigte die dichter. Inspiration gegen Sprachregelung und Rhetorik.

Saint Andrews [engl. snt'ændru:z], Stadt an der O-Küste Schottlands, Region Fife, 11 300 E. Univ. (gegr. 1410); Museum; Theater; Seebad. - Geht auf kelt. Ursprung (6. Jh.) zurück; ben. nach einer im 8. Jh. dem hl. Andreas geweihten Kirche; 908 Bischofssitz (1472 Erzbistum, 1560 aufgehoben), 1140 Stadt, 1160 Royal Burgh. - Ruine der ehem. Kathedrale (1160 ff.), Pfarrkirche Holy Trinity (1410); bischöfl. Schloß (um 1200).

Saint-Aubin [frz. sɛ̃to'bɛ̃], Augustin de, * Paris 3. Juni 1736, † ebd. 9. Nov. 1807, frz. Zeichner und Radierer. - Bruder von Gabriel S.-A.; schuf nach eigenen Skizzen oder nach fremden Entwürfen zahlr. Porträts, Genreszenen sowie Vignetten und Ornamente.

S.-A., Gabriel de, * Paris 14. April 1724, † ebd. 9. Febr. 1780, frz. Zeichner und Graphiker. - Bruder von Augustin de S.-A.; stellte als Vertreter eines heiter-natürl. Rokoko belebte Straßen- und andere Volksszenen, den Kunstbetrieb der Pariser Salons (1753–69) u. a. Pariser Szenen dar.

Saint Augustine [engl. snt'ɔ:gəsti:n], Stadt im nö. Florida, USA, am Atlantik, 12 000 E. Kath. Bischofssitz; College; Fremdenverkehr; Fisch- und Garnelenfang, Bootsbau. - Gegr. 1586 (von Sir Francis Drake) und 1665 zerstört; seit 1821 in amerikan. Besitz. - Älteste Stadt in den USA.

Saint-Brieuc [frz. sɛ̃bri'ø], frz. Stadt in der Bretagne, am Golf von Saint-Malo, 48 600 E. Verwaltungssitz des Dep. Côtes-du-Nord; kath. Bischofssitz; Museum; Pferderennplatz; Stahlwerk, Holz- und Nahrungsmittelind.; Hafen; Seebad. - 848 wurde das im 5. Jh. gegr. Kloster Bistum; S.-B. entstand vermutl. im 6. Jh.; zw. 1602/1768 oft Tagungsort der breton. Stände. - Got. Kathedrale (13./14., 15. und 18. Jh.); ehem. bischöfl. Palais (Renaissance).

Saint Christopher and Nevis

[engl. snt'krıstəfə ənd 'ni:vis], Staat im Bereich der Westind. Inseln, bei 17° 05′ und 17° 25′ n. Br. sowie 62° 32′ und 62° 55′ w. L. **Staatsgebiet:** Besteht aus den Inseln Saint Christopher (Saint Kitts), Nevis und Sombrero. **Fläche:** 261 km². **Hauptstadt:** Basseterre auf Saint Christopher. **Amtssprache:** Englisch. **Währung:** Ostkarib. Dollar (EC$) = 100 Cents. **International. Mitgliedschaften:** UN, Commonwealth, CARICOM, OAS; der EWG assoziiert. **Zeitzone:** Atlantikzeit, d. i. MEZ − 5 Std.

Landesnatur: Die Inseln Saint Christopher (168 km², bis 1 156 m hoch) und Nevis (93 km², bis 985 m hoch) gehören zum inneren, vulkan. Bogen der Inseln über dem Winde. - Das trop. Klima steht unter dem Einfluß des Passats (Jahresniederschlagsmengen zw. 750 mm und über 3 500 mm). - Die Gebirgshänge sind von immergrünem Regen- und Bergnebelwald bedeckt; die Ebenen sind weitgehend in Kultur genommen.

Bevölkerung, Wirtschaft, Verkehr: Die überwiegend negride Bevölkerung gehört zum großen Teil der prot. und anglikan. Kirche an. Schulpflicht besteht vom 5. bis 14. Lebensjahr. Neben einer techn. Fachschule gibt es eine Lehrerbildungsanstalt in Basseterre. Haupterwerbsquelle ist die Landwirtschaft; angebaut werden Zuckerrohr (Zucker ist Hauptportprodukt), Baumwolle, Kokospalmen und Bananen. Die wenigen Industriebetriebe produzieren v. a. Zucker, Bier, Erfrischungsgetränke sowie Fernsehgeräte und Schuhe für den Export. Seit 1961 wurde v. a. auf Saint Christopher der Fremdenverkehr entwickelt. Auf beiden Inseln (Fährverbindung) gibt es je 100 km Straßen. Basseterre besitzt seit 1981 einen Tiefwasserhafen und einen internat. ✈, Nevis einen ✈ an der Nordküste.

Geschichte: Die Inseln St. Christopher und Nevis waren 1623/28–1967 brit. Kolonialbesitz; 1871–1956 gehörten sie zum Bund der Leeward Islands, 1958–62 zur Westind. Föderation. 1967 wurden Saint Christopher-Nevis-Anguilla als mit Großbritannien assoziierter Staat Mitglied der Westind. Assoziierten Staaten. 1971 schied Anguilla faktisch aus der Union Saint-Christopher-Nevis-Anguilla aus, formal bestand die Union bis 1980 weiter. Am 18. Sept. 1983 wurde Saint Christopher-Nevis als S. C. and N. unabhängig, wobei Nevis den Status eines Bundesstaates mit dem Recht auf spätere Unabhängigkeit erhielt.

Politisches System: Nach der Verfassung vom

18. Sept 1983 ist S.C. and N. eine konstitutionelle Monarchie mit föderativer Struktur im Rahmen des Commonwealth. *Staatsoberhaupt* ist der brit. Monarch (z.Z. Elisabeth II.), vertreten durch einen einheim. Generalgouverneur. Die *Exekutive* liegt bei der Reg. unter Führung des Premierministers. *Legislativorgan* ist das House of Assembly, ein Einkammerparlament, dessen 11 Abg. in allg., gleichen und geheimen Wahlen für 5 Jahre gewählt werden. Im Parlament sind seit den Wahlen 1989 vier *Parteien* vertreten: Labour Party (2 Sitze), People's Action Movement (6 Sitze), Nevis Reformation Party (2 Sitze), Concerned Citizen's Movement (1 Sitz). Das *Rechtswesen* folgt dem brit. Common law.

Saint-Cloud [frz. sɛ̃'klu], frz. Stadt im westl. Vorortbereich von Paris, Dep. Hauts-de-Seine, 28 600 E. Museum; Sitz von Interpol. Flugzeug-, Elektro- und kosmet. Ind. - Entwickelte sich um ein Schloß, das bis zur Frz. Revolution den Königen diente, 1799 Ort von Napoléon Bonapartes Staatsstreich, 1804 seiner Kaiserproklamation, 1852 der Kaiserproklamation Napoleons III. war.

Saint Croix [engl. snt'krɔɪ], zu den Virgin Islands of the United States gehörende vulkan. Insel im Bereich der Jungferninseln, 212 km², Hauptsiedlungen Christiansted und Frederiksted; internat. ✈.

Saint Denis, Ruth [engl. snt'dɛnɪs], eigtl. R. Denis, * Newark (N.J.) 20. Jan. 1887, † Los Angeles-Hollywood 21. Juli 1968, amerikan. Tänzerin. - Eröffnete 1915 mit ihrem Mann Ted Shawn die Denishawn School, ein Zentrum des modernen Tanzes in den USA.

Saint-Denis [frz. sɛ̃d'ni], frz. Stadt im nördl. Vorortbereich von Paris, Dep. Seine-Saint-Denis, 90 800 E. Kath. Bischofssitz; Univ. Paris-Nord (XIII); Museum; bed. Ind.standort. - In der Antike gallisch-röm. Siedlung, seit 625 Gründung der Abtei S.-D. durch Dagobert I.; seit merowing. Zeit bevorzugtes Kloster und Grablege der fränk., später der frz. Könige (1793 verwüstet). - Bed. ehem. Abteikirche, deren Neubau (vermutl. nach 1130) Vorbild berühmter frz. Kirchen wurde. **S.-D.**, Hauptstadt des frz. Überseedep. Réunion, an der N-Küste der Insel Réunion, 109 100 E. Kath. Bischofssitz; Centre Universitaire, naturhistor., Kunstmuseum. Verarbeitung landw. Erzeugnisse; Fremdenverkehr. Flottenstützpunkt und Haupthafen Le Port; internat. ✈.

Saint-Dié [frz. sɛ̃'dje], frz. Stadt in Lothringen, Dep. Vosges, 345 m ü.d.M., 23 600 E. Kath. Bischofssitz; Museum; Marktort und Textilind.zentrum. - Das um 660 gegr. Koster war Ausgangspunkt für die Stadtgründung (1157 Reichskloster, 1777 Bistum). - Roman.-got. Kathedrale (12. und 14.Jh.).

Sainte-Beuve, Charles Augustin [frz. sɛ̃t'bœːv], * Boulogne-sur-Mer 23. Dez. 1804, † Paris 13. Okt. 1869, frz. Literaturkritiker und Schriftsteller. - Seine Bed. für die Literaturwiss. beruht auf der Anwendung moderner Methoden auf die Literaturgeschichte. Das Werk „Causeries du lundi" (15 Bde., 1851–62, dt. Ausw. 1880 u.d.T. „Menschen des XVIII. Jh.") ist Kunstprosa von hohem Rang, dem Inhalt nach eine noch nicht überholte frz. Kultur- und Geistesgeschichte. 1844 Mgl. der Académie française, 1865 von Napoleon III. zum Senator ernannt und Prof. für lat. Dichtung am Collège de France. Brach 1867 mit dem 2. Kaiserreich, v.a. wegen der verschärften Pressezensur.

Saint Elias Mountains [engl. sntɪ'laɪəs 'maʊntɪnz], stark vergletscherter Gebirgszug im nw. Kanada, etwa 500 km lang, 150 km breit; im Mount Logan, dem höchsten Berg Kanadas, 5 950 m hoch.

Saintes [frz. sɛ̃ːt], frz. Stadt am Unterlauf der Charente, Dep. Charente-Maritime, 25 500 E. Kunst-, archäolog., Volkskundemuseum; landw. Marktzentrum; Bekleidungsind. - Hauptort der kelt. Santonen, in röm. Zeit *Mediolanum Santonum*; 3.Jh. bis 1790 Bischofssitz. - Triumphbogen, Thermen, Amphitheater und Aquädukte aus gallisch-röm. Zeit. Ehem. Kathedrale Saint-Pierre (im 15. Jh. weitgehend neu erbaut), roman. ehem. Abteikirche Sainte-Marie-aux-Dames (11./12.Jh.); roman. Kirche Saint-Eutrope (12.Jh.); barocke Wohnhäuser.

Saintes-Maries-de-la-Mer [frz. sɛ̃tmariːdəla'mɛːr], frz. Gem. an der Küste der Camargue, Dep. Bouches-du-Rhône, 2 000 E. Museum; Wallfahrtsort der Zigeuner. - Roman. festungsartige Kirche (12.Jh.).

Saint-Étienne [frz. sɛ̃te'tjɛn], frz. Stadt im nö. Zentralmassiv, 205 000 E. Verwaltungssitz des Dep. Loire; Univ., Bergakad., Hochschule für Musik und Dramatik; Museen; Theater. Zentrum eines Kohlenreviers; Herstellung von Spezialstählen, metallverabeitende Ind. - 1195 erstmals erwähnt; 1534 Bestätigung des Stadtrechts. - Got. Kirche Saint-Étienne (14./15.Jh.).

Saint-Évremond, Charles de Marguetel de Saint-Denis, Seigneur de [frz. sɛ̃tevrə'mɔ̃], * Saint-Denis-le-Gast (Manche) 1. April 1610, † London 29. Sept. 1703, frz. Schriftsteller. - Geistreich-witziger Satiriker („Die Gelehrtenrepublik", Kom., 1650), freigeistig-iron. Skeptiker; in seinem Bemühen um eine krit. Geschichtsschreibung Vorläufer von Montesquieu und Voltaire.

Saint-Exupéry, Antoine de [frz. sɛ̃tɛgzype'ri], eigtl. Marie Roger Graf von S.-E., * Lyon 29. Juni 1900, ✕ (von einem Aufklärungsflug [von Korsika aus] am 31. Juli 1944 nicht zurückgekehrt), frz. Schriftsteller. - Ab 1934 bei der Air France. Hauptthema seiner Romane („Wind, Sand und Sterne", 1939), Erzählungen und Schriften ist das Fliegen, von ihm als kosm. Einsamkeit verstanden, der eine sinnlos mechanisierte Zivilisation nicht standhält, weshalb die moderne Technik als Mittel für eine geistige und seel. Verbindung zw. den Menschen mit humanitärem Ethos erfüllt werden muß; sinnvolles Leben ist Dienst am Menschen („Dem Leben einen Sinn geben", hg. 1956). Bed. auch die Erzählung „Der kleine Prinz" (1943). - *Weitere Werke:* Südkurier (R., 1929), Nachtflug (R., 1931), Flug nach Arras (Tageb., 1942), Carnets (Tageb., hg. 1953).

Saint George's [engl. snt'dʒɔːdʒɪz], Hauptstadt von Grenada, Kleine Antillen, an der SW-Küste, 30 800 E. Kath. Bischofssitz; botan. Garten; Haupthandelsplatz und -hafen der Insel; Verarbeitung landw. Produkte; Fremdenverkehr. - Gegr. 1650.

Saint-Germain-en-Laye [frz. sɛʒɛrmɛ̃a'lɛ], frz. Stadt im westl. Vorortbereich von Paris, Dep. Yvelines, 38 500 E. Museen. - Entstand um ein im 10. Jh. gegr. Kloster; bis 1682 Residenz vieler frz. Könige. - Im **Frieden von Saint-Germain-en-Laye** (29. Juni 1679) gab der Große Kurfürst Schweden die brandenburg. Eroberungen in Pommern westl. der Oder zurück.

Der **Friedensvertrag von Saint-Germain-en-Laye** (Friedensvertrag von Saint-Germain), der am 10. Sept. 1919 von Österreich und den Ententemächten unterzeichnet wurde, schloß sich eng an den Versailler Vertrag an. Österreich mußte auf den Anschluß an das Dt. Reich verzichten, der Trennung von Ungarn zustimmen, die neuen Staaten ČSR, Polen und Jugoslawien und die entstandenen Gebietsverluste anerkennen, außerdem die Begrenzung der Gesamtstärke seiner Streitkräfte auf 30 000 Mann hinnehmen. - Ehem. Schloß (1539 ff., heute Museum) mit Donjon (14. Jh.) und got. Kapelle (1230 ff.).

Saint-Gilles [frz. sɛ̃'ʒil], frz. Stadt in der Provence, Dep. Gard, 30 m ü. d. M., 9 900 E. Museum im „roman. Haus" (um 1200). Im MA bed. Wallfahrtsstätte auf dem Pilgerweg nach Santiago de Compostela. - Kirche der ehem. Benediktinerabtei mit dem Grab des hl. Ägidius (frz. Gilles) in der Krypta (10. Jh.); drei Portale der Westfassade mit reicher roman. figürl. Bauplastik (um 1160).

Saint Helens [engl. snt'hɛlɪnz], Stadt in NW-England, in der Metropolitan County Merseyside, 98 800 E. Größtes brit. Zentrum der Glasind. - 1868 Stadtrecht.

Saint Helens, Mount [engl. 'maʊnt snt'hɛlɪnz], Vulkan in der Cascade Range, Bundesstaat Washington, USA, 2 947 m ü. d. M. (vor seinem Ausbruch im Mai 1980).

Saint Hélier [frz. sɛte'lje] (engl. Saint Helier [engl. snt'hɛljə]), Hauptort der Kanalinsel Jersey, an der S-Küste, 28 100 E. Hafen, Seebad. - Entstand bei einem um 1150 gegr. Kloster. - Stadtkirche (z. T. 14. Jh.), Elizabeth Castle (16. Jh.).

Saint-Hélier, Monique [frz. sɛte'lje], eigtl. Betty Briod, geb. Eymann, * La Chaux-de-Fonds 2. Sept. 1895, † Pacy-sur-Eure 9. März 1955, schweizer. Schriftstellerin. - Befreundet mit Rilke und H. Hesse; schrieb während einer Krankheit (28 Jahre bettlägerig) von M. Proust beeinflußte Romane in Frz., u. a. „La chronique du martin-pêcheur" (1953–55; Bd. 1 dt. 1954 u. d. T. „Der Eisvogel", Bd. 2 dt. 1956 u. d. T. „Die rote Gießkanne").

Saint-Jean-de-Luz [frz. sɛ̃ʒɑ̃'dly:z], frz. Seebad am Golf von Biskaya, Dep. Pyrénées-Atlantiques, 12 800 E. Hafen. - Im MA bed. Fischerei- und Hafenstadt. - Kirche (16. Jh.).

Saint John, Henry [engl. snt'dʒɔn] ↑ Bolingbroke, Henry Saint John, Viscount.

Saint John [engl. snt'dʒɔn], kanad. Stadt an der Bay of Fundy, 86 000 E. Kath. Bischofssitz; Museum. Handels- und Ind.zentrum, eisfreier Hafen. - 1631–35 errichteten Franzosen das Fort Sainte-Marie (meist Fort La Tour gen.); wurde 1713 brit., 1758 ausgebaut und Fort Frederick gen.; die Stadt entstand 1783 (Parr Town), 1785 City und Saint John gen.

S. J., zu den Virgin Islands of the United States gehörende vulkan. Insel, 49 km², Hauptsiedlungen Cruz Bay und Coral Bay.

Saint-John Perse [frz. sɛ̃dʒɔn'pɛrs], eigtl. Marie-René-Alexis [Saint-Léger] (Léger), * Saint-Léger-les-Feuilles (Antillen) 31. Mai 1887, † Giens (Var) 20. Sept. 1975, frz. Lyriker. - Ab 1922 Mitarbeiter A. Briands, 1933–40 Generalsekretär im Außenministerium; emigrierte nach Großbrit., dann in die USA; Rückkehr 1959. Feinfühliger, sprachl. eleganter Lyriker, dessen Prosagedichte (dt. Auswahl u. d. T. „Preislieder", 1938; „Anabasis", 1924; „Exil", 1942) sich durch weitgeschwungene feierl. Rhythmen, kühne Stilmittel und Bildhaftigkeit der Sprache auszeichnen; bevorzugte Symbolkomplexe sind Meer, Licht und Wind. Nobelpreis 1960.

Saint John River [engl. snt'dʒɔn 'rɪvə], Zufluß des Atlantiks in Liberia, entspringt im Nimba (Guinea), mündet bei Buchanan, rd. 200 km lang; im Oberlauf Grenze zw. Guinea und Liberia.

S. J. R., Zufluß des Atlantiks in N-Amerika, entspringt in Maine, mündet bei Saint John in die Bay of Fundy, 673 km lang; im oberen Mittellauf Grenze zw. USA und Kanada.

Saint John's [engl. snt'dʒɔnz], Hauptstadt von Antigua und Barbuda, Kleine Antillen, an der NW-Küste der Insel, 25 000 E. Sitz eines kath. Bischofs; fischverarbeitende Ind.; Fremdenverkehr; Hafen, internat. ✈.

S. J., Hauptstadt der kanad. Prov. Newfoundland, an der O-Küste der Avalon Peninsula, 154 800 E. Sitz eines kath. Erzbischofs und eines anglikan. Bischofs; Univ.; Marine- und Militär-, Prov.museum. Wichtigstes Handels- und Ind.zentrum der Insel Neufundland; eisfreier Hafen; ✈. - 1527 erstmals belegt; zw. Engländern und Franzosen öfter umkämpft, wurde endgültig 1763 brit.; seit 1888 City;

durch Brände 1816, 1846 und 1896 fast ganz zerstört.

Saint-Just, Louis Antoine Léon [frz. sɛ̃'ʒyst], * Decize (Nièvre) 25. Aug. 1767, † Paris 28. Juli 1794, frz. Revolutionär. - 1792 Mgl. des Nat.konvents, in dem er 1793/94 den Sturz der Girondisten, Hébertisten und Dantonisten betrieb; 1793 Mgl. des Wohlfahrtsausschusses; mit seinem Kampfgefährten Robespierre gestürzt und hingerichtet.

Saint Kitts [engl. snt'kɪts] †Saint Christopher and Nevis.

Saint Laurent [frz. sɛ̃lo'rɑ̃], Louis Stephen, * Compton (Quebec) 1. Febr. 1882, † Quebec 25. Juli 1973, kanad. liberaler Politiker. - Rechtsanwalt; 1941–46 und 1948 Justiz-, 1946–48 Außenmin.; 1948–58 Führer der Liberalen Partei und 1948–57 Premierminister.

S. L., Yves, * Oran (Algerien) 1. Aug. 1936, frz. Couturier. - Begann 1954 bei C. Dior, dessen Nachfolger er 1957–60 war. Lancierte 1969 die Maximode; auch Kostümentwürfe für Theater und Film.

Saint Lawrence Island [engl. snt'lɔrəns 'aɪlənd], vulkan. Insel im N-Teil des Beringmeeres, 140 km lang, bis 35 km breit, bis 673 m hoch (USA); überwiegend von Eskimo bewohnt.

Saint-Lô [frz. sɛ̃'lo], frz. Stadt auf der Halbinsel Cotentin, 23 200 E. Verwaltungssitz des Dep. Manche; Museum; Marktzentrum eines Milchwirtschaftsgebiets. - 1944 schwer zerstört. - Kirche Notre-Dame (15./16. Jh.); im Rathaus 8 Wandteppiche (vom Ende des 16. Jahrhunderts).

Saint Louis [engl. snt'lʊɪs], Stadt in Missouri, USA, am Mississippi, nahe der Einmündung des Missouri, 200 m ü. d. M., 429 300 E. Sitz eines kath. Erzbischofs und eines anglikan. Bischofs; 3 Univ. (gegr. 1818, 1853 und 1963), Lehrerseminar, theolog. Seminar, Colleges; Kunst-, histor. Museum; Theater, Symphonieorchester. Nahrungsmittel-, metallverarbeitende u. a. Ind. Neben Chicago der bedeutendste Verkehrsknotenpunkt für den Straßen-, Schienen- und Luftverkehr zw. Pazifik- und Atlantikküste; ⚓. - Gegr. 1764 durch Frankokanadier, ben. nach dem frz. König Ludwig IX., dem Heiligen; ab 1803 Überwiegen des brit. Bev.anteils; um 1870 drittgrößte Stadt der USA. - Alte Kathedrale (19. Jh.), 192 m hoher Stahlbogen (symbol. Tor zum W; 1958–64 von Eero Saarinen).

Saint-Louis [frz. sɛ̃'lwi], senegales. Hafenstadt in und an der Mündung des Senegal in den Atlantik, 96 600 E. Regionshauptstadt, nat. Forschungs- und Dokumentationszentrum; Fischfang und -konservierung, Großmolkerei, Textilwerk; Eisenbahn ins Landesinnere, ⚓. - 1659 von Franzosen gegr. und nach Ludwig XIII. ben.; bis 1958 Verwaltungssitz der frz. Kolonien Senegal und Mauretanien.

Saint Lucia

[engl. snt'lu:ʃə], Staat im Bereich der Westind. Inseln, bei 13° 50′ n. Br. und 61° w. L. **Staatsgebiet:** Umfaßt die gleichnamige Insel der Kleinen Antillen. **Fläche:** 616 km². **Bevölkerung:** 126 800 E (1984), 205,8 E/km². **Hauptstadt:** Castries. **Amtssprache:** Englisch. **Währung:** Ostkarib. Dollar (EC$) = 100 Cents. **Internat. Mitgliedschaften:** UN, Commonwealth, CARICOM, OAS. **Zeitzone:** Atlantikzeit, d. i. MEZ −5 Std.

Landesnatur: Die gebirgige, bis 958 m hohe Insel gehört zum inneren, vulkan. Bogen der Inseln über dem Winde. - Das trop. Klima steht unter dem Einfluß des NO-Passats. - Der urspr. trop. Regenwald wurde weitgehend vernichtet.

Bevölkerung, Wirtschaft, Verkehr: Es überwiegen die Nachkommen afrikan. Sklaven; sie sind zumeist Katholiken. An höheren Bildungseinrichtungen bestehen ein Lehrerseminar und ein techn. College sowie ein Zweig der University of the West Indies. Gesprochen wird Englisch und Kreolisch. - Die Monokultur des Zuckerrohranbaus wurde abgelöst von Bananen- und Kokospalmenkulturen (wichtige Exportgüter). Stark entwickelter Fremdenverkehr. - Das Straßennetz ist 1 275 km lang; 2 Tiefwasserhäfen (Castries und Vieux Fort an der S-Küste), internat. ✈.

Geschichte: 1605 und 1638 siedelten sich die ersten Engländer an; bis 1814, als die Insel endgültig in brit. Besitz überging, zw. England und Frankr. umstritten; 1838 kam die Kronkolonie zum Verband der Windward Islands; 1958–62 Mgl. der Westind. Föderation; ab 1967 Mgl. der Westind. Assoziierten Staaten; wurde am 22. Febr. 1979 unabhängig.

Politisches System: S. L. ist eine konstitutionelle Monarchie im Commonwealth. *Staatsoberhaupt* und oberster Inhaber der *Exekutive* ist die brit. Königin, vertreten durch den Generalgouverneur, der auf Rat des Premiermin. ernannt wird. Der Generalgouverneur ernennt den Premiermin., der die Unterstützung der Mehrheit des House of Assembly besitzen muß, und auf dessen Vorschlag die übrigen Min. des Kabinetts. Das Kabinett ist dem House of Assembly verantwortl.; die *Legislative* liegt beim Zweikammerparlament, das aus der Königin, dem House of Assembly (17 für 5 Jahre vom Volk gewählte Abg.) und dem Senat (11 vom Generalgouverneur ernannte Mgl.) besteht. Reg.*partei* ist seit den Wahlen vom Mai 1982 die United Workers' Party (9 Sitze), St. Lucia Labour Party (8 Sitze) und Progressive Labour Party sind in der Opposition. Das *Recht*system ist am brit. Vorbild orientiert. *Streitkräfte* bestehen nicht. Es gibt 300 Mann starke Polizeikräfte, die für die Landesverteidigung ausgebildet werden sollen.

Saint-Malo

Saint-Malo [frz. sɛ̃ma'lo], frz. Hafenstadt am Golf von S.-M., Bretagne, Dep. Ille-et-Vilaine, 46 300 E. Museum der internat. Segelschiffahrt, Pferderennplatz. Passagier-, Handels- und Fischereihafen; Schiffbau, Elektro-, Bekleidungs- und Fischkonservenind.; Seebad. - Entstand um ein im 6. Jh. gegr. Kloster; Mitte des 12. Jh. bis 1790 Bischofssitz; im 13. Jh. Stadtrecht; im MA wichtige Hafenstadt; unter Napoleon I. Ausbau zum Kriegshafen. - Im 2. Weltkrieg stark zerstört; ehem. Kathedrale Saint-Vincent (12.–18. Jh.); ehem. Schloß (v. a. 15. Jh.); Befestigungsanlagen (12. Jh., z. T. neuzeitlich).

Saint-Malo, Golf von [frz. sɛ̃ma'lo], Bucht des Kanals zw. der breton. N-Küste und der Halbinsel Cotentin. In der Mündung der Rance wegen des großen Tidenhubs (13,5 m) Gezeitenkraftwerk.

Saint-Martial [frz. sɛ̃mar'sjal], Benediktinerabtei in Limoges am Grab des hl. Martialis, 848 erbaut und 1792 während der Revolution zerstört. Die Abtei war vom 9. bis zum 13. Jh. ein einflußreiches Zentrum der Musikpflege. Die als S.-M.-Handschriften bekannten Dokumente gehören zu den wichtigsten Zeugnissen der Überlieferung von Tropus, Sequenz und früher Mehrstimmigkeit.

Saint-Martin [frz. sɛ̃mar'tɛ̃] (niederl. Sint Maarten), gebirgige Insel im nördl. Bereich der Kleinen Antillen, 87 km², seit 1648 geteilt zw. Frankr. und den Niederlanden; frz. Hauptort ist Le Marigot, der niederl. Philipsburg.

Saint Mary's River [engl. snt'mɛərɪz 'rɪvə], Ausfluß des Oberen Sees in den Huronsee (USA, Kanada), 100 km lang; im oberen Abschnitt Wasserfälle (Schleusen für die Schiffahrt); eine der wichtigsten Binnenwasserstraßen der Erde.

Saint-Maurice [frz. sɛ̃mɔ'ris], Bezirkshauptort im schweizer. Kt. Wallis, 420 m ü. d. M., 3 800 E. Zementfabrik. - Nach Errichtung einer Kapelle (um 370) am Ort des Martyriums der †Thebaischen Legion berühmter Wallfahrtsort. Der im Anschluß an die 515 gegr. Abtei entstandene Ort war im 9. Jh. mehrmals Residenz der burgund. Könige. - Klosterkirche (im Kern 12. Jh., Umgestaltung im 17. Jh.) mit karoling. Ringkrypten; bed. Kirchenschatz.

Saint-Nazaire [frz. sɛ̃na'zɛːr], frz. Hafenstadt und Seebad an der Mündung der Loire in den Golf von Biskaya, Dep. Loire-Atlantique, 68 300 E. Zus. mit Nantes führendes Schiffbauzentrum Frankr.; Flugzeugind., Schwermaschinen-, Wohnwagen- und Präzisionsmaschinenbau; Seebad; Brücke über die Loire; ⚓. - Seit dem 6. Jh. belegt; entwickelte sich in der 2. Hälfte des 19. Jh. rasch als Vorhafen von Nantes; im 2. Weltkrieg von dt. Truppen besetzt, wichtiger dt. U-Boot-Stützpunkt. - Nach Zerstörungen im 2. Weltkrieg modern wieder aufgebaut.

Saint Paul [engl. snt'pɔːl], Hauptstadt des Bundesstaates Minnesota, USA, am oberen Mississippi, 214 m ü. d. M., 270 200 E. Kath. Erzbischofssitz; Univ. (gegr. 1854), Colleges; naturhistor. Museum. Maschinenbau, Auto-, chem. und Textilind., Herstellung von Computern, Kühlanlagen und Spielkarten; Erdölraffinerien, Endpunkt der Schiffahrt auf dem Mississippi, internat. ⚓. - 1841 gegr.; Hauptstadt des Territoriums Minnesota seit 1848, des Bundesstaates seit 1858.

Saint Peter Port [engl. snt'piːtə 'pɔːt], Hauptort der Kanalinsel Guernsey, an der O-Küste, 16 300 E. Sitz der Verwaltung; Museen, botan. Garten; Hafen. - Entstand im 13. Jh. um die etwa 1048 erstmals erwähnte Kirche Saint Peter; 1309 Marktrecht.

Saint Phalle, Niki de [frz. sɛ̃'fal], * Neuilly-sur-Seine 29. Okt. 1930, frz. Plastikerin. - Erfand fröhl., überdimensionierte vollplast. weibl. Figuren in bunter Bemalung (Prototyp „Nana").

Saint Pierre [frz. sɛ̃'pjɛːr], Michel de, eigtl. M. de Grosourdy, Marquis de S. P., * Blois 12. Febr. 1916, frz. Schriftsteller. - Werftarbeiter, Matrose; Mgl. der Résistance. Seine Romane stellen v. a. Lebensprobleme aus kath. Sicht dar; u. a. „Die Aristokraten" (1954), „Der Milliardär" (1970). - † 19. Juni 1987.

S.-P., Jacques Henri Bernardin de † Bernardin de Saint-Pierre, Jacques Henri.

Saint-Pierre-et-Miquelon [frz. sɛ̃pjɛremi'klõ], frz. Inselgruppe und Überseedep. im Atlantik, vor der S-Küste der Insel Neufundland, 242 km², 6 200 E (1985), Hauptstadt Saint-Pierre. Besteht aus der Insel *Saint-Pierre* (25 km², bis 207 m ü. d. M.) und der Insel *Miquelon* (216 km², bis 240 m ü. d. M.). Das Klima ist rauh; lange, kalte, schneereiche Winter, kurze, kühle, nebelreiche Sommer. Die Vegetation besteht v. a. aus Moosen und Flechten; wenige Tannen und Zwergbirken. Haupteinnahmequelle ist die Kabeljaufischerei. - Wahrscheinl. von portugies. Seeleuten entdeckt und seit dem 16. Jh. von portugies. Fischern aufgesucht; bis 1814 zw. Frankr. und Großbrit. umstritten; seit 1816 ständig von Franzosen besiedelt; seit 1946 Überseeterritorium (innere Autonomie), seit 1976 Überseedepartement.

Saint-Pol-Roux [frz. sɛ̃pɔl'ru], eigtl. Paul Roux, * Saint-Henri (= Marseille) 15. Jan. 1861, † Brest 18. Okt. 1940, frz. Dichter. - Mitbegr. der „Académie Mallarmé". Symbolist. Lyriker und Dramatiker; versuchte mit Hilfe der Imagination die Dinge von klischeehaften Vorstellungen zu befreien und auf ihren Ursprung zurückzuführen.

Saint-Quentin [frz. sɛ̃kã'tɛ̃], frz. Stadt in der Picardie, Dep. Aisne, 63 600 E. Inst. der Univ. Amiens; Museen; Maschinenbau, Elektro-, Textil-, chem. u. a. Ind. - Im Altertum Hauptort der belg. Veromanduer, hieß in röm. Zeit **Augusta Veromanduorum**; 4. 6. Jh. Bischofssitz, dann Hauptort der Gft. Vermandois; bereits vor 1080 Stadtrecht. - Got. Kollegiatskirche Saint-Quentin (13. 15. Jh.), Rathaus im Flamboyantstil.

Saint-Saëns, Camille [frz. sɛ̃'sã:s], * Paris 9. Okt. 1835, † Algier 16. Dez. 1921, frz. Komponist. - Nach Studien u. a. bei J. F. E. Halévy als Musiklehrer und Organist in Paris tätig, genoß als Interpret (Pianist, Organist, Dirigent) internat. Ansehen. Mit seinen stark von der dt.-Musik beeinflußten Werken gilt er neben H. Berlioz als der bedeutendste frz. Musiker des 19. Jh. Er komponierte in einem klassizist. Stil unter starker Betonung formaler Elemente: 13 Opern (u. a. „Samson und Dalila", 1877), Bühnenmusiken, 1 Ballett, 5 Sinfonien (3. in c-Moll [1886] mit Orgel, dem Gedächtnis F. Liszts gewidmet), 4 sinfon. Dichtungen (u. a. „La danse macabre", 1874). Violin-, Cello- und Klavierkonzerte, kirchl. und weltl. Chorwerke, Kammermusik, Orgelwerke, Klaviermusik.

Saint-Simon [frz. sɛ̃si'mɔ̃], Claude Henri de Rouvroy, Graf von, * Paris 17. Okt. 1760, † ebd. 19. Mai 1825, frz. Sozialphilosoph. - Enkel von Louis de Rouvroy, Hzg. von S.-S.; kämpfte unter Lafayette für die amerikan. Unabhängigkeitsbewegung; sein Vermögen verlor er bei der Verwirklichung seiner zahlr. wiss. Pläne. - Im Zeitalter der Restauration formulierte S.-S. die bürgerl. Kritik am parasitären Adel, der erneut in seine alten Machtstellungen zurückzukehren suchte. Für S.-S. ist der Ggs. zw. den müßiggehenden Adligen und Geistlichen und den „industriels", zu denen er sowohl die Unternehmer als auch die Arbeiter der Ind.betriebe zählte, die entscheidende Polarisation in der frz. Gesellschaft. Den Klassen-Ggs. von Proletariat und Kapitalbesitzern sieht er nicht, beklagt aber das Elend der Arbeiter und macht es den Unternehmern zur Pflicht, für das Wohl dieser Gesellschaftsschicht zu sorgen.

📖 *Petermann, T.: Der Saint-Simonismus in Deutschland. Ffm. 1983.* - *Petermann, T.: C.-H. de S.-S.: Die Gesellschaft als Werkstatt. Bln. 1979.* - *Hahn, M.: Präsozialismus: C.-H. de S.-S. Stg. 1970.* - *Fehlbaum, R. P.: S.-S. u. die Saint-Simonisten. Basel/Tüb. 1970.*

S.-S., Louis de Rouvroy, Hzg. von, * Versailles 16. Jan. 1675, † Paris 2. März 1755, frz. Politiker und Schriftsteller. - Ab 1702 am Hof Ludwigs XIV., wo er sich der geheimen Opposition um den Dauphin Louis, Hzg. von Bourgogne, anschloß und für ihn ein auf die polit. Stärkung des Adels gerichtetes Reg.programm entwarf. Als Literat v. a. bekannt durch seine kulturgeschichtl. interessanten, jedoch parteiisch-subjektiven „Memoiren" (entstanden 1694–1752, dt. in Auszügen 1789, vollständig in 3 Bden. 1913–17).

Saint-Simonismus [sɛ̃simo'nismʊs],

auf C. H. de Rouvroy, Graf von Saint-Simon zurückgehende frühsozialist. Bewegung, die v. a. von B. P. Enfantin und S. A. Bazard geführt wurde. Der S.-S. wollte das Prinzip der Assoziation an die Stelle des Prinzips der Konkurrenz setzen, die Eigentumsordnung sollte verändert (Ablehnung des Privateigentums) und der Staat in eine „Assoziation der Werktätigen" verwandelt werden. Nach 1832 verlor der S.-S. an Bedeutung.
📖 ↑ *Saint-Simon, Claude Henry de Rouvroy.*

Saint Thomas [engl. snt'tɔməs], zu den Virgin Islands of the United States gehörende gebirgige Insel, 83 km², Hauptstadt Charlotte Amalie.

Saint-Trond [frz. sɛ̃'trɔ̃] ↑ Sint-Truiden.

Saint-Tropez [frz. sɛ̃trɔ'pe], frz. Seebad an der Côte d'Azur, Dep. Var, 6 200 E. Museum moderner Kunst, Marinemuseum. - Zitadelle (16. und 17. Jh.).

Saint Vincent and the Grenadines

[engl. snt'vɪnsənt and ðə grɛnə'di:nz], Staat im Bereich der Westind. Inseln, bei 13° 15′ n. Br. und 61° 11′ w. L. **Staatsgebiet:** Umfaßt die Insel S. V. sowie die nördl. Grenadine Islands. **Fläche:** 389 km². **Bevölkerung:** 127 900 E (1982), 328,8 E/km². **Hauptstadt:** Kingstown. **Amtssprache:** Englisch. **Währung:** Ostkarib. Dollar (EC$) = 100 Cents. **Internat. Mitgliedschaften:** UN, Commonwealth, CARICOM, OAS. **Zeitzone:** MEZ −5 Std.

Landesnatur: Die Inseln gehören zum inneren, vulkan. Bogen der Inseln über dem Winde. Auf Insel S. V. liegt der aktive Vulkan La Soufrière (letzter Ausbruch 1979). - Das Klima ist trop., Trockenzeit Jan.–Mai. - Das Bergland der Hauptinsel ist dicht bewaldet. **Bevölkerung, Wirtschaft, Verkehr:** 84% der Bev. sind Nachkommen afrikan. Sklaven (einschl. Mulatten), 6% Inder. Es gibt ein Lehrerseminar und ein techn. College. Amtssprache ist Englisch. - Wichtigster Wirtschaftszweig ist die Landw.; Bananen und Pfeilwurz sind bed. Ausfuhrgüter. - Das Straßennetz ist über 1 000 km lang; Tiefwasserhafen und ⚓ in Kingstown.

Geschichte: 1493 von Kolumbus entdeckt; bis 1763 ließen die Kariben keine permanente europ. Besiedlung zu; kam 1783 in brit. Besitz; 1795 erhoben sich die Kariben mit frz. Unterstützung; sie wurden 1817 auf die Insel Roatán ausgesiedelt; 1885 kam die Kronkolonie zum Verband der Windward Islands; 1958–62 Mgl. der Westind. Föderation; wurde am 27. Okt. 1979 unabhängig. Kurz nach den Wahlen vom Dez. 1979 kam es zu einem Aufstand, der jedoch von der Polizei niedergeschlagen wurde.

Politisches System: S. V. ist eine konstitutionelle Monarchie im Commonwealth. *Staats-*

oberhaupt und oberster Inhaber der *Exekutive* ist die brit. Königin, vertreten durch den Generalgouverneur, der auf Rat des Premiermin. ernannt wird. Der Generalgouverneur ernennt den Premiermin., der die Unterstützung der Mehrheit des House of Assembly besitzen muß, und auf dessen Vorschlag die übrigen Min. des Kabinetts. Das Kabinett ist dem House of Assembly verantwortl.; die *Legislative* liegt beim Zweikammerparlament, bestehend aus der Königin, dem House of Assembly (13 für 5 Jahre vom Volk gewählte Abg.) und dem Senat (6 ernannte Mgl.). Reg.*partei* ist die New Democratic Party (9 Sitze), die Labour Party (4 Sitze) steht in Opposition. Das *Recht*swesen ist am brit. Vorbild orientiert. *Streitkräfte* bestehen nicht. Es gibt rd. 490 Mann starke Polizeikräfte, die für die Landesverteidigung ausgebildet werden sollen.

▭ Shephard, C.: *An historical account of the Island of S. V.* London ²1971. - Fentem, A. D.: *Commercial geography of S. V.* Bloomington (Ind.) 1961.

Saint-Vincent-Golf [engl. snt'vɪnsənt], flache Nebenbucht der Großen Austral. Bucht, an deren O-Küste die Metropolitan Area von Adelaide liegt.

Saiondschi, Kimmotschi Fürst (seit 1920), * Kioto 23. Okt. 1849, † Okitsu (Präfektur Schisuoka) 24. Nov. 1940, jap. Politiker. - 1885–90 Gesandter in Wien bzw. Berlin; ab 1900 Mgl. des „Geheimen Staatsrats"; als Führer der Seijukai-Partei mehrfach Min.-präs; vertrat Japan 1919 in Versailles.

Saipan [engl. 'saɪpæn], Hauptinsel der nördl. Marianen; 122 km², bis 474 m ü. d. M., Hauptort Saipan.

Sais, altägypt. Stadt im Nildelta, das heutige Sa Al Hagar, am Rosettearm, 30 km osö. von Damanhur; Hauptverehrungsstätte der Göttin Neth seit dem 3. Jt.; im 8. Jh. v. Chr. Residenz des Königs Bokchoris, im 7./6. Jh. der 26. Dynastie.

Saison [zɛ'zõ: frz.], Zeitabschnitt, in dem in einem bestimmten Bereich Hochbetrieb herrscht; in der Wirtschaft die Hauptgeschäftszeit, z. B. die Hauptreisezeit im Fremdenverkehr, die Erntezeit in der Landwirtschaft; auch Theaterspielzeit.

Saisonarbeitskräfte [zɛ'zõ:], Arbeitnehmer, die ausschließl. oder überwiegend für Zeiten bes. großen Arbeitsanfalls eingestellt werden, z. B. in der Landwirtschaft während der Ernte. S. sind häufig Gastarbeiter.

Saisonbetriebe [zɛ'zõ:], Betriebe, deren Produktionsumfang im zeitl. Ablauf regelmäßigen starken Schwankungen unterliegt. S. sind von der Geltung des Kündigungsschutzgesetzes z. T. ausgenommen, da die Reduzierung der Beschäftigtenzahl als dringendes betriebl. Erfordernis im Sinne des § 1 Abs. 2 des Kündigungsschutzgesetzes angesehen werden kann.

Saisondimorphismus [zɛ'zõ:], in der *Zoologie* ein auf Modifikationen beruhender ↑ Dimorphismus, bei dem ein und dieselbe Tierart im Verlauf eines Jahres in zwei verschieden gestalteten, auch unterschiedl. gezeichneten und gefärbten Generationen in Erscheinung tritt (z. B. als Frühjahrs- und Sommer- bzw. Sommer- und Herbstgeneration), bedingt v. a. durch den Unterschied in bezug auf Tageslängen, Lichtintensitäten und Temperatureinflüsse während der Entwicklungszeit; v. a. bei Schmetterlingen. - Abb. S. 86.
♦ (Saisondiphyllismus, Pseudo-S.) in der *Botanik* Bez. für den jahreszeitl. alternierenden Wechsel von am gleichen Standort wachsenden, in Wuchsform und Blütezeit unterschiedl., aber genet. fest gegeneinander abgegrenzte Populationen (Klein- oder Unterarten einer Sammelart) als Frühjahrs- oder Sommerform (gestreckte Hauptsprosse, wenige sterile Seitensprosse) bzw. als Herbstform (gestauchte, reich verzweigte und reichblütige Sproßsysteme), z. B. bei den Pflanzengatt. Enzian und Augentrost.

Saisonkrankheiten [zɛ'zõ:] ↑ Epidemie.

Saisonschlußverkauf [zɛ'zõ:], gewerbsmäßiger Verkauf von Waren zu herabgesetzten Preisen an den Ende eines Verbrauchsabschnitts, der v. a. für Bekleidung als *Sommerschlußverkauf* ab dem letzten Montag im Juli und als *Winterschlußverkauf* ab dem letzten Montag im Januar jeweils an zwölf aufeinanderfolgenden Werktagen stattfindet.

Saisonschwankungen (Saisonbewegungen) [zɛ'zõ:], an bestimmte Jahresabschnitte gebundene und sich alljährl. wiederholende Bewegungen einer statist. Wirtschaftsreihe; sie werden teils durch natürl. Faktoren (z. B. Witterung oder Ernte), teils durch künstl. Einrichtungen (Feiertage, Zahltermine) hervorgerufen.

Saisonsiedlung [zɛ'zõ:], nur zu bestimmten Jahreszeiten bewohnte Siedlung.

Saite [zu althochdt. saito „Strick, Schlinge"], fadenförmiges, elast. Gebilde, dessen Längsausdehnung groß ist gegenüber seiner Querausdehnung und das einer seitl. Verbiegung nur sehr geringen Widerstand entgegensetzt. Wird sie durch eine Kraft vorgespannt und dann an beiden Enden fest eingespannt, so vermag die S. elast. Schwingungen sowohl in Richtung ihrer Längsausdehnung (*Longitudinalschwingungen*) als auch senkrecht dazu (*Transversalschwingungen*) auszuführen. Bei Anregung transversaler Schwingungen durch Zupfen, Streichen, Anschlagen oder Anblasen wird die S. zu einem linearen Schallgeber; sie dient daher als primär klangerzeugendes Element bei Saiteninstrumenten. Dabei werden neben der Grundschwingung der Frequenz f_0 stets auch harmon. Oberschwingungen der Frequenz $f_n = (n + 1) f_0$ angeregt ($n = 1, 2, 3$ usw.), d. h., durch S. werden Klänge erzeugt. Die Frequenz des Grundtons kann variiert werden durch Veränderung der S.länge (Geigengriffe) oder durch Veränderung der Spannung (Klavierstimmung). Aus Darm oder Kunststoff hergestellte S. werden auch in Sportgeräten verwendet (z. B. zur Besaitung von Tennisschlägern), hier wird jedoch nicht die Schwingungsfähigkeit, sondern die Elastizität der S. ausgenutzt.

Saiteninstrumente (Chordophone), Instrumente, deren Ton durch die Schwingungen gespannter Saiten entsteht. Die meisten S. haben einen Resonanzkörper oder Resonanzboden, da der Ton der Saite allein verhältnismäßig leise ist.

Saitenwürmer (Pferdehaarwürmer, Nematomorpha), Klasse der Schlauchwürmer mit mehr als 200, wenige cm bis maximal über 1 m langen, extrem dünnen (Durchmesser unter 1 mm bis höchstens 3 mm), getrenntgeschlechtigen Arten im Süßwasser (v. a. in Gräben, dort oft zu Knäueln vereinigt, auch in Küstengewässern; Darm stark rückgebildet. Die winzigen, einen mit drei Stiletten versehenen, ausstülpbaren Rüssel besitzenden Larven gelangen in die Leibeshöhle von Wasserinsekten und deren Larven, auch von Landinsekten und von Krebsen und deren Jugendstadien, wo sie Nahrung über die Haut aufnehmen und bis zur Geschlechtsreife verbleiben.

Saitling, von Muskelschicht und Schleimhaut befreiter Dünndarm des Schafs; dient zur Fertigung von Saiten für Streichinstrumente und liefert die zarte Wursthaut der Brühwürstchen.

Saito, Makoto Graf, * Misusawa (Präfektur Iwate) 27. Okt. 1858, † Tokio 26. Febr. 1936 (ermordet), jap. Admiral und Politiker. - 1906–14 Marinemin.; 1919–26 und 1929–32 Generalgouverneur von Korea; 1932–34 Min.präs.; leitete mit dem „Nat. Einheitskabinett" die Ära der vom Militär beherrschten Kabinette ein.

Saitscho [jap. 'sa,itʃo:], * 767, † 822, jap. Buddhist. - Begründer der Tendaischule; zog sich mit 18 Jahren auf den nördl. von Kioto gelegenen Berg Hiei zurück, das spätere Zentrum seiner Schule, die er zum geistigen Fundament des jap. Staates erheben wollte; erhielt postum den Ehrennamen **Dengio Daischi** („der die Lehre übermittelnde große Meister").

Saizew, Boris Konstantinowitsch, * Orel 10. Febr. 1881, † Paris 28. Jan. 1972, russ. Schriftsteller. - Emigrierte 1922; lebte ab 1924 in Paris. Schrieb [impressionist.] Erzählungen und Romane („Natascha Nikolajewna", 1926) mit Themen aus dem Alltag des vorrevolutionären Rußland.

SAJ, Abk. für: Sozialistische Arbeiterjugend, ↑Sozialdemokratische Partei Deutschlands.

Sajama, Nevado [span. neˈβaðo saˈxama], mit 6 520 m höchster Berg der Westkordillere der bolivian. Anden; vergletschert.

Sajangebirge, zusammenfassende Bez. für ↑Östlichen Sajan und ↑Westlichen Sajan.

Sakai, jap. Stadt auf Hondo, südl. an Osaka angrenzend, 818 400 E. Standort der chem. sowie der eisenschaffenden und -verarbeitenden Ind. - Schon seit dem frühen MA als guter Hafen bekannt; Blütezeit im 16. Jh. durch Handel mit Spanien und Portugal. Ende des 16./Anfang des 17. Jh. Abstieg bei gleichzeitigem Aufstieg Osakas; seit Anfang des 18. Jh. versandete der Hafen. - Mehrere buddhist. Tempel, nahebei das große Mausoleum des Kaisers Nintoku.

Sakasik, ägypt. Stadt im östl. Nildelta, 202 600 E. Hauptstadt des Gouvernements Asch Scharkijja; Univ. (gegr. 1974); Handelszenrum. - 3 km sö. von S. die Ruinen des antiken ↑Bubastis.

Sakat (Zakat), arab.-türk. Bez. für die Almosensteuer, eine der fünf Grundpflichten im Islam; urspr. freiwillig, doch schon zu Lebzeiten Mohammeds eine Pflichtabgabe.

Sakçagöze [türk. 'saktʃaɡœzɛ], Ort in der südl. Türkei, 2 900 E. Ausgrabungen 1907–12 und 1949 fanden Siedlungsschichten ab dem 6. Jt. v. Chr., v. a. die Ruinen einer späthethit. Residenz mit Löwenplastiken und Orthostatenreliefs des 8. Jh. v. Chr., von ähnl. Stil wie in Zincirli.

Sake [jap.] ↑Reiswein.

Saken (lat. Sacae), ostiran. Nomadenvolk des Altertums im südruss.-mittelasiat. Steppengebiet, das in zahlr. Stämme untergliedert war und z. Z. des Perserreiches teilweise unter pers. Oberhoheit stand; ein Teil drang im 2./1. Jh. nach NW-Indien ein, andere Stämme siedelten in der Drangiane (daher der Name Sakastane [Sakestan „Sistanbecken"]).

Saki, eigtl. Hector Hugh Munro, * Akyab (Birma) 18. Dez. 1870, ⚔ Beaumont-Hamel 14. Nov. 1916, engl. Schriftsteller. - Meister der polit. Satire und der phantasievollen, knappen, pointierten Kurzgeschichte, die oft Neigung zum Makabren aufweist.

Sakiinseln, jap. Inselgruppe im südl. Teil der Riukiuinseln. Hauptorte sind die Städte Ischigaki auf Ischigaki und Hirara auf Mijako.

Sakija [arab.], durch ↑Göpel angetriebene Wasserschöpfanlage in Ägypten.

Sakinthos [neugriech. 'zakinθɔs], griech. Hafenstadt an der O-Küste der Insel S., 9 800 E. Hauptort der Verw.-Geb. S.; Museum. - Ruine des venezian. ma. Kastells, Dionysiuskirche (17. Jh.) mit 36 m hohem Glockenturm, Markuskirche (1743 erneuert).
S., eine der Ion. Inseln, 406 km², Hauptort S. - Bis in die Neuzeit Flottenstation auf dem Seeweg zw. Griechenland und Italien; 455 v. Chr. athen., wurde 191 v. Chr. röm.; kam 1482 in venezian. Besitz (bis 1797), teilte dann das Schicksal der Ion. Inseln.

Sakisch (Khotansakisch, Khotanisch), die südostiran. Sprache der ↑Saken, die unter

Sakkara

den mitteliran. Sprachen wegen der großen Materialmengen, der hohen Altertümlichkeit der Texte und wegen der die Vokale deutl. bezeichnenden Schrift, die über das Guptaalphabet († indische Schriften) auf die Brahmischrift zurückgeht, einen bes. Platz einnimmt.

Sakkara, Dorf in Ägypten, 18 km südl. von Gise, westl. des alten Memphis, 12 000 E. In der nach dem Dorf ben. altägypt. Nekropole befinden sich ein Friedhof der Frühzeit (nach 3000 v. Chr.), die Stufenpyramide des Djoser (um 2600), 11 weitere (spätere) Pyramiden des Alten Reiches, viele Mastabas (u. a. die des Ptahhotep), das Grab des Haremheb (vor 1334 erbaut) und das Serapeion. - Abb. Bd. 1, S. 147.

Sakko, im allg. Sprachgebrauch svw. Jakkett; urspr. die taillenlose Jacke des im 19. Jh. modern werdenden Anzugs.

sakral [lat.], heilig, den Gottesdienst betreffend, im Unterschied zu ↑ profan.
♦ in der *Medizin* und *Anatomie* für: zum Kreuzbein gehörig, die Kreuzbeingegend betreffend.

Sakralbauten, die einem Kult dienenden Bauten (Tempel, Synagoge, Kirche, Kapelle, Moschee). - Ggs.: Profanbauten.

Sakralsprache, svw. ↑ Kultsprache.

Sakralwirbel ↑ Wirbel.

Sakrament [von mittellat. sacramentum „religiöses Geheimnis", zu lat. sacramentum „Weihe, Verpflichtung (zum Kriegsdienst)"], Benennung wirksamer äußerer Zeichen (z. B. Wasser, Wein, Brot, Öl), die, in feierl. Weise gespendet, göttl. Gnade und eine Kommunion zw. der Gottheit und den Menschen vermitteln. In diesem Sinne sind S. in sehr vielen Religionen bekannt. - V. a. aber ist S. ein wichtiger Begriff der *christl. Heilslehre,* die darunter ein von Jesus Christus eingesetztes sichtbares Zeichen versteht, das den Menschen die in der Erlösungstat Christi vermittelte Gnade Gottes weitergibt. Im Anschluß an Augustinus und die Frühscholastik setzte sich in der *kath. Kirche* seit Mitte des 12. Jh. die Siebenzahl der S. durch: Taufe, Firmung, Priesterweihe, die ein „unauslöschl. Merkmal" *(Character indelebilis)* verleihen und deshalb unwiederholbar sind, und Eucharistie, Buß-S., Krankensalbung und Ehe. Das Tridentinum definierte die S. als heilsnotwendige, wirksame (rechtfertigende und helfende) Gnadenmittel. Die tatsächliche Gnadenwirkung des S. hängt von der *Disposition* des Empfängers und von der *Intention* des Empfängers und des Spenders („zu tun, was die Kirche tut") ab. Die S. sind das einigende Band der kirchl. Gemeinschaft, so daß der Ausschluß von den (wiederholbaren) S. ↑ Exkommunikation bedeutet. - Grundlegend für das S.verständnis in den *ev. Kirchen* ist die Reduktion der hl. Handlungen auf Taufe und Abendmahl, die mit der für sie allein im N. T. bezeugten Einsetzung durch Jesus Christus begr. wird, sowie deren enge Verbindung zur gottesdienstl. Verkündigung. Nach Luther, Melanchthon und dem Augsburger Bekenntnis kommt im S. dem Menschen real zu, was das dafür konstitutive Wort der Verkündigung aussagt. Zwingli betrachtet das S. nur als symbol. Erinnerungszeichen und als Gedächtnishandlung zum Zweck des Bekenntnisses und als Erkennungszeichen des Christen gegenüber der Welt. Calvin nimmt eine Vermittlungsposition ein: Die Wirkung des S. ist vom Wirken des Hl. Geistes selbst abhängig und kommt nur dem (durch Prädestination) Erwählten zu. - In der Theologie der *Ostkirchen* sind S. geheimnisvolle Zeichen der Gegenwart göttl. Herrlichkeit inmitten der Welt, durch die der Gläubige immer tiefer in das von Gott geschenkte Heil hineinwächst. Ihre Wirksamkeit empfangen sie durch die Kraft des Hl. Geistes, dessen Herabrufung († auch Epiklese) im Mittelpunkt der liturg. Feier der S. steht.

📖 *Kühn, U.:* S. Gütersloh 1985. - *Boff, L.: Kleine S.lehre* Düss. ⁷1984. - *Ganoczy, A.: Einf. in die kath. S.lehre.* Darmst. ²1984. - *Schnitzler, T.: Was die Sakramente bedeuten.* Freib. 1982. - *Hotz, R.: Sakramente - im Wechselspiel zw. Ost u. West.* Köln u. Gütersloh 1979.

sakramentaler Segen [lat./dt.], in der kath. Kirche feierl. Segen mit dem „Allerheiligsten" (konsekrierte Hostie) in Monstranz oder Ziborium.

Sakramentalien [mittellat.], in der kath. Liturgie von der Kirche eingesetzte, geweihte Dinge oder Handlungen, die in Anlehnung an die Sakramente als sakramentsähnl. Zeichen auf Grund der Fürbitte der Kirche Gna-

---

Saisondimorphismus. a Entwicklung der saisondimorphen Generationen des Landkärtchenfalters; b Frühjahrs- c Sommergeneration

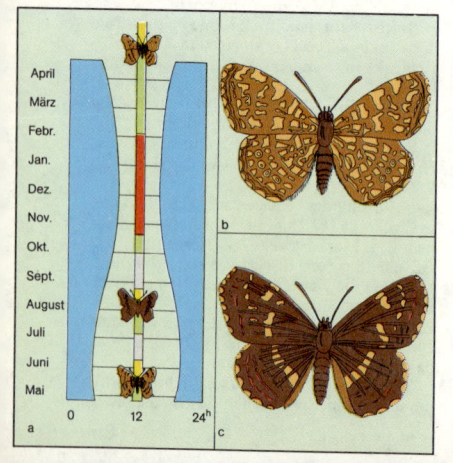

Säkularisierung

den vermitteln sollen, z. B. Weihungen, Jungfrauenweihe, Altarweihe, Segnungen (Benediktionen) und Exorzismus.

Sakramentar [mittellat.], in den lat. Kirchen das liturg. Buch, das die Amtsgebete zur Feier der Messe sowie einiger Sakramente und Weihen enthält.

Sakramentenkongregation ↑ Kurienkongregationen.

Sakramentshäuschen, in der Spätgotik (14.–16. Jh.) ausgebildeter turmartiger Aufbewahrungsort für die geweihte Hostie, bestehend aus Fuß, Gehäuse und Bekrönung, Symbol des Hl. Grabes. Das höchste S. steht im Ulmer Münster (1467–71, 26 m hoch), den reichsten plast. Schmuck besitzt das S. von Adam Krafft in Sankt Lorenz in Nürnberg (1493–96, 18 m hoch).

Sakrau ↑ Zakrzów.

Sakrileg [lat.] (Gottesraub), Vergehen gegen Heiliges; Kirchenraub, Gotteslästerung, unwürdige Behandlung von geweihten Personen, Orten oder Sachen (↑ Religionsvergehen).

Sakristan [mittellat.] ↑ Mesner.

Sakristei [mittellat.], Nebenraum der Kirche; Aufenthalts- und Ankleideraum der Geistlichen (und Ministranten), Aufbewahrungsort für liturg. Geräte.

sakrosankt [lat.], hochheilig, unverletzlich.

säkular [zu lat. saeculum „Jahrhundert"], 1. alle hundert Jahre wiederkehrend; außergewöhnl. [selten]; 2. in der Astronomie und Geologie svw. sich in langen Zeiträumen bemerkbar machend oder entstanden; 3. weltlich.

Säkularinstitute (lat. Instituta saecularia; Weltgemeinschaften), nach kath. Kirchenrecht Genossenschaften von Klerikern und/oder Laien mit Bindung an die ↑ Evangelischen Räte, deren Mgl. nicht in Klöstern, sondern in ihrer weltl., berufl. und familiären Umgebung oder in kleinen Gemeinschaften leben. Die S. entstanden in der Zeit der Frz. Revolution, gewannen zunehmend an kirchl. und gesellschaftl. Bed. Heute ist die Zahl der S. beträchtl., v. a. die der weibl. Gemeinschaften.

Säkularisation [lat.-frz.], Einziehung und Nutzung kirchl. Eigentums durch weltl. Gewalten, insbes. den Staat. Karl Martell zog im 8. Jh. in großem Umfang Kirchengut ein und stattete damit seine Vasallen aus. Im Hoch-MA förderte die Armutsbewegung den S.gedanken, im Spät-MA verbreitete sich die Auffassung, daß Kirchengut im Fall der Not von der weltl. Gewalt zu weltl. Aufgaben herangezogen werden dürfe (Marsilius von Padua, W. von Ockham, J. Wyclif). Umfassende S. wurden in der Zeit der Reformation durch die prot. gewordenen Stände vorgenommen. In den prot. Gebieten N- und Mitteldeutschlands löste sich die Bistumsorganisation auf (Einsetzen ev. Administratoren durch weltl. Fürsten); die Fürsten zogen den Kirchenbesitz an sich. 1525 wurde der Deutschordensstaat in ein weltl. Hzgt. umgewandelt. Kaiserl. Versuche, die seit 1555 vorgenommene S. rückgängig zu machen, schlugen fehl; im Westfäl. Frieden wurde das ↑ Normaljahr auf 1624 festgesetzt. - Die eingezogenen Güter wurden von den Landesherren z. T. den Domänen einverleibt, z. T. blieb das Vermögen für Kirchen, Schulen u. a. zweckgebunden. Die S. des 18. Jh. hatten v. a. reichs- und reformpolit. Akzente (z. B. in Österreich unter Joseph II. [↑ Josephinismus]). Durch den frz. Konsularbeschluß vom 9. Juni 1802 und den Reichsdeputationshauptschluß (1803) kam es zur umfassendsten Aufhebung geistl. Hoheits- und Eigentumsrechte; es wurden 25 Fürstbistümer und 44 Reichsabteien aufgehoben und enteignet. - Die S. zerstörte die Reichskirche und traf den kath. Reichsadel schwer; den dt. Mittelstaaten ermöglichte sie die nötigen inneren Reformen. Außerhalb dieser S.wellen wurde kirchl. Besitz 1860/70 in Italien, 1901/05 in Frankr. und nach 1917 und 1945 in den kommunist. Staaten enteignet.

⃝ *Säkularisationen in Ostmitteleuropa.* Hg. v. J. Köhler. Darmst. 1984. - *S. u. Säkularisierung im 19. Jh.* Hg. v. A. Langner. Paderborn 1978. - *Stutzer, D.: Die S. 1803.* Rosenheim 1978.

Säkularisierung [lat.], im Zusammenhang mit dem Streben nach Autonomie des Denkens, des Wollens und des Handelns sich vollziehender emanzipator. Entwicklungsprozeß, der auf Ablösung und Befreiung von den durch Religion und Theologie bestimmten und begr. Ordnungssystemen und Institutionen zielt und zugleich auf eine autonome Begründung des Staates, der staatl. und gesellschaftl. Institutionen, des Rechts und der Ethik sowie auf ein dem so begr. Normen[systemen] entsprechendes, eigenverantwortl. Handeln ausgerichtet ist. S.tendenzen, meist verbunden mit einer allg. Entsakralisierung, sind zu bestimmten Zeiten in allen Religionen zu beobachten, wenn sie auch teilweise auf bestimmte Menschen oder Gruppen beschränkt waren. V. a. seit Beginn des 19. Jh. setzte in Europa ein S.prozeß ein, ein epochaler sozialer Wandel, der eine umfassende Veränderung aller Werte, Normen und Handlungsmuster im Sinne einer Verweltlichung, also Loslösung von den traditionellen religiösen Moralvorstellungen und Verhaltensweisen mit sich brachte. In der auf die Aufklärung des 17./18. Jh. zurückzuführende Formierung der modernen Wiss., bes. der Naturwiss., und ihre bed. Erfolge förderten die Vorstellung, daß der Mensch mit seinen körperl. und geistigen Fähigkeiten die Welt nach seinen Bedürfnissen bewußt zu gestalten vermag, und ließen den Rückgriff auf überird. Mächte zur Erklärung der Wirklichkeit entbehrl. erscheinen. Industrialisierung und Verstädterung führten zur Auflösung der überlieferten Einheit von sozialer Wohn- und Arbeitswelt, ließen die sozialen Primärgruppen wie bäuerl. Großfamilienverband und dörfl. Nachbarschaft verkümmern und schränkten so die Wirkungsmöglichkeiten institutionalisierter Religiosität in wachsendem Maße ein. Als Anzeichen für den weiter fortschreitenden S.prozeß seit dem Ende des 2. Weltkrieges gelten u. a. schwindende Mgl.zahlen der Kirchen, Rückgang der Anzahl der Gottesdienstbesucher, Liberalisierung v. a. der Sexualnormen und der Sexualmoral sowie der weiterhin schwindende Einfluß der Kirchen in der Öffentlichkeit.

📖 *Ruh, U.: S. als Interpretationskategorie. Freib. 1980. - Mann, O.: Die gescheiterte Säkularisation. Ein Irrgang der europ. Philosophie. Tüb. 1980. - Rubio, M.: Der Mensch im Daseinshorizont der S. Dt. Übers. Bad Honnef 1978. 2 Bde. - Blumenberg, H.: Die Legitimität der Neuzeit. Bd. 1: S. u. Selbstbehauptung. Ffm. 1977.*

♦ im *kath. Kirchenrecht* der Übertritt von Ordensleuten zum Weltpriestertum, bzw. die Entbindung von den Ordensgelübden.

Säkularvariation, Bez. für die langsame Veränderung des erdmagnet. Feldes, insbes. der Deklination.

Säkulum (lat. saeculum) [vermutl. etrusk. Ursprungs oder von lat. serere „säen" abgeleitet, dann urspr. Bed. „Menschensaat", „Geschlechterfolge"], im Christentum gewann S. die Bed. „Welt"; im ma. Latein bezeichnete „saecularis" den weltl. Menschen im Ggs. zum Mönch (religiosus); die Humanisten verwendeten S. für Jahrhundert.

Sakurahalbinsel ↑ Kagoschimabucht.

Salacrou, Armand [frz. sala'kru], * Rouen 9. Aug. 1899, frz. Dramatiker. - Einer der erfolgreichsten Autoren des modernen frz. Theaters. Das Résistancedrama „Die Nächte des Zorns" (1946) setzt Haltungen und Konflikte der Franzosen unter dem Vichy-Regime typisiert gegeneinander. 1949 Mgl. der Académie Goncourt. - *Weitere Werke:* Die Erde ist rund (1938), Der Archipel Lenoir (1947), Boulevard Durand (1960). - † 23. Nov. 1989.

Saladin, eigtl. Salah Ad Din Jusuf Ibn Aijub, * Tikrit (Irak) 1137 oder 1138, † Damaskus 4. März 1193, Sultan von Syrien und Ägypten (seit 1175). - Begründer der Dynastie der ↑ Aijubiden, von kurdischer Abstammung; setzte 1171 die Fatimidenkalifen ab, bemächtigte sich Syriens und dehnte seine Macht bis Aleppo und Mosul aus. Am 2. Okt. 1187 nahm S. Jerusalem ein. Mit den militär. Erfolgen verband S. eine Politik der inneren Stärkung des sunnit. Islams durch Stiftung von Bildungseinrichtungen. Seine starke ritterl. Persönlichkeit verschaffte ihm auch im Abendland Ruhm.

Salado, Río [span. 'rrio sa'laðo], rechter Nebenfluß des Paraná, N-Argentinien, entspringt am O-Rand der Anden (2 Quellflüsse), mündet bei Santa Fe, etwa 2000 km lang.

Salafijja-Bewegung, islam. Reformbewegung des späten 19. und 20. Jh. mit dem Ziel, den Islam aus der Erstarrung einer ma. Gesetzesreligion zu befreien; begründet von Muhammad Abduh und Raschid Rida. Die S.-B. ist der Auffassung, der Islam könne durch die Befreiung von Fehlentwicklungen wieder zu seiner urspr. Vitalität zurückgeführt werden. Außer in Ägypten und Syrien hatte die bis heute aktive S.-B. Einfluß auf antikolonialist. muslim. Gruppen, v. a. in Algerien und Indonesien.

Salam, Abdus, * Jhang (Punjab) 29. Jan. 1926, pakistan. Physiker. - Prof. für Mathematik in Lahore, danach Dozent in Cambridge, seit 1957 Prof. für theoret. Physik in London. Bed. Arbeiten zur Quantenfeldtheorie sowie zur Theorie der Elementarteilchen, ihrer Wechselwirkungen und Symmetrien. Erhielt 1979 den Nobelpreis für Physik (zus. mit S. L. Glashow und S. Weinberg).

Salamá, Hauptstadt des Dep. Baja Verapaz, Guatemala, 940 m ü. d. M., 5500 E. Handelszentrum eines Landw.gebiets. - 1562 gegr., 1833 zur Stadt erhoben.

Salamanca [span. sala'maŋka], span. Stadt am Tormes, 802 m ü. d. M., 159 300 E. Verwaltungssitz der Prov. S.; kath. Bischofssitz; 2 Univ. (gegr. 1134 bzw. 1218); Theater, Museum. Nahrungsmittel-, Leder-, chem. u. a. Ind. - In der Antike **Salmantica;** 217 v. Chr. von Hannibal erobert, kam Ende des 3. Jh. v. Chr. unter röm. Herrschaft; wurde zum Stützpunkt ausgebaut; gehörte später zum Westgotenreich und wurde 589 Bischofssitz; im 8. Jh. von den Arabern eingenommen, 1085 durch König Alfons VI. von Kastilien und León zurückerobert und bis 1102 wieder besiedelt; im span. Unabhängigkeitskrieg 1808–13 von frz. Truppen besetzt; im Span. Bürgerkrieg (1936–39) Hauptquartier von General Franco. - Zahlr. Kirchen, u. a. roman. Alte Kathedrale (1152ff.) mit Kreuzgang, Neue Kathedrale (16.–18. Jh.), Rundkirche San Marcos (1178); Univ.gebäude mit platereker Fassade (um 1525), Paläste des 15./16. Jh.; röm. Brücke.

Salamanca, Schule von, [span. sala-'maŋka], bes. auf dem Gebiet der Rechtsphilosophie richtungweisende Schule des 16./17. Jh. an der Univ. Salamanca, die, ausgehend von thomist. Traditionen des Vernunftrechts, durch Emanzipation von der Theologie die Begründung und Entwicklung des neuzeitl. Naturrechts maßgebl. mitprägte und darüber hinaus die Aufklärung entscheidend mitbeeinflußte. Bed. auch ihr Beitrag zur Begründung des modernen Völkerrechts (z. B. bei H. Grotius).

Salamander [griech.], Bez. für bestimmte Gruppen bzw. Arten der Schwanzlurche,

i. e. S. für die *Land-S.* (*Echte S., Erdmolche*) mit im Querschnitt rundem Schwanz, die, erwachsen, mit Lungen ausgestattet sind und meist an Land leben. Ihre Entwicklung erfolgt i. d. R. (Ausnahme z. B. Alpen-S.) im Wasser, wobei die Larven über Büschelkiemen atmen. Zu den Echten S. gehören u. a. ↑Feuersalamander, ↑Alpensalamander und ↑Brillensalamander. Letzterer leitet durch Rückbildung der Lungen über zu den ↑Lungenlosen Salamandern, von denen verschiedene Arten keine Metamorphose mit im Wasser lebenden, Kiemen tragenden Larven mehr aufweisen. - ↑auch Molche.

Salamander AG, dt. Unternehmen der Schuhind., Sitz Kornwestheim; gegr. 1891.

Salamandra [griech.], Gatt. der Schwanzlurche (Gruppe Salamander) mit ↑Feuersalamander und ↑Alpensalamander als einzigen Arten.

Salamandrina [griech.], svw. ↑Brillensalamander.

Salami [italien., zu lat. sal „Salz"], luftgetrocknete Dauerwurst. Urspr. aus Eselsfleisch mit Schweinefleisch, mit natürl. Schimmel bereift oder mit künstl. weißem Überzug (Kleie, Kreide).

Salamis, antike Stadt an der O-Küste von Zypern, Vorläufersiedlung von Famagusta. Die Gründung von S. ist nur sagenhaft überliefert; 707 v. Chr. (Kgr.) als den Assyrern untertan erwähnt; unter pers. Herrschaft verhältnismäßig unabhängig; in ptolemäischer Zeit Statthaltersitz, auch in röm. Zeit eine der bedeutendsten Städte der Insel (spätantiker Name **Constantia**). Überreste aus röm. und byzantin. Zeit: Gymnasium (erbaut 2. Jh. n. Chr., Säulen wiederaufgerichtet), Theater für 20 000 Zuschauer (2. Jh.; wiederhergestellt), Fundamente der Agora und einer Basilika (errichtet 345).

S., griech. Insel im N des Saron. Golfs, 95 km², Hauptort Salamis. - Urspr. im Besitz von Megara, im 7. und frühen 6. Jh. v. Chr. von Athen erobert und neu besiedelt. - Im Sund zw. S. und der att. Küste besiegte Ende Sept. 480 v. Chr. die griech. Flotte diejenige Xerxes' I..

Salan, Raoul [frz. sa'lã], * Roquecourbe (Tarn) 10. Juni 1899, † Paris 3. Juli 1984, frz. General. - Wurde 1945 Befehlshaber der frz. Truppen in Indochina, 1955 Mgl. des Obersten Kriegsrates, 1956 Oberbefehlshaber in Algerien und seit 1958 Generaldelegierter der frz. Reg.; im Dez. 1958 abberufen und 1959 zum Militärgouverneur von Paris ernannt, 1960 aus dem Dienst entlassen; nahm am Putschversuch von Algier 1961 teil und leitete danach die OAS; in Abwesenheit zum Tode, nach Verhaftung 1962 zu lebenslanger Freiheitsstrafe verurteilt, 1968 begnadigt.

Salandra, Antonio, * Troia (Prov. Foggia) 13. Aug. 1853, † Rom 9. Dez. 1931, italien. Jurist und Politiker. - Ab 1879 Prof. in Rom;

Salamis. Wiederaufgerichtete Säulen an der Südseite der Palästra des Gymnasiums

ab 1886 Abg. der rechten Mitte; zw. 1899/1910 mehrfach Min.; Gegner Giolittis; 1914-16 Min.präs., führte 1915 den Kriegseintritt Italiens an der Seite der Entente herbei; 1919 Delegierter Italiens in Versailles; begünstigte nach 1920 den Faschismus; 1928 Senator.

Salanganen [malai.] (Collocalia), Gatt. 10-16 cm langer, unscheinbar grau oder braun gefärbter Segler (Unterfam. Stachelschwanzsegler) mit über 15 Arten in S-Asien, auf den Sundainseln und den Inselgruppen Polynesiens. S. bauen an steilen Wänden großer Felshöhlen napfförmige Nester ausschließl. oder überwiegend aus erhärtendem Speichel. Diese Vogelnester („ind. Vogelnester") werden, nach Quellenlassen in Wasser, sorgfältigem Reinigen und Kochen mit Kalbfleisch und Hühnerbrühe, bes. in China als Delikatesse (**Schwalbennestersuppe**) gegessen.

Salangpaß ↑Hindukusch.

Salär [lat.-frz.], süddt., bes. schweizer. Bez. für Lohn, Gehalt, Honorar.

Salat, Hans, * Sursee 1498, † Freiburg 20. Okt. 1561, schweizer. Dichter. - Seiler und Wundarzt; leidenschaftl. Gegner der Reformation. Schrieb religiös-polem. Gedichte, Satiren, Streitschriften und Dramen.

Salat, arab.-türk. Bez. für das rituelle Gebet im Islam, das fünfmal tägl. stattfindet. Schiiten verrichten die S. meistens nur dreimal am Tag.

Salat [zu italien. insalata (herba) „eingesalzenes (Salatkraut)" (von lat. sal „Salz")], svw. Kopfsalat (↑Lattich).

♦ Zubereitung von Gemüsen und Blattsalaten, Obst, Fleisch oder Wurst, Käse, Fisch,

Salatdressing

Reis, Nudeln u. a. mit Öl oder Essig (Zitrone) oder Mayonnaise, Sahne, Joghurt, Quark, Gewürzen, Kräutern oder fertigen Dressings. **Rohkostsalat** besteht aus geraspelten rohen Gemüsen, die sonst im allg. gegart verzehrt werden (z. B. Mohrrüben, Kohl).

Salatdressing ↑ Dressing.

Salatfäule (bakterielle S.), durch mehrere bodenbewohnende Bakterienarten (z. B. Pseudomonas marginalis) hervorgerufene Erkrankung von Salatpflanzen, bes. von Kopfsalat und Winterendivie; nach zuerst schwarzen Flecken auf den Außenblättern zerfällt die Pflanze später zu einer fauligen Masse.

Salatschnellkäfer ↑ Schnellkäfer.

Salatzichorie (Treibzichorie, Brüsseler Zichorie, Chicorée, Chichorium intybus var. foliosum, nur in Kultur bekannte Varietät der Gemeinen Wegwarte, die bes. in Belgien, aber auch in den Niederlanden, Italien und im übrigen Mitteleuropa angebaut wird. Urspr. als Heilpflanze und Zaubermittel benutzt, wird die S. seit dem 16. Jh. als Frischsalat und Kochgemüse verwendet.

Salayar, indones. Insel vor der südl. Halbinsel von Celebes, 671 km², bis 608 m hoch, Hauptort Benteng.

Salazar, António de Oliveira [portugies. sɐlɐˈzar], * Santa Comba Dão (Beira Alta) 28. April 1889, † Lissabon 27. Juli 1970, portugies. Politiker. - Prof. für Volkswirtschaft in Coimbra ab 1916; wurde kurzfristig 1927, auf Dauer 1928 Finanzmin., 1932 Min.präs. (bis 1968; zeitweilig zugleich weitere Min.ämter); gründete 1930 die União Nacional und schuf mit der Verfassung von 1933 im Estado Novo einen Staat ohne Parteien und Parlamentarismus, den er zu einer Diktatur ausbaute; hielt Portugal aus dem 2. Weltkrieg heraus und unterdrückte unter Einsatz aller Mittel die Entkolonisation im portugies. Kolonialreich.

Salband [zu mittelhochdt. selbende „eigenes Ende"], (Selband, Salleiste, Salkante) Bez. für die Webkante an beiden Seiten eines Gewebes.

♦ in der *Geologie* Bez. für die Grenzfläche zw. Gang und Nebengestein.

Salbaum [Hindi/dt.] (Saulbaum, Shorea robusta), hohe Bäume in Vorderindien mit ganzrandigen, ledrigen, immergrünen Blättern und dauerhaftem, festem Holz, das als Bauholz sowie für die Produktion eines wertvollen Harzes verwendet wird. Neben dem Teakbaum ist der S. der forstl. wichtigste Baum Vorderindiens; er bildet am Fuß des Himalaja sowie im N ausgedehnte Wälder.

Salbe [zu althochdt. salba, eigtl. „Fett"] (Unguentum), streichfähige Arzneimittelzubereitung zur lokalen Anwendung auf der Haut oder auf Schleimhäuten. S. besteht aus der **Salbengrundlage** von butterartiger Konsistenz und den eigtl. Wirkstoffen (eventuell auch Hilfsstoffen). Früher dienten ausschließl. tier. Fette oder pflanzl. Öle als S.grundlage; später kamen Paraffin und Vaseline hinzu. Heute dienen neben Triglyceriden und Kohlenwasserstoffen auch Wachse (mit Glycerin und Glykol veräthert), Polyäthylenglykole, Fettalkohole u. a. als S.grundlage, die z. T. mit Hilfe von Emulgatoren und Wasser emulgiert werden (Öl-in-Wasser-Emulsionen, Wasser-in-Öl-Emulsionen). Auf diese Weise können sowohl wasser- als auch fettlösl. Wirkstoffe in S. untergebracht werden; unlösl. Wirkstoffe können in der S.grundlage auch suspendiert werden. Nach der Wirkungsweise unterscheidet man Deck-S., Kühl-S., Resorptions-S. und kosmet. S., nach der S.beschaffenheit u. a. Emulsions- und Suspensions-S., Gele Pasten und Cremes.

Salbei [letztl. zu lat. salvus „gesund"] (Salvia), Gatt. der Lippenblütler mir rd. 500 Arten, v. a. in den Tropen und Subtropen, nur wenige Arten auch in den gemäßigten Gebieten; Kräuter, Halbsträucher oder Sträucher mit zweilippigen Blüten, die je 2 Staubblätter mit je einem Pollenfach und einem hebelartigen Bestäubungsmechanismus enthalten; Bestäubung durch Bienen, Hummeln oder Vögel. Die bekanntesten, in Deutschland vorkommenden Arten sind der gelbblühende **Klebrige Salbei** (Salvia glutinosa) in den Alpen und im Alpenvorland und der **Wiesensalbei** (Salvia pratensis, 30–60 cm hoch, behaarte Stengel, blau-violette runzelige Blüten). Mehrere Arten und ihre Sorten sind beliebte Zierpflanzen, z. B. der für Sommerbeete vielfach verwendete **Feuersalbei** (Scharlach-S., Salvia splendens) mit langen, scharlachfarbenen Blüten. Als Heil- und Gewürzpflanze wird der **Gartensalbei** (Echter S., Salvia officinalis) kultiviert: bis 70 cm hoch, stark aromat. duftend, mit graufilzigen, immergrünen Blättern und violetten Blüten. Die Blätter enthalten äther. Öl, Gerb- und Bitterstoffe und werden medizin. bei Magen- und Darmstörungen und für Mundspülungen verwendet; auch Küchengewürz.

Salbeiöl (Oleum Salviae), aus den Blättern des Gartensalbeis durch Wasserdampfdestillation gewonnenes grünlichgelbes äther. Öl, das bis zu 50% Thujon, ferner Eucalyptol, Borneol u. a. Terpenverbindungen enthält; es wird medizin. als desinfizierendes (Mund- und Rachenhöhle) sowie schweißhemmendes Mittel verwendet.

Salbengrundlagen ↑ Salbe.

Salbgefäß ↑ Alabastron.

Salbung, im profanen Bereich seit der Zeit der altoriental. Kulturen ein Mittel zur Körperpflege und Krankenheilung. Auf religiösem Gebiet ist die S. ein Weiheritus, der dem Gesalbten göttl. Gnade und eine Sonderstellung unter den Menschen verleiht. Im A. T. ist die S. für Saul, David, Salomo und andere bezeugt. Nach diesem Vorbild wurden die byzantin. Kaiser seit etwa 1000

n. Chr. gesalbt. Im Abendland wurde die S. des Königs seit 751 übl.: Der König wird zum „christus Domini" (Gesalbter des Herrn). - Die kath. Kirche weiht am Gründonnerstag das mit Balsam vermischte Salböl (Chrisam), das bei Taufe, Firmung, Priesterweihe und Kranken-S. sakramentale Verwendung findet.

Salchow [...ço], nach dem ehem. schwed. Eiskunstlaufweltmeister U. Salchow (* 1877, † 1949) benannter Sprung beim Eis- und Rollkunstlauf.

Šalda, František Xaver [tschech. 'ʃalda], * Reichenberg 22. Dez. 1867, † Prag 4. April 1937, tschech. Kritiker und Schriftsteller. - Ab 1919 Prof. für roman. Literaturen in Prag. In zahlr. Essays Vertreter einer Literaturauffassung, für die der Dichter als Schöpfer literar. Werte im Zentrum steht und die vom Kunstwerk inhaltl. Aufrichtigkeit verlangt.

saldieren [italien.], den ↑ Saldo feststellen; in Österreich auch für: die Bezahlung einer Rechnung bestätigen.

Saldo (Mrz. Salden) [italien.], bei der Aufrechnung eines Kontos sich ergebender Unterschiedsbetrag zwischen Soll- und Habenspalte bzw. (bei Bilanzen) zwischen Aktiva und Passiva, der nach der betragsmäßig größeren Seite [als „Aktivsaldo" oder „Passivsaldo"] bezeichnet wird.

Salé [frz. sa'le], nördl. Nachbarstadt von Rabat, Marokko, 289 400 E. U. a. Getreidemühlen, Leder-, Kork- und Alfagrasverarbeitung, Teppichherstellung; ⌘. - Im 11. Jh. gegr., im MA bedeutendster Handelshafen der marokkan. Atlantikküste, im 17. Jh. mit Rabat selbständige Korsarenrepublik. - Große Moschee (12. Jh.).

Salechard [russ. sɪli'xart], Hauptstadt des Nat. Kr. der Jamal-Nenzen innerhalb des sowjet. Geb. Tjumen, RSFSR, am Polarkreis, 21 900 E. Fischkonservenfabrik, Holzverarbeitung; Hafen. - Gegr. 1595.

Salef ↑ Göksu nehri.

Salem, nach 1. Mos. 14, 18 Name Jerusalems als Residenz ↑ Melchisedeks.

Salem ['--], Gem. 9 km östl. von Überlingen, Bad.-Württ., 440 m ü. d. M., 8 300 E. Ehem. Zisterzienserabtei mit got. Münster. In einem Teil der Abtei das Landerziehungsheim *Schloß S.* (gegr. 1920).

S. [engl. 'sɛɪləm], Hauptstadt des Bundesstaates Oregon, USA, am Willamette River, 50 m ü. d. M., 89 200 E. Univ. (seit 1853); Handelszentrum eines Ackerbaugeb. - Gegr. 1840; Hauptstadt von Oregon seit 1851.

Salem aleikum ↑ Selam.

Salentinische Halbinsel, der Südsporn Italiens zw. Adriat. Meer und Golf von Tarent.

Salep [arab.] (Salepknollen, Tubera Salep), die zur Blütezeit gesammelten und getrockneten, meist zu S.pulver verarbeiteten, schleimstoff- und stärkehaltigen Seitenknollen von mittel- und südeurop. sowie vorderasiat. Orchideenarten. Der gepulverte S. wird als Verdickungsmittel und Emulgator in pharmazeut. Präparaten verwendet.

Salerno, italien. Stadt in Kampanien, im N des Golfs von S., 4 m ü. d. M., 155 800 E. Hauptstadt der Prov. S.; kath. Erzbischofssitz; PH, Provinz- und Dommuseum, Theater, Staatsarchiv; Nahrungsmittel-, Textil-, Glasind., Maschinenbau. - 197 v. Chr. als röm. Kolonie *Salernum* gegr.; 536–539 und ab 552 byzantin.; fiel 646 an die Langobarden, gehörte zum Hzgt. Benevent und war seit der Mitte des 9. Jh. Hauptstadt eines gleichnamigen Ft.; 1077 von den Normannen erobert; bis 1127 Hauptstadt der festländ. Besitzungen der Normannen; teilte später die Geschicke des Kgr. Neapel. Die berühmte medizin. Schule von S. (Blütezeit 11.–13. Jh.; 1812 aufgehoben) übte auf alle anderen medizin. Fakultäten Europas einen bed. Einfluß aus. - Die Altstadt wird vom Castello di Arechi (z. T. normann.) beherrscht. Dom mit mächtigem Kampanile (11. Jh.; im 18. Jh. barockisiert).

Sales, Franz von ↑ Franz von Sales, hl.

Salesianer (S. Don Boscos; urspr. Societas Sancti Francisci Salesii, Abk. S. S.; seit 1946 Societas Salesiana Sancti Joannis Don Bosco, Abk. SDB), kath. Kongregation für Priester und Laien, 1857 in Turin von G. ↑ Bosco für die Jugenderziehung gegr.; die Genossenschaft ist heute weltweit verbreitet und in allen Bereichen der Seelsorge tätig; 1981 rd. 16 900 Mitglieder.

Salesianerinnen (Visitantinnen), eigtl. Orden von der Heimsuchung Mariä, lat. Ordo de Visitatione Beatae Mariae Virginis, Abk. OVM), kath. Frauenorden, von Franz von Sales und der frz. Mystikerin J. F. Frémyot de Chantal (* 1572, † 1641) 1610 in Annecy gegr.; Aufgabe: Kontemplation und Gebet in Verbindung mit Jugenderziehung; 1986 rd. 17 200 Schwestern.

Sales-promotion [engl. 'sɛɪlzprə-ˌmoʊʃən] (Promotion), allg. alle Maßnahmen der Verkaufsförderung, insbes. Werbemaßnahmen.

Salgótarján [ungar. 'ʃolgo:tɔrjɑ:n], ungar. Stadt am oberen Tarján, 50 000 E. Verwaltungssitz des Bez. Nógrád; Technikum; Braunkohlenbergbauzentrum; Stahlwerk, Glashütten. - Entwickelte sich aus der im 15. Jh. erbauten Burg *Salgó.*

Salicaceae [lat.], svw. ↑ Weidengewächse.

Salicus [lat.], ma. Notenzeichen, ↑ Neumen.

Salicylsäure [zu lat. salix „Weide" (da S. zuerst as Salicin, einem Bitterstoff der Weidenrinde hergestellt wurde)] (o-Hydroxybenzoesäure), farblose, kristalline, süß schmeckende Substanz, die in zahlr. Pflanzen enthalten ist und in großem Umfang durch Umsetzen von Natriumphenolat mit Kohlendioxid hergestellt wird. Wegen ihrer antibakteriellen und fäulnishemmenden Wirkung wurde S. früher als Konservierungsmittel verwendet. Große Bed. hat S. als Ausgangsstoff zur Herstellung antirheumat., analget. und antipyret. wirkender Arzneimittel, v. a. von †Acetylsalicylsäure, *Salicylamid* und dem farblosen, wohlriechenden *Salicylsäuremethylester* (Methylsalicylat), einer auch natürl. (als Bestandteil äther. Öle) vorkommenden Flüssigkeit, die äußerl. gegen Muskel- und Gelenkrheumatismus sowie in der Parfümind. verwendet wird. Chem. Strukturformeln:

Salicylsäure — Salicylamid — Salicylsäuremethylester

Salier, fränk. Adelsgeschlecht mit dem Macht- und Besitzschwerpunkt im Nahe-, Speyer- und Wormsgau. Der Aufstieg des Geschlechts begann mit Konrad dem Roten (944–953 Hzg. von Lothringen), der durch seine Ehe mit Liudgard, Tochter Ottos d. Gr. († 953), die Königsnähe herstellte. Mit †Konrad II. gelangten die S. zur Königsherrschaft im Reich. 1125 erlosch die Dyn. mit Heinrich V.

Salier, Stammesgruppe der Franken, siedelte im 5. Jh. am Niederrhein und in Nordgallien.

Salieri, Antonio, * Legnano 18. Aug. 1750, † Wien 7. Mai 1825, italien. Komponist. - Kapellmeister der italien. Oper (1774) und Hofkapellmeister (1788–90) in Wien, Lehrer u. a. von L. van Beethoven, F. Schubert, F. Liszt und S. Sechter. Komponierte u. a. 39 Opern im Stile der neapolitan. Schule.

Salim (türk. Selim), Name osman. Sultane:
S. I. Yavuz („der Strenge"), * Amasya 1470, † Çorlu 22. Sept. 1520, Sultan (seit 1512). - Zwang seinen Vater Bajasid II. zur Abdankung und begründete die Vormachtstellung des Osman. Reichs im Vorderen Orient durch seine Siege über den Safawiden Esmail I. 1514 und über die Mamelucken 1516/17, wodurch Aserbaidschan, Syrien und Ägypten zum Osman. Reich kamen. S. war der erste osman. Kalif; trat nach als Dichter hervor.
S. II., * Magnesia (= Manisa) im Mai 1524, † Konstantinopel 12. Dez. 1574, Sultan (seit 1566). - Sohn Sulaimans II.; unter seiner Reg. eroberten die Osmanen 1570/71 das von Venedig beherrschte Zypern und gewannen trotz der Niederlage ihrer Flotte bei Lepanto (1571) die Seeherrschaft im östl. Mittelmeer.

Salima, Distr.hauptort in Malawi, nahe dem Njassasee, 2 300 E.

Salin, Edgar, * Frankfurt am Main 10. Febr. 1892, † Montreux 17. Mai 1974, dt. Nationalökonom. - 1924 Prof. in Heidelberg, ab 1927 in Basel. S. widmete sich sowohl aktuellen wirtschafts- und sozialpolit. Themen als auch Fragen der wirtschaftl. und polit. Ideen der Antike und der frühchristl. Zeit.

Salinas, Pedro, * Madrid 27. Nov. 1892, † Boston (Mass.) 4. Dez. 1951, span. Schriftsteller. - 1917 Prof. für span. Sprache und Literatur in Sevilla, 1930 in Madrid, ab 1940 in Baltimore. Seine nüchtern-realist. Gedichte thematisieren Errungenschaften der Technik, menschl. Beziehungen und Erschütterung über das Grauen des Krieges, das auch der Roman „Die Rätselbombe" (1950) zum Inhalt hat.

Salinas de Gortari, Carlos, * Mexiko 3. April 1948, mexikan. Politiker (PRI). Wirtschaftswissenschaftler; 1982–88 Haushalts- und Planungsmin.; seit Dez. 1988 Staatspräsident.

Saline [zu lat. salinus „zum Salz gehörig"], Anlage zur Gewinnung von Kochsalz (NaCl) aus Meerwasser, Wasser von Salzseen und kochsalzhaltigen Quellen. In ihrer einfachsten Form besteht eine S. aus mehreren flachen Becken, in denen man die Sole eintrocknen läßt (*Salzgärten;* heute noch in subtrop. und trop. Gebieten verbreitet). In modernen S. wird die Sole in Sudpfannen mit nachgeschalteten Zentrifugen oder durch Verdampfersysteme aufgearbeitet.

Salinenkrebschen (Salzkrebschen, Artemia salina), nahezu weltweit verbreiteter, bis 1,5 cm langer, farbloser bis rötl. Kiemenfußkrebs, v. a. in Salzgärten, in Deutschland auch in Abwässern des Kalibergbaus; für sehr trockenresistent; die aus ihnen schlüpfenden Naupliuslarven sind Zierfischfutter.

Saling (Saaling) [niederdt., eigtl. „Versattelung"], 1. am Lademast eines Frachtschiffes ein Querträger zur Befestigung von Teilen des Ladegeschirrs und der Takelage; 2. bei einem großen Segelschiff die Befestigung der Marsstenge am Untermast bzw. der Bramstenge an der Marsstenge; oft als Plattform ausgebildet; 3. auf Sportsegelbooten die Querspiere am oberen Teil des Mastes, über die die [oberen] Wanten laufen.

Salinger, J[erome] D[avid] [engl. 'sɑːlɪndʒə, 'sælɪndʒə], * New York 1. Jan. 1919, amerikan. Schriftsteller. - Welterfolg hatte sein Roman „Der Fänger im Roggen" (1951), dessen jugendl. Held gegen die Welt der Erwachsenen, gegen Zivilisation, Spießertum und Langeweile rebelliert. - *Weitere Werke:* Franny und Zooey (En., 1961), Hebt den Dachbalken hoch, Zimmerleute (En., 1963).

Salinität [lat.], svw. Salzgehalt.

Salisbury [engl. 'sɔːlzbəri], engl. Adelstitel, fiel 1605 an die Fam. Cecil (1789 Marquesses of S.). Bed. Vertreter:
S., Robert Arthur Talbot Gascoyne-Cecil, Marquess of S., * Hatfield 3. Febr. 1830, † ebd. 22. Aug. 1903, Politiker. - 1866/67 und 1874–78 Indienmin.; 1878–80 Außenmin.; richtete

während seiner Amtszeit als Premiermin. (1885/86; 1886–92; 1895–1902; bis 1900 fast stets auch Außenminister) und Führer der Konservativen (seit 1881) sein Hauptaugenmerk auf Festigung und Ausbau des Brit. Reiches (Ägypten, Ost- und Südafrika). Im Sinne seiner Politik der ↑Splendid isolation beendete er 1901 die 1898 begonnenen dt.-brit. Bündnisgespräche.

Salisbury [engl. 'sɔːlzbərɪ], südengl. Stadt am Avon, Gft. Wiltshire, 35 400 E. Anglikan. Bischofssitz; Lehrerseminar, Kunstschule; Museen; Landmaschinenbau, Lederverarbeitung, Druckereien. - Das 2 km nördl. von S. (eigtl. **City of New Sarum**) gelegene **Old Sarum** liegt innerhalb einer großen kelt. Wallanlage aus der Zeit um Christi Geburt, in röm. Zeit als **Serviodunum** besiedelt; als **Searoburh** seit dem 9./10. Jh. bed. sächs. Stadt; ab 1075 Sitz der vereinigten Bistümer Sherborne und Ramsbury (seit 1559 anglikan. Bistum). Um die 1220 im Tal errichtete Kathedrale entstand das heutige S. (1227 Stadtrecht). - Kathedrale im Early English style (1220 ff.) mit 123 m hohem Vierungsturm im Decorated style und großem Kreuzgang; Ruinen von Old Sarum. - Abb. Bd. 6, S. 152.

S., bis 18. April 1982 Name der Hauptstadt Simbabwes ↑Harare.

Salisches Gesetz, 1. das lat. aufgezeichnete Volksrecht der sal. Franken; 2. seit dem 14. Jh. Bez. für die ausschließl. Thronfolgeberechtigung des Mannesstamms; spielte erstmals beim Ausbruch des Hundertjährigen Krieges eine bed. Rolle.

Salix [lat.] ↑Weide.

Saljut, Typenbez. für sowjet. Raumstationen, die seit 1971 in Erdumlaufbahnen zw. 200 und 300 km Höhe gebracht und nach Ankopplung von bemannten Sojus-Raumfahrzeugen als wiss. Weltraumlaboratorien genutzt wurden bzw. werden.

Salk, Jonas Edward [engl. sɔːk, sɔːlk], * New York 28. Okt. 1914, amerikan. Bakteriologe. - Prof. in Michigan, Pittsburgh und in San Diego; seine Arbeiten zur Virusforschung betrafen v. a. die Erreger von Grippe und Kinderlähmung. Er entwickelte einen Injektionsimpfstoff gegen Poliomyelitis (↑Salk-Impfung).

Salkante, svw. ↑Salband.

Salk-Impfung [engl. sɔːk, sɔːlk; nach J. E. Salk], aktive Immunisierung gegen Kinderlähmung mit dem *Salk-Impfstoff* (Injektion) aus inaktiven (abgetöteten) Poliomyelitisviren der Erregertypen II und III.

Sallal, Abd Allah As, *1917, Offizier und Politiker des Jemen (Arab. Republik). - Präs. des Revolutionsrates und Oberbefehlshaber der republikan. Armee im Bürgerkrieg (1962–67), zuletzt auch Min.präs. (1966/67); nach Abzug der ägypt. Truppen abgesetzt.

Salland, histor. Geb. in den Niederlanden, zw. Twente im O, der IJssel im W, der Reest im N und dem Twentekanal im Süden.

Salland (Fronland), Land, das in der ma. Grundherrschaft unmittelbar zum Salhof gehörte als urspr. Fam.gut des Grundherrn.

Salle, Antoine de La ↑La Salle, Antoine de.

Salle, David [engl. sɔːl], * Norman (Okla.) 1952, amerikan. Maler. - S. zählt zu den Vertretern des „New image painting" mit stark zeichner. Elementen. Er kombiniert Motive aus der Kunstgeschichte mit trivialen Vorlagen (Comics, Photographien, auch reale Gegenstände).

Salleiste, svw. ↑Salband.

Saller, Karl, * Kempten (Allgäu) 3. Sept. 1902, † München 15. Okt. 1969, dt. Anthropologe. - Prof. in München; bed. Arbeiten zur Humangenetik, Eugenik, Stammesgeschichte, Rassenkunde und Konstitutionslehre.

Sallust (Gajus Sallustius Crispus), * Amiternum (= Vittorino) 86, † 35 v. Chr., röm. Geschichtsschreiber. - Quästor 55 oder 54, Volkstribun 52, Gegner Milos und Ciceros, Anhänger Cäsars, 50 aus dem Senat ausgestoßen, 49 von Cäsar rehabilitiert, 46 Statthalter der Prov. Africa Nova; zog sich nach Cäsars Ermordung aus der aktiven Politik zurück und widmete sich der Geschichtsschreibung. Erhalten sind eine Invektive gegen Cicero, 2 Briefe an Cäsar, Bruchstücke seines zeitgeschichtl. Hauptwerkes „Historiae" (5 Bücher über die Zeit von 78 bis 67) und 2 Monographien: „Die Verschwörung des Catilina" und „Jugurthin. Krieg". Sein Thema ist die Frage der Schuld am Verfall Roms, für den er die Nobilität verantwortl. macht.

Salluste, Guillaume de [frz. sa'lyst] ↑Du Bartas, Guillaume de Salluste, Seigneur.

Salm, moselfränk. Grafengeschlecht, das durch die Teilung des Hauses der Luxemburger in die Linien Altluxemburg, Gleiberg und S. (1019) entstand. Stammvater ist Giselbert († 1057 oder 1059), der Vater des dt. Gegenkönigs Hermann, Graf von S.; 1163 teilte sich das Geschlecht in die Linien *Niedersalm* (*Alt-*

Saline bei Faro in Portugal

Salm

salm) und *Obersalm.* Niedersalm kam 1416/55 an die Herren von Reifferscheid (seitdem *S.-Reifferscheid*), Obersalm 1475 an die Wild- und Rheingrafen.

Salm [lat.], svw. ↑Lachs.

Salmanassar, Name mehrerer Könige von Assyrien:

S. III. (⌑ 858–824), Sohn Assurnasirpals II.; in Babylonien seit 851 als Oberherr anerkannt, erhielt in Syrien nach mehreren Kriegszügen Tribut u. a. von Tyrus, Sidon und Israel unter König Jehu; sicherte das Reich am oberen Euphrat, im N gegen Urartu und gegen die Meder im nordwestiran. Hochland.

S. V. (in Babylonien unter dem Thronnamen Ululai; ⌑ 726–722), Sohn Tiglatpilesers III.; belagerte bis 722 Samaria gegen Hosea von Israel. Er wurde - wohl nach unpopulären Entscheidungen - von Sargon II. gestürzt.

Salman und Morolf, mittelhochdt. Epos der ↑Spielmannsdichtung.

Salmasius, Claudius, eigtl. Claude de Saumaise, * Semur-en-Auxois (Côte-d'Or) 15. April 1588, † Spa 3. Sept. 1653, frz. klass. Philologe. - Ab 1631 Prof. in Leiden, lebte später in Schweden. Entdeckte 1606 die „Anthologia Palatina". Bed. Hg. antiker Autoren und Forscher auf dem Gebiet des antiken Rechts und des Militärwesens.

Salmenhaara, Erkki, * Helsinki 12. März 1941, finn. Komponist und Musikforscher. - Schrieb Orchester-, Kammer- und Klaviermusik, Chorwerke, Lieder und elektron. Musik sowie die Oper „Die Portugiesin" (1976).

Salmiak [zu mittellat. sal armoniacum, eigtl. „armen. Salz"], aus der Alchimie überkommene und noch heute gebräuchl. Bez. für das ↑Ammoniumchlorid.

Salmiakgeist, wäßrige Ammoniaklösung.

Salminen, Sally, * Vårdö (Ålandinseln) 25. April 1906, † Kopenhagen 18. Juli 1976, schwedischsprachige finn. Erzählerin. - Aus einfachen Verhältnissen, 1930–36 in den USA, ab 1940 in Dänemark; Welterfolg mit dem [autobiograph.] Roman „Katrina" (1936), der die sozialen Mißstände auf den Ålandinseln anklagt.

Salmler [zu lat. salmo „Salm, Lachs"] (Characidae), mit den Karpfenfischen eng verwandte Fam. kleiner bis mittelgroßer Knochenfische mit fast 1 200 Arten in den Süßgewässern der trop. und subtrop. Regionen Amerikas und Afrikas; meist beschuppte, stets eine Fettflosse aufweisende Schwarmfische, die sich z. T. von Pflanzen, z. T. auf räuber. Weise ernähren; z. T. Warmwasseraquarienfische.

Salmon, André [frz. sal'mõ], * Paris 4. Okt. 1881, † Sanary-sur-Mer (Var) 12. März 1969, frz. Schriftsteller. - Traumartige, vom Surrealismus beeinflußte Gedichte über die Oktoberrevolution. Auch Romane und Gedichte über die Pariser Künstler- und Halbwelt sowie kunstkrit. Essays und Biographien über zeitgenöss. Künstler.

Salmonellen (Salmonella) [nach dem amerikan. Pathologen und Bakteriologen D. E. Salmon, * 1850, † 1914], Gatt. der ↑Enterobakterien mit 11 Arten und zahlr. ↑Serotypen; begeißelte Stäbchen, die im Darmsystem von Menschen und Tieren sowie im Boden und in Gewässern leben und die ↑Salmonellosen hervorrufen.

Salmonellosen (Salmonellenerkrankungen), Sammelbez. für durch Salmonellen verursachte Infektionskrankheiten bei Mensch und Tier; z. B. Typhus abdominalis (Erreger: Salmonella typhi; ↑Typhus), ↑Paratyphus (Erreger: Salmonella paratyphi A, B und C) und *Salmonellenenteritis* (eine infektiöse ↑Darmentzündung). - Alle drei Erkrankungen sind meldepflichtig. S. zählen bei Vögeln zu den häufigsten, schwersten und verlustreichsten Krankheiten. Sie treten auch bei Süßwasserfischen, bei Wild und bei Haustieren auf und werden v. a. durch Mäuse, Ratten und Fliegen oder (v. a. beim Wild und bei Fischen) durch salmonellenverunreinigtes Futter und Wasser übertragen.

Salmonidae (Salmoniden) [lat.], svw. ↑Lachsartige.

Salò, Republik von [italien. sa'lɔ], nichtamtl. Bez. für die von Mussolini am 15. Sept. 1943 nach seiner Befreiung gegr. Italien. Soziale Republik (ben. nach Mussolinis Reg.-sitz in Salò [Prov. Brescia]); völlig von den dt. Militär- und Zivilbehörden abhängig, zuletzt auf die Poebene beschränkt; endete mit dem Aufstand der Resistenza (ab 24. April 1945) und mit der dt. Kapitulation in Oberitalien (29. April 1945).

Salome, aus der Bibel übernommener weibl. Vorname hebr. Ursprungs, eigtl. etwa „die Friedliche".

Salome, Tochter der Herodias, der Frau des Herodes Antipas; verlangte nach neutestamentl. Überlieferung auf Anstiften ihrer Mutter von ihrem Stiefvater das Haupt Johannes' des Täufers. - Hauptfigur einer Tragödie von O. F. Wilde; danach Oper von R. Strauss.

Salomé (eigtl. Wolfgang Cihlarz), * Karlsruhe 24. Aug. 1954, dt. Maler. - Studierte in Berlin bei K. H. Hödicke; gehört zur Gruppe „Heftige Malerei" in Berlin.

Salomé, Lou ↑Andreas-Salomé, Lou.

Salome Alexandra, † 67 v. Chr., Königin von Judäa (seit 76). - Trat nach dem Tod ihres zweiten Mannes, des Alexander Jannäus, die Herrschaft an; stützte sich v. a. auf die Pharisäer und betrieb eine nach innen wie außen auf Ausgleich bedachte Politik.

Salomo (Vulgata: Salomon), König von Israel und Juda (um 965–926). - Sohn Davids und Bathsebas; konnte das von David geschaffene israelit. Großreich ohne krieger. Auseinandersetzungen im wesentl. erhalten; friedl. Beziehungen zu den benachbarten Großmächten sicherte er sich durch Heirat und durch weitläufige Handelsbeziehungen (Syrien, Ägypten). Berühmt wurde der von S. neu erbaute Tempel in Jerusalem. S. wurde wegen seiner Weisheit gerühmt, konnte jedoch zur inneren Festigung des Königtums in Israel nicht nachhaltig beitragen. Nach seinem Tod zerfiel das david. Königreich.

Salomo Ibn Verga, jüd. Geschichtsschreiber des 15./16. Jh. - In Sevilla geboren, wanderte 1492 nach Portugal aus; 1497 zur Annahme des Christentums gezwungen; 1506 Flucht wahrscheinl. nach Neapel. Seine Schrift „Schebet Jehuda" ist das wertvollste histor. Dokument über die Juden im MA.

Salomon, aus der Bibel übernommener männl. Vorname hebr. Ursprungs, eigtl. etwa „der Friedliche".

Salomon, Alice, * Berlin 19. April 1872, † New York 30. Aug. 1948, dt. Sozialpolitikerin und Frauenrechtlerin. - Schloß sich früh der internat. Frauenbewegung an; promovierte 1906 als eine der ersten Frauen in Berlin; gründete 1908 und leitete (bis 1924) die erste dt. Soziale Frauenschule; mußte 1937 emigrieren, setzte ihre sozialpolit. Tätigkeit in den USA fort.

S., Erich, * Berlin 28. April 1886, † KZ Auschwitz 7. Juli 1944, dt. Photograph. - Pionier der Photoreportage; verwendete [Kleinbild]kameras mit lichtstarken Objektiven, die kurze Belichtungszeiten mögl. machten, für Schnappschüsse aus dem Dt. Reichstag, von internat. Konferenzen und Gerichtsverhandlungen. Sammelwerke: „Berühmte Zeitgenossen in unbewachten Augenblicken" (1931), „Porträt einer Epoche" (hg. 1964 von P. Salomon).

S., Ernst von, * Kiel 25. Sept. 1902, † Winsen (Luhe) 9. Aug. 1972, dt. Schriftsteller. - Am Kapp-Putsch beteiligt; wegen versuchter Beihilfe an der Ermordung W. Rathenaus zu 5 Jahren Zuchthaus verurteilt; Förderung seiner Werke (autobiograph. Romane mit preuß.-nationalist. Tendenz) während des NS; zog sich jedoch von der Politik zurück; 1945/46 Internierung. Verfaßte den sarkast. Entnazifizierungsroman „Der Fragebogen" (1951); auch Filmdrehbücher.

S., Horst, * Pillkallen (Ostpreußen) 6. Mai 1929, † Gera 20. Juni 1972, dt. Schriftsteller. - Bergmann; begann mit polit. Lyrik („Getrommelt, geträumt und gepfiffen", 1960); schrieb dann [humorvolle] Gegenwartsstücke wie „Katzengold" (1964), „Der Lorbaß" (1967), „Genosse Vater" (1969) und Fernsehspiele („Schwarzes Schaf", 1971).

Salomonen ↑ Salomoninseln.

Salomonengraben, Tiefseegraben in der sö. Salomonensee, bis 7 316 m tief.

Salomonensee, Nebenmeer des Pazif. Ozeans, zw. SO-Neuguinea, Neubritannien und den Salomoninseln, erreicht im Salomonenbecken eine Tiefe von 5 419 m.

Salomoninseln (Salomonen), Inselgruppe Melanesiens im sw. Pazifik, östl. von Neuguinea, bilden, abgesehen von Buka und Bougainville, die zu Papua-Neuguinea gehören, den gleichnamigen Staat.

Salomoninseln

(amtl.: Solomon Islands), Staat im westl. Pazifik, zw. 5° und 12° 20′ s.Br. sowie 155° und 170° 20′ ö.L. **Staatsgebiet:** Umfaßt die meisten Salomoninseln sowie Ontong Java, die Santa-Cruz-Inseln, die Duff Islands und Reef Islands. **Fläche:** 29 785 km². **Bevölkerung:** 258 200 E (1984), 8,7 E/km². *Hauptstadt:* Honiara. **Verwaltungsgliederung:** 4 Prov. **Amtssprache:** Englisch, Umgangssprache Pidgin-Englisch. **Währung:** Salomonen-Dollar (SI$) = 100 Cents (c). **Internat. Mitgliedschaften:** UN, Commonwealth. **Zeitzone:** Südseezeit, d. i. MEZ + 10 Std.

Landesnatur: Die S. erstrecken sich als doppelte Inselkette in NW-SO-Richtung über 1 450 km. Die vulkan. Hauptinsel Guadalcanal ist bis 2 331 m hoch und hat ausgedehnte Küstenebenen. Sie und die andern großen Inseln werden von Atollen und Korallenriffen gesäumt.

Klima: Trop. Regenklima; Jahresmitteltemperatur 26–27 °C.

Vegetation: Der trop. Regenwald geht über 1 500 m Höhe in Berg- und Nebelwald über; an den Küsten vielfach Mangroven.

Bevölkerung: 93 % der überwiegend prot. Bev. sind Melanesier, 4 % Polynesier, 1,4 % Mikronesier. Daneben leben Europäer, Chinesen u. a. Minderheiten auf den Inseln. Am dichte-

Vielblütiges Salomonsiegel

salomonisches Urteil

sten bevölkert ist die Insel Malaita. Die Grundschulen werden überwiegend von der Kirche getragen.
Wirtschaft: Wichtigstes Produkt ist Kopra, das z. T. in Plantagen gewonnen wird. Kultiviert werden Chili und Ölpalmen. Für den Eigenbedarf werden Reis, Jams, Taro, Maniok u. a. angebaut. Zweitwichtigstes Erzeugnis der S. ist Holz. Abgebaut werden Bauxit, Phosphat und Golderz.
Außenhandel: Ausgeführt werden Kopra, Kakao, Holz, Fische, eingeführt Maschinen, Fahrzeuge, Nahrungsmittel, chem. Produkte, Textilien u. a. Wichtigste Partner sind Australien, Japan und Großbritannien.
Verkehr: Das Straßennetz ist 1835 km lang. Zw. den Inseln und nach Australien, Neuseeland, Hongkong, Japan und Großbrit. Schiffsverkehr. Regelmäßige Flugverbindungen von Australien und Fidschi; internat. ✈ bei der Hauptstadt.
Geschichte: 1567 erstmals von Europäern entdeckt, 1767/68 wiederentdeckt; 1885 und 1899 teilten das Dt. Reich und Großbrit. die Inseln unter sich auf: Bougainville und Buka wurden Teile des Schutzgebietes *Dt.-Neuguinea;* die übrigen Inseln wurden 1893/99 brit. Protektorat. 1920 kamen die dt. Protektoratsgebiete unter austral. Verwaltung. Nach Kriegsende erhielt Australien Bougainville und Buka als Treuhandgebiete der UN, die seit 1975 zu Papua-Neuguinea gehören. Die *Brit. Salomoninseln* erlangten am 7. Juli 1978 die Unabhängigkeit. 1984 sperrten die S. ihre Hoheitsgewässer und den Luftraum für atomar angetriebene und bewaffnete Schiffe bzw. Flugzeuge.
Politisches System: Nach der Verfassung vom 7. Juli 1978 sind die S. eine parlamentar. Monarchie im Commonwealth. *Staatsoberhaupt* und oberster Inhaber der *Exekutive* ist der brit. Monarch (z. Z. Elisabeth II.), vertreten durch einen Generalgouverneur, der auf Vorschlag des Parlaments ernannt wird und auf Ratschlag des Kabinetts handelt. Das Kabinett besteht aus dem vom Parlament gewählten Premiermin. und dem auf dessen Vorschlag vom Generalgouverneur ernannten weiteren Min. und ist dem Parlament verantwortl. Die *Legislative* liegt beim Einkammerparlament (Nat. Parlament [38 vom Volk auf 4 Jahre gewählte Mgl.]). Wichtigste *Parteien* sind People's Alliance Party, United Party, Nationalist Front for Progress, Solomon Islands Liberal Party.
Das *Gerichts*wesen kennt Eingeborenen- und Magistratsgerichte und den High Court als Berufungsinstanz.
📖 *Kent, J.: The Solomon Islands. Newton Abbot; Harrisburg (Pa.) 1972. - Hinton, C. J.: The search for the Islands of Solomon 1567–1838. London 1969. - Oliver, D. L.: A Solomon Island society. Cambridge (Mass.) 1955.*

salomonisches Urteil, nach dem in 1. Kön. 3, 16 berichteten Schiedsspruch des Königs Salomo im Streit zweier Mütter um ein Kind allg. für: weises Urteil.

Salomonsiegel [nach König Salomo] (Salomonssiegel, Weißwurz, Polygonatum), Gatt. der Liliengewächse mit rd. 30 Arten in den gemäßigten Gebieten der Nordhalbkugel; ausdauernde Pflanzen mit weißl. Rhizom mit siegelartigen Narben der abgestorbenen oberird. Sprosse, eiförmig-lanzettl. Blättern und glöckchenartigen, grünlichweißen Blüten in den Blattachseln; Blumenkronblätter miteinander verwachsen; Früchte als Beeren ausgebildet. In Deutschland kommen vor: **Vielblütiges Salomonsiegel** (Polygonatum multiflorum, in Laub- und Mischwäldern, 30–100 cm hoch, mit nickenden, weißen, an der Spitze grünl. Blüten) und **Echtes Salomonsiegel** (Weißwurz, Polygonatum odoratum, 15–50 cm hoch, Blüten glockig, weiß, grün gesäumt, duftend). - Abb. S. 95.

Salon [za'lõ:, frz. sa'lõ; italien.-frz.], Gesellschafts-, Empfangszimmer; elegant ausgestatteter Geschäftsraum.
◆ regelmäßige gesellige Zusammenkunft eines intellektuellen Zirkels (Künstler, Schriftsteller, Politiker, Gelehrte) im S. einer Dame der Gesellschaft. Die Bed. der nach den Religionskriegen im 17. Jh. und mit der Entwicklung von Paris als kulturelles und geistiges Zentrum entstandenen frz. S. lag zunächst in der Entfaltung und Pflege verfeinerter gesellschaftl. Kultur, insbes. der Kunst der zwanglosen Konversation, der krit. Diskussion und Analyse sowie in der Fixierung ästhet. Maßstäbe, später in der Entwicklung literar. wiss. und polit. Neuerungen. Bed. S. hatten u. a. Marquise de Rambouillet, M. de Scudéry, Marquise de Sevigné, M.-M. de La Fayette, N. de Lenclos, C. A. G. de Tencin, J. F. Récamier, M. d'Agoult. In Deutschland verhinderte das Fehlen eines kulturell-geistigen Zentrums die Entstehung einer ähnl. S.kultur; Versuche machten K. Schlegel, H. Herz, R. Varnhagen von Ense, J. Schopenhauer, K. Pichler, F. Lewald.
◆ in Frankr. Bez. für eine Kunstausstellung lebender Künstler; die Bez. ist seit 1725 (1737?) geläufig, da die Ausstellungen im „Salon carré" des Louvre (ab 1848 im Grand Palais) stattfanden, und zwar seit 1663 (königl. Privileg der Akad. der bildenden Künste). Im 18. Jh. entwickelte sich aus den Katalogheften dieser S. die Kunstkritik als literar. Gattung.

Salona, ma. Name von ↑ Amfissa und antiker sowie italien. Name von ↑ Solin.

Salondame [za'lõ:], Rollenfach im Theater, das sich aus den Salonstücken des frz. Theaters im 19. Jh. entwickelte.

Salon-de-Provence [frz. salõdprɔ'vãːs], frz. Stadt in der Provence, Dep. Bouches-du-Rhône, 34 800 E. Flugschulungszentrum; Nahrungsmittel-, Textil-, Elektroind. - Roman. Kirche Saint-Michel (12./13. Jh.) mit got. Anbauten (14. und 15. Jh.); got. Dominikanerkirche (1343 ff.). Ehem. bischöfl. Burg (12., 13., 16. und 19. Jh.).

Saloniki (Thessaloniki), griech. Stadt am Thermaischen Golf, 406 400 E. Hauptstadt der Region Makedonien und des Verw.-Geb. S.; Sitz dreier orth. Bischöfe; Univ. (gegr. 1925), Industriefachhochschule, Konservatorium, Inst. für Balkanforschung; Museum für byzantin. Kunst, archäolog. Museum; Sitz zahlr. Behörden, Konsulate, Handelsvertretungen, Reedereien und Banken; Hafen; bedeutendster Ind.standort N-Griechenlands; internat. ⚓.

Geschichte: Thessalonike wurde um 316 v. Chr. gegr.; 146 v. Chr. röm.; Hauptstadt der Prov. Macedonia. 50 n. Chr. besuchte Paulus die Stadt (Gründung der 2. Christengemeinde in Europa nach Philippi; Thessalonicherbriefe). In der Spätantike Residenz des Kaisers Galerius; Anfang des 9. Jh. Gründung des Militär- und Verwaltungsbezirks Thessalonike; 904 von den Sarazenen erobert; erneute Zerstörung 1185 durch die sizil. Normannen; wurde 1204 Hauptstadt eines fränk. Kgr.; 1246 wieder in das Byzantin. Reich eingegliedert; unterstellte sich 1423 Venedig, 1430 von Sultan Murad II. erobert. Die griech. Bev. wurde getötet oder deportiert, Ende des 15. Jh. wurden 20 000 aus Spanien vertriebene Juden angesiedelt (seit dem 18. Jh. Wiedereinwanderung griech. Bev.); 1912 von griech. Truppen erobert und dem Kgr. Griechenland einverleibt. Die türk. Einwohnerschaft wurde 1918 nach Anatolien umgesiedelt. Die jüd. Bev. wurde unter dt. Besatzung im 2. Weltkrieg nahezu vollständig getötet.

Bauten: Aus röm. Zeit sind u. a. der Triumphbogen des Kaisers Galerius (zw. 297 und 305), ein Rundbau (um 300 wohl als Mausoleum erbaut, um 450 Umbau zur christl. Kirche [bed. Mosaiken] und 1591 zur Moschee; heute Museum) und ein mächtiger Oktogonbau erhalten. Die fünfschiffige Demetrioskirche (nach 475, Umbau 7. Jh.; 1926-48 wiederhergestellt) hat bed. Mosaiken, wie auch die als Moschee wie auch die als Kreuzkuppelkirche nach 732 errichtete Sophienkirche (mit Kuppelmosaik des 9. Jh.) und die Apostelkirche (Fünfkuppelkirche, 1312-15). Bed. Befestigungsanlagen (älteste Mauer um 300 v. Chr.; im 6. Jh. neu errichtet; im 10. und 14. Jh. erneuert, mit sog. Weißem Turm, 16. Jh.). Über der Stadt die Zitadelle aus byzantin. und osman. Zeit.

📖 *Vacalopoulos, A. E.: A history of Thessaloniki. Engl. Übers. Saloniki 1963. - Vonderlage, B.: Thessaloniki. Bilder aus der Vergangenheit der Stadt; ihre Beziehungen zur dt. Gesch. Hamb. 1953.*

Salonmusik [za'lõ:], vorwiegend für Klavier zu 2 (oder 4) Händen oder auch für Gesang oder Violine mit Klavierbegleitung gesetzte Musik des 19. Jh., die entweder für die kammer- bzw. hausmusikal. Unterhaltung exklusiver Gesellschaftskreise bestimmt war oder sich mit dem Anspruch solcher Exklusivität an ein breites bürgerl. Publikum wandte. Charakterist. sind einerseits effektvolle Stücke mit Virtuosität und Brillanz, andererseits Stücke mit lyr.-intimem, oft auch elegant-sentimentalem Ton. Seit der Mitte des 19. Jh. wurde S. weitgehend mit Trivialmusik gleichgesetzt, seit den 1870er Jahren drang S. verstärkt in das Repertoire öffentl. Musikdarbietung, zumal der Gaststättenkultur ein.

Salonorchester [za'lõ:], standardisierte Ensemblebesetzung für Unterhaltungsmusik. Zu dem Grundbestand von Klavier, Violine I und II, Violoncello und/oder Kontrabaß sowie Schlagzeug („Wiener" Besetzung) kommen bei der „Pariser" Besetzung Flöte und Kornett, bei der „Berliner" Flöte, Kornett, Viola, Klarinette und Posaune hinzu.

Saloon [sə'lu:n; engl.-amerikan. (zu ↑Salon)], Bez. für ein im Stil der Wildwestfilme eingerichtetes Lokal.

Salop [engl. 'sæləp], Gft. in W-England.

salopp [frz.], [betont] ungezwungen, lässig.

Salpausselkä, aus 2 Endmoränenzügen bestehender Höhenzug in SW- und S-Finnland, der die Finn. Seenplatte im S und SO bogenförmig begrenzt.

Salpen [griech.] (Thaliacea), Klasse 0,1-10 cm langer, meist freischwimmender Meerestiere (Unterstamm Manteltiere) mit ed. 40 tonnenförmigen, glasig durchsichtigen oder blaßbläul. bis gelbl. gefärbten Arten; Körper fast ausschließl. ohne Chorda dorsalis; Ein- und Ausströmöffnung einander gegenüberliegend, verschließbar. S. ernähren sich mit Hilfe eines langen Kiemendarms durch filtrierende Aufnahme von Mikroorganismen. Bei S. gibt es einen Wechsel zw. Geschlechtstieren *(Gonozoiden)* und sich durch Sprossung ungeschlechtl. fortpflanzenden Individuen *(Oozoiden)*; letztere bilden häufig Stöcke. Die Gonozoiden bleiben auch nach Loslösung vom „Sprossungsstreifen" des Oozoids durch Haftpapillen vereinigt und können S.ketten bis zu 25 m Länge bilden. - Man unterscheidet Feuerwalzen, Tonnensalpen und Eigentl. Salpen (Salpida).

Salpeter [zu lat. sal petrae, eigtl. „Salz des Steins" (nach der Entstehung an Kaligestein)], heute noch übl. Bez. für die Salze der S.säure (↑Nitrate) wie *Natron-S.* (Natriumnitrat, Hauptbestandteil des in Chile abgebauten *Chile-S.*) und bes. für *Kali-S.* (Kaliumnitrat, der früher zur Herstellung von Schwarzpulver wichtig war und in sog. *Salpeterplantagen* durch Vermischen von Stallmist mit Kalk und Pottasche unter ständigem Feuchthalten mit Jauche gewonnen wurde.

Salpeterkrieg (Pazifischer Krieg), Krieg Chiles (1879-83) gegen die Verbündeten Peru und Bolivien um die reichen Salpetervorkommen im Grenzgebiet der Atacama. Im Vertrag von Ancón 1883 erhielt Chile die Salpeter-

Salpeterpflanzen

prov. Tarapacá, Arica und z. T. Tacna von Peru bzw. im Vertrag von Valparaíso (1884) Antofagasta von Bolivien. Ein endgültiger Ausgleich erfolgte 1929.

Salpeterpflanzen, svw. ↑Nitratpflanzen.

Salpetersäure, HNO_3, die sich vom fünfwertigen Stickstoff ableitende Sauerstoffsäure; sie kommt in der Natur nur in Form ihrer Salze, der ↑Nitrate, vor. Reine S. ist eine farblose, mit Wasser ein azeotropes Gemisch (mit maximal 68,4% HNO_3; sog. *konzentrierte* S.) bildende Flüssigkeit, die bei 87°C siedet. Am Licht zersetzt sich S. unter Bildung von Sauerstoff und Stickstoffdioxid, das die S. rotbraun färbt; *rauchende* S. enthält Stickstoffoxide in größerer Menge. Die meisten unedlen Metalle sowie Silber werden von S. gelöst, jedoch nicht Gold; daher wurde S. früher auch *Scheidewasser* genannt. S. wird heute überwiegend nach dem **Ostwald-Verfahren** durch Ammoniakverbrennung hergestellt, wobei Ammoniak bei 780 bis 940°C mit Luft oder reinem Sauerstoff an Platinnetzen als Katalysator zu Stickstoffmonoxid, NO, oxidiert wird: $4 NH_3 + 5 O_2 \rightarrow 4 NO + 6 H_2O$. Das NO wird in mehrere hintereinandergeschaltete Reaktionstürme geleitet; im ersten erfolgt die Oxidation zu Stickstoffdioxid, NO_2, in den folgenden die Absorption des NO_2 durch S. abnehmender Konzentration; im letzten Reaktionsturm wird Wasser zugeführt. Im sog. Entgasungsturm wird das nicht umgesetzte NO entfernt und die S. als 40–60%ige sog. Turmsäure abgezogen. Höherkonzentrierte S. wird durch Destillation hergestellt. S. wird zur Herstellung von Nitratdüngemitteln, daneben als Nitrier- und Oxidationsmittel in der chem. Ind. verwendet.

Salpetersäureester ↑Nitrate.

Salpeterstrauch (Nitraria schoberi), in den Salzwüsten S-Rußlands und Asiens wachsende, 2–3 m hohe, strauchige Art der Jochblattgewächse mit längl.-spatelförmigen, büschelig stehenden Blättern und gelblichgrünen Blüten in lockeren Blütenständen. Aus den Blättern und jungen Zweigen wurde früher Soda gewonnen. Die Früchte sind eßbar.

salpetrige Säure, HNO_2, die sich vom dreiwertigen Stickstoff ableitende, nur in verdünnter, wäßriger Lösung beständige Sauerstoffsäure. Ihre Salze und Ester werden als ↑Nitrite bezeichnet.

Salpetrigsäureester ↑Nitrite.

Salpingitis [griech.], svw. ↑Eileiterentzündung.

Salpinx [griech.], trompetenähnl. Signalinstrument der Antike, das im Krieg und Wettkampf verwendet wurde. Es bestand aus einer geraden, engen Metallröhre mit Schalltrichter und Kesselmundstück aus Horn oder Knochen und hatte einen hohen, scharfen Klang.

Salsa [span. 'salsa; Kurzbez. für salsa picante „scharfe Soße"], um 1975/76 internat. verbreitetes Modewort für rockorientierte lateinamerikan. Musik, v. a. für die auf volkstüml. kuban. Tanzmusik der 1930er und 1940er Jahre zurückgehende Musik der Puertoricaner in New York seit etwa 1970, die Elemente von Rumba, afrokuban. Jazz, mex. Rancheras, puertorican. Jibaro-Musik, Bossa Nova und Latin Rock in sich aufnahm.

Salse [zu lat. sal „Salz"], svw. ↑Schlammvulkan.

SALT [engl. sɔːlt], Abk. für: ↑Strategic Arms Limitation Talks.

Salt, As, Stadt im nördl. Jordanien, 800 m ü. d. M., 32 900 E. Verwaltungssitz des Distr. Balka; Handelszentrum; Zementfabrik.

Salta, Geb. in N-Norwegen um den Saltfjord und die Stadt Bodø.

S., Hauptstadt der argentin. Prov. S., zw. Punarandketten und Subandinen Sierren, 1 187 m ü. d. M., 260 000 E. Kath. Erzbischofssitz; kath. Univ. (gegr. 1967); ethnolog. Museum; Fleischverarbeitung, Zementwerk und Stahlwerk, Erdölraffinerie; Fremdenverkehr; Straßen- und Bahnverbindung nach Bolivien und Chile; internat. ✈. - 1582 von Spaniern als **San Felipe de Lerma** gegr.; 1813 wurden hier im argentin. Freiheitskampf die Spanier durch General M. Belgrano geschlagen. - Kolonialzeitl. Häuser (17. und 18. Jh.), ehem. Jesuitenkolleg (18. Jh.).

S., Prov. in NW-Argentinien, an der chilen. bolivian. und paraguayischen Grenze, 154 775 km², 662 900 E (1980), Hauptstadt Salta. Die Prov. hat Anteil an der Puna, der Vorpuna und am Gran Chaco. Bewässerungslandw., Ölbaumkulturen und Rinderzucht; im N Erdölfelder.

Saltarello [italien., zu saltare „springen"], lebhafter italien. Springtanz im Dreiertakt, geht bis ins 14. Jh. zurück, im 15./16. Jh. oft Nachtanz der Pavane.

saltato [italien.], svw. ↑Springbogen.

Saltatoria [lat.], svw. ↑Heuschrecken.

saltatorische Erregungsleitung [lat./dt.] ↑Nervenzelle.

Salten, Felix, eigtl. Siegmund Salzmann, * Budapest 6. Sept. 1869, † Zürich 8. Okt. 1945, östr. Schriftsteller - Publizist (Theaterkritiker, Feuilletonredakteur) in Wien und Berlin. Emigrierte 1938 in die USA, lebte später in Zürich. Schrieb histor. und gesellschaftskrit. Romane und Novellen. Internat. bekannt sind seine Tiergeschichten um „Bambi" (1923).

Saltfjord [norweg. ˌsaltfjuːr], Fjord in N-Norwegen, etwa 65 km lang.

Saltholm, dän. Insel im Sund, sö. von Kopenhagen, 16 km², 1 m ü. d. M.

Saltillo [span. sal'tijo], Hauptstadt des mex. Staates Coahuila, in der Sierra Madre Oriental, 1 600 m ü. d. M., 321 800 E. Kath. Bischofssitz; Univ., Inst. für iberoamerikan. Studien; Techn. Inst.; Zentrum eines Agrar- und

Bergbaugeb.; Holz- und Tabakverarbeitung, Textil-, Nahrungsmittel-, chem. u. a. Ind.; Fremdenverkehr. - 1575 als **Santiago del Saltillo** gegr.; hieß für kurze Zeit **Leona Vicario**; 1846 von den Truppen der USA eingenommen. - Kolonialzeitl. Bauten, u. a. die Kathedrale (1746 begonnen) und die Kirche San Esteban (1592).

Salt Lake City [engl. 'sɔːlt 'lɛɪk 'sɪtɪ], Hauptstadt des Bundesstaates Utah, USA, sö. des Great Salt Lake, 1 300 m ü. d. M., 163 000 E. Sitz eines anglikan. und eines kath. Bischofs, Zentrum der Mormonen; Univ. (gegr. 1850), College; chem., Bekleidungs-, Nahrungsmittel- u. a. Ind., Fremdenverkehr, ✈. - 1847 durch Mormonen gegr.; hieß bis 1868 **Great Salt Lake City**. - Im Zentrum des alten Stadtkerns, dem sog. Tempelbezirk, Tempel und Tabernakel (beide 19. Jh.) der Mormonen.

Salto, Hauptstadt des Dep. S. in Uruguay, am Uruguay, 72 000 E. Kath. Bischofssitz; Theater; Verarbeitungs- und Handelszentrum eines Agrargebietes; Schiffswerft.

S., Dep. in NW-Uruguay, an der argentin. Grenze, 14 163 km², 103 100 E (1975), Hauptstadt Salto. Liegt im Bereich der leicht gegen den Uruguay einfallenden Trappdecke.

Salto [lat.-italien.], Luftsprung, bei dem der Körper mindestens eine volle Umdrehung um die horizontale Achse ausführen muß; bei verschiedenen Sportarten, u. a. beim Boden-, Reck-, Barren- und Ringeturnen sowie beim Trampolin- und Wasserspringen. In der Artistik als **Salto mortale** („Todessprung") mit 2 oder 3 Körperumdrehungen.

Salton Sink [engl. 'sɔːltn 'sɪŋk], tiefstgelegener Teil der Depression, die sich vom N-Ende des Golfes von Kalifornien aus in nw. Richtung erstreckt, bis 85 m u. d. M., im tiefsten Teil liegt der etwa 900 km² große Salzsee **Salton Sea**.

Salt Range [engl. 'sɔːlt rɛɪndʒ], Gebirgszug im nördl. Pakistan, zieht vom rechten Ufer des Jhelum zw. dem Potwar Plateau im N und dem Pandschab im S bis auf das rechte Ufer des Indus; rd. 400 km lang, 20–30 km breit, bis 1 522 m hoch; bed. Gips- und Steinsalzvorkommen.

Saltykow, Michail Jewgrafowitsch [russ. sɐltɨˈkof], auch M. J. S.-Schtschedrin gen., * Spas-Ugol (Geb. Kalinin) 27. Jan. 1826, † Petersburg 10. Mai 1889, russ. Schriftsteller. - Schrieb u. a. scharfe Satiren, in denen er soziale Probleme aus christl. Sicht behandelt, z. B. „Die Geschichte einer Stadt" (1870) über die Herrscher Rußlands 1731–1825. Auch Fabeln und Märchen („Die Tugenden und die Laster", dt. Auswahl 1966).

Saluen (Nujiang [chin. nudzjaŋ]), Fluß in Südostasien, entspringt in O-Tibet, biegt in der chin. Prov. Yünnan nach S um; durchschneidet in Birma das Schanhochland und bildet auf einer kurzen Strecke die Grenze zw. Birma und Thailand; mündet bei Moulmein in den Golf von Martaban (Andamanensee). 2 500 km lang.

Saluki [arab.] (Pers. Windhund), aus Iran stammende Rasse bis 65 cm schulterhoher Windhunde mit langem, schmalem Kopf; Fell kurzhaarig und glatt; nur Hängeohren, Läufe und Rute mit langer, weicher Behaarung; in allen Farben, v. a. in Grau oder Schwarz, mit lohfarbenen Abzeichen; in seiner Heimat Hetzhund; bei uns friedfertiger Luxushund.

Salurn, Gem. in Südtirol, Italien, an einer Engtalstrecke (**Salurner Klause**) der Etsch, 226 m ü. d. M., 2 600 E. - Hatte im MA militär. Bedeutung; ab Anfang des 13. Jh. Sitz der Grafen von Tirol; seit 1919 zu Italien. - Die Salurner Klause bildet seit dem 17. Jh. die dt.-italien. Sprachgrenze. - Barocke Pfarrkirche (17. Jh.); Häuser aus Gotik und Renaissance; Ruine der Haderburg.

Salut [lat.-frz.], militär. Ehrenbezeugung durch Abgabe von Schüssen (heute bis zu 21) meist aus Geschützen; **salutieren**, militär. grüßen (v. a. beim militär. Zeremoniell).

Salut, Îles du [frz. ildysa'ly], zu Frz.-Guayana gehörende Inselgruppe im Atlantik, 10 km vor der Küste, 35 km nnw. von Cayenne. - 1854–1946 Strafkolonie.

Salvador (früher Bahia), Hauptstadt des brasilian. Bundesstaates Bahia, am östl. Ufer der Einfahrt in die Baía de Todos os Santos, 1,49 Mill. E. Kath. Erzbischofssitz; 2 Univ. (gegr. 1946 bzw. 1961), Akad. der Wiss., Inst. für Medizin, technolog. Inst., Museen; Wirtschaftszentrum der Küstenebene und der Kakaoanbaugebiete in NO-Brasilien; Schiffbau, Schuhfabrikation, Zuckerraffinerie, Baumwoll- und Kakaoverarbeitung u. a.; Hafen, ✈. - 1549 als **São Salvador da Bahia de Todos os Santos** auf einer schmalen Strandplatte am Fuß der 60–80 m hohen Steilküste gegr.; seit 1551 Sitz des ersten Erzbischofs in Brasilien und Hauptstadt des Landes bis 1763. - Kathedrale (ehem. Jesuitenkirche, 17. Jh.) mit Spätrenaissancefassade, Basilika São Francisco (18. Jh.), Saldanha-Palast (um 1720).

Salvador, El

[el zalvaˈdoːr, span. el zalβaˈðor] (amtl. República de El Salvador), Republik an der pazif. Seite Zentralamerikas zw. 13° und 14° 27' n. Br. sowie 87° 41' und 90° w. L. **Staatsgebiet:** El S. grenzt im W an Guatemala, im N und O an Honduras. **Fläche:** 21 041 km² (nach anderen Angaben 21 393 km²). **Bevölkerung:** 5,2 Mill. E (1985), 248,8 E/km². **Hauptstadt:** San Salvador. **Verwaltungsgliederung:** 14 Dep. **Amtssprache:** Spanisch. **Nationalfeiertag:** 15. Sept. **Währung:** El-Salvador-Colón (C̶) = 100 Centavos. **Internationale Mitgliedschaften:** UN, OAS, MCCA, ODECA, SELA. **Zeitzone:** Central Standard Time, d. i. MEZ − 7 Std.

Salvador

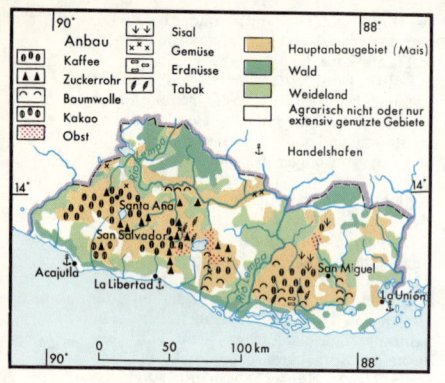

El Salvador. Wirtschaftskarte

Landesnatur: Im äußersten NW hat El S. Anteil an der zentralen Grundgebirgskette der zentralamerikan. Landbrücke mit Höhen bis 2700 m. Nach S schließt ein 400–1000 m hohes Bergland an. Es wird durch die Talsenke des Río Lempa gegliedert und durch eine schmale, bis 2381 m hohe Küstenkette (mit aktiven Vulkanen) von der 15–20 km breiten Küstenebene getrennt.

Klima: El S. liegt in den äußeren Tropen. Dementsprechend zeigen die Temperaturen größere Tages- als Jahresschwankungen; Regenzeit Mitte Mai–Anfang Nov., in den nördl. Gebirgen bis zu 2 Monaten länger.

Vegetation: Die urspr. Vegetation wurde zum großen Teil vernichtet; an den Küsten z. T. Mangroven.

Tierwelt: Puma und Jaguar sind nahezu ausgestorben. Wildschwein, Wickel-, Nasen- und Waschbär kommen vor, ebenso Leguane. Alligatoren leben in den sumpfigen Küstenabschnitten; reiche Vogelwelt in den Lagunen.

Bevölkerung: El S. ist das dichtestbevölkerte Land Zentralamerikas. Über 90% der E sind Mestizen, zu denen statist. auch die Indianer gezählt werden, wenn sie deren zivilisator. Standard erreicht haben. Die Mehrzahl der Bev. ist röm.-kath. El S. verfügt über 19 Hochschulen, davon haben 5 Univ.rang.

Wirtschaft: Die Kaffeemonokultur hat die Wirtschaft fast 100 Jahre lang bestimmt. Heute wird Kaffee v. a. in Großbetrieben kultiviert. Exportorientiert ist auch der Anbau von Baumwolle und Zuckerrohr. Die Erzeugung von Grundnahrungsmitteln deckt nicht den Eigenbedarf. Rinderhaltung wird extensiv auf natürl., intensiv auf künstl. Weiden betrieben. Die Fischerei hat sich auf Krustentiere spezialisiert. El S. ist arm an Bodenschätzen. Die Ind. verarbeitet landw. Erzeugnisse. Neben einem Stahlgießerei- und Walzbetrieb bestehen Montagewerke, eine Erdölraffinerie sowie Weiterverarbeitung eingeführter Roh- und Halbwaren. Flecht-, Leder-, Ton- und Schmuckwaren werden handwerkl. gefertigt.

Außenhandel: Ausgeführt werden Kaffee, Rohbaumwolle, Gewebe und Bekleidung, Zucker, Hummer und Krabben u. a., eingeführt Maschinen und Geräte, Kfz., Arznei- und Düngemittel, Eisen und Stahl, Erdöl u. a. Wichtigste Partner sind die USA, die EG-Länder (bei denen die BR Deutschland an 1. Stelle steht), Guatemala, Japan u. a.

Verkehr: Die Eisenbahn hat eine Streckenlänge von rd. 750 km, das Straßennetz ist rd. 12200 km lang, darunter ein 317 km langes Teilstück der Carretera Interamericana. Wichtigste Häfen sind Acajutla, La Unión und La Libertad; internat. ✈ Cuscatlán bei San Salvador.

Geschichte: Erste Keramik im Gebiet um Chalchuapa (Dep. Santa Ana) um 1500 v. Chr., erste Erdpyramiden um 900 v. Chr. Um 100 n. Chr. wurde die Bev. durch den Ausbruch des Vulkans Ilopango vertrieben und wanderte z. T. in das Gebiet der Maya aus; beim Wiederaufbau des Zentrums Tazumal deutl. Einflüsse aus dem Gebiet der Maya. Ab 1000 n. Chr. Einflüsse aus Mexiko, bes. im Zentralgebiet. Um 1400 Einwanderung der mex. Pipil. Ab 1524 eroberten die Spanier das Gebiet von El S.; die Indianer wurden im W endgültig 1533 unterworfen, im O 1547. El S. gehörte während der ganzen Kolonialzeit zur Audiencia Guatemala. 1786 wurde die Prov. San Salvador zur Intendencia erhoben. Nach Erhebungen 1811 und 1814 erlangte El S. 1821 die Unabhängigkeit von Spanien, ab 1823 zunächst im Rahmen der Zentralamerikan. Föderation. Im Unabhängigkeitskampf kurzzeitig von Augustín de Itúrbide beherrscht, dann bis 1838/39 Mgl. der Zentralamerikan. Föderation. 1841 erklärte El S. sich provisorisch zur Republik (endgültig erst 1859). Konservative und Liberale wechselten in der Herrschaft ab, teilweise nach unblutigen Umstürzen. Nach den ersten freien Wahlen 1931 errichtete General M. Hernández Martínez eine Militärdiktatur, gestützt auf eine mächtige Oligarchie. 1950 wurde unter Präs. O. Osorio eine neue Verfassung erlassen. 1960 übernahm eine linksgerichtete Militärjunta die Macht, die 1961 einem Rechtsputsch weichen mußte. 1962 trat eine neue Verfassung in Kraft, die dem Volk einige demokrat. Rechte zugesteht. Der polit. Einfluß des Militärs und der führenden Familien ist jedoch nach wie vor groß. Seit 1962 gewannen Kandidaten der Partido de Conciliación Nacional (PCN) das Präs.amt. Seit 1978 wachsende Unruhen v. a. unter den Bauern gipfelten im Mai 1979 in Geiselnahmen (Besetzung u. a. der Botschaften Costa Ricas und Frankr.). Im Okt. 1979 wurde der Staatspräs., General C. H. Romero (seit 1977), durch Militärputsch gestürzt; eine fünfköpfige Reg.junta aus Militärs und christdemokrat. Politikern wurde eingesetzt. Im März 1980 wurde der Erzbischof von San Salvador, Oscar Arnulfo Romero, der sich gegen die Junta gestellt hatte, während des Gottesdienstes ermordet. Dies beschleunigte den Zusammenschluß der Oppositionskräfte in der Frente Democrático Revolucionario (FDR) im April 1980. Ihr gehören Gewerkschaften, Bauernverbände, Parteien der Linken und der linken Mitte an, es schlossen sich auch weite Teile der Christdemokraten und der Unternehmensverbände an. Die Junta suchte ihr Bodenreformprogramm, das auf den Widerstand rechtsradikaler Gruppen wie z.B. der paramilitär. Organisation „Orden" stieß, mittels Verhängung des Ausnahmezustandes durchzusetzen. Bis Mitte 1980 weiteten sich die Auseinandersetzungen zwischen den Truppen der Reg.junta und den Guerillatruppen der FDR zum Bürgerkrieg aus, der im ganzen Jahr 1980 etwa 10 000 Menschenleben forderte. Nachdem im Nov. 1980 6 Politiker der FDR-Führungsspitze nach Folterungen ermordet worden waren, kam es im Dez. 1980 zu einer Umbildung der Reg.junta. Der christdemokrat. Politiker José Napoleón Duarte wurde Staatspräsident. Am 18. Dez. 1983 wurde eine neue Verfassung verkündet, die am 20. Dez. in Kraft trat und u.a. eine Obergrenze für Landbesitz enthält. Aus den Präsidentschaftswahlen 1984 ging der Christdemokrat J. N. Duarte als Sieger hervor. Die linksgerichtete Guerilla erklärte sich im Okt. 1984 zu den vom Präs. vorgeschlagenen Friedensgesprächen bereit. In den Wahlen 1984 gelang es Präs. Duarte, die rechtsextreme Alianza Republicano Nacionalista (ARENA) zurückzudrängen. Nach seinem Sieg bot Präs. Duarte einen „nat. Dialog" mit allen demokrat. Kräften an, doch konnte der Guerillakrieg nicht endgültig beigelegt werden. Neben den inneren Auseinandersetzungen trug v. a. die wirtsch. aussichtslose Situation zur Wahlniederlage Präs. Duartes bei den Parlaments- und Kommunalwahlen vom März 1988 bei. Die rechtsgerichtete ARENA erhielt mit 30 Parlamentsmandaten fast die absolute Mehrheit, im Mai 1988 verhalf ihr ein Überläufer zum 31. Parlamentssitz von der absoluten Mehrheit. Aus den Präsidentschaftswahlen im März 1989 ging A. F. Cristiani Burkard, Kandidat der ARENA, als Sieger hervor.

Politisches System: El S. ist nach der Verfassung vom 20. Dez. 1983 eine präsidiale Republik. *Staatsoberhaupt* und oberster Inhaber der *Exekutivgewalt* ist der Präs. (seit 1989 A. F. Cristiani Burkard); er wird zus. mit dem Vizepräs. für 5 Jahre gewählt. Die *Legislative* liegt bei der Nat.versammlung, deren 60 Abg. für 3 Jahre gewählt werden. Folgende *Parteien* sind in ihr vertreten: Partido Democratia Cristiano (PDC, 23 Sitze), Alianza Republicano Nacionalista (ARENA, 31 Sitze), Partido de Conciliacón Nacional (PCN, 6 Sitze). Der Einfluß der *Gewerkschaften* ist gering, größter Gewerkschaftszusammenschluß ist die Unidad Popular Democrática (UPD) mit rd. 500 000 Mitgliedern. Zur *Verwaltung* ist El S. in 14 Departamentos gegliedert. Im *Rechts*wesen gibt es die lokale Friedensgerichtsbarkeit, erstinstanzl. Bezirksgerichte, Appellationsgerichte und einen Obersten Gerichtshof. Die *Streitkräfte* sind rd. 43 000 Mann stark (Heer 39 000, Luftwaffe 2 000, Marine 1 000). Daneben gibt es paramilitär. Kräfte von rd. 25 000 Mann.

📖 *Didion, J.: Salvador. London 1983. - Frenz, H., u. a.: El S. - Massaker im Namen der Freiheit. Rbk. 1982. - White, A.: El S. London; New York 1973. - Browning, D.: El S.: landscape and society. London 1971. - Raynolds, D. R. W.: Rapid development in small economies; the example of El S. New York 1967.*

Salvation Army [engl. sæl'veɪʃən 'ɑːmɪ] ↑ Heilsarmee.

Salvator [lat. „Retter"] ↑ Heiland.

Salvatore, Gaston, * Valparaíso 29. Sept. 1941, chilen. Schriftsteller. - Lebt in Venedig; „Büchners Tod" (Dr., 1972) zeigt die Dialektik von revolutionärem Scheitern und revolutionärer Hoffnung. - *Weiteres Werk:* Waldemar Müller, ein dt. Schicksal (1982).

Salvatorianer [lat.] (lat. Societas Divini Salvatoris, Abk. SDS, Gesellschaft des Göttlichen Heilandes), kath. Ordensgemeinschaft für Priester und Laien, 1881 in Rom für die innere und äußere Mission gegr.; heute internat. verbreitet (1987: rd. 1 200 Mgl.). - Seit 1888 auch weibl. Zweig: *Schwestern vom Göttlichen Heiland (Salvatorianerinnen).*

salve! [lat.], sei gegrüßt!

Salve regina [lat. „sei gegrüßt, Königin"], Antiphon zu Ehren Marias; seit dem 11. Jh. nachweisbar, als Schlußantiphon der Komplet 1565 verbindl. vorgeschrieben. Seiner Beliebtheit im MA entsprachen die zahllosen mehrstimmigen Vertonungen in späterer Zeit.

Salvi, Niccolò, * Rom 6. Aug. 1697, † ebd. 8. Febr. 1751, italien. Baumeister - Schuf die Brunnenanlage der Fontana di Trevi (1732 ff.) in Rom.

Salvia [lat.], svw. ↑ Salbei.

Salweide ↑ Weide.

Salz [eigtl. „das Schmutziggraue"], allg. gebräuchl. Bez. für Kochsalz (Natriumchlorid), das als wichtiger Mineralstoff sowie als Würzmittel bei der menschl. und tier. Ernährung dient und auch in großem Umfang als techn. Rohstoff in der chem. Ind. und gewerbl. Wirtschaft gebraucht wird.

Geschichte: S. spielte schon in prähistor. Zeiten eine überragende Rolle und galt in vielen Kulturen als heilig. Der Bedarf an S. wurde durch Eindampfen von Meerwasser bzw. von Wasser aus S.quellen gedeckt. Bereits aus der jüngeren Bronze- und älteren Eisenzeit ist der bergmänn. Abbau von S.lagerstätten bekannt. Zahlr. Städte erhielten ihren Namen

Salza

nach dem S.bergbau bzw. den Kochsalzquellen, u. a. Halle, Hallstatt, Reichenhall (mittelhochdt. hal „Salzquelle"; zu griech. háls „Salz"); von vielen dieser Städte gingen bed. Handelsrouten († Salzstraßen) aus.
♦ † Salze.

Salza, Hermann von † Hermann von Salza.

Salzach, rechter Nebenfluß des Inn, entspringt in den Kitzbüheler Alpen, bildet nach der Mündung der Saalach die dt.-östr. Grenze, mündet 9 km nö. von Burghausen, 220 km lang.

Salzaster † Aster.

Salzbaum, svw. † Salzbusch.

Salzböden, Böden in ariden, semiariden oder semihumiden Klimagebieten, in denen lösl. Salze oberflächl. oder in bestimmten Bodenhorizonten ausgeschieden sind.

Salzbrunn, Bad † Bad Salzbrunn.

Salzburg, Hermann von, mittelhochdt. Liederdichter, † Mönch von Salzburg.

Salzburg, Landeshauptstadt des östr. Bundeslandes S., am Austritt der Salzach aus den Alpen, 424 m ü. d. M., 137 000 E. Verwaltungs-, Kultur- und Handelszentrum; kath. Erzbischofssitz, Priesterseminar; Univ. (gegr. 1622), Hochschule für Musik und darstellende Kunst, Östr. Forschungsinst. für Wirtschaft und Politik, Landesarchiv; Museen, u. a. Mozartmuseum; Verwaltungssitz des Bez. S.-Land; Landestheater. Alljährl. † Salzburger Festspiele. Die wichtigsten Ind.zweige sind Nahrungs- und Genußmittel-, Holz-, Elektro-, Bekleidungs-, keram., Metall- und chem. Ind. sowie Druckerei- und Verlagswesen; bed. Fremdenverkehr. Bahn- und Straßenknotenpunkt; internat. ✈.

Geschichte: In der Römerzeit **Iuvavum** (im 1. Jh. n. Chr. angelegt, im 5. Jh. verfallen, Munizipium seit Claudius). Neben den um 700 vom hl. Rupert gegr. Klöstern (Sankt Peter und das Benediktinerinnenkloster Nonnberg) und den 767–774 erbauten Dom entstand die 774 erstmals als Stadt erwähnte Kaufmannssiedlung S., die 996 Markt- und Münzrecht erhielt. 1077 wurde die Festung Hohensalzburg (Ausbau im 15. und frühen 17. Jh.) angelegt und die Stadt erweitert, die sich im 12. Jh. auf das rechte Flußufer ausdehnte, Mitte des 13. Jh. ummauert wurde und Ratsverfassung erhielt. Es entwickelte sich unter Erzbischof Wolf Dietrich von Raitenau (1587–1612) sowie dessen Nachfolgern Marcus Sitticus (1612–19) und Paris Graf von Lodron (1619–53) zur Barockstadt. Anfang des 19. Jh. frz. und bayr. besetzt, kam endgültig 1816 an Österreich.

Bauten: Altertüml. Stadtbild (z. T. italisierende Bauweise); Stiftskirche Sankt Peter (1130–43); Rokokoausstattung, Petersfriedhof mit Katakomben; roman.-got. Franziskanerkirche (1223 geweiht, mit spätgot. Chor 1408 ff. von H. Stethaimer; Hochaltar von J. B. Fischer von Erlach mit Muttergottes von M. Pacher); Stiftskirche auf dem Nonnberg (jetziger Bau 1463–1506/07) mit roman. Fresken (um 1150). Der Dom (frühbarocker Bau von S. Solari, Verbindung von Längs- und Zentralbau, 1614–28) entstand über Fundamenten einer roman. Basilika. Dreifaltigkeitskirche (1694–1702) und Kollegienkirche (1694–1707) von J. B. Fischer von Erlach. Profanbauten: Festung Hohensalzburg (1077, erweitert v. a. 1465–1519); Residenz (1595–1792 anstelle des alten Bischofshofs errichtet), Schloß Mirabell (1606 ff., 1721–27 Umbau von J. L. von Hildebrandt, Prunkstiege von G. R. Donner, 1726); am Stadtrand liegen die Schlösser † Hellbrunn und Leopoldskron (1736 ff. und 18. Jh.). In der Getreidegasse Mozarts Geburtshaus. - Abb. S. 104.

📖 *Gruber, F./Ludwig, K.-H.: Salzburger Bergbaugesch. Salzburg u. Mchn. 1982. - Gesch. Salzburgs. Stad u. Land.* Hg. v. H. Dopsch. 2 Bde. Salzburg 1981 ff. - *Ebhardt, M.: Die Salzburger Barockkirchen im 17. Jh.* Baden-Baden 1975.

S., Erzbistum, geht in seinen Ursprüngen um 700 auf den hl. Rupert zurück; 739 durch den hl. Bonifatius kirchl. umgrenzt; ab 798 Erzbistum; Erzbischof Eberhard II. (1200–46) begründete die salzburg. Landeshoheit; unter Kaiser Joseph II. wurde das gesamte außersalzburg. Diözesangebiet den Bistümern Gurk und Seckau unterstellt, die Metropolitanrechte blieben jedoch erhalten; 1803 Säkularisation des Fürstenbistums; 1825 Neuumschreibung der Grenzen: Die bayr. Suffraganbistümer fielen weg, dafür kam Trient (bis 1920) hinzu; heutige Suffraganbistümer: Feldkirch, Graz-Seckau, Gurk u. Innsbruck. - † auch katholische Kirche (Übersicht).

S., nördl. Bundesland von Österreich, 7 154 km^2, 456 500 E (1985), Hauptstadt Salzburg.

Landesnatur: S. hat Anteil an 2 Großlandschaften. Der nördlichste Landesteil (Flachgau) gehört zum Alpenvorland. Nach S schließen sich Teile der Nördl. Kalkalpen (Salzkammergut, Steinernes Meer, Hagengebirge, Tennengebirge) an; Salzach und Saalach durchbrechen diese Gebirge in engen Tälern. Im S folgt die schmale Schieferzone der Kitzbüheler Alpen, die sich die Zentralalpen anschließen. Das mildeste Klima ist in Salzburg anzutreffen. In den Gipfelregionen der Kalkhochalpen und der Hohen Tauern sowie im Salzkammergut fallen relativ starke Niederschläge (2 000–3 000 mm/Jahr). Im Lungau und stellenweise auch im Pinzgau werden dagegen Werte um 800 mm registriert.

Bevölkerung: Die größte Bev.dichte herrscht im Raum Salzburg/Hallein sowie im Flachgau und Tennengau. Die wichtigsten inneralpinen Zentren sind Bischofshofen, Sankt Johann im Pongau, Zell am See, Saalfelden am

Steinernen Meer und Bad Gastein. **Wirtschaft:** Im Flachgau gemischtwirtsch. Betriebe mit starker Wiesennutzung, in den alpinen Tälern v. a. Grünlandwirtschaft; bed. Rinder- und Pferdezucht (Pinzgauer). Eine Konzentration der Ind.betriebe (Nahrungs- und Genußmittel-, chem. Ind., Holzverarbeitung) findet sich zw. Salzburg und Hallein, aber auch im Pongau und Pinzgau. Bei Hallein wird Salz, in Mitterberg Kupfer-, in Mittersill Wolframerz, im Tennegau Gips, bei Leogang Magnesit abgebaut. Wasserkraftwerke v. a. bei Kaprun und im Stubachtal; bed. ganzjähriger Fremdenverkehr. S. ist ein Durchgangsland sowohl für den O-W- als auch den N-S-Verkehr.

Geschichte: Gehörte zur 45 n. Chr. geschaffenen röm. Prov. Noricum; im 6. Jh. Inbesitznahme des Gebiets durch die Bayern; 739 organisierte Bonifatius das Bistum S. neu; S. oblag die Missionierung des sö. Landesteiles; von Karl d. Gr. 798 zum Erzbistum erhoben. Durch die große Schenkung Kaiser Ottos II. von 977 wurde die Bildung einer geschlossenen Herrschaft als Kern des späteren geistl. Territoriums mögl., dessen Grundlagen v. a. Erzbischof Konrad I. (1106–47) schuf. Im 13. Jh. setzte das Bistum seine Landeshoheit im Raum von der unteren Salzach und Alz bis zum Tauernkamm und vom Gerlospaß bis in Murtal durch. Geriet seit dem 15. Jh. immer mehr in Abhängigkeit von den Habsburgern, die als Kaiser Einfluß auf die Besetzung des Erzstuhls nahmen. Nachdem zunächst die Reformation große Erfolge erzielt hatte, konnte die Gegenreformation die Protestanten in der 2. Hälfte des 16. Jh. allmähl. zurückdrängen († auch Salzburger Exulanten). Ab 1803 Kurfürstentum als habsburg. Sekundogenitur, fiel 1805 an Österreich, 1810 an Bayern, 1816 endgültig an Österreich; ab 1850 östr. Kronland, gehörte 1867–1918 zum östr. Reichsteil Zisleithanien; ab 1920 östr. Bundesland; gehörte 1938–45 als Reichsgau S. zum Dt. Reich.

📖 *Salzburger Land. Hg. v. Guido Müller u. H. Suida. Salzburg u. Wien 1979. - Beckel, L./ Zwittkovits, F.: Landeskundl. Flugbildatlas S. Salzburg 1977. 3. Lfgg. - Martin, F.: Kleine Landesgesch. v. S. Salzburg ⁴1971.*

Salzburger Exulanten, die (1731–33) im Zuge der Gegenreformation aus dem Erzbistum Salzburg vertriebenen Lutheraner. Dem größten Teil ermöglichte Friedrich Wilhelm I. von Preußen die Ansiedlung in Ostpreußen.

Salzburger Festspiele, seit 1920 alljährl. (Ausnahmen 1924 und 1944) im Juli/Aug. in Salzburg stattfindende Festspiele mit Opern (Mozart, R. Strauss, Verdi u. a.), Konzert- und Schauspielaufführungen (v. a. Hofmannsthals „Jedermann"). Anteil an der Verwirklichung der Festspielidee hatten R. von Hofmannsthal, M. Reinhardt und R. Strauss, auf deren Initiative 1917 die Salzburger Festspielhausgemeinde gegr. wurde.

Salzburger Marionettentheater, 1913 von A. Aicher (* 1859, † 1930) gegründetes Puppentheater, das sein Sohn H. Aicher (* 1902) 1926 übernahm. Das S. M. wurde v. a. mit der Aufführung von Mozartopern weltbekannt.

Salzburger Nockerln, östr. heiße Mehlspeise aus Eischnee, Eidotter, Butter, [Puder]zucker und wenig [Stärke]mehl.

Salzburgisch-Oberösterreichische Kalkalpen, zentraler Teil der Nördl. Kalkalpen, zw. Tiroler Ache und Paß Pyhrn. Wichtigstes bergbaul. Produkt ist Steinsalz. Ziele des Fremdenverkehrs sind Bad Reichenhall, Bad Ischl, Bad Aussee, die Eisriesenwelt, das Berchtesgadener Land, der Tennengau und das Salzkammergut.

Salzbusch (Salzbaum, Senfbaum, Zahnbürstenbaum, *Salvadora persica*), strauchig oder baumförmig wachsendes Gewächs, verbreitet in den Buschsteppen von NW-Indien bis Vorderasien, NW-Afrika und SW-Afrika; mit erbsengroßen, scharf aromat. schmeckenden, eßbaren Beerenfrüchten. Aus der Asche des S. kann Salz gewonnen werden. Die Zweigstücke mit aufgefasertem Ende werden im Orient als Zahnbürste verwendet.

Salzdetfurth, Bad † Bad Salzdetfurth.

Salze, chem. Verbindungen aus positiv geladenen Metall-, Halbmetall- oder Komplexionen (Kationen) und negativ geladenen Nichtmetall-, Halbmetall- oder Komplexionen (Anionen). S. kristallisieren in einem Ionengitter und besitzen wegen der großen Anziehungskräfte zw. den Ionen hohe Schmelz- und Siedepunkte. In der Schmelze und in wäßriger Lösung (soweit sie lösl. sind) liegen S. in Ionen dissoziiert vor. S. entstehen z. B. durch Reaktion von metall. und nichtmetall. Element, von Metall- und Nichtmetalloxiden sowie bei der Umsetzung von Säuren und Basen. *Neutral-S.* enthalten keine Wasserstoffionen, H^+, oder Hydroxylionen, OH^-. *Saure S.* werden von Säuren mit mehreren abspaltbaren H^+-Ionen gebildet, wobei aber nicht alle H^+-Ionen durch Kationen ersetzt werden. Sie werden entsprechend der Anzahl der verbliebenen H^+-Ionen als *[Mono]hydrogen-, Di-* oder *Trihydrogen*-S. oder entsprechend der Anzahl der ersetzten H^+-Ionen als *primäre, sekundäre* oder *tertiäre* S. bezeichnet. Analog werden *bas. S.* von Basen mit mehreren abspaltbaren Hydroxylgruppen gebildet. Eine bes. Gruppe stellen die † Doppelsalze dar. S. mit Komplexionen werden als *Komplex-S.* bezeichnet.

Viele lebensnotwendige anorgan. Stoffe müssen zur Erhaltung eines normalen Stoffwechsels und der Körperfunktionen in der Nahrung enthalten sein. Häufig werden diese Stoffe in Form von S. aufgenommen und als Ionen in den Stoffwechsel eingebracht. Zur Bed. der

Salzgarten

S. für den Organismus ↑Stoffwechsel (Mineralstoffwechsel).

Salzgarten ↑Saline.

Salzgesteine, zu den ↑Evaporiten zählende, aus Chloriden und Sulfaten der Alkalien und Erdalkalien aufgebaute Gesteine.

Salzgitter, Stadt im nördl. Harzvorland, Nds., 80–263 m ü. d. M., 106 600 E. Fachschulen für Technik und Wirtschaft, Museum; Hüttenwerke, Großbetriebe der eisenverarbeitenden Industrie sowie Textil-, Elektro-, Papier-, Arzneimittel- und Nahrungsmittelindustrie; bis 1976 Abbau von Eisenerzen; Wasserstraßenverbindung über den Elbeseitenkanal bis Hamburg, über einen Stichkanal mit dem Mittellandkanal; ⚓. Solbad im Stadtteil S.-Bad. - Eine Saline wird erstmals im 12. Jh. erwähnt. Die Siedlung entstand Anfang des 14. Jh. im Anschluß an die Wasserburg Kniestedt; 1400–1523, 1803–15 und seit 1929 Stadt. 1942 mit 27 anderen Gemeinden (sämtl. erstmals vor und um 1000 gen.) zu Watenstedt-Salzgitter zusammengeschlossen, seit 1951 S. - Ehem. Benediktinerkloster Ringelheim mit roman., 1694 umgestalteter Kirche, barocke Kirche (18. Jh.). Modernes Kirchenzentrum Sankt Matthäus in S.-Lebenstedt (1963–67). Im Ortsteil Lebenstedt 1952 Ausgrabung eines Wohnplatzes aus dem älteren Mittelpaläolithikum.

Salzgitter AG, dt. Unternehmen der Montanind., bundeseigene Holdinggesellschaft; gegr. 1950 als „AG für Bergbau- und Hüttenbetriebe"; seit 1961 heutiger Name.

Salzgras (Andel, Strandsalzschwaden, Puccinellia maritima, Atropis maritima), 20–30 cm hohes, sich ausläuferartig ausbreitendes Süßgras der Gatt. *Salzschwaden* (Puccinellia, Atropis; rd. 40 Arten) an den Meeresküsten Europas; Ährchen violett, meist vier- bis sechsblütig, 6–10 mm lang, während der Fruchtzeit in meist zusammengezogenen Rispen; v. a. an den Küsten der Nordsee wichtige Pionierpflanze auf häufig überfluteten, salzreichen Seeschlickböden; ausgedehnte Bestände bildend *(Andelwiesen).*

Salzhut ↑Salzstock.

Salzkammergut, Teil der Salzburg.-Oberöstr. Kalkalpen mit verkarsteten Kalkstöcken (u. a. Totes Gebirge, Dachstein, Höllengebirge) und zahlr. Seen in den Wannen eiszeitl. Gletscher. Wichtigstes Salzgewinnungsgebiet Österreichs mit den Zentren Hallstatt, Bad Ischl und Altaussee. - Der Name S. bürgerte sich zur Unterscheidung des oberen Trauntals und des Gebiets um Hallstatt im Hinblick auf die Salzgewinnung vom übrigen landesfürstl. Kammergut (dem Teil des Territoriums, in dem der Landesfürst nicht nur Landes-, sondern auch Grundherr war) ein, 1656 erstmals belegt, später auf das heutige S. ausgeweitet.

Salzkrebschen, svw. ↑Salinenkrebschen.

Salzlecke (Lecke, Sulze), wm. Bez. für das manchen Tieren (bes. Schalenwild, Hasen, Kaninchen, Tauben) angebotene, zum Gedeihen unentbehrl. Mineralsalz (v. a. Kochsalz oder Steinsalz); z. B. in Form von Lecksteinen in Futtertrögen *(Barrensulze)*, auf Wurzelstöcken *(Stocksulze)* oder Lehm-Salz-Gemische in Trögen *(Lehmsulze).*

Salzmann, Christian Gotthilf, * Sömmerda 1. Juni 1744, † Schnepfenthal (= Waltershausen, Landkr. Gotha) 31. Okt. 1811, dt. Pädagoge und ev. Theologe. - Zunächst Pfarrer in Erfurt, seit 1781 Mitarbeiter am Philanthropin in Dessau; gründete 1784 in Schnepfenthal eine philanthrop. Erziehungsanstalt; beeinflußte als Schriftsteller und Praktiker das Erziehungs- und Schulwesen nachhaltig.

Salzburg mit der Franziskanerkirche (Mitte links) und dem Dom (rechts)

S., Siegmund, östr. Schriftsteller, ↑Salten, Felix.
Salzmelde (Halimione), Gatt. der Gänsefußgewächse mit rd. 100 Arten in Amerika, in den Mittelmeerländern sowie in Vorder- und Zentralasien, v. a. in Wüsten und Steppen oder an Küsten. Auf den salzhaltigen Schlickböden der Nord- und Ostseeküsten kommen die **Portulaksalzmelde** (Halimione portulacoides; mit meist gegenständigen Blättern) und die **Gestielte Salzmelde** (Halimione pedunculata; mit meist wechselständigen Blättern) vor.
Salzmiere (Fettmiere, Salzblume, Honkkenya), Gatt. der Nelkengewächse mit der einzigen Art **Strandsalzmiere** (Honckenya peploides) an den Küsten W- und N-Europas sowie N-Asiens und N-Amerikas; ausdauernde, sukkulente, gelbgrüne Pflanzen mit kriechender Grundachse, fleischigen, bis etwa 20 cm hoch aufsteigenden Stengeln, fleischigen, dicht ansitzenden, kahlen Blättern in vier Reihen und weißen Blüten in scheindoldigen Blütenständen.
Salzpfanne, in abflußlosen, trockenen Gebieten flache Einsenkung mit Salzböden, -ausblühungen und -krusten.
Salzpflanzen (Halophyten), Pflanzen, die an salzreichen Standorten (z. B. Meeresküsten, Ränder von Salzpfannen in Steppen und Wüstengebieten und von Salzquellen) wachsen. Dem hohen Salzgehalt des Bodenwassers haben sich die S. durch Aufnahme entsprechend hoher NaCl-Mengen in die Zellsaft angepaßt. Manche S. scheiden über Drüsen hochkonzentrierte Salzlösungen aus (z. B. Tamariske). Viele S. sind stark sukkulent.
Salzquellen, svw. ↑Kochsalzquellen.
Salzsäure (Chlorwasserstoffsäure), HCl, die wäßrige, in reinem Zustand farblose, durch Verunreinigung oft gelb gefärbte Lösung des Chlorwasserstoffgases, die bei 108,6 °C (mit 20,4 Gew.-% HCl) azeotrop siedet und alle Metalle mit negativem Normalpotential löst. Aus konzentrierter S. entweicht ständig ↑Chlorwasserstoff (wegen des hohen Partialdrucks), der mit dem in der Luft enthaltenen Wasser S.nebel bildet („rauchende S."). S. wird durch Einleiten von Chlorwasserstoffgas in Wasser hergestellt. Sie wird zur Herstellung von Metallchloriden, zur Holzverzuckerung, als Metallbeize und zur Darstellung von Chlor verwendet. S. ist in reinem Magensaft zu 0,5% enthalten; die von den Belegzellen des Magens gebildete S. aktiviert die Enzymvorstufe Pepsinogen zum eiweißspaltenden Enzym Pepsin.
Salzschmelzen, durch Erhitzen verflüssigte Salze oder Salzgemische, die infolge der Dissoziation elektr. leitfähig sind. S. dienen in der Hüttenind. zum Abdecken von Metallschmelzen gegen Luftzutritt, zum Entzundern und Härten von Stahl und spielen bei der Gewinnung von Metallen durch Schmelzflußelektrolyse eine große Rolle. Ihre hohe Wärmeleitfähigkeit wird in der Reaktortechnik ausgenutzt (z. B. beim natriumgekühlten Reaktor).
Salzsee, Großer ↑Great Salt Lake.
Salzseen, Seen mit einem überdurchschnittl. Salzgehalt (bis zu 38%); z. T. durch salzhaltige Quellen gespeist, meist aber bilden sie abflußlose Endseen in Trockengebieten, deren Salzinhalt durch Verdunstung ständig steigt.
Salzspiegel ↑Salzstock.
Salzsteppe, durch Salzböden gekennzeichnete Steppenform.
Salzsteuer, Verbrauchsteuer auf Salz; als Besteuerung eines lebensnotwendigen Gutes problematisch.
Salzstock (Diapir), in Schwächezonen der Erdkruste aufgedrungene Salzmassen, die die überlagernden Schichten dom-, stock- oder pilzförmig durchstoßen haben. Die obersten Teile werden oft durch Sickerwasser ausgelaugt, wobei über dem sog. **Salzspiegel** eine Kappe von [Anhydrit]gesteinen entsteht (**Salzhut** oder **Gipshut**).
Salzstraßen, Handelsrouten, auf denen Salz vom Gewinnungsort in die Verbrauchsgebiete transportiert wurde. Die ältesten S. führten von Hallstatt zur Adria, ans Schwarze Meer, an die Nordsee, nach Frankreich.
Salzsumpf ↑Salztonebene.
Salztonebene, innerster Teil vieler abflußloser Becken in Trockengebieten, oberflächl. stark mit Salz angereichert. Zur Regenzeit bilden sich **Salzsümpfe** oder -seen, die anschließend austrocknen.
Salzuflen, Bad ↑Bad Salzuflen.
Salzungen, Bad ↑Bad Salzungen.
Salzwedel, Krst. in der Altmark, Bez. Magdeburg, DDR, 20 m ü. d. M., 23 100 E. Chemiewerk, Pumpenfabrik; Erdgasgewinnung. - Die im Schutz einer Burg entstandene und 1112 erstmals bezeugte Altstadt erhielt zw. 1207 und 1233 Stadtrecht; 1713 mit der 1247 planmäßig gegr. und ebenfalls mit Stadtrecht versehenen Neustadt vereinigt. - Altstädt. Rathaus (1509); Pfarrkirchen: Sankt Marien (im wesentl. 14. Jh.), Sankt Katharinen (frühgot., spätgot. umgebaut), Sankt Lorenz (13. Jh.); spätgot. ehem. Franziskanerkirche mit Flügelaltar von L. Cranach d. J. (1582). Fachwerkhäuser (16.–18. Jh.).
S., Landkr. im Bez. Magdeburg, DDR.
Salzwiesen, aus verschiedenen Salzpflanzen gebildete, meist großflächige Pflanzengesellschaften im Verlandungsgebiet flacher Meeresküsten oberhalb der mittleren Hochwassergrenze, landeinwärts auf die Quellerwiesen folgend; z. B. an der Nordsee in Wassernähe als *Andelwiese*, in der Übergangszone Watt/Marsch bei seltener Überflutung als *Strandnelkenwiese* (mit Strandnelke, -wegerich, Salzbinse, -schwingel, Grasnelke u. a.).

Sam [engl. sæm], engl. männl. Vorname, Kurzform von Samuel.
Samaden ↑ Samedan.
Samael ['za:ma-el; meist gedeutet als Zusammensetzung von hebr. sam „Gift" und el „Gott"] (Samiel), jüd. Satansgestalt der nachbibl. Zeit und Literatur; enge Beziehungen zu christl. Teufelsvorstellungen.
Samaniden, iran. Dyn. mit dem Kernland Transoxanien (um 874 bis um 999/1005); konnte unter Nasr I. (✉ 875–892) und Esmail I. (✉ 892–907) fast ganz Persien unterwerfen. Die S. zogen den einträgl. Handel mit O-Europa und Z-Asien an sich, sie förderten die nat. iran. Tradition und das Wiederaufleben der pers. Literatur (Ferdausi).
Samantabhadra, ein ↑ Bodhisattwa, dessen Leben den Buddhisten als bes. vorbildl. gilt. Bes. Bed. erlangte er in Tibet, wo er als Adibuddha („Urbuddha") galt.
Samar, mit 13 080 km² drittgrößte Insel der Philippinen.
Samarakis, Antonis, * Athen 16. Aug. 1919, neugriech. Schriftsteller. - V. a. bekannt wurde sein Roman „Der Fehler" (1965), ein Aufruf gegen die Unterdrückung der Menschen durch totalitäre, aber auch sog. demokrat. Staaten.
Samaria [zama'ri:a, za'ma:ria], (S. Sebaste) ehem. Stadt in Samaria, 10 km nw. von Nablus, das heutige Dorf Sabastijja. - S. wurde von dem alttestamentl. König Omri gegr., zur Hauptstadt des Nordreichs erhoben und befestigt; 722/721 von den Assyrern erobert. Nach der Zerstörung durch Hyrkanos I. (107 v. Chr.) gelangte S. durch Herodes I., d. Gr., zu neuem Glanz. - Ausgrabungen seit 1908; u. a. aus dem 9. Jh. v. Chr. Reste des israelit. Königspalastes; zahlr. Elfenbeinarbeiten.
S., histor. Bez. für die nördl. zentrale Bergregion Palästinas zw. der Jesreelebene im N und dem Bergland von Judäa, von der Sharon im W und dem Jordangraben im O begrenzt, in West-Jordanien (seit 1967 unter israel. Verwaltung). Zentraler Ort ist Nablus.
Samarinda, indones. Stadt in O-Borneo, 138 000 E. Verwaltungssitz der Prov. Ostborneo; kath. Bischofssitz; Univ. (gegr. 1962); Sägewerke; Hafen; nahebei Steinkohlenabbau.
Samaritaner (Samariter), Mischvolk aus nach der assyr. Eroberung (722/721) in Z-Palästina verbliebenen Israeliten und Kolonisten, ben. nach ↑ Samaria. Die S. befolgten die Jahwereligion, die jedoch stärker als bei den Juden mit Elementen kanaanäischer Kulte durchsetzt war. Daraus entstand eine Feindschaft zw. S. und Juden, die schließl. zur Errichtung eines eigenen Tempels der S. auf dem Berg Garizim führte. Dieses Schisma bewirkte, daß die S. die später gesammelten Teile der Bibel nicht übernahmen und nur am Pentateuch (**samaritanischer Pentateuch**) festhielten, den sie im Interesse ihres eigenen Kultes z. T. auch sachl. veränderten. Die S. führen bis heute ein Sonderdasein. Sie kennen in ihrer Lehre keine Auferstehung von den Toten und erwarten als Messias nur einen „Propheten wie Mose". Die S. zählen heute noch etwa 350 Personen.
Samaritanisch ↑ Aramäisch.
Samariter, 1. svw. ↑ Samaritaner; 2. im Anschluß an das bibl. Gleichnis vom *Barmherzigen S.* (Luk. 10, 30 ff.) Bez. für freiwillige Krankenpfleger und (bes. in der Schweiz) für Sanitäter.
Samaritervereine, von J. F. A. von Esmarch Ende des 19. Jh. gegründete freie Vereinigungen zur Leistung Erster Hilfe; 1937 dem Dt. Roten Kreuz zwangsweise angegliedert. Nach 1945 wurde der **Arbeiter-Samariter-Bund Deutschland e. V.** mit Sitz in Köln neu gegründet; er ist in 11 Landesverbände gegliedert mit zus. rd. 625 000 Mgl. (1987). Seine wichtigsten Aufgaben liegen im Bereich des Gesundheits- und Rettungswesens und des Katastrophenschutzes. Außerdem unterhält er verschiedene soziale Dienste.
Samarium [nach dem Mineral Samarskit], chem. Symbol Sm; metall. Element aus der Reihe der Lanthanoide des Periodensystems der chem. Elemente, Ordnungszahl 62, mittlere Atommasse 150,4; Schmelzpunkt 1 072 °C, Siedepunkt 1 778 °C. Das hellgraue Metall tritt in seinen grün bis gelb gefärbten Verbindungen meist dreiwertig auf; mit einem Anteil von $6 \cdot 10^{-4}$ Gew.-% an der Erdkruste steht S. in der Häufigkeit der chem. Elemente an 44. Stelle. In der Natur kommt S. meist als Phosphat oder Silicat und stets zus. mit den übrigen Metallen der seltenen Erden vor. S. ist im Cermischmetall enthalten und wird zur Herstellung von Legierungen (v. a. mit Kobalt), die sich als Dauermagnetwerkstoffe eignen, sowie zum Dotieren von Kristallen in der Laser- und Masertechnik verwendet. - S. wurde 1879 von P. É. Lecoq de Boisbaudran in ↑ Samarskit nachgewiesen.
Samarkand, sowjet. Geb.hauptstadt in der Usbek. SSR, in der Flußoase des Serawschan, 720 m ü. d. M., 371 000 E. Univ. (gegr. 1933), 5 Hochschulen, Museen und Theater. Nach Taschkent das wichtigste Ind.zentrum der Usbek. SSR; an der Transkasp. Eisenbahn; ✈.

Geschichte: Im 4. Jh. v. Chr. lag an der Stelle des heutigen S. **Marakanda** (Hauptstadt der pers. Prov. Sogdiana); 712 n. Chr. von den Arabern erobert, kam vom 9. Jh. an u. a. unter die Herrschaft der Samaniden, Seldschuken und Chwarism-Schahs; 1220 von Dschingis Khan erobert und zerstört. 1369 machte Timur-Leng die Stadt zur Hauptstadt seines Reiches und baute sie zu einer der schönsten und bedeutendsten Städte seiner Zeit aus; 1500 von den Schaibaniden erobert, Prov.-hauptstadt des Khanats Buchara; kam 1868 zu Rußland.

Bauten: Die Schah-Sinde-Moschee (Ende des 14. Jh.) war Teil eines großen Komplexes, von dem ein Eingangsportal und 13 Mausoleen aus dem 14. und 15. Jh. erhalten blieben. Die Bibi-Chanym-Moschee (1399–1404; z. T. zerstört; Torbau mit 41 m hohem, spitzbogigem Portal, flankiert von je einem oktogonalen Minarett, urspr. ganz mit Fayenceplatten verkleidet) wird seit 1978 restauriert. Auch das Gur-i-Mir-Mausoleum (1504–05 als Grablege der Timuriden erbaut) war Teil einer großen Anlage; Gräber von Timur-Leng, Schah Ruch und Ulugh Bei. Am Registanplatz liegen die Ulugh-Bei-Medrese (1417–20), die Schir-Dor-Medrese (1619–36) und die Tillia-Kar-Medrese (1646–60); am NO-Rand der Stadt befindet sich das berühmte Observatorium Ulugh Beis (um 1420). Eine große Anzahl von Bauwerken befindet sich in den Vororten der Stadt; Mausoleen (Abdi-Darun- und Tschupan-Ata-Mausoleum aus dem 15. Jh.), Moscheen (u. a. Namasgah-Moschee, 17. Jh.) und Medresen (Chodscha-Achrar-Medrese). Der gedeckte Basar (Tschorsy) stammt aus dem späten 18. Jh.

Samarkand. ↑ Orientteppiche (Übersicht).

Samarra, Stadt am linken Ufer des Tigris, Irak, rd. 20 000 E. Schiit. Wallfahrtsort; archäolog. Museum; Handelszentrum. - Im Altertum Sumere; 836–892 Abbasidenresidenz. Ausgrabungen (1912–14) weiträumiger Palastanlagen (mit Stuckdekorationen). Überreste der Großen Moschee (847–861) mit fast 60 m hohem Minarett. - S. ist auch der namengebende Fundort vorgeschichtl. Keramik des 6. Jt. v. Chr.

Samarskit [nach dem russ. Mineralogen W. J. Samarski-Bychowez, * 1803, † 1870], in Körnern oder derben Massen auftretendes tiefschwarzes Mineral der chem. Zusammensetzung $(Y, Er)_4[(Nb, Ta)_2O_7]_3$, das auch wechselnde Mengen anderer Metalle der seltenen Erden sowie Uran und Calcium enthält; Mohshärte 5-6; Dichte 5,6 bis 5,8 g/cm³.

Samaweda [Sanskrit „der Weda der Gesänge"], eine der Sammlungen des ↑Weda.

Samba [afrikan.-portugies.], formenreiche Gruppe brasilian. Tänze in schnellem geradem Takt mit synkopiertem Rhythmus. Der walzerähnl. Grundschritt mit leichtem Beugen und Strecken des belasteten Beins gibt der S.bewegung einen wiegenden, eleganten Charakter. Die S. geht auf afrikan. Tänze zurück. Sie wurde um 1917 zum Haupttanz des Karnevals in Rio de Janeiro. Um 1950 wurde die S. in geglätteter Form Modetanz und gehört heute zum Welttanzprogramm. Eine Abart des S. ist der ↑Bossa Nova.

Sambals [malai.], meist sehr scharfe Würzpasten der indones. Reistafel.

Sambare [Hindi] (Pferdehirsche), Name dreier zur Untergatt. *Rusa* zusammengefaßter Arten 1,0 bis 2,7 m langer, brauner bis schwärzl. Hirsche: ↑Mähnenhirsch, ↑Sambarhirsch und **Philippinensambar** (Cervus [Rusa] marianus; darunter der Philippinenhirsch als kleinste Unterart); in Wäldern und Bambusdickichten in Südasien und auf den Sundainseln.

Sambarhirsch (Ind. S., Ind. Pferdehirsch, Cervus [Rusa] unicolor), bis 2,7 m langer, hochbeiniger, meist schwärzl. Hirsch in den Wäldern S-Asiens und der Großen Sundainseln.

Sambesi, größter Strom im südl. Afrika, entspringt im äußersten NW von Sambia, durchfließt den äußersten O Angolas und W-Sambias, bildet im Mittellauf einen Teil der Grenze Sambias gegen Namibia (Caprivizipfel) und anschließend dessen gesamte Grenze gegen Simbabwe, durchfließt danach N-Moçambique, mündet bei Chinde mit einem Delta in den Ind. Ozean; 2 660 km lang. Im oberen Mittellauf liegen die Victoriafälle; hier stürzt der S. 1 700 m breit in mehreren Teilfällen in eine 110 m tiefe, etwa 50 m breite Schlucht; mehrfach gestaut (↑Karibadamm, ↑Cabora-Bassa-Staudamm). Der S. ist schiffbar ab Tete.

Sambia

(amtl.: Republic of Zambia), Republik im südl. Afrika, zw. 8° und 18° s. Br. sowie 22° und 33° 45′ ö. L. **Staatsgebiet:** S. grenzt im N an Zaïre, im NO an Tansania, im O an Malawi, im SO an Moçambique, im S an Simbabwe und Namibia, im W an Angola. **Fläche:** 752 614 km². **Bevölkerung:** 6,7 Mill. E (1985), 8,8 E/km². **Hauptstadt:** Lusaka. **Verwaltungsgliederung:** 9 Prov. **Amtssprache:** Englisch. **Nationalfeiertag:** 24. Okt. (Unabhängigkeitstag). **Währung:** Kwacha (K) = 100 Ngwee

Samarkand. Teilansicht der Schah-Sinde-Moschee (Ende des 14. Jh.)

Sambia

(N). **Internat. Mitgliedschaften:** UN, OAU, Commonwealth, GATT, CIPEC, der EWG assoziiert. **Zeitzone:** Osteurop. Zeit, d. i. MEZ + 1 Std.

Landesnatur: Der Binnenstaat S. besteht weitgehend aus einer Hochebene in 1 000–1 500 m Höhe, die von Inselbergen und -gebirgen überragt wird. Die höchste Erhebung (2 068 m) liegt an der Grenze zu Tansania. Die Flüsse fließen meist in flachen Mulden und neigen daher zu Überschwemmungen. Im S. haben Kafue und Sambesi im Grundgebirge tiefe Schluchten gebildet; der letztere wird gestaut († Karibadamm). S. hat Anteil am südl. Teil des Tanganjikasees.

Klima: Es ist trop., semihumid; Regenzeit von Okt./Nov. bis April.

Vegetation: Kennzeichnend für die Hochebene ist laubabwerfender Trockenwald, im N mit dichtem Grasunterwuchs, im S durchsetzt mit Dornsträuchern. Am oberen Sambesi lichte Savannen; große Papyrussümpfe am Bangweolo- und Mwerusee.

Tierwelt: In 17 Nationalparks wird die reiche Fauna geschützt (u. a. Elefanten, Büffel, Raubkatzen, Affen, Zebras, Giraffen, Antilopen und zahlr. Vogelarten).

Bevölkerung: Sie besteht überwiegend aus Angehörigen von 72 Bantustämmen, daneben europ., südafrikan. und asiat. Minderheiten sowie Flüchtlingen aus Angola. Traditionelle Glaubensvorstellungen sind weit verbreitet; 44% der Bev. sind Christen. Hohe Siedlungsdichte besteht im Kupfergürtel und der südl. anschließenden Achse längs der Eisenbahn. Schulpflicht von 7–14 Jahren; S. verfügt über eine Univ. (eröffnet 1966) in Lusaka.

Wirtschaft: Für den Eigenbedarf werden Mais, Hirse, Maniok angebaut. Wichtige Marktprodukte sind außerdem Tabak, Erdnüsse, Baumwolle. An Vieh werden Rinder, Ziegen, Schweine und Schafe gehalten, doch muß Fleisch zusätzl. eingeführt werden. Wichtigstes Nutzholz ist das Rhodes. Teak. Fischerei in Flüssen und Seen. Wirtsch. Grundlage des Landes ist der Bergbau, v. a. auf Kupfer im sog. Kupfergürtel um den Kafue; außerdem wird Steinkohle gefördert sowie Mangan- und Silbererze, auch Edelsteine. Ind.zentren sind Lusaka und Ndola. Hier bestehen Nahrungs- und Genußmittelind., Metallind., Motoren- und Kfz.montagebetriebe, eine Erdölraffinerie, chem., pharmazeut. u. a. Werke. - Karte S. 110.

Außenhandel: Ausgeführt werden Kupfer, Zink, Blei, Kobalt, Schmucksteine, Tabak, Mais, eingeführt Maschinen, Apparate und Geräte, Kfz., Getreide, Eisen und Stahl, Metallwaren, Erdölprodukte, Garne, Gewebe u. a. Wichtigste Partner sind die EG-Länder (bei denen die BR Deutschland an 3. Stelle steht), Japan, VR China, Südafrika, Indien, die USA u. a.

Verkehr: Das Eisenbahnnetz ist rd. 2 200 km, das Straßennetz rd. 37 000 km lang, davon sind rund 5 600 km asphaltiert. Die Exportgüter werden unter Benutzung der Tansambahn im Hafen von Daressalam verschifft. Binnenschiffahrt auf dem Tanganjikasee. Fluggesellschaft bedient den Inlands- und Auslandflugverkehr; *internat. ✈ in Lusaka und Ndola.

Geschichte: Im W des heutigen S. bestand seit dem 17. Jh. das Rotsereich; der NO wurde von arab. Sklavenjägern heimgesucht. Von etwa 1840 bis 1865 beherrschten die Kololo das Rotseland. Fast ganz S. wurde von D. Livingstone erforscht. 1899 wurde das Protektorat *Nordwest-Rhodesien* gebildet, das die British South Africa Company (BSAC) C. Rhodes' verwaltete; 1900 übertrug die brit. Reg. der BSAC auch die Verwaltung des Barotselandes, behielt sich jedoch das Protektorat über dieses Land vor. 1901 errichtete die BSAC das Protektorat *Nordost-Rhodesien* und vereinigte 1911 beide Territorien zum Protektorat *Nordrhodesien*, das 1924 Kronprotektorat wurde, 1953–63 zur Zentralafrikan. Föderation gehörte und 1964 als Republik S. unabhängig wurde; das Barotseland wurde als Prov. integriert. In der Reaktion auf die Politik Großbrit. und anderer westl. Staaten gegenüber Rhodesien und Südafrika wurde in S. die Afrikanisierung eingeleitet, u. a. wurden 1968–70 ausländ. Unternehmen teilweise verstaatlicht. Ab 1972 erfolgte die Umwandlung in einen Einparteienstaat, der in der neuen Verfassung von 1973 verankert wurde. Im Rhodesienkonflikt gehörte S., eine wichtige Basis der simbabw. Befreiungsbewegungen, zu den sog. schwarzafrikan. Frontstaaten. Die 1980er Jahre sind geprägt durch eine schlechte wirtsch. Lage und daraus resultierende innere Unruhen.

Politisches System: Nach der Verfassung vom 25. Aug. 1973 ist S. eine präsidiale Republik. *Staatsoberhaupt* und Inhaber der *Exekutive* ist der Staatspräs. (seit 1964 K. Kaunda); seine Amtszeit ist unbegrenzt; u. a. ernennt er den Premiermin., den Generalsekretär der Partei, der bei Tod oder Rücktritt des Staatspräs. dessen Funktion übernimmt, und ist Oberbefehlshaber der Streitkräfte. Die *Legislative* liegt beim Einkammerparlament (National Assembly; 125 vom Volk gewählte, 10 vom Staatspräs. ernannte Mgl.). Als beratendes Gremium fungiert das 27 Mgl. umfassende House of Chiefs (2–4 Häuptlinge aus jeder Prov.). Einzige *Partei* ist die United National Independence Party (UNIP) unter der Führung von Staatspräs. Kaunda, deren Zentralkomitee (höchstens 25 Mgl.) größere polit. Befugnisse als das Kabinett hat. *Verwaltungs*mäßig ist S. in 9 Prov. eingeteilt; an der Spitze jeder Prov.verwaltung steht ein Kabinettsmin. der Zentralreg. Es gelten brit. beeinflußtes *Recht* und Stammesrecht. Die *Streitkräfte*

Samenleiter

sind rd. 16 200 Mann stark (Heer 15 000 Luftwaffe 1 200); daneben gibt es rd. 1 200 Mann starke paramilitär. Kräfte.
📖 *Schultz, Jürgen: Zambia. Darmst. 1983. - Adam, E.: „Tribalismus" u. ungleiche Entwicklung in Zambia. Bad Honnef 1980. - Fink, K.: S. Königstein im Taunus 1979. - Roberts, A.: A history of Zambia. London 1976. - Ohadike, P. O./Tesfaghiorghis, H.: Population of Zambia. New York 1975. - Politics in Zambia. Hg. v. W. Tordoff. Berkeley (Calif.) 1975. - Kaunda, K. D.: Humanismus in S. Dt. Übers. Freib. 1972.*

Sambo [russ.], den ostasiat. Varianten, u. a. dem Jiu-Jitsu, ähnelnde Art der waffenlosen Selbstverteidigung.

Samedan (bis 1943 amtlich Samaden), Gem. im schweizer. Kt. Graubünden, im Oberengadin, 1 720 m ü. d. M., 2 600 E; rätoroman. Bibliothek; heilklimat. Kurort, Sommerfrische und Wintersportplatz; ⛷. - Kirche Sankt Peter (v. a. 1492), Ref. Kirche (um 1682; Umbau 1760; Turm 1771) über trapezförmigem Grundriß.

Samen ↑ Lappen.

Samen (Semen), svw. ↑ Sperma.

◆ ein nach der Befruchtung im Verlauf der Samenentwicklung aus einer S.anlage entstehendes Verbreitungsorgan der S.pflanzen, das einzeln oder in Mehrzahl bei den Nacktsamern frei auf der S.schuppe der Zapfen, bei den Bedecktsamern im Fruchtknoten eingeschlossen liegt. Der S. besteht aus einem vorübergehend ruhenden Embryo, der meist in Nährgewebe eingebettet ist oder selbst Reservestoffe speichert und stets von einer S.schale umgeben ist. Die S.ruhe wird nach der S.verbreitung bei geeigneten Außenbedingungen durch die ↑ Keimung beendet.

Sämen, höchster Teil des Abessin. Hochlandes, mit dem Ras Daschän (4 620 m), der höchsten Erhebung Äthiopiens.

Samenanlage (Ovulum), auf den Samenschuppen der Nacktsamer bzw. den Fruchtblättern der Bedecktsamer gebildetes, mit ihnen durch den **Funiculus** (ein von einem Gefäßbündel durchzogenes Stielchen, mit dem die S. an der Plazenta befestigt ist) verbundenes ♀ Fortpflanzungsorgan der Samenpflanzen, aus dem nach der Befruchtung (↑ auch doppelte Befruchtung) im Zuge der Samenentwicklung der ↑ Samen hervorgeht. Die S. ist etwa 1 mm groß und eiförmig und besteht aus dem (einem Makrosporangium der Farnpflanzen gleichartigen) Gewebekern, dem **Nucellus**, der von am Grunde der S. (Chalaza) entstehenden Hüllen (Integumenten) umgeben ist. Die Integumente lassen am gegenüberliegenden Pol eine Öffnung (**Mikropyle**) für den Eintritt des Pollenschlauches frei. Im Nucellus befindet sich der **Embryosack,** der sich zum ♀ Gametophyten entwickelt, an dem sich schließl. die Eizelle bzw. der Eiapparat bilden. - Abb. S. 110.

Samenbau, planmäßige Erzeugung von pflanzl. Samen und vegetativen Vermehrungsorganen (z. B. Knollen, Brutzwiebeln), v. a. im Gemüse- und Zierpflanzenbau; hpts. in Samenzuchtbetrieben durchgeführt.

Samenblase (Samenleiterblase, Vesicula seminalis), bei vielen *Wirbellosen* (z. B. bei Platt- und Ringelwürmern, Weichtieren, Gliederfüßern) als Erweiterung oder Aussackung des Samenleiters ausgebildeter Teil der ♂ Geschlechtsorgane; dient zur Speicherung reifer Spermien, auch zur Aufbewahrung unreifer Spermien bis zur Reife.

◆ bei *Säugetieren* (einschl. Mensch) eine als Drüsenorgan ausgebildete Aussackung der beiden Samenleiter; ihr alkal. Sekret regt (zus. mit dem der Prostata) die Samenzellen zu Eigenbewegungen an und reinigt nach der Ejakulation die Harn-Samen-Röhre von Resten des Ejakulats. Beim Menschen liegt die *S. (Bläschendrüse)* in Form eines vielfach gewundenen, eng zusammengedrängt liegenden, 10–20 cm langen, muskulösen Drüsenschlauchs unterhalb der Harnblase. - Abb. Bd. 8, S. 149.

◆ svw. ↑ Samentasche.

Samenerguß, svw. ↑ Ejakulation.

◆ (unwillkürl. S.) ↑ Pollution, ↑ Spermatorrhö.

Samenfarne (Lyginopteridatae, Pteridospermae), Klasse der Fiederblättrigen Nacktsamer, die im Karbon formenreich auftraten und bereits im Jura wieder ausstarben. Die S. hatten farnähnl. Aussehen, z. T. wuchsen sie auch lianenartig. Sie zeigten schon ein sekundäres Dickenwachstum und bildeten Samen, obwohl sie noch keine Blüten besaßen. Die Samenanlagen und Pollen traten an bestimmten Blattabschnitten auf.

Samenfluß, svw. ↑ Spermatorrhö.

Samenjahre, in der Forstwirtschaft diejenigen Jahre, in denen eine Baumart bes. viele Blüten und Samen trägt. Period. Auftretende *S. (Mastjahre)* kommen bei Buchen (Buchelmast) und Eichen (Eichelmast) vor.

Samenkäfer (Muffelkäfer, Bruchidae), weltweit verbreitete Käferfam. mit rund 1 200 (einheim. rd. 25), durchschnittl. 1,5–5 mm langen, eirunden Arten; Flügeldecken meist graubraun mit weißen Flecken; Larven in heranwachsenden Samen verschiedener Pflanzen; z. T. Vorratsschädlinge (z. B. Bohnenkäfer).

Samenkapsel, svw. ↑ Kapselfrucht.

Samenleiter (Ductus deferens), vom Hoden (bei Säugetieren einschl. Mensch vom Nebenhoden) ausgehender, oft mit einer ↑ Samenblase versehener, schlauchförmiger, meist paariger Gang als Ausführungsgang für die Spermien. Bei den Wirbeltieren gehen die S. aus den beiden Urnierengängen hervor und münden meist in einer Kloake. Bei (fast allen) Säugetieren münden die zuerst in den beiden ↑ Samensträngen verlaufenden S. auf dem Samenhügel in die Harnröhre, die dann Harn-

Samenmantel

Samen-Röhre genannt wird. Beim Mann sind die S. rd. 50 cm lang. Der durch ringförmige Muskulatur kontraktionsfähige Endabschnitt der S. *(Ausspritzungsgang, Spritzkanälchen,* Ductus ejaculatorius) dient der Ejakulation des Samens. - Abb. Bd. 8, S. 149.

Samenmantel (Arillus), bei verschiedenen Pflanzen ein die Samenschale umhüllendes Gewebe unterschiedl. Herkunft, Form und Farbe; dient häufig der Samenverbreitung.

Samenpaket, svw. ↑Spermatophore.

Samenpflanzen (Spermatophyten, Blütenpflanzen, Anthophyten, Phanerogamen), Abteilung des Pflanzenreichs mit den höchstentwickelten ↑Kormophyten, die durch Blüten- und bes. durch Samenbildung charakterisiert sind. S. haben einen Generationswechsel mit stark reduzierten, unselbständigen Gametophyten und bes. an das Landleben angepaßten (Wind- und Insektenbestäubung mit Pollen) Sporophyten. Die S. werden in die beiden Organisationsstufen ↑Nacktsamer und ↑Bedecktsamer eingeteilt. Gegenwärtig sind rd. 250 000 Arten in etwa 300 Fam. bekannt.

Samenschale (Testa), aus den ↑Integumenten der Samenanlage hervorgehende, den Embryo und das Endo- bzw. Perisperm umgebende Schutzhülle der Pflanzensamen; mit mannigfaltiger Färbung und Ausbildung, z. T. dick und fleischig (z. B. Granatapfel) oder dünn (Nuß- und Steinfrüchte).

Samenschuppe (Fruchtschuppe), schuppenförmige Bildung in der Achsel der Deckschuppe bei Nadelhölzern; urspr. als bis zu einem Fruchtblatt (mit Samenanlagen) rückgebildete ♀ Blüte aufzufassen. Die S. vergrößert sich bei der Zapfenbildung und bildet mit der Deckschuppe zus. die charakterist. Zapfenschuppe der Zapfen der Nadelhölzer.

Samenstrang (Funiculus spermaticus), jederseits des Leistenkanals von der Bauchwand zum Hoden verlaufender, aus Bindegewebe bestehender, Gefäße und Nerven enthaltender muskulöser Strang, in dessen Innern der ↑Samenleiter zum Leistenkanal aufsteigt. Ein S. kommt bei allen Säugetieren vor, bei denen die Hoden in einem Hodensack liegen. Beim Menschen ist er kleinfingerdick und bis 20 cm lang.

Samentasche (Samenblase, Receptaculum seminis), Anhangsorgan der ♀ Geschlechtswege bei vielen wirbellosen Tieren (z. B. Saug- und Ringelwürmer, Schnecken, Spinnen, Insekten): blasen- bis sackförmiges Organ zur Aufnahme und Speicherung des bei der Begattung aufgenommenen Samens. Das Vorhandensein einer S. ermöglicht eine oftmalige Eibefruchtung, so daß eine einzige Kopulation für die ganze Lebenszeit ausreichen und die Begattung bereits vor dem Reifsein der Eizellen erfolgen kann.

Samenübertragung, svw. künstl. Besamung (↑Besamung, ↑künstliche Samenübertragung).

Samenzellen, im Ggs. zur Eizelle (↑Ei) die männl. Geschlechtszellen, die bei den Tie-

Sambia. Wirtschaftskarte

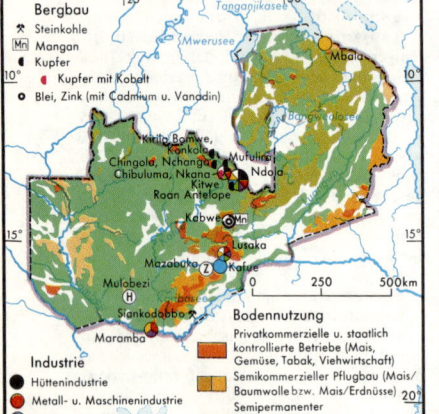

Samenanlage (schematisch)

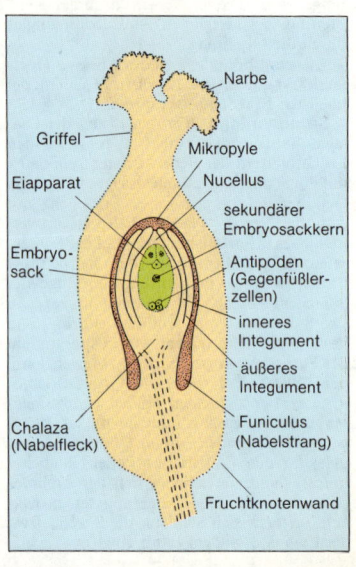

ren und dem Menschen als Spermatozoen (↑Spermien), bei den Pflanzen als Spermatozoiden bezeichnet werden.

Samhita [Sanskrit „Sammlung"] ↑ Weda.

Sämischleder [zu spätmittelhochdt. semisch „geschmeidig"] ↑ Lederherstellung (Fettgerbung).

Samisdat-Literatur [russ.], Anfang 1966 in der UdSSR entstandene Bez. für maschinen-, seltener handschriftl. verbreitete literar. und publizist. Werke, die (aus Zensurgründen) nicht in einem offiziellen Verlag, sondern im „Selbstverlag" erscheinen. Hg. und Autoren der S.-L. werden verfolgt. **Tamisdat-Literatur** bezeichnet das zuerst im Westen veröffentlichte Schrifttum sowjet. Autoren.

Samisen (Schamisen, Shamisen) [jap.], jap. Laute mit langem Hals und kleinem, annähernd quadrat. Resonanzkörper mit Zargen aus Holz; Decke sowie Boden bestehen aus Katzen- oder Hundeleder. An drei seitl. Wirbeln sind Saiten aus Seide oder Nylon befestigt, die mit einem großen, spatelförmigen Plektron geschlagen werden. Das S. wird von Geishas und im volkstüml. Kabuki-Theater gespielt.

Samjatin, Jewgeni Iwanowitsch, * Lebedjan (Geb. Lipezk) 1. Febr. 1884, † Paris 10. März 1937, russ. Schriftsteller. - Schiffbauingenieur; emigrierte 1932 nach Paris. Einer der Führer der „Serapionsbrüder"; als einer der bedeutendsten russ. Satiriker von großer Wirkung auf die moderne russ. Prosadichtung. Beeinflußte mit dem zeitkrit.-utop. Roman „Wir" (frz. und engl. 1924, russ. 1952, dt. 1958), dessen offene Kritik am Sowjetsystem von der Zensur beanstandet wurde, insbes. A. Huxley und G. Orwell. Auch Erzählungen („Rußland ist groß", 1976).

Samkhja (Sankhja) [Sanskrit „Errechnung"], ältestes ind. philosoph. System mit ehem. starkem Einfluß auf das geistige und religiöse Leben. Laut dem antiritualist., einen Schöpfergott leugnenden S. sind die unendl. vielen Seelen und die eine Urmaterie, beide ewig und allgegenwärtig, Grundlage des gesamten Weltgeschehens. Das Wesen der völlig untätigen Seelen ist reine Geistigkeit, während die ungeistige Materie Ursprung aller Dinge ist. Die drei „Eigenschaften" der Urmaterie („Güte", „Leidenschaft" und „Finsternis") stehen urspr. im Gleichgewicht. Durch Störung dieses Gleichgewichts im Interesse der zu erlösenden Seelen entfaltet sich die sichtbare Welt. Es entstehen der Reihe nach die Wesenheiten „Erkennen", „Ichbewußtsein" und das „Denken", die fünf „Sinnes"- und die fünf „Tatvermögen" sowie die fünf feinstoffl. „Reinstoffe". Diese Evolutionstheorie ist eingebettet in ein zykl. Modell der Weltdeutung. - Der Mensch besteht aus einem groben und einem feinen Körper mit dem psych. Organismus, der auch der Träger der Seelenwanderung während einer Weltperiode ist. Die Erlösung besteht in der durch Schlußfolgerung gewonnenen Einsicht, daß das „Erkennen" von der Seele verschieden ist.

Samland, ostpreuß. Halbinsel zw. Frischem und Kur. Haff, bis 110 m ü. d. M. (UdSSR*). - Wurde nach hartnäckigem Widerstand der Pruzzen gegen die christl. Mission durch den Dt. Orden mit Unterstützung König Ottokars II. von Böhmen 1255 unterworfen. - Das ehem. Bistum S. zw. Pregel und Memel (1243/55 gegr., 1525 säkularisiert) war Herrschaftsgebiet zu $^1/_3$ des Bischofs (Sitz Fischhausen, später Königsberg [Pr]), zu $^2/_3$ des Dt. Ordens.

Sämling, Jungpflanze, die aus einem Samen gezogen wurde.

Sammelbegriff (Sammelname) ↑ Kollektivum.

Sammeldepot, bes. Form der Wertpapierverwahrung als Sammelverwahrung (↑Depot).

Sammelfrüchte ↑ Fruchtformen.

Sammelschiene (Stromschiene), Leiterstück in elektr. Anlagen zum Sammeln der über mehrere Zuleitungen zugeführten elektr. Energie (gemeinsame Weiterleitung).

Sammelstraftat, zusammenfassende Bez. für Straftaten, die gewerbsmäßig, gewohnheitsmäßig oder geschäftsmäßig begangen werden. In diesen Fällen liegt keine rechtl. Handlungseinheit (↑Konkurrenz von Straftaten) vor, sondern jede solcher Handlungen wird als selbständige Straftat behandelt, es sei denn, es liegt eine fortgesetzte Handlung vor.

Sammelwirtschaft, Bez. für ein Teilgebiet der aneignenden Wirtschaftsform: Sammeln von Wildfrüchten, Wurzeln, Knollen, Grassamen, Insekten und Kleintieren.

Sammetblume (Hoffartsblume, Samtblume, Stinkende Hoffart, Studentenblume, Tagetes), Gatt. der Korbblütler mit über 30 Arten in den wärmeren Gebieten Amerikas; meist streng duftende, ästige Kräuter mit meist fiedrig geteilten Blättern; Blütenköpfchen einzeln und lang gestielt oder in dichten Doldentrauben angeordnet; Zungenblüten gelb, orangefarben oder braunrot gescheckt. Zahlr., auch gefüllte Sorten, v. a. der mex. **Großen Sammetblume** (Tagetes erecta) und der **Kleinen Sammetblume** (Tagetes patula), sind als einjährige Sommerblumen beliebt.

Sammetgras (Hasenschwanzgras, Samtgras, Lagurus), Gräsergatt. mit der einzigen Art *Lagurus ovatus* im Mittelmeergebiet; einjähriges, 20-40 cm hohes, weich behaartes Gras mit flachen Blättern; Blütenstand eine ovale bis längl. Scheinähre mit langfedrigwollig behaarten Hüllspelzen und herausragenden Deckspelzgrannen; als Ziergras kultiviert.

Sammetmilbe, svw. Scharlachmilbe (↑Laufmilben).

Sammetmuscheln

Sammetmuscheln, svw. ↑Samtmuscheln.

Sammler, svw. ↑Akkumulator.

Sammler und Jäger, svw. ↑Wildbeuter.

Sammy [engl. 'sæmɪ], aus dem Engl. übernommener männl. Vorname, Kurzform von ↑Samuel.

Samnaun, Talschaft in Graubünden, Schweiz, erstreckt sich vom Samnaunerjoch etwa 16 km bis zur schweizer.-östr. Grenze, seit 1892 schweizer. Zollausschlußgebiet.

Samniten (Samniter), im Altertum zu den Sabellern gehörendes Volk der Italiker in **Samnium** (in M-Italien; Hauptorte u. a. Caudium [= Montesarchio], Maluentum [= Benevent]), das der Überlieferung nach seinen Ausgang von den Sabinern genommen hatte. Die S. zerfielen u. a. in die Stämme der Abellinaten, Alfaterner, Kaudiner und Pentrer. 424–420 v. Chr. eroberten sie Capua, Pompeji und Cumae und schlossen 354 ein Bündnis mit Rom. In den **Samnitenkriegen** (1. [wahrscheinl. unhistor.] S.krieg 343–41; 2. S.krieg 326–04; 3. S.krieg 299–291) konnten sie die Römer zunächst schlagen, mußten sich aber dann auf Samnium beschränken und wurden 82 v. Chr. durch Sulla vernichtet.

Samo, †um 660, Slawenfürst (seit etwa 625). - Als fränk. Fernkaufmann an einem slaw.-bulgar. Aufstand gegen die Awaren beteiligt, von den Slawen zum König erhoben. Sein Reich erstreckte sich von Böhmen bis nach Karantanien (im Bereich des heutigen Kärnten) und zerfiel nach seinem Tod.

Samoainseln, Inselgruppe im südl. Pazifik, nö. der Fidschiinseln; besteht aus 15 überwiegend gebirgigen Vulkaninseln. Der westl. Teil bildet den Staat ↑Westsamoa, die östl. Inseln das amerikan. Territorium **Amerikan.-Samoa** (197 km² einschließl. der nördl. der S. gelegenen Swains Island; 32 300 E [1980], Hauptstadt Pago Pago, Reg.sitz Fagatogo; internat. ⚓ auf Tutuila). - Trop. Regenklima; verbreitet ist trop. Regenwald, an den Küsten Kokospalmen und Brotfruchtbäume. Hauptwirtschaftsprodukte sind Kopra, Bananen und Kakao; Fischerei.

Geschichte: Früh von Polynesiern besiedelt; 1722 von Europäern entdeckt. Auf der Samoa-Konferenz 1889 in Berlin einigten sich das Dt. Reich, Großbrit. und die USA auf eine gemeinsame Verwaltung der Inseln. Nach weiteren Konflikten 1899 zw. den USA (Amerikan.-Samoa) und dem Dt. Reich am 171. Längengrad geteilt. Das dt. Schutzgebiet Westsamoa kam 1920 als Völkerbundsmandat, nach dem 2. Weltkrieg als UN-Treuhandgebiet an Neuseeland; erhielt 1962 die Unabhängigkeit.

Samogitien ↑Schamaiten.

Samoilowitsch, Rudolf Lasarewitsch [russ. səmaj'lɔvitʃ], * Asow 13. Sept. 1881, † Leningrad 1940, russ.-sowjet. Geologe und Polarforscher. - Leitete u. a. 1928 die Rettungsaktion auf dem Eisbrecher „Krassin" für die Überlebenden der mißglückten Polarexpedition U. Nobiles sowie 1931 die Arktisfahrt mit dem Luftschiff „Graf Zeppelin"; 1930 Mitbegründer des Arkt. Inst. in Leningrad.

Samojeden ↑Nenzen.

Samojedenhalbinsel ↑Jamal, Halbinsel.

Samojedenspitz (Samojede, Samojedenhund), Rasse der Nordlandhunde der Alten Welt; bis 60 cm schulterhoher Spitz mit starker, weicher und langer Behaarung (sehr viel Unterwolle); Kopf keilförmig, wolfskopfähnl., mit kleinen, dreieckigen Stehohren; buschige, über den Rücken gerollte Rute; Farben: Reinweiß bis Gelb und Braunweiß oder Schwarzweiß; Schlittenhund, auch Haus-, Hüte- und Wachhund.

samojedische Sprachen, Sprachengruppe in Sibirien zw. Ural und Jenissei sowie auf der Halbinsel Taimyr, die mit den finn.-ugrischen Sprachen die Gruppe der uralischen Sprachen bildet.

Samos, griech. Insel vor der W-Küste Kleinasiens, von ihr durch einen 2,4 km breiten Sund getrennt, 476 km², bis 1 400 m hoch, Hauptort ist S. (5 600 E).

Geschichte: Schon im späten 3. Jt. v. Chr. besiedelt; um 1000 v. Chr. von ion. Griechen bewohnt; Blütezeit unter Polykrates (538–522); trat nach Abhängigkeit von Persien 477 dem Att.-Del. Seebund bei; nach Abfall durch Perikles 439 wiedererobert; nach spartan. und pers. Herrschaft 365 athen. Außenbesitz, 322 erneut unabhängig; in hellenist. Zeit unter ptolemäischer, seleukid. und pergamen. Herrschaft; ab 129 v. Chr. Teil der röm. Prov. Asia; 21/20 v. Chr. von Augustus für frei erklärt; im 9. Jh. byzantin. Thema; im 13. Jh. unter venezian., ab 1475 unter osman. Herrschaft (in der Folge des griech. Freiheitskampfes unter gewisser Autonomie); 1912 dem neugriech. Staat angegliedert.

Antike Überreste: Das antike Stadtzentrum ist weitgehend überbaut, die alte Stadtmauer ist z. T. gut erhalten, die Molen sind erneuert. Westl. der antiken Stadt liegt das berühmte **Heraion,** seit Mitte des 2. Jt. Kultplatz einer weibl. Gottheit, gegen 1000 v. Chr. der Hera. Tempelbauten im frühen 8. Jh., Mitte des 7. Jh. und 560–50 v. Chr. (der erste große Dipteros ion. Ordnung); der nach Brand um 530 in den gleichen Maßen begonnene 4. Tempel blieb unvollendet. Dt. Ausgrabungen mit Unterbrechungen seit 1910; 1978 gelang es, Funde archaischer Zeit (Holzschnitzereien) zu konservieren.

Samos [nach der gleichnamigen Insel], Dessertwein aus angewelkten Muskateller- oder Fukianotrauben.

Samosch ↑Szamos.

Samothraki (Samothrake), griech. Insel im Thrak. Meer, 178 km², bis 1 586 m hoch,

Hauptort S. (941 E). - Urspr. thrak. Siedlung; im 8. Jh. v. Chr. von Äoliern besiedelt; nach Mitgliedschaft im Att.-Del. Seebund und im Att. Seebund (5./4. Jh.) um 340 von Makedonien erobert; weithin berühmter Kult (nachweisbar seit dem 8. Jh. v. Chr., wohl bis ins 4. Jh. n. Chr.) der 4 „Großen Götter". 167 v. Chr. erklärten die Römer die Insel für frei. - Das Heiligtum der „Großen Götter" liegt am Hang (v. a. amerikan. Ausgrabungen seit 1939): Um 500 v. Chr. wurde das sog. Anaktoron (Palast der Anakes = Dioskuren, späte griech. Gleichsetzung mit den beiden Kabiren) errichtet; der Rundbau des Arsinoeion, von Arsinoe II. (* um 316, † 270) errichtet, stand über dem ältesten Kultplatz aus dem späteren 7. Jh. v. Chr. Etwas oberhalb liegt der Festplatz mit sog. Altem Tempel und einem um 340 v. Chr. erbauten Propylon mit Fries tanzender Mädchen (z. T. im Museum). Hinter dem Bezirk lag der sog. Neue Tempel (um 300 und 150 v. Chr.), Halle für Weihegeschenke (um 540 v. Chr.), ein Altar in einem hl. Bezirk, Theater (um 200) und über ihm eine Halle (Stoa), um 200 v. Chr. errichtet, mit einem doppelten Wasserbecken; in dem oberen stand die *Nike von Samothrake* (190 v. Chr.; Paris, Louvre).

Samowar [russ., eigtl. „Selbstkocher"], v. a. in Rußland verwendeter Wassererhitzer, aus dem Wasser zur Teeaufbereitung über einen Hahn entnommen wird; früher mit Holzkohle, heute meist elektr. beheizt.

Sampan [chin.], flaches, breites Ruder- oder Segelboot, in O-Asien auf Flüssen und in Seehäfen verwendet, vielfach auch als Hausboot.

Sampi, griech. Zahlzeichen für 900: ⊃.

Sample ['zampəl, engl. sɑːmpl; zu lat. exemplum „Beispiel"], svw. ↑Stichprobe.

Samsara (Sansara) [Sanskrit „Wanderung durch die Wiedergeburten"], Hindus, Buddhisten und Dschainas gemeinsame Lehre, nach der alle Wesen dem ewigen und leidvollen Kreislauf der Wiedergeburt unterworfen sind.

Samsø [dän. 'sam(')sø:'], dän. Insel im südl. Kattegat, 112 km². Landw., Fremdenverkehr.

Samson, aus der Bibel übernommener männl. Vorname hebr. Ursprungs, eigtl. wohl „kleine Sonne".

Samson ↑Simson.

Samstag [zu griech. sábbaton (↑Sabbat)], regionale (v. a. W- und S-Deutschland, Österreich, Schweiz) Bez. für den ↑Sonnabend.

Samsun, Stadt an der zentralen türk. Schwarzmeerküste, 280 100 E. Hauptstadt des Verw.-Geb. S.; Kernraum des zweitwichtigsten türk. Tabakbaugebietes; Industriezentrum; Hafen; Eisenbahn ins Hinterland; ⌖. - S. ist das antike ↑Amisos.

Samt [mittellat., zu griech. hexámitos „sechsfädig"], Polgewebe mit einem Flor (Pol), der das Grundgewebe etwa 2–3 mm überragt (bei einem höheren Pol spricht man von ↑Plüsch). Man unterscheidet Kett- und Schußsamte. - **Kettsamt** *(echter S., Velours)* wird hergestellt, indem man neben der Grundkette noch eine Polkette (Florkette) verwendet, aus der der Flor gebildet wird. Beim Weben werden die Polkettfäden über Ruten gelegt; sie bilden Noppen (Schlingen), die beim Herausziehen der Ruten als solche stehenbleiben *(ungeschnittener S.)* oder aufgeschnitten werden *(geschnittener S.)*. - Beim **Schußsamt** wird der Flor durch Polschüsse gebildet, die in die Kettfäden eingebunden sind. Nach dem Abweben werden die Polschüsse in der Mitte geschnitten, hochgebürstet und geschert. Schuß-S. wird als *glatter S. (Velvet)* und als *Rippen-* oder *Kord-S.* mit schmalen oder breiten Rippen hergestellt.

Samtblende, svw. ↑Nadeleisenerz.

Samtblume, svw. ↑Sammetblume.

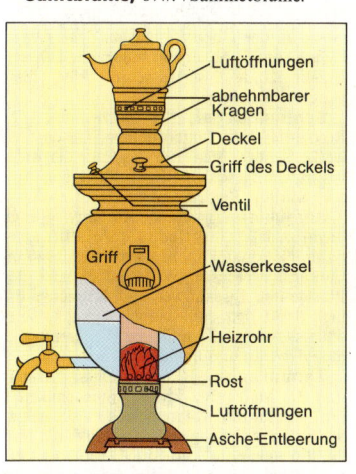

Samowar (schematisch)

Samt. Webschema des Kettsamts (1) und des Schußsamts (2)

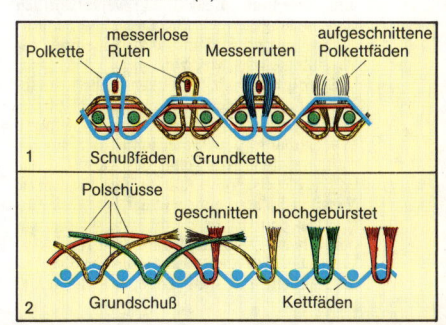

Samtfalter

Samtfalter (Rostbinde, Hipparchia semele), bis 6 cm spannender Augenfalter, verbreitet von W-Europa bis Armenien; Flügel rostbraun, mit je zwei schwarzen, weiß gekernten Flecken auf den Randbinden.

Samtmuscheln (Sammetmuscheln, Glycimeridae), Fam. meerbewohnender Muscheln (Ordnung Fadenkiemer); Schalen dick, fast kreisförmig, 6–8 cm groß, mit stark haarig ausgefaserter Oberschicht. Am bekanntesten sind: **Gemeine Samtmuschel** (Glycimeris glycimeris; Schalen schmutzigweiß mit bräunl. Streifung; im SO-Atlantik und Mittelmeer) und **Echte Samtmuschel** (Glycimeris pilosa; Schalen braun; im westl. Mittelmeer; bevorzugen Sandböden).

Samtrose ↑ Rose.

Samuel ['za:muel], aus der Bibel übernommener männl. Vorname hebr. Ursprungs, eigtl. wohl „von Gott erhört".

Samuel ['za:muel], polit. und religiöser Führer des israelit. Stämmeverbands im 11. Jh. v. Chr.; der letzte Richter Israels; taucht in der Überlieferung auch als Seher, Priester und Prophet auf. Indem er Saul zum israelit. König einsetzte, schuf er den Übergang zur Königszeit.

Samuelbücher, zwei Bücher des A. T., Bestandteil des deuteronomist. Geschichtswerks. Sie berichten über das Ende der Richterzeit, die Geschichte Sauls, über den Aufstieg und die Regierungszeit Davids.

Samuelson, Paul Anthony [engl. 'sæmjuəlsn], * Gary (Ind.) 15. Mai 1915, amerikan. Nationalökonom. - Prof. (seit 1940) in Cambridge (Mass.), Wirtschaftsberater der Präsidenten Eisenhower und Kennedy. Erhielt 1970 den sog. Nobelpreis für Wirtschaftswissenschaften für die Weiterentwicklung der stat. und dynam. Theorie.

Samuelsson, Bengt Ingemar, * Halmstad 21. Mai 1934, schwed. Biochemiker. - Prof. in Stockholm; ihm gelang es, die chem. Struktur der Prostaglandine aufzuklären und die Biochemie ihres Auf- und Abbaus zu erhellen; war maßgeblich an der Entdeckung der Leukotriene (eng mit den Prostaglandinen verwandte, aus Arachidonsäure gebildete Gruppe von Substanzen, die v. a. für allerg. und entzündl. Reaktionen verantwortlich sind) beteiligt; erhielt 1982 (gemeinsam mit K. Bergström und R. Vane) den Nobelpreis für Physiologie oder Medizin.

Samum [arab.], trocken-heißer, staub- oder sandbeladener Wüstenwind in N-Afrika.

Samurai . [zamu'raı, jap. sa'murai „Dienstmann"], in Japan urspr. Bez. für bewaffnetes Begleitpersonal der kaiserl. Fam. und des Adels, vom 13. Jh. an Bez. für direkte Vasallen der Schogune und der Territorialfürsten; ab dem 17. Jh. die oberste Klasse, aus der sich u. a. Militär, Beamte und Klerus rekrutierten. Für die S. bestand unbedingte Vasallenpflicht bis zum Tode; sie durften 2 Schwerter tragen, unterstanden bes. Gerichten und waren einem strengen Ehrenkodex verpflichtet.

San, rechter Nebenfluß der Weichsel, entspringt in den Waldkarpaten, bildet auf kurzer Laufstrecke die Grenze zw. Polen und der UdSSR, mündet 10 km nördl. von Sandomierz; 443 km lang, 90 km schiffbar.

Sana, Hauptstadt der Arab. Republik Jemen, im Hochland, 2350 m ü. d. M., 277800 E. Universität; Rundfunkstation; Nationalmuseum im ehem. Imampalast; Handelszentrum, Baumwollspinnerei, Textilfabrik; internat. ✈. - Innerhalb der Stadtmauern mit 7 Toren stehen dicht gedrängt 4–7stöckige Lehmziegelbauten; zahlr. Moscheen mit Minaretten.

Sanaga, längster Fluß Kameruns, entsteht aus 2 Quellflüssen im Mittelkameruner Hochland, mündet südl. von Duala in den Golf von Biafra, etwa 550 km lang; schiffbar ab Edéa; zahlr. Wasserfälle, mehrfach gestaut.

San Agustín [span. sanaγus'tin], südwestkolumbian. Ort in der Zentralkordillere, nö. von Pasto. Im Umkreis von 25 km um S. A. liegen die Fundorte der **San-Agustín-Kultur,** einer bed. Kulturabfolge, die um 500 v. Chr. begann; Hauptzeit 50 v. Chr. bis 500 n. Chr., als die über 320 meist 0,5–2 m hohen Steinfiguren geschaffen wurden (v. a. Götter und von Tieren bekrönte Gestalten); standen in oder am Eingang von Grab- oder Tempelkammern in Erdhügeln; in der Spätzeit nach 1480 Abbruch der alten Tradition.

Samurai in Tracht mit zwei Schwertern

Sanain, Klosteranlage bei Alawerdi in der Armen. SSR, UdSSR; im 10. Jh. gegr.; mit 2 Kreuzkuppelkirchen: Erlöserkirche (967–972, Narthex 1185) und Kirche der hl. Jungfrau (Anfang des 10. Jh.; Vorhalle 1211).

Sanandadsch [pers. sænæn'dædʒ], Stadt im nördl. Sagrosgebirge, Iran, 1 590 m ü. d. M., 95 900 E, v. a. Kurden; Hauptstadt der Verw.-Geb. Kordestan; Holzverarbeitung, Teppichknüpferei, Handel.

San Andreas Fault [engl. sæn'ændrɛɪs 'fɔːlt], Verwerfungszone in Kalifornien, die sich vom N-Ende des Golfs von Kalifornien über 1 100 km lang in nw. Richtung erstreckt. Hier verschieben sich 2 Platten († Plattentektonik) jährl. um 1–3 cm; ruckhafte Verschiebungen lösen Erdbeben aus, u. a. 1906 in San Francisco.

San Antonio [engl. sænən'touniou], Stadt im südl. Texas, 200 m ü. d. M., 783 300 E. Sitz eines kath. Erzbischofs und eines methodist. Bischofs; 2 Univ. (gegr. 1852 bzw. 1869), Colleges; Kunst-, naturhistor. Museum; Zoo; Handelszentrum; Erdölraffinerien, Eisen-, Zement-, Schuh-, Textil- und Nahrungsmit-

San-Agustín-Kultur.
Steinfigur (500–1 000 n. Chr.)

telind. - Entstand aus einem 1718 angelegten span. Militärposten und einer Missionsstation, denen 1731 eine Siedlung folgte. In der **Schlacht von Alamo** (1836; ben. nach der früheren Missionsstation) im texan. Unabhängigkeitskrieg fiel die gesamte texan. Besatzung. - Gebäude im span. Kolonialstil, u. a. die Missionsstationen The Alamo und San José y San Miguel de Aguayo (beide 18. Jh.).

Sanatorium [zu lat. sanare „heilen"], unter [fach]ärztl. Leitung stehende stationäre Einrichtung zur Behandlung und Pflege chronisch Kranker oder Genesender, bei denen kein Krankenhausaufenthalt [mehr] erforderl. ist.

San Bernardino, Passo di [italien. 'passo di sambernar'diːno] †Alpenpässe (Übersicht).

San Carlos [span. saŋ'karlɔs], Hauptstadt des Staates Cojedes in N-Venezuela, am Fuß der Küstenkordillere, 140 m ü. d. M., 30 000 E. Sägewerk, Reismühle. - Gegr. 1678.

San Carlos de Bariloche [span. saŋ-'karlɔz ðe βari'lotʃe], argentin. Stadt am S-Ufer des Lago Nahuel Huapí, 790 m ü. d. M., 26 000 E. Museum von Patagonien; ⚔.

Sánchez, Florencio [span. 'santʃes], * Montevideo 17. Jan. 1875, † Mailand 7. Nov. 1910, uruguay. Dramatiker. - Schildert in seinen naturalist. Dramen („Einwanderer", 1904) den Ggs. von Stadt- und Landleben, zeichnet Charaktere und soziale Konflikte in den La-Plata-Ländern.

Sánchez Coello, Alonso [span. 'santʃeθ ko'eʎo], * Benifayó (Prov. Valencia) um 1531, † Madrid 8. Aug. 1588, span. Maler. - Ausbildung in Flandern und Portugal. 1557 Hofmaler Philipps II. in Valladolid. Schuf neben Altarwerken zahlr. Bildnisse (u. a. „Infant Don Carlos", 1564; Wien, Kunsthistor. Museum).

Sánchez Ferlosio, Rafael [span. 'santʃeθ fɛr'losjo], * Rom 4. Dez. 1927, span. Schriftsteller. - Sein Roman „Am Jarama" (1956) stellt in objektivist. Präzision die Lebensproblematik der span. Nachkriegsgeneration dar.

Sanchi [engl. 'sɑːntʃi], nö. von Bhopal gelegenes buddhist. Kultzentrum im ind. Bundesstaat Madhya Pradesh. Der große, um die Mitte des 3. Jh. v. Chr. errichtete Stupa ist der am besten erhaltene in Indien; er gehört dem ältesten Typus an. Zwei weitere etwas jüngeren Stupas zeigen reichen Skulpturenschmuck; außerdem wurden zahlr. Reste ausgegraben, u. a. die einer Aschokasäule.

Sancho Pansa [...tʃo], der treue und pfiffige Knappe Don Quijotes.

San Cristóbal [span. saŋkris'toβal], Hauptstadt des Staates Táchira in W-Venezuela, in der Cordillera de Mérida, 760–1 000 m ü. d. M., 280 000 E. Kath. Bischofssitz; Univ. (gegr. 1974); wichtiges Handelszentrum. - Gegr. 1561.

San Cristóbal

S. C., südlichste der großen Inseln der ↑ Salomoninseln, bis 1 250 m hoch, Hauptort Kirakira.

San Cristóbal, Isla [span. 'izla saŋkris-'toβal] ↑ Galapagosinseln.

sancta simplicitas [lat.], „heilige Einfalt".

Sanctio [lat.] (Pönformel) ↑ Urkunde.

Sanctis, Francesco De ↑ De Sanctis, Francesco.

Sanctissimum (Sanktissimum) [lat.], svw. ↑ Allerheiligstes.

Sanctus [lat. „heilig"], die sich an die Präfation der Messe anschließende Akklamation. Der erste Teil des S. enthält das „Dreimalheilig" der Seraphim (daher auch *Hymnus Seraphicus*) aus Jes. 6,3, während sich das *Hosianna* wie das *Benedictus, qui venit* an Matth. 21,9 und Ps. 118,25 f. anschließen. Die dreimalige Wiederholung des Wortes „Sanctus" führte zu der Bez. des S. als Trishagion. Das S. ist in der Meßfeier um 400 nachweisbar.

Sand, George [frz. sã:d], eigtl. Aurore Dupin, verh. Baronin Dudevant, * Paris 1. Juli 1804, † Nohant-Vic (Indre) 8. Juni 1876, frz. Schriftstellerin. - Heiratete 1822, verließ 1831 ihren Mann und ging mit dem Schriftsteller J. Sandeau (daher ihr Pseud.) nach Paris; dort Journalistin. 1833-35 mit A. de Musset befreundet; 1836 Ehescheidung; Beziehungen zu F. Liszt, H. Berlioz, H. de Balzac u. a.; lebte 1838-46 mit F. Chopin zusammen; danach polit.-soziales Engagement; zog sich nach der für sie enttäuschend verlaufenen Revolution von 1848 auf ihren Landsitz Nohant zurück. Verfaßte zunächst romant.-idealist. Liebesromane, in denen sie für die Emanzipation der Frau eintrat; schrieb dann sozialist.-humanitäre Tendenzromane sowie lebensnahe, jedoch leicht idealisierte Schilderungen aus dem bäuerl. Milieu; auch dramat. Versuche. - *Werke:* Indiana (R., 1832), Lelia (R., 1833), Gefährten von der Frankreichwanderschaft (R., 1840), Geschichte meines Lebens (Autobiogr., 1854).

S., Karl Ludwig, * Wunsiedel 5. Okt. 1795, † Mannheim 20. Mai 1820 (hingerichtet), dt. Student. - Radikaler Burschenschafter; ermordete am 23. März 1819 den Dichter A. von Kotzebue, in dem er einen russ. Spion und Feind der Burschenschaft sah. Die Tat löste die Demagogenverfolgung aus und war Anlaß für die Karlsbader Beschlüsse.

Sand, klast. Lockergestein, das aus Mineralkörnern (häufig Quarz) von 0,063-2 mm Durchmesser besteht. Man unterscheidet zw. Fluß-, Schwemm- und See-S. (Wassertransport) und Flug-, Dünen- und Wüsten-S. (Windtransport). In der *Bautechnik* unterscheidet man Fein-S. (bis 0,2 mm Korndurchmesser), Mittel-S. (bis 0,6 mm) und Grob-S. (bis 2 mm); scharfer S. ist Grob-S. mit bes. scharfkantigen Körnern.

Sandaale (Tobiasfische, Spierlinge, Sandlanzen, Ammodytidae), Fam. aalförmiger Knochenfische (Ordnung Barschartige) mit mehreren Arten an sandigen Küsten der nördl. Meere und des Ind. Ozeans; mit sehr langer Rücken- und Afterflosse, langem, zugespitztem Kopf und nahezu (bis völlig) unbeschuppter Haut; Schwarmfische, die bei Gefahr blitzschnell im Sand verschwinden. An dt. Küsten kommen zwei Arten vor: **Großer Sandaal** (Großer Tobiasfisch, Ammodytes lanceolatus; etwa 30 cm lang; Rücken graugrün, Körperseiten und Bauch silbrig glänzend) und **Kleiner Sandaal** (Ammodytes tobianus; bis 20 cm lang; Rücken bräunlichgrau).

Sandal [pers.-arab.-türk.], langes, schmales, spitz zulaufendes türk. Boot.

Sandale [griech.], mit einem Riemchen am Fuß befestigte Sohle; der Riemen wurde urspr. von der Sohle zw. großer und 2. Zehe geführt, erst spätere S.formen zeigen eine Lasche und Fersenschutz. Heute in zahlr. Varianten, auch mit Absatz *(Sandalette)*; die moderne, flache *Holzsandale* hat meist ein ausgearbeitetes Fußbett, ebenso die *Gesundheitssandale* (aus anderem Material).

Sandarakzypresse [griech.], (Schmuckzypresse, Callitris) Gatt. der Zypressengewächse mit rd. 15 Arten in Australien, Tasmanien und Neukaledonien; immergrüne Bäume oder Sträucher mit kurzen, aufrechten, gegliederten Zweigen, die fast ganz von den kleinen, schuppenartigen, zu dreien in Quirlen angeordneten Blättern bedeckt sind; Zapfen kugelig, eiförmig oder kegelig.
♦ (Gliederzypresse, Tetraclinis articulata) Zypressengewächs in N-Afrika und auf Malta; immergrüner Baum mit schachtelhalmähnl. gegliederten Sprossen und vierreihig angeordneten, winzigen Schuppenblättchen; Zapfen kugelig. Das aus der Rinde ausfließende wohlriechende **Sandarakharz** wird als Räuchermittel und zur Lackherstellung verwendet.

Sandbahnrennen ↑ Motorsport.

Sandberg, Herbert, * Posen 14. April 1908, dt. Graphiker. - Lebt in Berlin (Ost). 1934-45 in Haft und KZ; u. a. 1945-50 Hg. der satir. Zeitschrift „Ulenspiegel" (mit G. Weisenborn). Aquatintablätter, Holzschnitte, Zeichnungen: „S. satir. Zeitgeschichte. Mit einem Text von A. Zweig" (1958), „Der Weg" (1966), „Mein Brecht-Skizzenbuch" (1967).

Sandbienen, svw. ↑ Grabbienen.
♦ (S. im engeren Sinne, Andrena) Gatt. der Grabbienen mit fast 130 einheim., 10-14 mm langen Arten; Färbung oft gelb bis rötl. mit weißen Partien; legen einfache Nester in Sandböden an.

Sandbilder (Sandgemälde, engl. sand-painting), von nordamerikan. Indianerstämmen aus verschiedenfarbigem Sand sowie Holzkohle auf dem Erdboden angelegte Bilder. S. waren Teil mag.-religiöser Zeremonien.

Dargestellt werden myth. Szenen mit Göttern, Tieren, Pflanzen und Naturerscheinungen.

Sandblätter ↑Tabak.

Sandboas (Eryx), Gatt. bis 1 m langer Boaschlangen mit mehreren Arten in Steppen und Wüsten SO-Europas, N-Afrikas, SW-Asiens und Indiens; im Sand unterird. wühlende Reptilien mit (vom Rumpf) nicht abgesetztem Kopf. Die Art **Sandschlange** (Eryx jaculus) wird bis 80 cm lang; sie ist auf gelbl. bis rötlichgrauem Grund dunkel gezeichnet; einzige europ. Riesenschlange.

Sandbüchsenbaum (Hura), Gatt. der Wolfsmilchgewächse mit nur zwei Arten im trop. Amerika; Bäume mit giftigem Milchsaft, einhäusigen Blüten und Kapselfrüchten, deren Einzelteile sich bei der Reife mit lautem Platzen von der Mittelsäule lösen. Der **Echte Sandbüchsenbaum** (Hura crepitans) wird vielfach in den Tropen angepflanzt.

Sandburg, Carl [engl. 'sændbə:g], * Galesburg (Ill.) 6. Jan. 1878, † Flat Rock (N. C.) 22. Juli 1967, amerikan. Lyriker. - Gelegenheitsarbeiter; Freiwilliger im Span.-Amerikan. Krieg; ab 1902 Journalist, später aktiver sozialist. Politiker. Antiromant. Dichter des „demokrat. Amerika". Sein Verzicht auf den vom Idealismus beeinflußten Optimismus Withmans führte zu einer harten, schonungslosen Darstellung der Wirklichkeit, v. a. in „Chicago-Gedichte" (1916), „Guten Morgen, Amerika" (1928), „Das Volk, jawohl" (1936). Auch hymn. Naturdichtungen; sammelte, sang und rezitierte nordamerikan. Folklore.

Sandbutt, svw. Flunder (↑Schollen).

Sanddollars (Clypeasteroidea), Ordnung ovaler bis nahezu kreisrunder, scheibenförmig abgeflachter Seeigel mit zahlr. Arten in den Flachwasserzonen aller Meere, bes. der trop. und subtrop. Regionen (z. B. ↑Clypeaster); Stacheln äußerst kurz, samtartig (dicht); Schale oft von Schlitzen unterbrochen; Mund zentral auf der Unterseite; Durchmesser durchschnittl. 5-10 cm.

Sanddorn (Haffdorn, Seedorn, Hippophae), Gatt. der Ölweidengewächse mit je einer Art in Europa und in Asien; sommergrüne Bäume oder Sträucher mit dornigen Kurztrieben, schmalen Blättern und zweihäusigen Blüten. In Deutschland kommt auf Küstendünen, an Flußufern und Seen der bis zum Kaukasus und bis nach O-Asien verbreitete **Echte Sanddorn** (Gemeiner S., Hippophae rhamnoides) vor. Dieser bis 6 m hohe Strauch oder Baum hat glänzend-silberschilfrige Blätter, in kugeligen Blütenständen angeordnete Blüten und ovale, 6-8 mm lange, saftige, orangegelbe Früchte. Die an Vitamin C reichen Früchte werden zu Saft, Marmelade und zu Vitaminpräparaten verarbeitet. - Wegen der Bildung von Wurzelausläufern sowie wegen des Besitzes von Strahlenpilzen in den Wurzelknöllchen ist der Echte S. wichtig für die Primärbesiedlung lockerer, sandiger Rohböden.

Sandeau, Julien [frz. sã'do], gen. Jules S., * Aubusson (Creuse) 19. Febr. 1811, † Paris 24. April 1883, frz. Schriftsteller. - Befreundet mit G. Sand, mit der er unter dem Pseud. J. Sand „Prima Donna" (Nov., 1831) und „Rose et Blanche" (R., 1831) veröffentlichte. Schildert in seinen eigenen Romanen (u. a. „Das Fräulein von Seiglière" (1848) die zeitgenöss. bürgerl. Gesellschaft (auch Bühnenfassungen). 1858 Mgl. der Académie française.

Sandefjord [norweg. ˌsanəfjuːr], norweg. Stadt an einer Bucht des Skagerraks, 35 000 E. Walfangmuseum; Metall- und chem. Industrie; Hafen.

Sandel, Cora, eigtl. Sara Fabricius, * Kristiania (= Oslo) 20. Dez. 1880, † Uppsala 9. April 1974, norweg. Schriftstellerin. - Verf. von Frauenromanen mit psycholog. und emanzipator. Tendenz, u. a. „Kein Weg zu Dondi" (1958).

Sandelbaum [arab.-griech.-italien./dt.] (Santalum), Gatt. der Leinblattgewächse mit rd. 20 Arten in Malesien, Australien, auf Hawaii und in O-Indien; kahle, halbparasit. (Wurzelparasiten) Bäume oder Sträucher mit großen, ledrigen oder fleischigen Blättern und großen Blütenrispen. Der in Malesien, auf den Kleinen Sundainseln und in Indien kultivierte **Weiße Sandelbaum** (Santalum album; mit etwa 25 cm dickem Stamm und gegenständigen, ledrigen Blättern) liefert Sandelholz und Sandelöl.

Sandelholz [arab.-griech.-italien./dt.], (gelbes S., Santalholz) sehr fein strukturiertes, stark aromat. gelbgrünl. bis goldbraunes, dekoratives, ölhaltiges Kernholz des Sandelbaums *(echtes S.);* verwendet für Drechsler- und Kunsttischlerarbeiten sowie als Räuchermittel.

◆ (rotes S.) früher als Farbholz genutztes dunkelrotes Holz des Flügelfruchtbaums Pterocarpus santalinus (u. a. ↑Pterocarpus).

Sandelöl [arab.-griech.-italien./dt.] (Sandelholzöl), aus dem Kernholz des Sandelbaums gewonnenes, farbloses, würzig riechendes ähter. Öl, das in der Parfümindustrie verwendet wird; früher auch als Antiseptikum (u. a. zur Behandlung von Gonorrhö) benutzt.

Sandemose, Aksel [norweg. ...muːsə], * Nykøbing 19. März 1899, † Kopenhagen 6. Aug. 1965, dän.-norweg. Schriftsteller. - Bedeutendster früher Vertreter des modernen skand. Romans; schrieb ab 1931 in Norweg.; verband in seinen farbigen, nuancenreichen Werken modernist. Erzähltechniken mit realist., oft geheimnisvoll-kriminalist. Handlungsführung, u. a. „Der Klabautermann" (1927), „Ein Flüchtling kreuzt seine Spur" (1933).

Sander, August, * Herdorf (Landkr. Altenkirchen [Ws.]) 17. Nov. 1876, † Köln 20. April 1964, dt. Photograph. - Seit 1910 in

Köln. „Antlitz der Zeit" (1929) enthält typologisierende Porträts von Deutschen in der Zeit vor und nach dem 1. Weltkrieg. Mußte sich während des NS auf Landschaftsaufnahmen beschränken („Rheinlandschaften", hg. 1975). „Menschen des 20. Jh. Porträtphotographien 1902–52" erschien 1979.

S., Ernst, *Braunschweig 16. Juni 1898, † Freiburg im Breisgau 1. Juli 1976, dt. Schriftsteller. - Schrieb Romane („Die Lehrjahre des Herzens", 1931), Erzählungen („Die Spree im Schnee", 1966), Lyrik („Das harte Land", 1947), Dramen, Essays und Biographien.

S., Friedrich, *Greiz 19. Nov. 1889, † Bonn 29. Nov. 1971, dt. Psychologe. - Prof. in Leipzig, Gießen, Jena, Bonn; Mitbegr. der Ganzheitspsychologie (u. a. „Funktionale Struktur, Erlebnisganzheit und Gestalt", 1942; „Ganzheitspsychologie", 1962, mit H. Volkelt).

S., Helke, *Berlin 31. Jan. 1937, dt. Filmregisseurin und Frauenrechtlerin. - 1968 Mitbegr. des „Aktionsrats zur Befreiung der Frauen"; gründete 1974 die Zeitschrift „Frauen und Film". Protagonistin des dt. Frauenfilms, v. a. „Die allseitig reduzierte Persönlichkeit - Redupers" (1978), „Nr. 1 - aus Berichten der Wach- und Patrouillendienste" (1985).

Sander [isländ.], fächerförmige Sand- und Schotterflächen, die von den Schmelzwässern im Vorfeld der Gletscher bzw. Inlandeismassen abgelagert wurden.

Sanderling, Kurt, *Arys (= Orzysz, Woiwodschaft Suwałki) 19. Sept. 1912, dt. Dirigent. - 1941–60 Dirigent der Leningrader Philharmonie, 1960–77 des Städt. Sinfonie-Orchesters in Berlin sowie 1964–67 der Staatskapelle Dresden.

Sanders, Helma ['--], verh. Brahms, *Emden 20. Nov. 1940, dt. Filmregisseurin und Autorin. - Versucht der gesellschaftl. Wirklichkeit dokumentierend beizukommen, u. a. in „Gewalt" (1970), „Die industrielle Reservearmee" (1971), „Der Angestellte" (1972). - *Weitere Filme:* Erdbeben in Chili (1974, nach H. von Kleist), Shirins Hochzeit (1975), Heinrich (1976), Deutschland, bleiche Mutter (1979), Laputa (1986).

S., Nicholas [engl. 'sɑːndəz], *Charlwood (Surrey) um 1530, † in Irland 1581, engl. kath. Theologe und Historiker. - Begleiter des Kardinals Hosius auf dem Konzil von Trient; sein postum erschienenes Werk „De origine ac progressu schismatis anglicani" wurde zur Grundlage aller späteren kath. Darstellungen der engl. Reformationsgeschichte.

S., Pharoah [engl. 'sɑːndəz], eigtl. Farrell S., *Little Rock 13. Okt. 1940, amerikan. Jazzmusiker (Tenorsaxophonist). - Arbeitete mit John Coltrane und leitet seit 1967 eigene Gruppen.

Sandfang, Vorrichtung, in der sich körnige Verunreinigungen des Wassers oder anderer Flüssigkeiten abscheiden (z. B. durch Absinken bei verringerter Fließgeschwindigkeit).

Sandfelchen ↑ Felchen.
Sandflughuhn ↑ Flughühner.
Sandglöckchen (Jasione), Gatt. der Glockenblumengewächse mit rd. zehn Arten im Mittelmeergebiet und in Europa; ausdauernde oder zweijährige Kräuter mit ungeteilten, wechselständigen Blättern und meist blauen Blüten in endständigen, von Hüllblättern umgebenen Köpfchen. Von den beiden einheim. Arten wird v. a. das **Ausdauernde Sandglöckchen** (Jasione perennis, Jasione laevis; mit blaulila Blütenköpfchen) für Stein- und Heidegärten als Zierpflanze verwendet.

Sandgräber (Bathyergidae), Fam. 8–30 cm langer, kurzschwänziger, plumper Nagetiere mit zehn Arten in offenen und geschlossenen Landschaften Afrikas, südl. der Sahara; unterird. lebende, unterschiedl. gefärbte Tiere mit rückgebildeten Augen und Ohren und sehr langen Schneidezähnen. - Zu den S. gehören u. a. **Graumulle** (Cryptomys, 10–25 cm lang, oft mit weißem Fleck auf dem Kopf) und **Nacktmull** (Heterocephalus glaber, fast nackt, rosafarben, 8–9 cm lang).

Sandgren, Gustav, *Västra Stenby (Östergötland) 20. Aug. 1904, schwed. Schriftsteller. - Industriearbeiter; Mgl. der Dichtergruppe der „Fünf Jungen" („Fem Unga", deren primitivist. Programm er in seinen Romanen anarchist. definiert und in exzessiver Erotik widerspiegelt: „Drei Tage in der Sonne" (1953), „Wie der nackte Wind des Meeres" (1964).

Sandguß ↑ Gießverfahren.
Sandhafer ↑ Hafer.
Sandhaie (Carchariidae), Fam. bis 4 m langer, ziemI. schlanker Haifische mit zwei Arten in Flachwasserzonen der trop. und subtrop. Meere; mit zwei Rückenflossen und fünf Kiemenspalten vor jeder Brustflosse. - Zu den S. gehören der **Schildzahnhai** (Carcharias ferox, bis etwa 4 m lang, im östl. Atlantik und im Mittelmeer, graue Oberseite mit schwarzen Flecken) und der **Echte Sandhai** (Sandtiger, Carcharias taurus, fast 3 m lang, an der afrikan. Atlantikküste und im Karib. Meer; durch graue Fleckung auf gelbl. Grund gut dem sandigen Untergrund angepaßt; kann dem Menschen gefährl. werden).

Sandheuschrecken (Ödlandschrecken, Oedipoda), Gatt. v. a. auf trockenem, sandigem Boden vorkommender Feldheuschrecken, einheim. mit zwei 1,6–2,4 cm großen, bräunl. bis grauen Arten vertreten; Hinterflügel zinnoberrot oder blau mit dunkler Binde.

Sandhi [Sanskrit „Verbindung, Zusammenfügung"], phonet. Veränderungen, die beim Zusammentreffen von Wörtern (externes S.) und Morphemen (internes S.) auftreten können oder müssen; dienen meist der Aussprachevereinfachung, z. B. *bist du* [bɪst duː] – [bɪstuː].

Sandhohlzahn (Saathohlzahn, Gelber Hohlzahn, Galeopsis segetum, Galeopsis och-

Sandpflanzen

roleuca), einjährige Art des Hohlzahns im westl. Europa; 10–45 cm hohe Pflanze mit meist verzweigten Stengeln, seidenhaarigen, keilförmigen Blättern und großen, 20–30 mm langen, gelblichweißen Blüten.

Sandhurst [engl. 'sændə:st], südostengl. Gem., Gft. Berkshire, 6 500 E. Armeemuseum. - Nahe S. befindet sich die brit. „Royal Military Academy", wichtigste Offiziersschule der brit. Streitkräfte.

San Diego [engl. sændɪ'ɛɪɡoʊ], Stadt am Pazifik, Kalifornien, USA, 875 500 E. Kath. Bischofssitz; 3 Univ. (gegr. 1897, 1949 und 1952), Colleges, Salk-Inst. für biolog. Forschungen; Museum; Zoo. Bed. Zentrum der Luftfahrtind.; Schiffbau; Marinestützpunkt. - 1769 gründeten Spanier hier eine Missions- und Militärstation (heute Museum).

Sandinistische Nationale Befreiungsfront (Frente Sandinista de Liberación Nacional; Abk. FSNL), 1962 gegr. Befreiungsbewegung in ↑ Nicaragua; benannt nach **César Augusto Sandino** (* 1893, † 1934), der 1927 einen Kleinkrieg gegen die amerikan. Truppen in Nicaragua führte. Die sozialrevolutionär orientierte S. N. B. führte durch ihren jahrelangen Guerillakrieg 1979 den Sturz des Präs. A. Somoza Debayle herbei.

Sandkatze (Saharakatze, Sicheldünenkatze, Wüstenkatze, Felis margarita), bis 55 cm lange, einschl. Schwanz bis 90 cm messende Kleinkatze in den Wüsten N-Afrikas und SW-Asiens; nachtaktives, sich von kleinen Nagetieren, Eidechsen und Kerbtieren ernährendes, sandgelbes bis hell gelbgraues Raubtier mit sehr breitem Kopf, großen, breiten, spitzen Ohren, blassen Querstreifen und schwarzer Schwanzspitze.

Sandkiefer, svw. Waldkiefer (↑ Kiefer).

Sandklaffmuschel ↑ Klaffmuscheln.

Sandknotenwespe ↑ Knotenwespen.

Sandkraut (Arenaria), Gatt. der Nelkengewächse mit rd. 160 Arten von weltweiter Verbreitung, v. a. in den kühleren und gemäßigten Gebieten der Nordhalbkugel und in den Gebirgen S-Amerikas; meist kleine, niederliegende oder aufrechte Kräuter oder Halbsträucher mit weißen oder roten, einzeln oder zu mehreren stehenden Blüten.

Sandläufer ↑ Eidechsen.

Sandlaufkäfer (Sandläufer, Tigerkäfer, Cicindelidae), mit rd. 1 400 Arten v. a. in sandigen Landschaften weltweit verbreitete Fam. 8–70 mm langer Käfer, die sich räuber. von anderen Gliederfüßern ernähren; Färbung meist grün, blau oder kupferrot schimmernd, häufig weiß gefleckt; Larven in meist selbstgegrabenen Erdröhren.

Sandler, Rickard Johannes, * Torsåker (Westernorrland) 29. Jan. 1884, † Stockholm 12. Febr. 1964, schwed. Politiker. - Sozialdemokrat, 1920–25 in verschiedenen Min.ämtern, 1925/26 Min.präs., 1932–39 Außenmin. und mehrfach Völkerbundsdelegierter.

Sandmischkultur ↑ Moorkultur.

Sandmücken (Sandfliegen, Pappatacimücken, Phlebotominae), bes. in trop. und subtrop. Gebieten weit verbreitete Unterfam. etwa 2,5 mm langer Schmetterlingsmücken; gelbl., stark behaarte Blutsauger; bekannteste Gattung ↑ Phlebotomus; Larven an Exkrementen und faulenden organ. Substanzen.

Sandmuscheln ↑ Klaffmuscheln.

Sandomierz [poln. san'dɔmjɛʃ], poln. Stadt an der oberen Weichsel, 150 m ü. d. M., 21 000 E. Kath. Bischofssitz; Diözesan-, Heimatmuseum. Fensterglasfabrik, Metallverarbeitung und Nahrungsmittelind. - Im 11. Jh. wichtige Burgsiedlung im 12./13. Jh. Hauptort eines gleichnamigen Ft., erhielt 1227 Magdeburger Stadtrecht. - Roman. Dominikanerkirche (13. und 17. Jh.); Kathedrale (14. Jh.; mit barocker Fassade); Rathaus (14., 16./17. Jh.); spätgot. Długosz-Haus (15. Jh.).

Sándor [ungar. 'ʃa:ndor], ungar. männl. Vorname, Kurzform von Alexander.

Sandotter (Sandviper, Hornotter, Vipera ammodytes), bis 90 cm lange, für den Menschen sehr giftige Viper, v. a. in trockenen, steinigen und felsigen, spärl. von Büschen bestandenen Landschaften S-Österreichs, der Balkanhalbinsel und SW-Asiens; Körper mit dunkler Zickzackbinde auf dem Rücken und einem hornförmigen Aufsatz auf der Schnauzenspitze.

Sandoy [färöisch 'sandɔːi], eine Insel der ↑ Färöer.

Sandoz AG [frz. sã'do], schweizer. Unternehmen der chem. bzw. pharmazeut. Industrie, Sitz Basel; gegr. 1886.

Sandpapier ↑ Schleifpapier.

Sandpflanzen (Psammophyten), an das Leben auf trockenen Standorten angepaßte

Sanduhr aus Kleinasien (1751)

Pflanzen; sind meist licht- und wärmeliebend (hohe Bodentemperaturen), durch Wasser- und Nährstoffmangel im Substrat langsam wachsend. Kennzeichen der S. sind: horizontal und vertikal weit ausgebreitetes Wurzelsystem, kräftiges Festigungsgewebe, kleine Blattflächen, z.T. Sukkulenz und reiche Knospenbildung.

Sandra, weibl. Vorname, Kurzform von italien. Alessandra (↑Alexandra).

Sandrakottos ↑Tschandragupta Maurja.

Sandrart, Joachim von, * Frankfurt am Main 12. Mai 1606, † Nürnberg 14. Okt. 1688, dt. Kunstschriftsteller. - War Kupferstecher (v. a. Porträts) und Maler, lange in den Niederlanden und Italien tätig, seit 1674 in Nürnberg (Direktor der Akad.). Schrieb eine an G. Vasari und C. van Mander ausgerichtete „Teutsche Academie der edlen Bau-, Bild- und Mahlerey-Künste" (2 Bde., 1675–79), das erste große Quellenwerk der dt. Kunstgeschichte mit Lebens- und Werkbeschreibungen von Künstlern seit der Antike und einer allg. Betrachtung der Künste.

Sandrock, Adele [...drɔk], * Rotterdam 19. Aug. 1863, † Berlin 30. Aug. 1937, dt. Schauspielerin niederl. Herkunft. - Schauspielengagements bei den Meiningern, in Wien, Budapest und ab 1905 vorwiegend in Berlin. In Filmen brillierte sie meist als „komische Alte", z. B. in „Der Kongreß tanzt" (1931), „Die engl. Heirat" (1934), „Amphitryon" (1935).

Sandsack, Trainingsgerät des Boxers zur Erhöhung der Schlagkraft: ein rd. 1 m langer, mit Sand gefüllter Ledersack, in Oberkörperhöhe frei aufgehängt.

Sandschan [pers. zænˈdʒɑːn], Stadt in NW-Iran, 175 400 E. Hauptstadt des Verw.-Geb. S., dessen Handelszentrum; Teppichknüpferei, Baumwollweberei, Würfelzucker-, Streichholzfabrik, Transformatorenwerk; an der Bahnlinie und Straße Teheran–Täbris.

Sandschar, Muiss Ad Din, * 1084, † Merw 8. Mai 1157, Seldschukensultan (seit 1118). - Einte den O des zerfallenen Seldschukenreiches noch einmal und dehnte es durch Unterwerfung der Ilekchane und der Ghasnawiden aus; 1141 von den nach Transoxanien eingefallenen Kitan (Kara-Kitai) bei Samarkand vernichtend geschlagen.

Sandschrecke (Blauflügelige S., Sphingonotus caerulans), 1,5–2,2 cm lange, wärmeliebende, gut fliegende Feldheuschrecke, v. a. auf Sandböden Europas bis zum Kaukasus und in Kleinasien; bräunlichgrau bis schwarzblau mit blaßblauen Hinterflügeln.

Sandsegge ↑Segge.

Sandstein, Sedimentgestein, entstanden aus Sand durch Verkittung der Mineralkörner (Quarz, Feldspat, Glimmer, Glaukonit u. a.). Je nach Bindemittel unterscheidet man Ton-, Kalk-, Kiesel- und Eisensandstein.

Sandstrahlgebläse, Gerät, das mit Druckluft feinen, trockenen Quarzsand auf eine Oberfläche schleudert, die durch die Scheuerwirkung des Sandstrahls gereinigt, geglättet oder aufgerauht wird.

Sandstrohblume ↑Strohblume.

Sandsturm, starker Wind, der Sand oder Staub mit sich führt.

Sandtiger, svw. Echter Sandhai (↑Sandhaie).

Sanduhr (Stundenglas), altes Zeitmeßinstrument, das gewöhnl. aus zwei durch eine enge Öffnung miteinander in Verbindung stehenden bauchigen Gläsern besteht, durch die feiner Sand rieselt; die durchgelaufene Sandmenge ist ein Maß für die verflossene Zeit. - Abb. S. 119.

Sandviken, schwed. Stadt 20 km wsw. von Gävle, 40 800 E. Museum, Fachschulen; Stahl- und Walzwerk, Holzverarbeitung. - Entwickelte sich seit 1860 zum Zentrum der schwed. Eisenind.; 1927 Marktflecken, 1943 Stadt.

Sandviper, svw. ↑Sandotter.

Sandwespen, svw. ↑Grabwespen.

♦ (S. i. e. S., Ammophila) Gatt. der Grabwespen, einheim. mit drei bis 3 cm langen schwarzen, rot gezeichneten Arten mit langgestieltem Hinterleib; Nektarsauger; auf sandigen stark besonnten Wegen, wo auch die Brutröhren im Sand angelegt werden.

Sandwich [ˈzɛntvɪtʃ, engl. ˈsænwɪdʒ], nach John Montagu, 4. Earl of Sandwich, * 1718, † 1792, der sich belegte Brote an den Spieltisch bringen ließ, zwei zusammengeklappte, belegte [Weiß]brotschnitten (oder anderes Brot, Brötchen usw.).

Sandwichbauweise [ˈzɛntvɪtʃ], Bauweise, bei der zwei Deckschichten aus Metall, Sperrholz oder faserverstärkten Werkstoffen mit einem dazwischen angeordneten Stützkern verklebt oder durch Löten verbunden werden; als Füllstoffe werden Hartschäume, Balsaholz und Wabenkerne aus Leichtmetall und Gewebeschichten verwendet.

Sandwich Islands [engl. ˈsænwɪtʃ ˈaɪləndz] ↑Hawaii.

Sandwichmänner [ˈzɛntvɪtʃ], Männer, die Werbeplakate auf Brust und Rücken [gegen Bezahlung] umhertragen.

Sandwichmontage [ˈzɛntvɪtʃ], Photomontage, bei der zwei Negative oder Dias Schicht an Schicht zusammengelegt und vergrößert oder kopiert werden.

Sandwichverbindungen [ˈzɛntvɪtʃ], metallorgan. Koordinationverbindungen, deren Struktur an ein „Sandwich" erinnert: Aromat. (oder ungesättigte aliphat.) Molekülteile bilden Scheiben, zw. denen ein [Übergangs]metallatom eingelagert ist.

Sandwurm (Gemeiner S.), svw. ↑Köderwurm.

San Felipe, Hauptstadt des Staates Yaracuy in N-Venezuela, 250 m ü. d. M., 56 000 E.

Kath. Bischofssitz; Handelszentrum des Bekkens von Yaracuy. - Gegr. 1730.

San Fernando [engl. sænfɛr'nændoʊ], Stadt im sw. Trinidad, Hafen am Golf von Paria, 38 400 E. Zentrum der Erdölförderung; Zuckerfabrik. - Gegr. 1786.

San Fernando de Apure, Hauptstadt des Staates Apure in Z-Venezuela, Hafen am Río Apure, 68 m ü. d. M., 54 000 E. Handelszentrum des wichtigsten Rinderzuchtgeb. des Landes. - Gegr. 1788.

Sanforisieren ⓦ [nach dem amerikan. Fabrikanten Sanford L. Cluett, * 1874, † 1968], Ausrüstungsverfahren für Stoffe aus Baumwolle und anderen Zellulosefasern, durch das ein Einlaufen dieser Stoffe beim Waschen verringert wird; das angefeuchtete Gewebe wird gegen eine beheizte Walze gedrückt und beim Abheben einer mechan. Stauchung *(Krumpfung)* unterworfen.

San Francisco [zanfran'tsɪsko, engl. sænfrən'sɪskoʊ], Stadt in Kalifornien, USA, am S-Ufer des Golden Gate, 679 000 E. Sitz eines kath. Erzbischofs, eines anglikan. und eines methodist. Bischofs; 4 Univ. (gegr. 1855, 1873, 1899, 1901), Inst. für Asienforschung, Colleges, kaliforn. Akad. der Wiss.; Planetarium; mehrere Museen, Oper; Zoo. - S. F. ist der größte Finanz- und Handelsplatz an der W-Küste und einer der größten Häfen der USA. Bes. die Außenbez. von S. F. innerhalb der Metropolitan Area (3,2 Mill. E.) sind zu industriellen Schwerpunkten geworden (Stahl- und Metallverarbeitung, chem., Nahrungsmittel-, Elektro-, Papier- und Textilind., Maschinen-, Schiff- und Fahrzeugbau, Erdölraffinerien). - Dem innerstädt. Verkehr dienen zahlr. Brücken, ein Schnellstraßennetz, das moderne Schnellbahnsystem und die seilgezogene Straßenbahn (Cable Car; seit 1873, heute noch 17 km Länge). 4 Haupteisenbahnlinien verbinden S. F. mit 7 transkontinentalen Strecken; internat. ✈.

Geschichte: 1766 wurde eine Missionsstation errichtet (S. F. de Asís), neben der sich eine kleine Siedlung, Yerba Buena, bildete (1777 Gründung von 5 weiteren Missionsstationen); 1821-47 in mex. Besitz, nach Besetzung der Station durch amerikan. Truppen (1847) in S. F. umben. und 1848 an die USA abgetreten. 1850 Stadtrecht; nach Zerstörung großer Teile der Stadt durch das große Erdbeben von 1906 und danach ausbrechende Großfeuer sofortiger Wiederaufbau. - Auf der **Konferenz von San Francisco** (25. April–26. Juni 1945) wurde die Charta der UN beschlossen. Der **Frieden von San Francisco** (8. Sept. 1951) beendete den 2. Weltkrieg zw. Japan und seinen Gegnern (außer den kommunist. Staaten).

Bauten: Trotz des hügeligen Geländes wurde S. F. größtenteils im Schachbrettmuster angelegt. Kirche der ehem. span. Missionsstation (1782-91); zahlr. Hochhäuser, u. a. das 260 m hohe Transamerica Building (1972). Größte Chinatown in den USA; zahlr. Parkanlagen. - Abb. S. 122.

San Francisco Bay [engl. sænfrən-'sɪskoʊ 'beɪ], Bucht des Pazifiks in Kalifornien, etwa 80 km lang, 5–20 km breit; mit dem Pazifik durch das Golden Gate verbunden.

San Francisco Renaissance in Poetry [engl. sænfrən'sɪskoʊ rə'neɪsənzɪn 'poʊətrɪ], in der 2. Hälfte der 1950er Jahre wirksame, gegen den akadem. Formalismus gerichtete literar. Strömung, ausgehend von überwiegend in San Francisco lebenden Lyrikern wie W. Everson (* 1912), R. Duncan (* 1919), L. Ferlinghetti, J. Schevill (* 1920), P. Lamantia (* 1925).

Sänfte [eigtl. „Sanftheit"] (Portechaise), aus dem Orient stammendes, kastenartiges Beförderungsmittel für Personen (auch für Lasten); wird von Menschen oder Packtieren getragen.

Sanga, rechter Nebenfluß des Kongo, entsteht aus 2 Quellflüssen bei Nola, mündet bei Mossaka, rd. 600 km lang; im Oberlauf z. T. Grenzfluß zw. Kamerun und der VR Kongo sowie der Zentralafrikan. Republik.

Sangallo, Antonio da d. Ä., eigtl. Antonio Giamberti, * Florenz um 1455, † ebd. 27. Dez. 1534, italien. Baumeister. - Bruder von Giuliano da S., mit dem er anfangs zusammenarbeitete. Seine Kirche Madonna di San Biagio in Montepulciano (1518–29) ist ein bed. Zentralbau im Stil der Hochrenaissance.

S., Antonio da, d. J., eigtl. Antonio Cordiani, * Florenz 1483, † Terni 3. Aug. 1546, italien. Baumeister. - Neffe von Antonio da S. d. Ä. und Giuliano da S., ging bei ihnen und Bramante in die Lehre; zahlr. Aufträge, v. a. in Rom. Baumeister von Sankt Peter. Sein Hauptwerk, der Palazzo Farnese in Rom (Pläne 1514 ff., erbaut 1534 ff., vollendet von Michelangelo), zeigt den Übergang von der Hochrenaissance zum Manierismus. Die Ausrichtung auf eine Hauptachse wurde für die Barockarchitektur wichtig.

S., Giuliano da, eigtl. Giuliano Giamberti, * Florenz 1445, † ebd. 20. Okt. 1516, italien. Baumeister. - Bruder von Antonio da S. d. Ä.; ging von den Bauideen F. Brunelleschis aus und leitete zur florentin. Hochrenaissance über; Santa Maria delle Carceri in Prato (1484 ff.) ist der erste Kuppelbau über einem griech. Kreuz, die Villa Medicea in Poggio a Cajano bei Florenz (um 1485 ff.) die erste Villa mit klass. Tempelfront, die Räume sind um einen Saal gruppiert, beim Palazzo Strozzi in Florenz (um 1490 ff.) ist ein schöner Binnenhof.

Sangarind [amhar./dt.], Sammelbez. für verschiedene zebuähnl. afrikan. Rassen des Hausrindes mit meist seitwärts gerichteten Hörnern und mehr oder minder stark entwickeltem Höcker auf dem Vorderrücken.

Sang-de-bœuf [frz. sãd'bœf „Ochsenblut"] (chin. lang yao), Bez. für chin. Porzellan mit roter Glasur.

Sanger [engl. 'sæŋə], Frederick, * Rendcomb (Gloucestershire) 13. Aug. 1918, brit. Biochemiker. - Ab 1951 am Medical Research Council in Cambridge; Arbeiten bes. über die Struktur und Synthese von Proteinen und Nukleinsäuren; erhielt 1958 - insbes. für die Aufklärung der Struktur des Insulins - und 1980 - insbes. für die Aufklärung der Reihenfolge der Nukleotide in der DNS - den Nobelpreis für Chemie (zus. mit P. Berg und W. Gilbert).

S., Margaret, * Corning (N. Y.) 14. Sept. 1883, † Tucson (Ariz.) 6. Sept. 1966, amerikan. Schriftstellerin. - Vorkämpferin der amerikan. und internat. Bewegung für Geburtenkontrolle; organisierte 1927 in Genf die erste Weltbevölkerungskonferenz; 1953 Präs. des internat. Bundes für Familienplanung.

Sänger, Eugen, * Preßnitz bei Komotau 22. Sept. 1905, † Berlin (West) 10. Febr. 1964, dt. Raketenforscher und Raumflugtechniker. - Prof. an der TH Stuttgart und an der TU Berlin; grundlegende Forschungen zur Raketenflugtechnik und Raumfahrt, Untersuchungen über Tragflächenprofile für Überschallflugzeuge. 1950-52 erster Präsident der Internat. Astronaut. Föderation (IAF) sowie (ab 1956) Vorsitzender der Dt. Gesellschaft für Raketentechnik und Raumfahrt.

Sangerhausen, Krst. am NO-Rand der Goldenen Aue, Bez. Halle, DDR, 170 m ü. d. M., 33 300 E. Museum; Rosarium; Zentrum des Kupferbergbaus; Fahrradherstellung. - Der im 8. Jh. entstandene Marktflecken erhielt vermutl. um 1260 Stadtrecht. - Roman. Kirche Sankt Ulrich (1389 erneuert), spätgot. Pfarrkirche Sankt Jakobi (1472ff.), spätgot. Rathaus (1556 vergrößert).

San Francisco mit einem Wagen der Cable Car im Vordergrund

S., Landkr. im Bez. Halle, DDR.

Sängerknötchen (Schreiknötchen, Noduli vocales, Chorditis nodosa), knotige Wucherungen auf den Stimmbändern infolge Überanstrengung beim Singen oder Schreien (bes. bei Sängern; auch bei Säuglingen vorkommend).

Sangha (Samgha) [Sanskrit] ↑Buddhismus.

Sangihe-Inseln, vulkan. Inselgruppe vor der NO-Spitze von Celebes, 813 km², gehört zu Indonesien.

San Gimignano [italien. sandʒimin'ja:no], italien. Gem. in der Toskana, 332 m ü. d. M., 7 500 E. Museum für sakrale Kunst, Gemäldegalerie; Fremdenverkehr. - 929 erstmals erwähnt; im 12./13. Jh. freie Kommune; unterwarf sich 1354 Florenz. - Ma. Stadtbild mit Kirchen und Palästen, 13 Geschlechtertürmen, Stadtmauer.

Sangre de Cristo Mountains [engl. 'sæŋgri di 'kristou 'mauntinz], Gebirgszug der Rocky Mountains im südl. Colorado und nördl. New Mexico, bis 4 378 m hoch.

Sangria [span., eigtl. „Aderlaß" (zu lat. sanguis „Blut")], andalus. Rotweinbowle; aus Valdepeñas-Rotweinen mit etwas Orangenoder Zitronensaft und -stücken, Zucker, Schaumwein oder Sodawasser.

Sangrita ®️ [span.], mex. Mischgetränk aus Tomaten-, Orangen- und etwas Zwiebelsaft, Gewürzen, Pfeffer [meist] Agavenschnaps.

Sanguineti, Edoardo [italien. sangui'neːti], * Genua 9. Dez. 1930, italien. Schriftsteller. - Prof. für italien. Literatur in Genua; gilt als Haupt des avantgardist. Gruppo 63. Schrieb Lyrik („Reisebilder", dt. Auswahl 1972) sowie experimentelle Dramen und Romane („Capriccio italiano", 1963; „Gänsespiel", 1967). - *Weiteres Werk:* Faust (1985).

Sanguiniker [zu lat. sanguis „Blut"], unter den vier hippokrat. Temperamentstypen (↑Temperament) der „leichtblütige", heitere, lebhafte, leicht ansprechbare Mensch.

Sanherib, † 681 v. Chr., König von Assyrien (seit 704). - Sohn Sargons II.; setzte sich militär. gegen Urartu und Elam, in Kilikien, Syrien, Phönikien und in Palästina durch, zerstörte Babylon (689), baute die Hauptstadt Assur, ab 701 Ninive prachtvoll aus und rühmte sich techn. Neuerungen u. a. im Bewässerungsbau; 681 ermordet.

Sanidin [griech.] ↑Feldspäte.

Sanierung [zu lat. sanare „heilen"], Beseitigung eines Krankheitsherds.
♦ der Gesundung eines Unternehmens dienende finanzielle und organisator. Maßnahmen, z. B. Zuführung neuer finanzieller Mittel, Reduzierung des Beschäftigtenstandes.
♦ die Gesamtheit aller städtebaul. Maßnahmen, die der Verbesserung der Wohn- und Lebensbedingungen städt. Bev.gruppen in älteren Wohnvierteln dienen sollen (z. B. Abriß und Neuaufbau, Modernisierung der Alt-

bausubstanz, Restaurierung); häufig unter Zerstörung der urspr. sozialen Struktur.

Sanikel (Sanicula) [mittellat.], Gatt. der Doldengewächse mit rd. 40 fast weltweit (v. a. im westl. N-Amerika) verbreiteten, staudigen Arten. In Deutschland kommt zerstreut in Laub- und Mischwäldern die in Eurasien und S-Afrika heim. Art **Gewöhnl. Sanikel** (Europ. S., Heildolde, Scharnikel, Sanicula europaea) mit langgestielten, handförmigen, fünf- bis siebenteiligen, überwiegend grundständigen Blättern vor; Blüten weiß oder rötl., in kleinen Döldchen. Die Blätter und Rhizome des Gewöhnl. S. enthalten Saponine, Bitter- und Gerbstoffe. Im MA wichtiges Wundheilmittel.

sanitär [frz., zu lat. sanitas „Gesundheit"], das Gesundheitswesen, die Hygiene betreffend.

Sanitärtechnik, Zweig der Haustechnik, der sich mit der Herstellung und Installation sanitärer, v. a. der Hygiene und Säuberung dienender Einrichtungen (z. B. in Bädern, Duschräumen, Toiletten und Küchen) befaßt sowie die hygien. Ausstattung z. B. von Schwimmbädern, Nahrungsmittelfabriken, Schlachthäusern, Großküchen u. a. vornimmt.

Sanitätstruppe [lat./dt.], in der Bundeswehr Teil der Logistiktruppen (Sanitätseinheiten und -verbände) mit der Aufgabe, die Gesundheit und Einsatzfähigkeit der Soldaten zu erhalten und wiederherzustellen.

Sanitätswesen [lat./dt.], in den Streitkräften die Gesamtheit der Personen, Hilfsmittel und Maßnahmen, die der Erhaltung, Förderung und Wiederherstellung der Gesundheit des Soldaten zum Ziel haben; stehen im Krieg, mit dem Roten Kreuz (oder entsprechenden Symbolen) gekennzeichnet, unter dem bes. Schutz des Völkerrechts (Genfer Konventionen vom 12. 8. 1949). Im Feld erfolgt die ärztl. Versorgung Verwundeter und Kranker zunächst auf den Truppenverbandsplätzen, dann auf den Hauptverbandsplätzen. Die fachärztl. Behandlung wird in Feldlazaretten durchgeführt. In der *Bundeswehr* ist das S. teils den Teilstreitkräften zugeordnet und dort truppendienstl. unterstellt, teils in den zentralen Sanitätsdienststellen (u. a. Bundeswehrkrankenhäuser, Akad. des Sanitäts- und Gesundheitswesens) zusammengefaßt. - ↑auch Bundeswehr (Sanitäts- und Gesundheitswesen).

Sanjinés, Jorge [span. saŋxi'nes], * La Paz 1936, bolivian. Filmregisseur und -theoretiker. - Bekannt durch seine neorealist., sozialkrit. Filme („So ist es", 1966; „Das Blut des Kondors", 1969). - *Weitere Filme:* Der Hauptfeind (1974), Die Bauern von Kala Kala (1977).

San Joaquin River [engl. sænwɔ'kiːn 'rɪvə], Zufluß der San Francisco Bay, USA, entspringt in der Sierra Nevada, mündet zus. mit dem Sacramento River, 563 km lang.

San Jose [engl. sænhoʊˈzeɪ], Stadt in Kalifornien, USA, nahe dem S-Ufer der San Francisco Bay, 629 500 E. Univ. (gegr. 1857). Eines der größten Zentren der Erde für Konserven- und Trockenfruchtherstellung. - 1777 als **Pueblo de San José de Guadalupe** von mex. Siedlern gegr.; 1849–51 Hauptstadt Kaliforniens. Nahebei die ehem. Missionsstationen San José (gegr. 1797) und Santa Clara (gegr. 1777).

San José [span. saŋxo'se], Hauptstadt von Costa Rica und der Prov. S. J., im Valle Central, 1 170 m ü. d. M., 241 500 E. Kath. Erzbischofssitz; Kulturzentrum des Landes; 3 Universitäten, Inst. für polit. und Sozialwiss., geograph. Inst., Nationalbibliothek, -archiv; National-, ethnolog. Museum, Theater, Oper; Zoo. - S. J. ist das wichtigste Handels- und Ind.zentrum des Landes: an der Carretera Interamericana gelegen, Bahnverbindungen mit den Überseehäfen Costa Ricas; internat. ✈. - 1755 als **Villa Nueva** gegr.; seit 1813 Stadt, seit 1823 Hauptstadt von Costa Rica. - Breite Alleen und Parkanlagen kennzeichnen die moderne Stadt.

S. J., Dep. in S-Uruguay, am Río de la Plata, 4 992 km², 88 500 E (1975), Hauptstadt San José de Mayo; v. a. Viehzucht.

San José de Mayo [span. saŋxo'se ðe 'majo], Hauptstadt des uruguay. Dep. San José, 80 km nw. von Montevideo, 28 400 E. Kath. Bischofssitz; Museum, Theater; Handelszentrum eines Agrargeb. - Gegr. 1783.

San-José-Schildlaus [span. saŋxo'se] (Quadraspidiotus perniciosus, Aspidiotus perniciosus), vermutl. aus Ostasien (Amur-Gebiet) stammende, über Kalifornien van San Jose, span. San José weltweit verschleppte Deckelschildlaus (in Europa seit 1927, in der BR Deutschland seit 1946); Rückenschild der ♀ 2–2,5 mm breit, rundl., hell- bis dunkelgrau, der ♂ kleiner, langgestreckt-oval; ♀ lebendgebärend, bringt pro Generation (in Deutschland 2–3 Generationen) bis über 100 Larven zur Welt, die (wie die geflügelten ♂♂) ortsbewegl. sind; saugt an Laubgehölzen, v. a. an verholzten Teilen (auch Früchten) von Obstgehölzen; bilden bei Massenbefall grauen, krustigen Überzug, so daß jüngere Bäume oft absterben; einer der gefährlichsten Pflanzenschädlinge, bes. in SW-Deutschland; Bekämpfung meist mit Insektiziden.

San Juan [span. saŋ'xuan], Hauptstadt von Puerto Rico, 434 800 E. Kath. Erzbischofssitz; Univ. (gegr. 1912), wiss. Akad., Colleges, Generalarchiv, zahlr. Museen. Wirtsch. Zentrum der Insel; Fremdenverkehr; Hafen, internat. ✈. - 1519 gründeten Spanier **San Juan de Puerto Rico** mit starken Befestigungen; 1898 Besetzung durch die Amerikaner. - Kathedrale (1541–47, 1802 wiederaufgebaut), barocke Kirche San José, Fort El Morro (1591–1615).

S. J., Hauptstadt der argentin. Prov. S. J.,

San Juan

am Fuße der Vorkordilleren, 647 m ü. d. M., 118 000 E. Kath. Erzbischofssitz; Univ. (gegr. 1953); Museum, Erdbebenwarte; Nahrungsmittelind., Holzverarbeitung. - 1562 als **San Juan de la Frontera** gegr.; 1894 und 1944 starke Erdbebenschäden.
S. J., argentin. Prov. an der chilen. Grenze, 86 137 km², 466 000 E (1980), Hauptstadt San Juan. Im W Anteil an den Anden und der Vorkordillere, im O Übergang in eine von Gebirgszügen durchzogene Hochebene.

San Juan de los Morros [span. saŋ-'xyan de lɔz 'mɔrrɔs], Hauptstadt des Staates Guárico im nördl. Venezuela, 430 m ü. d. M., 53 000 E. Kurort. - Gegr. 1675.

Sanjust, Filippo, *Rom 9. Sept. 1925, italien. Bühnenbildner. - Seine Opern- und Filmausstattungen sind großzügig und oft von barocker Musikalität, mitgeprägt durch jahrelange Zusammenarbeit mit L. Visconti.

Sankey-Diagramm [engl. 'sæŋkɪ; nach dem ir. Ingenieur M. H. P. R. Sankey, *1853, †1921] (Energieflußbild, Wärmeflußbild), graph. Darstellung des im Verlaufe eines techn. Prozesses (v. a. in Wärmekraftanlagen) erfolgenden Energieumsatzes: Die zu Beginn vorhandene Energie wird durch einen meist senkrechten Strom dargestellt, von dem die Energieverluste seitl. abzweigen. Die Breite der verschiedenen Ströme ist dabei ein Maß für die durch sie dargestellten Energiemengen. Der übrigbleibende Strom stellt die nutzbare Energie dar.

Sankt Andreasberg, Bergstadt im Oberharz, Nds., 520–650 m ü. d. M., 2 800 E. Bergwerks- und Heimatmuseum im histor. Silbererzbergwerk Samson. Heilklimat. Kurort und Wintersportplatz. - Vermutl. schon im 13. Jh. Erzbergbau (mit Unterbrechung bis 1910); 1537 Bergstadtrecht.

Sankt Anton am Arlberg, östr. Wintersport- und Luftkurort in Tirol, an der Arlbergstraße und -bahn, 1 300 m ü. d. M., 2 200 E. Internat. Skizentrum; Seilbahnen, Skilifte, Sprungschanzen.

Sankt Augustin, Stadt in der Kölner Bucht, NRW, 50 200 E. Philosoph.-theolog. Hochschule, Sitz mehrerer Forschungsinst.; völkerkundl. Museum, Maschinenbau, Kunststoffverarbeitung. - 1969 durch Zusammenschluß von 7 Gemeinden entstanden.

Sankt Avold, frz. Bergbaustadt im lothring. Kohlenrevier, Dep. Moselle, 19 000 E. Steinkohlenbergbau, Maschinenbau, chem. und Elektroind. - Im 8. Jh. Gründung einer Benediktinerabtei.

Sankt Bartholomä ↑Königssee.

Sankt-Bernhardin-Paß, dt. für Passo di San Bernardino, ↑Alpenpässe (Übersicht).

Sankt Blasien, Stadt im Hochschwarzwald, Bad.-Württ., 762 m ü. d. M., 4 200 E. Heilklimat. Kurort. - Das 858 erstmals gen. Benediktinerkloster wurde 983 selbständig; kam 1218 unter die Schirmherrschaft des Reiches; 1746 wurde der Abt Reichsfürst; 1806 säkularisiert. - Frühklassizist. Abteikirche (1783 geweiht); barocke ehem. Klostergebäude (18. Jh.; heute Internat).

Sankt-Elms-Feuer, svw. ↑Elmsfeuer.

Sankt Gallen (amtl. St. Gallen), Hauptstadt des schweizer. Kt. S. G., im Hochtal der Steinach, 670 m ü. d. M., 73 500 E. Wirtsch. und kulturelles Zentrum der O-Schweiz; kath. Bischofssitz; Hochschulen für Wirtschafts- und Sozialwiss. sowie für klin. Medizin, Textil- und Modeschule, Eidgenöss. Materialprüfungsanstalt; jährl. Messe für Land- und Milchwirtschaft; Stadttheater, Museen. Bed. Textilindustrie, Maschinenbau.
Geschichte: An der Stelle der um 612 entstandenen Einsiedelei des hl. Gallus wurde um 719 eine Abtei gegründet, die 747 die Benediktregel annahm, 816 königl. Kloster wurde und 9.–11. Jh. eine Blüte auf kulturellem Gebiet erlebte. Im Anschluß an das Kloster entstand eine Siedlung, die 1180 reichsfrei wurde, jedoch weiterhin dem Abt unterstand. Seit Anfang des 13. Jh. galt der Abt als Reichsfürst. 1451 wurde die Abtei, 1454 die Stadt zugewandter Ort der Eidgenossenschaft. 1468 erwarb die Abtei die Gft. Toggenburg. Ab 1524 schrittweise Einführung der Reformation, 1532 Rekatholisierung des Stiftsgebiets; 1798 Ende der Stiftsherrschaft; S. G. nahm die helvet. Einheitsverfassung an. 1805 Aufhebung des Klosters; ab 1803 Hauptstadt des neugegr. Kantons; ab 1823 Bischofssitz; 1918 Zusammenschluß des alten Stadt S. G. und der Außengemeinden Straubenzell und Tablat zur Stadtgemeinde Sankt Gallen.
Bauten: Spätbarocke ehem. Stiftskirche (18. Jh.) mit Otmarskrypta (9. Jh.) und bed. Ausstattung; Stiftsbibliothek mit wertvollen Handschriften. Neue Pfalz (18. Jh.), Bürgerhäuser des 17. und 18. Jh.
S. G., ostschweizer. Kt., 2 014 km², 398 600 E (1985), Hauptstadt Sankt Gallen; umfaßt im wesentl. das Gebiet zw. Alpenrhein und Bodensee im O, dem S-Ende des Zürichsees in W und dem östl. Teil der Glarner Alpen südl. des Walensees. Nördl. des Walensees gehören die Churfirsten und der S des Säntisgebirges sowie das Toggenburg und das sog. Fürstenland zum Kt. Bedingt durch die Lage am Alpennordrand dominiert die Viehhaltung, v. a. die Milchwirtschaft. - Der Kt. S. G. ist ein Zentrum der schweizer. Textilindustrie, bed. ist auch der Maschinenbau und v. a. der Fremdenverkehr.
Geschichte: 1803 wurde der Kt. S. G. aus dem ehem. Stiftsgebiet (↑Sankt Gallen, Stadt) und mehreren Landvogteien gebildet. 1814 wurden Spaltungserscheinungen durch eidgenöss. Intervention unterdrückt.
Verfassung: Nach der Verfassung vom 16. Nov. 1890 (mit mehrfachen Änderungen) liegt die Exekutive beim vom Volk auf 3 Jahre gewählten Regierungsrat (7 Mgl.). Die Legis-

Sankt Johann im Pongau

lative bilden der vom Volk auf 3 Jahre gewählte Große Rat (180 Mgl.) und das Volk selbst (Volksabstimmung). Seit 1972 haben Frauen Stimm- und Wahlrecht.

S. G., exemtes Bistum, 1823 für den Kt. S. G. als Doppelbistum Chur-S. G. errichtet; nach 1847 wurden die beiden Bistümer getrennt. - ↑ auch katholische Kirche (Übersicht).

Sankt Georgen im Schwarzwald, Stadt an der Brigach, Bad.-Württ., 862 m ü. d. M., 14 500 E. Uhren-, feinmechan., elektrotechn. Ind., Fremdenverkehr. - 1084 gegr.; 1891 Stadtrechtsverleihung.

Sankt-Georgs-Kanal, Meeresstraße zw. der SO-Küste Irlands und der W-Küste von Wales, verbindet die Irische See mit dem Atlantik.

Sankt Goar, Stadt am linken Mittelrheinufer, Rhld.-Pf., 71 m ü. d. M., 3 500 E. Hafen; in der Umgebung Weinbau. - 760 Bau eines Klosters über dem Grab des Einsiedlers Goar; 1264 als Stadt bezeichnet. - Ev. got. Pfarrkirche (1444 ff.) mit spätgot. Ausmalung (15. Jh.) und roman. Krypta (11. Jh.); Ruine der Burg Rheinfels.

Sankt Goarshausen, Stadt am rechten Mittelrheinufer, Rhld.-Pf., 77 m ü. d. M., 1 500 E. Holzverarbeitung, Mühlenbetriebe; Weinbau. - Anfang des 13. Jh. erstmals erwähnt, 1324 Stadtrecht. - Burg Neukatzenelnbogen („die Katz"; 14. Jh.; wiederaufgebaut), Burg Thurnberg („die Maus"; 14. Jh., später ausgebaut); Altes Rathaus (1532).

Sankt Gotthard ↑Alpenpässe (Übersicht).

Sankt Helena, brit. Vulkaninsel im südl. Atlantik, 122 km², bis 823 m hoch, Hauptort Jamestown. - 1502 von Portugiesen entdeckt; 1659/61 von der engl. Ostind. Kompanie erworben, 1834 als Kolonie (zus. mit weiteren Inseln 420 km²) der brit. Krone übergeben. Napoleon I. lebte von 1815 bis zu seinem Tode hier als Gefangener.

Sankt Ingbert (amtl. St. Ingbert), Stadt 10 km nw. von Saarbrücken, Saarland, 220–300 m ü. d. M., 40 900 E. Metallind., Flachglasherstellung, Elektro-, Nahrungsmittel-, pharmazeut., Textil- u. a. Ind. - 1180 erstmals erwähnt; seit 1829 Stadt. - Barock sind die kath. Pfarrkirche und das Rathaus (18. Jh.).

Sanktion [lat.-frz., zu lat. sancire „heiligen, unverbrüchl. festsetzen"], (rechtl. S.) im *Recht* Bez. für die Inkraftsetzung bzw. Bestätigung einer Norm sowie für den Teil eines Gesetzes, in dem die Folgen eines Verstoßes dagegen festgelegt werden. - Im *Völkerrecht* wird der Begriff S. verwendet für wirtsch. oder polit. Zwangsmaßnahmen, die einem Völkerrechtssubjekt als Folge einer Völkerrechtsverletzung angedroht oder gegen es unternommen werden und dieses zu einer bestimmten Verhaltensweise veranlassen sollen.

♦ (soziale S.) gesellschaftl. Maßnahme von einzelnen, Gruppen oder Organisationen bzw. Institutionen, mit der auf das Verhalten anderer Mgl. der Gesellschaft reagiert wird (z. B. Billigung oder Mißbilligung, Belohnung oder Bestrafung), um sie zur Einhaltung gesellschaftl. anerkannter Normen zu zwingen. **Positive Sanktionen** (z. B. Lob, soziales Ansehen, sozialer Aufstieg) erfolgen auf Verhaltensweisen, die den gesellschaftl. Normen entsprechen, **negative Sanktionen** (z. B. Tadel, Güter-, Chancen-, Freiheitsentzug bis Tötung) erfolgen auf abweichendes Verhalten. Während der Sozialisation werden gesellschaftl. Normen häufig so stark verinnerlicht und für die eigene Person als gültig übernommen, daß nicht mehr alle Verhaltensweisen (positiv oder negativ) sanktioniert werden müssen und Normenmißachtungen i. d. R. mit Schuldgefühlen von der Person selbst sanktioniert werden (**innere Sanktionen**).

sanktionieren, 1. [einem Gesetzentwurf] Gesetzeskraft verleihen; 2. bestätigen, gutheißen; 3. Sanktionen verhängen.

Sankt Johann im Pongau, östr. Bez.-hauptort im Bundesland Salzburg, im Salzachtal, 616 m ü. d. M., 7 700 E. Zentraler Ort des Pongaus; Textilind., Polstermöbelfabrik, Bau von Landmaschinen und Kühlanlagen, Sommerfrische, Wintersportplatz. - Um 924

Sankt-Lorenz-Seeweg (schematisch)

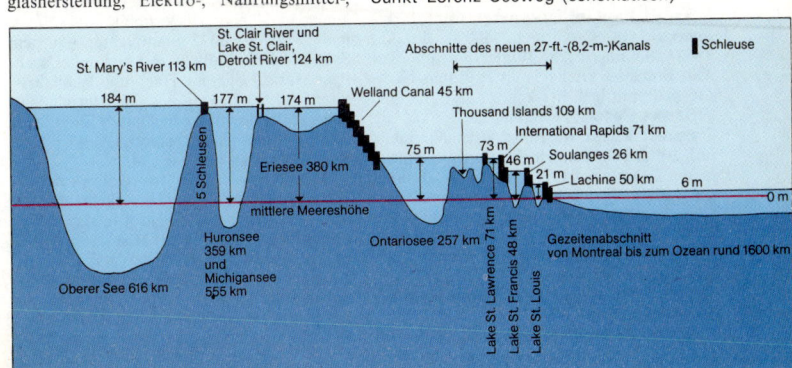

Sankt Lambrecht

erstmals gen.; erhielt im 13. Jh. Marktrecht. - Neugot. Kirche (sog. Pongauer Dom; 19. Jh.); spätgot. Annakapelle (ehemaliger Karner, 1520 geweiht).

Sankt Lambrecht, östr. Marktgem. in der Steiermark, 1 036 m ü. d. M., 2 000 E. Sommerfrische. - Benediktinerstift (gegr. im 11. Jh.), hochgot. Stiftskirche (1327/28–1421; z. T. barockisiert); roman. Karner (12. Jh.); spätgot. Spitalkirche (1424); frühbarocke Stiftsgebäude (1639 ff.).

Sankt Leonhard im Lavanttal, Bad ↑ Bad Sankt Leonhard im Lavanttal.

Sankt-Lorenz-Golf, Teil des Nordatlantiks westl. von Neufundland.

Sankt-Lorenz-Strom, Fluß in N-Amerika, entfließt dem Ontariosee (Grenzfluß zw. USA und Kanada). Zw. Ogdensburg und Montreal wird ein 225 km langer Stromschnellenabschnitt von der Schiffahrt auf Kanälen umgangen, z. T. ist er auch durch Stauseen überflutet. Der S.-L.-S. mündet mit langer Trichtermündung, die in den Sankt-Lorenz-Golf übergeht; etwa 1 290 km lang, Einzugsgebiet 1,55 Mill. km^2. Er ist, obwohl von Mitte Dez. bis Mitte April zugefroren, eine der wichtigsten Wasserstraßen der Erde. - 1534 von J. Cartier auf der Suche nach der NW-Passage entdeckt; 1700 wurde der Wasserweg von den Franzosen durch einen kleinen Kanal nahe Montreal verbessert; seit den 1820er Jahren bis 1959 weiter ausgebaut (**Sankt-Lorenz-Seeweg**). - Abb. S. 125.

Sankt Mang ↑ Magnus, hl.

Sankt-Michael- und Sankt-Georg-Orden, brit. Orden, ↑ Orden (Übersicht).

Sankt Michel [schwed. saŋkt ˈmikɛl] ↑ Mikkeli.

Sankt Moritz [moˈrɪts, ˈmoːrɪts], heilklimat. Kurort im schweizer. Kt. Graubünden, im Oberengadin, 1 772–1 838 m ü. d. M., 5 900 E. Engadiner Museum, Segantini-Museum; Heilbad, Wintersportplatz; schweizer. Sport-Höhentrainingszentrum.

Sankt-Paul-Felsen, zu Brasilien gehörende Gruppe von 25 unbewohnten Felsen im zentralen Atlantik.

Sankt Paul im Lavanttal, östr. Marktgemeinde in O-Kärnten, 400 m ü. d. M., 5 800 E. Sommerfrische, Wintersportort. - Roman. Stiftspfarrkirche Sankt Paul (um 1200– um 1220) mit bed. Fresken.

Sankt Peter ↑ Peterskirche.

Sankt Peter in Holz, östr. Kirchdorf in Kärnten (Ortsteil von Lendorf) bei Spittal an der Drau. - Das kelt., später röm. **Teurnia** (im 4. Jh. n. Chr. **Tiburnia**), Munizipium seit Claudius, Bischofssitz seit dem Ende des 4. Jh., wurde 592 durch die Awaren zerstört. Bei den Ausgrabungen 1910–15 wurden Reste von Forum, Thermen und altchristl. Friedhofskirche (z. T. mit Mosaikfußboden des 5. Jh.) freigelegt.

Sankt Peter-Ording, Gem. an der W-Küste der Halbinsel Eiderstedt, Schl.-H., 5 400 E. Nordsee- und Schwefelheilbad.

Sankt Petersburg ↑ Leningrad.

Sankt Pölten, Landeshauptstadt von Niederösterreich, an der Traisen, 250–300 m ü. d. M., 51 000 E. Kath. Bischofssitz, Verwaltungssitz des Bez. S. P.; philolog.-theolog. Hochschule, Theater; Garnison. Maschinen-, Kunstseiden-, Nähfaden-, Papier-, Zellulose- und Kunststoffabriken u. a.; Zentralwerkstätten der Östr. Bundesbahn. - Entwickelte sich neben dem um 760 entstandenen Benediktinerkloster (ab 1081 Augustiner-Chorherren-Stift, 1785 aufgehoben); 1058 erstmals als Marktsiedlung gen.; erhielt 1159 Stadtrecht; 1785 Errichtung des Bistums. 1922, 1939, 1969 und 1972 Eingemeindung zahlr. Gemeinden. - Spätroman.-frühgot. Dom (im 18. Jh. barockisiert), barocker Bischofshof (1636–53 und 18. Jh.); barock sind auch das Rathaus, zahlr. Bürgerhäuser und die Dreifaltigkeitssäule.
S. P., östr. Bistum, 1785 als Suffragan von Wien gegründet. - ↑ auch katholische Kirche (Übersicht).

Sanktus ↑ Sanctus.

Sankt Veit an der Glan, Bez.hauptstadt in Kärnten, 15 km nördl. von Klagenfurt, 482 m ü. d. M., 12 000 E. Holzverarbeitende Ind., pyrotechn. Fabrik. - Im 12. Jh. als Marktsiedlung angelegt; erhielt 1199 Markt- und 1268 Stadtrecht; Tagungsstätte mehrerer Hof- und Landtage sowie (bis 1518) Hauptstadt Kärntens. - Roman. Stadtpfarrkirche (um 1200) mit spätgot. Chor; spätroman. ehem. Karner; spätgot. Rathaus (1468) mit barocker Fassade (1754); got. Bürgerhäuser.

Sankt Viktor, Schule von, nach der Augustinerabtei Sankt Viktor in Paris ben. philosoph.-theolog. Richtung mit dem Ziel der Vereinigung scholast. betriebener Wiss. und myst. verstandener Theologie. Ihre Anfänge gehen auf Wilhelm von Champaux zurück. Hauptvertreter sind Hugo von Sankt Viktor und Richard von Sankt Viktor.

Sankt Wendel (amtl. St. Wendel), Krst. an der oberen Blies, Saarland, 286 m ü. d. M., 26 400 E. Zentraler Ort für den NO des Saarlandes und Teile der Westpfalz. - 1180 erstmals erwähnt; 1332 Stadtrechte; seit dem Spät-MA bed. Wallfahrtsort und daher wichtiger Markt. - Spätgot. Pfarr- und Wallfahrtskirche (14./15. Jh.) mit bed. Westturmanlage, got. Tumba des hl. Wendelin (um 1360); klassizist. Rathaus (ehem. Schloß, 19. Jh.).
S. W., Landkr. im Saarland.

Sankt Wolfgang im Salzkammergut, oberöstr. Fremdenverkehrsort am Sankt-Wolfgang-See, 550 m ü. d. M., 2 500 E. Zahnradbahn auf den Schafberg. - Seit dem 14./15. Jh. bis ins 18. Jh. bed. Wallfahrtsstätte, erhielt 1416 Marktrecht. - Spätgot. Pfarrkirche (um 1440/50; barockisiert) u. a. mit Hochaltar von M. Pacher (1471–81). Spätgot. Brunnen (1515); Schloß (1695–97 umgebaut).

Sankt-Wolfgang-See (Wolfgangsee, Abersee), See im Salzkammergut, 539 m ü. d. M., 10 km lang, bis 2 km breit, bis 114 m tief.

Sankuru, rechter Nebenfluß des Kasai, im S von Zaïre, entspringt auf der Lundaschwelle, mündet westl. von Ilebo, rd. 1 200 km lang; ab Lusambo schiffbar.

San Lorenzo [span. sanlo'renso], archäolog. Fundort im mex. Staat Veracruz, 30 km sw. von Minatitlán; frühes Kultzentrum der Olmeken (1100–900); auf einer z. T. künstl. geschaffenen Plattform Reste von Erdpyramiden und etwa 200 Hausplattformen sowie zahlr. große Steinmonumente im olmek. Stil. 900 v. Chr. verlassen, 600–400 v. Chr. erneut besiedelt.

Sanlúcar de Barrameda [span. san'lukar ðe βarra'meða], span. Hafenstadt an der Mündung des Guadalquivir, 44 000 E. - Erhielt 1579 Stadtrecht. Von hier aus begann Kolumbus 1498 seine 3. Amerikafahrt, Magalhães 1519 seine Weltumsegelung.

San Luis [span. san'luis], Hauptstadt der argentin. Prov. S. L., am SW-Fuß der Sierra de San Luis, 709 m ü. d. M., 71 000 E. Kath. Bischofssitz; College; Erdbebenwarte; Theater; Handelszentrum. - Gegr. 1596.

S. L., zentralargentin. Prov., 76 748 km^2, 214 400 E (1980), Hauptstadt San Luis. Die Prov. hat im S Anteil an der Pampa seca, der NO wird von der bis 2 150 m hohen Sierra de San Luis und Teilen der Sierra de Córdoba eingenommen; Bewässerungslandwirtschaft.

San Luis Potosí [span. san'luis poto'si], Hauptstadt des mex. Staates S. L. P., im zentralen Hochland, 1 880 m ü. d. M., 406 600 E. Kath. Bischofssitz; Univ. (gegr. 1826), Inst. für Wüstenforschung; archäolog.-ethnolog. Museum, Theater; Bergbauzentrum mit Anlagen zum Verhütten und Raffinieren. - 1589 Gründung einer Missionsstation durch Franziskaner, die 1658 Stadtrecht (Ciudad) erhielt; 1863 provisor. Hauptstadt Mexikos. - An der Plaza de Armas stehen der klassizist. Palacio de Gobierno (1770) und die barocke Kathedrale (1670). Die Kirche San Francisco (mit Azulejos verkleidete Kuppel) gehört zum ehem. Franziskanerkloster.

S. L. P., Staat im nördl. Z-Mexiko, 63 068 km^2, 1,79 Mill. E (1982), Hauptstadt San Luis Potosí. Der Staat erstreckt sich im S vom zentralen Hochland über die Sierra Madre Oriental bis in die Golfküstenebene; im N ist er auf Hochland und Randgebirge beschränkt. An den Gebirgshängen wird Kaffee angebaut, in der Küstenebene Zuckerrohr, Mais, Bohnen, Paprika und Obst, im S des Hochlandes Weizen, Mais, Tomaten, Erdnüsse und Kartoffeln; Viehhaltung und Holzwirtschaft; Bergbau, Erdölförderung.

Geschichte: Das von den Chichimeken bewohnte Gebiet wurde 1523 von Spaniern erkundet; Ende des 16. Jh. missioniert.

San Marino, Hauptstadt des Zwergstaats S. M., auf dem Monte Titano (756 m), 4 300 E. - Ma. Stadtbild, Stadtbefestigung.

San Marino

(amtl.: Repubblica di San Marino), Republik in S-Europa im NO des Apennins, bei 43° 55′ n. Br. und 12° 30′ ö. L. **Staatsgebiet:** S. M. wird allseits von italien. Staatsgebiet umgeben. **Fläche:** 60,57 km^2. **Bevölkerung:** 22 400 E (1985), 367,2 E/km^2. **Hauptstadt:** San Marino. **Verwaltungsgliederung:** 8 Gemeindebez. **Amtssprache:** Italienisch. **Nationalfeiertag:** 3. Sept. **Währung:** Italien. Lira. **Internat. Mitgliedschaften:** Sonderorganisationen der UN. **Zeitzone:** MEZ (mit Sommerzeit).

Landesnatur: S. M., die kleinste Republik der Erde, liegt auf der O-Abdachung der Etrusk. Apennins. Klima und Vegetation entsprechen demjenigen der umliegenden italien. Landschaften.

Bevölkerung: Die überwiegend röm.-kath. Sanmarinesen leben z. T. im Ausland.

Wirtschaft: Anbau von Wein und Weizen, Herstellung von Textilien, Bekleidung, Lederwaren, Möbeln, Zement und Reiseandenken. Wichtigste Einnahmequelle ist der Fremdenverkehr sowie der Verkauf von Briefmarken.

Verkehr: Busse, Hubschrauber und eine Seilbahn verbinden S. M. mit den italien. Nachbarorten und der adriat. Küste.

Geschichte: Nach der Überlieferung Anfang des 4. Jh. vom hl. Marinus gegr.; erste urkundl. Erwähnung als **Castellum Sancti Marini** 754; erlangte im 13./14. Jh. die Unabhängigkeit; letzte Gebietserwerbungen 1462; 1599 Schaffung der im wesentl. bis heute gültigen Verfassung; 1862 Abschluß der Zollunion, 1897 eines (1953 erneuerten) Freundschaftsvertrages mit Italien; im 1. Weltkrieg und im 2. Weltkrieg bis zum 21. Sept. 1944 neutral; nach den sozialist.-kommunist. Reg. der Nachkriegszeit ab 1957 Koalition aus Christl. Demokraten und Sozialdemokraten bzw. Sozialisten; seit 1978 Koalition aus Kommunisten, Sozialisten und Einheitssozialisten, ab Juli 1986 aus Christdemokraten und Kommunisten.

Politisches System: S. M. ist nach der letzten Verfassungsrevision von 1939 eine selbständige Republik unter dem Schutz Italiens. *Staatsoberhaupt* sind die 2 aus dem Parlament für 6 Monate gewählten regierenden Kapitäne (Capitani reggenti); früheste Wiederwahl nach 3 Jahren mögl. Die *Exekutive* (Congresso di Stato, auch Consiglio dei XII) liegt bei den regierenden Kapitänen, 3 hauptberufl. Staatssekretären und 7 nebenberufl. Mgl. Die *Legislative* besteht im Einkammerparlament (Consiglio Grande e Generale; 60 für 5 Jahre gewählte Abg.). Die *Parteien* entsprechen im wesentl. den italienischen. *Verwaltungs*mäßig

San Martin

ist S. M. in 8 Gemeindebezirke gegliedert. Das *Recht* beruht wie die Verfassung auf den „Leges Statutae" von 1599.
⎗ *Kochwasser, F.:* S. M. *Die älteste u. kleinste Republik der Welt.* Herrenalb 1961.

San Martín, José de, * Yapeyú (Prov. Corrientes) 25. Febr. 1778, † Boulogne-sur-Mer 17. Aug. 1850, argentin. General. - Schloß sich 1812 der argentin. Unabhängigkeitsbewegung an; errang die Unabhängigkeit Chiles und zog 1821 als Sieger und „Protektor" Perus in Lima ein; ab 1824 in Frankr. im Exil.

San Martín, Dep. im nördl. Peru, 52309 km², 319800 E (1981), Hauptstadt Moyobamba.

Sanmicheli, Michele [italien. sammi-'kɛ:li], * Verona 1484, † ebd. Anfang Sept. 1559, italien. Baumeister. - Führender Baumeister Veronas am Übergang von der Hochrenaissance zum Manierismus, v. a. Paläste in schweren, kräftigen Formen: Palazzi Pompei, Canossa, Bevilacqua (alle um 1530) in Verona; in Venedig: Palazzo Grimani (um 1540ff.); auch Kirchen; berühmt als Festungsbaumeister (Verona, Brescia, Bergamo, Venedig; venezian. Hafenstädte auf Korfu und Kreta).

San Miguel [span. sanmi'ɣɛl], Dep.-hauptstadt in El Salvador, im Tiefland, 161200 E. Kath. Bischofssitz; Handelszentrum für den O des Landes. - Gegr. 1530.

San Miguel de Allende [span. sanmi'ɣɛl de a'jende], mex. Stadt in der Sierra Madre Occidental, 1950 m ü. d. M., 24000 E. Zentrum eines Agrargeb.; Kunstgewerbe, Fremdenverkehr. - 1542 als Franziskanermissionsstation gegr.; erhielt 1555 Stadtrecht. - Wegen den kolonialzeitl. Bauten, v. a. Barockkirchen, ist die gesamte Stadt zum Nationaldenkmal erklärt worden.

San Miguel de Tucumán [span. sanmi'ɣɛl de tuku'man], Hauptstadt der argentin. Prov. Tucumán, am O-Fuß des Nevados del Aconquija, 447m ü.d.M., 497000 E. Kath. Erzbischofssitz; 2 Univ. (gegr. 1914 bzw. 1965), landw. Versuchsstation; Museen; Handelszentrum des NW; Verbrauchsgüterind. - Das alte S. M. de T. wurde 1565 gegr., 1685 weiter nach N verlegt. 1816 wurde hier die Unabhängigkeit des späteren Argentinien erklärt.

Sannazaro, Iacopo [italien. sannad'dza:ro], * Neapel 28. Juli 1456, † ebd. 24. April 1530, italien. Dichter. - Aus alter span. Familie; Mgl. der Accademia Pontaniana unter dem Namen *Actius Sincerus;* begründete mit seinem Roman „Arcadia" (1504) nach dem Vorbild griech. und röm. Bukoliker den europ. Schäferroman.

San Pedro [span. sam'peðro], Dep. in Z-Paraguay, 20002 km², 189800 (1983), Hauptstadt San Pedro (3500 E).

San Pedro de Macorís [span. sam'peðro ðe mako'ris], Prov.hauptstadt im SO der Dominikan. Republik, 78600 E. Univ. (gegr. 1970); Zuckerausfuhrhafen.

San Pedro Mártir, Sierra [span. 'sjɛrra sam'peðro 'martir], Gebirge im N der Halbinsel Niederkalifornien, etwa 150km lang, bis 3078 m hoch.

San Pedro Sula [span. sam'peðro 'sula], Hauptstadt des Dep. Cortés in NW-Honduras, 60m ü.d.M., 397900 E. Kath. Bischofssitz; Univ. (gegr. 1978); Zentrum eines Agrargebiets, Ind.standort; internat. ⚒. - 1533 gegr.; seit 1893 Hauptstadt des Dep. Cortés.

Sanraku, Kano, eigtl. Mitsuijori, * Gamo (Präfektur Schiga) 1559, † Kioto 1635, jap. Maler. - Schüler und Adoptivsohn von Kano Eitoku. Berühmt sind seine Schiebetüren in leuchtenden Farben mit Vögeln und Blumen auf Goldgrund.

San Remo, italien. Stadt im westl. Ligurien, 15 m ü. d. M., 62100 E. Seebad; Blumenmarkt, Mode- und Musikwochen; Spielkasino. - Als befestigter Platz (**Castrum Sancti Romuli**) gegen die Einfälle der Sarazenen (9. Jh.) gegr.; früh als freie Kommune organisiert; bis 1754 weitgehend autonom. - Auf der **Konferenz von San Remo** (19.–26. April 1920) bekräftigten die Ententemächte die Unverletzlichkeit des Versailler Vertrages. - Roman. Kirche San Siro aus dem 13. Jh.

Sansa ↑ Zanza.

San Salvador, [span. sansalβa'ðor] Hauptstadt von El Salvador und des Dep. S. S., am Río Acelhuate, 680m ü.d.M., 440100 E. Kultur-, Wirtschafts- und Verkehrszentrum des Landes; kath. Erzbischofssitz; Akad. der Wiss., 3 Univ. (gegr. 1841, 1965, 1977), ethnolog. Inst., Tropeninst.; dt. Schule; Nationalbibliothek, Museum; botan. Garten, Zoo. Internat. ⚒. - 1524 von Spaniern an anderer Stelle gegr., bald darauf an die heutige Stelle verlegt; seit 1546 Stadt; seit 1841 Hauptstadt von El Salvador (Unterbrechung 1854-58 infolge Zerstörung durch Erdbeben; zw. 1575 und 1919 insgesamt 13mal durch Erdbeben zerstört).

S. S., [engl. sæn'sælvədə:] (Guanahani) eine der Bahamainseln, 155 km². - Hier betrat Kolumbus am 12. Okt. 1492 erstmals den Boden der Neuen Welt.

San Salvador de Jujuy [span. sansalβa'ðor ðe xu'xuj] (Jujuy), Hauptstadt der nordwestargentin. Prov. Jujuy, 1260m ü.d.M., 124000 E. Kath. Bischofssitz; Univ. (gegr. 1972), wirtschaftswiss. Fachhochschule.

Sansara ↑ Samsara.

Sansculotten [sãsky...; frz., eigtl. „ohne Kniehosen" (wie sie die Adligen trugen)], in der Frz. Revolution urspr. Spottbez. für Revolutionäre, dann Bez. für Republikaner; in der modernen Forschung Bez. für vorkapitalist. orientierte Schichten (v. a. kleine Geschäftsleute, Handwerker, Gesellen, Arbeiter).

San Sebastián, span. Hafenstadt am Golf von Biskaya, 175600 E. Verwaltungssitz der Prov. Guipúzcoa; kath. Bischofssitz; Musikhochschule; städt. und ozeanograph. Museum; Theater, Filmfestspiele. Seebad; Hafen. - Wahrscheinl. seit dem 9. Jh. bewohnt, 1014 erstmals erwähnt. Urspr. von Basken bewohnt, kam dann an Navarra, 1200 an Kastilien; als Grenzfestung gegen Frankr. ausgebaut (Befestigungen 1863 geschleift), 1489 durch Brand völlig zerstört. Prov.hauptstadt seit 1854; wurde 1893 Sommerresidenz des span. Königshofes, 1949 Bischofssitz. - Älteste Kirche der Stadt ist San Vicente (1507; später umgebaut); ehem. Kloster San Telmo (vollendet 1551); Kastell (16. Jh.).

Sansevieria [nach dem italien. Gelehrten R. di Sangro, Fürst von San Severo, * 1710, † 1771], svw. ↑ Bogenhanf.

Sansevieriahanf ↑ Bogenhanf.

sans gêne [frz. sã'ʒɛn], ungezwungen; nach Belieben.

Sansibar ['zanziba:r, - -'-] (amtl. Zanzibar), Hauptstadt des tansan. Landesteils S., an der W-Küste der Insel S., 3-12 m ü. d. M., 110 700 E. Sitz des Ersten Vizepräs. der Republik Tansania; Fischwirtschaftsforschungsinstitut; Handelszentrum der Insel; Hafen. - Ehem. Sultanspalast; arab. Altstadt.

S., Landesteil von ↑ Tansania.

S., (amtl. Unguja) Insel im Ind. Ozean vor der ostafrikan. Küste, 1 660 km², größte Stadt Sansibar. Anbau von Gewürznelken, Kokospalmen sowie Reis.

Sanskrit [Sanskrit, eigtl. „zurechtgemacht, geordnet, geregelt, genormt"], die klass. gewordene Form der zur indoar. Gruppe der indogerman. Sprachen gehörenden Altindischen, die in der durch Grammatiker des 1. Jt. v. Chr., v. a. durch ↑ Panini, normierten und reglementierten Gestalt zu der bis heute verwendeten Schrift- und Literatursprache, Gelehrtensprache und hl. Sprache der Brahmanen geworden ist und so eine Stellung einnahm und z. T. noch einnimmt, wie sie im Abendland die lat. Sprache lange Zeit innehatte. Das S. fußt auf dem nordwestindoar. Dialekt der ältesten und zunächst nur mündl. tradierten Literatur (↑ Weda), der sich allmähl. fortentwickelt hat und in dieser jüngeren, nicht auf lautl. Gebiet veränderten, aber morpholog. stark vereinfachten Form festgelegt wurde. Die Bez. S. wird i. w. S. als Synonym für *Altindisch* verwendet, die älteste Sprache der Weden dann **wedisches Sanskrit,** die gleichfalls altertümlichere, allerdings noch nicht so starr genormte und deutl. von der gesprochenen Sprache beeinflußte Sprache der beiden großen Volksepen „Mahabharata" und „Ramajana" **episches Sanskrit** genannt; die jüngeren, durch die weiterentwickelten „mittelindoar." Volkssprachen stark beeinflußten Sprachformen der Buddhisten und Dschainas werden als **buddhistisches Sanskrit** bzw. **Dschainasanskrit** bezeichnet. I. e. S. meint S. nur die den Grammatikerregeln genau entsprechende Sprachform, wie sie zu einer Zeit, als Dialekte des Prakrit als gesprochene Sprachen das S. längst abgelöst hatten und dieses eine „tote" Sprache geworden war, in der Kunstdichtung um die Mitte des 1. Jt. n. Chr. klass. wurde. Dieses „klass. S.", dem eine natürl. Weiterentwicklung fremd ist, wurde als Sprache der Wiss. und Religion sehr gepflegt und spielt bis heute eine so große Rolle, daß es zu den 15 in der Verfassung Indiens offiziell anerkannten Sprachen gehört.

📖 *Mayrhofer, M.: S.-Gramm. mit sprachvgl. Erll. Bln.* ³*1978. - Mylius, K.: Wörterb. S.-Dt. Lpz. 1975. - Burrow, T.: The S. language. London* ³*1973. - Morgenroth, W.: Lehrb. des S.; Gramm., Lektionen, Glossar. Lpz. 1973. - Renou, L.: Histoire de la langue sanskrite. Lyon u. Paris 1956.*

Sanskritliteratur, älteste Zeugnisse sind die religiösen Texte des ↑ Weda; den Übergang zur klass. S. bilden die volkstüml. Epen „Mahabharata" und „Ramajana". Die beiden herausragenden Gatt. der *klass. Literatur* sind Kunstgedicht (Kawja) und Schauspiel; beide wurden nach einer strengen Poetik entworfen (bedeutendster Verf. war Dandin). Ein *Kawja,* das in Versen, Prosa oder in einer Mischung von beiden abgefaßt sein kann, verarbeitet i. d. R. ein Thema aus der Mythologie. Haupttypen des *Schauspiels* sind die Tanzspiele *Nataka* (mit traditionellen Stoffen) und das nichttraditionelle *Prakarana,* das *Prahasana* (Komödie) und das monolog. *Bhana.* Den klass. Höhepunkt erreichte die Kunstdichtung im Schaffen des Kalidasa, danach erstarrte sie immer mehr in gekünstel-

Il Sansovino (Andrea Contucci), Verkündigung (1520–23). Relief in der Santa Casa zu Loreto

ter Sprache und gesuchten Bildern. Weltbedeutend wurde die *Erzählliteratur* (Fabeln, Märchen), z. B. die Urfassung von „Tausendundeine Nacht", „Pantschatantra". Die *wiss. Literatur* (Grammatik, Philosophie, Astronomie, Mathematik, Architektur, Medizin, Recht, Politik und Erotik) wurde bis ins 19. Jh. in Sanskrit verfaßt.

Sanson [d'Abbeville], Nicolas de [frz.sã-'sõ], *Abbeville 20. Dez. 1600, † Paris 7. Juli 1667, frz. Kartograph. - Schuf über 140 Karten, die z. T. zu Atlanten vereinigt wurden.

Sansovino, il, eigtl. Andrea Contucci, *Monte San Savino bei Arezzo 1460, † ebd. 1529, italien. Bildhauer und Baumeister. - Vertreter der Hochrenaissance. Tätig in Portugal, Florenz („Taufe Christi" über dem Ostportal des Baptisteriums, 1502–05), Rom (Grabmäler in Santa Maria del Popolo, um 1505–09, mit Triumphbogenmotiv) und Loreto (Reliefs für il Santa Casa der Basilika, 1513–27). - Abb. S. 129.

S., il, eigtl. Iacopo Tatti, *Florenz 2. Juli 1486, † Venedig 27. Nov. 1570, italien. Baumeister und Bildhauer. - Nahm den (Bei)namen seines Lehrers an. Seine Hochrenaissancebauten prägen noch heute das Stadtbild Venedigs: v. a. Markusbibliothek (1536 ff.), Münze (heute Biblioteca Marciana, 1537–45) und die Loggetta di San Marco (1536–40); baute auch einige Kirchen.

Sanssouci [frz. sãsu'si „sorgenfrei"], Sommerschloß in Potsdam, das sich Friedrich II., d. Gr., 1745–47 z. T. nach eigenem Entwurf von G. W. von Knobelsdorff erbauen ließ: ein eingeschossiger, langgestreckter Bau (Typ Orangerieschloß), plast. Schmuck F. C. Glume, Innendekorationen J. C. Hoppenhaupt, J. A. Nahl d. Ä., Wand- und Deckenmalereien A. Pesne.

San Stefano, Vorfriede von, in San Stefano (= Istanbul-Yeşilköy) am 3. März 1878 geschlossener [Präliminar]friede zur Beendigung des Russ.-Türk. Krieges 1877/78. Da er die russ. Position an den Meerengen festigte, kam es auf brit. und östr. Einspruch zum ↑ Berliner Kongreß.

Santa, Río, der bedeutendste Zufluß des Pazifiks in Peru, entspringt in der Westkordillere, mündet nördl. von Chimbote, 320 km lang.

Santa Ana, Hauptstadt des Dep. S. A. im Bergland des westl. El Salvador, 647 m ü. d. M., 208 300 E. Kath. Bischofssitz; Handelszentrum, Konsumgüterindustrie.

Santa Anna, Antonio López de, *Jalapa 21. Febr. 1795 (1797?), † Mexiko 20. Juni 1876, mex. Militär und Politiker. - Maßgebl. am Sturz Kaiser Augustins I. beteiligt; 1833–36, 1841–45, 1846/47 und 1853–56 Präs. bzw. Diktator.

Santa Barbara [engl. 'sæntə 'bɑ:bərə], Stadt am Pazifik, in Kalifornien, USA, 75 000 E. Zweig der University of California, College; Kunst-, naturkundl. Museum; Seebad; bed. elektron. Forschung, Nahrungsmittelind. - Gegr. 1782.

Santa Catarina, Bundesstaat in S-Brasilien, 95 985 km^2, 4,10 Mill. E (1985), Hauptstadt Florianópolis. S. C. erstreckt sich von der 10–50 km breiten Küstenebene über der Küstenrandstufe, der im SO ein Hügelland vorgelagert ist, zu einem nach W einfallenden Stufenland. Abgesehen vom trop. nördl. Küstenbereich liegt S. C. in den Subtropen. Die urspr. Wälder sind durch Rodung zurückgedrängt. Trotz zunehmender Industrialisierung dominiert die Landw. Der Kohlebergbau erbringt 70 % der brasilian. Gesamtförderung; bed. Holzwirtschaft; Fischerei.

Geschichte: Erste Siedlungen entstanden im späten 17. Jh. an der Küste und auf den vorgelagerten Inseln, im 18. Jh. wurden Teile des Hochlandes erschlossen. 1808 löste sich S. C. als eigene Prov. aus dem Kapitanat São Paulo. Ab Mitte des 19. Jh. Erschließung der trop. und subtrop. Regenwaldgebiete der Küstenrandstufen. 1897 wurde die mit Argentinien strittige W-Grenze durch Schiedsspruch des amerikan. Präs. geregelt.

Santa Clara [span. 'santa 'klara], Prov.- hauptstadt im mittleren Kuba, 110 m ü. d. M., 171 900 E. Univ. (gegr. 1948); Metallverarbeitung, Holz-, Leder-, Tabak u. a. Industrie.

Santa Claus [engl. 'sæntə 'klɔ:z], in den angelsächs. Ländern Name des Nikolaus.

Santa Cruz, Andrés de [span. 'santa 'krus], *La Paz 30. Nov. 1792, † Paris 25. Sept. 1865, bolivian.-peruan. Offizier und Politiker. - Teilnehmer am Unabhängigkeitskrieg gegen Spanien; wurde 1829 Präs. von Bolivien, das er 1836 mit Peru zu einer Konföderation zusammenschloß; wurde im Krieg gegen Chile geschlagen.

Santa Cruz [span. 'santa 'krus], Hauptstadt des ostbolivian. Dep. S. C., am Río Piray, 440 m ü. d. M., 376 900 E. Kath. Erzbischofssitz; Univ. (gegr. 1880), Seruminst.; Handelszentrum eines Agrar- sowie Erdöl- und Erdgasfördergebiets; Konsumgüterind. - 1560 durch Spanier an der Stelle des heutigen San José de Chiquitos (270 km östl. von S. C.) gegr.; 1592 wegen Indianerüberfällen an den heutigen Platz verlegt. - Angelegt im Schachbrettgrundriß.

S. C., bolivian. Dep. an der Grenze gegen Brasilien und Paraguay, 370 621 km^2, 943 000 E (1982), Hauptstadt Santa Cruz. Das Dep. liegt im östl. Tiefland; v. a. Weideland (Rinder). Erdöl- und Eisenerzvorkommen.

S. C., argentin. Prov. im südl. Patagonien, 243 943 km^2, 114 900 E (1980), Hauptstadt Río Gallegos. Überwiegend Schafzucht. Erdgas- und Erdölförderung, Steinkohlenbergbau.

Santa Cruz, Isla [span. 'izla 'santa 'krus] ↑ Galapagosinseln.

Santa Cruz de la Palma [span. 'santa 'kruð ðe la 'palma] ↑ Palma, La.

Santa Cruz de Tenerife [span. 'santa 'kruð ðe tene'rife], Stadt an der NO-Küste der Kanareninsel Teneriffa, 190 800 E. Hauptstadt der span. Prov. S. C. de T. Hafen; Erdölraffinerie, Überseekabelstation; internat. ⚓.

Santa-Cruz-Inseln [engl. 'sæntə 'kru:z], Inselgruppe im sw. Pazifik, Teil des Staates Salomoninseln, 960 km².

Santa Fe, [engl. 'sæntə 'fɛɪ] Hauptstadt des Bundesstaates New Mexico, USA, am SW-Abfall der Sangre de Cristo Mountains, 2130 m ü. d. M., 52 300 E. Sitz eines kath. Erzbischofs und eines anglikan. Bischofs; Colleges, archäolog. Forschungsinst., Inst. für indian. Kunst, Museen; Zentrum eines Viehzucht- und Getreideanbaugebiets; Fremdenverkehr. - 1610 von Spaniern gegr.; 1846 von den USA erobert. - Gouverneurspalast (17. Jh.), Kirche der San-Miguel-Mission (1636). Zahlr. Häuser im Pueblostil.

S. Fe, [span. 'santa 'fe] Hauptstadt der Prov. S. Fe in NO-Argentinien, 16 m ü. d. M., 287 000 E. Kath. Erzbischofssitz; 2 Univ. (gegr. 1919 bzw. 1959), Museen, Theater. Handelszentrum eines Landw.gebiets mit verarbeitender Ind., Überseehafen (Endpunkt der Hochseeschiffahrt auf dem Paraná), Werft. - 1573 als **Santa Fe de Vera Cruz** gegr., Zentrum der Jesuitenmission.

S. Fe, [span. 'santa 'fe] argentin. Prov. westl. des Paraná, 133 007 km², 2,5 Mill. E (1980), Hauptstadt S. Fe. Die Prov. liegt in den nördl. Pampas, daher wichtiges Landw.gebiet. Die Ind. verarbeitet v. a. landw. Erzeugnisse.

Santa Fe de Bogotá [span. 'santa 'fe ðe boyo'ta], früher Name von ↑Bogotá.

Santa Fe Trail [engl. 'sæntə 'fɛɪ 'treɪl], ehem. 1 255 km langer Handelsweg in Nordamerika, zw. dem Unterlauf des Missouri und dem Oberlauf des Rio Grande.

Santa Isabel [span. 'santa isa'βel] ↑Malabo.

S. I., [engl. 'sæntə 'ɪzəbɛl] eine der ↑Salomoninseln, nw. von Guadalcanal, 4 662 km², bis 1 219 m hoch.

Santal, zu den Mundavölkern gehörendes, Santali sprechendes Volk in O-Indien; klein, dunkelhäutig.

Santalum [arab.-griech.], svw. ↑Sandelbaum.

Santa Maria [portugies. 'sɐntɐ mɐ'riɐ], südlichste Insel der Azoren, 97 km², bis 590 m ü. d. M., Hauptort Vila do Porto.

Santa María, Flaggschiff von C. Kolumbus, mit dem er am 12. Okt. 1492 San Salvador erreichte; Länge 23–24 m, Breite 7–8 m, 90 Mann Besatzung; die Begleitschiffe waren „Pinta" und „Niña".

Santa María, Isla ↑Galapagosinseln.

Santa Marta, Hauptstadt des Dep. Magdalena in N-Kolumbien, Hafen am Karib. Meer, 215 500 E. Kath. Bischofssitz; dt.-kolumbian. Forschungsinst. der Univ. Gießen und Bogotá; Zentrum eines Bananenanbaugebiets; Ausgangspunkt der Magdalenabahn. - Älteste span. Stadt in Kolumbien, gegr. 1525.

Santana, amerikan. Popgruppe, gegr. von dem Gitarristen und Sänger Carlos Santana (*1947), deren Mgl. lateinamerikan., afrikan. und amerikan. Einflüsse in die Gruppe einbrachten. Mit 2 Schlagzeugern und mehreren Percussion-Instrumenten besetzt, spielt S. sog. Latin Rock.

Santander, span. Hafenstadt am Golf von Biskaya, 180 300 E. Verwaltungssitz der Prov. S.; kath. Bischofssitz; Univ. (gegr. 1972), internat. Sommeruniv., meeresbiolog. Forschungsanstalt; archäolog. Museum. Metallschaffende und -verarbeitende Ind.; Fremdenverkehr. - S. ist das alte **Portus Sancti Emetherii;** im Spät-MA wichtiger Handelsplatz; wurde 1754 Bischofssitz; Stadtrecht seit 1755. - Got. Kathedrale (14.–17. Jh.) mit roman. Krypta (12. Jh.).

S., Dep. im nördl. Z-Kolumbien, 30 537 km², 1,4 Mill. E (1985), Hauptstadt Bucaramanga. Der W des Dep. liegt in der Senke am Río Magdalena. Hauptagrargeb. ist das Hochland. Bed. Erdölförderung.

Santarém, [portugies. sɐntɐ'rɐ̃j] portugies. Stadt am Tejo, 15 300 E. Verwaltungssitz des Distr. S.; 1 234 m lange Tejobrücke. - Fiel im 1. Jh. v. Chr. an Rom und hieß danach **Praesidium Julium;** zur Zeit des Augustus umbenannt in **Scalabicastrum.** 1147 endgültig aus der Hand der Mauren zurückerobert. - Spätgot. Graçakirche (1380), barocke Jesuitenkirche.

S., [brasilian. sɐntɐ'rɐ̃j] brasilian. Stadt am Amazonas, 36 m ü. d. M., 51 000 E. Zentrum eines Landw.gebietes. - Gegr. 1661.

Santa Rosa, Hauptstadt der argentin. Prov. La Pampa, 177 m ü. d. M., 52 000 E. Kath. Bischofssitz; Univ. (gegr. 1973); Theater; landw. Handelszentrum. - Gegr. 1892.

Santayana, George [de] [span. santa'jana, engl. sæntɪ'ænə], eigtl. Jorge Agustín Nicolás Ruiz de S. y Borrás, *Madrid 16. Dez. 1863, †Rom 26. Sept. 1952, amerikan. Philosoph und Dichter span. Herkunft. - Aus span. Adelsfamilie; seit 1872 in den USA. 1889–1912 Prof. an der Harvard University; 1912 als Privatgelehrter v. a. in Paris, zuletzt in Rom. In seinem, zugleich als Utopie verstandenen, grundlegenden kulturphilosoph. und kulturkrit. Hauptwerk „The life of reason or the phases of human progress" (5 Bde., 1905/06), in dem S. Moral, Kunst und Urteilskraft der Vernunft kritisiert, werden heterogene Positionen eines Materialismus und eines an Platon und Hegel orientierten Idealismus miteinander verbunden. S. kritisiert die puritan. Pflichtethik, schrieb auch formgewandte, oft philosoph. Gedichte; großen Erfolg hatte er mit dem Roman „Der letzte Puritaner" (1936), in dem er krit. und iron. neuengl. Lebensumstände darstellt.

Sant'Elia

Sant'Elia, Antonio, * Como 30. April 1888, ✕ bei Monfalcone 10. Okt. 1916, italien. Architekt. - Skizzen und Entwürfe für die Stadt der Zukunft mit einem stufenförmigen System von Wolkenkratzern und Straßenverbindungen in verschiedenen Ebenen.

Santiago (S. de Compostela [span. san'tjaɣo ðe kompɔs'tela]), span. Stadt in Galicien, 260 m ü. d. M., 93 700 E. Kath. Erzbischofssitz; Univ. (gegr. 1501), Wallfahrtsort; Handelszentrum. - Verdankt seine Bed. der Legende, daß sich in einem um 830 in S. gefundenen Grab die Gebeine des Apostels Jakobus d. Ä. befänden. 896 wurde über der Fundstätte eine Basilika errichtet. Entwickelte sich Ende des 11. Jh. neben Jerusalem und Rom zum größten Wallfahrtsort der ma. Christenheit; Bischofssitz ab Anfang 9. Jh. (1120 Erzbistum). - Roman. Kathedrale (11./12. Jh.) mit Fassade im Stil des Churriguerismus (18. Jh.), spätgot. Kreuzgang (16. Jh.). Erzbischofspalast (12./13. Jh.); Hospital Real (1511), mehr als 40 Kirchen des 12. bis 18. Jh. - Abb. S. 134.

Santiago de Chile [span. san'tjaɣo ðe 'tʃile], Hauptstadt Chiles am Austritt des Río Mapocho in das Chilen. Längstal, 4,1 Mill. E (städt. Agglomeration). Kath. Erzbischofssitz; kulturelles Zentrum des Landes, 3 Univ. (gegr. 1738, 1888, 1947), TU, wiss. Akad. und Inst., Observatorien, Militär-, Fliegerakad., dt. Lehrerseminar, Goethe-Inst., Nationalarchiv, -bibliothek, zahlr. Museen, botan. Garten, Zoo. Wichtigstes Ind.zentrum Chiles; internat. ✈. - 1541 von Spaniern als **Santiago de la Nueva Estremadura** gegr. und im Schachbrettschema angelegt; 1552 Stadtrecht; wurde 1574 Sitz einer Audiencia, 1609 offizielle Hauptstadt des Generalkapitanats Chile. - An alten Bauwerken sind nur die Kathedrale (1572–1681) und die Casa Conde de la Conquista (um 1750) erhalten.

Santiago de Cuba [span. san'tjaɣo ðe 'kuβa], Prov.hauptstadt im östl. Kuba, 345 300 E. Kath. Erzbischofssitz; Univ. (gegr. 1947), pädagog. Inst., Museen, Erdölraffinerie, petrochem. Ind., Zement-, Strumpffabrik, Sägewerke, Nahrungsmittel- u. a. Ind.; Hafen; Eisenbahnendpunkt; internat. ✈. - 1514 von Spaniern gegr., 1523–56 Hauptstadt Kubas; mehrfach von frz. und engl. Piraten geplündert und öfter durch Erdbeben zerstört. - Am Eingang der Bucht Fort El Morro (1600).

Santiago del Estero [span. san'tjaɣo ðel es'tero], Hauptstadt der argentin. Prov. S. d. E., am Río Dulce, 187 m ü. d. M., 148 000 E. Kath. Bischofssitz; 2 Univ., archäolog. und histor. Museum; Handelszentrum der Prov. mit verarbeitender Ind. - 1553 gegr., erste span. Stadt im heutigen NW-Argentinien.

S. d. E., Prov. im zentralen N Argentiniens, 135 254 km², 594 900 E (1980), Hauptstadt S. d. E. Liegt im Gran Chaco.

Santiago de los Caballeros [span. san'tjaɣo ðe lɔs kaβa'jerɔs], Prov.hauptstadt im N der Dominikan. Republik, 278 600 E. Kath. Bischofssitz; Univ. (gegr. 1962), Konservatorium; Theater; Handelszentrum des Cibao mit Konsumgüterind. - Gegr. 1500.

Santillana, Íñigo López de Mendoza, Marqués de [span. santi'ʎana], * Carrión de los Condes (Prov. Palencia) 19. Aug. 1398, † Guadalajara 25. März 1458, span. Dichter und Humanist. - Nahm am Kampf gegen die Mauren teil. Mit seinen didakt.-lyr. Gedichten und Allegorien einer der frühesten Vertreter einer eigenständigen span. Kunstpoesie. Schrieb die erste Poetik in span. Sprache.

Santini, Giovanni, böhm. Baumeister, † Aichel, Giovanni Santin, d. J.

Säntis, mit 2 503 m höchster Gipfel der Appenzeller Alpen, Schweiz; Seilbahn von der Schwägalp aus.

Santo Domingo [span. 'santo ðo'miŋgo], Hauptstadt der Dominikan. Republik und des Nationaldistr., an der S-Küste von Hispaniola, 1,3 Mill. E. Kath. Erzbischofssitz; 2 Univ. (gegr. 1538 bzw. 1966), wiss. Akad. und Inst.; Nationalmuseum, -archiv und -galerie. Wirtsch. Zentrum und wichtigster Hafen des Landes; internat. ✈. - Älteste dauernd bewohnte europ. Siedlung in Amerika, 1496 gegr.; ab 1509 Sitz eines Vizekönigs, bis zur Eroberung von Mexiko und Peru Macht- und Verwaltungszentrum Spaniens in der Neuen Welt; hieß nach dem Diktator R. L. Trujillo y Molina 1936–61 **Ciudad Trujillo.** Die am rechten Ufer des Río Ozama gelegene Altstadt wurde 1930 durch einen Hurrikan weitgehend zerstört. - Bauten aus der frühen Kolonialzeit u. a.: Kathedrale (erster Kirchenbau in Amerika; 1521/23–1541); Hospital San Andrés (1509–49); Casa del Almirante (Palast, nach 1510).

Santorin (neugriech. Thira), griech. Insel der Kykladen, Hauptinsel (75,8 km²) einer aus den Resten eines alten Kraterrandes (Caldera) bestehenden ringförmigen Inselgruppe. Der Hauptort Thira besitzt einen Treppenweg zum kleinen Landeplatz am inneren Meer. Die Bev. lebt vom Ackerbau, dem Abbau von Bimsstein und vulkan. Erden und Fremdenverkehr. - In der Antika **Thera,** wurde von verheerenden Vulkanausbruch wahrscheinl. um 1500 v. Chr. verwüstet. Anfang des 1. Jt. v. Chr. neu durch Dorier besiedelt, die 631 v. Chr. Kyrene gründeten; im MA in venezian. Besitz, ab 1539 unter osman. Oberherrschaft, seit 1821 griech. - Unter der Bimssteinschicht an der SW-Küste bei Akrotiri wurde eine sehr gut erhaltene minoische Siedlung entdeckt (1967 ff.). Einzigartig ist der Bestand an Fresken, zahlr. Gerätschaften. Auch Ausgrabungen des antiken Ortes Thera an der SO-Küste.

Santos [brasilian. 'sɐntus], brasilian. Stadt auf der Küsteninsel Ilha de São Vicente,

410 900 E. Kath. Bischofssitz; ozeanograph. Inst.; Hauptausfuhrhafen Brasiliens; Welthandelsplatz für Kaffee. - 1543 als Missionsstation gegr., 1586 Stadtrecht.

Santos Chocano, José [span. 'santɔs tʃo'kano] ↑ Chocano, José Santos.

Santo Tomé de Guayana [span.''santo to'me ðe ɣu̯a'jana], Ind.stadt in O-Venezuela, 212 000 E. Stahl- und Walzwerke, Aluminiumhütte, Hafen am Orinoko. - 1961 gegr. unter Zusammenfassung mehrerer Orte.

Santucci, Luigi [italien. san'tuttʃi], * Mailand 11. Nov. 1918, italien. Schriftsteller. - Prof. für Sprachwiss. in Mailand. Verf. von bilderreichen, oft humorvollen Erzählungen über das Leben von Priestern und Mönchen, u. a. „Esel, Weinkrug und Sandalen" (1952).

Santur (Santir) [arab.], vorderorientalisch. Hackbrett mit trapezförmigem Resonanzkörper, 18 bis 25 vierfachen Saitenchören und horizontal angebrachten Wirbeln. Jeder Chor hat seinen eigenen Steg. Das S. wird mit gebogenen, breiten Schlegeln gespielt. Spätestens im 15. Jh. entstanden, begegnet es heute v. a. in Iran, Armenien, Georgien, Griechenland und der Türkei.

San Vicente [span. sambi'sente], Dep.hauptstadt in El Salvador, im zentralen Hochland, 340 m ü. d. M., 62 200 E. Kath. Bischofssitz; Handelszentrum eines Kaffeeanbaugeb. - Gegr. 1635.

Sanvitalia (Sanvitalie) [nach der italien. Familie Sanvitale in Parma, etwa 10.–14. Jh.] ↑ Husarenknopf.

Sanzogno, Nino [italien. san'dzoɲɲo], * Venedig 13. April 1911, † Mailand 4. Mai 1983, italien. Dirigent. - Schüler von H. Scherchen und G. F. Malipiero, war musikal. Leiter des Teatro La Fenice in Venedig, dann Dirigent an der Mailänder Scala (1962–65 Orchesterchef); v. a. bekannt durch seine Interpretationen moderner Musik.

São Bernardo do Campo [brasilian. sɐ̃u̯mber'nardu du 'kɐ̃mpu], brasilian. Stadt im ssö. Vorortbereich von São Paulo, 764 m ü. d. M., 381 100 E. jurist. Fachhochschule. Zentrum der brasilian. Automobilindustrie.

São Francisco, Rio [brasilian. 'rriu sɐ̃ufrɐ̃'sisku], Zufluß des Atlantiks in NO-Brasilien, entspringt in der Serra da Canastra, mündet 100 km nö. von Aracaju, 2 900 km lang; bildet 310 km vor der Mündung der Wasserfälle **Cachoeira de Paulo Afonso** (etwa 80 m hoch); schiffbar insgesamt 1 500 km.

São Jorge [portugies. sɐ̃u̯'ʒɔrʒɨ], Insel der Azoren, 238 km², bis 1 066 m ü. d. M., Hauptort Velas.

São Luís [brasilian. sɐ̃u̯'lu̯is], Hauptstadt des brasilian. Bundesstaates Maranhão, auf einer Küsteninsel, 449 900 E. Kath. Erzbischofssitz; Univ. (gegr. 1966), Histor.-Geograph. Inst.; Verarbeitung landw. Erzeugnisse, Hafen; Ausgangspunkt der Bahn nach Teresina. - 1612 von Franzosen gegr.; ging 1615 in portugies. Besitz über. - Kathedrale (1690–1699, Fassade 1737).

São Miguel [portugies. sɐ̃u̯mi'ɣɛl], größte Insel der Azoren, 747 km², Hauptort Ponta Delgada.

Saône [frz. so:n], rechter Nebenfluß der Rhone, entspringt in den Monts Faucilles, mündet bei Lyon, 480 km lang; wichtiger Abschnitt des Rhein-Rhone-Schiffahrtsweges.

Saône-et-Loire [frz. so:ne'lwa:r], Dep. in Frankreich.

São Paulo [brasilian. sɐ̃u̯m'pau̯lu], Hauptstadt des brasilian. Bundesstaates S. P., im Hochbecken des Rio Tietê, 820 m ü. d. M., 7,03 Mill. E. Kath. Erzbischofssitz; 4 Univ. (gegr. 1934, 1946, 1952, 1976), Forschungsanstalten, Goethe-Inst., Staatsarchiv, bedeutendstes Museum Südamerikas für moderne Kunst, Ipiranga-Museum für brasilian. Geschichte, Ethnologie und Geographie, Planetarium. Der wichtigste Ind.zweig ist die Textilind., gefolgt von Nahrungsmittel-, Tabak-, feinmechan., Elektro-, Maschinen-, chem.-pharmazeut. und Konsumgüterind. Dem innerstädt. Verkehr dienen ein Schnellstraßensystem und die U-Bahn; 2 internat.

Geschichte: 1554 als Missionsstation unter dem Namen São Paulo de Piratinga gegr.; 1650 zur Vila erhoben; ab 1681 Hauptstadt des Kapitanats São Vicente, ab 1710 Hauptstadt des neugebildeten Kapitanats São Paulo. 1711 Verleihung der Stadtrechte. 1822 erklärte Kaiser Peter I. an der Stelle des heutigen Ipiranga-Denkmals die Unabhängigkeit Brasiliens von Portugal. Ab 1938 gehörte S. P. zu den Städten (der Erde) mit der größten absoluten und relativen Bev.zunahme.

Bauten: Aus der Kolonialzeit stammen das in alter Form wiederaufgebaute Kloster São Bento, der histor. Kern der Stadt sowie die Kirchen Nossa Senhora da Luz und Santo Antônio. Im 20. Jh. ein Zentrum moderner Architektur, bed. der Ausstellungskomplex im Ibirapuera-Park (1951–55, O. Niemeyer u. a.), zahlr. Hochhäuser, neue Wohnviertel und Industrieanlagen, Museen und Villen.

S. P., Bundesstaat in Brasilien, 247 898 km², 29,7 Mill. E (1985), Hauptstadt São Paulo. Im O des schmalen, durch Haffe gegliederten Küstenrandes erhebt sich die Küstenrandstufe bis 2 442 m Höhe. Nach W schließt das Becken von São Paulo an, eingelagert in die bis 800 m hohen Riedelflächen des nach W zum Paraná einfallenden Grundgebirges. Westl. der Linie Sorocaba-Campinas folgt eine Ausraumzone, die im W durch eine Schichtstufe von 200 m Höhe begrenzt wird. Es herrscht randtrop. Klima. Der urspr. trop. Regenwald ist stark gerodet. Im Innern wird die Vegetation durch Regenwald bestimmt. - S. P. ist der wichtigste Ind.- und einer der bedeutendsten Agrarstaaten des Landes. An-

São Salvador do Congo

bau von Zuckerrohr, Kartoffeln, Baumwolle, Tee, Bananen, Orangen, Erdnüssen, Kaffee u. a. Bed. Rinder-, Schweine- und Geflügelzucht. Fast die gesamte Automobilproduktion Brasiliens stammt aus S. P.; außerdem Textil-, Zucker-, keram., chem. u. a. Industrie. Seit 1532 kolonisiert; 1534 als Kapitanat São Vicente organisiert; 1710 wurde aus den Kapitanaten São Vicente und Santo Amaro das Kapitanat S. P. gebildet; umfaßte im 18. Jh. den ganzen S Brasiliens, im Laufe der Zeit wurden die heutigen südbrasilian. Bundesstaaten ausgegliedert; 1822–89 brasilian. Prov., seitdem Bundesstaat; seit 1870 Masseneinwanderung.

São Salvador do Congo [portugies. sɐ̃ysalvɐˈðor du ˈkoŋgu] ↑ Mbanza Congo.

São Tiago [portugies. sɐ̃ynˈtjagu], mit 991 km² größte der Kapverd. Inseln mit der Hauptstadt Praia.

São Tomé [portugies. sɐ̃yntuˈmɛ], Hauptstadt von São Tomé und Príncipe, an der NO-Küste der Insel S. T., 35 000 E. Hafen.

São Tomé und Príncipe

[portugies. sɐ̃yntuˈmɛ, ˈprisipə] (amtl.: República Democrática de São Tomé e Príncipe), Republik in Afrika, im Golf von Guinea, zw. 1° 44′ n. Br. und 0° 01′ s. Br. sowie 6° 28′ und 7° 28′ ö. L. **Gebiet:** Besteht aus den Inseln São Tomé (836 km²) und Príncipe (128 km²) und den diese umgebende Inselchen sowie den Felsen Pedras Tinhosas südl. von Príncipe.

Santiago de Compostela.
Kathedrale mit Fassade aus dem
18. Jh.

Fläche: 964 km². **Bevölkerung:** 102 000 E (1984), 106 E/km². **Hauptstadt:** São Tomé. **Verwaltungsgliederung:** 2 Conselhos. **Amtssprache:** Portugiesisch. **Währung:** Dobra (Db) = 100 Céntimos. **Internat. Mitgliedschaften:** UN; der EWG assoziiert. **Zeitzone:** MEZ.

Landesnatur, Klima, Vegetation: Beide Hauptinseln sind erloschene Vulkane. São Tomé erreicht 2 024 m, Príncipe 948 m ü. d. M. - Es herrscht trop. Regenklima (Regenzeit Juni–Sept.). - Trop. Regen- und Bergwald ist verbreitet; die N-Flanken sind z. T. gerodet.

Bevölkerung: Die Foros gen. Bev. setzt sich aus Bantu und Mischlingen zus.; sie ist überwiegend kath. Neben Grundschulen bestehen 6 Sekundarschulen.

Wirtschaft: Die Inseln sind das älteste trop. Plantagengebiet der Erde. Erzeugt werden Kakao, Kaffee, Palmöl, Kopra u. a. Hauptabnehmer sind Portugal, die Niederlande, Angola und die BR Deutschland. Eingeführt werden Nahrungsmittel, Wein, Erdölderivate, Medikamente u. a.

Verkehr: Das Straßennetz ist 288 km lang. Wichtigster Hafen ist Ana Chaves auf São Tomé; 3 ✈.

Geschichte: Um 1475 begann die Kolonisation der Inseln mit portugies. Sträflingen, Juden und Sklaven; 1641–44 in niederl. Besitz; 1951 wurde die Kolonie in eine überseeische Prov. Portugals umgewandelt, erhielt 1973 innere Autonomie. Seit 1960 gab es Bemühungen um die Unabhängigkeit, die 1975 erreicht wurde. Im März 1986 formierte sich die (offiziell verbotene) Opposition in der Coalizão Democrática de Oposição und forderte demokrat. Wahlen. Seit 1984 betreibt S. T. u. P. eine vorsichtige Öffnung zu den westl. Staaten.

Politisches System: Nach der Verfassung vom 12. Dez. 1975 ist S. T. u. P. eine präsidiale demokrat. Republik. *Staatsoberhaupt* und oberster Inhaber der *Exekutive* ist der von der Volksversammlung auf Vorschlag der MLSTP für 4 Jahre gewählte Präs. der Republik (seit 1975 M. Pinto da Costa [*1938]); er ist Leiter des Kabinetts, dessen Mgl. von ihm ernannt und entlassen werden, und Generalsekretär der MLSTP. Die *Legislative* liegt beim Einkammerparlament, der Volksversammlung (33 Mgl., die alle der MLSTP angehören). Die MLSTP (Movimento de Libertação de São Tomé e Príncipe) ist eine gemäßigt marxist. ausgerichtete Einheitspartei. Die *Rechtsprechung* wird vom Obersten Gerichtshof und anderen Gerichten ausgeübt. Nennenswerte *Streitkräfte* bestehen bis heute nicht.

SAP, Abk. für: Sozialistische **A**rbeiterpartei Deutschlands, ↑ Sozialdemokratie.

Sapelli [afrikan.] ↑ Hölzer (Übersicht).

sapere aude [lat. „wage es, weise zu sein"], auf Horaz zurückgehende Wendung;

in der Form „Habe Mut, dich deines eigenen Verstandes zu bedienen" von I. Kant als „Wahlspruch der Aufklärung" bezeichnet.

Saphir [ˈzaːfɪr; zaˈfiːr; griech.] (Sapphir) ↑Korund.

Sapienti sat! [lat. „genug für den Wissenden!"], für den Eingeweihten bedarf es keiner weiteren Erklärung (nach Plautus, Persa IV, 7, 19).

Sapir, Edward [engl. səˈpɪə], * Lauenburg i. Pom. 26. Jan. 1884, † New Haven 4. Febr. 1939, amerikan. Ethnologe und Sprachwissenschaftler dt. Herkunft. - Prof. in Chicago, ab 1931 an der Yale University; widmete sich bes. den nordamerikan. Indianersprachen; gilt als der eigtl. Begründer der Ethnolinguistik. Nach S. spiegelt die Sprache einer bestimmten Kultur die physikal. und soziale Umwelt der sie Sprechenden wider, wie sie umgekehrt die kognitive Erfassung der Wirklichkeit bestimmt; zum linguist. Relativitätsprinzip wurde seine Theorie von B. L. Whorf erweitert (**Sapir-Whorf-Hypothese**); nach ihr prägen die spezifischen formalen Strukturen einer Grammatik das Bewußtsein ihrer Sprecher und bestimmen in gewisser Weise ihr Denken und soziales Handeln. Krit. Überprüfungen konnten die Hypothese nicht positiv bestätigen.

Sapo [lat.], in Pharmazie und Medizin zusammenfassende Bez. für Seifen, bes. zur therapeut. Verwendung (z. B. desinfizierende Seife).

Saponaria [lat.], svw. ↑Seifenkraut.

Saponine [zu lat. sapo „Seife"], in zahlr. Pflanzen enthaltene Glykoside, die nach ihrem Nichtzuckerbestandteil (*Sapogenin*, Aglykon) in *Triterpen-S.* und *Steroid-S.* unterteilt werden. Als Zuckerkomponente enthalten die S. meist mehrere Monosaccharide. S. sind oberflächenaktiv und bilden in wäßriger Lösung beständige Schäume. Die meisten S. sind wegen ihrer hämolyt. Wirkung stark giftig; einige S. werden medizin. als herzwirksame (z. B. die zu den S. gehörenden Digitalisglykoside einiger Fingerhutarten) oder schleimlösende Mittel verwendet. Aus dem S. Dioscin einiger Jamswurzelarten wird das Steroidsapogenin Diosgenin gewonnen, das ein wichtiger Ausgangsstoff für die Synthese von Steroidhormonen ist.

Saponit [lat.] (Seifenstein), weißgraues, gelblich- oder auch grünbraunes Mineral, $Mg[OH]_2|(Al,Si)_3Si_3O_{10}]\cdot nH_2O$; Zersetzungsprodukt des Serpentins; Mohshärte 1,5; Dichte 2,3 g/cm³. S. bildet dichte, derbe, sich fettig anfühlende Massen.

Sapor ↑Schapur.

Saporoger Kosaken [zu russ. za porogami „hinter den Stromschnellen"], die südl. der Dnjeprstromschnellen lebenden ukrain. Kosaken.

Saporoschje [russ. zɛpaˈrɔʒjɛ] (bis 1921 Alexandrowsk), sowjet. Geb.hauptstadt im S

der Ukrain. SSR, 852 000 E. 6 Hochschulen, Museum; Philharmonie. U. a. Eisenhütten, Kfz-Werk, chem. Ind.; Dnjeprhafen. - 1770 als Festung gegen Krimtataren und Osmanen gegr.; starke Zerstörungen im 2. Weltkrieg. - Auf der Insel Chortiz liegen die Reste von Befestigungsanlagen des 16. Jh., damals Hauptstützpunkt der Kosaken.

Sapotengewächse [indian.-span./dt.] (Sapotaceae) ↑Seifenbaumgewächse.

Sapotillbaum [indian.-span./dt.], (Breiapfel, Manilkara zapota, Achras zapota) Art der Seifenbaumgewächsgatt. *Manilkara* in M-Amerika; bis 20 m hoher Baum mit ledrigen, lanzettförmigen Blättern, weißen, blattachselständigen, langgestielten Blüten und 6–7 cm großen, eiförmigen bis kugeligen Früchten (**Breiäpfel**). Der S. wird wegen der eßbaren Früchte in den Tropen häufig kultiviert. Die Rinde liefert ↑Chicle enthaltenden Milchsaft. ♦ (Cochilsapote, Casimiroa edulis) Rautengewächs in Mexiko und Guatemala; großer Baum mit gefingerten Blättern, kurzgestielten Blüten und bis 8 cm großen, eßbaren Steinfrüchten (**weiße Sapoten**); in Mexiko und Guatemala, in Kalifornien und Westindien als Obstbaum kultiviert.

Sappe [frz.], früher Bez. für Lauf- und Annäherungsgraben im Festungskrieg; im Stellungskrieg ein aus vorderster Linie vorgetriebener kurzer Stichgraben mit einem Horchposten.

Sapper, Karl, * Wittislingen (bei Dillingen a. d. Donau) 6. Febr. 1866, † Garmisch-Partenkirchen 29. März 1945, dt. Geograph. - Prof. in Tübingen, Straßburg und Würzburg, führte v. a. Forschungen in Mexiko, Zentralamerika und auf den Westind. Inseln durch.

sapphische Strophe [ˈzapfɪʃə], antike vierzeilige Odenstrophe, erstmals in den Liebesliedern der ↑Sappho.

Sapphismus [zaˈpfɪsmʊs; nach Sappho] ↑Homosexualität.

Sappho [ˈzapfo], eigtl. Psappho, griech. Lyrikerin um 600 v. Chr. in Mytilene auf Lesbos. - Größte Lyrikerin des Altertums. Adliger Herkunft. Sammelte in Mytilene in kult.-erzieher. Gemeinschaft einen Kreis junger Mädchen bis zu deren Hochzeit um sich. Ihre Götterhymnen und Hochzeitslieder, bes. ihre zarte [nur bruchstückhaft überlieferte] Liebeslyrik sind in einfacher, ausdrucksvoller Sprache unmittelbare Gestaltung ihrer Welt, ihres eigenen Denkens und Fühlens. Catull machte sie die Gedichte in Rom bekannt. Den großen Einfluß, den S. auch auf die röm. Lyrik hatte, zeigt die von Horaz verwendete **sapphische Strophe:** eine vierzeilige Odenstrophe aus 3 gleichgebauten 11silbigen „sapph. Versen" und einem abschließenden Adoneus (von Klopstock, Hölderlin und Lenau im Dt. nachgebildet).

Sapporo, jap. Stadt auf Hokkaido, 1,54 Mill. E. Verwaltungssitz der Präfektur Hokkaido; kath. Bischofssitz; 2 Univ. (gegr. 1872 bzw. 1950), medizin. Hochschule; Ainu-Museum; botan. Garten, Zoo. S. ist das kulturelle und wirtsch. Zentrum von Hokkaido. Bed. v. a. die Nahrungsmittel-, Keramik- und Textilind. Wintersportplatz (Olymp. Winterspiele 1972) und Heilbad; U-Bahn, internat. ✈. - 1869 gegr., mit planmäßigem Grundriß nach amerikan. Plänen angelegt (zentrale Achse ist eine 1,3 km lange und 105 m breite Straße).

saprob [zu griech. saprós „faul"], in der Hydrobiologie für: faulend, verschmutzt, durch Abfallstoffe verunreinigt (von Wasser).

Saprobionten [griech.] (Saprobien, Fäulnisbewohner), heterotrophe Lebewesen an Standorten mit faulenden bzw. verwesenden Substanzen. Man unterscheidet die Saprozoen als tier. S. von den Saprophyten (pflanzl. S.). Von bes. Interesse in der Hydrobiologie und zur Beurteilung der Wasserqualität sind die saproben Mikroorganismen der unterschiedl. stark verunreinigten Gewässer. Man unterteilt diese S. in *Poly-S.* (leben in sehr stark verschmutzten Gewässerzonen), *Meso-S.* (finden sich in mittelstark verschmutzten Gewässerbereichen) und *Oligo-S.* (vertragen nur einen geringfügigen Verschmutzungsgrad).

Sapropelkohle (Faulschlammkohle, Sapropelit), Bez. für verschiedene aus Faulschlamm entstandene Braunkohlenarten.

Saprophyten [griech.] (Fäulnispflanzen, Humuspflanzen, Moderpflanzen), pflanzl. Fäulnisbewohner (↑Saprobionten), die ihren Nährstoffbedarf, da sie nicht oder nicht ausreichend zur Photosynthese befähigt sind, ganz oder teilweise aus toter organ. Substanz (v. a. Humus) decken. S. sind Pilze, einige Blütenpflanzen und Bakterien.

Saprozoen [griech.], tier. Fäulnisbewohner (↑Saprobionten), die vorwiegend von sich zersetzender organ. Substanz, v. a. von Kadavern und Exkrementen, leben, wie z. B. die Leichen- und Kotfresser (Nekro- bzw. Koprophagen; Aaskäfer, Aasfliegen, Dungkäfer, Mistkäfer, Kotfliegen u. a.). In verrottender Pflanzensubstanz finden sich u. a. Regenwürmer, Fadenwürmer, Enchyträen, Nacktschnecken, bestimmte Milbenarten, Pilzmückenlarven, Kollembolen (Springschwänze). Manche S. leben auch räuber. von anderen S. und deren Eiern und Larven oder von ↑Saprophyten, wie z. B. bakterienfressende Einzeller (v. a. Wimper- und Rädertierchen).

Saqueboute [frz. sak'but], im 15. Jh. Bez. für die ↑Posaune.

SAR ↑SAR-Dienst.

Sara (Sarah), aus der Bibel übernommener weibl. Vorname hebr. Ursprungs, eigtl. „Herrin, Fürstin".

Sara, Gestalt des A.T.; Halbschwester und Gattin des Abraham, den sie nach langer Unfruchtbarkeit in hohem Alter Isaak gebar; dadurch Stammutter Israels.

Saraband (Serabend) [pers.] ↑Orientteppiche (Übersicht).

Sarabande [frz.] (span. Zarabanda), span. Tanz im Dreiertakt, der im 16./17. Jh. als schneller Paartanz verbreitet war. In der Instrumental- und der Ballettmusik herrschte bis in die 2. Hälfte des 17. Jh. die schnelle Art vor, dann verlangsamte sich das Tempo, die S. wurde bes. in der Instrumentalmusik zu einem gravität. Tanz im $^3/_2$- oder $^3/_4$-Takt mit charakterist. Betonung der zweiten Zählzeit. Von 1650 bis 1750 gehörte sie zum festen Bestandteil der ↑Suite; danach u. a. von E. Satie, C. Debussy und I. Strawinski wieder aufgegriffen.

Saragat, Giuseppe, * Turin 19. Sept. 1898, italien. Politiker. - 1922 Mgl. der Vereinigten Sozialist. Partei (PSU) ab 1925 im Parteivorstand; 1926–43 im östr. und frz. Exil, 1944 Min. in der Reg. Bonomi, 1945/46 Botschafter in Paris, 1946/47 Präs. der Konstituante. Seine Kritik an der Volksfrontpolitik der Sozialisten führte 1947 zur Gründung der Italien. Sozialist. Arbeiterpartei (PSLI) und später der Sozialdemokrat. Partei Italiens (PSDI), die S. maßgebl. prägte (Generalsekretär 1949–54, 1957–64, 1976); stellv. Min.präs. 1947–49 und 1954–57, Außenmin. 1963/64, Staatspräs. 1964–71, seit 1975 Präs. der PSDI, Senator auf Lebenszeit; gilt als einer der schärfsten Gegner einer Reg.beteiligung der Kommunisten. - † 11. Juni 1988.

Saragossa ↑Zaragoza.

Sarai, ehem. Hauptstadt der Goldenen Horde. Das alte S. *(S.-Batu)* wurde in den 1240er Jahren von Batu Khan in den Niederungen der Wolga, auf dem hügeligen Ufer der Achtuba gegr. Das neue S. *(S.-Berke)* wurde von Berke Khan (1257–66) an der Wolga gegr. (an der Stelle des heutigen Leninsk). Unter Usbek Khan (1312–42) wurde die Hauptstadt der Goldenen Horde von Alt-S. nach Neu-S. verlegt, das alte S. verfiel.

Sarajevo, Hauptstadt der Republik Bosnien und Herzegowina, Jugoslawien, am O-Rand des Beckens von S., 540 m ü. d. M., 447 700 E. Sitz des orth. Metropoliten von Niederbosnien, eines kath. Erzbischofs und des Oberhauptes der jugoslaw. Muslime. Univ. (gegr. 1949), Islam. Hochschule, Musikakad.; Nationalbibliothek, Museen; mehrere Theater. Textilind., Tabakverarbeitung, Porzellanfabrik, Straßen- und Bahnknotenpunkt; ✈. - Auf den Trümmern einer 1263 erbauten Festung errichtet; 1415 erstmals gen.; kam 1463 unter osman. Herrschaft und 1878 an Österreich-Ungarn; gehört seit 1918/20 zu Jugoslawien, seit 1947 Hauptstadt von Bosnien und Herzegowina. Die Ermordung des Erzherzogs Franz Ferdinand in S. am 28. Juni 1914 wurde zum Anlaß für den 1. Weltkrieg. - Mittelpunkt der Altstadt (mehrere Moscheen, v. a. 16. Jh.) sind der Platz Baščaršija und die Basargassen mit den Werk-

Sarcosporidia

stätten der Handwerker. Die orth. Erzengelkirche (16. Jh.) wurde im 18. Jh. wiederhergestellt (Ikonensammlung).

Sarandë [alban. saˈrandə], alban. Stadt am Ion. Meer, 12 000 E. Verwaltungssitz des Verw.-Geb. S.; Hafen. - In der Antike (**Onchesmos**) wichtiger Hafen.

Sarangi [Sanskrit], nordind. Streichinstrument, mit Schallkörper und breitem Hals aus einem einzigen Stück Holz und einer Hautdecke; meist 3 Darmsaiten, dazu gelegentl. eine Metallsaite sowie 11–15 Resonanzsaiten.

Saransk, Hauptstadt der Mordwin. ASSR, RSFSR, 307 000 E. Univ. (gegr. 1957), PH, Technika; Gemäldegalerie, Museum; Theater; Kipper-, Bagger-, Geräte- und Instrumentenbau.

Sarapis (Serapis), synkretist. Gott, dessen Name eine gräzisierte Form von „Osiris-Apis" ist, in dessen Gestalt die Apisstiere nach ihrem Tod verehrt wurden. In der hellenist. Mittelmeerwelt entfaltete sich die Verehrung des eher griech. als ägypt. Gottes beträchtl.; er galt als „Soter", als Retter und Heilgott. Die Tempel des S. († Serapeion) waren im Röm. Reich weit verbreitet.

Sarasate, Pablo de, eigtl. P. [Martín Melitón] de S. y Navascués, * Pamplona 10. März 1844, † Biarritz 20. Sept. 1908, span. Violinist. - Konzertierte als einer der faszinierendsten Virtuosen seiner Zeit in ganz Europa, in Nord- und Südamerika. M. Bruch, É. Lalo, C. Saint-Saëns u. a. widmeten ihm mehrere Violinwerke.

Sarasin [ˈzaːraziːn], Karl Friedrich, * Basel 3. Dez. 1859, † Lugano 23. März 1942, schweizer. Naturforscher und Ethnologe. - Direktor des Völkerkunde- und des Naturhistor. Museums in Basel. Forschungsreisen u. a. nach Ceylon, Celebes, Neukaledonien und Thailand.

S., Paul, * Basel 11. Dez. 1856, † ebd. 8. April 1929, schweizer. Naturforscher. - Vetter von Karl Friedrich S. und dessen Reisebegleiter; Gründer des Schweizer Nationalparks und des Schweizer Bundes für Naturschutz.

Sarasvati, Dayanand † Arjasamadsch.

Saraswati, in der ind. Mythologie urspr. eine Flußgöttin, galt später als Gattin Brahmas und als Herrin der Sprache und Literatur, der Rede und der Gelehrsamkeit.

Saratoga Springs [engl. særəˈtoʊgə ˈsprɪŋz], Stadt im Tal des oberen Hudson River, Bundesstaat New York, 24 000 E. College; Kurort (Mineralquellen). - Die **Schlacht von Saratoga** am 7. Okt. 1777 im Nordamerikan. Unabhängigkeitskrieg hatte die Kapitulation der von General J. Burgoyne geführten brit. Truppen (17. Okt.) zur Folge.

Saratow [russ. saˈratəf], sowjet. Geb.-hauptstadt am Wolgograder Stausee 899 000 E. Univ. (gegr. 1909), 9 Hochschulen, Museen und Theater; Erdöl- und Erdgasförderung, Erdölraffinerie, Maschinen-, Geräte-, Flugzeugbau u. a. Ind.; bed. Hafen. Brücke über die Wolga. - 1590 wurde ein militär. Stützpunkt am linken Ufer der Wolga gegr., die Stadt entwickelte sich auf dem rechten Wolgaufer; 1674 Verlegung der Festung ebenfalls auf das rechte Ufer; ab 1797 Gouvernementsstadt.

Sarawak, Gliedstaat Malaysias, im NW der Insel Borneo, 124 450 km², 1,4 Mill. E (1984), Hauptstadt Kuching. S. erstreckt sich von der versumpften Küstenebene über ein stark zertaltes Hügelland bis zum zentralen Gebirgszug der Insel. 75 % des Landes sind bewaldet. Die Bev. (v. a. Dajak, Chinesen, Malaien) lebt überwiegend auf dem Land. Wichtigste Produkte der Landw. sind Reis, Kopra, Naturkautschuk und Pfeffer. Bed. hat auch die Holzwirtschaft. Haupteinnahmequelle ist Erdöl. Große Erdgasvorkommen und Abbau von Antimonerz. Haupthäfen sind Kuching, Miri und Tanjong Kidurong.

Geschichte: Ab dem 5. Jh. wurden die protomalaischen Kulturen allmähl. durch ind. überlagert; im 9. Jh. vom javan. Reich von Sriwidjaja aus kolonisiert; im 11. Jh. wurden chin. Handelsniederlassungen gegr.; seit dem 13. Jh. allmähl. islamisiert, 1400 wurde das Muslim-Malayensultanat Brunei gegr., das die gesamte N-Küste Borneos umfaßte; nach 1521 entwickelten sich Handelsbeziehungen zu Portugal; im 17. Jh. von den Niederländern erobert; 1847 eroberten die Briten die Insel Labuan und ganz N-Borneo (Sabah); 1888 wurde S. brit. Protektorat; 1942–45 jap. besetzt; 1946–63 brit. Kolonie; gehört seitdem zu Malaysia.

Sarazenen, urspr. Name eines im NW der Arab. Halbinsel lebenden arab. Stammes; in der Antike und später von den Byzantinern auf alle Araber übertragen.

Sarbiewski, Maciej Kazimierz [poln. sarˈbjefski], latin. Sarbievius, * Gut Sarbiewo (Masowien) 24. Febr. 1595, † Warschau 2. April 1640, poln.-nlat. Dichter. - 1612 Jesuit; 1623 in Rom vom Papst zum Dichter gekrönt (berühmt als „christl. Horaz"). Lyriker und Theoretiker des Barock.

Sarcococca [griech.] (Fleischbeere), Gatt. der † Buchsgewächse mit nur wenigen Arten in SO-Asien; immergrüne Sträucher mit lederartigen Blättern und kleinen, weißen Blüten sowie schwarzen oder dunkelroten Steinfrüchten.

Sarcophagidae [griech.], svw. † Fleischfliegen.

Sarcoptidae [griech.], svw. † Krätzmilben.

Sarcosporidia (Sarkosporidien) [griech.], Klasse bis 5 cm langer, schlauchförmiger Sporentierchen; parasitieren in Muskelzellen vieler Säugetiere (beim Menschen selten), mancher Vögel und Reptilien. Die von Bindegewebe des Wirts umhüllten

137

Sardana

Schläuche (**Miescher-Schläuche**) sind durch zahlr. Scheidewände in Kammern unterteilt, in denen sich die „Sporen" entwickeln.

Sardana [katalan.], katalan. Reigentanz mit Vor- und Nachtanz und komplizierter Schrittfolge bei häufigem Taktwechsel; wird von der Cobla-Kapelle († Cobla) begleitet.

Sardanapal ↑ Assurbanipal.

Sardellen [lat.-italien.] (Engraulidae), mit den Heringen eng verwandte Fam. der Knochenfische mit rd. 100 Arten in Meeren (einige Arten auch in Brack- und Süßgewässern) der trop. und gemäßigten Regionen; kleine, etwa 10–20 cm lange, sehr reichliche Schwarmfische, die von Frühjahr bis Sept. laichen; viele Arten (z. B. zu Anchovis verarbeitet) von wirtsch. Bed., bes. die ↑ Anchoveta und die **Europ. Sardelle** (An[s]chovis, Engraulis encrasicholus): v. a. im Mittelmeer, Schwarzen Meer und an den atlant. Küsten der Alten Welt (von der Nordsee bis W-Afrika); Körper mit Ausnahme des dunkelgrünen Rückens silbrigglänzend; ernährt sich vorwiegend von tier. Plankton. Die Europ. Sardelle unternimmt oft weite Wanderungen entlang den Küsten.

Sarder [griech.] ↑ Chalzedon.

Sardes (Sardis, Sardeis), antike kleinasiat. Stadt im Tal des Hermos (= Gediz nehri), westl. von Salihli (Türkei). In histor. Zeit Mittelpunkt des Lyderreiches, ab 547 v. Chr. einer pers. Satrapie; gehörte seit 188 v. Chr. zum Pergamen. Reich, erlebte seit 129 v. Chr. eine neue Blüte im Röm. Reich, verödete im 14. Jh. - Von der lyd. Stadt ist ein Teil des Marktviertels (7.–3. Jh.) ergraben sowie ein Teil der Nekropole mit Hunderten von Grabhügeln mit architekton. ausgestalteten Grabkammern, u. a. Tumulus des Alyates, Artemistempel um 300 v. Chr. (anstelle des 499 zerstörten Kybeletempels). Aus röm. Zeit u. a. Gymnasium (2. Jh.) mit Säulenhof, Synagoge (3. Jh.).

SAR-Dienst [SAR, Abk. für engl.: search and rescue „suchen und retten"], von den Mgl.ländern der International Civil Aviation Organization (ICAO) zu unterhaltender Such- und Rettungsdienst [für Luftfahrzeuge].

Sardine [lat.-italien.], (Pilchard, Sardina pilchardus) etwa 15–25 cm langer, vorwiegend bläulichsilbern schillernder ↑ Heringsfisch an den Küsten W- und SW-Europas, im Mittelmeer und Schwarzen Meer; Schwarmfisch; zieht zum Ablaichen zu Beginn des Winters ins offene Meer; wichtiger Speisefisch; Jungfische kommen (in Öl gekocht) als „Ölsardinen" in den Handel.
♦ Bez. für mehrere trop., mit dem Pilchard eng verwandte Arten der Heringsfische, von denen einige (z. B. die *Jap. S.* [Sardinops melanosticta] und *Pazif. S.* [Sardinops caerulea]) wirtsch. wichtig sind (Verarbeitung zu S.öl und S.mehl).

Sardinien (italien. Sardegna), italien. Insel (23 813 km²) und Region (mit Nebeninseln 24 090 km²) im Mittelländ. Meer, 1,64 Mill. E (1985), Regionshauptstadt Cagliari. Der N und zentrale Teil der Insel werden von Gebirgen eingenommen, die im Gennargentu 1 834 m ü. d. M. erreichen. Im W liegen ausgedehnte Hochflächen. Die Bergländer im SW werden durch eine Bruchzone abgetrennt. Hinter der stark gegliederten Küste liegen häufig kleine, lagunenreiche, versumpfte Ebenen. Das sommertrockene Klima erlaubt den Anbau von Mischkulturen, unter denen Getreide und Fruchtbäume überwiegen. Auf bewässerten Flächen Gemüsebau; ausgedehnte Korkeichenwälder. Die weitgehend entwaldeten höchsten Gebirgsteile dienen als Sommerweiden. Der größte Teil der Bev. lebt in den wenigen Städten. Dort finden sich auch die wichtigsten Betriebe (Textil-, Nahrungsmittel-, metall-, holzverarbeitende und v. a. petrochem. Ind.), große Salinen und Werften. Rückläufiger Bergbau im SW auf Eisen-, Blei- und Antimonerz; Anlage von Stauseen und Kraftwerken; Fremdenverkehr v. a. an der N-Küste (Costa Smeralda).

Geschichte: Wahrscheinl. im 6. Jt. v. Chr. von Korsika aus besiedelt. Seit der Mitte des 2. Jt. v. Chr. wurden die für S. typ. Nuraghen gebaut. Im 9. Jh. v. Chr. setzten sich Phöniker an einigen Küstenplätzen fest, die im 6. Jh. v. Chr. von Karthago übernommen wurden. 237 fiel S. an Rom (228/227 Prov. zus. mit Korsika). Um 455 von den Vandalen, nach verschiedenen Besitzwechseln (Byzanz, Ostgoten) ab 711 wiederholt von den Arabern überrannt. 1016 befreiten Pisa und Genua zus. mit dem Papst S. und gerieten ihrerseits in einen erbitterten Machtkampf um S., den Mitte des 11. Jh. Pisa mit päpstl. Hilfe für sich entscheiden konnte. Der Papst belehnte 1297 das Haus Aragonien mit S. 1713 wurde S. Österreich zugesprochen; kam 1718/20 im Tausch gegen Sizilien an Savoyen, das 1714 mit Sizilien den Königstitel erhalten hatte und ihn jetzt beibehielt. Mit Savoyen, Piemont und den übrigen Festlandsbesitzungen bildete S. das Königreich S., das nach der italien. Einigung 1859/61 im neuen Kgr. Italien aufging. Eine Autonomiebewegung erreichte 1948 die Errichtung einer mit Sonderstatut ausgestatteten Region Sardinien.

⌑ *Kunst u. Kultur Sardiniens. Vom Neolitikum bis zum Ende der Nuraghenzeit.* Hg. v. J. Thimme. Karlsr. 1980. - Pauli, R.: *S. Gesch., Kultur, Landschaft.* Köln 1978.

Sardisch, eigenständige, von den roman. Sprachen die dem Lat. am nächsten stehende Sprache, gesprochen v. a. im mittleren und südl. Sardinien.

sardische Phase ↑ Faltungsphasen (Übersicht).

Sard Kuh [pers. 'zærd 'ku:h], mit 4 548 m höchste Erhebung des Sagrosgebirges, Iran.

sardonisches Lachen [griech./dt., wohl nach der Pflanze Sardonia herba („bitteres Gras"), deren Genuß Gesichtsverzerrungen hervorruft] (Risus sardonicus), in der Medizin maskenartige, grinsende Verzerrung bzw. Verkrampfung der Gesichtsmuskulatur. Allg. boshaftes und fratzenhaftes Lachen.

Sardou, Victorien [frz. sar'du], * Paris 7. Sept. 1831, † ebd. 8. Nov. 1908, frz. Dramatiker. - Schrieb zahlr. bühnenwirksame histor. Dramen („Robespierre", 1899) und Komödien („Cyprienne", 1880). Auch Opern- und Operettenlibretti für C. Saint-Saëns und J. Offenbach. „La Tosca" (Dr., 1887) wurde 1900 von G. Puccini vertont. 1877 Mgl. der Académie française.

Sarek, Gebirgsstock im nördlichsten Schweden, bis 2090 m hoch, z. T. vergletschert; Naturpark.

Sargans, schweizer. Bez.hauptort im Alpenrheintal, Kt. Sankt Gallen, 483 m ü. d. M., 4 600 E. Museum; Apparatebau und Konservenherstellung. - Entstand im 13. Jh. bei einer Burg; kam 1803 zum Kanton Sankt Gallen. - Über der Stadt das ehem. Schloß mit Wohnturm (12. Jh.?) und Wohnbauten (15. Jh.).

Sargassofisch [portugies./dt.] (Histrio histrio), bis knapp 20 cm langer, auf braunem Grund gelbl. und weiß gezeichneter Knochenfisch (Fam. Antennenfische) im treibenden Seetang des wärmeren Atlantiks (Sargassosee), des östl. Ozeans und des westl. Pazifiks; bizarr gestalteter, blattähnl. aussehender Fisch.

Sargassosee, Name für einen Teil des nördl. Atlant. Ozeans südl. der Bermudainseln; Laichgebiet des Flußaals († Aale).

Sargassum [portugies.], svw. ↑Beerentang.

Sargent [engl. 'sɑːdʒənt], John Singer, * Florenz 12. Jan. 1856, † London 15. April 1925, amerikan. Maler. - Studierte und lebte vorwiegend in Paris (1874 ff.). Elegante gesellschaftl. Porträts und Interieurs.

S., Sir (seit 1947) Malcolm, * Ashford 29. April 1895, † London 3. Okt. 1967, brit. Dirigent. - 1950–57 Chefdirigent des BBC Symphony Orchestra, London; Gastdirigent europ. und amerikan. Orchester.

Sargon, Name mehrerer altoriental. Herrscher; bed. v. a.:

S. von Akkad, ⋈ etwa 2350–2295, erster Herrscher der *Dyn. von Akkad,* besiegte von Kisch aus Uruk und schuf das erste von Semiten regierte Großreich in Mesopotamien mit neugegr. Hauptstadt Akkad. Gelangte bis nach Syrien und Kleinasien.

S. II., † 704 v. Chr., König von Assyrien (seit 722); legte auf Feldzügen nach Syrien, Palästina, Urartu, Medien und Babylonien (710) die Grundlagen für Assyriens größte Macht unter der von ihm begr. Dyn. der *Sargoniden.* Als neue Hauptstadt erbaute S. seit 713 Dur-Scharrukin († Chorsabad).

Sargtexte ↑ägyptische Literatur.

Sarh, Stadt im S der Republik Tschad, 400 m ü. d. M., 65 000 E. Verwaltungssitz der Präfektur Moyen-Chari; kath. Bischofssitz; Lehrerseminar, Schule für Fernmeldewesen.

Sari, Stadt in Iran, am N-Fuß des Elbursgebirges, 70 800 E. Hauptstadt des Verw.-Geb. Masandaran; Univ. (gegr. 1975); Speiseöl- und Seifenfabrik, Holzverarbeitung.

Sari [Sanskrit], Wickelgewand der ind. Frauen, besteht aus einem 5–7 m langen und etwa 1 m breiten Baumwoll- oder Seidenstoff. Das freie Ende wird unter dem rechten Arm über die linke Schulter oder über den Kopf gezogen.

Sariwon [korean. sariwʌn], Ind.stadt in Nord-Korea, 43 000 E. Verwaltungssitz der Prov. Hwanghaepukto; Eisen- und Stahlerzeugung sowie -verarbeitung.

Sark [engl. sɑːk] (frz. Sercq), eine der ↑Kanalinseln.

Sarka, As, jordan. Ind.stadt an der Hedschasbahn, 255 500 E. Erdölraffinerie, Fabrik für Stahlrohre.

Sarkasmus [griech., zu sarkázein „zerfleischen"], beißender Spott, ins Extrem gesteigerte Form der Ironie; auch Stilfigur (v. a. in der Antike, u. a. bei Demosthenes, aber auch in der Moderne, u. a. bei K. Kraus).

Sarkis, Iljas, * Schbatiji (bei Beirut) 20. Juli 1924, † Paris 27. Juni 1985, libanes. Jurist und Politiker. - Maronit. Christ; 1959–67 Leiter des Büros des Staatspräs.; 1968–76 Gouverneur der Bank von Libanon; 1976–82 libanes. Staatspräsident.

Sarkoid [griech.], sarkomähnlicher Tumor.

Sarkom [griech., zu sárx „Fleisch"] (Fleischgeschwulst), bösartige (d. h. lokal zerstörend wachsende und Metastasen bildende), meist abnorm zellreiche Geschwulst, die aus dem Stütz- und Bindegewebe hervorgeht. Für bes. bösartige Formen der Geschwulst ist die Gewebsunreife der S.zellen typisch. Die Unterscheidung der S. erfolgt nach der Art der unreifen Geschwulstzellen (Rundzell-, Spindelzell-, Riesenzell-S.) oder nach ihrer Strukturähnlichkeit mit normalem Gewebe (Chondro-, Fibro-, Lipo-, Myo-, Neuro-, Osteosarkom). - ↑auch Krebs.

Sarkophag [griech., eigtl. „fleischfressend" (mit Bezug auf die urspr. verwendete, die Verwesung fördernde Kalksteinart)], monumentaler Sarg aus Stein, Holz oder Metall, aufgestellt meist in einer Grabkammer bzw. später in der Krypta einer Kirche oder in dieser selbst. Ursprungsland des S. ist Ägypten. Im Mittleren Reich tritt neben die frühe Kasten- bzw. Haus- und Tempelform der die Mumie nachbildende „anthropoide" S. Mesopotamien kennt seit dem 3. Jt. v. Chr. den Kasten-S. (riesige Basalt-S. der assyr. Könige des 11.–9. Jh.), ebenso wannenförmige S., die sich hier bis in die Sassanidenzeit erhalten.

Sarkosin

Sarkophag. Antoine und Jean Juste, Grabmal und Sarkophag König Ludwigs XII. und seiner Gemahlin Anna von Bretagne (1516–31). Saint-Denis, ehemalige Abteikirche

Die minoische Kultur Kretas benutzt vom späten 3. Jt. bis gegen 1700 neben großen Gefäßen (Pithoi) auch kleinere ovale Tonwannen mit Deckel, danach v. a. kleine Truhen-S. mit dachförmigem Verschluß (Funde u. a. in Hagia Triade, um 1400 v. Chr., Iraklion, Archäolog. Museum), auch in spätmyken. Zeit bezeugt (Tanagra, Böotien). Im klass. Griechenland sind S. Einzelerscheinungen (Ton-S. aus Klazomenai an der W-Wüste Kleinasiens, 6./5. Jh.). Bes. in den Randzonen treten S. auf: auf Zypern, in Lykien (Turmgräber), in der Cyrenaika und in Phönikien. Von griech. Meistern geschaffen sind die Fürsten-S. von Sidon (heute Istanbul, Antikenmuseum), u. a. der †Alexandersarkophag (um 323 v. Chr.). Etrurien kennt seit dem 6. Jh. v. Chr. einfache Ton-S., aus dem 5. Jh. stammen tönerne Klinen-S. mit vollplast. Gestalten des Toten und seiner Frau, zum Mahle gelagert (u. a. aus Cerveteri, um 500 v. Chr.; Rom, Villa Giulia), später aus Stein mit Einzelfigur des Toten. Das Vordringen der Leichenbestattung im 2. Jh. n. Chr. führte zum Aufschwung der röm. Sarkophagkunst, die Relief-S. gehören zu den bedeutendsten Leistungen der röm. Kunst. Grundtypen sind Kasten- (mit dachförmigem Deckel), Wannen- und Klinen-S. mit ruhendem Toten (v. a. Griechenland). Neben die heidn., bacch., Löwenjagd- und Schlachtszenen, Musen, Philosophen u. a. treten seit dem 3. Jh. christl. Themen. Der Umfang alt- und neutestamentl. Szenen führt zu mehrzonig unterteilter Reliefdekoration. Im MA wurden nur vereinzelt S. hergestellt (S. der Kaiser Heinrich VI. und Friedrich II., im Dom von Palermo). Renaissance, Barock und Klassizismus schaffen dagegen zahlr. repräsentative S., oft mit den Figuren der Verstorbenen, eingestellt in freistehende oder Wandnischengrabmäler oder auch in die Gruft bzw. Grablege.

📖 *Koch, G./Sichtermann, H.: Röm. Sarkophage. Mchn. 1982. - Stutzinger, D.: Die frühchristl. S.reliefs aus Rom. Bonn 1982. - Engemann, J.: Unterss. zur Sepulkralsymbolik der späteren röm. Kaiserzeit. Münster ^{2}1979. - Gerke, F.: Die christl. Sarkophage der vorkonstantin. Zeit. Bln. Nachdr. 1978. - Demargne, P.: Tombes-maisons, tombes rupestres et sarcophages. Paris 1974. - Klauser, T.: Frühchristl. Sarkophage in Bild u. Wort. Olten 1966.*

Sarkosin [griech.] (Sarcosin, N-Methylaminoessigsäure), CH_3–NH–CH_2–COOH, Methylierungsprodukt des Glykokolls, das v. a. in Muskeln als Abbauprodukt des Kreatins vorkommt. S. ist eine farblose kristalline Substanz, deren Fettsäurederivate (Sarkoside) zur Herstellung grenzflächenaktiver Reinigungsmittel (z. B. schäumende Zahnpasten) verwendet wird.

Sarmaten (lat. Sarmatae), antikes iran. Volk, Reiternomaden, mit den Skythen nahe verwandt, diesen ähnl. in Kleidung, Bewaffnung und Lebensweise (Vieh-, v. a. Pferdezucht), als Reiter und Bogenschützen gefürchtet. In zahlr. Stämme gegliedert (Hauptstämme: Aorser, Jazygen, Roxolanen); bis ins 4. Jh. v. Chr. östl. von Don und Wolga ansässig, vom 4./3. Jh. v. Chr. bis zum 2. Jh. n. Chr. Vordringen nach W bis ins heutige Ungarn (1. Jh.). Ab Anfang des 3. Jh. n. Chr. gerieten die in S-Rußland verbliebenen S. unter got. Herrschaft, im 4. Jh. wurden sie von den Hunnen überrannt.

Sarmatisch, die zu den mitteliran. Sprachen gehörende Sprache zahlr. Stämme im nördl. Kaukasusgebiet und in S-Rußland; dem auf älterer Entwicklungsstufe bezeugten Skythischen nahestehend, Vorfahre des heutigen Ossetischen; nur sehr dürftig bezeugt durch Namen und Lehnwörter.

Sarmiento, Domingo Faustino [span. sar'mjento], *San Juan 14. Febr. 1811, †Asunción 11. Sept. 1888, argentin. Schriftsteller und Politiker. - Floh 1831 nach Chile; griff in satir. und polem. Essays v. a. die Diktatur von J. M. de Rosas an. Führte als Präs. (1868–74) B. Mitres Reformwerk weiter.

Sarmizegetusa [rumän. sarmizedʒe'tusa], (S. Regia) Ruinen- und Grabungsstätte am N-Fuß der Südkarpaten, bei Grădiştea Muncelului, Rumänien; Hauptstadt der Daker bis zur Eroberung durch die Römer (106

n. Chr.); Überreste der Befestigungen, Heiligtümer, Wohnbauten, Werkstätten.

S., rumän. Ort am N-Fuß der Südkarpaten, 17 km sw. von Hațeg, 2 100 E. Archäolog. Museum. - S. befindet sich an der Stelle der nach der Eroberung der dak. Hauptstadt S. durch die Römer 108–110 gegr. Stadt **Colonia Ulpia Traiana Augusta Dacica,** der Hauptstadt der röm. Prov. Dacia; Ruinen aus röm. Zeit, u. a. eines Amphitheaters.

Sarnath ['sɑːnɑːt], Ruinenstätte im ind. Bundesstaat Uttar Pradesh, nördl. von Varanasi; eine der hl. Stätten des Buddhismus, 1194 aufgegeben. Größtes z. T. erhaltenes Bauwerk ist heute der Dhamekh-Stupa (6. Jh.) mit Resten des reichen Ornamentschmucks. Im archäolog. Museum bed. Buddhastatuen (5. Jh.). Das Kapitell der Aschokasäule von S. (3. Jh. v. Chr.) ist heute das Staatswappen Indiens. - Abb. Bd. 10, S. 206.

Sarnen, Hauptort des schweizer. Halbkantons Unterwalden ob dem Wald, am N-Ende des 7,6 km² großen **Sarner Sees,** 472 m ü. d. M., 7 600 E. Heimatmuseum; Kunststoffverarbeitung, Holz-, Glas-, und Elektroind. - Im Anschluß an die Burg Landenberg im 13. Jh. als geschlossenes Dorf angelegt; seit 1362 Gerichts- und Landsgemeindestätte. - Frauenkloster Sankt Andreas (17. Jh.) mit einschiffiger Kirche; Pfarrkirche (18. Jh.) mit Régencestukkaturen.

Saron [javan.], javan. Stahlplattenspiel, besteht aus 6–9 Metallplatten, die auf einem trogförmigen Resonator aus Holz liegen. S. verschiedener Tonlagen bilden die Hauptinstrumentengruppe im ↑ Gamelan.

Saronischer Golf (Golf von Ägina), Golf des Ägäischen Meeres zw. der Halbinsel Attika und der nö. Peloponnes, Griechenland.

Saros, Golf von, Bucht des Ägäischen Meeres, im S von der Halbinsel Gelibolu begrenzt.

Sárospatak [ungar. 'ʃaːroʃpɔtɔk], Stadt in NO-Ungarn, am Bodrog, 15 000 E. Prot.-theolog. Seminar; Museum. - 1531 Gründung einer berühmten kalvinist. Hochschule, im 17. Jh. von J. A. Comenius reorganisiert, im 18./19. Jh. eine wichtigsten prot. Hochschulen Ungarns.

Saroyan, William [engl. səˈrɔɪən], * Fresno (Calif.) 31. Aug. 1908, † ebd. 18. Mai 1981, amerikan. Schriftsteller armen. Herkunft. - Gab in impressionist. Erzählungen, Kurzgeschichten („Der waghalsige junge Mann auf dem fliegenden Trapez", 1934; „Ich heiße Aram", 1940) und Romanen („Menschl. Komödie",1943) mit verstehendem Humor idyllisierende Schilderungen des amerikan. Alltags; zeigte häufig Kinder oder auch exzentr. Originale in grotesken Situationen. Dramen, u. a. „Mein Herz ist im Hochland" (1939), „Die Höhlenbewohner" (1958). - *Weitere Werke:* Wir Lügner (R., 1951), Tage des Lebens. Tage des Sterbens. Tagebuchblätter aus Paris und Fresno (1970), Freunde und andere Leute (Autobiogr., 1978).

Sarpi, Paolo, eigtl. Pietro S., gen. Paulus Servita oder Paulus Venetus, * Venedig 14. Aug. 1552, † ebd. 14. oder 15. Jan. 1623, italien. Theologe, Kanonist und Geschichtsschreiber. - Im Konflikt Venedigs mit Papst Paul V. (1605–07) verteidigte er als „theolog. Staatskonsulator" Venedigs dessen staatskirchl. Standpunkt. Seine ab 1612 verfaßte „Geschichte des Trienter Konzils" (1619) ist ein Angriff auf das nachtridentin. Papsttum.

Šar planina [serbokroat. 'ʃarplanina], Hochgebirge in Jugoslawien, nw. Umrahmung Makedoniens, im Titov Vrv 2 747 m hoch.

Sarrasani, Name des von dem Dompteur Hans von Stosch (* 1872, † 1934) 1901 gegr. Zirkusunternehmens.

Sarraß [poln.], Säbel mit großer schwerer Klinge.

Sarraut, Albert [frz. sa'ro], * Bordeaux 28. Juli 1872, † Paris 26. Nov. 1962, frz. Politiker. - Journalist; radikalsozialist. Abg. 1902–24; Senator 1926–40; Generalgouverneur von Indochina 1911–14 und 1916–19; 1914–40 fast ständig auf verschiedenen Min.posten, Experte für Kolonialfragen; Min.präs. 1933 und 1936; 1944/45 im KZ; 1950–58 Präs. der Versammlung der Frz. Union.

Sarraute, Nathalie [frz. sa'roːt], geb. Tscherniak, * Iwanowo-Wosnessensk (= Iwanowo) 18. Juli 1902, frz. Schriftstellerin russ. Herkunft. - Seit 1904 in Frankr.; bis 1941 Rechtsanwältin in Paris; Vorläuferin und Wegbereiterin des ↑ Nouveau roman, v. a. mit „Porträt eines Unbekannten" (R., 1948), „Das Planetarium" (R., 1959), „Die goldenen Früchte" (R., 1963), „Zw. Leben und Tod" (R., 1968), „Hören Sie das?" (R., 1972), „Sagen die Dummköpfe" (R., 1976).

Sarrazenie [vermutl. nach dem kanad. Botaniker Sarrazin, 17. Jh.] (Schlauchpflanze, Wasserkrug, Sarracenia), Gatt. der Schlauchpflanzengewächse mit neun Arten auf schwarzen, sandigen Humusböden in den feuchten, sumpfigen Präriegebieten des östl. N-Amerika; stengellose Stauden mit insektenfangenden Schlauchblättern; Blüten nickend, einzelnstehend, auf blattlosem Schaft, mit fünf ledrigen, grünen, abstehenden, bleibenden Kelch- und fünf roten oder gelben, bald abfallenden Kronblättern; z. T. als Schnitt- und Topfpflanze kultiviert.

Sarrebourg [frz. sar'buːr] ↑ Saarburg.

Sarreguemines [frz. sargə'min] ↑ Saargemünd.

Sarrusophon, nach dem frz. Militärkapellmeister M. Sarrus (Patent 1856) ben. Blasinstrument aus Metall mit doppeltem Rohrblatt, kon. Rohrverlauf, kurz ausladender Stürze und 18 Klappen. In verschiedenen Größen gebaut, v. a. in frz. und italien. Blaskapellen verwendet.

Sartang

Sartang ↑Jana.
Sarthe [frz. sart], Dep. in Frankreich.
Sarti, Giuseppe, * Faenza 1. Dez. 1729, † Berlin 28. Juli 1802, italien. Komponist. - 1755–75 Hofkapellmeister in Kopenhagen, danach in Venedig und Mailand, ab 1784 v. a. in Petersburg. Komponierte etwa 70 Opern in einem spätneapolitan. Stil, u. a. „Giulio Sabino" (1781), „Armida e Rinaldo" (1786).
Sarto, Andrea del, eigtl. Andrea d'Agnolo, * Florenz 16. Juli 1486, † ebd. 29. Sept. 1530, italien. Maler. - Vertreter der florentin. Hochrenaissance, schuf Freskenzyklen (im Kloster Santissima Annunziata [1508–10] und im Chiostro dello Scalzo [1514–26]), Altarbilder („Harpyenmadonna", 1517; Florenz, Uffizien) und Bildnisse (Porträt eines Bildhauers, um 1525; London, National Gallery).
Sartre, Jean-Paul [frz. sartr], * Paris 21. Juni 1905, † ebd. 15. April 1980, frz. Philosoph und Schriftsteller. - Lernte während seiner Studienzeit S. de Beauvoir kennen; beider Lebensgemeinschaft - mit ihrem Verzicht auf eine bürgerl. Normen entsprechende Bindung und ihrer Maxime absoluter Aufrichtigkeit - hatte z. T. Vorbildcharakter für intellektuelle Schichten in Frankr. 1931–45 Gymnasialprof.; seit 1941 Mgl. der

Jean-Paul Sartre (1974)

Résistance. Lebte ab 1945 als freier Schriftsteller in Paris. 1952–56 Mgl. der frz. KP. Vielfältige polit. Initiativen: Kritisierte die Intervention der UdSSR in Ungarn (1956) sowie die der Warschauer-Pakt-Staaten in der Tschechoslowakei (1968); engagierte sich für die Beendigung des Algerienkriegs; war Vorsitzender des von B. Russell initiierten „Vietnam-Tribunals" (1967), 1971–74 Chefredakteur mehrerer linker Zeitungen; setzte sich mit der terrorist. „Roten Armee-Fraktion" (RAF) in der BR Deutschland auseinander. Als Hauptvertreter des frz. Existentialismus verband S. die ↑Existenzphilosophie mit individualist. orientierten Werten, v. a. in dem ontolog. orientierten Werk „Das Sein und das Nichts" (1943). Als dezidierter Anhänger einer „Littérature engagée" setzte er sich in Romanen, Dramen und Filmdrehbüchern v. a. mit der in der seinem philosoph. Werk systemat. entwickelten Freiheitsproblematik auseinander: „Der Ekel" (R., 1938) schildert, wie Abscheu vor der Absurdität des Daseins Impetus zur Freiheit (= Wille zum Durchstehen) wird; in „Die Wege der Freiheit" (unvollendete R.-Tetralogie, 1945–49) ist ein Kriterium für die Freiheit des Menschen [im Wissen um seine Verlassenheit] dessen Entschluß zum Tun (handeln) oder Nichttun (unterlassen). Seine Forderung des Engagements, zunächst inhaltl. nicht näher bestimmt, orientierte S. in den 1950er und 1960er Jahren zunehmend an marxist. Positionen, deren dogmat. und polit. gewalttätige Ausprägungen er jedoch scharf kritisierte („Marxismus und Existentialismus", 1957). In „Kritik der dialekt. Vernunft" (Bd. 1, 1960) wird die dialekt. Grundlegung einer philosoph. Anthropologie versucht. Die Studie „Der Idiot der Familie. Gustave Flaubert 1821 bis 1857" versucht eine Vereinigung marxist., psychoanalyt. und phänomenolog. Methodik.
Weitere Werke: Die Mauer (E., 1939), Die Fliegen (Dr., 1943), Bei geschlossenen Türen (Dr., 1945), Die ehrbare Dirne (Dr., 1946), Das Spiel ist aus (Drehbuch, 1947), Die schmutzigen Hände (Dr., 1948), Der Teufel und der liebe Gott (Dr., 1951), Die Eingeschlossenen (Dr., 1960), Die Wörter (Autobiogr., 1964), Die Troerinnen des Euripides (Dr., 1965), Mai 68 und die Folgen (Aufsätze, Reden, Interviews in dt. Auswahl, 1974/75).
⚌ *Hartmann, K.: Die Philosophie J.-P. Sartres. Bln. 1983. - Berlinger, R.: S. Existenzerfahrung. Wzb. 1982. - Biemel, W.: J.-P. S. Rbk. ¹⁶1982. - König, C.: Dialektik u. ästhet. Kommunikation: J.-P. S. philosoph. Phasen. Ffm. 1982. - Michelini, D. J.: Der Andere in der Dialektik der Freiheit. Eine Unters. zur Philosophie J.-P. S. Ffm. 1981. - Frank, M.: Das Sagbare u. das Unsagbare. Studien zur neueren frz. Hermeneutik u. Texttheorie. Ffm. 1980.*
Sartzetakis, Christos, * Saloniki 6. April 1929, griech. Politiker. - Jurist; seit März 1985 Staatspräsident.
Sarugh (Saruk) [nach dem gleichnamigen iran. Ort, sö. von Hamadan] ↑Orientteppiche (Übersicht).
Saruskranich [Sanskrit/dt.] ↑Kraniche.
Sarvig, Ole [dän. 'sa:rvi:'], * Kopenhagen 27. Nov. 1921, † Bavelse (Seeland) 4. Dez. 1981, dän. Schriftsteller. - Verfaßte modernist. Lyrik („Der späte Tag", 1962), sowie kafkaeske Romane („Die Schlafenden", 1958; „Das Meer unter meinem Fenster", 1960).
Sarx [griech. „Fleisch"], in der hellenist. Welt Bez. für den Stoff, aus dem der Körper besteht; auch Bez. für das Vergängliche; bei Epikur Grund und Sitz der Lust; im N. T. v. a. bei Paulus anthropolog. bed. Begriff, der den ganzen Menschen bezeichnet.

SAS [schwed. ɛs-a-'ɛs], Abk. für engl.: Scandinavian Airlines System, dän.-norweg.-schwed. Luftverkehrsgesellschaft (↑ Luftverkehrsgesellschaften [Übersicht]).
Sasaniden ↑ Sassaniden.
Sasebo, jap. Hafenstadt an der NW-Küste Kiuschus, 250 600 E. Hafen der jap. Kriegsmarine; Schiff- und Maschinenbau, Nahrungsmittel-, Keramik-, chem. Industrie.
Saskatchewan [engl. səsˈkætʃɪwən], kanad. Prärieprov., 570 113 km², 1,02 Mill. E (1985), Hauptstadt Regina.
Landesnatur: S. hat im N Anteil an der von der Eiszeit geprägten Landschaft des Kanad. Schildes mit zahllosen Seen. Eine Parklandschaft leitet nach S über in die weiten Ebenen der Interior Plains. Im äußersten SW erheben sich die Cypress Hills bis 1 466 m Höhe. - Das Klima zeichnet sich durch heiße Sommer und sehr kalte, lange Winter aus. - Im N findet sich reiner Nadelwald, der nach S in Mischwald übergeht. Ein Parkgürtel leitet zur Prärie über. - Im N kommen u. a. Elch, Bär, Wapiti vor, in den Gewässern zahlr. Fischarten.
Bevölkerung, Wirtschaft, Verkehr: Die urspr. Indianerbev. hat einen Anteil von 4% an der Gesamtbev., die v. a. brit., dt., ukrain. und skand. Abkunft ist. Neben 15 Colleges verfügt S. über Univ. in Saskatoon (gegr. 1907) und Regina (gegr. 1974). Vorherrschend ist die Landw., in erster Linie der Weizenanbau (²/₃ des kanad. Weizens stammen aus S.). Im S bed. Viehhaltung. An Bodenschätzen werden Kalisalze, Uran-, Kupfer-, Zink-, Silber-, Gold-, Selen- u. a. Erze sowie Braunkohle abgebaut, Erdöl und Erdgas gefördert. Die Ind. verarbeitet v. a. landw. Produkte. Fremdenverkehr im N (Jäger, Angler). Das Eisenbahn- (rd. 11 800 km) und Highwaynetz (rd. 23 200 km) ist im S konzentriert. Im N ist das Flugzeug das wichtigste Verkehrsträger.
Geschichte: Erschließung durch frz. und engl. Pelzhändler ab Ende des 17. Jh.; 1670 wurde das Land der Hudson's Bay Company vom engl. König zugeteilt; sie verkaufte es 1869 an Großbrit., das es 1870 dem neu gegr. Dominion Kanada übergab. Die Métis (frz.-indian. Mischlinge, die sich 1885 in einem schnell niedergeschlagenen Aufstand erhoben („Northwest Rebellion"), wurden verdrängt. 1882 wurde der Distrikt S. als Teil der Northwest Territories errichtet. 1905 Gründung der Prov. Saskatchewan.
Saskatchewan River [engl. səsˈkætʃɪwən ˈrɪvə], Fluß in Z-Kanada, entsteht durch die Vereinigung von North S. R. und South S. R. östl. von Prince Albert, mündet in den Cedar Lake, mit South S. R. und dessen Quellfluß Bow River rd. 1 940 km lang.
Saskatoon [engl. sæskəˈtuːn], kanad. Stadt am South Saskatchewan River, 175 900 E. Sitz eines anglikan., eines kath. und eines ukrain. Bischofs; Univ. (gegr. 1907), Museen. Handels- und Versorgungszentrum für den N der Prov. Saskatchewan. - Erste Siedlung um 1882.
Sassaby [...bi; afrikan.] ↑ Leierantilopen.
Sassafrasbaum [span./dt.] (Sassafras), Gatt. der Lorbeergewächse mit nur zwei Arten in N-Amerika und in O-Asien. Die wichtigste Art ist der im östl. N-Amerika verbreitete **Echte Sassafrasbaum** (Fenchelholzbaum, Nelkenzimtbaum, Sassafras albidum, Sassafras officinale), ein 12–20 m, in seiner Heimat auch bis 30 m hoher Baum mit Wurzelausläufern und überwiegend drei-, aber auch zwei- oder einlappigen oder ganzrandigen, sich im Herbst orange- und scharlachrot verfärbenden Blättern; Blüten grünlichgelb, zweihäusig; Früchte erbsengroß, schwarz, mit fleischigem, rotem Stiel. Das Holz der Wurzel *(Sassafrasholz, Fenchelholz)* und die Wurzelrinde enthalten viel äther. Öl (*Sassafrasöl*, gelb bis rötl., aromat. riechend, enthält bis zu 80% Safrol; in der Seifenind. verwendet). Sassafrasholz wird in der Volksmedizin als Bestandteil blutreinigender und harntreibender Mittel (u. a. Tees) verwendet.
Sassaniden (Sasaniden), pers. Dyn., regierte 224–651; ben. nach Sassan, dem Großvater des ersten S.herrschers Ardaschir I. Die S. leiteten sich von den Achämeniden her und versuchten, deren Großreich zu erneuern (↑ persische Geschichte). Die Kultur des feudalist. sassanid. Iran wirkte (über Byzanz) auf das Abendland, v. a. auf dessen Rittertum.
Sassari, italien. Stadt in N-Sardinien, 225 m ü. d. M., 119 900 E. Hauptstadt der Prov. S.; kath. Erzbischofssitz; Univ. (gegr. 1562), archäolog. Museum, Gemäldegalerie, Staatsarchiv. Handelszentrum für landw. Produkte und Kork; Erdölraffinerie. - Hieß im früheren MA **Tathari;** 1236 freie Kommune mit beschränkter Autonomie; 1441 verlegten die Erzbischöfe von Torres ihren Sitz hierher. - Roman. Dom (11.–13. Jh.) mit Barockfassade; Fonte del Rosello mit barockem Brunnenhaus (1606).
Saßnitz, Stadt auf Rügen, Bez. Rostock, DDR, 14 400 E. Fischkombinat, Kreidewerk; Fährhafen mit Eisenbahnverbindung nach Trelleborg (Schweden) und Memel (UdSSR).
Satan [hebr. „Widersacher, Gegner"], im A. T. zunächst der Gegner im Krieg und vor Gericht, dann der Opponent Gottes, schließl. der Versucher und Verführer. Im nachbibl. Judentum wurde der S. durch den Einfluß des dualist. Parsismus ganz zum Feind Gottes, zum ↑ Teufel schlechthin. - ↑ auch Luzifer.
Satanismus, Bez. für die Verehrung und Verherrlichung des ↑ Satans als des widergöttl. Prinzips; oft verknüpft mit Praktiken der Alchimie und der schwarzen Magie. Der S. wird von der Kirche scharf bekämpft, v. a. weil seit dem MA die *Schwarzen Messen* (↑ Teufelsmessen) aufkamen, in denen in orgiast. Weise, unter obszönen Riten und blutrünstigen Perversionen die christl. Messe pa-

Satellit

rodierend, der Teufel oder eine Hexe verehrt wurden; allerdings denunzierte die Kirche auch häufig sog. häret. Bewegungen (Manichäer, Bogumilen, Albigenser) als S. und belegte sie mit dem Bann.
Als [nicht wiss.] *literar. Begriff* kritisiert S. die Abwendung, Hervorhebung und Feier des Bösen und Teuflischen, das in der Darstellung des Grausamen und Krankhaften, Perversen und Gewalttätigen, Ekelerregenden und Brutal-Sinnlichen auftritt; z. B. bei Lord Byron, P. B. Shelley, J. Keats, Marquis de Sade, V. Hugo, A. de Musset, G. Sand, Lautréamont , C. Baudelaire, H. von Kleist, E. T. A. Hoffmann.

Satellit [zu lat. *satelles* „Leibwächter, Anhang"], (Trabant) Begleiter eines Planeten, Planetenmond. - ↑ auch Planeten (Übersicht).
♦ (künstl. S.) Raumflugkörper auf ellipt. oder kreisförmiger Bahn um eine Zentralmasse (Planet, Mond), insbes. um die Erde *(Erd-S.)*. Auf Grund des nicht exakt kugelsymmetr. Gravitationsfelds der Erde, durch Gravitationseinflüsse anderer Himmelskörper sowie durch den Einfluß der äußeren Schichten der Erdatmosphäre ergeben sich Abweichungen von den ellipt. bzw. kreisförmigen Raumflugbahnen. Die Bewegung in der äußeren Atmosphäre führt infolge der Reibung zu einer Verlangsamung und damit zu einer Abnahme der Bahnhöhe, im Endstadium zum Verglühen oder zum Absturz des Satelliten. Nach der Entwicklung leistungsfähiger Trägerraketen begann mit dem ersten sowjet. S. „Sputnik 1" 1957 und dem ersten amerikan. S. „Explorer 1" 1958 die Erforschung des erdnahen Weltraums. Bereits 1961 konnten die ersten bemannten Raumflugkörper in eine Erdumlaufbahn gebracht werden. Parallel dazu liefen die Entwicklung und der Start von Forschungs-S. für geophysikal., astronom., biolog. u. a. Messungen sowie von Nutz-S. verschiedenster Art (↑ Kommunikationssatelliten, ↑ Wettersatelliten u. a.).
♦ Kurzbez. für ↑ Satellitenstaat.

Satellitenchromosom (SAT-Chromosom), Chromosom, das neben dem Zentromer noch eine weitere (sekundäre) Einschnürung besitzt, so daß ein Teil des Chromosoms als Anhängsel *(Satellit, Trabant)* erscheint. Das dünne Zwischenstück der Einschnürung, das früher fälschlicherweise als frei von DNS angesehen wurde, ist (als Nukleolusorganisator) Bildungsstelle des Nukleolus.

Satellitenfunk, Funkverkehr mittels ↑ Kommunikationssatelliten (z. B. INTELSAT-Satelliten) als Zwischenstation ([Trägerfrequenz]umsetzer und Verstärker). Nach demselben Prinzip arbeitet das **Satellitenfernsehen** zur weltweiten Übertragung von Fernsehsendungen. Zum Empfang dienen bisher Bodenstationen (sog. *Erdefunkstellen*) oder beim *Satellitendirektempfang* kleine [Haus]-Parabolantennen (ø 60–90 cm) beim Fernsehteilnehmer. Auf der Genfer Funkverwaltungskonferenz wurde 1977 den einzelnen Ländern zur nationalen Versorgung in den Grenzen des jeweiligen Staatsgebietes Orbit-Positionen für geostationäre Satelliten zugeordnet, deren Sendeantennen ellipsenförmige Gebiete auf der Erde versorgen.

Satellitengeodäsie, Teilgebiet der ↑ Geodäsie, das die mit Hilfe von Satelliten durchgeführten Messungen heranzieht. Erdform und Masseverteilung lassen sich z. B. mit Hilfe genauer Bahndaten (insbes. von Unregelmäßigkeiten) ermitteln *(dynam. S.)*; bei der *geometr. S.* oder *Satellitentriangulation* werden Satelliten bei Triangulations- und Trilaterationsmessungen von der Erde aus herangezogen.

Satellitenmeteorologie ↑ Wettersatelliten.

Satellitennavigation, Verfahren zur Positionsbestimmung für Schiffe auf hoher See. Sechs spezielle Navigationssatelliten des amerikan. S.systems „Transit", deren Bahnen über die Pole der Erde verlaufen, strahlen alle zwei Minuten auf den Frequenzen 150 MHz und 400 MHz ihre genauen Bahndaten und ein Zeitsignal ab und ermöglichen mit Hilfe eines schiffseigenen Rechners die Standortbestimmung mit einer Genauigkeit von ± 200 Metern.

Satellitenstaat, Bez. für einen Staat, der trotz völkerrechtl. Unabhängigkeit unter dem bestimmenden Einfluß einer Großmacht steht, v. a. für die im Einflußbereich der UdSSR stehenden kommunist. Staaten.

Satellitenstadt ↑ Stadt.

Satemsprachen, Bez. für die Gruppe der indogerman. Sprachen, die die palatalen Verschlußlaute (erschlossen) $\hat{k}$, $\hat{g}$, $\hat{g}h$ der indogerman. Grundsprache nicht (wie zunächst die ↑ Kentumsprachen) als Verschlußlaute erhalten, sondern in Reibelaute [θ, ð] oder Zischlaute [s, z; ʃ, ʒ] verwandelt haben: Aus indogerman. (erschlossen) $\hat{k}mtóm$ „100" entwickelte sich altindoar. *śatám,* awest. *satəm,* altpers. *ϑata-,* litauisch *šiṁtas,* altkirchenslaw. *sъto* usw. (zu den S. gehören ferner Armenisch, Thrakisch, Albanisch).

Saterländisch ↑ Friesisch.

Sathmarer Schwaben, im Zuge der dt. Ostsiedlung in das heute rumän. Gebiet um Sathmar (rumän. Satu Mare) und Großkarol (rumän. Carei) aus SW-Deutschland (v. a. aus dem Bodenseeraum) 1712–1815 eingewanderte Donauschwaben.

Sati [Sanskrit „die Gute"], im Hinduismus Bez. für die treue Frau (nach dem Vorbild der S., der Frau Schiwas), die ihrem verstorbenen Mann auf den Scheiterhaufen folgt, um im Jenseits mit ihm vereint zu werden.

Satie, Erik [frz. sa'ti], * Honfleur bei Lisieux 17. Mai 1866, † Paris 1. Juli 1925, frz. Komponist. - Seine stat.-entwicklungslose, antiromant. Musik, v. a. aber deren Konzeption mit Querverbindungen zu Kubismus, Futurismus, Dadaismus und seine Bürgerschreckhaltung beeinflußten die damalige Moderne, u. a. die Gruppe der ↑ Six. Er schrieb u. a. Klavierstücke „Trois gymnopédies" (1888), „Trois morceaux en forme de poire" (1903), „Vexations" (1893–95; 840mal hintereinander zu spielen), Ballette „Parade" (1917), „Relâche" (1924), die „Musique d'ameublement" (1920), „Messe des pauvres" (1895), sinfon. Drama „Socrate" (1919).

Satin [za'tɛ̃:; frz.], zu arab. zaituni „Seide aus Saitun", dem arab. Namen der chin. Hafenstadt Tseutung (heute Chüanchow)], Sammelbez. für in Atlasbindung hergestellte Stoffe (z. B. Futterstoffe), die auf Grund der Bindungsart eine bes. glatte Oberfläche haben.

Satinbindung [za'tɛ̃:], svw. ↑ Atlasbindung.

Satinhölzer [za'tɛ̃:] (Seidenhölzer), Bez. für zwei im gehobelten Zustand seidenartig glänzende Holzarten: **westind. Satinholz** (Atlasholz) von dem bis 12 m hohen Rautengewächs Fagara flava auf Jamaika; fein und gleichmäßig strukturiert, stark aromat., sattgelb bis goldbraun; **ostind. Satinholz** von dem Rautengewächs Chloroxylon swietenia in Indien und Ceylon; grünlichgelb, hart; werden für Ausstattungen und Drechslerarbeiten verwendet.

Satinieren (Satinage) [frz.] ↑ Papier (Papierausrüstung).

Satire [lat.], iron.-aggressive literar. Form des Komischen; kein ahistor. Gatt.-Typ, sondern Ausdruck einer histor. und gesellschaftl. geprägten krit. Einstellung. Ziel der S. ist Einsicht in die Lächerlichkeit, Kritikwürdigkeit oder gar Gefährlichkeit der geschilderten Sachverhalte. Wichtige *Stilmittel* sind: Reduzierung des kritischen Sachverhalts auf seinen negativen Kern, Gegenüberstellung verschiedener gesellschaftl. Ebenen, die sich kommentieren und entlarven, Verlagerung bestimmter Verhaltensformen in Zusammenhänge, in denen sie unsinnig werden, Übertreibung bestimmter Charakteristiken einer Person oder Gesellschaftsschicht. Literar. S., die ihr Objekt moral. zu vernichten trachten, gab es schon in der griech. (Aristophanes, Menippos) und röm. Antike (M. T. Varro, Lucilius, Seneca, Petronius, Lukian, Horaz, Juvenal). Leitgedanke der Epen des MA war die **Ständesatire** (Heinrich von Melk, Hugo von Trimberg, H. Wittenweiler). Renaissance und Humanismus erweiterten mit Blick auf die Antike die satir. Formen: Rabelais' Roman „Gargantua und Pantagruel" (1532–64) oder Cervantes' „Don Quijote" (1605–15). Neben der Prosa-S. gibt es die Verssatire (zeitsatirische Narrendichtungen [↑Narr]), etwa S. Brants „Narrenschiff" (1494), das zu einer wichtigen Schrift im Reformationskampf wurde. Für literar. S. im dt. Barock stehen die Romane C. Weises und C. Reuters sowie J. M. Moscheroschs **Zeitsatiren**, A. Gryphius (satir. Spiel), J. Lauremberg (Vers-S.) und F. von Logau (Epigramme), die sich v. a. gegen kulturelle und sprachl. Überfremdung wandten. Gegen den Optimismus einer nur oberflächl. aufklärer. Geisteshaltung schrieben v. a. J. Swift, Voltaire, A. Pope, in Deutschland C. L. Liscow, C. M. Wieland, G. E. Lessing, C. Lichtenberg. Klassik und Romantik bedienten sich der epigrammat., dialog. oder dramat. **Literatursatire** (Goethe, Schiller, L. Tieck). Nach C. H. Grabbe verband auch H. Heine literar. und polit. S.; satir. Werke des krit. Realismus schrieben H. Mann, F. Wedekind, C. Sternheim, K. Kraus (**Pressesatire**). Meister der satir. Kleinform waren K. Tucholsky, E. Kästner; S. gegen den NS verfaßte u. a. B. Brecht. Utop. S. schrieben A. Huxley, G. Orwell, E. Waugh.

Satirische Zeitschriften bildeten sich seit Mitte des 19. Jh. aus; in Text und Bildbeiträgen werden mit den Mitteln der S., Ironie, Komik, des Humors und Witzes aktuelle Ereignisse, Vorgänge, auch Persönlichkeiten und Organisationen kritisiert und/oder der Lächerlichkeit preisgegeben. Bekannte dt. Zeitschriften waren: „Kladderadatsch" (1848–1944), „Simplicissimus" (1896–1944), „Fliegende Blätter" (1844–1944), „Der Wahre Jacob" (1879–81, 1894–1923 und 1927–33), „Eulenspiegel" (1928–33). In der BR Deutschland erscheinen „Pardon" (seit 1962), „Titanic" (seit 1979), „Simplicissimus" (1954–67; 1980); in der DDR gibt es den „Eulenspiegel" (seit 1946), in der Schweiz den „Nebelspalter" (seit 1875). Neben ↑ Kabarett und ↑ Karikatur tritt auch der Film als Mittel der S. in den Vordergrund (**Filmsatire**). Kom.-satir. Darstellungen sind auch Parodie und Travestie.
📖 *Die engl. S. Hg. v. W. Weiss. Darmst. 1982. - Brummack, J.: Satir. Dichtung. Mchn. 1979. - Kindermann, U.: Satyra: Die Theorie der S. im Mittellateinischen. Nürnberg 1978. - Müller, Rolf Arnold: Komik u. S. Zürich 1973. - Freund, W.: Die dt. Verssatire im Zeitalter des Barock. Düss. 1972. - Die röm. S. Hg. v. D. Korzeniewski. Darmst. 1970. - Lazarowicz, K.: Verkehrte Welt. Vorstudien zu einer Gesch. der dt. S. Tübingen 1963.*

Satisfaktion [lat.], svw. Genugtuung; in student. Verbindungen bis 1945 Duell mit der blanken Waffe als „unbedingte S." für eine Beleidigung (↑ Zweikampf).

Sato, Eisaku, * Tabuse (Präfektur Jamaguschi) 27. März 1901, † Tokio 2. Juni 1975, jap. Politiker (Liberal-Demokrat. Partei). - 1951–64 mehrfach Min. (u. a. Post, Wiederaufbau, Finanzen, Handel und Ind.); 1964–72 Min.präs., erreichte von den USA die Rückgabe der Bonin- und Riukiuinseln, erreichte die Normalisierung des Verhältnisses zu Süd-Korea und leitete eine Wende in den jap.-chin. Beziehungen ein; erhielt 1974 den Friedensnobelpreis.

Satpura Range

Satpura Range [ˈsɑːtpʊrə ˈrɛɪndʒ], rd. 900 km langer, W–O verlaufender Gebirgszug auf dem nördl. Dekhan, Indien, bis 1 328 m hoch.

Satrap [altpers.-griech. „Reichsschützer"], Titel der Statthalter der Prov. (**Satrapie**) im iran. Achämenidenreich. Die S. befehligten die einheim. Truppen, besaßen das Münzrecht für Silberprägung und waren weitgehend selbständig. Von Alexander d. Gr. und den Seleukiden wurden die S. auf die zivile Macht beschränkt.

Satsuma [nach der Satsumahalbinsel] ↑ Mandarine.

Satsumahalbinsel, Halbinsel an der S-Küste der jap. Insel Kiuschu.

Sattdampf ↑ Dampf.

Sattel, Sitz- bzw. Tragvorrichtung auf Reit- bzw. Lasttieren (Pack-S.). Im *Pferdesport* aus Leder bestehende Sitzvorrichtung für den Reiter; wichtig für dessen korrekten Sitz und das richtige Einwirken auf das Pferd. Man unterscheidet v. a. Dressur-, Sprung- und Mehrzwecksattel. - Der heute kaum noch gebräuchl. *Damen-S.* ermöglichte einen Sitz, bei dem beide Beine auf der linken Seite des Pferdes liegen.
♦ in der *Geomorphologie* svw. ↑ Paß.
♦ in der *Geologie* ↑ Falte.
♦ in der *Meteorologie* ↑ Druckgebilde.
♦ bei *Saiteninstrumenten* mit Griffbrett eine an dessen oberem Ende angebrachte Querleiste, auf der die Saiten aufliegen. Der S. ist zur Fixierung der Saiten oft eingekerbt.
♦ (Passe, Koller) aufgesetzter (echter S.) oder scheinbar aufgesetzter Stoffteil (imitierter S.) oben am Rücken oder Vorderteil eines Kleidungsstücks; auch an Rock oder Jeanshosen (immer als imitierter S.).

Sättel ↑ Lobenlinie.

Satteldach ↑ Dach.

Sattelgelenk ↑ Gelenk.

Sattelrobbe ↑ Seehunde.

Sattelschlepper ↑ Kraftwagen.

Sattelstorch (Afrika-S., Ephippiorhynchus senegalensis), mit rd. 1,30 m Höhe größter Storch in Sümpfen und an Seen des trop. Afrika; schwarz und weiß gefärbt; am Schnabel ein sattelförmiger Aufsatz.

Sattelzug ↑ Kraftwagen.

Sättigung, Erreichen eines Grenzzustandes in einem physikal. System; die S. ist erreicht, wenn eine physikal. Größe G, die bei Änderung einer anderen physikal. Größe X (unter Konstanthaltung aller übrigen) monoton zunimmt, von einem bestimmten Wert X_S ab [nahezu] konstant gleich dem *S.wert* G_S dieser *S.größe* bleibt (z. B. der ↑ Sättigungsstrom).
♦ ↑ Farblehre.
♦ (psych. S.) nachlassendes Interesse (bis hin zur Abneigung) gegenüber einer Tätigkeit, insbes. bei wiederholt ausgeführten und langdauernden, monotonen (auch bei anfangs lustbetonten) Handlungen. Psych. S. wird nicht selten von Ermüdung begleitet bzw. als solche empfunden.

Sättigungsmagnetisierung, der höchstmögliche Wert der Magnetisierung, den man durch Einbringen einer magnet. Substanz in ein Magnetfeld erzielen kann. Die S. entspricht dem als *magnet. Sättigung* bezeichneten Zustand größter Ordnung der Elementarmomente (↑ magnetisches Moment).

Sättigungsspannung ↑ Sättigungsstrom.

Sättigungsstrom (Grenzstrom), in Stromkreisen mit einem die Stromstärke festlegenden Kathoden-Anoden-System (z. B. Elektronenröhre, Halbleiterbauelement) ein bei Erhöhung der zw. Kathode und Anode anliegenden Arbeitsspannung nicht weiter anwachsender Strom: Sobald die als Saugspannung wirkende Arbeitsspannung einen bestimmten, von den Betriebsbedingungen (z. B. Temperatur) abhängigen, als *Sättigungsspannung* bezeichneten Wert überschreitet, werden alle am Stromtransport beteiligten Ladungsträger fortwährend zu den Elektroden abgeführt. Der S. kennzeichnet daher z. B. die Emissionsfähigkeit von Glüh- und Photokathoden. In Elektromagneten wird der Strom, über den hinaus eine Stromerhöhung keine merkl. Zunahme des Magnetfeldes bewirkt, als S. bezeichnet.

Sättigungsstufe ↑ Farblehre.

Sattler (American Saddle Horse, Kentukky Saddle Horse, Virginia-Saddler), in den USA (v. a. aus kanad. Stuten und engl. Vollbluthengsten) gezüchtete, sehr beliebte Hauspferderasse; lebhafte, elegante, bis 165 cm schulterhohe und kompakt gebaute Reitpferde (teils als Wagenpferde benutzt); Farbschläge: Braune, Füchse und Rappen (selten mit Abzeichen).

Satu Mare, Stadt in NW-Rumänien, 124 700 E. Verwaltungssitz des Verw.-Geb. S. M.; kath. Bischofssitz; Theater, Sinfonieorchester; metallverarbeitende, Maschinenbau-, Textil-, Nahrungsmittel- und Holzind. - 1006 erstmals urkundl. erwähnt; von Andreas II. von Ungarn zur königl. Freistadt erhoben; im 14. Jh. wurde eine Münze eingerichtet. V. a. im 18. Jh. wanderten hier Schwaben (↑ Sathmarer Schwaben) ein. - Klassizist. Kathedrale (18. und 19. Jh.).

saturiert [lat.], gesättigt; selbstzufrieden.

Saturn, röm. Gott, ↑ Saturnus.

Saturn [nach Saturnus], astronom. Zeichen ♄, der zweitgrößte Planet im Sonnensystem. Der Planet unterscheidet sich in seiner Größe nur wenig von Jupiter. Auch seine Atmosphäre scheint der des Jupiters ähnl. zu sein und v. a. aus Wasserstoff und Helium zu bestehen. - Der Vorbeiflug der amerikan. Raumsonden Voyager 1 (Nov. 1980) und Voyager 2 (Aug. 1981) brachte aufsehenerregende Ergebnisse: Das Ringsystem von S. besteht

Satyrn

Saturn. Die sogenannten C- u. B-Ringe von Saturn, die Voyager 2 am 23. August 1981 in einer Entfernung von 2,7 Millionen km fotografiert hat. Diese Bilder in „künstlichen Farben" zeigen mehr als 60 helle und dunkle Zonen; die Zone der C-Ringe ist gelb, die der B-Ringe blau. Die Sachverständigen folgern hieraus, daß die Struktur der Materialien, aus denen die Ringe zusammengesetzt sind, nicht identisch ist. In Wirklichkeit haben die C-Ringe eine leicht graue Farbe

aus Tausenden von Einzelringen, deren Dicke extrem gering ist. Die Planetenatmosphäre war im Aug. 1981 turbulenter als im Nov. 1980. In den Wolkenbändern gibt es im wesentl. nur einen äquatorialen Sturm mit Windgeschwindigkeiten bis 1770 km/h. Alle 17 bis dahin bekannten S.monde, darunter Mimas, Enceladus, Tethys, Dione, Rhea, Titan, Hyperion, Japetus und Phöbe wurden sondiert und in den meisten Fällen auch oberflächenkartiert. Der Mond Hyperion, möglicherweise ein eingefangener Asteroid, wurde zum ersten Mal überhaupt fotografiert, ebenso jene noch nicht mit Namen versehenen Kleinstmonde, die in den letzten Jahren von der Erde bzw. von Voyager aus neu gefunden wurden. Ende Februar 1982 gab die NASA bekannt, daß bei einer sorgfältigen Bildauswertung vier oder sogar sechs neue Kleinstmonde (Ø unter 20 km) entdeckt wurden. Damit erhöht sich die Zahl der S.monde auf 21 bzw. 23. - ↑ auch Planeten (Übersicht).

Saturn [lat.], Name einer Serie amerikan. Raketen speziell für die Raumfahrt. Die größte Bedeutung erlangte die dreistufige *Saturn 5* als Trägerrakete im Rahmen des Apollo-Programms: Gesamthöhe 85,70 m, größter Durchmesser 13 m, Startmasse (mit Nutzlast) 2 890 t, Nutzmasse rund 120 t, Antrieb der Startstufe durch fünf gebündelte Raketentriebwerke, Startschub 35 MN (3 500 Mp).

Saturninus, Lucius Appuleius, † Rom 10. Dez. 100 v. Chr. (ermordet), röm. Volkstribun (103 und 100). - Setzte nach seinem 1. Gesetz (103) zur Versorgung der Veteranen des Gajus Marius zus. mit G. Servilius Glaucia (Prätor 100) während seines 2. Tribunats weitere Maßnahmen gewaltsam durch.

Saturnismus [nach Saturn, dem alchimist. Symbol für Blei], svw. ↑ Bleivergiftung.

Saturnus (Saturn), röm. (urspr. etrusk.?) Gott des Landbaus. Von seinem Sohn Jupiter (Zeus) gestürzt und vertrieben, gelangt er nach Latium, wo ihn Janus freundl. aufnimmt. Unter seiner und des Janus Herrschaft erleben die Menschen das Goldene Zeitalter. An dieses sollten die **Saturnalien** erinnern, ein Fest, das am 17. Dez. mit einem Mahl auf Staatskosten begangen wurde.

Satyrhühner (Tragopane, Tragopaninae), Unterfam. etwa 50–70 cm langer, farbenprächtiger, mit weißer Perlzeichnung versehener Hühnervögel (Fam. ↑ Fasanenartige); mit 5 Arten in den Urwäldern des Himalaja.

Satyrn, bei den Griechen die urspr. in der Peloponnes beheimateten männl. [Fruchtbarkeits]dämonen aus dem Gefolge des Dionysos, ident. mit den **Silenen;** mischgestaltig, versehen mit Pferdeohren und -schwanz, stellen sie in sprichwörtl. Lüsternheit (deshalb auf griech. Vasen meist mit [erigiertem] Phallus dargestellt) den Nymphen nach, insbes. sind die Mänaden ihre Partnerinnen. S. sind auch ein beliebtes Motiv der röm. Kunst (z. B. „Schlafender Satyr", sog. „Barberin. Faun", um 220/210; München, Glyptothek). In der Renaissance und im Barock wieder aufgegriffenes Motiv, z. T. in neue Zusammenhänge gestellt, u. a. „Satyrfamilie"

Satyrspiel

von A. Altdorfer (1507; Berlin-Dahlem), „Nymphen und S." von P. P. Rubens (1636–40; Prado).

Satyrspiel, heiteres, ausgelassenes szen. Nachspiel der klass. griech. Tragödientrilogie und damit 4. Teil der Tetralogie: Ein um einen älteren Anführer gescharter Chor von Satyrn bzw. Silenen in Ziegenfellen, mit Pferdeschwanz und -ohren, Phallus und Maske und 1–3 als Heroen bzw. Göttern kostümierte Darsteller parodierten mit witzigen und auch aggressiven Texten, lustigen Liedern und ausgelassenen Tänzen Stoff und Ausführung der vorangegangenen 3 Tragödien, wodurch ein heiterer iron.-kontrastierender Abschluß eines 7–8 Stunden dauernden Theaterereignisses im Rahmen des Agon erreicht wurde. Als Erfinder gilt Pratinas von Phleius.

Satz, in der *Sprachwiss.* eine textl. Einheit, die intuitiv als eine abgeschlossene Einheit innerhalb eines Textgefüges aufgefaßt wird. Die exakte Definition des Begriffes S. ist bis heute umstritten geblieben: 1. Von der Antike bis ins 19.Jh., gelegentl. bis heute, wird der S. vorwiegend philosoph., log. oder psycholog. betrachtet. Er wird definiert als eine Verbindung von Wörtern, die einen vollständigen Gedanken ausdrückt, als log. Urteil, in dem über einen Gegenstand (Subjekt) etwas ausgesagt wird (Prädikat) oder als sprachl. Ausdruck einer Gesamtvorstellung. 2. Die strukturelle Sprachwiss. seit F. de Saussure faßte den S. zunächst als eine Einheit auf, die im Ggs. zum Wort nicht im Sprachsystem (Langue) vorgegeben ist, sondern sich erst im Sprechen (Parole) konstituiert. 3. L. Bloomfield, der Begründer des amerikan. Strukturalismus, definiert den S. rein sprachl. nach äußeren formalen Eigenschaften: Der S. ist eine unabhängige sprachl. Form, die durch keinerlei grammat. Konstruktion in eine größere sprachl. Form eingebettet ist. 4. Die generative Grammatik N. Chomskys geht aus vom intuitiven Verständnis des Begriffes S. und versucht, es durch eine formale und zusammenhängende Theorie zu rekonstruieren. Die Theorie faßt Sprachen als Mengen von Sätzen auf und liefert eine rekursive Definition, d. h. eine Definition durch Aufzählung: Sätze sind alle sprachl. Einheiten, die durch die Regeln der Grammatik generiert werden können. 5. Seit Chomsky hat sich die Auffassung durchgesetzt, daß der S. eine Einheit der Sprache ist, im Gegensatz zur Äußerung als einer Einheit des Sprechens. Neuerdings betrachtet man den S. als Handeln nach den Regeln der Sprache (↑ Pragmatik). Ein S. ist demnach ein Muster für kleinste vollständige Sprechakte. So ist z. B. der S. *Wie geht es Ihnen?* das Muster, nach dem immer wieder konkrete Äußerungen gebildet und verstanden werden. - Die Beschreibung des S. ist Gegenstand der Syntax. Traditionelle Grammatiken stellen den Aufbau des S. aus Satzgliedern dar, wobei diese auch aus Nebensätzen bestehen können, die dem *Hauptsatz* (selbständiger, unabhängiger, anderen Sätzen nicht untergeordneter S.) untergeordnet sind. Strukturelle Grammatiken beschreiben den S. nach seiner Zusammensetzung aus Teilen oder nach der wechselseitigen Abhängigkeit der Teile. Im amerikan. Strukturalismus beschränkte man sich auf die Beschreibung der Form; gelegentl. beschreibt man die Formen auch nach ihrem Beitrag zur Satzbedeutung und unterscheidet mit Chomsky zwischen einer Tiefenstruktur, die die Bed. bestimmt, und einer Oberflächenstruktur, die die Form bestimmt. Faßt man den S. als Einheit des Sprechens auf, gilt das Interesse in erster Linie seiner kommunikativen Gliederung, die im Normalfall vom Bekannten (Thema) zum Neuen (Rhema) fortschreitet. ⑬ *Polenz, P. v.: Dt. S.semantik. Bln. 1985. - Lyons, J.: Einf. in die moderne Linguistik. Dt. Übers. Mchn.* [6]*1984. - Heringer, H. J., u.a.: S. Mchn. 1980. - Heringer, H. J.: Dt. Syntax. Bln. u. New York* [2]*1972. - Essen, O. v.: Grundzüge der hochdt. S.intonation. Ratingen* [2]*1964. - Boost, K.: Neue Unterss. zum Wesen u. zur Struktur des dt. S. Bln.* [2]*1956.*

♦ in der *Logik* die wahre Aussage einer Theorie (↑ Theorem); in der traditionellen Logik ist S. der sprachl. Ausdruck des Urteils.

♦ in der *Musik* Bez. für eine spezielle [mehrstimmige] Schreibweise (Tonsatz), z. B. den Vokal- und Instrumental-S., den homophonen, kontrapunkt, strengen, freien, figurierten S. S. ist ferner ein selbständiger, abgeschlossener Teil einer Komposition. Auch eine musikal. Sinneinheit wird S. genannt, z. B. innerhalb der ↑ Periode der Vorder- und Nach-S.; in der ↑ Sonatensatzform heißen das 1. und 2. Thema auch Haupt- und Seitensatz.

♦ (Schriftsatz) in der *Drucktechnik* Bez. für die aus Drucktypen, Gußzeilen, Linien, Blindmaterial u. a. zusammengefügte Druckform bzw. eine entsprechende kopierfähige Vorlage (z. B. Film). Nach der Herstellungsart unterscheidet man Hand-, Maschinen- und Licht- bzw. Photosatz. Der S. dient entweder direkt als Druckform oder wird zur Herstellung von Matern, Galvanos, Stereos oder Kopiervorlagen verwendet.

♦ (Datensatz) in der *Datenverarbeitung* eine als Einheit behandelte Gruppe zusammenhängender Daten.

♦ im *Sport* Bez. für einen bei Erreichen eines bestimmten Spielergebnisses beendeten Spielabschnitt, u. a. im Tennis, Tischtennis, Badminton und Volleyball.

Satz an sich, nach B. Bolzano der objektive Inhalt einer Aussage im Unterschied zu Sätzen im Sinne der konkreten Äußerungen oder den damit verbundenen Gedanken.

Satzarten, die Satztypen ↑ Aussagesatz *(Er kommt),* ↑ Aufforderungssatz *(Komm!)* und Fragesatz (↑ Interrogativsatz; *Kommt er?).*

Satzaussage, svw. ↑Prädikat.
Satzergänzung, svw. ↑Objekt.
Satzgegenstand, svw. ↑Subjekt.
Satzglied, in der Grammatik Bez. für satzkonstituierende Wörter oder Wortgruppen. Die traditionelle Grammatik unterscheidet nach Form und Funktion die S. Subjekt, Prädikat, Objekt und Adverbiale; Attribute sind nur als Teile von S. aufzufassen. Die generative Grammatik definiert S. als Funktionen nach ihrer Position in der Konstituentenstruktur (↑Konstituentenanalyse). S. werden ermittelt durch Substitution („Ersatzprobe"; v. a. mittels Fragepronomina, z. B. *Hans liebt Jutta – Wen liebt Hans?* Ergebnis: *Jutta* ist Akkusativobjekt) oder durch Permutation („Umstellprobe"): Im dt. Aussagesatz sind die Satzteile S., die die erste Position vor dem finiten Verb einnehmen können.

Satzklammer, in der Grammatik Bez. für eine für das Dt. charakterist. Satzkonstruktion, bei der das finite Verb im Aussagesatz in zweiter und im Fragesatz in erster Position steht, während die infiniten Teile des Prädikats ans Satzende treten: Er *hat* gestern ein Buch *gekauft.* Zw. den getrennten Prädikatsteilen werden ein oder mehrere Satzglieder eingeklammert.

Satzlehre, in der *Musik* die Lehre von der musikal. Schreibweise, faßt als Oberbegriff Harmonie-, Kontrapunkt-, Melodie- und Rhythmuslehre zusammen und ist im Ggs. zur Musiktheorie (↑Musik) auf die handwerkl. prakt. Grundlagen des Komponierens ausgerichtet.
♦ in der *Sprachwiss.* svw. ↑Syntax.

Satzspiegel, die Papierfläche, die vom ↑Satz z. B. einer Buchseite ausgefüllt wird.

Satzung (Statut), Bez. für durch schriftl. Niederlegung gesetztes Recht. Im geltenden *Privatrecht* wird unter S. die Grundordnung eines rechtl. Zusammenschlusses (z. B. einer Aktiengesellschaft oder eines Vereins) verstanden, die dessen Zweck und die wichtigsten Befugnisse seiner Organe regelt; das Zustandekommen der S. ist ein Rechtsgeschäft, ihre Änderung bedarf meist einer qualifizierten Mehrheit. Im *öffentl. Recht* werden als S. solche Rechtsvorschriften bezeichnet, die ein dem Staat eingeordneter selbständiger Verband (z. B. Gemeinden) zur Regelung eigener Angelegenheiten rechtl. einseitig erläßt. Die S. bedarf einer staatl. Ermächtigung. Sie beruht auf einer dem Verband gesetzl. eingeräumten eigenen Rechtsetzungsbefugnis, der *S.gewalt* (↑auch Autonomie). Die S. gilt im allg. nur für Verbandsmitglieder, hat aber manchmal - wie Gemeindesatzungen - auch territoriale Wirkung. Die S. unterliegt der gerichtl. Nachprüfung im Wege der Normenkontrolle.
Als S. gilt auch die selbst gesetzte, innerorganisator. Zuständigkeitsordnung der Kollegialorgans einer Anstalt oder Stiftung des öffentl. Rechts sowie die Geschäftsordnung des Parlaments und der Regierung.
Im *älteren dt. Recht* war die S. das Pfandrecht an Immobilien, wobei dem Gläubiger urspr. der unmittelbare Besitz der Sache eingeräumt werden mußte (ältere S.). Später genügte dann die Übertragung des mittelbaren Besitzes (neuere S.). Weiterhin verstand man unter S. die einer Stadt von ihrem Herrn erteilten Freiheiten (Handfeste) oder - in der Gesetzgebungsgeschichte - ein vertragsähnl. zustande gekommenes Gesetz.

Satz vom ausgeschlossenen Dritten ↑Tertium non datur.

Satzzeichen ↑Interpunktion.

Sau, dt. für ↑Save.

Sau, das zuchtreife ♀ Hausschwein.
♦ wm. Bez. für ein Stück Schwarzwild.

Saualpe, Gebirgszug der Zentralalpen, trennt das Lavanttal vom übrigen Kärnten, bis 2 081 m hoch.

Sauberkeitserziehung ↑Reinlichkeitserziehung.

Säuberung, im *polit. Sprachgebrauch* die undemokrat., einmalige oder wiederholte massenhafte Entfernung (oft auch phys. Vernichtung) polit. Gegner aus ihren Positionen (in Staat, Partei u. a.), wodurch (neue) polit. Machthaber oder Sieger in parteiinternen Richtungskämpfen ihre Macht und die alleinige Geltung ihrer ideolog. Zielvorstellungen abzusichern suchen; als Kontroll- und Disziplinierungsmittel gegen „Abweichler" und unzuverlässige Elemente 1920 erstmals von Lenin für Parteien fixiert, von der Kommunist. Internationale neu beitraten; v. a. in den autoritären und totalitären Staaten und polit. Bewegungen des 20. Jh. in einer Vielzahl von Formen administrativer bis hin zu offen terrorist. Maßnahmen praktiziert, so z. B. in der Sowjetunion 1921 und insbes. 1934–38, in der VR China (Kulturrevolution 1965–68), in den seit 1945 kommunist. gewordenen Staaten Osteuropas, im nat.-soz. Deutschland, in der DDR 1944/45 auch bei der Verfolgung von Kollaborateuren in den west- und nordeurop. Staaten.

Saubohne ↑Pferdebohne.

Sauce ['zo:sə; frz.], frz. für Soße.

Sauce à la Cumberland ['zo:s a la 'kʌmbələnt] ↑Cumberlandsoße.

Sauce béarnaise [frz. sosbear'nɛ:z] (Bearner Soße), Soße aus Butter, Eigelb und in Estragonessig eingelegten Schalotten, weißen Pfefferkörnern, Estragon- und Kerbelblättern.

Sauce hollandaise [frz. sosɔlɑ̃'dɛ:z] (holländ. Soße), Soße, bei der im Wasserbad Weißwein (verdünnter Weinessig) und Eigelb kremig gerührt werden, Zugabe von Butter, Cayennepfeffer und Zitronensaft.

Sauckel, Fritz, * Haßfurt 27. Okt. 1894, † Nürnberg 16. Okt. 1946 (hingerichtet), dt. Politiker. - Mgl. der SA ab 1922, der NSDAP

Saud

ab 1923; ab 1933 Reichsstatthalter; 1933–45 MdR; nach Ernennung zum Generalbevollmächtigten für den Arbeitseinsatz 1942 verantwortl. für Deportation und Zwangsarbeit von über 5 Mill. Menschen; 1946 zum Tode verurteilt.

Saud, Ibn Abd Al Asis, * Kuwait 15. Jan. 1902, † Athen 23. Febr. 1969, König von Saudi-Arabien (1953–64). - Sohn von Abd Al Asis Ibn Saud; 1926 Vizekönig des Nadschd, 1933 zum Thronfolger bestimmt; wegen seiner Herrschaft im Stil eines Beduinenfürsten von seinem Bruder Faisal 1964 abgesetzt.

Saudi-Arabien

[ˈzaʊdiˈaˈraːbiən, zaˈuːdi...] (amtl.: Al Mamlaka Al Arabijja As Saudijja), Königreich auf der Arab. Halbinsel, zw. 32° 10′ und etwa 16° n. Br. sowie 34° 35′ und etwa 56° ö. L. **Staatsgebiet:** S.-A. grenzt im W an das Rote Meer, im N an Jordanien, Irak und Kuwait, im O an den Pers. Golf, im SO ist die Grenze gegen Katar, die Vereinigten Arab. Emirate und Oman nicht genau festgelegt, ebenso die Grenze im S gegen Oman und die Demokrat. VR Jemen, im SW grenzt es an die Arab. Republik Jemen. **Fläche:** Die Angaben schwanken zw. 1,8 Mill. und 2,4 Mill. km^2. **Bevölkerung:** 11,24 Mill. E (1985), 4,7 bis 6,2 E/km^2. **Hauptstadt:** Ar Rijad. **Amtssprache:** Arabisch. **Staatsreligion:** Islam (Wahhabiten). **Währung:** Saudi Riyal (S. Rl.) = 20 Qirshes = 100 Hallalas. **Internat. Mitgliedschaften:** UN, Arab. Liga, OPEC, OAPEC. **Zeitzone:** MEZ +3 Std.

Landesnatur: S.-A. umfaßt das mittelarab. Hochland im W der Halbinsel, das zur Küstenebene der Tihama am Roten Meer steil abfällt. Nach O schließt das arab. Schichtstufenland mit einer regelmäßigen Folge verkarsteter Plateaus und Sandstreifen an. Im SW und S liegen das Hochgebirge von Asir (Dschabal Sauda 2910 m) und die Rub Al Khali, im NW die Randgebirge des Midian und des mittl. Hedschas. Den N nehmen die Sandwüste Nefud und der Südteil der nordarab. Kalktafel ein.
Klima: Im Inneren von S.-A. herrscht trockenheißes, an den Küsten feuchtheißes Klima. Die Niederschläge liegen außer im Asir unter 100 mm/Jahr. Die relative Luftfeuchtigkeit ist im Binnenland extrem niedrig (unter 10%), an den Küsten extrem hoch (über 80%).
Bevölkerung: Fast ausschließl. Araber (25% Beduinen). In S.-A. leben rd. 2 Mill. Ausländer, v.a. Jemeniten, Ägypter, Palästinenser und Pakistani. Überwiegend Muslime (Wahhabiten), wenige Ismailiten und Schiiten. Etwa 60% der Bev. leben in Oasen, über 10% sind Nomaden und etwa 30% leben in den Städten. Neben 14 Lehrerseminaren bestehen 7 Hochschulen, darunter die Hochschulen für islam. Recht in Medina und die für Erdöl- und Montanwissenschaften in Dhahran.
Wirtschaft: Landw. ist nur mittels künstl. Bewässerung möglich. Lebensgrundlage der Nomaden ist die Viehhaltung (Schafe, Ziegen, Kamele, Dromedare, Pferde, Rinder, Esel, Hühner). Rückgrat der saudiarab. Wirtschaft ist das Erdöl. Die Förderung liegt im wesentl. in den Händen der größten Erdölgesellschaft der Erde, der ARAMCO, die seit 1976 vollständig von S.-A. übernommen wurde. S.-A. verfügt über die größten Erdölvorräte der Erde; auch große Erdgasreserven. Der zweite wichtige Wirtschaftsfaktor des Landes ist der Pilgerverkehr zu den hl. Stätten des Islams in Mekka und Medina. 1984 kamen 1,4 Mill. Pilger nach Mekka, 920 000 aus dem Ausland.
Außenhandel: Die wichtigsten Handelspartner sind Japan, die EG-Länder, die USA, Brasilien und die arabischen Nachbarländer. Ausgeführt werden Erdöl, Naturasphalt, Erdölderivate u.a., eingeführt werden Nahrungsmittel, Maschinen, Kfz., Eisen und Stahl, Metallwaren, Garne und Textilwaren, Pharmazeutika, Tabakwaren u.a.
Verkehr: Das klass. Transportmittel ist das Dromedar. S.-A. verfügt über 28 000 km befestigte Straßen, seit 1951 verbindet eine Eisenbahnlinie Ad Dammam mit Ar Rijad (577 km). Internat. ✈ in Dhahran, Dschidda und Ar Rijad. Seehäfen sind Dschidda, Ad Dammam und Janbu Al Bahr, Erdölhäfen Ras At Tanura, Ras Al Chafdschi und Mina Saud.
Geschichte: Zur Vor- und Frühgeschichte † Arabien.
Nach der Eroberung Syriens und Ägyptens dehnte das Osman. Reich seine Herrschaft auch über den N und W der Arab. Halbinsel aus. Um 1740 schlossen sich die zentralarab. Beduinen der Sekte der Wahhabiten an, die 1806 Mekka eroberten, dann Syrien und Irak bedrohten, kurz darauf aber in ihrer Macht wieder eingedämmt wurden. Von Rivalen besiegt, mußte die Familie Ibn Sauds 1883 aus Ar Rijad nach Kuwait fliehen. Dort gewann Abd Al Asis † Ibn Saud die Unterstützung des brit. Konsuls, konnte 1902 Ar Rijad zurückerobern und 1913 die Osmanen aus dem NO-Teil der Arab. Halbinsel verdrängen. Als der Scherif von Mekka, † Husain Ibn Ali, der den Aufstand der Araber auf brit. Seite vorbereitet hatte, nach der Annahme des Titels „König der Araber" 1924 nach der Kalifenwürde griff, verlor er jede Unterstützung; Ibn Saud konnte Mekka und Hedschas besetzen und sich 1926 zum König des Nadschd und Hedschas ausrufen lassen. 1932 wurde das Land in *Saudi-Arab. Kgr.* umbenannt. Die moderne Entwicklung wurde von der Erdölförderung eingeleitet (1933 Gründung der Arabian-American Oil Company [ARAMCO]). 1953 wurde † Saud Ibn Abd

Sauerdorn

Al Asis König. Die nach 1959 zw. Nassers Ägypten und S.-A. aufgetretenen Spannungen erreichten ihren Höhepunkt nach dem 1962 ausgebrochenen Bürgerkrieg in Jemen. 1964 wurde Saud von seinem Bruder ↑ Faisal Ibn Abd Al Asis Ibn Saud gestürzt, der schon seit 1958 die Reg.geschäfte führte und nun selbst König wurde. Er öffnete das Land dem westl. Lebensstil, ohne jedoch die autokrat. Herrschaftsform zu lockern. Die u. a. von Nasser geförderte Opposition machte mehrere vergebl. Umsturzversuche. 1975 wurde Faisal von einem Verwandten ermordet. Sein Nachfolger Ibn Abd Al Asis Ibn Saud ↑ Chalid setzte zunächst mit dem Kronprinzen Fahd Faisals Politik einer engen Kooperation mit den USA und der freundschaftl. Unterstützung Ägyptens fort, die nach dem Einschwenken in die arab. Ablehnungsfront gegen Ägypten und dem Abbruch der diplomat. Beziehungen zu Ägypten 1979 als Antwort auf den israel.-ägypt. Friedensvertrag ernsthaft in Frage gestellt wurde. Ein 1981 von S.-A. vorgelegter Nahost-Friedensplan scheiterte an der Ablehnung Israels. Mit Iran kam es zu Spannungen (1987), nachdem die Polizei proiran. Unruhen in Mekka blutig beendet hatte (Abbruch der diplomat. Beziehungen 1988). **Politisches System:** S.-A. ist eine autokrat. Monarchie. *Staatsoberhaupt*, oberster Inhaber von *Exekutive* und *Legislative* ist der König (seit 1982 Fahd Ibn Abd Al Asis), der außerdem Oberbefehlshaber der Streitkräfte und als Hüter der hl. Stätten Mekka und Medina geistl. Oberhaupt des Landes ist. Seine Macht gründet sich formal auf den Koran und die Scharia. In der Praxis ist er auf die Unterstützung der geistl. Würdenträger (Rat der Schriftgelehrten) angewiesen und wird von den nicht durchschaubaren inneren Machtstrukturen der Dyn. beeinflußt. Es gibt kein Parlament und keine Wahlen. *Parteien* und *Gewerkschaften* sind verboten. Trotz der 5 Verwaltungseinheiten kann von einer Verwaltungsorganisation im eigtl. Sinne nicht gesprochen werden. Unterste Verwaltungseinheit sind Stämme und Dörfer mit einem Emir bzw. Scheich an der Spitze. Zumindest bis auf die Prov.ebene herab wird die Verwaltung mittels Privilegierung der mit dem Königshaus verschwägerten, führenden Clans der Stämme von der königl. Famile kontrolliert. Grundlage des *Rechts*wesens ist die Scharia, ergänzt durch profanes Recht. Die *Streitkräfte* umfassen bei der Berufsarmee rd. 52 500 Mann; daneben bestehen die als bes. königstreu geltende Nat.garde (rd. 25 000 Mann) und Grenztruppen bzw. Küstenwache (rd. 8 500 Mann). - Karte S. 152.

📖 Presley, J. R.: A guide to the Saudi Arabian economy. London 1984. - Holden, D./Johns, R.: Die Dynastie der Sauds. Dt. Übers. Düss. 1983. - Kopf, W.: Saudiarabien: Insel der Araber. Stg. 1982. - Wohlfahrt, E.: Die arab. Halbinsel. Bln. u. a. 1980. - Schuster, W.: Wirtschaftsgeographie S.-Arabiens mit bes. Berücksichtigung der staatl. Wirtschaftslenkung. Wien 1979. - Weiss, W.: Saudiarabien. Bern; Mchn. 1977. - Barth, H. K.: Probleme der Wasserversorgung in S.-A. Wsb. 1976. - S.-A. Natur, Gesch., Mensch u. Wirtschaft. Hg. v. H. Blume. Tüb. u. Basel 1976. - Knauerhase, R.: The Saudi Arabian economy. New York 1975. - The Arabian peninsula: society and politics. Hg. v. D. Hopwood. London; Totowa (N.J.) 1972.

Saudistel, svw. ↑ Gänsedistel.

Sauer, Wilhelm, * Friedland (Neubrandenburg) 23. März 1831, † Frankfurt/Oder 9. April 1916, dt. Orgelbauer. - Gründete 1857 in Frankfurt/Oder eine berühmt gewordene Orgelbaufirma; baute u. a. Orgeln in Leipzig (Thomaskirche, 1889), Bremen (Dom, 1894), Berlin (Kaiser-Wilhelm-Gedächtniskirche, 1895), Breslau (Jahrhunderthalle, 1913). Die Firma wurde nach 1945 in Frankfurt/Oder wiedereröffnet.

Sauer (frz. Sûre), linker Nebenfluß der Mosel, entspringt im belg. Teil der Ardennen, bildet im Unterlauf die dt.-luxemburg. Grenze, mündet bei Wasserbillig, rd. 170 km lang; Stauseen.

Sauerampfer, (Großer S., Großer Ampfer, Rumex acetosa) 0.3–1 m hohe, in Eurasien und N-Amerika verbreitete Ampferart; Staude mit längl.-ellipt., säuerl. schmeckenden Blättern, rötl. Blütenstand und rotgestielten Früchten; häufig auf nährstoffreichen Wiesen. Die Wildart sowie die kultivierte Garten-S. werden für Salate und Suppengewürz verwendet.
◆ (Kleiner S., Kleiner Ampfer, Rumex acetosella) 10–40 cm hoher Ampfer in den nördl. und gemäßigten Gebieten; Staude mit spießförmigen Blättern und rötl. Blütenstand; oft massenhaft auf sauren, meist sandigen Böden.

Sauerbraten, mehrere Tage in Essig mit Gewürzen marinierter und dann gesmorter Rinderbraten.

Sauerbronn, Karl Freiherr Drais von ↑ Drais, Karl Freiherr D. von Sauerbronn.

Sauerbruch, Ferdinand, * Barmen (= Wuppertal) 3. Juli 1875, † Berlin 2. Juli 1951, dt. Chirurg. - Prof. in Marburg, Zürich, München und Berlin; grundlegende Arbeiten zur Brustkorbchirurgie (Einführung des Druckdifferenzverfahrens). Außerdem entwickelte er eine neuartige Hand- und Unterarmprothese (Sauerbruch-Hand), die durch in die Armmuskulatur eingelassene, mit den Prothesenfingern durch Züge verbundene Stifte bewegt wird. 1951 erschien seine Autobiographie „Das war mein Leben" (1954 verfilmt).

Sauerbrunnen, svw. ↑ kohlensaure Quellen.

Sauerdorn (Berberitze, Berberis), Gatt. der Sauerdorngewächse mit rd. 500 Arten in Eurasien, N- bis SO-Afrika und in Amerika;

Sauerdorngewächse

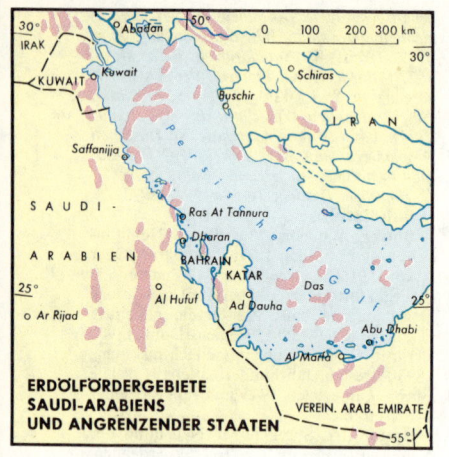

ERDÖLFÖRDERGEBIETE SAUDI-ARABIENS UND ANGRENZENDER STAATEN

immergrüne oder sommergrüne Sträucher mit einfachen Blättern, die an den Langtrieben meist zu Dornen umgewandelt sind; Blüten einzeln, gelb, mit sechs kronblattartigen ↑Honigblättern; Frucht eine ein- bis mehrsamige, rote bis schwarze, säuerl. schmeckende Beere. Die bekannteste Art ist die ↑Berberitze.

Sauerdorngewächse (Berberitzengewächse, Berberidaceae), zweikeimblättrige Pflanzenfam. mit fast 700 Arten in 14 Gatt., v. a. in den gemäßigten Gebieten der Nordhalbkugel; meist Kräuter, seltener Sträucher und Bäume, mit zusammengesetzten oder einfachen Blättern; Blüten in Blütenständen oder einzelnstehend, mit doppelter Blütenhülle; Beeren- oder Kapselfrüchte. Einheim. ist nur die ↑Berberitze.

Sauerfutter, svw. ↑Gärfutter.

Sauergräser, svw. ↑Riedgräser.

Sauerkirsche (Weichselkirsche, Prunus cerasus), im Kaukasus und in Kleinasien wild oder verwildert vorkommende Kirschenart, auf der Nordhalbkugel in vielen Varietäten und Sorten als Obstbaum kultiviert; Wildform strauchig; in Kultur bis 3 m hoher Baum. Die roten Früchte *(Sauerkirschen)* enthalten reichl. Fruchtsäuren. Die wichtigsten Varietäten der S. sind: **Schattenmorelle** (Strauchweichsel): mit kleinen, sauren, schwarzroten Früchten; **Glaskirsche** (Amarelle, Baumweichsel): vermutl. aus einer Kreuzung mit der Süßkirsche entstanden und daher mit nur mäßig sauren Früchten; **Morelle** (Süßweichsel) und die für die Herstellung von Maraschino verwendete **Maraskakirsche:** v. a. in SO-Europa gepflanzt. - S. werden als Einmachobst verwendet sowie zu Marmelade oder Saft verarbeitet. Hauptanbaugebiete sind Europa und N-Amerika.

Sauerklee (Oxalis), Gatt. der S.gewächse mit rd. 850 sehr vielgestaltigen und weitverbreiteten Arten, v. a. in den Anden, in Brasilien und in Südafrika; meist krautige, überwiegend ausdauernde Pflanzen mit stark oxalsäurehaltigen, drei- oder mehrzählig gefingerten, Schlafbewegungen ausführenden Blättern oder mit blattartig verbreitertem Blattstiel; Blüten in Trugdolden oder einzelnstehend, oft gelb, weiß oder rot. Bekannt sind neben dem einheim. **Waldsauerklee** (Oxalis acetosella; 8–15 cm hoch, Blüte weiß mit purpurroten Adern und einem gelben Fleck am Grund) als Zierpflanzen noch zwei Arten des ↑Glücksklees.

Sauerkleegewächse (Oxalidaceae), Pflanzenfam. mit knapp 1 000 Arten in acht Gatt., v. a. in den Tropen und Subtropen der Südhalbkugel, verschiedene Gatt. auch in den gemäßigten Gebieten der Nordhalbkugel; meist Kräuter mit Zwiebeln, Wurzelstöcken oder Knollen; Blätter meist gefiedert oder gefingert, zu Reizbewegungen fähig; Kapsel- oder (selten) Beerenfrüchte.

Sauerkraut, feingehobelter Weißkohl, der mit Salz eingestampft und durch Milchsäuregärung haltbar gemacht wird.

Sauerland, nö. Teil des Rhein. Schiefergebirges, NRW. Die höchsten Erhebungen (Kahler Asten 841 m, Langenberg 843 m) liegen im Rothaargebirge; zum S. gehören außerdem die Winterberger Hochfläche, das Lennegebirge, die Ebbe, die Homertschwelle und der Arnsberger Wald. Von zahlr. Flüssen, z. T. mit großen Talsperren, ist das S. in tiefe Kerbtäler zertalt. Fremdenverkehr v. a. an den Stauseen und im Wintersportgebiet um den Kahlen Asten. Die traditionelle Kleineisenind. hat heute ihre Zentren in Hagen, Iserlohn, Olpe und Lüdenscheid. - Nach 770 von Karl d. Gr. erobert; beim Aufbau eines weltl. Territoriums ab Ende des 11. Jh. gerieten die Kölner Erzbischöfe in Ggs. zu den Grafen von Mark; der märk. Teil des S. fiel 1609/14, das gesamte Gebiet nach dem Wiener Kongreß an Preußen.

Sauerländer, Willibald, * Bad Waldsee 29. Febr. 1924, dt. Kunsthistoriker. - Prof. u. a. in München (seit 1970), zugleich Direktor des Zentralinstituts für Kunstgeschichte in München. Verfaßte u. a. „Die Skulptur des MA" (1963), „Got. Skulptur in Frankreich. 1140–1270" (1970).

Säuerlinge, svw. ↑kohlensaure Quellen.

Sauermilch (Dickmilch), durch Ausflokkung des Kaseins infolge bakterieller Milchsäurebildung (aus dem Milchzucker) geronnene, ungekochte Kuhmilch; dient als Getränk und v. a. zur Bereitung von S.quark und Sauermilchkäse.

Sauermilchkäse, aus Sauermilchquark hergestellte Käsesorten; regional unterschiedl. als *Harzer Käse, Harzer Roller* und *Handkäse* bezeichnet.

Sauerstoff, chem. Symbol O (von lat. oxygenium), gasförmiges Element aus der VI.

Sauerstoffgeräte

Hauptgruppe des Periodensystems der chem. Elemente, Ordnungszahl 8, mittlere Atommasse 15,9994. S. tritt normalerweise als O_2, d. h. molekular auf. Durch elektr. Entladungen kann kurzlebiger einatomiger S. und dreiatomiger S., das ↑Ozon entstehen. Molekularer S. ist ein farb-, geschmack- und geruchloses Gas mit einer Dichte von 1,4290 g/l (bei physikal. Normbedingungen); bei $-182,96\,°C$ geht S. in eine hellblaue Flüssigkeit über, die bei $-218,4\,°C$ erstarrt. Chem. Reaktionen von S. mit anderen Stoffen heißen ↑Oxidationen (z. B. Rosten von Eisen, Atmung, Verbrennung, Explosion), wobei ↑Oxide entstehen. S. ist das häufigste Element; Luft besteht zu 20,95% aus S.; in gebundener Form ist S. im Wasser zu 88,81 Gewichts-%, in der Erdkruste zu 47,3 Gewichts-% enthalten. Großtechn. wird S. durch Luftverflüssigung und anschließende fraktionierte Destillation gewonnen und kommt verflüssigt in blauen Stahlflaschen in den Handel. S. findet Verwendung im Gemisch mit Acetylen oder Wasserstoff zur Erzielung hoher Verbrennungstemperaturen, z. B. für das autogene Schweißen, bei der Metallgewinnung (*S.metallurgie*, zu der der Hochofenprozeß und die Stahlgewinnung zählen), der Kohlevergasung und (verflüssigt) als Oxidator für Raketentreibstoffe. S. spielt bei zahlr. biochem. Prozessen eine große Rolle; er wird bei der Photosynthese der grünen Pflanzen an die Atmosphäre abgegeben und von Mensch und Tier durch die Atmung verbraucht. Im Wasser werden je nach Druck und Temperatur bis über 8,5 mg/l gelöst. Eine Abnahme des S.gehalts von Gewässern deutet auf eine Verschmutzung mit (organ.) Substanzen hin, die von Mikroorganismen unter S.verbrauch abgebaut werden. - S. wurde (unabhängig voneinander) durch J. Priestley und C. W. Scheele entdeckt. A. L. de Lavoisier erkannte die Bed. des S. für Verbrennungsvorgänge und die Atmung. Lavoisier gab dem Element den Namen S., da er fälschl. annahm, daß Säuren stets S. enthalten.

📖 *Oxygen and living processes.* Hg. v. D. L. Gilbert. Bln. u. a. 1981. - Ebsworth, E. A. V., u. a.: *The chemistry of oxygen.* Oxford 1975. - S. Bln. [8]1943-69. 8 Lfgg. Nachdr. Whm. 1966-78. 4 Lfgg. (*Gmelin System-Nr. 3*).

Sauerstoffbehandlung, therapeut. Anwendung von Sauerstoffgemischen oder reinem Sauerstoff, bes. zur Behandlung bei Sauerstoffmangel in den Geweben infolge Beeinträchtigung der Atmung oder als Folge von Kreislaufstörungen. - ↑auch Sauerstoffzelt.

Sauerstoffgeräte, Atem[schutz]geräte, die den Aufenthalt in einer Umgebung gestatten, in der für die Atmung nur unzureichende Sauerstoffmengen zur Verfügung stehen, z. B. in großen Höhen (*Höhenatemgeräte*), im Wasser (↑Tauchgeräte) oder in einer mit nicht atembaren Gasen angereicherten Umgebungsluft. - Bei den *Kreislauf-, Regenerations-* oder *Isoliergeräten,* die den Benutzer unabhängig von der Umgebung machen, durchläuft die Luft wiederholt den Kreislauf Lunge–Gerät–Lunge: Entstehendes Kohlendioxid und Wasser werden in der sog. Regenerationspatrone absorbiert, verbrauchter Sauerstoff wird automat. aus einer Sauerstoffflasche (200 bar) ergänzt. Bei offenen Systemen wird die ausgeatmete Luft über ein Ventil ins Freie entlassen; man verwendet z. B. normale, komprimierte Luft (*Druckluft-, Preßluftgeräte*) oder aber andere, dem speziellen Zweck angepaßte Gasgemische, z. B. Sauer-

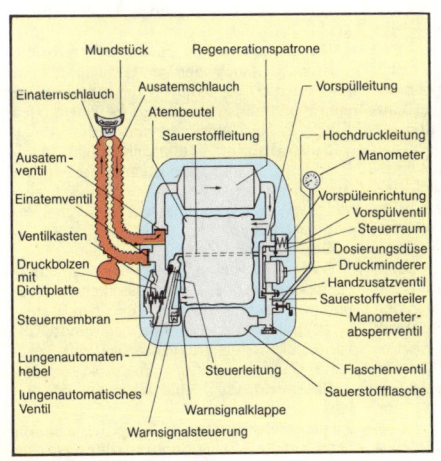

Sauerstoffgeräte. Sauerstoff-Atemschutzgerät. Links: Schema; rechts: im Einsatz

Sauerstofflanze

stoff-Helium-Gemische für Tieftauchgeräte. Zur Beatmung von Frischoperierten, Herz- oder Lungenkranken mit Sauerstoff oder -gemischen werden in der Medizin luftdicht anliegende *Sauerstoffmasken* verwendet.

Sauerstofflanze, zum Schmelz-, Brenn- oder therm. Bohren silicathaltiger Gesteine oder Beton verwendetes, dickwandiges Rohr mit einem Kern aus Vierkantstahl. Die Spitze des Stahlkerns wird mit einem Schweißbrenner auf rd. 1 200 °C erhitzt und gegen Beton o. ä. gedrückt; gleichzeitig wird am hinteren Ende der S. Sauerstoff unter Druck (25 bar) eingeleitet. Die Kernspitze verbrennt im Sauerstoffstrom zus. mit den nicht brennbaren Bestandteilen des Betons zu einer dünnflüssigen Silicatschlacke. S. mit feuerfester Ummantelung werden auch beim Sauerstoffaufblasverfahren in der Stahlerzeugung verwendet.

Sauerstoffpunkt, einer der vier primären Fixpunkte der internat. Temperaturskala; die Gleichgewichtstemperatur (Siedetemperatur) von $-182,96$ °C ($= 90,20$ K) zwischen flüssigem und dampfförmigem Sauerstoff bei Normaldruck.

Sauerstoffsäuren ↑ Säuren.

Sauerstoffzelt, zeltförmiger Kunststoffüberwurf für ein Krankenbett; mit Luftumwälzvorrichtung, Sauerstoffdosieranlage und Wassernebler, v. a. zur Erhöhung der Sauerstoffkonzentration; bes. bei Herzkrankheiten und Erkrankungen der Atmungsorgane verwendet.

Sauerteig, biolog. gesäuerter und gärender Teig.

Sauerwiesen, nasse, versumpfte Wiesen. Die Pflanzen sind nur z. T. als Futter geeignet.

Saufeder ↑ Jagdwaffen.

Säuferwahn, svw. Delirium tremens (↑ Delirium).

Säugetiere (Säuger, Haartiere, Mammalia), weltweit verbreitete, höchstentwickelte Klasse der Wirbeltiere mit rd. 4 250 Arten von etwa 5 cm bis über 30 m Länge und einem Gewicht von etwa 3 g (kleinste Spitzmaus- und Nagetierarten) bis weit über 100 t (Blauwal); die Jungen werden von der Mutter mit in bes. Milchdrüsen erzeugter Milch gesäugt. Mit Ausnahme der eierlegenden ↑ Kloakentiere sind die S. lebendgebärend. - Die S. sind gleichwarm („Warmblüter"), ledigl. bei Winterschläfern (z. B. Fledermäuse, Igel, Hamster) kann die Körpertemperatur zeitweise stark herabgesetzt werden. Alle S. atmen durch Lungen. Körper- und Lungenkreislauf einschließl. Herzkammer und -vorkammer sind getrennt. - Die Haut der S. ist drüsenreich und fast stets behaart (weitgehend haarlos sind Wale, Seekühe und Elefanten). - Das Gebiß ist stark differenziert. Meist findet ein einmaliger Zahnwechsel vom Milch- zum Dauergebiß statt. - Fast alle S. haben zwei Extremitätenpaare (mit Ausnahme der Wale und Seekühe); das vordere Paar kann zu Flügeln umgestaltet sein (Flattertiere). - Die Leibeshöhle der S. ist durch das Zwerchfell in Brust- und Bauchhöhle getrennt. Die Geschlechtsorgane sind paarig entwickelt; die Hoden werden zeitweilig (während der Brunst) oder ständig aus dem Körperinneren in einen Hodensack verlagert. - Die Sinnesorgane der S. sind meist sehr hoch entwickelt, ebenso das Gehirn. Die Hirnrinde ist oft stark gefurcht.

Stammesgeschichtl. haben sich die S. parallel zu den Vögeln aus Kriechtiervorfahren entwickelt. Die ältesten Säugetierfunde stammen aus der oberen Trias (vor rd. 200 Mill. Jahren). Erst vor etwa 70 Mill. Jahren, zu Beginn des Tertiärs, setzte mit dem draust. Niedergang der seinerzeit höchstentwickelten Kriechtierfauna die Eroberung der Erdoberfläche durch einen Seitenzweig (↑ Pantotheria) der S. ein. Viele Gruppen der S. sind inzwischen ausgestorben. Heute leben noch 19 Ordnungen: Kloakentiere, Beuteltiere, Insektenfresser, Riesengleitflieger, Flattertiere, Herrentiere, Zahnarme, Schuppentiere, Hasenartige, Nagetiere, Wale, Raubtiere, Robben, Röhrenzähner, Elefanten, Schliefer, Seekühe, Unpaarhufer und Paarhufer.

📖 *Thenius, E.: Grundzüge der Faunen- u. Verbreitungsgesch. der S.* Stg. ²1980. - *Thenius, E.: Die Evolution der S.* Stg. 1979. - *Niethammer, J.: S. Biologie u. Ökologie.* Stg. 1979. - *Austin, C./Short, R.: Fortpflanzungsbiologie der S.* Dt. Übers. Bln. 1976–81. 5 Bde.

Saugfische (Schildfische, Scheibenbäuche, Gobiesociformes, Xenopterygii), Ordnung schlanker Knochenfische mit rd. 50, nur selten über 10 cm langen Arten in den Gezeitenzone fast ausschließl. warmer Meere. Die bruststündige, oft zweiteilige Saugscheibe dient vorwiegend zum Anheften an den Untergrund. - Zu den S. gehört u. a. der Ansauger.

Saugflasche, im chem. Laboratorium verwendete, dickwandige Glasflasche mit seitl. angesetztem Rohr für den Anschluß an eine Saugpumpe; wird zum beschleunigten Filtrieren bei Unterdruck verwendet.

Saugglocke, halbkugelförmiges medizin. Gerät, in dem nach dem Aufsetzen auf die Körperoberfläche ein Unterdruck hergestellt wird; Anwendung u. a. bei der ↑ Vakuumextraktion.

Saugheber ↑ Heber.

Sauginfusorien (Suctoria, Saugtierchen), Ordnung der Wimpertierchen im Meer und Süßwasser; nur Jugendstadien freibewegl. und bewimpert; ohne Zellmund; Aufnahme der Beutetiere (Protozoen) mit Saugtentakeln.

Säugling, das ↑ Kind im ersten Lebensjahr.

Zu den nächstverwandten Säugetieren nimmt der menschl. S. eine Sonderstellung ein. Im

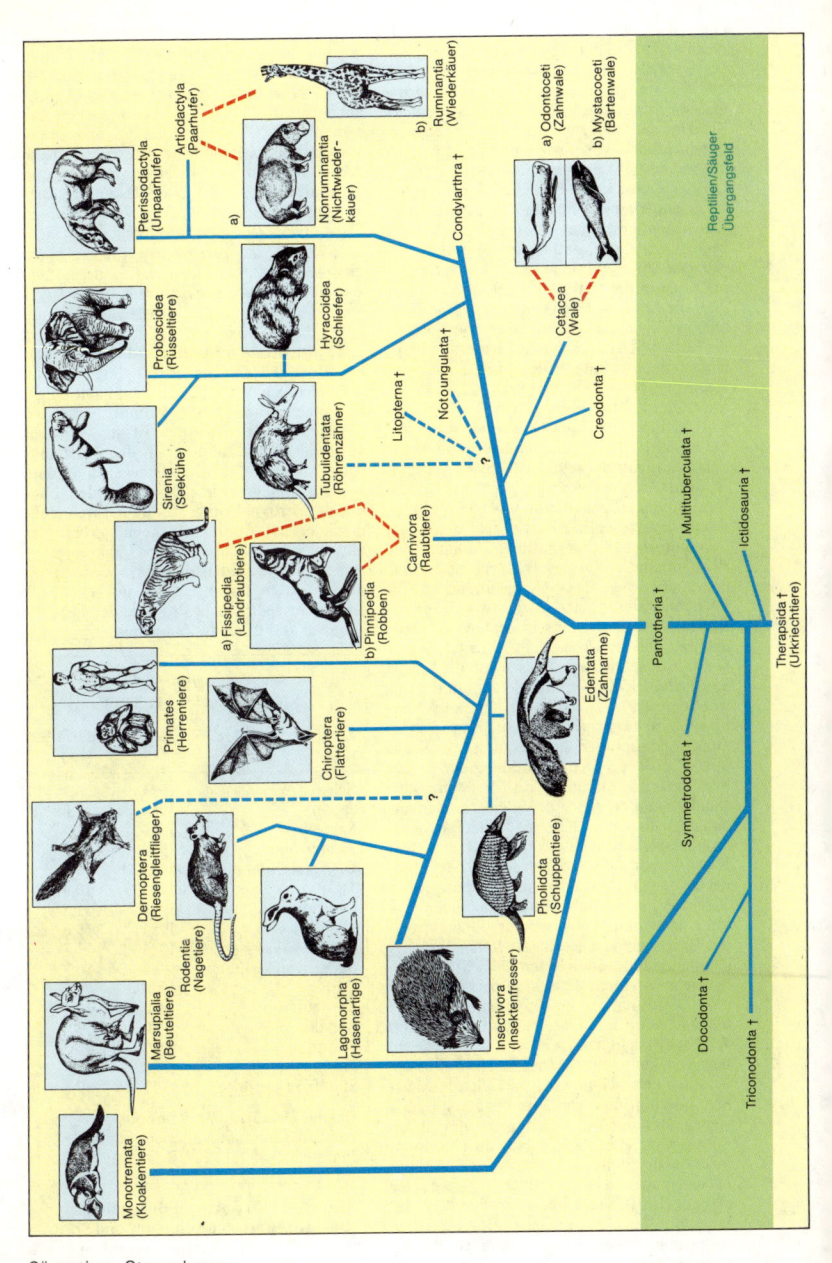

Säugetiere

Säugetiere. Stammbaum

Säuglingsernährung

Ggs. zu neugeborenen Herrentieren, die als Nestflüchter bei der Geburt schon ähnl. Körperproportionen wie Erwachsene aufweisen und eine weitgehende Beherrschung ihrer arteigenen Motorik zeigen, weicht das menschl. Kind bei der Geburt in seinen Körperproportionen erhebl. von denen des Erwachsenen ab und erwirbt erst am Ende seines ersten Lebensjahrs u. a. die Fähigkeit der (artkennzeichnenden) zweibeinigen Fortbewegung. Die Besonderheit der *menschl. Säuglingszeit* besteht v. a. darin, daß in ihr wesentl. Reifeprozesse ablaufen, die bei anderen Herrentieren noch in die Embryonalzeit fallen. So erfolgt die Massen- und Größenzunahme beim menschl. S. etwa ebenso rasch wie noch in der letzten Zeit der in der Gebärmutter ablaufenden Entwicklung, während sich nach der S.zeit das Wachstumstempo merkl. verlangsamt. Von weittragender Bed. ist für die psych. Entwicklung des Menschen, daß das erste Lebensjahr bereits in zunehmender Auseinandersetzung mit der sozialen Umwelt verläuft. In dieser Zeit werden alle wichtigen psych. Funktionen ausgebildet und (gegen Ende der S.zeit) die Wesensmerkmale des Menschen, wie aufrechte Körperhaltung, Anfänge der Wortsprache sowie des Denkens und Handelns, erworben. Das Neugeborene ist ein noch rein reflektor. und instinktiv sich verhaltendes, weitgehend verschwommen erlebendes und ganz auf seine leibl. Vorgänge und Gefühle ausgerichtetes Wesen. Im 2.–3. Monat beginnt jedoch schon die spontane Hinwendung des S. zur Umwelt (erkennbar zunächst am Lächeln, später auch am Betätigungstrieb bei der Nachahmung und am Spiel). Mit der vollen Ausbildung der Augen bzw. des Gesichtssinns wird der sinnl. Nahraum zum Fernraum erweitert; es beginnt das sog. Schauauflter des Kindes. Im 5. Lebensmonat etwa erreicht der S. durch zunehmende Koordinierung der Großhirnzentren und Sinnesleistungen und der damit zus.hängenden Steuerung seiner Bewegungen das sog. Greifalter. Unwillkürl. Nachahmung, das (freudige) Erkennen von Bezugspersonen, das Erstaunen über Fremde treten im 7. Monat auf. Ab dem 6. Monat setzt sich der S. aus der (vom 3. Monat an bevorzugten) Bauchlage auf und kann mit Unterstützung sitzen. Im 7. Monat beginnt er, sich von der Stelle zu bewegen, kann im 8. Monat bereits frei sitzen, kriechen und sich an Gegenständen hochziehen, im 10. Monat schon mit Unterstützung stehen und im 11. Monat sich zum Sitzen selbständig aufrichten. Er läßt im 12. Monat während des Stehens immer wieder eine Hand los und macht an Unterstützungsflächen seine ersten Schritte. Gegen Ende der S.zeit ist das menschl. Kind zu einfachen Intelligenzleistungen fähig: es setzt Objekte gegenseitig in Beziehung, sucht bereits erkannte Gegenstände, organisiert seine Bewegungen entsprechend den gemachten Erfahrungen. Ab da beginnt es in seiner geistigen Entwicklung die höchstentwickelten Tiere rasch zu überholen. - Von großer - wenn auch wiss. noch nicht ausreichend geklärter - Bedeutung ist die Beziehung zw. Mutter und S.; die Mutter beschwichtigt bei Beunruhigung, stimuliert die Aktivität, „belohnt" Erfolge, verbietet und „bestraft" aber auch. Ob jedoch eine gestörte bzw. unterbrochene Mutter-S.-Beziehung zu ↑ Hospitalismus führt, ist offen.

📖 *Spitz, R. A.: Vom S. zum Kleinkind. Dt. Übers. Stg.* ^{6}*1980. - Schetelig, H.: Entscheidend sind die ersten Lebensjahre. Freib. 1980. - Herzka, H. S.: Gesicht u. Sprache des S. Basel 1979.* - ↑ *auch Kind.*

Säuglingsernährung, die günstigste Ernährung für den jungen Säugling stellt die ↑ Muttermilch dar. Ist das Stillen nicht mögl., so bieten sich im Handel befindl. *Fertignahrungsprodukte* einen guten Ersatz. Ab dem 4. Lebensmonat kann neben der Milchnahrung Obst- oder Gemüsebrei gegeben werden. Bei Brustkindern, die abgestillt werden, können die Fertignahrungsprodukte durch Vollmilch ersetzt werden. Daneben erhält der Säugling Vollmilchbrei oder Gemüsebrei.

Säuglingssterblichkeit, Gesamtheit der im ersten Lebensjahr Gestorbenen; als *S.ziffer* ausgedrückt in Promille der Lebendgeburten des gleichen Zeitraums.

Säuglingssterblichkeit im internationalen Vergleich		
Land	Jahr	Todesfälle (‰)
Schweden	1984	6,3
Japan	1984	6,0
Schweiz	1984	7,1
Frankreich	1984	8,2
BR Deutschland	1984	9,6
DDR	1984	10,0
Österreich	1984	11,5
USA	1984	10,6
Italien	1984	11,7
Südafrika (Weiße)	1984	16,7
Portugal	1984	9
Sowjetunion	1980	10,4
Mexiko	1980	59
Philippinen	1980	76
Ägypten	1980	73,5
Südafrika (Farbige)	1977	89,3

Quelle: Demographic Yearbook 1984, hg. von den Vereinten Nationen; Statist. Jahrbuch 1986 für die BR Deutschland.

Saugluftförderer ↑ Fördermittel.

Saugmagen, zur Aufnahme und Speicherung von flüssiger Nahrung dienende Ausstülpung oder Erweiterung des Vorderdarms verschiedener wirbelloser Tiere.

Saugmilben, svw. ↑Schorfmilben.

Saugnapf, scheiben-, schalen-, napf- oder grubenförmiges Haftorgan an der Körperoberfläche verschiedener Tiere, z. B. bei Bandwürmern, Saugwürmern, Blutegeln, Tintenfischen, Stachelhäutern, Fischen (Saugschmerlen, Saugbarben). - Abb. Bd. 9, S. 129.

Saugorgane, bei Tieren als ↑Saugnäpfe zum Sichansaugen dienende Haftorgane oder Organe, mit deren Hilfe flüssige Nahrung eingesaugt wird (Saugrüssel, Saugmagen).
◆ bei Pflanzen dem Festhalten an Gegenständen oder anderen Pflanzen oder dem Einsaugen von Wasser und Nährstoffen dienende Organe. S. sind u. a. die **Haustorien** (Saugwurzeln), mit denen die Schmarotzerpflanzen in die Wirtspflanzen eindringen und diesen Wasser und Nährstoffe entziehen.

Saugschmerlen (Gyrinocheilidae), Fam. der Knochenfische mit drei kleinen Arten in SO-Asien; Körper langgestreckt, barbenähnl., mit unterständiger, zu einer Saugscheibe umgebildeter Mundöffnung, mit der sie sich in schnellfließenden Gewässern am Grund festheften.

Saugtierchen, svw. ↑Sauginfusorien.

Sauguet, Henri [frz. so'gɛ], eigtl. H.-Pierre Poupard, * Bordeaux 18. Mai 1901, frz. Komponist. - Mitglied der École d'Arcueil um E. Satie; bes. erfolgreich mit Bühnenwerken, u. a. den Opern „La chartreuse de Parme" (1939), „Les caprices de Marianne" (1954), den Balletten „La chatte" (1927), „La dame aux camélias" (1957). - † 22. Juni 1989.

Saugwürmer (Trematoden, Trematoda), Klasse etwa 0,5–10 mm (maximal bis 1 m) langer Plattwürmer mit über 6 000 (ausschließl. parasitischen) Arten; fast stets flach abgeplattet, farblos; Epidermis im Erwachsenenstadium unbewimpert, mit Kutikula; überwiegend Zwitter mit kompliziert gebauten Geschlechtsorganen und Saugnäpfen oder Haken zur Befestigung am Wirt; Wirts- und Generationswechsel sehr verbreitet. Man unterscheidet zwei Ordnungen: Monogenea und Digenea (darunter bekannte Schädlinge wie z. B. Leberegel, Pärchenegel).

Sauhag, Gouvernementshauptstadt in Oberägypten, am Nil, 102 000 E. Textil- und Nahrungsmittelind., Töpferei; Bahnstation, Brücke über den Nil.

Saul, erster König Israels bis etwa 1004 v. Chr. - Entstammte dem Stamm Benjamin; er war der militär. Führer der Israeliten im Kampf gegen die Philister, Ammoniter und Amalekiter und verteidigte damit die Ansprüche der israelit. Stämme auf das Kulturland. S. beging Selbstmord nach der Niederlage gegen die Philister in der Ebene Jesreel. - Die Dichtungen um König S. behandeln meist den Konflikt zw. S. und David sowie das trag. Ende des Helden.

Säule, über kreisförmigem Grundriß stehende senkrechte Stütze im Steinbau, die sich im Ggs. zum Rundpfeiler leicht nach oben verjüngt. Sie besteht im allg. aus Basis, Schaft und ↑Kapitell. Die Basis wird von einer i. d. R. quadrat. Platte (Plinthe) und verschieden profilierten Wülsten und Kehlen gebildet. Der S.schaft kann zusätzl. durch senkrechte konkave Rillen (Kanneluren) oder Ornamente gegliedert und aus einem Stück (Monolith)

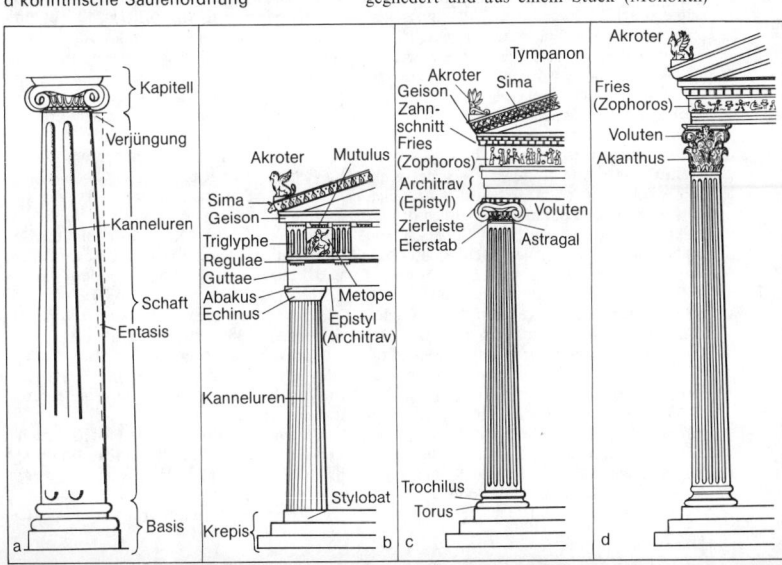

Säule und Säulenordnung. a Teile einer Säule; b dorische, c ionische, d korinthische Säulenordnung

Säulenchromatographie

oder verschiedenen Teilstücken (Trommeln) gearbeitet sein. Bei griech. und von ihnen stilist. abhängigen S. ist häufig eine leichte Schwellung des Schafts (Entasis) zu finden. In der ägypt. Kunst bilden S. Pflanzen nach (Papyrus, Lotos, Palmen). Neben der freistehenden Stütze gibt es die S. (meist als Halb- oder Dreiviertel-S.) in Verbindung mit einer Wand. Sehr hohe Wand-S. mit geringen Querschnitten heißen Dienste (↑ Dienst). S. sind mitunter in Gruppen angeordnet (gekuppelte S., Vierlings-S.) oder bilden Bündel. Urspr. trugen S. ein gerades Gebälk, erst seit der Römerzeit auch Wände über Bogenstellungen. Schließl. gibt es S. ohne tragende Funktion, ausgehend von der röm. Triumphsäule (z. B. für Mark Aurel oder die Trajanssäule). - ↑ auch Säulenordnung.

Säulenchromatographie, Verfahren zur Auftrennung in Lösung befindl. Stoffgemische, die auf bestimmte, sich in langen, senkrechten Glas- oder Metallrohren befindl. Trägermaterialien (Aluminiumoxid, Zellulose, Polyamide) aufgetragen werden. Nach Zugabe von Lösungsmittel (Elutionsmittel) wandern die Stoffe mit unterschiedl., von den Wechselwirkungen mit dem Trägermaterial *(stationäre Phase)* und dem Lösungsmittel *(mobile Phase)* abhängigen Geschwindigkeit nach unten und treten getrennt aus der Säule aus. Man unterscheidet folgende Arten der S.: bei der *Absorptions-S.* wird das Adsorption-Desorption-Gleichgewicht zw. Trägermaterial und Lösungsmittel ausgenutzt. Das Trägermaterial kann auch Ionenaustauschereffekte zeigen *(Austauschchromatographie).* Bei der *Verteilungs-S.* werden poröse, mit Flüssigkeit beladene Trägermaterialien (Kieselgur, Stärke) verwendet; die Substanzen verteilen sich zw. den Flüssigkeiten der stationären und mobilen Phase. Bei der *Gel-S.* werden als Molekülsiebe wirkende, quervernetzte Dextrangele verwendet, die die Stoffe nach Molekülgröße trennen.

Säulen des Herakles ↑ Herakles.
Säulenheilige, svw. ↑ Styliten.
Säulenkaktus (Cereus), Gatt. der Kaktusgewächse mit rd. 40 Arten in S-Amerika; hochwüchsige, oft baum- oder strauchförmige Kakteen mit stark gerippten Sprossen und großen, langröhrigen, bei Nacht sich entfaltenden Blüten. Mehrere Arten und Formen sind beliebte, schnellwachsende und mehrmals jährl. blühende Kakteen für Gewächshäuser oder als Kübelpflanzen, u. a. der **Mandacaro** (Cereus jamacaru), der **Felsenkaktus** (Cereus peruvianus var. monstrosus) und der **Orgelkaktus** (Cereus gemmatus).

Säulenordnung, die von der Säule bestimmte Proportionierung (Ordnung) des architekton. Aufbaus in der antiken Baukunst. Den beiden grundverschiedenen Säulentypen, der dor. und ion. Säule, sind auch verschiedene Gebälk- und Dachelemente zugehörig. Der untere Säulendurchmesser steht in einer geregelten Proportion zu Säulenhöhe, Abstand der Säulenachsen, Kapitell-, Gebälk- und Giebelhöhe. Bei der **dorischen Ordnung** trägt die dicke, kurze und stark kon. verjüngte Säule (mit ausladendem flachem Kapitell und ohne Basis) die Spannung zw. Tragen und Lasten in sich aus. Auf dem Abakus des Kapitells ruht das Gebälk: zunächst der Architrav (Tragebalken), auf diesem liegt der Fries mit ↑ Triglyphen und ↑ Metopen. An der Unterseite des Geison (Dachgebälk) ist über jeder Metope und Triglyphe eine Hängeplatte (Mutulus) mit Stäbchen (Guttae „Tropfen") angebracht; darüber der Giebel mit Blende (Sima) und Akroter (Schmuckglied). Bei der **ionischen Ordnung** wird die Spannung zw. Last und Tragen in der Säule gelöst durch ihre Gliederung in Stütze (schlanker, kaum verjüngter Säulenschaft) und zwei Lagerglieder, Basis und (ion.) Kapitell. Die Basis ist unterschiedl. unterteilt. Das Gebälk setzt sich zusammen aus Architrav (gegliedert in 3 abgetreppte Faszien [Streifen]), Fries *(att.-ion. Ordnung),* vorspringendem Zahnschnitt (nur in der späten *ion.-att. Ordnung),* überhängendem Geison mit Sima. Die *kleinasiat.-ion.* Ordnung kennt nur Zahnschnitt (keinen figural verzierten Fries). Außerdem wird die **korinthische Ordnung** abgegrenzt mit z. T. noch höheren ion. Säulen und hohen (korinth.) Kapitellen; Gebälkaufbau nach ion.-att. Ordnung.

📖 *Wesenberg, B.: Kapitelle u. Basen. Beobachtungen zur Entstehung der griech. Säulenformen.* Düss. 1971.

Säulenzypresse ↑ Zypresse.
Saulgau, Stadt im Alpenvorland, Bad.-Württ., 593 m ü. d. M., 15 200 E. Möbelfabriken, Landmaschinenbau, Elektroind., Fertighauswerk. - 819 erstmals erwähnt; 1288 Lindauer Stadtrecht. - Kath. spätgot. Stadtpfarrkirche (15. Jh.); barocke ehem. Spitalkirche (1664); in der barockisierten Schwedenkapelle ein überlebensgroßes roman. Kruzifix, Kreuzweg von HAP Grieshaber; im Ortsteil **Siessen** barocke Kirche.

Sault Sainte Marie [engl. 'su: səntmə'ri:], kanad. Stadt zw. Oberem See und Huronsee, 81 000 E. Kath. Bischofssitz; College; bed. Stahlind.; Hafen; Eisenbahnbrücke und Fähre zur gegenüberliegenden Stadt S. S. M. (Michigan, USA; 14 000 E). - 1632 Waldläufersiedlung, 1750 Fort, 1783 Handelsposten, 1887 City.

Saum, svw. Rand; insbes. Bez. für den [doppelten] umgeschlagenen, befestigten Stoffrand, der die Schnittkanten vor dem Ausfransen schützt.

Saum, arab. Bez. für das Fasten, eine der fünf religiösen Grundpflichten des Islams, die den Gläubigen im Monat Ramadan vorgeschrieben ist.

Saumeffekt ↑ photographische Effekte.

Saumfarn (Pteris), Gatt. der Tüpfelfarngewächse mit knapp 300 Arten v. a. in den Tropen und Subtropen; vielgestaltige Erdfarne mit gebüschelten, gefiederten bis zerteilten, krautigen oder ledrigen Blättern und ununterbrochen längs des Randes angeordneten Sporangienhäufchen, die durch den trockenhäutigen, umgeschlagenen Rand bedeckt sind. Als Zierpflanze beliebt ist der bis in das Mittelmeergebiet vorkommende **Kretische Saumfarn** (Pteris cretica).

Saumnarbe (Lomatogonium), Gatt. der Enziangewächse mit zehn Arten auf der Nordhalbkugel, u. a. in Hochgebirgen und bis in die Arktis; in Deutschland, sehr selten (Berchtesgadener Alpen), nur das **Tauernblümchen** (Lomatogonium carinthiacum), eine bis 15 cm hohe, einjährige Pflanze mit vierkantigen Stengeln, eirunden bis längl. Blättern und fünfteiligen, blaßblauen oder weißen Blüten.

Saumquallen, svw. ↑ Hydromedusen.
Saumriff ↑ Korallenriff.
Saumtier, svw. ↑ Tragtier.
Saumur [frz. so'my:r], frz. Stadt an der Loire, Dep. Maine-et-Loire, 32 100 E. Weinbauschule; Wein- und Sektkellereien. - Entstand in Anlehnung an eine im 9. Jh. erstmals gen. Burg; im 11. Jh. Residenz der Grafen von Anjou; unter König Philipp II. August zur frz. Krondomäne; bed. Handelsplatz; im 16. Jh. geistiger Mittelpunkt der Hugenotten. - Roman. Kirche Notre-Dame-de-Nantilly (im 15. Jh. got. erneuert); ehem. Schloß mit Renaissanceumbauten (16. Jh.), Rathaus (Anfang des 16. Jh.).

Saumzecken, svw. ↑ Lederzecken.
Sauna [finn. „Schwitzstube"] (finn. Bad), kombiniertes Heißluft-Dampf-Bad in einer mit Holz ausgekleideten Kabine, bei dem trockene Hitze (etwa 80–90 °C) und Dampfstöße (durch Wassergüsse auf die glühend heißen Ofensteine) miteinander abwechseln. Nach einem 10–20 Minuten dauernden S.gang erfolgt eine Abkühlung in der freien Luft, unter der temperierten Dusche oder in kaltem Wasser bzw. im Schnee (kann 3–4mal wiederholt werden). S.bäder werden angewandt zur Steigerung des Wohlbefindens (Anregung von Kreislauf und Stoffwechsel), zur Abhärtung gegen Erkältungskrankheiten, daneben medizin. bei Störungen des vegetativen Nervensystems, zur Umstimmung von Körperfunktionen und bei rheumat. Erkrankungen; sie werden bei schonender Anwendung auch von Herz- und Kreislaufpatienten vertragen. Zur Behandlung der Fettsucht sind S.bäder nicht geeignet (der Körper verliert in der S. nur Wasser, das durch erhöhte Flüssigkeitszufuhr wieder ersetzt wird). – Beim **irisch-römischen Bad** *(türk. Bad)* mit Lufttemperaturen zw. 40 und 80 °C wird (im Ggs. zur S.) der Dampf kontinuierl. durch Düsen zugeführt (↑ auch Dampfbad).

Säure-Base-Theorie

Saunders, James [engl. 'sɔ:ndəz, 'sɑ:ndəz], * Islington (= London) 8. Jan. 1925, engl. Dramatiker. - Seine experimentellen handlungsarmen Stücke sind am E. Ionesco orientiert. - *Werke:* Ein unglückl. Zufall (1961), Der Schulmeister (1963), Wer war Mr. Hilary (1963), Spiele (1971), Michael Kohlhaas (1972), Irre, alte Welt (1974), Bodies (Uraufführung 1978), Herbst (dt. 1983).

Saura, Carlos, * Huesca 4. Jan. 1932, span. Regisseur und Autor. - Drehte zunächst neoverist. Filme wie „Die Straßenjungen" (1959); wandte sich einem magisch-realist. Stil zu, v. a. in den Filmen „Der Garten der Lüste" (1969), „Anna und die Wölfe" (1972), „Cousine Angelica" (1973), „Mit verbundenen Augen" (1978). Drehte die Tanzfilmtrilogie „Bluthochzeit" (1981), „Carmen" (1983) und „Liebeszauber" (1985).

Säure ↑ Säuren.
Säureamide, Derivate der Sauerstoffsäuren, bei denen die Hydroxylgruppe durch eine Aminogruppe ersetzt ist. Wichtig sind die *organ. S.,* allg. Formel $R-CO-NH_2$.

Säureamid-Imid-Tautomerie ↑ Tautomerie.
Säureanhydride ↑ Anhydride.
Säureazide, Derivate der Carbonsäuren, deren Hydroxylgruppe durch die Azidgruppe $(-N_3)$ ersetzt ist (allg. Formel $R-CO-N=N^{\oplus}=N^{\ominus}$); kristalline, unbeständige Verbindungen zur Synthese von Peptiden in der organ. Chemie.

Säure-Base-Gleichgewicht, Bez. für das durch physiolog. Regelungsprozesse (↑ Homöostase) eingestellte, durch den biolog. neutralen pH-Wert 7,38–7,43 des Blutplasmas bzw. 7,28 (der Zellen gekennzeichnete Gleichgewicht der in den Körperflüssigkeiten enthaltenen Säuren und Basen. Zur Konstanthaltung des **Säure-Base-Haushalts** tragen die Puffereigenschaften des Blutes und der Gewebe, der Gasaustausch in der Lunge und die Ausscheidungsmechanismen der Niere bei. Der Säure-Base-Haushalt wird beeinflußt durch Diabetes mellitus, Erbrechen, übermäßige Aufnahme von Basen und Säuren mit der Nahrung, Schwerstarbeit, übermäßige oder zu schwache Atmung sowie Funktionsstörungen von Lunge und Niere. - Zur Regulation, Störung und klin. Kontrolle des S.-B.-G. ↑ Azidose, ↑ Alkalose.

Säure-Base-Theorie, Teilgebiet der theoret. Chemie, das die Begriffe Säure und Base definiert und ihr Reaktionsverhalten zu erklären versucht. Die erste gültige Definition gab 1884 S. Arrhenius: Säuren geben in wäßriger Lösung H^+-Ionen (Wasserstoffionen), Basen geben OH^--Ionen (Hydroxylionen) ab. Auf nichtwäßrige Lösungsmittel ist dieser Säure-Base-Begriff nicht anwendbar. 1923 wurde die S.-B.-T. von N. Brønstedt und N. Bjerrum bzw. von T. Lowry weiter gefaßt; demnach sind Säuren protonenabspaltende

Säurehalogenide

Substanzen (**Protonendonatoren, Brønstedt-Säuren**), Basen protonenaufnehmende Substanzen (**Protonenakzeptoren, Brønstedt-Basen**). Die Säure geht durch Protonenabgabe in die korrespondierende Base, die Base durch Protonenaufnahme in die korrespondierende Säure über; Säure und Base bilden ein *protolyt. System.* Chem. Verbindungen die nach dieser S.-B.-T. sowohl als Säuren als auch als Basen wirken können, werden als **Ampholyte** bezeichnet (z. B. Wasser). Mit dieser S.-B.-T. lassen sich nur Vorgänge in wäßrigen oder wasserähnl. (polaren) Systemen beschreiben. Nach der 1938 von G. N. Lewis aufgestellten S.-B.-T. sind auch solche Verbindungen Säuren, die Brønstedt-Basen neutralisieren, ohne Wasserstoff zu enthalten; d. h. **Lewis-Säuren** sind elektrophile Substanzen, die ein Elektronenpaar zur Bildung einer kovalenten Bindung aufnehmen (**Elektronenpaarakzeptoren, Antibasen**), umgekehrt sind **Lewis-Basen** nukleophil, d. h. sie wirken als **Elektronenpaardonatoren**. Alle genannten S.-B.-T. werden heute nebeneinander gebraucht.

Lewis-Säure	Lewis-Base	Reaktionsprodukt
H^+ + H_2O	$\rightleftharpoons$	H_3O^+
SO_2 + H_2O	$\rightleftharpoons$	H_2SO_3
BF_3 + F^-	$\rightleftharpoons$	BF_4^-
Ca^{2+} + SO_4^{2-}	$\rightleftharpoons$	$CaSO_4$

Säurehalogenide, Derivate der Carbonsäuren oder anorgan. Sauerstoffsäuren, bei denen eine Hydroxylgruppe durch ein Halogen *(Säurefluoride, -chloride, -bromide, -jodide)* ersetzt ist. S. sind reaktionsfähige Flüssigkeiten. Organ. S. werden in der präparativen Chemie zur Einführung von Säureresten in Verbindungen verwendet.

Säurehydrazide, Derivate der Carbonsäuren, die durch Reaktion der entsprechenden Säurehalogenide mit Hydrazin entstehen, allg. Formel $R-CO-NH-NH_2$.

Säuren, anorgan. (Mineral-S.) und organ. Verbindungen (Carbon- und Sulfon-S.), die in Wasser und anderen polaren Lösungsmitteln in Protonen (Wasserstoffionen) und negativ geladene Säurereste dissoziieren, d. h. Elektrolyte sind. Die Protonen lagern sich an die Moleküle des Lösungsmittels an und bilden z. B. mit Wasser H_3O^+-Ionen (Hydroniumionen), die die saure Reaktion und den sauren Geschmack bewirken. Viele S. lösen Metalle unter Wasserstoffentwicklung, wobei Salze entstehen *(nichtoxidierende S.* lösen nur unedle Metalle, *oxidierende S.* auch einige Edelmetalle). Mit Basen bilden S. unter Neutralisation ebenfalls Salze. Je nach Anzahl der (abdissoziierbaren) Wasserstoffatome werden einbasige, zweibasige usw. S. unterschieden; die mehrbasigen S. können mehrere Salzreihen bilden (primäre Salze, sekundäre Salze usw.). Weiter unterscheidet man *Wasserstoff-S.*, die nur aus Wasserstoff und einem weiteren Element bestehen und S., deren Anion aus mehreren Atomen zusammengesetzt ist (z. B. die *Sauerstoff-S.*, deren Anion aus einem Zentralatom mit mehreren koordinativ gebundenen Sauerstoffatomen besteht).

📖 *Bell, R. P.: S. u. Basen u. ihr quantitatives Verhalten. Dt. Übers. Weinheim 1974. - Pearson, R. G.: Hard and soft acids and bases. New York 1973.*

Säurerest, Bez. für die negativ geladenen Atome oder Atomgruppen, die übrig bleiben, wenn von den Molekülen der (Arrhenius)-Säuren Wasserstoffionen (Protonen, H^+) abgespalten worden sind.

saurer Regen, Bez. für Schwefelsäure enthaltende Niederschläge; die beim Verbrennen schwefelhaltiger Brennstoffe (Erdgas, Heizöl, Kohle) entstehenden Abgase enthalten u. a. Schwefeldioxid, SO_2, das sich im Regenwasser löst und zu Schwefelsäure wird. Der s. R. führt zu einer Schädigung der Blätter bzw. Nadeln und zur Versauerung des Bodens und gilt als eine der Hauptursachen des sog. Baumsterbens (die im sauren Boden gelösten Schadstoffe wie Schwermetalle, Aluminium u. a. schädigen das Feinwurzelwerk, bisher das z. Z. zw. 25% und 50% der Nadelhölzer in der BR Deutschland betroffen sind (starke Schäden in Abhängigkeit von der Windrichtung auch in Skandinavien, Polen, der DDR und in der ČSSR). - Einzelstaatl. Maßnahmen zur Reinhaltung der Luft (in der BR Deutschland in der sog. TA-Luft festgelegt) und zur Begrenzung der SO_2-Emission werden als unzureichend angesehen, da der größte Teil der säurehaltigen Niederschläge durch Emissionen im Ausland verursacht wird (↑ auch Luftreinhaltung).

📖 *Hatzfeld, H. Graf (Hg.): Stirbt der Wald? Karlsr. 1982.*

Säurewecker (Säurelocker), die Magensäurebildung anregende Stoffe; z. B. Koffein, Alkohol, bestimmte Gewürze, Histamin, auch Fleischextrakte und Gebratenes.

Säurezahl, Abk. SZ; Kennzahl für den Gehalt an freien Fettsäuren in Fetten; wird angegeben in mg Kaliumhydroxid, das zur Neutralisation der in 1 g Fett enthaltenen Fettsäuren erforderl. ist.

Sauria [griech.] ↑ Echsen.

Saurier [zu griech. saûros „Eidechse"], in der Zoologie Bez. für die Echsen (Eidechsen, Warane, Leguane, Geckos usw.). In der Paläontologie Bez. für die fossilen und rezenten Reptilien. Die geolog. ältesten Reptilien sind die ↑ Kotylosaurier (Stammreptilien). Ihre ersten Vertreter kennt man seit dem oberen Unterkarbon. Sie stehen zw. den fossilen Amphibien und Reptilien, weshalb ihre Zuordnung zu den Reptilien oft schwierig ist. Wie und wann die für die Reptilien charakterist. Merkmale (beschuppte, drüsenarme Haut, beschalte Eier, innere Befruchtung, Unabhängigkeit vom Wasser) entwickelt wurden, ist fossil nicht zu belegen. Die Kotylosaurier haben ein Schädeldach ohne Schläfendurchbrüche. Ihre Nachfahren sind die Schildkröten. Alle anderen S. haben entweder eine oder zwei Schläfenöffnungen. Sie sind das entscheidende Kriterium für die Systematik der Reptilien. S. mit einer Schläfenöffnung sind die marinen Ichthyo- oder Fisch-S., die Pflasterzahn-S. und noch einige weniger gut bekannte Gruppen. Fast alle anderen Reptilien weisen zwei Schläfenöffnungen auf, von denen die untere bei den Echsen und Plesio-S. zurückgebildet ist. S. mit zwei Schläfengruben sind seit dem Oberkarbon mit den Eosuchiern oder „Frühechsen" bekannt. Diese Gruppe entwickelte erstmals in der Geschichte der Wirbeltiere auch fliegende Formen. Von den Eosuchiern lassen sich die Brückenechsen, die Thekodontier, die Flug-S. und durch Reduktion bzw. Abänderung des unteren Schläfenbogens die Ruder- oder Plesio-S. einerseits und die Echsen andererseits herleiten. Die fast nur in der Trias vorkommenden Thekodontier betrachtet man als die Ursprungsgruppe der Krokodile, Vögel und Dino-S. Wegen ihrer sonderbaren Formen und z. T. gigant. Größe sind die Dino-S. die bekanntesten S. Von den Reptilien mit zwei Schläfengruben des Permokarbons, die jedoch mit den Eosuchiern nicht näher verwandt sind, führt eine eigenständige Entwicklung über Pelyko-S. und säugetierähnl. Reptilien zu den Säugetieren. Dino-S., Paddel-S., Flug-S. und Fisch-S. sterben mit Ende der Kreidezeit nachkommenlos aus. Für die Klärung dieses als „großes Sauriersterben" bezeichnete Ereignis wurden auf ird. (z. B. Klimaänderung), auf außerird. (z. B. Supernova-Explosion) oder auf biolog. Ursachen (z. B. Degeneration) basierende Hypothesen entwickelt.

Saurier. Stammbaum

Kuhn, O.: Die dt. S. Krailling 1968. - Augusta, J./Burian, Z.: S. der Urmeere. Dt. Übers. Prag⁴1967. - Huene, F. R. Frhr. v.: Die S.welt u. ihre geschichtl. Zusammenhänge. Jena ²1954.

Saurimo [portugies. sau̯'rimu], Distr.-hauptstadt in NO-Angola, 1 100 m ü. d. M., 13 000 E. Handelszentrum.

Sauromorphen [griech.] (Sauromorpha, Sauropsiden, Sauropsida), Bez. für einen der beiden (phylogenet.) Hauptäste, die sich im oberen Karbon aus einer Gruppe primitiver Saurier (↑ Kotylosaurier) abgespalten haben; aus ihm entwickelten sich der Großteil der Saurier und alle Reptilien und Vögel.

Sauser, svw. ↑ Federweißer.

Saussure [frz. so'sy:r], Ferdinand de, * Genf 26. Nov. 1857, † Vufflens-le-Château (Waadt) 22. Febr. 1913, schweizer. Sprachwissenschaftler und Indogermanist. - Urenkel von Horace Bénédict de S.; ab 1891 Prof. in Genf für vergleichende und histor. idgm. Sprachwiss., dann auch für Sanskrit. Seine Genfer Vorlesungen, die postum von seinen Schülern publiziert wurden („Cours de linguistique générale", hg. 1916) leiteten eine neue Ära der Sprachwiss. ein. Methodisch ging es S. um die Trennung der unterschiedl. Aspekte der Sprache, in der er eine Sonderform allgemeinerer Zeichensysteme sah: die Unterscheidung zwischen Parole (konkrete sprachl. Äußerungen), Langage (allg. Sprachfähigkeit) und Langue (Sprache als System) und die Unterscheidung zw. Synchronie (Sprachzustand) und Diachronie (histor. Aufeinanderfolge von Sprachzuständen). Bed. ist ferner seine Konzeption vom sprachl. Zeichen als arbiträrer Verbindung von Bezeichnendem („signifiant") und Bezeichnetem („signifié") und die Unterscheidung von syntagmat. und paradigmat. („assoziativen") Beziehungen zw.

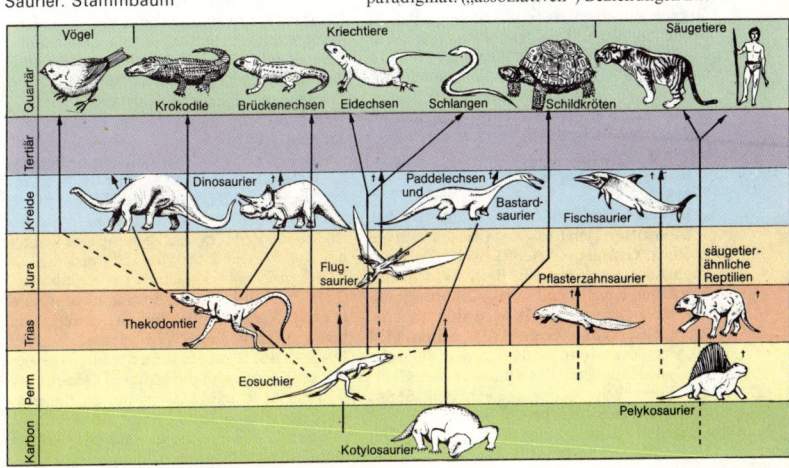

Saussure

sprachl. Elementen. Seine Methoden sind bes. für die Entwicklung des linguist. (und philosoph.) Strukturalismus wichtig geworden.
📖 *Scheerer, T.:* F. de S. Darmst. 1980. - *Dresselhaus, G.:* Langue, Parole u. Kompetenz, Performanz. Ffm. 1979. - *Vigener, G.:* Die zeichentheoret. Entwürfe v. F. de S. u. C. S. Peirce als Grundll. einer linguist. Pragmatik. Tüb. 1979. - *Bierbach, C.:* Sprache als „Fait social". Tüb. 1978.

S., Horace Bénédict de, * Conches bei Genf 17. Febr. 1740, † Genf 22. Jan. 1799, schweizer. Naturforscher. - Prof. in Genf; bestieg 1787 als 2. den Montblanc und stellte durch barometr. Höhenmessung fest, daß dieser der höchste Berg Europas ist; entwickelte u. a. das Haarhygrometer.

Sautet, Claude [frz. zo'tɛ], * Montrouge bei Paris 23. Febr. 1924, frz. Filmregisseur und Drehbuchautor. - Schildert [in verschiedenen Variationen] das Motiv einer Lebenskrise gutsituierter Bürger, die daraufhin ihre eingefahrenen Lebensmuster neu zu ordnen haben, u. a. „Die Dinge des Lebens" (1970), „Vincent, François, Paul und die anderen" (1974), „Mado" (1976), „Eine einfache Geschichte" (1978), „Garçon! Kollege kommt gleich" (1983).

sautieren [zo...; zu lat.-frz. sauter „(in der Pfanne) zum Springen bringen"], Fleisch kurz in einer Pfanne braten bzw. bereits Gebratenes kurz in heißem Fett schwenken.

Sauvagnargues, Jean Victor [frz. sova'ɲarg], * Paris 2. April 1915, frz. Diplomat und Politiker. - 1970–74 Botschafter in Bonn, 1974–76 frz. Außenminister.

Sauwald, Bergland im nördl. † Innviertel, im Haugstein 876 m hoch.

Sava (Sabas), hl., eigtl. Rastko Nemanja, * 1169 (1171?), † Tarnowo 14. Jan. 1235 (1236?), serb. Nationalheiliger. - Gründer und Organisator der serb. Volkskirche; seit 1191 Mönch auf dem Athos; erreichte nach seiner Rückkehr nach Serbien (1208) 1219 vom Patriarchen in Konstantinopel die Unabhängigkeit der serb. Kirche, deren erster Erzbischof er wurde. S. war der erste große serb. Schriftsteller; schrieb eine bed. Vita seines Vaters Stephan Nemanja.

Savai'i, eine der beiden Hauptinseln von † Westsamoa.

Savaku [indian.], svw. † Kahnschnabel.

Savannah [engl. sə'vænə], Hafenstadt am S. River, Georgia, USA, 133 700 E. Sitz eines anglikan. und eines kath. Bischofs; College; Akad. der Künste und Wiss.; Nahrungsmittel-, Holz-, chem. u. a. Ind.; Erdölraffinerie; Fremdenverkehr. - Gegr. 1733, wurde 1754 Sitz der Verwaltung der Kolonie Georgia; 1782–85 Hauptstadt des Bundesstaates Georgia. Entwickelte sich v. a. nach dem Sezessionskrieg zu einem bed. Überseehafen und Handelszentrum. – Zahlr. Gebäude aus dem 19. Jh. sind erhalten.

Savannah [engl. sə'vænə], 1. Name des Vollschiffs mit zusätzl. Dampf-Schaufelradantrieb, das vom 24. 5. bis 20. 6. 1819 als erstes Schiff unter Dampfantrieb, wenn auch nur für etwa 85 Stunden, den Atlantik überquerte; 2. Name des ersten Handelsschiffes mit Kernenergieantrieb.

Savannah River [engl. sə'vænə 'rıvə], Zufluß des Atlantiks, entspringt in der Blue Ridge, mündet 20 km sö. von Savannah, 505 km lang.

Savanne [indian.-span.], Vegetationsformation der wechselfeuchten Tropen mit geschlossenem Graswuchs sowie mit in Abständen voneinander wachsenden Holzgewächsen.

Savart, Félix [frz. sa'va:r], * Mézières (= Charleville-Mézières) 30. Juni 1791, † Paris 16. März 1841, frz. Arzt und Physiker. - Prof. in Paris; bed. Arbeiten insbes. zur Akustik und zur Elektrodynamik († Biot-Savartsches Gesetz).

Save, ['za:və] (früher dt. Sau) rechter Nebenfluß der Donau, längster Fluß Jugoslawiens; entspringt in den Jul. Alpen (2 Quellflüsse), durchbricht das S.bergland, wird ab Zagreb († Posavina) zum Tieflandfluß, mündet bei Belgrad; 940 km lang, 583 km schiffbar.

S., [portugies. 'savə] Zufluß des Ind. Ozeans in S-Moçambique, entspringt 90 km südl. von Harare, mündet bei Mambone, rd. 600 km lang.

Savery, Roelant (Ruelandt) [niederl. 'sa:vəri:], * Kortrijk 1576, □ Utrecht 25. Febr. 1639, niederl. Maler und Zeichner. - Phantast. (manierist.) Landschaften mit exot., wilden und zahmen Tieren; auch Blumenstücke, Zeichnungen (Tiroler Berglandschaften).

S., Thomas [engl. 'seɪvərɪ], * Shilston bei Modbury (Devonshire) um 1650, † London 15. Mai 1715, engl. Ingenieur und Erfinder. - Machte zahlr. Erfindungen, u. a. eine Dampfpumpe; führte als Maß der Arbeitsleistung den Ausdruck „Horsepower" ein.

Savigny, Friedrich Karl von ['zavɪnji], * Frankfurt am Main 21. Febr. 1779, † Berlin 25. Okt. 1861, dt. Jurist. - Prof. in Berlin (1810–42); setzte durch, daß die Grundlage des jurist. Studiums das gemeine Recht wurde und nicht das Allg. Landrecht [für die preuß. Staaten] (ALR). Mit seiner Schrift „Vom Beruf unserer Zeit für Gesetzgebung und Rechtswiss." (1815) und mit der Herausgabe der „Zeitschrift für geschichtl. Rechtswiss." (1815–50; mit K. F. Eichhorn u. a.) begründete er als Vertreter des romanist. Zweiges die histor. Rechtsschule († historische Schule). 1842–48 war S. preuß. Minister für Gesetzgebung; er unterband die geplante Gesamtrevision des ALR und ließ statt dessen Einzelgesetze ausarbeiten.

Savile, George [engl. 'sævɪl] † Halifax, George Savile, Marquess of.

Savinio, Alberto, eigtl. Andrea de Chirico, * Athen 25. Aug. 1891, † Rom 6. Mai 1952, italien. Schriftsteller, Musiker und Maler. - Bruder von Giorgio de Chirico; 1910 in Paris, befreundet u. a. mit Apollinaire, Marinetti. Spürte in mag.-skurrilen Romanen, Erzählungen und Dramen den unterbewußten Beziehungen von Mensch und Umwelt nach.

savische Phase [nach der Save] ↑ Faltungsphasen (Übersicht).

Savoie [frz. sa'vwa], Dep. in Frankreich.

Savoir-vivre [frz. savwar'vi:vr; eigtl. „zu leben verstehen"], [feine] Lebensart, Lebensklugheit.

Savona, italien. Hafenstadt in Ligurien, 19 m ü. d. M., 72 400 E. Hauptstadt der Prov. S.; kath. Bischofssitz; literaturwiss. Inst., Museum, Gemäldegalerie, Staatsarchiv, Eisen- und Stahl-, chem. und elektrotechn. Ind., Glas- und Majolikafabrikation, Werften. - Ligur. Festung *Savo;* 639 von den Langobarden zerstört; entstand im 8. Jh. als befestigte Siedlung neu; wurde im 9. Jh. Bischofssitz; im MA zeitweilig freie Kommune, geriet 1528 in den Besitz Genuas (Ausbau zur Festung). 1815 mit dem Kgr. Sardinien vereinigt. - 1809–12 wurde Papst Pius VII. von Napoleon I. in S. gefangengehalten. - Barocker Dom mit Marmorfassade von 1886.

Savonarola, Girolamo, * Ferrara 21. Sept. 1452, † Florenz 23. Mai 1498, italien. Dominikaner (seit 1474) und Bußprediger. - Predigte seit 1482 in Ferrara, Brescia, Genua und v. a. in Florenz (dort 1491 Prior des Klosters San Marco, das er 1493 zu einer eigenen Kongregation erhob) gegen die laxen Sitten der Stadt und die Entartungen an der Kurie und verkündete 1484 das nahe Endgericht und eine Erneuerung der Kirche. Als 1494 Karl VIII. von Frankr. die Medici aus Florenz vertrieb, sah man in S. einen Propheten und gottgewollten Erneuerer; er errichtete einen theokrat. Staat und rief Christus zum König von Florenz aus. Dem daraufhin von Papst Alexander VI. auferlegten Predigtverbot kam S. nicht nach und wurde deshalb wegen Häresie und falscher Prophetie exkommuniziert (1497). S. erklärte die Exkommunikation für ungültig und wurde daraufhin von der Stadtbehörde verhaftet, gefoltert und als Schismatiker und Häretiker gehenkt. - Seine Schriften wurden von der Indexkongregation jedoch schon 1558 für rechtgläubig erklärt. - Literar. Gestaltung in unterschiedl. Interpretation, u. a. durch N. Lenau (Epos, 1837), R. Voß (Dr., 1875), W. Uhde (Dr., 1901), T. Mann („Fiorenza", Dr., 1907).

📖 *Fuhr, A.: Machiavelli u. S.* Ffm. 1985. - *Gualazzi, E.: S.* Graz 1984. - *Piper, E.: S.* Bln. 1979. - *Herrmann, K.: S. Der Ketzer v. San Marco.* Mchn. 1977. - *Loubet, C.: Savonarole, prophète assassiné?* Paris 1967.

Savonlinna (schwed. Nyslott), finn. Stadt auf einer Insel im Saimaasee, 28 500 E. Holz- und Lederind.; Fremdenverkehr. - Seit 1639 Stadtrecht. - Burg Olavinlinna (1475 ff., besterhaltene Burg Finnlands).

Savoyen [za'vɔyən], histor. Geb. in Frankr., erstreckt sich vom Genfer See bis zur Kluse von Chambéry und umfaßt das Hochalpengebiet bis zur frz.-italien. Grenze. *Geschichte:* Urspr. das Gebiet der kelt. Allobroger, die 121 v. Chr. von Rom unterworfen wurden; gehörte zur Prov. Gallia Narbonensis bzw. später zur Prov. Viennensis; seit 354 als *Sapaudia* (Sabaudia; kelt. „Waldland") bezeugt; wurde 443 burgund., kam 534 zum merowing. Frankenreich und nahm in der Folge den Namen Saboia bzw. Savoia (9. Jh.) an; gehörte seit 888 zu Hochburgund, seit 934 zum neuen Kgr. Burgund und fiel mit diesem 1033 an das Hl. Röm. Reich. Das Grafengeschlecht der Humbertiner, das sich ab 1125 nach S. benannte, erwarb im 11. Jh. das Aostatal (1025), das Chablais (um 1033), das obere Isèretal, das obere Wallis; gelangte um 1050 in den Besitz der Mark-Gft. Turin, erwarb 1232 Chambéry (Hauptstadt), 1388 Nizza, 1401 die Gft. Genevois; 1416 zum Hzgt. erhoben. Das 1713 erworbene Kgr. Sizilien mußten die Herzöge von S. jedoch 1720 unter Beibehaltung des Königstitels gegen Sardinien eintauschen. Das nunmehr sog. Kgr. *Sardinien* (auch: *Sardinien-Piemont*) wurde im 19. Jh. zum Vorkämpfer der nationalstaatl. Einigung Italiens und stellte ab 1861 dessen Könige. S. mußte jedoch 1860 an Frankr. abgetreten werden.

Savoyer Alpen [za'vɔyər], Teil der Westalpen zw. den Grajischen Alpen im S und den Walliser und Berner Alpen im N und O; umfaßt u. a. ↑ Vanoise und Montblancgruppe.

Sawadski, Juri Alexandrowitsch, * Moskau 12. Juli 1894, † 5. April 1977, sowjet. Schauspieler und Regisseur. - 1924–31 Mgl. des Moskauer Akadem. Künstlertheaters, 1932–35 künstler. Leiter des Theaters der Roten Armee, 1936–40 des Theaters in Rostow, ab 1940 Oberspielleiter des Mossowjettheaters (in Moskau). Sein Inszenierungsstil bildet eine Synthese der Stile K. S. Stanislawskis und J. B. Wachtangows.

Sawallisch, Wolfgang, * München 26. Aug. 1923, dt. Dirigent. - 1960–70 Chefdirigent der Wiener Symphoniker, 1961–73 Generalmusikdirektor der Hamburger Philharmonie, seit 1971 Generalmusikdirektor, seit 1982 Direktor der Bayer. Staatsoper in München; als Konzert- und Operndirigent Gast in zahlr. internat. Musikzentren.

Sawang Vattana, * Luang Prabang 13. Nov. 1907, † Viengsay bei Vientiane 31. Dez. 1980, König von Laos (1959–75). - Min.präs. 1946–51; erreichte 1949 die Anerkennung der laot. Autonomie im Rahmen der Frz. Union; als König 1975 von den Pathet Lao zur Abdankung gezwungen.

Sawija

Sawija, As, libysche Prov.hauptstadt 40 km wsw. von Tripolis. 39 000 E. Künstl. bewässerte Oase; Erdölraffinerie.

Sawu, eine der Kleinen Sundainseln, Indonesien, 414 km².

Sawusee, Teil des Australasiat. Mittelmeeres, zw. Flores, Timor, Sumba und Sumbawa, bis 3 440 m tief.

Sax, Antoine Joseph, genannt Adolphe S., * Dinant 6. Nov. 1814, † Paris 4. Febr. 1894, belg. Instrumentenbauer. - Ab 1842 in Paris; baute Saxophone, zu denen später Saxhorn und Saxtromba hinzukamen. Ab 1857 Lehrer für Saxophon am Pariser Conservatoire; bewirkte mit seinen Instrumenten eine Reorganisation der frz. Militärkapellen.

Saxaul [russ.] (Salzsteppenstrauch, Haloxylon), Gatt. der Gänsefußgewächse mit rd. zehn Arten in Asien und im östl. Mittelmeergebiet; knorrige Holzgewächse der Sand- und Salzwüsten mit zylindr., scheinbar blattlosen, gegliederten Zweigen.

Saxhorn, nach ihrem Konstrukteur A. J. Sax (Patent 1845) benannte Familie von Hörnern (↑ Horn) mit mittelweiter Mensur.

Saxifraga [lat.], svw. ↑ Steinbrech.

Saxifragaceae [lat.], svw. ↑ Steinbrechgewächse.

Saxo Grammaticus, * auf Seeland (?) um 1150, † um 1220, dän. Geschichtsschreiber. - Wahrscheinl. Kaplan und Schreiber des Erzbischofs Absalon von Lund; verfaßte um 1200 eine dän. Volksgeschichte in 16 Büchern. Die ersten 9 Bücher bringen vorwiegend legendenhafte und sagenhafte Erzählungen (Hamlet, Hrolf Kraki, Starkad); die 7 letzten Bücher berichten dagegen über die histor. Vergangenheit Dänemarks bis zum Jahre 1185/87; S. G. (Beiname „Grammaticus" erst seit 1340) lieferte damit den wichtigsten Beitrag zur mlat. dän. Literatur.

Saxophon, von A. J. Sax 1840/41 erfundenes Blasinstrument aus Metall mit einfachem Rohrblatt, parabol. Rohrverlauf, weiter Mensur und kurz ausladender Stürze. Das Klappensystem ähnelt dem der Oboe. Im Ggs. zur verwandten Klarinette überbläst das S. in der Oktave. Es wird in verschiedenen Größen vom Sopranino bis zum Subkontrabaß gebaut, vorwiegend in B- und Es-Stimmung. Der Tonumfang beträgt 2½ Oktaven. Soloinstrumente sind v. a. das Sopran-, Alt-, Tenor- und Baritonsaxophon. Vom Alt abwärts ist der Rohrbeginn abgewinkelt und das Schallstück aufwärts gebogen.

Saxtromba, nach A. J. Sax benanntes Horn in Tubaform, dessen Mensur zw. dem weiteren ↑ Saxhorn und dem engeren Waldhorn steht; in verschiedenen Größen gebaut.

Say, Jean Baptiste [frz. sɛ], * Lyon 5. Jan. 1767, † Paris 15. Nov. 1832, frz. Nationalökonom. - Prof. in Paris (ab 1819); verbreitete die Theorie von Adam Smith in Frankr.; S. unterschied als erster zw. den Funktionen von Unternehmer und Kapitalist. Bekannt wurde er v. a. durch seine Nachfragetheorie, das sog. **Saysche Theorem,** wonach jede Produktion sich selbst ihre Nachfrage schaffe, da als Nachfrager nur auftreten kann, wer selbst Werte geschaffen hat und anbietet, so daß Angebot und Nachfrage in einer Volkswirtschaft, abgesehen von nur vorübergehenden Gleichgewichtsstörungen, stets gleich groß sein müßten.

Sayers, Dorothy L[eigh] [engl. 'sɛɪəz], * Oxford 13. Juni 1893, † Witham (Essex) 17. Dez. 1957, engl. Schriftstellerin. - Verf. von durch ihren Sprachwitz und skurrile Doppelbödigkeit klass. gewordenen, psycholog. motivierten Detektivromanen und -erzählungen (um die Gestalt des Amateurdetektivs Lord Peter Wimsey), z. B. „Der Tote in der Badewanne" (R., 1923, 1971 u. d. T. „Ein Toter zu wenig"), „Lord Peters schwerster Fall" (R., 1926), „Starkes Gift" (R., 1930). Schrieb später religiöse Versdramen, religiösphilosoph. Schriften und Lyrik und übersetzte Dante.

Sayil [span. sa'jil], Ruinenstätte der Mayakultur im N der Halbinsel Yucatán, Mexiko, 100 km südl. von Mérida; besiedelt zw. dem 8. und 10. Jh.; Reste eines bed. Palastes. - Abb. Bd. 14, S. 129.

Sayn und Wittgenstein, noch bestehendes, urspr. edelfreies rhein. Adelsgeschlecht, das von der Burg Sayn bei Bendorf ausging und 1361 die Gft. Wittgenstein mit der namengebenden Burg an der oberen Lahn erbte. 1605 Aufspaltung in die 3 Hauptlinien *Sayn-Wittgenstein-Berleburg* (1792 reichsfürstl.), *Sayn-Wittgenstein-Sayn* (1861 gefürstet) und *Sayn-Wittgenstein-Hohenstein* (1801 reichsfürstlich).

Tenorsaxophon von Antoine Joseph Sax (um 1870)

Saz [türk. sɑz], türk. Langhalslaute mit (meist 2–3) gezupften Saiten und kleinem Schallkörper, in verschiedenen Größen gebaut.

Sb, chem. Symbol für ↑Antimon.

S-Bahn ([Stadt]schnellbahn), Bez. für eine von der Dt. Bundesbahn oder einem nicht bundeseigenen Eisenbahnunternehmen im Verkehrs-, meist auch Tarifverbund mit anderen Nahverkehrsmitteln (z. B. Straßenbahn, U-Bahn) betriebene Schnellverkehrsbahn für den Personennahverkehr in Ballungsgebieten.

SBM [engl. 'ɛsbi:'ɛm], Abk. für engl.: Strategic Ballistic Missile („strateg. ballist. Rakete").

SBZ, Abk. für: ↑Sowjetische Besatzungszone.

Sc, chem. Symbol für ↑Scandium.

sc., Abk. für lat.: ↑sculpsit.

S. C., Abk. für lat.: senatus consultum („Senatsbeschluß").

Scabellum [lat.] (Scabillum; griech. Krupala, Krupeza), antike Fußklapper, bestehend aus 2 an der Fersenseite miteinander verbundenen Holzplatten in Fußgröße. Das S. wird von einem Spieler zusammen mit dem Aulos zum mim. Tanz auf der Bühne gespielt.

Scabies [lat.], svw. ↑Krätze.

Scaevola ['stsɛ:...], Beiname im röm. Geschlecht der Mucier (↑Mucius).

Scafell Pike [engl. 'skɔ:fɛl 'paɪk], mit 978 m höchste Erhebung Englands, im Lake District.

Scagliola [skal'jo:la; italien.], svw. ↑Stuckmarmor.

Scala [italien. 'ska:la] (Scaliger), norditalien. ghibellin. Adelsgeschlecht; 1259–1387 Stadtherren von Verona; 1387 vertrieben; starb 1598 (in Bayern) aus. - Bed. Vertreter: **S.,** Cangrande I della, * Verona 9. März 1291, † Treviso 22. Juli 1329. - Seit 1308/11 Stadtherr von Verona, 1311 zum kaiserl. Vikar von Verona ernannt, 1318 Generalkapitän des lombard. Ghibellinenbundes. Sein Hof zog Dichter (u. a. Dante) und Gelehrte an. **S.,** Mastino II della, † Verona 26. Okt. 1277 (ermordet). - Begründete als Inhaber von Kommunalämtern und als Führer im Kampf gegen die Guelfen die Stadtherrschaft seines Geschlechts.

Scala [italien. 'ska:la] (Teatro alla S.), 1776–78 von G. Piermarini in Mailand erbautes Opernhaus, das 1943 durch Bomben fast völlig zerstört und 1946 in der alten Form wiederaufgebaut wurde. Dem berühmten Logentheater (3 600 Plätze) wurde 1955 ein kleineres Haus, die *Piccola S.* (600 Plätze), angegliedert.

Scala santa [italien. 'ska:la] (Heilige Stiege), heute mit Holz verkleidete und 1585–90 aus dem Lateran in ein eigenes Gebäude versetzte Marmortreppe, die von der hl. Helena aus dem Palast des Pilatus (wo Jesus über sie geführt worden sein soll) nach Rom gebracht worden sein soll; sie darf nur kniend erstiegen werden.

Scaliger ['ska:ligɛr], ↑Scala.

Scaliger ['ska:ligɛr], Joseph Justus, * Agen (Lot-et-Garonne) 5. Aug. 1540, † Leiden 21. Jan. 1609, frz. klass. Philologe italien. Herkunft. - Sohn von Julius Caesar S.; 1572–74 Prof. in Genf, ab 1593 in Leiden. Wegweisend als Textkritiker und Sprachforscher sowie durch seine Forschungen zur antiken Chronologie, Numismatik und Epigraphik.

S., Julius Caesar (Giulio Cesare Scaligero), wahrscheinl. eigtl. Giulio Bordoni, * Riva 23. April 1484, † Agen (Lot-et-Garonne) 21. Okt. 1558, italien. Dichter und Humanist. - Bis 1529 Soldat, dann Arzt, ließ sich in Frankr. nieder. Als Philologe in zahlr. literar. Fehden, u. a. mit Erasmus von Rotterdam, verwickelt; gab Werke des Theophrast und des Aristoteles heraus, schrieb nlat. Gedichte. bed. seine Poetik („Poetices libri septem", hg. 1561), die v. a. die frz. Dramentheorie des 17. Jh. beeinflußte und auch die dt. Dichtung bis ins 18. Jh. bestimmte.

Scaliger-Gräber ['ska:ligɛr], Grabmäler der Scaliger (↑Scala) in Verona; gewaltige Baldachinaufbauten über einem Sarkophag mit der Liegefigur der Verstorbenen, bekrönt von seinem Reiterstandbild.

Scandicus [lat.], ma. Notenzeichen, ↑Neumen.

Scandium [zu lat. Scandia „Skandinavien"], chem. Symbol Sc; metall. Element aus der III. Nebengruppe des Periodensystems der chem. Elemente, Ordnungszahl 21, Atommasse 44,956, Dichte 2,989 g/cm^3, Schmelzpunkt 1 539 °C, Siedepunkt 2 832 °C. Das silberweiße Metall tritt in seinen Verbindungen dreiwertig auf und ähnelt im chem. Verhalten den Lanthanoiden. S. ist in der Erdkruste zu $5{,}1 \cdot 10^{-4}$ Gew.-% enthalten; in der Häufigkeit der chem. Elemente steht er an 50. Stelle. S. kommt nur in dem seltenen Mineral Thortveitit sowie in geringen Mengen in den Mineralen der Lanthanoiden, des Niobs, Tantals, Berylliums, Zinns u. a. vor; findet als Bestandteil des Cermischmetalls Verwendung.

Scanner [engl. 'skænə, zu to scan „krit. prüfen"], Gerät, das ein zu untersuchendes Objekt punkt- bzw. zeilenweise (z. B. mit einem Licht- oder Elektronenstrahl) abtastet (sog. **Scanning**) und die ermittelten Meßwerte registriert oder weiterverarbeitet. - In der Nuklearmedizin z. B. werden S. zur Lokalisations- und Funktionsdiagnostik von inneren Organen verwendet (↑Szintigraphie). - In der *graph. Technik* benutzt man mit einem Lichtstrahl arbeitende S. zur Herstellung von Kopiervorlagen oder Farbauszügen.

Scapa Flow [engl. 'skæpə 'floʊ], Bucht zw. den südl. Orkneyinseln; im 1. und 2. Weltkrieg Hauptstützpunkt der brit. Kriegsmarine, 1956 geschlossen. - In S. F. erfolgte im Juni 1919 die Selbstversenkung der dort internierten Schiffe der dt. Hochseeflotte. - ↑auch Prien, Günther.

Scaphidiidae [griech.], svw. ↑Kahnkäfer.

Scaphopoda [griech.], svw. ↑Kahnfüßer.

Scapigliatura [italien. skapiʎʎa'tu:ra; zu scapigliare „(die Haare) zerzausen; ausschweifend leben"], Bez. für eine Gruppe meist lombard. Künstler und Schriftsteller in Mailand zw. 1860 und 1880, die in betonter Ablehnung des bürgerl. Lebensstils (Nachahmung der Pariser Boheme), des polit. Konformismus und des herrschenden literar. Geschmacks eine Erneuerung der Kunst forderten. Bed. Vertreter: G. Rovani, E. Praga, A. Boito.

Scapin [frz. ska'pɛ̃] (italien. Scapino), Gestalt der frz. klass. Komödie, verwandt dem ↑Brighella der Commedia dell'arte: ein schlauer und verschmitzter Diener.

Scarabaeus [...'bɛːʊs; griech.-lat.] ↑Pillendreher.

Scaramouche [frz. skara'muʃ] ↑Skaramuz.

Scarborough [engl. 'skɑːbrə], Stadt in Nordengland, an der Nordsee, 43 100 E; Museum; Seebad; Handels- und Fischereihafen.

Scarlatti [italien. skar'latti], Alessandro, * Palermo 2. Mai 1660, † Neapel 22. Okt. 1725, italien. Komponist. - Zunächst Kapellmeister in Rom, 1684-1702 und wieder ab 1708 in Neapel, dazwischen in Rom an Santa Maria Maggiore. S. war der erste Hauptmeister der ↑neapolitanischen Schule. In seinen 114 Bühnenwerken prägte er den Stil der neapolitan. Oper, v. a. in der Form der dreiteiligen Ouvertüre und mit der Trennung von Rezitativ und Arie. Auch die Kantate (über 800 Werke) erlangte bei ihm einen Höhepunkt ihrer Geschichte. Daneben schrieb er Kirchenmusik, Oratorien, Orchester- und Kammermusik, Orgel- und Cembalowerke.

S., Domenico, * Neapel 26. Okt. 1685, † Madrid 23. Juli 1757, italien. Komponist. - Sohn und Schüler von Alessandro S.; Kapellmeister und Cembalist in Rom, Lissabon, Sevilla und Madrid. Sein Frühwerk umfaßt geistl. und weltl. Vokalmusik sowie Opern; mit seinen ab etwa 1730 geschaffenen Cembalosonaten gewann er entscheidenden Einfluß auf die Klaviermusik des 18. Jahrhunderts.

Scarpi, N. O. ['skarpi], eigtl. Fritz Bondy, * Prag 18. April 1888, † Zürich 24. Mai 1980, schweizer. Schriftsteller östr. Herkunft. - Verf. von Skizzen- und Anekdotensammlungen, u. a. „Handbuch des Lächelns" (1943), „Da lächelt Merkur" (1974), „Reiseführer in den Himmel" (1975), „Anekdotenkarussell" (1978). Auch Novellen und Romane.

Scarron, Paul [frz. ska'rõ], ≈ Paris 4. Juli 1610, † ebd. 7. (6.?) Okt. 1660, frz. Schriftsteller. - Ab 1638 gelähmt, seit 1652 ∞ mit Françoise d'Aubigné, der späteren Madame de Maintenon. Neigung zu Parodie, Satire, Travestie.

Scat [engl. skæt, eigtl. „Knall"], Bez. für einen Gesangsstil des Jazz, bei dem anstelle von Wörtern sinnlose Silben als Text eingesetzt werden. Bereits im New-Orleans-Jazz (u. a. von L. Armstrong) verwendet, gelangte der S.gesang v. a. im Bebop zu großer Popularität.

Scavenius, Erik [dän. sga've:'nius], * Klintholm 13. Juni 1877, † Hellerup (= Kopenhagen) 29. Nov. 1962, dän. Politiker. - Außenmin. 1909/10 und 1913-20; Parteivors. der Radikale Venstre 1922-24; deckte als Außenmin. (1940-43) und als Min.präs. (1942/43) Widerstandsaktionen gegen die dt. Besatzung.

Sceaux [frz. so], frz. Stadt im südl. Vorortbereich von Paris, Dep. Hauts-de-Seine, 18 300 E. Univ. Paris-Süd; Museum der Île-de-France. - Seit dem 12. Jh. belegt.

Scelba, Mario [italien. 'ʃɛlba], * Caltagirone 5. Sept. 1901, italien. Politiker. - In faschist. Zeit Anwalt; 1943 Mitbegr. der Democrazia Cristiana; Mgl. der Konstituante; 1948-68 Abg.; 1945-47 Post-, 1947-53, 1954/55 und 1960-62 Innenmin., 1954/55 auch Min.präs.; seit 1968 Senator; 1969-71 Präs. des Europ. Parlaments.

scemando [italien. ʃe'mando], musikal. Vortragsbez.: abnehmend, schwächer werdend.

Scene [siːn; engl. (zu ↑Szene], Bez. für eine [alternative] Subkultur für sog. „Aussteiger" aus der Gesellschaft (auch für Drogenabhängige).

Scève, Maurice [frz. sɛːv], * Lyon zw. 1500 und 1510 (1501?), † ebd. zw. 1560 und 1564, frz. Dichter. - Führende Dichtergestalt zw. C. Marot und Pléiade. Hauptwerk ist die z. T. myst.-dunkle Dichtung in 449 Zehnsilbern „Délie, Inbegriff höchster Tugend" (1544, frz.-dt. Ausw. 1962).

Schaaf, Johannes, * Stuttgart 7. April 1933, dt. Regisseur. - Einer der profiliertesten Vertreter des „Jungen dt. Films". Auch am Theater (Stuttgart, Ulm, Bremen, Düsseldorf, Frankfurt am Main und Hamburg); drehte u. a. „Tätowierung" (1967), „Trotta" (1971, nach J. Roth), „Traumstadt" (1973), „Momo" (1986). Theaterinszenierungen [für die Salzburger Festspiele] waren G. Büchners „Leonce und Lena" (1975), Beaumarchais' „Der tolle Tag" (1978).

Schabbes, jidd. Wort für Sabbat.

Schabefleisch, sehnenloses Muskelfleisch vom Rind; roh zubereitet ↑Tatar.

Schaben (Blattaria, Blattariae, Blattodea), seit dem Karbon bekannte, heute mit rd. 3 500 Arten weltweit, v. a. in den Tropen, verbreitete Ordnung 0,2-11 cm langer Insekten (nur etwa 20 Arten einheim., einige davon eingeschleppt); Körper längl.-oval, stark abgeflacht, von meist bräunl. bis dunkelbrauner

Farbe; Kopf unter dem großen schildförmigen Halsschild verborgen, mit beißend-kauenden Mundwerkzeugen und langen, borstenförmigen Antennen; Hinterflügel häutig, unter den lederartigen Vorderflügeln zusammengefaltet; von Käfern durch die Schwanzborsten leicht zu unterscheiden. S. sind i. d. R. dämmerungsaktive, sehr flink laufende Allesfresser, die meisten Arten bevorzugen jedoch pflanzl. Kost. Einige Arten sind als Pflanzen- und Vorratsschädlinge oder auch als Krankheitsüberträger bekannt. Die Fortpflanzung erfolgt zweigeschlechtl., nur bei der Gewächshausschabe durch Jungfernzeugung. Die Eier werden in harten, gekammerten Eitaschen abgelegt, die vom ♀ oft bis zum Schlüpfen der Larven am Hinterende herumgetragen werden. Man unterscheidet 14 Fam., davon wichtig die *Blattidae* (mit der eingeschleppten und in Gebäuden oft sehr lästigen Küchenschabe sowie der Amerikan. und Austral. Schabe der Gatt. Periplaneta), *Blattellidae* (mit der Hausschabe) und *Ectobiidae* (mit der im Freien lebenden Waldschabe).

Schabenartige (Blattopteroidea, Blattoidea), Überordnung der Insekten, die Fangheuschrecken, Schaben und Termiten umfaßt.

Schaber, prähistor. Steinwerkzeug; bes. häufig im Mittelpaläolithikum.

Schabkunst (Mezzotinto), Tiefdruckverfahren, bei dem die Kupferplatte mit dem Wiegestahl aufgerauht und die Darstellung danach mit dem Schabeisen durch Glätten hineingearbeitet wird. Die glatten Stellen bleiben im Abdruck hell, die mehr oder weniger rauhen geben weiche, abgestufte Tonwerte. Die Technik wurde im 17. und 18. Jh. bes. in England gepflegt (daher auch „engl. Manier").

Schablone [niederdt. „Muster, Form"],

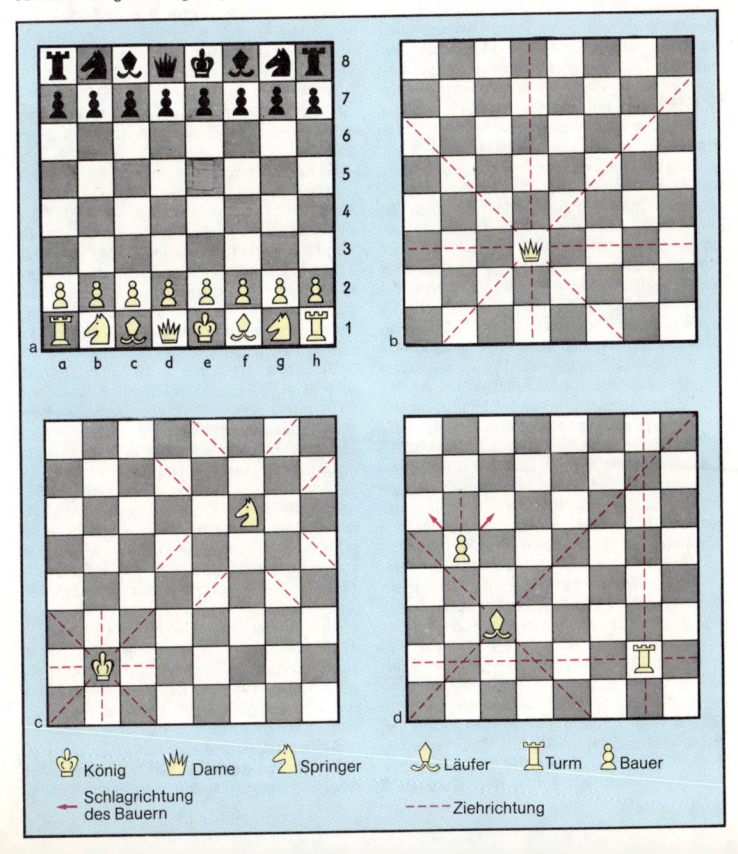

Schach. a Ausgangsstellung;
Ziehrichtungen der Königin (b),
des Königs und des Springers (c),
des Turms, des Läufers
sowie des Bauern, einschließlich
seiner Schlagrichtungen (d)

Schabracke

Vorlage, Muster zur Vervielfältigung bzw. analogen Anfertigung eines [Werk]stücks oder zum Führen des Zeichengeräts beim Nachzeichnen wiederkehrender Formen.

Schabracke [türk.-ungar.], svw. Satteldecke.
♦ Überwurf bei Polstermöbeln; bezogene Verkleidung oberhalb der Fenster.

Schabrackenhyäne ↑Hyänen.
Schabrackenschakal ↑Schakale.
Schabrackentapir ↑Tapire.

Schach [zu arab. schah mata „der König ist tot"] (Schachspiel), als **Turnierschach** einziges, dem Sport zugeordnetes Brettspiel; wird von 2 Personen auf dem quadrat., aus 64 abwechselnd hellen und dunklen, ebenfalls quadrat. Feldern bestehenden **Schachbrett** mit je 16 **Schachfiguren** gespielt; zur Verfügung stehen: 1 König (K, ♔), 1 Dame (D, ♕, Königin), 2 Türme (T, ♖), 2 Läufer (L, ♗), 2 Springer (S, ♘, Pferdchen), 8 Bauern (B, ♙); jede der S.figuren hat eine vorgeschriebene Gangart. Jede **Schachpartie** wird durch einen Zug von Weiß eingeleitet, dem ein Zug von Schwarz folgt; beide Parteien ziehen weiterhin abwechselnd so lange, bis entweder die Partie durch ein ↑Matt oder durch Aufgabe des Gegners entschieden (gewonnen) ist oder bis eine Position erreicht wird, in der mit den noch auf dem Brett befindl. Figuren ein Matt nicht mehr zu erzwingen ist: Kann ein Spieler nicht mehr ziehen, ohne daß sein noch nicht angegriffener König beim nächsten Zug vom Gegner geschlagen wird, ist das Spiel **Patt** (Unentschieden); kann keiner der Spieler dem feindl. König matt setzen, ist das Spiel **Remis** (auch Unentschieden). Im Rahmen eines offiziellen Wettkampfes wird die gewonnene Partie für den Sieger mit 1 Punkt (Verlierer: 0 Punkte), das Remis für beide Gegner mit ¹/₂ Punkt gewertet. Die **Bedenkzeit** ist begrenzt (z. B. 2¹/₂ Stunden für die ersten 40 Züge) und wird von der **Schachuhr** festgehalten, die 2 Zifferblätter besitzt, von denen jede die Gesamtzeit mißt, die ein Spieler für die eigene Bedenkzeit und die S.züge benötigt. Die Partner einer S.partie können Einzelpersonen sein oder auch Teams (**Beratungspartie**); sie können sich unmittelbar gegenübersitzen oder über größere Entfernungen mit Hilfe techn. Medien miteinander korrespondieren (**Fernschach**). Die Weltmeisterschaft gliedert sich in 4 **Schachturniere**: das *Zonenturnier* mit Spielern bestimmter Länder und regionaler Bereiche; das *Interzonenturnier* mit den 34 bestplazierten Spielern; das *Kandidatenturnier* mit den 6 besten Spielern und oft 2 bevorrechtigten Weltmeisterschaftskandidaten; der eigtl. *Weltmeisterschaftskampf* zw. dem Titelinhaber und dem Sieger des Kandidatenturniers. Der Titel **Schachweltmeister** wird seit 1866 vergeben.

Ein selbständiger Zweig des S. ist **Problemschach**, das sich mit dem Konstruieren und Lösen von S.problemen (S.aufgaben) befaßt. Eine eigenständige Variante ist das **Märchenschach**, bei dem sich Bedingung oder Form der S.probleme nicht aus dem Zweck oder Ablauf einer regelmäßigen S.partie ableiten lassen. Partienäher und stärker praxisbezogen ist als selbständiges Gebiet des Kunstschachs die Beschäftigung mit **Lehr-** oder **Kunststudien**, in denen es bei unbegrenzter Zügezahl allein auf die Ermittlung des einzig richtigen Gewinn- bzw. Remiswegs ankommt. - Abb. S. 167.

⌨ *Lossa, G.:* So lernt man S. Hollfeld 1985. - *Reinfeld, F.:* S. u. matt. Stg. 1985. - *Treppner, G.:* S.hdb. für Fortgeschrittene. Hollfeld 1985. - *Schuster, T.:* Unvergessene S.partien. Stg. ²1983. - *Reinfeld, F.:* S. f. Amateure. Stg. ³1982. - *Schuster, T.:* S. Niedernhausen ⁵1982. - *Teschner, R.:* S.eröffnungen. Der kleine Bilguer. Bln. ⁶1981.

Schachbrettblume (Schachblume, Kiebitzei, Fritillaria meleagris), bis 30 cm hohe, geschützte Art der Gatt. Fritillaria, verbreitet im gemäßigten Europa bis zum Kaukasus; Pflanzen mit rinnenförmigen, wechselständigen Blättern, nickenden Blüten und schachbrettartig purpurrot und weißl. gefleckten Blütenhüllblättern; als Zierpflanze kultiviert.

Schächer [zu althochdt. scāh „Raub"], ältere dt. Bez. für Räuber, Mörder; bes. Bez. für die beiden mit Jesus gekreuzigten Verbrecher.

Schächerkreuz, svw. Gabelkreuz (↑Kreuzformen).

Schachfiguren ↑Schach.

Schachrissabs, sowjet. Stadt am O-Rand der Karschisteppe, Usbek. SSR, 27 000 E. Landw.technikum; Theater; Seidenraupenzucht, Weinkellerei. - Portal des Palastes Timur-Lengs Ak-Sarai (1379-1404), Mausoleum von Dschechangir (Sohn von Timur-Leng); Basar (18. Jh.).

Schacht, Hjalmar, *Tinglev (Nordschleswig) 22. Jan. 1877, †München 3. Juni 1970, dt. Finanzpolitiker. - Bankdirektor; 1923 Reichsbankpräs.; trat 1930 wegen Meinungsverschiedenheiten mit der Reichsreg. über die Durchführung des von ihm mit ausgehandelten Youngplans zurück. 1918 noch Mitbegr. der DDP (Austritt 1926), rückte polit. immer weiter nach rechts, förderte schließl. die Ernennung Hitlers zum Reichskanzler; unterstützte als Reichsbankpräs. 1933-39, Reichswirtschaftsmin. 1935-37 (kommissar. ab Aug. 1934) und Generalbevollmächtigter für die Wehrwirtschaft 1935-37 intensiv die dt. Aufrüstung; wegen loser Kontakte zu konservativen Widerstandskreisen von Juli 1944 bis Kriegsende inhaftiert; vom Internat. Militärgerichtshof in Nürnberg 1946 freigesprochen.

Schachtbrunnen ↑Brunnen.
Schachtelgesellschaft, Kapitalgesellschaft, an der eine andere Kapitalgesellschaft

mit Anteilen von mindestens 25 % beteiligt ist. Im allg. wird eine Mehrheitsbeteiligung von 51 % angestrebt. Die S. kann selbst wieder Anteile an anderen Kapitalgesellschaften halten, so daß durch eine Kette von Schachtelbeteiligungen die Verfügungsgewalt über eine weit größere Kapitalmasse erreicht werden kann.

Schachtelhalm (Equisetum), einzige rezente Gatt. der Schachtelhalmgewächse mit rd. 30 Arten, verbreitet von den Tropen bis in die kühlen Gebiete; ausdauernde Pflanzen mit Erdsprossen und aufrechten, meist nur einjährigen, einfachen oder verzweigten Halmen; Blätter klein, zähnchenartig, in Quirlen stehend; Sporangienstände am Ende der grünen Halme oder am Ende weißlichbräunlicher, unverzweigter Triebe. Die häufigsten der etwa zehn einheim. Arten sind Ackerschachtelhalm und Waldschachtelhalm.

Schachtelhalmartige (Equisetales), Ordnung der Klasse Schachtelhalme mit den ausschließl. paläozoischen Kalamiten und den Schachtelhalmgewächsen.

Schachtelhalme (Equisetatae, Articulatae, Sphenopsida), Klasse der Farnpflanzen mit überwiegend fossilen Arten, deren Entwicklung bereits im Devon beginnt und die durch die wirtelige Stellung der Äste und Blätter charakterisiert ist.

Schachtelhalmgewächse (Equisetaceae), Fam. der Schachtelhalmartigen mit mehreren seit dem Karbon bekannten fossilen Gatt. und der rezenten Gatt. Schachtelhalm.

Schächten [zu hebr. schahat „schlachten"], Bez. für die den Vorschriften des jüd. Religionsgesetzes gemäße Schlachtung rituell reiner, zum Genuß erlaubter Tiere; sie erfolgt durch einen Schnitt durch Speise- und Luftröhre sowie Halsschlagader, was ein völliges Ausbluten bewirkt.

Schachtgrab, seit mittelhellad. Zeit (1. Hälfte des 2. Jt. v. Chr.) in Griechenland, auch in der ägypt. und minoischen Kultur vorkommende Grabform: in den Boden oder Felsen eingetiefter rechteckiger, großer Grabschacht für den Leichnam; der darüber aufgeschüttete Erdhügel trug meist eine Stele; berühmt die beiden S.bezirke von Mykene (16. Jh. v. Chr.).

Schachtofen ↑ Schmelzöfen.

Schachty (bis 1920 Alexandrowsk-Gruschewsky), sowjet. Stadt im Donbass, RSFSR, 221 000 E. Zweigstelle der Nowotscherkasker polytechn. Hochschule, PH, Theater; Steinkohlenbergbau; Herstellung von Bergbauausrüstungen.

Schack, Adolf Friedrich Graf von (seit 1876), * Brüsewitz bei Schwerin 2. Aug. 1815, † Rom 14. April 1894, dt. Schriftsteller und Kunstsammler. - Mgl. des Münchner Dichterkreises; schrieb klass.-romant. Lyrik, Erzählungen und Dramen. Bed. Gemäldesammlung *(Schack-Galerie)* in München; befindet sich seit 1938 im Besitz des Landes Bayern.

Schad, Christian, * Miesbach 21. Aug. 1894, † Stuttgart 25. Febr. 1982, dt. Maler und Graphiker. - War u. a. Mitglied der Zürcher Dada-Bewegung. Entwickelte neben M. Ray das Photogramm als künstler. Gestaltungsmittel *(Schadographie).* Seit 1920 Vertreter der Neuen Sachlichkeit, v. a. Porträts sowie kalte und elegante Akte; später z. T. vielfigurige Bilder. - Abb. S. 170.

Schade, Oskar, * Erfurt 25. März 1826, † Königsberg (Pr) 30. Dez. 1906, dt. Germanist. - Prof. in Königsberg. Als letzter unmittelbarer Schüler J. Grimms und K. Lachmanns gab er im textkrit. Sinne seiner Lehrer zahlr. mittelhochdt. und frühneuhochdt. Texte heraus. In seinem Hauptwerk, dem „Altdt. Wörterbuch" (1866) faßte er als einer der ersten Lexikographen den alt- und mittelhochdt. Wortschatz zusammen.

Schädel (Kranium, Cranium), der Teil des Skeletts, der die knöcherne (oder knorpelige) Grundlage des Kopfes beim Menschen und bei den Wirbeltieren bildet und beim Menschen und bei den meisten Wirbeltieren über Gelenkhöcker bewegl. mit der Wirbelsäule verbunden ist. Der S. umschließt das ↑ Gehirn und die großen Sinnesorgane des Kopfes (Augen, Gehör- und Geruchsorgane) sowie den Anfangsteil des Atmungs- und Verdauungstraktes. Man unterscheidet Hirn-S. und Gesichts-S.; letzterer ging aus dem Visceralskelett (↑ Kiemenbögen) der niederen Wirbeltiere hervor. Urspr. Ausbildungsform des S. war das aus den Deckknochen bestehende *Dermatocranium* (bei primitiven, fossilen Wirbeltieren ein den ganzen Kopf umschließender Hautknochenpanzer). Während der stammesgeschichtl. Entwicklung kamen noch Ersatzknochen hinzu. Im Verlauf der Individualentwicklung gehen dem ganz aus Knochen bestehenden *Knochenschädel* (Osteocranium) das *Desmocranium* (als erste bindegewebige S.anlage) und der embryonal bei allen Wirbeltieren angelegte, bei Haien und Rochen erhaltenen bleibende *Knorpelschädel* (Chondrocranium) voraus.

Der menschl. S. besteht (ohne die 2mal 3 Gehörknöchelchen und das Zungenbein) aus 23 Einzelknochen, die - mit Ausnahme des Unterkiefers - fest miteinander verzahnt sind, obwohl dazwischenliegende Nähte (↑ Schädelnähte) und Knorpelfugen eine Abgrenzung der einzelnen S.knochen ermöglichen. Die wichtigsten Knochen des **Hirnschädels** (Gehirn-S., Neurocranium, Cranium cerebrale), der das Gehirn als Gehirnkapsel umschließt: Das *Stirnbein* bildet die oberen Ränder der beiden Augenhöhlen und die paarige Stirnhöhle. Auf beiden S.seiten befindet sich je ein *Scheitelbein*. Die 2 Scheitelbeine bilden den wesentl. Teil des aus mehreren, über die S.nähte miteinander verbundenen, etwa 5 mm dicken, platten S.knochen zusammengesetzten *Schädeldachs*. Ebenfalls beidseitig liegt je

Schädelbruch

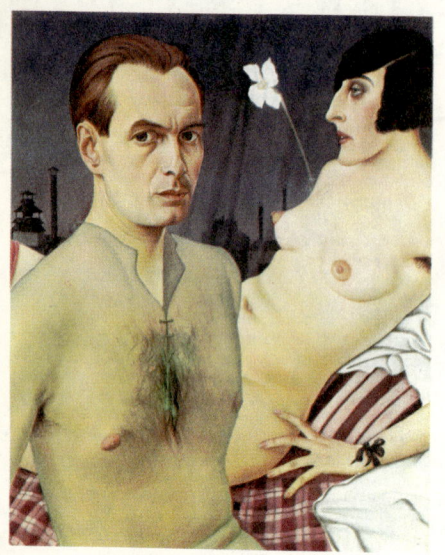

Christian Schad, Selbstporträt (1927). Privatbesitz

ein *Schläfenbein*, das das Gehör- und Gleichgewichtsorgan enthält. Im *Hinterhauptbein* (Okziptale, Os occipitale), ein den hintersten Abschnitt des S. bildender einheitl. Knochen, liegen das *Hinterhauptsloch*, durch welches das Rückenmark verläuft, und die *Hinterhauptshöcker*, ein paariger Gelenkhöcker, an dem die Halswirbelsäule ansetzt. Das *Keilbein* steht mit allen Knochen des Gehirn-S. und den meisten Knochen des Gesichts-S. in Verbindung. Es besitzt eine Grube, in die die Hypophyse eingebettet ist. Als Skelettgrundlage der Nase dient das am Stirnbein gelegene *Siebbein*. - Der *Gesichtsschädel* (Viszeralschädel, Splanchnocranium, Cranium viscerale) besteht aus den Knochen des *Nasenskeletts* (2 Nasenbeine, 2 untere, selbständige Muschelbeine, ein Pflugscharbein), dem paarigen Tränenbein an den Augenhöhlen, den beiden Wangen- und Gaumenbeinen sowie 2 Oberkieferknochen und einem Unterkieferknochen. - Die **Schädelbasis** (Schädelgrund, Basis cranii) bildet den Boden des Hirn-S. und das Dach des Gesichts-S.; sie setzt sich zus. aus Hinterhauptbein, Felsenbein, Keilbein, den die Augen umschließenden Teilen des Stirnbeins und dem Siebbein. Nach der *Schädelhöhle* zu läßt sie sich in 4 grubenartige Vertiefungen unterteilen: eine vordere Schädelgrube, der das Stirnbein aufliegt, 2 durch den sog. Türkensattel (Sella turcica) voneinander getrennte mittlere Schädelgruben als Unterlage für die beiden Schlä-

fenlappen des Gehirns und eine hintere Schädelgrube, der das Kleinhirn und der Hauptteil des Hirnstamms aufliegen.
Von großer anthropolog. Bed. ist das *S. volumen (S. kapazität)* des Gehirn-S., da es Rückschlüsse auf das Gehirnvolumen von Vor-, Ur-, Früh- und Altmenschen sowie (im Vergleich damit) von Menschenaffen zuläßt. Entsprach das Gehirnvolumen der Urmenschen (Australopithecinae) mit wenig über 500 cm³ noch stark dem des Gorillas (etwas unter 500 cm³), so lag es bei den Frühmenschen (z. B. Pithecanthropus: 775–950 cm³; Sinanthropus: 900–1 100 cm³) schon wesentl. höher. Beim heutigen Menschen beträgt das S. volumen durchschnittl. 1 450 cm³ im männl. und 1 300 cm³ im weibl. Geschlecht.
📖 *Henschen, F.*: Der menschl. S. in der Kulturgesch. Bln. u. a. 1966.

Schädelbruch (Schädelfraktur), Bruch des knöchernen Schädels. Nach der Art der Entstehung unterscheidet man *Biegungsbrüche* (Impressionsbrüche; i. d. R. durch direkte Einwirkung stumpfer Gewalt, meist im Bereich des Schädeldachs) und *Berstungsbrüche* (meist indirekte Schädelbrüche durch Formveränderungen des Gesamtschädels, bes. im Bereich der Schädelbasis). Nach der Lokalisation unterteilt man in Schädeldachbrüche und Schädelbasisbrüche. Beim **Schädeldachbruch** ist die Schädeldecke gesprungen (Spaltbruch), oft auch gesplittert und eingedrückt; Komplikationen ergeben sich durch Risse in der harten Hirnhaut und durch Einsprengung von Knochensplittern in die Hirnsubstanz. Der **Schädelbasisbruch** (Basisfraktur) ist ein Knochenbruch infolge Gewalteinwirkung, meist mit Gehirnerschütterung oder Gehirnquetschung verbunden (oft mit Blutungen aus Ohr und Nase und Blutergüssen im Augenbereich). - Neben durch den Bruch als solchen verursachten Verletzungen benachbarter Strukturen kommt es beim S. fast immer auch zu den weiter ausgebreiteten Erscheinungen des Hirntraumas (↑ Gehirnverletzungen).

Schädeldach ↑ Calvaria, ↑ Schädel.

Schädeldeformation, bei den Naturvölkern Amerikas, Afrikas und Asiens früher weit verbreitete, heute nur noch seltene, künstl. Verformung des kindl. Kopfes durch Einschnürungen oder Bandagen (z. T. mit Brett), um ein bestimmtes Schönheitsideal zu erreichen; in vorgeschichtl. Zeit auch in Europa.

Schädelkult, kult. Brauch vieler Naturvölker, die Schädel von Ahnen und Fremden in Wohn- und Männerhäusern, z. T. auch in eigenen Schädelhäusern oder -schreinen aufzubewahren. Der Schädel gilt dabei als Sitz bes., mag. Kräfte.

Schädellehre, (Kraniologie) Lehre vom Bau des Schädels; Teilgebiet der Anatomie bzw. Osteologie.

Schaden

♦ (**Kraniometrie**) Lehre vom Messen und von den Maßen (speziell den Indizes, z. B. Längen-Breiten-Index) des menschl. Schädels; Teilgebiet der Anthropometrie. Das Meßinstrumentarium besteht aus dem *Bandmaß*, das v. a. zur Abnahme von Bögen verwendet wird, dem *Tasterzirkel*, einem bewegl. Stahlwinkel mit ausgeschweiften Armen, an deren Enden Tastknöpfe sitzen (*Kraniometer*), für Schädelstrecken, insbes. [größte] Schädellänge und -breite, und dem *Gleitzirkel*, einer Art Schublehre mit Noniusablesung, für kleinere Strecken (etwa bei Zähnen) oder Strecken mit morpholog. eindeutig festliegenden Punkten (z. B. Schädelnahtkreuzungen).

Schädellose (Akranier, Leptokardier, Acrania, Cephalochordata, Leptocardii), Unterstamm der Chordatiere mit 13 etwa 4–7,5 cm langen, ausschließl. meerbewohnenden Arten; Körper fischähnl., seitl. abgeplattet, durchscheinend; mit einer den gesamten Körper durchziehenden Chorda dorsalis; ohne Wirbelsäule, ohne Schädel und ohne Extremitäten; einige Fam. ↑ Lanzettfischchen.

Schädelnähte (Suturae cranii), starre Verbindungen der Schädelknochen untereinander nach Abschluß ihres Wachstums in Form einer glatten Naht, einer *Schuppennaht* (die abgeschrägten Knochenränder überlappen sich) oder einer *Sägenaht* (mit sägeartig ineinander verzahnten Rändern). In bezug auf das menschl. Schädeldach, bei dem sich die S. erst im 3. Lebensjahr völlig schließen, unterscheidet man *Kranznaht* (quer im Schädeldach verlaufende, zackige Verwachsungslinie zw. Stirnbein und den beiden Scheitelbeinen), ↑ *Lambdanaht*, *Pfeilnaht* (in der Mittellinie des Schädeldachs zw. den beiden Scheitelbeinen von vorn nach hinten verlaufend), *Schuppennaht* (zw. dem Schädel- und Scheitelbein jeder Schädelseite gelegen) und *Stirnnaht* (zw. den beiden das Stirnbein zusammensetzenden Schädelknochen; verschwindet i. d. R. im 5. bis 6. Lebensjahr).

Schädelstätte, dt. Bez. für ↑ Golgatha.

Schädeltiere (Kranioten, Craniota), mit knorpeligem oder knöchernem Schädel ausgestattete ↑ Chordatiere; veraltete Bez. für ↑ Wirbeltiere.

Schaden, im *Recht* die unfreiwillige Einbuße an Rechtsgütern, die eine Person infolge eines Ereignisses erleidet. Zu einem Anspruch auf S.ersatz führt ein entstandener S. dann, wenn er einer anderen Person rechtl. zuzurechnen ist und eine S.ersatzpflicht besteht. Der *Vermögens-S.* (*materieller S.*) besteht in einer Einbuße an in Geld bewertbaren Gütern; der *Nichtvermögens-S.* (*ideeller, immaterieller S.*) ist der S. an sonstigen Gütern (z. B. Gesundheit, Ehre). Weiterhin ist zw. der Einbuße an vorhandenen rechtl. geschützten Gütern (*positiver S.*) und der Einbuße an erst zu erwartenden, konkret in Aussicht stehenden Gütern (*negativer S.*) zu unterscheiden.

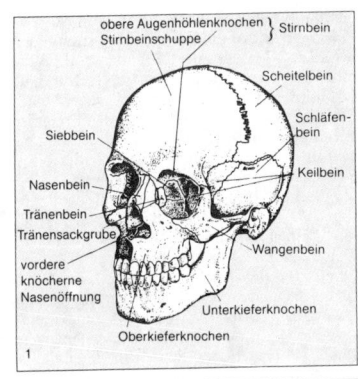

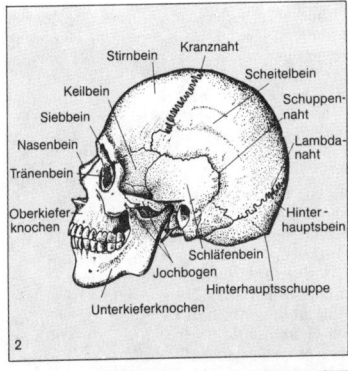

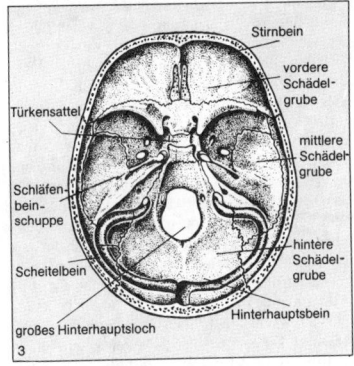

Schädel. Ansicht des menschlichen Schädels von vorn (1) und von der Seite (2).
3 Schädelbasis des Menschen

Beim *unmittelbaren S.* ist der S. am verletzten Gut selbst entstanden, während beim *mittelbaren (Folge-)S.* ein anderes Rechtsgut als

Schadenberechnung

das unmittelbar verletzte geschädigt ist.

Schadenberechnung, Ermittlung des Schadens, den der zum ↑Schadenersatz Verpflichtete dem Geschädigten zu ersetzen hat. Grundsätzl. hat eine *konkrete* S. zu erfolgen, d. h. die auf Grund des schädigenden Ereignisses eingetretene Situation beim Geschädigten ist mit einer gedachten Situation, die ohne das schädigende Ereignis bestehen würde, zu vergleichen. Der Schaden besteht nach der sog. *Differenzmethode* in der Differenz zw. diesen beiden vermögenswerten Güterlagen. Dem Geschädigten ist also das volle wirtschaftl. *Interesse*, nicht nur ein gemeiner Wert zu ersetzen. Durch die Schädigung zugleich erworbene Vorteile führen nicht ohne weiteres zu einer Minderung des Schadenersatzes. Auch kann sich der Schädiger regelmäßig nicht darauf berufen, daß der Schaden auf Grund eines anderen Ereignisses (Reserveursache) mittlerweile auch ohne seine Handlung eingetreten wäre. Die *abstrakte* S., bei der der Schaden nicht auf Grund tatsächl. erlittener Vermögenseinbußen, sondern mittels einer auf den Durchschnittsfall abstellenden Betrachtungsweise ermittelt wird, ist in bestimmten Fällen zulässig, z. B. für die Berechnung des Verlustes von Gebrauchsvorteilen (Ersatz von Mietwagenkosten, wenn der Geschädigte, obwohl er hätte auf Kosten des Schädigers ein Auto mieten können, auf die Nutzungsvorteile eines Autos verzichtet hat).

Schadenersatz, der Ausgleich eines entstandenen ↑Schadens, der nur dann von einer anderen Person zu leisten ist, wenn sie auf Grund einer Rechtsnorm (z. B. aus Vertragspflichtverletzung, Gefährdungshaftung [↑Haftung] und dem Recht der unerlaubten Handlungen) zur Leistung von S. verpflichtet ist, der einem Geschädigten entstandene Schaden ihr als rechtl. zuzurechnen ist. Voraussetzung hierfür ist, daß das schädigende Ereignis durch eine rechtswidrige und schuldhafte Handlung adäquat (↑Adäquanztheorie) kausal verursacht worden ist, also zw. dem Schaden und der schädigenden Handlung ein ursächl. Zusammenhang besteht (↑Kausalität). Zur Begrenzung der Zurechnung von Schadensfolgen wurde u. a. die Normzwecklehre entwickelt, wonach S. nur zu leisten ist, wenn dies den Zweck der den Ersatz anordnenden Rechtsnorm entspricht. Grundsätzl. hat nur derjenige einen S.anspruch, der den Schaden erlitten hat. Ausnahmen sind z. B. der S.anspruch der Angehörigen eines Getöteten (§ 844 BGB) sowie die *Drittschadensliquidation*, bei der auf Grund einer Schadensverlagerung im Nichtgeschädigter, aber Anspruchsberechtigter den Schaden eines Nichtanspruchsberechtigten, aber Geschädigten geltend machen kann.

Der zum S. Verpflichtete hat den Zustand herzustellen, der bestehen würde, wenn der zum Ersatz verpflichtende Umstand nicht eingetreten wäre (Grundsatz der *Naturalrestitution*); bei Personenverletzung, Sachbeschädigung oder nach Ablauf einer dem Schädiger vom Geschädigten zur Wiederherstellung gesetzten Frist, kann der Geschädigte statt dessen den dazu erforderl. Geldbetrag verlangen (§§ 249, 250 BGB). Der Schädiger muß stets Geldersatz leisten, wenn die Wiederherstellung nicht möglich oder zur Entschädigung ungenügend ist; er kann Geldersatz leisten, wenn sie nur mit unverhältnismäßigen Aufwendungen möglich ist (§ 251 BGB). Der S. umfaßt auch den entgangenen Gewinn, der nach den Umständen mit Wahrscheinlichkeit erwartet werden konnte (§ 252 BGB). Regelmäßig ist nur der Vermögensschaden in Geld zu ersetzen, sonstiger Schaden nur dann, wenn das Gesetz dies bestimmt (§ 253 BGB), etwa das ↑Schmerzensgeld, bzw. wenn die beeinträchtigte Position als Vermögenswert anerkannt ist (abstrakte ↑Schadenberechnung). Der S.anspruch wird durch ein Mitverschulden des Geschädigten gemindert. Bei mehreren S.ansprüchen auf Grund eines Sachverhalts kann der Berechtigte nur einmal S. verlangen.

Im *Völkerrecht* verpflichtet die Begehung eines völkerrechtl. Delikts regelmäßig zur ↑Wiedergutmachung des daraus entstandenen Schadens. Der S. besteht in erster Linie aus Naturalrestitution. In der Praxis internat. Gerichte ist die Verurteilung zur Geldzahlung allerdings die Regel.

 Fleming, J., u. a.: Haftungsersetzung durch Versicherungsschutz. Ffm. 1980. - *Hdb. des Schuldrechts in Einzeldarstt.* Hg. v. *J. Gernhuber*. Bd. 1: *Lange, H.: Schadensersatz.* Tüb. 1979.

Schadenminderungspflicht ↑Mitverschulden.

Schadenversicherung (Güterversicherung), Versicherung, bei der der Versicherer verpflichtet ist, dem Versicherten nach Eintritt des Versicherungsfalls den entstandenen Vermögensschaden nach Maßgabe des abgeschlossenen Versicherungsvertrages zu ersetzen.

Schadenzauber, Bez. für einen Zauber, der alle mag. Handlungen umfaßt, die in feindl. Absicht erfolgen und anderen Verlust an Gesundheit, Leben oder Besitz zufügen sollen (↑auch böser Blick).

Schadewaldt, Wolfgang, * Berlin 15. März 1900, † Tübingen 10. Nov. 1974, dt. klass. Philologe. - 1928 Prof. in Königsberg (Pr), 1929 in Freiburg im Breisgau, 1934 in Leipzig, 1941 in Berlin, ab 1950 in Tübingen. Mithg. der Zeitschriften „Hermes" (1932–44), „Die Antike" (1937–44) und „Tübinger Beiträge zur Altertumswissenschaft" (ab 1953), wiss. Leiter des „Goethe-Wörterbuches" (ab 1966). Bed. Übers. aus dem Griech., u. a. „Homer: Die Odyssee" (1958), „Homer: Die Ilias" (hg. 1975).

Schädlingsbekämpfung

Schadli (Chadli), Bin Dschadid, *Bouteldja (Wilajet Annaba/Bône) 14. April 1929, alger. Offizier und Politiker. - Nahm 1965 am Sturz des Präs. A. Ben Bella teil und wurde Mgl. des Revolutionsrates; 1969 zum Oberst befördert; amtierte seit Dez. 1978 als Koordinator der Streitkräfte (= Generalstabschef); seit 1979 Generalsekretär der FLN; 1979 zum neuen Präs. Algeriens gewählt (zugleich Verteidigungsmin.).

Schädlich, Hans Joachim, *Reichenbach/Vogtl. 8. Okt. 1935, dt. Schriftsteller. - 1959–76 wiss. Mitarbeiter an der Akademie der Wiss. der DDR. 1977 Ausreise in die BR Deutschland. Durch sprachl. Distanziertheit der Prosatexte in „Versuchte Nähe" (1977) wird die Kluft zw. Mensch und Staat erfahrbar gemacht. - *Weitere Werke:* Der Sprachabschneider (1980), Mechanik (1985), Tallhover (1986).

Schädlinge, zusammenfassende Bez. für tier. Organismen, die dem Menschen direkt oder indirekt (z. B. an Pflanzen, Vorräten und Nahrungsmitteln) wirtschaftl. Schaden zufügen. Zu den S. zählen zahlr. Insekten, Spinnentiere (v. a. Milben), Schlauchwürmer (v. a. Fadenwürmer) sowie einige Weichtiere, von den Säugetieren v. a. verschiedene Nagetiere.

Schädlingsbekämpfung, die Bekämpfung von Schädlingen mit dem Ziel, Schäden von Pflanzen, Tieren oder Menschen, von Nahrungsmitteln, Vorräten und sonstigen Materialien abzuwenden oder auf ein tolerierbares Maß zu begrenzen. Ihre Maßnahmen verteilen sich hauptsächl. auf ↑Pflanzenschutz, Seuchenbekämpfung und ↑Entwesung. Als vorbeugende S. bezieht sich S. auf die Hygiene, den Vorratsschutz und den Materialschutz (z. B. Holzschutz) sowie auch auf Maßnahmen der Konservierung.

Nach der Art der ergriffenen Maßnahmen und Mittel unterscheidet man abiot. (mechan., physikal. und chem.) und biot. (biotechn., biolog. und ökolog.) Verfahren. Zur mechan. **Schädlingsbekämpfung** zählen das Abfangen (z. B. durch manuelles Absammeln), die Abwehr (z. B. durch Wildzäune) und die Abschreckung (z. B. durch Vogelscheuchen) von Schädlingen. Die **physikal. Schädlingsbekämpfung** umfaßt u. a. Kälte-, Hitze- und Strahlenanwendung zur Konservierung von Lebensmitteln, den Einsatz von Flammenwerfern gegen Wanderheuschrecken, den Einsatz von elektromagnet. Wellen gegen Speicherschädlinge, akust. Signale (Schüsse, Klappern und Knallscheuchen) gegen samen- und früchtefressende Vögel.

Große Verbreitung hat die mit der Verabreichung giftiger Substanzen arbeitende, schnell anwendbare und wirkende **chem. Schädlingsbekämpfung** gefunden, die eine Art künstl. Regelkreis schaffen will. Er soll die Individuendichte durch Abtötung auf das gewünschte Maß senken. Die Mittel werden meist flüssig im Spritz-, Sprüh- oder Nebelverfahren, kleinräumig mit trag- oder fahrbaren Geräten, großräumig mit Flugzeugen, ausgebracht. - Die meisten der gegen tier. Organismen eingesetzten Stoffe sind *Nervengifte*. Die lipidlösl. *Kontaktgifte* dringen über die Sinnesorgane und die Intersegmentalhäute in den Tierkörper ein. Die *Atemgifte* gelangen über die Stigmen und das Tracheensystem, die *Fraßgifte* über den Darm in die Hämolymphe. *System. Mittel* werden durch die Blätter oder Wurzeln aufgenommen, mit dem Saftstrom in der Pflanze fortgeleitet, gelangen durch Diffusion von Zelle zu Zelle und werden von fressenden oder saugenden Gliederfüßern aufgenommen. - Die chem. S. hat erhebl. Erfolge in der Seuchenbekämpfung und zus. mit anderen chem. Pflanzenschutzmaß-

Beispiel der biologischen Blattlausbekämpfung durch die Schlupfwespe. Vorteile gegenüber den chemischen Verfahren: keine Schädigung anderer Tiere und Menschen, keine Umweltbelastung

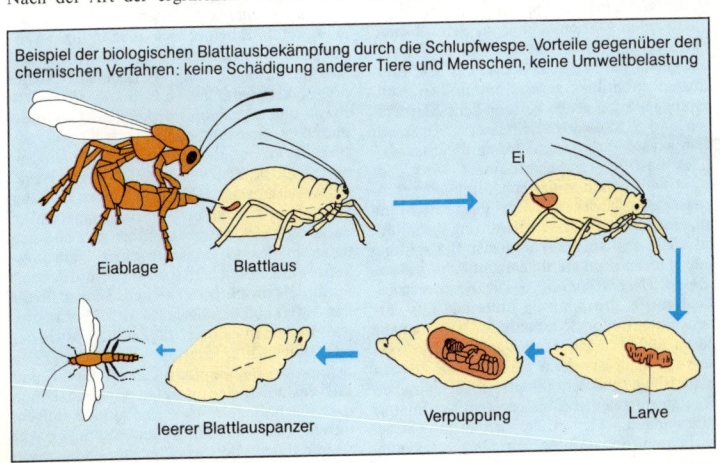

Eiablage — Blattlaus — Ei — Larve — Verpuppung — leerer Blattlauspanzer

Schädlingsbekämpfungsmittel

nahmen eine augenfällige Hebung der landw. Produktion erzielt. Mit diesen Erfolgen gekoppelt traten jedoch neue Bedrohungen der Umwelt und der menschl. Gesundheit auf, z. B. durch Rückstände in oder an Lebensmitteln, in Wohnungen und an Textilien. Besorgniserregend ist v. a. die Anhäufung der Wirkstoffe in der Nahrungskette, die beim Menschen schwere Vergiftungen, Krebsschäden und andere Erkrankungen zur Folge haben kann. Im Freiland werden stets nützl. Bodentiere (Springschwänze, Milben, Regenwürmer) sowie Räuber und Parasiten der Schädlinge miterfaßt und vernichtet; wegen Dezimierung ihrer natürl. Feinde treten ferner bisher unbedeutende Gliederfüßer plötzl. als Schädlinge auf; insgesamt verarmt die Arthropodenfauna an Arten. Fast alle bekannten Schädlingsarten haben bereits gegen chem. Wirkstoffe resistente (vielfach multiresistente) Populationen entwickelt.

Unter dem Begriff **biotechn. Schädlingsbekämpfung** faßt man eine Gruppe sehr heterogener Verfahren zus., die künstl. erzeugte physikal. oder chem. (v. a. artspezif.) Schlüsselreize zweckentfremdet ausnutzen: *Lichtfallen* z. B. locken (mit UV-Licht bestimmter Wellenlänge) nachtaktive Fluginsekten (z. B. Wickler und Eulenfalter) an. *Lichtblitze* erzwingen die Weiterentwicklung bestimmter Insekten während der † Diapause, so daß nicht winterfeste Stadien der winterl. Witterung zum Opfer fallen. Gegen chemotakt. orientierte Organismen werden heute hochspezialisierte Lockstoffe eingesetzt.

Die **biolog. Schädlingsbekämpfung** sucht v. a. die Populationsdichte von Schädlingen (und Krankheitserregern) auf ein erträgl. Maß nach unten zu begrenzen. Dazu bedient man sich v. a. der natürl. Feinde, die als Räuber, Schmarotzer oder Krankheitserreger oft Individuen nur einer Art schädigen oder töten; z. B. werden Marienkäfer sowie Schweb- und Florfliegenlarven gegen Blattläuse, Erzwespen gegen die San-José-Schildlaus u. a. Blutläuse, Raubmilben gegen Spinnmilben, Raupenfliegenarten gegen verschiedene Blattwespen und Schildwanzen eingesetzt. Auch mit dem Masseneinsatz genet. manipulierter ♂♂ einer bestimmten Schädlingsart wird dem Überhandnehmen eines Schädlings entgegengewirkt. Entweder ist das Erbgut in Richtung auf eine Leistungsverschlechterung verändert, oder die ♂♂ sind zuvor durch Bestrahlung oder Sterilanzien steril gemacht (*Autozidverfahren, Genetic control*). - Die *Resistenzzüchtung* von Kulturpflanzen unterliegt (als vorbeugende biolog. Maßnahme) wie manche chem. und biotechn. Methoden dem Naturgesetz der Auslese; denn auch hierbei können Schädlinge (und Krankheitserreger) in neuen Rassen auftreten, die der Resistenz der Pflanze überwinden. - Der große Vorteil der biolog. S. liegt darin, daß sie, im Ggs. zur chem.

S. die Umwelt nicht belastet.

Die **ökolog. Schädlingsbekämpfung** ist die folgerichtige Weiterentwicklung der biolog. S.; denn meist handelt es sich beim Schädlingsbefall nicht um eine einzige isolierbare Ursache, sondern er ist in zahlr. Stellen des Ökosystems verankert. Folgerichtig gehören daher an die erste Stelle die Wiederherstellung einer artenreichen Biozönose (auch Einschränkung von Monokulturen), der Schutz einheim. Nützlinge und die Verbesserung ihrer Lebensbedingungen, z. B. durch Vogelschutz, die Anlage von Hecken (als Nistplätze und Unterschlupfmöglichkeiten), Brutbecken (für Kröten) und Überwinterungsplätzen (z. B. für Marienkäfer) und die Anpflanzung von Nektar- oder Futterpflanzen, aber auch die Sanierung von Arealen, die Schädlingen Unterschlupf gewähren.

⚃ *Börner, H.: Pflanzenkrankheiten u. Pflanzenschutz. Stg.* ⁵*1983. - Heinze, K.: Leitf. der S. Stg.* ⁴*1974–83. 4 Bde. - Franz, J. M./Krieg, A.: Biolog. S. Bln.* ³*1982.*

Schädlingsbekämpfungsmittel (Pestizide), zusammenfassende Bez. für chem. Substanzen zur Bekämpfung von solchen tier. und pflanzl. Organismen (z. T. auch Bakterien und Viren), die Nutztiere, Nutzpflanzen, Lebensmittel oder Materialien schädigen oder zerstören. Die S. werden meist nach den zu bekämpfenden Schadorganismen in die Gruppen der *Akarizide* (Mittel gegen Milben), *Insektizide* (Mittel gegen Insekten), *Molluskizide* (Mittel gegen Schnecken), *Nematizide* (Mittel gegen Fadenwürmern) und *Rodentizide* (Mittel gegen Nagetiere) bzw. *Fungizide* (Mittel gegen Pilze) und *Herbizide* (Mittel gegen Unkräuter) eingeteilt.

Unter den tier. Schädlingen sind artenmäßig die Insekten am stärksten vertreten. Die zu ihrer Bekämpfung verwendeten *Insektizide* gehören chem. sehr unterschiedl. Gruppen an und unterscheiden sich auch in ihren Wirkungsmechanismen. Große Bed. als Insektizide haben heute zahlr. synthet. hergestellte organ. Verbindungen, z. B. die als *Kontakt-, Fraß-* und *Atemgifte* wirkenden Thiophosphorsäureester und Carbamate (E 605, Systox, Sevin) und die als Kontaktgifte wirkenden Chlorkohlenwasserstoffe (z. B. Hexachlorcyclohexan, DDT). Die Anwendung der letzteren wurde gesetzl. stark eingeschränkt, da sie biochem. kaum abbaubar sind und sich daher in den Organismen einer Nahrungskette stark anreichern können. Natürl. Stoffe, die als Insektizide wirken, sind z. B. die aus Tabakabfällen hergestellten nikotinhaltigen Spritzbrühen und Stäubemittel sowie das aus Wucherblumenarten gewonnene Pyrethrum. Zur Bekämpfung speziell der Ei- und Larvenstadien der Insekten verwendet man u. a. Karbolineum, das eine dünne, luftundurchlässige Schicht bildet, durch die die Atemtätigkeit der Insekteneier und -larven

Schafe

unterbunden wird (sog. *Ovizide* und *Larvizide*). Zur Insektenbekämpfung in geschlossenen Räumen werden auch sog. Begasungsmittel (z. B. Methylbromid, Blausäure) verwendet. - ↑ auch Repellents.
Erst in den letzten Jahren erkannte man, daß viele S. schon in sehr geringer Konzentration neuropsych. Veränderungen im Menschen bewirken können, z. B. vegetative Dystonie, Schlafstörungen, gesteigerte Aggresivität, verringerte oder gesteigerte Motorik. Bisher sind jedoch erst wenige S. auf solche Wirkungen hin untersucht worden.
Perkow, W.: Wirksubstanzen der Pflanzenschutz- u. S. Hamb. u. Bln. ²1983.

Schador (Tschador) [pers. „Vorhang, Schleier"], über den Kopf gelegter und vor das Gesicht gezogener bodenlanger Überwurf (Straßenbekleidung der Perserin).

Schadorganismen, zusammenfassende Bez. für die Gruppe der Schädlinge, Schadpflanzen (Schmarotzer, Unkräuter) und Krankheitserreger (Bakterien, Pilze).

Schadow [...do], Gottfried, * Berlin 20. Mai 1764, † ebd. 27. Jan. 1850, dt. Bildhauer. - 1788 Hofbildhauer, 1815 Direktor der Berliner Akad. der Künste. S., Hauptmeister des dt. Klassizismus, vereinigte in seinen Werken sinnl. Naturerfassung bzw. realist. Porträtwiedergabe mit idealer Formschönheit. - *Werke:* Quadriga mit Viktoria auf dem Brandenburger Tor in Berlin (Modell 1789, ausgeführt 1794; im 2. Weltkrieg zerstört, 1958 Kopie in Kupfer aufgestellt); Grabmal des Grafen von der Mark (1789/90; Berlin, Museumsinsel), Gruppe der Kronprinzessin Luise und ihrer Schwester Friederike von Preußen (1796/97; ebd.); außerdem zahlr. Porträtbüsten, Standbilder, Grabmäler und Reliefs. - Abb. Bd. 12, S. 8, Bd. 17, S. 245.

S., Wilhelm von (seit 1845), * Berlin 6. Sept. 1788, † Düsseldorf 19. März 1862, dt. Maler und Kunstschriftsteller. - Sohn von Gottfried S.; 1811 in Rom, wo er 1813 dem „Lukasbund" (↑ Nazarener) beitrat; konvertierte 1814 zum Katholizismus. 1819 Prof. an der Berliner, 1826 Direktor der Düsseldorfer Akad.; Mitbegr. der ↑ Düsseldorfer Malerschule. Malte religiöse Historienbilder und Porträts.

Schadstoff, Bez. für einen (chem.) Stoff, von dem schädigende Wirkungen auf Lebewesen, Ökosysteme und Sachgüter ausgehen können.

Schaefer, Oda, eigtl. O. Lange, geb. Kraus, * Berlin 21. Dez. 1900, dt. Schriftstellerin. - In 2. Ehe ∞ mit H. Lange. Schrieb musikal.-farbige naturverbundene Lyrik, teils mit persönl. Motiven („Die Windharfe", 1939; „Grasmelodie", 1959; „Der grüne Ton", 1973). Auch Erzählungen („Die Kastanienknospe", 1947), Hörspiele („Belle Epoque", 1965) und Erinnerungen („Die leuchtenden Feste über der Trauer", 1977). - *Weiteres Werk:* Schwabing (1985). - † 4. Sept. 1988.

Schaeffer, Albrecht [ˈʃɛːfər], * Elbing 6. Dez. 1885, † München 5. Dez. 1950, dt. Schriftsteller. - 1939-50 Emigration in den USA. Von S. George beeinflußter traditions- und formbewußter Lyriker („Die Meerfahrt", 1912), Erzähler und Dramatiker, der die Verbindung der Ideale antiker und christl.-humanist. Bildungswelt anstrebte, u. a. in den Bildungsromanen „Helianth" (1920-24) und „Rudolf Erzerum oder Das Leben der Einfachheit" (1945).

S., Pierre [frz. ʃɛˈfɛːr], * Nancy 14. Aug. 1910, frz. Toningenieur und Komponist. - Machte 1948 erste Versuche mit ↑ konkreter Musik („Étude aux chemins de fer"), wurde 1960 Leiter des Service de la Recherche de l'ORTF, seit 1968 Prof. am Conservatoire. Werke: u. a. „Symphonie pour un homme seul" (1950), Oper „Orphée" (1951-53). Schriften: u. a. „Traité des objets musicaux" (1966), „Machines à communiquer" (2 Bde., 1970-72).

Schaf ↑ Hausschaf, ↑ Schafe.

Schafblattern, svw. ↑ Windpocken.
◆ svw. Schafpockenseuche († Pockenseuche).

Schäfchenwolken ↑ Wolken.

Schafe (Ovis), Gatt. in Trupps oder Herden lebender Wiederkäuer mit 2 Arten (Dickhornschaf, Wildschaf) und zahlr. Unterarten, v. a. in Gebirgen S-Europas, Asiens und N-Amerikas; Körperlänge etwa 110-200 cm, Schulterhöhe rd. 60-125 cm (♂♂ deutl. größer als ♀♀); ohne Kinnbart, mit flacher Stirn und (im ♂ Geschlecht) oft mächtigen, gewundenen Hörnern. Das **Dickhornschaf** (Ovis canadensis, Körperlänge etwa 120-190 cm, Schulterhöhe etwa 80-100 cm) lebt in Rudeln in Gebirgsregionen O-Asiens und N-Amerikas; Körper massig, ♂♂ mit kräftigen, bis 90 cm langen, seitl. des Kopfes schneckenförmig aufgewundenen Hörnern, Fell meist schwarzbraun, Schwanz und Hinterteil hell gefärbt. Das **Wildschaf** (Ovis ammon, Körperlänge 110-200 cm, Schulterhöhe 60-125 cm) ist in Asien und S-Europa heim.; ♂♂ mit starken, bogig oder schneckenförmig nach hinten gekrümmten Hörnern; wichtige Unterarten sind ↑ Argali und ↑ Mufflon. - ↑ auch Hausschaf.

Geschichte: Neben der Hausziege gehört das Hausschaf zu den ältesten Haustieren. Noch vor der vollständigen Entwicklung des Ackerbaus ist es in den Steppengebieten SW-Asiens domestiziert worden; von dort aus gelangte es etwa um 2000 v. Chr. über Persien und Mesopotamien nach Europa. Die *Schafzucht* sicherte nicht nur die Fleischversorgung, sondern lieferte v. a. Fett als tier. Rohstoff. Die Verarbeitung der Schafwolle gewann mit der von Spanien kommenden Zucht feinwolliger Merinoschafe rasch an Bedeutung und hat sich bis in unsere Zeit als wichtiger Wirtschaftsfaktor erhalten.

In der *Bibel* sind Widder und Lämmer die Opfertiere des Alten Bundes. Im neutesta-

Schäfer

mentl. Sinne wird das Leiden Christi mit dem friedl. und geduldigen Verhalten der S. verglichen. Deshalb wurde das Schaf in der christl. Kunst als ↑ Lamm Gottes zum beherrschenden Motiv.

📖 *Schwintzer, L.: Das Milchschaf.* Stg. ^{5}1983. - *Behrens, H.: Lehrb. der Schafkrankheiten.* Bln. u. Hamb. ^{2}1979. - *Hdb. der Schafzucht u. Schafhaltung.* Hg. v. H. Doehner. Bln. u. Hamb. $^{1-2}$1941–54. 4 Bde.

Schäfer, Heinrich, * Berlin 29. Okt. 1868, † Hess. Lichtenau 6. April 1957, dt. Ägyptologe. - 1907–35 Direktor des ägypt. Museums in Berlin. Wichtigstes Werk: „Von ägypt. Kunst. Eine Grundlage" (2 Bde., 1919).

S., Walter Erich, * Hemmingen (Landkr. Ludwigsburg) 16. März 1901, † Stuttgart 28. Dez. 1981, dt. Schriftsteller und Intendant. - 1949–72 Generalintendant der Württemberg. Staatstheater in Stuttgart. Verfaßte bühnenwirksame nat. Geschichtsdramen, Volksstücke, Novellen und Hörspiele; auch Künstlermonographien.

S., Wilhelm, * Ottrau (Schwalm-Eder-Kreis) 20. Jan. 1868, † Überlingen 19. Jan. 1952, dt. Schriftsteller. - 1900–22 Hg. der konservativen Zeitschrift „Die Rheinlande". Prosaepos: „Die dreizehn Bücher der dt. Seele" (1922).

Schäferdichtung, beliebte literar. Gatt. der europ. Renaissance und des Barock, in der Tradition der bukol. Dichtung stehend; entwickelte sich im Rahmen des aristokrat. Gesellschaftsspieles der „Schäferei". S. ist Rollendichtung, formal gekennzeichnet durch die Verschmelzung von lyr.-musikal. Elementen, Prosa, Dialogen und kunstvoller Verse. Den europ. *Schäferroman* begründete I. Sannazaro, das dramat. *Schäferspiel* B. Guarini. Bed. Vertreter in Deutschland waren M. Opitz, G. P. Harsdörffer, J. Klaj, P. von Zesen, P. Fleming. Dichter der Aufklärung (u. a. C. M. Wieland) versuchten eine strenge Regelung der Gatt., die schließl. in die Kleinformen der Anakreontik und des Rokoko einmündete und im 19. Jh. in die Idylle überging.

Schäferhunde, zusammenfassende Bez. für verschiedene Rassen und Schläge des Haushundes, die urspr. nur als Hütehunde eingesetzt wurden, später dann zunehmend auch als Schutz- und Begleithunde Verwendung fanden. In verschiedenen Ländern wurden Standardtypen herausgezüchtet, die dann häufig nach dem Herkunftsland bzw. Hauptzuchtort benannt wurden. In Deutschland ist es v. a. der ↑ Deutsche Schäferhund, bekanntere engl. S. sind ↑ Bobtail und Collie.

Schäferroman, beliebte, in der Tradition der Hirtendichtung stehende Dichtungsgatt. († Schäferdichtung) des Barock.

Schaff, Adam, * Lemberg 10. März 1913, poln. Philosoph. - Seit 1948 Prof. in Warschau; 1957–68 Leiter des Inst. für Philosophie und Soziologie der poln. Akad. der Wiss.; seit 1963 Präs. des Europ. Zentrums für Sozialwiss. in Wien; seit 1972 Honorarprof. in Wien. S. versucht eine am Individuum orientierte Interpretation des Marxismus und konfrontiert ihn mit Positionen der Sprachphilosophie, v. a. mit dem Strukturalismus. - *Werke:* Marx oder Sartre. Versuch einer Philosophie des Menschen (1961), Marxismus und das menschl. Individuum (1965), Einführung in die Semantik (1960), Humanismus, Sprachphilosophie, Erkenntnistheorie des Marxismus (1975), Wohin führt der Weg? (1985).

Schäffer, Bogusław, * Lemberg 6. Juni 1929, poln. Komponist. - Gilt als der radikalste Vertreter avantgardist. Musik in Polen. Kompositionen: u. a. „Topofonica" für 40 Instrumente (1960), „Texte" für Orchester (1971), „Konfrontationen" für ein Soloinstrument und Orchester (1972).

S., Fritz, * München 12. Mai 1888, † Berchtesgaden 29. März 1967, dt. Politiker. - 1920–33 MdL in Bayern; 1929–33 Vors. der Bayer. Volkspartei; 1931–33 bayr. Finanzmin.; 1933 vorübergehend inhaftiert; 1945 von den Amerikanern vorübergehend als bayr. Min.präs.

Schaffhausen mit der Festung Munot (Ansicht von Süden)

Schafiiten

eingesetzt, dann bis 1948 mit Verbot polit. Tätigkeit belegt; 1945 Mitbegr. der CSU; 1949-61 MdB; Bundesfinanzmin. 1949-57, verfolgte eine sparsame Haushaltspolitik; Bundesjustizmin. 1957-61.

Schaffermahlzeit, alljährl. am 2. Freitag im Febr. stattfindende traditionelle feierl. Mahlzeit der Schiffer und Reeder in Bremen, zu der bed. Persönlichkeiten des öffentl. Lebens geladen werden.

Schaffhausen, Hauptstadt des schweizer. Kt. S.; am Hochrhein, 402 m ü. d. M., 34 100 E. Museum und Kunstausstellungen im ehem. Kloster Allerheiligen; bed. Metallind. - 3,5 km unterhalb von S. der Rheinfall. - Hatte schon im frühen 11. Jh. Marktrecht; 1080 dem 1049 gegr. Benediktinerkloster Allerheiligen (1529 säkularisiert) geschenkt, das 1087 Immunität erhielt; S. erlangte 1190 Reichsunmittelbarkeit, erhielt 1277 eigene Gerichtsbarkeit, wurde 1330 habsburg. Pfandbesitz, erkaufte sich 1415 aber die verlorene Reichsfreiheit wieder; schloß sich 1452 der Eidgenossenschaft an (1454 zugewandter Ort), wurde 1501 Mgl., 1803 Hauptstadt des neuen Kt. - Über der Stadt die Festung Munot (16. Jh.); roman. Münster (1103/04 vollendet) mit großem Kreuzgang, Rathaus (1412 vollendet; später umgestaltet).

S., Kt. in der N-Schweiz, 298 km^2, 69 600 E. (1986), Hauptstadt Schaffhausen; liegt überwiegend rechtsrhein. und besteht aus 3 räuml. getrennten Teilen, außerdem liegt 4 km östl. der Stadt S. die dt. Enklave Büsingen am Hochrhein (1200 E). Die markantesten Landschaftseinheiten sind der zum Tafeljura zählende, waldreiche Randen, der weite Talzug des Klettgaus und der Südranden. Wichtigstes Landw.gebiet ist der Klettgau (auch Weinbau). Die Ind. konzentriert sich in Thayngen, Stein am Rhein und v. a. in der Stadt S. sowie dem zu ihr anschließenden untersten Merishausertal. Ziele des Fremdenverkehrs sind der Rheinfall und das Erholungsgebiet des Randens.

Geschichte: Der 1803 gebildete Kt. S. entstand aus den nach 1415 durch die Stadt S. erworbenen Gebieten; 1831 Einführung einer liberalen Verfassung.

Verfassung: Nach der (1852, 1876 und 1895 revidierten) Verfassung von 1831 liegt die Exekutive beim vom Volk auf 4 Jahre gewählten Reg.rat (5 Mgl.). Die Legislative bilden der vom Volk auf 4 Jahre gewählte Große Rat (80 Mgl.) und das Volk selbst (Volksabstimmung). 1971 wurde das Frauenstimm- und -wahlrecht eingeführt.

Schäffle, Albert, * Nürtingen 24. Febr. 1831, † Stuttgart 25. Dez. 1903, dt. Nationalökonom und Soziologe. - Prof. in Tübingen und Wien; in seinem soziol. Hauptwerk „Bau und Leben des sozialen Körpers" (1875-78) versuchte er eine organizist. Synthese von Natur- und Sozialwissenschaft durch Übertragung biolog. Gesetze auf Gesellschaft und Staat. Sozialpolit. propagierte er einen korporativen Sozialismus.

Schäfflertanz [zu süddt. Schaff „Bottich"], Reiftanz der Böttcher; noch heute wird der seit 1702 bezeugte *Münchner S.* alle 7 Jahre zur Faschingszeit aufgeführt.

Schaffner, Hans, * Gränichen (Aargau) 16. Dez. 1908, schweizer. freisinniger Politiker. - 1941-45 Leiter des zentralen Kriegswirtschaftsamts; Bundesrat 1961-69 (Leiter des Volkswirtschaftsdepartements); 1966 Bundespräsident.

S., Martin, * um 1478/79, † Ulm zw. 1546/49, dt. Maler. - Seit 1499 in Ulm ansässig. Einflüsse Holbeins d. Ä., ab 1510 Dürers und H. Schäuffeleins; u. a. „Hutzaltar" (1521, Ulm, Münster), „Zweiter Wettenhausener Altar" (1523/24; Tafeln in München, Alte Pinakothek). Auch Bildschnitzer und Medailleur.

Schaffran, Gerhard, * Leschnitz (Landkreis Groß Strehlitz) 4. Juni 1912, dt. kath. Theologe. - Seit 1970 Bischof des exemten Bistums Meißen (seit 1980: Dresden-Meißen); seit 1980 Vorsitzender der Berliner Bischofskonferenz.

Schafgarbe (Feldgarbe, Garbe, Achilea), Gatt. der Korbblütler mit über 100 Arten auf der N-Halbkugel, v. a. in der Alten Welt; Stauden, selten Halbsträucher, mit meist stark geteilten Blättern und kleinen, aus nur wenigen Zungen- und zahlr. röhrigen Scheibenblüten bestehenden Blütenköpfchen. In Deutschland kommen rd. 10 vielgestaltige Arten vor, u. a.: **Gemeine Schafgarbe** (Gachel, Achillea millefolium; mehrjährig, aufrecht, bis 80 cm hoch, mit 2-3fach gefiederten Blättern, Blütenköpfchen [mit weißen oder rosafarbenen Zungenblüten und gelbl. Scheibenblüten] in dichten Doldenrispen stehend); **Schwarze Schafgarbe** (Achillea atrata; ausdauernd, 5-30 cm hoch, mit doppelt fiederspaltigen Blättern und 3-15 weißen Blütenköpfchen in einfacher Doldentraube); **Sumpfschafgarbe** (Achillea ptarmica; bis 100 cm hohe Staude mit lanzettförmigen, fein gesägten Blättern und großen Blütenköpfchen mit weißen Zungenblüten und grünlichweißen Scheibenblüten); **Weiße Schafgarbe** (Weißer Speik, Steinraute, Achillea clavenae; 5 bis 30 cm hohe Staude mit fiederteiligen, filzig behaarten Blättern, Blütenköpfchen mit weißen Zungen- und gelblichweißen Scheibenblüten in Doldentrauben, Hüllblätter schwarz berandet. - In der Volksmedizin wird aus den Blüten ein Tee zubereitet, der gegen Leber- und Magenleiden getrunken wird.

Schafhaut, svw. ↑ Amnion.

Schafiiten, Anhänger der von Abu Abd Allah Asch Schafii (* 767, † 820) begr. Schulrichtung der islam. Gesetzeslehre. Schafii baute das islam. Gewohnheitsrecht zu einer systemat. Rechtslehre aus. Seine Schulrichtung fand ihre Anhänger v. a. in Syrien, im S der Arab.

Halbinsel, in O-Afrika und in Indonesien.

Schafkälte, sehr häufig Mitte Juni (Zeit der Schafschur) in M-Europa auftretender Kaltlufteinbruch aus Nordwesten.

Schafkopf, eines der ältesten dt. [volkstüml.] Kartenspiele, bekannt nach der dem S. ähnl. Figur, die bei der Strichnotierung der Spiele gemalt wird. Gespielt wird zw. 4 Spielern mit dt. oder frz. Karten. Heute übl. als ↑ Doppelkopf.

Schafott [altfrz.-niederl.], [erhöhte] Stätte für Hinrichtungen durch Enthauptung; Blutgerüst.

Schafpockenseuche (Schafpocken, Schafblattern) ↑ Pockenseuche.

Schafporling (Schafeuter, Polyporus ovinus, Albatrellus ovinus, Scutiger ovinus), auf dem Boden wachsender, meist in Gruppen auftretender weißl. bis gelblichgrauer Pilz (Saftporling), v. a. in Nadelwäldern des Gebirges; mit bis 10 cm breitem Hut, sehr kleinen, weißen, sich leicht gelbl. verfärbenden Poren, kurzem, dickem, oft zentralem Stiel und weißem, in jungem Zustand nußartig schmeckendem Fleisch.

Schafschwingel (Festuca ovina), sehr formenreiche, zwölf Kleinarten umfassende Sammelart des Schwingels in Eurasien, N-Afrika und N-Amerika; ausdauernde Horstgräser mit borstenförmigen, bläul. bereiften oder grünen Blättern und kleinen Ährchen; überwiegend in Magerrasen. Als Ziergras wird v. a. der heute meist als eigene Art beschriebene **Blauschwingel** (Festuca cinerea, Festuca glauca, Festuca ovina var. glauca, mit vier- bis achtblütigen Ährchen in einer bis 8 cm langen Rispe) häufig angepflanzt.

Schafshaut, svw. ↑ Amnion.

Schaft [zu althochdt. scaft, eigtl. „Speerschaft"], (Web-S.) Holz- oder Metallrahmen, der im Webstuhl zur Bildung des Fachs dient. Im S. sind Drähte oder Schnüre mit Ösen (Litzenaugen) eingehängt, durch die die Kettfäden geführt werden.

♦ aus Holz oder Metall gefertigter Teil von Handfeuerwaffen, in dem Lauf und Verschluß samt Schloß sowie Abzugs- und Mehrladevorrichtung gelagert sind.

♦ Teil des Schuhs bzw. Stiefels oberhalb der Sohle (einschließl. Futter).

♦ svw. Federkiel (↑ Vogelfeder).

♦ langer, blattloser Blütenstiel.

Schäftlarn, Gem. 9 km östl. von Starnberg, Bay., 561 m ü. d. M., 4 900 E. - Ehem. Prämonstratenserkloster (als Benediktinerkloster 760 gegr.). - Barock sind die Kirche und die Klosterbauten (18. Jh.).

Schaftmaschine, lochkartengesteuerte Fachbildevorrichtung, die an Webmaschinen eine vielfältige Musterung der Gewebe durch beliebige Reihenfolge der Schafthübe ermöglicht; die Bewegung der Webschäfte wird dabei über Platinen gesteuert.

Schaftwerk ↑ Geschirr.

Schafzecke, fälschl. Bez. für die Schaflausfliege.

Schaginjan, Marietta Sergejewna [russ. ʃɪgi'njan], * Moskau 21. März 1888, † ebd. † 20. März 1982, russ.-sowjet. Schriftstellerin. - Der Arztroman „Schicksal in eigener Hand" (1916–23) schildert die Stimmung eines Teils der russ. Intelligenz vor der Oktoberrevolution. Schrieb über Lenin, u. a. „Die Familie Uljanow" (1937–57). „Das Wasserkraftwerk" (R., 1930/31) gehört zu den ersten Werken der sozialist. Aufbauliteratur.

Schah, pers. Bez. des Herrschers; *Schahanschah* bzw. *Schahinschah* („König der Könige") war der Titel des iran. Kaisers; Prinzen trugen den Titel *Schah-Sadeh* („Königssohn"); Titel der Kaiserin war *Schahbanuh.*

Schahada [arab. „Zeugnis"], das islam. Glaubensbekenntnis: „Ich bezeuge, daß es keine Gottheit außer Gott (Allah) gibt und daß Mohammed der Gesandte Gottes ist". Durch lautes und bewußtes Aussprechen dieser Formel in arab. Sprache bezeugt der Gläubige seine Zugehörigkeit zum Islam.

Schah Dschahan, * Lahore 5. Jan. 1592, † Agra 22. Jan. 1666, ind. Großmogul (1628–58). - Erweiterte das Mogulreich v. a. im S; ließ den Pfauenthron anfertigen, das Tadsch Mahal (↑ Agra) erbauen und baute Delhi aus.

Schaib Al Banat, Gabal, mit 2 184 m höchste Erhebung in der Arab. Wüste (Ägypten).

Schaich ↑ Scheich.

Schaich Uthman ↑ Aden.

Schaiwas, Anhänger des ↑ Schiwaismus.

Schakale [Sanskrit-pers.-türk.], zusammenfassende Bez. für 3 Arten (Goldschakal, Schabrackenschakal und Streifenschakal) der ↑ Hundeartigen in SO-Europa, Asien und Afrika, überwiegend in trockenen, offenen Gebieten; Körper relativ schlank und hochbeinig, bis etwa 90 cm lang; Schwanz buschig, bis etwa 35 cm lang. - S. sind scheu und überwiegend nachtaktiv. Sie ernähren sich von Kleintieren, Aas und Abfällen, auch von pflanzl. Kost, jagen aber gelegentl. auch (oft gemeinsam) mittelgroße Säugetiere (bis etwa Schafgröße). Der **Goldschakal** (Wolfsschakal, Canis aureus) ist im nördl. und mittleren Afrika, von SO-Europa bis S-Asien verbreitet; Körperlänge 70–85 cm, Schulterhöhe 45–50 cm, Färbung rot- bis goldbraun oder graugelb, bes. am Rücken schwärzl. meliert. Der **Schabrackenschakal** (Canis mesomelas) ist in O- und S-Afrika weit verbreitet; Körperlänge bis 90 cm, Färbung überwiegend hell rostrot, mit scharf abgesetzter, schiefergrauer Rückenseite; auffallend spitze Schnauze und große Ohren. Der **Streifenschakal** (Canis adustus) ist in fast ganz Afrika verbreitet; Körperlänge 80 bis 90 cm, Färbung überwiegend braungrau, an jeder Körperseite ein schräger, heller Streifen.

Schäkel [niederdt.], in seiner Grundform

Schalenobst

ein U-förmiges, stählernes Verbindungsglied, dessen durchbohrte Enden mit einem Schraubenbolzen geschlossen werden können (davon abgewandelt viele andere Bauformen); dienen z. B. zum Verbinden von Kettenenden.

Schakjamuni ↑Buddha.

Schakti [Sanskrit „Kraft"], im Hinduismus eine weibl. Urkraft des Kosmos, von der Götter und Menschen abhängig sind; oft der Göttin Durga gleichgesetzt.

Schalamöben (Thekamöben, Testacea), Ordnung der Amöben, überwiegend im Süßwasser, v. a. in Mooren; bilden im Unterschied zu den ↑Nacktamöben Schalen aus organ. Grundsubstanz (nicht selten Chitin), in die häufig anorgan. Salze eingelagert oder an denen außen Fremdkörper (Sandkörnchen, Kieselalgenschalen) aufgelagert sind. Häufige Vertreter der S. sind die **Kapseltierchen** (Arcella vulgaris) mit flacher, gewölbter Schale, in Süßwasser und in feuchten Böden.

Schale, flaches, weites Gefäß aus Metall, Glas, Keramik u. a.

♦ als Schutz und Abschluß nach außen dienende, morpholog. vom darunterliegenden Gewebe differenzierte, mechan. mehr oder weniger leicht ablösbare Außenschicht einer Frucht (z. B. Apfel, Nuß) oder eines Organismus (z. B. Muschel).

♦ Huf bzw. Klaue beim Schalenwild.

♦ zusammenfassende Bez. für verschiedene Formen meist mit Lahmen verbundener (nicht immer heilbarer) asept. (v. a. beim Pferd) Gelenkentzündungen, vorwiegend im Bereich der Vordergliedmaßen; Ursachen: u. a. Überbeanspruchung, Wunden, Frakturen, angeborene anatom. Fehler, Rachitis.

Schälen, wm. Bez. für das Durchbeißen und Abreißen *(Sommer-* oder *Saftschäle)* bzw. das Benagen (im Winter: *Winterschäle)* der Rinde junger, noch glattrindiger Laub- und Nadelbäume (v. a. Stangenholz) durch Elch, Rot-, Dam- und Muffelwild sowie den Biber.

♦ in der *Forstwirtschaft* Bez. für das Entrinden (oder Entborken) von geschlagenem Nutzholz zur rascheren Trocknung, Transporterleichterung oder Vermeidung von Insektenschäden.

Schalenanemometer, svw. Schalenkreuzanemometer (↑Anemometer).

Schalenbauweise, von W. Bauersfeld und F. Dischinger 1922/23 entwickelte Bauweise mit einfach oder doppelt gekrümmten Flächentragwerken (Schalen) großer Steifigkeit und geringer Dicke; erlangte bes. Bedeutung im Stahlbetonbau.

♦ im *[Luft]fahrzeugbau* vorherrschende Metallbauweise, bei der der äußeren Formgebung dienenden Wandungen zus. mit bes. Versteifungselementen die tragende Struktur in Form einer geschlossenen Röhre bilden.

Schalendach ↑Dach.

Schalenhaut (Schalenhäutchen, Membrana testae), die die innere Wandung der

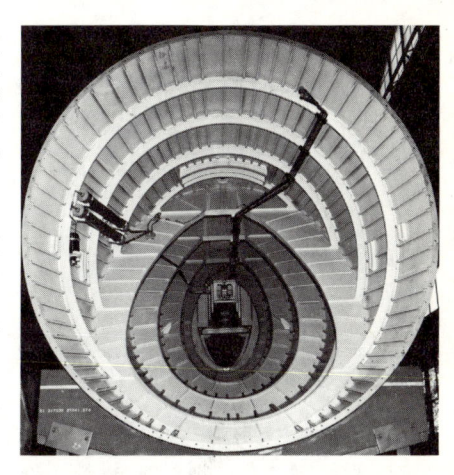

Schalenbauweise. Rumpfschale eines Flugzeugs

Schale des Vogeleies auskleidende, aus zwei Schichten bestehende, am stumpfen Eipol eine Luftkammer einschließende Eihaut.

Schalenkrebse, seltenere Bez. für Muschelkrebse.

Schalenkreuzanemometer (Schalenanemometer) ↑Anemometer.

Schalenmodell, spezielles Modell zur Beschreibung der Elektronenhülle eines Atoms (S. der Atomhülle; ↑Atommodell) bzw. des inneren Aufbaus eines Atomkerns (S. des Atomkerns; ↑Kernmodelle).

Schalenobst, Handelsbez. für hart- und

Schallanalyse. Frequenz-Schalldruck-Diagramm des Geräusches eines Motorrads bei Vollgas im Stand (Überlagerung eines kontinuierlichen Spektrums durch ein diskretes Linienspektrum; Schalldruck und Frequenz sind im logarithmischen Maßstab dargestellt)

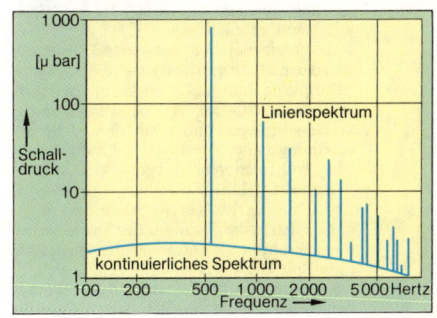

Schalenweichtiere

trockenschalige genießbare Früchte; v. a. Erdnüsse, Edelkastanien, Haselnüsse, Paranüsse, Süßmandeln und Walnüsse.

Schalenweichtiere (Konchiferen, Conchifera), Unterstamm 1 mm bis 6,60 m körperlanger Weichtiere mit rd. 125 000 Arten in Meeres- und Süßgewässern sowie am Festland. Die S. besitzen meist eine Mantelhöhle und ein bis zwei den Körper teilweise oder völlig umhüllende Schalen; diese können auch stark rückgebildet sein oder völlig fehlen. Man unterscheidet fünf Klassen: Napfschaler, Schnecken, Kahnfüßer, Muscheln und Kopffüßer.

Schalenwild (geschaltes Wild), wm. Bez. für alle wiederkäuenden Wildarten (z. B. Reh- und Rotwild, Gemse) und Wildschweine, deren Hufe bzw. Klauen als *Schalen* bezeichnet werden.

Schalenzwiebel ↑ Zwiebel.

Schalerbse, svw. ↑ Trockenerbse.

Schalet [hebr.], meist aus Bohnen und Fleisch bestehende Sabbatmahlzeit der Juden.

Schälfurniere ↑ Furniere.

Schaljapin, Fjodor Iwanowitsch, * Kasan 13. Febr. 1873, † Paris 12. April 1938, russ. Sänger (Baß). - Sang ab 1899 an der Hofoper in Moskau, nach seiner Emigration (1920) 1921-28 an der Metropolitan Opera in New York, ließ sich dann in Paris nieder; wurde v. a. als „Boris Godunow" gefeiert.

Schalk, Franz, * Wien 27. Mai 1863, † Edlach (Niederösterreich) 3. Sept. 1931, östr. Dirigent. - Schüler u. a. von A. Bruckner; war Kapellmeister in Graz, Prag, London, New York und Berlin, 1918-29 Leiter der Wiener Staatsoper; bed. Bruckner-Dirigent.

Schalk, urspr. Knecht, unfreier Dienstmann; dann listiger Spaßmacher, Schelm.

Schall, mechan. Schwingungen mit Frequenzen zw. 16 Hz und 20 000 Hz *(Hörbereich)*, die sich in einem elast. Medium vorwiegend in Form von ↑ Longitudinalwellen fortpflanzen und im menschl. Gehör einen Sinneseindruck hervorrufen können. Mechan. Schwingungen und Wellen mit Frequenzen unterhalb von 16 Hz werden als *Infraschall*, oberhalb von 20 000 Hz als *Ultraschall* und oberhalb von 1 GHz als *Hyperschall* bezeichnet. Man unterscheidet entsprechend den Medien, in denen sich die S.vorgänge abspielen, Luft-S., Wasser-S., und Körper-S. (in festen Stoffen). Wie bei allen anderen Wellenvorgängen sind auch beim S. die Erscheinungen der Brechung, Reflexion, Beugung und Interferenz zu beobachten.

Schalla, Hans, * Hamburg 1. Mai 1904, † ebd. 22. Aug. 1983, dt. Regisseur und Intendant. - Setzte die Tradition der Shakespeareinszenierungen als Intendant des Bochumer Schauspielhauses (1949-72) fort. Zugleich festigte er den Ruf Bochums als der führenden dt. Bühnen durch seinen eigenwilligen Inszenierungsstil (einfaches Bühnenbild, Staccato-Sprechen und starkfarbige Kostümierung der Schauspieler u. ä.).

Schallabsorption, die wegen innerer Reibung und Wärmeleitung bei der Schallausbreitung stets auftretende Umwandlung von Schallenergie in andere Energieformen (meist in Wärmeenergie), die mit einer Verringerung der Schallintensität verbunden ist.

Schallanalyse (Schallspektroskopie), die Zerlegung eines beliebigen Schalls in seine sinusförmigen Bestandteile, d. h. in seine Teiltöne. Ziel der S. ist die Registrierung der einzelnen Teiltöne nach Tonhöhe (Frequenz) und Tonstärke (Amplitude). Das Ergebnis der S. wird in Form eines Frequenz-Schalldruck-Diagramms, des sog. *Schallspektrums* aufgezeichnet. Die zur S. verwendeten Geräte heißen *Schallanalysatoren*. Während die S. früher durch subjektive Beobachtung mit akust. Filtern (z. B. Helmholtz-Resonatoren) durchgeführt wurde, verwendet man heute ausschließlich objektive elektr. Verfahren. Bei ihnen wird der zu analysierende Schall durch ein Mikrophon zunächst in eine äquivalente elektr. Schwingung umgewandelt und diese dann mit Hilfe elektr. Filter analysiert. Beim häufig verwendeten *[Ton]frequenzspektrometer* wird das Ergebnis der Analyse unmittelbar als Schallspektrum auf einem Bildschirm sichtbar. - Abb. S. 179.

Schallaufzeichnung, die Speicherung von Schallvorgängen (Musik, Sprache u. a.) auf einem geeigneten Träger. Mit Hilfe von Mikrophonen werden die Schallvorgänge in elektr. Signale umgesetzt; diese werden beim *Nadeltonverfahren* elektromechan. mit einem Schneidstichel als Rille auf Schallplatten, beim Lichttonverfahren opt. als Lichtspur auf Filmmaterial, bei der *magnet.* S. magnet. als Tonspur auf Magnettonträger aufgezeichnet. Bei der Compact disc (CD) erfolgt die Aufzeichnung des (digitalen) Signals mit Hilfe eines Lasers auf einer lichtempfindl. Beschichtung.

Schallbecher (Schallstück), Oberbegriff für die klangverstärkenden und -färbenden, trichter- oder birnenförmigen Bestandteile von Blasinstrumenten. Der S. bei Blechblasinstrumenten heißt ↑ Stürze, bei Holzblasinstrumenten ↑ Becher, bei der Orgel auch Aufsatz.

Schallblase, paarige (bei Kröten und Laubfröschen unpaare) Ausstülpung der Mundhöhle als schallverstärkender Resonator bei ♂ Froschlurchen (entsprechen den Kehlsäcken der Säuger); z. T. beim Quaken äußerl. erkennbar (z. B. Wasserfrosch).

Schalldämmstoffe, Materialien mit schallreflektierenden Eigenschaften bes. zur *Schalldämmung*. Man unterscheidet: 1. *Luft-S.* zur Verminderung der Luftschallausbreitung; elast. Stoffe großer Massendichte (z. B. Blei) oder Stoffe mit geschlossenen Poren (Schaumstoffe, Zellgummi) bzw. Fasermaterialien für

Schallplatte

Vorsatzschalen, Sandwichplatten, Doppel- oder Mehrfachwände; 2. *Körper-S.* mit federnden Eigenschaften (z. B. Gummi, Kork, Schaumstoffe, schwimmender Estrich bes. zur Dämmung von Trittschall), die in Form von Zwischenlagen, Puffern, Schwingungsdämpfern u. a. dazu dienen, die Übertragung von Körperschall und Erschütterungen möglichst stark zu vermindern.

Schalldämmzahl (Dämmzahl, Reduktionsmaß), Verhältnis der auf eine Wand auffallenden Schallintensität (bzw. Schallenergie) zur die Wand durchdringenden Schallintensität; Angabe in Dezibel.

Schalldämpfer ↑ Dämpfer.

Schalldämpfstoffe (Schallschluckstoffe), Materialien, in denen die Schallausbreitung einer starken, durch Schallabsorption bewirkten Dämpfung unterworfen ist. Als *Körper-S.* sind v. a. homogene Materialien geeignet, bei denen die Verluste durch innere Reibung entstehen (Kunststoffe, Antidröhnbeläge auf Metall). Als *Luft-S.* dienen v. a. poröse Stoffe mit durchgehenden Poren (z. B. Glaswolle, Holzwolleplatten, Filz), bei denen durch Reibung zw. den bewegten Luftteilchen und dem Skelett des porösen Materials Schallenergie verbraucht wird.

Schalldeckel, Teil der ↑ Kanzel.

Schallemissionsanalyse ↑ Werkstoffprüfung.

Schallfeldgrößen, die zur Beschreibung eines *Schallfeldes,* d. h. eines von Schallwellen erfüllten Raumgebietes in einem materiellen Medium verwendeten physikal. Größen: 1. **Schallausschlag:** Der jeweilige Abstand der schwingenden Teilchen des Ausbreitungsmediums von ihrer Ruhelage im ungestörten Medium. 2. **Schallschnelle:** Die jeweilige Geschwindigkeit der schwingenden Teilchen des Ausbreitungsmediums. 3. **Schallleistung:** Die gesamte von einer Schallquelle pro Zeiteinheit abgestrahlte Schallenergie (gemessen in Watt). 4. **Schallstärke (Schallintensität):** Die pro Zeiteinheit durch eine zur Schallausbreitungsrichtung senkrecht stehende Flächeneinheit hindurchgehende Schallenergie (gemessen in Watt/cm^2). 5. **Schalldruck (Schallwechseldruck):** Die durch die schwingenden Teilchen im Ausbreitungsmedium hervorgerufenen Druckschwankungen (gemessen in Mikrobar [μbar])Druck. 6. **Schallstrahlungsdruck:** Der merkl. nur in sehr starken Schallfeldern auftretende in Schallausbreitungsrichtung wirkende (Gleich-)Druck.

Schallgeber (Schallquelle), ein zu mechan. Schwingungen im Frequenzbereich von 16 Hz bis 20 kHz fähiger Schwinger (Oszillator). Man unterteilt in *lineare S.* (z. B. schwingende Saiten, Stäbe), *flächenhafte S.* (z. B. Membranen von Trommeln, Glocken) und *räuml. S.* (z. B. Pfeifen).

Schallgeschwindigkeit, diejenige Geschwindigkeit, mit der sich Schallwellen in festen, flüssigen oder gasförmigen Ausbreitungsmedien fortpflanzen. Im allg. ist sie in Gasen kleiner als in Flüssigkeiten und in Flüssigkeiten kleiner als in festen Körpern. Außer vom Material des Ausbreitungsmediums ist die S. insbes. bei flüssigen und gasförmigen Körpern auch von Temperatur und Druck abhängig. Dagegen besteht im allg. keine Frequenzabhängigkeit, das heißt, bei der Schallausbreitung tritt keine Dispersion auf.

Schallgeschwindigkeiten in m/s
(in Flüssigkeiten bei 15 °C, in Gasen bei 0 °C und einem Druck von 1,01325 bar)

Messing	3 420	Quecksilber	1 430
Blei	1 250	Alkohol	1 170
Eisen	5 170	Luft	331
Tannenholz	5 260	Sauerstoff	316
Wasser	1 464	Wasserstoff	1 284

Schallmauer, Geschwindigkeitsbereich in unmittelbarer Nähe der Schallgeschwindigkeit, in dem der Luftwiderstand eines Luftfahrzeugs sprungartig ansteigt.

Schallmessung (Geräuschmessung), die Messung der einen Schall charakterisierenden Größen (Schalldruck, Schallintensität und Lautstärke bzw. Lautheit sowie spektrale Zusammensetzung eines Geräuschs). Die Messung erfolgt mit elektroakust. *Schallmeßgeräten* (Geräuschmessern), die im wesentl. aus Mikrophon, Verstärker, elektr. Filtern und Anzeigegerät (Voltmeter oder Oszilloskop) bestehen. Bei einer *Lautstärkemessung* werden die individuellen Eigenheiten der Lautstärkeempfindung des Gehörs ausgeglichen; dies geschieht mit Schaltelementen, die den verstärkten Schalldruckpegel von Tönen mit sehr hohen bzw. niedrigen Frequenzen anheben, so daß eine für alle Frequenzen nahezu gleiche Lautstärke und damit ein *bewerteter Schallpegel* gemessen wird.

Schallöcher, Öffnungen in Resonanzböden und Decke von Saiteninstrumenten, bei Zupfinstrumenten ein rundes, oft mit einer ↑ Rosette versehenes Loch, bei Violen ein C-förmiges, bei Violinen ein f-förmiger Einschnitt beidseitig vom Steg.

Schallplatte, heute vorwiegend aus Kunststoff bestehender scheibenförmiger Tonträger von 17, 25 oder 30 cm Durchmesser und 1 bis 2 mm Dicke, auf dem beidseitig nicht löschbare Schallaufzeichnungen gespeichert sind, die mit Hilfe eines Plattenspielers wiedergegeben werden können. Die Schallaufzeichnungen sind dabei einer spiralförmig zum Mittelpunkt der Schallplatte hin verlaufenden Rille aufgeprägt und werden mittels der am Tonarm des Plattenspielers befindl. Abtastnadel abgespielt. Man unterscheidet die heute nicht mehr hergestellten **Normrillenschallplatten** aus Schellack und Füllstoffen, die mit einer Drehzahl von 78 U/min abgespielt werden, und die nur noch ein geringes

Schallplatte

Abtastrauschen beim Abspielen zeigenden **Mikrorillen[schall]platten** aus Polyvinylchlorid, die mit einer Drehzahl von $33\frac{1}{3}$ und 45 U/min, auch $16\frac{2}{3}$ U/min, abgespielt werden. Mit 45 U/min abgespielte S. von 17 (neuerdings auch 30) cm Durchmesser und einem kurzen Musiktitel pro Plattenseite bezeichnet man als *Single-Schallplatten (Singles)*, solche mit mehreren Titeln bzw. längerer Spielzeit als *Extended-Play-Schallplatten* und solche mit 25 oder 30 cm Durchmesser, die mit $33\frac{1}{3}$ oder $16\frac{2}{3}$ (neuerdings auch - zur Erreichung größerer Klangqualität - mit 45) U/min abgespielt werden, als *Langspielplatten* (Abk. LP, von englisch long playing record). Bei der **Schallplattenherstellung** werden zuerst die auf Magnetband gespeicherten Schallvorgänge auf eine mit Kunststofflack beschichtete Metallplatte übertragen, indem in einer besonderen Schneidanlage *(Plattenschneider)* ein analog zu den aufgezeichneten Schallschwingungen mechan. schwingender, keilförmig geschliffener Schneidstichel (aus Diamant oder Saphir) eine spiralförmige Rille in die Lackschicht der sich drehenden Metallplatte einritzt („schneidet"); von dieser *Originalplatte* stellt man nach oberflächiger Versilberung auf galvanoplast. Wege aus Kupfer oder Nickel zunächst ein Negativ („Vater"), davon mehrere Positive („Mütter") und von diesen weitere Negative („Söhne"), her, die dann in einer dampfbeheizten Presse als Matrizen zum Pressen des als Granulat eingebrachten thermoplast. S.materials dienen. Bei dem *Directcut-Verfahren* zur Herstellung von **Direktschnittplatten** werden die Schallschwingungen ohne den Weg über Magnetband dem Plattenschneider zugeführt und in eine Kupferschicht eingeschnitten *(DMM-Technik;* Abk. für engl. direct metal mastering). Bei der Herstellung von **stereophonischen Schallplatten** *(Stereo[schall]platten)* werden die voneinander unabhängig aufgenommenen Schallsignale der beiden Kanäle vom Stichel gleichzeitig durch sich überlagernde Bewegungen in einem Winkel von +45° bzw. −45° gegenüber der Plattenoberfläche eingeschnitten; dadurch erreicht man neben der Stereowiedergabefähigkeit auch die Abspielbarkeit auf Plattenspielern mit Monotonabnehmern. Bei der Herstellung von **quadrophonischen Schallplatten** *(Quadrophonie[schall]platten, Vierkanalschallplatten)* werden vom Schneidstichel in jede Rillenflanke jeweils Summensignale zweier Quadrophoniekanäle eingeschnitten und die Differenzsignale einer zusätzl. überlagerten Trägerfrequenz von 30 kHz aufmoduliert. Bei der Wiedergabe wird die dergestalt kodierte Vierkanalinformation auf einen Demodulator gegeben, wobei die Signale der 4 Kanäle voneinander getrennt werden. Eine Neuentwicklung sind die **Digitalschallplatten:** Bei der nur einseitig bespielten, aus metallisiertem Kunststoff bestehenden sog. **Kompaktschallplatte** (Compact disc; 12 cm Durchmesser, 1,1 mm Dicke; Abk. **CD**) ist die Musikinformation unterhalb einer transparenten Schutzschicht in Form einer dichten Folge mikroskopisch kleiner Vertiefungen, sog. *Pits* (Länge 1 μm, Breite 0,5 μm, Tiefe 0,1 μm), enthalten, die ebenfalls spiralig angeordnet sind, im Ggs. zur konventionellen S. jedoch von innen nach außen verlaufen. Diese Vertiefungen stellen die „Bilder" eines digitalen Pulscode-Modulationssignals dar *(PCM-Signal),* in das die analoge akust. Information bei der Musikaufnahme umgewandelt wird. Beim Abspielen der S. wird die digitale Information mit Hilfe eines opto-elektron. Tonabnehmersystems gelesen, das die Pits berührungslos mit dem fokussierten Lichtstrahl eines Halbleiterlasers abtastet. Das digitale Signal im Abnehmersystem wird in einem Digital-Analog-Wandler in das übl. Stereotonsignal umgewandelt. Bei der zweiseitig bespiel-

Schallplatte. Schema der Schallplattenherstellung

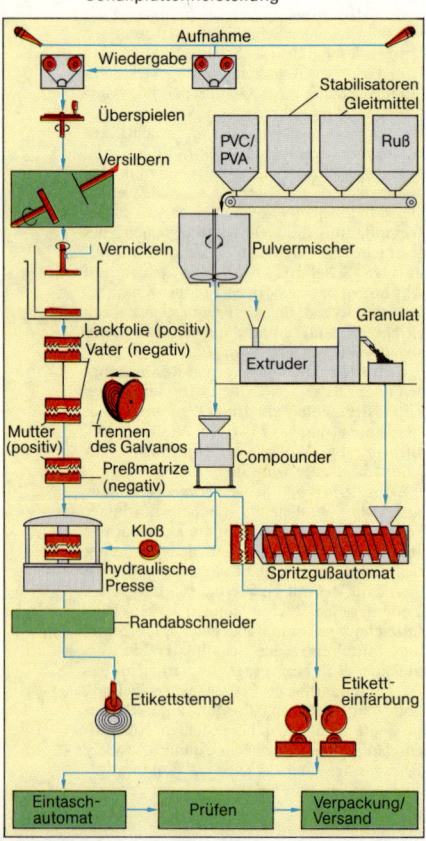

ten **Minidisk** wird das digitalisierte akust. Signal auf eine Kunststoffscheibe eingraviert und gepreßt. - Die durch S. verbreiteten Inhalte sind überwiegend Musik, v. a. Popmusik. **Geschichte:** Vorläufer der S. ist die stanniolbespannte Walze auf dem Phonographen T. A. Edisons von 1877. Sie wurde abgelöst durch die mit Wachs überzogene Zinkplatte des Grammophonerfinders E. Berliner (1887). Kurz vor der Jh.wende brachte die Dt. Grammophon-Gesellschaft in Berlin den Plattenspieler („Grammophon") Berliners heraus, während ein Bruder E. Berliners in Hamburg die S.herstellung aufnahm. Bedeutsam für die rein mechan. Schallabstrahlung waren Größe und Gestalt des Schalltrichters beim „Grammophon". Nach Erfindung der elektron. Verstärkerröhre wurde ab etwa 1920 der Übergang zur elektr. Aufnahme und Wiedergabe, die fast Originaltreue in allen Klangbereichen ermöglichte, vollzogen. Die Kunststoff-LP kam erst 1948 auf den Markt, HiFi-Platten gab es seit etwa 1955, Stereo-S. seit 1958; seit 1972 gibt es Quadrophonieplatten, seit 1973 Kunstkopfstereophonie-Schallplatten, seit 1976 Direktschnittplatten, seit 1978 S. mit digitalisierten Aufzeichnungsmethoden (im Tonstudio, ebenfalls Digitalschallplatten genannt).

Brauers, J.: Von der Äolsharfe zum Digitalspieler. 2000 Jahre mechan. Musik - 100 Jahre Schallplatte. Mchn. 1984. - Fellbaum, G./ Loos, W.: Phonotechnik ohne Ballast. Mchn. 1978. - Blaukopf, K.: Massenmedium S. Wsb. 1977.

Schallquanten, svw. ↑ Phononen.
Schallquelle, svw. ↑ Schallgeber.
Schallschnelle ↑ Schallfeldgrößen.
Schallspektroskopie, svw. ↑ Schallanalyse.
Schallstück ↑ Schallbecher.
schalltoter Raum, ein für akust. Messungen oder hallfreie Rundfunkaufnahmen bestimmter Raum, der gegenüber Schalleinfall von außen abgeschirmt ist und in dessen Innerem Schallreflexion durch schallabsorbierende Wand-, Decken- und Fußbodenbeläge weitgehend verhindert werden.
Schallück, Paul, * Warendorf 17. Juni 1922, † Köln 29. Febr. 1976, dt. Schriftsteller. - Mgl. der „Gruppe 47"; Mitbegr. der dt.-jüd. Bibliothek „Germania Judaica" in Köln. Schrieb u. a. „Wenn man aufhören könnte zu lügen" (R., 1951), „Die unsichtbare Pforte" (R., 1954) „Engelbert Reinecke" (R., 1959), „Don Quichotte in Köln" (R., 1967), „Karlsbader Ponys" (E., 1968); auch Hörspiele und -bilder sowie Essays („Hierzulande und anderswo", „...").
Schally, Andrew [engl. ˈʃæli], * Wilno (Polen) 30. Nov. 1926, amerikan. Biochemiker. - U. a. Prof. in New Orleans. Wie R. Guillemin extrahierte S. Releaserfaktoren (RF), gewann sie jedoch im Unterschied zu Guillemin aus dem Hypothalamus von Schweinen. Er isolierte 1971 (noch vor Guillemin) und synthetisierte eine Substanz (LH-RF), die die Ausscheidung von luteinisierendem Hormon (LH) bewirkt. Erhielt (zus. mit R. S. Yalow und Guillemin) 1977 den Nobelpreis für Physiologie oder Medizin.
Schalmei [altfrz., zu lat. calamellus „Rohr" (von griech. kálamos „Rohr")], 1. Oberbegriff für Blasinstrumente mit Rohrblatt; 2. i. e. S. ein ma., aus Arabien stammendes Blasinstrument in Diskantlage mit doppeltem Rohrblatt, enger Mensur und sechs bis sieben Grifflöchern. Aus der S. entwickelte sich im 15./16. Jh. die Fam. der ↑ Bomharte, während das Diskantinstrument bis in das 20. Jh. vorwiegend als Volksinstrument fortlebte; 3. Register der Orgel mit aufschlagenden Zungen; 4. im 20. Jh. ein Blasinstrument mit durchschlagenden Zungen.
Schalom [hebr. „Heilsein, Friede"], jüd. Friedenswunsch und Gruß.
Schalotte [frz., nach der Stadt Ashqelon (Askalon) in Israel] (landschaftl.: Schlotte, Aschlauch, Allium ascalonicum), 15-80 cm hohe, vermutl. aus Vorderasien stammende Kulturart des Lauchs mit „Stöcken" aus zahlr. länglich-eiförmigen, von goldbis braungelben Häuten umgebenen Zwiebeln; Stengel stielrund; Blütenstand kugelig, mit bläul. bis rosafarbenen oder weißl. Blüten; zur Fruchtzeit oft mit Brutzwiebeln.
Schälpflug ↑ Pflug.
Schaltalgebra (Schaltungsalgebra), die Anwendung der Booleschen Algebra bzw. der Gesetzmäßigkeiten Boolescher Verbände auf die Verknüpfung von elektr. Schaltelementen mit zwei stabilen Zuständen (z. B. Kontakte, Relais, Schaltgruppen von Halbleiterdioden oder Transistoren) in und mit elektr. Schaltungen.
Schaltanlagen, Sammelbez. für elektr. Betriebsmittel, die zum Zusammenschalten bzw. Trennen von Freileitungs-, Kabel- und Transformatorenabgängen dienen. S. bestehen u. a. aus Sammelschienen, Leistungs-, Trenn-, Erdungsschaltern, Strom- und Spannungswandlern sowie Steuerungs-, Meß- und Schutzeinrichtungen. Nieder- und Mittelspannungs-S. werden meist als blechgekapselte Innenraum-S. gebaut, Hochspannungs-S. als Freiluft-S., neuerdings auch als volleingekapselte SF_6-Innenraum-S. (mit Schwefelhexafluoridfüllung) (Platzersparnis beträgt etwa 85%).
Schaltbild ↑ Schaltplan.
Schalter (elektr. Schalter), Gerät zum willkürl. oder selbsttätigen Ein- oder Ausschalten elektr. Stromkreise mittels metall. Kontaktstücke, die sich beim Schließen des Stromweges (Einschalten) berühren oder beim Unterbrechen des Stromweges (Ausschalten) voneinander bewegen. *Niederspannungs-S.* (bis 1000 V) unterscheidet man nach

Schaltjahr

der Wirkungsweise (Stell-, Tast-S.), nach der Antriebsart (Hand-, Fern-S.), nach Art der Lichtbogenlöschung (Luft-, Öl-, Vakuum-S.) und nach dem Schaltvermögen (Leer-, Last-, Leistungs-S.). V. a. im Haushalt (Beleuchtung) finden Dreh-, Kipp-, Wipp- und Druckknopf-S. Verwendung; als *einpolige S.* (für: 1 Schaltstelle, 1 Stromkreis bzw. eine Lampe), *Wechsel-S.* (für: 2, 1), ein bzw. mehrere *Kreuz-S.* mit 2 Wechsel-S. (für: 3 bzw. mehrere, 1); *Serien-S.* sind eine Kombination aus 2 einpoligen Schaltern. *Hochspannungs-S.* (bis 765 kV) unterscheidet man nach: 1. *Trenn-S.;* ohne Löschvorrichtung, werden in stromlosem Zustand geschaltet. 2. *Leistungs-S.;* mit bes. Löschvorrichtungen, schalten alle Ströme bis zum Kurzschlußstrom, Unterteilung in ölarme, Druckluft-, SF$_6$-S. (mit Schwefelhexafluoridfüllung). 3. *Lasttrenn-S.;* bis 30 kV, Kombination von Last- und Trenn-S., schalten den Nennstrom.

Schaltjahr, ein Jahr, das gegenüber einem Normaljahr einen zusätzl. Tag *(Schalttag)* oder Monat *(Schaltmonat)* hat; S. wurden eingeführt, um die Tagesbruchteile der Jahreslängen auszugleichen. Die Einführung der *Schaltsekunde* (erstmals 1972; 10 s) beruht auf der Neudefinition der Sekunde über eine atomare Eigenfrequenz im Ggs. zur alten Zeitskala auf der Grundlage astronom. Bewegungsabläufe.

Schaltplan, häufig auch als *Schaltbild* bezeichnete symbol. Darstellung einer elektr. oder elektron. Einrichtung, deren Wirkungsweise mittels Schaltzeichen oder Schaltkurzzeichen erklärt wird. *Übersichts-S.:* vereinfachte Darstellung, *Wirk-S.:* detaillierte Darstellung der Anlage, *Stromlaufplan:* nach Stromwegen aufgelöste Darstellung der Schaltung.

Schaltsatz, syntakt. unabhängiger Satz, der in einen anderen Satz „eingeschaltet" ist, z. B.: „Abends, *es war schon ziemlich dunkel geworden,* zog man sich in das Haus zurück."

Schaltsekunde ↑ Schaltjahr.

Schalttag ↑ Schaltjahr.

Schaltung, Anordnung elektr. Bauelemente (z. B. Widerstände, Kondensatoren, Akkumulatoren, Transistoren) mit den verbindenden Leitungsstücken zu einem elektr. Stromkreis.

◆ (Gang-S.) in Kfz. ein Hebelsystem zum Einstellen der verschiedenen Übersetzungen (Einlegen der Gänge) des Wechselgetriebes; man unterscheidet bei Kraftwagen *Lenkrad-S.* (Schalthebel am Lenkrad) und *Knüppel-S.* (knüppelartiger Schalthebel); bei einspurigen Kfz. häufig als *Fußhebel-S.* ausgeführt.

Schaltwarte, zentraler Leitstand (z. B. in einem Kraftwerk) mit allen zur Bedienung einer Anlage erforderl. Schalt-, Kontroll- und Meßeinrichtungen.

Schaltzeichen, genormte Zeichen zur symbol. Darstellung der einzelnen Bau- und Schaltelemente elektr. Einrichtungen in Schaltplänen. Eine Abart der S. sind die *Schaltkurzzeichen* zur vereinfachten Darstellung von Schaltungen.

Schalung, im Bauwesen: 1. Gußform aus Holz, Schal[ungs]platten, Stahlblech u. a. zum Betonieren. Das *Schalungs-* oder *Lehrgerüst* dient der Abstützung von Bauteilen, bis diese nach dem Abbinden des Betons bzw. Mörtels (z. B. bei gemauerten Rundbögen) ihre endgültige Tragfähigkeit erreicht haben. 2. Bretterbelag als Unterlage für die Dachdeckung, z. B. beim Schieferdach.

Schaltzeichen der Elektrotechnik (Auswahl). 1 ohmscher Widerstand, 2 einstellbarer Widerstand, 3 Leuchte, 4 Leuchtmelder, Signallampe, 5 Kondensator, Kapazität, 6 gepolter Elektrolytkondensator, 7 stetig verstellbarer Kondensator (Drehkondensator), 8 Primärelement, Akkumulator, Batterie, 9 Wicklung, Induktivität, 10 Wicklung (wahlweise Darstellung), 11 Transformator mit zwei getrennten Wicklungen, 12 Antenne, 13 Dipol, 14 Erde, 15 Anschlußstelle für Schutzleiter, 16 Mikrophon, 17 Tonabnehmer, 18 Lautsprecher, 19 Halbleiterdiode, 20 pnp-Transistor, 21 Meßinstrument (ohne Kennzeichen der Meßgröße)

Schamhügel

Schaluppe [frz.], alte Bez. für verschiedenartige einmastige, flachgehende Gaffelsegler (Küstenfrachter oder Kanonenboote, auch größere Beiboote von Handels-, Kriegs- oder Walfangseglern) mit Riemen-, Segel- oder Motorantrieb.

Scham, anerzogene menschl. Unlustreaktion (sog. S.gefühl), die sich häufig auf die Verletzung der Intimsphäre bezieht, daneben aber auch andere soziale Bereiche (Ansehen bzw. Geltung, Erfolg usw.) betreffen kann. Grundlage der S. ist das Bewußtsein, durch bestimmte Handlungen oder Äußerungen sozialen Erwartungen nicht entsprochen bzw. gegen wichtige Normen oder Wertvorstellungen dieses Bereichs verstoßen zu haben. S. kann sich durch Senken des Blicks, Erröten, Herzklopfen u. ä. äußern.
♦ (Vulva, Pudendum femininum) die äußeren Geschlechtsorgane der Frau.

Schamadrossel [Hindi/dt.] (Copsychus malabaricus), bis über 25 cm lange, langschwänzige Drossel, verbreitet von Indien bis zu den Sundainseln; ♂ (mit Ausnahme des weißen Bürzels) oberseits blauschwarz, unterseits rotbraun; ♀ unscheinbarer gefärbt; wegen seines ausgezeichneten Gesangs beliebter Käfigvogel.

Schamaiten (Samogitien), histor. Landschaft in der Litauischen SSR (UdSSR), zw. N-Ostpreußen, Kurland und Ostsee. - Von den lit. Schamaiten bewohnt; trennte die kurländ. und preuß. Besitzungen des Dt. Ordens, der S. erst 1398 erobern konnte, doch schon 1411 wieder an das mit Polen vereinigte Groß-Ft. Litauen zurückgeben mußte.

Schamane, Bez. für einen Typ mag.-religiöser Autorität. Der Begriff S. geht auf das tungus. Wort „shaman" zurück, das wahrscheinl. mit dem mandschur. „samarambi" („sich empören, um sich schlagen") in Verbindung steht. - Der S., zentrale Gestalt des **Schamanismus,** versetzt sich mit Hilfe verschiedener Requisiten (v. a. *S.trommel*) sowie durch Tanz und Narkotika in Trance, während der er eine Seelenreise zum Himmel unternimmt, um übersinnl. Erkenntnisse zu gewinnen, böse Geister zu bannen und gnädig zum Beistand für die Menschen zu bewegen. - Der Schamanismus ist keine eigenständige Religion, sondern eine innerhalb verschiedener Religionen anzutreffende mag.-ekstat. Praxis.

Schamasch, babylon. Sonnengott (sumer. Utu), Sohn des Mondgottes Sin, Bruder der Ischtar; war v. a. Gott des Rechts, Gerichts und der Orakel; abgebildet mit Strahlen aus den Schultern und einer Säge in der Hand aus Flügeltüren aufsteigend, später durch die Sonnenscheibe symbolisiert.

Schambehaarung, die Behaarung der Schamgegend; sie bildet sich erst mit Beginn der Pubertät als sekundäres Geschlechtsmerkmal aus.

Schambein ↑Becken.

Schambeinfuge ↑Becken.

Schamberg (Schamhügel, Venusberg, Venushügel, Mons pubis, Mons veneris), bei der Frau eine durch ein verstärktes Unterhautfettpolster bedingte hügelartige Erhebung oberhalb der Scham; ist nach der Geschlechtsreife mit Schamhaaren bedeckt.

schamfilen, seemänn. für: scheuern, reiben; durch Reiben schadhaft werden (bes. von Leinen, Seilen und Trossen gesagt).

Schamfuge ↑Becken.

Schamgegend (Regio pubica, Pubes), Gegend der äußeren (♂ oder ♀) Geschlechtsteile.

Schamhügel, svw. ↑Schamberg.

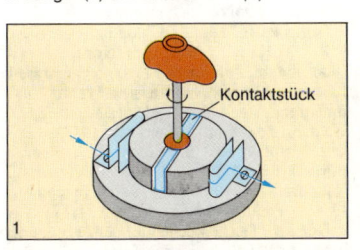

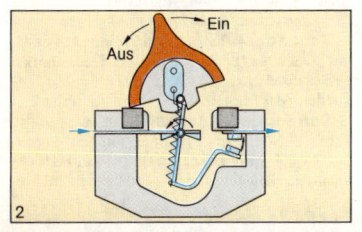

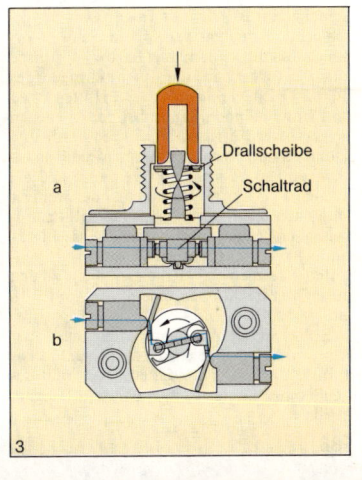

Schalter. 1 Drehschalter,
2 Kippschalter, 3 Druckknopfschalter
in Längs- (a) und Querschnitt (b)

Schamir

Schamir, Yitzhak, * Ruzinoy (Ostpolen) 1915, israel. Politiker. - Nach 1935 einer der führenden jüd. Partisanen während der brit. Mandatszeit; 1955-65 in leitender Position im israel. Geheimdienst Mossad; seit 1970 Mgl. der Cherut und des Exekutivkomitees der Partei, ab 1977 dessen Vors.; seit 1973 Mgl. der Knesset, 1977-80 deren Präs.; 1980 bis 1983 und 1984-86 Außenmin., 1983/84 und seit 1986 Ministerpräsident.

Schamisen ↑Samisen.

Schamkapsel (Braguette), z. T. gepolsterter, beutelartiger Hosenlatz (15./16. Jh., als die Hose überaus eng gearbeitet wurde).

Schamkrabben (Calappidae), Fam. mittelgroßer Krabben mit großen, breit abgeflachten Scheren, die vor dem Vorderrand des Carapax gehalten werden und diesen vorn verdecken; leben großenteils im Sand eingegraben im Küstenbereich.

Schamlaus, svw. ↑Filzlaus.

Schamlippen (Labien, Labia pudendi, Einz. Labium), zwei mehr oder weniger wulstige, sehr tastempfindl. Hautfaltenpaare der äußeren weibl. Geschlechtsorgane: 1. Die beiden vorn (oben) in den Schamberg übergehenden, den Hodensackhälften beim Mann homologen, bes. wulstigen **großen Schamlippen** (*äußere S.*, Labia majora [pudendi]) umgrenzen die *Schamspalte* (Rima pudendi). Ihre verhornte und (nach der Pubertät) außen behaarte Epidermis ist reich an Talg-, Schweiß- und Duftdrüsen und von einem bindegewebigen Polster (v. a. Fettgewebe) unterlagert. 2. Die beiden die Scheidenvorhof einschließenden **kleinen Schamlippen** (*innere S.*, Nymphen, Nymphae, Labia minora [pudendi]) liegen unter den großen Schamlippen. Im oberen (vorderen) Winkel oberhalb der Harnröhrenmündung, in dem sie (unter Bildung der Kitzlervorhaut und des -frenulums) zusammenlaufen, liegt der ↑Kitzler. Sie sind lappenartig und besitzen kein Fettgewebe. Ihre (haarfreie) Schleimhaut ist reich an Talgdrüsen. Bei geschlechtl. Erregung vergrößern Schwellkörper die S. und sondern die ↑Bartholin-Drüsen eine Flüssigkeit ab, die das Eindringen des männl. Gliedes erleichtern. - Bei Hottentotten und Buschmännern, auch bei verschiedenen Negervölkern Afrikas, bei einigen nord- und südamerikan. Indianerstämmen und manchen Völkern Asiens und Ozeaniens sind die kleinen S. in Form einer mehr oder weniger lang nach unten herabhängenden **Hottentottenschürze,** einer (angeborenen) Rasseneigentümlichkeit, stärker vergrößert. Bei Hottentotten erreichen die kleinen S. (nicht zuletzt durch Manipulationen) eine Breite von 15-18 cm. - Abb. Bd. 8, S. 148.

Schammai, mit dem Ehrennamen „der Alte", jüd. Schriftgelehrter der 2. Hälfte des 1. Jh. v. Chr. - Religionsgesetzl. Autorität des Judentums, älterer Zeitgenosse und Gegner ↑Hillels.

Schammasch (Schammes) [hebr.], einer der kult. Funktionsträger im jüd. Gottesdienst, Synagogendiener und Assistent des Gemeindevorstehers.

Schamoni, Peter, * Berlin 27. März 1934, dt. Filmregisseur und -produzent. - Gehörte zu den einflußreichsten Produzenten des Jungen Dt. Films der 1960er Jahre. Drehte nach einigen Kurzfilmen „Schonzeit für Füchse" (1965, nach G. Seuren), in dem der Generationskonflikt thematisiert wird; Geschwisterliebe behandelt der Film „Deine Zärtlichkeiten" (1969). - *Weitere Filme:* Potato Fritz (1976), Caspar David Friedrich (1986).

S., Ulrich, * Berlin 9. Nov. 1939, dt. Filmregisseur und Schriftsteller. - Bruder von Peter S.; einer der engagiertesten Regisseure des Jungen Dt. Films; nach „Es" (1965), „Alle Jahre wieder" (1967), „Quartett im Bett" (1968), „Eins" (1971), „Chapeau claque" (1974), „Was wären wir ohne uns?" (1979) folgte „Das Traumhaus" (1980).

Schamotte [italien.] (Schamottenmehl), durch Brennen von Ton und Kaolin und anschließendes Mahlen erhaltenes Produkt zur Herstellung von S.mörtel und S.steinen; enthält Aluminium- und Siliciumdioxid; Schmelzpunkt bei 1 700 °C.

Schams, mittlerer Talabschnitt des Hinterrheins, zw. Roflaschlucht und Via Mala.

Schamschi-Adad (Samsi-Adad), Name assyr. Könige; bed. v. a.:

S.-A. I., ⌑ etwa 1749-17; usurpierte den Thron von Assyrien und schuf ein altassyr. Reich, das Mari und Teile Syriens am oberen Euphrat umfaßte.

S.-A. V., † 811 v. Chr., König (seit 823). - Sohn Salmanassars III., ∞ mit Sammuramat (↑Semiramis); konnte das Reich wieder herstellen durch Feldzüge nach Urartu und Medien; erlangte in Babylonien nach 816 die Oberherrschaft.

Schamspalte ↑Schamlippen.

Schamun, Kamil (Chamoun, Camille), * Dair Al Kamar (Verw.-Geb. Nord) 3. April 1900, libanes. Politiker. - Maronit. Christ; seit 1938 in wichtigen Ämtern, u. a. Finanz- und Innenmin. sowie UN-Delegierter; 1952-58 Staatspräs.; rief im Bürgerkrieg 1958 amerikan. Truppen zu Hilfe; auch im 2. libanes. Bürgerkrieg ab 1975 als Führer der christl. Nat.partei von Bed.; 1975-76 Innenmin., 1984/85 Finanzminister. - † 7. Aug. 1987.

Schan, Thai sprechende Volksgruppe in Birma (v. a. im ↑Schanstaat).

Schandau, Bad ↑Bad Schandau.

Schandeck (Schandeckel), die äußerste, das Deck seitl. abschließende Deckplanke.

Schändung, veraltete Bez. für den ↑sexuellen Mißbrauch Widerstandsunfähiger.

Schanghai [ˈʃaŋhai, ʃaŋˈhai; chin. ʃaŋxai], Stadt in O-China, am Hwangpukiang, 6,4 Mill. E. Zahlr. Univ. und Hochschulen, Institut für Dramaturgie, mehre-

re Inst. der Chin. Akad. der Wiss., Observatorium, Museen; Satellitenbodenstation. Die einstige Handelsmetropole Chinas hat sich nach 1949 zu einer der bedeutendsten Ind.-städte des Landes (mit einer ständigen Ind.-ausstellung) entwickelt, v. a. Eisen- u. Stahlind., Metallverarbeitung, Elektro-, Textilind.; bed. chem. Ind.; der Hafen ist der größte Chinas; internat. ✈. - Entwickelte sich Anfang des 12. Jh. vom Fischerdorf zum bed. Handelsplatz; 1553 zum Schutz vor jap. Piraten umwallt; im Opiumkrieg 1842 von den Briten erobert und durch den Vertrag von Nanking 1842 dem ausländ. Handel geöffnet; wurde dann schnell wichtigster Hafen Chinas; 1932 von jap. Truppen angegriffen. 1937 nach heftigen Kämpfen erneut von jap. Truppen eingenommen, bis 1945 jap. besetzt.
📖 *Howe, C.: Shanghai. Revolution and development in an asian metropolis. New York 1981.*

Schanghaien, nach der chin. Hafenstadt Schanghai ben. Praxis, sich einer Person durch List oder Zwang zu bemächtigen, um sie in auswärtige Schiffsdienste oder in Sklaverei zu bringen.

Schanhochland, Bergland im östl. Birma, ragt im W mit Steilabbrüchen über dem Irawadibecken auf und geht im O in die Hochflächen und Bergländer von Yünnan (China), N-Laos und N-Thailand über. Bei durchschnittl. Höhen um 1 000 m ragen einzelne Gebirgszüge bis über 2 600 m ü. d. M. auf. Hauptentwässerungsader ist der Saluen, der das S. in tief eingeschnittenen Talschluchten quert. Das Klima wird vom Monsun bestimmt. An den Bergflanken finden sich ausgedehnte Wälder, auf den Hochflächen größere Areale als Grassteppen.

Schanker [frz., zu lat. *cancer* „Krebs"], bei Geschlechtskrankheiten vorkommende Geschwürbildung an den Geschlechtsorganen: 1. *harter S.*, Primäraffekt bei ↑ Syphilis; 2. *weicher S.* (Ulcus molle), fast nur durch Geschlechtsverkehr übertragene, relativ seltene Geschlechtskrankheit; Inkubationszeit 1-3 Tage, Ausbildung von mehreren kreisförmig flachen, schmerzhaften, weichen Geschwüren mit scharfem, zackigem Rand an den Geschlechtsorganen; Behandlung mit Sulfonamiden.

Schankwirtschaft, eine Gaststätte, in der gewerbsmäßig Getränke zum Verzehr am Ort und Stelle verabreicht werden.

Schansi (Shanxi) [chin. ʃanci], Prov. in China, westl. der Großen Ebene, 157 100 km², 25,3 Mill. E (1982), Hauptstadt Taiyüan. Das sich nördl. des Hwanghodurchbruchtales erstreckende Hochland von S. (überwiegend 900-1 800 m ü. d. M.), das mit einer Bruchstufe gegen die Große Ebene im O abbricht, ist Teil des nordchin. Lößberglandes; den nördl. Abschnitt nehmen SW-NO streichende Bergketten ein, im SO erstreckt sich das Randgebirge des Taihangschan. In Ost-S. hat sich ein Schichtstufenland entwickelt. S. liegt im Übergangsbereich zum semiariden Raum Zentralasiens. Starke Schwankungen der Niederschläge führen häufig zu Dürren oder Überschwemmungen. V. a. in Terrassenfeldbau werden Hirse, Kauliang, Weizen, Hafer, Baumwolle und Tabak angebaut. Die Prov. ist eines der chin. Hauptfördergebiete von Kohle. Salzgewinnung bildet die Grundlage einer bed. chem. Ind.; außerdem Textil-, Eisen- und Stahlind., Maschinenbau.

Schanstaat, Verw.-Geb. in Birma, grenzt im NO an China, im O an Laos und im SO an Thailand, 158 222 km², 3,73 Mill. E (1983), Hauptstadt Taunggy. Der S. wird fast vollständig vom ↑ Schanhochland eingenommen. Die Bev. besteht überwiegend aus Schan, die bevorzugt Naßreisbau betreiben. Daneben Obst-, Tabak- und Weizenanbau. Wirtsch. Schwerpunkt ist das Geb. im N um Namtu, wo bed. Vorkommen an Erzen zu einem ertragreichen Bergbau führten.
Geschichte: Die Schan drangen Mitte des 13. Jh. von Yünnan (in S-China) nach Oberbirma ein. Im 16. Jh. gerieten die 5 Schanfürstentümer in die Abhängigkeit der birman. Könige, behielten aber ihre innere Selbständigkeit, auch nach der Eroberung Birmas durch Großbrit. im 19. Jh. 1948-62 war die Gesamtheit der Schan-Ft. als S. nat. Sondergebiet mit innerer Autonomie.

Schantarinseln, Gruppe von 15 Inseln im Ochotsk. Meer, RSFSR.

Schantung (Shandong) [chin. ʃandʊŋ], chin. Prov. am Gelben Meer, 153 300 km², 74,4 Mill. E (1982), Hauptstadt Tsinan. Der größte Teil von S. wird vom Bergland von S. eingenommen. Im Bereich der Großen Ebene werden Weizen, Kauliang, Sojabohnen, Hirse und Baumwolle angebaut. Erdnüsse werden auf der Halbinsel S. kultiviert, dort auch Seidenraupenzucht. An Bodenschätzen besitzt S. v. a. Kohle, Eisenerze, Golderz, Alunit, Kaolin und Erdöl. An der Küste Meersalzgewinnung und Fischerei. Hauptwirtschaftszentren sind Tsingtau, zugleich die wichtigste Hafenstadt der Prov., Tsinan, Tsepo, Wuting und Yentai.

Schantung, Bergland von, aus der Großen Ebene aufsteigendes Bergland in der chin. Prov. Schantung, durch eine tekton. Senke gegliedert in das bis 1 545 m hohe Bergland des westl. Schantung und das der Halbinsel Schantung.

Schantung, Halbinsel, bergige Halbinsel an der chin. O-Küste, zw. Pohaigolf und Gelbem Meer, etwa 300 km lang, bis 150 km breit, bis 1 132 m hoch.

Schantungkohl [nach der chin. Prov. Schantung] (Chinakohl, Brassica pekinensis), aus dem nördl. China stammende, dort wie auch in den USA und in Europa angebaute Art des Kohls; mit hellgrünen, am Rand krausen, urspr. locker gestellten, bei den heutigen

Schantungseide

Kulturformen jedoch zu bis 50 cm langen, kegelig zugespitzten Riesenknospen zusammengefaßten Blättern; Kopf unmittelbar der Erde aufsitzend; Strunk fehlend; Verwendung als Salat oder Gemüse.

Schantungseide (Shantung) [nach der chin. Prov. Schantung], taftbindiges Seidengewebe aus Tussahseide mit ausgeprägten Fadenverdickungen.

Schanz (Schanze), achterster (hinterster) Teil des Oberdecks, auf Handelsschiffen meist *Poop* genannt.

Schanze, Erdwerk als Stützpunkt einer militär. Feldstellung.
◆ (Sprung-S.) Skisportanlage (Kunst- oder Natur-S.) für den Sprunglauf; besteht aus *Anlaufbahn* (Neigungswinkel zw. 25 und 35 Grad), dem in einem Winkel zw. 5 und 9 Grad geneigten *S.tisch*, der sich dem Flugbahn des Springers annähernden *Aufsprungbahn* und dem *Auslauf*. Die **Normalschanze** erlaubt Sprünge bis etwa 85 m, die **Großschanze** bis etwa 115 m. Liegt der *krit. Punkt* einer S. (Stelle, bis zu der man unter normalen Bedingungen springen kann) über 120 m, wird von **Flugschanze** gesprochen.

Schanzkleid, Verlängerung der Schiffsaußenhaut etwa 1 m über das Deck hinaus, durch S.stützen versteift und mit Wasserpforten versehen, zum Schutz vor Über-Bord-Gehen und vor überkommendem Wasser.

Schanzzeug, Bez. für Pioniergerät zu Erd- und Holzarbeiten im Krieg.

Schaper, Edzard, * Ostrowo (= Ostrów Wielkopolski) 30. Sept. 1908, † Bern 29. Jan. 1984, dt. Schriftsteller. - Lebte 1930-40 in Estland; 1936 Ausschluß aus der Reichsschrifttumskammer; floh 1940 nach Finnland, 1944 nach Schweden; seit 1947 schweizer. Staatsbürger; 1951 Übertritt zur kath. Kirche. Sein Erzählwerk ist durch eine gleichnis- und legendenhafte Darstellung überkonfessionell-religiöser Themen gekennzeichnet: die Bewährung des im Glauben gebundenen Gewissens unter Terror und Gewalt („Die Insel Tütarsaar", R., 1933), Ringen um Freiheit in einer versklavten Welt, Kampf der Kirche gegen Atheismus („Die sterbende Kirche", R., 1936). Auch Dramen („Das Feuer Christi", 1965), Erzählungen („Schattengericht", 1967), Hör- und Fernsehspiele.
Weitere Werke: Der Henker (R., 1940, 1956 u. d. T. Sie mähten gewappnet die Saaten), Die Freiheit des Gefangenen, Die Macht der Ohnmächtigen (Doppel-R., 1950 und 1951, zus. 1961 u. d. T. Macht und Freiheit), Taurische Spiele (R., 1971), Degenhall (R., 1975), Geschichten aus vielen Leben (En., 1977).

Schapergläser, in Nürnberg von Johann Schaper (* 1621, † 1670) und Nachfolgern mit Nadelradierungen und Schwarzlotmalerei verzierte Glasbecher (mit 3 Kugelfüßen) sowie (seit 1663) Fayencen (auch mit Eisenrot).

Schaporin, Juri Alexandrowitsch, * Gluchow 8. Nov. 1887, † Moskau 9. Dez. 1966, russ.-sowjet. Komponist. - Ab 1939 Prof. am Moskauer Konservatorium. Bed. Vertreter des monumentalen Stils der neueren sowjet. Musik, u. a. Oper „Die Dekabristen" (1953), sinfon. Kantaten „Auf dem Felde von Kulikowo" (1939), Orchester-, Kammermusik.

Schappel (Schapel, Schäpel, Schäppel, Schiebel) [zu frz. chapeau „Hut"], im MA festl. Frauenkopfputz, urspr. ein Blumenkranz, dann mit Flittern u. ä. besetzter Metallreif; heute noch in der Form von S.kronen, z. B. in der Schwarzwälder Volkstracht.

Schapur (Sapor, Sapur), pers. Könige aus der Dyn. der Sassaniden; bed. v. a.:
S. I., ⌇ 241-272; Sohn Ardaschirs I.; konnte Rom mehrfach besiegen (259 [oder 260] Gefangennahme Kaiser Valerians bei Edessa) und vorübergehend Antiochia (= Antakya) erobern.
S. II., ⌇ 309-379; Sohn des Narses (293-302); konnte 363 die Gebiete jenseits des Tigris vertragl. von Kaiser Jovian (363/364) zurückgewinnen und seinen Einfluß in Armenien sichern; schwere Christenverfolgung.

Schar, Teil des †Pflugs.
◆ in der **Mathematik** svw. †Kurvenschar.

Scharade [frz.], Rätsel, bei dem das Lösungswort in Einzelsilben zerlegt wird, die umschrieben, graph. oder pantomim. dargestellt werden.

Scharaku, Toschusai, * vor 1770, † nach 1825, jap. Holzschnittmeister. - Lebte u. a. in Edo (= Tokio) und schuf 1794/95 etwa 140 expressive Schauspielerporträts, die zu seiner Zeit keine Anerkennung fanden.

Scharang, Michael, * Kapfenberg 3. Febr. 1941, östr. Schriftsteller. - Schrieb Kurzerzählungen, dokumentar. Literatur, Hörspiele und Romane, u. a. „Der Sohn eines Landarbeiters" (1976), „Der Lebemann" (1979), „Die List der Kunst" (Essays, 1986).

Schararaka [indian.] †Lanzenottern.

Scharben, svw. †Kormorane.

Scharbock [niederdt., vermutl. entstellt aus mittellat. scorbutus „Skorbut"], svw. †Skorbut.

Scharbockskraut (Feigwurz, Ranunculus ficaria, Ficaria verna), bis 15 cm hohe, ausdauernde Art der Gatt. Hahnenfuß in Europa und im Orient; mit z. T. fleischigen, keulenförmigen Wurzeln; Stengel niederliegend bis aufsteigend, mit rundl.-herzförmigen, lackglänzenden Blättern (in den Achseln oft mit Brutknöllchen) und gelben Blüten; häufig in Laubmischwäldern von März bis Mai blühend und dann oberirdisch absterbend. - Das frische, scharf schmeckende Kraut des S. enthält viel Vitamin C.

Schärding, oberöstr. Bez.hauptstadt am Inn, 313 m ü. d. M., 5 800 E. Zentraler Ort des unteren Innviertels; Kneippkuranstalt. - Seit 804 belegt, erhielt 1310 erstmals Stadtrecht

(1364 endgültig). - Die got. Pfarrkirche wurde 1720-26 barock erneuert; spätgot. Tore der Stadtbefestigung (14./15. Jh.).

Schardscha, eines der ↑Vereinigten Arabischen Emirate.

Schärenküste, vom Meer überflutete Rundhöckerlandschaft, wobei die Rundhöcker als kleine Inseln (**Schären**) der Küstenlinie vorgelagert sind. - Abb. Bd. 12, S. 291.

Scharf, Kurt, * Landsberg (Warthe) 21. Okt. 1902, dt. ev. Theologe und Kirchenpolitiker. - Während des Kirchenkampfes Präses der Brandenburg. Bekenntnissynode und Vors. der Landesbruderräte; obwohl ihm seit 1961 der Zugang nach Berlin (Ost) verwehrt war, war er 1966-72 „Gesamtbischof" der Ev. Kirche in Berlin-Brandenburg; bis Jan. 1977 Bischof des westl. Teils der Ev. Kirche in Berlin-Brandenburg. 1957-60 Vors. des Rates der EKU, 1961-67 des Rates der EKD. - † 28. März 1990.

Schärf, Adolf, * Nikolsburg (= Mikulov, Südmähr. Gebiet) 20. April 1890, † Wien 28. Febr. 1965, östr. Politiker. - 1933/34 Mgl. des Bundesrats; gehörte bis 1934 dem Bundesvorstand der SPÖ an; 1934 und zw. 1938 und 1945 mehrfach verhaftet; im Dez. 1945 Vizekanzler (bis 1957); gehörte dem Nationalrat 1945-57 an, zugleich Vors. der SPÖ; ab 1957 Bundespräs. (Wiederwahl 1963).

Scharfeinstellung, bei opt. und photograph. Geräten die Einstellung der für eine ausreichende Bildschärfe erforderl. (von der Gegenstandsweite abhängigen) Bildweite; bei photograph. Kameras durch Veränderung des Auszuges nach Sicht auf der Mattscheibe, nach der Skala des Entfernungrings (Entfernungseinstellung) oder mit dem ↑Entfernungsmesser. Zur automat. Scharfeinstellung bei Projektoren ↑Projektionsapparate.

Schärfentiefe (Tiefenschärfe, Abbildungstiefe), bei photograph. Aufnahmen der Gegenstandsbereich vor und hinter der scharf eingestellten Gegenstandsebene, der ebenfalls befriedigend scharf abgebildet wird. Die S. ist umso größer, je weiter die eingestellte Gegenstandsebene entfernt, je kleiner die Blende und je kürzer die Brennweite ist. Als **Nah-Unendlich-Punkt** bezeichnet man die kleinste Entfernung der Einstellebene, bei der die Hintertiefe den Bereich Unendlich erreicht. Fixfokusobjektive sind immer auf den Nah-Unendlich-Punkt ihrer größten Blendenöffnung eingestellt. Zoomobjektive mit *Servofokuseinrichtung* verändern den Fokus mit der Änderung der Brennweite derart, daß immer der Nah-Unendlich-Punkt der jeweiligen Brennweite eingehalten, d. h. die maximale S. genutzt wird.

Scharfer Hahnenfuß ↑Hahnenfuß.

Scharffeuerfarben ↑keramische Farben.

Scharfrichter (Henker, Nachrichter), die zur Vollstreckung der Todesstrafe öffentl. bestellte Person, seit Ende des 13. Jh. berufsmäßig. Schlossen sich - wegen ihres als unehrenhaft geltenden Berufs gesellschaftl. isoliert - in zunftähnl. Verbänden zusammen.

Scharhörn, unbewohnte Insel am westl. Rand der Außenelbe, zur Freien und Hansestadt Hamburg; im östl. Teil ein 2,7 km^2 großes Naturschutzgebiet mit Vogelschutzwarte.

Schari, Hauptzufluß zum Tschadsee, entsteht durch die Vereinigung des 250 km langen **Bamingui** und des 280 km langen **Gribingui** sö. von Sarh, mündet mit breitem Delta als Grenzfluß gegen Kamerun, rd. 800 km lang, mit dem Nebenfluß Ouham, der oft als Quellfluß angesehen wird, über 1 400 km lang. Der S. steht bei Hochwasser mit dem Logone in Verbindung und bildet im Mittellauf den 400 km langen rechten Nebenlauf **Bahr Erguig**; Fischfang; schiffbar bei Hochwasser.

Scharia [arab. „Weg zur Tränke"] (Scheriat), Pflichtenlehre und religiöses Recht des Islams; sie umfaßt die kult. Pflichten (Gebet, Fasten, Almosen, Pilgerfahrt), die eth. Normen wie auch Rechtsgrundsätze für alle Lebensbereiche, u. a. Ehe, Erbschaft, Vermögen, Wirtschaft, innere und äußere Sicherheit der Gemeinschaft. Sie ist aus der systematisierenden Arbeit der islam. Gesetzesgelehrten des 7. bis 10. Jh. hervorgegangen und beruht in erster Linie auf dem Koran, ergänzt durch die Sunna, das normative Handeln des Propheten Mohammed. Die S. stellt kein kodifiziertes Gesetzeswerk dar, sondern enthält nach muslim. Auffassung die Vorschriften der gottgewollten Ordnung. Im sunnit. Islam gilt

Schärfentiefe. Dieselbe Szene in unterschiedlicher Tiefenschärfe. Links ist nur der vierte Band scharf abgebildet; rechts sind alle zehn Bände in voller Schärfe zu sehen

die Ausbildung der S. als seit dem 11. Jh. abgeschlossen. Seither werden vier Schulrichtungen, die der Hanbaliten, Malikiten, Schafiiten und Hanefiten, als rechtgläubig anerkannt, deren Auffassungen weitgehend übereinstimmen. Die Schulrichtung der schiit. Imamiten wird dagegen von den Sunniten abgelehnt. - Seit dem 19. Jh. wurde das Rechtssystem in fast allen islam. Ländern europ. Vorbildern angeglichen, jedoch zeigt sich in jüngster Zeit im Zuge der Reislamisierung eine deutl. Rückbesinnung auf die S., v. a. im Bereich des Familien- und Strafrechts. ⌑ ↑ *Islam.*

Schari-Nil, Untergruppe der Sprachfamilie ↑ *Nilosaharanisch.*

Scharlach (Scarlatina) [zu vulgärlat. febris scarlatina „scharlachrotes Fieber" (nach dem roten Hautausschlag)], anzeigepflichtige, durch hämolysierende Streptokokken verursachte, meist durch Tröpfcheninfektion übertragene endemisch-epidem. Infektionskrankheit v. a. des Kindesalters (größte Krankheitshäufigkeit zw. dem 3. und 10. Lebensjahr; Säuglinge im ersten Halbjahr erkranken fast nie). Nach einer Inkubationszeit von 3–6 Tagen treten plötzl. hohes Fieber mit schwerem Krankheitsgefühl, Kopfschmerzen und Erbrechen auf. Dazu kommen Halsschmerzen, nicht selten auch Schüttelfrost. In diesem Stadium sind die Mandeln, der gesamte Rachen und Gaumen flammend „scharlachrot". Die Zunge ist weißl. und pelzig belegt. Nach etwa 3–4 Tagen verschwindet der Belag. Die einzelnen Geschmacksknospen sind entzündl. geschwollen, so daß die Oberfläche der Zunge einer Himbeere ähnelt (**Himbeerzunge**). Auf der Haut erscheint 1–3 Tage nach Beginn der Erkrankung der S.ausschlag in Form von stecknadelkopfgroßen, dichtstehenden, hochroten Fleckchen, die etwas erhaben sind, wodurch die Haut sich samtartig anfühlt; blaßt nach 2–4 Tagen ab. - Ohne Behandlung kommt es nach etwa acht Tagen lytisch zur Entfieberung. In der 2. bis 4. Woche beginnt sich die Haut zu schuppen, bes. deutl. an Handtellern und Fußsohlen, auch am Rumpf. - Komplikationen des S. sind u. a. Mittelohrentzündung, Herzaffektionen und rheumatoide Arthritis. S. hinterläßt meist eine lebenslange Immunität. - Zur Behandlung des S. dient Penicillin; Schulbesuch etwa drei Wochen nach Beginn der Erkrankung möglich.

Scharlachmilbe ↑ *Laufmilben.*

Scharlachsalbei, svw. Feuersalbei (↑ *Salbei*).

Scharlachschildlaus, svw. ↑ *Koschenillelaus.*

Scharlatan [italien.-frz.], Schwätzer, Aufschneider; Kurpfuscher.

Scharm Asch Schaich, Militärposten zur Kontrolle der Straße von Tiran, im S der Halbinsel Sinai; 1957–67 Posten der UN-Truppen; 1967–79 von Israel besetzt.

Scharnhausen ↑ *Ostfildern.*

Scharnhorst, Gerhard Johann David von (seit 1802), * Bordenau (Gem. Neustadt am Rübenberge) 12. Nov. 1755, † Prag 28. Juni 1813, preuß. General (seit 1806) und Heeresreformer. - Ab 1783 Artillerieoffizier; seit 1801 in preuß. Dienst, 1807 Generalmajor und Vors. der Militärreorganisationskommission, erreichte die Berufung u. a. Gneisenaus; 1807–10 Chef des neugeschaffenen Kriegsministeriums; S. verantwortete im Rahmen der preuß. Reformen die Heeresreform (u. a. Aufhebung des Adelsprivilegs, Ausbildung des Generalstabs, Einführung des Krümpersystems, schließl. der allg. Wehrpflicht). In den Befreiungskriegen Stabschef Blüchers; starb an den bei Großgörschen erlittenen Verletzungen.

Scharnier, Gelenk[band] aus zwei Platten mit angebogenem, ösenförmigen Gelenk *(Gewerbe)* und durchgestecktem Verbindungsstift oder Bolzen. S. werden häufig auch als Bänder (↑ *Band, Bautechnik*) bezeichnet. Das *Stangenscharnier[band]* (*Endlos-S.*, **Klavierband**; als Meterware beliebiger Länge im Handel) dient als Drehbeschlag v. a. für Möbeltüren. Moderne Bauformen sind die einstellbaren **Haarfugenscharniere** (**Topfscharniere**), deren bewegl., topfförmiger Beschlagteil in einer zylindr. Bohrung (häufig 26 oder 32 mm ⌀) der Tür u. a. sitzt; als sog. **Federscharniere** rasten sie in 0°- [zu] und 90°-Stellung [auf] ein. **Einbohr-Zylinderscharniere** sitzen verdeckt in zylindr. Bohrungen (180°-Öffnungswinkel).

Scharniergelenk (Winkelgelenk, Ginglymus) ↑ *Gelenk.*

Scharnierschildkröten (Asiat. Dosenschildkröten, Cuora), Gatt. der Sumpfschildkröten mit fünf rund 20 cm langen Arten in S- und SO-Asien; Rückenpanzer hochgewölbt, Bauchpanzer durch Quergelenk bewegl., jedoch nicht vollständig verschließbar; meist bunt gezeichnet; leben z. T. weitgehend an Land.

Scharoun, Hans [ʃaˈruːn], * Bremen 20. Sept. 1893, † Berlin 25. Nov. 1972, dt. Architekt. - Gehörte mit einem Wohnheim der Werkbundsiedlung in Breslau (1929) und mit den Mietshausblocks in Berlin-Siemensstadt (1930 ff.) zur Avantgarde des „Neuen Bauens"; nach 1945 Prof. für Städtebau in Berlin und Präs. der Akad. der Künste ebd. Er entwickelte sowohl im Siedlungsbau (Berlin, Charlottenburg-Nord, 1955–61), im Wohnhaushochbau (Hochhäuser „Romeo und Julia" und „Salute" in Stuttgart, 1955–63) und Theaterbau (Entwurf für das Kasseler Staatstheater, 1952; nicht ausgeführt) eine ideenreiche Gestaltungskraft. Internat. Aufmerksamkeit fand u. a. seine Berliner Philharmonie (Entwurf 1956; 1960–63 erbaut). Schulen entstanden in Lünen (1956–61) und Marl (1964–70). Postum vollendet wurden die

Schattenriß

Staatsbibliothek Preuß. Kulturbesitz in Berlin (Entwurf 1964; 1967–78 erbaut), das Stadttheater in Wolfsburg (Entwurf 1965; 1971–73 erbaut) und das Dt. Schiffahrtsmuseum in Bremerhaven (1970–75 erbaut).

Schärpe [frz.], als altes militär. Abzeichen durch die ↑Feldbinde abgelöst, z. T. noch als Ordensband verwendet. In der Mode breites Taillen- oder Schulterband.

Scharpflug ↑Pflug.

Scharpie [engl. ˈʃɑːpɪ] (Scharpiejolle, Sharpie), Segeljolle in Knickspantbauweise (zeitweilig Olympiaklasse) mit Spitzgaffelsegel; Länge 5,99 m, Breite 1,43 m; Segelfläche 12 m². Kennzeichen: eine 12 im Segel.

Scharrharz (Resina Pini, Galipot), bei Fichten, Kiefern und Lärchen auf den Wundflächen anfallendes Harz; zur Herstellung von Klebmitteln, Kitten und Isoliermassen.

Scharrtier, svw. ↑Erdmännchen.

Scharte (Serratula), Gatt. der Korbblütler mit rd. 70 Arten in Eurasien und N-Afrika; Stauden mit z. T. unterseits weißfilzigen Blättern; Blütenköpfchen nur mit Röhrenblüten. Die einzige einheim. Art ist die **Färberscharte** (Serratula tinctoria) mit bis 1 m hohen Stengeln und doldig gehäuften Blütenköpfchen mit purpurfarbenen Blüten; auf Moorwiesen und in lichten Wäldern; liefert einen gelben Farbstoff (früher zum Färben verwendet).

Schärtlein von Burtenbach, Sebastian ↑Schertlin von Burtenbach, Sebastian.

Schasar, Salman, urspr. S. Rubaschow, *Mir (Weißrußland) 6. Okt. 1889, †Jerusalem 5. Okt. 1974, israel. Politiker. - Schloß sich früh sozialist.-zionist. Organisationen an, ging 1924 endgültig nach Palästina; maßgebl. beteiligt am Aufbau der Histadrut und der Mapai; 1949–57 Mgl. der Knesset; wurde 1956 Vors. der Exekutive der Jewish Agency; Staatspräs. 1963–73.

Schaschlik [tatar.-russ.], auf Spieße gesteckte und gegrillte Stückchen von [Hammel]fleisch, Speck, auch Zwiebel, Tomate u. a.

Schastri ↑Shastri.

Schatt Al Arab, gemeinsamer Mündungsstrom von Euphrat und Tigris in den Pers. Golf; bed. Schiffahrtsstraße.

Schatten, der nicht oder weniger beleuchtete Raum hinter einem reflektierenden oder stark absorbierenden bzw. lichtundurchlässigen Körper (sog. *Schlag-S.*) samt dem unbeleuchteten Teil der Körperoberfläche (*Eigen-S.* des Körpers). Ein *Kern-S.* entsteht dort, wo keine Lichtwellen hingelangen. Ein *Halb-S.* entsteht dort, wo nur Licht von den Teilen der ausgedehnten Lichtquelle hingelangt, die durch den Körper nicht verdeckt werden. I. w. S. wird mit S. jeder Raumbereich hinter einem Hindernis u. a. bezeichnet, in den eine Strahlung infolge Reflexion oder Absorption durch den Körper nicht gelangen kann (z. B. der Funkschatten).

Schattenbaumarten (Schattenholzarten), Waldbaumarten, die den Schatten der älteren Bäume langfristig ertragen können; v. a. langsamwüchsige Arten wie Tanne, Buche, Fichte, Eibe und Linde. Die Schattentoleranz ist stark von Umweltfaktoren abhängig und nimmt stets mit sinkendem Nährstoffangebot und steigendem Alter ab.

Schattenblätter, Anpassungsform der Laubblätter verschiedener Pflanzen an schattige Standorte: großflächige, dünne Blätter mit schwächerer Entwicklung von Kutikula, Festigungsgewebe und Mesophyll als bei ↑Sonnenblättern der gleichen Pflanze (z. B. bei Bäumen).

Schattenblume (Maianthemum), Gatt. der Liliengewächse mit nur drei Arten in den gemäßigten Gebieten der Nordhalbkugel; Stauden mit dünnem, kriechendem Rhizom und kleinen, weißen Blüten in einfacher, endständiger Traube. In Deutschland kommt in nährstoffarmen Laub- und Nadelwäldern die **Zweiblättrige Schattenblume** (Maianthemum bifolium) vor: mit nur zwei Stengelblättern und glänzenden, roten, kugeligen Beeren; als Bodendecker in Parks verwendet.

Schattenkabinett, (urspr. im brit. Parlamentarismus) Bez. für die Spitzengruppe der parlamentar. Opposition, die bei einer Ablösung der amtierenden Reg. das neue Kabinett bilden soll.

Schattenmorelle ↑Sauerkirsche.

Schattenpflanzen, Pflanzen mit geringem Lichtanspruch; z. B. Sauerklee.

Schattenriß, Wiedergabe einer Person oder eines Gegenstandes als einfarbige Fläche mit den genauen Konturen des Schattens (der Silhouette). S. wurden getuscht, dann ausgeschnitten und auf kontrastierenden Grund gelegt (meist schwarz auf weiß, selten auf farbigem Grund). Für das Porträt hatte man den mit einer gerahmten Glasscheibe fest verbundenen Silhouettierstuhl entwickelt, auf der Rückseite der Scheibe ließ sich auf geöltem Papier der Umriß leicht nachzeichnen. Durch chin. Schattenspiele angeregt, er-

Schatten. Schema des Entstehens von Kern- und Halbschatten

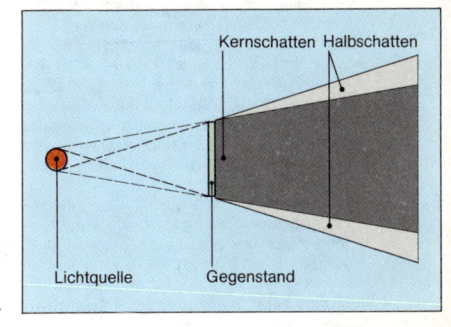

Schattenspiel

Schattenriß. Friedrich von Schiller und Johann Wolfgang von Goethe (um 1790)

scheint der S. im 17. Jh. in Europa, ab 1760 ist er sehr in Mode und verschwindet erst mit dem Aufkommen der Photographie.

Schattenspiel (Schattentheater), auf Zweidimensionalität beschränkte Sonderform des ↑ Puppenspiels; ein Spiel mit schwarzen oder farbigen handgeführten Figuren aus Eselshaut, Ziegenhaut oder Leder, Pergament bzw. (geöltem) Papier vor einer beleuchteten Glas-, Stoff- oder Papierwand; die Figuren können auch von hinten mit einer Lampe auf den Wandschirm projiziert werden. Ein hinter dem Schirm befindl. Akteur bewegt die Figuren mit 2 dünnen, am Körper und den bewegl. Armen befestigten Stäben. Mit Hilfe von Perforationen können außer dem Umriß auch Gesichtszüge und Kleider der Figuren projiziert werden. - Urspr. aus China oder Indien, war das S. in China vom 10.-13. Jh. eine höfische Kunst, die erst allmähl. als Lehrkunst dem Volk zugängl. wurde und somit auch Erziehungsfunktionen zu erfüllen hatte. In Bali und Java erhielt das S. seine kunstvollste Ausprägung (↑Wajang); Bed. hatte es aber auch in den arab. Ländern, bes. in Ägypten seit dem 12. Jh. Nach Europa kam das S. über Italien und Frankr. In Deutschland von den Romantikern gepflegt (C. Brentano, A. von Arnim, E. Mörike). Eine Neubelebung des S. ging im 20. Jh. von K. Wolfskehl, L. Weismantel u. a. aus.

schattieren, in *Graphik* und *Malerei:* Gegenstände und Gestalten farbl. abtönen bzw. in der Graphik durch Strichlagen abdunkeln, um Licht und Schatten darzustellen und den Eindruck der Körperhaftigkeit zu erzeugen.

Schatzamt ↑Exchequer.

Schatzanweisungen, ↑Schuldverschreibungen des Staates, die als *kurz-* und *mittelfristige* S. (Laufzeit bis zu zwei Jahren) unverzinslich sind („U-Schätze"); faktisch erfolgt eine Verzinsung durch die Differenz zwischen Ausgabekurs und Rückkaufsbetrag. *Langfristige* S. sind i. d. R. verzinslich.

Schatzfund ↑Fund.
♦ volkstüml. (zuweilen fälschl.) für ↑Depotfunde.

Schatzhaus des Atreus ↑Atreus.

Schatzkanzler ↑Chancellor of the Exchequer.

Schatzmeister, im MA der mit der Verwaltung des königl. bzw. staatl. Vermögens betraute Beamte; als leitender Finanzbeamter in der Neuzeit durch ein Kollegium abgelöst.
♦ bei Vereinen, Parteien u. a. das für die Kassenführung zuständige Vorstandsmitglied.

Schatzung, früher Bez. für direkte Steuern.

Schätzung, in der *analyt. Statistik* die Gewinnung fehlender Daten durch das Schließen der Lücken einer Reihe (Interpolation) bzw. durch das Fortführen einer Reihe über ihr letztes Datum hinaus (Extrapolation) oder in der Stichprobentechnik als fundierte S. durch Schlußverfahren.
♦ die vom Finanzamt durchzuführende Feststellung der Besteuerungsgrundlagen, wenn diese nicht anders ermittelt oder berechnet werden können.

Schätzwert, auf Grund von Erfahrungen und Annahmen ermittelter Wert eines Vermögensgegenstandes. Von Sachverständigen ermittelte S. werden als **Taxwerte** bezeichnet.

Schaube, offener, weiter, dunkler Überrock der Reformationszeit (bis ins 17. Jh.), mit kurzen oder langen Ärmeln, häufig mit pelzbesetztem Schalkragen.

Schaubild, syw. graph. Darstellung (↑Diagramm).

Schäuble, Wolfgang, * Freiburg im Breisgau 18. Sept. 1942, dt. Politiker (CDU). - Steuerjurist; seit 1972 MdB; 1982–84 parlamentar. Geschäftsführer der CDU/CSU-Bundestagsfraktion; 1984–89 Bundesmin. im Bundeskanzleramt; seit April 1989 Bundesmin. des Inneren.

Schaubrote, dt. Bez. für die im A. T. „Brote des Angesichts" gen. zwölf ungesäuerten Brote, die - urspr. als Gottesspeise gedacht, dann als Zeichen des Bundes gedeutet - in zwei Schichten auf einem Tisch *(Schaubrottisch)* im Heiligtum lagen; die S. wurden an jedem Sabbat von Priestern gegessen und durch neue ersetzt.

Schaubühne am Lehniner Platz, progressives Theater in Berlin (West), eröffnet 1962 als **Schaubühne am Halleschen Ufer;** 1981 Umzug in einen umgebauten Bau von E. Mendelsohn; gegr. von J. Schittheim, D. Sturm, K. Weiffenbach u. a. Aufgeführt werden bes. Stücke sozialist. Dramatiker und progressiver bürgerl. Autoren. Die Zeit 1970 bis 1985 war bes. durch den Regisseur P. Stein geprägt.

Schaudinn, Fritz, * Röseningken (Ostpreußen) 19. Sept. 1871, † Hamburg 22. Juni 1906, dt. Zoologe. - Arbeiten bes. über Protozoen; entdeckte den Erreger der Syphilis (1905) und den der Amöbenruhr.

Schauenburger, ehem. Grafengeschlecht, ben. nach der Schauenburg (Schaumburg) bei Rinteln. Graf Adolf I. († 1130) wurde 1110/11 mit der Gft. Holstein belehnt; Adolf VI. (* 1256, † 1315) begründete in der Stamm-Gft. die Linie *Holstein-Schauenburg.* Die *holstein.* Linie starb mit Adolf VIII. (* 1401, † 1459) aus, ihre Territorien gingen an das Haus Oldenburg über. Nach dem Erlöschen der Linie Holstein-Schauenburg (1640) zerfiel ihr Besitz.

Schauer, kurzzeitige, starke Niederschläge.

◆ in der *Höhenstrahl-* und *Hochenergiephysik* Bez. für das gleichzeitige Auftreten einer großen Anzahl energiereicher Elementarteilchen. Die S. werden stets von einem sehr energiereichen Teilchen ausgelöst. Bei den sog. *Kaskadenschauern* sind es z. B. energiereiche Mesonen, die von den Primärteilchen der Höhenstrahlung erzeugt werden und in Photonen zerfallen; diese Photonen lösen dann eine Kaskade aus.

Schauerleute [zu niederl. sjouwen „hart arbeiten"], mit Stauen und Verladen von Schiffsfrachten betraute Hafenarbeiter.

Schauerroman, eine Hauptgattung der Trivial- und Unterhaltungsliteratur seit der 2. Hälfte des 18.Jh., in der das Irrationale als Wirklichkeit vorgestellt wird (v. a. in der ↑Gothic novel). Bed. dt. Autoren: L. Tieck, E. T. A. Hoffmann, W. Hauff.

Schaufel, (Schippe) aus einem breiten Stahlblatt von unterschiedl. Form und einem dazu gewinkelt angesetzten Stiel bestehendes Gerät zum Aufnehmen und Fortschaufeln von loser Erde, Schüttgut u. ä.

◆ ↑Geweih.

Schäufele, Hermann, * Stebbach (= Gemmingen, Landkr. Heilbronn) 14. Nov. 1906, † Langenegg (Vorarlberg) 26. Juni 1977, dt. kath. Theologe. - 1937 Studentenpfarrer in Freiburg im Breisgau; ab 1958 Erzbischof von Freiburg und Metropolit der Oberrhein. Kirchenprovinz.

Schäufelein, Hans, * zw. 1480/85, † Nördlingen zw. 1538/40, dt. Maler und Zeichner für den Holzschnitt. - Erweist sich in den Holzschnitten für Kaiser Maximilian 1511 ff. („Theuerdank", „Weißkunig", „Triumphzug") als selbständiger und erzählfreudiger Illustrator. 1515 siedelte S. von Augsburg nach Nördlingen über, wo er Bürgerrecht erhielt. Die für die Stadt und umliegenden Klöster ausgeführten Aufträge weisen bei aller Traditionsgebundenheit Renaissanceelemente auf, am klarsten im „Zieglraltar" (1521, Nördlingen, Sankt Georg und Reichsstadtmuseum). - *Weitere Werke:* Abendmahl (1515; Ulm, Münster), Lorenz und Katharina Tucher (beide 1534, Nürnberg, German. Nationalmuseum). - Abb. S. 194.

Schaufelkopfbarsche ↑Glasbarsche.

Schaufelrad, an beiden Seiten oder am Heck befindl. Antriebsvorrichtung eines Raddampfers. Die Schaufeln werden so verstellt, daß sie stoßfrei unter- und auftauchen; die Verstellung erfolgt über exzentr. zur S.achse gelagerte Hebel und Lenkstangen.

Schaufelradbagger ↑Bagger.

Schaufelrüßler ↑Löffelstöre.

Schauinsland, Schwarzwaldberg sö. von Freiburg im Breisgau, 1 284 m hoch; Sonnenforschungsinstitut; Schwebebahn.

Schaukal, Richard, * Brünn 27. Mai 1874, † Wien 10. Okt. 1942, östr. Schriftsteller. - Im östr. Staatsdienst; 1918 geadelt. Als Lyriker einem ästhet.-dekadenten Impressionismus verpflichtet; später bestimmten traditionsbewußte, konservative Haltung, Kampf gegen den Verfall in der Moderne und sprachpurist. Bemühungen sein Werk (Erzählungen, Dramen und Aphorismen).

Schauki, Ahmad, * Kairo 1868, † ebd. 14. Okt. 1932, ägypt. Dichter. - Einer der bedeutendsten Dichter der modernen arab. Literatur; führte das klass. Theater in die arab. Literatur ein; befürwortete religiöse Toleranz und gesellschaftl. Fortschritt.

Schaum, Gemenge, bei dem gasgefüllte Blasen in einer Flüssigkeit oder einem Feststoff feinst verteilt sind. *Flüssige Schäume* entstehen durch Einarbeiten von Gasen in Flüssigkeiten, die zur S.bildung befähigende Substanzen enthalten, z. B. waschaktive Substanzen oder Eiweißstoffe (z. B. im Bier). Durch die große innere Oberfläche kann S. stark absorbierend wirken und als Reinigungsmittel verwendet werden. Ein natürl. *fester S.* ist der Bimsstein; techn. wichtige feste Schäume sind z. B. die Schaumstoffe.

Schaumann, Ruth, * Hamburg 24. Aug. 1899, † München 13. März 1975, dt. Dichterin. - Schrieb expressive, später formstrenge melodiöse Lyrik („Die Kathedrale", 1920), romantisierende Novellen („Die Silberdistel", 1941) und Romane („Die Karlsbader Hochzeit", 1953), Spiele und Jugendbücher. Schuf auch religiöse Skulpturen und Graphik.

Schaumburg, ehem. Gft. mit Kerngebiet im Wesertal zw. Rinteln und Hameln, ben. nach der *Schaumburg* (erbaut Anfang des 12.Jh., Palas 2. Hälfte des 16.Jh.) östl. von Rinteln, mit der die Schauenburger um 1030 belehnt wurden; im 13.Jh. erweitert, nach 1640 geteilt; ein Teil fiel an Braunschweig-Lüneburg, aus dem übrigen Gebiet entstand die Gft. ↑Schaumburg-Lippe.

S., Landkr. in Niedersachsen.

Schaumburger Tracht ↑Volkstrachten.

Schaumburg-Lippe, histor. Territorium, reichte von den Bückebergen bis zum Steinhuder Meer. Entstand nach 1640 aus

Schaumglas

Hans Schäufelein, Abendmahl (1515). Ulm, Münster

der Vereinigung der vom Haus Lippe geerbten ehem. schaumburg. Ämter Bückeburg, Stadthagen, Arensburg, Hagenburg und einem Teil des Amtes Sachsenhagen mit den lipp. Besitzungen Lipperode und Alverdissen. 1681 Begründung der *Bückeburger* Haupt- und der *Alverdissenschen* Nebenlinie; seit 1807 Ft. und Mgl. des Rheinbunds, seit 1815 des Dt. Bundes; 1816 landständ. Verfassung; unterstützte 1866 zunächst Österreich, trat später jedoch dem Norddt. Bund bei; wurde 1918 Freistaat (Anschluß an Preußen durch Abstimmungen 1926 und 1930 abgelehnt), seit 1946 Teil Niedersachsens. Ein Volksentscheid 1975 forderte ein selbständiges Land Schaumburg-Lippe; 1976 beschloß der Bundestag jedoch den Verbleib beim Land Niedersachsen.

Schaumglas, mit Gasbläschen durchsetztes Glas, das durch Treibgas bis auf das Zwanzigfache seines Volumens ausgedehnt wurde (spezif. Gewicht 0,2 bis 0,7 g/cm^3). S. vereinigt die wärme- und schalldämmenden Eigenschaften der Schaumstoffe mit der chem. Resistenz des Glases.

Schaumgummi (Zellgummi), aus natürl. oder künstl. Latex durch Einarbeiten von Luft und anschließendes Vulkanisieren hergestelltes poröses Gummi.

Schaumkraut (Cardamine), Gatt. der Kreuzblütler mit rd. 100 Arten in den gemäßigten und kühleren Gebieten der Erde; ein-, zwei- oder mehrjährige Kräuter mit einfachen oder fiederteiligen Blättern und weißen, rötl. oder violetten Blüten; in Deutschland 9 Arten heimisch, u. a. ↑Bitterkresse und **Wiesenschaumkraut** (Gauchblume, Cardamine pratensis), 20–60 cm hohe Staude mit 3- bis 11zählig gefiederten Blättern und hellila oder rosafarbenen Blüten in dichten Doldentrauben.

Schaumkresse (Cardaminopsis), Gatt. der Kreuzblütler mit zehn Arten in den gemäßigten Zonen der Nordhalbkugel; zwei- oder mehrjährige Kräuter mit rosettenförmigen Grundblättern und sitzenden oder kurzgestielten Stengelblättern; Blüten weiß, rosa oder violett. In Deutschland kommen drei Arten vor: an Felsen oder auf Schuttplätzen die violett blühende **Sandschaumkresse** (Cardaminopsis arenosa) und die weiß blühende **Felsenschaumkresse** (Cardaminopsis hispida), auf feuchten Wiesen die weiß blühende **Wiesenschaumkresse** (Cardaminopsis halleri).

Schaumlöscher, Feuerlöschgeräte, die schaumerzeugende Zusätze (Schaummittel) enthalten. – ↑auch Feuerlöschmittel.

Schaumstoffe (Schaumkunststoffe), Kunststoffprodukte mit poröser Struktur, wobei je nach Ausbildung der Schaumzellen *geschlossenzellige* S. (die Gasbläschen sind vollständig vom Kunststoff umhüllt), *offenzellige* S. (die Gasbläschen stehen untereinander in Verbindung) und *gemischtzellige* S. unterschieden werden. Die mechan. Eigenschaften und das Wärmeisoliervermögen sind bei den geschlossenzelligen S. besser; die offenzelligen S. besitzen ein größeres Schallschluckvermögen. S. werden als Wärme- und Schallisolierstoffe sowie als Polster- und Verpackungsmaterial verwendet. Sie lassen sich aus fast allen Kunststoffen herstellen. Bei den durch Polykondensation hergestellten Kunststoffen (Phenolharzen, Harnstoffharzen) wird eine

Vorkondensatlösung durch eingeblasene Luft oder ein in der Lösung entwickeltes Treibgas in Schnellrührwerken zu Schaum gerührt (*Schaumschlagverfahren*), der in Formen aushärtet (*Formverschäumung*). Bei den durch Polyaddition entstehenden Polyurethan-S. reagieren die endständigen Isocyanatgruppen mit Wasser unter Entwicklung von Kohlendioxid, das als Treibgas fungiert. Durch Polymerisation entstehende Kunststoffe (Polyäthylen, Polystyrol) werden in plast. Zustand durch Einpressen inerter Gase (Stickstoff, Kohlendioxid), durch Zugabe therm. instabiler, zu gasförmigen Substanzen zerfallender Feststoffe (Azide, Azodicarbonamid), durch im Polymerisat zurückbleibende Monomere oder durch leicht flüchtige Lösungsmittel, die beim Erwärmen als Treibgase fungieren, aufgeschäumt (*Treibgasverfahren*). Bei der Herstellung von Polyvinylchlorid-S. arbeitet man in die noch plast. Masse Kochsalz ein, das nach dem Erhärten wieder herausgelöst wird (*Salzlöseverfahren*).

📖 *Schaumkunststoffe. Entwicklung u. Anwendung.* Hg. vom *Fachverband Schaumkunststoffe. Mchn. u. Wien* 1976. - *Plastic foams.* Hg. v. *K. Frisch u. J. H. Saunders. New York* 1972–73. 2 Bde.

Schaumteppich, Schwerschaumschicht, die auf die Landepiste eines Flughafens von Spezialfahrzeugen aufgesprüht wird, um bei einer Notlandung eines Flugzeugs (z. B. sog. Bauchlandung) die Funkenbildung zu verhindern und die Reibungshitze zu verringern, so daß eine Entzündung auslaufender Kraftstoffreste vermieden wird.

Schaummünze, Münze mit bes. schönem Gepräge. - ↑ Medaille, ↑ auch Medaillon.

Schaumwein, Bez. für ein aus Wein hergestelltes alkohol. Getränk, das infolge eines großen Gehalts an Kohlendioxid (Kohlensäure) beim Öffnen der Flasche (Freiwerden des im S. gelösten Kohlendioxids) „schäumt". Nach dem dt. Weingesetz von 1971 (i. d. F. vom 27. 8. 1982) unterscheidet man: S., S. mit zugesetzter Kohlensäure, Qualitäts-S. (Sekt) und Qualitäts-S. b. A. (Sekt b. A.); die Bez. „deutsch" darf nur verwendet werden, wenn der S. ausschließl. aus im Inland geernteten Weintrauben stammt. - S. mit zugesetzter Kohlensäure wird durch Einpressen von Kohlensäure unter Druck (mindestens 3 bar) hergestellt („Imprägnierung"). S. der übrigen Stufen wird durch Nachgärung hergestellt. Bei der **Flaschengärung** (*méthode champenoise*, da sie zur Gewinnung des frz. Champagners entwickelt wurde) wird die Nachgärung direkt in den dickwandigen Sektflaschen vorgenommen. Durch Mischen von Weinen wird eine Cuvée bereitet und unter Zusatz von Zucker (20–25 g pro Liter) und Reinhefe in die Flaschen gefüllt, die druckfest verschlossen werden. Bei dem Gärprozeß entsteht ein Überdruck von etwa 6 bar, die sich abscheidende Hefe wird nach mehrmaligem Umsetzen und Schütteln der Flaschen im Verlauf von mehreren Monaten zum Flaschenhals hin (an den Korken) verlagert und zuletzt, nach starker Kühlung der Flaschen, damit die Kohlensäure nicht entweicht, mit dem Korken herausgezogen (*Degorgement*). Abschließend erhält der Sekt einen Zusatz von geschmackserhöhenden Stoffen, Zucker u. a. (die sog. Dosage). Bei dem **Großraumgärverfahren** wird die Nachgärung in Drucktanks mit Rührwerken vorgenommen. - Über den Zusatz von Schwefel und Bez. wie trocken, halbtrocken, Diabetiker-S. bestehen gesetzl. Bestimmungen; das gilt auch für ausländ. Erzeugnisse (z. B. *brut* für sehr trocken, d. h. nur 1,5 % Trockenextraktzusatz beim Champagner).

Schaumweinsteuer, Verbrauchsteuer auf Schaumwein und schaumweinähnl. Getränke. Steuerzahler ist der Verbraucher, Steuerschuldner der Hersteller oder bei Einfuhr der Einbringer. Steuereinnahmen 1988: 831 Mill. DM.

Schaumzikaden (Cercopidae), rd. 3 000 Arten umfassende, weltweit verbreitete Fam. der ↑ Zikaden von selten mehr als 1,5 cm Körperlänge; erwachsene S. oft käferartig, mit derben, bei der einheim. **Blutzikade** (Cercopis sanguinea) lebhaft rot-schwarzen Vorderflügeln, zwei Punktaugen am Kopf und drehrunden Hinterschienen; Pflanzensauger; Larven sitzen in Schaumklümpchen (*Kuckucksspeichel*), die durch Ausblasen der Atemluft in die flüssigen, Wachsseifen enthaltenden Exkremente entstehen. Die häufigste einheim. Art ist die 5–6 mm große, ungewöhnl. variabel gefärbte **Wiesenschaumzikade** (Philaenus spumarius); sie saugt an krautigen Gewächsen.

Schauprozesse, Bez. für von einem meist diktator. herrschenden Regime gegen dessen polit. Gegner (meist eine oder mehrere oppositionelle Gruppen) inszenierte Gerichtsverfahren, die propagandist. ausgewertet werden, mit denen eine Atmosphäre von Angst und des Fanatismus erzeugt werden soll und „Sündenböcke" für aktuelle Mängel und Fehler des Systems festgestellt werden sollen. Meist sind die von den Angeklagten erzwungenen Geständnisse einziges Indiz für ihre Tat. In diesen Sinne werden v. a. eine Reihe von Gerichtsverfahren in der UdSSR während der stalinist. Ära als S. bezeichnet (v. a. 1928, 1930, 1931 und die 3 **Moskauer Schauprozesse** 1936, 1937 und 1938), die im Zusammenhang mit der Stalinschen ↑ Säuberung standen. Ähnl. S. gab es 1949 in Ungarn und Bulgarien sowie 1952 in der Tschechoslowakei.

Schauspiel, Begriff, der sich zum ersten Mal im 16. Jh. für die Aufführung von Dramen nachweisen läßt und unterschiedl. verwendet wird: 1. Oberbegriff für Tragödie, Ko-

Schauspieler

mödie, Drama; 2. im Ggs. zum streng gebauten Drama Bez. für die „offene", episierende Dramenform (z. B. Mysterienspiel, Ritter- und Volks-S., Weihespiel, expressionist. Drama, ep. Theater); 3. Bez. für ein Drama, das den trag. Konflikt nicht zur Katastrophe kommen läßt, sondern im Charakter der Personen oder durch andere innere Umstände eine Lösung des Konflikts findet („Lösungsdrama"); z. B. Shakespeares „Maß für Maß", G. E. Lessings „Nathan der Weise", Schillers „Wilhelm Tell" und H. von Kleists „Das Kätchen von Heilbronn".

Schauspieler, allg. der Darsteller in darstellenden Medien (Theater, Film, Fernsehen); i. w. S. auch der Sprecher in Hörspielen des Rundfunks. Mittels Sprache, Mimik, Gestik, Maske und Kostüm, auch mittels Tanz und Gesang gestaltet der S. entweder schriftl. fixierte Rollen (literar. Vorlagen) oder wird mittels Improvisation selbst produktiv (z. B. im Mimus, in der Commedia dell'arte, im Kabarett). - Den **Berufsschauspieler** gibt es bereits im antiken Griechenland (fahrende Gruppen der Mimus seit dem 5. Jh. v. Chr., die sozial geächtet waren, neben den hoch geachteten Darstellern des klass. griech. Theaters, die seit etwa 300 v. Chr. gildenmäßige Zusammenschlüsse bildeten), Rom und seit dem 16. Jh. in den meisten europ. Ländern; in Deutschland bildete sich das Berufsschauspielertum jedoch erst Ende des 17. Jh. heraus; die Geschichte des S.berufs und seiner sozialen Stellung ist eng mit der Geschichte des ↑ Theaters verknüpft. - Eine theoret. Auseinandersetzung über die **Schauspielkunst** begann im 18. Jh. mit Fragen nach der Rollenidentifikation des S., nach seinem künstler. Schaffensprozeß (Nachahmung von Beobachtetem oder Einbildungskraft der Phantasie), die in einem größeren Diskussionszusammenhang von G. E. Lessing, A. W. Iffland und D. Diderot gesehen wurden und die Theoriediskussion bis ins 20. Jh. mitbestimmten. Generell wird heute zw. zwei schauspieler. Methoden unterschieden: 1. die auf Einfühlung des S. in seine Rolle basierende Methode der *Verkörperung;* als histor. Repräsentanten gelten u. a. C. Ekhof und F. L. Schröder, die unter Ablehnung formalisierter Gestaltung und stilisierter Deklamation frz. Manier eine realist. Darstellungsart entwarfen, und L. Devrient, der sich mit seiner Rolle völlig identifizieren mußte, um sie erfolgreich zu gestalten; weiterentwickelt von K. S. Stanislawski („Die Arbeit des S. an sich selbst", 1938), A. Artaud, J. Grotowski (* 1933) und u. a. von E. Kazan für den Film. 2. Die auf Verfremdung und emotionale Distanz von der dargestellten Figur basierende Methode der *Darstellung,* wie bereits im Mimus und in der Commedia dell'arte praktiziert und u. a. von B. Brecht theoret. fundiert. - Die Entwicklung neuer (techn.) Medien im 20. Jh. brachten neue Anforderungen an den S.; das theatral. Pathos mußte einer feiner nuancierten Darstellungsweise weichen; v. a. für den Film wurden charakterist. Gesichter und Körper wichtiger als schauspieler. Erfahrung; v. a. in den USA wurden immer weniger ausgebildete Bühnen-S., statt dessen gut aussehende junge Laien für den Film verpflichtet, die meist auf bestimmte Rollentypen festgelegt (sog. Type-Casting) und systemat. vermarktet wurden *(Starsystem).*

Schausteller, Personen, die außerhalb der Räume einer gewerbl. Niederlassung auf Messen und Jahrmärkten, Volksfesten und sonstigen Volksbelustigungen Lustbarkeiten aller Art darbieten. Sie bedürfen in der BR Deutschland einer Reisegewerbekarte. Sie sind zusammengeschlossen im Dt. Schaustellerbund e. V., Berlin.

Schawlow, Arthur Leonard [engl. 'ʃoʊloʊ], * Mount Vernon (N. Y.) 5. Mai 1921, amerikan. Physiker. - Prof. an der Stanford University in Stanford (Calif.). Bedeutende Forschungen auf den Gebieten der Hochfrequenz- und Mikrowellenspektroskopie, zur Physik des Lasers, Quantenelektronik und Laserspektroskopie; erhielt 1981 den Nobelpreis für Physik (zus. mit N. Bloembergen und K. M. Siegbahn).

Schawuot [hebr. „Wochenfest"], jüd. Fest, das am 6. Siwan (Mai/Juni) gefeiert wird, 50 Tage nach Passah. Es zählt zu den drei religiösen Wallfahrtsfesten.

Schdanow, Andrei Alexandrowitsch [russ. 'ʒdanəf], * Mariupol (= Schdanow) 26. Febr. 1896, † Moskau 31. Aug. 1948, sowjet. Politiker. - Seit 1915 Bolschewik; seit 1930 Mgl., ab 1934 Sekretär des ZK der KPdSU, ab 1935 Kandidat, seit 1939 Mgl. des Politbüros; übernahm 1934 den Vorsitz der Leningrader Parteiorganisation und galt seither als Nachfolger Stalins; hatte entscheidenden Anteil an den Säuberungen 1934–38, der Sowjetisierung der balt. Staaten 1940 und der Verteidigung Leningrads 1941–44; setzte 1934–38 die große Bildungsreform durch; führte nach 1944 den Kampf um die Festlegung der Künstler auf eine revolutionäre bolschewist. Parteilichkeit; ab 1947 Leiter des Kominform.

Schdanow [russ. 'ʒdanəf], sowjet. Stadt an der Bucht von Taganrog, Ukrain. SSR, 522 000 E. Hochschule für Metallurgie, Theater; bed. Seehafen am Asowschen Meer, Ind.-zentrum in der südl. Ukrain. SSR. - Gegr. 1779, seit dem späten 19. Jh. wichtiger Hafen; bis 1948 **Mariupol.**

Schebat [hebr.], Name des elften Monats (Jan./Febr.) im jüd. Kalender.

Schebecke [arab.-roman.], im 17./18. Jh. v. a. im Mittelmeerraum verbreitetes, dreimastiges Segelschiff mit Lateinersegeln.

Schebesta, Paul, * Groß Peterwitz (Oberschlesien) 20. März 1887, † Mödling 17.

Sept. 1967, dt.-östr. Ethnologe. - Missionar, Dozent in Maria Enzersdorf und Wien. Feldforschungen auf der Halbinsel Malakka, im Kongobecken und auf den Philippinen, v. a. über kleinwüchsige Völker.

Scheck, unbedingte Anweisung des Ausstellers an eine Bank, eine (bestimmte) Geldsumme aus seinem Guthaben auszuzahlen. Nimmt der Aussteller die Bestimmung der Geldsumme nicht vor, handelt es sich um einen *Blankoscheck*. Grundsätzlich darf nach dem S.vertrag mit der Bank ein S. nur dann ausgestellt werden, wenn er durch ein entsprechendes Guthaben gedeckt ist; andernfalls kann die Bank die Auszahlung verweigern. Dies gilt jedoch nicht, wenn die Bank durch Ausgabe einer ↑ Scheckkarte eine Einlösungsgarantie gegeben hat (↑ auch eurocheque).
Vorgelegt werden müssen im Inland ausgestellte S. binnen 8 Tagen, im europ. Ausland ausgestellte binnen 20 Tagen, in einem anderen Erdteil ausgestellte binnen 70 Tagen. Zahlbar ist der S. bei Vorlage („bei Sicht"). Ein S. mit dem Vermerk „nur zur Verrechnung" *(Verrechnungs-S.)* darf jedoch nicht bar ausgezahlt, sondern nur dem Empfängerkonto gutgeschrieben werden. Ein abhanden gekommener S. kann durch Aufgebot für kraftlos erklärt, kurzfristig auch durch Anweisung an die Bank, ihn bei Vorlage nicht einzulösen, gesperrt werden.
Geschichte: Zwar stammt das Wort „S." vom italien. Wort „scacco" (Staatsschatz), doch entwickelte er sich zu seiner heutigen Bedeutung v. a. in England aus den auf den Staatsschatz („exchequer") ausgestellten Anweisungen. Als S. wurden dann auch die Anweisungen von Kaufleuten an ihre zunächst bei Goldschmieden, dann bei Banken deponierten Guthaben an Edelmetallen bezeichnet.
📖 *Waidelich, B.:* Wechsel u. S. Stg. ²1985. - *Ashauer, G.:* Wechsel- u. S.recht. Stg. ³1979.

Schecke, geknöpfte Jacke der männl. Tracht des 14. und 15.Jh.; die engen Ärmel endeten oft in langen Stoffbahnen, die vom Ellenbogen herabhingen; mit einer Reihe von Knöpfen geschlossen.

Schecken [letztl. zu frz. échec „Schach" (nach dem Muster des Schachbretts)], Bez. für gescheckte Tiere, Rassen oder Rassengruppen der Haussäugetiere; z. B. beim Hauspferd (nach der übrigen Fellfarbe): Braun-, Rot- und Rappschecken.

Scheckenfalter, Gattungsgruppe bis 4,5 cm spannender Tagfalter (Fam. Edelfalter) mit zahlr., z. T. schwer unterscheidbaren Arten in Europa; Flügel oberseits rotgelb, mit schwarzer Gitterzeichnung bzw. Scheckung, unterseits (im Unterschied zu den *Perlmutterfaltern*) ohne Silberflecke.

Scheckkarte, von Kreditinstituten an ihre Kunden ausgegebene Garantiekarte, in der sie sich verpflichten, auf sie gezogene Schecks bis zu einem bestimmten Betrag (i. d. R. 400 DM pro Scheck) einzulösen. - ↑ auch eurocheque.

Scheckprotest, die förml. öffentl. Beurkundung, daß die Zahlung eines rechtzeitig, d. h. innerhalb der Vorlegungsfrist (↑ Scheck) vorgelegten Schecks verweigert wurde; erfolgt durch eine datierte Erklärung der Bank bzw. Abrechnungsstelle.

Scheckreiterei, Verfügung über ein Konto (mittels Schecks) unter gleichzeitiger Einreichung eines ungedeckten Schecks in etwa gleicher Höhe. Bis zur Vorlage des Schecks bei dem bezogenen Institut wird damit für eine scheinbare Deckung gesorgt. Die S. ist Betrug.

Scheddach [zu engl. shed „Hütte"] (Sheddach) ↑ Dach.

Schedelsches Liederbuch, Liederhandschrift im Besitz der Münchner Staatsbibliothek, ben. nach ihrem Schreiber und ersten Besitzer H. Schedel, zusammengestellt 1460-62 (Nachträge um 1467); Hauptquelle der bürgerl. Musik jener Zeit.

Schedelsche Weltchronik, 1493 in lat. und dt. Ausgabe bei A. Koberger in Nürnberg erschienene Weltchronik H. Schedels (*1440, †1514); berühmt wegen ihrer 1 809 Holzschnitte nach Entwürfen M. Wolgemuts und W. Pleydenwurffs.

Scheeben, Matthias Joseph, *Meckenheim 1. März 1835, †Köln 21. Juli 1888, dt. kath. Theologe. - Seit 1860 Prof. am Priesterseminar in Köln; Wegbereiter der Neuscholastik; Hauptwerk: „Handbuch der kath. Dogmatik" (6 Bde., 1874-87).

Scheel, Walter, *Solingen 8. Juli 1919, dt. Politiker. - 1946 Eintritt in die FDP; 1950-53 MdL in NRW; 1953-74 MdB; 1961-66 Bundesmin. für wirtsch. Zusammenarbeit, 1967-69 Vizepräs. des Bundestages; Parteivors. 1968-74; seit 1969 als Außenmin. neben W. Brandt Hauptvertreter der neuen Ostpolitik; 1974-79 Bundespräs.; erhielt 1977 den Karlspreis der Stadt Aachen; seit 1979 Ehrenvors. der FDP. - Abb. S. 203.

Scheele, Carl Wilhelm, *Stralsund 9. Dez. 1742, †Köping 21. Mai 1786, schwed. Chemiker dt. Herkunft. - Mgl. der Schwed. Akad. der Wiss.; entdeckte unabhängig von J. Priestley den Sauerstoff (1770/71), ferner den Stickstoff und das Chlor (1774), Molybdän (1778), Glycerin und zahlr. organ. Säuren (Milchsäure, Weinsäure, Oxalsäure).

S., Paul Werner, *Olpe 6. April 1928, dt. kath.

Scheibenhantel. Form und Maße

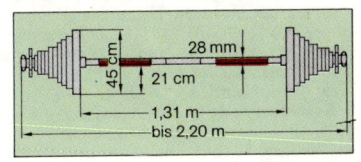

Theologe. - Nach Seelsorgetätigkeit Prof. für Dogmatik; ab 1975 Weihbischof in Paderborn, seit 1979 Bischof von Würzburg.

Scheeles Grün [nach C. W. Scheele], grünes Kupferpigment; giftig und nur noch selten als Malerfarbe verwendet.

Scheelit [nach C. W. Scheele] (Tungstein, Schwerstein, Scheelspat), grauweißes, gelbl. oder braunes, durchscheinendes Mineral, $CaWO_4$; wichtiges Wolframmineral. Mohshärte 4,5-5; Dichte 5,9-6,1 g/cm^3.

Scheer, Reinhard, * Obernkirchen 30. Sept. 1863, † Marktredwitz 26. Nov. 1928, dt. Admiral. - Ab 1916 Chef der Hochseeflotte und deren Führer in der Schlacht vor dem Skagerrak. Sein Einsatzbefehl an die Hochseeflotte als Chef des Admiralstabs und Befehlshaber der Seekriegsleitung (ab Aug. 1918) löste die Meuterei in Kiel aus, die schließl. zur Novemberrevolution 1918 führte.

Scheerbart, Paul, Pseud. Bruno Küfer, * Danzig 8. Jan. 1863, † Berlin 15. Okt. 1915, dt. Schriftsteller. - In seinen Romanen („Münchhausen und Clarissa", 1906), Schriften („Glasarchitektur", 1914) und Erzählungen („Machtspäße", 1904) verbinden sich phantast. und grotesker Humor mit gesellschaftskrit., v. a. gegen den wilhelmin. Militarismus gerichteten Elementen.

Scheffel, Joseph Victor von (seit 1876), * Karlsruhe 16. Febr. 1826, † ebd. 9. April 1886, dt. Schriftsteller. - Volkstüml., oft trivialer, humorvoller, stets epigonaler Epiker und Lyriker der sog. Butzenscheibenlyrik, u. a. in seinen Gedichtsammlungen „Gaudeamus" (1868) sowie in den Kneip- und Kommersliedern, z. B. „Alt-Heidelberg, du feine ...", „Als die Römer frech geworden", „Wohlauf, die Luft geht frisch und rein". Er vertritt in seinen Werken eine patriot. Haltung und flüchtet thematisch in eine vaterländ.-heroische Vergangenheit, z. B. in dem Versepos „Der Trompeter von Säckingen" (1854) und in dem Roman „Ekkehard" (1855).

Scheffel, altes dt. Hohlmaß insbes. für Getreide; 1 preuß. S. entsprach 54,96 Litern, 1 sächs. S. 103,83 Litern, 1 bayer. S. (Schaff) 222,36 Litern. Von 1872 bis 1884 galt im Dt. Reich 1 S. = 50 Liter.

Scheffler, Johann, dt. Dichter, ↑ Angelus Silesius.

Schéhadé, Georges [frz. ʃea'de], * Alexandria (Ägypten) 2. Nov. 1910, libanes. Schriftsteller. - Frz. schreibender Dramatiker mit Vorliebe für das Surrealist.-Traumhafte und Poet.-Märchenhafte; einer der frühesten Vertreter des absurden Theaters in Frankr. („Sprichwörterabend", 1954; „Die Reise", 1961; „Der Auswanderer", 1965); auch surrealist. Lyriker („Le nageur d'un seul amour", 1985) und Romancier. - † 17. Jan. 1989.

Scheherazade [ʃehera'zaːdə], die Erzählerin der Märchen in der Sammlung „Tausendundeine Nacht".

Scheibe, Richard, * Chemnitz (= Karl-Marx-Stadt) 19. April 1879, † Berlin 6. Okt. 1964, dt. Bildhauer. - Neben Figuren-, Tierplastik und Medaillen schuf S. u. a. das Gefallenendenkmal in Frankfurt am Main-Sindlingen (1932) und das Ehrenmal für die Opfer des 20. Juli 1944 in Berlin (1953).

Scheibenbäuche, (Lumpfische, Cyclopteridae) Fam. etwa 10 bis 50 cm langer Knochenfische mit etwa 150 Arten an Küsten und in der Tiefsee der nördl. Meeresregionen; Körper meist plump, gedrungen, Haut schuppenlos, mit Knochenplättchen; Bauchflossen fast stets zu einer breiten Saugscheibe verwachsen. Die bekannteste Art ist der etwa 30 (♂) bis 50 cm (♀) lange Seehase (Meerhase, Cyclopterus lumpus) an den Küsten des N-Atlantiks; dunkelgrau bis schwärzl., Bauch hell; der Rogen kommt als Kaviarersatz (dt. Kaviar) in den Handel.

♦ svw. ↑ Saugfische.

Scheibenblumengewächse (Cyclanthaceae), Fam. der Einkeimblättrigen mit rd. 180 Arten in 11 Gatt. im trop. Amerika; ausdauernde Kräuter oder Stauden mit gestielten, mehr oder weniger zweispaltigen Blättern und getrenntgeschlechtigen Blüten in kolbenähnl. Blütenständen, die von zwei bis elf Blütenscheiden umhüllt sind. Bekannte Gatt. ↑ Kolbenpalme.

Scheibenbremse ↑ Bremse.

Scheibenegge ↑ Egge.

Scheibenhantel, im Gewichtheben Wettkampfgerät aus einer Metallstange, Scheiben verschiedenen Gewichts und Umfangs sowie 2 Verschlüssen. - Abb. S. 197.

Scheibenhonig ↑ Honig.

Scheibenpflug ↑ Pflug.

Scheibenpilze, (Diskomyzeten, Discomycetales) Unterklasse der Schlauchpilze mit offenem, schüsselförmigem Fruchtkörper (Apothecium). Zu den S. gehören die Becherpilze mit den Morcheln und Lorcheln und die Trüffel.

♦ (Helotiales) Schlauchpilzordnung mit mehreren tausend, hauptsächl. saprophyt. Arten (z. B. ↑ Reisigbecherling), deren einwandiger Askus einen kompliziert gebauten Apikalapparat zur aktiven Sporenausschleuderung besitzt. Die Ordnung enthält einige sehr gefährl. Parasiten wie ↑ Botrytis und die Erreger der ↑ Moniliakrankheit.

Scheibenquallen, svw. ↑ Scyphozoa.

Scheibensalmler (Myleinae), Unterfam. bis 80 cm langer, scheibenförmig seitl. zusammengedrückter Knochenfische (Fam. Salmler) mit zahlr. Arten in Süßgewässern S-Amerikas; häufig silbrig glänzende Fische mit kantigem Bauchrand, langer Afterflosse und kleinen Brustflossen; z. T. Warmwasseraquarienfische.

Scheibenschlagen (Scheibentreiben), Volksbrauch am ersten Fastensonntag und Sonnwendabend, bei dem brennende, auf einen Stock gesteckte Holzscheiben an Berghängen hinabgeschleudert werden.

Scheibenwischer, Säuberungsvorrichtung [in Verbindung mit der Scheibenwaschanlage] für die Frontscheibe (bzw. die Heckscheibe oder die Scheinwerfer) eines Fahrzeugs; besteht gewöhnl. aus zwei vom Wischermotor angetriebenen Wischarmen, an denen die Wischblätter angebracht sind.

Scheibenzüngler (Discoglossidae), Fam. der Froschlurche in Eurasien und NW-Afrika; Haut glatt oder warzig; Zunge breit, scheibenförmig, ist am Mundboden angewachsen und kann nicht aus dem Mund geklappt werden. Man unterscheidet vier Gatt., darunter *Alytes* (mit der einheim. ↑Geburtshelferkröte), die ↑Unken und *Discoglossus* (S. i. e. S.); letztere mit drei Arten im Mittelmeergebiet. Am weitesten verbreitet ist der **Gemalte Scheibenzüngler** (Discoglossus pictus) in Gewässern SW-Europas und NW-Afrikas: 7–8 cm lang, gedrungen, mit glatter Haut, rötl., braun oder grau, mit dunkleren, oft hell gesäumten Flecken.

Scheich (Schaich) [arab. „Ältester"], arab. Ehrentitel der führenden Persönlichkeiten der traditionellen islam. Gesellschaft (Stammeshäuptling, Dorfbürgermeister, Ordensmeister der Derwische).

Scheichülislam, türk. Titel des Mufti von Konstantinopel seit dem 16. Jh.; der S. war das Oberhaupt aller religiösen Gelehrten („ulema") im Osman. Reich; durch seine Rechtsgutachten („fetwa") stellte er die oberste Rechtsinstanz dar, er war im Rang dem Großwesir gleichgestellt.

Scheidbogen, im Kirchenbau Bogen, die die Mittelschiffsjoche von den Seitenschiffsjochen trennen und die *Scheidmauer* mit Fenstern (Obergaden) oder Triforien tragen.

Scheide, der Form der Klinge angepaßte Schutzhülle für Hieb- und Stichwaffen; aus Metall, Holz oder Leder, oft kunstvoll verziert.

◆ (Vagina) bei *Tier* und *Mensch* der letzte, nach außen in eine Kloake oder in einen Urogenitalsinus bzw. einen S.vorhof mündende, gangartige Abschnitt der inneren weibl. Geschlechtsorgane; meist muskulös-elast. Hohlorgan zur Aufnahme des Penis bei der Kopulation, als Ausführungsgang für die Eier bzw. als Geburtsgang (Gebärkanal) für die Jungen (bei Vivipare) sowie (bei den Primaten) zur Ableitung des Menstruationsbluts. Die S. der Frau schließt sich an die Gebärmutter in Form eines 8–11 cm langen, häutigmuskulösen, elast., von Schleimhaut ausgekleideten Gangs an. Da sich vordere und rückwärtige Wand der S. berühren, umschließen sie einen H-förmigen Spalt, der eine Erweiterung ohne größere Verspannung gestattet. Während der Schwangerschaft lockert sich die S. auf und wird für den Durchtritt des Kindes dehnungsfähig. Das primär alkal.

S.sekret stammt aus Drüsen des Gebärmutterhalskanals; hinzu kommen abgestoßene, zerfallende Epithelien und aus diesen freigesetztes Glykogen. Letzteres ist wichtig für die Milchsäurebildung durch die Tätigkeit der Döderlein-Stäbchen. Das (außerhalb des Zeitpunkts der Ovulation) saure S.milieu ist ein wirksamer Schutz gegen eindringende Infektionskeime.

Scheidekunst, altertüml. Bez. für Chemie.

Scheidemann, Heinrich, * Wöhrden (= Süderwöhrden, Landkr. Dithmarschen) um 1596, † Hamburg Anfang 1663, dt. Komponist. - Schüler von J. P. Sweelinck, ab 1629 Organist in Hamburg; einer der bedeutendsten Meister der norddt. Orgelschule. Außer seinem umfangreichen Orgelwerk (v. a. Orgelchoräle, Choralfantasien) sind von ihm v. a. Lieder nach Texten von J. Rist überliefert.

S., Philipp, * Kassel 26. Juli 1865, † Kopenhagen 29. Nov. 1939, dt. Journalist und Politiker. - MdR bzw. Mgl. der Nationalversammlung 1903–33 für die SPD, deren Parteivorstand er 1911–20 angehörte; trat im Okt. 1918 als Staatssekretär ohne Geschäftsbereich in die Reg. des Prinzen Max von Baden ein; rief am 9. Nov. 1918 ohne Wissen und gegen den Willen Eberts die dt. Republik aus, um der Proklamation einer sozialist. Republik durch die Kommunisten zuvorzukommen; erster Min.präs. der Weimarer Republik (Febr.–Juni 1919); Rücktritt aus Protest gegen den Versailler Vertrag; 1920–25 Oberbürgermeister von Kassel; mußte 1933 emigrieren.

Scheidemünzen ↑Münzen.

Scheidenentzündung (Scheidenkatarrh, Elytritis, Kolpitis), v. a. durch Infektionen mit Trichomonas vaginalis oder dem Pilz Candida albicans bei älteren Frauen auch durch Östrogenmangel bedingte Entzündung der Scheidenschleimhaut; u. a. mit Ausfluß, brennenden Schmerzen und Juckreiz.

Scheidenkatarrh, svw. ↑Scheidenentzündung.

◆ (ansteckender S., Knötchenkrankheit) Viruserkrankung der Haussäugetiere (v. a. des Rindes); Scheidenschleimhaut grauweiß belegt, später mit vielen roten Knötchen bedeckt; Übergreifen auf die Gebärmutter führt häufig zum Verwerfen und zur Unfruchtbarkeit; Übertragung beim Deckakt oder durch verseuchtes Futter.

Scheidenkrampf (Vaginismus, Vulvismus), durch (meist psych. bedingte) Überempfindlichkeit des Scheideneinganges oder Berührung hervorgerufene, unwillkürliche, krampfartige Zusammenziehung des Scheidenschließmuskels von Teilen der Beckenbodenmuskulatur mit Einwärtsdrehen der Oberschenkel.

Scheidenmuscheln (Messermuscheln, Solenidae), Fam. bis 20 cm langer Muscheln mit mehreren Arten im O-Atlantik, Mittel-

Scheidenpessar

meer und Schwarzen Meer; vorwiegend in Sandböden eingegraben lebende Tiere mit langen, schmalen, weißl. bis rosafarbenen Schalen, die einer Messerscheide ähneln. Hierher gehört die *Große Scheidenmuschel* (Messerscheide, Solen vagina; bis 12 cm lang).

Scheidenpessar ↑ Empfängnisverhütung.

Scheidenschnäbel (Chionididae), Fam. etwa 40 cm langer, taubenförmiger, weißer Watvögel mit zwei Arten auf antarkt. Inseln und Klippen; mit kurzem, hohem Schnabel, dessen basaler Teil zusätzl. von einer dickeren, hornigen Scheide bedeckt ist; bauen Bodennester.

Scheidenvorfall (Prolapsus vaginae), das Heraustreten der Scheide aus der weibl. Scham (Vulva); bei geringerer Ausprägung spricht man von einer *Scheidensenkung*. Scheidensenkung und S. sind i. d. R. mit einer Gebärmuttersenkung bzw. mit einem Gebärmuttervorfall verbunden. Ursachen sind v. a. Beckenbodeninsuffizienz (infolge Zerreißung oder Überdehnung des Beckenbodens während einer Geburt) und eine Erschlaffung des Band- und Haftapparats der Gebärmutter (u. a. bei angeborener allg. Bindegewebsschwäche).

Scheidetrichter (Schütteltrichter), kugeliges bis birnenförmiges oder zylindr., am unteren Ende mit einem Abfluß mit Hahn versehenes Glasgerät v. a. zum Trennen nicht ineinander lösl. Flüssigkeiten.

Scheidewände, svw. ↑ Septen.

Scheidewasser ↑ Salpetersäure.

Scheidt, Kaspar (Scheit, Scheid, Scheyt), * um 1520, † Worms 1565, dt. Dichter. - Als Moralist und Lehrdichter v. a. durch die volkstüml. Übertragung und Erweiterung von F. Dedekinds „Grobianus" bekannt.

S., Samuel, ≈ Halle/Saale 3. Nov. 1587, † ebd. 24. März 1654, dt. Komponist und Organist. - 1608/09 Schüler von J. P. Sweelinck in Amsterdam, 1609 Hoforganist in Halle, 1619 Hofkapellmeister; einer der bedeutendsten mitteldt. prot. Kirchenmusiker des 17. Jh. V. a. bekannt durch Orgelchoräle, Lied- und Choralvariationen, in denen er die kontrapunkt.-imitator. Setzweise weiterführte.

Scheidung ↑ Ehescheidung.

Schein, Johann Hermann, * Grünhain 20. Jan. 1586, † Leipzig 19. Nov. 1630, dt. Komponist. - 1615 Hofkapellmeister in Weimar, ab 1616 Thomaskantor in Leipzig. S., in dessen Werk sich das Erbe niederl. Vokalpolyphonie mit dem italien. Concerto- und Madrigalstil verbindet, gilt als einer der drei großen dt. Meister der 1. Hälfte des 17. Jh. (neben H. Schütz und S. Scheidt). Komponierte Motetten, geistl. Konzerte, geistl. Lieder („Cantional", 1627), Madrigale sowie zahlr. weltl. Lieder und Suiten.

Schein, in der Philosophie ein häufig im Ggs. zu Sein, Wesen und ↑ Wirklichkeit, außerdem zur Charakterisierung vermeintl. Wissens im Ggs. zu ↑ Wahrheit verwendeter Begriff. Im einzelnen bedeuten *subjektiver S.* die Anfälligkeit der Sinnlichkeit *(sinnl. S.)* und des Verstandes gegenüber (vermeidbaren) Täuschungen, *objektiver (empir.) S.* den Verstandesgebrauch unter (notwendigen) Bedingungen der Sinnlichkeit, *log. S.* die fehlerhafte Anwendung log. Regeln, *transzendentaler* oder *metaphys. S.* den method. unzulässig ausgeweiteten Vernunftgebrauch, der bei der Anwendung theoriebildender Unterscheidungen (Kategorien) über die Grenzen mögl. Erfahrungen hinaus entsteht. Im Unterschied zum Begriff der ↑ Erscheinung ist (nach Kant) für den Begriff des S. nur der Gesichtspunkt unzureichend begr. Urteile entscheidend. In der Ästhetik wird der sog. *ästhet. S.* bzw. *schöne S.* als Darstellung des Absoluten aufgefaßt (Schelling) und das Schöne als „sinnl. Scheinen der Idee" bestimmt (Hegel).

Scheinakazie ↑ Robinie.

Scheinarznei, svw. ↑ Placebo.

scheinbare Größe, der Sehwinkel, unter dem ein Objekt einem Beobachter erscheint.

scheinbare Helligkeit ↑ Helligkeit.

Scheinbeere, ↑ Gaultheria.

Scheinbockkäfer (Engdeckenkäfer, Oedemeridae), Fam. schlanker, bis 20 mm großer Käfer mit meist metall. glänzender Oberseite; Körper bockkäferähnl.; Flügeldecken oft hinten klaffend; Fühler lang und dünn; mit knapp 1 000 Arten weltweit verbreitet; Larven v. a. in morschem Holz; Käfer vielfach auf Blüten.

Scheinbuche (Südbuche, Nothofagus), Gatt. der Buchengewächse mit knapp 50 Arten in den südl. Anden, in Australien, Neuseeland, Tasmanien, Neukaledonien und Neuguinea; sommer- oder immergrüne Bäume oder Sträucher mit buchenähnl. Blättern. Die in Deutschland winterharte Art *Nothofagus antarctica* wird z. T. angepflanzt.

Scheindahlie, svw. ↑ Zweizahn.

Scheindolde ↑ Blütenstand.

Scheineller (Klethra, Clethra), einzige rezente Gatt. der zweikeimblättrigen Pflanzenfam. *Scheinellergewächse* (Clethraceae) mit rd. 30 Arten in den Tropen und Subtropen; sommergrüne oder (in den Tropen überwiegend) immergrüne Bäume oder Sträucher mit wechselständigen, meist gesägten Blättern und weißen, duftenden Blüten in Trauben oder Rispen.

Scheiner, Christoph, * Markt Wald (Landkr. Unterallgäu) 25. Juli 1575, † Neisse 18. Juli 1650, dt. Mathematiker, Physiker und Astronom. - Jesuit; Prof. u. a. in Ingolstadt und Freiburg. S. entdeckte (unabhängig von J. Fabricius und G. Galilei) die Sonnenflecken und bestimmte die Rotationszeit der Sonne. Er beschrieb erstmals die umgekehrten Bilder auf der Netzhaut des Auges und den seitl. Austritt des Sehnervs aus dem Augapfel. Mit

dem nach ihm ben. *Scheinerschen Versuch* Nachweis der Akkomodation des Auges.
S., Julius, * Köln 25. Nov. 1858, † Potsdam 20. Dez. 1913, dt. Astrophysiker. - Prof. in Berlin; arbeitete über Spektroskopie sowie Photographie und Photometrie der Sterne und arbeitete ein Maßsystem der photograph. Empfindlichkeit *(Scheiner-Grade)* aus.

Scheinfrüchte ↑ Fruchtformen.

Scheinfüßchen (Pseudopodien), der Fortbewegung, i. d. R. auch der Nahrungsaufnahme dienende, formveränderl., rückbildbare Protoplasmaausstülpungen bei vielen einzelligen Organismen, v. a. bei Schleimpilzen und Wurzelfüßern. Bei den Wurzelfüßern werden verschiedene Ausbildungsformen unterschieden: Achsenfüßchen (↑Axopodien), Fadenfüßchen *(Filopodien;* sehr lang, fadenartig dünn), Lappenfüßchen *(Lobopodien;* lappenartig geformt) und Wurzelfüßchen *(Rhizopodien;* wurzel- bis netzartig verästelt). Die Art der durch S. bewirkten (aktiven) Fortbewegung kann ein Abrollen, Wälzen, Schreiten, Spannen oder Gleiten des Zellkörpers darstellen.

Scheingeißbart, svw. ↑Astilbe.

Scheingeschäft, simuliertes ↑Rechtsgeschäft, bei dem sich die Vertragspartner darüber einig sind, daß die Erklärung nicht gewollt, sondern nur zum Schein abgegeben ist (§ 117 BGB). Das S. ist nichtig; wird jedoch durch das S. ein anderes ernstl. gewolltes Geschäft verdeckt, so ist letzteres gültig, sofern nicht sonstige Erfordernisse zu seiner Wirksamkeit fehlen. Ähnl. dem S.ist das *Scherzgeschäft* (§ 118 BGB) eine Willenserklärung (z. B. Vertragsantrag), die in der Erwartung abgegeben wird, der innewohnende Mangel an Ernstlichkeit werde nicht verkannt werden.

Scheinkastanie (Goldkastanie, Castanopsis), Gatt. der Buchengewächse mit rd. 100 Arten in SO-Asien, S-China und im pazif. N-Amerika. Eine bekannte, auch in M-Europa angepflanzte Art ist **Castanopsis chrysophylla,** ein großer Strauch oder kleiner Baum mit ganzrandigen, lederartigen, oberseits glänzenden, gelblichgrünen, unterseits mit goldgelben Schuppen gedeckten Blättern.

Scheinkraft, in einem beschleunigten Bezugssystem zusätzl. zu den eingeprägten (äußeren) Kräften wirksam werdende Trägheitskraft; z. B. befindet sich ein im Vakuum frei fallender Körper im Zustand der Schwerelosigkeit, weil die Schwerkraft durch eine gleich große, aber entgegengesetzt gerichtete S. kompensiert wird.

Scheinkurs, svw. ↑Ausweichkurs.

Scheinleitwert ↑Admittanz.

Scheinmalve (Malvastrum), Gatt. der Malvengewächse mit rd. 80 Arten in S-Afrika und in Amerika; kleine Sträucher oder Kräuter mit verschieden gestalteten Blättern und kurzgestielten, roten oder gelben Blüten. Unter dem volkstüml. Namen **Fleißiges Lieschen** bekannt ist die südafrikan. Art **Malvastrum capense,** ein über 1 m hoher Strauch mit längl.-eiförmigen, dreilappigen Blättern und dunkelroten Blüten; wird als reichblühende Zimmerpflanze kultiviert.

Scheinmohn (Keulenmohn, Meconopsis), Gatt. der Mohngewächse mit knapp 50 Arten in Eurasien und Amerika; ein- oder zweijährige Pflanzen mit gelbem Milchsaft, ungeteilten, gelappten oder zerschlitzten Blättern und gelben, blauen oder violetten Blüten.

Scheinquitte (Zierquitte, Feuerquitte, Scharlachquitte, Chaenomeles), Gatt. der Rosengewächse mit nur wenigen Arten in O-Asien; Sträucher mit dornigen Zweigen, wechselständigen, gekerbten oder auch gesägten Blättern und zu mehreren zusammenstehenden Blüten. Eine bekannte Art ist die **Jap. Quitte** (Jap. Zierquitte, Chaenomeles japonica), ein bis 1 m hoher, dichter Strauch mit ziegelroten oder weißen, bis 3 cm breiten Blüten.

Scheinrüßler (Pythidae), Fam. 2–16 mm großer Käfer mit rd. 300 Arten, v. a. in den Subtropen und Tropen; nützl., von morschem Holz, Pilzen oder auch Insektenlarven (Borkenkäfer) lebende, laufkäferähnl. Tiere mit rüsselartig verlängertem Kopf.

Scheinschmarotzer, svw. ↑Epiphyten.

Scheintod, dem Tiefschlaf ähnlicher komatöser Zustand mit kaum mehr erkennbaren Lebenszeichen (Atmung, Herzschlag, Puls); kommt u. a. bei Vergiftungen, elektr. Unfällen, Ertrinken und Erfrieren vor. Der S. ist ausschließbar durch Feststellen der sicheren ↑Todeszeichen.

Scheinwerfer ↑Kraftfahrzeugbeleuchtung.

Scheinzwitter, svw. ↑Intersex.

Scheinzwittertum (Scheinzwittrigkeit), svw. ↑Intersexualität.

Scheinzypresse (Chamaecyparis), Gatt. der Zypressengewächse mit sechs Arten in N-Amerika und Japan; immergrüne Bäume (selten Sträucher) mit abgeflachten Zweigen und schuppen- oder auch nadelförmigen Blättern; kugelige, im ersten Jahr reifende Zapfen; zahlr. Gartenformen.

Scheit, Kaspar ↑Scheidt, Kaspar.

Scheitel, (Vertex) in der *tier.* und *menschl. Anatomie* und *Morphologie* Spitze eines Organs, der höchstgelegene (mittlere) Teil der Schädelkalotte; i. e. S. der höchstgelegene mediane Teil des Schädelgewölbes bzw. des Kopfes. - ↑auch Apex.

◆ (Scheitelregion) Bez. für die äußerste Spitze der pflanzl. Vegetationskörper (bei Lagerpflanzen) bzw. -organe (bei Sproßpflanzen); Sitz der für das Längenwachstum, primäre Dickenwachstum und für Teile des Flächenwachstums verantwortl. meristemat. Zellen (↑auch Bildungsgewebe). Die S. ist bei Algen, Moosen sowie auf den Sproß-, Wurzel- und Blattspitzen der meisten Farne als einzelne ↑Scheitelzelle, bei Bärlappen und Samen-

Scheitelauge

pflanzen als meist mehrschichtige Gruppe von ↑Initialzellen ausgebildet.
♦ (S.punkt) in der *Mathematik* Bez. für den Schnittpunkt zweier Geraden, in der *Astronomie* svw. Zenit, in der *Architektur* der höchste Punkt eines Bogens oder Gewölbes.

Scheitelauge, (Parietalauge, Parapinealauge, Medianauge) bei verschiedenen Reptilien (z. B. Tuatera, Eidechsen, Schleichen, Warane, Leguane) unter der (lichtdurchlässigen) Haut und dem **Scheitelloch** (Parietalforamen, Foramen parietale) des Schädels nach oben gerichtetes, unpaares, everses (ausgestülptes) Blasenauge mit Linse, Glaskörper und Sehzellen; kann noch Helligkeit wahrnehmen.
♦ (Scheitelozelle, Stirnauge, Stirnocellus) allg. Bez. für die bei Gliederfüßern vorn oben am Kopf in Mehrzahl ausgebildeten Punktaugen; i. e. S. nur Bez. für die beiden hinteren der bei den Insekten in Dreizahl am Kopf zw. den Antennen gelegenen Punktaugen, im Unterschied zum davorliegenden (unpaaren) *Stirnauge* i. e. S. (Frontalauge, Stirnocellus).

Scheitelbein (Parietale, Os parietale) ↑Schädel.

Scheitelkreis, Kreis um den Mittelpunkt einer Ellipse bzw. einer Hyperbel mit der großen Halbachse als Radius.

Scheitellappen ↑Gehirn.
Scheitelloch ↑Scheitelauge.
Scheitelorgane, svw. ↑Pinealorgane.
Scheitelozelle ↑Scheitelauge.
Scheitelpunkt, in der Mathematik, Astronomie und Architektur svw. ↑Scheitel.
Scheitelwinkel ↑Winkel.

Scheitelzelle, teilungsfähige (meristemat.) Einzelzelle an der Spitze der Vegetationskörper der Lagerpflanzen sowie an den Spitzen der Sproßachsen und Wurzeln der meisten Farne. Die S. gibt durch ständige Segmentierung nach einer, zwei oder drei Raumrichtungen Tochterzellen ab, aus denen durch Differenzierung der gesamte Pflanzenkörper entsteht.

Scheitholz, der Länge nach gespaltenes Rohholz.
♦ (Scheitholt) eine vom MA bis ins 19. Jh. in Deutschland gebräuchl. Zither mit längl. Resonanzkasten, Bünden, 1–4 Griffsaiten und einigen Begleitsaiten. Die Saiten werden mit (oft seitl.) in einem Wirbelkasten angebrachten Wirbeln gespannt.

scheitrecht, zugleich geradlinig und waagerecht (Bautechnik).

Schekel (Sekel) [hebr.], urspr. (in Babylonien) Gewichtseinheit (1 S. = 8,4 g), dann auch als Gewichtseinheit von Gold und Silber Währungseinheit in verschiedenen Gebieten, zuletzt während des 1. jüd. Krieges (↑Judentum [Geschichte]). - Zum 22. Febr. 1980 wurde der S. in Israel als nat. Währung wieder eingeführt; der S. (Mrz. Schekalim) löste das Israel. Pfund im Verhältnis 1 : 10 ab.

Scheki [russ. ʃəˈki], sowjet. Stadt am S-Fuß des Großen Kaukasus, Aserbaidschan. SSR, 45 000 E. Museen; Seidenkombinat. - Eine der ältesten Städte Aserbaidschans; zahlr. prunkvolle Bauten des 18. und 19. Jh.

Schelde, Zufluß zur Nordsee, entspringt nördl. von Saint-Quentin, fließt zunächst in nördl., dann nö. Richtung; unterhalb von Antwerpen beginnt das 88 km lange Ästuar, das heute nur noch über die Westerschelde die See erreicht; 370 km lang, davon 107 km in Frankr., 207 km in Belgien, 56 km in den Niederlanden; schiffbar ab Cambrai.

Schelde-Rhein-Kanal, Binnenschiffahrtskanal zw. Antwerpen und der niederl. Rheinmündung, 37 km lang, eine Schleuse.

Schelepin, Alexandr Nikolajewitsch [russ. ʃəˈljepin], * Woronesch 18. Aug. 1918, sowjet. Politiker. - Seit 1940 Mgl. der KPdSU; 1958–61 Chef des KGB; seit 1952 Mgl. des ZK, 1964–75 des Politbüros der KPdSU; 1961–67 Sekretär des ZK, 1962–65 einer der stellv. Min.präs.; 1967–75 Vors. des Allunionszentralrats der sowjet. Gewerkschaften.

Scheler, Max, * München 22. Aug. 1874, † Frankfurt am Main 19. Mai 1928, dt. Philosoph. - 1919 Prof. in Köln, 1928 in Frankfurt am Main. Schüler R. Euckens; beeinflußt von der Phänomenologie E. Husserls; begr. in seinem Werk „Der Formalismus in der Ethik und die materiale Wertethik" (1913) eine materiale Wertethik (↑Ethik), deren „materialer" Mittelpunkt die Person ist, und die auf einem aprior., intuitiven Werterfassen, dem sog. „Wertfühlen" basiert; dadurch gab S. richtungweisende Impulse für die Weiterentwicklung der Ethik in krit. Auseinandersetzung mit dem ethischen Formalismus Kants und dem Wertrelativismus Nietzsches. Im Rahmen seiner an Erkenntnissen der empir. Einzelwiss. orientierten Anthropologie, mit der er zur Neubegründung der philosoph. Anthropologie beiträgt, entwickelt S. die Positionen seiner Kultur- und Wissenssoziologie, mit der er sich gegen den Positivismus A. Comtes und gegen das Basis-Überbau-Modell von K. Marx wendet. In direkter Entsprechung zu dem Dualismus von Geist und Leben trifft S. die Grundunterscheidung von *Idealfaktoren* und *Realfaktoren*. Dabei wird den Realfaktoren (Fortpflanzungs-, Nahrungs-, Machttrieb) die Funktion der Selektion dessen, was von den zeitlos gültigen Idealfaktoren in einem konkreten sozialen System verwirklicht werden kann, zugeordnet. - Hatte sich S. in seinem Werk „Vom Ewigen im Menschen" (1921) für eine religiöse Erneuerung im Sinne des Katholizismus eingesetzt, vertritt er ab 1923 religionsphilosoph. eine panentheist.-personalist. Metaphysik. - *Weitere Werke:* Schriften zur Soziologie und Weltanschauungslehre (4 Bde., 1923/24), Die Wissensformen und die Gesellschaft (1926), Mensch und Geschichte (1929).

Delikostantis, K.: Der moderne Humanitarismus. Mainz 1982. - Alphéus, K.: Kant u. S. Bonn 1981. - Mader, W.: M. S. in Selbstzeugnissen u. Bilddokumenten. Rbk. 1980. - Schäfer, Michael: Zur Kritik von Schelers Idolenlehre. Bonn 1978.

Schelf [engl.] (Festlandsockel, Kontinentalsockel), Bez. für den unter dem Meeresspiegel liegenden Randbereich der Kontinente, der sich von der Küste bis zum Kontinentalabhang, bis zu etwa 200 m Meerestiefe, erstreckt. Die entsprechende Meeresregion wird **Schelfmeer** (z. B. Nordsee) genannt, darin liegende Inseln sind *Schelfinseln.*
Völkerrecht: Eine grundsätzl. Regelung ist in der Genfer Konvention über den Festlandsockel (Continental Shelf Convention) vom 29. April 1958 enthalten, die inzwischen zu entsprechendem Völkergewohnheitsrecht geworden ist. Danach reicht gemäß Art. 1 der Festlandsockel so weit, wie die Wassertiefe über dem Meeresboden 200 m nicht übersteigt, oder so weit eine Ausbeutung der Naturschätze techn. möglich ist. Das mit Abstand schwierigste Problem der Aufteilung des Festlandsockels unter die verschiedenen Uferstaaten nach seitl. und Endbegrenzung wird nach Art. 6 der Konvention bei fehlender vertragl. Vereinbarung auf der Grundlage des Prinzips der Äquidistanzlinie gelöst. Die Erforschung des Festlandsockels und die Ausbeutung seiner Naturschätze ist nur mit Zustimmung des Küstenstaates erlaubt; die über ihm befindl. Gewässer sind ↑hohe See.

Schelfeis, am Rand eines Festlandes (z. B. Antarktika) über dem Schelf schwimmende, dicktafelige Eisplatte, die vom abfließenden Inlandeis und durch Schneeanwehung genährt wird.

Schelichowgolf [russ. 'ʃɛlixɐf], NO-Teil des Ochotsk. Meeres, im N durch die Halbinsel Taigonos in **Gischiga-** und **Penschinabucht** gegliedert.

Schell, Herman, * Freiburg im Breisgau 28. Febr. 1850, † Würzburg 31. Mai 1906, dt. kath. Theologe und Philosoph. - Schüler F. Brentanos; 1884–1906 Prof. für Apologetik, christl. Kunstgeschichte und vergleichende Religionswiss. in Würzburg. Setzte dem monist. Gottesbegriff A. Schopenhauers seinen dynam. Gottesbegriff („reinster Akt", „Selbstgrund", „Selbstursache", „Selbstwirklichkeit") entgegen und wies sich in seinen Werken als bed. Vertreter des dt. Reformkatholizismus aus; 1898 wurden seine Hauptwerke indiziert. Seine Synthese des tradierten Glaubensgutes mit den modernen wiss. Erkenntnissen wurde durch das 2. Vatikan. Konzil gerechtfertigt.

S., Maria, * Wien 15. Jan. 1926, schweizer. Schauspielerin. - Wurde als Zentralfigur trag. verlaufender Liebesgeschichten mit zeit- oder sozialkrit. Hintergrund wie „Solange Du da bist" (1953), „Die letzte Brücke" (1954), „Die Ratten" (1955) und „Rose Bernd" (1956), „Raubfischer in Hellas" (1959) eine der beliebtesten Filmschauspielerinnen in der BR Deutschland. Als wandlungsfähige Charakterdarstellerin agierte sie in „Gervaise" (1956), „Die Brüder Karamasow" (1958), „Cimarron" (1960). - *Weitere Filme:* Die erste Polka (1978), Spiel der Verlierer (1978), 1919 (1984), Die glückliche Familie (1987).

S., Maximilian, * Wien 8. Dez. 1930, schweizer. Regisseur und Bühnenautor. - Bruder von Maria S.; urspr. Bühnenschauspieler; Filmdebüt mit „Kinder, Mütter und ein General" (1955); es folgten „Das Urteil von Nürnberg" (1960), „Die Eingeschlossenen" (1962), „Topkapi" (1963), „Anruf für einen Toten" (1966). Als Regisseur drehte S. u. a. die Filme „Der Fußgänger" (1974), „Der Richter und sein Henker" (1978, nach F. Dürrenmatt), „Geschichten aus dem Wienerwald" (1979, nach Ö. von Horváth). - *Weitere Filme:* Steiner – das Eiserne Kreuz (1977), Lawinen-Expreß (1979), Peter der Große (mehrteiliger Fernsehfilm, 1986).

Walter Scheel (um 1972)   Maria Schell (1971)   Helmut Schelsky (1973)

Schellack [niederl., zu schel „Schuppe, Fisch(haut)" (nach dem Aussehen)], aus einem dunkelrotbraunen Ausscheidungsprodukt der ↑Lackschildlaus *(Stocklack)* gewonnenes natürl. Harz, das aus einem Gemisch von Polyestern verschiedener Hydroxycarbonsäuren besteht und gereinigt als Möbellack sowie zur Herstellung von Dichtungen, Firnissen, Kitten und Siegellack dient; früher auch zur Herstellung von Schallplatten.

Schelladler (Aquila clanga), bis etwa 75 cm langer, dunkelbrauner Greifvogel (Gatt. Adler), v. a. an bewaldeten Seen und Sümpfen der gemäßigten Region Eurasiens (von der ČSSR ostwärts); mit meist weißen, erst im Flug sichtbar werdenden Oberschwanzdecken und relativ kleinem Kopf; baut seinen Horst meist auf hohe Bäume. - Abb. S. 206.

Schellen, auf dt. Spielkarten die dem Karo entsprechende Farbe.

Schellenbaum (Halbmond, Mohammedsfahne), ein v. a. in Militärkapellen gebrauchtes Rasselinstrument, eine Tragstange mit Querstangen, an denen Schellen, Glöckchen und Roßschweife hängen. An der Spitze der Stange befand sich früher ein Halbmond oder ein dach- bzw. kegelförmiger Aufsatz. Beim Schütteln entsteht ein helles Klingeln.

Schellenblume (Becherglocke, Adenophora), Gatt. der Glockenblumengewächse mit rd. 70 Arten in M- und O-Europa und im gemäßigten Asien; Stauden mit ganzrandigen oder grob gezähnten Blättern und meist blauen, selten weißen, glockenförmigen, nikkenden Blüten in Trauben oder Rispen. Einheim. in O-Deutschland und Bayern auf feuchten Wiesen und in Auwäldern ist die 0,3–1 m hohe **Lilienblütige Schellenblume** (Adenophora liliiflora) mit wohlriechenden, blaßblauen bis lilafarbenen Blüten.

Schellendorf, Bronsart von ↑Bronsart von Schellendorf.

Schellentracht, mod. Verzierung im 13.–15. Jh.; die Kleidung einschließl. der Schuhe wurde mit Glöckchen ausgestattet (heute noch beim Narrengewand).

Schellentrommel (Tamburin; frz. tambour de basque; span. pandero), eine seit dem MA in Europa, bes. in Spanien bekannte einfellige Rahmentrommel mit einem Holz- oder Metallring als Zarge, auf den ein Fell gespannt ist. In der Zarge befinden sich meist 4–20 Schlitze, in denen je zwei beckenartige kleine Metallplättchen oder Schellen lose angebracht sind. Sie ergeben beim Schlagen des Fells (oder beim Schütteln) einen hellen Klang, der den dumpfen Schlagton überdeckt.

Schellfisch [zu niederdt. schelle „Hülse, Schale" (nach dem muschelig blätternden Fleisch)] ↑Dorsche.

Schellhammer, svw. ↑Döpper.

Schelling, Friedrich Wilhelm Joseph von, * Leonberg 27. Jan. 1775, † Bad Ragaz (Schweiz) 20. Aug. 1854, dt. Philosoph. - Aus württemberg. pietist. Pfarrerfamilie; 1790 Eintritt in das Tübinger Stift; Freundschaft mit Hegel und Hölderlin. Prägender Einfluß der späten Aufklärung (v. a. Kants und Fichtes); durch Schiller und Winckelmann vermittelte Begeisterung für die klass. griech. Philosophie. 1798 wurde S. auf Vermittlung von Goethe, Fichte und Schiller Prof. in Jena und schloß sich dem romant. Freundeskreis um Karoline Schlegel an, die er 1803 heiratete; im gleichen Jahr Prof. in Würzburg; 1806 Mgl. der Bayer. Akad. der Wiss. und Direktor der Akad. der bildenden Künste (bis 1823) in München; enge Beziehungen zum theosoph.-myst. Kreis um F. von Baader; 1820–26 Vorlesungen in Erlangen; 1827 Prof. in München, ab 1841 in Berlin; 1846 Einstellung der (erfolglosen) Lehrtätigkeit. - S. betrieb seine Philosophie als primär unter den Leitbegriffen „Freiheit" und „Geschichte" stehende prakt. Philosophie. Mit dieser Einbettung theoret. Reflexion in sein so bestimmendes prakt. Interesse radikalisierte S. den Ansatz Kants dahingehend, daß sich auch im Bereich von Welt und Natur als im eigtl. Sinn „wirkl." nur legitimiert, was durch das freie Handeln der Subjektivität konstituiert erscheint, d. h. Resultat menschl. Praxis ist. - Ausgehend von Fichtes Transzendentalphilosophie bestimmte der junge S. das Absolute als „absolutes Ich", das nur in einem myst. Erfahrungen ähnl. Akt „intellektueller Anschauung" zugängl. und nur in Bildern und Symbolen, nicht aber in diskursiver Rede vermittelbar sei. Die in diesem Zusammenhang behandelte Naturphilosophie orientierte S. u. a. an der Naturmystik (z. B. J. Böhmes), an der neuplaton. Spekulation und an der zeitgenöss. Naturwiss. In Analogie zum bibl. Sündenfall wird der als „myth." bezeichnete Urzustand durch einen Akt der „Entzweiung" mit der Natur aufgehoben. Die Aufgabe der Philosophie besteht deshalb darin, in den urspr. Zustand der Einheit von Mensch und Natur zurückzuführen. Welt ist so Naturgeschichte und Geschichte des Geistes. - Bes. in seiner Spätphilosophie versuchte S. eine philosoph. Durchdringung von Grundlehren des Christentums. „Positive Philosophie" sei nur unter der Voraussetzung einer „negativen Philosophie" mögl., d. h. der Einsicht, daß das Ich sich nicht selbst in seiner Gewißheit begründen könne und das absolute Transzendenz Gottes voraussetzen müsse. Diese Selbstbegrenzung der Vernunft kann als „Vollendung" der Philosophie des dt. Idealismus betrachtet werden, sofern die Forderung nach individuellem vernünftigem Begreifen ihre Grenzen durch die Vernunft selbst erfaßt. - S. beeinflußte v. a. die Anthropologie und Psychologie (Schopenhauer, Nietzsche, Freud, Scheler), die Existenzphilosophie (Kierkegaard, Heidegger) und die Lebensphilosophie.

Werke: Ideen zu einer Philosophie der Natur

(1797), Von der Weltseele (1798), Erster Entwurf eines Systems der Naturphilosophie (1798/99), System des transzendentalen Idealismus (1800), Vorlesungen zur Philosophie der Mythologie und der Offenbarung (1808), Philosoph. Untersuchungen über das Wesen der menschl. Freiheit (1809), Die Weltalter (1813).

📖 *Frank, M.: Eine Einführung in Schellings Philosophie. Ffm. 1985. - Rosenau, H.: Die Differenz im christolog. Denken Schellings. Ffm. 1985. - Oesterreich, P. L.: Philosophie, Mythos und Lebenswelt. Schellings universalhistor. Weltalter-Idealismus u. die Idee eines neuen Mythos. Ffm. 1985. - Schneider, Wolfgang: Ästhet. Ontologie. Schlegels Weg zur Identitätsphilosophie. Bern u. Ffm. 1983. - Kirchhoff, J.: F. W. v. S. Rbk. 1982. - S. Seine Bedeutung f. eine Philosophie der Natur u. der Gesch. Referate u. Kolloquien der Internat. S.-Tagung. Zürich 1979. Hg. v. L. Hasler. Stg. 1981.*

S., Karoline von ↑ Schlegel, Karoline.

Schelm, urspr. Aas, Pest, Seuche; im späten Mittelhochdt. svw. verworfener Mensch, Betrüger; dann Bez. für jemanden, der gerne andere neckt.

Schelmenroman (pikar. Roman, pikaresker Roman), Sonderform des Abenteuerromans, fiktive [Auto]biographie aus der Perspektive des Picaro, eines den Typ des Abenteurers, des Weltklugen, Schalks, Einfältig-Naiven und des Habenichts in sich vereinigenden, oft reflektierenden philosph. und krit. Antihelden „niederer" Herkunft, der sich im Dienst verschiedenster Herren mit List und oft unlauteren Machenschaften durchs Leben schlägt. Der europ. S. entstand in Spanien in der 2. Hälfte des 16. Jh. („Lazarillo de Tormes", 1554; M. Alemán, „Das Leben des Guzmán von Alfarache", 1599 und 1604). Bed. dt. S. schrieben J. J. C. von Grimmelshausen, J. Beer, C. Reuter. S. von europ. Rang schrieben ferner T. Nash, A. R. Lesage. Dem S. ähnl. Strukturen finden sich im 18. Jh. z. B. bei D. Defoe, H. Fielding, im 19. Jh. bei J. F. Cooper, Mark Twain, im 20. Jh. u. a. bei J. Winckler, J. Hašek, J. Steinbeck, G. Guareschi, T. Mann, G. Grass, I. Morgner.

Schelsky, Helmut [...ki], * Chemnitz (= Karl-Marx-Stadt) 14. Okt. 1912, † Münster 24. Febr. 1984, dt. Soziologe. - Prof. in Hamburg (1948-60), Münster (1960-70 und ab 1973), Bielefeld (1970-73); bemühte sich mit einflußreichen Arbeiten zur Situation der Jugend (u. a. „Die skept. Generation", 1957) und der Familie (u. a. „Wandlungen der dt. Familie in der Gegenwart", 1953) um einen Neuansatz in der dt. Soziologie; widmete sich mit schichtungstheoret. Arbeiten der Kritik marxist. Klassenanalyse; in Schriften zum Verhältnis von Wiss. und Gesellschaft bildungspolit. relevante Analysen über die Schule und Hochschule. - Abb. S. 203.

Schelte, im german. und ma. Recht die Anfechtung eines Eides, Urteils, Zeugen oder einer Privaturkunde. Heute als **Urteilsschelte** heftige Kritik an einem Gerichtsurteil.

Scheltema, Adama van [niederl. 'sxɛltəma:] ↑ Adama van Scheltema.

Schema [griech.], allg. svw. Muster, anschaul. (graph.) Darstellung, Aufriß; Form.
♦ in der *Philosophie* und *Wissenschaftstheorie* (zumeist in Zusammensetzungen wie z. B. Axiomen-S., Definitions-S., Handlungs-S.) eine Handlungsmöglichkeit oder ein Verfahren im Unterschied zu den entsprechenden Aktualisierungen, z. B. einer konkreten Handlung.
♦ in der *Psychologie* ein hypothet. Begriff zur Bez. von im Verlauf der Individualentwicklung (durch Reifung, Prägung, Erfahrung usw.) entstandenen Ordnungsmanifestationen, die indirekt wie Erwartungen oder Einstellungen beim Wahrnehmen, Denken und Handeln wirken oder direkt bereits als Auslöser (z. B. ↑ Kindchenschema) fungieren.

Schema Israel [hebr. „höre Israel"] (Schma), nach den Anfangsworten ben. jüd. Gebet des tägl. Morgen- und Abendgottesdienstes.

schematische Buchstaben (schemat. Variablen), Buchstaben, die als Hilfsmittel zur Rede über die Form sprachl. Ausdrücke in der *Logik* verwendet werden; sie markieren Stellen, an denen in den konkreten Ausdrücken, von deren Form die Rede sein soll, bestimmte Teilausdrücke (z. B. Eigennamen) stehen.

schematische Variablen, mißverständl. und deshalb außer Gebrauch kommende Bez. für ↑ schematische Buchstaben.

Schematismus [griech.], gedankenlose Nachahmung eines Schemas.

Schembartlaufen (Schönbartlaufen), zw. 1449 und 1539 urkundl. nachweisbarer Fastnachtsumzug der Masken (mittelhochdt. scheme „Maske") in Nürnberg; in **Schembartbüchern** (seit der Mitte des 16. Jh.) in Bild und Text dokumentiert.

Schemini Azeret ↑ Laubhüttenfest.

Schemnitzer Gebirge, Bergland am S-Rand der Westkarpaten, ČSSR, bis 1 010 m hoch.

Schemone Esre (Schmone Esre) [hebr. „achtzehn"], das neunzehn (urspr. achtzehn) Bitten umfassende Hauptgebet des werktägl. jüd. Morgen-, Nachmittags- und Abendgottesdienstes, das auf die Zeit vor der Zerstörung des Tempels zurückgeht; auch **Achtzehngebet** genannt.

Schenck, Joseph, * Rýbinsk 25. Dez. 1882, † Los Angeles-Hollywood 22. Okt. 1961, amerikan. Filmproduzent russ. Herkunft. - Mitbegründer der „Selznick Pictures", der „20th Century Production" (später „20th Century-Fox") sowie, zus. mit M. Todd, der „Todd-American Optical", wo er das Breitwandverfahren „Todd-AO" entwickelte.

Schendel

Schelladler

Schendel, Arthur van [niederl. 'sxɛndəl], * Batavia (= Jakarta) 5. März 1874, † Amsterdam 11. Sept. 1946, niederl. Schriftsteller. - Schrieb anfangs neuroman. Romane und Erzählungen über ma. Themen, später realist. Romane über das holländ. Kleinbürgertum („Das Vollschiff Johanna Maria", 1930).

Scheng [chin.], svw. ↑ Mundorgel.

Schenjang (Shenyang) [chin. ʃən-jaŋ], Hauptstadt der chin. Prov. Liaoning, im mandschur. Tiefland, 4,1 Mill. E. Univ., Inst. für Computertechnik; Palastmuseum. Hauptwirtschaftszentrum NO-Chinas; Stahl- und NE-Metallind., bed. Metallverarbeitung, Erdölraffinerie, chem., Textil, Papier-, Glas- und Nahrungsmittelind. - Reicht bis in die Ch'un-ch'iu-Zeit (2. Periode der Chouzeit; 771–481) zurück; größte Blüte Anfang des 17. Jh., als der Gründer der Ch'ingdynastie (Mandschudynastie) das von ihm 1621 eroberte S. als **Mukden** zu seiner Hauptstadt machte (1625–44); 1907–11 Sitz des Vizekönigs der mandschur. Provinzen, 1931–45 jap. besetzt. - Im russ.-jap. Krieg erlitt die russ. Armee in der **Schlacht bei Mukden** (1905) eine entscheidende Niederlage. - Stadtmauer (1680); eine innere Mauer (1631) umschließt den Stadtkern, in dem u. a. der ehem. kaiserl. Palast liegt.

Schenk, Erich, * Salzburg 5. Mai 1902, † Wien 11. Okt. 1974, östr. Musikforscher. - 1938–71 Prof. in Wien; veröffentlichte u. a.: „J. Strauß" (1941), „W. A. Mozart" (1955).

S., Otto, * Wien 12. Juni 1930, östr. Schauspieler und Regisseur. - Spielte am Volkstheater und am Theater in der Josefstadt in Wien, tritt seither v. a. als Schauspiel- und Opernregisseur hervor, u. a. bei den Salzburger Festspielen („Die Zauberflöte", 1963) und am Wiener Burgtheater; auch Fernsehinszenierungen.

Schenk (Mundschenk), eines der 4 german. Hausämter, dessen Inhaber für die Versorgung des Hofes mit Getränken verantwortl. war (↑ Reichserbämter, ↑ auch Hofämter). Seit Beginn des 12. Jh. erschien der Hzg., später König von Böhmen als S. des Reiches (Titel später: *Erz[mund]schenk*).

Schenkel, bei Spinnentieren und Insekten das 3. Beinglied (Femur) zw. Schenkelring und Schiene.

♦ bei den vierfüßigen Wirbeltieren (Tetrapoden) der Ober- und Unter-S. der Vorder- und Hintergliedmaßen (↑ Bein); bei den Menschenaffen und dem Menschen bezieht sich die Bez. nur auf die Hintergliedmaßen.

♦ (Crus; Mrz. Crura) in der *Anatomie* allg. Bez. für den schenkelartigen Teil eines Körperteils oder Organs. I. e. S. bedeutet Crus svw. Unterschenkel (beim Menschen).

♦ Bez. für die drei und mehr Jahre alten Seitentriebe erster Ordnung der Weinrebe.

♦ ↑ Winkel (Geometrie).

Schenkelbeuge (Leistenbeuge) ↑ Leiste.

Schenkelbruch ↑ Bruch.

Schenkelwespen (Chalcididae), sehr artenreiche Fam. kleiner bis mittelgroßer ↑ Erzwespen; Körper meist schwarz-gelb oder schwarz-rot gezeichnet; mit vergrößerten und stark verdickten Hinterschenkeln, deren Unterseite gesägt oder gezähnt ist, sowie mit bogenförmig gekrümmten Hinterschienen.

Schenkendorf, Max von, * Tilsit 11. Dez. 1783, † Koblenz 11. Dez. 1817, dt. Lyriker. - Teilnahme an der Völkerschlacht bei Leipzig; danach Regierungsrat in Koblenz. Schrieb volkstüml. gewordene patriot. („Freiheit, die ich meine") und religiös-myst. Lieder.

Schenkung, eine durch Vertrag vorgenommene Zuwendung, durch die jemand *(Schenker)* aus seinem Vermögen einen anderen *(Beschenkten)* unentgeltl. bereichert. Nach den §§ 511 ff. BGB muß Einvernehmen über die Unentgeltlichkeit des Rechtsgeschäfts bestehen, d. h. darüber, daß ein Gegenwert für die Zuwendung nicht geleistet wird. Die S. ist **Handschenkung** und damit formlos gültig, wenn der Gegenstand dem Beschenkten ohne ein vorangehendes S.versprechen sofort übergeben bzw. verschafft wird. Wird die unentgeltl. Zuwendung erst für die Zukunft versprochen, so liegt ein formbedürftiges, d. h. notariell zu beurkundendes **Schenkungsversprechen** vor. Erfolgt die Leistung des versprochenen Gegenstandes trotz mangelnder Beurkundung, so wird das formlose S.versprechen durch diesen Vollzug nachträglich gültig. Die Erfüllung eines S.versprechens kann u. U. verweigert werden, z. B. wenn durch die S. der eigene angemessene Unterhalt des Schenkers oder die Erfüllung seiner gesetzl. Unterhaltspflichten gegenüber anderen gefährdet würde. Ein Recht zum Widerruf der S. besteht

i. d. R. bei schweren Verfehlungen des Beschenkten gegen den Schenker oder seine Angehörigen. Die S. kann mit einer ↑ Auflage verbunden werden. Der unentgeltl. Rechtserwerb ist in seinen Wirkungen schwächer als der entgeltl.; wird z. B. durch S. das Vermögen dem Zugriff der Gläubiger entzogen, so können diese sich nach den Regeln der ↑ Anfechtung an die beschenkten Personen halten. Ferner sind Empfänger unentgeltl. Zuwendungen verstärkt Ansprüchen aus ungerechtfertigter Bereicherung ausgesetzt. Als **gemischte Schenkung** bezeichnet man einen Vertrag, der nach dem Willen der Beteiligten keine gleichwertigen Leistungen umfaßt, d. h. dem Wert der Leistung des einen Partners entspricht der Wert der Gegenleistung nur zum Teil, hinsichtl. des anderen Teils liegt Unentgeltlichkeit vor (Fall des „Freundschaftspreises"). Als **remuneratorische Schenkung** bezeichnet man eine S., bei der mit der Zuwendung ein bestimmtes Verhalten belohnt wird. Die **Schenkung von Todes wegen** ist ein formbedürftiges S.versprechen. Es wird unter der Bedingung erteilt, daß der Beschenkte den Schenker überlebt. Die eindeutige Abgrenzung, wann ein solches S.versprechen als ↑ Verfügung von Todes wegen, die der ↑ Erbschaftssteuer unterliegt, und wann es als S. unter Lebenden zu behandeln ist, ist schwierig und umstritten. Keine S. ist die unentgeltl. Überlassung einer Sache zum Gebrauch (↑ Leihe) sowie mangels Zuwendung aus eigenem Vermögen der Verzicht auf einen Vermögenserwerb bzw. die Ausschlagung einer Erbschaft oder eines Vermächtnisses.

Entsprechendes gilt im *östr.* und im *schweizer. Recht.*

📖 *Eccher, B.:* Antizipierte Erbfolge. Bln. 1980. - *Troll, M.:* Rechtzeitig schenken. Vermögensübertragungen u. Schenkungen im Steuerrecht. Stg. ³1976. - *Moser, F. G.: Die erbrechtl. Ausgleichung gemischter Schenkungen.* Bern ²1973.

Schenk von Stauffenberg ↑ Stauffenberg.

Schenschin, Afanassi Afanassjewitsch [russ. ʃənˈʃin], russ. Lyriker, ↑ Fet, Afanassi Afanassjewitsch.

Schensi (Shanxi) [chin. ʃanɕi], Prov. in China, am Mittellauf des Hwangho, 195 800 km², 28,9 Mill. E (1982), Hauptstadt Sian. Im N erstreckt sich ein in Rücken zerschnittenes Lößhochland (800–1 200 m ü. d. M.), im S schließt die vom Weiho durchflossene Grabenzone an, Hauptsiedlungs- und Wirtschaftsraum der Provinz. Aus dem Weihobecken steigt im S steil der Tsinlingschan auf. Den südl. Abschluß der Prov. bilden die Gebirgszüge Mitsangschan und Tapaschan. V. a. im Weihobecken Anbau von Weizen, Hirse und Baumwolle; in den Steppengebieten Viehwirtschaft. Die wichtigsten Bodenschätze sind Kohle, Erdöl und Salz. Die Ind. umfaßt Baumwollverarbeitung, Maschinenbau, Elektro-, Zement- und Nahrungsmittelindustrie.

Schenute, hl., * vor 360 (333/334?), † um 451, kopt. Mönch und Abt. - Wirkte als Reformator und Organisator des ägypt. Mönchtums in der Tradition des Pachomius sowie als Missionar mit dem Ziel der gewaltsamen Unterdrückung des Heidentums; er ist der bedeutendste und fruchtbarste Schriftsteller der kopt. Kirche.

Schenzinger, Karl Aloys, * Neu-Ulm 28. Mai 1886, † Prien a. Chiemsee 4. Juli 1962, dt. Arzt und Schriftsteller. - Verherrlichte mit „Hitlerjunge Quex" (R., 1932) die nat.-soz. Jugendorganisation. Die Romane „Anilin" (1936) und „Metall" (1939) zählen zu den ersten populärwiss. Darstellungen techn. Entwicklungen.

Scheol [hebr.], im A. T. das Totenreich, in dem die Toten mit verminderter Lebenskraft weiterexistieren.

Scher, landschaftl. Bez. (v. a. in Bayern, Österreich und der Schweiz) für den Europ. Maulwurf.

Scherbaum, Adolf, * Eger 23. Aug. 1909, dt. Trompeter. - Bed. Konzertsolist, v. a. spezialisiert auf Barockmusik; unterrichtete an der Musikhochschule in Saarbrücken.

Scherben, umgangssprachl. Bruchstück von Glas, Keramik; in der Keramik Bez. für den gebrannten Rohstoff bei Charakterisierung seiner Eigenschaften (dicht, weiß, hart usw.).

Scherbengericht, svw. ↑ Ostrazismus.

Scherbett, svw. ↑ Sorbet.

Scherbruch ↑ Bruch.

Scherchen, Hermann, * Berlin 21. Juni 1891, † Florenz 12. Juni 1966, dt. Dirigent. - Leitete zahlr. Uraufführungen zeitgenöss. Werke, wurde 1928 Generalmusikdirektor in Königsberg (Pr), seit seiner Emigration 1933 wirkte er als Gastdirigent, 1954 gründete er ein elektroakust. Institut in Gravesano (Schweiz). Er schrieb u. a. „Lehrbuch des Dirigierens" (1929).

Schere, Werkzeug zum mechan. Trennen durch Abscherung. *Hand-S.* nutzen die Hebelwirkung aus und bestehen aus zwei mit meist ösenförmigen Handgriffen versehenen, drehbar verbundenen Schenkeln mit angeschliffenen Schneidkanten (Schermesser), die streifend gegeneinander bewegt werden *(Scharnier-S.),* oder aus einem federnden [Stahl]bügel mit endständigen Schneiden *(Bügel-S.). Handhebel-S.* sind größere S., bei denen eine Schneide feststeht und die gekrümmte Schneide des Obermessers diese stets unter demselben Winkel kreuzt. Bei *Maschinen-S.,* v. a. zum Schneiden von Blechen, wird ebenfalls nur eine Schneide bewegt. Sie arbeiten meist als Hebel- und Parallel-S.; in *Langschnitt-* oder *Rollen-S.* dient als Obermesser eine Schneiderolle, während *Kreismesser-S.* mit rotierenden, kreisförmigen Messern arbeiten.

Scheremetew

Rasen- und Hecken-S. arbeiten nach dem Prinzip des Mähbalkens.

Einfache S. aus Kupfer oder Bronze waren den Ägyptern bekannt. In der La-Tène-Zeit kam die Bügel-S. mit federndem Bügel auf.

◆ Gabeldeichsel des einspännigen Pferdefahrzeugs; das einzelne Rundholz ist der **Scherbaum.**

◆ (Chela) scherenartige Struktur am Ende von Mundgliedmaßen oder Beinen bei verschiedenen Gliederfüßern zum Ergreifen und Zerkleinern der Beute und zur Verteidigung, wobei die letzte Extremitätenglied durch Muskelkraft gegen die seitl. zugespitzte Verlängerung des vorletzten Extremitätenglieds bewegt werden kann. S. finden sich v. a. am ersten und zusätzl. (bei den Skorpionen und Afterskorpionen) am zweiten Mundgliedmaßenpaar vieler Spinnentiere sowie an den Brustbeinen (Thorakopoden) verschiedener höherer Krebse (v. a. bei Zehnfußkrebsen), bei denen v. a. das erste Pereiopodenpaar (z. T. sehr große, kräftige) S. tragen kann, die rechts und links in Gestalt und Größe oft unterschiedl. sind.

Scheremetew, Boris Petrowitsch Graf (seit 1706) [russ. ʃərɪˈmjetɪʃ], * Moskau 25. April 1652, † ebd. 17. Febr. 1719, russ. Heerführer. - Engster militär. Berater Peters I., d. Gr.; zeichnete sich v. a. im 2. Nord. Krieg aus; reorganisierte danach das Landheer; eroberte 1710 Livland.

Scheremetjewo [russ. ʃərɪˈmjetjɪvɐ], internat. ✈ von Moskau.

Schere. 1 Haushaltsschere mit Bezeichnungen der Teile,
2 Haarschneideschere,
3 Effilierschere, 4 Verbandsschere,
5 Einring-Weberschere,
6 Drahtschere, 7 Tischschere zum Schneiden von Papier, Pappe, Leder, Furnier und ähnlichen Materialien, 8 Hebelblechschere

Scherenasseln (Tanaidacea, Anisopoda), Ordnung der höheren Krebse (Überordnung Ranzenkrebse) mit rd. 250 meist nur wenige mm großen, fast ausschließl. meerbewohnenden Arten (davon eine Art in der Ostsee); zweites Thoraxbein mit auffallend großen Scheren.

Scherenbahn ↑ Kegelsport.

Scherenfernrohr, ein aus 2 gelenkig miteinander verbundenen einfachen Periskopen zusammengesetztes Doppelfernrohr; erlaubt z. B. Geländebeobachtung aus der Deckung heraus.

Scherenfüßer, svw. ↑ Fühlerlose.

Scherengebiß, Gebißeigentümlichkeit im Bereich der Schneidezähne bei Insektenfressern und Raubtieren (Brechscherengebiß) zum Zerteilen, Knochenbrechen, Schneiden und Reißen der Nahrung; bei Haushunden auch als Rasseneigentümlichkeit.

Scherenschnäbel (Rynchopidae), Fam. bis fast 50 cm langer, oberseits brauner bis schwarzer, unterseits weißer Möwenvögel mit drei Arten, v. a. an großen Flüssen und Seen Afrikas, Indiens und S-Amerikas; vorwiegend dämmerungsaktive, seeschwalbenähnl. Vögel mit langem, gelbem oder orangefarbenem, seitl. zusammengedrücktem Schnabel, dessen Unterschnabel stark verlängert ist.

Scherenschnitt, Papierschnitt mit Binnenzeichnung. S. stellt einzelne Figuren, Tiere, Pflanzen dar, die z. B. auf Lampions oder Schreine aufgeklebt werden. Der europ. S., seit Mitte des 17. Jh. als Weißschnitt, seit Mitte des 18. Jh. als Schwarzschnitt, ist v. a. ornamental, durch Faltung beim Schneiden stets symmetrisch; daneben auch freie ungefaltete S. mit figürl. Motiven, Wappen u. a.

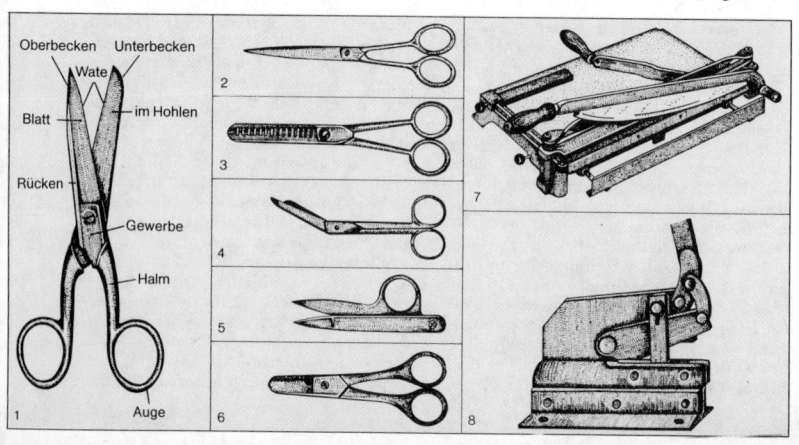

Scherer, Hans, d. J., * Hamburg zw. 1570 und 1580, † nach 1631, dt. Orgelbauer. - Gilt mit Orgeln in Kassel (Schloßkapelle, 1607–09; Martinskirche, 1610–12), Tangermünde (Stephanskirche, 1624), Lübeck (Aegidienkirche, 1624/25), Minden (Dom, 1625/26) neben E. Compenius als führender Orgelbauer seiner Zeit; von ihm stammt die Gestaltung des sog. Hamburger Prospekts.

S., Wilhelm, * Schönborn (Niederösterreich) 26. April 1841, † Berlin 6. Aug. 1886, dt. Germanist. - 1868 Prof. in Wien, 1872 in Straßburg, ab 1877 in Berlin. Begründer der positivist. Methode in der Literaturwissenschaft.

Scherf, alte Bez. für den Halbpfennig (Hälbling) oder den Obol, bes. in Niederdeutschland geprägt, zuletzt 1777; sprichwörtl. auch für „kleinste Münze" (bei Luther **Scherflein**).

Scherfestigkeit ↑ Scherung.

Scherfig, Hans [dän. 'sjɛrfi], * Kopenhagen 8. April 1905, † Fredensborg (bei Frederiksborg) 28. Jan. 1979, dän. Schriftsteller. - Schildert und kritisiert als Romancier aus marxist. Sicht typ. Verhaltensweisen in der modernen bürgerl. Gesellschaft, v. a. sektiererischen Idealismus, Anpassung [und Widerstand] während der dt. Besetzung. - *Werke:* Der tote Mann (1937), Der versäumte Frühling (1940), Schloß Frydenholm (1962).

Scherflein ↑ Scherf.

Scherge, urspr. Gerichtsdiener; heute (verächtl.) Bez. für Befehlsempfänger, Handlanger.

Scheriat, svw. ↑ Scharia.

Scherif [arab. „hochgeehrt"], Titel der Nachkommen des Propheten Mohammed. Als Oberhaupt der Scherifen galt seit dem 10. Jh. der S. von Mekka.

Schering, Arnold, * Breslau 2. April 1877, † Berlin 7. März 1941, dt. Musikforscher. - Prof. in Leipzig (1915), Halle (1920), Berlin (1928). Veröffentlichte u. a. „Geschichte des Instrumentalkonzerts" (1905), „Geschichte des Oratoriums" (1911), „Aufführungspraxis alter Musik" (1931), „Geschichte der Musik in Beispielen" (1931), „Das Symbol in der Musik" (1941).

Schering AG, dt. Unternehmen der chem.-pharmazeut. Industrie, Sitz Berlin (West) und Bergkamen; gegr. 1871.

Schering-Brücke [nach dem dt. Elektrotechniker H. E. M. Schering, * 1880, † 1959], spezielle Art einer Brückenschaltung zur Bestimmung einer Kapazität. Die S.-B. wird v. a. als *Hochspannungsmeßbrücke* zur Bestimmung der Frequenzabhängigkeit dielektr. Verluste benutzt.

Scherkopf, Teil des elektr. Rasierapparates (↑ Rasur).

Scherl, August, * Düsseldorf 24. Juli 1849, † Berlin 18. April 1921, dt. Verleger. - Gründete den ersten dt. Generalanzeiger („Berliner Lokal-Anzeiger"), 1899 die Illustrierte „Die Woche", 1900 die Tageszeitung „Der Tag". Der Verlag (ab 1900: A. S. GmbH) nahm durch seine Abteilungen „Adreßbücher" und „Annoncenexpedition" großen Aufschwung. S. schied 1914 aus der Geschäftsleitung des S.-Konzerns aus, der über den Dt. Verlagsverein an den Hugenbergkonzern gelangte.

Schermaus, Name zweier dunkelbrauner Wühlmausarten, v. a. an Gewässern und in Kulturlandschaften großer Teile Eurasiens: **Ostschermaus** (Mollmaus, Wasserratte, Große Wühlmaus, Reutmaus, Arvicola terrestris, Arvicola scherman; bes. in O-Europa; bis maximal 20 cm körperlang; überwiegend tagaktiv; kann in Kulturland schädl. werden); **Westschermaus** (Arvicola amphibius, Arvicola sapidus; in W-Europa; etwas größer als die vorige Art, sonst sehr ähnl.; schwimmt und taucht sehr gut).

Schichtgitter. Kristallstrukturen in Dreiebenenschicht (AB$_2$-Struktur des Molybdändisulfids MoS$_2$; links);
Schichtenlehre. Schema des Schichtenaufbaus nach Philipp Lersch

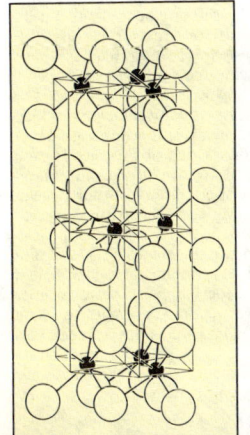

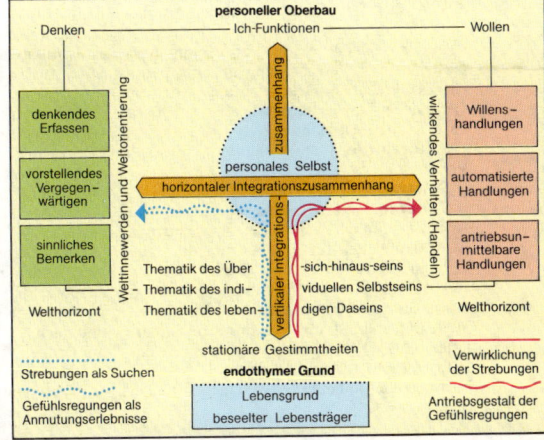

Schermodul

Schermodul, svw. ↑Gleitmodul.
Scherpa ↑Sherpa.
Scherr, Ignaz Thomas, * Hohenrechberg-Hinterweiler (= Schwäbisch Gmünd) 15. Dez. 1801, † Emmishofen (Thurgau) 10. März 1870, dt. Pädagoge. - Bruder von Johannes S.; gründete 1825 eine Schule für taubstumme Kinder, leitete 1832-39 ein Lehrerseminar, danach private Erziehungsanstalten. Begründer der allg. Volksschule des Kt. Zürich.
S., Johannes, * Hohenrechberg-Hinterweiler (= Schwäbisch Gmünd) 3. Okt. 1817, † Zürich 21. Nov. 1886, dt. Schriftsteller und Literarhistoriker. - Auf Grund seiner großdt. Einstellung 1849 Emigration in die Schweiz. Ab 1860 Prof. für Geschichte in Zürich. Schilderte in Gedichten, Erzählungen und Romanen Württemberg und die dt. Vergangenheit. Auch kultur- und literarhistor. Arbeiten.
Scherrer, Paul, * Sankt Gallen 3. Febr. 1890, † Zürich 25. Sept. 1969, schweizer. Physiker. - Prof. an der ETH Zürich; Arbeiten u. a. zur Kernphysik, Quantentheorie, über Kristallstruktur, Röntgen- und Höhenstrahlung. S. entwickelte zus. mit P. ↑Debye das Debye-Scherrer-Verfahren.
Schertlin von Burtenbach (seit 1534), Sebastian (Sebastian Schärtlein v. B.), * Schorndorf 12. Febr. 1496, † Augsburg 18. Nov. 1577, dt. Feldhauptmann. - 1529 Mitverteidiger Wiens gegen die Osmanen; im Schmalkald. Krieg Bundeshauptmann der oberdt. Städte; nahm 1548 frz. Dienste und wurde geächtet; 1553 begnadigt und 1559 kaiserl. Rat.
Scherung (Schiebung, Schub), in der *Elastomechanik* Bez. für die ohne Volumenänderung stattfindende Verformung bzw. Verzerrung eines elast. Körpers unter der Wirkung einer Schubspannung (Scherspannung). Wichtige Kennwerte eines Werkstoffes hinsichtlich seines Verhaltens bei der S. sind seine *krit. Schubspannung* (bei deren Überschreiten der Werkstoff zu fließen beginnt) und seine *Schub-* oder *Scherfestigkeit*, bei der Abscherung eintritt.
♦ in der *Geologie* tekton. Verformung eines Gesteins durch Verschiebung an zahlr. parallelen, senkrecht zur Druckrichtung stehenden Gleitflächen (**Scherflächen**); z. T. entstehen auch Klüfte (**Scherklüfte**).
scherzando [skεr...; italien.], musikal. Vortragsbez.: scherzend.
Scherzgeschäft ↑Scheingeschäft.
Scherzo ['skεrtso; italien.], 1. seit etwa 1600 Bez. für ein weltl., kanzonettenartiges Lied, dann auch für ein Instrumentalstück heiteren Charakters; 2. ein rascher Satz im $^3/_4$-Takt mit Trio, der sich aus dem Menuett entwickelte und im Sonatenzyklus an dessen Stelle trat, erstmals in J. Haydns Streichquartetten op. 33 (1781). Beethoven erweiterte das S. formal und verlieh ihm charakterist., z. T. burleske oder unheiml. Züge. Danach finden sich groß angelegte S.-Sätze v. a. bei A. Bruckner und G. Mahler; 3. im 19. Jh. auch Bez. für selbständige (meist virtuose) Klavier- und Orchesterstücke.

Scherz Verlag GmbH ↑Verlage (Übersicht).
Schesaplana, mit 2 964 m höchster Berg des Rätikons, auf der östr.-schweizer. Grenze.
Scheuch, Erwin K[urt], * Köln 9. Juni 1928, dt. Soziologe. - Seit 1964 Prof. und Direktor des Zentralarchivs für empir. Sozialforschung in Köln; trat v. a. mit Arbeiten zur Rezeption und Weiterentwicklung der Methoden und Techniken der empir. Sozialforschung und zur internat. vergleichenden Wiss.forschung hervor.
Scheuchzer, Johann Jakob, * Zürich 2. Aug. 1672, † ebd. 23. Juni 1733, schweizer. Naturforscher. - Ab 1710 Stadtarzt in Zürich; unternahm eine systemat. naturgeschichtl. Erforschung der Schweiz in geograph., mineralog., botan. und zoolog. Hinsicht („Naturgeschichte des Schweizerlandes", 1746). S. schrieb das erste Werk über fossile Pflanzen („Herbarium diluvianum", 1709) und wurde damit zum Begründer der Paläobotanik.
Scheuchzeria palustris [nach J. J. Scheuchzer] ↑Blumenbinse.
Scheuerleiste (Wallschiene), um die Außenhaut eines Schiffes herumlaufende Leiste (Stahlschiene, Gummiwulst u. a.), die das Schiff gegen Beschädigung beim Anlegen u. a. schützen soll.
Scheuermann-Krankheit [nach dem dän. Orthopäden H. W. Scheuermann, * 1877, † 1960] (Adoleszentenkyphose, juvenile Kyphose), anlagebedingte Entwicklungsstörung der Wirbelsäule, bei der Bandscheibengewebe durch die Deckplatten in die Wirbelkörper eindringt und diese sich unter Belastung keilförmig verändern. Sitz der durch Bewegungseinschränkungen und rasche Ermüdungserscheinungen gekennzeichneten Erkrankung, die sich bei Jugendlichen gewöhnl. im 11. bis 13. Lebensjahr bemerkbar macht, ist meist die mittlere Brustwirbelsäule. Die Behandlung besteht v. a. in krankengymnast. Übungen, in schweren Fällen Bettruhe, evtl. im Gipsbett.
Scheufliegen (Helomyzidae), Fam. kleiner bis mittelgroßer, häufig gelbrot gefärbter Fliegen mit zahlr. Arten in Eurasien, davon mehrere Dutzend Arten in Deutschland; Imagines und Larven ernähren sich vorwiegend von Nektar und verwesenden organ. Substanzen.
Scheuklappen (Scheuleder), am Zaum von Pferden in Augenhöhe auf beiden Seiten angebrachte Lederklappen verschiedener Ausführung; verwehren die Sicht zur Seite und nach hinten und sollen das Scheuen verhindern.
Scheune (Scheuer), landw. Gebäude zur Unterbringung von Erntegut.

Schichtenlehre

Scheurebe [nach dem dt. Züchter G. Scheu, * 1879, † 1949], aus einer Kreuzung von Silvaner und Riesling hervorgegangene, starkwüchsige Rebsorte mit früh reifenden Trauben; Erträge mit hohem Mostgewicht. Die Weine sind voller und kräftiger als Rieslingweine, haben ein vielfältiges, würziges Bukett und sind lange Zeit lagerfähig.

Scheurer, Karl, * Grünen (= Sumiswald) 27. Sept. 1872, † Bern 14. Nov. 1929, schweizer. Politiker. - Ab 1910 bern. Reg.rat; 1911–19 Nationalrat; reformierte als Bundesrat (Vorsteher des Militärdepartements) 1919–29 das schweizer. Militärwesen; Bundespräsident 1923.

Scheveningen [niederl. 'sxe:vənɪŋə], Stadtteil von Den ↑Haag.

Schewardnadse, Eduard Amwrossijewitsch, * Mamati (Grusin. SSR) 25. Jan. 1928, sowjet. Politiker. - 1965–72 Innenmin. der Grusin. SSR, 1972–85 1. Sektretär der dortigen KP; wurde 1978 Kandidat, 1985 Mgl. des Politbüros; Außenmin. seit Juli 1985.

Schewtschenko, Taras Grigorjewitsch [russ. ʃɐfˈtʃɛnkɐ], * Morinzy (Gebiet Tscherkassy) 9. März 1814, † Petersburg 10. März 1861, ukrain. Dichter und Maler. - Leibeigener, 1838 freigekauft; 1847 wegen Zugehörigkeit zu einer geheimen Slawophilengemeinschaft und Verbreitung antizarist. Schriften Verbannung und Schreibverbot; 1857 begnadigt. Bedeutendster Dichter der Ukraine, erhob die ukrain. Volkssprache zur Literatursprache; seine volkstüml. Dichtung umfaßt v. a. lyr., polit.-soziale und histor. Poeme und Balladen („Der Kobsar", 1840; „Die Haidamaken", 1841) sowie Dramen und Erzählungen, auch in russ. Sprache.

Schewtschenko [russ. ʃɐfˈtʃɛnkɐ], Hauptstadt des sowjet. Geb. Mangyschlak in der Kasach. SSR, am Kasp. Meer, 147000 E. Erdöl- und Erdgasförderung, Kernkraftwerk. - Seit 1963 Stadt.

Schi, svw. ↑Ski.

Schia [arab. „Partei"], die Partei des 4. Kalifen Ali Ibn Abi Talib, die ihn, den Vetter und Schwiegersohn Mohammeds, und seine Nachkommen als einzige rechtmäßige Nachfolger (Imame) des Propheten anerkannte; die Anhänger der S. spalteten sich später als religiöse Gruppe ab (↑Schiiten).

Schiaparelli, Giovanni Virginio [italien. skjapaˈrɛlli], * Savigliano (Prov. Cuneo) 14. März 1835, † Mailand 4. Juli 1910, italien. Astronom. - S. arbeitete über Meteore, bestimmte die Rotationszeit von Merkur und Venus und entdeckte bei Beobachtungen der Planeten Linien auf dem Mars, die er „canali" nannte (heute als opt. Täuschung angesehen).

Schibam, Stadt im Wadi Hadramaut, Demokrat. VR Jemen, 5000 E. Oasenwirtschaft. - Innerhalb eines Mauerrechtecks von 400 × 500 m stehen etwa 500, maximal bis 8 Stockwerke hohe Häuser.

Schibboleth [hebr.], nach Richter 12, 5 f. Losung der Männer von Gilead unter dem Heerführer Jiftach, an der sie wegen der anderen Aussprache ([s] statt [ʃ]) die Ephraimiten erkannten und einzeln erschlugen.

Schibler, Armin, * Kreuzlingen 20. Nov. 1920, † Zürich 7. Sept. 1986, schweizer. Komponist. - Nach spätromant. und expressionist. beeinflußten Werken wandte er sich seriellen Techniken zu, u. a. Opern („Der span. Rosenstock", 1950; „Blackwood & Co.", 1962), Ballette („Le prisonnier", 1955; „Concert pour le temps présent", 1964), Orchester- und Kammermusik, Oratorien, seit 1971 „Hörwerke" auf eigene Texte (u. a. „The point of return", 1972; „Epitaph auf einen Mächtigen", 1974; „Der da geht ...", 1975).

Schicht [niederdt.], Bez. für die tägl. Arbeitszeit einschl. der Pausen, wenn zur intensiveren Nutzung Arbeitsplätze von verschiedenen Arbeitnehmern in einem bestimmten Turnus mehrmals am Tag besetzt werden. Man unterscheidet zw. zweischichtigen Betrieben (Früh- und Spät-S.), deren S.zeit 16 Stunden, und dreischichtigen Betrieben, mit zusätzl. Nacht-S., deren S.zeit 24 Stunden beträgt. Der *S.wechsel* findet i. d. R. um 6, 14 und 22 Uhr statt. Arbeitnehmer können auf bestimmte S. festgelegt sein oder diese wöchentl. wechseln (**Wechselschicht**). V. a. die Wechsel-S. bringt nach Ansicht der Arbeitsmedizin eine bes. große gesundheitl. Gefährdung der Arbeitnehmer mit sich, da der natürl. Rhythmus der menschl. Körpers gestört und notwendige Umstellungen ständig unterbrochen werden.

♦ in der *Wissenschaftstheorie* Bez. für die Gesamtheit von Objekten, die innerhalb eines Systems *(Schichtenbau, Schichtenfolge)* von anderen Gesamtheiten dadurch deutl. abgegrenzt ist, daß jedes Objekt einer S. *S* zu keinem Objekt derselben S. (insbes. nicht zu sich selbst), aber zu jedem Objekt einer anderen S. *S'* in einer strengen Ordnungsrelation steht, die eine Rang- oder Wertordnung mit der chronolog. Ordnung in den S. gelegenen Objekte wiedergibt.

♦ in der *Philosophie* und *Psychologie* ↑Schichtenlehre.

♦ (soziale S.) ↑Schichtung.

♦ in der *Geologie* ein durch Ablagerung entstandener plattiger Gesteinskörper von größerer flächenhafter Ausdehnung.

Schichtenlehre (Schichttheorie), in der *Philosophie* werden seit der Antike gewisse Wirklichkeitsbereiche (z. B. das psych. Sein) als **Schichten** angesehen, um deren Eigentümlichkeiten in der ontolog. Betrachtungsweise Rechnung zu tragen, ohne ihre Bedingtheit durch andere sie „tragende" Bereiche und die Existenz durchgängiger, allen Bereichen gemeinsamer Merkmale zu leugnen. - Hieraus entwickelte die *Psychologie* die genet. Persönlichkeitstheorie, die davon ausgeht, daß die

Schichtgesteine

Psyche in mehrere „Schichten" gegliedert ist. Eine S. wird u.a. vertreten von M. Scheler (Vital- oder Leibschicht, psychovitale Schicht der Gefühle und Strebungen, Schicht der geistigen Akte), S. Freud (Es, Ich, Über-Ich), L. Klages (Geist als Widersacher der Seele), P. Lersch (endothymer Grund und personeller Überbau) und insbes. von Schelers Schüler E. Rothacker sowie von A. Wellek, der ein Schalenmodell der Persönlichkeit („Zwiebelschichtung" mit „Charakterkern") entwarf. - Abb. S. 209.

Schichtgesteine, svw. Sedimentgesteine (↑ Gesteine).

Schichtgitter (Schichtengitter, Schichtstrukturen), Kristallgitter mit gleichartigen Gitterbausteinen in parallelen Netzebenen, wobei die Bindung in den einzelnen Schichten stärker als zw. ihnen ist; dies bedingt u.a. eine größere Spaltbarkeit und Wärmeleitfähigkeit (insbes. bei Glimmer und Graphit) entlang den Schichten. - Abb. S. 209.

Schichtkäse ↑ Käse.

Schichtladungsmotor, ein Ottomotor, bei dem ein zündfähiges, fettes Kraftstoff-Luft-Gemisch durch Direkteinspritzung in einer zusätzl., unmittelbar vor der Zündkerze liegenden Brennkammer entsteht; nach dessen Zündung greift der Verbrennungsvorgang auf das relativ magere Gemisch im Hauptbrennraum über.

Schichtquelle ↑ Quelle.

Schichtrindenpilze (Schichtpilze, Lederpilze, Stereum), Gatt. der Ständerpilze (Ordnung Aphyllophorales), deren Vertreter meist auf abgestorbenem Laub leben; mit rd. 70 Arten, darunter gefährl. Holzschädlinge; konsolenartige bis lappige, dünnhäutige, oft lebhaft gefärbte, mehrschichtige Fruchtkörper, deren Oberseite haarig-filzig ist. Zu den S. gehört u.a. der **Blutende Schichtpilz** (Stereum sanguinolentum; auf Nadelhölzern; Erreger der Braunfäule).

Schichtstoffe (Schichtpreßstoffe, Laminate), Werkstoffe aus geschichtetem Trägermaterial (Papier, Zellstoff, Glasfasern, Asbest, Textilien) und einem Bindemittel (v. a. Phenol, Melamin, Harnstoffharze oder auch thermoplast. Kunststoffe); durch Pressen bei gleichzeitigem Erwärmen hergestellt.

Schichtstufe (Landstufe), Geländestufe, die infolge der unterschiedl. Widerstandsfähigkeit von Gesteinsschichten durch Abtragung entsteht. Die härtere Schicht (Stufenbildner) wird als Stufe herausmodelliert, die unterlagernde weichere Schicht weiträumig abgetragen. Der Steilabfall der S. wird **Stirn,** die Oberkante **Trauf,** die flache Abdachung zum Stufenrückland **Lehne** oder **Landterrasse** genannt. Ein isolierter Rest einer zurückverlegten S. wird als ↑ Zeugenberg bezeichnet. Ist die Lehne nicht viel flacher als die Stufe selbst, so spricht man von einem **Schichtkamm** (Schichtrippe).

Schichtstufenlandschaft, bei einer mehrfachen Folge schwach geneigter, unterschiedl. widerstandsfähiger Gesteinsschichten bildet sich der Typ der S. heraus mit großflächigen **Landterrassen,** z. B. in SW-Deutschland mit mehreren kleinen und 4 großen Schichtstufen, deren markanteste der Albtrauf ist.

Schichttechnik, Bez. für Methoden der Mikroelektronik bzw. Miniaturisierung zur Herstellung von diskreten bzw. integrierten Schaltungen aus vorwiegend passiven Schaltelementen (leitende, halbleitende und/oder dielektr. Schichten auf einem Glas- oder Keramikplättchen). Häufig wird die S. mit Verfahren der Halbleiterblocktechnik kombiniert (sog. *Hybridtechnik*).

Schichtung, in der *Geologie* schichtenförmige Ablagerung bzw. Lagerung von Gesteinen. Neben der parallelen S. gibt es auch **Schrägschichtung,** die typ. ist für Ablagerungen aus bewegten Medien (Wasser, Wind).
◆ (soziale S.) i. w. S. jede zw. höheren und niedrigeren Positionen unterscheidende Gliederung einer Gesellschaft, z. B. in Kasten, Stände, Klassen oder Schichten; i. e. S. (v. a.

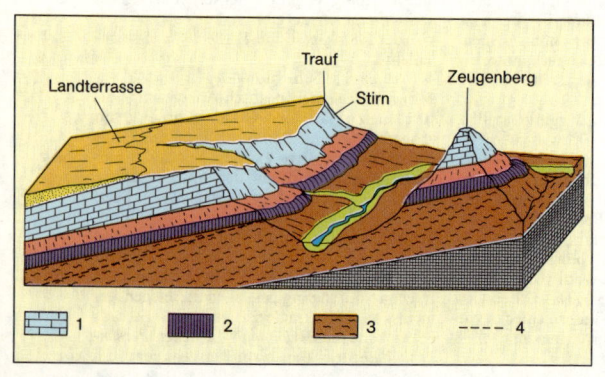

Schichtstufe (Schema).
1 harte gebankte Kalke, obere Schichtstufe;
2 harte Kalke, untere Schichtstufe;
3 mergelige Schichten;
4 Grundwasserspiegel

in Abgrenzung zu den Begriffen Kaste, Stand und Klasse, obwohl oft noch synonym gebraucht) Bez. für eine bestimmte Form der gegliederten, auf Ungleichheit beruhenden Form einer ↑Gesellschaft, in der die Menschen auf Grund der Tatsache, daß die in einer Gesellschaft vorhandenen Positionen unterschiedl. bewertet, d. h. höher oder niedriger eingestuft werden, eine soziale Hierarchie bilden. Menschen, die ungefähr gleichwertig und gegenüber anderen Menschen als höher- oder geringerwertig eingestuft werden, bilden eine **soziale Schicht**. Mit der Zugehörigkeit zu einer sozialen Schicht sind ·typ. (soziale, wirtsch., polit.) Verhaltens-, Entscheidungs-, Denk- und Sprechgewohnheiten (↑Code; ↑auch Soziolinguistik) der Menschen verknüpft, die i. d. R. auch eine vergleichbare sozioökonom. Biographie verbindet (wie z. B. Bildungs- und Erziehungschance, Berufswahl und -karriere, Arbeitsbedingungen, Versorgungsniveau sowie sozialer Einfluß, Macht, Herrschaft oder Abhängigkeit).

Die *Soziologie* beschäftigt sich v. a. mit der Frage, welche sozialen Merkmale für die S. von Bed. sind. Dabei unterscheidet sie zw. objektiven und subjektiven Merkmalen. Die *objektiven Merkmale* sind die *zugewiesenen*, vom einzelnen nicht änderbaren (z. B. Herkunft, Geschlecht, Hautfarbe), u. die *erworbenen*, vom einzelnen zumindest teilweise beeinflußbaren *Positionsmerkmale* (z. B. Bildungsstand, Beruf, Arbeitssituation, Einfluß, Autorität, Einkommen, Vermögen). *Subjektive Merkmale* sind v. a. soziales Ansehen (Prestige) und Selbsteinschätzung. Bei der Analyse bestehender und vergangener Gesellschaftsstrukturen versucht die Soziologie die Art der sozialen S., Umfang und Charakter der Schichten und die für die Gliederung in Schichten wichtigen Merkmale zu bestimmen. Dabei konkurrieren zahlr. unterschiedl. S.theorien, die man in folgende **Schichtungsmodelle** zusammenfassen kann:

Im *funktionalist*. S.modell ist S. das Ergebnis der Arbeitsteilung und der sich daraus ergebenden Gliederung nach [Berufs]funktionen (z. B. Bauern, Arbeiter, Angestellte, freie Berufe, Manager, Politiker und Verbandsfunktionäre, Großunternehmer), die noch weiter unterteilt werden können. Bes. die Ind.- und Betriebssoziologie arbeitet mit diesem Modell, das davon ausgeht, daß für die Wahrnehmung höherer Positionen nur eine begrenzte Anzahl von „Talenten" vorhanden sei und deshalb die gesellschaftl. Notwendigkeit bestünde, Personen durch höhere materielle, ideelle und symbol. Belohnungen dazu anzureizen, die „Strapazen" einer langen [akadem.] Ausbildung und danach einer ständig alle Kräfte fordernden Tätigkeit auf sich zu nehmen. - Als *Rangordnungs-S.modelle* gelten die, in denen die Individuen nach dem Grad, in dem sie ein oder mehrere Merkmale besitzen (z. B. Berufsposition, Schulbildung, Einkommen, Wohnverhältnisse, Ausstattung des Haushalts), bzw. nach ihrer Selbsteinschätzung bestimmten Schichten bzw. Klassen zugeordnet werden. So gehörten 1974 in der BR Deutschland nach Selbsteinschätzung (nach G. Kleining) 0,5% der *Oberschicht*, 7,4% der *oberen Mittelschicht*, 11,3% der *mittleren Mittelschicht*, 28% der *unteren Mittelschicht (nicht industriell)*, 12,3% der *unteren Mittelschicht (industriell)*, 9,2% der *oberen Unterschicht (nicht industriell)*, 18,4% der *oberen Unterschicht (industriell)*, 10,7% der *unteren Unterschicht* und 2,2% den „*sozial Verachteten*" an. - Diesen beiden Modellen widerspricht das *dichotom. S.modell* der Klassengesellschaft (↑Klasse).

📖 Bolte, K. M., u. a.: Soziale Ungleichheit. Opladen ⁴1984. - *Soziale S. u. soziale Mobilität.* Hg. v. E. M. Wallner u. M. Funke-Schmitt-Rink. Hdbg. 1980. - Hartfiel, G.: *Soziale S.* Mchn. 1978. - Neelsen, J. P.: *S.modelle, S.theorien u. die sozialstrukturelle Rolle v. Erziehung.* Wsb. 1977. - Mayer, Kurt Bernd/Buckley, W.: *Soziale S.* Dt. Übers. Stg. 1976. - Wiehn, E.: *Theorien der sozialen S.* Mchn. 1968.

Schichtwiderstand ↑Widerstand.
Schichtwolken ↑Wolken.
schick (frz. chic), modisch; gut aussehend, elegant.
Schick, Gottlieb, *Stuttgart 15. Aug. 1776, †ebd. 11. April 1812, dt. Maler. - Lernte in Stuttgart und Paris bei J. L. David (1798-1802). 1802-11 im Kreis der Deutschrömer in Rom. Er ist der reinste Vertreter der dt. klassizist. Malerei. Seine Bildnisse („Johann Heinrich Dannecker", 1798; „Frau von Cotta", 1802; beide Stuttgart, Staatsgalerie; „Heinrike Dannecker", 1802; Berlin, neue Nationalgalerie) zählen zu den hervorragendsten Leistungen seiner Zeit. Außerdem Historienbilder. - Abb. S. 214.
Schickele, René, Pseudonym Sascha, *Oberehnheim (Unterelsaß) 4. Aug. 1883, †Vence 31. Jan. 1940, elsäss. Schriftsteller. - Einer der Wortführer des Expressionismus. Hg. bzw. Mithg. der Zeitschriften „Der Stürmer" (1902) und „Der Merker" (1903); während des 1. Weltkrieges Emigration in die Schweiz; ab 1913 Mitarbeiter, 1914-20 Hg. der pazifist. Zeitschrift „Die weißen Blätter". 1932 erneute Emigration (nach S-Frankr.). Gestaltete als symbolist. Lyriker („Weiß und Rot", 1910) und expressionist. Erzähler menschl. Schicksale zw. Völkern und Kulturen, z. B. in „Das Erbe am Rhein" (R.trilogie 1925-31), „Die Flaschenpost" (R., 1937); kämpfte unermüdl. für eine gegenseitige Annäherung und Verständigung über Grenzen hinweg mit dem Ziel einer europ. Kultureinheit. Auch Essays („Schreie auf dem Boulevard", 1913), Bearbeitungen und Übersetzungen (G. Flaubert, H. de Balzac).
Schickeria [italien.], abwertende Bez. für

Schickhardt

Gottlieb Schick, Frau von Cotta (1802). Stuttgart, Staatsgalerie

die in der Mode und im Gesellschaftsleben tonangebende Schicht.

Schickhardt, Heinrich, * Herrenberg 5. Febr. 1558, † ebd. 31. Dez. 1634, dt. Baumeister. - Seit 1596 herzogl.-württemberg. Baumeister; einer der ersten dt. Baumeister der Renaissance (zwei Italienreisen). Sein Hauptwerk war der „Neue Bau" in Stuttgart (1599–1609; 1778 abgebrochen), ein Rechteckbau mit Eck- und Mittelrisaliten. Plante u. a. auch die Stadtanlage von Freudenstadt.

Schicksal [zu niederl. schicksel „Anordnung; Fatum"], in der Religionsgeschichte Bez. für die dem Menschen von einer höheren Macht zugeteilten Geschicke. Diese S.macht ist wohl urspr. ein Hochgott. Der Polytheismus zeigt die Tendenz, die S.bestimmung als Funktion einer dem Hochgott untergeordneten (meist weibl.) Gottheit zu verstehen: die griech. Moira, die röm. Fortuna, die lett. Laima und die german. Nornen. - Der Raum, den die S.idee menschl. Freiheit offenläßt, ist wesentl. für eth. reflektiertes Handeln. Das Bestreben, das S. im voraus zu erkunden, ist Voraussetzung für Mantik und v. a. für Astrologie. - Die klass. Philosophie sieht S. (griech. heimarménē) als „Notwendigkeit", als „Ordnung und Verknüpfung von Ursachen" und als „Weltgesetz" oder „Weltvernunft". Erst unter dem Einfluß des Christentums, das den S.glauben ablehnt, erfolgt durch die Unterscheidung zwischen „Naturgesetz" und „Sittengesetz" eine Klärung des Schicksalsbegriffs.

Schicksalsfaden, svw. ↑Lebensfaden.
Schicksalsmärchen ↑Märchen.
Schickschuld, am Wohnsitz des Schuldners zu erfüllende Schuld, wobei der Schuldner jedoch verpflichtet ist, die geschuldete Leistung an den Gläubiger zu versenden (z. B. Geldschuld).

Schiebebühne ↑Theater.
Schiebeflug, Flugzustand, bei dem infolge Seitenwind die Flugrichtung nicht mit der Flugzeuglängsachse zusammenfällt.

Schieber, Absperrvorrichtung zum Verschließen einer Rohrleitung senkrecht zur Strömungsrichtung mittels Spindel und dem eigentl. Schieber (Platte beim *Parallelschieber*, Keil beim *Keilschieber*, Kugel beim *Kugelschieber*); Antrieb z. B. von Hand, hydraulisch, pneumatisch.

Schieberegister, Anordnung von Speicherelementen (z. B. Flipflopstufen, Ferritkerne) in Datenverarbeitungsanlagen: Ein Eingabeimpuls veranlaßt die Speicherung der digitalen Information, ein Schiebeimpuls bewirkt die Verschiebung der gespeicherten Information innerhalb des S. um eine Stelle.

Schiebewiderstand, ein elektr. ↑Widerstand.

Schieblehre (Schublehre, Meßschieber), Meßwerkzeug für Außen-, Innen- und Tiefenmessung (Ablesegenauigkeit meist $1/20$ mm bzw. $1/128$"). Die S. ist im allg. mit zwei Meßschnäbeln ausgerüstet, von denen der eine mit der Strichmaßstab tragenden Schiene fest verbunden ist, während der andere den Abschluß des Schiebers bildet. Auf dem Schieber befindet sich ein ↑Nonius zum Ablesen der Lage des Schiebers gegenüber dem Strichmaßstab.

Schiedam [niederl. sxi:'dɑm], niederl. Ind.stadt westl. von Rotterdam, 69 100 E. Museen. Bed. Schiffbau; Glas- und Nahrungsmittelind., Zentrum der niederl. Branntweinbrennerei; Hafenanlagen, an der Neuen Maas Werften. Bei S. unterquert der Benelux-Tunnel die Neue Maas. - Erhielt 1275 Stadtrecht; litt seit dem späten 14. Jh. unter Versandung der Zufahrt und der Konkurrenz Rotterdams.

Schieder, Theodor, * Oettingen i. Bay. 11. April 1908, † Köln 8. Okt. 1984, dt. Historiker. - 1942–45 Prof. in Königsberg (Pr), seit 1948 in Köln; wandte sich nach 1945 verstärkt der komparativen Erforschung europ. Nat.bewegungen (u. a. „Sozialstruktur und Organisation europ. Nat.bewegungen", 1971 [Hg.]) und der Geschichtstheorie (u. a. „Geschichte als Wiss.", 1965) zu; seit 1957 Mithg. der „Histor. Zeitschrift"; seit 1971 Mgl. des Ordens Pour le mérite für Wiss. und Künste.

Schiedgeld ↑Münzen.
Schiedmayer, Johann Lorenz, * Erlangen 2. Dez. 1786, † Stuttgart 3. April 1860, dt. Klavierbauer. - Gründete 1809 in Erlangen eine Klavierfabrik, die heute unter dem Namen S. & Soehne KG. firmiert. Die Firma produziert Flügel, Klaviere, Harmonien sowie Celesten.

Schiedsgericht, im Privatrecht ein kraft Vereinbarung (↑Schiedsvertrag) anstelle der staatl. Gerichte zur Entscheidung eines

Schiefblattgewächse

Rechtsstreits berufenes privates Gericht, das im ↑schiedsrichterlichen Verfahren durch ↑Schiedsspruch entscheidet. Es besteht i. d. R. aus einem oder drei von den Parteien gewählten bzw. ernannten Schiedsrichtern, in Arbeitsgerichtssachen aus einer gleichen Anzahl von Arbeitnehmern und Arbeitgebern sowie u. U. aus weiteren „unparteiischen Personen". Dem S. stehen weder Zwangsbefugnisse zu noch darf es Eide abnehmen. Auf Antrag einer Partei bzw. auf Ersuchen des S. leisten die staatl. Gerichte Rechtshilfe.
In *Österreich* sind bes. S. die S. der Sozialversicherung, die zuständig sind zur Erledigung von Leistungsstreitverfahren im Bereich der Sozialversicherung, im Verfahren der gewerbl. Selbständigen-Pensionsversicherung, der landw. Zuschußrentenversicherung und in krankenversicherungsrechtl. Streitigkeiten. In der *Schweiz* ist die Ordnung der S. Sache der Kantone.

Schiedsgerichtsbarkeit, 1. im *Völkerrecht* eine der Formen der friedl. Streitbeilegung. Die internat. S. unterscheidet sich von nichtrichterl. Streitbeilegungsformen (z. B. diplomat. Verhandlungen, Vermittlung und Vergleich) dadurch, daß die von einem oder mehreren (von den Streitparteien bestimmten) *Schiedsrichtern* getroffene Entscheidung (Schiedsspruch, Schiedsurteil) die Parteien bindet, wie jedoch die Vollstreckung von einer vorherigen Unterwerfung der Parteien unter die Zwangsvollstreckung abhängig ist. Der Bedeutungsumfang des Begriffs S. ist in der Völkerrechtswiss. umstritten. Nach Art. 37 des Haager Abkommens ist Aufgabe der internat. S. die Beilegung zwischenstaatl. Konflikte und nicht die Beilegung von Streitigkeiten zw. natürl. und/oder jurist. Personen des Privatrechts. Merkmale der S. sind insbes. die umfassende Entscheidungsfreiheit der Streitparteien während des gesamten Verfahrens (z. B. verhaltensmäßig bedingte[r] Verhinderung [Abbruch] des Verfahrens durch Nichterscheinen) sowie die Streitbeilegung auf rechtl. Grundlage. Verfahren und Organisationsform des Schiedsgerichts sowie Streitgegenstand und Entscheidungsgrundlage sind zumeist in völkerrechtl. Verträgen (Schiedsabkommen) geregelt. 2. Zur *privatrechtl.* S. ↑schiedsrichterliches Verfahren.

Schiedsordnung, Gesamtheit der Verfahrensvorschriften zur internen Beilegung von Streitigkeiten in Verbänden und Parteien.

Schiedsrichter, im *Recht* ↑Schiedsgerichtsbarkeit.
♦ Spielleiter bei verschiedenen *Sportarten*, der als „Unparteiischer" darauf zu achten hat, daß die Regeln eingehalten werden.

schiedsrichterliches Verfahren, ein spezielles Verfahren zur Entscheidung von Rechtsstreitigkeiten unter ↑Schiedsgericht. Das in den §§ 1025 ff. ZPO und §§ 101 ff. ArbeitsgerichtsG geregelte s. V. kann nur auf Grund einer Schiedsgerichtsklausel (↑Schiedsvertrag) eingeleitet werden. Es wird, soweit die Parteien keine Vereinbarung getroffen haben, im wesentl. von den Schiedsrichtern nach freiem Ermessen bestimmt, wobei diese jedoch den Grundsatz des rechtl. Gehörs zu beachten haben sowie den zugrundeliegenden Sachverhalt u. U. durch Beweiserhebung zu ermitteln haben. Das s. V. endet mit einem ↑Schiedsspruch oder mit einem Schiedsvergleich. Letzterer kann für vollstreckbar erklärt werden, wenn sich der Schuldner in ihm der sofortigen Zwangsvollstreckung unterworfen hat.

Schiedsspruch, im *Privatrecht* die Entscheidung des ↑Schiedsgerichts, die in ihren Wirkungen einem rechtskräftigen gerichtl. Urteil gleichkommt. Die Zwangsvollstreckung aus dem S. setzt zwecks staatl. Kontrolle voraus, daß das zuständige staatl. Gericht ihn zuvor für vollstreckbar erklärt. Der S. kann durch Aufhebungsklage angefochten werden, wenn seinem Erlaß schwere Verfahrensfehler vorausgegangen sind oder er gegen die guten Sitten oder die tragenden Rechtsauffassungen des Gemeinwesens verstößt. - Zum *Völkerrecht* ↑Schiedsgerichtsbarkeit.

Schiedsvertrag, privatrechtl. Vertrag des Inhalts, daß die Entscheidung einer bürgerl. Rechtsstreitigkeit durch ein ↑Schiedsgericht anstelle eines staatl. Gerichts erfolgen soll *(Schiedsgerichtsklausel).* Der S. ist zulässig, soweit die Parteien über den Streitgegenstand verfügen können, er sich auf ein bestimmtes Rechtsverhältnis bezieht und ausdrückl. (i. d. R. schriftl.) geschlossen worden ist. Der die Schiedsgerichtsklausel beinhaltende S. hat zur Folge, daß eine Klage in ordentl. Verfahren unzulässig ist, wenn der Beklagte sich auf den S. beruft. Ein S. hinsichtl. Rechtsstreitigkeiten über Wohnraum ist grundsätzl. nichtig. Vom S. zu unterscheiden ist der **Schiedsgutachtenvertrag,** mit dem Parteien vereinbaren, daß ein Schiedsgutachter bestimmte Tatsachen wie Preis, Schaden u. ä. bindend (auch für ein staatl. Gericht) festzustellen hat.

Schiefblatt (Begonie, Begonia), Gatt. der Schiefblattgewächse mit rd. 800 Arten, v. a. in den trop. und subtrop. Gebieten Afrikas, Amerikas und Asiens; Kräuter oder Halbsträucher mit Knollen oder Rhizomen, meist unsymmetr. („schiefen") vielgestaltigen Blättern und einhäusigen weißen, roten oder gelben Blüten; Zuchtformen oft gefüllt, durch Sproß- und Blattstecklinge leicht zu vermehren (↑Adventivsprosse). Als Zierpflanzen bes. beliebt sind die **Knollenbegonien** (Begonia tuberhybrida), Blüten zw. 2,5 und 20 cm groß, rot, lachsfarben oder gelb, auch gefüllt.

Schiefblattgewächse (Begoniengewächse, Begoniaceae), Pflanzenfam. mit fünf Gatt. in den Tropen und Subtropen; krautige oder halbstrauchige Pflanzen mit meist un-

schiefe Ebene

symmetr. („schiefen") Blättern und einhäusigen Blüten in oft trugdoldigen, immer achselständigen Blütenständen; zur Adventivknospenbildung an Blättern, Sprossen oder Knollen befähigt.

schiefe Ebene, eine ↑einfache Maschine in Form einer um den Winkel α (Neigungswinkel) gegen die Horizontale geneigte Fläche. Ein auf ihr befindl. Körper mit der Gewichtskraft G erfährt eine senkrecht zur s. E. gerichtete *Normalkraft* $N = G \cos \alpha$ und eine parallel zur s. E. nach unten gerichtete *Hangabtriebskraft* $H = G \sin \alpha$. Wickelt man eine s. E. um einen Zylinder, so erhält man eine Schraube.

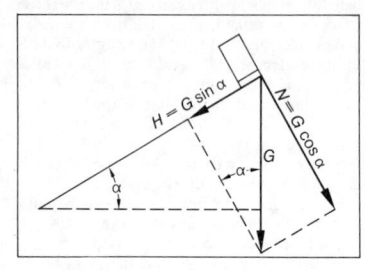

Schiefe Ebene

Schiefer [zu althochdt. scivaro „Stein-, Holzsplitter", eigtl. „Abgespaltenes"], in dünnen, ebenen Platten brechendes Gestein.

Schieferöl, durch Schwelung von Ölschiefer gewonnenes Öl, das durch Raffination zu Benzin, Diesel- und Heizöl verarbeitet werden kann.

Schieferton, verfestigter, nach parallelen Schichtebenen spaltbarer Ton.

Schieferung, von der Schichtung unabhängiges, durch Teilbarkeit nach parallelen Flächen charakterisiertes Gesteinsgefüge, entstanden durch Mineraleinregelung bei tekton. Vorgängen.

schiefe Schlachtordnung, Kampfformation, bei der der linke verstärkte Flügel durch massierten Angriff einen Einbruch in die gegner. Front erzielt, während der rechte (in der Antike unterstützt durch Leichtbewaffnete und Reiterei) sich defensiv verhält.

Schiefteller (Achimenes), mit der Gloxinie nah verwandte Gatt. der Gesneriengewächse mit rd. 25 Arten, verbreitet von Mexiko bis zum trop. S-Amerika; meist unverzweigte, häufig zottig behaarte Kräuter mit gegenständigen Blättern und achselständigen, einzelnen oder gebüschelt stehenden, roten bis violetten oder weißen Blüten mit enger Kronröhre, die sich zu einem schiefstehenden, breiten Teller erweitert; beliebte Topfzierpflanzen.

schiefwinklig, nicht rechtwinklig.

Schiele, Egon, * Tulln 12. Juni 1890, † Wien 31. Okt. 1918, östr. Maler und Zeichner. - Verließ 1909 die Akad. der bildenden Künste in Wien und gründete gemeinsam mit anderen avantgardist. Künstlern die „Neukunstgruppe". Er entwickelte eine spannungsvolle, ornamentale Liniensprache, v. a. Akt, Bildnisse, auch Landschaft. Seine Kunst steht in der Nähe der Wiener Sezession und ist nicht nur ein wichtiger Beitrag zum Jugendstil, vielmehr zählen bes. die Zeichnungen und Aquarelle zu den Meisterleistungen der Kunst des 20. Jh. überhaupt. Wegen teilweiser gewagter, ekstat. Stellungen seiner Modelle hatte S. Schwierigkeiten in Österreich.

Schielen (Strabismus), das Abweichen der Augenachsen von der normalen Parallelstellung beim Blick in die Ferne. **Latentes Schielen** (*Heterophorie*) nennt man die durch den binokularen Sehakt (Fusionszwang) verdeckte Neigung zum Schielen, die durch ein Ungleichgewicht des Augenmuskeltonus hervorgerufen wird. **Manifestes Schielen** (ohne Hilfsmittel jederzeit evidentes S.) kann durch Augenmuskellähmung zustande kommen (*Lähmungs-S.*, Strabismus paralyticus); plötzl. Lähmung eines äußeren Augenmuskels hat Doppelbilder bei jeder Blickbewegung zur Folge, an der dieser Muskel normalerweise beteiligt ist. Am häufigsten begegnet das sog. **Begleitschielen** (*konkomitierendes S.*, Strabismus concomitans). Es wird v. a. durch Refraktionsfehler des dioptr. Apparats verursacht. Unter den verschiedenen Formen des Begleit-S. spielt das *Einwärts-S.* (Strabismus convergens) die wichtigste Rolle. Es beruht meist auf einer Übersichtigkeit (Konvergenzimpuls bei der Akkommodationsanstrengung, die auch schon beim Blick in die Ferne erforderl. ist). Das *Auswärts-S.* (Strabismus divergens) tritt umgekehrt oft bei starker Kurzsichtigkeit auf. Am seltensten ist das *Höhen-S.* (nach oben oder unten). Da Begleit-S. mit Schwachsichtigkeit insgesamt bei rd. 2% aller Kinder vorkommt, ist S. in M-Europa diejenige Augenkrankheit, die am häufigsten zu Sehstörungen führt. Zur Behandlung des Begleit-S. gehört eine genaue Bestimmung der Fehlsichtigkeit mit entsprechender Korrektur durch Brillengläser. Nach dem 5. Lebensjahr kommt Übungsbehandlung in der sog. Schielschule zur Verbesserung des binokularen Sehaktes in Betracht. Bei stärkerem S. ist u. U. zusätzl. ein operativer Eingriff erforderlich.
📖 *Lang, J.:* Strabismus. Bern [3] 1986. - *Noorden, G. K. v.:* Atlas der Schieldiagnostik. Dt. Übers. Stg. [2] 1979. - *Brückner, R.: Das schielende Kind.* Basel [2] 1976.

Schienbein [zu mittelhochdt. schinebein, eigtl. „spanförmiger Knochen"] ↑Bein.

Schienbeinknöchel ↑Knöchel.

Schiene ↑Schienung.
◆ steg- oder rillenförmige Führungsvorrichtung für Rollen, Räder (Lauf-S.), für gleitend verschiebbare Teile u. ä.; i. e. S. ein Profilstahl

Schiff

als Trage- und Führungsvorrichtung von Schienenfahrzeugen.

Schienenbremse (Magnetschienenbremse) ↑Eisenbahn (Bremsanlage).

Schienenbus (Schienenomnibus), vorwiegend im Nahverkehr verwendeter, meist durch Dieselmotor angetriebener Triebwagen mit omnibusähnl. Aufbau.

Schienenechsen (Tejuechsen, Teiidae), sehr formenreiche Fam. der Echsen mit rd. 200 etwa 10–140 cm langen Arten, verbreitet vom mittleren N-Amerika bis nach S-Amerika (meist in trop. Gebieten); Gestalt meist eidechsenartig, auch schlangenähnl., mit rückgebildeten Gliedmaßen; oft lebhaft gezeichnet; große Schuppenplatten der Bauchseite meist regelmäßig schienenartig angeordnet.

Schienenfahrzeuge, Sammelbez. für schienengebundene Fahrzeuge mit Spurkranzrädern (im Ggs. zu sog. Balkenbahnfahrzeugen, wie der Alwegbahn oder der Magnetschienenbahn).

Schienenkäfer (Eucnemidae), mit rd. 1 600 Arten weltweit verbreitete Fam. der Käfer (davon in Deutschland rd. 15 Arten), die sich durch einen nach vorn stark verbreiterten Halsschild auszeichnen; ähneln sehr der ↑Schnellkäfern, einige Arten vermögen auch hochzuschnellen; Larven fressen im Holz kranker und abgestorbener Laubbäume.

Schienenstoß, Lücke zw. zwei aneinanderstoßenden Schienenstücken zum Ausgleich der Längenänderung der Schienen bei Temperaturänderung.

Schienenverkehr ↑Verkehr.

Schienung, chirurg.-orthopäd. Maßnahme zur Fixierung und Entlastung von Skelettabschnitten (bes. von Knochenfragmenten) mit Hilfe einer **Schiene** (chirurg.-orthopäd. Hilfsmittel aus Gips, Metall, Kunststoff u. a. zur Lagerung von Extremitäten und/oder zur Entlastung von Abschnitten des Knochenskeletts).

Schierling (Conium), Gatt. der Doldenblütler mit einer Art in S-Afrika und der Art **Gefleckter Schierling** (Flecken-S., Conium maculatum) in Eurasien; 1–2 m hohes Kraut an Hecken, Zäunen und Gräben; mit kahlem, fein gerilltem, bläul. bereiftem Stengel und dreieckigen, zwei- bis vierfach fiederschnittigen, weichen, schlaffen Blättern. Die ganze Pflanze enthält das Gift ↑Koniin. - Im antiken Athen wurde u. a. Sokrates mit einem S.sproßsaft enthaltenden Trank („S.becher") hingerichtet. - ↑auch Giftpflanzen (Übersicht).

Schiermonnikoog [niederl. sxi:rmɔnɪ-'koːx], eine der Westfries. Inseln, 39 km², östl. von Ameland, Niederlande.

Schießarbeit, im Bergbau Bez. für den Abbau mit Hilfe von Schieß- und Sprengmitteln; im Steinbruch Sprengarbeit genannt.

Schießbaumwolle ↑Sprengstoffe.

Schießen, in der *Waffentechnik* das Beschleunigen (Abfeuern) eines Geschosses mittels einer Fernkampfwaffe, insbes. mit einer Feuerwaffe. Voraussetzung für ein erfolgreiches S. und Treffen mit Feuerwaffen und ballist. Raketen sind richtige Wahl der Treibmittelmenge, einwandfreie Zündung sowie sorgfältiges Zielen und Richten unter Berücksichtigung aller äußeren Umstände, wobei kurze Entfernungen geschätzt, große Entfernungen, bes. beim Artillerie-S. von der Karte abgegriffen (**Planschießen**) oder mit Entfernungsmessern bestimmt werden.

Schießmittel ↑Sprengstoffe.

Schießpulver ↑Sprengstoffe.

Schießsport, Bez. für die sportl. Wettbewerbe mit Schußwaffen; wird auf Schießplätzen bzw. in Schieß- oder Grabenständen ausgeübt. Zur Ausrüstung gehören Waffen (ihr Erwerb und Besitz ist internat. unterschiedl. geregelt), Schießjacken, Handschuhe, Schießbrille. Es gibt schießsportl. Wettbewerbe im **Gewehrschießen:** *Luftgewehr* 10 m; *Zimmerstutzen* 15 m; *Kleinkalibergewehr* 50 m; *Scheibengewehr* 100 m; *Freigewehr* 300 m; **Pistolenschießen:** *Luftpistole* 10 m; *Schnellfeuerpistole* 25 m; *Gebrauchs-* oder *Sportpistole* 25 m; *Standardpistole* 25 m; *Freie Pistole* 50 m. Geschossen wird auf Ring- bzw. Silhouettenscheiben. **Laufender Keiler** ist eine Disziplin, bei der eine mit einem Keiler bemalte Scheibe als Ziel dient; sie ist auf einer 10 m breiten Schneise je Schußversuch nur 5 bzw. 2,5 Sekunden sichtbar. Wettbewerbe des **Wurftaubenschießens** sind *Skeet-* und *Trapschießen*. Als Ziel dienen dabei von einer Wurfmaschine in die Luft geschleuderte Tonscheiben („Wurftauben"), auf die mit Schrotpatronen aus Jagdgewehren oder Wurftaubenflinten geschossen wird. Beim sportl. **Bogenschießen** betragen die Entfernungen 90, 70, 60, 50, 30 und 20 m auf die *Ringscheibe*. **Armbrustschießen** wird heute nur noch in S-Deutschland und der Schweiz ausgeübt.

Schießstoffe ↑Sprengstoffe.

Schießwolle ↑Sprengstoffe.

Schiff [zu althochdt. scif „ausgehöhlter Stamm, Einbaum"], Wasserfahrzeug, seerechtl. definiert als schwimmfähiger Hohlkörper von nicht unbedeutender Größe, der zum Transport von Personen oder Gütern über Wasser in der Lage ist, bzw. der Ausübung von Seemacht auf dem Wasser dient. Das konventionelle S. schwimmt auf Grund des ↑Archimedischen Prinzips an der Wasseroberfläche, weil das Gewicht der von ihm verdrängten Wassermenge ebenso groß ist wie sein Gewicht; das Unterseeboot kann durch Vergrößerung seines Gewichtes (durch Aufnahme von Wasser) nach dem gleichen Prinzip ganz ins Wasser hineintauchen; Tragflügelboote und Luftkissenfahrzeuge werden nach anderen Prinzipien gebaut und betrieben.

Einteilung: Man unterscheidet S.: 1. nach ihrer *Vortriebsart*: Ruder-S., Segel-S., Seiten-

Schiff

Schiffbau. Links: Sektionsbauweise; rechts: Aufbau eines Schiffsrumpfs mit Flachkiel in traditioneller Bauweise auf der Helling

schaufelrad- bzw. Heckschaufelrad-S., Ein- oder Mehrschrauben-S., S. mit Voith-Schneider-Propeller-, Wasserstrahl-, Düsen- oder Luftschraubenvortrieb; 2. nach dem *Antrieb:* Dampf-S. (Dampfer), getrieben durch Dampfmaschine oder Dampfturbine († Dampfschiff), Motor-S. (meist Dieselmotoren), Diesel-Elektro-S., Gasturbinen-S. und S. mit † Kernenergieantrieb; 3. nach ihrem *Verwendungszweck:* Handels-, Fischerei- († Fischerei), Spezial- und Kriegsschiffe. Die Handels-S. wiederum dienen als Passagier-S. dem Personen-, als Fracht-S. dem Güterverkehr, wobei die Fähr-S. und Fahrgastfracht-S. beide Aufgaben erfüllen. Beim Gütertransport unterscheidet man S. für trockene (Trockenfracht-S.) und nasse (Öl- oder Gastank-S.) Fracht, aus verschiedenartigen Partien bestehende Ladung (Stückgutfrachter) und homogene Massenschüttladung (Massengutfrachter), sowie für Ladung in Containern (Container-S.) oder in Bargen (Behälter-S.; gleichzeitigen Transport von Containern und Bargen ermöglicht der sog. „Baco-liner"); außerdem für schwere Ladung Schwergut-S. (mit bes. starken Ladebäumen) und für leicht verderbl. Ladung Kühlschiffe. Zu den Spezial-S. gehören sowohl Arbeits-S. (Kran-, Dock-, Hebe-, Bergungs-S., Kabelleger, Saug- und Eimerkettenbagger, Schlepper und Eisbrecher) als auch Behörden-S. wie Forschungs-, Vermessungs-, Feuer-S., Polizei- und Zollboote, Seenotrettungs-S., Tonnenleger und Feuerlöschboote; 4. nach dem *Fahrtgebiet:* Binnen-, Küsten- sowie mittlere und große Hochsee-S.; 5. nach der *Bauweise:* S. in Längs- oder Querspantbauweise, genietete oder geschweißte S., S. mit Kraweel- und Klinkerbeplankung, geschlossene (Volldecker) oder offene S. (Freidecker, Schutzdecker), S. mit glattem Deck, mit erhöhter Back, mit erhöhter Back und Poop, mit zusätzl. Mittelaufbau (Dreiinseltyp), nur mit Heck- oder Bugaufbau; 6. nach dem verwendeten *Material:* Holz-, Stahl-, Beton- und Glasfaserkunststoffschiffe.

Aufbau des Schiffes: Das S. besteht aus dem S.körper (Rumpf), den Aufbauten sowie der Takelage. Der Rumpf ist im Unterwasserteil strömungsgünstig geformt, z. B. mit Hilfe eines Wulstbugs. Das Gerüst aus Kiel, Spanten, Längs- und Querträgern (im modernen S.bau meist aus zusammengeschweißten Platten) wird mit der Außenhaut (Bodenplatten, Bordwände und Decks) überzogen. Auf dem obersten Deck befinden sich die Aufbauten, das sind sämtl. über dem obersten durchlaufenden Deck befindlichen, von Bordwand zu Bordwand reichenden Räume; die Aufbauten am Bug werden als *Back*, am Heck als *Poop* oder *Hütte*, mittschiffs als *Brücke* bezeichnet. Nicht über die ganze Schiffsbreite reichende Aufbauten bezeichnet man als *Deckshäuser*. In den Aufbauten befinden sich die Räume für Passagiere und Besatzung sowie die zum Führen des S. notwendigen Räume und Einrichtungen. Überragt werden diese durch die Masten, die Segel oder Funk- und Ladegeschirr tragen. Wasserdichte Querwände (Schotte) unterteilen den Rumpf in mehrere abgeschlossene Abteilungen zur Erhöhung der Sinksicherheit; im Rumpf befindet sich die S.maschinenanlage, früher meist in der Mitte, heute meist hinten angeordnet. Zu ihr

Schiff

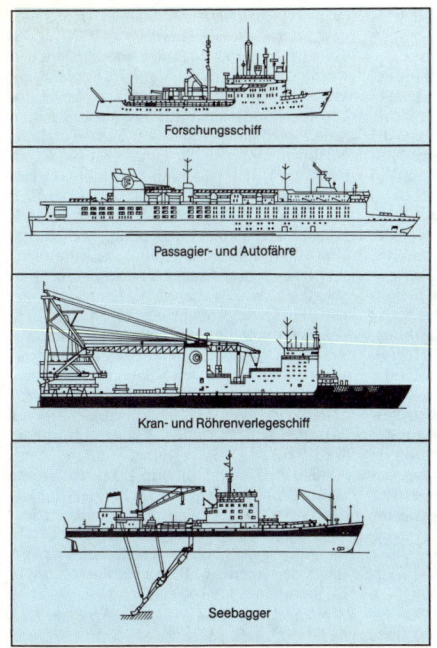

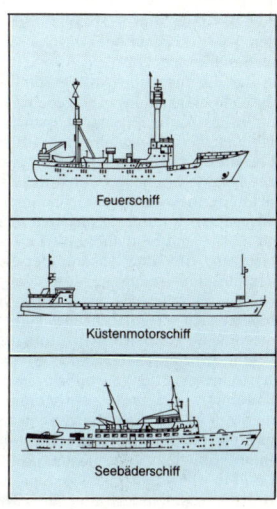

Schiff. Verschiedene Schiffstypen

gehören neben der Hauptmaschinenanlage für den Vortrieb mit allen dafür notwendigen Einrichtungen die Hilfsmaschinenanlagen, die der Versorgung der Menschen an Bord, der Behandlung der Ladung, sowie dem Betrieb und der Sicherheit des S. (Stromerzeugung, Klimatisierung u. ä.) dienen. Der *S.propeller* (S.schraube) ist über der Schraubenwelle, die im sog. Wellentunnel läuft, mit der Hauptmaschinenanlage verbunden. Er besteht aus einer auf der Schwanzwelle befestigten Nabe mit 2–7 stark verwundenen Flügeln; durch die Drehung des Propellers erhält das S. Vortrieb. Man unterscheidet u. a. den in einem Stück gegossenen *Festpropeller* (meist aus Bronze oder Stahl, bei kleineren S. auch aus Aluminium oder Kunststoff) und den sog. *Verstellpropeller*, bei dem die Steigung der Flügel während des Laufs verändert werden kann; das bedeutet, daß sich der Propellerwirkungsgrad der Geschwindigkeit des S. anpassen läßt und daß der Motor für die Rückwärtsfahrt nicht umsteuerbar zu sein braucht. Eine Sonderform ist der *Voith-Schneider-Propeller*, dessen 4–6 von einer rotierenden Kreisplatte senkrecht nach unten stehenden Spatenflügel (Messer) exzentergesteuert um ihre eigene Achse schwingen. Durch Änderung der Schwingungsbewegung der Spatenflügel wird die Schubrichtung geändert und so eine Steuerwirkung erzielt. Dieser Propeller ermöglicht außer Vorwärts- und Rückwärtsfahrt auch eine seitl. Bewegung des S. – Zur Steuerung des S. ↑Ruder, ↑Ruderanlage. Viele Vorgänge auf Schiffen werden heute automatisch gesteuert. Mikroprozessoren überwachen die Betriebsabläufe der Maschinenanlage, die Ladungs- und Ballastaufnahme sowie den Kurs des S. und errechnen die optimalen Werte bzw. lösen bei Störungen Alarm aus. Dadurch kann man heute große S. mit kleinen Besatzungen fahren, bei denen die Trennung in seemänn. und techn. Aufgabenbereiche nahezu aufgehoben ist.

Schiffbau: Der S.bau umfaßt den Entwurf, die Konstruktion und die Planung der Fertigung von S. (heute meist mit Hilfe der Netzplantechnik), die Vergabe von Unteraufträgen für nicht von der Werft zu leistende Arbeit, eventuell die Durchführung von Modellversuchen, sodann die Ausführung des Baues, entweder in konventioneller Bauweise mit Flachkiel und Spanten auf der Helling oder (heute meistens) in Sektionsbauweise im Baudock oder in der S.bauhalle. Der Linienriß des S. wird nicht mehr auf dem Schnürboden im Maßstab 1:1 festgelegt, sondern durch Konstruktionsdias im Maßstab 1:10, mit deren Hilfe Brennschneidemaschinen automatisch die Platten zuschneiden, die durch hydraul. Pressen verformt und zu Sektionen (bis zu 100 t Gewicht) zusammengeschweißt wer-

Schiffahrtsgerichte

den, die dann zum S. zusammengebaut werden. Der Stapellauf oder das Aufschwimmen im Baudock leitet über zur Ausrüstungsphase, in der die Inneneinrichtung vervollständigt, die Maschinenanlage eingebaut und alles funktionstüchtig gemacht wird. Probe-, Übergabe- bzw. Abnahmefahrt beenden die Phase des S.baus und leiten über zur Nutzungsphase des neugebauten Schiffs.
Schiffsvermessung: Die Größe eines S. wird angegeben: 1. durch die *äußeren Maße:* Länge, Breite und Seitenhöhe in Fuß oder Metern; oft wird auch anstelle der Seitenhöhe der Tiefgang genannt; 2. durch den *Raumgehalt* des Rumpfes und der geschlossenen Aufbauten nach verschiedenen festgelegten S.vermessungsregeln in BRT (Bruttoregistertonne; gesamter Schiffsraum) und NRT (Nettoregistertonne; nur der gewinnbringende Teil des S.raums), wobei eine↑Registertonne ein Volumen von 2,83 m³ hat. Die verschiedenen Vermessungsmethoden sollen durch die auf der Internationalen S.vermessungskonferenz in London 1969 beschlossene Einführung der Brutto- bzw. Netto-Raumzahl (BRZ/NRZ), die das Produkt aus dem Raumgehalt in m³ und einem Umrechnungsfaktor ist, vereinheitlicht werden; 3. durch die *Wasserverdrängung* (Deplacement), die gleich dem Gesamtgewicht des S. einschließl. der Ladung ist. Dies ist die normale Größenangabe für Kriegs-S. in t (= metr. Tonnen zu 1 000 kg) oder in ts (long tons zu 1 016 kg); 4. durch die *Trag-* bzw. *Zuladefähigkeit* in metr. Tonnen oder ts mit der Bezeichnung tdw (tons deadweight, Dead weighttons).
Geschichte: Die geschichtl. Entwicklung des S. reicht bis in prähistor. Zeiten zurück. Anfangs benutzte man als S. Baumstämme oder Schilfbündel, später Einbäume, Schilfflöße oder aufgeblasene Tierbälge, die durch Muskel- oder Windkraft angetrieben wurden. Zw. dem 4. und 1. Jt. v. Chr. gab es lebhafte Fluß- und Küstenschiffahrt in Ägypten und im mittleren und fernen Osten mit Papyrus- und Holz-S.; die Dhaus und chin. Dschunken sind heute die weiterentwickelten Zeugen der damaligen Binnen-, Küsten- und Seeschiffahrt. Von etwa 1000 v. Chr. bis 500 n. Chr. baute man im Mittelmeerraum Holz-S. mit Kiel, Spanten, durchgehenden Decks und Aufbauten, die durch Segel oder mehrstöckig angeordnete Ruderreihen angetrieben und für Phönizier, Karthager, Griechen und Römer gewaltige Transportleistungen erbrachten. In N-Europa befuhren im MA. Mönche mit lederüberzogenen Kiel-Spant-Konstruktionen im 6. Jh. und ab dem 9. Jh. die Wikinger mit offenen „Langschiffen", deren Kiel und Spanten in Klinkerbauweise beplankt waren, die Meere und kamen bis nach Amerika. Als neuer S.typ wurde im 13. Jh. die Kogge entwickelt. Von ihr führte eine rasche Entwicklung über die Karavellen und Galeonen des MA zu den Vieldeckern der Spanier, Holländer und Briten, die als Handels- und Kriegs-S. auf allen Ozeanen zu finden waren. Daneben wurde erst in Amerika, dann in England ein kleinerer, schneller S.typ entwickelt, der „Clipper", der auf festen, mittlerweilen bekannten Segelrouten hohe Geschwindigkeiten erzielte. Nachdem man von der Holz- über die Komposit- zur Eisen- und dann zur Stahlbauweise übergegangen war, wurden daraus die großen Vier- und Fünfmastsegel-S. dieses Jh.; als Höhepunkt dieser Entwicklung gelten die „Potosi" (Fünfmastbark) und die „Preußen" (Fünfmastvollschiff) der Flying P-Line (↑P-Schiffe). Das Zeitalter der Dampfschiffahrt schließl. setzte Anfang des 19. Jh. mit dem Bau des ersten dampfgetriebenen Raddampfers ein (↑Dampfschiff). Der Dieselmotor fand ab 1910 Eingang in den S.bau, der Kernenergieantrieb erstmals 1954. S. mit Gasturbinenantrieb sind seit 1956 im Einsatz. - Größtes Passagierschiff war die „Queen Elizabeth" (83 673 BRT, 313,5 m lang, 36,1 m breit, 200 000 PS, 32 kn; Großbrit. 1938); das größte Handelsschiff (und größtes Schiff der Welt) ist der 1981 in Japan [um]gebaute Tanker „Seawise Giant" (563 000 tdw, 458,5 m lang, 68,8 m breit, Tiefgang 24,6 m), das größte Kriegsschiff der amerikan. Flugzeugträger „Dwight D. Eisenhower" (93 400 ts).

📖 Schneekluth, H.: Entwerfen v. Schiffen. Herford ³1985. - Taschenatlas der Schiffe. Hanau ⁵1982. - Leitch, M.: Schiffe. Dt. Übers. Hamb. 1981. - Hornstein, A. v.: Schiffe u. Schiffahrt. Bern ⁶1980. - Curari, A., u. a.: Das Bilderlex. der Schiffe. Vom Einbaum zum Ozeanriesen. Dt. Übers. Mchn 1979. - Hausen, J.: S.bau der Antike. Herford 1979. - Fircks, J. v.: Wikingerschiffe. Bielefeld 1979. - Abranson, E.: Berühmte Schiffe. Vom Lang-S. der Wikinger bis zum Supertanker. Dt. Übers. Hamb. 1977. - Haws, D.: Schiffe u. Meer. Eine Chronik der Seefahrt. Dt. Übers. Bielefeld 1976. - Hdb. der S.betriebstechnik. Hg. v. K. Illies. Braunschweig 1972. - Vierus, D.: Tb. S.elektronik. Bln. 1972. -, Weller, W.: S.automatisierung. Bln. 1972. - Lewis, E. V., u. a.: Schiffe. Dt. Übers. Rbk. ²1970. - S.bautechn. Hdb. Hg. v. W. Henschke. Bln. ¹⁻²1961–68. 6 Bde.

♦ in der *Architektur* Bez. für einen Innenraum, überwiegend im Kirchenbau. Man unterscheidet Mittel- und Seiten-S.; die Trennung erfolgt durch Stützen (Säulen, Pfeiler). Einschiffige Kirchen heißen je nach Stil Saal- oder Hallenkirchen.

♦ in der *graph. Technik* Bez. für eine an drei Seiten mit Randleisten versehene Platte zur Aufnahme des Bleisatzes.

Schiffahrtsgerichte, bestimmte Amtsgerichte, die in 1. Instanz zuständig sind in *Binnenschiffahrtssachen,* z. B. bei Schadenersatzansprüchen aus Schiffahrtsunfällen. Über die Berufung entscheiden bestimmte Oberlandesgerichte als *Schiffahrtsobergerichte.*

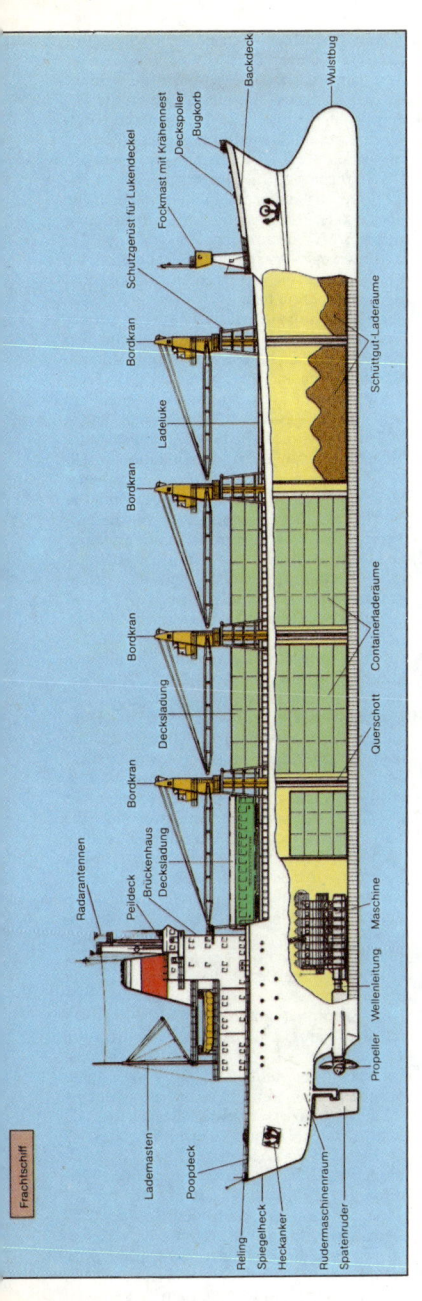

Schiff

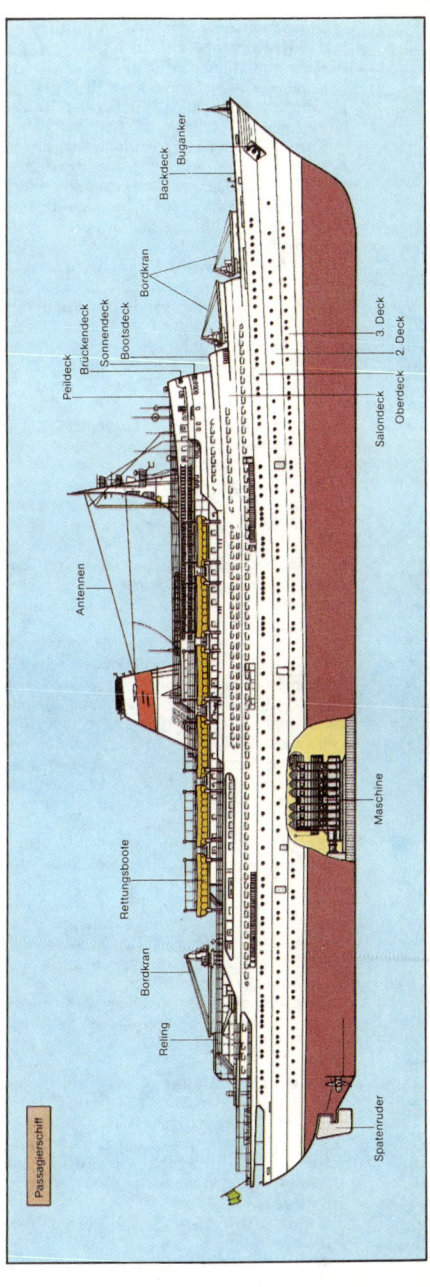

Frachtschiff

Radarantennen · Peildeck · Brückenhaus · Decksladung · Bordkran · Schutzgerüst für Lukendeckel · Fockmast mit Krähennest · Deckspoiler · Bugkorb · Backdeck · Wulstbug · Bordkran · Ladeluke · Bordkran · Bordkran · Schüttgut-Laderäume · Containerräume · Querschott · Maschine · Wellenleitung · Propeller · Spatenruder · Rudermaschinenraum · Heckanker · Spiegelheck · Reling · Poopdeck · Lademasten

Passagierschiff

Peildeck · Brückendeck · Sonnendeck · Bootsdeck · Bordkran · Backdeck · Buganker · 3. Deck · 2. Deck · Oberdeck · Salondeck · Antennen · Maschine · Rettungsboote · Bordkran · Reling · Spatenruder

Schiffahrtskunde

Schiffahrtskunde, svw. ↑Nautik.

Schiffahrtspolizei, Behörde, der die Abwehr von Gefahren für die Sicherheit des Verkehrs auf den Seewasserstraßen obliegt. Für die Binnenschiffahrt bestehen verschiedene regionale Vorschriften.

Schiffahrtsrecht, zusammenfassende Bez. für die rechtl. Regelung der gewerbsmäßigen Beförderung von Personen und Gütern zur See (↑Seeschiffahrtsrecht) und auf Binnenwasserstraßen (↑Binnenschiffahrtsrecht).

Schiffbau ↑Schiff.

Schiffchen, svw. ↑Webschützen.

◆ (Karina, Carina) meist kahnförmiger, aus den beiden vorderen, häufig am Rand verwachsenen Blütenblättern gebildeter Blütenteil der Schmetterlingsblüte.

Schiffchenspitze (Occhispitze, Okkispitze, Frivolitäten), mittels einer Schlingtechnik hergestellte, seit dem 17. Jh. bekannte Handarbeitsspitze; der Arbeitsfaden ist um ein Schiffchen gewickelt.

Schifferbörse ↑Frachtenbörse.

Schifferseelsorge ↑Seelsorge.

Schifferstechen, svw. ↑Fischerstechen.

Schiffsartillerie ↑Artillerie.

Schiffsbohrmuscheln (Teredinidae), Fam. meerbewohnender, bis 1 m langer Muscheln (Ordnung Blattkiemer) mit mehreren Arten an allen Küsten der Erde; Körper wurmförmig, mit stark rückgebildeten, auf den Vorderkörper beschränkten und zu einem Raspelapparat umgebildeten Schalenklappen; übriger Körper von einer dünnen Kalkschicht umgeben; werden durch ihre mechan. Bohrtätigkeit in untergetauchtem Holz, von dessen Zellulose und Hemizellulose sie sich weitgehend ernähren, an Hafenbauten, Deichanlagen und Schiffen sehr schädlich. Die häufigste Art der S. ist der Schiffsbohrwurm.

Schiffsbohrwurm (Bohrwurm, Pfahlbohrwurm, Pfahlwurm, Gemeine Schiffsbohrmuschel, Teredo navalis), etwa 20–45 cm lange Schiffsbohrmuschel in allen Meeren; zwittrige Tiere mit sehr hoher Vermehrungsrate (mehrere Mill. Eier pro Jahr); werden durch ihre Bohrgänge im Holz von Schiffen und Hafenanlagen sehr schädlich.

Schiffsbrücke, Brückenkonstruktion mit [schwimmenden] Pontons als tragenden Elementen; meist als Behelfsbrücken verwendet.

Schiffsche Basen [nach dem dt.-italien. Chemiker H. Schiff, *1834, †1915] (Azomethine), aus aromat. primären Aminen und Carbonylverbindungen gebildete, kristalline Verbindungen, die zahlr. als Textil- und Photofarbstoffe verwendeten Verbindungen zugrunde liegen.

Schiffsfrachtbrief, svw. ↑Konnossement.

Schiffsgeschütze ↑Geschütze.

Schiffsgrab, svw. ↑Bootgrab.

Schiffshalter (Echeneidae), Fam. etwa 20–100 cm langer Barschfische mit rd. zehn Arten in warmen und gemäßigten Meeren; Körper langgestreckt, auf der Oberseite des abgeflachten Kopfes eine große, ellipt. Saugscheibe mit auffälligen Querlamellen (umgewandelte erste Rückenflosse); Schwimmblase fehlt; saugen sich am Untergrund, oft an bewegl. Gegenständen, fest (Schiffe, Wale, große Fische oder Meeresschildkröten); ernähren sich v. a. von Kleintieren. Zu den S. gehört u. a. der **Kopfsauger** (Echeneis naucrates), bis 1 m lang, nur in trop. Meeren; Rücken und Bauchseite bräunlich.

Schiffshebewerk (Hebewerk), Vorrichtung zum Heben und Senken von Schiffen zw. verschiedene hohen Wasserspiegeln; die Schiffe fahren in einen wasserdichten Trog, der in einer Führung vertikal oder auf Schienen auf geneigter Bahn bewegl. ist.

Schiffsklassifikation (Schiffsklassifizierung), die von einer ↑Klassifikationsgesellschaft vorgenommene Einordnung eines Schiffes (ausgenommen sind Kriegsschiffe) in eine Güteklasse; sie ist abhängig von Bauart, Verwendungszweck, Größe, Ladungsfähigkeit, Ausrüstung u. a. sowie hinsichtl. Baumaterial, Festigkeit, Bauausführung und Erhaltungszustand des Schiffskörpers.

Schiffskompaß ↑Sternbilder (Übersicht).

Schiffskreisel (Gyrostat, Schlingerkreisel, Stabilisationskreisel, Schlickscher Kreisel) ↑Schlingerdämpfungsanlage.

Schiffsoffizier, für Seeschiffe der Handelsschiffahrt qualifizierter Offizier. Zu den *naut. S.,* die für die Navigation sowie die eigtl. Schiffsführung betreffenden Bereiche (Nautik) zuständig sind, gehört auch der Kapitän. Er hat stets die persönl. Verantwortung, die Sorge für Laden und Löschen, für Seetüchtigkeit, die Haftung gegenüber Reeder, Befrachter, Ablader und Ladungsempfänger, Reisenden, Schiffsbesatzung und Schiffsgläubigern. Auf hoher See hat er eine beamtenähnl. Stellung mit öffentl.-rechtl. Befugnissen: Disziplinargewalt gegenüber der Schiffsbesatzung, Siegel des Standesbeamten. Es gibt 3 Kapitänspatente als Befähigungszeugnis: naut. S./Kapitän auf großer Fahrt (AG), auf mittlerer Fahrt (AM), auf kleiner Fahrt (AK). **Laufbahnen:** *AG:* nach Sicherheitslehrgang bei Fachhochschulreife 12 (für Abiturienten 6) Monate Fahrtzeit auf einem Ausbildungs-Klasse Fachoberschule, 1jährige Fahrtzeit als Offiziersassistent, 6 Semester Fachhochschulbesuch und 2jährige Fahrtzeit als naut. Schiffsoffizier. *AM:* Ausbildung zum Matrosen (24 Monate); dann 12monatige Fahrtzeit als Offiziersassistent oder Matrose und eine 4semestrige Ausbildung an einer Seefachschule sowie 2jährige Fahrtzeit als Schiffsoffizier. *AK:* Ausbildung zum Matrosen, 1jährige Fahrtzeit

Schild

als Matrose, 3 Semester Seefahrtsschule und 2 Jahre Fahrtzeit als naut. Schiffsoffizier. Der *techn. S.* ist für den Betrieb der Maschinenanlagen an Bord zuständig. Man unterscheidet nach der Funktion den Ersten Ingenieur, der der Schiffsleitung angehört, und als wachhabende Ingenieure den Zweiten, Dritten und Vierten Ingenieur; diese beaufsichtigen den Maschinenbetrieb und führen die von der Brücke übermittelten Manöver aus. Die Ausbildung (Voraussetzung Fachhochschulreife für Technik bzw. eine andere Fachhochschulreife oder Abitur zuzügl. eines 6monatigen Betriebspraktikums) erfolgt 11 Monate als Offiziersassistent an Bord, 6 Semester auf einer Fachhochschule sowie als Schiffsingenieur W (Wachoffizier) in 2jähriger Fahrtzeit.

Schiffspart, Anteil des Mitreeders an der Reederei.

Schiffspropeller (Schiffsschraube) (↑ Schiff).

Schiffsregister, beim Amtsgericht des Heimathafens geführtes Register, in das getrennt nach See- und Binnenschiffen alle Schiffe mit ihrer Größe und dem Eigentümer eingetragen sind. Das S. entspricht weitgehend dem ↑ Grundbuch.

Schiffsschraube, svw. Schiffspropeller (↑ Schiff).

Schiffstagebuch (Bordbuch, Journal, Logbuch), eine der wichtigsten Urkunden an Bord eines See- oder Binnenschiffes; gibt Auskunft über Zustand, Besatzung und Beladung eines Schiffes, über seinen Reiseverlauf mit Kurs-, Fahrt- und Wetterangaben sowie über Geburten oder Todesfälle.

Schiga (Shiga), Kijoschi, * Sendai 18. Dez. 1870, † Tokio 25. Jan. 1957, jap. Bakteriologe. - Prof. in Tokio und Seoul; entdeckte 1898 zus. mit dem dt. Bakteriologen Walther Kruse (* 1864, † 1943) die Shiga-Kruse-Bakterien. 1900 gelang ihm die Darstellung und Anwendung eines Dysenterieserums.

Schihkiatschuang (Shijiazhuang) [chin. ʃidzjadʒuaŋ], Hauptstadt der chin. Prov. Hopeh, 1,1 Mill. E. Bed. Baumwollverarbeitung, Düngemittelind., Eisen- und Stahlwerk.

Schiitakepilz [jap./dt.] (Shiitakepilz, Pasaniapilz, Tricholomopsis edodes), den Ritterlingen nahestehender, auf morschem Laubholz wachsender, mittelgroßer Pilz; rötlichbrauner, bis 10 cm breiter, oft dunkel beschuppter Hut; Stiel hellocker, mit dünnem, weißem Ring; Lamellen weiß bis hellocker, dichtgedrängt stehend, gegabelt; Fleisch weißl. und fest; begehrter Speisepilz.

Schiiten, die kleinere der beiden Hauptgruppen des Islams, die im Unterschied zu den ↑ Sunniten Anhänger der ↑ Schia sind. Mit rd. 50 Mill. Anhängern machen die S. etwa ein Zehntel der Muslime aus; in Iran und Irak bilden sie die Mehrheit. Die S. sind in mehrere Sekten gespalten. Die stärkste Gruppe stellen die ↑ Imamiten dar. Sie anerkennen zwölf Imame („Zwölfer-S."). Als Minderheit waren die S. vielfachen Verfolgungen ausgesetzt, was sie zum Verbergen ihres Glaubens zwang. Kleinere schiit. Gruppen sind die ↑ Ismailiten, die nur sieben Imame anerkennen, und die ↑ Zaiditen, die sich schon mit dem fünften Imam abgespalten haben. Zu den kleineren Gruppen sind noch die sog. Extremisten *(Ghulat)* zu rechnen, die den Kalifen Ali als göttl. Wesen verehren.
📖 *Richard, Y.: Der verborgene Imam. Die Gesch. des Schiismus im Iran.* Berlin 1983. - *Konzelmann, G.: Die S. u. die islam. Republik.* Mchn. ²1980.

Schikane [zu frz. chicane „Rechtsverdrehung, Spitzfindigkeit"], allg. svw. kleinl., böswillige Quälerei.
◆ *Motorsport:* in eine Rennstrecke absichtl. eingebaute Schwierigkeit.
◆ am Fuß von *Stauwehren* (im sog. Tosbekken) eingebaute Schwellen und Höcker zur Verminderung der Strömungsenergie.

Schikaneder, Emanuel, eigtl. Johann Joseph Schickeneder, * Straubing 9. Sept. 1751, † Wien 21. Sept. 1812, dt. Bühnendichter und Theaterleiter. - War Schauspieler, Regisseur, Sänger und Musiker; von seinen zahlr. Theaterstücken ist nur noch das Libretto zu Mozarts Oper „Die Zauberflöte" (1791) bekannt.

Schikaneverbot, der Grundsatz, daß die Ausübung eines Rechts unzulässig ist, wenn sie (objektiv) nur den Zweck haben kann, einem anderen (auch ideellen) Schaden zuzufügen.

Schikoku [jap. ʃi'ko,ku], kleinste der jap. Hauptinseln, 18 782 km², 4,16 Mill. E (1980). Die Küste ist nicht buchtenreich; breitere Küstenebenen haben sich im N, O und S entwickelt. S. wird weitgehend von einem bis 1981 m hohen Mittelgebirge eingenommen. Klimat. ist der S gegenüber dem zum Klimabereich der Inlandsee gehörenden N begünstigt, doch sind Taifune hier relativ häufig. Die Vegetation besteht aus Laub- und Nadelwäldern. Hauptanbaufrucht ist Reis. An Bodenschätzen wird Kupfererz abgebaut. Zur traditionellen Nahrungsmittel- und Textilind. kam nach 1945 die chem. Industrie.

Schilbeidae, svw. ↑ Glaswelse.

Schilbung, in der german. Heldensage der dämon., zwerghafte Bruder des Nibelung.

Schild (Sobieskischer Schild) ↑ Sternbilder (Übersicht).

Schild [zu althochdt. scilt, eigtl. „Abgespaltenes"], tragbare Schutzwaffe des Kriegers zur Deckung von Körperblößen. Die ältesten S. in Europa sind seit Beginn der späten Bronzezeit (Urnenfelderzeit) überliefert (rippenverstärkte Rund-S. aus Holz; bronzene Ausführung lediql. zu Votivzwek-

223

Schilda

Schild. Oben: Normannischer Reiterschild mit Löwendekor (12. Jh.). Zürich, Schweizerisches Landesmuseum; unten: Prunkschild mit Streifendekor aus dem Besitz von Philipp III., König von Spanien (1620). Linz, Oberösterreichisches Landesmuseum

ken). Die i. d. R. aus Flechtwerk, Holz und Leder (oft mit Metallrand, auch mit Metallbeschlägen) gefertigten S. variierten in Form und Größe: in der kelt. und german. Eisenzeit herrschte der ovale bzw. rechteckige Lang-S. vor; in myken. Zeit der Turm-S., der die ganze Person deckte; bei den Griechen seit dem 7. Jh. v. Chr. der kleinere Rund-S.; daneben ovale Formen (böot. S.) und seit dem 4. Jh. v. Chr. kleinere, leichte, halbmondförmige S. für die Leichtbewaffneten (Peltasten); bei den Römern neben dem rechteckigen, schwach zylindr. gewölbten Legionärs-S. (lat. scutum) u. a. ein ovaler längl. S. sowie der kleinere Rund-S. (lat. parma; für Offiziere, später für Leichtbewaffnete). Im MA wurde der Lang-S. der Germanen im 5. Jh. durch den Rund-S. verdrängt; im 11. Jh. wurde der mandelförmige, unten spitz zulaufende normann. S. übl., der Reiter und Fußvolk bis an die Schulter deckte. Mit der Verbesserung des Harnischs reduzierte sich der Reiter-S. Anfang des 14. Jh. auf die für das Rittertum charakterist. Reitertartsche. Das Fußvolk des 14./15. Jh. führte den Setz-S. (Pavese). Vorwiegend im frz., italien. und span. Raum entwickelte sich im 15./16. Jh. der Fecht-S. (Degen- und Laternen-S.). Ende des 16. Jh. verlor der S. seine Bed. als Schutzwaffe und lebte nur in der Heraldik fort. Ledigl. Schmuckstücke waren die Prunk-S. der Renaissance. - Die bes. Bed. des S. in Sitte und Recht wird deutl. u. a. an der S.erhebung german. Könige und der Bedeckung vornehmer Gefallener mit dem Schild. Bei den *Naturvölkern* unterscheidet man den aus einem in der Mitte gehaltenen Stock entwickelten Parier- oder Stock-S., den Trag-S., bei dem der Arm durch einen horizontalen Griff gesteckt wird, den Hänge-S., der mit einer Schnur um Schulter oder Hals gehängt wird, und den großen, schweren Standschild. Außerdem gibt es S., die nur bei Festen und Zeremonien verwendet werden (Tanz-, Zeremonialschild).

◆ (Wappen-S.) ↑ Wappenkunde.
◆ in der *Geologie* Bez. für einen Festlandskern aus Gesteinen des Präkambrium.
◆ in Kernreaktoren der Mantel aus Absorbermaterial um den Reaktorkern, bestehend 1. aus dem gekühlten **thermischen Schild** (zur Herabsetzung der Bestrahlungserwärmung) und 2. aus dem **biologischen Schild** (zur Verringerung der Menge ionisierender Strahlung auf die für den Menschen ungefährl. Werte).

Schilda ↑ Schildbürger.

Schildbogen ↑ Schildmauer.

Schildbürger (Die S.), Titel einer Sammlung (Volksbuch von 1598) von Streichen und Schwänken törichter Kleinbürger, als deren Vertreter die Bewohner des literar. fingierten Ortes *Schilda* (dem heutigen *Schildau*, bei Torgau, zugeschrieben) erscheinen.

Schilddrüse (Glandula thyreoidea), endokrine Drüse (Hormondrüse; ↑ auch Nebenschilddrüse) im Halsbereich aller Wirbeltiere (einschließ. Mensch); unpaar oder (seltener)

Schilddrüse

paarig (z. B. bei einigen Amphibien und Vögeln), meist zweilappig oder zweigeteilt. Die Gewebsstruktur der S. besteht aus in Bindegewebe eingelagerten, reichlich mit Blutkapillaren und Nervennetzen versorgten *S.follikeln*. In der „Stapelphase" sind diese Follikel prall mit dem von den Epithelzellen produzierten gallertigen *Kolloid*, das die S.hormone bzw. deren chem. Vorläufer gespeichert enthält, gefüllt. In der „tätigen Phase" („Ausschwemmungsphase") nimmt das einschichtige Follikelepithel an Höhe stark zu, während sich das Kolloid verflüssigt, um dann über die Epithelzellen (durch Rückresorption) von den Blutgefäßen aufgenommen zu werden.

Neben *Thyreocalcitonin* (↑Calcitonin; ein Produkt der parafollikulären Zellen zw. den Follikeln) bildet die S. mindestens vier stoffwechselaktive Jodverbindungen, darunter v. a. die Hormone T_3 *(Trijodthyronin)* und T_4 *(Tetrajodthyronin, Thyroxin)*, die in den Follikeln, an Protein gebunden, als *Thyreoglobulin* vorliegen. Hauptwirkung von T_3 und T_4 ist die Beeinflussung (Steigerung) des Energie-, d. h. Grundumsatzes (sog. kalorigene Wirkung), des Eiweiß-, Kohlenhydrat-, Fett-, Wasser- und Mineralstoffwechsels, der Atmung und des Kreislaufs; außerdem besteht ein Einfluß auf das Nervensystem (bis zur Übererregbarkeit und Konzentrationsschwäche), das Wachstum und (z. B. bei Amphibien) die Metamorphose. Die Tätigkeit der S. wird vom Hypophysenvorderlappen (Adenohypophyse) durch das *thyreotrope Hormon* (TTH oder TSH) gesteuert. Die Wirkung des thyreotropen Hormons besteht darin, daß es die Epithelzellen der S.follikel zur Abgabe von proteolyt. Lysosomenenzymen anregt; diese spalten dann unter Bildung der S.hormone T_3 und T_4 das im Kolloid der Stapelphase vorliegende Thyreoglobulin. Im Blut ist die Hauptmenge der S.hormone an Trägerproteine gebunden, wobei die Bindungsaffinität für T_3 geringer ist als für T_4, so daß T_3 (etwa 5mal) aktiver ist als T_4, andererseits jedoch in weit geringerem Maße abgesondert wird.

Beim *Menschen* liegt die 18–60 g (im Mittel 25–30 g) schwere, aus zahllosen bis 0,5 mm großen Follikeln bestehende S. mit zwei Lappen der Luft- und Speiseröhre und dem Kehlkopf seitl. an; die Lappen stehen unterhalb des Kehlkopfs über den vor der Speiseröhre gelegenen *[Schilddrüsen]isthmus* miteinander in Verbindung. Die S. ist die größte Hormondrüse des menschl. Körpers. Als Jodspeicher beträgt ihr Jodgehalt 0,007–0,18%. Der für die S.tätigkeit notwendige tägl. Jodbedarf wird auf 0,1–0,2 mg geschätzt. Neben der arteriellen Blutversorgung durch vier größere, in ein dichtes Kapillarennetz zwischen den Follikeln überleitenden Arterien fällt die starke Versorgung mit autonomen Nerven auf.

Die **Hyperthyreose** (Schilddrüsenüberfunktion) ist eine Erkrankung durch vermehrte Bildung und Ausschüttung von S.hormonen, v. a. bei der ↑Basedow-Krankheit, ferner bei einer bes. Form des ↑Kropfes und beim tox. ↑Adenom der S.; wichtigste Symptome: erhöhter Grundumsatz, Gewichtsabnahme (trotz Heißhunger), leichte Erhöhung der Körpertemperatur, vermehrte Schweißsekretion, Herzbeschleunigung, Durchfall, gesteigerte psych. und neuromuskuläre Erregbarkeit, Schlafstörungen, feinschlägiger Tremor sowie Haarausfall. Die Therapie besteht in der Gabe von ↑Thyreostatika, in gewissen Fällen auch in einer operativen Verkleinerung der Schilddrüse. Als **Hypothyreose** (Schilddrüsenunterfunktion, Schilddrüseninsuffizienz) wird eine Erkrankung durch angeborenen oder erworbenen Mangel an funktionstüchtigem S.gewebe bzw. an S.hormonen bezeichnet. Ursachen der *primären Hypothyreose* sind angeborene Miß- oder Fehlbildungen der S., deren operative Entfernung, Entzündungen. Als *sekundäre Hypothyreose* (hypophysäre Hypothyreose) bezeichnet man eine Hypothyreose durch Mangel an thyreotropem Hormon des Hypophysenvorderlappens. Im Kindesalter stehen Wachstumsrückstand und geistige Entwicklungsstörungen im Vordergrund des Krankheitsbildes (↑auch Kretinismus). Später kommt es (als Ausdruck einer allg. Verlangsamung der Stoffwechseltätigkeit) zu kühler Hauttemperatur, niedrigem Blutdruck, Erhöhung der Blutfett- und Verminderung der Blutzuckerwerte, Gewichtszunahme sowie trockener und rauher Haut (↑Myxödem). Die Behandlung der primären Hypothyreose besteht in lebenslanger Substitution von S.hormon.

ⓌS. 1985. Hg. v. P. Pfannenstiel u. a. Stg.

Schilddrüse. Frontalansicht der menschlichen Schilddrüse (a); vergrößerte Darstellung von Follikelgruppen in der aktiven Phase (b) und in der Ausschwemmungsphase (c)

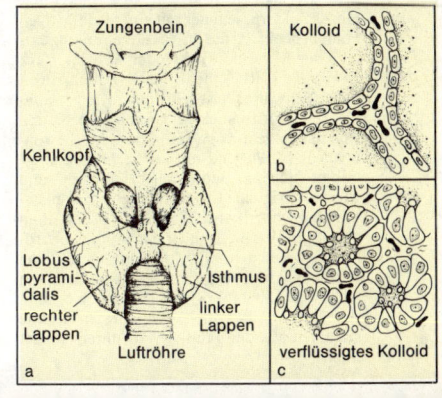

Schildechsen

1986. - Pfannenstiel, P.: Ärztl. Rat für S.kranke. Stg. ³1985. - Pfannenstiel, P.: S.krankheiten. Diagnose u. Therapie. Bln. 1985. - Meng, W.: S.erkrankungen. Stg. ²1979.

Schildechsen ↑Gürtelechsen.

Schilderhaus ↑Schildwache.

Schildfarn (Polystichum), weltweit verbreitete Farngatt. mit mehr als 200 Arten; meist größere Erdfarne mit kriechenden oder kurzen, aufrechten Rhizomen und gefiederten Blättern. Die bekannteste der vier einheim. Arten ist der in den Alpen auf Kalkschutt und in Felsspalten vorkommende **Lanzenschildfarn** (Polystichum lonchitis): mit derben, überwinternden Blättern, die auf der Unterseite stern- oder schildförmige Spreuschuppen tragen.

Schildfüßer (Caudofoveata), Klasse etwa 3–140 mm langer Stachelweichtiere mit rd. 50 Arten in allen Meeren; Körper wurmförmig langgestreckt, ohne Schale; mit beschuppter Kutikula; von der ursprüngl. Gleitsohle der Weichtiere ist nur ein Grabplattenrest erhalten. Die S. leben in Sandböden eingegraben und ernähren sich von organ. Abfall und Kleinstorganismen.

Schildkäfer (Cassidinae), Unterfam. der Blattkäfer mit zahlr. Arten in den Tropen und gemäßigten Regionen, davon fast 30 Arten in Deutschland; Halsschild und Flügeldecken der 3–11 mm großen, meist ovalen S. überragen schildförmig den Kopf bzw. Körper; Färbung grün, gelb oder bräunl., bei trop. Arten prächtiger Gold- oder Silberglanz.

Schildknappe, Bez. für den Knecht, der den Schild des Ritters zu tragen hatte; dann allg. für Knappe.

Schildknorpel ↑Kehlkopf.

Schildkröten (Testudines, Chelonia), Ordnung etwa 10–200 cm langer Reptilien mit rd. 200 Arten; leben an Land (↑Landschildkröten) sowie in Süßgewässern und Meeresgewässern (↑Wasserschildkröten, ↑Meeresschildkröten) v. a. der trop. und subtrop. Regionen; Körper kurz und breit, in einen Knochenpanzer eingehüllt, der einen Teil des Skeletts darstellt und meist mit Hornschildern, seltener mit einer lederartigen Haut bedeckt ist; die Wirbelsäule verläuft entlang der Mitte des mehr oder weniger stark gewölbten Rückenpanzers; Bauchpanzer flach; Schwanz meist sehr kurz; Kiefer zahnlos, mit Hornschneiden. - Land-S. ernähren sich hauptsächl. von Pflanzen, wasserbewohnende S. vorwiegend von Tieren. Die Eiablage erfolgt stets an Land (auch bei Wasser- und Meeres-S.) in eine Erdgrube, die vom ♀ nachher zugescharrt wird. Die Eier werden dann durch die Wärmestrahlen der Sonne „bebrütet". S. können bis 300 Jahre alt werden (bei Riesen-S. z. B. wurde in Gefangenschaft ein Alter von 180 Jahren nachgewiesen). S. sind sehr urtüml. Reptilien; die ältesten Funde stammen aus der Trias. - Man unterscheidet zwei Unterordnungen: ↑Halsberger und ↑Halswender.

Geschichte: In der chin. Kosmologie gehören die S. zu den fünf heiligen Tieren; sie verkörpern den Norden, das Wasser und den Winter. Auf Grabdenkmälern waren sie Sinnbild des Beständigen und der Unsterblichkeit. In der hinduist. Tradition werden S. als die zweite Inkarnation Wischnus verehrt. - S.galle war seit alters ein beliebtes Heilmittel bei Epilepsie, Augen-, Hals-, Ohren- und Mundkrankheiten. - ↑auch Schildpatt.

Schildkrötenpflanze, svw. ↑Elefantenfuß.

Schildkrötensuppe, mit Wein und Gewürzen bereitete Suppe aus dem Fleisch und der Knorpelsubstanz von Meeresschildkröten.

Schildkrott, svw. ↑Schildpatt.

Schildläuse (Coccina, Coccinea), Unterordnung der ↑Gleichflügler mit rd. 4 000 fast weltweit verbreiteten 0,8–6 mm großen Arten. Die mit Mundwerkzeugen ausgestatteten, Pflanzensäfte saugenden ♀♀ sind wenig segmentiert, meist flügellos und bei den Deckelschildläusen durch Reduktion der Beine unbewegl. geworden; sie bilden Schutzhüllen aus, die aus Wachs, einer Lackschicht (↑Schellack) oder einem von erstarrendem Honigtau getränkten Gespinstnetz bestehen oder als Bildung der Rückenkutikula einen harten Rückenschild darstellen. Die ♂♂ sind segmentiert, meist geflügelt und besitzen keine Mundwerkzeuge. Die Eier bleiben durch Sekret am Körper des ♀ haften oder entwickeln sich unter dessen Rückenschild, wobei das Muttertier abstirbt. Die aus dem Ei schlüpfenden „Wanderlarven" sorgen für die Verbreitung der S. und saugen sich an neuen Orten fest. Die S. sind gefürchtete Pflanzenschädlinge, v. a. die Deckelschildläuse, Napfschildläuse und Schmierläuse.

Schildmauer (Stirnmauer), Schutzmauer am Brückenwiderlager, die Erd- und Schottermassen zurückhält.

♦ Abschlußmauer an den Stirnseiten eines überwölbten Raumes; am Schnitt mit der Gewölbelaibung entsteht der sog. *Schildbogen.*

♦ hohe und extra dicke Mauer einer Burg, die die Angriffsseite bes. schützen soll.

Schildmotten, svw. ↑Mottenschildläuse.

Schildottern, svw. ↑Kobras.

Schildpatt (Schildkrott), die (z. B. über kochendem Wasser) abgelösten Hornplatten der Rücken- und Bauchschilde des Panzers v. a. der Echten Karettschildkröte (Pattschildkröte; ↑Meeresschildkröten); die Hornplatten sind maximal (bei einer Länge von rd. 30 cm und einer Breite von über 15 cm) bis 2 cm dick und durch Hitze zusammenschweißbar und in Formen preßbar. Das gelbe (z. T. braun und schwarz gefleckte) oder hellrotbraune (z. T. stark rot gefleckte) S. wird

Schiller

heute nur noch selten wirtsch. genutzt. Früher (schon im Altertum) diente es u. a. zur Herstellung von Kämmen, Haarspangen, Fächern, Armreifen, als Schmuck für Luxusgegenstände, ferner für Einlegearbeiten v. a. in Holz.

Schildwache, im MA die Wache in voller Rüstung (mit dem Schild in der Hand); dann Bez. für einen militär. Wachposten. Das zum Untertreten der Posten bei Unwetter erstellte (oft in den Landesfarben bemalte) Holzhäuschen wird **Schilderhaus** genannt.

Schildwanzen (Baumwanzen, Pentatomidae), Fam. der Landwanzen mit gedrungenem, verhältnismäßig breitem Körper und großem bis sehr großem Schildchen; paarige Stinkdrüsen in der Hinterbrust produzieren ein durchdringend und übel riechendes Sekret; fast 6000 Arten (einheim. etwa 70) von 0,5–5 cm Länge, vielfach auf Gesträuch und Kräutern, manche auch am Boden; vorwiegend Pflanzensauger, z. T. an Nutzpflanzen schädl., u. a. die Rüsselwanzen und die Beerenwanzen.

Schildzecken (Ixodidae), Fam. der †Zecken mit hartem Rückenschild auf dem Vorderkörper (♀) bzw. über den ganzen Rücken reichend (♂); blutsaugende Ektoparasiten an Reptilien, Säugetieren und Vögeln; v. a. in den Tropen z. T. gefährl. Krankheitsüberträger; vollgesogen bis 3 cm lang; einheim. S. (rd. 20 Arten) nüchtern 1,5–4 mm, vollgesogen 11 mm lang. Hierher gehören u. a. der †Holzbock und die **Hundezecke** (Rhipicephalus sanguineus), die v. a. Haushunde, Raubtiere und Kaninchen befällt.

Schilf, Bez. für das Schilfrohr und die schilfrohrähnl. bestandbildenden Pflanzen (Rohrkolben, Großseggen u. a.), die in der Verlandungszone von Gewässern wachsen.

Schilfkäfer (Donaciinae), Unterfam. schlanker, metall. kupferfarbener oder grüner, 5–13 mm großer Blattkäfer mit rd. 25 einheim. Arten; Lebensweise amphibisch auf und in Wasserpflanzen; Larven ständig unter Wasser, saugen (mit dem Kopf in Stengel oder Blätter gebohrt) Pflanzensäfte; Atemluft wird den Gefäßen der Wasserpflanzen entnommen.

Schilfleinen, svw. †Jägerleinen.

Schilfrohr (Phragmites), weltweit verbreitete Gatt. ausdauernder Gräser mit drei formenreichen Arten. Von bes. Bed. ist das auch in Deutschland häufig (an stehenden und langsam fließenden Gewässern) vorkommende, bis 4 m hohe **Gemeine Schilfrohr** (Phragmites communis): mit langen Ausläufern am Stengelgrund, langen, scharfrandigen Blättern und ästiger Rispe aus rotbraunen Ährchen. Seine Halme werden zur Herstellung von Matten und Geflechten, als Wandbelag (für Wärmeschutz), zum Dachdecken und anderweitig verwendet. Oft wird es auch als Uferschutz und zur Landgewinnung kultiviert.

Schilfrohrsänger †Rohrsänger.

Schilka, linker Quellfluß des Amur, in Transbaikalien, entsteht 160 km osö. von Tschita durch den Zusammenfluß von Onon und Ingoda, 555 km, mit dem Onon 1587 km lang; schiffbar etwa 400 km.

Schill, Ferdinand von, * Wilmsdorf (= Possendorf, Bez. Dresden) 6. Jan. 1776, ✕ Stralsund 31. Mai 1809, preuß. Offizier. - Zeichnete sich in den Koalitionskriegen v. a. bei der Verteidigung von Kolberg 1807 aus. Versuchte 1809 vergebl., mit seinem Husarenregiment eine allg. Erhebung gegen Napoleon I. auszulösen, und fiel in Stralsund im Straßenkampf; 11 Offiziere seines Korps wurden in Wesel standrechtl. erschossen, mehr als 500 Soldaten auf frz. Galeeren geschickt.

Schill [niederdt.], Bez. für die an manchen Meeresküsten zu großen Muschelbänken angeschwemmten Schalen von Muscheln und Schnecken.

Schillebeeckx, Edward C[ornelis] F[lorentius] A[lfons] [niederländ. 'sxɪləbe:ks], * Antwerpen 12. Nov. 1914, belg. kath. Theologe und Dominikaner (seit 1934). - Seit 1958 Prof. für dogmat. Theologie in Nimwegen; befaßt sich in seinen Werken stets unter ökumen. Aspekt v. a. mit den heutigen Philosophie und den Ergebnissen der exeget. Forschung. - *Werke:* Christus - Sakrament der Gottbegegnung (1958), Offenbarung und Theologie (1964), Jesus. Die Geschichte von einem Lebenden (1975).

Schiller, [Johann Christoph] Friedrich von (seit 1802), * Marbach am Neckar 10. Nov. 1759, † Weimar 9. Mai 1805, dt. Dich-

Friedrich von Schiller. Gemälde von Gerhard von Kügelgen (1808/09). Frankfurt am Main, Freies Deutsches Hochstift

Schiller

ter. - Wuchs als Sohn eines Offiziers und einer pietist. Mutter in kleinbürgerl. Verhältnissen auf. Mußte 1773–80 auf Befehl des württemberg. Herzogs Karl Eugen an der streng militär. ausgerichteten Karlsschule Jura und (ab 1775) Medizin studieren; danach [schlechtbezahlter] Regimentsmedikus in Stuttgart. Angeregt durch C. F. D. Schubart und unter dem Eindruck der während seiner Studienzeit heiml. gelesenen aufklärer. Schriften verfaßte S. 1777–80 sein Erstlingsdrama „Die Räuber"; die Uraufführung am 13. Jan. 1782 in Mannheim hatte eine Arreststrafe und Schreibverbot zur Folge. Im Sept. 1782 floh S. mit seinem Freund J. A. Streicher nach Mannheim. Von da an setzte eine Wanderzeit ein, die Freunde und Gönner seine materielle Not lindern halfen. Nach kurzen Aufenthalten in Mannheim, Oggersheim (= Ludwigshafen) und Frankfurt am Main Aufnahme bei Henriette von Wolzogen in Bauerbach (Thüringen); kam 1783 nach Mannheim und wurde dort von W. H. von Dalberg als Theaterdichter verpflichtet. Nach Ablauf des Vertrages 1785–87 als Gast C. G. Körners in Leipzig und Dresden. In Weimar (1787/88) Bekanntschaft mit Wieland und Herder; erhielt durch Vermittlung Goethes, den er in Rudolstadt am 7. Sept. 1788 erstmals traf, eine [unbesoldete] Geschichtsprofessur in Jena. 1790 Heirat mit C. von Lengefeld; seit 1791 zunehmendes Leiden an Lungentuberkulose. 1792 Ehrenbürger der Frz. Republik. 1793/94 Reise nach Heilbronn, Ludwigsburg (Begegnung mit Hölderlin) und Stuttgart (Zusammentreffen mit Cotta, Fichte). Nach seiner Rückkehr nach Jena Freundschaft mit W. von Humboldt. Die entscheidende Begegnung mit Goethe fand im Juni 1794 statt; seitdem Freundschaft und Zusammenarbeit. 1799 Umzug nach Weimar; dort Hg. der Zeitschrift „Die Horen" (1795–97) und des „Musenalmanachs" (1796–1800). 1804 Reise nach Berlin; starb während der Arbeit am „Demetrius" (1805).

In den Werken seiner **Sturm- und-Drang-Periode**, den demokrat. Dramen „Die Räuber", „Die Verschwörung des Fiesko zu Genua" (1783), „Kabale und Liebe" (1784) sowie die geradezu revolutionäre Gedichtsammlung „Anthologie auf das Jahr 1782" (1782) wird nicht nur heftige Kritik an der Gesellschaft geübt, sondern auch deren Herzstück, die Familie, angegriffen. Die Helden seiner Dramen akzeptieren die bestehende Ordnung nicht bzw. erscheinen als ihr Opfer. Der polit. Aspekt der Kritik zielt auf den Absolutismus und das Feudalsystem. In dem folgenden Drama „Don Carlos" (1787) wird deutl., daß die trag. Gestalt des Königs Philipp die Schärfe der Gegensätze, die die früheren Dramen bestimmen, zwar nicht aufhebt, jedoch in „vorklass." Weise mildert.

Die Entwicklung zu seiner **klass. Periode** ab Mitte der 1790er Jahre wurde sicher auch durch seine vielseitige Arbeit als Journalist bei einer ganzen Anzahl von publizist. Organen bestimmt; parallel dazu entwickelte sich sein Interesse für psych. Vorgänge, z. B. in den Erzählungen „Der Verbrecher aus verlorener Ehre" (1786) und „Der Geisterseher" (Fragment, 1787 und 1789), wodurch zugleich empir. Voraussetzungen für seine *Philosophie* geschaffen waren. Im Unterschied zu Kant, den er intensiv studierte, behielt sich S. jedoch eine optimist. Grundhaltung vor und lehnte das „radikale Böse" in dessen Menschenbild für sich selbst ab, wie er überhaupt dem christl. Moralismus und dem Christentum keine wesentl. Stelle in seinem Weltbild einräumte. Hieraus entsprang die Beschäftigung mit der Antike, die v. a. die klass. *Lyrik* am Ende der 1780er Jahre spiegelt: „Lied an die Freude" (1786), „Die Götter Griechenlands" (1788), „Die Künstler" (1788); dies sind Programmgedichte einer myth. Weltanschauung, deren Zentrum der Mensch ist und mit ihm die ästhet. Existenz. In gleicher Richtung zielen auch die ersten *ästhet. Schriften:* „Was kann eine gute stehende Schaubühne eigentl. wirken?" (1785; 1802 u. d. T. „Die Schaubühne als eine moral. Anstalt betrachtet"); diskutiert wird das Theater als Bildungsstätte der Humanität, das Museum als Bildungsstätte der Anschauung; in den „Philosoph. Briefen" (1786) wird ein neuer Wille zur Gerechtigkeit und Ausgewogenheit (Kriterien des Klass.) deutl.; ähnl. gilt auch für die *histor. Schriften:* Die Antrittsvorlesung in Jena 1789 „Was heißt und zu welchem Ende studiert man Universalgeschichte?" beschwört nicht nur das Bild einer Suche nach der reinen Wahrheit, sondern auch das realisierter Humanität. Die Suche nach der Vernunft oder Unvernunft im geschichtl. Prozeß kennzeichnet sowohl die „Geschichte des Abfalls der vereinigten Niederlande von der Span. Regierung" (1788) als auch die „Geschichte des dreyssigjährigen Krieges" (1791–93).

Der entscheidende Schritt hin auf die geistige **Partnerschaft mit Goethe** ist die Abhandlung über „Anmut und Würde" (1793), seine erste ästhet. Typologie, in der Anmut als Übereinstimmung von „Sinnlichkeit und Vernunft", „Pflicht und Neigung" definiert wird; bei der Schrift „Über naive und sentimentalische Dichtung" (1795) - eine Rechtfertigung des eigenen poet. Vermögens vor Goethes großer Leistung - geht es letztl. um den Unterschied von Realismus und Idealismus, um den Unterschied zw. dem Realisten Goethe und dem Idealisten Schiller. Beide haben jedoch die Aufgabe, sich mit dem Antityp zu mischen und dadurch zu erweitern. In den an Winckelmann orientierten Briefen „Über die ästhetische Erziehung des Menschen ..." (1795) wird der Kunst die Mittlerrolle zw. Idee und Geschichte gegeben. Während der Weimarer

Jahre, in denen die Familie S. erstmals eine gesicherte Existenz hatte, arbeitete er gemeinsam mit Goethe an den „Horen" und den „Propyläen", schrieb philosoph. und ep. Gedichte („Der Spaziergang", 1796; „Nänie", 1799;„Das Lied von der Glocke", 1799) sowie Balladen wie „Der Taucher", „Der Handschuh", „Der Ring des Polykrates", „Die Kraniche des Ibykus", „Die Bürgschaft" (alle 1797 [Balladenjahr]); er verfaßte literarkrit. Schriften und schuf seine großen *Geschichtsdramen*: die „Wallenstein-Trilogie" (1800), „Maria Stuart" (1801), „Die Jungfrau von Orleans" (1801), „Die Braut von Messina" (1803); Ausgangspunkt ist jedoch nicht mehr die Idee, sondern das Leben in seinen geschichtl. Ausdrucksformen in Gestalt der handelnden oder leidenden Persönlichkeit. Gegenstück eines Schicksalsdramas ist „Wilhelm Tell" (1802–04); zentrales Motiv ist die einsame Gewissensentscheidung des einzelnen für oder gegen den Tyrannenmord. Das Fragment gebliebene Drama „Demetrius" (entstanden 1804/05, gedruckt 1815) wäre nach den Aufzeichnungen und Plänen eine Tragödie antiker Hybris geworden, in der vererbtes Sendungsbewußtsein und klass. moderne Psychologie sich zu einer Synthese zusammengefunden hätten.

📖 *Lahnstein, P.: S. Leben Mchn. 1981. - Siekmann, A. Drama u. sentimental. Bewußtsein. Zur klass. Dramatik Schillers. Ffm. 1980. - Falk, H.: Der Leitgedanke v. der Vollkommenheit der Natur in Schillers klass. Werk. Ffm. 1980. - Wiese, B. v.: F. S. Stg.* ⁴*1978. - Meyer, Martin: Idealismus u. polit. Romantik. Bonn 1978. - Kaiser, G.: Von Arkadien nach Elysium. S.-Studien. Gött. 1978. - Mettler, H.: Entfremdung u. Revolution: Brennpunkt des Klass. Bern u. Mchn. 1977. - Ueding, G.: Schillers Rhetorik. Idealist. Wirkungsästhetik u. rhetor. Tradition. Tüb. 1971. - S. - Zeitgenosse aller Epochen. Dokumente zur Wirkungsgesch. Schillers in Deutschland. Hg. v. N. Oellers. Ffm. 1970–76. 2 Tle. - Storz, G.: Der Dichter F. S. Stg.* ⁴*1968. - Regin, D.: Freedom and dignity. The historical and philosophical thought of S. Den Haag 1965. - Keller, W.: Das Pathos in Schillers Jugendlyrik. Bln. 1964. - Dilthey, W.: S. Gött. 1959. - Spranger, E.: Schillers Geistesart ... Bln. 1941.*

S., Karl, * Breslau 24. April 1911, dt. Nationalökonom und Politiker. - 1946 Prof. in Kiel; 1947 in Hamburg; 1948–53 Wirtschafts- und Verkehrssenator in Hamburg, 1961–65 Wirtschaftssenator in Berlin; 1965–72 MdB; 1964–72 Mgl. des Parteivorstandes, 1966–72 des Präsidiums der SPD; 1966–71 Bundeswirtschaftsmin., 1971/72 Bundesmin. für Wirtschaft und Finanzen; trat 1972 aus der SPD aus, im Sept. 1980 jedoch wieder ein; stützte seine Wirtschaftspolitik auf die konzertierte Aktion und auf Versuche zur Globalsteuerung der Konjunktur.

S., Leon, eigtl. L. Jerzy de Schildenfeld S., * Krakau 14. März 1887, † Warschau 25. März 1954, poln. Regisseur. - Einer der großen Reformatoren des poln. Theaters; beeinflußt von E. G. Craig sowie dem russ. Revolutionstheater, erarbeitete er aufsehenerregende Inszenierungen, z. B. „Die Dreigroschenoper" (1929) und das Agitationsstück „Brülle, China" (S. M. Tretjakow, 1932). Nach dem Krieg übernahm S. die Direktion des Theaters in Łódź.

Schillerfalter (Apatura), Gatt. der Tagfalter (Fam. Edelfalter) mit zahlr. Arten, v. a. in den Tropen; zwei Arten in M-Europa: **Großer Schillerfalter** (Apatura iris), 6,5 cm Spännweite; ♀ schwarzbraun, mit weißer Fleckenzeichnung; ♂ violettblau schillernd); **Kleiner Schillerfalter** (Apatura ilia; 6–6,5 cm spannend; ♀ mit weißer oder gelbl. Fleckenzeichnung; ♂ mit violettblauem Schimmer); in feuchten, lichten Laubwäldern.

Schiller-Gedächtnispreis des Landes Baden-Württemberg, 1955 gestifteter Literaturpreis; zuerst alle 2, seit 1959 alle 3 Jahre am Geburtsort F. von Schillers verliehen. Preisträger: u. a. R. Kassner, W. Bergengruen, M. Frisch, G. Eich, E. Jünger, G. Mann, M. Walser, C. Wolf, F. Dürrenmatt, K. Hamburger.

Schillergesellschaft ↑ Deutsche Schillergesellschaft.

Schillergras (Koeleria), Gatt. der Süßgräser mit rd. 60 Arten auf der Nord- und Südhalbkugel; einjährige oder ausdauernde Gräser mit ährenförmigen Rispen; Ährchen mit unbegrannten Deckspelzen. Das auf Sanddünen, in sandigen Wäldern und Heiden wachsende **Blaugrüne Schillergras** (Koeleria glauca) wird auch in Heidegärten angepflanzt. Die **Kammschmiele** (Schlankes S., Koeleria gracilis) wächst in dichten Rasen an Wegen und in Kiefernwäldern; bis 50 cm hoch, Blätter schmal, graugrün.

Schillerkragen, offener Hemdkragen, über den Rockkragen gelegt.

Schillerlocken, dünne Bauchscheiben des Gemeinen Dornhais, durch Räuchern eingerollt.
♦ Blätterteigröllchen, mit Schlagsahne gefüllt.

Schiller-Nationalmuseum in Marbach am Neckar, von der ↑ Deutschen Schillergesellschaft getragenes Museum, gegr. 1903 von deren Vorläufer als schwäb. Dichtermuseum, heutiger Name seit 1922. Heute Sammelstätte für Lebens- und Wirkungszeugnisse fast aller schwäb. Dichter der Neuzeit. Angegliedert ist 1955 das „Dt. Literaturarchiv", das u. a. das ehem. Cotta-Archiv umfaßt und über den schwäb. Bereich hinausgeht (u. a. bed. Expressionistensammlung).

Schilling, Niklaus, * Basel 23. April 1944, schweizer. Filmregisseur. - Arbeitet seit 1965 in der BR Deutschland. Zunächst Kameramann; drehte 1965–68 Kurzfilme. Spielfilm-

Schilling

debüt mit „Nachtschatten" (1972), den die bewegl. Kameraführung, ein eindringl. Originalton und der gelungene Rückgriff auf expressionist. Traditionen auszeichnen. - *Weitere Filme:* Die Vertreibung aus dem Paradies (1977), Rheingold (1978), Der Willi Busch Report (1980), Layout für ein Gesicht (1986).

Schilling, schon im Got. bezeugter german. Münzname unklarer Herkunft: 1. in der Völkerwanderungszeit german. Bez. für den oström.-byzantin. Solidus; 2. in der karoling. Münzordnung 1 S. = 12 Pfennige; 3. seit dem 13. Jh. wurde die Rechnungseinheit S., im Wert bereits stark differenziert, vielfach als Geldstück ausgeprägt; dabei häufig umbenannt (Albus, Groschen, Großpfennig), z. T. auch zu 12 Heller statt 12 Pfennige gerechnet; erhalten in England/Großbrit. (Shilling, Abk. s oder sh) bis 1971 = $^{1}/_{20}$ Pfund Sterling = 12 Pence, geprägt seit 1504 (bis 1946 in Silber) und als Währungseinheit in Österreich (Abk. S, 1 S = 100 Groschen).

Schillings, Max von (seit 1912), * Düren 19. April 1868, † Berlin 24. Juli 1933, dt. Komponist. - Dirigent in Stuttgart und Berlin; als Bühnenkomponist zunächst in der Nachfolge R. Wagners („Der Pfeifertag", 1899), dann auch unter italien. Einfluß („Mona Lisa", 1915); daneben u. a. ein Violinkonzert, Kammermusik, Orchester- und Klavierlieder.

Schilluk, Nilotenstamm westl. des Weißen Nils, Republik Sudan; betreiben Ackerbau; Rinder-, Schaf- und Ziegenhaltung; sprechen S., eine nilot. Sprache der westl. Gruppe. Eine große Rolle spielt das sakrale Königtum.

Schimabarahalbinsel, Halbinsel an der NW-Küste der jap. Insel Kiuschu, schließt die Ariakebucht nach SW hin ab. - 1637 brach hier ein Aufstand christl. Japaner gegen soziale und religiöse Unterdrückung durch das Schogunat aus (**Schimabara-Aufstand**); im Frühjahr 1638 wurden die 25 000 (?) Aufständischen füsiliert.

Schily, Otto [..li], * Bochum 20. Juli 1932, dt. Jurist und Politiker. - Rechtsanwalt; seit März 1983 MdB für die Grünen; 1989 zur SPD übergetreten.

Schimahalbinsel, Halbinsel an der Pazifikküste der jap. Insel Hondo, südl. der Isebucht; an den Küsten Perlenzucht.

Schimäre [frz., nach der Chimära], Trugbild, Hirngespinst.

Schimmel [zu mittelhochdt. schemeliges perd „Pferd mit der Farbe des Schimmels"], weißhaariges Pferd, das im Unterschied zu Albinos stets dunkelhaarig geboren wird. Die Umfärbung *(Schimmelung)* dauert etwa 10 Jahre. Während dieser Zeit der Stichelhaarigkeit bis zum vollen Farbverlust unterscheidet man nach der ursprüngl. Fellfärbung: *Braun-, Fuchs- (Rot-)* und *Rappschimmel (Schwarzschimmel).* Beim *Forellenschimmel* ist das Fell des ursprüngl. Braun- oder Fuchs-S. mit rötl. Flecken durchsetzt.

Schimmel, staub- oder mehlartiger, flockiger oder rasiger, meist weißer oder bläul. bis grünl. Überzug auf toten oder lebenden tier. oder pflanzl. Materialien bzw. auf Lebewesen; wird hervorgerufen durch den Aufwuchs von bestimmten Strahlenpilzen oder durch das Oberflächenmyzel verschiedener Pilze (↑ Schimmelpilze).

Schimmelkäfer (Cryptophagidae), Fam. sehr kleiner, im Durchschnitt 1-2 mm messender, längl.-ovaler Käfer mit fast 1 000 Arten, v. a. in den gemäßigten Zonen der Erde (etwa 100 einheim. Arten); an feuchtem, faulendem oder schimmelndem Holz u. a. pflanzl. Substrat, nicht selten auch an feuchten Stellen in Häusern; als Nahrung dienen hpts. Schimmelpilze.

Schimmelpilze, Sammelbez. für zahlr. mikroskop. kleine Pilze aus verschiedenen systemat. Gruppen (Algenpilze, Jochpilze, Schlauchpilze, Deuteromyzeten), die als Saprophyten, Gelegenheitsparasiten oder Parasiten tote oder lebende Tiere und Pflanzen oder sonstige organ. Materialien mit Schimmel überziehen. Die S. sind im allg. sehr starkwüchsig und produzieren ungeheure Mengen von Sporen. Als anpassungsfähige Ernährungsspezialisten können sie auch bei hohen Salz- und Zuckerkonzentrationen, Wassermangel und extremen pH-Werten gedeihen. Viele sind deshalb auch gefährl. Vorratsschädlinge, die beträchtl. wirtschaftl. Schäden, insbes. bei der Vorratshaltung von Nahrungsmitteln, anrichten können. Einige S. besitzen erhebl. kommerzielle Bedeutung als Lieferanten von Antibiotika (Pinselschimmel), von Enzymen wie Amylasen, Pektinasen, Lipasen und Proteasen (hpts. Gießkannenschimmel), von organ. Säuren und Mykotoxinen wie den hochgiftigen ↑ Aflatoxinen (Pinsel- und Gießkannenschimmel) und bei der Schimmelreifung von Camembert und Roquefort (durch Penicilliumarten) sowie bei der in Ostasien gebräuchl. Fermentierung von Sojabohnen und Reis.

Schimmelreiter, in der german. Sage und im Volksglauben gespenst. Reiter.

Schimokitahalbinsel, Halbinsel an der N-Küste der jap. Insel Hondo.

Schimoni, David, urspr. D. Schimonowitz, * Bobruisk (Weißrußland) 22. Aug. 1886, † Tel Aviv-Jaffa 10. Dez. 1956, israel. Schriftsteller. - Seine anfangs idyll., später melanchol. und satir. Gedichte behandeln v. a. das Leben und die Ideale der jüd. Siedler zur Zeit der 2. Einwanderungswelle (1903-14).

Schimonoseki, jap. Hafenstadt an der SW-Spitze Hondos, 269 200 E. Schiff-, Maschinenbau, NE-Metallverhüttung, Elektro-, chem. sowie Nahrungsmittel- und Tabakind.; mit Kitakiuschu auf Kiuschu durch 2 Eisenbahntunnel unter der Straße von S. verbunden. - In Altertum und MA Tor zum asiat. Festland; besteht aus der ehem. Burgstadt

Akamaseki und dem Hafen S. (seit 1902). - 1895 wurde durch den **Frieden von Schimonoseki** der Krieg mit China (1894/95) beendet.

Schimonoseki, Straße von, Meerenge zw. den jap. Inseln Hondo und Kiuschu, verbindet die Inlandsee mit dem Jap. Meer.

Schimpanse [afrikan.] (Pan troglodytes, Pan satyrus), in Äquatorialafrika weit verbreiteter ↑ Menschenaffe; Körperlänge etwa 70 bis über 90 cm, Körperhöhe (aufrecht stehend) rd. 130 (♀) bis 170 (♂) cm; Körperbau kräftig; Arme länger als Beine; freie Hautstellen hell bis dunkel, auch fleckig; Fell schütter bis sehr dicht, schwarzbraun bis schwarz, meist seidig glänzend, individuell sehr variabel; Gesicht, After- und Geschlechtsregion, Hand- und Fußflächen sowie Finger und Zehen unbehaart. - Der S. ist ein Wald- und Savannenbewohner, der gesellig in Großfamilien mit strenger Hierarchie lebt. Er frißt überwiegend Früchte, nimmt aber auch tier. Nahrung (selbst Säugetiere bis Gazellengröße) zu sich. Der S. ist vorwiegend (aber möglicherweise nicht ursprüngl.) Baumbewohner, der Schlafnester in Bäumen baut. Auf dem Boden bewegt er sich, indem er (bei etwas aufgerichtetem Körper) auf den Hintergliedmaßen läuft und sich auf die umgeknickten Handknöchel der Vordergliedmaßen stützt. Die innerartl. Verständigung erfolgt sowohl durch oft laute, sehr unterschiedl. Rufe, als auch v. a. durch ausgeprägtes Mienenspiel (bes. der Mundregion). Das Geschlechtsleben führt beim S. zu keiner engeren Bindung zw. den Partnern (brünstige ♀♀ können sich mit mehreren ♂♂ paaren). Nach einer Tragzeit von etwa acht Monaten wird meist ein (anfangs völlig hilfloses) Junges geboren. Die Geschlechtsreife tritt erst nach sieben bis neun Jahren ein. - Der S. ist neben dem ↑ Bonobo zweifellos das nach dem Menschen geistig weitaus höchstentwickelte Säugetier. Bei ihm ist Werkzeuggebrauch zum Nahrungserwerb und zur Abwehr von Feinden sehr verbreitet. Der S. kann komplizierte Aufgaben offensichtl. durch Nachdenken lösen und ist in der Lage, Wörter und deren Bedeutung zu erlernen.

Schimper, Karl Friedrich, * Mannheim 15. Febr. 1803, † Schwetzingen 21. Dez. 1867, dt. Naturforscher. - Wurde durch seine Arbeiten über die Blattstellung der Pflanzen zum Mitbegründer einer idealist. Pflanzenmorphologie. Bei der geolog. Erforschung der Alpen prägte er 1837 den Begriff „Eiszeit".

Schinano [jap. 'ʃi,nano, ʃi'nano,], längster Fluß Japans, auf Hondo, entspringt am Kobuschi, mündet bei Niigata, 369 km lang.

Schindeln [zu lat. scindula mit gleicher Bed.], Holzbrettchen zur Dachbedeckung oder Wandverkleidung.

Schinderhannes, eigtl. Johann Bückler, * Miehlen südl. von Bad Ems 25. Mai 1783 (1777?), † Mainz 21. Nov. 1803 (hingerichtet), dt. Räuberhauptmann. - Zunächst Scharfrichtergehilfe; führte seit 1800 eine Straßenräuberbande im Hunsrück und Taunus; mit 19 Genossen zum Tode verurteilt; später romant. verklärt.

Schindler, Anton, * Meedl (Mähren) 13. Juni 1798, † Bockenheim (= Frankfurt am Main) 16. Jan. 1864, dt. Dirigent. - Dirigent in Wien, Münster und Aachen. War ab 1816 Sekretär Beethovens und erhielt dessen Nachlaß, den dann die Königl. Bibliothek in Berlin erwarb. Bed. ist seine Beethoven-Biographie (1840).

Schindo (Shindo), Kaneto, * Hiroschima 22. April 1912, jap. Filmregisseur. - „Die Kinder von Hiroschima" (1952) ist eine leidenschaftl. Anklage gegen den Atomkrieg. - *Weitere Filme:* Die nackte Insel (1960), Onibaba (1964).

Schinkel, Karl Friedrich, * Neuruppin 13. März 1781, † Berlin 9. Okt. 1841, dt. Baumeister. - Schüler von D. und F. Gilly; 1803–05 Reise nach Italien und Paris; seine Frühwerke sind von der romant. Hinwendung zum MA, v. a. zur Gotik, geprägt („Dom am Strom", 1813, München, Bayer. Staatsgemäldesammlungen); Entwürfe für ein

Karl Friedrich von Schinkel, Schauspielhaus am ehemaligen Gendarmenmarkt in Berlin (1819–21)

Mausoleum für Königin Luise, 1810). Bald verband S. diese Anleihen an der Kunst des MA mit klass. griech. Formen. Aus Baugesinnung und Schönheitsideal der Antike, Anlehnung an nat. Traditionen und Überlegungen der Zweckmäßigkeit entwickelte er einen vorbildl. Stil. Schuf auch Gemälde, Graphik und Bühnenbilder. Bed. ist S. auch als Begründer der staatl. Denkmalpflege in Preußen. - *Werke* in Berlin: Neue Wache (1817/18, kastellartig mit Eckrisaliten), Schauspielhaus am ehem. Gendarmenmarkt (= Akademieplatz; 1819-21, mit ion. Portikus; nach 1945 wiederhergestellt), Schloß Tegel für W. von Humboldt (1822-24), Altes Museum (1824-28; nach 1945 wiederhergestellt), Friedrichswerdersche Kirche (1824-30), Bauakademie (1832-35, streng funktional, kub. Block aus Backsteinen; Ruine 1962 abgerissen); in Potsdam: Nikolaikirche (1830-37), Schloß Charlottenhof im Park von Sanssouci (1826/27); in Schlesien: Schloß Kamenz in got. Stil (1838 ff.; 1945 zerstört).

Schinken [zu althochdt. scinco „Knochenröhre, Schenkel"], gepökelte und geräucherte *(roher S.)* bzw. gekochte Schweinskeule oder -schulter.

Schinkenbirne ↑ Birnen (Übersicht).

Schintoismus (Shintoismus) [zu jap. shintō „Weg der Götter"], Bez. für die einheim. Religion Japans. Der S. ist gekennzeichnet durch Naturverehrung und Ahnenkult. Beiden Bereichen kann numinoser Charakter (Kami) verliehen werden. Damit ist im S. die Zahl der Kami außerordentl. groß. Als Schöpfer Japans gelten der Gott Isanagi und die Göttin Isanami. Isanagi übergab die Herrschaft über den Himmel der Sonnengöttin Amaterasu, diejenige über die Nacht dem Mondgott Tsukijomi; zum Herrn des Meeres bestimmte er den Sturmgott Susa-no-o. Amaterasu ernannte ihren Enkel Ninigi zum Herrscher über Japan. Er gilt als göttl. Ahnherr der bis heute herrschenden Dynastie. Jeweiliges Oberhaupt ist der Tenno („Himmelsherrscher"), der Kaiser Japans. - Der schlichte, betont ästhet. Kult des S. (Darbringung von Zweigen des Kirschbaumes und rituelle Gebete) wird sowohl als Familienkult als auch offiziell an den mit *Mija* („erlauchtes Haus") bezeichneten Schreinen vollzogen. Diese Schreine sind stets an fließendem Wasser errichtet, um den Besuchern vor dem Betreten die obligator. Reinigung von Mund und Händen zu ermöglichen. - Die Priester sind verheiratet, oft vererben sie ihr Amt. - Die Ethik ist im Ideal des ↑ Buschido zusammengefaßt. - Für die Geschichte des S. war die im 8. Jh. n. Chr. vollzogene Kodifizierung hl. Texte im ↑ Kodschiki bedeutsam. Einflüsse des 552 n. Chr. eingeführten Buddhismus bewirkten nach einer Epoche der Auseinandersetzung mit dem S. die Symbiose im ↑ Riobuschinto. Jedoch wurde 1871 durch kaiserl. Edikt die strenge Scheidung beider Religionen verordnet. Dies führte zur Entstehung von Sekten im S. (z. B. Kurosomikio, Konkokio, Tenrikio), die aber nach 1946 ihren eigenständigen Charakter als „neue Religionen" voll erkennen ließen.

📖 *Lähnemann, J.:* Fernöstl. Religionen. *Gött. 1985.* - *Zum Verhältnis v. Staat u. Shinto im heutigen Japan.* Hg. v. E. Lokowandt. Wsb. 1981. - *Florenz, K.:* Die histor. Quellen der Shinto-Religion. Gött. 1919.

Schionatulander, Gestalt aus Wolfram von Eschenbachs Epos „Parzival" und der Minneerzählung „Titurel"; Geliebter der ↑ Sigune.

Schipa, Tito [italien. 'ski:pa], * Lecce 2. Jan. 1889, † New York 16. Dez. 1965, italien. Sänger (Tenor). - Feierte große Erfolge u. a. an der Metropolitan Opera in New York und an der Mailänder Scala.

Schiphol [niederl. sxip'hɔl, 'sxiphɔl] ↑ Amsterdam.

Schipkapaß, bulgar. Paß im mittleren Balkan, 1 200 m hoch. Als strateg. wichtiges Einfallstor in die sö. Balkanhalbinsel v. a. im Russ.-Türk. Krieg 1877/78 hart umkämpft.

Schippe, svw. Schaufel.

Schippers, Thomas [engl. 'ʃɪpəz], * Kalamazoo (Mich.) 9. März 1930, † New York 16. Dez. 1977, amerikan. Dirigent. - Sowohl als Opern- (Mailänder Scala, Metropolitan Opera in New York) wie Orchesterdirigent (New York Philharmonic Orchestra, Cincinnati Symphony Orchestra) erfolgreich.

Schirach, Baldur von, * Berlin 9. Mai 1907, † Kröv 8. Aug. 1974, dt. Politiker. - Trat bereits als Schüler der NSDAP bei; führte 1928-32 den NS-Studentenbund; als Reichsjugendführer der NSDAP (1931-40) und Jugendführer des Dt. Reiches (ab 1933) un-

Schintoismus. Schintoschrein in Sendai

terstanden ihm alle NS-Jugendorganisationen (↑ auch Hitlerjugend); MdR 1932–45; als ehem. Gauleiter und Reichsstatthalter von Wien (1940–45) im Nürnberger Hauptkriegsverbrecherprozeß 1946 wegen Beteiligung an Judendeportationen zu 20 Jahren Haft verurteilt, die er in Berlin-Spandau verbüßte.

Schiras, Stadt in S-Iran, Oase im Sagrosgebirge, 1 600 m ü. d. M., 800 400 E. Hauptstadt des Verw.-Geb. Fars; Univ. (gegr. 1945), Fars-Museum; jährl. internat. Festwoche moderner Musik. Bed. Handelszentrum, Herstellung von Silberwaren und Teppichen, Weinkellereien, Erdölraffinerie, chem. Ind., Elektroind., Reifenfabrik, Stahlverarbeitung; schiit. Wallfahrtsort. - Bed. das Mausoleum von Schah Tscheragh (1344–49), die Freitagsmoschee (9. Jh.; erweitert), die Neue Moschee (1199–1218) und die Medrese Chan (16. Jh.).

Schiras ↑ Orientteppiche (Übersicht).

Schirdewan, Karl, * Königsberg (Pr) 14. Mai 1907, dt. Politiker. - Als Kommunist 1934 verhaftet, bis 1945 im Zuchthaus und KZ; ab 1952 Mgl. und Sekretär des ZK, 1953 Mgl. des Politbüros der SED; 1958 wegen „Fraktionstätigkeit" aller Parteifunktionen enthoben.

Schiretokohalbinsel, Halbinsel an der NO-Küste der jap. Insel Hokkaido, etwa 70 km lang, mit mehreren Vulkanen; z. T. Nationalpark.

Schirm [zu althochdt. scirm „Schutz"], schützender, der Abschirmung dienender Gegenstand, z. B. Ofen-, Wand-, Balkon-, Wind-, Licht-, Lampen-, Sonnen- und Regenschirm. - Sowohl in Ostasien (China, Japan als auch im Vorderen Orient (Indien, Persien, Ägypten) war der S. außer Sonnenschutz v. a. auch ein Herrschaftssymbol. Er war aus Federn, Palmblättern, Stoff- und Lederstreifen und konnte mehrstöckig sein. Die christl. Kirche übernahm den S. als Privileg für Würdenträger, im 13. Jh. entwickelte sich daraus der Baldachin. Als Gebrauchsgegenstand tritt der S. im 16. Jh. in Italien als Mehrpersonen-S. in Erscheinung. Die Chinoiseriemode des 18. Jh. scheint den Siegeszug des S. begünstigt zu haben. Um 1815 erfand ein Franzose den „Knicker" (bei dem der Stock abgewinkelt werden konnte), 1852 S. Fox in London das Stahlgestell (statt Fischbein). 1928 Erfindung des zusammenlegbaren Taschenschirms („Knirps" ®).

◆ in der *Technik* eine Vorrichtung zur Abschirmung oder zum Auffangen einer Strahlung (z. B. Bildschirm).

Schirmalge (Acetabularia), Grünalgengatt. mit rd. 20 Arten in den trop. und subtrop. Meeren; der querwandlose, schirmförmige Thallus ist in Rhizoid, Stiel und Hut gegliedert; nur ein großer Zellkern, der erst bei der geschlechtl. Fortpflanzung in mehrere Kerne zerfällt. Die im Mittelmeer heim. Art *Acetabularia mediterranea* und einige andere Arten werden heute in vielen Laboratorien als Modellorganismen zur Lösung biochem. Probleme der pflanzl. Morphogenese gezüchtet.

Schirmbaum (Regenschirmbaum, Musanga smithii), einzige Art der Maulbeergewächsgatt. Musanga in trop. Afrika; schnellwachsender Baum mit sehr leichtem Holz und großen, schirmförmigen, bis zum Stengel geteilten Blättern, die das Regenwasser gut ableiten.

Schirmbäume, in der Forstwirtschaft Bez. für ältere Bäume, die die jungen, heranwachsenden Pflanzen eines neuen Baumbestands gegen Frost, Hitze, Dürre und Unkrautwuchs schützen (schirmen).

Schirmbeck, Heinrich, * Recklinghausen 23. Febr. 1915, dt. Schriftsteller. - Gestaltet als realist. Erzähler Themen der modernen Technik und Naturwiss., insbes. die Problematik des vom seiner techn. Möglichkeiten überforderten Menschen, u. a. in den Erzählungen „Das Spiegellabyrinth" (1948), „Träume und Kristalle" (1968), „Tänze und Ekstasen" (1973), „Die Pirouette des Elektrons" (1980); auch Sachbücher und Essays.

Schirmer, Johann Wilhelm, * Jülich 7. Sept. 1807, † Karlsruhe 11. Sept. 1863, dt. Landschaftsmaler. - Mgl. der ↑ Düsseldorfer Malerschule; schuf romant., später (italien.) heroische Landschaften.

Schirmflieger, in der Botanik Bez. für Samen oder Früchte mit kegel- oder schirmartigen, häutigen oder aus Haaren gebildeten Anhängseln zur Erleichterung der Verbreitung durch Wind (z. B. bei vielen Korbblütlern).

Schirmhieb ↑ Hiebsarten.

Schirmlinge (Schirmpilze), ↑ Lamellenpilze mit weißen Sporen und freistehenden, nicht am Stiel angewachsenen Lamellen; der Fruchtkörper gleicht in erwachsenem Zustand einem aufgespannten Schirm. In M-Europa und N-Amerika rd. 50 Arten.

Schirmrispe ↑ Blütenstand.

Schirmtanne (Sciadopitys), Gatt. der Taxodiengewächse mit der einzigen rezenten Art Japan. **Schirmtanne** (Quirlblättrige S., Sciadopitys verticillata) in Japan, im Tertiär auch in M-Europa häufig (wesentl. Bestandteil der Braunkohlenwälder als „Graskohle"); immergrüner, bis 40 m hoher Baum mit schmalpyramidenförmiger Krone und waagerecht abstehenden Ästen; Langtriebe mit kleinen, spiralig stehenden Schuppenblättern; Kurztriebe als nadelförmige, 6–10 cm lange, 2,5–3 mm breite, in der Mitte tief gefurchte Flachsprosse („Doppelnadeln"), fast in Quirlen um den Zweig angeordnet; Zapfen aufrecht; winterharter Zierbaum.

Schirokko [italien., zu arab. scharkij „Wind aus dem Osten"], sehr heißer, trockener, staubbeladener Wind im Mittelmeerraum; entsteht in den Wüstengeb. N-Afrikas.

Schirrmann, Richard, * Grünfelde bei Heiligenbeil i. Ostpr. 15. Mai 1874, † Grävenwiesbach (Hochtaunuskreis) 14. Dez. 1961, dt. Volksschullehrer. - Begründete 1910 das Dt. Jugendherbergswerk; 1933-37 Vorsitzender des Weltjugendherbergswerkes.

Schirrmeister, militär. Bez. für den mit der Verwaltung von Gerät und [Kraft]fahrzeugen betrauten Unteroffizier.

Schirting (Shirting) [engl. „Hemdenstoff"], leichtes Baumwollgewebe in Leinwandbindung, stark appretiert und gepreßt; Verwendung v. a. als Futterstoff, Landkartenbezugsstoff sowie in der Buchbinderei.

Schirwan ↑ Orientteppiche (Übersicht).

Schirwansteppe, nördl. Teil der Kura-Arax-Niederung, zw. dem Großen Kaukasus und der Kura, UdSSR, z. T. unter dem Meeresspiegel gelegen.

Schisgal, Murray [engl. 'ʃizgəl], * New York 25. Nov. 1926, amerikan. Dramatiker. - Schreibt vom absurden Theater beeinflußte Komödien, in denen er mit den Mitteln der Komik die Existenzangst darstellt, u. a. „Der Tiger" (1963), „Die Tipser" (1963), „Liiiebe" (1965), „Walter and the flatulist" (1980).

Schisma ['ʃi..., 'sçi...; griech. „Trennung"], Spaltung der kirchl. Einheit, nach röm.-kath. Kirchenrecht das Glaubensdelikt der Aufkündigung der Gemeinschaft mit dem Papst und/oder der Gemeinschaft mit einem Bischof. - Beim S. gibt der **Schismatiker** die Kircheneinheit auf, während bei der ↑Häresie die Glaubenseinheit aufgegeben wird.

Schistosomiasis [ʃis..., sçis...; griech.], svw. ↑Bilharziose.

Schisuoka, jap. Stadt auf Hondo, nahe der W-Küste der Surugabucht, 468 400 E. Verwaltungssitz der Präfektur S.; Univ. (gegr. 1949), Hochschule für Pharmazie; Kunstmuseum; landw. Versuchsstation; traditionelles Zentrum des jap. Teehandels.

Schitomir, sowjet. Geb.hauptstadt im N der Ukrain. SSR, 275 000 E. Landw.hochschule, PH, Zweigstelle der Kiewer polytechn. Hochschule, Theater, Philharmonie; botan. Garten; Chemiefaserwerk, Nahrungsmittel-, holzverarbeitende Ind., Musikinstrumentenbau. - In den Chroniken des Kiewer Reiches erwähnt; kam 1320 an Litauen (1386 Polen-Litauen), 1793 an Rußland.

Schiwa [Sanskrit „der Gnädige"], euphemist. Name eines der drei Hauptgötter des ↑Hinduismus, der den Aspekt der Zerstörung verkörpert. S., der als höchster Gott den Beinamen **Mahadewa** trägt, lebt als Asket und Herr der Jogis mit seiner Gattin Parwati (↑Durga) und seinen Söhnen Skanda und Ganescha im Himalaja. Die Entstehung der sehr komplexen Gestalt des S. liegt weitgehend im dunkeln. Verehrt und dargestellt wird S. heute v. a. als ↑Linga.

Schiwa-Assar Be-Tammus [hebr. „der 17. Tag im Monat Tammus"], jüd. Trauer- und Fasttag am 17. Tammus (Juni/Juli) in Erinnerung an die Zerstörung Jerusalems durch Nebukadnezar 587 v. Chr.

Schiwadschi (Sivaji) [ʃi'va:dʒi: 'ʃivadʒi], * Poona 10. April 1627, † Raigarh (Madhya Pradesh) 4. April 1680, ind. Herrscher. - Wurde durch seinen Kampf gegen das muslim. Mogulreich für die Hindus zu einer bis ins 20. Jh. lebendigen Symbolfigur für den Widerstand gegen Fremdherrschaft.

Schiwaismus, neben dem ↑Wischnuismus Hauptrichtung des ↑Hinduismus, in der ↑Schiwa als höchster Gott verehrt wird. Das genaue Alter des S., dessen Spuren sich bis in das 2. Jh. v. Chr. zurückverfolgen lassen, bleibt im dunkeln. Er entwickelte sich in vielfacher Analogie zu dem älteren Wischnuismus, von dem er sich in Kult (Jogapraktiken) und Riten unterscheidet. Seine Zentren liegen in Kaschmir, Bengalen und Südindien, aber auch nach Nepal, Hinterindien und Indonesien hat sich der S. ausgebreitet.

Schiwaiten (Schaiwas), Anhänger des Schiwaismus.

Schiwkow, Todor [bulgar. 'ʒifkɔf], * Prawez (Verw.-Geb. Sofia) 7. Sept. 1911, bulgar. Politiker. - Seit 1932 Mgl. der KP Bulgariens; beteiligte sich im Sept. 1944 führend an der kommunist. Machtübernahme; stieg vom Mgl. (1948) und Sekretär (1950) des ZK zum Mgl. des Politbüros (1951) und Ersten Sekretär der KPB (1954) auf. Konnte mit sowjet. Unterstützung als Parteichef und Min.präs. (1962-71) sein Land in engster Anlehnung an die Sowjetunion langsam modernisieren; seit 1971 Staatsratsvors.; 1989 entmachtet und verhaftet.

schizo..., Schizo... [ʃi..., sçi..; zu griech. schízein „spalten"], Bestimmungswort in Zusammensetzungen mit der Bed. „Spaltung, Trennung".

schizogen [ʃi..., sçi...], durch lokales Auseinanderweichen bzw. Aufspalten von Zellwänden entstanden; z. B. Hohlräume wie Öl-, Harz- und Schleimgänge in pflanzl. Geweben.

Schizogonie [ʃi..., sçi...; griech.], ungeschlechtl. Vermehrung durch Zerfall eines vielkernigen Stadiums (**Schizont**) in zahlr. einkernige Fortpflanzungszellen bei Einzellern, v. a. bei den Sporentierchen.

schizoid [ʃi..., sçi...; griech.], die Symptome der Schizophrenie in leichterem Grade zeigend (bes. bei introvertierter, autist. Veranlagung).

Schizokarp [ʃi..., sçi...; griech.], svw. ↑Spaltfrucht.

Schizomyzeten [ʃi..., sçi...; griech.], svw. ↑Bakterien.

Schizont [ʃi..., sçi...; griech.] ↑Schizogonie.

Schizophasie [ʃi..., sçi...; griech.], dem schizophrenen Denken entsprechende sprachl. Zerfahrenheit (meist mit Neologismen durchsetzt).

Schizophrenie [ʃi..., sçi...; zu griech. schízein „spalten" und phrḗn „Zwerchfell, Geist, Gemüt"], häufigste der endogenen Psychosen. Bei S. sind die folgenden Persönlichkeitsbereiche (mindestens zwei davon) in charakterist. Weise gestört: 1. das Eigenbewußtsein: Die Grenze zw. Ich und Außenwelt ist aufgehoben; eigene Körperteile, Gedanken und Gefühle werden als fremd bzw. von außen gesteuert erlebt; 2. das Denken: Zerfahrenheit, Sprunghaftigkeit, plötzl. Abbruch von Gedankengängen, Übergewichtigkeit von Nebensächlichem, unscharfe Ausweitung von Begriffen und Wortneubildungen; 3. die affektive Beziehung zur Umwelt: Mimik und Gefühlsäußerung erscheinen reduziert oder unangemessen; Kontakte gelingen nicht oder nur ambivalent († Ambivalenz); häufig folgt ein völliges Sichzurückziehen († Autismus); 4. die Wahrnehmung: Nebensächliches erscheint übergewichtig, Zufälliges von bes., meist bedrohl. Bedeutung; eigene Gedanken werden als „Stimmen" gehört. Auch andere Halluzinationen und Wahnideen sind häufig. Daneben kommen Störungen des Antriebs und der Motorik vor (z. B. reaktionslose Starre [Stupor], katatone Erregung mit Bewegungssturm, Automatismen, Rigor, Stereotypien, faxenhaftes Grimassieren u. a.).

Je nach Vorherrschen bestimmter Störungen werden verschiedene Formen der S. unterschieden: die relativ symptomarme, schleichend verlaufende **Schizophrenia simplex**; die in jugendl. Alter beginnende, bes. durch Affektstörungen und „läppisches" Verhalten gekennzeichnete **Hebephrenie**; die durch motor. Symptome (Stupor oder Erregung) gekennzeichnete **Katatonie** (sog. Spannungsirresein); die **paranoide Schizophrenie**, bei der Wahn und Halluzination im Vordergrund stehen. - *Therapie*: Lebenslange Hospitalisierung Schizophrener ist heute nur noch in den seltensten Fällen unausweichlich. Wiederauftreten in Schüben und Defektzustände sind allerdings oft nicht vermeidbar. Mit der Einführung des Chlorpromazins in die Psychiatrie (1952) begann die Phase der medikamentösen Behandlung mit Psychopharmaka (insbes. Neuroleptika, die die bis dahin übl. † Elektrokrampftherapie weitgehend verdrängte. Darüber hinaus werden familientherapeut. Maßnahmen und gestufte Rehabilitationsprogramme eingesetzt.

Geschichte: Bis zum 18. Jh. hielt man Schizophrene für von Dämonen Besessene. Später dominierten moral. Deutungen der Ursache von S. (z. B. Masturbation oder Homosexualität). Mitte des 19. Jh. folgten Erklärungen, die körperl. Ursachen annahmen. E. Kraepelin faßte 1896 erstmals verschiedene Krankheitsbilder unter der Bez. *Dementia praecox* zusammen. Als Ursache nahm er eine unbekannte Stoffwechselstörung an. Der Name S. *(Spaltungsirresein)* geht auf E. Bleuler (1911) zurück. Nach dem heutigen Stand der Forschung (insbes. Familien- und Zwillingsforschung) ist eine gewisse ererbte Krankheitsdisposition anzunehmen. Eine gesicherte Theorie über Ursache und Entstehung der S. steht noch aus.

⍟ *Krüll, M.: S. und Gesellschaft. Ffm. 1986. - Huber, G., u.a.: S. Bln. u.a. 1979 (Nachdr. 1984). - S. und Familie. Dt. Übers. Hg. v. J. Bateson u.a. Ffm. 31. Tsd. 1981. - Freeman, T., u.a.: Studie zur chron. S. Dt. Übers. Ffm.* [3]*1980. - Hartmann, W.: Schizophrene Dauerpatienten. Stg. 1980. - Bleuler, M.: Die schizophrenen Geistesstörungen im Lichte langjähriger Kranken- u. Familiengeschichten. Stg. 1972.*

Schizothymie [ʃi..., sçi...; griech.], aus der Konstitutionslehre E. Kretschmers stammender Begriff zur Bez. des dem leptosomen Körperbau zugeordneten Temperaments, das zwar zur Schizophrenie disponiert ist, jedoch zum Bereich des Normalen gehört. Typisch sind wenig flexible Denkweise und leicht verletzbare, sich abschließende Affektivität.

Schklowski, Wiktor Borissowitsch [russ. 'ʃklɔfskij], * Petersburg 24. Jan. 1893, † Leningrad 5. Dez. 1984, russ.-sowjet. Literaturwissenschaftler und Schriftsteller. - Führender Theoretiker des russ. Formalismus. Beschäftigte sich v.a. mit Problemen der Literatursprache, (z. B. „Theorie der Prosa", 1925). Setzte in seinen literar. Werken die theoret. Positionen um, u.a. in dem Briefroman „Zoo oder Briefe nicht über die Liebe" (1923) und den Erinnerungen an die Bürgerkriegszeit „Sentimentale Reise" (1923). - *Weitere Werke:* Kindheit und Jugend (Autobiogr., 1964), Von der Ungleichheit des Ähnl. in der Kunst (1970).

Schlabrendorff, Fabian von, * Halle/ Saale 1. Juli 1907, † Wiesbaden 3. Sept. 1980, dt. Jurist und Widerstandskämpfer. - Schon vor 1933 konservativer Gegner des NS, gehörte zum militär. Widerstandskreis um den General der Abwehr H. Oster; trat bes. bei den beiden mißglückten Bombenanschlägen im März 1943 hervor; im Aug. 1944 verhaftet; nach 1945 Rechtsanwalt, 1967–75 Richter am Bundesverfassungsgericht. Schrieb u.a. „Offiziere gegen Hitler" (1946).

Schlacht, Kampf zw. großen militär. Verbänden, meist im Zusammenwirken verschiedener Waffengattungen; häufig aus mehreren Gefechten bestehend.

Schlachta [zu poln. szlachta „Geschlecht"], der niedere poln. Adel; hatte vom 14.–18. Jh. beträchtl. polit. Bed. und bildete die „poln. Nation" i. e. S. († auch Polen, Geschichte); fürstl. Magnaten und verarmte Adlige (**Schlachtschitzen**) waren gleichberechtigte Teilhaber an der Staatsgewalt.

Schlachtflotte, früher der Kern der Seestreitkräfte eines Staates, bestehend aus Linienschiffen, Panzerschiffen, Schlachtkreuzern und Schlachtschiffen.

Schlachtgewicht

Schlachtgewicht, Gewicht geschlachteter Tiere ohne Haut (Fell) bzw. Federn, Kopf, Füße und die meisten Eingeweide.

Schlachthof, in einem großräumigen Gebäudekomplex untergebrachte Einrichtung, in der durch Schlachten von Schlachtvieh frisches Fleisch (zur Versorgung der Fleischereien) gewonnen, zerlegt (in Tierhälften bzw. -viertel), gelagert oder sonst behandelt wird. Der S. enthält u. a. Stallungen, Schlachthallen, Kühlräume, tierärztl. Untersuchungsräume, Laboratorien, Konfiskaträume (zur kurzfristigen Unterbringung untaugl. Fleischs) und Abwasserkläranlagen. Wirtschaftl. Träger des S. sind Kommunen (auch unter privater Beteiligung), Fleischerinnungen oder Privatunternehmer. Die tierärztl. Aufsicht liegt bei der Veterinärabteilung der jeweiligen Landesregierung.

Schlachtkreuzer, Bez. für die in Großbrit. ab 1906 nach dem Prinzip: „höhere Geschwindigkeit ist besser als stärkere Panzerung" gebauten Großkampfschiffe; später auch von Deutschland gebaut; spielten eine bed. Rolle in der Doggerbank- und der Skagerrakschlacht; verloren nach dem 1. Weltkrieg ihre Bed. an die noch schnelleren ↑Schlachtschiffe.

Schlachtschiff, Nachfolger der Linien- und Großlinienschiffe des 1. Weltkrieges als Hauptkampfträger einer Flotte; durch das Washingtoner Flottenabkommen 1922 in seinen Hauptabmessungen festgelegt, die aber heimlich, später offen überschritten wurden: bis zu 70 000 ts Wasserverdrängung, 280 m Länge, Geschütze bis 46 cm Kaliber und Panzerstärken bis 48 cm. Schon im 2. Weltkrieg traten die S. ihre führende Rolle an die Flugzeugträger ab. Die dt. Kriegsmarine besaß die beiden S. „Bismarck" und „Tirpitz" (52 600 ts, 30 kn, 251 m lang).

Schlachtschitzen ↑ Schlachta.

Schlachtung, fachgerechtes Töten von Schlachttieren unter Einhaltung bestimmter gesetzl. Vorschriften: So muß u. a. das Schlachttier vor der Tötung betäubt werden, z. B. mit Hilfe eines Bolzenschußapparats oder (nur bei Schweinen) durch eine mit elektr. Stromstoß arbeitende Betäubungszange. Jede S. bedarf vorhergehender Schlachterlaubnis nach erfolgter Schlachttierbeschau durch einen vereidigten Tierarzt oder einen Fleischbeschauer. - *Haus-S.* unterliegen, abgesehen von einigen Erleichterungen, den gleichen gesetzl. Bestimmungen.

Schlacke [niederdt.], (Kohlenschlacke) bei der Verbrennung von Steinkohle oder Koks zurückbleibende poröse Masse aus anorgan. Bestandteilen der Kohle (v. a. Silicate); S. wird als Zuschlagstoff für Leichtbeton verwendet.

◆ (Hochofen-S., Hütten-S.) das sich beim Schmelzen von Metallen aus der Gangart des Erzes und den Zuschlägen bildende Gemisch (30–38 % Siliciumdioxid, 6–18 % Aluminiumoxid, 35–48 % Calciumoxid u. a. Metalloxide). Die S. schwimmt auf Grund der geringen Dichte auf dem geschmolzenen Metall. Sie wird je nach Zusammensetzung zu Bau- und Isoliermaterial *(Hüttensteine, Schlackenwolle)* oder zu Düngemitteln verarbeitet *(Thomasschlacke).*

◆ unregelmäßig geformter, blasig-poröser Lavabrocken.

◆ svw. ↑ Ballaststoffe (↑ auch Entschlackung).

Schlackenabstich, Bez. für die Öffnung in einem Schmelzofen, durch die die auf dem geschmolzenen Metall schwimmende flüssige Schlacke über ein Abflußrohr (**Schlackenrohr**) in einen Kübel (**Schlackenpfanne**; 8–16 m³) abfließt; auch Bez. für das Überführen der Schlacke in die Schlackenpfanne.

schlackenreiche Kost ↑ Ernährungstherapie.

Schlackenwerth ↑ Ostrov.

Schlackenwolle ↑ Schlacke.

Schlackwurst, svw. ↑ Zervelatwurst.

Schladming, östr. Stadt in der Steiermark, am Oberlauf der Enns, 750 m ü. d. M., 3 900 E. Sägewerke, Brauerei, Wollspinnerei; Fremdenverkehr (v. a. Wintersport). - Seit der Reformationszeit mit der Ramsau ein Zentrum der steir. Protestanten. - Spätgot. Pfarrkirche (16. Jh.) mit barocker Ausstattung; Häuser des 16. und 17. Jahrhunderts.

Schladminger Tauern, Gebirgsgruppe in den Ostalpen, Österreich, Teil der Niederen Tauern, bis 2 863 m hoch.

Schlaf, Johannes, *Querfurt 21. Juni 1862, †ebd. 2. Febr. 1941, dt. Schriftsteller. - Begründete mit A. Holz den „konsequenten Naturalismus" in theoret. Schriften und gemeinsam mit dem Pseud. Bjarne Peter Holmsen verfaßten programmat. Musterdichtungen: „Papa Hamlet" (Novellen, 1889), „Die Familie Selicke" (Dr., 1890). „Meister Oelze" (1892) gilt als Musterdrama des Naturalismus, in dem jedoch die sozialkrit. Tendenz von einer biologist. verstandenen Determination des Menschen überlagert wird. Später Hinwendung zu einem psycholog. Impressionismus und naturmyst. Prosalyrik; Annäherung an nat.-soz. Gedankengut.

Schlaf, durch Änderungen des Bewußtseins, entspannte Ruhelage und Umstellung verschiedener vegetativer Körperfunktionen gekennzeichneter Erholungsvorgang des Gesamtorganismus, insbes. des Zentralnervensystems, der von einer inneren, mit dem Tag-Nacht-Wechsel synchronisierten *(zirkadianen)* Periodik gesteuert wird. - **Der Schlafwach-Rhythmus** des Menschen und der Tiere entspricht einem selbsterregten Oszillator mit der 24-Stunden-Tagesperiodik als äußerstem Zeitgeber. Die verschiedenen vegetativen und psych. Tagesrhythmen (tagesperiod. Schwankungen sind am Menschen u. a. für die Körpertemperatur, für die Herz- und Atemfre-

Schlaf

quenz und insgesamt für mehr als 100 Körperfunktionen festgestellt worden) gehorchen einer ganzen Reihe solcher zirkadianer Oszillatoren (oft mit unterschiedl. Periodendauer), die z. T. miteinander, z. T. durch äußere Zeitgeber (neben der Hell-dunkel-Periodik z. B. auch soziale Faktoren) synchronisiert sind. Daß die erwähnten tagesrhythm. Abläufe nur indirekt vom S.-wach-Rhythmus abhängen, geht z. B. daraus hervor, daß ihre Tagesperiodik auch bei S.entzug weiterläuft und bei Schichtarbeitern eine Dissozation zw. der S.-wach-Periodik und verschiedenen vegetativen Rhythmen beobachtet werden kann. Wird der äußere Zeitgeber versuchshalber oder durch einen Flug nach Osten oder Westen einmalig verstellt, so dauert es häufig mehrere Perioden, bis die Synchronisation mit der endogenen Periodik wiederhergestellt ist.

Lückenhaft sind noch die Einsichten in die Bedeutung des S. als Erholungsphase des Organismus, insbes. des Zentralnervensystems. S. ist nicht einfach ein Ausdruck von Inaktivität und Ruhe im Bereich größerer Gehirngebiete, sondern eher eine Umstellung der Gehirnfunktionen. Die Theorien des S.-wach-Verhaltens gingen früher häufig von der Annahme aus, daß es Ermüdungsstoffe gebe, die sich während des Wachzustandes im Gehirn anhäufen und auch im Blut nachzuweisen seien (*chem. Theorie* vom Wachen und Schlafen); gegen eine solche Annahme sprechen u. a. die Beobachtungen an siames. Zwillingen, deren S.-wach-Rhythmen nicht aneinander gekoppelt sind. - Die *biochem. Theorie* des Wachens und Schlafens geht davon aus, daß die Monoamine Serotonin und Noradrenalin, die im Bereich bestimmter Kerngebiete des Gehirnstamms als Übertragersubstanzen vorkommen, für die geregelte Abfolge bestimmter S.phasen entscheidend sind. - Nach der neueren Forschung spricht manches für eine bes. Rolle des Zwischenhirns im Rahmen des S.-wach-Rhythmus, für den offensichtl. verschiedene Gehirngebiete verantwortl. sein können († Schlafzentrum).

Ebenso wie die Aufmerksamkeit im Wachen variieren kann, ändert sich auch die **Schlaftiefe**, kenntlich an der Stärke des zur Unterbrechung des S. erforderl. Weckreizes. Mit Hilfe des Elektroenzephalogramms (EEG) lassen sich die folgenden *S.stadien* unterscheiden: **Tiefschlaf** (Stadium E): fast ausschließl. mit langsamen, großamplitudigen Deltawellen; **mitteltiefer Schlaf** (Stadium D): mit Deltawellen und K-Komplexen; **Leichtschlaf** (Stadium C): mit Deltawellen und sog. S.spindeln; **Einschlafen** (Stadium B): mit flachen Thetawellen und mit Rückgang des Alpharhythmus); das entspannte **Wachsein** (Stadium A) schließlich ist durch Vorherrschen des Alpharhythmus gekennzeichnet. Während einer Nacht werden die verschiedenen S.stadien (bei insgesamt abnehmender S.tiefe) drei bis fünfmal durchlaufen, begleitet von phasischen Schwankungen zahlr. vegetativer Funktionen. Auffallende vegetative Schwankungen werden beobachtet, wenn das Stadium B durchlaufen wird: Der Muskeltonus erlischt, und auch die Weckschwelle ist hoch (ganz ähnl. wie im Stadium E), obwohl das EEG Einschlafcharakteristika aufweist (*paradoxer Schlaf*). Bezeichnend ist ferner das salvenartige Auftreten rascher Augenbewegungen („rapid eye movements"), daher auch die Bez. **REM-Phase** des S. oder *REM-S.* für den paradoxen S. (dauert mehrere Minuten bis etwa $1/2$ Stunde, drei- bis sechsmal während der Nacht), im Ggs. zu den übrigen Phasen (*NREM-S.* [= Non-REM-S.], auch synchronisierter oder Slow-wave-S., SW-S.). Charakteristisch für den REM-S. ist weiter die lebhafte Traumtätigkeit (jedoch kommen Träume auch im NREM-S. vor).

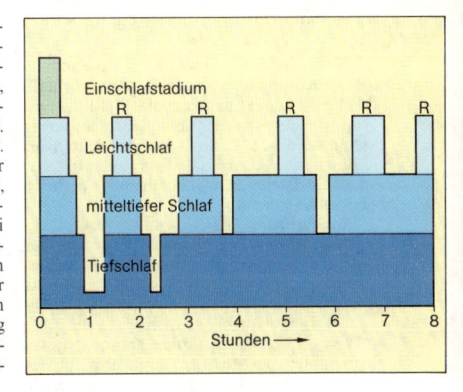

Schlaf. Schematische Darstellung der Schlafstadien während eines achtstündigen Schlafes.
R = REM-Phase

Im Verlauf des menschl. Lebens nimmt die **Schlafdauer** ab (beim Neugeborenen tägl. etwa 16 Stunden, beim Kleinkind 14–13, bei Kindern und Jugendlichen 12–8, bei Erwachsenen bis zu 40 Jahren 8–7 und im späten Alter etwa sechs Stunden). Mit dem Lebensalter nimmt nicht nur die Gesamtschlafzeit, sondern auch der Anteil des REM-S. an der S.zeit ab (bei Neugeborenen etwa 50%, bei Kindern und Jugendlichen etwa 25–20%, bei Erwachsenen etwa 20% der Gesamtschlafzeit).

📖 Faller, R.: *Gesünder schlafen - aber wie?* Niedernhausen 1980. - Dunkell, S.: *Körpersprache im S.* Mchn. 1979. - Fink, N.: *Lehrb. der S.- u. Traumforschung.* Mchn. ²1979. - Schubert, F. C.: *Einschlafverlauf u. Einschlafstörungen.* Ffm. 1978. - *The nature of sleep. Die Natur des S. La nature du sommeil.* Mit dt., engl. u. frz. Beitr. Hg. v. U. J. Jovanović. Stg.

Schlafapfel

1973. - Koella, W. P.: Physiologie des S. Stg. 1973.

Schlafapfel (Rosenapfel, Rosenkönig, Rosenschwamm, Bedeguar), Bez. für rundl. Gallen auf der Hundsrose, die durch Larvenfraß der Gemeinen Rosengallwespe verursacht werden; bis 5 cm dick, tanninhaltig, mit grüner oder gelber bis rötl., moosähnl., zottiger Oberfläche; enthalten eine oder mehrere Larvenkammern.

Schlafbaas ↑Baas.

Schläfen [Mrz. von Schlaf zur Bez. der Stelle, auf der man beim Schlafen liegt] (Tempora), die bei den Wirbeltieren beiderseits oberhalb der Wange zw. Auge und Ohr gelegene Kopfregion. Beim Menschen liegt im S.bereich die flache Grube (*S.grube*, Fossa temporalis) des ↑Schläfenbeins, über die der mächtige S.muskel hinwegzieht. An den S. verlaufen die von der äußeren Halsvene ausgehenden oberflächl. *S.venen* und die an der äußeren Halsschlagader entspringende *S.schlagader* (*S.arterie*, Aorta temporalis).

Schläfenbein (Temporale, Os temporale), paariger Schädelknochen verschiedener Säugetiere, auch des Menschen, der zw. Hinterhaupts-, Keil- und Scheitelbein liegt; bildet den knöchernen Anteil der Schläfen sowie einen Teil der Schädelbasis und entsteht aus der Verschmelzung von Felsenbein, Paukenbein und Schuppenbein; zu diesen Knochenelementen kommt noch der ursprüngl. dem Zungenbeinbogen zugehörige Griffelfortsatz. Das S. trägt den äußeren Gehörgang sowie die Gelenkgrube für den Unterkiefer. Am **Warzenfortsatz** (Processus mastoideus) hinter dem äußeren Gehörgang setzt der Kopfwendemuskel an.

Schläfenlappen ↑Gehirn.

Schlafkrankheit (Hypnosie), krankhafte Schläfrigkeit, z. B. bei Gehirnentzündung v. a. aber bei der **afrikan. Schlafkrankheit** (afrikan. Trypanosomiase, Nalanane): Durch Trypanosomaarten verursachte, durch Stechfliegen (Tsetsefliegen) vom Menschen auf den Menschen übertragene schwere, zwei bis sechs Jahre andauernde Infektionskrankheit in Äquatorial- und Südafrika; mit schubartigfieberhaftem Verlauf, Milz-Lymphknoten-Schwellungen, Beteiligung des Zentralnervensystems (Schlaflosigkeit, Unruhe und Reizbarkeit, dann Schlafsucht, Apathie, Lethargie) und schließl. körperl. Verfall, Koma und Tod durch Meningitis oder Enzephalomeningitis. Prophylaxe v. a. durch Bekämpfung der Stechfliegen.

Schlaflosigkeit (Asomnie), durch psych. Reaktionen (z. B. Schuldgefühle, Ängstlichkeit) oder Krankheiten (z. B. Herzinsuffizienz) bedingte Störung des dem jeweiligen Lebensalter entsprechenden Schlafverhaltens. Man unterscheidet Einschlafstörungen und Durchschlafstörungen (die bes. im Alter und bei fieberhaften Erkrankungen auftreten).

Schlafmäuse, svw. ↑Bilche.

Schlafmittel (Hypnotika, Somnifera, Hypnagoga), auf das Zentralnervensystem wirkende Mittel mit allg. beruhigender und dämpfender Wirkung, die dazu dienen, Müdigkeit und Schlaf zu erzeugen bzw. den natürl. Schlaf zu verlängern. Für den prakt. Gebrauch unterscheidet man *Einschlafmittel* mit kurzdauernder Wirkung, *Durchschlafmittel* (Wirkungsdauer sechs bis sieben Stunden) und *Dauerschlafmittel* (mit mehr als achtstündiger Wirkung und Folgeeffekten wie Schwindel und Benommenheit). Vom chem. Aufbau her gehören die S. in folgende Gruppen: Alkohole und Aldehyde (Chloralhydrat, Paraldehyd und, mit bestimmten Nebeneffekten, die seine Anwendung als S. einschränken, auch Äthanol), Carbaminsäurederivate, Harnstoffderivate, Piperidinderivate und bes. die Barbitursäurederivate (Barbiturate). Die S.einnahme führt nicht selten zu chron. Gebrauch und chron. S.mißbrauch (Gewohnheitsbildung, Medikamentenhunger und Entziehungssymptome).

Schlafmittelvergiftung, durch Schlafmittel (meist Barbiturate) verursachte akute Vergiftung mit tiefer Bewußtlosigkeit und drohender Atem-(und Kreislauf-)Lähmung.

Schlafmohn ↑Mohn.

Schlafmoose, svw. ↑Astmoose.

Schlafstadt ↑Stadt.

Schlafsucht (Hypersomnie), krankhaftes Schlafbedürfnis, u. a. bei Vergiftungen und Gehirnkrankheiten (Gehirntumor, Gehirnentzündung).

Schlaftherapie, zu therapeut. Zwecken mit Hilfe von Medikamenten bewirkter Schlafzustand (↑Heilschlaf).

Schlaftiefe ↑Schlaf.

Schlaf-wach-Rhythmus ↑Schlaf.

Schlafwagen ↑Eisenbahn (Reisezugwagen).

Schlafwandeln (Nachtwandeln, Mondsucht, Mondsüchtigkeit, Lunatismus, Noktambulie, Noktambulismus, Somnambulie, Somnambulismus), das Ausführen komplexer, z. T. wohlkoordinierter Handlungen (wie Aufstehen, Herumlaufen) während des Schlafs; der Betroffene kann sich nach dem Aufwachen nicht mehr daran erinnern. S. beruht im wesentl. auf einer gestörten Weckreaktion infolge unsynchronisierten Ablaufens der Schlaf- und Wachzustände und ist bes. bei Kindern und Jugendlichen sowie bei Neurotikern anzutreffen. Ein Zusammenhang mit dem Mondschein ist nicht nachweisbar.

Schlafzentrum, nicht einheitl. Steuerungszentrum für den Schlaf-wach-Rhythmus, vermutlich mehrere Strukturen im Gehirnstamm, v. a. im mittleren Thalamus, dessen elektr. Reizung Schlaf auslöst. Dasselbe wird auch bei Reizung des vordersten Bereichs (Vorderhörner) der Seitenventrikel des

Schlagbohrmaschine

Endhirns erreicht. Reizung in der *Formatio reticularis* (maschenförmig angeordnete Zellverbände des Zentralnervensystems im Thalamus, Gehirnstamm und oberen Rückenmark aus von Nervenzellfasern durchbrochenen Nervenzellen) bewirkt demgegenüber das Aufwachen aus dem Schlaf unter Aktivierung der Gehirnzentren und der Muskelmotorik, so daß dieser Bereich als **Weck-** bzw. **Wachzentrum** angesehen wird.

Schlag, in der *Tierzucht* Teilgruppe einer Haustierrasse, die sich durch typ., einheitl. abweichende, vorwiegend genet. fixierte Merkmale (z. B. Größe, Zeichnung) von der Norm des Rassetypus unterscheidet.

♦ in der *Landwirtschaft* Bez. für ein zusammenhängendes und i. d. R. mit nur einer Pflanzenart bestandenes Teilstück der Wirtschaftsfläche eines Betriebs.

♦ in der *Forstwirtschaft* Bez. für: 1. die kleinste Wirtschaftseinheit; 2. den Ort, an dem Bäume gefällt werden, und für das Fällen (Einschlag, Hieb) selbst.

♦ umgangssprachl. svw. ↑Schlaganfall.

♦ bei *Singvögeln* ein lautes, in abgesetzten Strophen vorgetragenes Lied.

♦ Art und Stärke der Drehung der einzelnen Litzen bei der Herstellung von Seilen.

♦ *seemännisch:* Ein um einen Gegenstand gelegtes Tauende; die Segelstrecke auf einem Kurs; eine Bewegungseinheit beim Rudern; das kurzzeitige Drehen der Schiffsschraube zum Manövrieren.

Schlagadern, svw. ↑Arterien.

Schlaganfall (Hirnschlag, Gehirnschlag, Schlagfluß, zerebraler Gefäßinsult, vaskulärer zerebraler Insult, Apoplexie, Apoplexia cerebri), u. U. nach flüchtigen Vorläufern schlagartig einsetzende schwere Funktionsstörung des Gehirns durch Verminderung oder vollständige Unterbrechung der Blutversorgung umschriebener Gehirnbezirke. Ursache von Durchblutungsstörungen können Herzversagen und Blutdruckabfall, (bes. arteriosklerot.) Veränderungen der Gefäßbahn, Gehirnblutungen (bes. im Bereich der Pyramidenbahn) oder Gefäßverschlüsse in Form einer Embolie oder einer Thrombose sein.

Zwei Drittel aller S. sind sog. **ischäm. Insulte,** d. h. Fälle von zerebraler Minderdurchblutung auf arteriosklerot. Grundlage, bei denen neben der Gefäßstenose v. a. die Blutdrucksenkung (durch Herzinsuffizienz oder Herzrhythmusstörungen) eine entscheidende, anfallsauslösende Rolle spielt. Solche Insulte kommen bei Männern und Frauen annähernd gleich häufig vor, und zwar meist jenseits des 60. Lebensjahrs (bes. zw. dem 70. und 80.). Blutdruckabfall kennzeichnet, beim **Belastungsinsult** nach körperl. Belastung. Der klass., voll ausgebildete S. infolge zerebraler Minderdurchblutung im Gebiet der Arteria cerebri media ist in erster Linie durch die plötzl. halbseitige Lähmung (bes. im Bereich eines Arms und einer Gesichtshälfte; auch durch Aphasie) gekennzeichnet. Nur bei einem Teil der Betroffenen kommt es zu einer mehr oder minder langdauernden Bewußtlosigkeit. Anfangs sind die Lähmungen meist schlaff, und die meisten Reflexe sind normal oder geringgradig vermindert. Kopf und Augen der Kranken sind vom (einseitigen) Krankheitsherd abgewendet. Nach einiger Zeit geht die schlaffe in eine spast. Lähmung über; am Arm überwiegt die Beugung, am Bein die Streckung. Kopf und Augen sind jetzt dem Herd zugewandt. Ein Fünftel der Betroffenen stirbt am ersten S., zwei weitere Fünftel sterben nach neuerl. Schlaganfällen.

Neben den schweren ischäm. Insulten mit langdauernden und oft irreparablen Ausfällen gibt es auch **intermittierende zerebrale Ischämien** (sog. *Berührungen* oder *Streifungen*) mit entsprechend kurzdauernden Ausfallerscheinungen (kurze Bewußtlosigkeit, kurzdauernde Muskelschwäche, auch Wortfindungsstörungen), die sich wiederholen und von einem schweren Insult gefolgt sein können. Die Behandlung des ischäm. Insults besteht in Maßnahmen zur Stabilisierung bzw. Normalisierung des Blutdrucks und der Herzfunktion (bes. des Herzrhythmus), in der Gabe von Kortikosteroiden und - bei intermittierender Ischämie - evtl. auch von Antikoagulanzien.

Mit 10–20% aller Fälle von S. sind die ↑Gehirnblutungen als auslösende Ursache weitaus seltener. 90% der von ihr Betroffenen sind etwa 40–50 Jahre alt, 80% leiden an Bluthochdruck.

Beim S. durch *Gehirnembolie* (rd. 10% aller Fälle; häufig im Anschluß an einen Herzinfarkt oder bei Mitralstenose mit Vorhofflimmern) setzen die Erscheinungen (z. B. Halbseitenlähmung, evtl. mit Aphasie) schlagartig, auch tagsüber, und ohne Bewußtlosigkeit ein (↑ auch Embolie).

⊞ *Die zerebrale Apoplexie.* Hg. v. G. S. v. Barolin. Stg. ³1985. - Dorndorf, W.: *Schlaganfälle. Klinik u. Therapie.* Stg. ³1983.

Schlagball, mit Baseball und Kricket verwandtes Ball- und Laufspiel zw. 2 Mannschaften zu je 12 Spielern. Die *Schlagpartei* verteidigt das *Schlagrecht,* die *Fangpartei* versucht er, zum *Laufmal* und wieder zurück zu vom *Schlagmal* aus den S. mit einem Schlagholz in das Feld oder in den *Schrägraum* hinter dem Spielfeld zu schlagen; danach versucht er, zum *Laufmal* und wieder zurück zu laufen. Die Fangpartei ist über das *Lauffeld* und den Schrägraum verteilt und versucht, den Ball zu fangen oder zu stoppen, den Läufer über die Seitengrenzen des Lauffelds zu treiben oder den Ball in das leere Schlagfeld zu werfen. Gelingt das, erfolgt Schlagrechtwechsel.

Schlagbohrmaschine ↑Bohren.

239

Schlagbolzen, Teil der Abfeuereinrichtung einer Feuerwaffe; trifft beim Vorschnellen mit seiner Spitze auf das Zündhütchen und zündet die Treibladung.
Schlageisen, meißelförmiges Werkzeug zur Steinbearbeitung.
◆ svw. ↑Fangeisen.
Schlägel, altes Bergmannswerkzeug in Form eines Doppelhammers (Fäustel). *S. und Eisen* (gekreuzt) sind das Symbol der Bergleute.
◆ ↑Schlegel.
schlagende Wetter ↑Schlagwetterexplosion.
Schlager, ein Musikstück, das Erfolg hat, das „einschlägt" (erstmals Wien um 1880). In dieser Bed. oft durch „Hit" ersetzt, ist S. heute auch eine Art Gattungsbez. für einen deutschsprachigen, liednahen Typ der Unterhaltungsmusik. - Er ist das meist kurzlebige, stroph. Erfolgslied (das freil. zum ↑Evergreen werden kann) mit einprägsamer Titelzeile und - oft wirkungsentscheidendem - Refrain. Musikal. kommt er im wesentl. mit dem tradierten Vorrat volkstüml. Musik aus: Dreiklangs- und Sequenzmelodik; wenige, allerdings durch Reizdissonanzen bereicherbare Harmonien; schemat. Form; marsch- und tanzgeprägte, stark mod. beeinflußte Rhythmik. Immer wieder werden folklorist., „exot." Reiz mitverarbeitet. Die „Aufmachung" durch Arrangement, Aufnahmetechnik, aktuelle klangl. Einkleidung und persönl. Note des Vortrags durch den „Star" ist wesentlich. - Trotz der engen Begrenzung von Grundthemen (Liebe, Fern- und Heimweh, Glücksverlangen) und musikal. Substanz sind neben Kitsch (Schnulze) oder zweideutigem Humor auch anspruchsvollere, chansonartige satir. oder sozialkrit. S. möglich. - S. waren urspr. v. a. Couplets, Chansons, Tanz- und Marschlieder aus Oper und Operette, die als bes. „zündend" gesondert populär wurden; bald entstanden auch eigenständige, bereits als „S." vorgesehene Stücke. Seit 1900 wird der S. in wachsendem Maß nicht mehr durch Vorführung von Kapellen und Sängern oder Notenverkauf, sondern v. a. durch die Massenmedien Schallplatte, Radio, Tonfilm, Fernsehen verbreitet. Das verstärkt die Rolle der aufnahmetechn. Zubereitung, des „Sounds", sowie das Tempo der mod. Veränderungen und die Intensität des internat. Austauschs. Der Popularität hilft ein straffes, vielgliedriges Marketing- und Reklamesystem (Hitparaden in Hör- und Fernsehfunk, Popzeitschriften, Schlagerfestivals, Fanklubs, Musikbox u. a.) nach.

📖 *Kraushaar, E.: Rote Lippen. Die ganze Welt des dt. S. Regensburg 1983. - Sacher, W.: S.erotik u. Sexualerziehung. Hannover 1977. - Kemmelmeyer, H. J./Wehmeier, R.: Der S. Regensburg 1976. - Kayser, D.: S. - Das Lied als Ware. Stg. ²1976. - Mezger, W.: S. Tüb. 1975.*

Schlageter, Albert Leo, *Schönau im Schwarzwald 12. Aug. 1894, †Golzheimer Heide (= Düsseldorf) 26. Mai 1923, dt. Offizier und Freikorpskämpfer. - Nach 1918 Freikorpseinsätze in Lettland, im Ruhrgebiet und in Oberschlesien; schloß sich Ende 1922 der NSDAP-nahen Großdt. Arbeiterpartei an; wegen Beteiligung an Sabotageaktionen gegen die frz. Besatzung im Ruhrgebiet im April 1923 verhaftet, von einem frz. Kriegsgericht zum Tode verurteilt und hingerichtet.
Schlagfalle (Totschlagfalle), ein zu jagdgesetzl. geregelten Zeiten v. a. gegen Marder, Iltis und Wiesel eingesetztes Fanggerät: ein geschlossener Kasten mit röhrenförmigen Zugängen. Das einschlüpfende Tier wird mit Hilfe eines nach dem Mausefallenprinzip konstruierten Mechanismus getötet.
Schlagfluß, svw. ↑Schlaganfall.
Schlaghärteprüfung ↑Härteprüfverfahren.
Schlaginstrumente (Perkussionsinstrumente), Musikinstrumente, deren Töne durch Anschlag (unmittelbar, z. B. Trommel; mittelbar, z. B. Rassel) entstehen. Zu den S. zählen die meisten der ↑Idiophone und ↑Membranophone, aber auch einige ↑Chordophone (z. B. Hackbrett und Klavier). S. gibt es mit bestimmten (z. B. Pauke, Glocke) und unbestimmten (z. B. Trommeln, Becken) Tonhöhen.
Schlagmann, beim Rudersport der dem Heck am nächsten sitzende Ruderer; bestimmt die ↑Schlagzahl.
Schlagnetz (Schlaggarn), zum Lebendfang von Vögeln benutztes zweiteiliges Netz, das über dem Futterplatz (Kirrplatz) nahe dem Boden ausgelegt wird. Es schlägt durch Betätigung der Zugleine über dem Fang zusammen.
Schlagobers, östr. für Schlagsahne.
Schlagrahm, svw. Schlagsahne.
Schlagreim ↑Reim.
Schlagring, ringförmige, mit Spitzen und Kanten versehene, um die Finger der Hand zu streifende Schlagwaffe. Nach § 37 WaffenG sind Herstellung, Erwerb und Gebrauch verboten.
Schlagsahne (Schlagrahm), steif schlagbare Sahne, Mindestfettgehalt 30%; wird nach Bedarf gesüßt und/oder aromatisiert (↑auch Rahm).
Schlagschatz (Münznutzen, Münzgewinn), der Reingewinn, der sich in der Münzprägung aus der Differenz zw. den Münzkosten und dem (i. d. R. höheren) Kurswert der fertigen Münzen ergibt; er ist um so größer, je unedler und damit billiger das Münzmetall ist; der Wunsch, ihn zu steigern, war im älteren Münzwesen ein häufiger Antrieb zur Münzverschlechterung, bes. bei Scheidemünzen, und trug wesentl. zum Scheitern der Reichsmünzordnung bei.
Schlagseite, Neigung eines Schiffes in

Querrichtung durch Winddruck, unsachgemäßes Laden, übergehende Ladung und ungleichmäßigen Wassereintritt; bedeutet Kentergefahr.

Schlagwerk, vom Zeigerwerk einer Uhr durch einen bes. Steuermechanismus, die sog. *Kadratur (Kadraktur),* gesteuerte Vorrichtung zur akust. Zeitanzeige (z. B. Glockenschlag zur vollen Stunde).

Schlagwetterexplosion, Explosion von Methan-Luft-Gemischen bzw. Grubengas *(schlagende Wetter;* Methangehalt 5–10%) im Kohlebergwerk, ausgelöst durch Funken, Flammen und v. a. durch die Explosion von Sprengstoffen bei der Schießarbeit. S. sind häufig Ursache für eine Kohlenstaubexplosion.

Schlagwort, urspr. svw. schlagendes (treffendes) Wort; kurze, verständl., prägnante, oft an Emotionen appellierende Formulierung, meist als Mittel der Propaganda (z. B. „gelbe Gefahr") bzw. der Werbung (↑ auch Slogan) eingesetzt. Im heutigen Sprachgebrauch werden mit S. im allg. unreflektiert, sinnentleert bzw. verschwommen gebrauchte, vorwiegend polit. Begriffe bezeichnet.

Schlagwortkatalog, Katalog einer Bibliothek, in dem die Bücher unter Stichwörtern (z. B. Ostverträge) verzeichnet sind.

Schlagzahl, im Kanu- und Rudersport Anzahl der innerhalb 1 Minute mit Riemen, Skulls oder Paddeln ausgeführten Schläge.

Schlagzeile, graph. auffallend gestaltete Überschrift zu einem Textbeitrag, v. a. auf der ersten Seite von Zeitungen; soll das Lesebzw. Kaufinteresse wecken und spielt deshalb bei Straßenverkaufs- bzw. Boulevardzeitungen eine große Rolle.

Schlagzeug, die in Instrumentenensembles gebräuchl. Schlaginstrumente, soweit sie nicht auch zu den Saiteninstrumenten gehören. Das S. dient zur Erzeugung von Rhythmen und Geräuschen (Trommeln, Becken, Tamtam, Rasseln) und von bestimmten Tonhöhen, Melodien oder Klängen (Pauke, Gong, Röhrenglocken, Xylophone, Celesta, Vibraphon).

Schlamm, feinkörniges, mit Wasser durchtränktes und dadurch mehr oder weniger fließfähiges Gemisch u. a. aus Lehm, Mergel, Ton, Feinsand, häufig vermengt mit organ. Stoffen; entsteht als Ablagerung von Schwebstoffen auf dem Grund von Gewässern oder durch späteres Aufweichen von feinkörnigem, v. a. tonhaltigem Gesteinsmaterial.

Schlämmanstrich, aus Kalkmilch und feinem Sand bestehender Anstrich für Mauerwerk.

Schlammbad, balneolog. Anwendung von [erwärmtem] moorigem Schlamm in Form von Packungen oder allg. Bädern; u. a. bei Neuralgien, rheumat. Erkrankungen und Frauenleiden.

schlämmen (aufschlämmen), kleine Feststoffteilchen in einer Flüssigkeit (meist Wasser) aufwirbeln, um sie (durch Sieben oder Absetzenlassen) nach Korngrößen zu trennen; wichtig z. B. in der keram. Ind. bei der Aufbereitung von Kaolin und Ton.

Schlammfisch ↑ Kahlhechte.

Schlammfliegen, (Großflügler, Megaloptera) seit dem Perm bekannte Insektenordnung (Überordnung ↑ Netzflügler), die heute mit rd. 120 Arten in den beiden folgenden Fam. weltweit verbreitet ist: **Wasserflorfliegen** (Sialidae): ungefähr 40 Arten; 1–2 cm Länge und 2–4 cm Flügelspannweite; mit breiten, bräunl., netzadrigen Flügeln, die in Ruhe dachförmig über dem Hinterleib zusammengelegt werden; **Corydalidae** (Großflügler i. e. S.): in den Tropen; bis 7 cm Länge und bis 16 cm Flügelspannweite. Die Imagines beider Fam. leben meist in Wassernähe an Pflanzen. Die Larven ernähren sich räuber.; sie leben in Gewässern, ältere mehr im Bodenschlamm.

◆ (Eristalinae) Unterfam. 5–15 mm spannender Schwebfliegen von oft täuschend bienenähnl. Aussehen *(„Mistbienen");* Imagines Blütenbesucher, v. a. an Korbblütlern.

Schlammhüpfer, svw. ↑ Schlammspringer.

Schlammkraut (Limosella), fast weltweit verbreitete Gatt. der Rachenblütler mit annähernd 15 Arten an Flußufern und Teichrändern; mit Ausläufern kriechende Pflanzen mit sehr kleinen, fleischfarbenen und grünl. Blüten.

Schlämmkreide, durch Schlämmen gereinigte, natürl. Kreide; wird u. a. als Pigment für Anstriche und in Zahnputzmitteln verwendet.

Schlammpeitzger (Schlammbeißer, Beitzger, Bißgurre, Misgurnus fossilis), etwa 20–30 cm lange Schmerle, v. a. in flachen stehenden (auch sauerstoffarmen) Süßgewässern M- und O-Europas; Körper sehr langgestreckt, walzenförmig und nach hinten seitl. zusammengedrückt; am Oberkiefer sechs, am Unterkiefer vier Barteln; überwiegend braun bis gelbbraun, mit dunklen Längsbändern.

Schlammschildkröten (Kinosternidae), artenreiche Fam. der Schildkröten in Amerika (außer Kanada); Rückenpanzer meist flach, glatt oder mit Längskielen, Bauchpanzer entweder groß und dann mit je einem Vorder- und Hinterlappen (↑ Klappschildkröten) oder stark reduziert.

Schlammschnecken (Lymnaeidae), weltweit verbreitete Fam. der Wasserlungenschnecken mit zahlr. Arten in Süß- und Brackgewässern (meist auf schlammigem Grund); Schale fast durchweg dünnwandig, je nach Standort sehr variabel, ohne Deckel.

Schlammspringer (Schlammhüpfer, Periophthalmus), Gatt. der Knochenfische (Fam. Grundeln) an trop. und subtrop. Kü-

Schlammsprudel

sten der Alten Welt (bes. am Pazif. und Ind. Ozean), v. a. in der Mangrovezone; Körper langgestreckt; Brustflossen armartig verlängert, mit muskulösem Stiel; Bauchflossen zu Haftorgan verwachsen oder als zwei unabhängig voneinander bewegl. Hebelarme entwickelt; Augen an der Kopfoberseite, ungewöhnl. stark vorgewölbt, unter und über Wasser voll sehtüchtig. - S. verlassen häufig das Wasser. Sie springen und klettern sehr geschickt. Ihre Haut ist gegen Austrocknung geschützt.

Schlammsprudel ↑ Schlammvulkan.

Schlammstrom, 1. svw. ↑ Mure; 2. bei größeren Eruptionen von Schlammvulkanen sich bildender Strom aus Schlamm und Steinen; 3. bei Vulkanausbrüchen sich hangabwärts wälzendes Asche-Wasser-Gemisch.

Schlammteufel ↑ Riesensalamander.

Schlammvulkan (Schlammsprudel, Salse), v. a. in Erdölgebieten durch Gasaustritte entstehende Anhäufungen von Schlamm und Steinen, die entweder Brodelstellen bilden oder an Vulkane erinnernde, über 50 m hohe Kegel aufwerfen.

Schlange ↑ Sternbilder (Übersicht).

Schlange, svw. ↑ Feldschlange. - ↑ auch Geschütze.

Schlangen (Serpentes, Ophidia), Unterordnung der Schuppenkriechtiere mit rd. 2 500, etwa 15 cm bis 10 m langen Arten; Körper stets langgestreckt; Extremitäten fast immer vollständig rückgebildet; Schultergürtel und Brustbein stets fehlend; Wirbel sehr zahlreich, etwa 180 bis 435; bis über 400 frei endende, bewegl. Rippenpaare; Haut trocken, mit hornigen Schuppen und Schildern bedeckt, wird bei der Häutung als Ganzes abgeworfen; äußeres Ohr rückgebildet, Trommelfell stets fehlend; S. sind daher taub und können lediglich „Substratschall" (Bodenerschütterungen) wahrnehmen (bei S. beschwörern reagieren S. nicht akust. auf die Töne einer Flöte, sondern opt. auf deren Bewegungen); Augenlider unbewegl., zu einer „Brille" verwachsen;

Schlangenadler. Gaukler

Nickhaut fehlend; Sehtüchtigkeit des Auges gering; Tast- und Geruchssinn bzw. Geschmackssinn gut entwickelt. Die lange, zweizipfelig gespaltene, am Grund in eine Scheide zurückziehbare Zunge nimmt Riechstoffe auf und überträgt diese zum ↑ Jacobson-Organ („Züngeln" der Schlangen). Manche S. haben hochempfindl. Temperatursinnesorgane, die Wärmestrahlung wahrnehmen und dem Aufsuchen warmblütiger Beutetiere dienen. Die Knochen des Oberkiefers sind nur locker miteinander verbunden und verschiebbar, ebenso die Unterkieferhälften. So können S. unter starker Dehnung des Mund- und Schlundbereichs ungewöhnl. große Beutetiere verschlingen. Da auch der Magen der S. außerordentl. dehnbar ist, können S. nach der Nahrungsaufnahme unförmig anschwellen und anschließend eine wochenlange Verdauungsruhe durchmachen. Alle S. leben von tier. Nahrung, hpts. von Wirbeltieren. Ihre Kloakenöffnung ist quergestellt. Die Begattungsorgane sind (wie bei den Echsen) paarig („Hemipenes"), von denen bei der Kopulation nur eines in die Geschlechtsöffnung des ♀ eingeführt wird. Viele innere Organe sind bei S. extrem langgestreckt, z. B. Herz, Speiseröhre, Magen, Leber, Niere und Geschlechtsorgane. Auch die Lunge ist sehr lang, doch ist der linke Lungenflügel sehr viel kleiner als der rechte oder fehlt vollständig. Die Lunge geht an ihrem hinteren Ende in einen stark dehnbaren Luftsack über, der bei Entleerung das kennzeichnende Zischen der S. hervorruft. Der Schwanz ist knapp körperlang mit Wirbeln versehen; er kann nicht (wie bei den Eidechsen) abgeworfen und regeneriert werden. Fast alle S. legen Eier, nur manche sind lebendgebärend (u. a. Boaschlangen, die Kreuzotter und manche Seeschlangen). - Die Fortbewegung der S. erfolgt üblicherweise durch „Schlängeln" (↑ Fortbewegung). Etwa ein Drittel aller S.arten ist so giftig, daß die Bißwirkung für den Menschen oft sehr gefährl. ist (↑ Giftschlangen). Das Gift (↑ Schlangengifte) dient bei S. weniger der Verteidigung als der Erbeutung von Nahrungstieren und der Einleitung der Verdauung durch Enzymwirkung des Gifts.

Geschichte: Wegen ihrer eigentüml. Gestalt und Bewegungsweise sind S. seit den ältesten Zeiten Gegenstand myth. Vorstellungen (z. B. Midgardschlange). Sie werden als Trägerinnen übersinnl. Kräfte, als Seelentiere und Orakeltiere und als häusl. Schutzgeister verehrt. - In der christl. Kunst blieb die Verbindung von Schlange und Sündenfall erhalten.

📖 *Hdb. der Reptilien u. Amphibien Europas. Bd. 3/1:* S. Wsb. 1987. - *Kundert, F.: das neue S.buch in Farbe.* Rüschlikon 1984. - *Griehl, K.:* S. Mchn. 1982.

Schlangenadler (Circaetinae), Unterfam. bis 70 cm langer, vorwiegend Schlangen und Amphibien fressender Greifvögel mit 14 Arten in Wäldern, Savannen, Steppen und

Schlangensterne

felsigen Landschaften der subtrop. und trop. Alten Welt. Eine bekannte Art ist der bussardgroße, bis 60 cm lange **Gaukler** (Terathopius ecaudatus) in M- und S-Afrika.

Schlangenbad, hess. Staatsbad 10 km nw. von Wiesbaden, 313 m ü. d. M., 6 000 E. Thermalquellen (Rheuma, Nerven- und Hauterkrankungen).

Schlangenbeschwörer, in warmen Ländern, in denen Giftschlangen häufig sind, öffentl. (meist gegen Bezahlung) auftretende, oft zunftmäßig organisierte Personen, die durch Flötenspiel Schlangen (v. a. Kobras) zum „Tanzen" bringen. Da Schlangen taub sind, orientieren sie sich rein opt., d. h. sie tanzen nicht nach den Flötentönen, sondern folgen in Abwehr- und Angriffshaltung den Bewegungen des Schlangenbeschwörers. Durch ständiges Reizen läßt sich bei den Tieren eine Reizermüdung erreichen, wonach sie bei genügender Sachkenntnis ohne große Gefahr berührt werden können. - S. sind schon im A. T. (2. Mos. 7, 8–13) bezeugt.

Schlangengifte, die von Giftschlangen durch die Giftzähne übertragenen, für Mensch und Tier hochtox. Substanzen. Sie lassen sich nach ihren physiol. Wirkungen in zwei Gruppen unterteilen: die v. a. bei Seeschlangen und Giftnattern, ferner bei den Klapperschlangen vorkommenden *Nervengifte (Neurotoxine),* die zu Lähmungen des Nervensystems (u. a. Atemnot; Tod durch Ersticken) führen, jedoch beim Überleben keine Schäden hinterlassen, und die v. a. bei Vipern und Grubenottern (ausgenommen Klapperschlangen) vorkommenden *Blutgifte (Hämotoxine),* die v. a. Schmerzen und Blutungen (Tod durch Herz- und Kreislaufversagen) hervorrufen und die beim Überleben umfangreiche Gewebsnekrosen verursachen. Neben der eigentl. Giftwirkung hängen die Folgen eines Giftschlangenbisses beim Menschen sehr stark von dessen Verfassung ab (Alter, Gesundheitszustand, psych. Faktoren; Schocktod bei an sich mäßiger Giftwirkung). Einzige sichere Gegenmittel bei Schlangenbissen sind die spezif. Schlangenseren sowie auch Seren, die gegen die Gifte von Schlangen eines bestimmten Großraums wirken. Als Sofortmaßnahmen bei Schlangenbissen sind v. a. die Verzögerung der Giftresorption (Abbinden der betroffenen Gliedmaßen) und das Entfernen des Giftes aus der Bißwunde (Ausschneiden) wichtig; vielfach wird eine Unterstützung der Atmung empfohlen (Koffein, Kreislaufmittel). - S. bestehen aus Gemischen von bis zu 40 Einzelsubstanzen, unter denen jedoch nur wenige für sich allein tox. sind. Bes. zahlreich sind in den S. Enzyme enthalten, v. a. Peptidasen, Esterasen und Carbohydrasen sowie Aminosäure-Oxidase; sie haben v. a. für den Abbau der Gewebsbestandteile und das Eindringen der Giftstoffe Bedeutung; eine spezielle Giftwirkung haben Phospholi-

pasen, die durch Spalten von Phospholipiden Struktur und Funktion von Zellmembranen schädigen und damit zur Hämolyse führen. Neben den Enzymen finden sich v. a. Polypeptide mit spezif. Giftwirkungen. - S. werden heute vielfach von in sog. Schlangenfarmen gehaltenen Giftschlangen durch vorsichtigen Druck auf die seitl. am Kopf gelegenen Giftdrüsen gewonnen. Das dabei aus den Giftzähnen austretende Gift (0,05 bis 2 cm^3 einer farblosen bis gelben Flüssigkeit) wird meist sofort durch Gefriertrocknung konserviert. S. werden v. a. für die Gewinnung von Schlangenseren benötigt; ferner sind sie ein wichtiges Ausgangsmaterial für die Gewinnung von Enzymen.

📖 *Dunk, K. von der: Giftiere in aller Welt. Mit Gifte-Tabelle ...Augsburg 1984. - Mayr, C.: Giftfibel. Bozen 1984.*

Schlangengürtelechsen ↑ Gürtelechsen.

Schlangenhalsschildkröten (Chelidae), Fam. der Schildkröten in S-Amerika, Australien und Neuguinea; Hals oft stark verlängert.

Schlangenhalsvögel (Anhingidae), Fam. etwa 90 cm langer, schlanker Ruderfüßer mit zwei Arten an Seen und Flüssen der Tropen und Subtropen; gesellig lebende, bräunl. bis schwarze, an den Flügeln weiß und dunkel gezeichnete Vögel; Hals sehr lang; Kopf sehr schlank, mit langem, geradem, dolchartig spitzem Schnabel.

Schlangenholz, svw. ↑ Letternholz.

Schlangenkaktus, (Peitschenkaktus, Aporocactus) Gatt. reichverzweigter, epiphyt. Kakteen mit nur wenigen Arten in Mexiko; mit langen, kriechenden oder hängenden, schlanken Trieben und bis 10 cm langen, rotvioletten Blüten.

◆ (Schlangencereus, Nachtkaktus, Selenicereus) Gatt. kletternder oder rankender Kakteen mit rd. 20 Arten in S- und N-Amerika; strauchig oder säulig wachsende, oft Luftwurzeln ausbildende Pflanzen mit fünf- bis siebenkantigen, langen Trieben und meist großen, nur eine Nacht geöffneten Blüten; bekannteste Art ↑ Königin der Nacht.

Schlangenkopffische (Channidae, Ophiocephalidae, Ophicephalidae), Fam. der Knochenfische mit rd. 25, etwa 15 bis 100 cm langen räuber. Arten in trop. Afrika, in S- und SO-Asien; Körper langgestreckt, mit sehr langer Rücken- und Afterflosse; oft bunt gezeichnet; Nasenöffnung röhrenförmig verlängert; atmen zusätzl. atmosphär. Luft, wodurch sie selbst sehr kleine, flache und verschlammte Gewässer besiedeln können; z. T. geschätzte Speisefische.

Schlangenkraut, svw. ↑ Drachenwurz.

Schlangenmoos, svw. ↑ Keulenbärlapp.

Schlangensterne (Ophiuroidea), mit rd. 1900 Arten formenreichste Klasse der Stachelhäuter; z. T. leuchtend gefärbte und ge-

Schlangenträger

zeichnete Meerestiere (von der flachen Küstenregion bis in Tiefen von fast 7 000 m); mit langen, zylindr., manchmal stark verzweigten Armen (meist fünf, seltener sechs oder sieben), die (im Unterschied zu den ↑ Seesternen) scharf von der Körperscheibe abgesetzt sind; Arme meist sehr bewegl., oft auch sehr leicht brechend, Spannweite 1 cm bis 1,50 m; Darmkanal ohne After.

Schlangenträger ↑ Sternbilder (Übersicht).

Schlangenverehrung, Heilighaltung und kult. Schlangendienst, eine Erscheinung, die dort auftritt, wo die Schlange nicht als unheiml. Chaosmacht oder als Verkörperung des bösen, widergöttl. Prinzips, sondern als positives Numen angesehen wird. Vielfach gilt die Schlange als Seelentier und Fruchtbarkeitsspender. Für Schlangenkult sind afrikan. Gebiete und bes. drawid. Bereiche Indiens charakterist.; in letzteren tritt die Schlange oft als phall. Symbol in Erscheinung.

Schlange-Schöningen, Hans, * Schöningen (Pommern) 17. Nov. 1886, † Bad Godesberg (= Bonn) 20. Juli 1960, dt. Politiker. - MdL in Preußen 1921–28, MdR 1924–32 (DNVP, ab 1930 Christl.-Nat. Bauern- und Landvolkpartei); 1931/32 Reichsmin. ohne Geschäftsbereich und Reichskommissar für die Osthilfe; 1945 Mitbegr. der CDU; 1946 Leiter des Zentralamts für Ernährung und Landw. der brit. Besatzungszone, 1947–49 mit gleichen Funktionen Direktor im Verwaltungsrat des Vereinigten Wirtschaftsgebiets; 1949/50 MdB; 1950–55 erster dt. Generalkonsul bzw. (ab 1953) Botschafter in London.

Schlankaffen (Colobidae), Fam. etwa 45–85 cm körperlanger, schlanker Affen (Gruppe ↑ Schmalnasen); Körper mit meist sehr langem, etwa 15–110 cm messendem Schwanz, langen Gliedmaßen und verkürzten bis vollständig verkümmerten Daumen; Kopf rundl.; Gesicht mehr oder minder unbehaart; Backentaschen fehlend; ausgeprägte Blattfresser mit sehr spezialisiertem, mehrkammerigem Magen und stark gerieften Backenzähnen. Zu den S. gehören u. a. ↑ Languren und **Nasenaffe** (Nasalis larvatus), etwa 60–75 cm körperlang, leuchtend rotbraun mit weißl. Schwanz, mit unbehaartem Gesicht und bis 10 cm langer, gurkenförmiger Nase; in Regenwäldern Borneos.

Schlankbären (Makibären, Olingos, Bassaricyon), Gatt. der ↑ Kleinbären mit fünf Arten, v. a. in den trop. Regenwäldern M- und des nördl. S-Amerikas; Gesamtlänge 75–95 cm bei einer Schwanzlänge von etwa 40–50 cm; Körper schlank, mit rundl., spitzschnauzigem Kopf; überwiegend graubraune Färbung.

Schlankheitskur (Abmagerungskur), Kur zur Verminderung des Körpergewichts bei Fettleibigkeit (↑ Fettsucht); zum Behandlungsbeginn oft kurzdauerndes Fasten oder minimale Kalorienzufuhr (Tee-, Saft-, Obst- und/oder Gemüsetage); anschließend unterkalor. Diät mit wesentl. Reduktion der Fett- und Kohlenhydrataufnahme bei ausreichender Zufuhr von Vitaminen und Spurenelementen (bes. Psych. Führung durch einen Therapeuten und v. a. die Mitarbeit des Übergewichtigen sind entscheidend.

Schlanklibellen (Schlankjungfern, Coenagrionidae, Agrionidae), artenreiche Fam. schlanker Kleinlibellen (↑ Libellen) mit 18 einheim. Arten; Hinterleib rot oder blau (♂) bzw. gelbgrün, ocker oder orangefarben (♀) mit schwarzer Zeichnung; schlechte Flieger; oft in großer Zahl auf Uferpflanzen. Die bekannteste und häufigste Art ist die 23–30 mm lange **Hufeisenazurjungfer** (Coenagrion puella).

Schlanklori ↑ Loris.

Schlaraffenland [zu mittelhochdt. slūraffe „herumschlendernder Müßiggänger"], märchenhaftes Land, in dem es schmackhafte Nahrung im Überfluß gibt, wo Faulheit verdienstvoll und Fleiß das größte Laster ist; wahrscheinl. eine Parodie auf die Vorstellung von den paradies. Zuständen der Urzeit. Schon antikes Motiv; erscheint 1494 als *Schluraffenland* bei S. Brant, 1530 in einem Versschwank bei H. Sachs.

Schlatter, Adolf, * Sankt Gallen 16. Aug. 1852, † Tübingen 19. Mai 1938, schweizer. ev. Theologe. - Prof. für N. T. und systemat. Theologie in Greifswald, Berlin und Tübingen. Schwerpunkt seiner Arbeit war die Erforschung des N. T. und seiner jüd.-rabbin. Parallelen. - *Werke:* Erläuterungen zum N. T. (13 Tle., 1887–1910), Das christl. Dogma (1911).

Schlauch, biegsame, rohrartige Leitung aus Kunststoff, Gummi, bes. Geweben u. a. für Flüssigkeiten und Gase, als Isolier-S. auch zur elektr. Isolierung (z. B. das Bougirohr). Der *Metall-S.* ist ein schraubenförmig gewundenes Metallband, in dessen ineinandergreifende Kanten ein Gummifaden oder Asbestschnur (für hohe Temperaturen) als Dichtung eingelegt ist. Schläuche für die verschiedensten Verwendungszwecke sind nach DIN genormt (z. B. Bremsschläuche).

Schlauchalgen (Röhrengrünalgen, Siphonales), Ordnung der Grünalgen in den gemäßigten und wärmeren Meeren mit sehr vielgestaltigen, aber immer querwandlosen Thalli; Zellwand umschließt einen einzigen Protoplasten mit vielen Zellkernen; nur die Fortpflanzungsorgane sind durch Querwände abgetrennt.

Schlauchboot, als Sportboot, Beiboot, Rettungsboot verwendetes, mit einem schlauchförmigen, meist in mehrere Kammern unterteilten, aufblasbaren Auftriebskörper (z. B. aus mehrschichtigem Kunststoffgewebe) versehenes flaches Wasserfahrzeug; häufig mit Außenbordmotor.

Schlauchflechten (Askomyzetenflechten), Bez. für diejenigen Flechten, bei denen ein Schlauchpilz den Partner bei der Symbiose bildet. Zu den S. gehört der weitaus größte Teil der heute bekannten rd. 16 000 Flechtenarten. - Ggs. ↑Ständerflechten.

Schlauchpilze (Askomyzeten, Ascomycetes), größte Klasse der höheren Pilze, mit rd. 30 000 heute bekannten Arten weltweit verbreitet; systemat. Einteilung noch nicht völlig abgesichert. Gemeinsames Merkmal aller S. ist die geschlechtl. Fortpflanzung durch Gametangiogamie von Antheridium und *Askogon* (einem blasenförmig angeschwollenen, später die Aszi ausbildenden Oogonium). - Viele S. sind Pflanzenschädlinge, z. B. Erstickungsschimmel und Mehltaupilze. Der Pinselschimmel liefert Antibiotika. Im Gärungsgewerbe werden Hefepilze, als Speisepilze Trüffel und Morchel verwendet.

Schlauchwaage, auf dem Prinzip der kommunizierenden Röhren beruhendes Gerät, dessen zwei Glaszylinder durch einen flüssigkeitsgefüllten Schlauch miteinander verbunden sind. Die S. dient zum Überprüfen gleicher Höhenlage z. B. auf Baustellen.

Schlauchwürmer (Rundwürmer, Nemathelminthes, Aschelminthes), sehr uneinheitl. Tierstamm, in dem Klassen zusammengefaßt sind, deren natürl. Verwandtschaft fragl. ist; rd. 12 500 bekannte, von 0,1 mm bis mehrere Meter (maximal über 8 m) lange Arten; Körper meist ungegliedert und wurmförmig langgestreckt, größtenteils oder vollständig von einer Kutikula bedeckt; zw. Darm und Hautmuskelschlauch fast immer ein flüssigkeitserfüllter, nahezu zellfreier Raum (primäre Leibeshöhle); Blutgefäßsystem fehlend; Darm (wenn vorhanden) mit After; fast stets getrenntgeschlechtl; im Meer, Süßwasser oder an Land, oft parasit. lebend (z. B. Medinawurm bei der Drakunkulose).

Schlaun, Johann Conrad, * Nörde (= Warburg) 5. Juni 1695, † Münster 21. Okt. 1773, dt. Baumeister. - In dem von S. geschaffenen westfäl. Spätbarockstil verschmelzen kraftvolle bodenständige Elemente (Kombination von rotem Ziegel- und gelbem Haustein) mit klassizist. frz. Einfluß und Anklängen an den röm. Hochbarock (Borromini). Sein Hauptwerk ist der Erbdrostenhof (1753–57) in Münster. - *Weitere Werke:* Schloß Augustusburg in Brühl (1724–28, später von F. de Cuvilliés d. Ä. verändert vollendet), Schloß Nordkirchen (1724 ff.), Jagdschloß Clemenswerth bei Sögel (1737–44), Clemenskirche (1744–54) und Residenz (1767–73, nach 1945 wiederhergestellt als Univ.) in Münster.

Schlechten, Bez. für Klüfte in Steinkohlenflözen.

Schlechtleistung ↑positive Forderungsverletzung.

Schlechtwettergeld ↑Arbeitslosenversicherung.

Schlegel, August Wilhelm von (seit 1815), * Hannover 5. Sept. 1767, † Bonn 12. Mai 1845, dt. Schriftsteller, Sprach- und Literaturwissenschaftler. - Bruder von Friedrich von S.; 1796–1803 ∞ mit Karoline S.; ab 1798 Prof. in Jena; Mitarbeit an Schillers „Horen" und dessen „Musenalmanach"; 1798–1800 mit seinem Bruder Hg. der romant. Zeitschrift „Athenäum". Ab 1804 Sekretär, Reisebegleiter und literar. Ratgeber der Madame de Staël. Ab 1818 Prof. für Kunst- und Literaturgeschichte in Bonn (Begründer der altind. Philologie). Als Lyriker in der Nachfolge G. A. Bürgers (Sonette) und F. Schillers (Balladen), als klassizist. Dramatiker („Jon", 1803) unter dem Einfluß Goethes. Bed. v. a. als Systematiker und Verbreiter der Romantik. Ästhetik; entwickelte das unmittelbare Interesse der Romantik an fremden Sprachen und Kulturen zu wiss. Studien der histor. Schule. Dank seiner formalen Virtuosität glänzende Übersetzungen (Dante, Calderón und Shakespeare).

August Wilhelm von Schlegel (um 1825)

S., Dorothea von (seit 1815), * Berlin 24. Okt. 1763, † Frankfurt am Main 3. Aug. 1839, dt. Schriftstellerin. - Tochter M. Mendelssohns; seit 1804 ∞ mit Friedrich von S., mit dem sie in Wien den Mittelpunkt eines literar Kreises bildete. Verf. des Romanfragments „Florentin" (1801).

S., Friedrich von (seit 1815), * Hannover 10. März 1772, † Dresden 12. Jan. 1829, dt. Ästhetiker und Dichter. - Kaufmannslehre in Leipzig, geisteswiss. Studium in Göttingen und Leipzig. Freundschaft mit Schleiermacher; ab 1804 verheiratet mit Dorothea Mendelssohn. Zusammenarbeit mit Fichte, Schelling, Novalis und Tieck; nach seiner Kritik am „Musenalmanach" Bruch mit Schiller. Mitarbeit an verschiedenen Zeitschriften, u. a. „Athenäum", „Teutscher Merkur". 1808 Übertritt zum Katholizismus. Ab 1809 im diplomat. Dienst der östr. Regierung. Hielt in Wien Vorlesungen über Geschichte und Literatur; 1820–23 Hg. der konservativen Zeitschrift

Schlegel

„Concordia". Als Ästhetiker, Literaturtheoretiker und -historiker, Dichter und Kritiker geistiger Mittelpunkt der Frühromantik. Begründete mit seinen Schriften die Theorie der romant. Dichtung („Beiträge zur Kenntnis der romant. Dichtkunst", 1825). S. verstand die Romantik als „progressive Universalpoesie", d. h. als Erschließung der transzendentalpoet. Struktur der Schöpfungswirklichkeit; setzte mit „Charakteristik des Wilhelm Meister" (1798) und „Gespräch über die Poesie" (1800) den Beginn einer wiss. Literaturgeschichtsschreibung. Begründer des Sanskritstudiums und Wegbereiter der vergleichenden Sprachwiss. („Von der Sprache und Weisheit der Inder", 1808). Sein autobiograph., kaum verschlüsselter Roman „Lucinde" (1799) erregte durch das Lob des Müßiganges und bes. durch eine offene Darstellung der romant. freien Liebe einen Skandal.

⌑ *Heine, R.: Transzendentalpoesie. Studien zu F. S., Novalis u. E. T. A. Hoffmann. Bonn ²1985. - Hotz-Steinmeyer, C.: F. Schlegels Lucinde als „Neue Mythologie". Ffm. 1985. - Behrens, K.: F. Schlegels Geschichtsphilosophie (1794–1808). Tüb. 1984. - Behler, E.: F. S. Rbk. 1983. - Michel, W.: Ästhet. Hermeneutik u. frühromant. Kritik. Gött. 1982. - Anton, B.: Romant. Parodieren. Bonn 1979. - Peter, K.: F. S. Stg. 1978. - Huge, E.: Poesie u. Reflexion in der Ästhetik des frühen F. S. Stg. 1971.*

Friedrich von Schlegel

S., Johann Adolf, Pseud. Hanns Görg, * Meißen 18. Sept. 1721, † Hannover 16. Sept. 1793, dt. Schriftsteller. - Bruder von Johann Elias S., Vater von August Wilhelm von S. und Friedrich von S.; Superintendent in Hannover; religiöser Lyriker und moral.-didakt. Lehrdichter („Fabeln und Erzählungen", 1769).

S., Johann Elias, * Meißen 17. Jan. 1719, † Sorø 13. Aug. 1749, dt. Dichter. - Mgl. der Bremer Beiträger. Als Dramatiker löste sich S. unter dem Eindruck Shakespeares von der normativen Poetik Gottscheds und Bodmers und strebte eine philosoph. Fundierung der Dichtkunst an. Versuchte die moral.-didakt. Regeldramatik und lebendige individualist. Gestaltung zu verbinden, z. B. in dem Lustspiel „Der Triumph der guten Frauen" (1748).

S., Karoline, * Göttingen 2. Sept. 1763, † Maulbronn 7. Sept. 1809, dt. Schriftstellerin. - Tochter von J. D. Michaelis; wegen ihrer Verbindungen zum jakobin. Mainzer Klub 1793 inhaftiert; freundschaftl. Beziehungen zu Friedrich S., 1796 ∞ mit dessen Bruder August Wilhelm S., mit dem sie in Jena zum Mittelpunkt des frühromant. Kreises wurde; nach der Scheidung ab 1803 ∞ mit F. W. J. von Schelling.

Schlegel, (Schlägel) Gerät zum Anschlagen von ↑Schlaginstrumenten, ein langer Holzstab mit abgerundetem Ende oder einem Kopf aus Schwamm, Filz, Kork, Leder, Holz, vorwiegend paarig verwendet. Bestimmte S. haben eigene Namen, z. B. die „Stöcke" der Trommel und die „Klöppel" des Hackbretts; oft werden verschiedene S. für dasselbe Instrument verwendet.

♦ landschaftl. Bez. für die Hinterschenkel bestimmter Schlacht- und Jagdtiere. - ↑auch Keule.

Schlehdorn (Schwarzdorn, Prunus spinosa), Rosengewächs, verbreitet von Europa bis W-Asien; bis 3 m hoher, sparriger Strauch mit in Dornen auslaufenden Kurztrieben, doppelt gesägten Blättern und kleinen, weißen, einzeln oder zu zweien im Vorfrühling an laubblattlosen Blütenkurztrieben erscheinenden Blüten; Steinfrüchte (**Schlehen**) klein, kugelig, schwarzbläul. bereift, mit grünem, saurem, sich nicht vom Steinkern lösendem Fruchtfleisch; roh erst nach mehrmaligem Durchfrieren genießbar.

Schl<u>ei</u>, Förde der Ostsee, erstreckt sich, mehrere seenartige Erweiterungen bildend, 43 km landeinwärts bis Schleswig; schmalste Stelle 200 m breit, bis 14 m tief.

Schlei ↑Schleie.

Schleichen (Anguidae), mit Ausnahme von Australien weltweit verbreitete Fam. der Echsen mit rd. 70, etwa 20–140 cm langen Arten; Körper schlangenförmig; Schwanz körperlang oder länger, kann abgeworfen werden; mit bewegl. Augenlidern; Gliedmaßen wohl ausgebildet bis vollkommen reduziert, letzteres z. B. bei der ↑Blindschleiche.

Schl<u>ei</u>cher, August, * Meiningen 19. Febr. 1821, † Jena 6. Dez. 1868, dt. Sprachwissenschaftler. - 1850 Prof. in Prag, ab 1857 in Jena; grundlegende Arbeiten zur systemat. Erforschung des Indogermanischen.

S., Kurt von, * Brandenburg/Havel 7. April 1882, † Neubabelsberg (= Potsdam) 30. Juni 1934 (ermordet), dt. General und Politiker. - 1918/19 wichtigster Mitarbeiter Groeners; ab 1920 Leiter des innenpolit. Referats im Reichswehrministerium, ab 1926 als Oberst Leiter der dem Min. direkt unterstellten Wehrmachtsabteilung. Unter Reichswehr-

Schleiermacher

min. Groener (ab Jan. 1928) faßte S. (nun Generalmajor) im März 1929 alle ministerunmittelbaren Abteilungen im Ministeramt zusammen, was ihm als dessen Chef gestattete, selbständig Politik zu machen. S. nahm den 1928/29 wirksamer werdenden Trend zum autoritär geführten Staat auf und förderte den Sturz Reichskanzler H. Müllers und die Kanzlerschaft Brünings. Nach dem Scheitern seines Plans der „Zähmung" der NSDAP durch Ausweitung der Reg. nach rechts 1931/32 mit Brüning, an dessen Sturz im Mai 1932 er mitwirkte, dann mit dem von ihm vorgeschobenen Kanzler von Papen, unter dem er Juni–Nov. 1932 Reichswehrmin. war, übernahm S. am 3. Dez. selbst das Kanzleramt. Sein Versuch, durch seine Querverbindungen eine sozialpolit. Interessenkoalition aus Gewerkschaften, Zentrum, einem Teil der NSDAP um G. Strasser und anderen Gruppen zustande zu bringen, scheiterte; er mußte am 28. Jan. 1933 zurücktreten. Anläßl. des sog. Röhm-Putsches ermordet.

Schleichfahrt, Bez. für die Unterwasserfahrt eines U-Bootes mit geringstmögl. Fahrtgeräusch, um der Ortung durch feindl. Horchgerät zu entgehen.

Schleichkatzen (Viverridae), Fam. primitiver, meist recht schlanker, ziemI. kurzbeiniger Raubtiere mit über 80 bis etwa fuchsgroßen Arten in Afrika (auf Madagaskar die einzigen Raubtiere), Asien und (mit zwei Arten) in Europa; vorwiegend fleischfressende, in Lebensräumen fast jegl. Art lebende Tiere mit mittellangem bis sehr langem Schwanz, meist mehr oder weniger spitzschnauzigem Kopf und ursprüngl. (wenig differenziertem), vielzähnigem Gebiß. - Zu den S. gehören u. a. ↑Ginsterkatzen, ↑Musangs, ↑Frettkatze und ↑Mangusten.

Schleichwerbung, Werbung für ein Produkt oder Unternehmen in Massenkommunikationsmitteln in nicht für Werbezwecke bestimmten Beiträgen oder in einer Form, die den Werbecharakter verschleiert. Gegen S. gibt es keine gesetzl. Regelung.

Schleiden, Mathias Jacob (Jakob), * Hamburg 5. April 1804, † Frankfurt am Main 23. Juni 1881, dt. Botaniker. - Prof. in Jena und in Dorpat; bed. Arbeiten auf dem Gebiet der Zellforschung. S. erkannte, daß die Zelle in Doppelfunktion die Basis des Lebensprozesses bildet: als in sich abgeschlossene Funktionseinheit einerseits und andererseits als integraler Bestandteil aller Organe bzw. Organismen.

Schleiden, Stadt in der Rureifel, NRW, 170 m ü. d. M., 12 600 E. Holzverarbeitung, Papier-, Glasind. und Kunststoffverarbeitung; Luftkurort. - Entstand im Schutz der 1198 erstmals gen. Burg der Herren (seit 1602 Grafen) von S. - Spätgot. kath. Pfarrkirche (1505–25), Rokokoschloß (1744).

Schleie (Schlei, Tinca tinca, Tinca vulgaris), bis 60 cm langer (jedoch mit 20–30 cm Länge meist kleiner bleibender) Karpfenfisch, v. a. in ruhigen, warmen, pflanzenreichen Süßgewässern Eurasiens; Körper relativ gedrungen, mit auffallend kleinen Schuppen, Rücken dunkelgrün bis grünlichbraun, Seiten heller, messingfarben schimmernd; Mundöffnung klein, mit zwei kurzen Barteln; geschätzter Speisefisch.

Schleier, durchscheinendes bis durchsichtiges Gewebe, das zum Verbergen von Gesicht oder Haar oder auch als Drapierung getragen wird. - Der S. stammt vermutl. aus dem Orient; die Römerinnen (v. a. der Kaiserzeit) trugen ihn; als Schmuck der Braut ist er seit dem 4. Jh. n. Chr. nachweisbar. Im MA war er an verschiedenen Kopfbedeckungen übl., als S. wurden auch einige Hauben selbst bezeichnet. Als mod. Effekt trat der S. dann erst wieder seit dem 18. Jh. auf in Verbindung mit einem Hut, im 19. Jh. auch im Haar befestigt (Tüll). - Der in einigen Ländern übl. Brauch, in der Kirche den Kopf mit einem schwarzen S. zu bedecken, basiert auf I. Kor. 11,5. - Eine Sonderform ist die ↑Mantilla; ↑auch Schador.

◆ bes. die Augenregion bestimmter Vögel umgebender Kranz kurzer Federn, der sich häufig über das gesamte Gesicht ausdehnt *(Gesichts-S.);* v. a. bei Eulenvögeln.

Schleiereulen ↑Eulenvögel.
Schleierkraut ↑Gipskraut.
Schleierling (Cortinarius), artenreiche Gatt. der Lamellenpilze; mit einem in der Jugend zw. Stiel und Hut ausgespannten, zarten, spinnwebenartigen Schleier *(Cortina)* und rostbraunen Sporen. Die Gatt. wird heute in sieben Untergatt. aufgeteilt, von denen die Untergatt. *Schleimkopf* (Phlegmacium; schleimiger Hut; rd. 60 Arten), *Schleimfuß* (Myxacium; Hut und Stiel schleimig-schmierig; 12 Arten) und *Schleierling* i. e. S. (trockener, kahler, filzig-schuppiger Hut; 18 Arten) bes. auffällig sind.

Schleiermacher, Friedrich Daniel Ernst, * Breslau 21. Nov. 1768, † Berlin 12. Febr. 1834, dt. ev. Theologe, Philosoph und Pädagoge. - Aus ref. Familie; 1783–87 Erziehung an Anstalten der Herrnhuter Brüdergemeine; 1787–90 Studium der Philosophie, Theologie und der alten Sprachen in Halle; 1790–93 Hauslehrer; 1796 Prediger an der Berliner Charité, hier enge Berührung mit den Romantikern um die Brüder Schlegel und mit Theologen des aufgeklärten Rationalismus; 1804–06 Prof. der Theologie und Univ.prediger in Halle; seit 1807 wieder in Berlin, dort zus. mit W. von Humboldt Vorbereitung der Univ.gründung; 1810 Prof. an der neugegr. Univ. und erster Dekan der theolog. Fakultät; seit 1811 Mgl. der Akad. der Wiss.; Eintreten für die Union zw. Lutheranern und Reformierten in Preußen. - S. markiert mit seinem *theolog.* Werk einen Höhepunkt und

eine Wende in der Geschichte der prot. Theologie, v. a. durch den Versuch, zw. Theologie und Philosophie eine Verbindung auf der Basis der je eigenen Existenz herzustellen, in der beide untrennbar verbunden sind. Er bestimmt das „Wesen der Religion" als „Anschauung und Gefühl" und definiert Religion schließl. - für die Folgezeit klassisch - als „Gefühl der schlechthinnigen Abhängigkeit". - In seinem *philosoph*. Hauptwerk „Dialektik" (hg. 1839) entwickelt S. als „Principien der Kunst zu philosophiren" ein method. geregeltes Kunstverfahren zur Konstruktion gesicherten Wissens durch Überwindung unterschiedl. Gedanken und [philosoph.] Positionen und leitet damit eine Wende in der ↑ Hermeneutik ein, und zwar zu einer [„universalen"] Hermeneutik als einer „Kunstlehre des Verstehens". Auf dieser Basis entwirft S. eine *Pädagogik*, die (neben der Herbarts) als Begründung der wiss. Pädagogik im 19. Jh. gilt. - S. hat die Theologiegeschichte des 19./20. Jh. entscheidend mitbestimmt, der Einfluß bes. seiner Hermeneutik reicht bis in die Gegenwart, während seine Pädagogik erst im 20. Jh. im Rahmen einer geisteswiss. orientierten Pädagogik zunehmend diskutiert wird.
Weitere Werke: Über die Religion, Reden an die Gebildeten unter ihren Verächtern (1799), Monologen (1800), Vertraute Briefe über „Lucinde" (1800), Grundlinien einer Kritik der bisherigen Sittenlehre (1803), Kurze Darstellung des theolog. Studiums (1810), Der christl. Glaube, nach den Grundsätzen der ev. Kirche im Zusammenhange dargestellt (2 Bde., 1821/22).

F. S. 1768–1834. Hg. v. D. Lange. Gött. 1985. - Burbach, H.: *Das ethische Bewußtsein. Studien zur Systematik der theolog. Ethik Schleiermachers.* Gött. 1984. - Keller-Wentorf, C.: *Schleiermachers Denken.* Bln. 1984. - Maraldo, J. C.: *Der hermeneut. Zirkel. Unters. zu S., Dilthey u. Heidegger.* Freib. 1984. - Barth, U.: *Christentum u. Selbstbewußtsein. Versuch einer rationalen Rekonstruktion des systemat. Zusammenhangs von Schleiermachers subjektivitätstheoret. Deutung der christl. Religion.* Gött. 1983. - Schrofner, E.: *Theologie als positive Wiss.* Ffm. u. a. 1980.

Schleierschwanz (Schleierfisch), Zuchtform des ↑ Goldfischs mit verkürztem, rundl. Körper und stark verlängerten Flossen.

Schleifbox (Schleifboxleder), kräftig gegerbtes Rindsleder, das bei der Zurichtung mit einem glatten Narben erhält; v. a. als Oberleder verwendet.

Schleifen ↑ Oberflächenbehandlung.

◆ (Wetzen) wm. und ornitholog. Bez. für den letzten Teil des Balzliedes von Auer- und Birkhahn; ähnelt dem beim Wetzen einer Sense entstehenden Geräusch.

Schleifenblume (Bauernsenf, Iberis), Gatt. der Kreuzblütler mit rd. 30 Arten im Mittelmeergebiet und in M-Europa; niedrige Kräuter oder Halbsträucher mit weißen, violetten oder roten Blüten (mit zwei größeren äußeren und zwei kleineren inneren Kronblättern) in traubigen Blütenständen. Neben der immergrünen, halbstrauchigen Art *Iberis sempervirens* werden v. a. die anspruchslosen einjährigen Arten als Beetblumen und für Einfassungen kultiviert.

Schleifer (frz. coulé), in der Musik eine Verzierung, ein schneller ↑ Vorschlag mit zwei oder drei stufenweise auf- oder absteigenden Tönen; früher Zeichen ⁀, heute meist (in kleinen Noten) ausgeschrieben.

Schleiffunkprobe, svw. ↑ Abfunkversuch.

Schleiflacke, Lacke, die nach dem Eintrocknen mit Schleifmitteln glattgeschliffen werden und eine sehr widerstandsfähige Oberfläche bilden.

Schleiflade ↑ Orgel.

Schleifmaschine, Werkzeugmaschine, deren rotierender, mit Schleifmittelkörnern besetzter *Schleifkörper* (z. B. Schleifsteine oder Schleifscheiben) Werkstückflächen mit großer Maßgenauigkeit und hoher Oberflächengüte bearbeiten oder auch Werkzeuge schärfen. Man unterscheidet *Rund-S*. zum Innen- oder Außenschleifen zylindr. Flächen und *Flach-S*. zum Schleifen von ebenen Flächen (z. B. Band-S.); *Form-S*. dienen zum Schleifen von Profilen; *Trenn-S*. zersägen mit ihren schnelllaufenden dünnen Schleifscheiben Metallteile.

Schleifmittel, feinkörnige, harte Substanzen (z. B. Quarzsand, Korund bzw. Schmirgel, Borcarbid, Diamant), die als solche oder in Form von Aufschlämmungen, Pasten oder in Formen gepreßt (z. B. als Schleifscheiben) zum Schleifen von Werkstücken dienen.

Schleifnamen, Namen, die früher Handwerker bei der Gesellentaufe (dem sog. Schleifen) erhielten.

Schleifpapier, zum Schleifen verwendetes festes Papier (oder Leinwand; *Schleifleinen*), auf das Schleifmittelkörner aufgeleimt sind; je nach Schleifmittel unterscheidet man Glas-, Sand-, Schmirgelpapier u. a. Zum Feinschleifen von Grundierungen und Lacken werden wasserfest imprägnierte Naß-S. verwendet. Nach der gemäß DIN 69100 vorgenommenen Numerierung ist der Belag um so feinkörniger, je höher die S.nummer *(Körnung)* ist.

Schleifring, metall. Ring an einem elektr. Gerät, mit dessen Federkontakte bei Drehung oder Verschiebung schleifend einen elektr. Kontakt herstellen.

Schleifstein (Schleifkörper), aus Schleifmitteln und einem Bindemittel (gesinterte Tone, Magnesit, Zement oder Kunstharze) hergestellter Kunststein, der zum Schleifen verwendet wird; meist scheibenförmig *(Schleifscheibe).*

Schleifzone, in der Meteorologie Bez. für eine Zone, in der unterschiedlich temperierte Luftmassen mit entgegengesetzter Strömungsrichtung nahezu parallel aneinander entlangströmen. Die S. ist gekennzeichnet durch sehr tiefe Bewölkung, schlechte Sicht und Dauerregen.

Schleim, (Mukus, Mucus) bei *Tier* und *Mensch* das vorwiegend aus ↑ Muzinen bestehende, kolloid-visköse (muköse) Produkt der S.zellen und S.drüsen bzw. der Schleimhaut. Dem S. kommen Schutzfunktion (z. B. im Schleimbeutel oder als Gelenkschmiere [↑ Gelenk] für reibungslose Bewegungen von Körperteilen bzw. Gelenken oder z. B. an der Magenwand gegen die Magensalzsäure) sowie Transportfunktion zu (z. B. im Speichel für die Nahrung oder auf der Darmschleimhaut als Gleitschicht für den Darminhalt). Bei Schnecken unterstützt die S.absonderung der Epidermis das Haften des Fußes an der Unterlage und verringert bei der Kriechbewegung als Gleitmittel die Reibung; sie ist auch, ebenso bei den Amphibien, ein Schutz gegen Austrocknung. Bei den Fischen ist die schlüpfrige S.schicht auf der Haut eine Schutzeinrichtung, die zugleich die Reibung beim Schwimmen herabsetzt.

◆ bei *Pflanzen* mehr oder weniger zähe, nicht fadenziehende Substanzen aus Kohlenhydraten, meist als Reservestoffe in Vakuolen (z. B. bei Zwiebeln, Orchideenknollen, Blättern von Aloearten) und S.gängen (viele Kakteen) enthalten oder aus teilweise verschleimenden Zellwänden gebildet (z. B. Leinsamen).

Schleimbeutel (Synovialbeutel, Bursa mucosa, Bursa synovialis), zw. aufeinander gleitenden Organteilen ausgebildete, von einer stellenweise mit Plattenepithel belegten Wand aus Bindegewebe umschlossene Lücken, die mit einer hochviskösen, der Gelenkschmiere ähnl. Flüssigkeit (Schleim) gefüllt sind. S. stellen Polster gegen Druck und Reibung dar, v.a. an Stellen, wo Muskeln bzw. deren Sehnen und Faszien oder Haut Skelettteile überziehen, z. B. an der Kniescheibe, am Ellbogen, an der Ferse.

Schleimbeutelentzündung (Bursitis), durch Verletzung oder Fortleitung von der Nachbarschaft entstehende Entzündung eines Schleimbeutels, am häufigsten im Bereich des Ellbogen- oder Kniegelenks.

Schleimfischartige (Blennioidei), seit dem Eozän bekannte Unterordnung meist aalförmiger Knochenfische (Ordnung Barschartige) mit zahlr. Arten in trop., gemäßigten und arkt. Meeren (gelegentl. auch in Süßgewässern); wenige cm bis 1,2 m lange Grundfische mit stark oder völlig reduzierten Schuppen, sehr schleimiger Haut und sehr langer (vom Kopfhinterende bis zur Schwanzflosse sich erstreckender) Rückenflosse; Bauchflossen weit nach vorn (in die Nähe der Brustflossen) gerückt, zu fünf Flossenstrahlen oder völlig rückgebildet. Zu den S. gehören u. a. die ↑ Butterfische.

Schleimfische, svw. ↑ Inger.

◆ bis 65 cm lange, arten- und formenreiche Knochenfische in allen Meeren; vorwiegend bodenbewohnende, z. T. räuber. lebende, z. T. sich pflanzl. (bes. von Algen) ernährende Tiere mit meist langgestrecktem Körper, dessen Haut sehr schleimig ist; Schnauze stumpf; Rückenflosse sehr lang; Schwimmblase fehlt.

Schleimhaut (Mukosa, Tunica mucosa), durch das schleimige Sekret von Schleimzellen (Becherzellen) bzw. Schleimdrüsen stets feucht und schlüpfrig gehaltenes, ein- oder mehrschichtiges Epithel (oft ein Flimmerepithel) als Auskleidung von Hohlorganen des Körpers, v.a. des Darms (↑ Darmschleimhaut), der Mund- und Nasenhöhle, der Luftwege und Geschlechtsgänge.

Schleimhautentzündung, mit den kennzeichnenden Merkmalen einer Entzündung (Rötung, Wärme, Schwellung und Schmerzhaftigkeit) einhergehende Entzündung der Schleimhaut. Bes. die S. der Atmungsorgane wird auch Katarrh genannt; zur Magen-S. ↑ Magenerkrankungen.

Schleimhefen, Sammelbez. für hefeartige Schlauchpilze, die sich durch Bildung von Polysaccharidschleimen auszeichnen und von ihnen befallene Flüssigkeiten zäh-viskos machen (↑ Froschlaichgärung). Die S. gären selbst nicht und werden von gärenden Hefepilzen rasch unterdrückt. Sie entwickeln sich bes. in alkohol- und gerbstoffarmen Pflanzensäften, z. B. in Süßmost.

Schleimkopffische (Schleimkopfartige, Beryciformes), den Barschartigen nahestehende, primitive Ordnung der Knochenfische; seit dem Jura bekannt; Körper seitl. abgeplattet, Kopf meist große, schleimerfüllte, von einer dünnen Haut bedeckte Kanäle; verbreitet Stacheln an verschiedenen Körperteilen; Meeresbewohner, auch in der Tiefsee; z. T. geschätzte Speisefische. - Zu den S. gehören u. a. die Laternenfische.

Schleimpilze (Myxomyzeten), Klasse der Pilze mit rd. 500 Arten in etwa 60 Gattungen. Charakteristisch für die S. ist ihr Vegetationskörper, der eine vielkernige, querwandlose Protoplasmamasse *(Plasmodium)* ist. Dieses Plasmodium entsteht durch Verschmelzung vieler amöboider Zellen, die zu Fruchtkörpern (Sporangien) werden. Die ungeschlechtl. Vermehrung der S. erfolgt durch in den Fruchtkörpern gebildete Sporen, die auf feuchtem Untergrund zu *Schwärmern* (Myxoflagellaten) auskeimen. Diese können sich zu einer Zygote vereinigen oder sich durch Geißelverlust zu kriechenden *Myxamöben* entwickeln, die sich ihrerseits durch einen Geschlechtsakt zu einer Zygote vereinigen. Schwärmer und Myxamöben können sich auch durch Teilung vermehren. - Die meisten Arten der S. leben saprophytisch. Die

Schleinzer

Oskar Schlemmer, Bauhaustreppe (1932). New York, Museum of Modern Art

Plasmodien kommen erst bei der Sporenbildung ans Licht.

Schleinzer, Karl, *Sankt Gertraud im Lavanttal 8. Jan. 1924, †bei Bruck an der Mur 19. Juli 1975 (Autounfall), östr. Politiker (ÖVP). - 1956–62 Mgl. des Landtages, 1960/61 der Landesreg. von Kärnten, 1961–64 Verteidigungs-, 1964–70 Landw.min.; ab 1970 Generalsekretär, ab 1971 Bundesobmann der ÖVP.

Schleitheim, Bez.hauptort im schweizer. Kt. Schaffhausen, am Fuß des Randen, 476 m ü.d.M., 1600 E. Holzverarbeitung.

Schleiz, Krst. im nördl. Vogtland, Bez. Gera, DDR, 434–500 m ü.d.M., 8200 E. Metall-, Möbel-, Spielwaren-, Glas- und Textilind. - Entstand um 1284 neben einer dt. Burg; erhielt vermutl. Ende des 13. Jh. Stadtrecht; 1666–1848 Residenz der Herrschaft (ab 1806 Ft.) Reuß-S. - Bergkirche (16. Jh. mit roman. Teilen).

Schlembach, Anton, *Großwenkheim (heute zu Münnerstadt, Landkr. Bad Kissingen) 7. Febr. 1932, dt. kath. Theologe. - Seit 1983 Bischof von Speyer.

Schlemihl, aus der Gaunersprache (letztl. aus dem Hebr.) übernommene Bez. für Unglücksmensch, Pechvogel.

Schlemm [zu engl. slam, eigtl. „Knall, Schlag"], im Bridge und Whist das höchste Spiel, bei dem eine Partei alle Stiche *(Groß-S.)* oder alle Stiche bis auf einen *(Klein-S.)* macht.

Schlemmer, Oskar, *Stuttgart 4. Sept. 1888, †Baden-Baden 13. April 1943, dt. Maler und Bildhauer. - Seit 1906 Studium an der Akad. in Stuttgart, u.a. bei A. Hölzel; 1920 an das Bauhaus in Weimar berufen; 1929 Prof. an der Breslauer, 1932 an der Berliner Akad. (1933 entlassen). - Im Mittelpunkt seines Schaffens, das sich um die Integration der Künste bemüht (Malerei, Plastik, Bühnengestaltung und Tanz), steht die Darstellung des Menschen im Raum. Vom Kubismus ausgehend, entwickelt er durch die Reduktion der menschl. Figur auf geometr.-stereometr. Grundformen gliederpuppenähnl. Figuren, die er in einen konstruktivist. Bezugsrahmen setzt. - *Werke:* Die Bauhaustreppe (1932; New York, Museum of Modern Art), Wandbilder für das Folkwangmuseum, Essen (zerstört), Das Triadische Ballett (1920ff., Draht- und Reifenkonstruktionen, u.a. im Bauhausarchiv, Berlin).

Schlempe [urspr. „Spül-, Abwasser"] ↑Branntwein.

Schlender (Adrienne), weites, taillenloses Übergewand der Rokokozeit.

Schlenken [niederdt.] ↑Moor.

Schlenther, Paul, *Insterburg 20. Aug. 1854, †Berlin 30. April 1916, dt. Schriftsteller. - Theaterkritiker; bed. Förderer des Naturalismus (bes. von H. Ibsen und G. Hauptmann); mit O. Brahm u.a. Begründer der „Freien Bühne"; 1898–1910 Direktor des Wiener Burgtheaters.

Schleppdach ↑Dach.

Schleppe [niederdt.], hinten verlängerter Kleidersaum, auch als separate Stoffbahn, an Schultern oder Kopf (Schleier) befestigt. In der Antike und seit dem MA (12. Jh.) als (höf.) Modeerscheinung, heute noch beim Brautkleid, auch im traditionellen höf. Zeremoniell.

♦ (Geschleppe, Geschleif) wm. Bez. für eine künstl. angelegte Spur oder Fährte mittels eines an einer Leine über den Boden gezogenen Köders; dient zum Anlocken von Raubwild (z.B. Füchse) oder für die Meute bei einer Reitjagd.

♦ (Schleife) landw. Gerät zum Einebnen des Bodens *(Acker-S.)* oder zur Verteilung der Kot- und Maulwurfshaufen auf der Weide *(Fladenschleppe).*

Schlepper (Acker-S., Traktor, Trecker), motorgetriebene Zugmaschine für landwirtsch. Zwecke. Die ersten S. hatten Dreiganggetriebe, eisenbereifte Räder und entwickelten Leistungen bis 12 PS; Fahrgeschwindigkeit 6 km/h. Heutige S. haben mehr als 200 PS (rund 150 kW) Leistung, Getriebe mit bis zu 24 Gängen und Geschwindigkeiten von 1,5 km/h im Kriechgang und 25 km/h und darüber im Schnellgang. Zum Antrieb

Schleppnetz

dient überwiegend der Dieselmotor, in Klein-S. auch der Ottomotor. Zum Betrieb von landw. Maschinen (z. B. Wasserpumpen) oder Anbaugeräten (z. B. Dungstreuer, Bodenfräse) mittels Gelenkwelle dient die Zapfwelle. Mit der Schlepperhydraulik werden hydraul. Hebeeinrichtungen (z. B. Frontlader, Dreipunktgestänge mit der sog. Ackerschiene zum Anbau von Pflügen, Eggen o. ä.) betrieben. Man unterscheidet Rad- und Raupen-(Ketten-)-Schlepper. **Raupenschlepper** eignen sich bes. für moorige Böden. Als Antriebsform bei **Radschleppern** überwiegt der Hinterradantrieb über grobstollige Reifen (mit Wasserfüllung zur Erhöhung der Achslast). **Allradschlepper** (zusätzl. Antrieb der Vorderräder hydraul. oder über Gelenkwelle) finden für Arbeiten bei bes. ungünstigen Bodenverhältnissen Verwendung. Die Differential- oder Ausgleichssperre verhindert das Durchdrehen eines Rades bei geringer Bodenhaftung. Weitere Bauformen sind der **Portal-** oder **Stelzenschlepper** mit übergroßer Bodenfreiheit, der **Schmalspur-** und **Plantagenschlepper** oder der **Einachsschlepper**. Beim **Geräteträger**, einer S.sonderbauart, sitzt der Motor über der Hinterachse. Anbau- oder Arbeitsgeräte werden zw. den Achsen, z. B. am Rahmen hängend, montiert.

◆ Spezialschiff zum Bewegen havarierter, bewegungsbehinderter (z. B. langsamfahrende Schiffe im Hafen) oder motorloser Schiffe oder schwimmender Gegenstände, auf Binnenwasserstraßen oft als *Schubschlepper*. *Hochseeschlepper* erreichen Größen bis zu 75 m Länge und Maschinenleistungen bis 16 000 kW (22 000 PS).

Schleppflug, der Flug eines Motorflugzeugs, das an einem 40–60 m langen *Schleppseil* ein Segelflugzeug auf die zum selbständigen Segelflug erforderl. Höhe bringt.

Schleppnetz, dem Fischfang im Meer dienender, von einem oder zwei Booten (Trawler) gezogener, trichterförmiger Netzsack; er mündet in einen langen, engmaschigen Fangbeutel *(Stert)*, in dem sich der Fang sammelt. Das **Grund[schlepp]netz** *(Trawl)* läuft nach vorn in zwei lange seitl. Flügel mit je einer Zugleine *(Kurrleine;* drei- bis vierfache Fangtiefe lang) aus; es wird (z. T. auf Rollen) über den Meeresgrund gezogen, wobei die Öffnung *(Netzmaul)* durch Ketten- oder Kugelbeschwerung an der Unterseite, Schwimmkörper an der Oberseite sowie zwei seitl. ausscherende, etwa 1,4 × 3 m große Holzbretter *(Scherbretter)* in den Kurrleinen offengehalten wird. Das parallel zur unteren Netzöffnung verlaufende *Rollengeschirr*, ein mit Stahlkugeln oder runden Gummischeiben bestücktes Seil (Stander), schützt das Netz vor Beschädigungen durch auf dem Meeresgrund liegende Hindernisse. Das **Schwimmschleppnetz** *(Flydetrawl)* wird freischwimmend an zwei oder vier Kurrleinen gezogen; große Geräte sind bis 55 m lang, ihre Fangöffnung hat einen Durchmesser von 40 m.

OBERSCHLESIEN, ABSTIMMUNGSGEBIETE

— Grenze Oberschlesiens
— Abstimmungsgebiet am 20. 3. 1921
— Grenze des Deutschen Reiches 1919
⋯ Westgrenze der 1919 von Polen geforderten Gebiete
–·– Korfanty-Linie vom 23. 3. 1921
–·– Le Rand-Linie vom 30. 4. 1921
–·– Percival-de-Marinis-Linie vom 29. 4. 1921
— Teilungslinie vom 20. 10. 1921

Schleppschiffahrt

♦ (Grundnetz, Dredsche, Dredge) durch einen Metallrahmen offengehaltener kleinerer Netzsack, der zu wiss. Zwecken (Fang von Bodentieren, Entnahme von Schlammproben) über den Gewässergrund gezogen wird.

Schleppschiffahrt, Zweig der Binnenschiffahrt, der gewerbsmäßig das Ziehen von unmotorisierten Lastkähnen sowie Flößen mit Schleppern betreibt.

Schlepptender ↑Eisenbahn (Dampflokomotive).

Schleppung, der Bewegungsrichtung entgegengesetzte Verbiegung von Gesteinsschichten an Verwerfungen.

Schlern, bis 2 564 m hoher Gebirgsstock in den Dolomiten, Südtirol, Italien; Naturpark.

Schlesien (poln. Śląsk), histor. Gebiet beiderseits der oberen und mittleren Oder, gliedert in *Oberschlesien* und *Niederschlesien,* das die poln. Verwaltungsgebiete (Woiwodschaften) Zielona Góra, Jelenia Góra, Legnica, Wrocław und Wałbrzych und Teile der Oberlausitz im Bereich der DDR westl. der Lausitzer Neiße umfaßt.

Geschichte: Kurz v. Chr. waren die german. Vandalen Herren von Mittelschlesien. Von dem vandal. Teilstamm der Silingen bekam der Zobten (Siling) seinen Namen, der später dem ganzen Lande S. beigelegt wurde. Nach dem Abzug eines großen Teils der Vandalen und der im Bobergau zeitweilig auftretenden Burgunder nach W und S folgte vom 6.Jh. an das Einrücken von Slawen aus dem S und O. Das um 900 geeinte przemysld. Böhmen reichte bald bis zur Oder, nach 950 auch darüber hinaus, der Oderübergang Breslau wurde um 1000 Vorort aus einem der jungen Bistums. Die Diözese Breslau deutet erstmals eine räuml. Einheit von S. an, das als piast. Teilgebiet eine Sonderentwicklung folgte. Die schles. Piasten teilten sich zunächst (wohl 1173) in 2 Linien; durch weitere Teilungen nach dem Mongoleneinfall 1241 entstanden bis zu 17 Teil-Hzgt., hinzu kam das geistl. Ft. Breslau-Neisse. Die Herzöge förderten die dt. Zuwanderung. Polit. kam die Lehnsbindung an Böhmen und damit der mittelbare Eingang in das Hl. Röm. Reich mit dem Vertrag von Trentschin 1335 und der Prager Einverleibungsurkunde des späteren Kaisers Karl IV. 1348 zum Abschluß. S. litt nach 1420 unter den Hussitenkriegen und den Parteiungen im Hauptland Böhmen. 1526/27 brachte, gemäß Erbverträgen und Prager Wahlakt, Ferdinand (I.), der Kaiserbruder, das Land für mehr als 200 Jahre an das Haus Österreich. Die Gleichzeitigkeit von Reformation und Beginn der Habsburgerepoche war für S. mehrfach schicksalhaft: Es hatte sich auf Prag, von 1620 an auf Wien als polit. Entscheidungszentrale einzustellen, während die Erfolge des Protestantismus eine Ausrichtung überwiegend nach Mittel- und NW-Deutschland bewirkten. Um 1600 waren alle weltl. Fürsten prot., ebenso in fast reichsstädt. Autonomie Breslau; erst Anfang des 17.Jh. kam System in die kath. Restauration. Von 1621 an wurden die schles. Stände, nur zum Teil geschützt durch den sächs. Kurfürsten, zum Objekt des Geschehens. Im Prager und im Westfäl. Frieden (1635 bzw. 1648) blieben Sondervergünstigungen unter internat. Garantie für die letzte Piastenlinie und die Stadt Breslau, verstärkt 1707 durch die Konvention von ↑Altranstädt. Die 3 Schles. Kriege bewirkten und besiegelten 1740–63 den Übergang von $^6/_7$ des Landes an Preußen; $^1/_7$ (das Hzgt. Teschen und Teile des Hzgt. Troppau-Jägerndorf) blieb bis 1918 östr. (nach 1804 Kronland) und wurde dann zw. Polen und der Tschechoslowakei geteilt.

Das Ende des 1. Weltkrieges brachte für Mittel-S. Gebietsverluste in den Kreisen Guhrau, Militsch (poln. Milicz), Groß Wartenberg und Namslau (poln. Namysłów), für Oberschlesien die Abtrennung des Hultschiner Ländchens und schließl. die Teilung zw. Polen und dem Dt. Reich. Nach dem 2. Weltkrieg wurde S. auf Grund des Potsdamer Abkommens mit Ausnahme des kleinen Gebiets westl. der Lausitzer Neiße unter poln. Verwaltung gestellt. In Nieder-S. ist die einheim. dt. Bev. durch Flucht und Ausweisung (Hauptwelle 1945/46: rd. 1,4 Mill. Menschen) (und v.a. seit 1955) durch die Spätaussiedlungen zu einer kleinen Minderheit herabgesunken. Aus dem 1921 beim Dt. Reich belassenen Teil von Ober-S. wurden bis Ende 1947 rd. 170 000 Personen ausgewiesen, rd. 150 000 wanderten 1956–65 aus. Mit dem Dt.-Poln. Vertrag von 1970 begann eine weitere Aussiedlungsphase. - Karte S. 251.

📖 Ullman, K.: *S.-Lex.* Mannheim ⁴1985. - Bartsch, M.: *Die Städte Schlesiens.* Würzburg 1983. - Grundmann, G.: *S.* Ffm. ⁴1979. - *Handbuch der histor. Stätten: S.* Hg. v. H. Weczerka. Stg. 1977. - *Geschichte Schlesiens.* Hg. v. L. Petry u. L. Menzel. Darmstadt ¹⁻³1961–73. 2 Bde.

Schlesinger, James Rodney [engl. 'ʃleɪzɪŋ(g)ə, 'slɛsɪndʒə], * New York 15. Febr. 1929, amerikan. Wirtschaftswissenschaftler und Politiker. - Lehrte bis 1963 an der University of Virginia; 1963–69 Mgl. der Leitung der Rand Corporation; Febr.–Mai 1973 Direktor der CIA; 1973–75 Verteidigungs-, 1977–79 Energieminister.

S., John [engl. 'ʃleɪzɪŋ(g)ə, 'slɛsɪndʒə], * London 16. Febr. 1926, brit. Regisseur. - Seine beiden ersten Spielfilme: „Nur ein Hauch Glückseligkeit" (1961), „Geliebter Spinner" (1963) prangerten die Engstirnigkeit der engl. Kleinbürgertums an; „Asphalt-Cowboy" (1969) zeichnet die amerikan. Gesellschaft als vom Streben nach materiellem Glück besessen, die sich angesichts einer schreckl. Wirklichkeit mit der Illusion zufriedengibt. - *Weite-*

Schleswig-Holstein

re Filme: Sunday, bloody Sunday (1971), Der Marathon Mann (1976), Der Falke und der Schneemann (1985).

S., Klaus ['---], *Berlin 9. Jan. 1937, dt. Schriftsteller. - Setzt sich in seinen realist. Erzählungen („Berliner Traum", 1977), Romanen („Alte Filme", 1975; „Schöne Aussicht", 1980) und Reportagen („Hotel oder Hospital", 1973) mit den Konflikten der jüngsten Vergangenheit und der Gegenwart auseinander. Lebt seit 1980 in Berlin (West). - *Weiteres Werk:* Matulla und Busch (1984).

S., Walter ['---], *Glauchau 28. April 1908, †Weimar (Landkr. Marburg-Biedenkopf) 10. Juni 1984, dt. Historiker. - 1942-45 Prof. in Leipzig, 1954-59 an der FU Berlin, ab 1960 in Frankfurt, seit 1964 in Marburg; Arbeiten zur mittelalterl. Verfassungs- und zur Landesgeschichte.

Schlesisch, ostmitteldt. Mundart, ↑ deutsche Mundarten.

schlesische Dichterschule, seit dem späten 17. Jh. geläufige Bez. für die aus Schlesien stammenden Dichter der Barockzeit. Zur *1. schles. Schule* zählen M. Opitz, P. Fleming, A. Tscherning, J. P. Titz, D. Czepko, zur *2. schles. Schule* D. C. von Lohenstein, C. Hofmann von Hofmannswaldau und A. Gryphius.

Schlesische Kriege, 3 preuß.-östr. Kriege zw. 1740 und 1763 um den Besitz Schlesiens. - Auf Grund der Erbverträge von 1537 der Hohenzollern und der Liegnitzer Piasten fiel Friedrich II. von Preußen in Schlesien ein und löste damit den **1. Schlesischen Krieg** (1740-42) aus. Durch seine militär. Erfolge (Sieg bei Mollwitz, 10. April 1741) und die Ausdehnung des Konflikts zum Östr. Erbfolgekrieg konnte Preußen im Frieden von Berlin (28. Juli 1742) ganz Niederschlesien, Teile Oberschlesiens und Glatz unter seine Herrschaft bringen. - Den **2. Schlesischen Krieg** (1744/45) begann Preußen wegen der diplomat.-militär. Erfolge Österreichs seit 1743. Der Einnahme Prags (16. Sept. 1744) folgten Niederlagen, doch konnte Preußen durch seine Siege bei Hohenfriedeberg (4. Juni 1744), Soor (30. Sept. 1745) und Kesselsdorf (15. Dez. 1745) den Besitz Schlesiens verteidigen. - **3. Schlesischer Krieg** ↑ Siebenjähriger Krieg.

schlesisches Himmelreich, Gericht aus Backobst (Trockenobst) und Rauchfleisch mit Hefe- oder Kartoffelklößen.

schlesische Tracht ↑ Volkstrachten.

Schleswig, Krst. am inneren Ende der Schlei, Schl.-H., 14 m ü. d. M., 29 000 E. Ev. Bischofssitz; ev. Akad. Museen, Theater; Landesbehörden. Nahrungsmittelind., Tauwerkfabrik; Fremdenverkehr. - Entstand als Nachfolgesiedlung des am S-Ufer der Schlei gelegenen ↑ Haithabu nach dessen Untergang im 11. Jh.; bis ins späte 12. Jh. bed. Handelsplatz (1196 erstmals als Stadt bezeichnet); 947/948-1541 (1541-51 ev.) Bischofssitz, seit dem Spät-MA Residenz des Hzgt. Schleswig, 1544-1713 der Holstein-Gottorfer Linie; 1711 Bildung der „combinierten Stadt S." aus der Residenzstadt S. und aus den seit Ende des 16. Jh. entstandenen Siedlungen Lollfuß und Friedrichsberg. - Dom, unter Einbeziehung von Teilen der roman. Basilika (v. a. Querhaus) im 13.-15. Jh. zu einer got. Halle umgebaut; reiche Ausstattung, v. a. Bordesholmer Altar (1514-21) von H. Brüggemann; Grablege der Gottorfer Herzöge (1661-63); ehem. Sankt-Johannis-Kloster (Damenstift, mit got. umgebauter Kirche aus dem 12. Jh.), Schloß Gottorf (heute Landesmuseum) auf der Insel im Burgsee, im 16. Jh. zum Renaissanceschloß umgestaltet, Schloßkapelle 1590 ff., S-Flügel 1698-1703.

S., ehem. Hzgt. an Eider und Schlei (zur Geschichte ↑ Schleswig-Holstein).

S., seit der Missionsstation Haithabu des 9. Jh. erwachsenes ehem. Bistum. Der erste Bischof von S. ist 948 als Suffragan des Erzbischofs von Hamburg-Bremen bezeugt; im 12. Jh. dem 1103 gegr. dän. Erzbistum Lund unterstellt, wurde nach 1541 luth., 1551 säkularisiert.

Schleswiger (Schleswiger Kaltblut), in Schleswig-Holstein nördl. des Nord-Ostsee-Kanals gezüchtete Rasse bis 160 cm schulterhoher, mittelschwerer Kaltblutpferde mit leichtem Gang und lebhaftem Temperament.

Schleswig-Flensburg, Landkr. in Schleswig-Holstein.

Schleswig-Holstein, nördlichstes Land der BR Deutschland, 15 727 km², 2,614 Mill. E (1986), Landeshauptstadt Kiel. Schl.-H. grenzt im N an Dänemark, im W an die Nordsee, im S an Nds. und Hamburg, im SO an die DDR und im O an die Ostsee.

Landesnatur: Schl.-H. gliedert sich von W nach O in 4 deutl. ausgeprägte, N-S-gerichtete Landschaftszonen: 1. die Marschenzone, bestehend aus der nördl. See- und den südl. Flußmarschen, mit dem vorgelagerten Nordsee-Wattenmeer, 2. die Altmoränenzone der hohen Geest, 3. die Sanderzone der Vorgeest (niedere Geest), 4. die Jungmoränenzone des östl. Hügellandes und der Ostsee-Küstensaum der Förden und Buchten. Alle Landschaftszonen sind glazialen oder marinen Ursprungs. Im N gliedern die von der Ostsee her tiefeingreifenden Förden und Schmelzwasserrinnen das östl. Hügelland in die Halbinseln Angeln, Schwansen und Dän. Wohld. Im S liegen das von Endmoränenzügen umrahmte Lübecker Becken, das Moränenhochgebiet des Bungsberges, der mit 168 m die höchste Erhebung Schl.-H. ist, die Seenlandschaft der Holstein. Schweiz und die flachen Grundmoränenlandschaften der Probstei, Ostwagriens und Fehmarns. Die Sanderzone wurde aus Schmelzwasserrinnen des östl. Hügellandes heraus nach W zu aufgeschüttet.

Schleswig-Holstein

VERWALTUNGSGLIEDERUNG (Stand 1986)	Fläche km²	Einwohner (in 1000)
Kreisfreie Städte		
Flensburg	56	86,8
Kiel	111	245,7
Lübeck	214	210,3
Neumünster	72	78,3
Landkreise		
Dithmarschen	1 405	129,4
Herzogtum Lauenburg	1 263	158,0
Nordfriesland	2 048	161,6
Ostholstein	1 391	195,4
Pinneberg	662	260,4
Plön	1 082	117,8
Rendsburg-Eckernförde	2 186	247,5
Schleswig-Flensburg	2 071	182,9
Segeberg	1 344	216,2
Steinburg	1 056	127,3
Stormarn	766	196,5

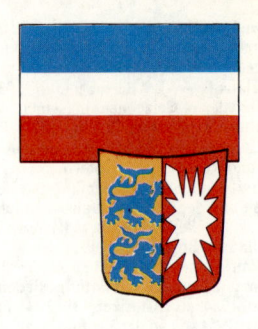

Schleswig-Holstein.
Flagge und Wappen

Die hohe Geest zeigt einen uneinheitl. Aufbau, Moränen (bis 80 m hoch) und Flugsanddecken prägen das Landschaftsbild. Nach W schließen sich die Seemarschen (Nordfriesland, Dithmarschen) und südl. davon die Flußmarschen (Haseldorfer-, Kremper- und Wilstermarsch) an. Die Halbinsel Eiderstedt trennt das inselleere Dithmarscher von dem inselreichen nordfries. Wattenmeer. Drei Inseltypen können vom Aufbau her unterschieden werden: 1. die Geestinseln Sylt, Amrum, Föhr, 2. die eingedeichten Marschinseln Nordstrand und Pellworm und 3. die in Bildung und Zerstörung begriffenen Halligen. - Klimat. liegt Schl.-H. im Bereich vorherrschender W-Windlagen und hat ein ausgeprägt ozean. Klima. Im Durchschnitt fallen jährl. 720 mm Niederschlag. Die Jahresmitteltemperatur liegt bei 9 °C. - Mit 5,8 % Waldareal ist Schl.-H. das waldärmste Land der BR Deutschland. - Zu den wirtsch. genutzten Bodenschätzen zählen die Erdölvorkommen W- und O-Holsteins sowie die Kreidevorkommen im Raum Itzehoe-Lägerdorf.

Bevölkerung: Einschneidender als Kriegszerstörungen wirkte sich am Ende des 2. Weltkriegs der Zustrom von Flüchtlingen aus. Die Einwohnerzahl stieg von 1,47 Mill. im Jahre 1943 auf 2,57 Mill. im Jahre 1946. Der Anteil der kath. Bev. des bis zum Ende des 2. Weltkriegs rein ev. Landes liegt heute bei 6 %. Der Mangel an Arbeitsplätzen führte zu einer Abwanderung der Bev. v. a. nach Hamburg. Da Hamburg die Zuwanderer nicht alle aufnehmen konnte, weisen die Hamburger Randkreise die höchsten Zuwanderungsquoten auf. Eine bescheidene Binnenwanderung hängt mit der Änderung der Agrarstruktur und der mangelnden Verkehrserschließung der ländl. Siedlungen zus. Die Wanderungstendenz erfaßt sowohl die Bereiche der Gutswirtschaft im Ostholstein. Hügelland als auch die peripheren Bereiche der bäuerl. Wirtschaft in Geest und Marsch. Neben einer Univ. in Kiel, einer medizin. Hochschule und einer Musikhochschule in Lübeck bestehen 6 Fachhochschulen und 2 pädagog. Hochschulen.

Wirtschaft: Rd. 75 % der Gesamtfläche Schl.-H. werden landw. genutzt, davon 55 % als Ackerland. 65 % aller landw. Betriebe haben eine günstige Betriebsgrößenstruktur zw. 20 und 100 ha. Während bei den Großbetrieben im östl. Hügelland eine Tendenz zur Extensivierung in Richtung Brotgetreideerzeugung bei Abschaffung der Milchviehherden zu beobachten ist, geht bei den Familienbetrieben die Tendenz zur Viehwirtschaft unter Ausnutzung der eigenbetriebl. Futtererzeugung. - Ergiebige Heringsfischerei von Glückstadt aus in der Nordsee und Kutterfischerei in der Nord- und Ostsee. Die Anlandungen der See- und Küstenfischerei betrugen 1983 53 400 t. Ergänzt wird das Fischangebot durch die Teichwirtschaft des Binnenlandes. - Schl.-H. ist ein industriearmes Land. Die wichtigste Ind.gruppe ist der Schiffbau. Jeder 9. Industriebeschäftigte ist auf einer der Werften tätig. Die kleineren Werften liegen an der Nordsee, die Großwerften an den Tiefwasserbuchten der Ostsee. Fleisch- und milchverarbeitende Betriebe sind über das ganze Land verbreitet, Nahrungs- und Genußmittelind. in Lübeck und Flensburg. Textilind. findet sich in Neumünster. Ferner gibt es kleinere metallverarbeitende, elektrotechn. und feinmechan. Betriebe, die als Zulieferanten des Schiffbaus arbeiten. Bes. gefördert wird die Industrieansiedlung im Raum Brunsbüttel (Kernkraftwerke, petrochem. Ind.). - Der Fremdenverkehr ist ein bed. Wirtschaftsfaktor geworden. 1985/86 verzeichneten die 16 Nordseebäder 5,3 Mill, die 19 Ostseebäder 5,6 Mill. Übernachtungen. Infrastruk-

Schleswig-Holstein

turelle Verbesserungen und der Bau von Meerwasserhallenbädern ermöglichen eine beträchtl. Saisonverlängerung. - Die geograph. Lage ließ Schl.-H. zu einem bed. Transitverkehrsland werden. Der Nord-Ostsee-Kanal zählt zu den wichtigsten Seeschiffahrtskanälen der Erde. Im S–N-gerichteten Transitverkehr fächern sich die Verkehrsströme nach den Hauptelbeübergängen nach N und NO auf: 1. die Autobahn nach Kiel, Flensburg und Dänemark, 2. die Verbindung von Hamburg zu den Fährhäfen Lübeck-Travemünde und Puttgarden auf Fehmarn (Vogelfluglinie).

Geschichte: Holstein erscheint um 800 als nördl. Teil des Stammesgebietes der Sachsen; Karl d. Gr. unterwarf das Gebiet mit Hilfe der slaw. Obotriten. Die Schauenburger Grafen, seit 1110/11 in Holstein regierend, hatten 1386 vom dän. König die erbl. Belehnung mit dem Hzgt. Schleswig erlangt, das sich in dem seit der Karolingerzeit umstrittenen Gebiet unter dän. Herrschaft (seit der 1. Hälfte des 11. Jh.) herausgebildet und im 13./14. Jh. große Selbständigkeitsbestrebungen gezeigt hatte. Um die enge Verbindung Holsteins und Schleswigs auch nach dem Tod des letzten erbberechtigten Schauenburgers 1459 aufrechtzuerhalten, wählte der Landesrat von Holstein und Schleswig Christian aus der Dyn. Oldenburg - seit 1448 als Christian I. König von Dänemark - zum Landesherrn.

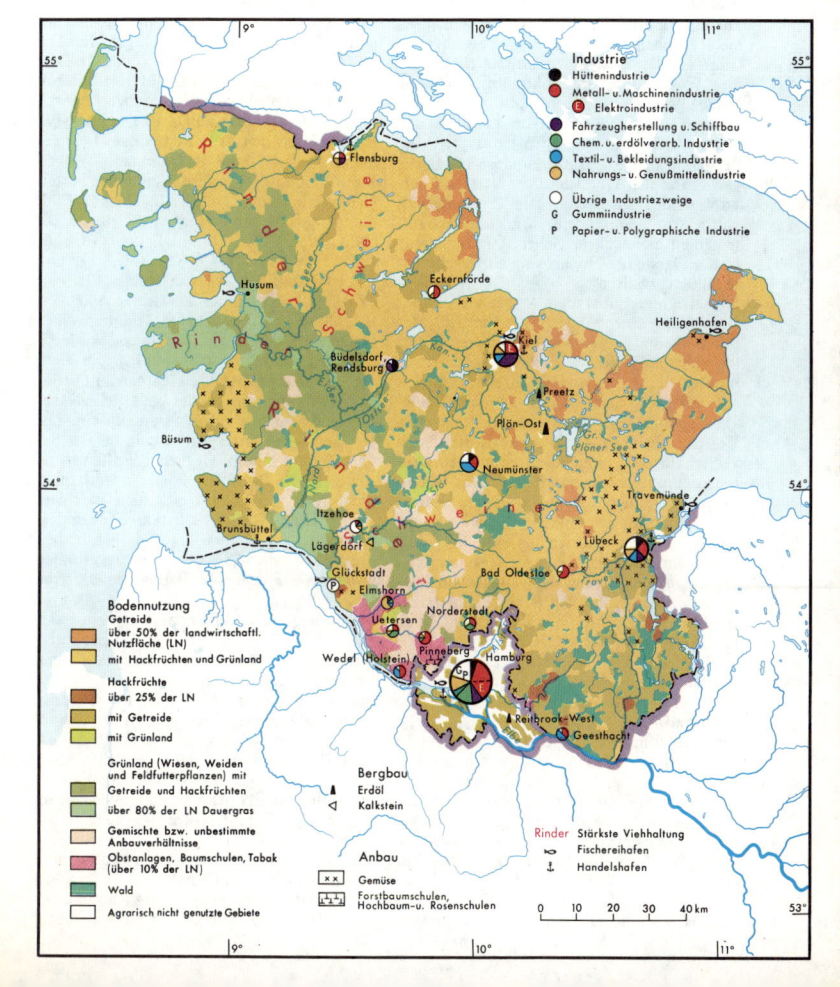

Schleswig-Holstein. Wirtschaftskarte

Schlettstadt

Dieser gab 1460 die Zusicherung, daß beide Lande „ewig ungeteilt" zusammenbleiben sollten; ihren Landesherrn durften sie nach Christians I. Tod unter den Erben des Königs frei wählen. So war zw. dem dän. Lehen Schleswig und dem 1474 zum Hzgt. erhobenen dt. Lehen Holstein eine Realunion hergestellt; mit dem Kgr. Dänemark waren die Hzgt. in Personalunion verbunden. Trotzdem kam es 1490, 1544, 1564 und 1581 zu Landesteilungen, die schließl. mit einem Kondominium von 2 Fürsten aus dem Hause Oldenburg endeten, von denen einer zugleich König von Dänemark, der andere, auf Schloß Gottorf (= Schleswig; daher Dyn. Gottorf) residierende, nur Herzog war. Unter beiden Linien waren die Lande in buntem Wechsel in „königl." und „gottorf." Anteile aufgeteilt.

Die Reformation festigte durch die gemeinsame Kirchenverfassung J. Bugenhagens (1537/42) den Zusammenhalt der Herzogtümer. Während der Adel ökonom. erhebl. an Macht gewann, sank sein polit. Einfluß zunehmend. Ein vollständiger Landtag der Hzgt. wurde letztmals 1675 einberufen. Da der König-Herzog in Kopenhagen residierte, gewann in den Hzgt. der Gottorfer Hof hervorragende Bedeutung. Die Zentralgewalt wurde in wachsendem Maße ausgebaut; trotzdem hielt sich in vielen „Landschaften" (z. B. Eiderstedt, Fehmarn) die althergebrachte Selbstverwaltung.

Um sich gegenüber dem stärkeren Partner zu behaupten, verbündeten sich die Gottorfer mit Dänemarks Gegner Schweden. Infolge der schwed. Niederlage im 2. Nord. Krieg mußten die Gottorfer 1720 ihre Besitzungen auf schleswigschem Boden an den König-Herzog abtreten. Diese 1762 auf den russ. Kaiserthron gelangte ältere Gottorfer Linie verzichtete 1773 auch auf ihren holstein. Anteil zugunsten Dänemarks, das dafür Oldenburg und Delmenhorst an die jüngere Gottorfer Linie abtrat. Da um die gleiche Zeit auch andere Splitterterritorien an die königl. Linie fielen, waren die Hzgt. nun wieder unter einer Krone vereint, als Teil des dän. Gesamtstaates. Die Reg.organe von Schl.-H. unterstanden der Dt. Kanzlei in Kopenhagen. Nach dem Untergang des Hl. Röm. Reiches 1806 verfügte der dän. König die Einverleibung des herrenlosen Holstein; doch trat er 1815 als Hzg. von Holstein und Lauenburg dem Dt. Bund bei.

Das Aufkommen nat. und liberaler Ideen führte zu verstärkten Spannungen im Gesamtstaat. In den 1832 geschaffenen beratenden Ständeversammlungen wurde u. a. die Erbfolge- und die Sprachenfrage heftig diskutiert: Die „Schleswig-Holsteiner" verfochten unter Berufung auf die Verträge von 1460 die Einheit und Eigenständigkeit der Hzgt. und erstrebten darüber hinaus den Anschluß an das ersehnte Dt. Reich; die Eiderdänen wollten ganz Schleswig fest mit Dänemark verbinden zu einem konstitutionellen Nationalstaat. Als Friedrich VII. am 22. März 1848 nach der Ernennung eines eiderdän. Ministeriums die Einverleibung Schleswigs in Dänemark anerkannte, erfolgte am 23./24. März die schleswig-holstein. Erhebung in Kiel: Der „Herzog" wurde für unfrei erklärt und eine provisor. Reg. eingesetzt. Durch das Eingreifen des Dt. Bundes kam es zum Dt.-Dän. Krieg (1848–50). Die Elb-Hzgt. wurden zu einem europ. Problem, das schließl. nach dem Dt.-Dän. Krieg von 1864 und dem Dt. Krieg 1866 durch Einverleibung von Schl.-H. als preuß. Prov. (ab 1876 mit dem Hzgt. Lauenburg, ab 1890 mit Helgoland) gelöst wurde. 1920 kam durch Volksabstimmung Nordschleswig an Dänemark.

1946 wurde von der brit. Militärreg. aus der preuß. Prov. das Land Schl.-H. gebildet. Die Landessatzung (Verfassung) vom 13. Dez. 1949 trat am 12. Jan. 1950 in Kraft. Nach den Koalitionen unter T. Steltzer (CDU) 1946/47 (CDU-SPD-KPD 1946; CDU-SPD 1946/47) und den SPD-Reg. unter H. Lüdemann 1947–49 sowie B. Diekmann 1949/50 war die CDU stets regierungsbildende Partei: in Koalition aus CDU, BHE, DP und FDP unter W. Bartram 1950/51, CDU und FDP (1951) bzw. CDU, DP, FDP und GB/BHE 1951–54 unter F.-W. Lübke, CDU, FDP und GB/BHE unter K.-U. von Hassel 1954–63, CDU und FDP unter H. Lemke 1963–71; 1971–82 war G. Stoltenberg Min.präs. in einer reinen CDU-Reg.; sein Nachfolger wurde U. Barschel. Bei den Landtagswahlen vom März 1983 baute die CDU ihre Mehrheit aus, verlor aber den Vorsprung bei der Wahl 1987. Nachdem bekannt geworden war, daß Min.präs. U. Barschel zu ungesetzl. Mitteln bei der Bekämpfung des polit. Gegners gegriffen hatte, trat dieser im Okt. 1987 zurück; er starb unter nicht restl. geklärten Umständen in einem Genfer Hotel. Die geschäftsführende Landesreg. führte Neuwahlen für Mai 1988 herbei, die die SPD mit 54,8 % der Stimmen gewinnen konnte. Sie bildete unter B. Engholm die neue Regierung.

Verfassung: Nach der Verfassung (Landessatzung) vom 13. Dez. 1949 liegt die Exekutive bei der Reg.: dem vom Landtag gewählten Min.präs. (Richtlinienkompetenz) und der von ihm ernannten Minister. Der Min.präs. kann nur durch konstruktives Mißtrauensvotum gestürzt werden. Die Legislative liegt beim Landtag (73 auf 4 Jahre gewählte Mgl.). Ein Verfassungsgerichtshof besteht nicht.

Schlettstadt (frz. Sélestat), frz. Stadt im Unterelsaß, Dep. Bas-Rhin, 15 100 E. Museum; Weinbau und -handel; Kunstfaser-, metallverarbeitende, Textil-, Leder- und Tabakind. - 728 erstmals als merowing. Königsgut erwähnt; von König Rudolf I. zur Reichsstadt, 1292 offiziell zur Stadt erhoben.

1354–1648 Mgl. der elsäss. Dekapolis; 1673 wurden die Befestigungsanlagen geschleift, jedoch 1676–91 nach Plänen Vaubans neu angelegt (1872 geschleift). - Roman. Kirche Sankt Fides (v. a. 12. Jh., im 18. Jh. barockisiert) mit roman. Krypta (11. Jh.); got. Münster-Kirche Sankt Georg mit bed. Glasfenstern, ehem. Dominikanerinnenkloster mit got. Kirche (13. Jh.), Häuser des 16. und 17. Jh.; Reste der ma. Stadtbefestigung.

Schlettwein, Johann August, * Weimar 1731, † Dahlen (Bez. Neubrandenburg) 24. April 1802, dt. Nationalökonom. - Bedeutendster Verbreiter der physiokrat. Lehre in Deutschland; Rat der fürstl. Rentkammer in Baden. Nach seinem Sturz 1773 war er Prof. in Basel (1776) und Gießen (1777–85). Hier verfaßte er sein Hauptwerk „Grundfeste der Staaten oder die polit. Ökonomie" (1778).

Schleuder, Waffe zum Werfen von Steinen u. a.; man unterscheidet starre (*Stab-* oder *Stock-S.* aus Holz; ↑ auch Speerschleuder) und flexible S. (*Band-S.* mit Schnüren oder Bändern aus Pflanzenfasern oder Leder); heute v. a. noch in Afrika verbreitet, in Europa mindestens seit dem Neolithikum bekannt.
◆ svw. ↑ Zentrifuge.

Schleuderball, mit Haar gefüllter Vollball aus kernigem Leder (Umfang: 65–70 cm, Gewicht: 1,5 kg, bei Jugendlichen und Frauen 55–60 cm und 1 kg) mit einer Schlaufe (28 cm lang, 2,5 cm breit) als Wurfgriff.

Schleuderfrucht, Öffnungsfrucht (↑ Fruchtformen), deren Samen durch eine Schleuderbewegung verbreitet werden (z. B. beim Springkraut).

Schleuderguß ↑ Gießverfahren.

Schleudersitz (Katapultsitz), Sitz für ein Besatzungsmitglied von Kampf- oder Testflugzeugen, der im Notfall mit der darauf sitzenden Person von einem Pulvertreibsatz nach Absprengen des Kabinendaches aus dem Flugzeug katapultiert werden kann. Der Ablauf des Rettungsvorgangs (Herausziehen der Steuerfallschirme und des Hauptfallschirms, Lösen der Anschnallgurte, Herausheben des Piloten aus dem Sitz u. a.) wird nach Betätigen des Auslösers automat. gesteuert.

Schleudertrauma ↑ Rückenmarksverletzungen.

Schleuderzungenmolche (Schleuderzungensalamander, Höhlensalamander, Hydromantes), Gatt. etwa 10–15 cm langer Lungenloser Salamander mit fünf Arten, v. a. an feuchten Felswänden von Gesteinshöhlen Kaliforniens, Sardiniens, NW-Italiens und SO-Frankreichs; Körper mäßig schlank, mit zieml. großem Kopf und langer, blitzschnell aus dem Maul herausklappbarer Schleuderzunge, an deren klebriger Oberfläche die Beutetiere (z. B. Spinnen, Käfer) haftenbleiben.

Schleuse [niederl., zu mittellat. exclusa, „Schleuse, Wehr"], (Schiffsschleuse) Bauwerk, mit dessen Hilfe Schiffe natürl. oder künstl. Höhenunterschiede im Fahrwasser überwinden können. Man unterscheidet *Binnen-S.* in Flüssen und Kanälen und *See-S.* in Seekanälen und in Hafeneinfahrten. Durch See-S. werden Wasserstandsunterschiede, bedingt durch Tidenerscheinungen oder Windstau, überwunden. Die S.hubhöhen betragen heute bis 40 m. Die S.kammern werden durch S.tore unterschiedl. Konstruktion abgeschlossen

Schleuse. Links: Bergfahrt eines Schiffes durch eine Kammerschleuse bei Hirschhorn (Neckar). Nachdem sich das Untertor (vorn) geschlossen hat, wird die Kammer gefüllt; nach Öffnen des Obertors kann das Schiff ins Oberwasser ausfahren; rechts: Querschnitt einer Sparschleuse mit drei Sparbecken verschiedenen Niveaus: 1 Entleerung der Schleuse bei Talfahrt; 2 Füllung der Schleuse bei Bergfahrt

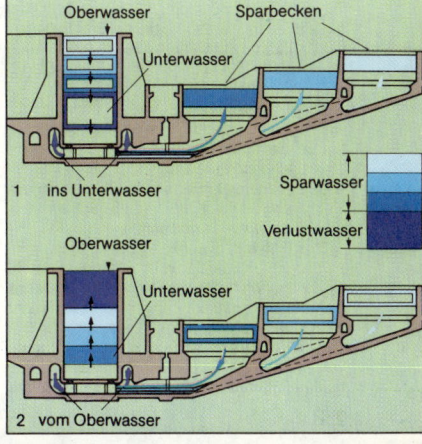

Schleusenhafen

(z. B. Stemm-, Hubsenk-, Klapp-, Schiebetore); sie haben die Aufgabe, die Einfahröffnungen im Oberhaupt und Unterhaupt abzuschließen oder freizugeben. Die Füllung bzw. Entleerung der S.kammer erfolgt vom Ober- bzw. Unterhaupt aus z. B. durch die Tore oder auf die gesamte Kammerlänge durch Längskanäle mit horizontalen Stichkanälen. Nach Bauweise und Betrieb unterscheidet man Kammer-, Schacht-, Kuppel-S., S.treppen, Doppel-, Zwillings- und Sparschleusen. Bei der *Kammer-S.* wird das gesamte Füllwasser ins Unterwasser abgegeben, während bei der *Spar-S.* ein Teil des Füllwassers in den Sparbecken zwischengespeichert und für die nächste Füllung wiederverwendet wird.

♦ hermet. abschließbarer, kammerartiger Verbindungsraum zw. zwei Räumen mit unterschiedl. [Luft]druck, der einen Druckausgleich zw. den beiden Räumen verhindern soll.

Schleusenhafen, svw. Dockhafen (↑Hafen).

Schleusenwärterhypothese, Hypothese der Publizistik- bzw. Kommunikationswiss. über eine Instanz im Informations- und Meinungsbildungsprozeß, die als Filter für die Auswahl der in den Massenmedien wiedergegebenen bzw. davon mündl. weitergebenen Informationen wirkt. Der „Schleusenwärter" (engl. gatekeeper) wird wirksam 1. als Element der Berufsrolle von Journalisten, die die Informationen für ihre Medien auswählen, 2. als Element der Rolle von Rezipienten der Massenkommunikation, indem in der persönl. Weiterverarbeitung von Informationen bestimmte Akzente gesetzt werden.

Schleyer, Hanns Martin, * Offenburg 1. Mai 1915, † 18. Okt. 1977 (ermordet), dt. Manager. - Ab 1959 stellvertretendes, seit 1963 ordentl. Vorstandsmgl. bei der Daimler-Benz AG; Präs. der Bundesvereinigung der Dt. Arbeitgeberverbände (seit 1973) und des Bundesverbandes der Dt. Industrie (seit Anfang 1977). Am 5. Sept. 1977 von Mgl. der sog. Baader-Meinhof-Gruppe entführt, um die Freilassung inhaftierter Terroristen zu erpressen, am 19. Okt. 1977 in Mülhausen (Elsaß) ermordet aufgefunden.

schlichten, Garne und Gewebe durch eine Lösung von Substanzen (sog. *Schlichte*) führen, um ihnen eine glatte und geschlossene Oberfläche zu verleihen.

♦ getrocknetes Leder durch Behandeln mit einer gebogenen Klinge (dem *Schlichteisen* oder *-mond*) weich machen.

Schlichter, Rudolf, * Calw 6. Dez. 1890, † München 3. Mai 1955, dt. Maler. - 1919–32 in Berlin tätig, Vertreter der Neuen Sachlichkeit. Neben Portraits bed. Zeitgenossen sozialkrit. Arbeiten; auch phantast. Elemente.

Schlichtung, Verfahren zur Bereinigung von Meinungsverschiedenheiten zw. den Parteien des kollektiven Arbeitsrechts. Bei Auseinandersetzungen zw. *Tarifvertragsparteien* kann ein S.verfahren eingeleitet werden, wenn zumindest eine Partei die Tarifverhandlungen für gescheitert erklärt. Sind nicht beide Parteien mit dem Schiedsspruch einverstanden, können Maßnahmen des Arbeitskampfes ergriffen werden. Bei *innerbetriebl. Auseinandersetzungen* zw. dem Arbeitgeber und dem Betriebsrat übernimmt die ↑Einigungsstelle die Schlichtung.

Schlick, Arnolt, * Heidelberg (?) um 1455, † ebd. um 1525, dt. Organist und Komponist. - Neben P. Hofhaimer berühmtester Organist seiner Zeit (blind); 1511 veröffentlichte er das erste in dt. Sprache gedruckte Werk über Orgelbau und Orgelspiel, 1512 die erste dt. Orgeltabulatur.

S., Moritz, * Berlin 14. April 1882, † Wien 22. Juni 1936 (ermordet), dt. Philosoph. - Ab 1922 Prof. für Naturphilosophie in Wien; wurde durch einen geistesgestörten ehem. Hörer ermordet. Begründer des ↑Wiener Kreises. S. bezieht in seinem Hauptwerk „Allg. Erkenntnislehre" (1918) auf der Grundlage einer scharfen Trennung von Kenntnis und Erkenntnis gegen klass. erkenntnistheoret. Positionen Stellung zugunsten der These, daß ausschließl. (relationale) Strukturen und deren Zusammenhänge erkenntnisfähig sind, also Erkennen ausschließl. „semiot." Charakter hat. Im Unterschied zum fast ausschließl. Interesse der übrigen Mgl. des Wiener Kreises an der Logik finden sich bei S. auch Arbeiten zur Ethik und Ästhetik.

Schlick [niederdt.], im Meer, in Seen u. Überschwemmungsgebieten abgelagertes, v. a. aus Tonpartikeln bestehendes Sediment.

Schlicker ↑Porzellan.

Schliefen, wm. Bez. für das Hineinkriechen in den Fuchs- oder Dachsbau (von Erdhunden gesagt).

Schliefer (Klippschlieferartige, Klippdachse, Hyracoidea), den Rüsseltieren nahestehende Ordnung nagetierähnl. Säugetiere, die den Höhepunkt ihrer stammesgeschichtl. Entwicklung (Ende Tertiär); erste Funde stammen aus dem Oligozän) überschritten haben; waren damals auch in Europa verbreitet; es hatten sich bis tapirgroße Formen gebildet. S. sind heute nur noch durch die Fam. **Klippschliefer** (Procaviidae; etwa 40–50 cm körperlang, Schwanz rückgebildet; Sohlengänger; gesellig lebende, wiederkäuende Pflanzenfresser) in Afrika und SW-Asien vertreten; bekannte Gatt. sind *Wüstenschliefer* (Procavia) und *Waldschliefer* (Dendrohyrax).

Schlieffen, Alfred Graf von, * Berlin 28. Febr. 1833, † ebd. 4. Jan. 1913, preuß. Generalfeldmarschall (seit 1911). - Ab 1863 im Generalstab; Chef des Generalstabs der Armee 1891–1905; suchte den Erfordernissen des modernen Kriegs durch den Aufbau techn. Truppen zu entsprechen.

Schlieffenplan, der von A. Graf von

Schlieffen entwickelte Plan beeinflußte die dt. Strategie im 1. Weltkrieg. Der Plan sah für den Fall eines Zweifrontenkrieges vor, zunächst die frz. Streitkräfte durch einen raschen Schlag zu vernichten und sich dann gegen Rußland zu wenden. Der strateg. Durchbruch in Belgien und Lothringen sollte (unter Verletzung der belg. und luxemburg. Neutralität) die frz. Niederlage und den dt. Gesamtsieg sichern. Die gefährlichste Konsequenz des S. war neben der Verletzung der belg. Neutralität der Vorrang der militär. Planung vor polit. Überlegungen.

Schliemann, Heinrich, * Neubukow (Bez. Rostock) 6. Jan. 1822, † Neapel 26. Dez. 1890, dt. Kaufmann und Altertumsforscher. - Seinem Aufstieg im Amsterdamer Handelskontor, der nicht zuletzt seinen erstaunl. Sprachkenntnissen zu verdanken war (S. beherrschte 15 Sprachen, darunter Alt- und Neugriech., Lat., Russ., Arab.), folgte 1847 die Gründung eines eigenen Kontors in Petersburg, das ihm ein großes Vermögen einbrachte. Seit 1858 zahlr. weltweite Bildungsreisen, 1866 Studium der Sprach- und Literaturwiss. und der Archäologie in Paris. Auf Grund genauer Studien Homers 1868 Entdeckung † Trojas, die er in seiner Doktorarbeit „Ithaka, Peloponnes und Troja" (1868) behandelt. Die von ihm entwickelte archäolog. Methode ist noch heute gültig. Seitdem in Athen ansässig, grub er 1870–82 und 1890 in Troja, 1876 in Mykene, 1880–86 in Orchomenos und 1884/85 in Tiryns. Vor Grabungsbeginn systemat. Auswertung der literar. Quellen, topograph. Erkundigung und klärende Untersuchungen mit der Sonde. Für Grabungen entwickelte er die stratigraph. Methode: Klärung der Kulturschichtenfolge bis zum gewachsenen Boden (schon in Troja) sowie Heranziehung von Spezialisten.
📖 *Deuel, L.: H. S. Mchn. 1981. – Döhl, H.: H. S. Mchn. 1981. – Herrmann, J.: H. S. Wegbereiter einer neuen Wiss. Bln. 1974. – Meyer, Ernst: H. S. Kaufmann u. Forscher. Gött. u. a. 1969.*

Schlieren, räuml. begrenzte Bereiche in einem sonst weitgehend homogenen Medium, die von ihrer Umgebung abweichende opt. Eigenschaften (z. B. einen abweichenden Brechungsindex) aufweisen; S. beruhen auf unterschiedl. Dichte.
◆ streifige Zonen in magmat. und metamorphen Gesteinen.

Schlierenmethoden, Verfahren zum Sichtbarmachen und Vermessen geringer Lichtablenkungen, die bei Durchstrahlung eines durchsichtigen Mediums mit nicht völlig homogener Dichte auftreten. Die opt. S. werden v. a. bei der Untersuchung von Linsen, Gläsern u. a. auf Schlieren- und Blasenfreiheit sowie von Strömungs- und Wellenvorgängen in Gasen und Flüssigkeiten (z. B. Abbildung von Wirbeln und Turbulenzgebieten) herangezogen; *elektronenopt.* S. sind mit Elektronenstrahlen arbeitende Verfahren zur Sichtbarmachung von elektr. oder magnet. Feldern.

Schliersee, Marktgem. am N-Ende des Schliersees, Bay., 784 m ü. d. M. – 6 200 E. Luftkurort, Arzneimittelherstellung. – Entstanden um ein 799 (Weihe) erstmals erwähntes Benediktinerkloster. – Barocke Pfarrkirche (18. Jh.).
S., See am N-Rand des Mangfallgebirges, 777 m ü. d. M., 2,2 km^2, bis 40 m tief.

Schließfrucht, aus einem oder mehreren Fruchtblättern gebildete pflanzl. Einzelfrucht, deren Wand sich bei der Reife bzw. Verbreitung nicht sofort öffnet, sondern erst nach ihrer Verrottung die Samen freigibt. – † auch Fruchtformen.

Schließhanf † Faserhanf.

Schließkopf † Niet.

Schließmundschnecken (Clausiliidae), artenreiche Fam. der † Landlungenschnecken; mit etwa 5–20 mm langem, spindelförmig hochgetürmtem Gehäuse (rd. 30 Arten in M-Europa); Gehäusemündung durch Lamellen- oder Faltenstruktur gekennzeichnet, stets mit kalkiger Verschlußplatte.

Schließmuskel, allg. Bez. für Muskeln, deren Kontraktion einen Verschluß an Hohlorganen (z. B. Gallenblase, Magen, After) durch Verengen des Lumens oder an deren Mündung bewirkt; zu letzteren gehören die † Ringmuskeln.
◆ (Schalen-S.) als Adduktor dem Verschluß der beiden Schalenklappen bei den Muscheln dienender Muskel als Antagonist des elast. Schalenbands; besitzt außerordentl. Kräfte und die Fähigkeit, über lange Zeiträume hinweg ohne Ermüdungserscheinungen die Kontraktion aufrechtzuerhalten; von den zwei Anteilen, aus denen sich der Schalen-S. zusammensetzt, einem schnell arbeitenden *Schließer* und einem trägen *Sperrmuskel*, ist es letzterer, der mit sehr geringem Energieverbrauch und hoher Effektivität arbeitet (bei der Auster könnte er pro cm^2 ein Gewicht von 12 kg heben).

Schließzellen, in der Epidermis der oberird. krautigen Teile der Moos-, Farn- und Samenpflanzen gelegene, meist bohnenförmige, paarweise einander zugekehrte, Chloroplasten († Plastiden) enthaltende Zellen, die zw. sich einen Spalt (Porus) einschließen, mit dem zus. sie eine † Spaltöffnung bilden. Formveränderungen der S. und damit verbundene Änderungen der Spaltungsweite (Öffnung bei Vollspannung, Schließung bei Erschlaffen) regeln den Gasaustausch und die Transpiration zw. Pflanze und Außenwelt.

Schliff, Bez. für eine durch Schleifen und Polieren bearbeitete, bes. glatte Oberfläche. Schliffe werden bei der Verarbeitung von Schmucksteinen hergestellt zur Formgebung und um die Schönheit der Steine hervorzuheben.

Schliffbild

◆ zugeschliffene gläserne Apparaturstücke, die eine gasdichte Verbindung zw. den Geräten ermöglichen. S. bestehen aus kegel-, kugel- oder zylinderförmig zugeschliffenen Glasrohrteilen, die als *S.kern* und *S.hülse* genau ineinanderpassen (zusätzl. Abdichtung durch Hahnfett). S. sind meist genormt *(Normschliffe).*

Schliffbild, mikrophotograph. Aufnahme einer polierten Schlifffläche eines Metall- oder Mineralstückes zur Ermittlung des kristallinen Gefüges.

Schliffgrenze, in Trogtälern die Grenzlinie zw. vom Eis bearbeiteten und dem darüberliegenden Hang, z. T. als Knick ausgebildet, dann **Schliffkehle** genannt.

Schlingenhäkelei, Bez. für eine Häkelarbeit, bei der jede zweite Reihe über ein flaches Stäbchen gearbeitet wird.

Schlinger, Tiere, die einzelne, oft sehr große Nahrungsbrocken (z. T. ganze Lebewesen) unzerkleinert herunterschlucken; z. B. Polypen, Medusen, viele Fische, Lurche, Schlangen, Vögel, Raubtiere.

Schlingerdämpfungsanlage, Einrichtung zur Verringerung der Rollbewegungen eines Schiffes im Seegang. Normalerweise haben Schiffe Schlingerkiele in Form von längsschiffs in der ↑Kimm angebrachten Profileisen; außerdem gibt es S. bes. für Passagier-, Container-, Forschungs- und Kriegsschiffe, z. B. Wasser, das aus einem *Schlingertank* über Leitungen im Gegentakt zu den Schiffsbewegungen in einen anderen fließt, oder ausfahrbare Stabilisierungsflossen, die automat. gesteuert den Schiffsbewegungen entgegenwirken. Eine weitere Form ist der sog. *Schiffs-* oder *Schlingerkreisel,* ein motorgetriebenes schweres Schwungrad, das um eine senkrechte Achse rotiert und einer Lageveränderung durch Schiffsbewegungen Widerstand entgegensetzt.

Schlingern [niederdt.], Rollen eines Schiffes um die Längsachse; i. w. S. Bez. für alle Bewegungen eines Schiffes durch Seegang.

Schlingertank ↑Schlingerdämpfungsanlage.

Schlingnattern (Coronella), Gatt. zieml. kleiner, ungiftiger Nattern in Eurasien; relativ schlank, mit kleinem, wenig abgesetztem Kopf; umschlingen ergriffene Beutetiere mit ihrem Körper; relativ häufig ist die **Glattnatter** (Coronella austriaca): rd. 75 cm lang, Grundfärbung meist braun bis rotbraun oder bräunlichgrau mit dunkler Strich- und Flekkenzeichnung (Verwechslung mit der Kreuzotter); ernährt sich v. a. von Eidechsen.

Schlingpflanzen ↑Lianen.

Schlink, Edmund, * Darmstadt 6. März 1903, † Heidelberg 20. Mai 1984, dt. ev. Theologe. - Seit 1946 Prof. für systemat. und ökumen. Theologie in Heidelberg; führendes Mgl. der Bekennenden Kirche; Vertreter der EKD beim 2. Vatikan. Konzil.

Schlippenbach, Alexander von, * Berlin 7. April 1938, dt. Jazzmusiker (Pianist, Komponist, Orchesterleiter). - Gründete 1966 das „Globe Unity Orchestra", gilt heute als eine der bedeutendsten Musikerpersönlichkeiten des europ. Free Jazz.

Schlips [niederdt.], umgangssprachl. für Krawatte, bes. den Langbinder.

Schlisselburg ↑Petrokrepost.

Schlitten, Kufenfahrzeug zur Fortbewegung auf Schnee, v. a. in nördl. Eis- und Schneegebieten. Der S. besteht aus zwei durch Querstäbe verbundenen Kufen, die manchmal vorn hörnerartig hochgezogen sind (**Hörnerschlitten**), der **Toboggan** der Algonkins dagegen aus vorn aufwärts gebogenen und durch Riemen zusammengehaltenen Brettern. Eine moderne Bauform stellt der **Motorschlitten** dar. Der Antrieb erfolgt mittels Verbrennungsmotor und Luftschraube *(Propellermotorschlitten),* bzw. Raupenband *(Gleisketten-* bzw. *Raupenkufenmotorschlitten),* die Lenkung jeweils über ein bewegl. vorderes Kufenpaar. S.formen zu sportl. Zwecken sind ↑Bob und ↑Rodel.

◆ Holzunterbau, auf dem das Schiff beim Stapellauf zu Wasser gleitet.

Schlittenhunde, allg. Bez. für zum Ziehen von Schlitten verwendete Hunderassen aus der Gruppe der Nordlandhunde.

Schlittensport, svw. Rodelsport (↑Rodel).

Schlittschuh [zu althochdt. scritescuoh „ein Schuh zu weitem Schritt"], Gerät zur schnellen, leichten Fortbewegung auf dem Eis. Urspr. aus Röhrenknochen gefertigt (früheste Belege aus der Hallstattzeit); ähnl. Formen wurden im MA verwendet; als Sportgerät zuerst im 17. Jh. in den Niederlanden. Bis zur Mitte des 19. Jh. waren nur die niederl. Stahl-S. (Holzsohle mit 30 cm langer, 2–3 mm breiter stählerner Laufschiene) bekannt. Der S. aus Ganzmetall wurde 1850 in den USA konstruiert. Sportl. Wettbewerbe sind v. a. Eiskunstlauf, Eisschnellauf, Eishockey.

Schlitz, hess. Stadt am NO-Abfall des Unteren Vogelsberges, 248 m ü. d. M., 9 400 E. Limnolog. Flußstation des Max-Planck-Inst.;

Schlittschuh. a Eishockey-, b Eisschnellauf-, c Eiskunstlaufschlittschuh

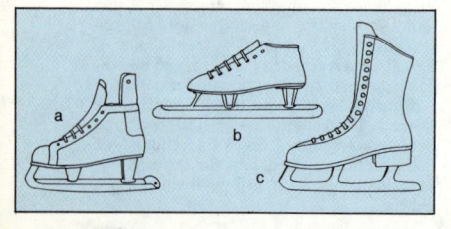

Schlitzblume

Heimatmuseum, Textilind., Meßgeräte- und Tonwarenherstellung. - In Anlehnung an eine 812 geweihte Kirche entstanden, 1439 erstmals als Stadt gen., Stammsitz des 1116 erstmals als von Schlitz nachweisbaren Adelsgeschlechts der von Schlitz gen. von Görtz. - Stadtmauer (um 1400) mit einem Ring von 4 Burgen, außerhalb die barocke, z. T. klassizist. umgestaltete Hallenburg; Fachwerkhäuser des 16. bis 19. Jh., ev. Stadtkirche (seit dem 12. Jh. mehrfach umgebaut).

Schlitzblume (Spaltblume, Schizanthus), Gatt. der Nachtschattengewächse mit rd. zehn Arten in Chile; einjährige,

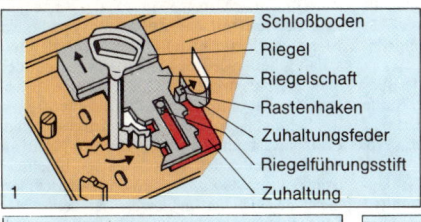

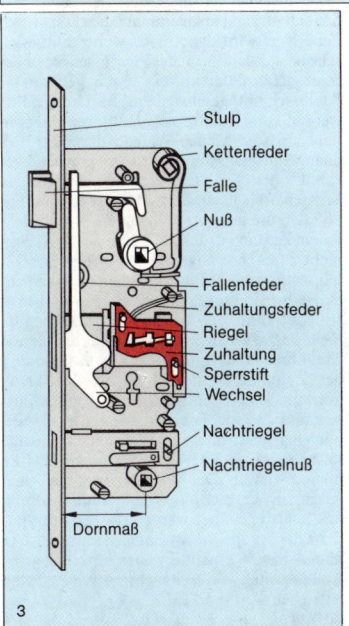

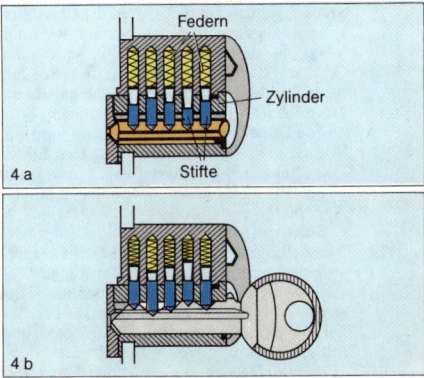

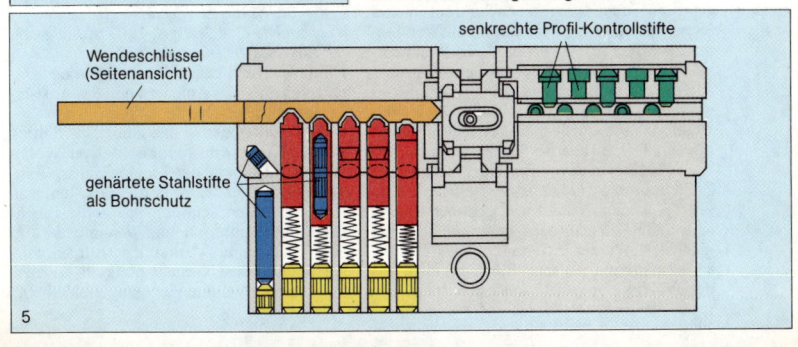

Schloß. 1 Buntbartschloß mit einer Zuhaltung; 2 Chubb-Schloß mit mehreren Zuhaltungen; 3 Schloß mit mehreren Zuhaltungen, Riegel und Anlage für die Türklinke; 4 Sicherheitsschloß. a geschlossen (Stifte verhindern das Drehen des Zylinders); b offen (der Schlüssel drückt die Stifte hoch, der Zylinder kann gedreht werden); 5 Sicherheitsschloß für Wendeschlüssel; in zwei versetzten Reihen sind beidseitig zehn Stiftzuhaltungen angeordnet

drüsig-klebrige Kräuter mit meist fiederschnittigen Blättern und roten Blüten (in Rispen) mit zweilippiger Blütenkrone. Eine bekannte Art ist die **Gefiederte Schlitzblume** (Schizanthus pinnatus) mit zierl., gelben Blüten und roter Fleckenzeichnung sowie tiefgeteilten Blütenblättern.

Schlitz genannt von Görtz ↑Görtz, von Schlitz genannt von.

Schlitzmaske ↑Fernsehen (Farbbildröhren).

Schlitzmode, Modeerscheinung des späten 15. und des 16. Jh., bei der die Stoffe der (engen) Oberbekleidung aufgeschlitzt und mit Kontraststoffen unterlegt wurden; typ. für die Landsknechtstracht.

Schlitztrommel, hölzernes Aufschlagidiophon, meist aus einem ausgehöhlten Stück Baumstamm (von 50 cm bis 10 m Länge) mit längs verlaufendem Schlitz; wird mit Schlegeln angeschlagen. Die Ränder des Schlitzes sind oft verschieden dick, so daß beim Anschlag verschiedene Töne entstehen. Die S. ist in Afrika, Ostasien, Ozeanien, Mittel- und Südamerika verbreitet und wird für Signale und Kult verwendet. C. Orff führte sie in das europ. Orchester ein.

Schlitzverschluß ↑photographische Apparate.

Schlöndorff, Volker, *Wiesbaden 31. März 1939, dt. Filmregisseur. - Dreht v. a. histor. und zeitkrit. Filme wie „Der junge Törless" (1965, nach R. Musil), „Mord und Totschlag" (1967), „Michael Kohlhaas - der Rebell" (1969) sowie - meist in Zusammenarbeit mit seiner Frau M. von Trotta (∞ seit 1971) - „Der plötzl. Reichtum der armen Leute von Kombach" (1970), „Strohfeuer" (1972), „Die verlorene Ehre der Katharina Blum" (1975, nach H. Böll), „Der Fangschuß" (1976, nach M. Yourcenar), „Die Blechtrommel" (1979, nach G. Grass; 1980 mit dem Oskar ausgezeichnet), „Die Fälschung" (1981), „Eine Liebe von Swann" (1984), „Tod eines Handlungsreisenden" (1985).

Schlonski, Abraham, *Krjukowo (Gebiet Poltawa, Ukrain. SSR) 6. März 1900, †Tel Aviv-Jaffa 18. Mai 1973, israel. Lyriker. - Journalist, Übersetzer und Hg. literar. Zeitschriften; trug durch Wortschöpfungen und Verwendung von umgangssprachl. Wendungen in seiner Lyrik wesentl. zur Weiterentwicklung der neueren hebr. Literatur bei.

Schloß, Vorrichtung zur Herstellung einer festen, jedoch lösbaren Verbindung (Verriegelung) zw. einem meist festen und einem bewegl. Teil, insbes. für Türen, die mit Hilfe eines Schlüssels, durch Einstellen bestimmter Zahlenkombinationen an verstellbaren Ringen (*Kombinations-S.*) u. a. geöffnet werden sollen. Bei *Türschlössern* unterscheidet man nach der Art der Anbringung das **Kastenschloß** (Anbau-, Aufsetzschloß), bei dem das den Verriegelungsmechanismus enthaltende Gehäuse auf der einen Seite der Tür aufgeschraubt wird, und das **Einsteckschloß,** das in die Stirnseite des Türblattes eingelassen wird. Die einfachste Bauart zeigt das *Buntbart-S.;* Riegel und Riegelschaft werden durch den Riegelführungsstift geführt. Wird der Schlüssel im S. gedreht, drückt er zuerst die Zuhaltung nach oben, wodurch der Rastenhaken, der fest mit der Zuhaltung verbunden ist, aus der Raste an der Oberseite des Riegelschaftes herausgedrückt wird; dann greift der Schlüsselbart in die erste Raste auf der Unterseite des Riegelschaftes. Durch Weiterdrehen des Schlüssels wird der Riegel vorgeschoben, bis der Rastenhaken in die nächste Raste an der Oberseite des Riegelschaftes hineingedrückt wird. Bei Zimmertüren verwendet man meist *zweigängige Schlösser,* bei denen der Schließvorgang noch einmal ausgeführt wird; der Riegel wird dabei noch weiter hinausgeschoben. Die Form des Schlüsselloches ist so ausgeführt, daß nur ein zum S. gehörender Schlüssel mit geschweiftem Bart eingeführt werden kann. Mehrere Zuhaltungen dagegen hat das sog. **Chubb-Schloß;** der Bart des dazugehörigen Schlüssels ist entsprechend gezahnt oder gestuft. Kernstück des **Sicherheitsschlosses** (Zylinderschloß) ist ein drehbar im Gehäuse gelagerter Zylinder. In geschlossenem Zustand drücken Federn 5 oder 6 senkrecht zur Achse angeordnete Oberstifte (Gehäusestifte) im Gehäuse nach unten. Im Zylinder selbst sind unterschiedl. lange sog. Kernstifte getrennt angeordnet. Weil die Oberstifte nach unten gedrückt werden, sperren sie die Trennlinie zw. Zylinder und Gehäuse, so daß der Zylinder nicht gedreht werden kann. Wenn sich der richtige Schlüssel im Schlüsselkanal befindet, werden die Stifte so weit hochgedrückt, daß ihre Trennebene gerade mit derjenigen zw. Zylinder und Gehäuse übereinstimmt. Der Zylinder, der mit dem Riegel in Verbindung steht, kann gedreht, das S. also geöffnet werden. In Schließzylindern für *Hauptschlüsselanlagen* sind die Gehäuse- bzw. Kernstifte weiter unterteilt (sog. Aufbaustifte), wodurch mehrere Trennebenen entstehen. - Abb. S. 261.

📖 *Pankofer, H.: Schlüssel u. S. Mchn. ⁴1984. - Canz, S.: Schlüssel, Schlösser u. Beschläge. Wuppertal 1977. - Schlegel, F. G.: Kulturgesch. der Türschlösser. Duisburg 1963.*

◆ Teil der Handfeuerwaffe, in dem die Patronenzuführung, das Abfeuern und das Auswerfen der Hülse erfolgen.

◆ im Zeitalter der Renaissance, des Barock und des Klassizismus repräsentativer Wohnbau des Adels, v. a. der Landesfürsten. Während bei den ma. Burgen die Wehrfunktion überwog, traten seit der Spätgotik zunehmend Repräsentation und Wohnlichkeit in den Vordergrund. Vorhandene Burgen wurden unter diesen Gesichtspunkten erneuert und erweitert (Fontainebleau, Heidelberg).

Schloß

Eine eigenständige S.baukunst entwickelte sich jedoch erst um 1500 in Italien und Frankreich. Bei den italien. Vierflügelanlagen umgaben vier gleichartig gestaltete Trakte einen Arkadeninnenhof; oft erinnern Ecktürme formal und symbolisch an die einstige Wehrfunktion. Portale, Fenster, Schornsteine, Treppenhäuser wurden mit reicher Dekoration geziert, v. a. in Frankr. (Blois, Chambord). Durch italien. und frz. Stichwerke (Palladio, J. A. Du Cerceau) wurden dt. S.anlagen seit etwa 1600 angeregt und beeinflußt (Aschaffenburg). Mit der im 17. Jh. in Frankr. ausgebildeten Dreiflügelanlage mit offenem Hof (Cour d'honneur), mit betonten Mittel- und Eckrisaliten, großer Eingangshalle und kostbar ausgestatteten Empfangsräumen in bestimmter Abfolge (im Zentrum das [königl.] Schlafgemach) wurde ein neues Vorbild für ganz Europa geschaffen. Zum Wohn- und Repräsentationsbereich des Corps de logis traten in hierarch. Abstufung Nebenbauten (Communs: Verwaltungs-, Wirtschaftsgebäude, Ställe, Küchenflügel). Das S. dominiert im allg. einen von großen Achsen geprägten Garten († auch Gartenkunst). In Anlehnung an Versailles entstanden die meisten großen europ. Barockresidenzen (Blenheim Castle, Würzburg, Schönbrunn in Wien). In den östr.-böhm. und süddt. S. bildete das Treppenhaus und der oft zweigeschossige Festsaal das Zentrum. Bei neuen Stadtanlagen wurde das S. zum Bezugspunkt des Straßensystems (Karlsruhe). Seit Ende des 17. Jh. traten kleinere Bauten für spezielle Zwecke und intime Unterhaltung auf: Land-, Lust-, Jagdschlös-

Schloß. Von oben: Palais du Luxembourg (1615–31). Paris; Würzburger Residenz (vollendet 1741)

Schloßen

ser (Trianon, Sanssouci). Seit dem Ende des 18. Jh. trat neben das Residenz-S. der schloßähnl. Palast des Großbürgertums. Klassizist. Bauformen wurden durch den Historismus abgelöst (Neugotik in England, Versailles-Imitation in Herrenchiemsee). Dem Repräsentationsbedürfnis entsprechend wurden im 19. Jh. Verwaltungsgebäude (Justizpalast, Regierungsgebäude, Rathaus, Bahnhof) häufig schloßähnl. gestaltet.

💿 *Hüttl, L.: Schlösser. Mchn. 1982.* - *Foerster, R. H.: Das Barock-S. Köln 1981.* - *Hotz, W.: Kleine Kunstgesch. der Schlösser. Darmst.* ³*1980.* - *Meyer, Werner: Dt. Burgen, Schlösser u. Festungen. Ffm. 1979.* - *Du Colombier, P.: Le château de France, son histoire, sa vie, ses habitants. Paris 1960.* - *Tillmann, C.: Lex. der dt. Burgen u. Schlösser. Stg. 1958–61. 3 Bde.*

Schloßen, landschaftl. Bez. für Hagelkörner (↑ Hagel).

Schlosser, Friedrich Christoph, * Jever 17. Nov. 1776, † Heidelberg 23. Sept. 1861, dt. Historiker. - Ab 1817 Prof. in Heidelberg; machte die Prinzipien der Aufklärung zur Grundlage der histor. Urteilsbildung; sein method. Verdienst war die Bewertung der Literatur als histor. Quelle.

S., Johann Georg, * Frankfurt am Main 2. Dez. 1739, † ebd. 17. Okt. 1799, dt. Schriftsteller. - Jugendfreund Goethes; ab 1773 ∞ mit Goethes Schwester Cornelia Friederica Christiana. Mitarbeiter an den „Frankfurter gelehrten Anzeigen"; übersetzte antike Autoren, verfaßte Schriften zu literar., polit. und philosoph. Fragen.

S., Julius von, * Wien 23. Sept. 1866, † ebd. 1. Dez. 1938, östr. Kunsthistoriker. - 1901–22 Direktor des Kunsthistor. Museums in Wien, ab 1922 Prof. an der dortigen Univ. Verfaßte grundlegende quellenkundl. Arbeiten zur Kunstgeschichte, u. a. „Schriftquellen zur Geschichte der karoling. Kunst" (1892), „Materialien zur Quellenkunde der Kunstgeschichte" (1914–20).

Schloßfreiheit, der um ein Schloß gelegene und mit bes. Privilegien ausgestattete Bezirk.

Schloßschraube ↑ Schraube.

Schlot ↑ Schornstein.

◆ in der *Geologie:* 1. röhrenförmiger Förderkanal von Vulkanen; 2. röhrenförmige Doline.

Schlotströmung, engräumige Aufwinde; in Gewitterstürmen Vertikalgeschwindigkeit bis 30 m/s.

Schlotten, oft mehrere Meter tiefe, mit Lehm erfüllte Trichter in Kalk- und Salzgesteinen, auch in Konglomeraten.

Schlözer, August Ludwig von (seit 1804), * Gaggstadt (= Kirchberg an der Jagst) 5. Juli 1735, † Göttingen 9. Sept. 1809, dt. Historiker und Philologe. - 1756–59 als Hauslehrer in Schweden; 1761–69 in Rußland; 1769 Prof. für Geschichte in Göttingen; einer der bedeutendsten Historiker der dt. Aufklärung. - *Werke:* Allg. Geschichte von dem Norden (1771), Nestor, Russ. Annalen in ihrer Slavon. Grundsprache ... (5 Tle., 1802–09). Hg. bed. histor. Zeitschriften.

Schluchsee, 5 km² großer, aufgestauter See im S-Schwarzwald, 900 m ü. d. M.; am NO-Ufer der heilklimat. Kurort S. (2 600 E).

Schlucht (frz. Col de la Schlucht [frz. kɔldalaˈʃlukt]), Paß in den Vogesen, über den die Straße Colmar–Gérardmer–Épinal führt, 1 139 m ü. d. M.

Schluchtenwald, montane Waldgesellschaft an den Steilwänden von Schluchten und an anderen feuchten Steilhängen; vorwiegend Tannen-Buchen-, Bergulmen-Bergahorn- und Eschen-Ahorn-Mischbestände mit hoher Wuchsleistung.

Schlüchtern, hess. Stadt an der oberen Kinzig, 207 m ü. d. M., 14 300 E. Kirchenmusikschule, Holzgerätemuseum; Textilind., Metall-, Lederverarbeitung, Möbel- und Waschmittelfabrik; Luftkurort. - Entstand in Anlehnung an ein wohl im 9. Jh. gegründetes Benediktinerkloster (1539 aufgehoben und in eine ev. Gelehrtenschule umgewandelt). Zw. 1550 und 1556 Stadterhebung; bis 1974 Kreisstadt des damals aufgelösten gleichnamigen Landkreises. - Die Klostergebäude sind von einer Ringmauer umgeben; Reste der frühkaroling. Krypta.

Schluckauf (Schlucksen, Singultus), schnappendes Einatmungsgeräusch, hervorgerufen durch unwillkürl., ruckartiges Zusammenziehen des Zwerchfells und nachfolgende Schließung der Stimmritze; tritt u. a. auf bei Magenstörungen (bes. auf Grund allzu hastigen Essens), nach übermäßigem Alkoholgenuß, bei Zwerchfellreizungen durch Entzündung, Druck von Magen oder Leber, bei Grippe und Erkrankungen des Atmungszentrums.

Schlucken, angeborener, nach der Auslösung unwillkürl., durch das oberhalb des Atemzentrums liegende Schluckzentrum gesteuerter Reflexvorgang (**Schluckreflex**). Bei Berührung der Gaumenbögen, des Zungengrundes oder der hinteren Rachenwand durch feste oder flüssige Stoffe kommt es zum reflektor. Verschluß der Luftröhre (mechan. Abdichtung gegen den Nasen-Rachen-Raum und die Mundhöhle), worauf die Nahrung durch die Schlundmuskulatur in die Speiseröhre gepreßt und (nach Kreuzen des Atemwegs und Öffnung der unteren Speiseröhrenschließmuskels) durch die peristalt.-wellenförmigen Kontraktionen der Speiseröhrenmuskulatur in den Magen befördert wird. Durch die Peristaltik der Speiseröhrenringmuskulatur ist S. auch möglich, wenn der Kopf tiefer liegt als der Magen. Das Reflexzentrum (**Schluckzentrum**) im verlängerten Rückenmark wird aufsteigend vom IX. Hirnnerv erregt, absteigend wirkt es über den

V., IX., X. und XII. Hirnnerv auf die Muskeln der Mundhöhle, des Rachens, des Kehlkopfs und der Speiseröhre (↑ auch Dysphagie).

Schluckimpfung, aktive Immunisierung durch orale Zufuhr eines Lebendimpfstoffs (mit abgeschwächten Erregern). Bekanntestes Beispiel ist die S. gegen Kinderlähmung.

Schlucklähmung (Schlundlähmung), Lähmung der am Schluckvorgang beteiligten Gaumen- und Schlundmuskulatur.

Schluff, Lockergestein bzw. feinkörnige Bodenart mit Mineralkörnchen von 0,063 bis 0,002 mm Durchmesser.

Schlumberger, Jean [ˈʃlɔmbɛrgər; frz. ʃlœbɛrˈʒe, ʃlõ..., ʃlum...], * Gebweiler 26. Mai 1877, † Paris 25. Okt. 1968, frz. Schriftsteller. - Trat bes. mit zeitgebundenen, feinfühligen psycholog. Romanen (v. a. über Generationskonflikte) hervor, u. a. „Unruhige Vaterschaft" (1913), „Die Augen von achtzehn Jahren" (1928); auch Dramatiker und Essayist.

Schlumberger-Verfahren [nach der frz. Industriellenfamilie Schlumberger], Verfahren der geophysikal. Bohrlochuntersuchung; aus der Messung des elektr. Widerstands wird auf die Natur der Gesteinsschichten geschlossen.

Schlumpf, Leon, * Felsberg (Kt. Graubünden) 3. Febr. 1925, schweizer. Politiker (Schweizer. Volkspartei). - Rechtsanwalt; u. a. 1966–74 Regierungsrat in Graubünden, 1966–74 Nationalrat, 1974–79 Ständerat; 1980–87 Bundesrat (Verkehrs- und Energiewirtschaftsdepartement), 1984 Bundespräsident.

Schlund, svw. ↑ Pharynx.

Schlundegel (Pharyngobdellodea, Pharyngobdellae), Überfam. der ↑ Blutegel mit mehr als 50 meist kleinen Arten im Süßwasser und in feuchter Erde; ohne Rüssel und Kiefer, mit stark verlängertem Schlund; verschlingen kleine Wirbellose (u. a. Mückenlarven).

Schlundganglien, die im Kopfbereich der Ringelwürmer und Gliederfüßer als ↑ Oberschlundganglion und ↑ Unterschlundganglion ausgebildeten Nervenknoten.

Schlundkopf, vorderer, im Durchmesser und in der Muskelausstattung erweiterter, den ↑ Pharynx darstellender Abschnitt des Darmtrakts bei vielen Wirbellosen, z. B. bei Schnecken und beim Regenwurm.

Schlundzähne ↑ Zähne.

Schlupf, das durch unzureichende Reibung bedingte Zurückbleiben eines Getriebegliedes gegenüber einem anderen, mit ihm verbundenen Getriebeglied.

Schlupfwespen, (Ichneumonoidea) Überfam. der Hautflügler; Fühler stets mehr als 16gliedrig und niemals „gekniet"; Entwicklung parasit. an anderen Insekten und Spinnen.

♦ (Ichneumonidae) weltweit verbreitete Fam. der Überfam. Ichneumonoidea mit rd. 20 000 bekannten Arten (in M-Europa rd. 3 000 Arten); Körper bis 5 cm lang (ohne den meist langen Legebohrer des ♀, der auf der Unterseite des Hinterleibs entspringt); schlank, überwiegend dunkel, oft jedoch mit gelber Zeichnung; Larven leben als Innen- oder Außenparasiten ausschließl. bei anderen Gliederfüßern.

Schlusnus, Heinrich, * Braubach 6. Aug. 1888, † Frankfurt am Main 18. Juni 1952, dt. Sänger (Bariton). - 1917–45 Mgl. der Berliner Staatsoper; einer der gefeiertsten Opern- und Liedsänger seiner Zeit.

Schluß, in der *Logik* der gemäß einer *S.regel* vollzogene Übergang von einer Reihe von Aussagen (Prämissen) zu einer weiteren Aussage (Konklusion). Ein S. ist berechtigt oder gültig, wenn die Wahrheit der Prämissen auch die Wahrheit der Konklusion verbürgt. Ein *log.* S. liegt vor, wenn der Übergang allein auf Grund der Zusammensetzung mit den ↑ logischen Partikeln berechtigt ist, z. B. der S. von $A \lor B$ und $\neg A$ auf B. In der Wissenschaftstheorie wird versucht, jeden S. in einen log. S. zu überführen, indem Voraussetzungen für einen S., z. B. terminolog. Bestimmungen beim *analyt.* S., empir. Aussagen beim *synthet.* S. oder Regeln zur Erzeugung der natürl. Zahlen beim *arithmet.* S., ausdrückl. als dessen Prämissen formuliert werden. Die Übersicht über die gültigen log. S. zu gewinnen, ist dann die Aufgabe der formalen Logik. Dabei hat sich die traditionelle Logik im wesentl. auf die S. nur zw. bestimmten Aussageformen beschränkt, näml. „alle S sind P" (SaP), „einige S sind P" (SiP), „kein S ist P" (SeP) und „einige S sind nicht P" (SoP). Ein S. von zwei Aussagen dieser Form auf eine dritte solche heißt seit Aristoteles ↑ Syllogismus. Die Lehre von den gültigen Syllogismen, je nach Anordnung der drei Termini S, P, M nach *S.figuren* unterschieden werden, ist Thema der (assertor.) ↑ Logistik.

Schlüssel, Instrument zum Betätigen von Schlössern (↑ Schloß).

♦ svw. ↑ Schraubenschlüssel.

♦ (Noten-S.) in der *Notenschrift* ein stilisierter Tonbuchstabe zu Beginn eines ↑ Liniensystems, der die Tonhöhen bzw. die Tonrelationen ggv. den einzelnen Noten fixiert. Guido

Notenschlüssel. 1 Sopran-, 2 Mezzosopran-, 3 Alt-, 4 Tenor-, 5 und 6 Bariton-, 7 Baß-, 8 Subbaß-, 9 französischer Violin-, 10 Violinschlüssel

Schlüsselbein

von Arezzo gilt als der Erfinder des S., der v. a. in den Formen von C-Schlüssel, F-Schlüssel und G-Schlüssel gebraucht wird. Die heute gebräuchlichsten S. sind Violinschlüssel, Baßschlüssel und Altschlüssel.

Schlüsselbein (Klavikula, Clavicula), stabförmiger, mehr oder weniger gekrümmter, jederseits zw. Brustbein und Schulterblatt (mit jeweils gelenkiger Verbindung) verlaufender Knochen des Schultergürtels der meisten Wirbeltiere (bei den niederen Wirbeltieren als *Thorakale* bezeichnet); dient als Abstützung des Schulterblatts. Bei schnell laufenden Vierfüßern (z. B. bei Huf- und Raubtieren) ist das S. nur mehr als Rudiment vorhanden oder fehlt völlig. – Beim *Menschen* ist das 12–15 cm lange S. leicht S-förmig gekrümmt; es setzt gelenkig oben seitl. am Brustbein an, verläuft vorn über den Brustbeinansatz der ersten Rippe hinweg in annähernd horizontaler Richtung, den Rabenschnabelfortsatz überbrückend, zum Gelenkansatz des Schulterblatts. Es spreizt das Schultergelenk vom Rumpf ab, so daß die Arme freier bewegt werden können, und kann aus der Normalstellung gehoben oder etwas gesenkt sowie nach vorn oder nach hinten geführt werden.

Schlüsselbeinarterie (Schlüsselbeinschlagader, Subklavia, Arteria subclavia), Schlagader an jeder Körperseite zur Blutversorgung der oberen Extremitäten sowie von Hals und Kopf.

Schlüsselbeinvene (Vena subclavia), starke Vene für das gesamte Blut von Arm und Schulter sowie teilweise für das Blut von der Brustwand.

Schlüsselblume, volkstüml. Bez. für die Frühlingsschlüsselblume (↑ Primel).

Schlüsselgewalt, die unabhängig von den jeweiligen ↑ Güterständen – früher nur der Frau infolge des Leitbildes der Hausfrauenehe – jetzt jedem Ehegatten im Rahmen einer gemeinsamen Haushaltsführung (also nicht bei dauerndem Getrenntleben) zustehende Berechtigung, Rechtsgeschäfte zur angemessenen, d. h. den Lebensverhältnissen entsprechenden Deckung des Lebensbedarfs der Familie (z. B. Kauf von Lebensmitteln und Hausrat) mit Wirkung auch für den anderen Ehegatten zu besorgen. Die S. ist je nach dem Auftreten des Handelnden gesetzl. Vertretung oder eine auf Gesetz beruhende Verpflichtungsbefugnis und gibt dem Gläubiger solcher Geschäfte allein auf Grund der Tatsache, daß der Vertragspartner verheiratet ist, einen zusätzl. Schuldner.

◆ in der *kath. Theologie* Begriff für die von Matth. 16, 19 hergeleitete Kirchengewalt. – In der *Theologie der ev. Kirchen* wird die S. nicht jurisdiktionell, sondern als geistl. Vollmacht zur Wortverkündigung aufgefaßt.

Schlüsselindustrien, Ind.zweige (im Bereich der Grundstoff- und Produktionsgüterproduktion), deren Produkte unentbehrl. oder zumindest von großer Bedeutung für alle anderen Ind.zweige sind.

Schlüsselliteratur, Bez. für literar. Werke, in denen wirkl. Personen, Zustände und Ereignisse, meist der Gegenwart, unter fiktiven oder histor. Namen mehr oder minder verborgen sind. Das Verständnis der Werke setzt beim Leser die Kenntnis des verwendeten „Schlüssels" oder der verschlüsselten Verhältnisse voraus. Bes. geeignet für Verschlüsselungstechniken sind Fabeln, Dramen und [biograph.] Romane (**Schlüsselromane**). Die ausgeprägtesten dt. Schlüsselromane stammen von Anton Ulrich von Braunschweig-Wolfenbüttel und D. C. von Lohenstein; satir. literaturkrit. S. im 18.Jh. stammt insbes. von L. Tieck, E. T. A. Hoffmann, für 19. und 20. Jh. stehen F. Spielhagen, H. Böll, G. Grass, R. Hochhuth.

Schlüsselreiz (Signalreiz, Kennreiz), spezif. Informationsreiz in Gestalt eines Form-, Farb-, Duft- oder Lautmerkmals, der ein bestimmtes, insbes. instinktives Verhalten (↑ Instinkt) in Gang setzt (↑ auch Auslösemechanismus). Ein spezieller S. ist der ↑ Auslöser.

Schlüsselzuweisungen, im Rahmen des ↑ Finanzausgleichs zw. Bund, Ländern und Gemeinden nach Verteilungsschlüsseln (wie z. B. Einwohnerzahl) ermittelte Zuweisungen an einzelne Gebietskörperschaften.

schlüssiges Handeln, svw. ↑ konkludentes Handeln.

Andreas Schlüter, Reiterstandbild des Großen Kurfürsten. Berlin, Ehrenhof von Schloß Charlottenburg

Schmalkaldischer Bund

Schlüssigkeit, im Prozeß die materielle Berechtigung des mit der Klage erhobenen Anspruchs, wenn der Tatsachenvortrag des Klägers als richtig unterstellt wird. Das Gericht hat zunächst die S. einer Klage zu prüfen, ehe es auf die Verteidigung des Beklagten eingeht. Etwa festgestellte Unschlüssigkeit führt ohne weiteres zur Abweisung der Klage als unbegründet, wenn der Kläger den Mangel nicht behebt. Die S. ist insbes. im Versäumnisverfahren bedeutsam.

Schlußrechnung ↑ Dreisatzrechnung.

Schlußregel, die Regel, gemäß der in einem Schluß von den Prämissen zur Konklusion übergegangen wird.

Schlußstein, in der Baukunst den Scheitel eines Bogens schließender Stein (anstelle einer Scheitelfuge) oder der Stein im Hauptknotenpunkt eines Rippengewölbes.

Schlußverkauf, gewerbsmäßiger Verkauf zu herabgesetzten Preisen; nur als ↑ Saisonschlußverkauf erlaubt.

Schlußverteilung ↑ Konkurs.

Schlüter, Andreas, * Danzig (?) um 1660, † Moskau oder Petersburg 1714, dt. Bildhauer und Baumeister. - Seit 1681 in Warschau nachweisbar; 1694 als Hofbildhauer nach Berlin berufen; 1695/96 Studienreisen; 1698-1707 auch als Baumeister beschäftigt; 1713 nach Petersburg berufen. Sein Reiterdenkmal des Großen Kurfürsten repräsentiert' mit kraftvollem Pathos den absolutist. Herrschergedanken (1697-99 Entwurf und Modell; Bronzeguß 1700; Sklaven 1702-09; urspr. Berlin, Lange Brücke, heute im Ehrenhof von Schloß Charlottenburg). Dieselbe polit. Idee bestimmte seine Umbaupläne für das Berliner Schloß, dessen Bauleitung er 1698-1707 innehatte (Kriegsruine, 1950 gesprengt). Es stellt eine ernste und eigenwillige Auseinandersetzung mit dem italien. Hochbarock dar und ist eine der wesentl. Grundlagen für die Entwicklung der dt. Barockarchitektur. Bes. berühmt war das Treppenhaus. - *Weitere Werke* in Berlin: Schlußsteinreliefs am Zeughaus (u. a. 22 Masken sterbender Krieger, 1696); Kanzel der Marienkirche (1703); Prunksarkophage der Königin Sophie Charlotte (Dom, 1705) und König Friedrichs I. (ebd. 1713).

S., Poul, * Tondern 3. April 1929, dän. Politiker (Konservative Volkspartei). - Rechtsanwalt; seit 1964 Abg. im Folketing, 1974-77 und erneut seit 1981 Vorsitzender der Konservativen Volkspartei; seit Sept. 1982 Min.präs. einer Minderheitsregierung.

Schma ↑ Schema Israel.

Schmalblättrige Lupine (Blaue Lupine), im Mittelmeergebiet heim. ↑ Lupine.

Schmalböcke (Schlankböcke, Lepturinae), Unterfam. der Bockkäfer mit zahlr. schlanken, langgestreckten, kleinen bis mittelgroßen Arten; z. B. der 11-19 mm lange **Vierstreifenschmalbock** (Strangalia quadrifasciata; schwarz mit vier gelben und gelbroten Querbinden auf den Flügeldecken; häufig auf Blüten) und der **Gesäumte Schmalbock** (Strangalia melanura; 6-9 mm lang, Flügeldecken gelbbraun [♂] oder rot [♀], mit schwarzen Innenrändern und dunklen Spitzen; im Sommer auf blühenden Pflanzen an Waldrändern und -wiesen).

Schmalenbach, Eugen, * Schmalenbach (= Halver) 20. Aug. 1873, † Köln 20. Febr. 1955, dt. Betriebswirtschaftler. - Prof. in Köln (1906-33); grundlegende Arbeiten zu Finanzierungsfragen und zur Bilanzlehre, die großen Einfluß auf die Gestaltung der Einkommenbesteuerung hatten.

Schmalfilm, Filmmaterial, dessen Breite von der des Normalfilms (35 mm) abweicht (z. B. 16-mm-, 8-mm-Film). - ↑ auch Film.

Schmalfrucht (Stenocarpus), Gatt. der Proteusgewächse mit rd. 20 Arten in Australien, auf Neuguinea, Neukaledonien und auf den Molukken; Bäume oder Sträucher mit immergrünen, ganzrandigen oder fiederspaltigen Blättern, kleinen Einzelblüten in Schirmdolden und lederartigen, schmalen Früchten. Einige Arten werden kultiviert.

Schmalkalden (amtl. Kurort S.), Krst. am SW-Abfall des Thüringer Waldes, Bez. Suhl, DDR, 296 m ü. d. M., 17 400 E. Ingenieurschule; Kleineisenind., Herstellung von Präzisionswerkzeugen. - 874 erstmals gen.; 1227 als Stadt bezeichnet. - 1531 schlossen sich in S. die ev. dt. Reichsstände zum ↑ Schmalkaldischen Bund zusammen. - Der doppelte Mauerring der Stadtbefestigung (14.-16. Jh.) ist fast vollständig erhalten; spätgot. Stadtkirche Sankt Georg (1437-1509), spätgot. Rathaus (15. und 20. Jh.), Hessenhof (1551-53; umgestaltet) mit spätroman. Fresken in der Trinkstube; Renaissanceschloß Wilhelmsburg (1585-90; heute Museum).

S., Landkr. im Bez. Suhl, DDR.

Schmalkaldische Artikel, für den Schmalkald. Bund verfaßte Bekenntnisschrift Luthers über die grundlegenden Aussagen des christl. reformator. Glaubens. Zur Verabschiedung durch den Schmalkald. Bund ist es auf Betreiben Melanchthons nicht gekommen, vielmehr wurden die Artikel nur von einem kleinen theolog. Gremium unterzeichnet. 1580 wurden die S. A. jedoch in das Konkordienbuch aufgenommen.

Schmalkaldischer Bund, der 1531 zur Abwehr der Reichsexekution in Glaubenssachen, die der Augsburger Reichsabschied 1530 androhte, in Schmalkalden geschlossene Bund ev. Reichsstände. Kursachsen, Hessen, Anhalt, Mansfeld, Braunschweig-Lüneburg und -Grubenhagen sowie Magdeburg und Bremen einigten sich am 31. Dez. 1530 auf einen Bundesvertrag, der am 27. Febr. 1531 unter Beitritt der von Straßburg geführten oberdt. Städte formell abgeschlossen wurde. Damit wurde der S. B. zum Zentrum der antihabsburg. Kräfte. Der Bund ermöglichte die

267

Schmalkaldischer Krieg

friedl. Ausbreitung der Reformation und bot Philipp I. von Hessen die Möglichkeit zur gewaltsamen Rückführung Hzg. Ulrichs von Württemberg (1534). Die Schwächung des Bundes begann mit der Doppelehe des hess. Landgrafen, der dadurch gezwungen war, die Ansprüche Kaiser Karls V. auf Geldern zu unterstützen (1541); die Vertreibung Heinrichs d. J. von Braunschweig-Wolfenbüttel durch die Bundesfürsten 1542 rief das Mißtrauen der Städte hervor. Das Schicksal des S. B. wurde im Schmalkald. Krieg 1546/47 besiegelt.

Schmalkaldischer Krieg, der von Kaiser Karl V. 1546/47 gegen die im Schmalkald. Bund organisierten prot. Mächte geführte Religionskrieg; nach der Gefangennahme Kurfürst Johann Friedrichs I. von Sachsen (Schlacht bei Mühlberg, 25. April 1547) und Landgraf Philipps I. von Hessen (Halle, 19. Juni 1547) konnte Karl V. das Augsburger Interim durchsetzen.

Schmallenberg, Stadt an der Lenne, NRW, 400 m ü. d. M., 24 400 E. Inst. für Aerobiologie; Textilind.; Luftkurort und Wintersportplatz. - Im Schutz einer Burg entstanden, 1228 erstmals gen., 1243 Ratsverfassung; nach Brand (1822) planmäßig wiederaufgebaut. - Geschlossenes Stadtbild beschieferter Häuser.

Schmalnasen (Altweltaffen, Catarrhina), rein altweltl. Gruppe der Affen mit zwei Überfam. (↑Hundsaffen und ↑Menschenartige) in Afrika (einschl. Magot auf den Felsen von Gibraltar) und in S-Asien; mit schmaler Nasenscheidewand und dicht beieinander stehenden, nach vorn gerichteten Nasenlöchern; Schwanz nicht als Greiforgan entwickelt.

Schmalschnabelsittiche ↑Keilschwanzsittiche.

Schmalte (Smalte) [italien.], in der Glas-, Keramik- und Emailind. zum Blaufärben von Glasflüssen (Herstellung von sog. **Kobaltglas**) verwendetes blaues Silicatglas aus Quarzsand, Pottasche und 2–7% Kobalt-(II)-oxid.

Schmaltier, wm. Bez. für junges ♀ Rot-, Elch- oder Damwild im zweiten Lebensjahr bis zur ersten Begattung.

Schmalwand (Gänserauke, Arabidopsis), Gatt. der Kreuzblütler mit rd. zehn in Eurasien bis ins arkt. Amerika heim. Arten. In Deutschland an trockenen Hängen, auf Schutt und Brachäckern verbreitet ist die **Akker-Schmalwand** (Arabidopsis thaliana) mit dicht behaarter Blattrosette und kleinen, weißen Blüten; Schoten 10–20 mm lang.

Schmalz, aus tier. Fettgewebe gewonnenes Fett von relativ weicher, etwas körniger Konsistenz; v. a. Schweineschmalz (z. B. aus Flomen und Gekrösefett) und Gänseschmalz.

Schmalzblume, volkstüml. Bez. für verschiedene Pflanzenarten, v. a. für gelbblühende Arten wie Sumpfdotterblume, Trollblume, Scharbockskraut und Buschwindröschen.

Schmalzüngler (Engzüngler, Neuschnecken, Stenoglossa, Rhachiglossa), seit der Kreidezeit bekannte Unterordnung fast ausschließl. in Meeren lebender Vorderkiemerschnecken; mit kräftigem, durch einen langen Sipho gekennzeichnetem, spiraligem Gehäuse und meist drei Zähnen pro Radulaquerreihe. Von den rd. 16 000 Arten gehören hierher u. a. Kegelschnecken, Purpurschnecken, Olivenschnecken und Reusenschnecken.

Schmarotzer, svw. ↑Parasiten.

Schmarotzerbienen, svw. Kuckucksbienen (↑Bienen).

Schmarotzerblumen, svw. ↑Rafflesiengewächse.

Schmarotzerhummeln (Psithyrus), Gatt. der Bienen mit zehn einheim. Arten, die als Brutschmarotzer bei Hummeln leben; die Arbeiterinnen ziehen die Larven der S. zus. mit der eigenen Brut auf.

Schmarotzerpflanzen, als ↑Parasiten in andere Pflanzen eindringende und ihnen Nährstoffe entziehende Gewächse.

Schmarotzerwespen (Ceropalidae), Fam. der Hautflügler mit vier einheim. Arten, darunter die im sandigen Gelände vorkommende 5–11 mm lange Art Ceropales maculatus. Die ♀♀ legen ihre Eier in von Wegwespenweibchen erbeuteten Spinnen ab.

Schmarren [oberdt.], während des Bakkens in der Pfanne mit Gabeln zerrissener Eierkuchen; auch als Gries- oder Weckschmarren, v. a. der ↑Kaiserschmarren.

Schmätzer (Saxicolinae), Unterfam. etwa buchfinkengroßer Drosseln; mit rd. 50 Arten, v. a. in offenen oder parkartigen Landschaften Afrikas und Eurasiens; z. T. farbenprächtige Vögel, zu denen u. a. Steinschmätzer, Braunkehlchen und Schwarzkehlchen gezählt werden.

Schmeil, Otto, * Großkugel (Saalkreis) 3. Febr. 1860, † Heidelberg 3. Febr. 1943, dt. Biologe und Pädagoge. - Urspr. Lehrer, ab 1904 Prof. in Heidelberg. S. reformierte den Biologieunterricht, in den er auch morpholog., physiolog. und ökolog. Gesichtspunkte einbezog. Verf. weitverbreiteter Lehrbücher, u. a. „Lehrbuch der Botanik" (2 Bde., 1901/02), „Flora von Deutschland" (1904; mit J. Fitschen).

Schmeißfliegen (Calliphoridae), rd. 1 500 Arten umfassende, weltweit verbreitete Fam. der Zweiflügler (↑Deckelschlüpfer); u. a. mit den metall. blauen, bis 14 mm großen Arten der Gatt. Calliphora *(Brummer, Brummfliegen, Blaue Schmeißfliegen)* und den etwa stubenfliegengroßen, goldgrün glänzenden Arten der Gatt. Lucilia (**Goldfliegen**). S. sind häufig Aasfliegen (z. B. die 8–10 mm lange, schwach glänzende, dunkelblaue bis schwarze **Glanzfliege** [Phormia regina]). Sie finden sich ferner oft an tier. und menschl. Exkrementen sowie an Nahrungsmitteln (v. a. Fleischwaren, Fisch) und übertragen patho-

Schmeljow

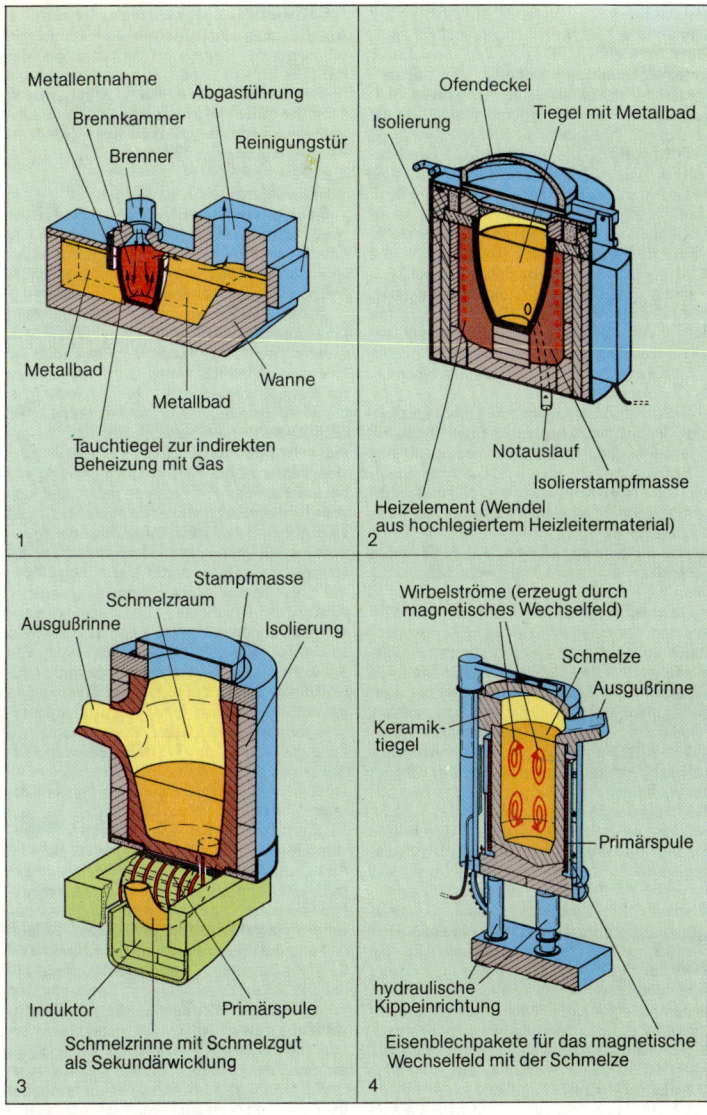

Schmelzöfen. 1 Wannenofen mit Tauchtiegel, 2 indirekter Widerstandsofen, 3 Niederfrequenzinduktionsofen, 4 Niederfrequenzinduktionstiegelofen

gene (v. a. Darmkrankheiten verursachende) Keime.

Schmeling, Max, * Klein Luckow (Uckermark) 28. Sept. 1905, dt. Berufsboxer. - Mehrfacher dt. und Europameister im Halbschwer- und Schwergewicht; 1930–32 Weltmeister im Schwergewicht; besiegte 1936 den bis dahin ungeschlagenen Joe Louis, dem er 1938 in einem Weltmeisterschaftskampf unterlag.

Schmeljow, Iwan Sergejewitsch, * Mos-

Schmeller

kau 3. Okt. 1873, † Paris 24. Juni 1950, russ. Schriftsteller. - Lehrer; emigrierte 1922 nach Paris; schrieb von Dostojewski beeinflußte Romane, Erzählungen und Skizzen mit treffender Milieuschilderung; Antikommunist; verherrlichte das alte Rußland, u. a. in „Wanja im heiligen Moskau" (R., 1933).

Schmeller, Johann Andreas, * Tirschenreuth 6. Aug. 1785, † München 27. Juli 1852, dt. Germanist. - Prof. in München. Mit seinem Hauptwerk „Die Mundarten Bayerns, grammatikal. dargestellt" (1821) begründete er die wiss. Erforschung der dt. Mundarten.

S., Johann Joseph, * Großobringen bei Weimar 12. Juli 1796, † Weimar 1. Okt. 1841, dt. Maler und Zeichner. - Bekannt v. a. durch das „S.-Album" mit 130 Bildnissen aus Goethes Freundeskreis.

Schmelz, allg. svw. glänzender Überzug.
♦ ↑ Zahnschmelz.

Schmelzdiagramm, die graph. Darstellung der Schmelztemperatur einer Mischung in Abhängigkeit von der Zusammensetzung.

Schmelze, ein in geschmolzenem (flüssigem) Zustand befindl., unter Normalbedingungen fester Stoff, z. B. Metallschmelze, Salzschmelze.
♦ ein Ind.betrieb, in dem Rohstoffe durch Schmelzen gewonnen oder verarbeitet werden.

Schmelzen, der Übergang eines Stoffes aus dem festen in den flüssigen Aggregatzustand durch Zufuhr einer bestimmten Wärmemenge (↑ Schmelzwärme). Bei kristallinen Substanzen zerfällt das Kristallgitter bei einer bestimmten, nur vom Druck abhängigen sog. *Schmelztemperatur* (**Schmelzpunkt,** Fließpunkt, Abk. Fp: angegeben beim Normdruck von 1 013 mbar). Bei den meisten Stoffen ist das Volumen der flüssigen Phase größer als das der festen, Ausnahme ist z. B. das Wasser, bei dem die flüssige Phase die größere Dichte hat und die Schmelztemperatur mit steigendem Druck sinkt. Stoffgemenge und v. a. amorphe Stoffe (z. B. Glas) besitzen keinen scharfen Schmelzpunkt, sondern die Schmelztemperatur erstreckt sich über ein mehr oder weniger großes Temperaturintervall; ein Stoffgemenge bzw. verunreinigter Stoff besitzt eine niedrigere Schmelztemperatur als die reinen Komponenten (↑ Schmelzpunkterniedrigung; v. a. bei Legierungen). - Der Stoff mit dem bisher höchsten Schmelzpunkt (rd. 3 890 °C) ist Hafniumcarbid, HfC. - ↑ auch chemische Elemente (Tabelle).

Schmelzer, Johann Heinrich S. von Ehrenruef, * vermutl. Scheibbs (Niederösterreich) um 1623, † Prag zw. 4. Febr. und 20. März 1680, östr. Violinist und Komponist. - Hofkapellmeister in Wien. Komponierte v. a. Ballettmusiken (Instrumentaltänze) und Violinsonaten (1664); daneben geistl. und weltl. Vokalwerke.

Schmelzfarben ↑ keramische Farben.

Schmelzflußelektrolyse, elektrolyt Abscheidung eines Metalls aus einem geschmolzenen Gemisch von Salzen dieses Metalls bei hohen Stromstärken aber geringer Spannung. Die S. wird zur Gewinnung von Metallen mit sehr hoher Affinität zu Sauerstoff angewandt (v. a. Alkali- und Erdalkalimetalle, Aluminium und Titan). - Abb. Bd. 1, S. 280.

Schmelzkäse ↑ Käse.

Schmelzöfen, in Hüttenwerken, Gießereien und Halbzeugbetrieben verwendete Ofentypen, deren Auswahl von der Art der Metalle, der Höhe ihrer Schmelz- und Gießtemperatur u. a. abhängt. Die Beheizung erfolgt mit Öl, Gas oder elektr. Energie. Zum Umschmelzen und Legieren von Stahl dienen *Elektroöfen.* Bei den Induktionsöfen erfolgt die Erwärmung induktiv unter dem Einfluß eines magnet. Wechselfeldes, bei den *Lichtbogenöfen* durch die Wärmeeinwirkung eines Lichtbogens. Der **Schachtofen** ist ein gemauerter oder gestampfter Herd aus feuerfestem Material, der gleichmäßige Legierungen bei hohem Schmelzdurchsatz liefert und sich zum Einschmelzen von Schrott eignet (↑ auch Hochofen). Zu den **Herdöfen** zählt der **Wannenofen,** ein flacher, aus feuerfester Masse gestampfter oder gemauerter Herd, meist kippbar in einem Stahlgehäuse angeordnet. **Kesselöfen** sind metall., von unten beheizte, feststehende oder kippbare Schmelzgefäße in Form einer Kugelkalotte zum Schmelzen von Schwermetallen (und deren Legierungen) mit niedrigem Schmelzpunkt. **Tiegelöfen** sind in einem Stahlgehäuse, meist kippbar angeordnete hohe Schmelztiegel; Verwendung als Schmelz-, Gieß- und Warmhalteöfen in Gießereien.

Nach der Art der Beheizung unterscheidet man Widerstandsöfen, Induktionsöfen und Lichtbogenöfen. Bei den **indirekten Widerstandsöfen** erhitzt der elektr. Strom ein Medium, das die Wärme an das Metall abgibt (z. B. ein Graphittiegel, der über Kupferbakken mit der Stromquelle verbunden wird). Beim **Niederfrequenzinduktionsofen** verläuft das magnet. Wechselfeld im Eisenblechpaket des Transformators, und das Schmelzgut bildet die Sekundärwicklung in Form feuerfest ausgekleideter Ofenkanäle, die die Primärwicklung umschließen. Bei dem **Niederfrequenzinduktionstiegelofen** ist die Primärspule um den Tiegel angeordnet; der Wechselstrom erzeugt ein die Schmelzgut umströmendes durchsetzendes magnet. Wechselfeld, das den Heiz- und Schmelzstrom innerhalb des Schmelzgutes induziert. Bei dem **Vakuumtiegelofen** sind Induktionsofen und Gießform im Vakuum angeordnet; Verwendung für Metalle, die wegen Neigung zur Gasaufnahme in normaler Atmosphäre nicht erschmolzen werden können, bzw. zur Erzielung von bes. gasfreiem, dichtem Guß. Das **Schwebe-**

Schmerz

schmelzen ist ein Spezialverfahren, bei dem durch entsprechende Anordnung der Induktionsspulen die auftretenden elektromagnet. Kräfte so konzentriert werden, daß der geschmolzene Metallkörper freischwebend im Bereich der Spule gehalten wird. Reaktionen zw. Metall und Tiegelwand sind dadurch ausgeschaltet. **Lichtbogenöfen** sind Öfen, bei denen die Erhitzung durch einen Lichtbogen erfolgt, der über der Schmelze oder zw. Metall und Elektrode brennt. Der **Stassano-Ofen** arbeitet mit einem zw. zwei Elektroden oberhalb des Schmelzgutes brennenden Lichtbogen, der **Héroult-Ofen** mit drei (wegen der Drehstromspeisung) zw. Elektroden aus Kohle oder Graphit und der Schmelze brennenden Lichtbogen. Beim **Girod-Ofen** brennt der Lichtbogen zw. Elektrode und Schmelzgut. **Vakuumlichtbogenöfen** dienen der Erschmelzung unter Vakuum, u. U. noch unter Schutzgas. Verwendung finden diese Öfen z. B. zur Herstellung sehr reiner Metalle oder von Titan und Zirkonium aus Ti- oder Zr-Schwammschmelzelektroden. Bei den **Hochvakuumlichtbogenöfen** zur Formgußherstellung befinden sich Schmelz- und Gießgefäß unter Hochvakuum. - Abb. S. 269.
Brunklaus, J. H./Stepanek, J.: Industrieöfen. Bau u. Betrieb. Essen ⁵1985. - Grundll. des Schmelzens im Kupolofen. Hg. vom Verein Dt. Gießereifachleute. Düss. 1975.

Schmelzpunkt (Fließpunkt, Fusionspunkt), Abk. Fp, die Temperatur, bei der eine Substanz unter konstantem Druck von 1 013 mbar (Normdruck) aus dem festen in den flüssigen Aggregatzustand übergeht († Schmelzen).

Schmelzpunkterniedrigung, die Herabsetzung der Schmelztemperatur bzw. des Schmelzpunkts eines Stoffes durch Herabsetzen des äußeren Druckes oder durch Beimischung eines oder mehrerer anderer Stoffe.

Schmelzschupper (Ganoidea, Ganoidei), (veraltete) zusammenfassende Bez. für Flösselhechte, Störe, Löffelstöre und Knochenhechte; Haut ist von Ganoidschuppen oder Knochenplatten bedeckt.

Schmelzsicherung † Sicherung.

Schmelztemperatur † Schmelzen.

Schmelzwärme, diejenige Wärmemenge, die erforderl. ist, um einen Körper ohne Temperaturerhöhung vom festen in den flüssigen Aggregatzustand überzuführen. Als *spezif. S.* bezeichnet man den Quotienten aus der S. und der Masse des betrachteten Körpers. Spezif. S. (in kJ/kg) einiger Stoffe: Aluminium 395,65, Beryllium 1 088,57, Blei 24,7, Eis 333,77, Eisen 266,7, Gold 64,06, Kupfer 205,15, Silber 104,67. - † auch Schmelzen.

Schmelzwasserrinne, durch subglaziale Schmelzwasser geschaffene langgestreckte Hohlform.

Schmer, svw. † Flomen.

Schmerkraut, svw. † Schmerwurz.

Schmerlen (Cobitidae), Fam. etwa 3–30 cm langer Knochenfische mit rd. 200 Arten in fließenden und stehenden Süßgewässern Eurasiens; vorwiegend Bodenfische; Körper teils kurz und gedrungen, teils langgestreckt und walzig, mit kleinen, von der Haut überdeckten Schuppen; Mund unterständig, mit fleischigen Lippen und meist drei Paar Barteln. Zu den S. gehört neben den † Steinbeißern die **Gewöhnl. Schmerle** (Bachschmerle, Bartgrundel, Steingrundel, Noemacheilus barbatulus; 10–15 cm lang; oberseits gelblich- bis graubraun mit dunkler Fleckenzeichnung).

Schmerling, Anton Ritter von, * Wien 23. Aug. 1805, † ebd. 23. Mai 1893, östr. Politiker. - Führer der großdt. Richtung in der Frankfurter Nat.versammlung 1848/49; ab Juli 1848 Reichsinnenmin. und ab Sept. Leiter des Reichsministeriums und Reichsaußenmin.; 1849–51 östr. Justizmin.; seine Berufung im Dez. 1860 zum Staatsmin. (bis 1865), jedoch fakt. als Reg.chef ins kaiserl. Kabinett, bedeutete den Übergang vom Neoabsolutismus zum zentralist.-bürokrat. Liberalismus josephin. Prägung.

Schmerling (Körnchenröhrling, Suillus granulatus), in Kiefernwäldern häufig vorkommender, mittelgroßer, schmackhafter Pilz (Röhrling); mit leuchtend braungelbem, bei nassem Wetter schmierig glänzendem Hut; Röhren zuerst gelb mit weißl. Flüssigkeitstropfen, später olivfarben; Stiel blaßgelb.

Schmerwurz (Schmerkraut, Tamus), Gatt. der Jamswurzelgewächse mit vier Arten auf den Azoren, den Kanar. und Kapverd. Inseln und auf Madeira sowie im Mittelmeergebiet. In Deutschland, in schattigen Wäldern und Gebüschen, wächst die mediterrane **Gemeine Schmerwurz** (Tamus communis); mit großer unterird. Sproßknolle, windendem Stengel, herzförmigen Blättern, grünlichgelben Blüten in blattachselständigen Trauben und scharlachroten, erbsengroßen Beeren.

Schmerwurzgewächse, svw. † Jamswurzelgewächse.

Schmerz (Schmerzsinn, Nozizeption, Dolor), durch bestimmte äußere oder innere Reize (S.reize, nozizeptive Reize) ausgelöste unangenehme Empfindung beim Menschen und bei vielen Tieren (bes. höheren Tieren). S. informiert v. a. über Bedrohungen des Organismus, indem er auf gewebsschädigende Reize (Noxen) anspricht und den Organismus so vor Dauerschäden bewahrt. Als **Eingeweideschmerz** *(viszeraler S.)* wird eine S.empfindung bezeichnet, die durch die rasche und/oder starke Dehnung innerer Hohlorgane oder durch starke Kontraktionen (Spasmen) glattmuskeliger Organe, bes. im Zusammenhang mit einer Unterbrechung der Durchblutung, ausgelöst wird. *Somat. S.* geht als **Oberflächenschmerz** von der Haut oder als **Tiefenschmerz** von Muskeln, Knochen oder Gelen-

ken aus. Oberflächen-S. ist einerseits von hellem, „schneidendem" Charakter und gut zu orten, andererseits wird er als dumpf empfunden, ist schlecht zu lokalisieren und dauert länger an. Ähnl. wie dieser sind auch der Tiefen-S. und der Eingeweide-S. dumpf, schlecht lokalisierbar und können in die Umgebung ausstrahlen. Hinzu kommt, daß diese S.qualitäten von starker Unlust und von Krankheitsgefühl begleitet sind und oft vegetative Reaktionen wie Übelkeit und Blutdruckabfall auslösen. - Neurophysiolog. und bes. klin. wichtig ist die Beobachtung, daß die S.empfindung (im Ggs. zu den anderen Sinnesempfindungen) bei Fortbestehen des S.reizes nicht nachläßt, im Gegenteil oft sogar leicht zunimmt (fehlende Adaptation). - *S.punkte* nennt man auf S.reize ansprechende Hautstellen. Sie sind der Sitz von *S.rezeptoren (Nozizeptoren)*, wahrscheinl. freien Nervenendigungen. Der erste Oberflächen-S. wird wahrscheinl. von schnell leitenden Nervenfasern, der zweite von marklosen, langsam leitenden Fasern zentralwärts übermittelt. Ebenso wird der Eingeweide-S. dem Zentralnervensystem wahrscheinl. über marklose afferente Fasern zugeleitet. Im Rückenmark verläuft die für die S.empfindung zuständige Bahn (nach Kreuzung auf die Gegenseite) im Vorderseitenstrang in Richtung Thalamus.
⌑ *S. - Eine interdisziplinäre Herausforderung.* Hg. v. A. Doenicke. Ffm. 1986. - *Der S. u. seine Behandlung.* Hg. v. K. Hutschenreuther. Ffm. 1986. - *S.diagnostik u. Therapie.* Hg. v. G. Sehhati-Chafai. 3 Bde. Bochum 1985-86. - *Schmidt, Robert F./Struppler, A.: Der S.* Mchn. ²1983.

Schmerzensgeld, Entschädigung in Geld für einen immateriellen Schaden (↑ Schadenersatz) im Falle der Verletzung des Körpers oder der Gesundheit sowie im Falle der Freiheitsentziehung durch unerlaubte Handlung. Einen Anspruch auf S. hat auch eine Frau, gegen die ein Sittlichkeitsdelikt begangen wurde. Außerdem erkennt die Rechtsprechung in gewissen Fällen - entgegen der gesetzl. Regelung - einen Anspruch auf S. bei Verletzung des allgemeinen Persönlichkeitsrechts an.

Schmerzensmann, Darstellung des leidenden Christus, sitzend oder stehend, mit Dornenkrone und Wundmalen, oft von den Leidenswerkzeugen umgeben. Die frühesten Beispiele finden sich in der byzantin. Malerei des 12.Jh., v. a. aber als Andachtsbild in der dt. Kunst des 14. bis Mitte 15.Jh. (Malerei und Plastik).

schmerzlose Geburt, Schlagwort für die von G. ↑ Dick-Read empfohlene Methode der Geburtserleichterung.

Schmerzschwelle, subjektiv stark schwankende Grenze der Schmerzempfindung, bei deren Überschreitung ein Reiz als Schmerz empfunden wird.

schmerzstillende Mittel, i. w. S. alle die Schmerzempfindung lindernden und beseitigenden Arzneimittel, einschl. der örtl. wirkenden bzw. die Schmerzleitung unterbrechenden Stoffe; i. e. S. die zentral (im Bereich des Gehirns) wirkenden schmerzlindernden Arzneimittel oder *Analgetika.* Zu den *stark wirksamen Analgetika* gehört ↑ Morphin. Zu den *schwach wirksamen Analgetika* gehören die Salicylsäurederivate (z. B. Acetylsalicylsäure), die Pyrazolon-, Indol- und Pyrazolidinderivate (z. B. Aminophenazon) und die Anilinderivate (z. B. Phenacetin, Paracetamol). Stark wirksame Analgetika werden wegen der Suchtgefahr nur dann eingesetzt, wenn die Ursache eines Schmerzes (z. B. ein Tumor) sonst nicht mehr zu beseitigen ist oder die Zeitspanne bis zur Ausschaltung der Schmerzursache kurzzeitig überbrückt werden soll. Die schwach wirksamen Analgetika haben außer der schmerzstillenden auch fiebersenkende und mit Ausnahme der Anilinderivate auch entzündungshemmende Wirkung.

Schmetterlinge (Schuppenflügler, Falter, Lepidoptera), seit der oberen Trias bekannte, heute mit mehr als 150 000 Arten weltweit (v. a. in den Tropen) verbreitete Ordnung etwa 0,3-30 cm spannender Insekten (davon 3 000 Arten in M-Europa); gekennzeichnet durch dachziegelartig überlappende, feine Schuppen auf den beiden Flügelpaaren und durch Umbildung der Mundteile (v. a. der Unterkiefer [Maxillen]) zu einem in Ruhestellung nach unten eingerollten Saugrüssel; Kopf mit einem Paar meist großer Facettenaugen, deren Formenwahrnehmung auf nur einige Meter beschränkt ist, während das Farbunterscheidungsvermögen gut entwickelt ist; zw. den Augen ein Paar unterschiedl. geformter, meist fadenförmiger Fühler als Träger des hochentwickelten Geruchssinnes sowie des Tast- und Erschütterungssinnes; am letzten Brust- oder am ersten Hinterleibssegment auf Ultraschall ansprechende Hörorgane (Tympanalorgane), ermöglichen den dämmerungs- oder nachtaktiven Arten ein Ausweichen (plötzliches Sichfallenlassen) vor Ultraschallpeillaute ausstoßenden Fledermäusen; Flügel in der Form sehr verschieden, Vorder- und Hinterflügel meist durch Bindevorrichtungen gekoppelt (synchrones Schlagen); artcharakterist. Zeichnungs- und Farbmuster kommen durch spezif. Anordnung farbiger Flügelschuppen zustande. S. sind z. T. gute Flieger, die als Wanderfalter (der bekannteste ist der Monarch) weite Strecken zurücklegen. - S. sind überwiegend von Nektar, Honig und Obstsäften lebende Säftesauger. Der Saugrüssel ist bei manchen Arten (z. B. bei vielen Spinnern) teilweise oder völlig rückgebildet, so daß die Imagines keine Nahrung mehr aufnehmen können. - Die Metamorphose ist vollkommen. Die ↑ Raupen sind walzen- bis asselförmig, nackt, behaart oder mit Dornen besetzt, oft bunt, meist aber umgebungs- oder tarngefärbt. Die Verpuppung der erwachsenen Raupen erfolgt in einem gesponnenen Kokon. Die Puppenruhe dauert v. a. in trop. Gebieten meist wenige Tage. Beim Schlüpfen sprengt die Imago den Kopf- und Brustabschnitt der Puppenhülle und preßt in die noch schlaffen Flügel Blutflüssigkeit und Luft ein. Dadurch strecken sich die (aus Chitin bestehenden) Flügel und erhärten nach etwa 4 bis 7 Stunden. Erst dann ist der S. flugfähig. Die Überwinterung ist in unterschiedl. Entwicklungsphasen möglich. - Zu den S. gehören u. a. Ritterfalter, Weißlinge, Edelfalter, Bläulinge, Dickkopffalter, Augenspinner, Wickler und Zünsler.

Novak, I./Severa, F.: Der Kosmos-S.führer. Dt. Übers. Stg. ^{3}*1985. - Guggisberg, C. A., u. a.: S. und Nachtfalter. Bern u. Stg.* ^{12}*1981. - Forster, W./Wohlfahrt, T. A.: Die S. Mitteleuropas. Stg.* $^{1-2}$*1960-81. 5 Bde.*

Schmetterlingsblütler (Fabaceae, Papilionaceae, Papilionazeen), weltweit verbreitete Pflanzenfam. aus der Ordnung der Hülsenfrüchtler mit rd. 9000 Arten in annähernd 400 Gatt.; in den Tropen meist holzige, in den außertrop. Gebieten überwiegend krautige Pflanzen mit unpaarig gefiederten Blättern oder vergrößerten Nebenblättern und *Schmetterlingsblüten.* Diese bestehen aus einem fünfblättrigen, verwachsenen Kelch und fünf verschieden gestalteten Blumenblättern. Von diesen wird das größte als Fahne, die beiden seitl. als Flügel und die beiden unteren werden als Schiffchen bezeichnet. Frucht ist eine in zwei Hälften aufspringende Hülse oder eine in einsamige Teilstücke zerfallende Gliederhülse; Samen mit harter Schale und mächtig entwickelten Keimblättern, die Stärke, Eiweiß und Fett enthalten. - Bekannte S., die als Futterpflanzen und auch zur Gründingung verwendet werden, sind z. B. Klee, Luzerne, Esparsette, Serradella und Lupine. Nahrungsmittel liefern u. a. Erbse, Linse, Gartenbohne, Sojabohne und Erdnuß. Als Gehölze und Ziersträucher werden u. a. Robinie, Goldregen, Ginster und Glyzinie angepflanzt. Als Heilpflanzen werden u. a. Besenginster, Hauhechel und Bockshornklee verwendet.

Schmetterlingsfische, svw. ↑Gauklerfische.

♦ (Pantodontidae) Fam. bis 15 cm langer, bräunl. bis gelbl. dunkel gefleckter Knochenfische in den Flüssen des trop. W-Afrika; mit dem *Schmetterlingsfisch* (Pantodon buchholzi) als einziger Art; Brustflossen flügelartig vergrößert, kann bis zu 2 m weite Sprünge über der Wasseroberfläche ausführen; Warmwasseraquarienfisch.

Schmetterlingsflechte, svw. ↑Erythematodes.

Schmetterlingshafte (Ascalaphidae), Fam. der Netzflügler (Unterordnung Hafte) mit rd. 300 Arten, v. a. in trop. und subtrop. Gebieten; mit sehr langen, am Ende keulenförmig verdickten Fühlern und z. T. schmetterlingsähnl. bunten Flügeln von 3–11 cm Spannweite. Die einzige einheim. Gatt. ist *Ascalaphus* mit drei nur in warmen Gebieten Süddeutschlands verbreiteten Arten. Die schönste Art ist Ascalaphus macaronius mit 5 cm Flügelspannweite.

Schmetterlingsmücken (Mottenmücken, Psychodidae), Fam. 1–4 mm langer Zweiflügler mit rd. 450 weltweit verbreiteten Arten; der stark behaarte Körper und die ebenfalls stark behaarten, in Ruhe dachartig über dem Körper getragenen Flügel lassen die Tiere motten- bzw. schmetterlingsähnl. erscheinen; laufen flink, sind jedoch ungeschickte Flieger. - Die blutsaugenden ♀♀ von Arten der Gatt. ↑Phlebotomus sind gefährl. Krankheitsüberträger. - Die Larven der S. entwickeln sich meist im Wasser.

Schmetterlingsporling (Schmetterlingstramete, Bunter Lederporling, Trametes versicolor), ganzjährig bes. auf alten Laubholzstümpfen in dachziegelartigen Reihen wachsender dünnfleischiger Pilz (Porling) von etwa 6 cm Durchmesser; samtfilzig, lederartig, in konzentr. Zonen hellgrau, graublau und dunkelbraun gefärbt; Poren weißl., fein.

Schmetterlingsschwimmen ↑Schwimmen.

Schmetterlingsstrauch (Falterblume, Fliederspeer, Sommerflieder, Buddleja), Gatt. der *Buddlejaceae* mit über 100 Arten in den Tropen und Subtropen; Sträucher mit großen, meist behaarten Blättern und röhrenförmigen Einzelblüten in meist großen, lebhaft gefärbten Blütenständen. Einige Arten sind als Gartenziersträucher in Kultur.

Schmid [ʃmiːt, ʃmɪt], Carlo, * Perpignan 3. Dez. 1896, † Bonn 11. Dez. 1979, dt. Jurist und Politiker. - Rechtsanwalt, dann Richter; 1940 Kriegsverwaltungsrat in Lille; 1946–53 Prof. für Völkerrecht in Tübingen, 1953–68 für polit. Wiss. in Frankfurt am Main; nach 1945 führend am polit. Aufbau Württemberg-Hohenzollerns beteiligt; 1947–73 Mgl. des Parteivorstands der SPD, hatte maßgebl. Einfluß auf das Godesberger Programm; 1948/49 Mgl. des Parlamentar. Rates und Vors. des Hauptausschusses sowie Vors. der SPD-Fraktion; MdB 1949–72, Vizepräs. des Bundestages 1949–66 und 1969–72; Vors. des Ausschusses für auswärtige Angelegenheiten 1949–53; Bundesmin. für Angelegenheiten des Bundesrates und der Länder 1966–69; seit Nov. 1969 Koordinator für die dt.-frz. Zusammenarbeit; zahlr. publizist., literar. (u. a. Übertragungen aus roman. Sprachen: Malraux, Baudelaire und Machiavelli) und wiss. Publikationen. - Abb. S. 274.

S., Daniel, * Flims 26. Dez. 1941, schweizer. Filmregisseur. - Nach dem Grundsatz, Film sei ohne Wirklichkeitsbezug, also „totale Fiktion" drehte S. seit 1969 u. a. „Thut alles im

Schmidli

Carlo Schmid (1974)   Arno Schmidt (1973)   Helmut Schmidt (1974)

Finstern, eurem Herrn das Licht zu ersparen" (1970), „Heute nacht oder nie" (1972), „Schatten der Engel" (1975), „Violanta" (1977).

S., Eduard, dt. Schriftsteller, † Edschmid, Kasimir.

S., Josef, * Holzhausen (= Bad Aibling) 26. Jan. 1893, † München 4. Sept. 1975, dt. kath. Theologe. - Prof. für N. T. in Dillingen und München; führender Vertreter der modernen kath. Exegese. - *Werke:* Synopse der drei ersten Evangelien (1949), Studien zur Geschichte des griech. Apokalypsetextes (1955/56).

Schmidli, Werner, * Basel 30. Sept. 1939, schweizer. Schriftsteller. - Zeigt in seinen Romanen und Erzählungen schweizer. Arbeitermilieu als typ. Kleinbürgerwelt; v. a. „Meinetwegen soll es doch schneien" (R., 1967), „Das Schattenhaus" (R., 1969), „Fundplätze" (R., 1974), „Zellers Geflecht" (R., 1979), „Warum werden Bäume im Alter schön?" (R., 1984).

Schmidlin, Joseph, * Kleinlandau (Elsaß) 29. März 1876, † KZ Schirmeck (Elsaß) 10. Jan. 1944, dt. kath. Theologe. - Begründer der dt. kath. Missionswiss., des ersten kath. missionswiss. Lehrstuhls (Münster) und der „Zeitschrift für Missionswiss." (1911 ff.).

Schmid Noerr, Friedrich Alfred [ˈʃmiːt ˈnœr, ˈʃmɪt...], * Durlach (= Karlsruhe) 30. Juli 1877, † Percha (Landkr. Starnberg) 12. Juni 1969, dt. Schriftsteller. - 1910–18 Prof. für Philosophie und Ästhetik in Heidelberg. In seinen kultur-, geschichts- und religionsphilosoph. fundierten Werken (v. a. Dramen) versuchte er, den Mythos als eine Grundform der Dichtung darzustellen und altgerman. Mythologie mit christl. Glaubensvorstellungen zu verbinden.

Schmidt, Alfred, * Wien 31. März 1941, östr. Schriftsteller. - Schreibt anarch., witzige Prosa. - *Werke:* Als die Sprache noch stumm war (Prosa, 1974), Das Kommen des Johnnie Ray (R., 1976), Geschäfte mit Charlie (En., 1977), Fünf Finger im Wind (R., 1978), Der Sonntagsvogel (R., 1982).

S., Anton, dt. Schriftsteller, † Dietzenschmidt, Anton.

S., Arno, * Hamburg 18. Jan. 1914, † Celle 3. Juni 1979, dt. Schriftsteller. - Keiner zeitgenöss. Stilrichtung zuzuordnen, ist sein Werk durch assoziationsreiche Sprache und eigenwillige Orthographie gekennzeichnet. S. strebte unter Einbeziehung tiefenpsycholog. Fragen eine Abbildung der diskontinuierl. Wirklichkeit an, indem Bewußtseinsprozesse in der für ihn typ. „Foto-Technik" aufgezeichnet werden; am konsequentesten verwirklicht in dem monumentalen Essay-Roman „Zettels Traum" (1970), der alle Stilebenen, Techniken und Themen des Autors zu dem Nebeneinander einer Analyse E. A. Poes, eines Tagesablaufs und krit. Randnotizen, die ineinander übergreifen, sich gegenseitig bedingen und in Frage stellen, vermischt. Sprachl. Ausgangsbereich sind hierbei die „*Etyms*", direkt die Entstehungsphäre der Sprache, das Unterbewußte ins Spiel bringende, Sexuelles umsetzende, wandelbare und nie eindeutig zu fassende „Vor-wörter", die sich in der Sprache [als Wortkonzentrate] vielfältig konkretisieren; sie repräsentieren die Tiefendimensionen von sexuellen Empfindungen, Erinnerungen, Vorstellungen und Verweigerungen. Die Romane der 1950er Jahre faßte er zur Trilogie „Nobodaddy's Kinder" (1963) zusammen, die ihn schon damals als wenig kommunikationsfreudigen Sonderling auswies. Auch Essays („Der Triton mit dem Sonnenschirm", 1969). Bed. Übersetzer. - *Weitere Werke:* Das steinerne Herz (R., 1956), Die Gelehrtenrepublik (R., 1957), Abend mit Goldrand. Eine Märchen-Posse (1975), Julia, oder die Gemälde-Szenen aus dem Novecento (Dialog-R., hg. 1983).

S., Auguste, * Breslau 3. Aug. 1833, † Leipzig 10. Juni 1902, dt. Pädagogin und Frauenrechtlerin. - Mitbegr. des Allg. Dt. Frauenvereins 1865, des Vereins Dt. Lehrerinnen und Erzieherinnen 1869 und des Allg. Dt. Lehrerinnen-Vereins 1890; 1894 Vors. des Bundes Dt. Frauenvereine.

S., Bernhard, * auf Naissaar (Estland) 30. März 1879, † Hamburg 1. Dez. 1935, estn.

Optiker. - S. schuf hervorragende Optiken für astronom. Instrumente, u.a. ein komafreies opt. System für Spiegelteleskope (*S.-Spiegel*), das für die moderne Astronomie große Bed. gewann.

S., Eduard, dt. Schriftsteller, ↑Claudius, Eduard.

S., Erhard, * Dorpat 13. Jan. 1876, † Berlin 6. Dez. 1959, dt. Mathematiker. - Prof. in Zürich, Erlangen, Breslau und Berlin; grundlegende Arbeiten zur Theorie der Integralgleichungen, Mitbegr. der modernen Funktionalanalysis.

S., Franz, * Preßburg 22. Dez. 1874, † Perchtoldsdorf (Niederösterreich) 11. Febr. 1939, östr. Komponist und Cellist. - Kompositionen in der Nachfolge A. Bruckners, u.a. die Opern „Notre Dame" (1914) und „Fredegundis" (1922), das Oratorium „Das Buch mit sieben Siegeln" (1938), 4 Sinfonien, Klavierkonzert, Kammer- und Klaviermusik.

S., Friedrich Wilhelm August, gen. S. von Werneuchen, * Fahrland bei Potsdam 23. März 1764, † Werneuchen 26. April 1838, dt. Dichter. - Pfarrer; Verf. von an J. H. Voß orientierten Idyllen, in denen er das ländl. Leben schildert. Wurde von Goethe als „märk. Sandpoet" verspottet.

S., Guido, * Bludenz 15. Jan. 1901, † Wien 5. Dez. 1957, östr. Politiker. - Jurist und Diplomat; 1936-38 Staatssekretär im Außenministerium, 1938 kurze Zeit Außenmin.; 1947 wegen Hochverrats angeklagt, jedoch mangels Beweisen freigesprochen.

S., Helmut, * Hamburg 23. Dez. 1918, dt. Politiker. - Seit 1946 Mgl. der SPD; 1949-53 in der Hamburger Wirtschafts- und Verkehrsbehörde leitend tätig; MdB 1953-62 und 1965-87; Hamburger Innensenator 1961-65; 1967-69 Fraktionsvors.; 1969-72 Verteidigungs-, 1972 Wirtschafts- und Finanzmin., 1972-74 Finanzmin. Nach dem Rücktritt von Bundeskanzler W. Brandt mit den Stimmen von SPD und FDP am 16. Mai 1974 zum Bundeskanzler gewählt, stellte S. seine Regierungserklärung unter das Motto „Kontinuität und Konzentration". Einige Reformvorhaben wurden zurückgestellt; die Entspannungspolitik wurde fortgesetzt; internat. erwarb sich S. hohes Ansehen als Wirtschaftsfachmann. In der SPD nahm er, der als Pragmatiker gilt, häufig gegen den linken Flügel Stellung. Seit 1958 Mgl. des Parteivorstandes, seit 1967 des Präsidiums, seit 1968 stellv. Vors. der SPD; am 15. Dez. 1976 und am 5. Nov. 1980 jeweils wieder zum Bundeskanzler einer SPD-FDP-Reg. gewählt; im Okt. 1982 durch konstruktives Mißtrauensvotum gestürzt. Ab Mai 1983 Mithg. der Wochenzeitung „Die Zeit".

S., Johannes, * Prenzlau 29. Juli 1843, † Berlin 4. Juli 1901, dt. Indogermanist. - Prof. in Graz, ab 1876 in Berlin; Begründer der ↑Wellentheorie von der allmähl. räuml. Verbreitung sprachl. Neuerungen durch sein Werk „Die Verwandtschaftsverhältnisse der indogerman. Sprache" (1872), womit die von seinem Lehrer A. Schleicher begr. ↑Stammbaumtheorie abgelöst wurde; Hauptwerk: „Die Pluralbildung der indogerman. Neutra" (1889).

S., Karl Ludwig, * Frankfurt am Main 5. Febr. 1891, † Basel 10. Jan. 1956, dt. ev. Theologe. - Prof. für N.T. in Gießen, Jena, Bonn und Basel. S. ist einer der bahnbrechenden Vertreter der formgeschichtl. Methode.

S., Martin Johann, genannt Kremser-S., * Grafenwörth (Niederösterreich) 25. Sept. 1718, † Stein an der Donau (= Krems) 28. Juni 1801, östr. Maler. - Bed. und einflußreich seine am venezian. Kolorit und Rembrandtscher Helldunkelwirkung geschulte Altarmalerei; auch Fresken, Radierungen.

S., Otto Ernst, dt. Schriftsteller, ↑Ernst, Otto.

S., Otto Juljewitsch, * Mogiljow 18. Sept. 1891, † Moskau 7. Sept. 1956, sowjet. Gelehrter. - Prof. in Moskau. Der ungewöhnlich vielseitige Forscher begann als Mathematiker (Algebra, Gruppentheorie), beschäftigte sich mit Philosophie, Sprach- und Literaturwiss.; Mgl. und Leiter mehrerer Nordpolexpeditionen (Entdecker u.a. der Schmidtinsel vor Sewernaja Semlja); bed. Beiträge u.a. zur Geologie, Geophysik und Kosmogonie.

S., Wilhelm, * Hörde (= Dortmund) 6. Febr. 1868, † Freiburg (Schweiz) 10. Febr. 1954, dt. kath. Theologe und Ethnologe. - 1925 mit der Einrichtung des ethnograph. Missionsmuseums im Lateran betraut; Begründer der Wiener Schule der Völkerkunde. In seinem Hauptwerk „Der Ursprung der Gottesidee" (12 Bde., 1912-55) versucht er an Hand umfangreichen ethnolog. Materials nachzuweisen, daß die aus einem rationalen Bedürfnis nach Begründung entstandene kult. Verehrung eines höchsten Wesens die Urform der Religion darstellt. Diese Urmonotheismusthese wurde bes. wegen ihrer theolog.-apologet. Implikationen angegriffen.

S., Wilhelm, * Bonn 21. Febr. 1884, † Langen 14. Febr. 1974, dt. Zoologe. - Prof. in Bonn und Gießen; grundlegende Untersuchungen tier. Zellen und Gewebe mit polarisationsopt. Methoden.

Schmidtbonn, Wilhelm, eigtl. W. Schmidt, * Bonn 6. Febr. 1876, † Bad Godesberg (= Bonn) 3. Juli 1952, dt. Schriftsteller. - Schrieb neben Märchen, Sagen, Legenden, Anekdoten und [autobiograph.] Romanen („Der dreieckige Marktplatz", 1935) und Erzählungen volkstüml. Prosa über Menschen und Landschaft seiner rhein. Heimat; auch neuromant. Dramen.

Schmidt-Isserstedt, Hans, * Berlin 5. Mai 1900, † Holm (Landkr. Pinneberg) 28. Mai 1973, dt. Dirigent und Komponist. - Schüler von F. Schreker; 1945-71 Chefdirigent des Sinfonieorchesters des Nordd.

Schmidt-Rohr

Rundfunks in Hamburg; v. a. Interpret Mozarts sowie moderner Komponisten.

Schmidt-Rohr, svw. ↑Argus-Schmidt-Rohr.

Schmidt-Rottluff, Karl, eigtl. K. Schmidt, *Rottluff (= Karl-Marx-Stadt) 1. Dez. 1884, †Berlin 10. Aug. 1976, dt. Maler und Graphiker. - Wandte sich nach Architekturstudium autodidakt. der Malerei zu und war Mitbegr. der Brücke (1905) in Dresden; ging 1911 nach Berlin; 1941–45 Malverbot; 1947 Prof. an der Berliner Akademie. Innerhalb der Brücke-Bewegung und des dt. Expressionismus zeichnete er sich durch die elementare Vereinfachung der Formen, die kraftvollen Konturen und leuchtenden, plakathaften Farbflächen aus (Figurenbilder, Akte, Landschaften, Bildnisse und Stilleben). Seine auf großflächige Schwarzweißkontraste konzentrierten Holzschnitte zählen zu den besten Leistungen moderner Druckgraphik. Das Spätwerk ist differenzierter und verliert an Intensität (Winterbilder). - *Werke:* Sommer (1913, Hannover, Niedersächs. Landesmuseum), Vier Badende am Strand (1913, Kunstmuseum Hannover mit Sammlung Sprengel), Rittersporn am Fenster (1922, Köln, Wallraf-Richartz-Museum). - Abb.

Großer Schmidt-Spiegel der Hamburger Sternwarte (Durchmesser der Korrektionsplatte 80 cm; Spiegeldurchmesser 120 cm, Brennweite 240 cm, Öffnungsverhältnis 1:3)

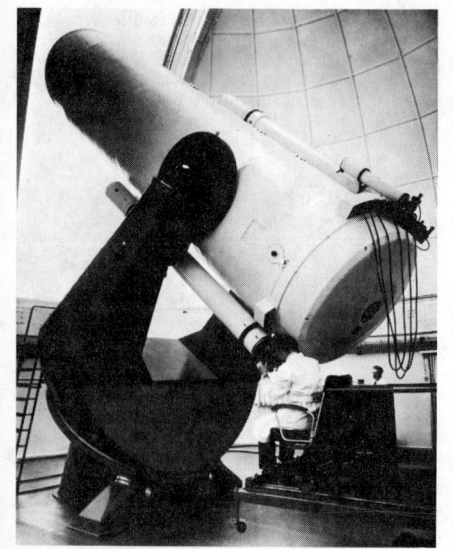

S. 278, auch Bd. 4, S. 68 und Bd. 6, S. 299.
⚌ *Brix, K.: K. S.-R. Wien u. Mchn. 1972. - Wietek, G.: S.-R., Graphik. Mchn. 1971.*

Schmidt-Spiegel (Schmidt-Spiegelteleskop), von B. ↑Schmidt 1931 entwickeltes Spiegelteleskop mit großem Gesichtsfeld und hoher Lichtstärke. Es enthält 1. einen sphär. Spiegel, dessen Öffnungsblende durch den Krümmungsmittelpunkt verläuft (das entstehende Bild ist dadurch frei von den Abbildungsfehlern Koma und Astigmatismus), und 2. eine die sphär. Aberration behebende, in doppelter Brennweite angebrachte Korrektionsplatte, deren Oberfläche so beschaffen ist, daß möglichst geringe Farbfehler auftreten (sog. *Schmidt-Platte*). Die Strahlen treffen nach Durchdringen der Korrektionsplatte auf den sphär. Spiegel und werden so reflektiert, daß das Bild auf einer zur Spiegelfläche konzentr. Kugelfläche (*Fokalfläche*) entsteht, deren Radius gleich der Brennweite des Spiegels ist. Bei photograph. Aufnahmen mit einer sog. *Schmidt-Kamera* wird die entsprechend gewölbte Photoplatte in dieser Bildfläche angeordnet.

Schmied, Wieland, *Frankfurt am Main 5. Febr. 1929, dt. Kunsthistoriker. - 1963–73 Direktor der Kestnergesellschaft in Hannover; 1973–75 Hauptkustos der Neuen Nationalgalerie in Berlin; v. a. Veröffentlichungen zur (dt.) Malerei der Romantik und des 20. Jahrhunderts.

Schmied, einer der ältesten Handwerksberufe, schon in der Eisenzeit bekannt; seit der Industrialisierung auch Beruf der Industrie; die Tätigkeit des S. besteht im ↑Schmieden; aus dem Beruf des S. entwickelten sich v. a. der Federmacher, der Messer-S., der Kessel- und Behälterbauer, der Schalen-S. sowie der Kupfer-, Gold- und Silberschmied. - Dem Ursprung nach ebenfalls dem S.handwerk zugeordnet ist der Beruf des **Schlossers,** der früher v. a. kleinere Gegenstände aus Eisen herstellte, dessen Aufgabe heute jedoch vorwiegend in der Verarbeitung (Schneiden, Biegen,

Schmidt-Spiegel. Schema mit Strahlengang des einfallenden Lichts (B Öffnungsblende, K Korrektionsplatte, Sp sphärischer Spiegel, F Fokalfläche, f Brennweite)

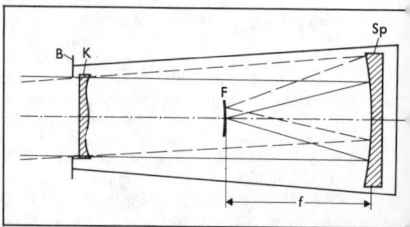

Fertigmontage) von Stahl, Nichteisenmetallen und Kunststoffen besteht. - In der *Kulturgeschichte* wurde die mag. Bed., die man guten Waffen und dem Schmuck beimaß, häufig auf den S. selbst (bes. den Waffen-S.) übertragen, dessen Gestalt deshalb - wie in der german. Sage - oft dämon. Züge trug (Riesen, Zwerge; ↑ auch Wieland) und manchmal auch göttl. Rang erhielt (z. B. der griech. ↑ Hephäst). Noch im MA hatte der S. das Recht, Asyl zu gewähren und Ehen zu schließen (bis 1969 noch im schott. ↑ Gretna Green).

Schmiedearbeiten, durch Schmieden gefertigte Geräte aus Eisen. Neben einfachen Werkzeugen verschiedenster Art und großem Gerät z. B. für Herd und Kamin im Wohnhaus, Leuchter und Opferstöcken in den Kirchen, sind es v. a. drei Gruppen, in denen sich hohes künstler. Niveau (in *Kunstschmiedearbeiten*) entfalten konnte: 1. auf das MA beschränkt sind die Beschläge von Türen und Truhen. Die Eisenbänder, gespalten und gerollt, können die gesamte Fläche mit einem Ornament überziehen, zur Steigerung der Wirkung werden sie gelegentl. mit gefärbtem Leder oder Pergament hinterlegt; 2. bis weit in die Neuzeit hinein reicht die Herstellung von Waffen und Rüstungen, deren Oberfläche verschönert wurde durch Polieren, Bläuen, Ätzen, Gravieren und Tauschieren; 3. bis heute reicht die Tradition der Gitter, die als Kapellenabschluß in Kirchen erscheinen, als Brunneneinfassungen, Umzäunungen, Gartentore, Balkon- und Treppengeländer. Bekrönten zunächst nur Schmuckelemente die Stäbe, so wurden im 16. Jh. auch die Stäbe selbst gebogen, in barocken Gittern erzielten angeschweißte Blätter eine pflanzl. Wirkung, während im 18. Jh. perspektiv. Täuschungseffekte angestrebt wurden. - Weit verbreitet waren außerdem eiserne Aushängeschilder für Läden und Werkstätten, auf Süddeutschland und Österreich beschränkt Grabkreuze. S. wurden häufig vergoldet und bemalt. - ↑ auch Wirtshausschilder.

Schmiedeberg i. Rsgb. (im Riesengebirge; poln. Kowary), Stadt am N-Fuß des Riesengebirges, Polen▼, 450 m ü.d. M., 12 000 E. Heilklima. Kurort; Textilind. - Anfang des 14. Jh. erstmals erwähnt, 1513 Stadtrecht. - Spätgot. Pfarrkirche (14. und 16. Jahrhundert).

Schmieden, Verfahren der Warmformung, bei dem der im Schmiedefeuer, im Schmiedeofen oder elektr. durch Induktion auf die erforderl. Temperatur vorgewärmte metall. Werkstoff durch Stauchung verformt wird. Dabei fließt das Material in die Richtung des geringsten Fließwiderstandes ab. *Handschmiedewerkzeuge* sind die verschiedenartigen Handhämmer, mit denen auf dem Amboß das Schmiedestück bearbeitet wird, und Zangen mit unterschiedlichsten Maulformen zum Halten des Schmiedestücks. Für

Schmiedearbeiten. Türbeschläge am mittleren Westportal der Kathedrale Notre-Dame de Paris (13. Jh.)

kleinere Werkstücke werden maschinell angetriebene **Schmiedehämmer** eingesetzt, die die Energie eines fallenden Gewichtes (Bär) zur Schmiedeformung ausnutzen. Für größere Teile werden **Schmiedepressen** verwendet, die mit Dampf, mit Druckluft oder hydraul. betrieben werden, sowie **Schmiedemaschinen**, die weitgehend automat. arbeiten. Beim **Freiformschmieden** wird dem Metall mit einfachen, nicht die Werkstückform enthaltenden Werkzeugen die Form gegeben. Durch *Strecken* im Ggs. zum *Stauchen* wird eine Verlängerung des Stückes bei gleichzeitiger Querschnittsabnahme bewirkt. *Breiten* ergibt eine Vergrößerung der Breite ohne merkl. Querschnitts- und Längenänderungen. *Biegen* erfolgt auf dem Amboßhorn, *Lochen* mit Lochdornen. *Abschroten* wird bei dünnen Stücken mit dem Abschrot, bei dickeren mit dem Schrotmeißel durchgeführt. Beim **Gesenkschmieden** wird das erhitzte Rohstück in eine entsprechende Hohlform geschlagen oder gepreßt. Die wichtigsten schmiedbaren Werkstoffe sind Stahl und Stahllegierungen.

Geschichte: Hammer, Zange und Amboß waren seit alters die Hauptwerkzeuge beim S., in leichter Ausführung für Gold- und Silberschmiede, in schwerer für Eisenschmiede. Das S. des wiederholt geglühten Werkstücks befreite das Werkstück von Oxiden und Silicaten und führte zur Anreicherung der äußeren Schichten mit Kohlenstoff; dieses Verfahren muß seit 1200 v. Chr. bekannt gewesen sein.

Schmiege

Karl Schmidt-Rottluff, In der Dämmerung (1912). Privatbesitz

Man härtete Stahl in der Antike und im MA, indem man ihn in kaltem Wasser, Bocksblut oder Urin abschreckte. In Europa kam das geschmiedete Hufeisen im 9./10. Jh. auf. Gitter und Beschläge sind seit dem 11. Jh. erhalten.
📖 *Haller, H. W./Uhl, U.: Praxis des Gesenkschmiedens. Mchn. 1982. - Kühn, F.: Stahlgestaltung. Tüb. ⁴1981. - Schuster, H., u. a.: S. u. Schweißen. Essen 1979.*

Schmiege [zu mittelhochdt. smige „Biegung"], im Schiffbau Bez. für den Winkel, unter dem sich zwei Bauteile berühren, insbes. der Winkel eines genieteten Spantprofilrückens an der Außenhaut.

Schmiegkreis ↑Krümmung.

Schmiegtangente, svw. ↑Asymptote.

Schmiele (Schmeile, Schmele, Deschampsia), Gatt. der Süßgräser mit rd. 50 Arten in den gemäßigten Gebieten der N-Halbkugel; ausdauernde Gräser mit schlankem Stengel und lockerer Rispe mit meist zweiblütigen, kleinen Ährchen. In trockenen Kiefernwäldern und auf Heidewiesen wächst die bis 1 m hohe **Drahtschmiele** (Flitter-S., Wald-S., Deschampsia flexuosa); mit fast blattlosen, zierl. Halmen; die braunroten oder silbrigen Ährchen sind an geschlängelten, haarfeinen Ästen in lockerer Rispe. Auf Wiesen und Flachmooren kommt die **Rasenschmiele** (Gold-S., Deschampsia caespitosa) vor; mit gerillten, rauhen Blättern und violett gefärbten, am Rand gelbl. Ahrenrispen; dichte Horste bildend. Beide Arten sind lästige Grünlandunkräuter.

Schmielenhafer (Nelkenhafer, Zwergschmiele, Aira), Gatt. der Süßgräser mit rd. zehn Arten, v. a. im Mittelmeergebiet; zierl. einjährige Gräser mit schmalen Blättern und lockerer Rispe; mit haarförmigen Ästen und zweiblütigen, begrannten Ährchen; z. T. Ziergräser.

Schmierblutung ↑Durchbruchblutung.

Schmiere, Bez. für eine materiell schlecht ausgestattete Theatertruppe, meist eine [Wander]bühne.

Schmierfette, unter Normalbedingungen pastenartige, unter Druck flüssige kolloidale Dispersionen von Metallseifen (fett-, naphthen- und harzsaure Salze von Alkali- und Erdalkalimetallen) in Schmierölen, z. T. mit Zusätzen (z. B. Molybdändisulfid für Hochdruck-S.). S. werden u. a. für Gleitlager mit geringen Geschwindigkeiten und für Wälzlager benutzt.

Schmiergelder, im strafrechtl. Sinne Geldgeschenke, die einem Angestellten oder Beauftragten eines Unternehmens oder einer Behörde gemacht werden, um eine bevorzugte Behandlung (v. a. bei der Vergabe von Aufträgen) zu erreichen. Das Annehmen und das Anbieten von S. wird als Bestechung bestraft.

Schmierläuse (Wolläuse, Pseudococcidae), Fam. der Schildläuse mit über 1 000 Arten (davon über 50 in M-Europa); 3-6 mm lang, meist mit mehligem oder fädigem Wachs bedeckt; ♀♀ oval, asselähnl., zeitlebens frei bewegl.; Fortpflanzung durch Jungfernzeugung; Eier in einem fädigen Säckchen am Körperende. - Unter den S. finden sich zahlr. Pflanzenschädlinge, z. B. die **Gewächshausschmierlaus** (Planococcus citri).

Schmierling (Gelbfuß, Gomphidius), Gatt. der Blätterpilze mit dicken, den Stiel herablaufenden Lamellen, schwarzbraunen Sporen und dickem, schleimigem Schleierrest, der sich leicht abziehen läßt. Bekannte Speisepilze sind das **Kuhmaul** (Großer S., Gomphidius glutinosus; mit braun- bis grauviolettem Hut und zitronengelber Stielbasis) und der etwas kleinere, braunrote **Kupferrote Schmierling** (Gomphidius viscidus; mit weinrot anlaufendem Fleisch); beide Arten in Nadelwäldern.

Schmieröle, flüssige, mehr oder weniger viskose Schmiermittel, die je nach Verwendungszweck in *Motoren-, Turbinen-, Kompressoren-* und *Kältemaschinenöle* unterteilt werden. Sog. *Mineral-S.* werden aus Erdöl bei der Vakuumdestillation gewonnen; Mineral-S. für höhere Anforderungen (z. B. größere Temperaturbelastbarkeit) werden zusätzl. raffiniert. Ihre Eigenschaften lassen sich durch Zugabe von sog. Additives in weiten Grenzen verändern, z. B. bei ↑HD-Ölen. Daneben spielen auch synthet. Kohlenwasserstofföle (z. B. Polyäthylenöle) und Polyesteröle (v. a. zur Schmierung von Flugzeugmotoren) sowie Siliconöle eine große Rolle.

Schmierseife ↑Seifen.

Schmierung, das Auf- bzw. Einbringen von Schmierstoffen an Maschinenteilen, die sich in gleitendem Kontakt gegeneinander bewegen. Die S. bewirkt eine z. T. erhebl. Herabsetzung der Energie- und Materialverluste (Verschleiß durch Abrieb und überhöhte Temperaturen). Erfolgt die S. mit Schmierfetten (mit Fettbüchsen oder -pressen über Schmiernippel an die Schmierstelle gebracht), so spricht man von **Starrschmierung.** Bei der **Ölnebelschmierung** wird fein zerstäubtes Schmieröl an die Schmierstellen gebracht; bei der **Zentralschmierung** werden über bes. Leitungen die Schmierstoffe an alle Schmierstellen einer techn. Anlage gefördert.

Schminke, in der Schönheitspflege und bei Theater, Zirkus, Film oder Fernsehen verwendetes Kosmetikum. S. enthalten meist anorgan. Pigmente oder auch organ. Farblakke (auf der Basis v. a. von Anthrachinon-, Azo- und Triphenylmethanfarbstoffen). Sie kommen als fetthaltige Cremes, Puder, Fettstifte (bes. ↑ Lippenstifte) usw. in den Handel. - Die Verwendung von S. aus rituellen Gründen (↑ Körperbemalung) ist schon vorgeschichtl. und bei Naturvölkern noch heute bezeugt, ebenso ist die Verwendung von S. als Makeup uralt und für den Alten Orient, Ägypten, die Antike überliefert. Die Schminkmaske löste im allg. seit dem MA die ↑ Maske ab; bei künstl. Beleuchtung (bes. auch beim Fernsehen) ist sie unentbehrlich.

Schminkwurz, (Färberkraut, Alkanna tinctoria) im Mittelmeergebiet heim. Alkannaart; Halbrosettenstrauch mit 10–20 cm langen, aufsteigenden, dicht grauhaarigen Sprossen und kleinen, blauen Blüten in dichten Wickeln. Die Wurzel liefert ↑ Alkannarot.
◆ volkstüml. Bez. für Schöllkraut, Ackersteinsame und Weißwurz.

Schmirgel, volkstüml. Bez. für verschiedene saftige Pflanzen, u. a. Sumpfdotterblume und Scharbockskraut.

Schmirgel (Smirgel) [italien.] ↑ Korund.

Schmiß, eine bei der student. ↑ Mensur erhaltene Hiebwunde und die davon herrührende Narbe.

Schmitt, Carl, * Plettenberg 11. Juli 1888, † ebd. 7. April 1985, dt. Staatsrechtler. - Prof. in Greifswald, Bonn, Köln und Berlin (1933–45); einer der führenden Staatsrechtslehrer der Weimarer Zeit. Aus seiner Ablehnung der Parteienzersplitterung in der Weimarer Republik entwickelte sich seine v. a. in den ersten Jahren des Dritten Reiches ausgeprägte Rechtfertigung der nationalsozialist. Herrschaft. In seiner ebenso einflußreichen wie problemat. Staatslehre explizierte er einmal von innenpolit. Phänomenen die *Freund-Feind-Theorie* als fundamentale Kategorie des Politischen, die von der Alternative „Selbstbehauptung oder Untergang" als Grundbefindlichkeit aller menschl. Gemeinschaften ausgeht und letztl. die Politik auf Krieg bzw. Bürgerkrieg reduziert.

S., Hans, * Frankfurt am Main 2. Jan. 1912, dt. naiver Bildhauer. - Schnitzt und bemalt seit 1969 ausdrucksvolle Holzplastiken von Menschen, Tieren und Fabelwesen.

S., Kurt, * Heidelberg 7. Okt. 1886, † ebd. 22. Nov. 1950, dt. Wirtschaftspolitiker. - Generaldirektor des Allianz-Konzerns (ab 1921); 1933–35 Reichswirtschaftsmin. (kommissar. schon 1934 von H. Schacht abgelöst).

S., Ludwig Erich, * Lennep (= Remscheid) 10. Febr. 1908, dt. Sprachwissenschaftler. - Prof. u. a. in München, Köln und Marburg. Als Direktor des Forschungsinst. ↑ „Deutscher Sprachatlas" und als Mithg. des „Dt. Wortatlas" veröffentlichte er zahlr. Untersuchungen zur dt. Wortforschung und zur Geschichte der dt. Sprache.

S., Saladin, * Bingen 18. Sept. 1883, † Bochum 14. März 1951, dt. Regisseur und Intendant. - 1919–49 entwickelte S. das Bochumer Schauspielhaus zu einer der führenden dt. Bühnen v. a. durch seine Dichterzyklen in der Spielplangestaltung (Shakespeare 1927, 1937, Goethe 1928, Hebbel 1939 und Grabbe 1940).

Schmitt-Vockenhausen, Hermann, urspr. H. Schmitt, * Vockenhausen (= Eppstein) 31. Jan. 1923, † Koblenz 2. Aug. 1979, dt. Verleger und Politiker (SPD). - Jurist; seit 1953 MdB, Vors. des Innenausschusses 1961–69, Vizepräs. des Bundestages seit 1969; seit 1971 Mgl. des Zentralkomitees der dt. Katholiken; seit 1973 Präs. des Dt. Städte- und Gemeindebundes.

Schmitz, Bruno, * Düsseldorf 21. Nov. 1858, † Charlottenburg (= Berlin) 27. April 1916, dt. Architekt. - Schuf u. a. das Völkerschlachtdenkmal in Leipzig (1898–1913) und die Jugendstilanlage des Mannheimer Friedrichsplatzes (1899–1902).

S., Ettore, italien. Schriftsteller, ↑ Svevo, Italo.

S., Richard, * Müglitz (= Mohelnice bei Olmütz) 14. Dez. 1885, † Wien 27. April 1954, östr. Journalist und Politiker. - Ab 1920 Mgl. des Nationalrats (Christlichsoziale Partei); 1922–24, 1930 und 1933/34 Min. für soziale Verwaltung (1930 zugleich Vizekanzler), 1926–29 Unterrichtsmin.; 1934–38 Bürgermeister von Wien; 1938–45 im KZ.

Schmock, Bez. für einen gesinnungslosen Schriftsteller nach einer Gestalt in G. Freytags Lustspiel „Die Journalisten".

Schmölders, Günter, * Berlin 29. Sept. 1903, dt. Nationalökonom. - Prof. in Breslau und Köln; ordentl. Mgl. der Akad. der Wiss. und der Literatur; schrieb bed. Arbeiten: „Allg. Steuerlehre" (1951), „Finanzpolitik" (1955), „Geldpolitik" (1962).

Schmoller, Gustav von (seit 1908), * Heilbronn 24. Juni 1838, † Bad Harzburg 27. Juni 1917, dt. Nationalökonom. - Prof. in Halle, Straßburg und Berlin. Mgl. des preuß. Staatsrats (ab 1884) und Vertreter der Berliner Universität im preuß. Herrenhaus (ab 1899). S. war Begründer der jüngeren ↑ historischen Schule der Nationalökonomie, die der histor. Forschung den Vorrang vor der

Schmölln

Bildung von theoret. Modellen gab. Damit rief S. den Methodenstreit mit Carl Menger hervor, der sich (ab 1883) zu einer jahrelangen Diskussion zw. theoret. und histor. orientierten Ökonomen entwickelte. S. gewann Einfluß als Mitbegr. (1872) und Leiter (ab 1890) des „Vereins für Socialpolitik".

Schmölln, Krst. an der Sprotte, Bez. Leipzig, DDR, 211 m ü. d. M., 12 000 E. Herstellung von Präzisionswerkzeugen, Kunststoffen u. a. - Bei einem Kloster zw. 1324 und 1329 planmäßig angelegt. - Spätgot. Stadtkirche Sankt Nikolaus (1772 erneuert); spätbarockes Rathaus (1772).

S., Landkr. im Bez. Leipzig, DDR.

Schmoren, langsames Garen von Fleisch nach dem Anbraten.

Schmuck [niederdt.], allg. Zierat, Verzierungen, i.e. S. kleinere Gegenstände zur Verzierung der menschl. Gestalt, oft aus kostbarem Material. Zu der schmückenden kommen in der Regel weitere Funktionen hinzu: prakt. (Fibeln), mag. (Amulett), kennzeichnende bzw. auszeichnende (Ehering, Krone). Wegen des kostbaren Materials dient der S. auch als Kapitalanlage. Durchgehende Formen des S., vom Altertum bis heute, sind Halsreifen und -ketten (auch mit Anhänger), Ohrringe und -gehänge, Armreifen und -bänder, Fingerringe (↑Ring) u.a.; außereurop. Kulturen kennen auch Nasen- und Zehenringe sowie Beinreifen. Vom Altertum bis zum Barock war auch Haar- und Hutschmuck sehr wichtig (z. B. Agraffen), ferner Gürtel und Schnallen, auch Brustschmuckplatten. Brust- und Schulterschmuck sowie Perücken kannten auch die außereurop. Kulturen des Altertums (Ägypten). In der Steinzeit dienten Steine, Knochen, Muscheln als S., vom Ende der Steinzeit bis heute sind bevorzugtes Material Gold und Silber, gelegentl. auch Bronze u.a., seit neuerer Zeit auch Stahl und Platin. Der S. früher Hochkulturen umfaßte reine Goldschmiedearbeiten höchster Qualität: Treibarbeiten aus Ur, Mykene, der Skythen oder aus den altamerikan. Kulturen Südamerikas. Für die Etrusker waren feinste Granulationsarbeiten charakteristisch, für die Kelten gedrehte Stäbe. Im alten Ägypten pflegte man Einlegearbeiten, wozu man neben Steinen auch farbige Glaspasten und keram. Massen benutzte. Seit dem Hellenismus fand in Griechenland das Fassen von Edelsteinen größeres Interesse, seit dem Früh-MA Emailarbeiten. Geschliffene Steine verwendete man seit dem Spät-MA; die Renaissance liebte bes. Perlen, das Rokoko bevorzugte Diamanten, für die als billiger Ersatz der Straß geschaffen wurde, das Biedermeier Broschen und Anhänger bes. mit Miniaturmalereien wie schon das Rokoko. Die soziale Ausweitung des S.bedürfnisses und der Beginn der industriellen Entwicklung führten zu einer Nachahmung wertvollen Schmucks in billigem Material, dem sog. Simileschmuck. Der Jugendstil brachte eine neue Blüte der S.kunst hervor, er ist durch pflanzl. Motive gekennzeichnet. In neuester Zeit entsteht neben dem wertvollen S. auch sog. *Mode-S.* aus billigem Material, der keinen bes. Wert vortäuschen, sondern nur Akzente setzen will. - ↑auch Straß.
📖 *Raulet, S.:* S. *des Art Deco.* Mchn. 1985. - *Dewiel, L. L.:* S. *Vom Klassizismus bis zum Art Deco.* Neuausg. Mchn. 1983. - *Black, A.: Die Gesch. des S.* Dt. Übers. Mchn. 1976. - *Hoffmann, Edith/Treide, B.:* S. *früherer Kulturen u. ferner Völker.* Stg. u. a. 1976.

Schmuckbrakteaten ↑Brakteaten.

Schmücke, östl. Fortsetzung der ↑Hainleite.

Schmücker, Kurt, * Löningen (bei Cloppenburg) 10. Nov. 1919, dt. Politiker (CDU). - 1949–72 MdB, führender Mittelstandspolitiker; 1963–66 Wirtschafts-, 1966–69 Schatzmin.; 1968–71 Schatzmeister der CDU.

Schmuckfliegen (Otitidae), Fam. kleiner bis mittelgroßer Zweiflügler mit z. T. schwarz, braun oder gelb gemusterten Flügeln; rd. 500 Arten (M-Europa rd. 50), meist auf Wiesen, in Buschwerk und Röhricht.

Schmuckjochalge (Cosmarium), Gatt. der Zieralgen mit rd. 800 Arten; einzellige und einkernige, grüne Süßwasseralgen mit rundl. bis scheibenförmigem, in der Mitte eingeschnürtem Thallus.

Schmuckkörbchen (Kosmee, Cosmos, Cosmea), Gatt. der Korbblütler mit rd. 30 Arten v. a. in Mexiko; Stauden mit Wurzelknollen oder einjährige Kräuter; mit oft fein zerschlitzten Blättern und langgestielten Blütenköpfchen mit halbkugeligem Hüllkelch und randständigen großen, an der Spitze oft gezähnten Strahlenblüten. Einige Arten sind beliebte Sommergartenblumen und Schnittblumen, u. a. das *Doppeltgefiederte Schmuckkörbchen* (Cosmos bipinnatus): bis 1,2 m hohe Pflanze mit tiefrosaroten Strahlenblüten und gelborangefarbenen, kleinen Scheibenblüten; auch in weißen und hell- bis lilarosafarbenen Sorten.

Schmückle, Hans-Ulrich, * Ulm 15. Aug. 1916, dt. Bühnenbildner. - Schüler von A. Hoelzel (Stuttgart) und K.J.Caspar (München). Seit 1954 Ausstattungsleiter der Städt. Bühnen Augsburg, 1961–66 auch der Freien Volksbühne Berlin. Zus. mit seiner Frau, der Kostümbildnerin Sylta Busse (* 1916), entscheidend an der Neugestaltung zeitgenöss. Bühnenräume beteiligt.

Schmucklilie (Liebesblume, Agapanthus), Gatt. der Liliengewächse mit rd. zehn Arten in Südafrika; Pflanzen mit kurzem, kriechendem Rhizom, breit-linealförmigen, ledrigen, grundständigen Blättern und zahlr. trichterförmigen, blauen Blüten in endständigen Dolden auf langem Schaft. Einige Arten werden als Kübelpflanzen kultiviert.

Schmucksalmler (Hyphessobrycon or-

Schmucksteine

natus), bis 4 cm langer Salmler im unteren Amazonasbecken; grünl. mit rosafarbener bis roter Tönung; Flossen größtenteils rot, Rückenflosse mit schwarzem Fleck, beim ♂ wimpelartig ausgezogen; Warmwasseraquarienfisch.

Schmuckschildkröten (Pseudemys), Gatt. der Sumpfschildkröten mit 8 Arten und zahlr. Unterarten, verbreitet in ganz Amerika (einschließl. Antillen); Panzer etwa 20–40 cm lang; der Panzer wie auch die Weichteile meist kontrastreich, oft leuchtend bunt gezeichnet, bes. bei Jungtieren. Diese kommen (wenige Zentimeter groß) in riesigen Mengen in den Handel.

Schmucksittich ↑ Grassittiche.

Schmucksteine, Sammelbez. für alle zur Herstellung von Schmuck verwendeten nichtmetall., durch schönes Aussehen hervorstechenden Materialien; im allg. Sprachgebrauch als „Steine" bezeichnet. S. sind überwiegend natürl. vorkommende, z. T. auch synthet. *Minerale.* Daneben werden einige *Gesteine,* u. a. Abarten von Marmor (z. B. Onyxmarmor), Diorit, Syenit, Gips (z. B. Alabaster) sowie einzelne Gesteinsgläser (z. B. Obsidian) verwendet, ferner *Materialien organ. Ursprungs* wie Bernstein, Gagat (Jet), die Skelettsubstanzen der Korallen, Elfenbein, Perlmutter, Perlen. Die als S. verwendeten Minerale wurden früher meist in die Gruppen der klaren, harten *Edelsteine* und der vielfach undurchsichtigen und weniger wertvollen *Halbedelsteine* unterteilt; heute faßt man sie unter dem Begriff S. zusammen. Die wichtigste Eigenschaft der S. ist die *Farbe;* sie ist entweder durch die Zusammensetzung der Minerale bedingt oder durch eingelagerte Substanzen verursacht, z. B. Verbindungen von Chrom, Eisen, Kobalt, Kupfer, Mangan, Nikkel, Titan und Vanadium. Außer durch Fremdsubstanzen können Färbungen auch durch Deformation des Kristallgitters verursacht sein (z. B. bei Rauchquarz und Zirkon). Neben der Farbe ist v. a. die *Transparenz* ein wichtiges Charakteristikum; man unterscheidet durchsichtige, durchscheinende und undurchsichtige Steine. Weitere Eigenschaften der S. sind der auf Reflexion bzw. Totalreflexion des Lichts beruhende *Glanz* sowie das durch Dispersion des Lichts bewirkte *Feuer.* Bei zahlr. S. treten streifen- oder sternartige *Lichtfiguren* oder auch flächenhafte *Schillereffekte* auf, die auf Reflexion, Interferenz oder Beugung des Lichts an eingelagerten Fasern, Nadeln oder Hohlkanälen beruhen; hierzu zählen u. a. die Chatoyance (z. B. bei Tigerauge), der Asterismus (z. B. bei Rubinen und Saphiren), der metall. oder bunte Schiller (z. B. bei Aventurin) und die Opaleszenz (z. B. beim Opal). Unter den mechan. Eigenschaften spielen v. a. die Härte und die Spaltbarkeit eine Rolle. Die *Härte* wird in Form der Mohshärte angegeben. Die *Spaltbarkeit* der Minerale erleichtert die Aufteilung großer Steine, erschwert aber die Bearbeitung der Minerale. Die für die Verwendung in Schmuckstücken vorgesehenen S. werden meist durch Schleifen in geeignete Form gebracht. Bei durchsichtigen Steinen bevorzugt man meist einen Facettenschliff. Undurchsichtige Steine werden meist eben (plan) oder gewölbt (mugelig) geschliffen. Als gemischt geschliffen bezeichnet man Steine, bei denen das Oberteil glatt und das Unterteil facettiert (oder umgekehrt) geschliffen sind. Neben einfachem gefärbtem Flächenglas werden heute v. a. stark lichtbrechendes Bleiglas sowie Porzellan und eingefärbte Kunststoffe zur Herstellung von Modeschmuck verwendet. - S. wurden oft geheime Kräfte, insbes. Heilwirkungen zugeschrieben; sie wurden vielfach als Amulett oder Talisman getragen. In der Astrologie wurden S. bestimmten Monaten (↑ Monatssteine) oder Tierkreiszeichen zugeordnet.

Schmucksteine. Häufig verwendete Schliffarten. 1 Facettenschliffarten: a Brillantschliff, b Achtkantschliff, c Rosenschliff, d Ceylonschliff, e Treppenschliff, f Tafelschliff, g Smaragdschliff, h Scherenschliff, 2 Glattschliffarten: a Bouton, b Cabochon, c Kegel, 3 gemischte Schliffart (oben Glattschliff, unten Facettenschliff)

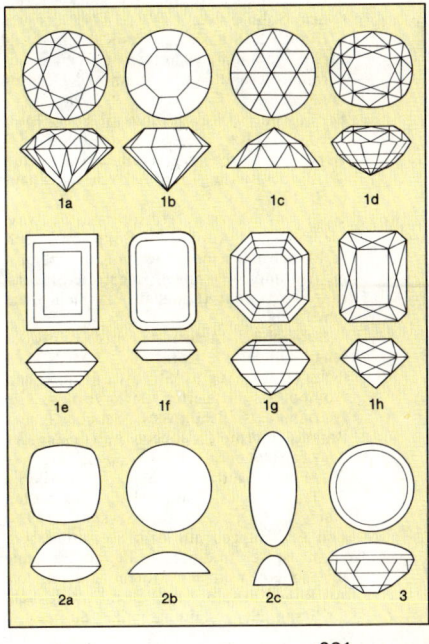

Schmuckvögel

📖 Schumann, W.: Edelsteine u. S. Mchn. ⁴1984. - Hartmann, K./Binnewies, B.: Edelsteine. Stg. ²1977.

Schmuckvögel (Kotingas, Cotingidae), Fam. kleiner bis krähengroßer, träger, vorwiegend Früchte und Insekten fressender Sperlingsvögel (Unterordnung Schreivögel) mit über 90 Arten, in den Wäldern Mexikos bis N-Argentiniens; ♂♂ oft sehr bunt, mit Schmuckfedern oder fleischigen, bei der Balz anschwellenden Kopfanhängen.

Schmude, Jürgen, * Insterburg (Ostpreußen) 9. Juni 1936, dt. Politiker (SPD). - Rechtsanwalt; seit 1969 MdB; 1974–76 parlamentar. Staatssekretär im Bundesinnenministerium, Febr. 1978–Jan. 1981 Bundesmin. für Bildung und Wiss., bis Okt. 1982 Justizminister; seit 1983 stellv. Fraktionsvorsitzender.

Schmuggel [niederdt.], Hinterziehung von Zollabgaben; wird mit Freiheitsstrafe von 3 Monaten bis zu 5 Jahren bestraft.

Schmunu, altägypt. Ruinenstätte, ↑Aschmunain, Al.

Schmuzer, dt. Künstlerfamilie des 17./18. Jh., Baumeister und Stukkatoren. Sie zählt zur Wessobrunner Schule. Bed. Mgl.:

S., Johann, ≈ Wessobrunn 13. Mai 1642, † ebd. 1701. - Vater von Joseph S.; 1680 Stiftsbaumeister von Wessobrunn (v. a. sog. Gäste- oder Fürstenbau); sein Hauptwerk ist die Wallfahrtskirche in Vilgertshofen (Landkr. Landsberg a. Lech; 1686–92), ein Zentralbau mit 4 apsidialen Teilräumen (stuckiert von seinem Sohn Franz, * 1676, † 1741, der um 1718 auch die Stuckierung des Klosters Weingarten übernahm). Characterist. ist ein neues harmon. Verhältnis von Raum und Dekoration.

S., Joseph, ≈ Wessobrunn 13. Febr. 1683, † ebd. 19. März 1752. - Sohn von Johann S. - *Werke:* Pfarrkirche in Oberammergau (1736–42), Barockisierung der Stiftskirche in Rottenbuch (1727–46).

S., Franz Xaver, ≈ Wessobrunn 27. Nov. 1713, † ebd. 24. April 1775. - Sohn von Joseph S.; Mitarbeiter seines Vaters u. a. in Oberammergau und Rottenbuch; schuf die Stuckierung der Kirche (Langhaus) in Steingaden (um 1640).

Schnabel, Artur, * Lipnik (Woiwodschaft Opole) 17. April 1882, † Morschach (Schwyz) 15. Aug. 1951, östr. Pianist und Komponist. - Gefeierter Klaviervirtuose, v. a. geschätzt als Beethoven-, Schubert- und Brahms-Interpret; daneben hervorragender Klavierpädagoge.

S., Ernst, * Zittau 26. Sept. 1913, † Berlin 25. Jan. 1986, dt. Schriftsteller. - Begann mit Romanen („Die Reise nach Savannah", 1939) und Erzählungen aus dem Seemannsleben; suchte später traditionelle literar. Elemente mit modernen zu verbinden. Als Rundfunkautor gab S. dem Feature dichter. Rang. Neugestaltung antiker Stoffe, u. a. „Der sechste Gesang" (R., 1956). Auch Drehbuchautor, Essayist („Anne Frank. Spur eines Kindes", 1958) und Librettist („Das Floß der Medusa", Oratorium von W. Henze, 1969).

S., Franz, * Mannheim 18. Dez. 1887, † München 25. Febr. 1966, dt. Historiker. - Ab 1922 Prof. in Karlsruhe (1936 aus polit. Gründen entlassen); leitete 1945–47 den Wiederaufbau des Unterrichtswesens in Nordbaden; 1947–62 Prof. in München; Arbeiten v. a. zur dt. Geschichte der Neuzeit.

S., Johann Gottfried, Pseud. Gisander, Gysander, * Sandersdorf (Bez. Halle) 7. Nov. 1692, † Stolberg/Harz nach 1750, dt. Schriftsteller. - Feldscher unter Prinz Eugen im Span. Erbfolgekrieg; Verf. des zw. Barock und Aufklärung stehenden Romans „Wunderl. Fata einiger Seefahrer" (1731–43; 1828 hg. u. d. T. „Die Insel Felsenburg"); in ihm sind Motive des galanten und pikaresken Romans und der zeitgenöss. Robinsonade zu einer Staats- und Sozialutopie in pietist. Geist verbunden.

Schnabel, (Rostrum) Bez. für die bes. ausgebildeten, mit Hornscheiden bewehrten Kiefer bei verschiedenen Wirbeltieren, v. a. den Vögeln, als Ersatz für entwicklungsgeschichtl. nicht mehr vorhandene Zähne. Bei den Vögeln dient der S. hauptsächl. als Greifwerkzeug zur Aufnahme bzw. zum Abreißen, Abscheiden der Nahrung (bei den Greifvögeln), außerdem zum Nestbau, bei den Spechten als Meißel; für Papageien ist der gekrümmte S. eine wichtige Kletterhilfe. Bei verschiedenen Vögeln ist der S. gefärbt, auch bes. verziert oder seltsam geformt bzw. übermäßig groß (z. B. bei Tukanen, Nashornvögeln). Das (bes. leichte) knöcherne Skelett des Vogel-S. wird im *Ober-S.* (Oberkiefer) von den Ober- und Zwischenkieferknochen und den Nasenbeinen gebildet, das des *Unter-S.* (Unterkiefer) von den Unterkieferknochen. An der *Hornscheide (Rhamphothexa)* des Ober-S., der die beiden Nasenlöcher trägt, unterscheidet man den von den Oberschnabelseiten (Paranotum) abgesetzten S.rücken (S.firste, Culmen), den gekrümmten Vorderteil (S.kuppel) und die oft (z. B. bei Greifvögeln) scharfe und jederseits mit einem oder zwei zahnartigen Vorsprüngen versehene oder auch (bes. bei Sägern) gezähnelte S.kante (Tomium). Am Ober-S. schlupfreifer Tiere kann noch eine ↑Eischwiele ausgebildet sein. Am Unter-S. werden die Spitze als *Dille (Myxa)* und die S.kante als *Dillenkante (Gonys)* bezeichnet. Bei vielen Vögeln (z. B. Papageien, Greifvögeln, Tauben) ist die Oberschnabelwurzel von einer weichen, meist gelbl. oder auch lebhaft gefärbten Haut, der *Wachshaut* (Cera, Ceroma), bedeckt. Die Substanz der Hornscheiden wächst ständig nach, so daß die abgenutzten Stellen laufend ersetzt werden. Ein jährl. Abwerfen der Hornscheiden kommt bei den Rauhfußhühnern vor. Außer

bei den Vögeln finden sich S.bildungen in Form von Hornscheiden an Ober- und Unterkiefer u. a. bei Schildkröten, ferner beim S.tier und Ameisenigel.
♦ Mundstück von Klarinette, Saxophon und Blockflöte (Schnabelflöte).

Schnabelbinse, svw. ↑Schnabelried.

Schnabelfliegen (Schnabelhafte, Mecoptera), rd. 300 Arten umfassende, weltweit verbreitete Ordnung 2,5–40 mm langer Insekten (davon neun Arten in M-Europa); mit senkrechtem, schnabelartig verlängertem Kopf und kauenden Mundwerkzeugen am Ende des „Schnabels". - S. leben (ebenso wie die raupenähnl. Larven) von toten Gliedertieren und pflanzl. Substanzen. - Die einheim. Arten gehören den Skorpionsfliegen, Mückenhafte und Winterhafte an.

Schnabelflöte, Längsflöte mit ↑Schnabel; i. e. S. svw. ↑Blockflöte.

Schnabeligel, svw. ↑Ameisenigel.

Schnabelkanne, 1. typ. Kannenform der ägäischen Kultur der Bronzezeit mit aus dem Halsrand schräg herausgezogener schnabelartiger Ausgußtülle; 2. Typus der Bronzekanne in Oberitalien (v. a. Etrurien), Mittel- und W-Europa im 5.Jh. v. Chr., der ovale Halsrand und die aufgesetzte Gießschnabel sind mit einer Rahmenleiste belegt; 3. rhein. Kannenform des 16./17.Jh. mit engem Hals und tief angesetzter Tülle.

Schnabelkerfe (Halbflügler, Rhynchota), Überordnung der Insekten mit den beiden Ordnungen ↑Wanzen und ↑Gleichflügler; mit unvollständiger Verwandlung und mit in einem „Schnabel" vereinigten stechend-saugenden Mundwerkzeugen.

Schnabelried (Schnabelbinse, Schnabelsimse, Rhynchospora), Gatt. der Riedgräser mit rd. 250 Arten, v. a. in den Tropen und Subtropen; meist Ausläufer bildende Stauden mit wenigblütigen, büschelig gehäuften Ährchen in Spirren (↑Blütenstand); Blüten zwittrig; Früchte geschnäbelt. Die beiden europ. Arten, das **Weiße Schnabelried** (Rhynchospora alba; weiße Ährchen; nur kurze Ausläufer) und das **Braune Schnabelried** (Rhynchospora fusca; gelbbraune Ährchen; verlängerte, unterird. Ausläufer), kommen selten in Mooren und an ähnl. Standorten vor.

Schnabelschuhe, absatzlose Halbschuhe mit nach vorn verlängerter, oft aufgebogener Spitze; in Antike und Altem Orient bekannt; in die Mode des MA gelangten sie durch die Kreuzritter. Im 15.Jh. von ↑Trippen untergeschnallt; Ende des 15.Jh. abgelöst durch den *Entenschnabel* mit kurzer Spitze, der sich im 16.Jh. zu *Kuhmaulschuhen* oder *Bärentatzen* verbreitete.

Schnabelsimse, svw. ↑Schnabelried.

Schnabeltier (Ornithorhynchus anatinus), bis etwa 45 cm langes (einschl. des dorsoventral abgeplatteten Schwanzes rd. 60 cm messendes) Kloakentier, v. a. an Ufern stehender und fließender Süßgewässer O-Australiens und Tasmaniens; Fell kurz und sehr dicht, dunkelbraun; Füße mit Schwimmhäuten; die Fersen des ♂ haben je einen Dorn, in den eine Giftdrüse mündet (Gift für den Menschen nicht tödl.); mit breitem, zahnlosem Hornschnabel. - Das S. ernährt sich von im Wasser lebenden Würmern, Schnecken, Muscheln, Krebsen. Es bewohnt selbstgegrabene Höhlen an Gewässerrändern. S. schwimmen und tauchen sehr gewandt. In einer bes. Bruthöhle legt das ♀ meist 2 knapp 2 cm große Eier ab, die 7–10 Tage bebrütet werden.

Schnabelwale (Spitzschnauzendelphine, Ziphiidae), Fam. der Zahnwale mit rd. 15 etwa 4,5 bis knapp 13 m langen Arten; Schnauze schnabelartig verlängert; Zähne weitgehend rückgebildet; ernähren sich überwiegend von Tintenfischen; Brustflossen kurz, Rückenfinne zieml. klein, dreieckig. - Zu den S. gehören u. a. ↑Entenwale und ↑Schwarzwale.

Schnack, Anton, *Rieneck (Landkr. Main-Spessart) 21. Juli 1892, †Kahl a. Main 26. Sept. 1973, dt. Schriftsteller. - Bruder von Friedrich S.; begann mit expressionist. Lyrik und Kriegsskizzen; autobiograph. Züge trägt der Gedichtband „Die Flaschenpost" (1936); Meister amüsanter Kleinprosa; auch Hörspiele.

S., Friedrich, *Rieneck (Landkr. Main-Spessart) 5. März 1888, †München 6. März 1977, dt. Schriftsteller. - Zunächst vom Expressionismus beeinflußte Lyrik aus der Welt des Orients („Das kommende Reich", 1920); später einfache, liedhafte Gedichte über die Schönheit seiner Heimat; sein Erzählwerk ist von den Mächten und Kräften der Natur bestimmt („Der glückselige Gärtner", R., 1940; „Petronella im Bauerngarten", En., 1970). Auch zahlr. Natur-, Reise- und Kinderbücher sowie Hörfolgen.

Schnackenburg, Rudolf, *Kattowitz 5. Jan. 1914, dt. kath. Theologe. - Prof. für N. T. in Dillingen, Bamberg und Würzburg; wichtige Forschungen zur bibl. Ekklesiologie und zur Theologie des Johannes. - *Werke:* Die Johannesbriefe (1953), Die sittl. Botschaft des N. T. (1954), Gottes Herrschaft und Reich (1959), Die Kirche im N. T. (1961), Das Johannesevangelium (1965–71), Die Macht des Bösen und der Glaube der Kirche (1979).

Schnaderhüpfl (Schnadahüpfl) [...pfəl], volkstüml. einstrophiges Scherz- und Spottlied in den dt.sprachigen Alpengebieten. Der Text - ein meist auf eine bekannte Melodie gesungener, gereimter Vierzeiler - wird oft improvisiert; seine kom. Wirkung bezieht er häufig daraus, daß zwei Motive auf unerwartete Weise miteinander verknüpft werden. Ähnl. Lieder heißen in anderen Gebieten *Gsanglen, Gstanzln* oder *Rundas.*

Schnaken (Erdschnaken, Schnauzenmücken, Tipulidae), mit rd. 12 000 Arten welt-

Schnalle

weit verbreitete Fam. schlanker, mittelgroßer bis großer ↑Mücken; Kopf schnauzenförmig verlängert; Fühler und Beine lang und dünn; Flügel schmal, bis 10 cm spannend. - S. ernähren sich von „äußerl." Pflanzensäften (z. B. von freiliegendem Nektar), können aber nicht stechen oder Blut saugen. (Regional unterschiedl. werden Stechmücken auch „S." genannt.) Die grauen oder graubraunen Larven leben meist im Boden. S. können an Kulturpflanzen schädl. werden, z. B. die bis 2,5 cm lange **Kohlschnake** (Tipula oleracea), mit hellgelben Streifen am Vorderrand der Flügel. Zu den S. gehören auch die 1–3 cm langen Arten der Gatt. **Kammücken** (Kamm-S., Ctenophora); meist glänzend schwarzrot oder schwarzgelb; Fühler der ♂♂ kammförmig.

Schnalle, im allg. eine mit einem Dorn versehene Schließe, insbes. am Gürtel und am Schuh verwendet, auch an Taschen, Riemen usw.
◆ wm. Bez. für die äußeren ♀ Geschlechtsteile bei Haarraubwild und Hunden.

Schnäpel [niederdt.] (Blaunase), bis 50 cm langer Lachsfisch (Gatt. ↑Felchen).

Schnapper (Lutianidae), Fam. schwarmbildender Barschfische mit rd. 250 kleinen bis mittelgroßen Arten, v. a. an Korallenriffen und in flachen Küstengewässern trop. Meere; Körper barschähnl., mit großer Mundöffnung; häufig (auf silberweißer Grundfärbung) rot bis gelb gezeichnet; Speisefische.

Schnapphahn, im MA ein [berittener] Wegelagerer.

Schnappschildkröten (Chelydridae), Fam. bis 75 cm panzerlanger Schildkröten (Unterordnung ↑Halsberger) mit zwei Arten, v. a. in Süßgewässern S-Kanadas bis Ecuadors; meist auf Gewässerböden umherlaufende Tiere, die sich vorwiegend tier. ernähren; Bauchpanzer reduziert, Rückenpanzer höckerig, Schwanz fast panzerlang; Kopf relativ groß, mit scharfschneidigen Kiefern; neben der ↑Alligatorschildkröte die **Gewöhnl. Schnappschildkröte** (Chelydra serpentina): Rückenpanzer schwarz bis hellbraun, 20–30 cm lang; Gewicht gewöhnl. bis rd. 15 kg; wird häufig gefangen und zu Schildkrötensuppe verarbeitet.

Schnaps [zu niederdt. snaps, urspr. „Mundvoll, schneller Schluck" (zu `schnappen)], klarer Branntwein.

Schnapskopf (Lophophora), Kakteengatt. mit zwei oder drei Arten in Mexiko und Texas; weichfleischige, graugrüne Kugelkakteen mit wenigen Rippen, pinselartigen Haarbüscheln ohne Dornen an den ↑Areolen und dicker Rübenwurzel; Blüten klein, blaßrosa (*Lophophora williamsii*) oder gelbl. (*Lophophora lewinii*). Die erstgenannte Art liefert ↑Peyotl.

Schnarchen, während des Schlafens beim Atmen durch den Mund auftretendes charakterist. Geräusch; entsteht durch Vibration des entspannten Gaumensegels bei zurückgesunkener Zunge.

Schnarrheuschrecke (Rotflügelige Schnarrschrecke, Psophus stridulus), 20–34 mm lange ↑Feldheuschrecke, v. a. auf sonnigen, trockenen Hängen und Wiesen großer Teile Eurasiens; Körper und Vorderflügel hell- bis dunkelbraun oder schwarz, Hinterflügel lebhaft rot mit dunkelbraunem Saum; fliegt mit lautem Schnarrgeräusch.

Schnatterente ↑Enten.

Schnau, briggartiges Segelschiff des 18. Jh. mit 2 vollgetakelten Masten, dessen Besansegel nicht am Großmast, sondern an einer zu diesem parallelen Stenge, dem S.mast befestigt war.

Schnauz (S.bart) ↑Schnurrbart.

Schnauze, die vorspringende Mund-Nase-Partie bei Tieren, z. B. beim Hund.

Schnauzer (Mittel-S., Rauhhaarpinscher), Rasse kräftiger, 40–50 cm schulterhoher Haushunde mit gedrungenem, quadrat. Rumpf; Kopf langgestreckt, mit dichten Brauen und kennzeichnendem kräftigem Schnauzbart; Stehohren und Rute kupiert; Haar drahtig, rauh, schwarz oder grau (in „Pfeffer-und-Salz"); lebhafte, kluge, als Wach- und Begleithund geeignete Tiere; hervorragende Ratten- und Mäusefänger. Der **Zwergschnauzer** ist mit 30–35 cm Schulterhöhe ohne jegl. körperl. Verbildung das verkleinerte Abbild des Schnauzers. - ↑auch Riesenschnauzer.

Schnebel, Dieter, * Lahr 14. März 1930, dt. Komponist. - Pfarrer und Religionslehrer, seit 1976 Prof. für experimentelle Musik an der Hochschule der Künste Berlin; begann mit seriellen Kompositionen, wandte sich

Schnecken. Lungenschnecke (Längsschnitt)

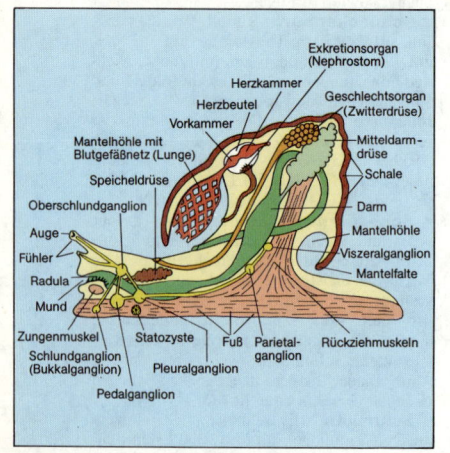

dann Formen kollektiven Komponierens zu, indem er verbal definierte Umrisse und/oder musikal. Graphik für mögl. Musiken lieferte, u. a. „Glossalie" für Sprecher und Instrumentalisten (1961), „visible music" für einen Dirigenten und einen Instrumentalisten (1962), „ki-no", Nachtmusik für Projektoren und Hörer (1967), „Maulwerke" für Artikulationsorgane und Reproduktionsgeräte (1974), „Tradition" (1975–78). Schriften, u. a. „Denkbare Musik" (1972).

Schnecke ↑ Schnecken.
♦ die volutenartig geschnitzte Krönung des Wirbelkastens von bestimmten Streichinstrumenten, bes. von Violine, Viola, Violoncello, Kontrabaß; seit dem 14. Jh. belegt.
♦ in der *Technik* Bez. für eine in einen zylindr., kegel- oder globoidförmigen Schaft eingeschnittene Schraube; sie überträgt in *S.getrieben* ihre Drehbewegung auf das in sie eingreifende *S.rad* (↑ auch Getriebe); in ein rohrförmiges Gehäuse eingebaut, kann sie als *Förder-* bzw. *Transport-S.* für schüttfähige, auch flüssige Güter eingesetzt werden (↑ auch Fördermittel).
♦ (Cochlea) ↑ Gehörorgan.

Schnecken [zu althochdt. snecko, eigtl. „Kriechtier"] (Gastropoda), seit dem Kambrium bekannte (heute über 100 000 Arten), in Meeren, Süßgewässern und auf dem Land weltweit verbreitete Klasse 1 mm bis 60 cm langer Weichtiere; sehr formenreiche Tiere, deren Körper vielfach gegliedert ist in einen mehr oder weniger abgesetzten *Kopf* (mit Augen, Tentakeln und Mundöffnung; letztere meist mit Radula), einen *Fuß* (mit einer der Fortbewegung dienenden Kriechsohle) und in eine *Hautduplikatur* (Mantel) an der Rückenseite des Fußes, die den Eingeweidesack umhüllt und nach außen eine mehrschichtige Kalkschale (aus Konchiolin und Aragonit) abscheidet. Die Kalkschale kann teilweise oder völlig reduziert sein (z. B. bei Nacktschnecken). Bei starkem Längenwachstum des Eingeweidesacks kommt es zur spiraligen Einrollung und damit zur Bildung eines aufgetürmt-eingerollten Gehäuses (z. B. Weinbergschnecke, Turmschnecken). Primitive S. weisen zudem einen Schalendeckel (*Operculum*) am Fußrücken auf, der (bei zurückgezogenem Weichkörper) dem Verschließen des Gehäuses dient. Zw. Mantel und Körper bildet sich ein Hohlraum (*Mantelhöhle, Mantelraum*) aus, in dem Atmungsorgane (Kiemen, „Lungen") und Ausführgänge für Darm, Nieren und Geschlechtsorgane liegen. Während der individuellen Entwicklung vieler S. dreht sich der Mantel-Eingeweide-Komplex um fast 180° (Torsion), so daß bei den Lungenschnecken und den urspr. Vorderkiemern ein kopfwärts gelegener Mantelraum entsteht. Dabei kommt es zur Überkreuzung der Längsnervenstränge. Durch stufenweise Rückdrehung (Detorsion) und Abflachung des Mantel-Eingeweide-Komplexes entstehen die ↑ Hinterkiemer. - S. sind Zwitter mit komplizierten Geschlechtsorganen. - Viele landbewohnende Arten werden schädl. an Kulturpflanzen, andere in Süßgewässern lebende S. sind Zwischenwirte für viele Eingeweidewürmer (bes. Bandwürmer und Leberegel) der Wirbeltiere.
Geschichte: Nach der griech. Sage bliesen Wind- und Meergötter, Helden und Kentauren auf großen Tritonshörnern, die noch heute in buddhist. Klöstern als Musikinstrumente dienen. In der Antike waren die Purpur-S. für die Farbstoffherstellung von größter wirtsch. Bed. In Teilen Asiens und Afrikas dienten die Kauri-S. als Zahlungsmittel. - S. als Nahrungsmittel waren bereits in der röm. Küche bekannt. Im MA schätzte man v. a. die in den Klöstern gezüchteten Weinberg-S. als Fastenspeise. Neben verschiedenen Meeres-S. werden im Mittelmeerraum und an der frz. Atlantikküste die Strand-S. gegessen. - In der *Volksmedizin* wurde S.fleisch bei Wassersucht, Leber- und Milzkrankheiten, bei Lungenleiden und gegen Auswurf empfohlen. Blutende Wunden oder nässende Ausschläge wurden mit dem Pulver zerstoßener S.gehäuse bestreut, während man Warzen mit dem Schleim lebender S. behandelte.
📖 *Kerney, M., u. a.: Die Land-S. Nordeuropas u. Mitteleuropas.* Hamb. 1982. - *Lindner, G.: Muscheln u. S. der Weltmeere.* Mchn. ²1982.

Schneckenfliegen, svw. ↑ Hornfliegen.
Schneckengang ↑ Gehörorgan.
Schneckengetriebe ↑ Schnecke (Technik), ↑ auch Getriebe.
Schneckenklee (Medicago), Gatt. der Schmetterlingsblütler mit rd. 100 Arten in Europa, N- und S-Afrika, Vorder- und Zentralasien; ausdauernde und einjährige Kräuter, selten Halbsträucher oder Sträucher, mit dreizähligen Blättern und überwiegend gelben, aber auch violetten oder bunten Blüten in blattachselständigen, kurzen, oft kopf- oder doldenförmigen Trauben; Früchte meist geschlossen bleibende, spiralig eingerollte oder sichelförmige Hülsen. Einheim. Arten sind: **Hopfenklee** (Gelbklee, Medicago lupulina), 7–60 cm hoch, mit kleinen, hellgelben Blüten in langgestielten, achselständigen Trauben, Fruchthülsen nierenförmig, schwarz; **Luzerne** (Blaue Luzerne, Ewiger Klee, Medicago sativa); bis 80 cm hohe, dürre- und winterfeste Staude mit tiefer, verzweigter Pfahlwurzel und blauen bis violetten Blüten in dichten, kurzen Trauben; wichtige Futter- und Gründüngungspflanze mit hohem Eiweißgehalt; **Sichelklee** (Gelbe Luzerne, Medicago falcata), 20–60 cm hoch, gelbe Blüten in großer, kopfförmiger Traube, Hülsen sichelförmig.

Schneckenlenkung ↑ Lenkung.
Schneckennattern (Dipsadinae), Unterfam. der Nattern mit rd. 50 Arten im trop. Amerika und in SO-Asien; Kopf dick, mit

Schneckenrad

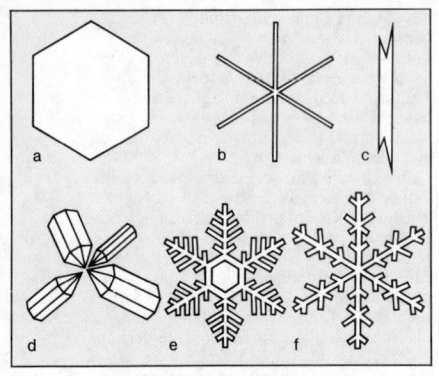

Schnee. Typische Kristallformen:
a Plättchen, b Stern, c Nadel,
d Zusammensetzung aus verschiedenen Prismen, e dentritisches Plättchen,
f dendritischer Stern

großen Augen, stark abgesetzt von dem sehr schlanken Hals; Körperlänge 40–80 cm; auf Gehäuseschnecken spezialisiert; im Ggs. zu allen anderen Schlangen ist der rechte Lungenflügel anstelle des linken rückgebildet.

Schneckenrad ↑Schnecke (Technik).

Schneckling (Hygrophorus, Limacium), artenreiche Gatt. der Lamellenpilze. Der Stiel und oft auch der Hut sind schleimig-schmierig, die Stielbasis mehlig oder schuppig. Die dicken, wachsartigen und entfernt voneinander stehenden Lamellen laufen den Stiel herab. - Bekannte Vertreter sind der **Elfenbeinschneckling** (Hygrophorus eburneus; mit zunächst reinweißem, später chromgelbem Hut; im Sommer gruppenweise in Laub- und Nadelwäldern) und der **Frostschneckling** (Hygrophorus hypothejus; ebenfalls in größeren Gruppen; v. a. in Kiefernwäldern; von Frostbeginn bis Dez.; Hut olivbraun, Lamellen weiß, Stiel hell gelbbraun); wohlschmeckende Speisepilze.

Schnee, fester Niederschlag aus meist verzweigten kleinen Eiskristallen, den *S.kristallen*. Die Kristallform hängt u. a. von der Lufttemperatur während der Bildung ab: Bei Temperaturen um 0 °C fällt S. meist in Form großer, lockerer *S.flocken* aus zusammengeketteten Kristallen, bei größerer Kälte in Form von Eisplättchen, Eisnadeln oder S.sternchen. Trockener, feinkörniger S. setzt sich als **Pulverschnee**, feuchter, großflockiger S. als **Pappschnee** ab. Der frischgefallene *Neu-S.* wird unter dem Einfluß von Temperatur, Wind und Druck vielfältig verändert; durch mehrmaliges Schmelzen und Wiedergefrieren backen die oberen Schichten der S.decke zusammen, es bildet sich *Harsch.* Aus älterem S. wird im Hochgebirge durch Zusammensak-ken und Verharschen allmähl. *Firn.* Durch Winddruck entstehen an Hängen im Hochgebirge *S.bretter*. Auf geneigten Flächen kommen unter bestimmten Bedingungen zusammenhängende Teile einer S.decke als Lawinen zum Abrutschen. Der Wind bildet *S.wehen*, die beträchtl. Höhen erreichen können (↑ auch Wächte). Das flache Aufwirbeln und Verwehen des S. durch den Wind wird als *S.fegen* bezeichnet (Sichtbehinderung nur unterhalb der Augenhöhe des Beobachters), das starke Hochwirbeln und Verwehen mit merkl. Verschlechterung der Sicht als *S.treiben*; beim *S.gestöber* ist die Luft von wirbelnden S.flocken erfüllt. - Eine geschlossene S.decke stellt wegen ihres schlechten Wärmeleitvermögens einen guten Frostschutz für Pflanzen dar; andererseits reflektiert sie die einfallende Sonnenstrahlung sehr stark und strahlt bei Nacht kräftig aus, so daß bei klarem Wetter über einer S.decke sehr niedrige Lufttemperaturen auftreten können. - Als *ewigen S.* bezeichnet man den oberhalb der S.grenze gefallenen und bleibenden S. der Hochgebirge oder der Polargebiete.

Schneealgen, Bez. für einige in den Alpen und den Polargebieten auf Altschnee lebende, kälteliebende Blau-, Grün- und Kieselalgen. Durch Massenvermehrung kommt es im Sommer zu charakterist. Schneeverfärbungen (↑Blutalgen, ↑Blutschnee).

Schneeammer (Plectrophenax nivalis), bis über 15 cm lange, im ♂ Geschlecht vorwiegend weiße Ammer in felsigen Tundren und an Meeresküsten N-Eurasiens und des nördl. N-Amerika; mit schwarzen Handschwingen und schwarzen mittleren Schwanzfedern sowie schwärzl. geflecktem Rücken; ♀ graubräunl.; Nest napfförmig, in Felsspalten, unter Felsbrocken oder (in menschl. Siedlungen) in künstl. Höhlungen (z. B. Dächer, Nistkästen); Teilzieher; Irrgast in M-Europa.

Schneeball (Viburnum), Gatt. der Geißblattgewächse mit rd. 120 Arten in den gemäßigten Gebieten der Nordhalbkugel, sommer- oder immergrüne Sträucher, selten kleine Bäume, mit gegenständigen Blättern; Blüten zum Teil steril, auffällige Randblüten, weiß oder rosafarben, in Doldentrauben oder in Rispen angeordnet; Blütenkrone radförmig, 5spaltig; trockene oder saftige Steinfrucht. Einheim. Arten sind der **Wollige Schneeball** (Viburnum lantana, 60–80 cm hoch, mit lanzettförmigen Blättern und bräunl., innen braun oder violett geäderten Blüten in Trauben) und der an Flußufern und in feuchtem Gebüsch an Waldrändern wachsende **Gemeine Schneeball** (Drosselbeere, Gichtbeere, Viburnum opulus; mit rundl., 3- bis 5lappigen Blättern und rahmweißen Blüten in 8–10 cm breiten, flachen Trugdolden); als Ziersträucher kultiviert.

Schneeballsystem (Hydrasystem, Lawinensystem), Verkaufsverfahren, bei dem der

Schneegrenze

Käufer sich verpflichtet, einen Teil des Kaufbetrags durch Vermittlung neuer Kunden abzutragen, die ihrerseits der gleichen Verpflichtung unterworfen werden. Das S. ist als verbotene Ausspielung und unlauterer Wettbewerb rechtswidrig.

Schneebeere (Sankt-Peters-Strauch, Symphoricarpos), Gatt. der Geißblattgewächse mit 15 Arten, v. a. in N-Amerika; niedrige, sommergrüne Sträucher mit gegenständigen, ganzrandigen oder gelappten Blättern; Blüten klein, mit glockiger oder trichterförmiger Krone, in end- oder achselständigen, kurzen Ähren oder Trauben; Früchte beerenartige, zweisamige Steinfrüchte. Einige Arten und Hybriden werden oft als Zierstäucher kultiviert, v. a. die **Gemeine Schneebeere** (Symphoricarpos albus, Symphoricarpos racemosus; rosafarbene bis weiße Blüten; zahlr. 8–12 mm dicke, schneeweiße Früchte; „Knallbeeren"), die **Korallenbeere** (Symphoricarpos orbiculatus; gelblichweiße, rosa überlaufene Blüten; 4–6 mm dicke, purpurrote Früchte) und die **Bastardschneebeere** (Bastard aus Symphoricarpos microphyllus und Symphoricarpos orbiculatus; rosafarbene Blüten; kugelige, teils rote, teils weiße und rot gepunktete Früchte).

Schneeberg, Stadt im westl. Erzgebirge, Bez. Karl-Marx-Stadt, DDR, 470 m ü. d. M., 22 100 E. Kunstfachschule; Spielwarenind., Holzschnitzerei und Spitzenklöppelei. - Um die Mitte des 15. Jh. entstanden, 1481 Bergfreiheit und Stadtrecht, Silbererzbergbau im 18./19. Jh. allmähl. nachlassend, seit 1946 Uranerzbergbau. - Spätgot. Stadtkirche (1515–40), Hospitalkirche Sankt Trinitatis (1567–75), barocke Bürgerhäuser.

S., mit 1051 m höchste Erhebung des Fichtelgebirges.

S., Bergmassiv der Steir.-Niederöstr. Kalkalpen, sw. von Wiener Neustadt, bis 2075 m hoch.

Schneebirne (Lederbirne, Pyrus nivalis), Art der Gatt. Birnbaum an Wald- und Straßenrändern und in Hecken in O-Europa; mittelhoher Baum mit anfangs filzig behaarten Zweigen, ellipt., nur an der Spitze gezähnten Blättern und kleinen, birnenförmigen oder kugeligen, gelben oder rötl. Scheinfrüchten, die erst nach den ersten Frösten eßbar sind; Zierbaum.

Schneeblindheit (Niphablepsie), akute Bindehautentzündung auf Grund einer Bindehautschädigung durch ultraviolette Strahlen, bes. beim Aufenthalt auf besonnten Schnee- oder Gletscherfeldern im Hochgebirge.

Schneebrett, der durch den Winddruck (bes. in Verbindung mit Nebeltröpfchen) an Luvseiten von Bergflanken oberflächlich brettartig verfestigte, oft hohlliegende Schnee. S. brechen bei Belastung ab und bilden S.lawinen (↑Lawine).

Schnee-Enzian ↑Enzian.

Echtes Schneeglöckchen

Schnee-Eule ↑Eulenvögel.

Schneeflockenbaum (Schneeflockenstrauch, Schneeblume, Chionanthus virginicus), Ölbaumgewächs im sö. N-Amerika; Strauch oder Baum mit gegenständigen, ganzrandigen Blättern und vierzähligen, weißen Blüten in lockeren, bis 20 cm langen, überhängenden Rispen; Steinfrüchte einsamig, eiförmig, dunkelblau; winterharter, leicht zu kultivierender Zierstrauch.

Schneefloh (Gletschergast, Isotoma nivalis, Isotoma hiemalis), schwärzl. Urinsekt (Unterklasse Springschwänze), das in Lebensweise, Verbreitung und Biotop dem Gletscherfloh stark ähnelt.

Schneefräse ↑Schneeräumgeräte.

Schneegans ↑Gänse.

Schneegemse, svw. ↑Schneeziege.

Schneeglöckchen, (Galanthus) Gatt. der Amaryllisgewächse mit 10 schwer zu unterscheidenden Arten in Europa und W-Asien; zwiebelbildende Stauden mit wenigen lineal- oder lanzettförmigen Blättern; Blüten meist einzeln, nickend, mit äußerer Blütenhülle aus 3 längl.-eirunden Blütenblättern. Das geschützte, wild nur noch vereinzelt in Laubmisch- und Auenwäldern vorkommende, formenreiche **Echte Schneeglöckchen** (Schneetröpfchen, Märzglöckchen, Galanthus nivalis) mit einblütigen Stengeln und grün gefleckten inneren Blütenblättern wird in vielen Sorten in Gärten und Parks kultiviert.

◆ volkstüml. Bez. für verschiedene, meist zu Beginn des Frühjahrs blühende Pflanzen, z. B. Frühlingsknotenblume und Alpenglöckchen.

Schneeglöckchenbaum (Halesia), Gatt. der Styraxbaumgewächse mit nur wenigen Arten, verbreitet in N-Amerika und China; sommergrüne Bäume oder Sträucher mit wechselständigen, ungeteilten Blättern und weißen Blüten in Büscheln am vorjährigen Holz; Steinfrüchte.

Schneegrenze, Grenze zw. schneebe-

287

Schneehase

decktem und schneefreiem (aperem) Gebiet. Die *temporäre* S. ist die von der Jahreszeit abhängige untere Grenze des schneebedeckten Bereichs. Die *klimat.* S. wird theoret. berechnet (mittlere höchste Lage der S. im Sommer). Die *orograph.* S. steigt von den polaren Gegenden, wo sie im Meeresniveau liegt, im allg. zum Äquator hin an, erreicht jedoch in den subtrop. Trockengebieten ihre höchste Lage in über 6 000 m Höhe.

Schneehase ↑ Hasen.

Schneeheide ↑ Glockenheide.

Schneehühner (Lagopus), Gatt. rebhuhnähnl., jedoch größerer (bis 40 cm langer) Rauhfußhühner mit nur 3 Arten, v. a. in Hochgebirgen, Mooren und Tundren N-Amerikas und Eurasiens; vorwiegend Bodenvögel, deren Gefieder (mit Ausnahme der häufig weißen Flügel) im Sommer zumindest oberseits erdfarben braun bis grau gefärbt ist, dagegen im Winter meist völlig weiße Färbung im (Tarnfärbung). S. legen im Winter oft lange Gänge unter dem Schnee an, um an ihre Nahrungsquellen (Zweigspitzen und Knospen von Sträuchern) zu gelangen. Zu den S. gehören u. a. Alpenschneehuhn und Moorschneehuhn.

Schneeketten, grobmaschige Kettennetze aus gehärtetem Stahl, die v. a. zum Fahren auf verschneiten Gebirgsstraßen um Kfz.-Reifen gelegt werden. Man unterscheidet Leiter-, Zickzack-, Zickzackspur- (Umlaufzickzack-) und Spurkreuzketten, außerdem *Kunststoffketten* mit Wabenmuster und sog. *Endlosketten,* die am Reifen verspannt werden.

Schneekoppe, mit 1 602 m höchste Erhebung des Riesengebirges, auf der Grenze zw. Niederschlesien (Polen▼) und der ČSSR, mit mehreren eiszeitl. Karen an den Flanken; Waldgrenze bei etwa 1 300 m ü. d. M.; auf dem Gipfel meteorolog. Station, Bauden.

Schneeleopard (Irbis, Uncia uncia, Panthera uncia), Großkatze in den Hochgebirgen des südl. Z-Asien; Körperlänge 1,2–1,5 m, Schulterhöhe etwa 60 cm, Schwanz etwa 90 cm lang, buschig behaart; Fell sehr dicht und lang, fahl gelblichgrau, mit leopardenähnl. schwärzl. Fleckenzeichnung; Kopf auffallend klein und rund; Pfoten groß, mit starker Behaarung; größtenteils tagaktiv, überwiegend einzellebend. Die Bestände sind bedroht.

Schneemensch (Yeti, Kangmi), angebl. affenähnl. Großsäugetier in den Hochgebirgsregionen Z-Asiens (Himalaja, Pamir), für dessen umstrittene Existenz Fußspuren, Exkremente und Haare (angebl. sogar Begegnungen) zeugen sollen; wiss. Expeditionen aus jüngster Zeit konnten keine Bestätigung seiner Existenz erbringen, Photographien wurden z. T. als Fälschungen entlarvt.

Schneepflug ↑ Schneeräumgeräte.

◆ im *Skisport* V-förmige Stellung der Skier, um die Fahrt abzubremsen oder aufzuhalten.

Schneeräumgeräte, fahrbare Vorrichtungen und Maschinen zum Räumen der Straßen, Eisenbahnstrecken und Flugplätze von Schnee. Der *Schneepflug* hat 1 (sog. *Versatzpflug*) oder 2 keilförmig gegen die Straßenoberfläche geneigte, gewölbte Stahlbleche; Anbaugerät für Lastkraftwagen, Schlepper oder Lokomotiven. *Schneefräsen* sind selbstfahrende oder angebaute S. (häufig mit Raupenfahrwerk), die mit Förderschnecken oder Trommelfräsen den Schnee schichtweise aufnehmen und seitl. wegschleudern.

Schneerose, svw. ↑ Christrose.

Schneeschuh (Schneereifen, Schneeteller), unter dem Fuß zu befestigendes Gerät zur Fortbewegung im Schnee. Man unterscheidet den aus einem Holzreifen bestehenden *Rahmen-S.* (bes. bei Indianern und Eskimo) und den aus einem längl., z. T. fellbezogenen Holzbrett bestehenden *Brett-S.* (v. a. in Asien und Europa), aus dem der Ski entwickelt wurde. Beide Arten haben oft eine aufgebogene Spitze.

Schneewürmer, volkstüml. Bez. für Larven der Weichkäfer, die nach der Überwinterung oft schon beim ersten Tauwetter in großer Anzahl auf Schneestellen anzutreffen sind.

Schneezement, Salzmischung zur Härtung schmelzenden Schnees bei Temperaturen um 0 °C; dient der Benutzbarkeit von Skipisten und Sprungschanzen.

Schneeziege (Schneegemse, Oreamnos americanus), ziegenähnlich aussehende, der Gemse nächstverwandte Art der Ziegenartigen in Hochgebirgen des nw. N-Amerika; Körperlänge 150–175 cm; Schulterhöhe rd. 1 m; mit schwarzen, leicht nach hinten gebogenen, bis etwa 25 cm langen Hörnern; Fell rein weiß, dicht, teilweise mähnenartig verlängert; nicht sehr flinker, aber ungewöhnl. sicherer Kletterer, fast stets oberhalb der Baumgrenze.

Schnegel, svw. ↑ Egelschnecken.

Schneidbrenner, handgeführtes Gerät nach Art der Schweißbrenner zum Brennschneiden v. a. von metallenen Werkstücken.

Schneideisen, ringförmiger Gewindeschneider für Außengewinde.

Schneidemühl (poln. Piła), Stadt am N-Rand des Netzebruchs, Polen▼, 70 m ü. d. M., 66 300 E. Hauptstadt des Verw.-Geb. Piła. Chemiefaserwerk, Glühlampenfabrik, Instrumentenbau. Im 14. Jh. entstanden, 1513 Stadtrecht. 1772 von Polen an Preußen. Ab 1922 Hauptstadt der Prov. Grenzmark Posen-Westpreußen, 1938 zur Prov. Pommern, seit 1945 zu Polen.

Schneiden, in der *Fertigungstechnik* Bez. für das mit Schneid- oder Schnittwerkzeugen (z. B. Messer, Scheren, Zangen) vorgenommene, im Ggs. v. a. zum Sägen, ohne Späne, Fasern u. a. erfolgende mechan. Zerteilung von Werkstoffen.

◆ in der *Filmtechnik* ↑ Schnitt.

Schneider, Erich, * Siegen 14. Dez. 1900, † Kiel 5. Dez. 1970, dt. Nationalökonom. - Prof. in Århus (ab 1936), Kiel (ab 1946), 1961–68 auch Direktor des Instituts für Weltwirtschaft; bed. Vertreter der mathemat. orientierten Volkswirtschaftslehre.

S., Friedrich, * Köln 28. Okt. 1881, † München 14. März 1974, dt. Erziehungswissenschaftler. - 1927 Prof. in Bonn, begr. 1931 die „Internat. Zeitschrift für Erziehungswiss."; 1934 zwangspensioniert, ab 1946 Prof. in Salzburg, wo er das „Institut für Vergleichende Erziehungswiss." einrichtete, ab 1949 in München; seine Forschungsschwerpunkte lagen auf den Gebieten der von ihm mitbegr. vergleichenden Erziehungswiss. sowie der Familien- und Selbsterziehung.

S., Oscar, * Altenheideck bei Weißenburg i. Bay. 3. Juni 1927, dt. Politiker (CSU). - Jurist; seit 1969 MdB; 1982–89 Bundesmin. für Raumordnung, Bauwesen und Städtebau.

S., Peter, * Lübeck 21. April 1940, dt. Schriftsteller. - Verarbeitet in autobiograph. getönten Erzählungen: „Lenz, eine Erzählung von 1968 und danach" (1973), „... schon bist du ein Verfassungsfeind" (1975), „Die Wette" (1978) sowie Lyrik und Aufsätzen („Die Phantasie im Spätkapitalismus und die Kulturrevolution", 1969; „Atempause", 1977; „Der Mauerspringer", 1982) v. a. polit. Themen.

S., Reinhold, * Baden-Baden 13. Mai 1903, † Freiburg im Breisgau 6. April 1958, dt. Schriftsteller. - 1940 Schreibverbot, illegale Publikationen; stand mit W. Bergengruen u. a. im Zentrum des kath. Widerstands gegen den NS; wurde kurz vor Kriegsende des Hochverrats angeklagt. Setzte sich in seinem von christl.-humanist. Tradition geprägten literar. wie kulturphilosoph. Werk mit herrschenden Ideologien auseinander und suchte in der Verbindung von Idealismus und Mystifikation eine eigenständige Variante dialekt. Analyse: Geschichte vollzieht sich zw. Macht, Geist und Glaube als Möglichkeit der Überwindung. Erhielt 1956 den Friedenspreis des Börsenvereins des Dt. Buchhandels. *Werke:* Las Casas vor Karl V. (E., 1938), Sonette (1939; 1954 u. d. T. Die Sonette von Leben und Zeit, dem Glauben und der Geschichte), Der große Verzicht (Dr., 1950), Innozenz und Franziskus (Dr., 1953), Erbe und Freiheit (Essays, 1955), Die silberne Ampel (R., 1956), Winter in Wien (Tagebuch, 1958).

S., Rolf, * Chemnitz (= Karl-Marx-Stadt) 17. April 1932, dt. Schriftsteller. - Schreibt Bühnenstücke, Hör- und Fernsehspiele, Erzählungen und Romane mit Themen v. a. aus der Zeit des NS und der Nachkriegszeit in mitunter satir. Darstellung, z. B. „Prozeß Richard Waverley" (Dr., 1963), „Brücken und Gitter" (En., 1965), „Die Tage in W." (R., 1965), „Prozeß in Nürnberg" (Dr., 1968), „Der Tod des Nibelungen" (R., 1970). Gesellschaftl. Veränderungen in der DDR schildern „Die Reise nach Jaroslaw" (R., 1975), „Das Glück" (R., 1976), „November" (R., 1979; hat die Rückwirkungen der Ausweisung W. Biermanns auf die Intelligenz der DDR zum Thema und konnte nur in der BR Deutschland erscheinen), „Das andere Land" (Fernsehfilm, 1984).

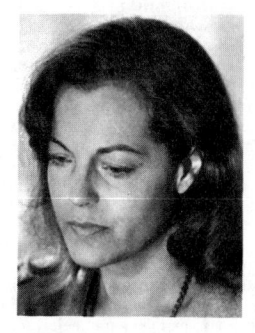

Romy Schneider (1979)

S., Romy, eigtl. Rosemarie Albach, * Wien 23. Sept. 1938, † Paris 29. Mai 1982, östr.-dt. Schauspielerin. - Erfolgreich in Unterhaltungsfilmen, z. B. „Wenn der weiße Flieder wieder blüht" (1953), „Sissi"-Trilogie (1955/1956/1957), wo sie auf das Klischee der jungen Liebenden festgelegt wurde. Internat. Anerkennung als differenzierte Charakterdarstellerin v. a. in „Der Prozeß" (1962), „Der Kardinal" (1962), „Was gibt's Neues, Pussy" (1964), „Das Mädchen und der Kommissar" (1973), „Trio Infernal" (1974), „Gruppenbild mit Dame" (1977), „Eine einfache Geschichte" (1978), „Die Liebe einer Frau" (1979), „Der gekaufte Tod" (1980).

Schneider, (Alandblecke, Breitblecke, Alburnoides bipunctatus) bis 15 cm langer, schwarmbildender Karpfenfisch in klaren, schnellfließenden Süßgewässern W-Europas bis W-Asiens; Rücken bräunlichgrün, Seiten heller, mit dunklem Längsband, Brust- und Bauchflossen gelbl. (während der Fortpflanzungszeit mit orangefarbener Basis); als Köderfisch verwendet.

◆ (Echte Weberknechte, Phalangiidae) Fam. sehr langbeiniger Spinnentiere (Ordnung Weberknechte) mit zahlr., v. a. auf der Nordhalbkugel verbreiteten Arten (davon rd. 25 einheim. Arten); Beine, die fast immer wenigstens 5- bis 7mal so lang wie der Körper sind, können leicht abgeworfen werden.

Schneider, Ausdruck beim Kartenspielen; *im S.* sein bedeutet weniger als die Hälfte der Punkte erreichen, die zum Gewinn benötigt werden; *aus dem S.* sein heißt mehr als die Hälfte der benötigten Punkte erzielen.

Schneiderhan, Wolfgang, * Wien 28. Mai 1915, östr. Violinist. - Schüler von O.

Schneiderhandwerk

Ševčík; war bis 1949 nacheinander Konzertmeister der Wiener Symphoniker und der Wiener Philharmoniker, 1938–50 Prof. an der Wiener Musikakademie, 1938–51 Leiter des *S.-Quartetts;* Mitbegr. der Festival Strings Lucerne; gefeierter Solist und Kammermusiker; ∞ mit I. Seefried.

Schneiderhandwerk, bereits seit dem 12. Jh. bekanntes und früher in Zünften organisiertes Handwerk, das sich frühzeitig (z. B. in Damen- und Herrenschneider) spezialisierte.

Schneidermuskel (Sartorius, Musculus sartorius), von einer Faszienscheide umhüllter, schwacher, schmaler, langer Oberschenkelmuskel (längster Muskel des Menschen), der vom vorderen oberen Darmbeinstachel des Darmbeinkamms schräg über die Vorderfläche des Oberschenkels und an der Innenseite des Knies entlang zum Schienbein zieht, an dem er von hinten her ansetzt; er beugt (zus. mit anderen Muskeln) das Bein im Hüft- und im Kniegelenk und rollt den Unterschenkel einwärts. Der S. kann beim Menschen völlig fehlen oder verdoppelt sein.

Schneider-Schelde, Rudolf, eigtl. R. Schneider, * Antwerpen 8. März 1890, † München 18. Mai 1956, dt. Schriftsteller. - Verfaßte Kurzgeschichten, Romane („Kies bekennt Farbe", 1930) und bühnenwirksame Theaterstücke. Seine Werke wurden in der nat.-soz. Zeit verboten und verbrannt. - *Weitere Werke:* In jenen Jahren (R., 1934), Ein Mann im schönsten Alter (R., 1955).

Schneidervögel, Bez. für zwei Gatt. *(Orthotomus* und *Phyllergates)* der Grasmücken mit 7 Arten, v. a. in Gärten, Obstplantagen, Rohrdickichten und Wäldern S- und SO-Eurasiens; oberseits vorwiegend grünl., unterseits hellere Singvögel. S. können große Blätter mit Pflanzenfasern tütenförmig zusammennähen, um dort ihr Nest einzubauen.

Schneider von Ulm ↑ Berblinger, Albrecht Ludwig.

Schneidezähne ↑ Zähne.

Schneidöle, zur Schmierung und Kühlung von Schneidflächen bei der spanenden Bearbeitung verwendete Mineralöle mit Zusätzen (Fettsäuren, Metallseifen, Schwefel-, Chlor- und Phosphorverbindungen). **Bohröle** sind S. aus Öl-in-Wasser-Emulsionen von Mineralölen.

Schneifel (Schnee-Eifel) ↑ Eifel.

Schneise, in der Forstwirtschaft Bez. für die v. a. zur Forsteinteilung und Holzabfuhr angelegten, geraden und im rechten Winkel zueinander verlaufenden waldfreien Streifen; meist zu Wegen ausgebaut und 2,5–8 m (als Feuerschutz v. a. in Kieferwaldungen auch 10–20 m) breit.

Schnell, Robert Wolfgang, * Barmen (= Wuppertal) 8. März 1916, † Berlin 1. Aug. 1986, dt. Schriftsteller, Schauspieler, Maler. - Zeichnet in seiner realist. sozialkrit. Erzählprosa zeitgenöss. Schicksale, v. a. aus der Welt der einfachen Leute und der Randgruppen der Gesellschaft, mit Betonung des Grotesken; auch Hör- und Fernsehspiele, Lyrik, Essays, Kinderbücher. *Werke:* Mief (En., 1963, 1969 u. d. T. Die Farce von den Riesenbrüsten), Geisterbahn (R., 1964), Erziehung durch Dienstmädchen (R., 1968), Eine Tüte Himbeerbonbons (En., 1976), Die heitere Freiheit und Gleichheit (En., 1978).

Schnellarbeitsstähle, in Elektroöfen erschmolzene, hochlegierte Stähle, die wegen ihrer großen Härte und Verschleißfestigkeit zur Herstellung von Schneiden für Metallbearbeitungsmaschinen verwendet werden. Legierungsbestandteile sind v. a. Wolfram, Molybdän, Vanadium und Kobalt; ihr Prozentgehalt wird hinter dem Kennbuchstaben S angegeben, z. B. S 10-4-3-10 (Schnellarbeitsstahl mit 10% Wolfram, 4% Molybdän, 3% Vanadium und 10% Kobalt.

Schnellboot, kleines, sehr schnelles Kriegsschiff, zunächst als Torpedo-, dann als Kanonen- und heute auch als Raketenträger eingesetzt; heute bis 400 t groß.

Schnelldrucker, Zubehörgerät zu Datenverarbeitungsanlagen, das mit hoher Geschwindigkeit (25 Zeilen pro Sekunde und mehr) die Datenausgabe in Schriftform besorgt. S. arbeiten meist mit „fliegendem Abdruck": Je Druckstelle ist ein Hämmerchen vorhanden; diese Hämmerchen schlagen immer dann die auf einer vorbeilaufenden Endloskette befindl. Druckttypen samt Farbtuch gegen das zu bedruckende Papier, sobald sie ihre Druckstelle erreicht haben. Andere S. arbeiten mit rotierenden Trommeln als Typenträger und drücken das Papier samt Farbtuch gegen die Typen. - ↑ auch Drucker.

Schneller, Johann Ludwig, * Erpfingen (= Sonnenbühl bei Reutlingen) 15. Jan. 1820, † Jerusalem 18. Okt. 1896, dt. ev. Missionar. - 1850 Leiter eines Brüderhauses in Jerusalem; gründete dort 1860 das Syr. Waisenhaus, aus dem 1952 (Libanon) und 1959 (Jordanien) die **Schnellerschen Anstalten** entstanden sind, Internatshäuser, Schulen und Lehrwerkstätten zur christl. Erziehung und Berufsausbildung arab. Waisenkinder.

Schneller, musikal. Verzierung, ein Vorschlag mit meist zwei stufenweise aufsteigenden Noten.

schneller Brutreaktor (schneller Brüter) ↑ Kernreaktor.

Schnellfeuerwaffen, svw. halbautomat. Waffen († Maschinenwaffen).

Schnellkäfer (Elateridae), mit rd. 8 500 Arten (davon mehr als 100 in Deutschland) weltweit verbreitete Käferfam.; Körper flach, langgestreckt, 2–70 mm lang; können mit einer bes. Apparatur (in eine Höhlung der Mittelbrust einrastender Dorn der Vorderbrust) aus der Rückenlage emporschnellen; einige amerikan. Arten mit Leuchtorganen an der Vorderbrust (Leuchtschnellkäfer); Larven sehr lang, kurzbeinig und mit hartem Chitinpanzer (↑ Drahtwürmer), leben von zerfallenden pflanzl. Stoffen im Boden oder Holzmulm, z. T. auch räuber. (indem die Larven anderen Insektenlarven nachstellen). Bekannt ist der 6–8 mm lange, schwarzbraune, dicht grau behaarte **Salatschnellkäfer** (Agriotes sputator); Larven schädl. an jungen Salatpflanzen.

Schnellpresse, Druckmaschine, bei der ein Druckzylinder den Papierbogen gegen die Druckform preßt.

Schnellverfahren, umgangssprachl. Bez. für das ↑ beschleunigte Verfahren.

Schnellwaagen ↑ Waagen.

Schnellzug, Reisezug mit hoher Durchschnittsgeschwindigkeit und wenigen Zwischenhalten; bei der Dt. Bundesbahn Kennbuchstabe D („D-Zug"), M (Messe-S.). Schnellzüge i. w. S. sind auch die TEE-Züge und die Intercity-Züge (IC) sowie die Schnellgüterzüge.

Schnepfen, Gattungsgruppe über 40 cm langer Schnepfenvögel mit 10 Arten, v. a. in Wäldern und sumpfigen Landschaften Eurasiens, der Auckland Islands sowie N- und S-Amerikas; mit langem, geradem Schnabel, dessen Spitze sehr tastempfindl. ist, so daß Beutetiere im Boden (bes. Würmer und Insekten) ertastet werden können. S. werden wegen ihres wohlschmeckenden Fleischs (einschl. der Eingeweide: *S.dreck*) stark bejagt. - Die einzige in M-Europa brütende Art ist die **Waldschnepfe** (Scolopax rusticola), bis 35 cm lang, dämmerungs- und nachtaktiv; Oberseite rötlichbraun mit schwarzer Zeichnung, Unterseite gelbl. mit feiner, dunkler Querbänderung; Teilzieher. Als Durchzügler kommt die in Skandinavien und N-Asien lebende **Zwergschnepfe** (Lymnocryptes minimus) vor, die sich von der ↑ Bekassine durch einen schwarzen Mittelstreif unterscheidet.

Schnepfenaale (Nemichthyidae), Fam. bis etwa 1 m langer aalartiger Fische in größeren Tiefen aller Meere (bes. der trop. und subtrop. Regionen); Körper sehr langgestreckt, bandförmig, nach hinten stark verjüngt; Kiefer auffallend dünn und pinzettenähnl. verlängert.

Schnepfenfische (Macrorhamphosidae), in Meeren (bes. der trop. und subtrop. Regionen) weit verbreitete Fam. bis etwa 25 cm großer Knochenfische; Körper seitl. abgeflacht, relativ hoch; Bauchkante und Vorderkörper mit Knochenplatten; Schnauze röhrenartig verlängert; u. a. **Schnepfenfisch** (Meerschnepfe, Seeschnepfe, Macrorhamphosus scolopax): bis 15 cm lang; im Mittelmeer und O-Atlantik; Rücken braunrötl., Bauch silberglänzend.

Schnepfenfliegen (Rhagionidae, Leptidae), rd. 500 Arten umfassende, weltweit verbreitete Fam. schlanker, langbeiniger, 2–14 mm großer Fliegen mit räuber. Lebensweise; Imagines saugen gefangene Insekten aus, z. T. saugen sie beim Menschen und bei Wirbeltieren Blut; häufig in Wäldern an feuchten Stellen; Larven ernähren sich ebenfalls räuberisch, sie leben teils im Wasser, teils auf dem Land. - Zu den S. gehört u. a. die **Ibisfliege** (Atherix ibis), etwa 1 cm groß, mit 3 grauen Querbinden auf den durchscheinenden Flügeln.

Schnepfenstrauße, svw. ↑ Kiwis.

Schnepfenvögel (Scolopacidae), Fam. bis 65 cm langer, relativ hochbeiniger Watvögel mit über 80 Arten, v. a. an Küsten, Ufern, auf Mooren und in Wäldern der Nordhalbkugel, S-Amerikas und SO-Asiens (bis Neuseeland); hervorragend fliegende, mit Ausnahme der Waldschnepfe schmal- und spitzflügelige Vögel, die mit ihrem dünnen und langen Schnabel bei der Suche nach Nahrung (bes. Wirbellose) in weichen Böden stochern; meist Bodenbrüter und Zugvögel, die oft weite Wanderungen unternehmen. - Zu den S. gehören u. a. Brachvögel, Pfuhlschnepfe, Uferschnepfe, Schnepfen, Wasserläufer, Strandläufer, Kampfläufer und Bekassinen.

Schne'ur, Salman, eigtl. Salkind S., * Schklow bei Mogiljow im Febr. 1887, † New York 20. Febr. 1959, hebr.-jidd. Schriftsteller. - Schrieb in hebr. und jidd. Sprache. Seine skept.-nihilist. Prosawerke spielen meist in der Welt des Ostjudentums („Noah Pandre", R., 1936). Die Schrecken der Judenverfolgungen, Aufrufe zum Widerstand, Naturverbundenheit sowie Auflehnung gegen überkommene Kulturwerke und erstarrte Traditionen sind häufige Themen seiner Gedichte.

Schnippe [niederdt.], kleines, meist unregelmäßig geformtes, weißes Abzeichen auf der Oberlippe des Pferdes.

Schnirkelschnecken (Hainschnecken, Helicidae), mit rd. 800 Arten weltweit verbreitete Fam. der Landlungenschnecken; gekennzeichnet durch vielfach kugeliges, nur selten getürmtes Gehäuse und Liebespfeile im Genitalsystem; zahlr. Arten in M-Europa, z. B. ↑ Weinbergschnecke, **Gartenbänderschnecke** (Gartenschnecke, Gartenschnirkelschnecke, Cepaea hortensis, mit rundl., etwa 2 cm breitem Gehäuse, weißlichgelb bis gelb oder braun, ohne oder mit dunklen Spiralbändern, v. a. an Felsen, in Hecken und Gebüschen) und **Hainschnirkelschnecke** (Hainbänderschnecke, Cepaea nemoralis, etwa 2 cm groß, Gehäuse flach kegelförmig, sehr ähnl. dem der Gartenbänderschnecke, aber mit dunklem Saum um die Gehäusemündung; in Gärten und Parks).

Schnitger, Arp, * Schmalenfleth bei Brake (Unterweser) 2. Juli 1648, □ Neuenfelde (= Hamburg) 28. Juli 1719, dt. Orgelbauer. - Ließ sich 1682 in Hamburg nieder; gilt mit etwa 160 Werken als der bedeutendste norddt.

Schnitt

Orgelbauer. Sein größtes, jedoch nicht erhaltenes Werk war die Orgel von Sankt Nikolai in Hamburg (4 Manuale, 67 Stimmen; 1682–88). Erhaltene Orgeln befinden sich in Cappel bei Bremerhaven (urspr. in Hamburg, Sankt Johannis; 1679/80), Steinkirchen bei Hamburg (1685–87), Hamburg (Sankt Jacobi; 1689–93), Groningen (Aa-Kerk, urspr. Akademiekerk; 1700–02).

Schnitt, allg. Bez. für die Ausführung eines mit einem geeigneten Schneidewerkzeug vorgenommenen Trennvorgangs sowie für die sich ergebende Trennstelle bzw. Trennfläche.

♦ (Buch-S.) in der *Buchbinderei* die drei beschnittenen Seiten (Kopf-, Vorder- und Fuß-S.) eines Buchblocks. Durch das Beschneiden des Buchblocks werden die (gefalteten) Bogen geöffnet; die Schnittfläche kann mit Farbe *(Farbschnitt)* oder Blattmetall (z. B. *Goldschnitt)* verziert werden.

♦ beim *techn. Zeichnen* die zum Sichtbarmachen des inneren Aufbaus dienende Darstellungsart eines Gegenstandes o. ä. in einer gedachten Schnittebene; man unterscheidet Längs-, Quer- und Schrägschnitte.

♦ in *Geologie* und *Geographie* ↑Profil.

♦ in der *Mathematik:* 1. svw. arithmet. ↑Mittelwert; 2. svw. Durchschnitt zweier oder mehrerer Punktmengen, insbes. die Gesamtheit der gemeinsamen Punkte zweier geometr. Gebilde. Den S. ebener oder räuml. Kurven bezeichnet man auch als *S.punkt* dieser Kurven, den S. zweier Flächen im Raum als deren *Druchdringungs-* oder *S.kurve.* - ↑auch Goldener Schnitt, ↑Dedekindscher Schnitt.

♦ (Schneiden) Endphase der Filmgestaltung - beim Fernsehen auch bei magnet. Bildaufzeichnung -, in der der Cutter in Zusammenarbeit mit dem Regisseur aus den einzelnen Einstellungen zunächst die *Rohschnittfassung* herstellt: Nach der Drehbuchvorlage werden einzelne Bildsequenzen am *Schneidetisch* aneinandergefügt (mit der Klebepresse geklebt) und die entsprechenden Originaltonaufnahmen angelegt. Im **Feinschnitt** wird der Rhythmus, d. h. die Länge der jeweiligen Einstellungen, festgelegt und die genaue Synchronität zw. Bild und Ton hergestellt.

Schnittbildentfernungsmesser ↑Entfernungsmesser.

Schnittbildindikator ↑Entfernungsmesser.

Schnittentbindung ↑Kaiserschnitt.

Schnittlauch (Graslauch, Allium schoenoprasum), in Europa, Asien und N-Amerika weit verbreitete, ausdauernde Art des Lauchs; mit röhrigen Blättern, blattlosen oder wenigblättrigen, 5–50 cm hohen Schäften und hellrosa bis purpurrot gefärbten Blüten in kugeligen Blütenständen. Der in M-Europa v. a. in Stromtälern wild vorkommende S. wird auf kalkreichen, humosen Lehmböden in vielen Kultursorten angebaut; vielseitiges Gewürz.

Schnittmeister ↑Cutter.

Schnittsalat ↑Lattich.

Schnittstelle (Interface), in der Datenverarbeitung bzw. -übertragung Bez. für eine Stelle, an der zwei Geräte- oder Anlagenteile zusammengeschaltet werden. Durch genormte S. lassen sich Geräte[teile] verschiedener Hersteller zusammenschalten.

Schnittwinkel, der Winkel, den 2 sich schneidende Geraden miteinander bilden. Schneidet eine Gerade 2 Parallelen, so bezeichnet man die auf derselben Seite der Geraden (g) und auf gleichen Seiten der Parallelen (g_1 und g_2) gelegenen Winkel (α_1 und α_2, β_1 und β_2 usw.) als *Stufenwinkel;* je 2 Stufenwinkel sind einander gleich. *Gegenwinkel* liegen auf derselben Seite der schneidenden Geraden und auf verschiedenen Seiten der Parallelen (z. B. α_1 und δ_2, β_1 und γ_2 usw.); Gegenwinkel ergänzen sich zu 180°. Auf verschiedenen Seiten der schneidenden Geraden und der Parallelen liegende Winkel bezeichnet man als *Wechselwinkel* (α_1 und γ_2, β_1 und δ_2 usw.); je 2 Wechselwinkel sind einander gleich. Unter dem S. zweier Kurven versteht man den Winkel, den die Tangenten im Schnittpunkt miteinander bilden.

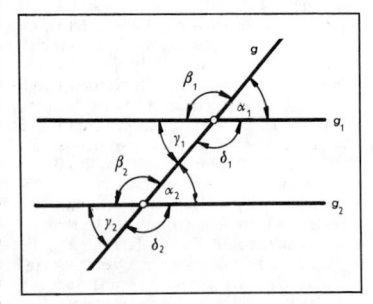

Schnittwinkel an Parallelen

Schnitzaltar, in der Spätzeit des 15. und am Beginn des 16. Jh. häufige Form des ↑Flügelaltars, v. a. in der Kunst; bed. Schnitzaltäre von M. Pacher, G. Erhart, V. Stoß, T. Riemenschneider und vom Meister H. L.

Schnitzel, Fleischscheibe aus [Nieren]-rückenstück oder Schlegel (Keule), paniert zubereitet (gebraten); z. B. *Wiener S.* vom Kalb) oder natur.

Schnitzelbank, Fastnachtsbrauch: Auf Bildtafeln dargestellte örtl. Vorfälle oder polit. Ereignisse werden auf einem Umzug in satir., nach bekannten Melodien gesungenen Versen erklärt.

Schnitzeljagd (Fuchsjagd), Form der Reitjagd, bei der die Teilnehmer eine aus Papierschnitzeln bestehende Spur verfolgen müssen, die von einem Reiter vorher ausgelegt wurde.

Schnitzer, Eduard ↑ Emin Pascha, Mehmed.

Schnitzler, Arthur, * Wien 15. Mai 1862, † ebd. 21. Okt. 1931, östr. Schriftsteller. - Einer der meistgespielten deutschsprachigen Dramatiker vor 1914; urspr. Arzt; gehörte zum Kreis „Junges Wien"; Bekanntschaft mit S. Freud, dessen psychoanalyt. Methode er literarisierte. Bed. Kritiker des Österreich um 1900, seiner dekadenten Gesellschaft, des überkommenen Ehrbegriffs und der verlogenen Sexualmoral. Die skept. Analyse von Impressionismus und sozialem Rollenzwang deckt im differenzierenden Konversationsloser Szenen oder im inneren Monolog (u. a. in den Novellen „Leutnant Gustl", 1901; „Fräulein Else", 1924) Entfremdung, Morbidität und Antisemitismus auf. - *Weitere Werke:* Der grüne Kakadu (Dr., 1899), Reigen (Dialogszenen, 1903), Der Weg ins Freie (R., 1908), Professor Bernhardi (Kom., 1912), Traumnovelle (1926), Spiel im Morgengrauen (Nov., 1927), Therese (R., 1928), Über Krieg und Frieden (Schriften, hg. 1939), Zug der Schatten (Dramenfragment, hg. 1970).

S., Heinrich, * Hinterbrühl (bei Wien) 9. Aug. 1902, † Wien 14. Juli 1982, östr. Regisseur. - Sohn von Arthur S.; 1924–32 als Schauspieler unter L. Jessner und E. Legal tätig; dann Dramaturg und Regisseur am Wiener Volkstheater (1932–38). 1938–56 im Exil in den USA; wesentl. an der Herausgabe des Nachlasses von Arthur S. beteiligt.

S., Karl Eduard von, * Berlin 28. April 1918, dt. Journalist. - 1946 Mitbegr. des NWDR in Köln, Leiter der polit. Abteilung und stellv. Intendant, 1947 entlassen; wurde 1948 Mitarbeiter des Berliner Rundfunks und SED-Mgl.; seit 1952 Leiter der Kommentatorengruppe des Staatl. Rundfunkkomitees der DDR; seit 1969 stellv. Vors. des Staatl. Komitees für Fernsehen.

Schnorchel [eigtl. „Mund, Nase"], 1. ein- und ausfahrbares und mit Schwimmerventil ausgerüstetes Rohr zum Ansaugen von Frischluft für die Dieselmotoren von Unterseebooten bzw. tauchfähigen Panzern bei Unterwasserfahrt in geringer Tiefe; 2. mit einem Rückschlagventil versehenes Rohr mit Mundstück zum Ansaugen von Atemluft beim Tauchen ohne Gerät.

Schnorr von Carolsfeld, Julius, * Leipzig 26. März 1794, † Dresden 24. Mai 1872, dt. Maler und Zeichner. - Schüler seines Vaters Hans Veit Friedrich S. v. C. (* 1764, † 1841); ab 1811 in Wien, beeinflußt v. a. von J. A. Koch; ging 1817 nach Italien und schloß sich 1818 in Rom den Nazarenern an; 1827 Prof. an der Akad. in München, 1846 in Dresden, wo er auch Galeriedirektor wurde. Während in seinen Frühwerken (Landschaften, religiöse Bilder, Bildnisse) eine beseelte Grundstimmung vorherrscht, überwiegt in dem Nibelungenzyklus in der Münchner Residenz

Arp Schnitger, Orgel von Sankt Jacobi in Hamburg (1689–93)

(1831–67) ein theatral. Pathos; bed. seine 240 Holzschnitte zur Bibel (1853–60).

Schnüffelstoffe, Bez. für die als

Julius Schnorr von Carolsfeld, Knabe mit Schalmei (Federzeichnung; 1822). Hamburg, Kunsthalle

Schnulze

Rauschgifte mißbrauchten, leicht flüchtigen Stoffe (u. a. Verdünnungsmittel für Farben, Klebstoffe, Haarsprays, Aceton und Äther), durch deren Inhalation („Schnüffeln") Rauschzustände hervorgerufen werden. S. können, ebenso wie Rauschgifte, zu einer psych. Abhängigkeit führen, außerdem zu Leber- und Knochenmarksschädigungen, Nervenlähmungen und Hirnerkrankungen.

Schnulze, gemeinsprachl. Bez. (seit um 1950) für ein rührseliges Kino-, Theaterstück und für einen sentimentalen Schlager.

Schnupfen (Nasenkatarrh, Nasenschleimhautentzündung, Koryza, Coryza, Rhinitis), als *akuter S.* eine durch Viren verursachte katarrhal. Infektion der Nasenschleimhäute mit anfangs wässeriger, später schleimiger Überproduktion der Schleimdrüsen. Durch das damit verbundene Anschwellen der Schleimhäute kommt es zur „verstopften Nase". Nach etwa 5 bis 10 Tagen klingt der S. in den meisten Fällen spontan (unter erneuter wässeriger Schleimproduktion) ab; Übertragung v. a. durch Tröpfcheninfektion.

Schnupftabak, die Nasenschleimhäute reizendes Tabakpulver; der nach einer Lagerzeit von 4–7 Jahren ausgereifte Tabak (u. a. Virginia, Kentucky) wird zerrieben und fermentiert („gesoßt").

Schnurbaum, (Kordon) Spalierobstbaum (v. a. bei Kernobst, der als senkrecht, schräg aufwärts oder waagerecht wachsender, 2–3 m langer Leittrieb gezogen ist. Das Fruchtholz sitzt hierbei dem Leittrieb unmittelbar an.

◆ (Sophora) Gatt. der Hülsenfrüchtler mit rd. 60 Arten in den gemäßigten und trop. Gebieten Asiens und N-Amerikas; sommer- oder immergrüne Bäume oder Sträucher mit wechselständigen, unpaarig gefiederten Blättern und in Trauben oder Rispen angeordneten Blüten; Frucht eine fleischige Hülse.

Schnürboden, ebene Fläche, auf der Holzteile in natürl. Größe aufgezeichnet und zugeschnitten werden; auf einer Werft (bzw. deren Fußboden), in der der Linienriß des zu bauenden Schiffes aufgezeichnet wird.

◆ Raum über der Bühne für die Obermaschinerie zur Bedienung der Zugseile für Kulissen und Prospekte.

Schnüren, wm. Bez. für das Traben v. a. von Fuchs und Wolf (weniger ausgeprägt bei Luchs, Katze und Hund), wobei die Hinterpfoten in die Tritte der Vorderpfoten gesetzt werden. Die Tritte der Spur bzw. Fährte erscheinen (meist nicht ganz exakt) wie an einer Schnur hintereinander aufgereiht.

Schnurfüßer (Julidae), rd. 8 000 Arten umfassende Fam. bis 6 cm langer, drehrunder, langgestreckter Tausendfüßer (Unterklasse ↑ Doppelfüßer), v. a. auf der nördl. Halbkugel; mit 30 bis über 70 Körperringen, z. T. stark gepanzert; ernähren sich von modernen Pflanzenstoffen, einige Arten schädigen Kulturpflanzen (häufig in Gewächshäusern); etwa 50 einheim. Arten, u. a. **Sandschnurfüßer** (Schizophyllum sabulosum; bis 4,5 cm lang, glänzend dunkelbraun bis schwarz).

schnurkeramische Kultur, nach der mit Abdrücken von gedrillten Schnüren verzierten Keramik ben. endneolith. Kulturgruppe (2. Hälfte des 3. Jt. v. Chr.), in regionaler Sonderausprägung vom Rhein bis zum Bug verbreitet; kennzeichnend: Amphoren, Becher, Schalen sowie Streitäxte und Keulen aus Felsgestein, Kupfergeräte und Kupferschmuck sowie Schmuckketten aus Zähnen von Hundeartigen, zunehmende Belege für intensiven Ackerbau (mit Viehzucht); löste in ihrem Verbreitungsgebiet zwar die Megalithkulturen ab, scheint in Mitteldeutschland aber auf der Grundlage der Trichterbecherkultur entstanden zu sein; verwandte Gruppen sind die Einzelgrab-, Bootaxt-, Fatjanowokultur.

Schnurrbart ([v. a. schweizer.] Schnauz), Bart über der Oberlippe, u. a. neben dem *engl. S.* der schmale ↑ Menjoubart und der wenig gestutzte *Schnauzbart* (Schnauzer).

Schnurre, Wolfdietrich, * Frankfurt am Main 22. Aug. 1920, dt. Schriftsteller. - Mitbegr. der „Gruppe 47"; verfaßt Kurzgeschichten, Romane, Lyrik, Essays, Hör- und Fernsehspiele; gestaltet moralist.-zeitkrit., auch satir.-iron. aktuelle Stoffe und Probleme der Kriegs- und Nachkriegszeit; Georg-Büchner-Preis 1983. - *Werke:* Die Rohrdommel ruft jeden Tag (En., 1950), Sternstaub und Sänfte (En., 1953, 1962 u. d. T. Die Aufzeichnungen des Pudels Ali), Als Vaters Bart noch rot war (R., 1958), Funke im Reisig (En., 1963), Richard kehrt zurück (Kurzroman, 1970), Ich brauche dich (En., 1976), Der Schattenfotograf (Aufzeichnungen, 1978), Kassiber und neue Gedichte (1979), Ein Unglücksfall (R., 1980), Gelernt ist gelernt (Prosa, 1984). - † 9. Juni 1989.

Schnurrhaare (Spürhaare), im Querschnitt runde, kräftige, seitl. lang abstehende Tasthaare im Schnauzenbereich von Raubtieren (z. B. Katzen und Mardern). Die Distanz zw. den Haarspitzen der rechten und der linken Kopfseite entspricht etwa dem größten Körperdurchmesser der Tiere, was ein Aufspüren von Durchschlupflücken, z. B. im Gesträuch bei Dunkelheit, bes. erleichtert.

Schnurwürmer (Nemertini), den Plattwürmern nahestehender Tierstamm mit rd. 800 sehr dünnen, schnurförmigen, seltener bandartig abgeflachten Arten von wenigen cm bis 30 m Länge (längstes wirbelloses Tier: *Lineus longissimus*); meist auffällig gefärbte oder gemusterte, vorwiegend an Meeresküsten, seltener in Süßgewässern oder in feuchter Erde lebende Tiere, deren Blutgefäßsystem (im Unterschied zu den Plattwürmern) geschlossen ist; Vorderende mit langem, ausstülpbarem Rüssel. S. ernähren sich räuber. von Wassertieren, die ausgesaugt oder ganz verschlungen werden.

Schober, Johannes, * Perg 14. Nov. 1874, † Baden bei Wien 19. Aug. 1932, östr. Politiker. - 1918–21 und 1922–29 Polizeipräs. von Wien; 1921/22 Bundeskanzler und Außenmin. (parteilos); 1927 verantwortl. für die blutige Unterdrückung der Arbeiterunruhen in Wien; erneut Bundeskanzler 1929/30; ab 1930 als Führer des *S.blocks* (Großdt. Volkspartei und Landbund) im Nationalrat und als Vizekanzler sowie Außenmin. (bis 1932) erfolglos um eine dt.-östr. Zollunion bemüht.

Schober (Feime, Miete), in der Landw. ein im Freien aufgerichteter Haufen aus Getreide, Stroh oder Heu; zum Schutz gegen Nässe häufig mit einem Stroh- oder Bretterdach abgedeckt.

Schoberpaß, Talwasserscheide zw. Palten (Nebenfluß der Enns) und Liesing (Nebenfluß der Mur) (Steiermark), 849 m ü. d. M.

Schobert, Johann (Jean), * in Schlesien (?) oder Nürnberg (?) um 1740, † Paris 28. Aug. 1767, dt. Komponist und Pianist. - Kammercembalist des Prinzen Conti in Paris; bed. Komponist der Frühklassik, von dem u. a. der junge Mozart beeinflußt wurde; komponierte 6 Klavierkonzerte sowie Kammermusik (u. a. mit obligatem Klavier).

Schoch, Johannes (Hans), * Königsbach (= Königsbach-Stein im Enzkreis) um 1550, † Straßburg 1631, dt. Baumeister. - 1590–97 in Straßburg; 1601–19 kurpfälz. Hofbaumeister; schuf mit der Schauseite des Friedrichsbaus des Heidelberger Schlosses (1601–04) ein bed. Beispiel der manierist. Baukunst der dt. Spätrenaissance.

Schock, Rudolf, * Duisburg 4. Sept. 1915, † Düren 13. Nov. 1986, dt. Sänger (Tenor). - Seit 1943 als Opern- und Operettensänger erfolgreich.

Schock [zu mittelhochdt. schoc, eigtl. „Haufen"], altes dt. Zählmaß; 60 Stück.

Schock [zu frz. choc „Stoß, Schlag, Erschütterung"], *physiopsych.* Zustand nach plötzl. auftretenden, unerwarteten und katastrophenartigen Ereignissen, der mit Orientierungsverlust, Fassungslosigkeit, starker Erregung oder Erstarrung einhergeht und (einschl. begleitender Körpersymptome wie fahle Blässe, Schweißausbruch, Kreislaufstörungen u. a.) normalerweise nur kurze Zeit andauert; kann jedoch auch Ausgangspunkt für eine traumat. Neurosenentwicklung sein.
◆ (Elektro-S.) ↑ Elektrokrampftherapie.
◆ ↑ Insulinschock.
◆ ↑ Kreislaufschock.

Schockbehandlung (Schocktherapie), in der Medizin: 1. Behandlungsmaßnahmen zur Behebung eines ↑ Kreislaufschocks; 2. psychiatr. Behandlungsmethoden zur Erzeugung eines Krampfzustandes (↑ Elektrokrampftherapie, ↑ Insulinschock).

Schocker (Schokker), einmastiges, flachgehendes Segelboot, früher mit eingebautem, wasserdurchflutetem Fischkasten als Fischerboot, heute als Segeljacht benutzt.

Schodschi (Shoji) [jap.] ↑ Fusuma.

Schoeck [ʃœk], Helmut, * Graz 3. Juli 1922, östr. Soziologe. - 1950–65 Prof. an verschiedenen amerikan. Univ., seit 1965 in Mainz; Hauptarbeitsgebiete: vergleichende Forschung sozialen Verhaltens, Sozialpsychiatrie, Sozialpsychologie; trat besonders durch seine allg. soziale Theorie des ↑ Neids hervor.

S., Othmar, * Brunnen (Kt. Schwyz) 1. Sept. 1886, † Zürich 8. März 1957, schweizer. Komponist und Dirigent. - Schüler u. a. von M. Reger, Dirigent in Zürich und Sankt Gallen. Außer mit Opern (u. a. „Penthesilea", nach H. von Kleist, 1927; „Das Schloß Dürande", 1943) und der dramat. Kantate „Vom Fischer un syner Fru" (1930) wurde S. v. a. durch sein umfangreiches, romant. bestimmtes Liedschaffen (mehr als 400 Lieder und Liederzyklen) bekannt; daneben Chorwerke, Orchester-, Kammer- und Klaviermusik.

Schoedsack, Ernest Beaumont [engl. ˈʃoʊdsæk], * Council Bluff 8. Juni 1893, amerikan. Filmregisseur. - Urspr. Dokumentarist unter dem Einfluß von R. Flaherty („Nanook aus dem Norden", 1922); Mitregisseur bei „King Kong" (1933). - *Weitere Filme:* Graf Zaroff - Genie des Bösen (1932), Der Untergang von Pompeji (1935), Panik um King Kong (1949). - † 23. Dez. 1979.

Schoenaich, Paul Freiherr von [ˈʃøːnaɪç], eigtl. P. Frhr. von Hoverbeck gen. von S., * Klein Tromnau (Kreis Rosenberg in Westpr.) 16. Febr. 1866, † Reinfeld (Holstein) 7. Jan. 1954, dt. General und Pazifist. - Diente in Heer, Marine und im preuß. Kriegsministerium, 1920 verabschiedet; trat für Kriegsdienstverweigerung ein; 1929–33 Präs. der Dt. Friedensgesellschaft, 1946 ihr Neugründer und Ehrenpräsident.

Schoenflies, Arthur [ˈʃøːnfliːs], * Landsberg (Warthe) 17. April 1853, † Frankfurt am Main 27. Mai 1928, dt. Mathematiker und Kristallograph. - Prof. in Göttingen, Königsberg und Frankfurt; Arbeiten zur synthet. Geometrie und zur Mengenlehre. S. führte 1891 die nach ihm benz. Symbole (**Schoenflies-Symbole**) ein, zur Bez. der 32 Kristallklassen bzw. Punktgruppen und der 230 verschiedenen Raumgruppen.

Schoenheimer, Rudolf [ˈʃøːnhaɪmər], * Berlin 10. Mai 1898, † New York 11. Sept. 1941 (Selbstmord), dt.-amerikan. Biochemiker. - Prof. in New York; führte die Isotopenmarkierung (Indikatormethode) in die biochem. Forschung ein.

Schoenlein, Johann Lukas [ˈʃøːnlaɪn] ↑ Schönlein, Johann Lukas.

Schoeps, Hans-Joachim [ʃœps], * Berlin 30. Jan. 1909, † Erlangen 8. Juli 1980, dt. Histo-

Schoetensack

riker und Religionsgeschichtler. - Seit 1947 Prof. für Religions- und Geistesgeschichte in Erlangen; konservativer Publizist und Verteidiger preuß. Tradition; zahlr. Arbeiten zur jüd. Religionsgeschichte.

Schoetensack, Otto [ˈʃoːtən...], * Stendal 12. Juli 1850, † Ospedaletti (Prov. Imperia, Italien) 23. Dez. 1912, dt. Prähistoriker und Anthropologe. - Beschrieb 1908 den in Mauer bei Heidelberg entdeckten Unterkiefer des Homo heidelbergensis.

Schofar [hebr.], bei den Juden mundstückloses Horn (meist Widderhorn), das etwa drei Töne ergibt; heute noch in der Synagoge gebräuchlich.

schofel [hebr.-jidd.], aus der Gaunersprache stammende, abwertende Kennzeichnung für schlecht, schäbig, schändlich.

Schöffe [zu althochdt. sceffino, eigtl. „der (An)ordnende"], Bez. für sämtl. ↑ehrenamtlichen Richter in der Strafgerichtsbarkeit. S. wirken in Strafverfahren bei den Amts-, Land- und Jugendgerichten (↑ordentliche Gerichtsbarkeit [Graphik]) in der Hauptverhandlung mit. Sie haben volle richterl. Unabhängigkeit und gleiches Stimmrecht wie die Berufsrichter. Das Amt des S. ist ein Ehrenamt, das nur von Deutschen versehen werden kann und angenommen werden muß, falls keine Hinderungs- und Ablehnungsgründe vorliegen. Die S. werden auf 4 Jahre durch den beim Amtsgericht gebildeten S.wahlausschuß auf Grund von Vorschlagslisten der Gemeinden (die Jugend-S. auf Vorschlag des Jugendwohlfahrtsausschusses) gewählt. Als **Schöffengericht** wird bei den ↑Amtsgerichten gebildete Spruchkörper bezeichnet, der im Ggs. zum ↑Einzelrichter durch einen Berufsrichter als Vorsitzenden und zwei S. entscheidet.

In *Österreich* ist die Mitwirkung von S. bei bestimmten Delikten sowie bei Strafverfahren, die eine Freiheitsstrafe von mehr als 10 Jahren erwarten lassen, vorgesehen. Die Berufung zum S. wird durch das Geschworenen- und S.listengesetz geregelt. S.gerichte gehören zu den Gerichtshöfen 1. Instanz.

In der *Schweiz* wird der Begriff nur z. T. für Laienrichter im kantonalen Bereich gebraucht.

Schöffer, Nicolas [frz. ʃɛˈfɛːr], * Kalocsa (Ungarn) 6. Sept. 1912, frz. Objekt- und Lichtkünstler ungar. Herkunft. - Macht große nächtl. Lichtspiele und -architekturen, u. a. in New York, Moskau, Paris.

S., Peter, d. Ä. [ˈ--], latinisiert Opilio, * Gernsheim, † Mainz zw. 20. Dez. 1502 und 8. April 1503, dt. Inkunabeldrucker. - Wohl seit 1452 in Mainz Druckgeselle bei J. Gutenberg; ab 1455/56 Zusammenarbeit mit J. Fust. Bed. Typenschöpfer, pflegte den Farbdruck; erstes Druckersignet (zus. mit J. Fust, 1462).

Schogun [jap.], in Japan urspr. Bez. für den im Kriegsfall ernannten Heerführer; als Amtstitel erstmals 794 verliehen, 1867 abgeschafft. Das **Schogunat** war urspr. die Bez. für den Ort einer Militärverwaltung, ab 1192 Bez. für die Reg. des Schoguns. - ↑auch Japan (Geschichte).

Schokolade [vermutl. span.-niederl., zu aztek. chocolatl „Kakaotrank"], Nahrungs- und Genußmittel, das aus Kakaomasse (↑Kakao), Zucker, Kakaobutter, Milchprodukten wie Kondensmilch und Milchpulver sowie Aromastoffen wie Vanille oder Zimt besteht (bei *weißer S.* ohne Zugabe von Kakaomasse) und z. T. auch Zusätze wie Nüsse, Rosinen, Alkohol u. a. enthält. S. kommt meist in Tafelform, daneben auch geraspelt in den Handel. Als Getränk wird S. geschmolzen, mit Milch aufgekocht und mit Schlagsahne serviert. - Bei der Herstellung der S. werden die Bestandteile zunächst in einem Melangeur (einer Art Zerkleinerungsmaschine) gemischt und

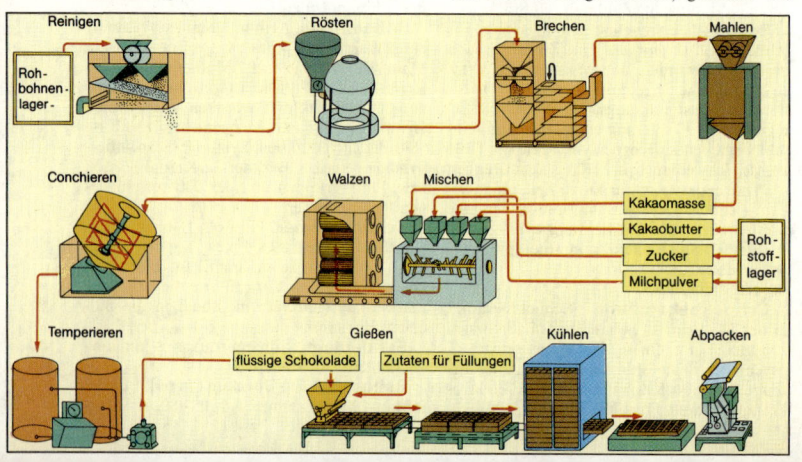

Schokolade. Schema der Herstellung

danach in Walzwerken fein verrieben. Anschließend läßt man die noch trockene, ungebundene Masse etwa 24 Stunden bei 25–50 °C reifen, wobei sie eine teigige Konsistenz erhält; sie läßt sich danach direkt für einfache S.erzeugnisse und als Koch-S. verwenden. Die für Schmelz-S. vorgesehenen Massen werden dagegen in sog. Conchen mit steinernen oder gußeisernen Rollen 24 Stunden, z. T. auch mehrere Tage lang bei 60–85 °C weiter verrieben, wodurch die geschmackl. unterschiedl. Teilchen intensiv vermischt und emulgiert werden *(Conchieren)*. Zuletzt wird die S.masse auf 27–29 °C temperiert und in vorgewärmten Formen zu Tafeln vergossen.

Schokzen, Volksgruppe in S-Ungarn, Nachkommen der im 17. Jh. vor den Osmanen geflüchteten Serben.

Schola cantorum ['sçoːla; 'ʃoːla; griech.-lat./lat. „Sängerschule"] (Schola), Bez. für den seit dem 7. Jh. nachweisbaren und bis in das 14. Jh. bestehenden Sängerchor am päpstl. Hof in Rom, vorbildl. für die frühen ↑Kantoreien des MA. - Später Name von Konservatorien, u. a. in Paris (gegr. 1896 von V. d'Indy, F. A. Guilmant und C. Bordes) und Basel (gegr. 1933 von P. Sacher).

Scholar [griech.-lat.], im MA [fahrender] Schüler, Student.

Scholastik [griech.-lat.], Sammelbez. für die Wiss. des lat. MA seit dem 9. Jh., v. a. aber für Philosophie und Theologie. Man unterscheidet Früh-, Hoch- und Spätscholastik. Charakterist. für die gesamte S. sind ihre Theologieabhängigkeit, ihre Text-, Autoritäts- und Schulgebundenheit. Infolgedessen sind auch in allen Epochen der S. Zielsetzung und Methode mehr oder weniger konstant. Da in der Theologie die [Glaubens]wahrheit bereits vorliegt, *ist Ziel* der S. nicht die Wahrheitsfindung, sondern die rationale Begründung, Deutung, Systematisierung und Verteidigung der Wahrheit. Die *scholast. Methode* wurde maßgebend von P. Abälard entwickelt: Zu einem Problem werden alle verfügbaren Argumente „pro et contra" (für und wider) bzw. - in Anlehnung an den Titel einer Schrift Abälards - „sic et non" (ja und nein) zusammengetragen, um bestätigend auf die bereits bekannte Glaubenswahrheit zurückzuführen. - Die beiden, z. T. heftig umstrittenen, inhaltl. Hauptprobleme der **Frühscholastik** (9.–12. Jh.) sind das Problem der Dialektik und das der Universalien. In der Frage der Dialektik, ob die Vernunft (ratio) über die Wahrheit zu entscheiden habe (z. B. Berengar von Tours) oder die [kirchl.] Autorität (Petrus Damiani), findet Anselm von Canterbury mit seiner Formel ↑Credo, ut intelligam („ich glaube, damit ich verstehe") eine vermittelnde Lösung. - Im ↑Universalienstreit (sind Allgemeinbegriffe nur „Laute" [„flatus vocis"] oder phys. Dinge?) setzt sich schließl. ein gemäßigter Realismus durch, der den Begriffen insofern Realität zuerkennt, als sie Gottes Gedanken sind, nach denen die Dinge geschaffen sind. - In der **Hochscholastik** (13. bis frühes 14. Jh.) ändern sich Theologie-, Autoritäts- und Schulgebundenheit: 1. Die Textgrundlage der S. erweitert sich; neben den log. sind jetzt auch die naturwiss. Schriften des Aristoteles (↑auch Aristotelismus) und Schriften der arab. und jüd. Gelehrten (z. B. Averroes und Avicenna) bekannt. 2. Durch Gründung neuer Univ. wird der Lehrbetrieb der Gesellschaft geöffnet. 3. Die in das wiss. Leben eintretenden Franziskaner und Dominikaner lehren nicht nur in ihren Klöstern, sondern „in der Welt". Diese drei Faktoren stellen die S. vor die ungewohnte Aufgabe, die neuen naturwiss. und philosoph. Ansätze mit den theolog. Dogmen in Einklang zu bringen. Dies wird auf drei Wegen versucht: Der erste ist der einer rationalist. Harmonisierung von Glauben und Wissen. V. a. ↑Thomas von Aquin versucht dies durch die Formulierung einiger Prinzipien, die über die reale Zusammensetzung der existierenden Dinge etwas aussagen sollen, sowie durch deren konsequente Anwendung auf Beschreibung und Systematisierung der Welt. - Der zweite Weg verbindet intuitionist. und empirist. Erkenntnistheorie (v. a. in der Schule von Oxford und in der Franziskanerschule). Die Bed. insbes. der jüngeren Franziskanerschule (Duns Scotus u. a.) liegt darin, daß ihre Erkenntnislehre (im Ggs. zu Thomas von Aquin) den Willen dem Denken überordnet, dadurch die Selbsttätigkeit des Denkens betont und somit die individuelle Wissensbildung aus der Abhängigkeit einer universalen Autorität befreit. - Der dritte Weg ist der eines skept. Verzichts auf Harmonisierung von Glauben und Wissen (bes. an der Pariser Univ.), der jedoch durch die Annahme einer ↑doppelten Wahrheit in Konflikt mit der Kirche gerät. - Die **Spätscholastik** (spätes 14. und 15. Jh.) bringt eine konservierende Verschulung der Systementwürfe der Hoch-S., v. a. von Thomas von Aquin im ↑Thomismus und von Duns Scotus im Scotismus, sowie die Ablösung des wiss. Denkens von den theolog. Prämissen v. a. durch Wilhelm von Ockham, dessen wiederformulierter Nominalismus sowohl eine theologie- und metaphysikkrit. als auch eine die empir. Naturforschung vorantreibende Argumentationsrichtung einschlägt (↑auch Via moderna). - Mit dieser Befreiung aus dem Primat der Theologie bildet die Spät-S. einen Übergang zu Renaissance und Neuzeit. Die theologiegebundene Philosophie (Philosophie als „ancilla" [Magd] der Theologie) blieb jedoch in der kath. Schultheologie bis in die jüngste Zeit wirksam.

 Grabmann, M.: Mittelalterl. Geistesleben. Mchn. 1926–56. Nachdr. Hildesheim ²*1985. 3 Bde. - Vries, J. de: Grundbegriffe der S. Darmst.* ²*1983. - Piltz, A.: Die gelehrte Welt des*

MA. dt. Übers. Köln 1982. - *Anzenbacher, A.: Analogie u. Systemgesch. Mchn. 1978. - Seifert, A.: Logik zw. S. u. Humanismus. Mchn. 1978. - Pieper, J.: S. Mchn. 1978. - Aktualität der S. Hg. v. J. Ratzinger. Regensburg 1975. - Van Steenberghen, F.: Introduction à l'étude de la philosophie médiévale. Löwen; Paris 1974. - Copleston, F. C.: A history of medieval philosophy. Scranton (Pa.) 1972.*

Schọlczer, Thomas [...tsər] ↑Stoltzer, Thomas.

Schọlem, Gershom (Gerhard), *Berlin 5. Dez. 1897, †Jerusalem 20. Febr. 1982, jüd. Religionshistoriker. - Sein Hauptverdienst ist die grundlegende wiss. Bearbeitung der jüd. Mystik und sein Einsatz für ein besseres Verständnis der jüd. Geisteswelt; seit 1968 Präs. der Israel. Akad. der Wissenschaft. - *Werke:* Die jüd. Mystik in ihren Hauptströmungen (1967), Judaica (3 Bde. 1968–73, Bd. 4 hg. 1983), Von der myst. Gestalt der Gottheit (1977).

Schọlem Aleichem, eigtl. Schalom Rabinowitsch, *Perejaslaw (= Perejaslaw-Chmelnizki) 2. März 1859, † New York 13. Mai 1916, jidd. Schriftsteller. - Behandelt in Romanen und Erzählungen die Welt der osteurop. Juden, wobei humorist. Züge vorherrschen, welche die Schilderung sozialer Notstände abmildern. - *Werke:* Die Geschichte Tewjes des Milchhändlers (R., 1894, 1961 u. d. T. Tewje, der Milchmann; danach das Musical Anatevka, 1964), Aus dem nahen Osten (Novellen, dt. Auswahl 1914).

Schọlien [griech.], schulmäßige, kurze kommentierende Erklärung von sprachl. schwierigen Wendungen oder histor.-fakt. Kommentierung einzelner Textstellen. Die v. a. in der griech. und röm. Antike verwendeten S. unterscheiden sich von den einfacheren Glossen durch mehr Informationen und von den durchgehenden, ausführl. Interpretationen dadurch, daß sie nicht als bes. Schrift verbreitet, sondern in die zu kommentierenden Texte eingefügt wurden.

Schọll, Hans, *Ingersheim (= Crailsheim) 22. Sept. 1918, †München 22. Febr. 1943 (hingerichtet), dt. Widerstandskämpfer. - Zunächst engagiertes Mitglied der HJ; mit seiner Schwester Sophie S. 1938 wegen bünd. Jugendarbeit verhaftet; Medizinstudent; als Sanitäter 1942 in der Sowjetunion; Kriegseindrücke und Einflüsse kath. NS-Gegner machten ihn zum Widerstandskämpfer; gründete an der Münchner Univ. die ↑Weiße Rose; bei einer Flugblattaktion mit seiner Schwester am 18. Febr. 1943 verhaftet; am 22. Febr. vom Volksgerichtshof zum Tode verurteilt.
S., Sophie, *Forchtenberg 9. Mai 1921, †München 22. Febr. 1943 (hingerichtet), dt. Widerstandskämpferin. - Mgl. des BDM; Biologie- und Philosophiestudium in München; schloß sich der von ihrem Bruder Hans S. gegr. ↑Weißen Rose an.

Scholle [zu althochdt. scolla, eigtl. „Abgespaltenes"], großes Boden- oder Eisstück.
♦ Land, Heimat[boden].
♦ in der *Geologie* an einer oder mehreren Seiten von tekton. Störungen begrenzter Teil der Erdkruste.

Schollen (Pleuronectidae), von der Arktis bis zur Antarktis verbreitete Fam. meerbewohnender Knochenfische (Ordnung ↑Plattfische) mit zahlr., etwa 25 cm bis weit über 2 m langen Arten; Augen fast stets auf der rechten Körperseite; z. T. wirtsch. sehr bed. Speisefische, z. B.: **Flunder** (Butt, Elbbutt, Sandbutt, Graubutt, Platichthys flesus), bis 45 cm lang, in Küstengewässern, Brackwasser und in die Flüsse aufsteigend, Körper oval, stark abgeplattet, oben olivgrün bis dunkelbraun, mit gelben Flecken, unten weiß; Grundfisch; **Goldbutt** (Scholle i. e. S., Pleuronectes platessa), 25–40 cm (selten bis 1 m) lang; an den Küsten SW- bis N-Europas (einschl. westl. Ostsee, auch um Island); oberseits mit orangeroten Flecken auf graubraunem Grund; **Heilbutt** (Riesenscholle, Hippoglossus hippoglossus), bis über 4 m lang (bis 300 kg schwer), im nördl. Atlantik und im N-Pazifik, oberseits graubraun bis schwärzl., Raubfisch; Grundfisch (in 50–2 000 m Tiefe); **Kliesche** (Pleuronectes limanda), 20–40 cm lang, v. a. in der Nordsee, hellgelb bis bräunl. oder grünl. mit dunkler Fleckung.

Schöllenen, Schlucht der Reuß zw. Andermatt und Göschenen, durch die die Sankt-Gotthard-Straße führt.

Schollengebirge ↑Gebirge (Geologie).

Schollenlava ↑Lava.

Schöllgen, Werner, *Düsseldorf 23. Sept. 1893, dt. kath. Moraltheologe. - Seit 1945 Prof. in Bonn; Forschungen zur philosoph., soziolog. und medizin.-biolog. Grundlegung der Moraltheologie; bed. Vertreter der sog. Grenzmoral.

Schöllkraut (Schellkraut, Schminkwurz[el], Chelidonium), Gatt. der Mohngewächse mit der einzigen Art **Großes Schöllkraut** (Chelidonium majus) auf Schuttstellen, Wegen, an Mauern und Zäunen in Eurasien und im Mittelmeergebiet: bis 1 m hohe Staude mit gelbem Milchsaft, grünen Stengeln und gefiederten Blättern (mit rundl., buchtigen oder gezähnten Blattabschnitten) und gelben, doldig angeordneten Blüten; Früchte schotenförmig, mit schwarzen Samen; wird wegen des im Kraut und in der Wurzel vorkommenden gelbroten, alkaloidhaltigen, giftigen Milchsafts vielfach in der Volksmedizin verwendet. - ↑auch Giftpflanzen (Übersicht).

Scholochow, Michail Alexandrowitsch [russ. 'ʃɔlexəf], *Kruschilin (Don) 24. Mai 1905, †Wjoschenskaja 21. Febr. 1984, russ.-sowjet. Schriftsteller. - Nahm mit 15 Jahren an Kämpfen gegen die Weißgardisten teil; seit 1932 Mitglied der KPdSU. In seinem [auch vertonten] Hauptwerk „Der stille

Don" (R., zw. 1928 und 1940 in 4 Teilen erschienen) schildert S. Leben und Schicksal der Donkosaken vor, während und nach der Revolution und im Bürgerkrieg. Der Roman „Neuland unterm Pflug" (Buch 1 1932, Buch 2 1959/60) behandelt die Kollektivierung im Donkosakengebiet. 1965 Nobelpreis für Literatur. - *Weitere Werke:* Geschichten vom Don (1925), Sie kämpften für die Heimat (R., 1943).

Scholz, Georg, *Wolfenbüttel 10. Okt. 1890, †Waldkirch (Landkr. Emmendingen) 27. Nov. 1945, dt. Maler und Graphiker. - Vertreter der Neuen Sachlichkeit; stellte z. T. ins Groteske verzerrt das Kleinbürgertum, auch die herrschende Klasse dar.

S., Hans, *Berlin 20. Febr. 1911, dt. Schriftsteller und Maler. - Schrieb Essays, Hör- und Fernsehspiele; seinen größten Erfolg hatte er mit dem Roman „Am grünen Strand der Spree" (1955). - †29. Nov. 1988.

S., Heinrich, *Berlin 17. Dez. 1884, †Münster 30. Dez. 1956, dt. ev. Theologe und Philosoph. - Prof. für Religionsphilosophie und systemat. Theologie in Breslau, Kiel und seit 1928 in Münster; Vertreter der Religionsphilosophie R. Ottos. Vertrat eine an Logik und Grundlagenforschung orientierte Philosophie, deren Grundannahmen sowohl auf die Metaphysik als auch auf die Geistesgeschichte übertragbar sein sollten. - *Werke:* Der Unsterblichkeitsgedanke als philosoph. Problem (1920), Religionsphilosophie (1921), Geschichte der Logik (1931), Mathemat. Logik (1952), Grundzüge der mathemat. Logik (hg. 1961), Mathesis Universalis (hg. 1961).

S., Wilhelm, *Berlin 23. Jan. 1824, †ebd. 20. Juni 1893, dt. Karikaturist. - Wichtigster Zeichner des ↑Kladderadatsch; bekannt v. a. durch seine Bismarck- und Napoleonkarikaturen.

S., Wilhelm von, *Berlin 15. Juli 1874, †Konstanz 29. Mai 1969, dt. Schriftsteller. - 1916–22 Dramaturg in Stuttgart. Das über 100 Titel umfassende Gesamtwerk ist in Form und Inhalt konservativen Positionen des Neuklassizismus und der Neuromantik bestimmt. Von konservativ-vaterländ. Gesinnung, suchte von S. im bewußten Ggs. zum Naturalismus die Erneuerung der Klassik; bevorzugte ma. und „german." Stoffe: „Der Jude von Konstanz" (Trag., 1905), „Zwischenreich" (En., 1922), „Perpetua" (R., 1926); auch Nachdichtungen, freie Bearbeitungen, Abhandlungen zur Dramentheorie.

Schomburgk, Hans [′ʃɔmbʊrk], *Hamburg 28. Okt. 1880, †Berlin 27. Juli 1967, dt. Afrikaforscher und Reiseschriftsteller. - Großneffe von Sir Robert Hermann S.; ging 1898 nach S-Afrika; machte zahlr. geograph., zoolog. und ethnograph. Entdeckungen und stellte die erste Karte von W-Liberia her.

S., Sir (seit 1844) Robert Hermann [engl. ′ʃɔmbɔːk], *Freyburg/Unstrut 5. Juni 1804, †Schöneberg (= Berlin) 11. März 1865, dt.-

Georg Scholz, Industriebauern (1920). Lithographie

brit. Forschungsreisender. - Erforschte 1835–44 im brit. Auftrag Brit.-Guayana geograph., botan. und zoolog. und legte die Grenze zu Venezuela fest (sog. *S.-Linie,* 1841–95 anerkannt).

schön, prädikative Bez. des Wohlgefallens an sinnl. wahrnehmbaren Gegenständen und Erscheinungen, in dem sich eine unmittelbare Bezogenheit des Urteilenden, doch frei von zweckgerichteten Interessen, ausspricht. Im wesentl. zeichnen sich in der Deutung des Schönen zwei Traditionen ab, deren philosoph. Grundkonzepte von der Antike bis in die Gegenwart fortleben. Platon definiert das Schöne als die im Sinnlichen aufscheinende Idee des Schönen. Der darstellenden Kunst als Nachahmung dieses Abbildes der Idee des Schönen kommt nur sekundäre Bedeutung neben dem Naturschönen zu. Diese Theorie bleibt unter Betonung der didakt. Funktion des Schönen im MA und im dt. Idealismus („ästhet. Erziehung") grundlegend. Die zweite Tradition beruft sich auf Aristoteles: Auch sie kennt Schönheit als ontolog. Kategorie, als Übereinstimmung mit dem Ideal, und beschreibt sie rational als Ordnung, Symmetrie und Abgrenzung; das Schöne wird dadurch Gegenstand ästhet. Beurteilung. Der Humanismus erklärt die Kunst als das Gestaltete zur eigtl. Domäne

Schön

des Schönen gegenüber dem Chaotischen der Natur. Die allg. Bestimmung des Schönen durch Leibniz als „Einheit in der Mannigfaltigkeit", als immanente Ordnung, wird von der strukturanalyt. Methode der modernen Kunstwiss. aufgenommen; die moderne Kunstpraxis jedoch widersetzt sich durch Verzicht auf Mannigfaltigkeit, durch Reduktion der ästhet. Struktur oder durch Verweigerung der Gestaltung oder Grenzüberschreitungen in Handlungsbereiche einer traditionellen Bestimmung als „schön".

📖 *Assunto, R.: Die Theorie des Schönen im MA. Dt. Übers. Köln 1982. - Grassi, E.: Die Theorie des Schönen in der Antike. Köln 1980. - „S.". Zur Diskussion eines umstrittenen Begriffs. Hg. v. Siegfried J. Schmidt. Mchn. 1976.*

Schön, Helmut, * Dresden 15. Sept. 1915, dt. Sportlehrer. - Spielte 1937–41 in der dt. Fußballnationalmannschaft (16 Einsätze); 1964–78 Bundestrainer des Dt. Fußballbundes; unter S. wurde die Nationalmannschaft der BR Deutschland 1966 Zweiter, 1970 Dritter der Fußballweltmeisterschaft, 1972 Europameister und 1974 Fußballweltmeister.

S., Theodor von (seit 1792), * Schreitlaugken (= Šereiklaukis, Litauische SSR) 20. Jan. 1773, † Arnau bei Königsberg (Pr) 23. Juli 1856, preuß. Reformer. - Schüler Kants; bis Ende 1808 der bedeutendste Mitarbeiter Steins, verfaßte dessen sog. „polit. Testament" im Entwurf. 1816 Oberpräs. der Prov. Westpreußen, 1824 der vereinigten Prov. Preußen. 1842 als Vorkämpfer liberaler Forderungen entlassen.

Schona, Bantuvolk in O-Simbabwe und im angrenzenden Moçambique, betreiben Feldbau und Viehzucht.

Schonauer, Ruth, dt. Schriftstellerin, ↑ Rehmann, Ruth.

Schönbach, Dieter, * Stolp (Pommern) 18. Febr. 1931, dt. Komponist und Regisseur. - Schüler von G. Bialas und W. Fortner; komponierte u. a. die Multimedia-Opern „Die Geschichte vom einem Feuer" (1968, Neufassung 1969; Text von E. Borchers) und „Hysteria" (1972; mit D. Wellershoff), die Multimedia-Show „Hymnus 2" (1972) anläßl. der Olymp. Spiele in München; daneben Orchesterwerke, Kammermusik, Vokalwerke.

Schönbären (Callimorphinae), in Europa, Afrika sowie in S- und O-Asien verbreitete Unterfam. meist prächtig gefärbter, am Tage fliegender Schmetterlinge (Fam. ↑ Bärenspinner) mit knapp 50 Arten; einheim. die beiden Arten **Schönbär** (Panaxia dominula; mit etwa 5 cm spannenden, grünschwarz glänzenden, weiß und gelb gefleckten Vorderflügeln sowie roten, schwarz gezeichneten Hinterflügeln) und **Russ. Bär** (Span. Fahne, Panaxia quadripunctaria; Flügelspannweite bis 6,5 cm; Vorderflügel grünschwarz mit gelbl. Schräg- und Querstreifen, Hinterflügel auf gelbroter Grundfärbung schwarz gefleckt).

Schönbein, Christian Friedrich, * Metzingen 18. Okt. 1799, † Baden-Baden 29. Aug. 1868, dt. Chemiker. - Prof. in Basel; erfand die Schießbaumwolle und Kollodiumwolle und entdeckte 1839 das Ozon.

Schönberg, Arnold, * Wien 13. Sept. 1874, † Los Angeles 13. Juli 1951, östr. Komponist. - S., einer der auch als Theoretiker und Lehrer einflußreichsten und bedeutendsten Komponisten des 20. Jh., begann im wesentl. als Autodidakt. 1901 in Berlin Kapellmeister von E. von Wolzogens Kabarett „Überbrettl"; ab 1903 Lehrtätigkeit in Wien (Schüler u. a. A. von Webern, A. Berg, E. Wellesz), 1911–15 in Berlin am Sternschen Konservatorium, ab 1917 wieder in Wien (neue Schüler waren u. a. H. Eisler, E. Ratz, J. Rufer, R. Serkin); 1925 Nachfolger F. Busonis an der Berliner Akad. der Künste. Emigrierte 1933 in die USA, lehrte 1936–44 an der University of California in Los Angeles. Ausgangspunkt für S. waren v. a. die Brahmssche Verallgemeinerung der klass. motiv.-themat. Arbeit sowie Wagners Musikkonzeption. Nach Frühwerken stehen in der ersten, durch reichentwickelte, expressive Harmonik gekennzeichneten Phase neben mehreren Liedzyklen das Streichsextett „Verklärte Nacht" op. 4 (1899), die sinfon. Dichtung „Pelleas und Melisande" op. 5 (1903). Höhepunkt und Abschluß dieser Phase sind die in Umfang und Besetzung überdimensionalen „Gurrelieder" für Soli, Chor und Orchester (1900–11; Text J. P. Jacobsen). An die Grenze der Tonalität rücken ihn die schulemachende 1. „Kammersymphonie" für 15 Soloinstrumente op. 9 (1906); überschritten wird sie stellenweise schon im 2. Streichquartett fis-Moll op. 10 (1907/08; mit Sopransolo), in den „Drei Klavierstücken" op. 11 (1909) und den 15 George-Liedern op. 15 (1908/09). In der Phase der „freien Atonalität" schrieb S. musikal. Miniaturen („Sechs kleine Klavierstücke" op. 19, 1911) und expressiv verdichtete, eindrucksvolle Werke, die sich auf Bildvorstellungen („Fünf Orchesterstücke" op. 16, 1909), Texte („Herzgewächse" op. 20, 1911; „Pierrot Lunaire" für Sprechstimme und 5 Instrumentalisten op. 21, 1912; „Vier Lieder für Gesang und Orchester" op. 22, 1913–16) oder Szene (Monodram „Erwartung" op. 17, 1909, Uraufführung 1924; Drama mit Musik „Die glückl. Hand", 1908–13, Uraufführung 1924) stützen. - Zur Organisation und Durchkonstruktion des musikal. Materials entwickelte S. nach 1918 die ↑ Zwölftontechnik. Vor (u. a. im unvollendeten Oratorium „Die Jakobsleiter", 1917) und Übergangsformen (u. a. in „Fünf Klavierstücke" op. 23, 1920–23; „Suite für Klavier" op. 25, 1921–23) wandte sie S. bewußt im „Quintett für Blasinstrumente" op. 26 (1923/24), dann in den großangelegten „Variationen für Orchester" op. 31 (1928) an. Sie liegt dann fast allen folgenden Werken,

u. a. der heiteren Oper „Von Heute auf Morgen" op. 32 (1928/29, Uraufführung 1930) zugrunde. Gerade im Exil griff S. aber gelegentl. auf Tonalität zurück, so in der 2. „Kammersymphonie" op. 38 (1906–39), „Thema und Variationen für Blasorchester" op. 43a (1943). Im Exil komponierte S. auch polit.-religiöse Bekenntniswerke (früher schon das Chorwerk „Friede auf Erden" op. 13; 1907; Text C. F. Meyer; die [unvollendete] Oper „Moses und Aron"; 1930–32): „Kol Nidre" op. 39 (1938), „Ode an Napoleon" op. 41 (1942; Text Byron), „Ein Überlebender aus Warschau" für Sprecher, Männerchor und Orchester op. 46 (1947). Schriften, u. a. „Harmonielehre" (1911), „Style and idea" (1950), „Structural functions of harmony" (1954).
ω *A. S. Hg. v. H.-K. Metzger u. R. Riehn. Mchn. 1980. - Thieme, U.: Studien zum Jugendwerk A. Schönbergs. Regensburg 1979. - Adorno, T. W.: Philosophie der neuen Musik. Ffm. 1978. - Pfisterer, M.: Studien zur Kompositionstechnik in den frühen atonalen Werken v. A. S. Neuhausen 1978. - Möllers, C.: Reihentechnik u. musikal. Gestalt bei A. S. Wsb. 1977. - Herausforderung S. Was die Musik des Jh. veränderte. Hg. v. U. Dibelius. Mchn. 1974. - Stuckenschmidt, H. H.: S. Leben, Umwelt, Werk. Zürich 1974. - Maegaard, J.: Studien zur Entwicklung des dodekaphonen Satzes bei A. S. Kopenhagen 1972. 2 Bde.*

Schönblatt (Calophyllum), Gatt. der Guttibaumgewächse mit rd. 80 Arten, v. a. in den Tropen der Alten Welt, nur wenige Arten im trop. Amerika; Bäume mit gegenständigen Blättern und in Trauben oder Rispen stehenden Blüten.

Schönborn, aus der Ministerialität aufgestiegenes Adelsgeschlecht, urspr. im Unterlahngebiet begütert; 1701 in den Reichsgrafenstand erhoben; stellte im 17./18. Jh. einige Mainzer Kurfürsten, Fürstbischöfe von Bamberg und Würzburg und von Speyer.

Schönbrunn, Schloß in Wien, erbaut nach Plänen von J. B. Fischer von Erlach (1695 ff.); für Kaiserin Maria Theresia 1744–49 umgebaut (N. F. Pacassi); im Park (um 1705/06) auf der Anhöhe der klassizist. Kolonnadenbau der Gloriette (1775 vollendet).

Schönbuch [...bu:x], Teil des Schwäb.-Fränk. Schichtstufenlandes, Naturpark südl. von Stuttgart, bis 583 m hoch.

Schönbusch ↑ Aschaffenburg.

Schönebeck, Landkr. im Bez. Magdeburg, DDR.

Schönebeck/Elbe, Krst. am linken Elbufer, Bez. Magdeburg, DDR, 51 m ü. d. M., 45 100 E. Verwaltungssitz des Landkr. Schönebeck; Kreismuseum. Traktoren-, Sprengstoff- und Dieselmotorenwerk, Heizkesselbau; Hafen; Solbad im Ortsteil Bad Salzelmen. - Aus den 3 überwiegend von Salzgewinnung und Salzhandel lebenden Siedlungen **Schönebeck, Frohse** und **Groß-Salze** (letzteres seit 1926 **Bad Salzelmen**) wurde 1932 die Stadt S./E. gebildet. - Frühgot. Stadtkirche (13., 18. und 19. Jh.).

Schöne Madonnen ↑ Mariendarstellungen.

Schönemann, Johann Friedrich, * Crossen (Oder) 21. Okt. 1704, † Schwerin 16. März 1782, dt. Theaterleiter. - Von 1730–39 Mgl. der Neuberschen Truppe, später Reisen mit eigenem Ensemble; zus. mit C. Ekhof kam S. Truppe zu einer realist. Spielweise; 1750–56 Hofkomödiendirektor in Schwerin.

S., Lilli, eigtl. Anna Elisabeth S., * Frankfurt am Main 23. Juni 1758, † Straßburg 6. Mai 1817, Verlobte Goethes. - Tochter eines Frankfurter Bankiers; von April bis Okt. 1775 mit Goethe verlobt; erscheint als „Lilli" in mehreren Gedichten Goethes sowie als „Stella" in seinem gleichnamigen Schauspiel (1776).

Schonen (schwed. Skåne), histor. Prov. in Südschweden. Der NO ist wie das angrenzende Småland ein von zahlr. Seen durchsetztes Nadelwaldgebiet, während der SW sich im Landschaftstyp Dänemark nähert. Hier wird der größte Teil des Bodens bewirtschaftet. Das Klima ist mild, die Niederschläge sind mäßig. Größte Städte sind Malmö, Helsingborg, Lund, Landskrona, Trelleborg und Kristianstad. - Gehörte im MA zu Dänemark; im 13./14. Jh. zw. Dänemark und Schweden umkämpft; 1658 schwedisch.

Zweimast-Gaffelschoner

Schoner (Schooner, Schuner) [engl.], Bez. für ein urspr. nur zweimastiges, später auch drei- bis siebenmastiges Segelschiff mit Gaffel- und Gaffeltoppsegeln (seit dem 17. Jh.). Man unterscheidet zw. dem *Gaffel-S.* mit vollständiger Gaffeltakelung, der zweimastigen *S.brigg* mit vollgetakeltem, d. h. mit Rahsegeln besetztem Fockmast und der entsprechend getakelten dreimastigen *S.bark,* dem zweimastigen *Rah-S.* mit 2 [oder 3] Rahsegeln am Fockmast über dem Gaffelfocksegel *(S.segel)* sowie dem *Toppsegel-* oder *Marssegel-S.* mit 2 oder 3 Rahtoppsegeln am Fockmast und an einem weiteren Mast. *S.jachten* sind

Dreimast-Toppsegelschoner

zwei- oder dreimastige Segeljachten mit reiner Gaffel- oder auch Hochtakelung, deren höchster Mast hinten steht.

Schönerer, Georg Ritter von (bis 1888), * Wien 17. Juli 1842, † Rosenau Schloß (Niederösterreich) 14. Dez. 1921, östr. Politiker. - Abg. des Reichsrates 1873–88; trat für den Anschluß Österreichs an das Dt. Reich ein und vertrat zunehmend einen rass. Antisemitismus. Nach seinem Überfall auf das liberale „Neue Wiener Tagblatt" 1888 wurde er zu Kerker, Verlust des Mandats und des Adelstitels verurteilt und verlor seine Führungsrolle in der deutschnat. Bewegung; 1897–1907 kehrte er in den Reichsrat zurück. Seine Ideen beeinflußten radikale bürgerl. und bäuerl. Bewegungen und v. a. A. Hitler.

Schöner Stil, svw. ↑ Weicher Stil.

Schönfeld, Johann Heinrich, * Biberach an der Riß 23. März 1609, † Augsburg 1684 (?), dt. Maler. - In Rom (etwa 1633–37/38) und in Neapel (bis etwa 1649) Auseinandersetzung mit der zeitgenöss. italien. Malerei des Barock. Seit 1652 lebte S. in Augsburg. Leicht und sicher gestaltete bibl. und mytholog. Bilder. - *Werke:* Der Triumph der Venus (Berlin-Dahlem), Der Triumph Davids (Karlsruhe, Staatl. Kunsthalle; beide frühe 1640er Jahre), Ecce homo (München, Bayer. Staatsgemäldesammlungen), Joseph bewirtet seine Brüder in Ägypten (gegen 1670; Prag, Národni Galerie), Altar (1669; Salzburg, Dom); bed. auch die Zeichnungen und Radierungen.

Schönfrucht (Callicarpa), Gatt. der Eisenkrautgewächse mit über 100 Arten in den Tropen und Subtropen (Asien, Australien und Amerika); immer- oder sommergrüne Bäume oder Sträucher mit gegenständigen, gezähnten Blättern; Blüten klein, in achselständigen Trugdolden; Früchte etwa erbsengroße Steinfrüchte mit zwei bis vier Samen; z. T. dekorative Ziersträucher.

Schongau, Stadt am Lech, Bay., 710 m ü. d. M., 10 600 E. Strumpffabrik, Elektroind., Apparatebau, Papier- und Holzverarbeitung. - Geht auf das zw. 1070 und 1080 erstmals erwähnte, seit dem 15. Jh. **Altstadt** gen.

Martin Schongauer, Maria im Rosenhag (1473). Colmar, Stiftskirche Sankt Martin

Dorf zurück; nach 1225 Anlage des heutigen S., im ausgehenden MA verkehrsgünstiger Handelsplatz mit Münzstätte und Stapelrecht an der Strecke Augsburg–Brenner. - Stadtpfarrkirche Mariä Himmelfahrt (17. und 18. Jh.), spätgot. ehem. Rathaus (im 19. Jh. verändert); Stadtmauer mit Wehrgängen und Türmen (15.–17. Jh.).

Schongauer, Martin, * Colmar wahrscheinl. um 1450, † ebd. 2. Febr. 1491, dt. Maler und Kupferstecher. - Sohn des aus Augsburg stammenden Goldschmieds Caspar S.; 1465 in Leipzig immatrikuliert. Lehre vermutl. bei einem oberrhein. Meister (K. Isenmann?). Als Maler ist S. in dem bed. Gemälde „Maria im Rosenhag" (1473; Colmar, St. Martin, z. Z. in der Dominikanerkirche) und dem Fresko des „Jüngsten Gerichts" im Breisacher Münster (1489) zu fassen. Darüber hinaus werden ihm der Orliac-Altar (Colmar, Unterlindenmuseum) und 6 kleine Marientafeln als eigenhändig (u. a. in den Museen in Basel, München, Berlin und Wien) zugeschrieben. Während er in seiner ästhet.-harmon. Malerei niederl. Einflüsse (v. a. Rogiers van der Weyden) verarbeitet, führt er als Kupferstecher eine oberrhein. Tradition in einem spannungsreichen Stil eigenständig fort; durch ihn wird der Kupferstich, bis dahin fast ausschließl. als Arbeitsvorlage gedacht, zum selbständigen Kunstwerk. In seinen 115

mit Monogramm versehenen Kupferstichen und seinen Zeichnungen entwickelt er eine immer größere Klarheit in Komposition und Ausdruck. Der Einfluß seiner Stiche (u. a. „Versuchung des hl. Antonius", „Große Kreuztragung", „Die Passion Christi", „Tod Mariä") läßt sich im ganzen westl. Europa bis weit ins 16. Jh. hinein nachweisen. Sie bilden die wesentl. Grundlage für Dürers graph. Schaffen.
    *Minott, C. I.: M. S. New York 1971. - Winzinger, F.: Die Zeichnungen M. Schongauers. Bln. 1962. - Flechsig, E.: M. S. Straßburg 1951.

Schönheitspflege, Pflege und Verschönerung des Körpers bzw. des Äußeren. Zunächst ist S. Gesunderhaltung von Haut († Hautpflege), Nägeln und Haar sowie das Schneiden und Legen einer Frisur und ggf. eines Bartes bzw. das Rasieren. Werden darüber hinausgehende Maßnahmen ergriffen, spricht man von **Kosmetik.** Sie umfaßt bes. in der Gesichtspflege Reinigen, Erfrischen und Nähren sowie das Cremes, Emulsionen und Lotionen sowie das Make-up mit Hilfe von Puder, † Schminke, † Lippenstift, Augen- und Wimperntusche und -stiften; in der Fuß- und Handpflege (Pediküre, Maniküre) das Lacken der Nägel, in der Haarpflege die Anwendung von † Haarfärbemitteln, in der Körperpflege die Bestrahlung mit Höhensonne u. a. - Zur S. i. w. S. gehören auch die Pflege des Körpers durch Bewegung und eine ausgewogene Ernährung.

Schönheitsreparaturen, bei der † Miete die Beseitigung der durch Nutzung der Mietsache entstandenen Abnutzungserscheinungen. Die Kosten für S. werden im allg. im Mietvertrag dem Mieter auferlegt; andernfalls sind sie vom Vermieter zu tragen.

Schönherr, Albrecht, * Katscher (Oberschlesien) 11. Sept. 1911, dt. ev. Theologe. - 1967 Berufung zum Verwalter des Bischofsamtes im Bereich der Regionalsynode Ost der Ev. Kirche in Berlin-Brandenburg; 1970 „persönl. Titel" eines Bischofs, 1973 bis Sept. 1981 Bischof von Berlin-Brandenburg und Vors. der Kirchenleitung des Bundes Ev. Kirchen in der DDR.

S., Karl, * Axams bei Innsbruck 24. Febr. 1867, † Wien 15. März 1943, östr. Dramatiker. - Schrieb Gedichte in Tiroler Mundart und Erzählungen sowie handlungsstarke [sozialkrit.] Dramen mit Themen aus Volkstum und Geschichte seiner Heimat („Der Weibsteufel", 1914; „Der Judas von Tirol", 1927). Neigte zu Heroisierung und völk. Romantisierung.

Schönjungfern (Prachtjungfern, Calopteryx), Gatt. bis 4 cm langer, etwa 7 cm spannender Kleinlibellen (Fam. Seejungfern) mit zwei einheim. Arten: **Blauflügelprachtlibelle** (Calopteryx virgo; bes. an rasch fließenden Bächen; Flügel der ♀♀ blau- oder grünschil- lernd, die der ♂♂ rauchbraun) und **Gebänderte Prachtlibelle** (Calopteryx splendens; v. a. an langsam fließenden Gewässern; Flügel der ♂♂ mit breiter blauer Binde, die der ♀♀ grünl. durchsichtig).

Schonklima, Klima, das durch mittlere Julitemperaturen von 19 bis 21 °C, geringe Tagestemperaturschwankungen sowie schwache Winde gekennzeichnet ist.

Schönlank, Bruno, * Berlin 31. Juli 1891, † Zürich 1. April 1965, dt. Schriftsteller. - Mitarbeiter sozialdemokrat. Zeitungen; 1933 Emigration in die Schweiz. Verf. von pazifist., antikapitalist. Gedichten („In diesen Nächten"), Romanen („Agnes", 1929) und Sprechchordichtungen wie „Erlösung" (1920), „Der Moloch" (1923), „Wir schaffen alle Hand in Hand" (1954).

Schönlein (Schoenlein), Johann Lukas (Lucas), * Bamberg 30. Nov. 1793, † ebd. 23. Jan. 1864, dt. Mediziner. - Prof. in Würzburg, 1833 aus polit. Gründen seines Amtes enthoben, seit 1840 in Berlin; einer der berühmtesten Kliniker seiner Zeit, führte anstelle des bis dahin übl. Lat. die dt. Sprache in die medizin. Vorlesung ein. Er begr. die sog. naturhistor. Schule der Medizin, wobei er die neuen diagnost. Methoden (Perkussion, Auskultation, Obduktion, Mikroskopie, Laboruntersuchung) zur Grundlage machte. Er klärte zahlr. Krankheitsbilder, erkannte den Charakter des Fiebers und prägte um 1830 den zusammenfassenden Begriff Tuberkulose; auch parasitolog. Forschungen.

Schönmalve (Samtmalve, Sammetmalve, Abutilon), Gatt. der Malvengewächse mit rd. 150 Arten in allen wärmeren Gebieten der Erde; Kräuter oder Sträucher mit meist herzförmigen, ganzen oder gelappten Blättern und verschiedenfarbigen, achselständigen Blüten.

Schönorchis (Calanthe), Gatt. erdbewohnender oder epiphyt. Orchideen mit etwa 150 Arten in den Tropen und Subtropen; Blüten verschiedenfarbig, Lippe zu einer trompetenförmigen Röhre verwachsen.

Schönschreibekunst, svw. † Kalligraphie.

Schönsperger, Johann (Hans), d. Ä., † Augsburg 1520, dt. Buchdrucker. - Trat seit 1481 in Augsburg mit Nachdrucken hervor (u. a. H. Schedels „Weltchronik"). Als Hofbuchdrucker Kaiser Maximilians I. ab 1508 druckte er 1512/13 dessen „Gebetbuch", 1517 (in Nürnberg) den „Theuerdank".

Schönstatt-Werk, 1914 von dem Pallottiner Josef Kentenich (* 1885, † 1968) gegr. Bewegung des kath. Laienapostolats mit Betreuung der Marienverehrung; ben. nach dem Sitz des Generalpräsidiums in Vallendar-Schönstatt; seit 1964 von den Pallottinern unabhängig. Das S.-W. ist heute weltweit verbreitet.

Schöntal, Gem. an der Jagst, Bad.-

Schonung

Württ., 210 m ü. d. M., 5 400 E. - Ehem. Zisterzienserabtei mit barocker Kirche und Abteigebäude nach Plan von J. L. Dientzenhofer (18. Jh.).

Schonung, gezielte (z. B. ärztl. verordnete), auch unbewußt-spontane Minderbelastung des Organismus oder einzelner Organe; v. a. bei chron. (schmerzhaften) Leiden und in der Rekonvaleszenz.

◆ junger und gehegter Waldbestand, der durch Tafeln oder Einfriedung gekennzeichnet und gesetzl. gegen willkürl. Störungen (auch gegen Wildverbiß) geschützt ist.

Schönwanzen (Calocoris), Gatt. 6–11 mm langer, oft bunt gezeichneter ↑Blindwanzen mit 14 mitteleurop. Arten, darunter die häufige, weitverbreitete, 6–8 mm lange **Norweg. Schönwanze** (Kartoffelwanze, Zweipunktige Grünwanze, Calocoris norvegicus; grün oder gelbgrün mit zwei schwarzen Punkten auf den Vorderrücken).

Schönwiese, Ernst, * Wien 6. Jan. 1905, östr. Schriftsteller. - 1954–70 Programmdirektor beim Östr. Rundfunk; 1972–78 Präs. des östr. PEN-Clubs. Schrieb Essays, Hörspiele, Erzählungen und myst. bestimmte, traditionsverbundene Lyrik, z. B. „Odysseus und der Alchimist" (1968).

Schonzeit (Hegezeit), wm. Bez. für den Zeitraum, in dem Jagd und Fang einzelner jagdbarer Tierarten gesetzl. verboten sind. Er umfaßt v. a. die Zeit, in der die Jungtiere geboren werden, und die Brutzeiten sowie die Zeit der Aufzucht, häufig auch die Paarungszeit und immer die winterl. Notzeit. Manche Wildarten sind ganzjährig geschont (↑auch Jagd- und Schonzeiten, Übersicht).

Schoof, Manfred, * Magdeburg 6. April 1936, dt. Jazzmusiker (Trompeter) und Komponist. - Gründete 1965 mit A. von Schlippenbach das erste dt. Ensemble des Free Jazz und trat später v. a. in der Kooperativgruppe „New Jazz Trio" sowie im „Globe Unity Orchestra" hervor. Als Komponist knüpft er an Gestaltungsprinzipien der neuen Musik an.

Schopenhauer, Arthur, * Danzig 22. Febr. 1788, † Frankfurt am Main 21. Sept. 1860, dt. Philosoph. - 1809 Studium v. a. der Naturwiss. und der Philosophie in Göttingen und 1811 in Berlin bei Fichte; prägender Einfluß im literar. Salon seiner Mutter Johanna S. in Weimar (Begegnung mit Goethe, Wieland, den Brüdern Schlegel u. a.); 1820 kurze und wenig erfolgreiche Lehrtätigkeit in Berlin; seit 1831 Privatgelehrter in Frankfurt am Main. - Bereits 1819 formuliert S. im Titel seines Hauptwerks programmat. seine Philosophie: „Die Welt als Wille und Vorstellung". Seine übrigen Werke sind hierzu Kommentar und Detailergänzung. Die Welt ist für S. (im Anschluß an Kant) „meine" Vorstellung, „von mir" abhängig, als Erscheinung bedingt durch die Anschauungsformen Raum und Zeit und

Arthur Schopenhauer (1859)

durch die Kategorie der Kausalität. Alles, was Objekt ist, kann dies nur in bezug auf ein Subjekt sein. Gerade deshalb aber kann die Welt nicht nur Vorstellung sein: Das Subjekt erkennt auf Grund der Tatsachen dieser seiner Welt die eigene Bedingtheit als Subjekt. Der Welt als Vorstellung muß also noch etwas als ↑Ding an sich zugrunde liegen. Jeder ist sich selbst in zweifacher Hinsicht gegeben, als „Leib" und als „Wille". Zw. Wille und Leib besteht kein Ursache-Wirkung-Verhältnis, da Willensakte und Leibesveränderungen ein Vollzug in zwei Bereichen sind: Der Leib (und analog die gesamte Welt) ist die Objektivation des Willens, d. h. der zur Vorstellung gewordene Wille, wobei den Entwicklungsstufen der Welt als Vorstellung Objektivationsstufen des Willens entsprechen. Diese setzt S. mit den Urbildern der Einzeldinge (Ideen) im platon. Sinne gleich. Die Ideen selbst sind Gegenstand der Künste, die die Objektivationsstufen des Willens zur Anschauung bringen. - Die Verdrängung des Willens zum Leben ist der Ursprung des Leidens. Dessen endgültige Überwindung erfordert, den Willen zum Leben durch Abtötung der Bedürfnisse in der Askese zur Ruhe zu bringen, wodurch der Eingang in das Nirwana, das bewußtseinslose Nichts erreicht wird. Dieser vom Buddhismus übernommene und auf das Individuum bezogene Erlösungsgedanke ist bei S. Ausdruck eines allg. Pessimismus: Die Weltgeschichte hat keinen Sinn, da sie die Objektivation eines blinden Willens ist, dessen Freiheit S. aber gleichwohl verteidigt. - Philosophen, Künstler und Schriftsteller (Nietzsche, Wittgenstein, R. Wagner, Tolstoi, T. Mann u. a.) sind stark von S. beeinflußt. - *Weitere Werke:* Über die vierfache Wurzel des Satzes vom zureichenden Grund (1813), Über den Willen in der Natur (1836), Die beiden Grundprobleme der Ethik (1841), Parerga und Paralipomena (1851).

S. u. Marx. Hg. v. H. Ebeling. *Ffm. 1985. - Morgenstern, M.: Schopenhauers Philosophie der Naturwiss. Bonn 1985. - Hübscher, A.: Den-*

ker gegen den Strom. S., gestern, heute, morgen. Bonn ²*1982. - Pisa, K.: S. Kronzeuge einer unheilen Welt. Bln. u. Wien 1977.*

S., Johanna, geb. Trosiener, * Danzig 9. Juli 1766, † Weimar 17. April 1838, dt. Schriftstellerin. - Mutter von Arthur S.; in Weimar Mittelpunkt eines bed. literar. Salons. Schrieb Novellen, Romane („Gabriele", 1819/20) und Reisebeschreibungen.

Schopf, allg. svw. Haarbüschel, Haupthaar.
◆ die langen Stirnhaare bei Pferden.
◆ wm. Bez. für die verlängerten Federn am Hinterkopf einiger Vogelarten (auch *Holle* genannt), z. B. beim Eichelhäher, Wiedehopf und ♂ Haselhuhn.

Schopfadler (Lophoaetus occipitalis), bis über 50 cm langer, überwiegend braunschwarzer, den Echten Adlern († Adler) nahestehender Greifvogel, v. a. in Galeriewäldern Afrikas (südl. der Sahara); nach Art eines Hühnerhabichts nach Nagetieren, Schlangen und Eidechsen jagender, z. T. auch Insekten fressender Vogel mit langer, spitzer Federhaube und weiß gebändertem Schwanz; Horst relativ klein, auf Bäumen.

Schopfantilopen, svw. † Ducker.

Schopfer, Jean [frz. ʃɔp'fɛːr], frz. Schriftsteller, † Anet, Claude.

Schopffische (Lophotidae), Fam. bis über 2 m langer, in allen Meeren verbreiteter Knochenfische (Ordnung Glanzfischartige); Körper langgestreckt, seitl. bandartig abgeplattet, unbeschuppt, ohne Bauchflossen; übrige Flossen schwach entwickelt, mit Ausnahme der nahezu körperlangen Rückenflosse, deren erster Strahl auf dem Kopf stark verlängert ist und wie ein kleiner Schopf aussieht.

Schopfgibbon † Gibbons.

Schopfhühner (Opisthocomi), Unterordnung etwa krähengroßer, langschwänziger Hühnervögel mit dem **Hoatzin** (Zigeunerhuhn, Schopfhuhn, Stinkvogel, Opisthocomus hoazin) als einziger Art, verbreitet in den Überschwemmungswäldern des nördl. S-Amerika; in Trupps auftretende, schlanke Vögel mit kleinem Kopf, auffallender Haube und langem Hals; Körper überwiegend braun und schwärzlicholiv mit weißer Zeichnung.

Schöpfl, mit 893 m höchste Erhebung des Wienerwalds.

Schopfmangabe † Mangaben.

Schopfpalme (Schirmpalme, Corypha), Gatt. der Palmen mit acht Arten in SO-Asien; bis 50 m hohe Bäume mit geringeltem oder gefurchtem Stamm, bis 5 m langen und 4 m breiten, fast kreisrunden, bis etwa zur Mitte strahlenförmig gespaltenen Fächerblättern in der Stammspitze; Blüten in endständigen, großen Blütenständen. Einige Arten, z. B. die *Talipotpalme* (Corypha umbraculifera), sind wichtige Nutzpflanzen. Das Mark liefert Sago.

Schopfschwamm (Glasschopf, Hyalonema), Gatt. der Glasschwämme mit bis 13 cm langem, becherförmigem Körper von etwa 8 cm Durchmesser, der mit einem Schopf spiralig umeinandergewundener, bis 40 cm langer Kieselnadeln im Meeresuntergrund verankert ist.

Schopfstirnmotten (Tischeriidae), Fam. der Kleinschmetterlinge mit sieben einheim. Arten; Spannweite 7–9 mm; Kopf mit abstehenden Schuppen; Raupen an Eiche, Kastanie und Rosengewächsen in großen, blasigen Minen, in denen sie sich auch verpuppen.

Schopftintling † Tintling.

Schöpfung, Begriff der *Religionsgeschichte* v. a. für myth. Vorstellungen über den Anfang der Welt und die Entstehung des Menschen, aber auch für die geschaffene Wirklichkeit (Kreatur). Die S.lehre erscheint in mehreren charakterist. Typen. Einmal besteht die Ansicht, daß vor der eigtl. S. bereits ein chaot. *Urstoff* existiert habe, dessen Bearbeitung und Ordnung durch einen Gott den eigtl. S.akt darstellt (z. B. im babylon. Epos „Enuma elisch"). Dieser Anschauung steht die *S. aus dem Nichts* gegenüber. Sie erfolgt allein durch göttl. Willen und göttl. Wort (v. a. im Judentum und Christentum und im „Popol Vuh", dem hl. Buch der Maya). - Während S. im allg. in der Religionsgeschichte als wohltätiger Akt eines guten Gottes verstanden wird, ist sie in den gnost. Erlösungsreligionen der Spätantike das Werk eines † Demiurgen, eines Widersachers des guten Gottes. - In der *kath. Theologie* besagt S., daß die ganze Seinswirklichkeit in Gott liegt, der die Welt in Selbstentfaltung seiner Freiheit aus dem Nichts erschaffen hat († Creatio ex nihilo) und sie in ihrem Sein erhält. Die christl.-jüd. S.lehre wurde schon früh gegen ein † Monismus der Stoa und den † Dualismus des Gnostizismus entwickelt. Grundkategorie der S.lehre ist das „Wort", mit dem die Rückbeziehung alles Seienden auf den ursprunggebenden „Geist" ausgedrückt wird. Die Theologie des MA, v. a. Thomas von Aquin, hat diese Lehre vom Sein als dem göttl. Akt des Existierens weiterentwickelt. Das Vorherrschen dieser wirkursächl. Konzeption der S.lehre blieb bis ins 20. Jh. hinein erhalten. Moderne Erkenntnisse über die natürl. Kausalzusammenhänge und über die Evolution drängten die S. als Tat Gottes immer weiter auf der Uranfang der Welt zurück. Die aktuelle und existenzielle Bed. des S.glaubens kam erst wieder mit dem 2. Vatikan. Konzil ins Bewußtsein. - Das *ev. S.verständnis* knüpft stärker an die in den bibl. S.berichten zum Ausdruck gebrachte geschichtl. Daseinserfahrung an, indem es die gottgewirkte Ganzheit des von Mensch, Natur und Welt betont, Gott als den in der unmittelbaren Wirklichkeitserfahrung personal begegnenden Schöpfer versteht und den den Menschen rechtfertigenden Glauben als S.handeln Gottes auffaßt. - Die gegenwärtige Entwicklung von Wiss. und Technik führt allmähl. zu einer Welt, die als Konstruktion des Menschen - des „Gottes der zweiten S." - eine Problematisierung und Aktualisierung christl. S.glaubens im Dialog zw. Theologie, Philosophie, Sozial- und Naturwiss. erforderl. macht.

📖 *Moltmann, J.: Gott in der S. Mchn. 1985. - Lütgert, W.: S. u. Offenbarung. Gießen ²1984. - Dahlberg, W.: Die Idee der S. Ffm. 1983. - Westermann, C.: S. Stg. 1983. - Scheffczyk, L.: Einf. in die S.lehre. Darmst. ²1982. - Macht euch die Erde untertan. S.glaube u. Umwelt. Hg. v. P. Schmitz. Wzb. 1981. - Illies, J.: S. oder Evolution? Zürich ²1980. - Angerstorfer, A.: Der Schöpfergott des A. T. Ffm. 1979. - S. u. Sprache. Hg. v. W. Stolz. Freib. 1979. - May, G.: S. aus dem Nichts. Bln. 1978. - Frauenknecht, H.: Urknall, Urzeugung u. S. Wsb. 1976. - Pohol vuh; das Hl. Buch der Quiché Guatemalas. Dt. Übers. Hg. v. G. Kutscher. Bln. 1976. - Zeilinger, F.: Der Erstgeborene der S. Wien 1974.*

Schoppe, Amalia (Amalie), geb. Weise, * Burg (Fehmarn) 9. Okt. 1791, † Schenectady (N. Y.) 25. Sept. 1858, dt.-amerikan. Schriftstellerin. - Errichtete 1823 eine Erziehungsanstalt für Mädchen in Hamburg; lebte ab 1851 in N-Amerika. Schrieb zahlreiche populäre Romane („Schicksals-Wege", 1825), Erzählungen und Jugendbücher.

Schoppen [niederdt.-frz.], altes dt. Hohlmaß unterschiedl. Größe, meist 0,4–0,5 Liter. In Deutschland galt von 1868 bis 1884: 1 S. = 0,5 Liter; im Gaststättengewerbe noch übl. Bez. für ½, seltener für ¼ Liter Wein oder Bier.

Schöppenstedt, Stadt zw. Elm und Asse, Nds., 108 m ü. d. M., 5 700 E. Eulenspiegelmuseum; u. a. feinmechan. Ind., Maschinenbau, Zuckerfabrik. - 1051 erste Erwähnung. Seit dem 16. Jh. Nennung als Stadt.

Schöps [slaw.], landschaftl. (bes. östr.) svw. ↑Hammel; **Schöpsernes,** östr. Bez. für Hammelfleisch.

Schorf, (Borke) umschriebene krustenartige, schmutziggraue bis gelbl. oder dunkelbraune bis schwärzl. Bildung auf der Haut oder Bindehaut; besteht aus abgestorbenem, eingetrocknetem Gewebe (z. B. Folge eines Gangräns, einer Gefäßentzündung, einer Hautverätzung) oder stellt eine wundenüberdeckende Schicht dar, die aus dem Eintrocknen von Blut, Eiter und/oder Lymphe entstand. ♦ Sammelbez. für durch verschiedene Pilze hervorgerufene Pflanzenkrankheiten, charakterisiert durch oberflächige rauhe Verletzungen. Die Pilze zerstören die Kutikula der Blätter, die daraufhin durch übermäßigen Wasserverlust frühzeitig schrumpfen bzw. absterben. Bei den Früchten löst sich ebenfalls die Kutikula, und das befallene Gewebe stirbt ab.

Durch ungleichmäßige Ausbildung von Korkschichten entstehen Risse in den Früchten. Beim **Apfelschorf** treten auf der Blattoberseite schwarze Flecke auf. Auf den noch am Baum hängenden Früchten zeigen sich mattschwarze, silbrigweiß umrandete Flecke. An den geernteten und gelagerten Früchten erscheinen eingesunkene Flecke. Der **Birnenschorf** verläuft ähnl. (dunkle Flecke auf der Blattunterseite längs der Mittelrippe). Mit dem Pilz infizierte Birnen verderben innerhalb kurzer Zeit. Beim **Kirschenschorf** zeigen sich zuerst bräunl., später dunklere, kleine Flecke auf der Blattoberseite. An den Früchten wird der Befall erst bei der Reife sichtbar. Die Früchte erscheinen schmutzigschwarz *(Rußfleckenkrankheit)*. Bekämpfung erfolgt v. a. durch Winterspritzung mit Gelbspritzmittel (enthält Dinitrokresol).

Schorfheide, wildreiches Wald- und Naturschutzgeb. in der sw. Uckermark, DDR.

Schorfmilben (Räudemilben, Saugmilben, Psoroptidae), Fam. hautparasit., blutsaugender Milben; bohren sich nicht in die Haut ein, sondern sind stets auf der Hautoberfläche, stechen von hier ihre langen Kieferfühler ein; befallen u. a. Schafe, Pferde, Esel, Rinder (rufen durch Saugen Hautverletzungen hervor; befallene Tiere magern ab), Katzen und Hunde (erzeugen in den äußeren Gehörgängen unerträgl. Juckreiz; durch dauerndes Kratzen treten Blutergüsse und starke Schorfbildung auf).

Schorle (Schorlemorle), Mischgetränk aus Weiß- oder Rotwein (auch Apfelsaft u. a.) mit Tafelwasser *(saure S.)* oder Limonade *(süße S.)*.

Schorndorf, Stadt in einer Talweitung der Rems, Bad.-Württ., 256 m ü. d. M., 34 200 E. Heimatmuseum; Leder-, Elektroind., Eisenmöbelherstellung. - 1235 erstmals gen., als Stadt 1359 erstmals erwähnt; seit dem 13. Jh. befestigt; 1538 zur stärksten Stadtfestung Württembergs ausgebaut (im 19. Jh. geschleift). - Ev. Stadtkirche mit spätgot. Chor (1477–82), barockes Rathaus (17. und 18. Jh.); Schloß (16. Jh.); Fachwerkhäuser (18. Jh.).

Schörner, Ferdinand, * München 12. Juni 1892, † ebd. 2. Juli 1973, dt. General. - Übernahm 1944/45 nacheinander den Oberbefehl über die Heeresgruppen Süd, Nord und Mitte an der Ostfront; im April 1945 von Hitler zum Generalfeldmarschall und testamentar. zum Oberbefehlshaber des Heeres ernannt; bis 1955 in sowjet. Kriegsgefangenschaft, 1957 wegen Totschlags (an Soldaten in der Endphase des Krieges) verurteilt.

Schornstein [zu niederdt. schore „Stütze"] (Kamin), Abzugskanal für die Verbrennungsgase von Feuerungen *(Rauchgas-S.)* oder für andere Abgase *(Abgas-S.)*; S. werden aus Mauerwerk oder aus bes. Formsteinen errichtet, freistehende S. auch aus Stahlbeton oder Metallrohren. Man unterscheidet *Haus-*

S., d. h. nicht freistehende S., und *freistehende S.* (Fabrik-S., *Schlote*).

Schornsteinfegerwesen, zur Feuerstellenüberwachung und zur vorbeugenden Brandbekämpfung entstandenes Handwerk. Die im 19. Jh. erfolgte Aufhebung von Kehrbezirken und Kehrzwang mußte wegen der Feuergefahr wieder rückgängig gemacht werden. Eigentümer von Grundstücken und Räumen sind gesetzl. verpflichtet, die kehr- und überprüfungspflichtigen Anlagen fristgerecht reinigen und überprüfen zu lassen.

Schorre, svw. Brandungsplatte, ↑ Brandung.

Schoschonen ↑ Shoshone.

Schoß, dem Oberteil eines Kleidungsstücks an der Taille angesetzter Teil unterschiedl. Länge, z. B. beim Frack.
♦ Bez. für „Leibesmitte" (poet. für Mutterleib), eigtl. (etwa) der Bereich von Unterleib und Oberschenkeln.

Schoß, svw. ↑ Schößling.

Schoßhunde, zusammenfassende Bez. für verschiedene Rassen kleiner, zierl. Zwerghunde, die bevorzugt als Luxushunde gehalten werden; z. B. Pekinese, Zwergpinscher und Zwergpudel.

Schößling (Schoß), bei Sträuchern der aus einer Knospenanlage (ruhendes Auge; v. a. an der Sproßbasis) entspringende Langtrieb.

Schostakowitsch, Dmitri Dmitrijewitsch, * Petersburg 25. Sept. 1906, † Moskau 9. Aug. 1975, sowjet. Komponist. - 1937–41 und 1945–58 Lehrtätigkeit am Leningrader, 1943–48 auch am Moskauer Konservatorium. Als brillanter Komponist verfügte S. über alle kompositionstechn. und ausdrucksmäßigen Möglichkeiten seiner Zeit. Im Zentrum seines umfangreichen Schaffens stehen seine Instrumentalwerke, denen stets ein bestimmter Ideengehalt zugrunde liegt; schrieb u. a. 15 Sinfonien; Konzerte (u. a. Konzert für Klavier, Trompete und Streichorchester, 1933); Kammer- (u. a. 14 Streichquartette) und Klaviermusik; Opern, u. a. „Die Nase" (1930, nach N. W. Gogol), „Lady Macbeth von Mzensk" (1934; Neufassung als „Katerina Ismailowa", 1962); Ballette, eine Operette, Oratorien (u. a. „Das Lied von den Wäldern", 1949), Kantaten, Lieder, Schauspiel- und Filmmusiken.

Schot (Schote) [niederdt.], Tauwerk, das an einer Spiere oder am *S.horn* (untere Ecke) eines Segels angreift. Mit der S. werden die Segel in die gewünschte Segelstellung gebracht.

Schote [eigtl. „die Bedeckende"], längl. Kapselfrucht (↑ Fruchtformen) aus zwei miteinander verwachsenen Fruchtblättern und falscher Scheidewand; von dieser lösen sich bei der Reife die Fruchtblätter ab, während die Samen an ihr wie an einem Rahmen stehenbleiben.

Schöterich (Schotendotter, Erysimum), Gatt. der Kreuzblütler mit rd. 80 Arten in Europa und im Mittelmeergebiet; Kräuter mit meist grau behaarten Stengeln, grau behaarten, linealförmigen, meist ungeteilten, zuweilen fiederspaltigen Blättern und gelben Blüten. In Deutschland heimisch ist u. a. der ↑ Ackerschotendotter.

Schott, Anselm (Taufname: Friedrich August), * Staufeneck (= Salach, Landkr. Göppingen) 5. Sept. 1843, † Maria Laach 23. April 1896, dt. kath. Theologe. - Benediktiner; schuf 1883 sein lat.-dt. Meßbuch (der „Schott"), das als wichtige Grundlage der liturg. Bewegung ständig neu aufgelegt wurde.

S., Bernhard, ≈ Eltville 19. Aug. 1748, † auf dem Sandhof bei Heidesheim 26. April 1809, dt. Musikverleger. - Gründete 1770 in Mainz einen Musikverlag, der sich zu einem der profiliertesten Musikverlage der Welt entwickelte (*B. Schott's Söhne*). Seit den 1820er Jahren entstanden eine Reihe von in- und ausländ. Filialen. Neben Musikalien gehören Bücher (u. a. Lexika), Zeitschriften und Schallplatten zum Verlagsprogramm.

S., Otto, * Witten 17. Dez. 1851, † Jena 27. Aug. 1935, dt. Chemiker. - Gründete 1882 mit E. Abbe und C. Zeiss das Jenaer Glaswerk Schott & Gen.; entwickelte Spezialgläser, z. B. das ↑ Jenaer Glas; übertrug 1919 seinen Anteil am Glaswerk der ↑ Carl-Zeiss-Stiftung.

Schott (Schotte) [niederdt.], Stahlwand im Schiffsrumpf zur Begrenzung der Lade-, Maschinen- und Tankräume, zur Erhöhung der Sinksicherheit und der Festigkeit sowie zur feuersicheren Unterteilung des Schiffes. Alle wasserdichten [Quer-]S. werden bei Frachtschiffen mindestens bis zum Freiborddeck, bei Fahrgastschiffen bis zum Schottendeck hochgeführt. Wasserdichte *Längs-S.* werden v. a. auf Tankschiffen eingebaut. Alle Durchgangsöffnungen in wasserdichten S. können durch wasserdichte Türen geschlossen werden.
♦ in der *Bautechnik* Bez. für Querwände zur Aussteifung von Hohlkästen.

Schott [arab.], Bez. für ↑ Salztonebene in N-Afrika.

Schottel, Justus Georg, latinisiert Schottelius, * Einbeck 23. Juni 1612, † Wolfenbüttel 25. Okt. 1676, dt. Grammatiker und Schriftsteller. - Mgl. der „Fruchtbringenden Gesellschaft" und des „Nürnberger Dichterkreises". Neben seinen weniger bed. lyr. und dramat. Dichtungen steht seine Leistung als bed. Sprachgelehrter, Grammatiker und Poetiker des 17. Jh.; er untersuchte die Etymologie der dt. Wörter, bekämpfte das Fremdwörterunwesen und plante zur Festigung und Reinerhaltung der dt. Sprache eine normative Grammatik und ein allg. Wörterbuch.

Schotten, hess. Stadt an der SW-Abdachung des Vogelsberges, 274 m ü.d.M., 9 600 E. Hess. Landesforstschule, Textil-, Pa-

Schotten

pier-, Gummiwarenind.; Luftkurort. - 1293 erstmals erwähnt; 1354 Stadt- und Marktrecht. - Got. Stadtkirche (14. Jh), Altes Schloß (um 1400), Fachwerkrathaus (um 1520), zahlr. Fachwerkhäuser (17.–19. Jh.).

Schotten (Ecossé, Écossais), großkarierte, farbige Woll-, Baumwoll- oder Seidenstoffe in Köper- oder Leinwandbindung; Karomusterungen durch Farbwechsel in Kette und Schuß.

Schottenklöster, Bez. für die im MA in Mittel- und Süddeutschland an den großen Pilger- und Handelsstraßen von iroschott. Mönchen (↑ iroschottische Mission) gegr. Benediktinerklöster; bildeten ab 1215 eine eigene Benediktinerkongregation.

Schottenmeister (Meister des Wiener Schottenstiftes), zwei östr. Maler der 2. Hälfte des 15. Jh. - Von dem ehem. Hochaltar sind im Schottenstift in Wien 19 und in der Östr. Galerie (Wien) 2 Tafeln. Dem *Älteren S.* werden die 8 Passionsszenen zugeschrieben (1469 ff.); er ist der niederl. Malerei (R. van der Weyden) verpflichtet. Die urspr. 16 Tafeln aus dem Marienleben (1475 ff.) des *Jüngeren S.* zeigen Beziehungen zur Wolgemut-Werkstatt.

Schotter ↑ Geröll.

◆ im *Straßen-* und *Gleisbau* v. a. als Untergrund- bzw. Bettungsmaterial verwendetes natürl. Lockergestein oder gebrochenes Festgestein (z. B. Granit, Basalt, Porphyr); unterteilt in *Kleinschlag* (30–40 mm) und *Grobschlag* (bis 65 mm).

Schottisch, die aus dem Altengl. in Northumberland hervorgegangene nordengl. Mundart, die seit dem 11. Jh. das Schottisch-Gälische mehr und mehr zurückgedrängt hat. Das in der Zeit der Unabhängigkeitskriege (1286–1341) zur Schriftsprache gewordene S. wurde im Laufe des 16. Jh. immer stärker vom Engl. verdrängt.

schottische Kirche (Kirche von Schottland, engl. Church of Scotland), die Staatskirche in Schottland mit ref. Bekenntnis und Presbyterialverfassung. Urspr. im 16. Jh. entstanden, nach Genfer Muster reformiert; 1877 maßgebend an der Gründung des Ref. Weltbundes beteiligt, gehört seit 1929 der ökumen. Bewegung an. Sie zählt heute etwa 1,3 Mill. Mitglieder.

schottische Literatur, histor. Nationaldichtung in schott. Sprache ist J. Barbours Heldenlied „The Bruce" (entstanden um 1375). Die Werke in seiner Nachfolge sanken zur bloßen Reimchronik ab. Volkstüml.-derbe Kleindichtungen sowie Liebesgedichte blieben noch bis ins 18. Jh. lebendig. Künstler. bed. die höf. Dichtungen von Jakob I., König von Schottland, R. Henryson (* um 1435, † 1506), W. Dunbar. Eigenständige, für kurze Zeit europ. Bed. erlangte die s. L. durch Bischof Gavin Douglas (* 1474, † 1522) und Sir David Lindsay (* 1490, † 1555), dessen reformator. Satiren ein wirklichkeitsnahes Bild des damaligen Schottland vermitteln. - Hauptvertreter der Renaissance der modernen [mundartl.] s. L. ist H. MacDiarmid.

schottischer Ritus, frz. freimaurer. Hochgradsystem, bes. in den USA, jedoch auch in der BR Deutschland rituell bearbeitet, das sich auf eine angebl. schott. Tradition des Wissens des Templerordens beruft.

Schottischer Schäferhund (Collie), aus Schottland stammende Schäferhundrasse mit Windhundcharakter; mittelgroße, 50–60 cm schulterhohe Hunde mit langem, edlem Kopf, kleinen Kippohren und langer, behaarter Hängerute; Haar in den verschiedensten Farben (oft mit weißen Abzeichen), entweder dicht und kurz oder (häufiger) lang und etwas steif und dann um den Hals eine dichte Mähne bildend.

Schottischer Terrier (Scotchterrier, Scotch), kleiner, gedrungener Niederlaufterrier mit kräftigem, schnauzbärtigem Kopf, spitzen Stehohren und mittellanger, aufrecht getragener Rute; langes, zottiges und drahtiges Haar (Unterwolle kurz), schwarz, weizenfarben oder in jeder Farbe gestromt.

Schottisches Bekenntnis (Confessio Scotica), ref. Bekenntnis kalvinist. Prägung in 25 Artikeln; 1560 von J. Knox verfaßt und 1681 durch einen Covenant (Gegenthesen zur Gegenreformation) ergänzt.

Schottische Schule, von T. Reid begr. engl. philosoph. Richtung, die sich im Namen des „gesunden Menschenverstandes" (*Common sense*), d. h. auf der Grundlage einer realist. Erkenntnistheorie empirist. Ausrichtung, sowohl gegen den Idealismus G. Berkeleys als auch gegen den Skeptizismus D. Humes wendet.

Schottisch-Gälisch (Ersisch), zur goidel. Gruppe der ↑ keltischen Sprachen gehörende Sprache, die von etwa 80 000 Menschen auf den Hebriden, im W der Highlands und in Ind.gebieten Schottlands als Muttersprache gesprochen wird; geht auf die irische Sprache zurück.

schottisch-gälische Literatur, bis zum 16. Jh. besaßen Irland und Schottland eine gemeinsame Literatursprache. Das erste bed. literar. Denkmal ist das „Book of the Dean of Lismore" (um 1520), eine handschriftl. Sammlung von Gedichten und Balladen. Der Zusammenbruch der ir. und schott. Aristokratie gegen Ende des 16. Jh. brachte die endgültige Trennung von Irland. Ihren Höhepunkt erlebte die s.-g. L. im 18. Jh. mit dem poet. Realismus in der Naturlyrik von A. MacDonald (* um 1700, † um 1770), D. MacIntyre (* 1724, † 1812) und den satir. Gedichten von J. MacCodrum (* um 1710, † 1796). Eine weitere Erneuerung erfuhr die s.-g. L. im 20. Jh. Daneben existiert eine seit Jh. mündl. überlieferte Volksliteratur.

Schottky, Walter [...ki], * Zürich 23. Juli

1886, † Forchheim 4. März 1976, dt. Physiker. - Prof. für theoret. Physik in Rostock, danach wiss. Mitarbeiter der Siemens & Halske AG. Grundlegende Arbeiten zur Elektronik und zur Halbleiterphysik, u. a. über Glühemission († Schottky-Effekt; 1914) sowie über die Sperrschichttheorie der Halbleitergleichrichter.

Schottky-Effekt [...ki; nach W. Schottky), die bei Einwirkung stärkerer elektr. Felder eintretende Erhöhung der Glühemission († glühelektrischer Effekt).

Schottland (engl. Scotland [engl. ˈskɔtlənd]), Teil von † Großbritannien und Nordirland; umfaßt den N-Teil der Insel Großbrit. sowie die Hebriden, die Orkney- und die Shetlandinseln.

Geschichte: Das im 6. Jh. durch Columban d. Ä. christianisierte Land zerfiel im 7. Jh. in 4 Reiche: das Reich der Skoten von Dalriada mit Argyll, östl. davon das Reich der Pikten (S-Grenze: Firth of Forth), im SW das Kgr. der Briten von Strathclyde (Hauptstadt Alcluith [= Dumbarton]), im SO das Kgr. der Angeln von Lothian (N-Grenze: Firth of Forth). Der Skotenkönig Kenneth I. MacAlpin († 858) unterwarf das Piktenreich und errichtete das Kgr. von Alban, das wiederholt Plünderungszügen der Wikinger ausgesetzt war. Sitz der Könige wurde Ende des 11. Jh. Edinburgh. Das Verhältnis zu England war einerseits durch um 1100 einsetzende polit.-kulturelle Verbindungen, andererseits durch Abgrenzungsbestrebungen gekennzeichnet. Für die innere Entwicklung bedeutsam war die Einführung von Lehnssystem und Staatsverwaltung nach normann. Muster (12. Jh.). Wilhelm der Löwe (⚭ 1165–1214) mußte 1174 die Lehnsoberhoheit Heinrichs II. von England anerkennen. Die Grenzkonflikte wurden erst mit dem Vertrag von York (1237) beigelegt. Die folgende Friedensperiode war durch Stabilität im Innern und Konsolidierung nach außen auch gegenüber Norwegen (1266 Erwerb der Insel Man und der Hebriden) gekennzeichnet. In den durch das Aussterben der Dyn. Canmore 1286 ausgelösten Thronwirren entschied der engl. König Eduard I. auf Anfrage der schott. Barone zugunsten John de Baliols (⚭ 1292–96), den er zur Lehnshuldigung zwang. Der vergebl. schott. Widerstand führte 1296 zum Anspruch des engl. Königs auf die schott. Krone (schott. Unabhängigkeitskrieg 1286–1341). Während der hohe Adel Eduard I. überwiegend anerkannte, organisierten die Grundherren verschiedene Kriege, in denen (der 1305 hingerichtete schott. Nationalheld) Sir William Wallace eine bed. Rolle spielte. Erst Robert I. Bruce (⚭ 1306–29) errang nach der Schlacht von Bannockburn 1314 und dem Frieden von Northampton 1328 die Unabhängigkeit zurück. Nach dem Erlöschen des Hauses Bruce 1370 gelangte mit Robert II. (⚭ 1371–90) das Haus Stuart auf den Thron. Auch in der Folgezeit blieb das Problem der Abhängigkeit der Krone von den sich befehdenden Adelscliquen (Albany, Arran, Douglas) ungelöst. Erst Jakob IV. (⚭ 1488–1513), dessen Vater 1472 die dän. Orkney- und Shetlandinseln erworben hatte, gewann für die Krone Autorität zurück und begründete durch seine Ehe mit Margarete Tudor (* 1489, † 1541) den Erbanspruch der Stuarts auf die engl. Krone. In neu aufflammenden Kämpfen zw. Krone und Adel unter Jakob V. (⚭ 1513–42) unterstützte der Adel die Reformation, die sich unter der Führung von John Knox nach kalvinist. Vorbild entwickelte. Die kath. Politik Maria Stuarts (⚭ 1542–67) führte zu ihrer Niederlage und ihrer Flucht nach England. Ihr Sohn Jakob VI. übernahm 1578 die Reg. und wurde 1603 als Jakob I. auch König von England. England und S. wurden im 17. Jh. in Personalunion regiert; seit 1707 sind sie in Realunion verbunden. Trotz des Zusammenwachsens mit England in polit. und wirtsch. Hinsicht ist das schott. nat. Selbstbewußtsein nie erloschen. In jüngster Zeit verstärkten sich die Autonomiebestrebungen, nicht zuletzt unter dem Eindruck von Ölfunden vor der schott. Küste. Die Wahlerfolge der Scottish National Party (SNP) sowie der walis. Nationalisten 1974 veranlaßten die Labourreg. zur Vorlage eines Gesetzentwurfs zur „devolution" (Dezentralisierung), dessen Scheitern (Volksabstimmung in S. und Wales 2. März 1979) zum Sturz der Reg. Callaghan führte.

📖 *Sager, P.: S. Gesch. u. Lit., Architektur u. Landschaft.* Köln ⁵1985. - *Kellas, J. G.: The Scottish political system.* London ³1983. - *Smout, T. G.: A history of the Scottish people, 1560–1830.* London ²1970. - *The Edingburg history of Scotland.* Hg. v. G. Donaldson. Edinburgh; New York 1965–75. 4 Bde.

Schouteninseln [niederl. ˈsxɔʊ̯tə], indones. Inselgruppe vor der NW-Küste Neuguineas, 3 190 km². Die größten Inseln sind **Biak** (bis 1 034 m hoch; Landw.; Fischerei; 🐟), **Supiori** und **Numfoor**.

Schouwen-Duiveland [niederl. ˈsxɔuwəˈdœy̯vəlɑnt], niederl. Insel im Rhein-Maas-Delta, 244 km².

Schrade, Leo, * Allenstein 13. Dez. 1903, † Spéracèdes (Alpes-Maritimes) 21. Sept. 1964, dt.-amerikan. Musikforscher. - Lehrte nach seiner Emigration (1937) ab 1938 an der Yale University und ab 1958 an der Univ. in Basel. Schrieb u. a. „Monteverdi" (1950), „Bach" (1954), „W. A. Mozart" (1964), „Vom Tragischen in der Musik" (1968).

Schrader, Eberhard, * Braunschweig 5. Jan. 1836, † Berlin 3. Juli 1908, dt. Assyriologe. - Prof. der Theologie 1863 in Zürich, 1870 in Gießen, 1873 in Jena; Prof. für oriental. Sprachen 1875 in Berlin. Begründer der dt. Assyriologie.

Schrader

S., Julie, * Hannover 9. Dez. 1881, † Oelerse (= Edemissen, Landkr. Peine) 19. Nov. 1939 (Selbstmord), Dichterin. - Errang postum als der „welf. Schwan" literar. Ruhm. Die meisten der rd. 2000 naiv-realist. Gedichte über Kunst und Geschichte sowie über ihre Liebesbeziehungen zu C. Sternheim, F. Wedekind, A. Holz stammen jedoch nicht von ihr.

S., Otto, * Weimar 28. März 1855, † Breslau 21. März 1919, dt. Indogermanist. - Prof. in Breslau; widmete sich v. a. der Erschließung der Kultur der Indogermanen durch die Kombination sprachwiss. und kulturgeschichtl. Methoden und verfeinerte damit die Arbeitsweise der linguist. Paläontologie zu einer indogerman. Altertumskunde.

Schrader-Breymann, Henriette, * Mahlum 14. Sept. 1827, † Berlin 25. Aug. 1899, dt. Pädagogin. - Schülerin von F. Fröbel; neben Kindergärten, Lehrerinnenseminaren und Mütterkursen gründete sie 1874 das ↑ Pestalozzi-Fröbel-Haus in Berlin. Veröffentlichte Schriften zur Frauenfrage.

Schraffur [italien.-niederl.], Bez. für feine, parallele Striche, in Zeichnungen z. B. zur Erzielung einer Schattenwirkung, zur Kennzeichnung von Schnittflächen, zur Reliefdarstellung.

Schräglage ↑ Kindslage.

Schräglenkerachse ↑ Fahrwerk.

Schrägschichtung ↑ Schichtung.

Schrägseilbrücke ↑ Brücken.

Schrägsitzventil ↑ Ventile.

Schrägverzahnung ↑ Zahnrad.

Schramberg, Stadt am O-Rand des mittleren Schwarzwaldes, Bad.-Württ., 426 m ü. d. M., 18 700 E. U. a. Uhrenind., Maschinenbau, Majolikaherstellung. - 1293 erstmals erwähnt (als Burgsiedlung); seit 1867 Stadt.

Schramm, Gerhard, * Jokohama 27. Juni 1910, † Tübingen 3. Febr. 1969, dt. Biochemiker. - Direktor des Max-Planck-Instituts für Virusforschung in Tübingen; Arbeiten bes. über den Aufbau und den Vermehrungsmechanismus der Viren. Zus. mit W. Weidel gelang es ihm, die ersten elektronenmikroskop. Aufnahmen vom Befall eines Bakteriums durch Bakteriophagen zu machen.

S., Percy Ernst, * Hamburg 14. Okt. 1894, † Göttingen 12. Nov. 1970, dt. Historiker. - Seit 1929 Prof. in Göttingen; seit 1956 Mgl. der Zentraldirektion der „Monumenta Germaniae historica"; seit 1958 Mgl., seit 1963 Kanzler des Ordens Pour le mérite für Wiss. und Künste; zahlr. Arbeiten zum ma. Königtum und zur Staatssymbolik.

Schrämmaschine, Maschine für die schneidende Gewinnung von Rohstoffen, v. a. beim Steinkohlenabbau. Das Schneiden erfolgt bei der *Walzen-S.* mit Hilfe eines walzenartig rotierenden Werkzeugs, auf dem kleine Meißel *(Schrämpicken)* befestigt sind, oder bei der *Ketten-S.* durch eine mit Schrämpikken besetzte *Schrämkette;* in Verbindung mit einer Ladevorrichtung als *Schrämlader* bezeichnet.

Schrammelmusik, volkstüml. Wiener Musik, benannt nach den Brüdern Johann (* 1850, † 1893) und Josef Schrammel (* 1852, † 1895), die 1877 ein Ensemble „d'Schrammeln" gründeten. Die Quartettbesetzung mit zwei Violinen, Gitarre und Akkordeon (urspr. Klarinette) ist heute vielfach auf ein Duo (Gitarre, Akkordeon) oder ein Trio (Violine, Gitarre, Akkordeon) reduziert.

Schrank, mit Türen versehenes Kastenund Aufbewahrungsmöbel. Erhaltene ma. Vorformen sind schmale, aus Bohlen gefertigte Kästen mit Giebelabschluß und kleinen Türen, die v. a. als Sakristei-S. zum Aufhängen der Gewänder und für liturg. Geräte dienten. Eingestellte S. im Wohnhaus wurden im oberdt. Raum seit dem 15. Jh. üblich, die Verwandtschaft mit der Truhe machen der zweigeschossige Aufbau und die Griffe an den Seitenwänden deutl. (doppelgeschossiger S.). In getäfelten Räumen (Rats- und Amtsstuben, auch Wohnungen) wurde der S. in die Wandverkleidung mit einbezogen (**Wandschrank**). In N-Deutschland entstand die **Schenkschive** mit Klapptür, in Frankr. als Anrichte der **Dressoir,** aus dem sich der flandr. **Stollenschrank** entwickelte (Niederrhein, Westfalen). Er hatte Schubladen und ein zweitüriges Schränkchen auf einem Gestell. Als Kastenmöbel fand der **Überbauschrank,** ein Aufbau-S. mit Gesims, im Rheinland und N-Deutschland Verbreitung. Frankr. und die Schweiz entwickelten in der Renaissance den mehrteiligen **Aufsatzschrank** (Buffet), dessen oberer Teil zurückgesetzt ist. Der eingeschossige **Kleiderschrank** zum Hängen der Kleidung setzte sich erst im 17. Jh. durch, zuerst in N-Deutschland (Schapp). Im 16. und v. a. 17. Jh. wurde der reich verzierte, mit zahlr. Fächern und Schüben versehene **Kabinettschrank** beliebt und entstand aus einem tragbaren Kasten und wurde dann mit einem Sockel verbunden. Er war meist auch mit einer Schreibplatte versehen. Im 18. Jh. kam zuerst in England der mächtige **Schreibschrank** auf, er hatte zuerst einen Tisch, dann die ebenfalls beliebte Kommode als Unterteil. Der Aufsatz hatte im Mittelteil einen Deckel, der geöffnet als Schreibplatte diente. Seit um 1780 drang die schmalere frz. Form durch, der **Sekretär.** Geräumige verglaste **Bücherschränke** sind seit dem 18. Jh. nachzuweisen, das 20. Jh. belebte den Wandschrank neu und entwickelte die **Schrankwand.**

Schranke, meist stangenförmige Vorrichtung zum Sperren von Straßen, Absperren von Gefahrenstellen u. a., gewöhnl. in Form eines (zur Freigabe) senkrecht aufrichtbaren Schlagbaums (z. B. an Zollgrenzen); i. e. S. svw. Eisenbahnschranke.

◆ in der *Mathematik* Bez. für eine positive reelle Zahl s, für die für alle Elemente x einer

Schraube

Menge M reeller Zahlen $|x| < s$ gilt.

Schränken, das Abbiegen der Zähne von Sägen aus der Schnittebene.

Schraper, zur Gatt. der Schlaginstrumente gehörende Geräuschinstrumente mit gezähnter, gekerbter oder mit Rinnen versehener Oberfläche, über die der Spieler mit einem Stäbchen oder Plättchen streicht (schrapt), u. a. Guiro, Reco-Reco und Ratsche.

Schrapnell [engl.; nach dem brit. Offizier H. Shrapnel, *1761, †1842], mit Hartblei- oder Stahlkugeln und einer Sprengladung gefülltes dünnwandiges Hohlladungsgeschoß der Artillerie; Schußweite von der Brenndauer des Zünders für die Sprengladung abhängig; zerspringt in der Luft mit starker Streuwirkung der Kugeln; Einsatz v. a. gegen Menschen und Tiere.

Schratt (Schrat), wohl aus dem Slaw. in den Volksglauben der mitteleurop. Welt übernommener Natur- oder Waldgeist von koboldartigem Wesen, der dem Menschen teils neckend, teils hilfreich begegnet.

Schratten, svw. ↑Karren.

Schrätzer (Schratz, Schrätz, Acerina schraetzer), bis 25 cm langer Barsch im Stromgebiet der Donau; Körper zitronengelb.

Schraube, Verbindungselement, als *Befestigungs-S.* für feste und lösbare Verbindungen von Bauteilen mit Spitzgewinde, als *Bewegungs-S.* zum Bewegen von Maschinenteilen (z. B. am Schraubstock) mit Trapez- oder Rechteckgewinde. Einteilung und Bez. nach versch. Gesichtspunkten: 1. *Maschinen-S.* im allg. mit Außengewinde (metr. Grob- oder Feingewinde); als *Kopf-S.* (mit Zylinderschaft und meist mit Sechskantkopf; wird in Bohrung mit Innengewinde geschraubt), als *Durchsteck-S.* (gehalten durch eine ↑Mutter mit entsprechendem Innengewinde), als *Schloß-S.* (flachrunder Kopf, Vierkantansatz am Schaft; zur Verbindung Metall-Holz), als *Stift-S.* oder *Maden-S.* (ohne Kopf, Schaft geschlitzt). 2. *Holz-S.* mit tiefem Steilgewinde auf etwa halber Länge des sich verjüngenden Schaftes; auch mit Doppelganggewinde für Span- und Gipsplatten. Je nach Material unterscheidet man *Metall-S.* (Eisen, Stahl, Messing [verchromt], Aluminium) und *Kunststoff-S.* Einteilung der S. nach Kopfform: Sechskant-, Vierkant-, Zylinderkopf-, [Halb]rundkopf-, Linsenkopf-, Senkkopf-S. Werkzeuge zum Anziehen und Lösen von S. sind ↑Schraubenschlüssel (S. mit Vier- und Sechskantkopf), ↑Schraubenzieher, [Sechskant]stiftschlüssel (*Innensechskant-S.* oder *Inbus-S.* ®), Vielzahn- bzw. Keilzahnschlüssel (*Innenvielzahn-S.* bzw. *Innenkeilprofil-S.*). *Flügel-S.* und *Rändel-S.* werden von Hand angezogen, *Nagel-S.* mit Seilgewinde werden mit dem Hammer [in Holz] eingeschlagen. *Schneid-S.* (z. B. *Blech-S.*; zylindr. Schaft mit Spitze, Gewinde auf gesamter Länge) schnei-

Schrank. Links: Schreibschrank mit Intarsien und goldener Bekrönung (mitteldeutsch; um 1785). Wernigerode, Feudalmuseum; rechts: Kolo Moser, Aufsatzschrank (1904). Karlsruhe, Badisches Landesmuseum

Schraubenalge

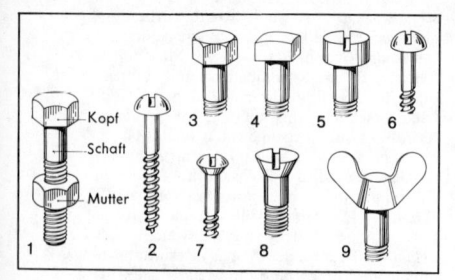

Schraube. 1 Maschinenschraube (Kopfschraube mit Mutter), 2 Holzschraube, 3 Sechskantkopfschraube, 4 Vierkantkopfschraube, 5 Zylinderkopfschraube, 6 Halbrundkopfschraube, 7 Linsensenkkopfschraube, 8 Senkkopfschraube, 9 Flügelkopfschraube

den beim Eindrehen selbsttätig ein Gewinde, *Bohr-S.* werden ohne vorzubohren direkt in weiches Material (Holz, Gipsplatten) eingeschraubt. Angabe der Größe (jeweils in mm): 1. von Maschinen-S.: z. B. M 8 × 30 (M ≙ metr. Gewinde, 8 ≙ Durchmesser, 30 ≙ Länge des Schaftes); 2. von Holz-S.: z. B. 4 × 50 (4 ≙ Durchmesser des gewindefreien Teils des Schaftes, 50 ≙ Länge [des versenkbaren Teils] der S.). Sicherung von S. gegen unbeabsichtigtes Lösen durch: Sprengringe, Fächerringe, Zahnscheiben, Gegenmuttern.
◆ (Schiffsschraube) ↑ Schiff.
◆ ↑ Luftschraube.
◆ im *Turnen* Bez. für eine ganze Drehung des gestreckten Körpers um die Längsachse bei gleichzeitiger Drehung um die Breitenachse.
◆ Figur beim ↑ *Kunstflug*.
◆ beim *Wasserspringen* Sprung mit Drehung um die Körperlängsachse.

Schraubenalge (Spirogyra), Gatt. der ↑Jochalgen mit rd. 300 weltweit verbreiteten, ausschließl. im Süßwasser lebenden Arten; fädige, unverzweigte Grünalgen mit relativ großen, tonnenförmigen Zellen mit gut sichtbarem Kern und einem oder mehreren bandförmigen, spiralig gewundenen Chloroplasten. S.arten bilden im Hoch- und Spätsommer freischwebende, fädige, grüne „Watten" in stehenden Gewässern.

Schraubenbaum (Schraubenpalme, Pandanus), größte Gatt. der S.gewächse mit über 600 Arten in Afrika, SO-Asien und Australien; in Wäldern oder an Stränden wachsende Bäume oder Sträucher mit zahlr. starken Luftwurzeln mit großen Wurzelhauben; Blätter lang, schmal, in drei schrägen, regelmäßig um den Stamm gedreht verlaufenden Zeilen. Mehrere Arten sind wichtige Nutzpflanzen, u. a. die vielfach angebaute, aus Madagaskar stammende schraubenartig wachsende Art *Pandanus utilis* mit bis 1,50 m langen Blättern (mit roten Stacheln), die zu Flechtwerk verarbeitet oder zur Fasergewinnung für Netze, Taue u. a. verwendet werden. Vielseitig genutzt, z. T. auch als Obstpflanzen (Früchte bzw. Saft schmecken apfelähnl.), werden die Varietäten und Sorten der asiat. und austral. Art *Pandanus odoratissimus*. Die wohlriechenden Blüten liefern *Keoraöl*.

Schraubenbaumgewächse (Schraubenpalmengewächse, Pandanaceae), Pflanzenfam. der Einkeimblättrigen mit rd. 900 Arten in drei Gatt., verbreitet in den Tropen der Alten Welt, nördl. bis S-China, südl. bis Neuseeland; zweihäusige Bäume, Sträucher mit Lianen, oft mit zu Stütz- oder Haftwurzeln umgebildeten Luftwurzeln; Blätter deutl. spiralig angeordnet, schmal, dornig gezähnt, schopfig gedrängt stehend; Blütenstände meist kopf- oder kolbenförmig; Fruchtstände ananasähnl., aus Beeren oder Steinfrüchten zusammengesetzt, z. T. eßbar.

Schraubenfeder ↑ Feder.
Schraubengetriebe ↑ Getriebe.
Schraubenmikrometer, svw. ↑ Meßschraube.

Schraubenschlüssel, Werkzeug zum Festziehen, Lösen oder Verstellen von Schrauben und Muttern. Man unterscheidet *Maul-* oder *Gabelschlüssel* mit einem U-förmigen, um 15° abgewinkelten Ende (Einmaulschlüssel) oder 2 solchen Enden (*Doppelmaul-* oder *Doppelgabelschlüssel* mit 2 versch. Schlüsselweiten), *Ringschlüssel* mit ringförmiger Zwölfkant-Öffnung, *Gabel-Ringschlüssel,* hakenartige *Hakenschlüssel* (für Nutmuttern), *Stirnlochschlüssel* für Zweilochmuttern, rohrförmige *Hohl-* oder *Rohrsteckschlüssel* mit am unteren Ende der Schraubengröße entsprechendem Querschnitt, *[Einsatz]steckschlüssel* mit (auswechselbaren) ringförmigen Einsätzen („Nüsse") für einen T-förmigen Handgriff, eine „Knarre" (die eine Hin- und Herbewegung in eine Drehbewegung [Rechts- oder Linksgang] des Einsatzes umwandelt) oder eine Kurbel, *Stift-* oder *[Ein]steckschlüssel* für Schraubenköpfe mit entsprechenden Innenformen (z. B. Innensechskant, Innenvielzahn, Innenkeilprofil) u. a. - Um Schrauben mit bestimmter Vorspannkraft anzuziehen, werden *Drehmomentschlüssel* verwendet. S. mit verstellbarer Weite sind der *Rollgabelschlüssel* (Verstellung der Maulweite mit Hilfe eines Schneckengetriebes im Schlüsselkopf), weiter der sog. *Engländer* (Verstellung mit einer Gewindespindel im Schaft) und der sog. *Franzose* (Verstellung durch das Zusammenwirken einer Rechts- und einer Linksgewindespindel).

Schraubenschnecken (Pfriemen-

Schreckstoffe

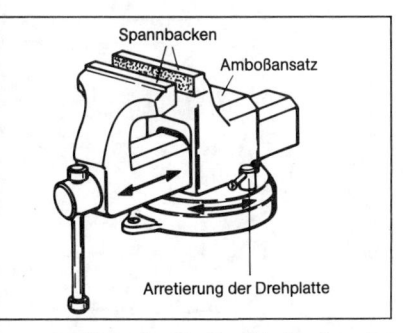

Drehbar gelagerter Parallelschraubstock
(Spannbacken, Amboßansatz, Arretierung der Drehplatte)

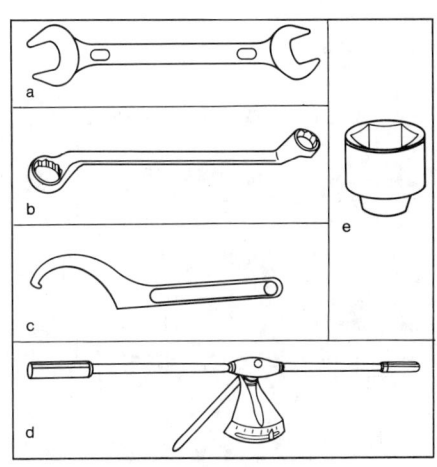

Schraubenschlüssel. Doppelmaul- (a), tief gekröpfter Doppelring- (b), Haken- (c), Torsion-Drehmomentschlüssel (d), Steckschlüsseleinsatz (e)

schnecken, Terebridae), Fam. der Vorderkiemerschnecken (Unterordnung Schmalzüngler) mit rd. 150 Arten, v. a. in trop. Meeren; Gehäuse sehr schlank und spitz, hochtürmig, bis 25 cm hoch; Radulazähne als Stilette mit Giftdrüsen ausgebildet.

Schraubenzieher (Schraubendreher), Werkzeug zum Festziehen, Lösen und Verstellen von Schrauben mit geschlitztem Kopf (Schlitzschrauben); ein meißel- oder spatelförmig abgeflachter (für Kreuzschlitzschrauben mit kegelig-kreuzförmigen Schneiden versehener) Rundstahl in einem Holz- oder Kunststoffgriff (Heft).

Schraublehre, svw. ↑Meßschraube.

Schraubmikrometer, svw. ↑Meßschraube.

Schraubstock, Vorrichtung zum Einspannen von Werkstücken zw. 2 [Spann]backen mit Hilfe einer Schraubspindel (doppelgängiges Trapezgewinde); häufig mit amboßähnl. Arbeitsfläche für Richtarbeiten. Die häufigste Bauform ist der *Parallel-S.,* bei dem eine Backe über eine Parallelführung, z. B. Schwalbenschwanzführung, parallel gegen die andere, feste Backe bewegt wird.

Schraubzwinge, ↑Zwingen.

Schreber, Daniel Gottlieb Moritz, * Leipzig 15. Okt. 1808, † ebd. 10. Nov. 1861, dt. Arzt und Pädagoge. - Leitete ab 1844 in Leipzig eine orthopäd. Heilanstalt; schuf Spielplätze, die mit Kinderbeeten und Gärten für Erwachsene verbunden waren, aus denen später die sog. ↑Schrebergärten entstanden. S. setzte sich v. a. für eine Reform der körperl. Erziehung und die Einführung der Jugendgymnastik ein.

Schrebergärten [nach D. G. M. Schreber] (Kleingärten), kleine, außerhalb der Wohngebiete gelegene Gartenparzellen, meist mit Hilfe zur Selbstversorgung mit Gemüse, Obst und Schnittblumen; häufig als Teil eines öffentl. Grünanlagengebietes.

Schreck, unlustvolle affektive Reaktion auf einen plötzl., als bedrohl. wahrgenommenen Reiz. Physiolog. Begleiterscheinungen sind Erblassen, gesteigerte Herzfrequenz, Schweißausbruch u. a. Als Folge des Schrecks kann es auch zu Sprachverlust *(S.aphasie)* und Lähmung (*S.lähmung;* ↑kataplektischer Anfall) kommen.

Schrecke, Höhenzug zw. der Goldenen Aue und der Thüring. Pforte, Bez. Halle, DDR, bis 363 m hoch.

schrecken, wm. für: Schrecklaute ausstoßen; von Schalenwild (außer Schwarzwild) gesagt; bei Rehwild spricht man von *schmälen.*

Schrecklähmung ↑kataplektischer Anfall.

◆ bei manchen Tieren (v. a. Insekten) vorkommende, durch einen plötzl. Reiz (z. B. eine Erschütterung, Berührung) ausgelöste Bewegungslosigkeit (↑Akinese).

Schreckmärchen ↑Märchen.

Schreckschußwaffen ↑Schußwaffen.

Schrecksekunde ↑Anhalteweg.

Schreckstellung, 1. bei der Abwehr von Feinden zu deren Abschreckung eingenommene, bes. ausgeprägte, starre Körperhaltung mancher Tiere (v. a. Insekten bzw. Raupen), bei der zusätzl. eine Schreckfärbung zur Wirkung gebracht wird; 2. das „Sichtotstellen" (↑Akinese) bei vielen Insekten.

Schreckstoffe (Abwehrstoffe), in der Haut mancher schwarmbildender Fische (z. B. Elritzen und andere Karpfenfische) lokalisierte chem. Substanzen, die bei einer Verletzung frei werden und (als Warnsignal) bewirken, daß die übrigen Tiere des Schwarms sich fluchtartig aus dem Bereich des verletzten Tiers entfernen.

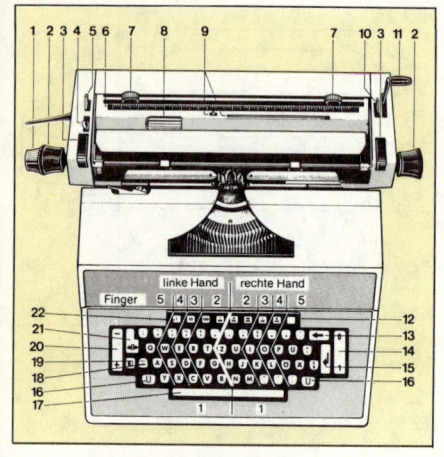

Schredder

Schreibmaschine. Äußere Bauteile einer elektrischen Schreibmaschine mit Angabe der Fingerstellung auf der Tastatur (Zehnfingersystem).
1 Walzenstechknopf,
2 Walzendrehknopf,
3 Wagenlöser,
4 Zeilenabstandeinsteller,
5 Walzenlöser, 6 Randstellerskala,
7 Randsteller, 8 Papieranlage,
9 aufklappbare Papierstütze,
10 Papierlöser, 11 Papiereinwerfer,
12 Durchlauftaste, 13 Rücktaste,
14 Motorschalter, 15 Rückführtaste,
16 Umschalter, 17 Leertaste,
18 Umschaltfeststeller,
19 Halbschrittaste,
20 Tabulatorsetzer und -löscher,
21 Randlöser,
22 Tasten des Dezimaltabulators

Schreibmaschine. Kipp- und Drehmechanismus des Schreibkopfs einer Schreibkopfmaschine

◆ (Abwehrstoffe) von manchen Tieren, v. a. Insekten, in bestimmten Drüsen *(Wehrdrüsen)* produzierte, übelriechende oder ätzend wirkende Sekrete, die Feinde abstoßen bzw. abschrecken; auch zu diesem Zweck erbrochener Magen- bzw. Kropfinhalt.

Schredder (Shredder) [zu engl. to shred „zerfetzen"], ortsfeste oder fahrbare Anlage, mit der Autowracks u. a. sperrige Blech- bzw. Metallgegenstände zerkleinert werden. Flugfähige Teile werden abgesaugt, in einer *Magnetanlage* wird Eisenschrott von Nichteisenmetallen getrennt, Aluminium und Magnesium werden in der *Schwimm-Sink-Anlage* heraussortiert; der nicht verwertbare Abfall wird Müll-Containern zugeführt.

Schreiadler (Aquila pomarina), bis etwa 65 cm langer, brauner Greifvogel (Gatt. Adler), v. a. in Wäldern wasserreicher und sumpfiger Landschaften O-Europas (in O-Deutschland nur noch selten), Kleinasiens und Indiens; unterscheidet sich vom ähnl., aber größeren Schelladler bes. durch helleres Gefieder (v. a. an Scheitel und Unterseite); jagt seine Beutetiere (v. a. Ratten, Mäuse, Frösche, Eidechsen) am Boden laufend.

Schreiatmung, Atemtyp des lebenskräftigen Neugeborenen, das kurz nach der Geburt bei jedem Atemzug einen kräftigen Schrei ausstößt.

Schreibautomaten (Textautomaten), Bez. für elektr. Spezialschreibmaschinen, die auf Kassetten, Lochstreifen, Magnetbändern oder -karten gespeicherte Texte, durch diese Datenträger gesteuert, automatisch schreiben.

Schreiber, Hermann, Pseud. Ludwig Bühnau, Ludwig Berneck, Ludwig Barring, Lujo Bassermann, * Wiener Neustadt 4. Mai 1920, östr. Schriftsteller. - Verf. zahlr. populärer Romane und Novellen; große Erfolge mit [histor.] Sachbüchern, u. a. „Auf den Spuren des frühen Menschen" (1980), „Die Versailles-Romane" (6 Bde.; 1977–83).

S., Walther, * Pustleben (= Wipperdorf bei Nordhausen) 10. Juni 1884, † Berlin 30. Juni 1958, dt. Politiker. - Jurist; 1919–33 MdL in Preußen (DDP), 1925–32 Handelsmin.; 1945 Gründungsmitglied und 2. Vors. der CDU Berlins und der SBZ, im Dez. von den sowjet. Behörden abgesetzt; 1947 Vors. der CDU in Berlin, 1951–53 stellv., 1953–55 Regierender Bürgermeister von Berlin.

Schreibfeder (Feder), zum Schreiben mit Tinte oder anderen Schreibflüssigkeiten verwendete Schreibvorrichtung v. a. aus rostfreiem Stahl oder Edelmetallegierungen, mit einem Spalt, durch den die Tinte beim Schreiben abfließt.

Schreibmaschine

Die Ägypter schrieben mit dünnen Papyrusstengeln. Im Altertum verwendete man Binsenstengel oder zugeschnittenes Schilfrohr (*Rohrfeder*). Von den Römern eingeführte Metallfedern wurden im frühen MA durch Gänsefedern verdrängt. Erst im 19. Jh. konnte sich die Stahlfeder durchsetzen.

Schreibmaschine, Gerät (Büromaschine) für maschinelle Schreibarbeiten, mit dem durch manuellen Tastendruck Buchstaben, Ziffern, Satzzeichen sowie Sonderzeichen (Typen) auf eingespanntes Papier „gedruckt" werden. Man unterscheidet nach der Arbeitsweise *mechan. S., elektr. S.* und *elektron. S.*, nach Größe und Gewicht *Büro-, Groß-* oder *Standard-S.*, und *Flach-* oder *Reise-S.*

Aufbau und Wirkungsweise: Die gebräuchlichsten Typenhebel-S. besitzen eine Tastatur (Tastenfeld) aus 44–46 Tastenhebeln mit Tasten, die durch jeweils 2 Zeichen gekennzeichnet sind, und etwa 10 Tastenhebeln für bes. Funktionen. Die in 4 Reihen angeordneten *Typentasten* werden zweckmäßig nach dem *Zehnfingersystem* angeschlagen, wobei jedem Finger bestimmte Tasten zugeordnet sind. Mit den Tastenhebeln durch Getriebeglieder verbunden, lagern im sog. *Typenhebelkorb* die verschiedenen *Typenhebel* mit jeweils 2 erhabenen Typen; sie sind in einem kreissegmentartig ausgebildeten *Typenhebellager (Segment)* schwenkbar befestigt. Weiter befindet sich am Gestell ein *Schlitten* oder *Wagen* mit einer *Schreibwalze* (mit Hartgummimantel), um die das Papier gelegt wird, sowie ein *Farbband.* Durch Anschlagen einer Taste wird ein Hebelgetriebe betätigt, wobei der zugehörige Typenhebelkopf zur Walze schwingt und zum Anschlag gegen das Farbband gebracht wird, das dann die erhabene Form der angeschlagenen Type auf das Papier überträgt. Die Anbringung von 2 Typen (Klein- und Großbuchstabe bzw. eine Ziffer und ein Zeichen) erfordert ein durch eine bes. Funktionstaste (*Umschalter*) bewirktes Senken des Segments bzw. Anheben des Wagens samt Walze (*Segment-* bzw. *Wagen-* oder *Walzenumschaltung*), um Großbuchstaben bzw. bestimmte Zeichen anzuschlagen. Nach jedem Anschlag wird der *Wagen* von dem durch den Typenhebel betätigten *Schrittschaltwerk (Schaltschloß)* gesteuert nach links gerückt. Bei *Mehrschritt-S.* ist jedem Buchstaben ein seiner typograph. Breite entsprechender Wagenschritt zugeordnet. Mit dem zum Schreiben von Tabellen, Rechnungen u. a. verwendeten *Tabulator* läßt sich der Wagen durch Drücken der Tabulatortaste selbsttätig an den jeweiligen Anfang einer Spalte bringen. Bei den *mechan. S.* werden die Typenhebel mit mehr oder weniger kräftigem Fingerdruck zum Anschlag gebracht, bei *elektr.* oder *elektromechan. S.* erfolgen Typenwahl und übrige Schreibvorgänge durch jeweils leichten Tastendruck, die weiteren Abläufe werden durch einen eingebauten, ständig laufenden Elektromotor bewirkt. Bei *Schreibkopfmaschinen* bewegt sich der leicht auswechselbare Schreibkopf (meist ein *Kugelkopf,* sog. *Kugelkopfmaschinen*) samt Farbkassette auf einem Schlitten entlang der Schreibzeile und wird bei Bedienung der Tastatur so gehoben, gedreht und/oder gekippt, daß er mit der jeweils gewünschten Type an der Schreibstelle hammerartig das Farbband gegen das Schreibpapier schlagen kann. Es gibt auch Schreibkopfmaschinen mit „ortsfestem" Schreibkopf und bewegl. Wagen. In *elektron. S.* übernehmen Mikroprozessoren Funktionen wie Randüberwachung, Textanordnung (Flatter- oder Blocksatz) u. a. Sie können mit einem Schreibkopf ausgerüstet sein oder mit einem Typenrad *(Typenradmaschine),* bei dem die einzelnen Typen auf radial angeordneten Speichen angebracht sind und von einem kleinen Hammer gegen Farbband und Papier geschlagen werden; z. T. sind sie mit einer Zwei- oder Mehrfachbelegung der Tastatur ausgestattet, so daß auf andere Schriften bzw. Zeichen umgeschaltet werden kann.

Die Mikroelektronik ermöglichte die Entwicklung sog. **Speicherschreibmaschinen** mit Display und Speicher, die z. T. an Computer, Teletex, Fernschreiber u. a. angeschlossen werden können. Bevor der Text geschrieben (bzw. gesendet) wird, kann er zuerst gespeichert und im Display korrigiert oder geändert werden. Bei den Speichern unterscheidet man *Floskel-* oder *Konstantenspeicher* mit einer Speicherkapazität für etwa 1 000 Zeichen zur Speicherung von Tagesdatum, Kennzeichen, Grußformeln u. a. und *Arbeitsspeicher* mit einer Speicherkapazität bis zu 32 000 Zeichen (und mehr), die den Aufbau eines Archivs für wiederkehrende komplette Texte und Formeln, z. B. für Standardbriefe, Verträge usw. ermöglichen. Einzelne Textteile können „per Knopfdruck" abgerufen werden, so daß beim Ausdruck nur noch Einzeldaten (z. B. Anschrift, Datum) ergänzt werden müssen. Durch *externe Speicherung* auf Magnetbändern, -platten u. a. kann ein solches Textarchiv erweitert werden.

Geschichte: Etwa ab Mitte des 17. Jh. gab es Versuche, auf dem Prinzip des Druckens einzelner Buchstaben beruhende S. zu konstruieren. S. mit Typenhebeln wurden seit den 1830er Jahren (u. a. K. F. Drais von Sauerbronn [1832]), S. mit Typenwalze bereits 1893 (G. Blickensderfer) gebaut. Die erste fabrikmäßige Fertigung von S. nahm die Firma Remington 1873 auf. Die Erfindung des Segments (1898) durch F. X. Wagner und des Zwischenhebelgetriebes durch H. L. Wagner gaben der Typenhebel-S. ihre heutige Form. Nachdem 1872 T. A. Edison die erste elektr. S. (mit Typenwalze) konstruiert hatte, wurden elektr. S. ab Büro-S. ab 1920 gebaut.

📖 *Köntopp, W.: Elektr. Schreibmaschinen.* Aachen ⁵1976. - *Helfer, J./Müller, P.: Konstruk-*

Schreibprojektoren

tionsmerkmale der S. Aachen ³1973. - Eye, W. v.: Kurzgefaßte Gesch. der S. u. des Maschinenschreibens. Bln. 1958.

Schreibprojektoren ↑Projektionsapparate.

Schreibschrift ↑Schrift.

Schreibschulen, seit dem 14. Jh. in Städten private oder städt. Einrichtungen, in denen Kindern und Erwachsenen Lesen und Schreiben, später auch Rechnen gelehrt wurde; später teils zu Elementarschulen ausgebaut, Vorläufer der Volksschule.

Schreibstörungen ↑Agraphie, ↑Legasthenie.

Schreibtisch, Tisch mit Fächern zur Aufbewahrung von Schreibgerät, in der 2. Hälfte des 17. Jh. aufgekommen. Er tritt in 2 Typen auf: als Schreibkommode bzw. **Pultschreibtisch**, mit nach vorn aufklappbarem Deckel wie Schreibschränke (↑Schrank) und etwas später als **Bureau plat**, ein S. mit flacher Schreibfläche, der nurmehr flache Schubladen unter der Tischplatte hat, in Norddeutschland auch schon der noch heute gebräuchl. Typ mit dreigeteiltem Unterbau: in der Mitte eine flache Schublade und seitlich tiefer reichende Schübe oder Fächer. Der Pult-S. wird in der 2. Häfte des 18. Jh. bereichert durch das **Zylinderbureau**, dessen Fächer und Schreibplatte im Halb- oder Viertelkreis geführte Rolladen verschließen.

Schreibtischtäter, im Zusammenhang mit der Verfolgung nat.-soz. Gewaltverbrechen entstandener (dann auch außerhalb dieses histor. Rahmens verwendeter) Begriff; meint v. a. Personen, die in obersten Reichsbehörden und Dienststellen der NSDAP und ihren Gliederungen (bes. der SS) für die Planung und Organisation von Massenmorden verantwortl. waren.

Schreibunterricht, Teilbereich des Deutschunterrichts mit dem Ziel, eine lesbare flüssige und entwicklungsfähige persönl. Handschrift zu erlernen und sich mit Sprache in ihrer schriftl. Erscheinungsform auseinanderzusetzen. Die Schüler sollen befähigt werden, spätestens bis Mitte des 2. Schuljahres einfache Texte in der Lateinischen Ausgangsschrift - seltener in Druckschrift - orthographisch richtig zu schreiben. Ähnlich wie beim Leseunterricht werden die sog. synthet. und die sog. Ganzheitsmethode, vielfach auch analyt. oder ganzheitl.-analyt. Methode unterschieden. In neuester Zeit Bemühen um eine Methodenintegration innerhalb des S.; zugleich soll die Verbindung von Rechtschreiben und Schreibenlernen verstärkt werden.

Schreier, Peter, * Gauernitz bei Meißen 29. Juli 1935, dt. Sänger (lyr. Tenor). - Mgl. der Dresdner, später der Dt. Staatsoper in Berlin (Ost); internat. v. a. als Mozart-Interpret bekannt; bed. Lied- und Oratoriensänger; tritt auch als Dirigent hervor.

Schreierpfeife (Schryari), ein im 16./17. Jh. in mehreren Tonlagen gebautes Blasinstrument mit doppeltem Rohrblatt, Windkapsel, kon. Rohre und 8 Grifflöchern. - In der Orgel eine ↑gemischte Stimme (meist aus Oktavchören zusammengesetzt).

Schrein [zu lat. scrinium „Behälter für Buchrollen"], Kasten mit Deckel oder mit Türen, verschließbarer stehender oder hängender schrankähnl. Behälter aus Holz, z. B. Reliquien-S., Altar-S. (mit Schnitzfiguren im Hohlkörper).

♦ Heiligtum des Schintoismus, Sitz einer Gottheit (Kami); Pfahlbau aus Zypressenholz mit Satteldach, vor dem Eingang ein Tor aus Pfeilern und Querbalken.

Schreinsbuch, ma. Form des Grundbuches, bezeichnet nach dem Schrein (lat. scrinium) als Aufbewahrungsort; erstmals um 1135 im Vorläufer der **Schreinskarten** in Köln überliefert.

Schreitvögel, svw. ↑Stelzvögel.

Schreivögel (Clamatores), Unterordnung 7-50 cm langer Sperlingsvögel mit rd. 1 000 Arten, v. a. in den Tropen (bes. Amerikas); primitive Vögel, die sich von den höher entwickelten Singvögeln durch einfacheren Bau ihres Stimmorgans unterscheiden. - Von den 12 Fam. sind am bekanntesten: Ameisenvögel, Tyrannen, Schmuckvögel, Pittas.

Schreker, Franz, * Monaco 23. März 1878, † Berlin 21. März 1934, östr. Komponist. - 1920-32 Direktor der Berliner Hochschule für Musik; einer der wichtigsten

Pultschreibtisch mit Kommodenunterbau, lackiert und mit floralem Golddekor (um 1715). Berlin-Charlottenburg, Verwaltung der staatlichen Schlösser und Gärten

Opernkomponisten seiner Zeit, dessen individuelle Tonsprache auf spätromant. und impressionist. Klangmitteln beruht; u. a. Opern: „Der ferne Klang" (1912), „Die Gezeichneten" (1918), „Der Schatzgräber" (1920), „Irrelohe" (1924), „Der singende Teufel" (1928), „Der Schmied von Gent" (1932).

Schrey, Ferdinand, * Elberfeld (= Wuppertal) 19. Juli 1850, † Berlin 2. Okt. 1938, dt. Stenograph. - Vereinfachte das Kurzschrift-System von F. X. Gabelsberger; 1897 Einigung auf ein System „Stolze-Schrey".

Schreyer, Lothar, Pseud. Angelus Pauper, * Blasewitz (= Dresden) 19. Aug. 1886, † Hamburg 18. Juni 1966, dt. Schriftsteller und Maler. - 1918 mit H. Walden Begründer der „Sturm-Bühne" in Berlin, später Leiter der „Kampfbühne" in Hamburg; 1921-23 Prof. am Bauhaus in Weimar. Schrieb expressionist. Dramen, Romane und Lyrik. Wandte sich später einer christl. Mystik zu.

Schreyvogel, Joseph, * Wien 27. März 1768, † ebd. 28. Juli 1832, östr. Schriftsteller. - 1802-04 und ab 1814 Hoftheatersekretär in Wien. Verdient um das Burgtheater, dessen Spielplan er als Dramaturg bes. durch Bearbeitung span. Dramen bereicherte; starker Einfluß auf F. Grillparzer.

Schreyvogl, Friedrich [...foːgəl], * Mauer (= Wien) 17. Juli 1899, † Wien 11. Jan. 1976, östr. Schriftsteller. - Ab 1927 Prof. für Dramaturgie und Literatur in Wien, 1953/54 Chefdramaturg am Theater in der Josefstadt, ab 1959 am Burgtheater. Die Romane „Eine Schicksalssymphonie" (1941) und „Die Dame in Gold" (1957) kennzeichnen S. als Vertreter der kath.-altöstr. Tradition, die den Untergang der Donaumonarchie unkrit. und geschichtsfern interpretierte. Schrieb auch expressionist. Lyrik, histor. und religiöse Dramen wie „Der Gott im Kreml" (1937), Komödien. - *Weitere Werke:* Grillparzer (R., 1935), Ein Jahrhundert zu früh (R., 1964).

Schri, ind. Göttin (auch Lakschmi gen.); urspr. als göttl. Macht der Fruchtbarkeit verehrt, deshalb Schutzgöttin des Bauernstandes.

Schrieffer, John Robert [engl. ˈʃriːfə], * Oak Park (Ill.) 31. Mai 1931, amerikan. Physiker. - Prof. in Urbana (Ill.) und Philadelphia. Hauptarbeitsgebiete: Theorie der Supraleitung, Ferromagnetismus, Oberflächenphysik. Erhielt mit J. Bardeen und L. N. Cooper für die von ihnen 1957 entwickelte Theorie der Supraleitung *(BCS-Theorie)* 1972 den Nobelpreis für Physik.

Schriesheim, Stadt an der Bergstraße, Bad.-Württ., 120 m ü. d. M., 13 800 E. - Porphyrsteinbrüche; Apparatebau, Krawattenfabrik, Nahrungsmittelind. - 766 erstmals erwähnt; um 1250 Anlage der Stadt südl. der älteren Dorfsiedlung; 1504 zerstört, noch als Marktflecken bezeichnet; 1964 erneut Stadtrecht. - Ruine der Strahlenburg (v. a. 12. und 13. Jh.).

Schrift, ein System graph. Zeichen, die zum Zwecke menschl. Kommunikation in konventioneller Weise verwendet und durch Zeichnen, Malen, Einkerben, Ritzen o. ä. auf feste Beschreibstoffe (Stein, Rinde, Holz-, Ton- und Wachstafeln, Leder, Knochen, Papyrus, Pergament, Papier usw.) hervorgebracht werden. Von anderen Kommunikationsformen wie Gebärdensprachen, Rauchsignalen u. ä. oder gesprochener Sprache, die alle zeitl. und räuml. beschränkt sind, unterscheidet sich S. durch die Überwindung der zeitl. und räuml. Beschränkung, die dadurch erzielt wird, daß die verwendeten Zeichen auf dauerhaftem Material angebracht werden.

Auf einer ersten Entwicklungsstufe werden durch die S. noch nicht bestimmte sprachl. Elemente wiedergegeben; geschrieben wird in einfachen Bildern oder Bildfolgen, weitgehend unabhängig von der äußeren Form (Lautung) der sprachl. Mitteilung. Ein entscheidender Schritt ist die „Phonetisierung", der Übergang von der Begriffs-S. zur Laut-S., die nun ihrerseits von der inneren Form, dem Sinn der sprachl. Mitteilung, absieht. Erst von diesem Übergang an (der um 3000 v. Chr. in Mesopotamien und Ägypten erreicht wurde) kann von echter S. gesprochen werden.

Entwicklung der Schrift: Vorstufen einer eigtl. S. sind etwa die sog. „Gegenstands-S." (Knotenschrift, Kerbzahlen, indian. Wampumgürtel u. ä.) und die prinzipiell mit davon unterschiedene bildl. Ideen-S. († Bilderschrift). In der späteren Entwicklung werden die für die S. verwendeten Zeichen, unabhängig von ihrer Formgebung, zum Ausdrucksmittel der sprachl. Zeichen; diese S. kann man als „Phonographie" (Laut-S. i. w. S.) bezeichnen, und je nach der Art der ausgedrückten Sprachzeichen (Wörter, Silben, Laute) werden Wort-, Silben- und Laut-S. unterschieden. Eine *Wort-S.* stellt jedes Einzelwort durch bes. Zeichen, i. d. R. Bildzeichen († Hieroglyphen) dar und erlaubt damit die Niederschrift eines Gedankens nicht nur seinem allg. Sinn nach, sondern Wort für Wort. Was die Form angeht, so werden v. a. Bildzeichen konkreter Gegenstände gebraucht, insbes. für konkrete Gegenstände (SONNE = Sonne), verwandte Begriffe (SONNE = Tag) oder Tätigkeiten (AUGE = sehen); zu den Wortschriften gehört z. B. die † chinesische Schrift. Im Laufe der Weiterentwicklung der Wort-S. zu einer lauttreueren S. wird ein bildl. nicht darstellbarer Begriff durch das Bild eines nur lautl. anklingenden, jedoch zu einem anderen nicht in sachl. Bezug stehenden Begriffes angedeutet. Ein Zeichen erhält dadurch einen phonet. Wert, der unabhängig ist von der eigtl. „Bed." des Zeichens. In der *Silben-S.* werden die Silben der Wörter, in der *Laut-S.* deren einzelne Laute durch Zeichen ausgedrückt, die von dem jeweiligen Begriff unabhängige Lautwerte haben. In der Wirklichkeit sind aber reine Silben-S. sehr

317

Schrift

selten im Verhältnis zu Mischformen aus Wort-S. und Silben-S., wie sie etwa in den ältesten Formen der altmesopotam. ↑Keilschrift, in der ↑ägyptischen Schrift, der S. des Hieroglyphenhethitischen oder der ↑japanischen Schrift vorliegen.
Der Übergang von der Silben- zur Laut-S. gelang zuerst den Griechen. Sie schufen sie durch systemat.-konsequenten Gebrauch von phonet. Vokalindikatoren (sog. „matres lectionis") und durch die erst so ermöglichte Reduktion der Silbenwerte der Zeichen auf Lautwerte eine S., die die Einzellaute bzw. -phoneme einer Sprache ausdrückt; eine grundlegende Änderung der äußeren Form der westsemit. (phönik.) S. entstand so (vermutl. im 9. Jh. v. Chr.) das erste Alphabet. Es verbreitete sich früh bei den italischen Völkern und von Byzanz aus im Gebiet der orth. Kirche bei einem Teil der Slawen (↑Glagoliza, ↑Kyrilliza); in Form bestimmter Arten der ↑lateinischen Schrift verbreitete es sich, nicht zuletzt unter dem Einfluß der röm.-kath. Kirche, über Sprach- und Volkstumsgrenzen hinweg über ganz Europa und in den letzten Jh. auch weit über Europa hinaus. So gehen letztl. alle modernen europ. S. auf die ↑griechische Schrift als Mutteralphabet zurück; diese wiederum geht, ebenso wie die Brahmi-S., aus der sich fast alle ↑indischen Schriften entwickelt haben, auf eine semitische Schrift zurück.

Handschriften: Wie Griechen und Römer selbst gewöhnl. geschrieben haben, ist erst infolge der zahlr. Papyrusfunde seit dem Ende des 19. Jh. genauer zu verfolgen. Im alltägl. Gebrauch verwendete man i. d. R. kursivere, an Abkürzungen und Zeichenverbindungen (Ligaturen) reichere S.formen. In der frühen röm. Kaiserzeit bildete sich eine bes. (kalligraph.) Monumental-S. in Majuskelform heraus, die ↑Kapitalis mit gleich hohen, unverbunden nebeneinanderstehenden Buchstaben, die in den modernen Großbuchstaben der ↑Antiqua fortlebt. In der Gebrauchs-S. der jüngeren röm. Kursive, in der der Majuskelcharakter der S. gegenüber freier gestalteten Formen und markanten Ober- und Unterlängen zurückgetreten ist, haben die modernen Kleinbuchstaben ihre Wurzel. Seit dem 3. Jh. n. Chr. bekannt ist die in streng-gleichmäßigen, quadrat. oder stark gerundeten Formen geschriebene Unziale. Im frühen MA bildeten sich verschiedene, mehr oder weniger stark differenzierte Typen heraus, denen sich nach der Ausbildung der ↑karolingischen Minuskel im Zusammenhang mit einer S.reform Karls d. Gr. wieder ein einheitliches S.wesen anschloß.

Die Entwicklung der **Schreibschrift** verlief in Abhängigkeit vom wechselnden Schreibgerät, von der Druckschrift und dem sich wandelnden Geschmack: Aus der got. S. entwickelte sich die Frakturschrift, die zunächst weite Verbreitung fand; im dt. Sprachgebiet fanden sich im 16. Jh. klare, im 17. Jh. schwungvolle Barockformen, die das Lesen stark erschwerten, im 18. und 19. Jh. nüchternere Formen. Es änderten sich dabei nicht nur der Duktus, sondern auch einzelne Buchstaben; die Großbuchstaben waren z. T. vergrößerte Kleinbuchstaben, z. T. aus der Kapitalis entlehnt. Die von L. Sütterlin geschaffene Schreibschrift war die Grundlage der Dt. Schreibschrift, die 1941 von der Dt. Normalschrift, einer genormten lat. S., abgelöst wurde.

Druckschrift: Die Inkunabeldrucker haben zunächst die Handschriften möglichst getreu nachzuahmen verucht. Als Vorbild diente 1. die Prunkschrift der got. Zeit, die Textura, die aber vereinfacht werden mußte (v. a. für liturg. Drucke), 2. die ↑Gotico-Antiqua, 3. die ↑Rotunda und 4. die Bastarda, aus der sich die ↑Schwabacher und auch die ↑Fraktur entwickelte, die nördl. der Alpen lange bevorzugt wurde. Die in Italien und von den Humanisten bevorzugte Druckschrift ist die ↑Antiqua. Die berühmteste Antiqua-S. schuf N. Jenson in der 2. Hälfte des 15. Jh. in Venedig. Typ. für die Renaissanceantiqua (↑Mediäval) ist, daß sie alle Letternteile gleich stark druckt. Es wurden auch Antiqua-Kursive entwickelt (A. Manutius). Nach und nach wurden auch griech. Drucktypen verwendet, neben Typen von A. Manutius v. a. die „Grecs du roi", die C. ↑Garamond auf Befehl Franz' I. schuf. In Venedig wurden sowohl Bücher mit glagolit. als auch mit kyrill. Typen in kroat. bzw. serb. Sprache gedruckt, mit kyrill. Typen in Krakau auch in ukrain. Sprache. Hebr. Typen lassen sich schon 1475 in Italien nachweisen. Die Schriften des 18. Jh. unterscheiden kräftige Grund- und feine Haarstriche: Schriften von J. Baskerville sowie F. A. und F. Didot (Didot-Antiqua), am meisten ausgeprägt in den Typen von G. Bodoni. Anfang des 19. Jh. wurden auch wieder Schriften mit gleich starker Linienführung modern (↑Egyptienne, ↑Groteskschriften). Ende des 19. Jh. setzte in Großbrit. eine Buchkunstbewegung ein; die in den 1890 von W. Morris gegr. „Kelmscott Press" verwendeten Typen (Golden Type, Chaucer Type und Troy Type) sind Nachschnitte von Typen von N. Jenson, A. Koberger, P. Schöffer und G. Zainer. Es folgten zahlr. Jugendstilkünstler und im 20. Jh. v. a. spezialisierte Schriftkünstler, u. a. P. Behrens, O. Eckmann, F. H. Ehmcke, E. Gill, F. W. Goudy, Rudolf Koch, F. H. E. Schneidler, W. Tiemann, E. R. Weiß.

Nach ihrem Verwendungszweck werden die Druck-S. in Brot-S. (auch Text- oder Werk-S. gen.), Akzidenz-S. und Auszeichnungs- oder Zier-S. geteilt. 1964 erfolgte die Klassifikation der S. nach DIN 16518.

Schriftkunde: Dem wiss. Studium von S.quellen und S.systemen widmen sich als eigtl. „grammatolog." Disziplinen ↑Epigraphik und

SCHRIFT Entstehung und Entwicklung des Alphabets

Semitisch			Griechisch						Italisch					
Phönik. Zeichen	Semit. Name	Laut-wert	"Ur"-Alphabet	Laut-wert	Ost-griech.	Klass. Alphabet	Griech. Name	Laut-wert	West-griech.	Etrusk. Zeichen	Laut-wert	Arch.-Latein.	Laut-wert	Klass.-Latein.	Laut-wert
K ≮	Alef	ʼ	A	a	ΑΛΑ	Α α	Alpha	a, a:	ΑΛΑ	Α	a	ΑΛ	a, a:	A	a, a:
9	Bet	b	B	b	ΒB	Β β	Beta	b	ΒB	ʒ	k	ΒB	b	B	b
⟨ ⟨	Gimel	g	Γ	g	⟨⟨⟨	Γ γ	Gamma	g	⟨⟨⟨	⟩⟩	k	⟩	g, k	C	k
▽ △	Dalet	d	Δ	d	△▽D	Δ δ	Delta	d	△△D	D	d	D	d	D	d
ヨ ヨ	He	h	E	e	ᚡᚡᚡ	Ε ε	Epsilon	ε	ᚡFE	ƎƎ	e	ƎE	ε, e:	E	ε, e:
Υ	Waw	w	F	u	FF	–	Digamma	–	FF	ʞ	v	F	f	F	f
I	Sajin	z	Z	z	IH	Ζ ζ	Zeta	zd	I	I ǂ	ts	–	–	–	–
–	–	–	–	–	–	–	–	–	–	–	–	–	–	G	g
⊞	Chet	ḥ	H	h	BH	Η η	Eta	ε:	BH	BB	h	H	h	H	h
⊕ ⊗	Tet	ṭ	Θ	t	⊕⊗	Θ θ	Theta	t	⊕⊕O	⊗OO	t	–	–	–	–
2 Z	Jod	j	I	i	ᚦI	Ι ι	Iota	i, i:	–	–	i	I	i, i:	I	i, i:
Ψ Y	Kaf	k	K	k	KK	Κ κ	Kappa	k	K	K	k	K	k	K	k
⌒	Lamed	l	Λ	l	⌐⌐⌐	Λ λ	Lambda	l	⌐⌐⌐	⌐	l	⌐	l	L	l
ᛏ ᛊ	Mem	m	M	m	MM	Μ μ	My	m	MM	ᛘ	m	ᛘ	m	M	m
ᛊ ᛏ	Nun	n	N	n	NN	Ν ν	Ny	n	NN	ᛃ	n	ᛃ	n	N	n
⊞	Samech	s	Ξ	s(?)	⊞	Ξ ξ	Xi[1]	ks	+×	⊞	s	–	–	–	–
O	Ajin	ʻ	O	o	O	Ο ο	Omikron	o	O	O	o	O	ɔ, o:	O	ɔ, o:
⌐ ⌐	Pe	p	Π	p	⌐⌐⌐	Π π	Pi	p	⌐⌐	⌐⌐	p	⌐	p	P	p
ʒ	Zade	ṣ	–	–	–	–	–	–	Μ	Μ	ṣ	–	–	–	–
φ φ	Kof	q	Q	k	O	–	Koppa	–	Q	Q	k	QQ	kw	Q	kw
ᛊ ᛅ	Resch	r	P	r	PPRD	Ρ ρ	Rho	r	PPPP	ϥ ϥ ᛊ	r	ϥ	r	R	r
W W	Schin	š	Σ	s	彡ƧƸƐ	Σ σ ς	Sigma	s	ƧƵ	ƧƵƷ	s	ƧƵ	s	S	s
+ ×	Taw	t	T	t	T	Τ τ	Tau	t	T	T	t	T	t	T	t
Υ			Y	u	YV	Υ υ	Ypsilon	y, y:	YVV	YV	u	V	u, u:, μ	V	u, u:, μ
					ΦΦΦ	Φ φ	Phi	f	ΦΦΦ	ΦΦΦ	f	–	–	–	–
					X+	Χ χ	Chi[2]	ç	Ψ+ᛏ	⊕⊕	ç	–	–	–	–
					ΨΨΨ	Ψ ψ	Psi	ps	ΨΨᛏ	ΨΨ		–	–	–	–
					Ω	Ω ω	Omega	ɔ:				siehe unten		O	ɔ, o:
										8 8	f				
wie oben									siehe oben			X[3]	ks	X	ks
												wie oben		Y	y, y:
														Z	z

[1] Das westgriech. Xi-Zeichen entspricht formal dem ostgriech. Chi-Zeichen.
[2] Das westgriech. Chi-Zeichen entspricht formal dem ostgriech. Psi-Zeichen.
[3] Das latein. X-Zeichen ist Fortsetzer des westgriechischen Xi-Zeichens.

Schrift

↑Paläographie, die die S. bes. vom Formalen her untersuchen, ↑Graphemik als Wiss. von der S. als Ausdrucksmittel sprachl. Zeichen u. a. Wiss.zweige. - Als Ausdrucksträger psycholog. Faktoren werden [Hand]schriften von der ↑Graphologie untersucht.

📖 Gerstner, K.: *Kompendium für Alphabeten. Systematik der Schrift.* Niederteufen ²1985. - Parramón, J. M.: *Das Hdb. der S.* Stg. 1985. - Stiebner, E. D., u. a.: *Bruckmanns Hdb. der S.* Mchn. ³1985. - Jakob, S./Leicher, D.: *S. u. Symbol.* Mchn. ²1984. - Kapr, A.: *S.kunst.* Mchn. ³1983. - Jackson, D.: *Alphabet. Die Gesch. vom Schreiben.* Dt. Übers. Ffm. 1981. - Stiebner, E. D./Huber, H./Zahn, H.: *S. u. Zeichen.* Mchn. 1981. - Ekschmitt, W.: *Das Gedächtnis der Völker.* Mchn. 1980. - Pope, M.: *Die Rätsel alter Schriften.* Dt. Übers. Bergisch Gladbach 1978. - Wills, F. H.: *S. u. Zeichen der Völker.* Düss. 1977. - Schauer, G. K.: *Die Einteilung der Druckschriften. Klassifizierung u. Zuordnung der Alphabete.* Hg. v. H. Zapf. Mchn. 1975. - *Alphabete u. S.zeichen des Morgen- u. Abendlandes.* Bln.; Wsb. ²1969. - Jensen, H.: *Die S. in Vergangenheit u. Gegenwart.* Bln. ³1969. - *Das Alphabet. Entstehung u. Entwicklung der griech. S.* Hg. v. G. Pfohl. Darmst. 1968. - Diringer, D.: *The alphabet; a key to the history of mankind.* London; New York ³1968. 2 Bde. - Földes-Papp, K.: *Vom Felsbild zum Alphabet. Die Gesch. der S. v. ihren frühesten Vorstufen bis zur modernen lat. Schreibschrift.* Stg. 1966.

Schrift, Heilige ↑Bibel.

Schriftauslegung, method. exakt vorgehende, interpretierende und aktualisierende Erklärung bibl. Texte (↑Exegese).

Schriftbeweis, die Rückführung dogmat. und eth. Aussagen einer Religion wie auch heilsgeschichtl. Ereignisse auf deren hl. Schrift, typ. für das Spätjudentum und das N. T. In der ev. Theologie ist nur der S. Grundlage der Dogmatik, während die kath. Theologie zusätzl. den Traditionsbeweis kennt.

Schriftenmission, Volksmission und Evangelisation mittels Vertrieb von werbender Kleinliteratur, vornehml. im prot. Bereich. V. a. im 19. Jh. entstanden nach dem Vorbild engl. Traktatgesellschaften Vereine für S., die mit Hilfe von Kolporteuren, Schriftenständen und Bücherläden arbeiten.

Schriftfarn (Milzfarn, Schuppenfarn, Ceterach), Gatt. der Tüpfelfarngewächse mit nur 4 Arten in den wärmeren Gebieten Europas, Asiens und Afrikas; Blätter lanzettförmig, fiederspaltig bis gefiedert, dick, oberseits dunkelgrün und kahl, unterseits dicht mit graubraunen, breiten Spreuschuppen bedeckt.

Schriftflechten (Graphidaceae), Fam. krustenartig auf Baumrinde und Steinen wachsender Flechten mit über 1 000 Arten in 12 Gatt.; der bekannteste Vertreter ist die an glatten Baumrinden (z. B. Buchenrinden) vorkommende, grauweiß gefärbte **Schriftflechte** i. e. S. (Graphis scripta) mit unregelmäßig schriftartig angeordneten, schwarzen, strichförmigen, etwa 5 mm langen und 0,2 mm breiten Sporenlagern.

Schriftform ↑Form.

Schriftführer, in Vereinen, Gremien und Versammlungen die für das Anfertigen von Protokollen [und Führen der Rednerliste] zuständige Person.

Schriftgelehrte (Soferim), einflußreiche Gruppierung des Frühjudentums, die sich durch Frömmigkeit und gründl. Kenntnis der religiösen Überlieferung auszeichnete und die Ausbildung der mündl. Lehre einleitete.

Schriftgießerei, Betrieb der graph. Ind., in dem die Patrizen und Matrizen sowie durch Gießen aus Letternmetall die Drucktypen selbst hergestellt werden.

Schriftgrad (Schriftgröße), die im typograph. Maßsystem (mit dem typograph. Punkt [p] als Einheit) angegebene Größe einer Druckschrift (Höhe z. B. von Großbuchstaben bzw. Ziffern) von *Nonplusultra* (2 p) über zahlr. Größen zu *Kanon* (36 p) und *Missal* (54 p) fortschreitend bis zu *Achtcicero* (96 p); am häufigsten verwendet werden folgende S. (Beispiele in tatsächl. Größe):

Perl	5 p
Nonpareille	6 p
Kolonel (Mignon)	7 p
Petit	8 p
Borgis	9 p
Korpus	10 p
Cicero	12 p

Schriftkegel (Kegel), die einheitl. Ausdehnung der Körper von Drucktypen einer Schrift in der Längsrichtung des Schriftbildes; bestimmt den Schriftgrad.

Schriftleiter, Ende des 19. Jh. aus Österreich nach Deutschland eingedrungene, heute veraltende Bez. für den Redakteur. - Das nat.-soz. **Schriftleitergesetz** von 1933 diente der Kontrolle der Journalisten durch Partei und Staat.

Schriftlesung, die für den öffentl. Gottesdienst in beiden christl. Konfessionen angeordnete, gesprochene oder gesungene Verlesung von Abschnitten (Perikopen) des bibl. Kanons; die S. ist durch eine Perikopenordnung vom Evangelium her bestimmt und für das ganze Kirchenjahr zusammengestellt.

Schriftmetall, svw. ↑Letternmetall.

Schriftprinzip, das „sola scriptura" der reformator. Theologie, das die in der kath. Lehre übl. Begründung eines Glaubenssatzes aus Hl. Schrift *und* Tradition ablehnt und „allein die Bibel" als Offenbarungsquelle annimmt.

Schriftsatz, die bei Gericht [in mehreren

Schriftsteller

Ausfertigungen] einzureichenden schriftl. Erklärungen der am Prozeß beteiligten Parteien (insbes. der Anwälte).
◆ ↑Satz.

Schriftsprache, die einheitl., verbindl. schriftl. Form einer Nationalsprache. Die seit dem Ende des 18. Jh. belegte S. grenzt die hochdt. Gemeinsprache von den regionalen Mundarten und Schriftdialekten durch eine überregionale Normierung in den Bereichen Phonetik, Morphemik, Syntax und Semantik ab. Trotz vielfacher Bemühungen der Philologen und Pädagogen, endgültige Festlegungen zu erreichen, ist S. keine geschichtsunabhängige Norm, sondern das jeweils zeitbedingte Angebot eines - z. B. im „Duden" gesammelten - mittleren Sprachpotentials, das Verständigung erleichtern und zugleich Information überregional verbindl. formulieren helfen soll.

Schriftsteller, im Ggs. zum meist höher eingeschätzten Dichter (Poet), dem Verfasser fiktionaler poet. Werke, bezeichnete S. vom 18. Jh. bis ins 20. Jh. den Autor von Prosaschriften ohne poet. Anspruch; heute Bez. für Verfasser, Autor oder Produzent fiktionaler (Prosa, Lyrik, Drama, Fernseh- und Hörspiele, Drehbücher) wie nichtfiktionaler Literatur (Sachbücher, Essays, Beiträge für Zeitung, Zeitschrift, Hörfunk, Fernsehen). Während die frühzeitl. **Dichter** als gottbegnadete, priesterl.-prophet. Sänger noch eine archaische Vorstellungswelt repräsentierten (Orpheus, Homer), differenzierte sich ihr Bild mit den ersten, histor. belegbaren Gestalten zunehmend. Die frühen griech. Dichter stammten nicht nur aus verschiedenen sozialen Schichten, sie stellten sich auch von Anfang an unterschiedl. zur herrschenden Gesellschaft: Neben Autoren mit fester Funktion in Staat und Polis fanden sich in höf. Diensten stehende Dichter oder fahrende Sänger (Rhapsoden) oder [aus polit. Gründen] vertriebene Außenseiter. Auch in der röm. Literatur waren Autoren aller Stände und Herkunft vertreten. Die Dichterpatronage (Mäzenatentum) kam v. a. Nichtrömern zugute. Im frühen MA traten die Autoren (v. a. Mönche) wieder hinter ihr Werk zurück; Ausnahmen waren der Skalde, der Barde sowie der anonyme, schwer faßbare Spielmann. Während die religiöse Literatur des frühen MA i. d. R. von den Vertretern des geistl. Standes stammte, waren (nach 1100) bei der weltl. höf. Standespoesie wieder Mgl. aller sozialen Schichten vertreten. Ähnl. wie in der Antike lebten die ma. Dichter entweder an einem Hof, waren in städt. Diensten oder Fahrende. Eine Standesdichtung, in der Publikum und Verfasser weitgehend derselben sozialen Schicht angehörten, war der Meistersang, der auf der bis ins 18. Jh. fortdauernden Vorstellung von der Erlernbarkeit der Dichtung gründete. Auch noch in der Renaissance, im Barock und im 18. Jh. übten die Dichter meist einen (bürgerl.) Beruf aus oder standen als Hofdichter in höf. Diensten. Als die ersten (zeitweiligen) Berufsdichter gelten Lessing und Klopstock.

Der Beruf des **freien Schriftstellers** bildete sich in Deutschland im 18. Jh. aus (geschätzte Zahl um 1787: rd. 6000), als das Aufklärungs- und Informationsbedürfnis des sich anempfizierenden Bürgertums nach allgemeinbildender, belletrist. und Theaterliteratur verlangte. Nicht mehr angewiesen auf das Mäzenatentum eines adligen Gönners oder des Stadtmagistrats, sondern für ein anonymes Publikum schreibend, trat der S. erstmals als Konkurrent (als Besitzer der Ware „geistiges Eigentum") auf dem Markt auf; somit Herr seiner selbst, empfand der Autor den Dichterberuf als Selbstzweck. U. a. hierauf bezog sich im Sturm und Drang das Selbstverständnis vom Dichter als Originalgenie. Erst seit der Mitte des 19. Jh. konnten einzelne Autoren von ihren Werken leben; Hauptwerbsquellen waren Feuilletonbeiträge in Zeitungen und Zeitschriften. Erst techn. Neuerungen wie Schnellpresse, Setzmaschine, Fadenheft- und Falzmaschine, die Verwendung von Holz zur Papierherstellung, das vom 1825 gegr. „Börsenverein" initiierte Urheberschutzgesetz (1871), das bis dahin freien Nachdruck regelte, sowie die Bevölkerungsexplosion ermöglichten eine Massenproduktion von Büchern. Einerseits existentiell gesichert er, wurde der S. nun zunehmend in Abhängigkeit von Lesebedürfnis, öffentl. Meinung und literar. Markt gebracht. Konnte [und kann] für die gedruckten Medien noch relativ autonom produziert werden, sind bei den Medien Hörfunk und Fernsehen, in denen gesellschaftl. produziert wird, die Anwendung ihrer Technik und die Eingliederung in ihre Organisation zu unumgängl. Arbeitsvoraussetzungen für den Autor geworden. Im Unterschied zu den Dichterkreisen wurden Ende des 19. Jh. **Schriftstellerverbände** gegründet, deren Zweck zunächst in der Wahrung der Standes- und Berufsinteressen bestand; sie schlossen sich 1895 im *Verband Dt. Journalisten- und Schriftstellervereine* zusammen. Größter Interessenverband wurde der 1910 gegründete *Schutzverband Dt. Schriftsteller (SDS),* der sich als dt. Autorengewerkschaft verstand; er wurde 1933 im *Reichsverband Dt. Schriftsteller e. V.* in der Reichsschrifttumskammer gleichgeschaltet und 1935 aufgelöst, ebenso wie alle weiteren S.organisationen, die seit 1927 in der Dachorganisation *Reichsverband des Dt. Schrifttums* zusammengeschlossen waren. Emigrierte dt. S. gründeten 1933 in Paris einen antifaschist. Autorenverband (bis 1939/40), nach der Autorengewerkschaft ebenfalls *Schutzverband Dt. Schriftsteller* gen., 1945 weitergeführt als *Internat. Schutzverband deutschsprachiger Schriftsteller (ISDS;* Sitz Zürich). Nach dem 2. Weltkrieg kam es 1945 zur Gründung des *Schutzverbandes Dt. Autoren (SDA).* In der BR Deutschland schlos-

Schrimpf

sen sich 1952 unterschiedl. Verbände zur [apolit.] *Bundesvereinigung Dt. Schriftstellerverbände e. V. (BDS)* zusammen; 1969 Neugründung als *Verband dt. Schriftsteller e. V. (VS)*, der 1974 der IG Druck und Papier beitrat, um die sozialpolit. Forderungen der Autoren durchzusetzen. So sind z. B. laut „Autorenreport" (1972) von 1700 befragten Autoren in der BR Deutschland nur 40% hauptberufl. als S. tätig und nur ein kleiner Teil kann von seinen Buchhonoraren (Durchschnittshonorar 10% vom Ladenpreis) leben. Neben oft geringen Verkaufsauflagen sind ein weiteres Erschwernis v. a. die Konzentrations- und Rationalisierungstendenzen im Verlagswesen. Um die schlechte wirtsch. und soziale Lage der freien S. (nach „Autorenreport" in der BR Deutschland rd. 7 200, einschl. Publizisten und literar. Übersetzern, wovon fast die Hälfte unter dem Durchschnittseinkommen liegt) zu verbessern, wurde durch die Novellierung des Urheberrechts (6. 10. 1972) das Entleihen von Büchern („Bibliotheksgroschen") u. der Abdruck in Schulbüchern tantiemenpflichtig; aus dem entstandenen Fonds der „Verwertungsgesellschaft Wort" werden durch das „Autorenversorgungswerk" Beihilfen zur Altersversorgung vergeben; im Mai 1980 wurde der Gesetzentwurf einer Versicherungspflicht in der gesetzl. Renten- und Krankenversicherung vom Dt. Bundestag verabschiedet. Im Ggs. zum VS lehnt der 1973 gegr. *Freie Dt. Autorenverband e. V. (F.D.A.)* ein sozial[polit.] Engagement ab. - Im Unterschied zu den heterogenen und autonomen S.verbänden in den westl. Industriestaaten sind die Autorenorganisationen in den sozialist. Ländern finanziell und ideolog. in die staatl. Kulturpolitik eingebunden. Die internat. S.verbände, u. a. †P.E.N. (PEN-Club), verfolgen v. a. übergreifende Ziele.

📖 Eykman, C.: *Schreiben als Erfahrung*. Bonn 1985. - *Autorenlex. deutschsprachiger Lit. des 20. Jh.* Hg. v. M. Brauneck. Rbk. 1984. - Jünger, E.: *Autor u. Autorschaft*. Stg 1984. - P.E.N. *S.lex. der BR Deutschland*. Hg. v. M. Gregor-Dellin u. E. Endres. Mchn. 1982. - Arnold, H. L.: *Als S. leben*. Rbk. 1979. - Riedel, W.: *Der Alltag der Dichter*. Ffm. 1979. - Schwenger, H.: *Lit.produktion*. Stg 1979. - *S. u. Politik in Deutschland*. Hg. v. W. Link. Düss. 1979. - Walser, M.: *Wer ist ein S.?* Ffm. 1978. - Schrimpf, H.J.: *Der S. als öffentl. Person*. Bln. 1977.

Schrimpf, Georg, * München 13. Febr. 1889, † Berlin 19. April 1938, dt. Maler. - Bed. Vertreter der †Neuen Sachlichkeit, malte stillebenhafte Figurenbilder und Landschaften von großer Plastizität und gedämpfter Farbgebung. - Abb. Bd. 15, S. 221.

Schritt, alte Längeneinheit (Wegemaß); entsprach bei den Römern 1,48 m (Doppel-S.; lat. passus), in Deutschland rechnete man meist 1 Meile (= 7,5 km) = 10 000 S., d. h. 1 S. = 75 cm.

♦ (im *Pferdesport*) †Fortbewegung.

Schrittmacher (Pacemaker), Läufer oder Fahrer, bes. bei den Steherrennen im Radrennsport, der einem anderen das Tempo angibt bzw. auf der (motorradähnl.) *S.maschine* dem Fahrer einen geringstmögl. Luftwiderstand gibt.
♦ Automatiezentrum († Automatismen) eines Organs, v. a. des Herzens († Herzautomatismus), das in diesem Organ den höchsten Automatiegrad einnimmt, also den anderen dort vorhandenen Automatiezentren übergeordnet ist und deren Rhythmus bestimmt; auch Bez. für den künstl. †Herzschrittmacher.

Schrittspannung †Blitzschutz.

schrittweise Näherung, svw. †Iteration (numer. Mathematik).

Schrittzähler †Wegmesser.

Schrobenhausen, Stadt an der Paar, Bay., 400 m ü. d. M., 14 300 E. Lenbachmuseum; Entwicklungszentrum der Luft- und Raumfahrt, Prägewerk, Apparatebau u. a. Betriebe. - Erste Erwähnung um 800; 1329 als Markt bezeichnet, 1447 erstmals Stadt gen. - Spätgot. Stadtpfarrkirche (15. Jh.), Rathaus (14., 16. und 19. Jh.); Mauer und Wehrtürme der Stadtbefestigung (um 1400).

Schröder, Edward, * Witzenhausen 18. Mai 1858, † Göttingen 9. Febr. 1942, dt. Germanist. - 1887 Prof. in Berlin, 1889 in Marburg, ab 1902 in Göttingen. 1891–1942 Hg. der „Zeitschrift für dt. Altertum und dt. Literatur". Zahlr. Editionen und Untersuchungen zur ma. dt. Literatur sowie zur Literatur der dt. Klassik und zur Namenkunde.

S., Ernst, * Wanne-Eickel 27. Jan. 1915, dt. Schauspieler und Regisseur. - 1937–45 in Berlin am Schiller-Theater; von 1951 an u. a. in Zürich und Berlin (West); inszenierte auch Schauspiele und Opern; daneben Film-, Hörfunk- und Fernsehtätigkeit; veröffentlichte „Die Arbeit des Schauspielers" (1966) und „Das Leben - verspielt" (1978); spielte in „Wer erschoß Boro?" (1987).

S., Friedrich, * Näfels (Glarus) 6. Aug. 1910, † Berlin 25. Sept. 1972, schweizer. Komponist. - Komponierte zahlr. Operetten (u. a. „Hochzeitsnacht im Paradies" [1942], „Das Bad auf der Tenne" [1955]) und Filmmusiken (u. a. zu „Charleys Tante" und „Des Teufels General") mit bekannten Schlagern wie „Ich tanze mit Dir in den Himmel hinein" (1937) und „Man müßte Klavier spielen können" (1941).

S., Friedrich Ludwig, * Schwerin 3. Nov. 1744, † Rellingen (Landkr. Pinneberg) 3. Sept. 1816, dt. Schauspieler und Theaterleiter. - Trat zunächst als Tänzer und Schauspieler bei verschiedenen Wandertruppen auf, dann bei der Gesellschaft seines Stiefvaters K. E. Ackermann; leitete die Hamburger Bühne 1771–80, 1786–98 und 1812/13; leidenschaftl., ausdrucksstarker Darsteller; Aufführung verschiedener Dramen des Sturm und Drangs und Shakespeare-Inszenierungen. Von S. stammen zahlr. Übersetzungen und eigene Stücke. Reformator der 1737 in Hamburg gegr. ersten dt. Loge („Große Loge von Hamburg"); wichtige Forschungen zur Geschichte der Freimaurerei des 18. Jahrhunderts.

S., Gerhard, * Saarbrücken 11. Sept. 1910, dt. Jurist und Politiker (CDU). - 1949–80 MdB; Innenmin. 1953–61; scheiterte mit seinen Plänen für eine Notstandsgesetzgebung; als Außenmin. (1961–66) Mitunterzeichner des Dt.-Frz. Vertrages, setzte sich nachdrückl. für den Ausbau der EWG und für die NATO ein. Im Zuge einer vorsichtigen Neuorientierung der Ostpolitik gelang ihm die Errichtung von Handelsmissionen in Polen, Rumänien, Ungarn und Bulgarien. 1966–69 Verteidigungsmin.; langjähriger Vors. des Ev. Arbeitskreises der CDU, 1966–73 im Parteipräsidium; Repräsentant eines pragmat. Konservatismus; 1969–80 Vors. des Bundestagsausschusses für auswärtige Angelegenheiten, besuchte 1972 als erster Politiker der BR Deutschland die VR China. - †31. Dez. 1989.

S., Rudolf Alexander, * Bremen 26. Jan. 1878, † Bad Wiessee 22. Aug. 1962, dt. Dichter. - Bedeutendster Erneuerer des prot. Kirchenlieds im 20. Jh. Gündete 1899 in München mit A. W. Heymel und O. J. Bierbaum die Zeitschrift „Die Insel", 1913 mit H. von Hofmannsthal, R. Borchardt u. a. die „Bremer Presse"; Erfolge als Innenarchitekt. Mgl. der Bekennenden Kirche. In seiner frühen Lyrik dem Ästhetizismus und Bekenntnis zum humanist. Erbe der Klassik verpflichtet, das z. T. zu einem weihevoll stilisierten Patriotismus führte, v. a. 1914 in „Neue dt. Oden" und „Heilig Vaterland", bestimmten nach 1918 prot. Christlichkeit und Anlehnung an antike Klassizität seine formgläubige, epigonal wirkende Dichtung („Mitte des Lebens", 1930). Leitmotiv der Prosawerke ist oft die Frage nach der polit. und religiösen Verantwortung des Dichters. Auch antikisierende Übersetzungen von Homer, Vergil, Horaz, Nachdichtungen niederl. und fläm. Lyrik, Übersetzungen von P. Corneille, J. B. Racine, Molière und Shakespeare sowie literaturkrit. Essays. Stand als Repräsentant christl.-humanist. Dichtung nach 1945 im Ggs. zur polit. aktiveren Schriftstellergeneration seiner Zeit.
📕 *Lölkes, H.: R.A.S. Stg. 1983.* - *Augustiny, W.: R.A.S. Bremen 1978.*

S., Sophie, geb. Bürger, * Paderborn 1. März 1781, † München 25. Febr. 1868, dt. Schauspielerin. - Spielte u. a. in Hamburg und München, 1815–29 sowie 1836–40 am Wiener Burgtheater; berühmt in leidenschaftl.-trag. Rollen (v. a. als Medea und Lady Macbeth).

Schröder-Devrient, Wilhelmine [de-ˈfriːnt, deˈfrɪnt, dəvriˈɛː], * Hamburg 6. Dez. 1804, † Coburg 26. Jan. 1860, dt. Sängerin (Sopran). - Tochter von Sophie Schröder; 1823–47 Mgl. der Dresdner Oper, wo sie die

Schrödinger-Gleichung

Friedrich Schröder-Sonnenstern,
Der Mondschützenkönig (1953).
Privatbesitz

Wagner-Partien Adriano (Rienzi), Senta (Fliegender Holländer) und Venus (Tannhäuser) kreierte; später Liedersängerin.

Schröder-Sonnenstern, Friedrich, * Tilsit 11. Sept. 1892, † Berlin (West) 10. Mai 1982, dt. Maler. - Außergewöhnl. Erscheinung in der Kunst der Geisteskranken, visionär und iron.-sarkast. Thematik; seine Zeichnungen wurden z. T. von seinen Schülern bildmäßig bearbeitet.

Schrödinger, Erwin, * Wien 12. Aug. 1887, † ebd. 4. Jan. 1961, östr. Physiker. - Prof. in Zürich, Berlin, Oxford, Graz, Dublin und Wien. Auf den Vorstellungen von L. de Broglie über Materiewellen und den Welle-Teilchen-Dualismus aufbauend, entwickelte S. 1926 die Wellenmechanik. Später bearbeitete er Probleme der relativist. Quantentheorie, der Gravitationstheorie und der einheitl. Feldtheorie. Nobelpreis für Physik 1933, zus. mit P. A. M. Dirac.

Schrödinger-Darstellung [nach E. Schrödinger] ↑Darstellung.

Schrödinger-Funktion [nach E. Schrödinger], svw. ↑Psifunktion.

Schrödinger-Gleichung, die von E. Schrödinger 1926 aufgestellte grundlegende Differentialgleichung der nichtrelativist. Wellenmechanik; quantenmechan. Bewegungsgleichung, die eine den Zustand eines mikrophysikal. Systems beschreibende *Psi*- oder *Wellenfunktion* (Wahrscheinlichkeitsamplitude) $\psi = \psi(v, t)$ erfüllen muß. Für die nichtrelativist. Quantenmechanik hat sie die gleiche zentrale Bed. wie die Newtonsche Bewegungsgleichung für die klass. Mechanik. Die eindimensionale zeitunabhängige S.-G. für ein Teilchen lautet:

$$\frac{\partial^2 \psi}{\partial x^2} + \frac{2m}{\hbar^2}(E - E_{pot})\psi = 0$$

(E Gesamtenergie, E_{pot} potentielle Energie, m Masse des Teilchens, $\hbar = h/2\pi$ mit h Plancksches Wirkungsquantum). Die S.-G. legt $\psi(v, t)$ für alle Zeiten fest, wenn der Anfangszustand zu einer Zeit t_0 durch $\psi(v, t_0)$ gegeben ist und kein äußerer Eingriff erfolgt; in diesem Sinne liefert sie eine kausale Beschreibung mikrophysikal. Bewegungsabläufe. - ↑ auch Atommodell.

Schroeder, Hermann, * Bernkastel (= Bernkastel-Kues) 26. März 1904, † Bad Orb 7. Okt. 1984, dt. Komponist. - Ab 1946 Prof. an der Kölner Musikhochschule; einer der führenden Vertreter der kath. Kirchenmusik; komponierte Messen, Passionen, Te Deum, Orchesterwerke, Klavier- und Kammermusik; schrieb (mit H. Lemacher) „Lehrbuch des Kontrapunkts" (1950).

S., Louise Dorothea, * Altona (= Hamburg) 2. April 1887, † Berlin 4. Juni 1957, dt. Politikerin (SPD). - 1919–33 Mgl. der Weimarer Nat.versammlung bzw. MdR, beteiligt an der Gründung der Arbeiterwohlfahrt; 1946 Bürgermeister von Berlin, 1947/48 amtierender Oberbürgermeister anstelle E. Reuters, ab 1949 Berliner MdB und Abg. im Europarat.

Schroers, Rolf, * Neuss 10. Okt. 1919, † Altenberge bei Münster 8. Mai 1981, dt. Schriftsteller. - Romane, Erzählungen, Hörspiele und Filme mit existentialist. beeinflußter Interpretation des Kriegs- und Nachkriegsgeschehens; Essays sowie Reisebücher. - *Werke:* Der Trödler mit den Drahtfiguren (R., 1952), In fremder Sache (E., 1957).

Schroeter, Werner, * Georgenthal bei Gotha 7. April 1945, dt. Film- und Theaterregisseur. - U. a. „Neapolitan. Geschwister" (1978), „Wolfsburg und Palermo" (1980), „Der Rosenkönig" (1984).

Schröpfen (Hämospasie), örtl. Ansaugen von Blut in die Haut über erkrankten Organen unter Anwendung eines **Schröpfkopfs** (Glas- oder Gummiglocke mit abstufbarem Unterdruck). S. bewirkt ein lokales Durchtränken der Haut mit Blut *(trockenes S.)* zur Umstimmungstherapie, nach Anlegen feiner Hautschnitte auch zur Ableitung von Blut mit dem Effekt eines ↑ Aderlasses *(blutiges Schröpfen).*

Schrot [zu althochdt. scrōt „abgeschnittenes Stück"], grob zerkleinerte (geschrotete) Körnerfrüchte; sie werden einer Weiterverarbeitung (z. B. zu Mehl oder Trinkbranntwein) zugeführt, dienen als *Futter-S.* (z. B. Bohnen-, Erbsen- und Getreide-S.) zur Viehfütterung oder als *Back-S.* (Weizen- und Roggen-S.) zur Herstellung von Vollkornbrot (**Schrotbrot**) mit den wertvollen Bestandteilen des ungeschälten Korns.

♦ (Blei-S.) kleine Kugeln (2–4 mm ⌀) aus Schrotblei, durch Granulieren der flüssigen Legierung (durch Abschrecken im Wasserbad oder Pressen) hergestellt, u. a. für Jagdpatronen (S.patronen).

Schrotblatt [zu althochdt. scrōtan „schneiden"], in der 2. Hälfte des 15. Jh. beliebte Form des Metallschnitts (Messing, Blei), bei dem mit verschiedenen Punzen Vertiefungen in den Druckstock geschlagen und mit dem Stichel hineingearbeitet wurden. Diese bearbeiteten Stellen bleiben weiß, die stehengebliebenen Stellen drucken schwarz („Negativwirkung").

Schroten [zu althochdt. scrōtan „schneiden"], in der Müllereitechnik das grobe Zerkleinern von Getreidekörnern zur Herstellung von Back- oder Futterschrot.

Schröter, Fritz, * Berlin 28. Dez. 1886, † Ulm 11. Okt. 1973, dt. Elektrotechniker. - Pionierarbeiten v. a. zur Entwicklung des Fernsehens; Einführung des Zeilensprungverfahrens.

Schröter [eigtl. „der Abschneider" (nach den Zangen)], svw. ↑ Hirschkäfer.

Schroth, Carl Heinz, * Innsbruck 29. Juni 1902, dt. Schauspieler und Regisseur. Spielte u. a. in Hamburg und Berlin; Komiker des Boulevardtheaters; auch Film- und Fernsehrollen: „Karschunke & Sohn" (1978), „Sonny Boys" (1982), „Jakob und Adele" (1982–85), „Schwarzwaldklinik" (1986). - † 19. Juli 1989.

S., Hannelore, * Berlin 10. Jan. 1922, dt. Schauspielerin. - Tochter von K. ↑ Haack. Spielte in Bremen, Berlin, Wien; auch Film- und Fernsehrollen: „Der Gouverneur" (1939), „Ein Mädchen von heute" (1940/41), „Eine Frau für drei Tage" (1944), „Unter den Brücken" (1945). - † 7. Juli 1987.

S., Johann, * Böhmischdorf (= Česká Ves, Nordmähr. Gebiet) 2. Febr. 1800, † Lindewiese (= Lipová-lázně) 26. März 1856, östr. Landwirt und Naturheilkundiger. - Begründete in Lindewiese eine Naturheilstätte; verwendete warmes Wasser zur Heilbehandlung; führte die **Schroth-Kur** ein, eine Verabreichung wasserarmer Diätkost (trockene Brötchen, Brei, Haferschleim) bei chron. Krankheiten; bes. auch als Abmagerungskur bei Fettsucht verabreicht.

Schrotpatronen ↑ Munition.

Schrott, als Altmaterialien oder bei der Metallverarbeitung anfallende Metallabfälle; wichtiger Rohstoff bei der Metallherstellung (z. B. bei der Stahlerzeugung).

Schrumpfkopf, ohne Knochen präparierte Kopftrophäe in Faustgröße.

Schrumpfleber (Leberschrumpfung) ↑ Leberzirrhose.

Schrumpfleder (Relaxleder), formbeständiges [Rind- oder Kalb]leder mit wabenartigem Narbenbild.

Schrumpfniere (Nierenschrumpfung) ↑ Nierenerkrankungen.

Schrunde [zu althochdt. scrunta „Riß"] ↑ Fissur.

Schruns, östr. Marktgem. in Vorarlberg, 10 km sö. von Bludenz, 690 m ü. d. M., 3 700 E. Zentraler Ort des Montafons, Luftkurort, Heilbad und Wintersportplatz.

Schruppen, das grobe Bearbeiten von Werkstücken durch Abheben dicker Späne, z. B. mittels Schruppfeile oder Schruppmaschine.

Schruti [Sanskrit], in der ind. Religionsgeschichte und Mythologie Bez. für die mündl. überlieferte ewige Wahrheit mit göttl. Autorität.

Schryari [ˈʃriːari], svw. ↑ Schreierpfeife.

Schtschedrin [russ. ʃtʃɪˈdrin], N., Pseud. des russ. Schriftstellers M. J. ↑ Saltykow.

S., Rodion Konstantinowitsch, * Moskau 16. Dez. 1932, russ.-sowjet. Komponist und Pianist. - ∞ mit M. Plissezkaja; komponierte u. a. die Oper „Nicht nur Liebe" (1961), Ballette (u. a. „Das bucklige Pferdchen", 1960), Lenin-Oratorium (1969), Kantaten, 2 Sinfonien, Orchester-, Kammer-, Bühnen- und Filmmusik.

Schub, Esfir (Esther), * Moskau 16. März 1894, † ebd. 21. Sept. 1959, russ.-sowjet. Filmdokumentarin. - Die histor. Kompilationsfilme „Der Sturz der Romanows" (1927), „Spanien" (1937), „Jenseits des Araks" (1947) wurden durch das didakt. und iron. Arrangement des Materials und dessen künstler. Montage vorbildlich.

Schub, (Schubkraft) i. w. S. Bez. für jede vorwärtsbewegende Antriebskraft. I. e. S. die von einem Luftstrahl- oder Raketentriebwerk erzeugte Antriebskraft.

♦ in der *Elastomechanik* svw. ↑ Scherung.

♦ in der *Medizin* (bes. für Schizophrenie charakterist.) akute, zu dauerhaften Veränderungen führende Progressionsphase eines Krankheitsprozesses.

Schubart, Christian Friedrich Daniel, * Obersontheim bei Schwäbisch Hall 24. März 1739, † Stuttgart 10. Okt. 1791, dt. Schriftsteller und Publizist. - 1769-72 Organist in Ludwigsburg, dann ebd. Kapellmeister am württemberg. Hof. Wegen „lockeren Lebenswandels, ungezügelten Charakters" usw. Veröffentlichungen 1773 amtsenthoben und des Landes verwiesen; danach in Heilbronn, Mannheim und München. Gründete 1774 die freiheitl., gegen Hof und Kirche gerichtete Zeitung „Dt. Chronik" in Augsburg. Wurde auf Geheiß von Herzog Karl Eugen nach Blaubeuren gelockt und 1777 verhaftet; bis 1787 auf der Festung Hohenasperg in Haft („Gedichte aus dem Kerker", 1785); danach Theater- und Musikdirektor des Stuttgarter Hofes. S. schrieb volksliedhafte Lyrik, polit. Gedichte gegen die Willkür der Tyrannen und Autoritäten („Die Fürstengruft", „Kaplied", „Der Gefangene") sowie volkstüml. Lieder. Auch bed. polit. und polem. Publizist, Journalist, Musikschriftsteller; von großem Einfluß auf Schiller.

Schubdüse, bei Luftstrahltriebwerken der schuberzeugende Teil, durch den der in der Brennkammer erhitzte Luftstrom das Triebwerk verläßt; dabei werden die Heißgase beschleunigt, wodurch der Triebwerksschub entsteht.

Schübel, Theodor, * Schwarzenbach a. d. Saale 18. Juni 1925, dt. Schriftsteller. - Autor von Dramen und Fernsehspielen („Im Schatten", 1974). Sein im Dreißigjährigen Krieg spielendes Bühnenstück „Der Kürassier Sebastian und sein Sohn" (1957) schildert den Kampf eines einfachen Soldaten um sein Recht bis ins Tragisch-Absurde. Schrieb auch „Damals im August" (R., 1983).

Schuber, Schutzkarton für Bücher.

Schubert, Andreas, * Wernesgrün (Bez. Karl-Marx-Stadt) 19. März 1808, † Dresden 6. Okt. 1870, dt. Ingenieur. - Prof. in Dresden; baute 1837-39 die erste dt. Lokomotive („Saxonia").

S., Franz, * Lichtental (= Wien) 31. Jan. 1797, † Wien 19. Nov. 1828, östr. Komponist. - Seine Begabung wurde ab 1808 im Internat der Wiener Hofkapelle u. a. von A. Salieri gefördert. 1814 wurde er Schulgehilfe seines Vaters; ab 1818 lebte S. ohne Anstellung als freier Komponist in Wien, unterbrochen von 2 Sommeraufenthalten (1818 und 1824) als Hausmusiklehrer des Grafen Johann Karl Esterházy in Ungarn. Zu seinem Freundeskreis, der sich zu sog. „Schubertiaden" zusammenfand, gehörten u. a. der Komponist F. Lachner, der Sänger J. M. Vogl, der Maler M. von Schwindt, die Dichter F. Grillparzer und J. Mayrhofer. Sein Leben verlief meist in dürftigen Verhältnissen; der Erfolg seines einzigen öffentl. Konzerts am 26. 3. 1828 kam zu spät. Er starb an einer Typhusinfektion. - Trotz zeitl. und stilist. Nähe zur Wiener Klassik bedeutet Schuberts Werk den entscheidenden Durchbruch und ersten Höhepunkt romant. Musik. Sein gesamtes reifes Schaffen ist geprägt von der Auseinandersetzung mit L. van Beethoven, gelangt jedoch zunehmend, im Lied sogar sehr früh, zu absolut eigenständigen und neuartigen Gestaltungen. Im Streichquintett C-Dur (1828), in den letzten beiden Sinfonien und den späten Streichquartetten und Klaviersonaten werden klass. Formprinzipien durch romant. Gehalte verändert. Im Zentrum steht die Liedkomposition. V. a. Goethes Gedichte (etwa 80 Vertonungen) inspirierten S. zu er-

Schubert

sten Meisterwerken, u. a. „Gretchen am Spinnrade" (1814) und „Erlkönig" (1815). Schon in diesen Liedern zeigt sich die neue tragende Rolle des Klaviers, das malend und ausdeutend in immer neuen Veränderungen der Singstimme gegenübertritt. Die Fülle von Formen und Gestaltungsweisen reicht vom stroph. bis zum durchkomponierten, vom volksliedhaften bis zum deklamator. Lied, inhaltl. von leichtester Heiterkeit über Natur- und Gotteslob bis zu Trauer und Düsternheit in der „Winterreise" („Der Leiermann", 1827) und den späten Heine-Liedern („Der Doppelgänger", 1828). - Die wenig erfolgreichen Opern und Singspiele sind heute nahezu vergessen. In seiner Chormusik gewinnt ein romant., volksliednaher Ton Gestalt. Seine Messen und übrigen kirchenmusikal. Werke sind durch eine neue, naturorientierte Religiosität geprägt. - *Weitere Werke: Orchesterwerke:* 8 Sinfonien, u. a. 4. c-Moll („Tragische", 1816), 5. B-Dur (1816), 6. C-Dur (1817/18), 8. h-Moll („Unvollendete", 1822), 7. (= 9.) C-Dur (1828); Ouvertüren. - *Kammermusik:* Oktett für Blas- und Streichinstrumente F-Dur (1824); Klavier-("Forellen-")Quintett A-Dur (1819); 20 Streichquartette; 2 Streichtrios. - *Klaviermusik:* 23 Klaviersonaten; Tänze; vierhändige Sonaten, Märsche u. a. - *Vokalmusik:* 6 Messen, „Dt. Messe" (1818); Kantaten; Chormusik; über 600 Klavierlieder, u. a. die Zyklen „Die schöne Müllerin" (1824), „Winterreise" (1827), „Schwanengesang" (postum zusammengestellt, 1828).

📖 *Hilmar, E.: F. S. in seiner Zeit.* Wien 1985. - *Paumgartner, B.: F. S.* Freib. ⁵1979. - *Georgiades, T. G.: S. Musik u. Lyrik.* Gött. ³1979. - *Fröhlich, H. J.: S.* Mchn. 1978. - *Moore, G.: Schuberts Liederzyklen.* Dt. Übers. Kassel ²1978. - *Riezler, W.: Schuberts Instrumentalmusik. Werkanalysen.* Zürich u. Freib. 1967.

S., Gotthilf Heinrich von (seit 1853), * Hohenstein (= Hohenstein-Ernstthal) 26. April 1780, † Laufzorn (= Grünwald, Landkr. München) 1. Juli 1860, dt. Arzt, Naturforscher und Philosoph. - Prof. für Naturgeschichte in Erlangen und München. Seine organizist. orientierte, populärwiss. Arbeiten propagierte Naturphilosophie gewann bes. Einfluß auf die Romantik, so u. a. auf H. von Kleist und E. T. A. Hoffmann.

S., Heinz, * Berlin 12. Nov. 1925, dt. Schauspieler und Photograph. - 1951–61 beim Berliner Ensemble; danach an verschiedenen Theatern; auch Film- und Fernsehrollen, z. B. „Ein Herz und eine Seele" (1974), „Der starke Ferdinand" (1976), „Hitler" (1977), „Die Nacht, in der der Chef geschlachtet wurde" (1979). Erste Photoarbeiten zu den „Modellbüchern" B. Brechts. Der Bildband „Theater im Schaufenster" (1979) dokumentiert die Brüchigkeit des Daseins im Genre der Modephotographie. Auch als Regisseur tätig.

Schubkraft, svw. ↑ Schub.

Schublehre, svw. ↑ Schieblehre.

Schubmodul, svw. ↑ Gleitmodul.

Schubschiff (Schubboot), in der Binnenschiffahrt verwendetes Motorschiff, das auf Grund einer bes. Bugform (in voller Schiffsbreite verlaufende Schubfläche, sog. Schubschulter) geeignet ist, Leichter oder Prahme mit entsprechender Heckform zu schieben. Es werden v. a. leistungsstarke *Schubschlepper* eingesetzt, die mehrere zu einem Schubverband (hintereinander, auch nebeneinander) zusammengekoppelte Leichter vor sich her schieben.

Schubumkehrer, in den Abgasstrom von Turboluftstrahltriebwerken einfahrbare Klappen, die es gestatten, den Abgasstrahl so umzulenken, daß der Schub gegen die Flugrichtung gerichtet ist; dadurch wird eine Verkürzung der Landerollstrecke erreicht.

Schuch, Carl, * Wien 30. Sept. 1846, † ebd. 13. Sept. 1903, östr. Maler. - Schloß sich in München dem Kreis um W. Leibl an; lebte 1876–82 in Venedig, 1882–94 in Paris; seit 1891 zunehmend geistig umnachtet. Malte v. a. Stilleben mit wenigen Dingen vor nuanciertem Hintergrund; seit den 1880er Jahren verbindet er Elemente der dt. Spätromantik mit solchen des frz. Impressionismus.

S., Ernst Edler von (seit 1897), * Graz 23. Nov. 1846, † Kötzschenbroda (= Radebeul) 10. Mai 1914, östr. Dirigent. - Generalmusikdirektor der Dresdner Hofoper, dirigierte die Uraufführungen von R. Strauss' „Salome", „Elektra" und „Rosenkavalier".

Schüchternheit, Ängstlichkeit und Gehemmtheit im sozialen Umgang, v. a. dann, wenn die Aufmerksamkeit anderer auf einen gerichtet ist. S. ist oft Symptom geringen Selbstwertgefühls. Begleitet wird sie nicht selten von heftiger nervl. Erregung, unwillkürl. Erröten u. a. Hochgradiger S. liegen meist psych. Störungen zugrunde, die eine psychotherapeut. Behandlung angeraten sein lassen.

Schuckert, Johann Siegmund, * Nürnberg 18. Okt. 1846, † Wiesbaden 17. Sept. 1895, dt. Techniker. - Gründete 1873 in Nürnberg die elektromechan. Werkstätte S. & Co., aus der 1893 die *Elektrizitäts-AG* hervorging, die 1903 mit der Starkstromabteilung der Siemens & Halske AG fusionierte: *Siemens-S.werke GmbH* (seit 1966 100%ige Tochtergesellschaft der Siemens AG).

Schücking, Levin, * Schloß Clemenswerth bei Sögel (Landkr. Aschendorf-Hümmling) 6. Sept. 1814, † Bad Pyrmont 31. Aug. 1883, dt. Schriftsteller. - Langjährige Freundschaft mit A. von Droste-Hülshoff; schrieb zahlr. teils kulturhistor.-realist. [Gegenwarts]romane über Adel und Bauern seiner westfäl. Heimat um 1800 („Die Ritterbürtigen", 1846).

S., Levin Ludwig, * Burgsteinfurt (= Steinfurt) 29. Mai 1878, † Farchant bei Garmisch-

Partenkirchen 12. Okt. 1964, dt. Anglist. - Enkel von Levin S.; Prof. in Jena, Breslau, Leipzig und Erlangen (ab 1946). Verf. grundlegender Arbeiten zur Soziologie der [engl.] Literatur und bed. Shakespeareforscher.

S., Walther, * Münster 6. Jan. 1875, † Den Haag 25. Aug. 1935, dt. Jurist. - Enkel von Levin S.; Prof. in Breslau, Marburg und Berlin; als Abgeordneter der DDP Mgl. der Nationalversammlung und MdR von 1920 bis 1928. 1930 Richter am Ständigen Internat. Gerichtshof; in Deutschland nach 1933 zwangspensioniert. S. hatte maßgebl. Anteil an der organisierten Friedensbewegung.

Schudra [Sanskrit], Angehöriger der untersten der vier † Kasten der Inder.

SCHUFA, Schutzgemeinschaft von Unternehmen und Kreditinstituten zur Kreditsicherung in der BR Deutschland; Sitz Wiesbaden. Die S. sammelt Informationen über Kreditaufnahmen und -rückzahlungen, eventuelle Unregelmäßigkeiten bei der Rückzahlung, Mahnbescheide, Stand von Girokonten und erteilt den Firmen, die ihrerseits an die S. Informationen geben, auf Anfrage Auskünfte über den jeweiligen Kunden, der seinerseits das Recht hat, über die ihn betreffenden gespeicherten Daten informiert zu werden. Seit dem 1. Juli 1986 besteht die S.-Klausel, daß Kreditkunden sich mit der Übermittlung von Daten über ihre Geschäftsbeziehungen - soweit sich diese auf Kredite, Bürgschaften und die Eröffnung von Girokonten beziehen - einverstanden erklären müssen.

Schuh, Oscar Fritz, * München 15. Jan. 1904, † Großgmain 22. Okt. 1984, dt. Regisseur. - 1953-58 Direktor des Theaters am Kurfürstendamm in Berlin, 1959-62 Generalintendant der Städt. Bühnen Köln, 1963-68 Intendant des Dt. Schauspielhauses Hamburg; verschiedene Operninszenierungen (bes. Mozart) bei den Salzburger Festspielen. Schrieb u. a. „Salzburger Dramaturgie" (1951).

Schuh, Metall- oder Kunststoffumhüllung zur Verstärkung oder zum Schutz von Bauteilen, z. B. von Kabeln (Kabel-S.).
◆ gelegentl. Bez. für die Längeneinheit † Fuß.

Schuhe, Bez. für alle Arten der Fußbekleidung, schon vorgeschichtl. bezeugt. Der S. besteht aus Decksohle, Innensohle (Brandsohle), Zwischen-S. und Durchaus- oder Langsohle, die auch geteilt sein kann (ggf. auch eine aufgebrachte Halb-S.), Absatz und dem Oberteil, für das je nach Art der S. Vorderkappe, Hinterkappe, Blatt u. a. getrennt zugeschnitten sein können. Das Hauptmaterial für S. ist seit jeher Leder, daneben v. a. Stoff, Holz und Bast sowie in neuerer Zeit Gummi (z. B. die echte *Kreppsohle* aus geschlossenporigem Gummi) und Kunststoffe.

Für die **Schuhmode** im Abendland war nicht die † Sandale der Antike, sondern der absatzlose Halbschuh mit aufgebogener Spitze aus dem Orient († Schnabelschuhe) der Ausgangspunkt. Der breite S. des 16. Jh. (Entenschnäbel, Bärentatzen, Kuhmaul-, Horn-S.), der mit engen Strumpfhosen getragen wurde, verlor gegen Ende des Jh. seine Breite. Im 17. und 18. Jh. herrschte der höhere Absatz vor, v. a. an Stiefeln mit Stulpe sowie Halbschuhen mit eckigem Vorderblatt, über dem Rist eine breite Lasche. Die Damen trugen im Haus † Pantoffeln, auch mit Seide oder Brokat überzogene Halb-S., wie die Herren mit zieml. hohem Absatz, Rosetten, Spangen oder Schnallen. Im Empire trugen die Herren einen flachen pumpsartigen S. oder Stiefel, absatzlos war auch der S. der Damen. Im Biedermeier kam für Damen der dreiviertelhohe Wadenstiefel auf, seit etwa 1860 mit halbhohem, „taillierten" (sog. frz.) Absatz. Die Herren trugen Stiefel und zunehmend Stiefeletten, bis Hofanzug weiter den flachen, urspr. (Anfang des 18. Jh.) absatzlosen Escarpin. Das 20. Jh. zeigt starken mod. Wechsel des S., mal spitz, mal rund, meist mit Absatz, nach dem 2. Weltkrieg v. a. Halbschuhe, in der Herrenmode seit den 1970er Jahren z. T. mit recht hohem Absatz, der in der Damenmode schon lange vorherrschte. Typ. ist in jüngster Zeit auch die Freizeitschuhmode mit bequemen, sportschuhähnl., flachen Modellen. - Abb. S. 328.
📖 *Weber, Paul:* S. Drei Jt. in Bildern. Aarau ²1982. - *Hegenauer, H.:* Waren- und Verkaufskunde für den Schuheinzelhandel. Essen ²1982.

Schuhmacher, Eugen, * Stuttgart 4. Aug. 1906, † München 8. Jan. 1973, dt. Zoologe. - Wurde bes. als Autor von Büchern, Filmen und Fernsehserien über seltene Tiere bekannt. Er schrieb u. a. „Die letzten Paradiese" (1966; auch verfilmt), „Ich filmte 1 000 Tiere" (1970; Autobiographie), „Europas Paradiese" (1972).

Schuhplattler, Werbetanz im $^{3}/_{4}$-Takt oder als Zwiefacher in Oberbayern und Tirol verbreitet. Die Burschen stampfen, springen, juchzen und „platteln" (schlagen mit den Händen auf Schenkel, Gesäß und Schuhsohlen), während die Mädchen sich gleichmäßig drehen (kreiseln); anschließend wird ein Ländler getanzt.

Schuhschnabel (Abu Markub, Balaeniceps rex), im Stand fast 1,2 m hoher Stelzvogel, mit holzschuhförmigem Schnabel; v. a. an Flußufern des trop. Afrika.

Schuitken [niederl. 'sxœytkə], niederl. Name des † Noble.

SCHUKO ⓇⓅ [Kw. aus **Schutzkontakt**], Zusatzbez. für elektr. Installationsgerät (insbes. Stecker und Steckdosen) mit bes. Schutzkontakten.

Schukow, Georgi Konstantinowitsch [russ. 'ʒukəf], * Strelkowa bei Kaluga 11. Dez. 1896, † Moskau 18. Juni 1974, sowjet. Marschall (seit 1943). - Kommandierte 1941/42 die Truppen der W-Front und stoppte den dt. Vormarsch vor Moskau; koordinierte 1942/43 die sowjet. Truppen bei den

Schlachten um Stalingrad und Leningrad und von Kursk; 1945 „Sieger von Berlin", nahm die dt. Kapitulation entgegen; 1945/46 Oberbefehlshaber der sowjet. Truppen in Deutschland, 1955–57 Verteidigungsmin., 1956/57 Mgl. des Politbüros; 1957 aller Ämter enthoben.

Schukowski [russ. ʒuˈkɔfskij], Nikolai Jegorowitsch, * Orechowo (Geb. Wladimir) 17. Jan. 1847, † Moskau 17. März 1921, russ. Mathematiker und Strömungsforscher. - Prof., ab 1918 auch Leiter des von ihm begründeten Zentralen Aerohydrodynam. Inst. (ZAGI) in Moskau. Durch seine Arbeiten über die theoret. Grundlagen der Luftfahrt, insbes. durch seine Entwürfe von Tragflächen, wurde er zum Wegbereiter der modernen Luftfahrtforschung.

S., Wassili Andrejewitsch, * Mischenskoje (Geb. Tula) 9. Febr. 1783, † Baden-Baden 24. April 1852, russ. Dichter. - Setzte im Verlauf der Entwicklung einer russ. Vorromantik die Anerkennung von Elegie und Ballade durch. Trug mit seinem umfangreichen Übersetzungswerk (Byron, Scott, Schiller, Goethe, Uhland, Bürger) wesentl. zu einer Verminderung des damals dominierenden frz. Einflusses auf die russ. Literatur bei.

Schukschin, Wassili Makarowitsch, * Srostki (Altai) 25. Juli 1929, † Stanica Kletskaja (Geb. Wolgograd) 2. Okt. 1974, sowjet. Schriftsteller, Filmschauspieler und -regisseur. - Gestaltete in zahlr. Kurzgeschichten ungewöhnl. Situationen des Alltags mit Sinn für Komik und Tragik, wobei stilist. v. a. volkssprachl. Elemente vorherrschen: „Bruderherz" (dt. Auswahl 1978), „Gespräche bei hellem Mondschein" (dt. Auswahl 1979). Internat. bekannt wurde sein Film „Roter Schneeballstrauch" (1973).

Schulangst, schul. Leistungs- und Prüfungsangst, die eine erfolgreiche Bewältigung komplexer Lernaufgaben, wie sie in der Schule ständig gestellt werden, beeinträchtigt und in Verbindung mit dem (durch elterl. Prestige-, Status- und Anspruchsdenken, Numerus

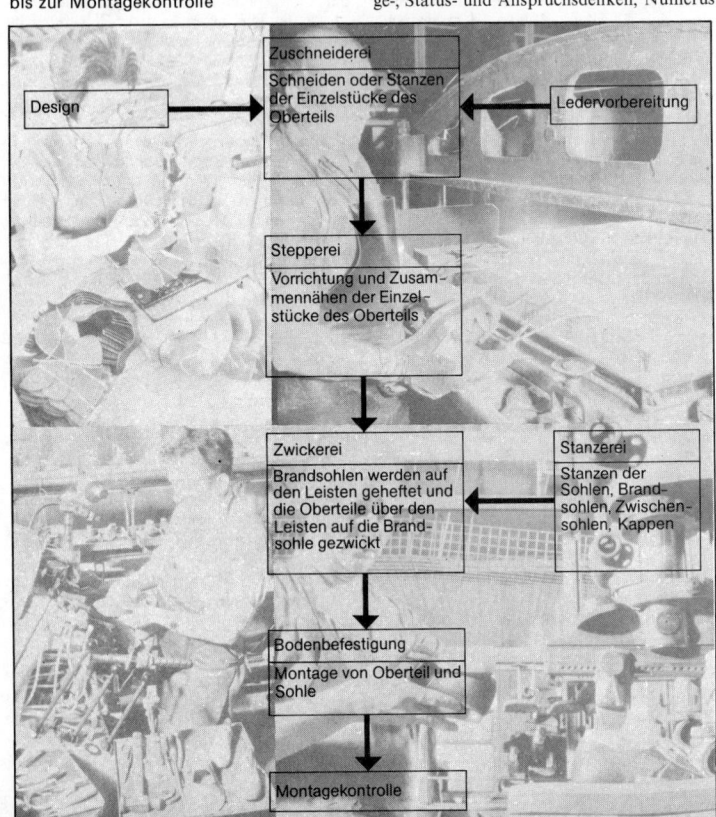

Schuhe. Vereinfachtes Schema der Schuhherstellung vom Design bis zur Montagekontrolle

Schuldausschließungsgründe

clausus u. a. bedingten) hohen schul. Leistungsdruck zu permanentem Streß in der Schule führen und nicht selten bei den Kindern psych. und psychosomat. Störungen (Nervosität, Unwohlsein, Konzentrations- und Schlafstörungen, Anfälligkeit für verschiedene Krankheiten, u. a. Asthma und andere Atembeschwerden, Stottern, Bettnässen, Depression und Resignation, erhöhte Aggression) nach sich ziehen kann.

Schulaufsicht ↑ Schule.

Schulbrüder (lat. Institutum Fratrum Scholarum Christianarum, Abk. FSC), größte kath. Laienkongregation für Erziehung und Unterricht; 1681 in Reims und 1684 in Paris von J. B. de La Salle gegr.; schnelle Ausbreitung; 1851 erste Gründungen in Deutschland; 1977 hatte die dt. Prov. (Sitz Illertissen) 5 Niederlassungen in der BR Deutschland, 7 in Österreich und 2 in der Schweiz.

Schulbuch, in Übereinstimmung mit dem Lehrplan eines Faches der jeweiligen Schulart und des Schultyps sowie unter Berücksichtigung der entsprechenden fachl. und didakt. Grundsätze gestaltete Druckschrift für den Schüler. Das S. enthält i. d. R. den Stoff eines Faches für ein oder mehrere Schuljahre; S. müssen von den zuständigen Schulaufsichtsbehörden geprüft und zugelassen werden; S. für Religion werden außerdem von der Kirchenbehörde, S. für Geschichte vom Internat. S.-Inst. in Braunschweig geprüft. Neben dem eigtl. Lernbuch für den Schüler sind als S. heute auch Arbeitshefte, Testbogen, Lernprogramme und Lehrerbände anzusehen.

Schulchan Aruch [hebr. „Gedeckter Tisch"], Sammelwerk des jüd. Religionsgesetzes von J. Karo (1565), das die maßgebl. Vorschriften der Halacha enthält und heute noch der autoritative Gesetzeskodex des orth. Judentums ist.

Schuld, im religionsgeschichtl. Sinn die Belastung des menschl. Bewußtseins als Folge der Sünde, von der der Mensch sich mit Hilfe der Religion zu befreien sucht. - Im *Christentum* bezeichnet S. darüber hinaus eine subjektive und objektive heilsgeschichtl. Qualität des Menschen und der Menschheit, die allein durch die Erlösungstat Christi zur S.freiheit und damit zum Heil gewendet werden kann.

◆ als Gegenstand der *Psychologie* tritt die S. in Form des sog. *S.gefühls* auf, d. h. als subjektive, bewußte oder unbewußte Überzeugung, einer Person Unrecht angetan oder gegen ein Gesetz oder Gebot verstoßen zu haben. Die psychoanalyt. Theorie lokalisiert die für S.gefühle verantwortl. Instanz im ↑ Über-Ich.

◆ im *Strafrecht* ist Schuld ein in verschiedenen Funktionen relevant werdender Begriff. Bei der auch dem ↑ Schuldgrundsatz zugrundeliegenden *S.idee* ist Schuld als Grundlage und Grenze der staatl. Strafgewalt Voraussetzung für die Strafbarkeit menschl. Verhaltens bzw. für die Berechtigung einer Strafsanktion. Als *Strafbegründungsschuld* meint S. die subjektiven Zurechnungsvoraussetzungen, die nach dem StGB die Verhängung einer Strafe gegenüber dem Täter begründen oder ausschließen (↑ Schuldfähigkeit, ↑ Schuldausschließungsgründe). Der Kern des S.vorwurfs (↑ Vorsatz, ↑ Absicht, ↑ Fahrlässigkeit) besteht darin, daß der Täter rechtswidrig gehandelt hat, obwohl er hätte rechtmäßig handeln können, weil er sowohl das Unrecht der Tat hätte einsehen als auch nach dieser Einsicht hätte handeln können. Im Rahmen der Strafzumessung ist die S. als sog. *Strafzumessungsschuld* Kriterium der Strafmaßermittlung.

◆ im *Zivilrecht*: 1. als Verbindlichkeit die Verpflichtung zur Leistung im Rahmen eines Schuldverhältnisses (↑ auch Leistungsort, ↑ Stückschuld, ↑ Gattungsschuld); 2. als Vorwerfbarkeit die Bewertung eines menschl. Verhaltens, ↑ Verschulden.

Schuldanerkenntnis, einseitig verpflichtender Vertrag, durch den das Bestehen eines Schuldverhältnisses anerkannt wird; als *negatives S.* die Anerkennung des Gläubigers, daß ein Schuldverhältnis nicht [mehr] besteht (§ 397 BGB; ↑ auch Erlaß). - Das *deklarator. S.* schafft keinen neuen Verpflichtungsgrund, sondern bestätigt - oft nur zur Beweiserleichterung - eine bestehende Schuld, indem es in ihren Umfang endgültig festlegt, und schließt Einwendungen, die der Schuldner bei Abgabe des S. kannte oder mit denen er rechnete, für die Zukunft aus. Das *konstitutive S.* (§ 781 BGB) ist dagegen losgelöst von den rechtl. Beziehungen, die zu seinem Abschluß geführt haben. Es begründet eine neue selbständige Verpflichtung und bedarf der Schriftform. Der Gläubiger braucht sich Einreden aus dem zugrundeliegenden Kausalgeschäft nicht entgegenhalten zu lassen. Unter Umständen kann aber das S. nach den Regeln der ↑ ungerechtfertigten Bereicherung zurückverlangt werden.

Im *östr. Recht* entspricht die Behandlung des gesetzl. nicht bes. geregelten S. im wesentl. dem dt. Recht. Im *schweizer. Recht* entspricht dem S. das *Schuldbekenntnis* und erfährt rechtl. eine dem dt. Recht im wesentl. gleiche Regelung.

Schuldausschließungsgründe, im Strafrecht gesetzl. normierte Gründe, die die Schuld des Täters, welche nach dem ↑ Schuldgrundsatz Voraussetzung für eine Bestrafung nach dem StGB ist, entfallen lassen. *Echte S.* sind die Fälle der ↑ Schuldunfähigkeit und des unvermeidbaren ↑ Verbotsirrtums. Sie schließen die Schuld begriffsnotwendig aus. Bei den *Entschuldigungsgründen* (z. B. entschuldigender ↑ Notstand, ↑ Notwehrexzeß) hingegen ist die Erhebung des Schuldvorwurfs durchaus mögl., jedoch verzichtet die Rechtsordnung fakt. hierauf, indem sie der

Schuldbeitritt

Konflikts- und Motivationslage des Täters in bestimmten Situationen Rechnung trägt.

Schuldbeitritt (Schuldmitübernahme) ↑Schuldübernahme.

Schuldbrief, Urkunde bei der Errichtung einer Briefgrundschuld. - Im *schweizer. Recht* Art des Grundpfandrechts. Der S. stellt einen umlauffähigen Werttitel mit persönl. Haftung des Schuldners, der nicht mit dem Eigentümer des belasteten Grundstücks identisch sein muß, dar und erneuert bzw. tilgt das zugrundeliegende Verhältnis.

Schuldbuchforderungen, Darlehensforderungen gegen eine öffentl.-rechtl. Körperschaft, die nicht in Schuldverschreibungen, sondern nur durch Eintragung in ein Register, das *Staatsschuldbuch*, beurkundet sind. S. entstehen durch Bareinzahlung des Darlehensbetrages, durch Umwandlung und Einreichung von Anleihestücken oder auf Grund von gesetzl. entstandenen Kapitalforderungen gegen den Staat (z. B. Entschädigungen aus Kriegsfolgen). Seit 1939 sind S. bei der Reichsbank bzw. bei der Dt. Bundesbank lombardfähig.

Schulden, die [Summe der] Verbindlichkeiten gegenüber Dritten.

Schuldenmasse, 1. die Gesamtheit der im *Konkurs* zu berücksichtigenden Konkursforderungen. Aus ihrem Größenverhältnis zur Teilungsmasse ergibt sich im wesentl. die Konkursquote (↑Konkurs); 2. in der *Zwangsversteigerung* alle in den Teilungsplan aufgenommenen Ansprüche, die ein Recht auf Befriedigung aus dem Grundstück genießen.

Schulderlaß ↑Erlaß.

Schuldersetzung, svw. ↑Novation.

Schuldfähigkeit (früher: Zurechnungsfähigkeit), im Strafrecht die bei Personen über 18 Jahren im Normalfall vorausgesetzte Fähigkeit, das Unrecht einer Tat einzusehen und nach dieser Einsicht zu handeln. - ↑auch Schuldunfähigkeit, ↑Verschulden.

Schuldgrundsatz, das im Verfassungsrang stehende Prinzip, nach dem Strafe (im strafrechtl. Sinne) ↑Schuld voraussetzt („nulla poena sine culpa" [„keine Strafe ohne Schuld"]). Die Strafe als ein sozialeth. Unwerturteil setzt nicht nur ein tatbestandsmäßiges und rechtswidriges Verhalten, sondern auch die persönl. Verantwortung des Täters für sein Handeln voraus (Schuldstrafrecht). Demzufolge muß die ↑Strafzumessung dem Maß der Schuld entsprechen. - ↑auch Schuldausschließungsgründe.

Schuldknechtschaft, auf Gerichtsurteil oder freiwilliger Eingehung beruhende Knechtschaft eines zahlungsunfähigen Schuldners; im Laufe des MA durch die Haft des zahlungsunfähigen Schuldners beim Gläubiger (private **Schuldhaft**) bzw. im Schuldturm (öffentl. Schuldhaft) ersetzt; im 19. Jh. abgeschafft.

Schuldmitübernahme ↑Schuldübernahme.

Schuldner (Anspruchsgegner), der aus einem ↑Schuldverhältnis dem ↑Gläubiger gegenüber zu einer Leistung Verpflichtete.

Schuldnerbegünstigung ↑Konkurs- und Vergleichsdelikte.

Schuldnerverzeichnis, beim Amtsgericht (Vollstreckungsgericht) geführtes Verzeichnis über Schuldner, die im Rahmen der ↑Zwangsvollstreckung eine eidesstattl. Versicherung (früher: Offenbarungseid) abgegeben haben (§ 807 ZPO, § 284 Abgabenordnung) oder gegen die nach § 901 ZPO Haft angeordnet wurde. Nach Ablauf von drei Jahren oder dem Nachweis der Befriedigung des Gläubigers ist die Eintragung in das S. zu löschen.

Schuldort, svw. ↑Leistungsort.

Schuldrama, das an den dt. Humanistenschulen des 15. bis 17. Jh. gepflegte lat. (seit dem 2. Drittel des 16. Jh. auch deutschsprachige) ↑Drama, dessen Aufführung (wenigstens urspr.) eine pädagog.-didakt. Zielsetzung verfolgte. Bed. Verf. eines deutschsprachigen *Reformationsdramas* waren u. a. P. Rebhun, G. Rollenhagen, J. Agricola, N. Frischlin, S. Birck, J. Wickram, C. Weise, die v. a. bibl. Stoffe [insbes. aus dem AT] verarbeiteten. Das im Gefolge der Reformation entwickelte *bibl. Drama* fand weite Verbreitung. In der 2. Hälfte des 16. Jh. entwickelte sich aus dem lat. S. der S. der Humanisten das gegenreformator. Tendenzen verfolgende, prunkvoll ausgestattete lat. Jesuitendrama.

Schuldrecht, Gesamtheit der die ↑Schuldverhältnisse ordnenden Rechtsnormen. Das S. ist im 2. Buch des BGB geregelt. Sein wichtigstes Prinzip ist das der *Vertragsfreiheit* (die Freiheit der Parteien, Abschluß, Ausgestaltung und Abwicklung der Schuldverhältnisse grundsätzl. selbst zu bestimmen). Im *östr. Recht* ist das S. in der 2. Abteilung des 2. Teils des ABGB „Von den persönl. Sachenrechten" (§§ 859–1341) geregelt. - Im *schweizer. Recht* wird das S. Obligationenrecht genannt.

Schuldschein, Urkunde über das Bestehen einer Forderung, die vom Schuldner zur Beweissicherung für den Gläubiger ausgestellt wird. Der S. ist nur Beweispapier (im Ggs. zum Wert- oder Legitimationspapier), dessen Eigentum dem Gläubiger zusteht. Der Schuldner ist jedoch berechtigt, die Bezahlung der Schuld von der Rückgabe des S. abhängig zu machen.

Schuldtitel, Urkunden, durch die jemand zur Leistung verpflichtet wird, insbes. Vollstreckungstitel.

Schuldübernahme, vertragsweise Übernahme der Schuld durch einen Dritten. Bei der gesetzl. geregelten (§§ 414 ff. BGB) *privativen S.* (↑Interzession) tritt der Dritte als neuer Schuldner an die Stelle des bisherigen Schuldners. Letzterer wird von seiner Schuld befreit, d. h., daß der Gläubiger einen neuen (anderen) Schuldner erhält, weshalb die privative S. nur unter Mitwirkung des Gläubigers erfolgen kann. Bei der im Gesetz nicht geregelten kumulativen S. *(Schuldmitübernahme, Schuldbeitritt)* tritt der Dritte als weiterer [Gesamt]schuldner (↑Gesamtschuld) neben den bisherigen Schuldner, ohne daß jener von seiner Schuld befreit wird.

Schuldumschaffung, svw. ↑Novation.

Schuldumwandlung, svw. ↑Novation.

Schuldunfähigkeit, die mangelnde Fähigkeit, schuldhaft (↑Schuldfähigkeit) zu handeln. Schuldunfähig sind: Kinder (unter 14 Jahren), Jugendliche (zw. 14 und 18 Jahren), wenn das Gericht die S. positiv festgestellt hat, sowie Personen über 18 Jahren, deren Einsichts- und/oder Steuerungsfähigkeit bei Tatbegehung infolge krankhafter seel. Störungen (z. B. Epilepsie, Schizophrenie), tiefgreifender . Bewußtseinsstörungen (z. B. Rauschzustand), Schwachsinns oder schwerer anderer seel. Abartigkeiten aufgehoben war *(Unzurechnungsfähigkeit).* Sie hat zur Folge, daß der Täter strafrechtl. nicht zur Verantwortung gezogen, also nicht bestraft werden kann. Er kann jedoch Maßregeln der Besserung und Sicherung unterworfen werden (↑Sicherungsverfahren).

Schuldverhältnis, Rechtsbeziehung zw. (mindestens) 2 Personen, kraft deren der Gläubiger berechtigt ist, von dem Schuldner eine Leistung zu fordern (schuldrechtl. Anspruch), und der Schuldner verpflichtet ist, die Schuld (Obligation) zu erfüllen. Das S. berechtigt und verpflichtet grundsätzl. nur die an ihm Beteiligten, gegenüber Dritten hat es im Ggs. zu den absoluten Rechten (↑dingliche Rechte) keinerlei Wirkung. Das Recht der S. ist im ↑Schuldrecht geregelt. Die dem S. zugrundeliegende Leistung kann jeden rechtl. mögl. Inhalt haben, immer aber müssen Gläubiger, Schuldner und Leistungsinhalt bestimmt bzw. zumindest bestimmbar sein. In Zweifelsfällen ist der von den Parteien gewollte Inhalt des S. nach Treu und Glauben sowie der Verkehrssitte zu ermitteln (§§ 242, 157 BGB).

Typischerweise entstehen S. durch Rechtsgeschäfte, meist gegenseitige Verträge (z. B. Kauf, Miete), können aber auch aus Rechtsverletzungen (außervertragl. Unrecht, ↑unerlaubte Handlungen) mit der Folge von Schadenersatzansprüchen sowie aus rechtl. oder tatsächl. Zuständen (z. B. Geschäftsführung ohne Auftrag, ungerechtfertigte Bereicherung, Verarbeitung fremder Sachen) erwachsen. Auch im öffentl. Recht gibt es schuldrechtl. Beziehungen (z. B. zw. der Post und den Postbenutzern), auf die der Regeln über S. entsprechende Anwendung finden.

Die Forderung aus einem S. kann durch Abtretung auf eine andere Person ohne Zustimmung des Schuldners übertragen werden. An die Stelle des Schuldners kann jedoch ohne Einverständnis des Gläubigers kein anderer treten (↑Schuldübernahme). Das S. erlischt durch Befriedigung des Gläubigers (z. B. durch ↑Erfüllung, ↑Erlaß, ↑Aufrechnung), u. U. auch durch Zeitablauf (bei ↑Dauerschuldverhältnissen), Tod des Berechtigten oder Verpflichteten oder Unmöglichkeit der Leistung. Es kann durch einseitig gestaltende Rechtshandlungen (z. B. ↑Anfechtung, ↑Kündigung) aufgehoben bzw. in seinem Inhalt geändert werden.

Schuldverschreibung, übliche Bez. für ein Wertpapier, das den Aussteller zu einer Leistung verpflichtet.

Schuldversprechen, ein einseitig verpflichtender Vertrag, durch den eine Leistung in der Weise versprochen wird, daß das Versprechen die Verpflichtung selbständig, d. h. losgelöst von einem Verpflichtungsgrund, begründen soll (abstraktes S.). Das S. muß - außer von Kaufleuten - schriftl. erteilt werden. Es tritt i.d.R. zur Auswahl des Gläubigers neben das Grundschuldverhältnis und dient ebenso wie das Schuldanerkenntnis zur Erleichterung der Rechtsverfolgung.

Schule [zu althochdt. scuola von lat. schola „Unterrichtsstätte, Muße, Ruhe" (zu griech. scholé „Innehalten bei der Arbeit")], Institution in öffentl. (staatl.) oder privater (Kirchen, Stiftungen u. a.; ↑Privatschulen) Trägerschaft, in der Kindern und Jugendlichen durch planmäßigen Unterricht Bildung, Wissen und Fertigkeiten vermittelt werden, die ihnen im Rahmen der Staats- und Gesellschaftsordnung eine selbständige Lebensführung ermöglichen sollen. Die S. als sekundäre Sozialisationsinstanz ist zum einen den herrschenden polit. und sozialen Einflüssen unterworfen, zum anderen soll sie auf erkennbare und mögliche Veränderungen in Wiss., Technik und Produktion vorbereiten. Demzufolge unterliegt die Gestaltung des S.wesens einer ständigen Diskussion und Fortentwicklung.

Geschichte des Schulwesens: Die Geschichte der europ. S.systeme beginnt unter Karl d. Gr. mit seinem Auftrag an Bischöfe und Klöster, S. zu gründen. Während die Antike außer Hochschulen (für Mathematik, Medizin, Rhetorik und Jurisprudenz sowie für Philosophie) nur privaten Unterricht gekannt hatte, entstand hier ein erstes zusammenhängendes und gleichsam öffentl. S.wesen. Unterrichtsfächer waren vor allem Latein und die ↑Artes liberales. Aus diesen Dom- und Kloster-S., in denen Mönche und Priester ausgebildet wurden, zu denen aber auch Laien zugelassen waren, sind einerseits die Latein-S., die nach der Reformation wenigstens z. T. in Gymnasien umgeformt wurden, andererseits die Ordens-S. und andere Hochschulen hervorgegangen, aus denen ab Mitte des 13.Jh. Univ. wurden. Mit dem Übergang zur Stadtkultur entstanden durch Handel und Handwerk neue Bildungs-

Schule

bedürfnisse, v. a. nach Rechnen (Buchführung), Lesen und Schreiben (Korrespondenz), die von sogenannten „dt." Schreib- und Rechen-S., später auch von Küster- oder Pfarr-S. befriedigt wurden. Damit wurde Schulbildung über die religiöse Unterrichtung hinaus bereits als Berufsvorbereitung verstanden. Neben der Reform der weiterbestehenden Lateinschulen und der Univ. durch den Humanismus wurden muttersprachl. Unterricht, Naturwiss. und die praktisch-nützl. Ausrichtung der Schule gefördert. Angestrebt und nach und nach verwirklicht wurden ein allg. Volksunterricht, die allg. Schulpflicht (ab 1717 in Preußen) und die Verantwortung des Staates für das S.wesen (ab 1794). Zu Beginn des 19. Jh. erfolgte bes. in Preußen in Folge der Frz. Revolution auch eine Reform des S.wesens (W. von Humboldt), von der die Etablierung des Gymnasiallehrers, des professionellen, aber nicht universitär ausgebildeten Volksschullehrers, die Entwicklung der gymnasialen Oberstufe und des Abiturs blieben. Durch das ganze 19. Jh. hindurch bestand das dt. S.wesen aus einem doppelten, nicht eigtl. gegeneinander durchlässigen Schulsystem (mit je einer eigenen Aufsicht und Verwaltung), dem der Volksschulen und dem der Gymnasien; die an verschiedenen Orten gegr. Bürger-, Real- oder Mittelschulen gehörten teils zu dem einen, teils zu dem anderen System. Mit der zunehmenden Industrialisierung wurden nach 1870 neben den altsprachl. Gymnasien das neusprachl. Realgymnasium und die mathemat.-naturwiss. Oberrealschule entwickelt und um 1900 als vollgültige höhere S. anerkannt. Zugleich wurden die Volksschulen ausgebaut und die Fach- und Berufsschulen begründet. Die breite S.reformbewegung nach 1918 blieb mit der Begründung der Grundschule für alle (1919), der Akademisierung der Volksschullehrerausbildung (1926 in Preußen), gewissen didakt. Reformen der allgemeinbildenden S. (Richertsche Reform des Gymnasiums u. a., Einführung des Staatsbürgerunterrichts) und dem Ausbau des berufsbildenden S.wesens erfolgreich. Für den Nationalsozialismus war die Vereinheitlichung des S.wesens ein wichtiges Mittel zur Erreichung seiner Ziele. Hauptform der höheren S. wurde die „dt. Oberschule". Nach dem 2. Weltkrieg wurde in der BR Deutschland eine Vereinheitlichung des auf Ländergrundlage unterschiedl. aufgebauten S.wesens im Düsseldorfer Abkommen (1955) und im Hamburger Abkommen (1964) erreicht (u. a. Regelung der S.bezeichnungen, Festsetzung der Vollzeitschulpflicht auf neun Jahre, gegenseitige Anerkennung von Schulabschlüssen). Die traditionelle Vorbereitung in der S. auf das Hochschulstudium wurde durch die Oberstufenreform neu gestaltet: Den Tübinger Resolutionen von 1951 folgten 1960 die Saarbrükkener Rahmenvereinbarungen und 1972 die Vereinbarung zur Neugestaltung der gymnasialen reformierten Oberstufe in der Sekundarstufe II. Daneben wurden zahlr. andere Möglichkeiten des Hochschulzuganges im Anschluß an andere Schulabschlüsse neu eröffnet.

Die Entwicklung des S.wesens wird seit dem 2. Weltkrieg einerseits durch den wirtsch.-techn. Fortschritt, andererseits durch das stärker in den Vordergrund gerückte Ziel der Chancengleichheit sowie allg. durch die Forderung nach Verbesserung der Lebensbedingungen bestimmt. Diese drei Zielsetzungen sowie die weiteren Bildungsaufträge der S. (z. B. Erziehung zu staatsbürgerl. Mündigkeit) ergänzen sich teilweise ebenso wie sie in Spannung zueinander stehen. Insbes. das Erfordernis einer höheren, allen zugänglichen und damit breit gestreuten Qualifizierung für ständig steigende Anforderungen im Berufsleben stellt die herkömml. Auslesefunktion der S. in Frage; deshalb sind und werden ständig neue Prioritäten in Schulcurricula und -aufbau gesetzt.

Die gegenwärtige **Organisation** des S.wesens in der BR Deutschland orientiert sich an bildungspolit. Entwicklungen und Erfolgen in anderen europ. Ländern (↑ Struktur des Bildungswesens, Bd. 4, S. 129). Die Ausdehnung der Vollzeitschulpflicht auf zehn Jahre ist in einigen Bundesländern bereits verwirklicht. Die Durchlässigkeit des Bildungswesens wird durch den Abbau vertikaler Gliederung des *Schulsystems* in einzelne Schulformen, d. h. dreigliedriger Schulaufbau in Grund-, Haupt-, Realschule sowie Gymnasium zugunsten einer horizontalen Stufung, d. h. insbes. durch die Einführung der ↑ Gesamtschule allmählich erreicht; damit soll die Möglichkeit des Übergangs zw. den verschiedenen Bildungsgängen einer Stufe, eine Individualisierung und Differenzierung der Lernprozesse und auch leichtere Korrekturen früherer Bildungsentscheidungen ermöglicht werden. Bes. in ländl. Gebieten erfolgt die Einrichtung von Ganztags- und Mittelpunktschulen. Mit der Einrichtung von S.zentren, in denen S. verschiedener Art und Stufung in einem Gebäudekomplex untergebracht sind, werden Einrichtungen kostensparend gemeinsam genutzt. Diese formale Zusammenarbeit wird in der Gesamtschule zu einer auch inhaltl. Verbindung, z. B. durch Lehreraustausch oder schulformübergreifende Arbeitsgemeinschaften (kooperative Gesamtschule); in der integrierten Gesamtschule ist die Differenzierung zw. den einzelnen Schulformen darüber hinaus aufgehoben durch ein flexibles System von Pflicht- und Wahlfächern in Grund- und Leistungskursen, unterschieden nach Lerntempo und Leistungsniveau der Schüler. Mit der *Orientierungsstufe* in der 5. und 6. Klasse soll die Wahl der (späteren) Schulform erleichtert, mit Aufbauzügen der Übergang in

Schule

eine höhere Schulstufe ermöglicht werden. Über den *zweiten Bildungsweg* können an bes. Einrichtungen (z. B. Abendschulen) zunächst nicht angestrebte oder erreichte Schul- und Bildungsabschlüsse in Direkt- und/oder Fernunterricht nachgeholt werden. Daneben werden neue S.formen in Modellversuchen erprobt (Kollegschule; Oberstufenkolleg).

Mit der Erstellung von Rahmenrichtlinien für die Unterrichtsfächer und der Ausarbeitung und Erprobung von Curricula für Unterrichtsvorhaben werden einerseits Hilfen für den Unterricht gegeben, andererseits aber auch die Entscheidungsfreiheiten für die einzelne Schule und den Lehrer eingeschränkt. Die Diskussion um die Weiterentwicklung des S.wesens konzentriert sich auf die Weiterentwicklung der reformierten gymnasialen Oberstufe (Pflichtfächerkanon), den Ausbau des berufl. S.wesens und des Sonderschulwesens, die Verbindung von allg. und berufl. Bildung in der Sekundarstufe, Ausbau und Aufwertung der Hauptschule, die Lehrerversorgung und die Schulmitwirkung.

Insgesamt hält die Tendenz zu höheren Abschlüssen an; der Anteil der Schulabgänger mit Hoch- und Fachhochschulreife steigt ständig: 1960: 7,3%, 1970: 11,3%, 1980: 22,3%, 1985: 27,8%, 1990: 32,0% (geschätzt). Die Hälfte aller Schüler verbleibt somit länger als die vorgesehene Pflichtzeit in der Schule. Mit dieser Zunahme höherer Schulabschlüsse steigt der zahlenmäßige Druck auf den Tertiärbereich (Hochschule), was dort die Einführung des Numerus clausus bewirkte und damit erreichte schulpolit. Ziele (Chancengleichheit) wieder in Frage stellte.

Das S.wesen in *Österreich* gliedert sich in den Primarbereich (Grundschulen bzw. Unterstufe der Volks-S.) und den Sekundarbereich (Oberstufe der Volks-S., Haupt-S., allgemeinbildende höhere und berufliche S. sowie bes. Bildungsanstalten z. B. für Erzieherinnen). Es untersteht dem Bundesministerium für Unterricht und Kunst und wurde in den letzten Jahrzehnten durch mehrere Gesetzesnovellen an die allg. Entwicklung in W-Europa angeglichen (z. B. Reform der gymnasialen Oberstufe, Mitverantwortung und Mitwirkung der Schüler usw.).

Das S.wesen in der *Schweiz* ist wegen der kantonalen Zuständigkeit sehr heterogen aufgebaut und wird erst seit 1970 durch ein Konkordat über die Schulkoordination besser aufeinander abgestimmt. Allg. kann das Schulwesen in die Primarschule (Unterstufe), die Sekundarstufe I (i.d.R. sind 3 Züge wählbar) sowie die Sekundarstufe II (Maturitätsschulen, Handelsschulen, allgemeinbildende Schulen zur Berufswahlentscheidung, Berufsschulen neben der Berufsausbildung) gegliedert werden.

In der *DDR* gliedert sich das S.wesen in die zehnjährige allgemeinbildende polytechn. Oberschule (AOS, OS), die in Unterstufe (Klasse 1–3), Mittelstufe (Klasse 4–6) und Oberstufe (Klasse 7–10) eingeteilt ist, und die darauf aufbauende zweijährige Erweiterte allgemeinbildende polytechn. Oberschule (EDS) zur Erlangung der Hochschulreife (Abitur). Daneben gibt es Spezial-S. mit bes. Berücksichtigung bestimmter Fachbereiche, Sonderschulen und Volkshochschulen. - Abb. Bd. 5, S. 153.

Recht: Das Schulrecht umfaßt als Teil des öffentl. Rechts alle von den zuständigen staatl. Organen erlassenen Rechtssätze (Gesetze und Verordnungen), die die Aufgaben, Organisation, Verwaltung und Finanzierung der S. sowie die (noch wenig rechtl. definierten) Rechtsverhältnisse an der S. beteiligten Personen (Schüler, Eltern, Lehrer) regeln. Nicht unmittelbar zum Schulrecht gehören das Beamten- und Angestelltenrecht für Lehrer oder das bundesrechtl. geregelte AusbildungsförderungsG.

Auf Grund der im GG verankerten Kulturhoheit der Länder ist v. a. das S.wesen Sache der Länder, eingeschränkt lediglich durch Art. 7 GG, der bestimmt, daß das gesamte S.wesen unter der Aufsicht des Staates steht (dies gilt auch für die institutionell garantierten Privat-S.) sowie dadurch, daß der Bund seit 1969 für die Bildungsplanung als Gemeinschaftsaufgabe von Bund und Ländern zuständig ist. Der gesetzl. Auftrag an den Staat hinsichtl. des S.wesens ist allerdings durch das in Art. 6 GG normierte Elternrecht insoweit nicht umfassend, als Eltern auf Grund ihres vorrangigen Erziehungsrechtes die Wahl zw. verschiedenen S.arten sowie das Recht der Mitbestimmung bei bestimmten Entscheidungen gewährt werden muß. Die Gesetzgebungskompetenz der Länder führt zu z. T. sehr unterschiedl. SchulG und damit zu unterschiedl. Ausgestaltung des S.wesens. Auch der Versuch der Länder, Maßnahmen im Bereich des S.wesens durch die Ständige Konferenz der Kultusminister der Länder (KMK) aufeinander abzustimmen, kann eine Rechtszersplitterung nicht verhindern, zumal die dort gefaßten Beschlüsse nur Empfehlungen an die Länder sind, gleichartig zu verfahren. Hinzu kommt, daß das S.wesen rechtl. wenig normiert ist und so gut wie alle Regelungen des Schulalltags (z. B. schulischer Einzugsbereich, Lehrpläne, Schulwegsicherung) in Form von Verwaltungsvorschriften ergehen. Insbes. im Zusammenhang mit dem ↑Numerus clausus ist im S.wesen eine Tendenz zur Verrechtlichung eingetreten, um Verfassungsgrundsätzen wie Gleichheit und Rechtsstaatlichkeit gerecht zu werden.

Die *Aufsicht des Staates* über das S.wesen umfaßt die S.hoheit (Norm- und Richtlinienkompetenz) und die S.aufsicht. Letztere ist Rechts- und Fachaufsicht (Überprüfung der Recht- und Zweckmäßigkeit) der zuständigen

Schulenburg

Behörden. Die Fachaufsicht über Unterrichts- und Erziehungsarbeit besteht neben der Dienstaufsicht über die Lehrer sowie der Rechtsaufsicht über die S.*verwaltung* der S.träger. Die S.aufsicht sowie die S.verwaltung ist in der BR Deutschland hierarchisch auf 4 Ebenen gegliedert: 1. Kultusmin. (Senator); 2. obere S.aufsichtsbehörde (Regierungspräsident); 3. untere S.aufsichtsbehörde (S.-amt, S.rat); 4. S.leiter. Die Befugnisse dieser Instanzen variieren von Land zu Land; sie haben i.d.R. ein Informations-, Weisungs- und Eintrittsrecht. - Die S.*verwaltung* umfaßt Schaffung, Erhaltung und Ausbau der für ein S.system notwendigen Voraussetzungen (Räume, Personal, Lehrmaterialien). Verantwortl. für das Funktionieren der S. sind die die S. finanzierenden S.träger (Gemeinden, S.verbände), wobei nach einem immer mehr sich durchsetzenden Mischsystem die kommunalen S.träger († Selbstverwaltung) für die Sachkosten und das Land, das grundsätzl. die Lehrer anstellt, für die Personalkosten zuständig ist.

Schule und Elternhaus: Die S. bildet nach dem Elternhaus die zweite Sozialisationsinstanz, durch die das Kind zur gesellschaftl. handlungsfähigen, soziokulturellen Persönlichkeit wird. Schul. Sozialisation baut auf der familiären auf. Mit dem Eintritt in die S. macht das Kind die Erfahrung einer weniger personlichen affektiven Welt, in der es mit personenunabhängigen Leistungsansprüchen, Konformitätszwängen, sachorientierten und organisator. legitimierten Autoritäten konfrontiert wird, die auf die Entwicklung seiner Persönlichkeit prägend wirken. Entscheidend ist hierbei, inwieweit Bedürfnis und Kommunikationsstrukturen (Leistungsvorstellungen, Sprachverhalten und Erziehungsstil) der Sozialisationsinstanzen S. und Elternhaus mit ihren Normen und Regeln einander entsprechen. Die S. als eine Mittelschichtinstitution vermittelt im wesentlichen Mittelschichtnormen, -lehrinhalte, -beurteilungskriterien mit Mittelschichttechniken. Insofern ergänzen sich S. und Elternhaus bei Mittelschichtkindern, während Unterschichtkindern, insbes. aber gesellschaftl. Randgruppenangehörigen der Schulbetrieb in vielfältiger Hinsicht fremd und neuartig erscheinen. Die Folge ist, daß auch von den institutionalisierten Begegnungsmöglichkeiten zw. S. und Elternhaus, wie Elternabende, Elternvertretungen je nach Schichtzugehörigkeit unterschiedlich Gebrauch gemacht wird.

Schule und Kirche: Geschichtl. gesehen hat das öffentl. S.wesen in Deutschland seit dem frühen MA seine Wurzeln in den kirchl. S. und Erziehungseinrichtungen. Reformation und Gegenreformation hatten nachhaltige Auswirkungen auf ein konfessionelles S.wesen (Konfessionsschulen). Mit der Aufklärung begann die Verstaatlichung des S.wesens, wobei bis 1918 große Bereiche des S.wesens den Kirchen übertragen blieben. Art. 7 Abs. 4 und 5 GG gewährleisten das Recht auf Einrichtung von privaten S. gerade auch im Blick auf Bekenntnisschulen († Gemeinschaftsschule). Die beiden großen christl. Konfessionen tragen nach ihrem Selbstverständnis eine Mitverantwortung für das öffentl. Bildungs- und Erziehungswesen und beanspruchen deshalb auch eine rechtl. Gewährleistung des Religionsunterrichts, die durch Kirchenverträge bzw. Konkordate und durch S.gesetze geregelt ist. Daraus ergibt sich eine problemat. Sonderstellung des Religionsunterrichts: Der Religionsunterricht ist 1. das einzige im Grundgesetz garantierte Lehrfach; 2. das einzige Lehrfach, mit dessen Erteilung nur der durch die staatl. S.behörde beauftragt wird, der zuvor das Einverständnis seiner Kirche nachweisen kann († Missio canonica, † Vokation); 3. das einzige Lehrfach, von dessen Teilnahme der Schüler aus weltanschaul. Gründen befreit werden kann († Religionsunterricht).

ⓌS. *u. Studium im sozialen Wandel des hohen u. späten MA.* Hg. v. J. Fried. Sigmaringen 1985. - Kemper, H.: *S.theorie u. S.reform.* Königstein im Taunus 1985. - Hintz, D.: *S.leben.* Hildesheim 1984. - Beckmann, H.: *S. unter pädagog. Anspruch.* Donauwörth 1983. - *S.gesch. im Zusammenhang der Kulturentwicklung.* Hg. v. L. Kriss-Rettenbeck u.a. Mchn. 1983. - Pöppel, K. G.: *Erziehen in der S.* Hildesheim 1983. - *S. im Brennpunkt.* Hg. v. H. Wollenweber. Paderborn 1983. - Hahn, R.: *S. u. Erziehung.* Paderborn 1982. - *Das gegliederte S.wesen in der BR Deutschland.* Hg. v. H. Wollenweber. Paderborn 1980. - Schmitz, Klaus: *Gesch. der S. Stg.* 1980. - Campenhausen, A. v./Lerche, P.: *Dt. Schulrecht.* Losebl. Percha 1980. - Groß, E.: *Einf. in die Bildungssoziologie. Bd. 2: Zur Soziologie u. Psychoanalyse der S.* Bad Heilbrunn 1979. - Hülshof, R., u.a.: *Eltern u. Lehrer. Theorie u. Praxis schulischer Elternarbeit.* Paderborn 1979.

Schulenburg, 1237 erstmals erwähntes, u.a. in Brandenburg, Sachsen und den Welfenlanden begütertes Adelsgeschlecht, 1563 in den Reichsfreiherrenstand erhoben, zwei Linien seit 1728 bzw. 1790 reichsgräflich. Bed. Vertreter:

S., Friedrich Werner Graf von der, * Kemberg 20. Nov. 1875, † Berlin-Plötzensee 10. Nov. 1944 (hingerichtet), Diplomat. - Seit 1901 im diplomat. Dienst; bereitete als Botschafter in Moskau (1934–41) den Dt.-Sowjet. Nichtangriffspakt von 1939 vor; in der Widerstandsbewegung als Außenmin. einer Reg. Goerdeler vorgesehen; nach dem 20. Juli 1944 zum Tode verurteilt.

S., Fritz-Dietlof Graf von der, * London 5. Sept. 1902, † Berlin-Plötzensee 10. Aug. 1944 (hingerichtet), Widerstandskämpfer. - Stieß 1932 als „roter Graf" zur Strasserschen Richtung der NSDAP (Mgl. bis 1940); seit 1937 als stellv. Polizeipräs. von Berlin (bis 1939) in der Widerstandsbewegung um L. Beck; als Offizier maßgebl. am Attentat auf Hitler beteiligt, am 10. Aug. 1944 zum Tode verurteilt.

S., Werner von der, Pseud. Gebhard Werner, * Pinneberg 9. Dez. 1881, † Neggio (Tessin) 29. März 1958, Schriftsteller. - Während des NS in Italien (gehörte der Widerstandsbewegung in Rom an); schrieb v. a. histor. und biograph. Romane ("Stechinelli", 1911; "Malatesta", 1923; "Der König von Korfu", 1950) sowie Novellen ("Beglänzte Meere", 1947); auch Komödien.

Schüleraustausch, Austausch von Schülern verschiedener Nationen zur Förderung der internat. Verständigung (Gruppen- oder Klassenbegegnungen, Austausch von Familie zu Familie im Rahmen internat. Partnerschaften). In der BR Deutschland liegt die Koordination des S. bei dem von der Kultusministerkonferenz beauftragten Pädagog. Austauschdienst (PAD) in Bonn.

Schülerlotse, Schüler, der, als Verkehrshelfer ausgebildet, Mitschüler über verkehrsreiche Straßen führt. Die Ausstattung besteht aus Kelle, weißem Koppel und Schirmmütze.

Schülermitverwaltung (Schülermitverantwortung), Abk. SMV, die Beteiligung der Schüler an der Gestaltung des Schullebens zur Einübung von Eigeninitiative, Verantwortungsbewußtsein sowie von sozialen und polit. Verhaltensweisen. Seit die S. nach 1945 zum festen Bestandteil der polit. Bildung wurde (bes. in den weiterführenden Schulen), diente sie als Experimentierfeld für demokrat. Verhaltensweisen und prakt. Ergänzung theoret. vermittelter Sozial- und Staatsbürgerkunde (u. a. Einführung der Wahl von Klassen- und Schulsprechern, Delegieren von Hilfs- und Ordnerdiensten an Schülervertreter, Herausgabe von Schülerzeitungen, Planung und Durchführung von Arbeitsgemeinschaften). Die Kritik wandte sich gegen den geringen Handlungs- und Entscheidungsspielraum der S., die eher als Hilfsorganisation der Schulleitung statt als eigenständiges Gremium mit Einflußmöglichkeit in unterrichtl. Entscheidungen und schul. Konfliktsituationen angesehen wurde. Seit 1967 gebildeten polit. engagierten Schülergruppen verlangen eine gesetzl. geregelte Mitbestimmung der Schüler am gesamten, auch unterrichtl. Geschehen in der Schule.

Schülerzeitschriften, von Schülern einer oder mehrerer Schulen in eigener Verantwortung publizierte Zeitschriften mit unregelmäßiger Erscheinungsweise; Teil der Jugendpresse; zu unterscheiden von den in der Verantwortung der Schulleitungen herausgegebenen **Schulzeitungen**; kamen nach dem 2. Weltkrieg auf und wurden insbes. seit den 1960er Jahren ein publizist. Medium der polit. und gesellschaftl. Selbstdarstellung und Selbstbestimmung der Schülerschaft. Die rechtl. Stellung der S. zw. Presse-, Schul- und Elternrecht ist umstritten.

Schule von Oxford ↑Oxford, Schule von.

Schule von Salamanca ↑Salamanca, Schule von.

Schule von Sankt Viktor ↑Sankt Viktor, Schule von.

Schulfernsehen, die von den öffentl. Rundfunk- und Fernsehanstalten übertragenen Fernsehprogramme für den Schulunterricht, zu denen i. d. R. Begleitmaterial geliefert wird; in der BR Deutschland seit 1964 (Bayer. Rundfunk).

Schulfunk, die von den öffentl. Rundfunkanstalten (seit 1924, in der BR Deutschland regelmäßig seit 1953) ausgestrahlten Hörfunkprogramme zur Ergänzung und Vertiefung des Schulunterrichts. Die Programmgestaltung bestimmen Beiräte, in denen Schulen, Schulbehörden und Rundfunk vertreten sind. Durch lebendige Gestaltung (wie Interview, Reportage, Hörspiel, Dramatisierung) kann der S. Anregung und Lernmotivation vermitteln. Dabei wird die Form der Darbietung den verschiedenen Schulstufen bzw. der Aufnahmefähigkeit der jeweiligen Altersklasse der Schüler angepaßt.

Schulgeld, urspr. die auf Vereinbarung mit den Erziehungsberechtigten beruhende Vergütung für Lehrer und Schulunterhaltung, später die vom Staat erhobenen Finanzierungsmittel für den Unterricht und die Lernmittel. In der BR Deutschland ist die *S.freiheit* seit 1962 in allen Bundesländern allg. über die Pflichtschulen hinaus auch für die weiterführenden Schulen eingeführt (mit Ausnahme der Fachschulen in einigen Bundesländern). - ↑auch Lernmittelfreiheit.

Schulgesundheitspflege (Schulhygiene), von den Gesundheitsämtern durchgeführte oder beaufsichtigte Maßnahmen zum Schutz der Gesundheit von Schülern und Lehrern. Dazu gehören bes. obligator., regelmäßige Untersuchungen und Beratungen durch Schulärzte und Schulzahnärzte, aber auch Berücksichtigung hygien. und medizin. Gesichtspunkte bei Schulbau und -ausstattung.

Schuljahr, ein in der BR Deutschland einheitl. am 1. Aug. beginnender Zeitraum, in dem in der Schule ein bestimmter, im Jahresstoffplan umschriebener Unterrichtsstoff zu vermitteln ist und i. d. R. mit einer Überprüfung der Leistungen der Schüler abgeschlossen wird.

Schulkindergarten ↑Kindergarten.

Schulklasse, svw. ↑Klasse.

Schullandheime, von Schulen bzw. deren Trägern unterhaltene Heime auf dem Lande. Im Unterschied zu den ↑Landerzie-

Schulleistungstest

hungsheimen dienen die S. ledigl. einem mehrtägigen bis mehrwöchigen Aufenthalt von Schulklassen unter Führung ihrer Lehrer. Die pädagog. Aufgaben der S. liegen im Bereich des sozialen Lernens, der Zusammenarbeit in verschiedenen Gruppen, der intensiven Auseinandersetzung mit konkreten Umweltgegebenheiten sowie in der gemeinsamen Erholung vom Alltag.

Schulleistungstest ↑ Schultests.

Schuller, Gunther [engl. ˈʃʊlə], * New York 22. Nov. 1925, amerikan. Komponist, Dirigent und Hornist. - Wurde in den 1960er Jahren v. a. als Vertreter von sog. „Third stream music" bekannt, in der eine Verschmelzung von Jazz und europ. Konzertmusik angestrebt wird. Komponierte zahlr. Orchester- und Kammermusiken, Ballette, Lieder sowie die 1966 in Hamburg uraufgeführte Oper „Die Heimsuchung".

Schulmedizin, allg. herrschende medizin. Lehre; Richtung, die (im Ggs. zur sog. *Außenseitermedizin*) in Praxis und Lehre das von der großen Mehrzahl aller Ärzte Anerkannte vertritt.

Schulmusik, Bez. für das Aufgabenfeld der Musikerzieher an allgemeinbildenden Schulen, insbes. an Gymnasien sowie für das Studienfach an Musikhochschulen, das hierzu ausbildet (↑ Musikpädagogik).

Schuloper, Bühnenwerk mit Musik, zur Aufführung in der Schule und durch Schüler bestimmt. Vorläufer waren ma. und humanist. Schuldramen und die Moralstücke des dt.-östr. Jesuitentheaters des 17./18. Jh. (J. K. von Kerll, W. A. Mozart [KV 38]). Im Zuge der musikal. Jugend- und der Laienspielbewegung entstanden um 1930, ferner nach 1950 eine Fülle von S., deren Ziel die gesellschaftl. Unterweisung (Lehrstück) oder das gestalter. Spiel mit Musik (Spiel-S.) ist. S. komponierten im 20.Jh. P. Dessau, P. Hindemith, K. Weill, A. von Beckerath, E. Werdin, B. Britten und C. Bresgen.

Schulp [niederdt.] (Sepiaschulp, Sepiaschale), der bei der Kopffüßergatt. Sepia noch erhalten gebliebene Rest des urspr., für die ↑ Belemniten charakterist. Gehäuses der Kopffüßer; ein bis über 10 cm langes, schildartig flaches, zungenförmiges, schräg gekammertes, kalkiges Schalenstück mit zugespitztem Ende. - Die Schulpe von eingegangenen Tintenfischen werden oft in größerer Menge v. a. an den Küsten des Mittelmeers angespült. Sie kommen als *weißes Fischbein (Sepiaknochen)* in den Handel und werden dann Stubenvögeln zur Deckung ihres Kalkbedarfs und zum Wetzen des Schnabels in den Käfig gehängt.

Schulpädagogik ↑ Pädagogik.

Schulpflegschaften ↑ Elternvertretungen.

Schulpflicht, die in den Schulgesetzen der Länder der BR Deutschland geregelte Pflicht zu einem Mindestschulbesuch. *Die allg. Schulpflicht,* die mittels Zwangsmaßnahmen durchgesetzt werden kann, ist grundsätzl. vom 6. Lebensjahr an durch den 9jährigen Besuch der Volksschule bzw. Grund- und Hauptschule (eine Ausdehnung auf 10 Jahre ist zulässig und in einigen Bundesländern bereits eingeführt) und anschließenden 3jährigen Besuch der Berufsschule bis zum vollendeten 18. Lebensjahr zu erfüllen (↑ Schule). Die Zurückstellung nicht schulreifer Kinder sowie die Befreiung bzw. vorzeitige Beendigung der S. ist nach den Ländergesetzen möglich. Die S. ruht bei sog. bildungsunfähigen Kindern, die auch eine ↑ Sonderschule nicht mit Erfolg besuchen können.

Schulpforta (Schulpforte), berühmte ↑ Fürstenschule bei Naumburg/Saale, die 1543–1935 im ehem., 1137 gegr. Zisterzienserkloster *Pforta* (Pforte) bestand (heute erweiterte Oberschule mit Internat).

Schulpsychologie, Disziplin der angewandten Psychologie, die sich mit schul. Problemen beschäftigt. Aufgaben der S. sind Diagnose, Beratung und Therapie bei auftretenden Lern- und Leistungsschwierigkeiten und bei Erziehungskonflikten von Schülern sowie bei Problemen von Lehrern. Außer den Diplompsychologen *(Schulpsychologen)* gibt es vereinzelt auch dafür speziell ausgebildete *Beratungslehrer,* die nach ihrer Lehrerausbildung eine zusätzl. psycholog. u. pädagog. Ausbildung absolviert haben. Zu ihren Aufgaben zählen auch die Schullaufbahnberatung, Berufsberatung und Unterrichtshilfe. Die Beratungstätigkeit unmittelbar an der Schule *(integrierte Beratungsstelle)* hat wesentl. Vorteile gegenüber den *zentralen Dienstberatungsstellen,* an denen vorwiegend nur Psychologen arbeiten, da die Betreuung am Ort des Konfliktes sich intensiver gestaltet, eine direkte Zusammenarbeit mit Lehrern möglich ist und dem Schüler eine ständige Hilfe angeboten werden kann.

Schulrecht ↑ Schule (Recht).

Schulreife, der körperl.-geistig-seel. Entwicklungsstand, der ein Kind befähigt, den Anforderungen der Grundschule nachzukommen. Die S. wird i. d. R. durch S.untersuchungen und -tests (↑ Schultests) vor der Einschulung festgestellt. Bei der Überprüfung stehen drei Kriterien im Vordergrund: 1. die körperl. S. liegt dann vor, wenn der allg. Entwicklungs- und Gesundheitsstand erwarten lassen, daß der Schulanfänger den körperl. Anstrengungen der Schule gewachsen ist. 2. Die geistige (kognitive) S. beinhaltet die Fähigkeit zu gegliederter Wahrnehmung und teilinhalt. Auffassung, zur Erfassung von Mengen, zum Symbolverständnis und zur willentl. Aufmerksamkeit. 3. Die persönlichkeitsbezogene (emotionale und soziale) S. ist eine dem Alter des Schulanfängers entsprechende Selbständigkeit, sein Eigliederungsvermögen in die soziale Ordnung einer Schulklasse sowie die Fähigkeit, altersangemessene Aufgaben zu übernehmen und erfolgreich abzuschließen.

Schuls (amtl. Scuol/Schuls), Gem. im schweizer. Kt. Graubünden, im Unterengadin, 1 250 m ü. d. M., 1 700 E. Museum; heilklimat. Kurort (Mineralquellen), Wintersport; umfaßt die Ortsteile Schuls, Tarasp (1 411 m ü. d. M.) sowie die Hotelsiedlung **Vulpera** (1 270 m ü. d. M.).

Schulschiff, der seemänn. Ausbildung des Nachwuchses der Handels- oder Kriegsmarine dienendes [Segel]schiff. Neben reinen S., die nur der Ausbildung dienen, gibt es auch solche, die z. B. als Frachtschiffe fahren, jedoch Räumlichkeiten und Personal für Ausbildungszwecke haben. Ein berühmtes S. der dt. Handelsmarine war die „Pamir"; die Bundesmarine verfügt u. a. über das Segel-S. „Gorch Fock".

Schulschwestern, allg.: kath. Schwesterngenossenschaften, deren ausschließl. Arbeitsgebiete Schule und Erziehung sind (Engl. Fräulein, Ursulinen, Arme S. unserer lieben Frau, Heiligenstädter S. u. a.).

Schulsport, die Leibeserziehung in der Schule setzt in der Grundschule mit der tägl. Bewegungszeit und den Sportstunden ein; wird zw. dem 7. und 13. Schuljahr durch Neigungs- und Leistungsprogramm ergänzt.

Schulstreß, starke, auf die Dauer gesundheitl. Schäden verursachende körperl.-seel. Belastung der Schüler, verursacht durch die bes. hohen intellektuellen Anforderungen in der Schule (und durch die Vernachlässigung der übrigen Bedürfnisse bei oft fehlender Geborgenheit in der Familie).

Schulsystem ↑ Schule.

Schulten, Rudolf, * Oeding (= Südlohn, Kreis Borken) 16. Aug. 1923, dt. Physiker. - Prof. in Aachen; entwickelte das neuartige Konzept des Kugelhaufenreaktors.

Schulter, die seitl., obere, über jedem der beiden Schulterblätter gelegene Rückengegend; beim Menschen die Körperregion zw. Halsansatz und Schultergelenk, mit der **Schulterhöhe** *(Akromion, Acromion)* als dem höchsten Punkt, der von einem die Gelenkpfanne für den Oberarmknochen überwölbenden Fortsatz der S.gräte des ↑ Schulterblatts gebildet wird.

Schulter-Arm-Syndrom, kompliziertes, in den Arm ausstrahlendes Krankheitsgeschehen im Bereich der Schulter, wobei es im Gefolge einer chron. Reizung und/oder einer Erkrankung einzelner Anteile des Halses (einschließlich Wirbelsäule und Nervenwurzeln), der Schulter, des dazugehörigen Gefäßnervenbündels oder innerer Organe („übertragener Schmerz") über Schmerzen, Schonhaltung, Minderdurchblutung, Kontraktur und Muskelschwund zu einem langwierigen Leiden mit schwer lokalisierbaren, brennend-wühlenden Schmerzen, Sensibilitätsstörungen und Bewegungseinschränkung kommen kann.

Schulterblatt (Skapula, Scapula), paariger dorsaler, meist breiter, flacher, auch (bei Vögeln) langer, schmaler Hauptknochen des Schultergürtels der Wirbeltiere; ohne direkte Verbindung zum übrigen Rumpfskelett, nur an Muskeln aufgehängt und durch das ↑ Schlüsselbein (bzw. Thorakale), soweit vorhanden, abgestützt; mit Gelenkfläche für den Oberarmknochen; bei Säugetieren mit Rabenschnabelfortsatz sowie häufig mit Knochenkamm *(Schulter[blatt]gräte,* Spina scapulae) auf seiner äußeren (dorsalen) Fläche zur Vergrößerung der Muskelansatzfläche. Beim Menschen ist das S. dreieckig ausgebildet.

Schulterdecker, Flugzeug, dessen Tragflügeloberkante mit der Rumpfoberkante in gleicher Höhe liegt.

Schultergelenk, Gelenk (Kugelgelenk) des Schultergürtels zw. Schulterblatt und Oberarmknochen, in dem sich der Vorderextremität bzw. der Oberarm dreht (dessen Beweglichkeit noch zusätzl. durch die des Schulterblatts und der Schlüsselbeingelenke erweitert wird).

Schultergürtel, aus beiderseits mehreren Knochen zusammengesetzter, der (bewegl.) Befestigung der Vorderextremität dienender Teil des Skeletts der Wirbeltiere (einschl. Mensch). Von den Amphibien an aufwärts ist der S., ausgenommen bei den Säugern, jederseits dreiteilig (Schulterblatt, Schlüsselbein und Rabenbein). Er hat keine direkte Verbindung mehr mit dem Schädel. Für die Vordergliedmaßen ist jederseits eine Gelenkgrube als Teil des Schultergelenks ausgebildet. Bei den Säugern (einschl. Mensch) ist das Rabenbein nur noch als Fortsatz (Rabenschnabelfortsatz) des Schulterblatts vorhanden und damit der S. beiderseits nur noch zweiteilig oder auch (bei rückgebildetem Schlüsselbein) einteilig. Im Unterschied zum Beckengürtel ist der S. nur indirekt (über den Brustkorb bzw. das Brustbein) mit der Wirbelsäule verbunden.

Schulterhöhe, Abk. Sh, ein Körpermaß, das beim stehenden vierfüßigen Wirbeltier den durch den obersten Rand der Schulter gegebenen Punkt größter Höhe des Rumpfes über dem Boden angibt. Bei landw. genutzten Säugetieren (nicht ganz korrekt auch beim Hund) spricht man von *Widerristhöhe* (Abk. Wh).

Schultersieg, im Ringen Sieg durch Niederwerfen bzw. -drücken des Gegners auf beide Schultern.

Schulterstück ↑ Epaulette.

Schultests, Anwendung von Testverfahren auf den schul. Bereich. Bei **Schulreifetests** wird die körperl. und sozio-emotionale Schulreife v. a. durch medizin. und pädagog.

Anamnesebögen und Beobachtung, die kognitive mit speziellen Tests ermittelt (↑Frankfurter Tests). **Schulleistungstests** sind standardisierte Beurteilungsverfahren zur Feststellung des Lernerfolges und der Motivation von Schülern, zur Einstufung in Leistungsgruppen oder verschiedene Schulzweige.

Schultheiß [zu althochdt. sculdheizo, eigtl. „Leistung Befehlender"] ↑Dorf.

Schultheß [ˈʃʊltɛs], Barbara, geb. Wolf, * Zürich 5. Okt. 1745, † ebd. 12. April 1818, Freundin Goethes. - In ihrem Nachlaß wurde 1910 die ihr von Goethe 1786 zugeschickte Abschrift der ersten 6 Bücher der Urfassung des „Wilhelm Meister" gefunden.

Schultypen, in der BR Deutschland: 1. allgemeinbildende Schulen wie ↑Grundschule, ↑Hauptschule, ↑Realschule, ↑Gymnasien; 2. berufl. Schulen wie ↑Berufsschule, ↑Berufsaufbauschulen, ↑Berufsfachschulen, ↑Fachschulen, ↑Fachoberschulen. - ↑auch Bundesrepublik Deutschland (Struktur des Bildungswesens [Tafel Bd. 4, S. 129]).

Schultz, Johann Abraham Peter, dt. Komponist und Musiktheoretiker, ↑Schulz, Johann Abraham Peter.

S., Johannes Heinrich, * Göttingen 20. Juni 1884, † Berlin 19. Okt. 1970, dt. Psychiater. - Prof. in Jena, ab 1936 Direktor des Berliner Inst. für Psychotherapie; widmete sich allg. psychiatr. und psychotherapeut. Problemen; führte das ↑autogene Training als Behandlungsmethode ein; Mithg. des „Handbuchs der Neurosenlehre und Psychotherapie" (5 Bde., 1959-61). - *Werke:* Das autogene Training (1932), Geschlecht, Liebe, Ehe (1940), Bionome Psychotherapie (1951), Prakt. Arzt und Psychotherapie (1953).

S., Theodore William, * Arlington 30. April 1902, amerikan. Nationalökonom. - Prof. in Ames und Chicago; schrieb bed. agrarwiss. Arbeiten; Mitarbeiter bzw. Berater verschiedener nat. und internat. Organisationen; erhielt 1979 den sog. Nobelpreis für Wirtschaftswissenschaften (zus. mit Sir W. A. Lewis).

Schultze, Bernard, * Schneidemühl 31. Mai 1915, dt. Maler, Graphiker und Objektkünstler. - ∞ mit Ursula (* 1921); Hauptvertreter und Anreger der informellen dt. Kunst; er verwendet die Farbe so, daß die Bilder Reliefcharakter erhalten, seit 1961 auch dreidimensionale, phantast. geformte, farbige Gebilde aus Draht, Stoff, Papier und Kunststoff („Migofs").

S., Max, * Freiburg im Breisgau 25. März 1825, † Bonn 16. Jan. 1874, dt. Anatom. - Prof. in Halle und in Bonn; erkannte 1861 die Bed. des Protoplasmas als des eigtl. Trägers des Lebens und die Bed. des Zellkerns.

S., Norbert, * Braunschweig 26. Jan. 1911, dt. Komponist. - Komponierte die Opern „Schwarzer Peter" (1936) und „Das kalte Herz" (1943), die Fernsehoper „Peter der dritte" (1964), das Musical „Käpt'n Bay-Bay" (1950), Filmmusiken, Lieder und Chansons (u. a. „Lili Marleen", 1938).

Schultz-Hencke, Harald, * Berlin 18. Aug. 1892, † ebd. 23. Mai 1953, dt. Arzt und Psychotherapeut. - Einer der Hauptvertreter der neoanalyt. Richtung der Tiefenpsychologie; beschäftigte sich eingehend mit psycholog. Zentralfragen (so des Antriebs und der Hemmung) und mit der Therapie von Psychosen sowie der Interpretation von Träumen. - *Werke:* Der gehemmte Mensch (1940), Lehrbuch der Traumanalyse (1949), Lehrbuch der analyt. Psychotherapie (1951).

Schulung, Vermittlung von theoret. Wissen und prakt. Können für die Wahrnehmung bestimmter berufl. oder außerberufl. Aufgaben. Unternehmenseigene S. dienen dem Heranführen akadem. Berufsanfänger an die Praxis und der berufl. Fortbildung der Beschäftigten für neue Organisations- und Produktionsverfahren. Zur nichtbetriebl. Fortbildung gehören bes. die Fachschullehrgänge (u. a. für Handwerkermeister, Techniker). In den Parteien und Interessenverbänden bedeutet S. v. a. polit. S.; sie dient im wesentl. der Ausbildung des Führungsnachwuchses, der Funktionärs-S. in den Gewerkschaften oder allg. als Einführungskurs für neue Mitglieder.

Schulversuche, mit S. sollen neue Formen und Inhalte der Schul- und Unter-

Bernard Schultze, Porträt des Migof-Insektengottes (1972). Privatbesitz

richtsstruktur und -organisation an einzelnen Schulen oder in Schulbereichen, meist mit wiss. Beobachtung und Begleitung, so erprobt werden, daß aus ihnen übertragbare Modelle für allg. Schul- und Unterrichtsreformen entwickelt werden können. Seit 1971 werden S. über die Kultusministerkonferenz entsprechend einer Rahmenvereinbarung zw. Bund und Ländern zur koordinierten Vorbereitung, Durchführung und wiss. Begleitung von Modellversuchen im Bildungswesen empfohlen; eine gemeinsame Aufarbeitung der Ergebnisse und Erkenntnisse findet allerdings nur in begrenztem Maße statt.

Schulverwaltung ↑ Schule.

Schulz, Bruno, * Drohobycz (= Drogobytsch, Gebiet Lemberg) 12. Juli 1892, † ebd. 19. Nov. 1942, poln. Schriftsteller und Graphiker. - Zeichenlehrer; schrieb groteske, expressionist. Erzählwerke (dt. Auswahl 1961 u. d. T. „Die Zimtladen") mit Bildern düsterer Kindheitserlebnisse, surrealen Motiven und patholog. Visionen. Wurde von einem SS-Soldaten erschossen.

S., Johann Abraham Peter (Schultz), * Lüneburg 31. März 1747, † Schwedt/Oder 10. Juni 1800, dt. Komponist und Musiktheoretiker. - Hofkomponist und -kapellmeister in Rheinsberg und Kopenhagen. Einer der ersten bed. Liederkomponisten; etwa 130 Lieder, u. a. „Lieder im Volkston" (1782–97; darin „Der Mond ist aufgegangen", „Alle Jahre wieder"), Bühnenwerke, Oratorien, geistl. und weltl. Chorwerke.

Schulze, Johannes, * Brüel (Mecklenburg) 15. Jan. 1786, † Berlin 20. Febr. 1869, dt. Pädagoge und Schulpolitiker. - Vortragender Rat im preuß. Kultusministerium (1818–59); reformierte das preuß. Gymnasialwesen und die Lehrerfortbildung im Sinne des Neuhumanismus: Verstärkung des Lateinunterrichts gegenüber dem Griechischunterricht, da ihm von S. eine größere Bed. (wegen seiner formalen Denkschulung) zugeschrieben wurde.

S., Wilhelm, * Burgsteinfurt (= Steinfurt) 15. Dez. 1863, † Berlin 15. Jan. 1935, dt. Sprachwissenschaftler. - Prof. in Marburg, Göttingen und Berlin; einer der hervorragendsten Verfechter der engen Verbindung von Philologie und Sprachwiss.; bed. Arbeiten v. a. zur indogerman. Wortgeschichte, zum Griech., Lat. und zur Erschließung des Tocharischen.

S., Wolfgang, dt. Maler und Graphiker, ↑Wols.

Schulze, svw. Schultheiß (↑ Dorf).

Schulze-Boysen, Harro, * Kiel 2. Sept. 1909, † Berlin-Plötzensee 22. Dez. 1942 (hingerichtet), dt. Widerstandskämpfer. - Mgl. des Jungdt. Ordens, dem Strasser-Flügel der NSDAP nahestehend; wegen prosowjet. Propaganda 1933 verhaftet; seit 1936 Informant der sowjet. Botschaft und Organisator eines linksintellektuellen Widerstandskreises; eines der aktivsten Mgl. der Roten Kapelle.

Schulze-Delitzsch, Hermann, * Delitzsch 29. Aug. 1808, † Potsdam 29. April 1883, dt. Sozialpolitiker. - Jurist; 1848 demokrat. Abg. in der preuß. Nat.versammlung; gründete ab 1849 eine Reihe von Genossenschaften, von denen sich die auf Kleingewerbetreibende orientierten Kreditgenossenschaften (Volksbanken) am besten entwickelten. Auf dem 1. Genossenschaftstag (1859) schloß er die ihm nahestehenden Genossenschaften zum „Allg. Verband der auf Selbsthilfe beruhenden dt. Erwerbs- und Wirtschaftsgenossenschaften" zusammen. Mitbegr. des Nat.vereins (1859) und der Dt. Fortschrittspartei (1861); ab 1867 Mgl. des Norddt. Reichstags, ab 1871 MdR; bed. Mitarbeit am Genossenschaftsgesetz. S.-D. befürwortete das Genossenschaftsprinzip als Korrektur des Konkurrenzkapitalismus, v. a. die Verkaufsgenossenschaften der Ware Arbeitskraft (Hirsch-Dunckersche-Gewerkvereine); im Ggs. zu F. Lassalle und F. W. Raiffeisen lehnte er Finanzhilfen des Staates, der nur den rechtl. Rahmen für Genossenschaften schaffen sollte, ab.

Schulzentrum, Gebäudekomplex, in dem verschiedene Schularten untergebracht sind. Durch die räuml. Zusammenfassung soll eine größere Durchlässigkeit zw. den Schultypen erreicht werden, doch bleiben diese im wesentl. getrennt (kooperative oder additive Gesamtschule genannt).

Schulzeugnis ↑ Zeugnis.

Schulzwang, die zwangsweise Vorführung eines Schülers in der Schule zur Erfüllung der Schulpflicht. Sie soll erst dann erfolgen, wenn andere [Ordnungs]maßnahmen oder Strafverfahren keinen Erfolg haben.

Schumacher, Emil, * Hagen 29. Aug. 1912, dt. Maler. - Vertreter des abstrakten Expressionismus; großzügige, starkfarbige Bilder. - Abb. S. 340.

S., Kurt, * Culm 13. Okt. 1895, † Bonn 20. Aug. 1952, dt. Politiker (SPD). - Kriegsfreiwilliger im 1. Weltkrieg, verlor einen Arm; wurde 1918 Mgl. des Berliner Arbeiter-und-Soldaten-Rats; 1920–24 Redakteur in Stuttgart; 1924–31 MdL in Württemberg, MdR 1930–1933; bekämpfte konsequent die NSDAP; 1933–43 und 1944 in KZ-Haft, begann 1945 mit dem Wiederaufbau der SPD; widersetzte sich entschieden einer Vereinigung von SPD und KPD; im Mai 1946 zum Vors. der SPD gewählt; setzte sich für die Verankerung eines starken Zentralgewalt im GG ein; unterlag 1949 T. Heuss bei der Bundespräsidentenwahl. Lehnte als MdB, Fraktionsvors. der SPD und Oppositionsführer (ab 1949) Adenauers Politik der Westintegration aus traditionell nat.staatl. Orientierung entschieden ab; erstrebte die Wiederherstellung der Einheit Deutschlands in einer freiheitl.-demokrat. Verfassung, ohne wesentl. Konzessionen

Schuman

Emil Schumacher, Seraph (1965).
Öl auf Leinwand (Privatbesitz)

an den Kommunismus; bekämpfte im Innern die restaurativen Tendenzen.

📖 *Albrecht, W.: K. S. Bonn 1985. - Ritzel, H. G.: K. S. Rbk. 1972. - Heine, F.: Dr. K. S. Gött. u. a. 1969.*

Schuman, Robert [ˈʃuːman, frz. ʃuˈman], * Luxemburg 29. Juni 1886, † Scy-Chazelles (Dep. Moselle) 4. Sept. 1963, frz. Politiker. - 1919–40 frz. Abg.; im Sept. 1940 nach Deutschland deportiert, floh 1942 und schloß sich der Résistance an; 1944 Mitbegr. der MRP, 1945/46 Abg. beider Konstituanten, 1946–62 der Nat.versammlung; 1946 und 1947 Finanzmin., 1947/48 und 1948 kurzzeitig Min.präs.; setzte sich als Außenmin. (1948–52) v. a. für die europ. Einigung und eine dt.-frz. Annäherung ein, die er mit dem **Schumanplan** (dem 1950 verkündeten Plan zur Bildung der Europ. Gemeinschaft für Kohle und Stahl) wesentl. förderte. 1955/56 Justizmin.; 1955 Präs. der Europ. Bewegung, 1958–60 erster Präs. des Europ. Parlaments.

S., William Howard [engl. ˈʃuːmən], * New York 4. Aug. 1910, amerikan. Komponist. - Komponierte in einem neoklassizist., an I. Strawinski geschulten Stil u. a. die Baseball-Oper „The mighty Casey" (1953), Ballette, 9 Sinfonien, Ouvertüren (u. a. „Amerikan. Festouvertüre", 1939), Klavierkonzert (1942), Violinkonzert (1947–58) sowie Filmmusiken.

Schumann, Clara, geb. Wieck [ˈ--], * Leipzig 13. Sept. 1819, † Frankfurt am Main 20. Mai 1896, dt. Pianistin. - Heiratete 1840 Robert Schumann. 1878–92 unterrichtete sie am Hochschen Konservatorium in Frankfurt am Main. Sie war v. a. eine hervorragende Interpretin der Werke ihres Mannes, Beethovens, Chopins und Brahms', mit dem sie befreundet war, und trat auch als Komponistin hervor.

S., Maurice [frz. ʃuˈman], * Paris 10. April 1911, frz. Politiker. - 1932–40 Journalist bei der Agence Havas, seitdem enger Mitarbeiter de Gaulles; Mitbegr., Vors. (1945–49) und Generalsekretär (1949–65) der MRP, danach Mgl. der UDR; ab 1945 Abg. der Nat.versammlung; 1962 Min. für Raumordnung beim Premiermin.; 1967/68 Wiss.-, 1968/69 Sozial-, 1969–73 Außenmin.; seit 1974 Senator und Mgl. der Académie française.

S., Robert [ˈ--], * Zwickau 8. Juni 1810, † Endenich (= Bonn) 29. Juli 1856, dt. Komponist. - Erhielt Klavierunterricht bei F. Wieck; die angestrebte Virtuosenlaufbahn wurde durch eine Fingerzerrung vereitelt. Schon früh entstanden erste Kompositionen, zunächst und auf Jahre nur für Klavier („Papillons" op. 2, 1829–32). 1840 heiratete S. gegen den Willen F. Wiecks dessen Tochter Clara. 1840 komponierte er auch eine große Zahl Lieder, v. a. die Zyklen „Myrthen" op. 25, „Liederkreis" op. 39 (Eichendorff), „Frauenliebe und -leben" op. 42 (Chamisso) und „Dichterliebe" op. 48 (Heine). 1834 gründete S. die „Neue Zeitschrift für Musik", in der er für eine hohe, „poet." Musik stritt. 1843 kam er durch F. Mendelssohn Bartholdy ans Konservatorium Leipzig, 1844 als Chorleiter nach Dresden, 1850 wurde er Städt. Musikdirektor in Düsseldorf. 1854 kam eine Gemütskrankheit zum Ausbruch; bis zu seinem Tod blieb S. in einer Heilanstalt. - S.s Werk ist der Inbegriff dt. musikal. Romantik. Unmittelbar nach L. van Beethovens und F. Schuberts Tod setzt sein poet., klass. Gebundenheit überspielendes Klavierwerk ein, das wesentl. Impulse der (zeitl. früheren) literar. Romantik aufnimmt. S. setzt Beethovens Klaviersatz und motiv. Arbeit zu differenzierter Stimmungsschilderung ein; die Sonatenform umgeht er durch Reihung kurzer Charakterstücke zu Zyklen: „Davidsbündlertänze" op. 6 (1837), „Carnaval" op. 9 (1834/35), „Kinderszenen" op. 15 (1838), „Kreisleriana" op. 16 (1838), „Album für die Jugend" op. 68 (1848). - In den Liedern tritt der Klavierpart selbständig und charakterist. hervor, bleibt jedoch in einen vom Dichterwort angeregten Lyrismus eingebunden. In der ebenfalls stark vom Klavier her konzipierten Kammermusik (3 Streichquartette, 3 Klaviertrios, 3 Violinsonaten, Klavierquartett, Klavierquintett) tritt der Wille zu dichter, differenzierter Ausformung hervor. - Seine 4 Sinfonien konnten das Vorbild Beethoven weder umgehen noch erreichen: 1. B-Dur op. 38 (1841, „Frühlingssinfonie"), 2. C-Dur op. 61 (1845/46), 3. Es-Dur op. 97 (1850, „Rhein. Sinfonie"), 4. d-moll

op. 120 (1851; erste Fassung 1841). Einen Höhepunkt der Gatt. überhaupt stellt dagegen das Klavierkonzert a-Moll op. 54 (1841–45) dar. Auch im Cellokonzert a-Moll op. 129 (1850), in den 2 Klaviersonaten, in der Ouvertüre „Manfred" op. 115 (1848/49, nach Byron), der Oper „Genoveva" op. 81 (1847–50) und dem weltl. Oratorium „Das Paradies und die Peri" op. 50 (1841–43) sowie in Chorwerken schuf S. bed., eigenständige Werke. - In Stil und Haltung war er bestimmend für Brahms, in Lied und Klaviermusik auch für andere Komponisten. Mit ihm beginnt die für das spätere 19. Jh. bezeichnende Trennung in eine klassizist. (S., Mendelssohn Bartholdy, Brahms) und eine programmat. am Neuen orientierte Linie (neudeutsche Schule um F. Liszt).
📖 *Fischer-Dieskau, D.: R. S. Das Vokalwerk. Kassel 1985. - Kapp, R.: Studien zum Spätwerk R. S. Tutzing 1984. - R. S. Hg. v. der R.-S.-Gesellschaft. Mainz 1984. - Edler, A.: R. S. u. seine Zeit. Laaber 1982.*

Schumannplan ↑Schuman, Robert.

Schumen, bulgar. Stadt im nördl. Balkanvorland, 230 m ü. d. M., 99 600 E. Verwaltungssitz des Verw.-Geb. S.; PH, landw. Forschungsinst., Volksmuseum, Theater. Metall-, Leder-, Textil-, Nahrungsmittelind. - Anfang des 9. Jh. belegt; 811 zerstört; hieß als Stadt des Byzantin. Reiches im 11./12. Jh. **Missionis;** 1387 zur Festung ausgebaut. - Große Moschee (1744), Uhrturm (1740).

Schummerung, kartograph. Technik der Geländedarstellung, die ebene Flächen weiß oder im leichten Halbton, geneigte Flächen leicht bis stark getönt erscheinen läßt. Je steiler der Böschungswinkel, um so dunkler der Schattenhang.

Schumpeter, Joseph Alois, * Triesch (Südmähr. Gebiet) 8. Febr. 1883, † Taconic (Conn.) 8. Jan. 1950, östr.-amerikan. Nationalökonom. - Ab 1911 Prof. in Graz; 1918 Mgl. der dt. Sozialisierungskommission in Berlin; 1919 östr. Finanzminister, 1925–32 Prof. in Bonn, seit 1932 an der Harvard University. S. entwickelte als einer der Wegbereiter der Ökonometrie in seiner „Theorie der wirtsch. Entwicklung" (1912) ein geschlossenes Modell der kapitalist. Dynamik, das er zu einer umfassenden sozialwiss. Interpretation wirtsch. Entwicklung ausbaute. Während in der soziolog.-histor. Zeitdiagnose „Kapitalismus, Sozialismus und Demokratie" (1942) das Ende des Kapitalismus vorausgesagt wird, gibt S. in seiner unvollendet gebliebenen „Geschichte der ökonom. Analyse" (1954) eine einzigartige Geschichte und Generalbilanz des systemat. ökonom. Denkens bis zur Gegenwart.

Schundliteratur, abwertende Bez. für einen Teil der ↑Trivialliteratur.

Schupp [russ.], svw. ↑Waschbär.

Schuppanzigh, Ignaz [...tsɪk], * Wien 20. Nov. 1776, † ebd. 2. März 1830, östr. Violinist. - War bes. geschätzt als Primgeiger des Wiener S.-Quartetts, das die Streichquartette Haydns und Mozarts vorbildl. interpretierte und die Streichquartette Beethovens uraufführte.

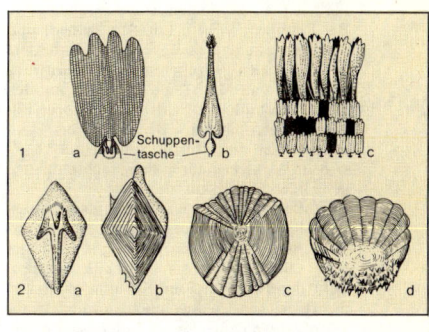

Schuppen. 1 Schmetterlingsschuppen (a Flügelschuppe, b Duftschuppe, c Anordnung der Schuppen auf den Flügeln), 2 Fischschuppen (a Plakoidschuppe, b Ganoidschuppe, c Zykloidschuppe, d Kammschuppe)

Schuppen, (Squamae) bei Tieren morpholog., strukturell und in der Substanz sehr unterschiedl., mehr oder weniger große, flache Bildungen der Haut, die die Körperoberfläche ganz oder z. T. bedecken und u. a. Schutzfunktion haben. Bei den Insekten sind die S. abgeplattete, zuletzt hohle, luftgefüllte epidermale Chitinhaare. Die **Flügelschuppen** der Schmetterlinge sind 0,07–0,4 mm lang, bilden mehrere Schichten aus (als Tiefen-, Mittel- und Deck-S.), sind dicht dachziegelartig angeordnet und leicht abstreifbar. Der S.stiel sitzt in einer S.tasche. Die Pigmentierung der Deck-S., auch der Mittel-S., ergibt die Flügelfärbung und -zeichnung. Bes. S.bildungen sind die Interferenzerscheinungen zeigenden Schiller-S. (↑Pigmente) sowie die Duftsekret im Lumen aufweisenden Duft-S. an Flügeln, Beinen oder am Abdomen und die mit primären Sinneszellen in Verbindung stehenden Sinnesschuppen (v. a. auf den Flügeladern). Bei den Wirbeltieren sind am verbreitetsten die **Fischschuppen.** Es sind mehr oder weniger ausgedehnte knochen- bzw. dentinartige, z. T. mit einer schmelzartigen Substanz überzogene und mit einer Pulpahöhle versehene Bildungen der Lederhaut, bei Haifischen und Rochen auch der Epidermis. Es handelt sich bei diesen Fisch-S. wahrscheinl. um Reste des ehem. Hautpanzers. Man unterscheidet verschiedene Typen, so die v. a. bei den urtüml., ausgestorbenen Fischen verbreiteten *Plakoid-S.* (Hautzähne, von denen sich unsere Zähne

Schüppen

ableiten lassen), rhomb. *Ganoid-S.* (Flösselhechte, Knochenhechte), rundl. *Zykloid-S.*, am Hinterrand kammartig gestaltete *Ktenoid-S.* sowie die bei den meisten in der Gegenwart lebenden Fischen als dünne, knochenartige, von Epidermis überzogen bleibende Plättchen ausgebildeten *Elasmoidschuppen.* Bei Reptilien, Vögeln (an den Beinen) und manchen Säugern (z. B. S.- und Gürteltiere und bei vielen Nagetieren, so am Schwanz von Ratte und Maus) sind die (nicht mit den Fisch-S. homologen) S. als **Hornschuppen** Bildungen der Epidermis. Bei der period. Häutung streifen die Schlangen ihre Haut ab.
♦ beim *Menschen* durch den Nachschub neu gebildeter Zellen aus der Keimschicht und Abstoßung der obersten Hornhautschicht anfallendes, je nach Dicke gelbl. bis grauschwarzes, je nach Größe kleienförmiges, blättriges oder glimmerförmiges Abschilferungsprodukt der Haut, das im Krankheitsfall vermehrt, gelegentl. jedoch auch vermindert abgestoßen werden oder verändert sein kann.
♦ in der *Botanik* Bez. für: 1. flächenhaft ausgebildete Haare (S.haare, z. B. bei der Ölweide); 2. die unterschiedl. Niederblattausbildungen wie Zwiebel- und Knospen-S.; 3. die reduzierten weibl. Blüten (Samen-S.) der Nadelhölzer.

Schüppen, svw. ↑Pik (Spielkartenfarbe).

Schuppenameisen (Formicidae), Fam. der Ameisen mit eingliedrigem, deutlich schuppenartig verlängertem Hinterleibsstiel; Stachel zurückgebildet; verspritzen Gift (Ameisensäure); rd. 4 000 Arten, v. a. in den Tropen; einheim. rd. 40 Arten. - Zu den S. gehören u. a. Waldameisen, Amazonenameisen, Wegameisen.

Schuppenbäume (Lepidodendrales), v. a. im Oberkarbon sehr häufig vorkommende baumförmige Vertreter der Bärlappe, die auf Grund ihrer großen Stoffproduktion die Hauptmasse der karbon. Steinkohle gebildet haben. Nach den nach dem Abfallen der Blätter am Stamm erscheinenden schuppen- oder siegelartigen Narben werden die Fam. der Schuppenbaumgewächse und der Siegelbaumgewächse unterschieden. Wichtigste Gatt. ist der *Schuppenbaum* (Lepidodendron) mit fischschuppenähnl. Rindenmuster.

Schuppenbaumgewächse (Lepidodendraceae), vom Unterkarbon bis zum oberen Oberkarbon vorkommende, dann aussterbende Fam. der Schuppenbäume, v. a. in der euromer. Karbonflora (umfaßte u. a. N- und S-Amerika und Europa); bis 30 m hohe und bis über 2 m dicke, oben reich verzweigte Bäume mit meist langlinealförmigen, einadrigen, nadelförmigen Blättern und Blüten in meist zweiständigen Zapfen.

Schuppendrachenfische ↑Drachenfische.

Schuppenfarn, svw. ↑Lepidopteris.

Schuppenflechte (Psoriasis), häufige, nicht ansteckende Hautkrankheit unbekannter Ursache mit jahreszeitl. schubweisem, insgesamt oft lebenslangem, gutartigem Verlauf. Zugrunde liegt ein Erbfaktor. Als sekundäre begünstigende Faktoren kommen u. a. entzündl. Prozesse, lokale Verletzungen und psychosomat. Störungen in Betracht. Bei einem neuen Schub entstehen i. d. R. kleine, gut abgegrenzte, rote Hautflecken, auf denen bald weiße, fest haftende Schuppen erscheinen. Die Herde können sich zu verschiedenen Formen ausbreiten, häufig mit Abheilung im Zentrum. Die **gewöhnl. Schuppenflechte** (Psoriasis vulgaris) befällt hauptsächl. die Streckseiten der Extremitäten, v. a. Ellbogen und Knie, aber auch den Rumpf und den behaarten Kopf. Meist sind die Nägel mit betroffen. Die sog. **umgekehrte Schuppenflechte** (Psoriasis inversa) befällt vorwiegend die Beugeseiten der Extremitäten sowie Hautfalten. Bei der *Psoriasis arthropathica* sind die Finger- und Zehengelenke nach Art eines chron. Gelenkrheumas erkrankt und können verkrüppeln. Bes. schwere Verlaufsformen gehen mit Eiterbläschen, Fieber und Allgemeinbeschwerden einher *(Psoriasis pustulosa).* - Die Behandlung der S. zielt auf eine Linderung der Symptome (z. B. Schälkuren).

Schuppenkarpfen ↑Karpfen.

Schuppenkriechtiere (Squamata), weltweit verbreitete, rd. 5 500 Arten umfassende Ordnung der Reptilien mit den beiden Unterordnungen Echsen und Schlangen; gekennzeichnet durch einen langgestreckten, von Schuppen bedeckten Körper mit oder ohne Gliedmaßen.

Schuppenmiere (Spärkling, Spergularia), Gatt. der Nelkengewächse mit mehr als 20 Arten von fast weltweiter Verbreitung; einjährige bis ausdauernde, meist rasenbildende, niederliegende oder auch aufsteigende Kräuter mit weißen oder rosafarbenen Blüten in armblütigen Trugdolden. Von den vier in Deutschland vorkommenden Arten sind v. a. die **Rote Schuppenmiere** (Spergularia rubra; mit rosenroten Blüten in Unkrautgesellschaften und an Wegrändern) sowie die **Salzschuppenmiere** (Spergularia marina; mit blaßroten Blüten) und die **Flügelsamige Schuppenmiere** (Spergularia media; mit weißen oder blaßroten Blüten; an der Nord- und Ostseeküste) verbreitet.

Schuppenmolch (Südamerikan. Lungenfisch, Lepidosiren paradoxa), bis etwa 1,25 m langer Lungenfisch (Fam. ↑Molchfische) in S-Amerika; aalähnl. langgestreckt, graubraun.

Schuppennaht (Sutura squamosa), in der Anatomie: 1. die beim Menschen zw. den Schläfen- und Scheitelbein jeder Schädelseite gelegene Schädelnaht; 2. im Unterschied zur glatten Naht *(Sutura plana)* und Sägenaht (↑Schädelnähte) eine Knochennaht, bei der sich die abgeschrägten Knochenränder überlappen.

Schuppenrindenhickory ↑Hickorybaum.

Schuppenröschen ↑Pityriasis.

Schuppentiere (Tannenzapfentiere, Pangoline, Pholidota), Ordnung der Säugetiere mit sieben Arten in Afrika südl. der Sahara und in S-Asien; etwa 75–175 cm lang, davon knapp die Hälfte bis $2/3$ auf den Schwanz entfallend; Haarkleid weitgehend rückgebildet; Körper, Kopf und Schwanz oberseits von sehr großen, dachziegelartig angeordneten Schuppen bedeckt, hell- bis dunkelbraun; Kopf klein, spitzschnäuzig, mit enger Mundöffnung; Kiefer zahnlos; Zunge ungewöhnl. lang, wurmförmig; ernähren sich von Ameisen und Termiten, deren Bauten mit den mächtigen Grabklauen der Vorderfüße aufgebrochen werden; nachtaktiv, tagsüber in Erdbauten; rollen sich bei Gefahr zusammen; größte Art ist das **Riesenschuppentier** (Manis gigantea, Smutsia gigantea), mit 75–80 cm Körperlänge und 50–65 cm langem Schwanz, Schuppen sehr groß, graubraun, Bauchseite weißlich.

Schuppenzwiebel ↑Zwiebel.

Schuppiger Porling (Polyporus squamosus), exzentr. gestielter Pilz (↑Porling) mit ockergelbem, 10–30 cm breitem, dunkelbraun beschupptem, nierenförmigem Hut und schmutzigweißen Poren, die den dicken, kurzen, schwärzl. Stiel herablaufen; verbreitet von Mai bis August an totem und lebendem Laubholz (v. a. Linde, Pappel und Weide) vorkommend; Erreger der Weißfäule.

Schur, das Scheren von Schafen (↑Hausschaf).

Schürer, Emil, * Augsburg 2. Mai 1844, † Göttingen 30. April 1910, dt. ev. Theologe. - Prof. für N. T. in Leipzig, Gießen, Kiel und Göttingen; eigtl. Begründer der Wiss. vom antiken Judentum durch sein bis heute nicht ersetztes Hauptwerk „Geschichte des jüd. Volkes im Zeitalter Jesu Christi" (2. Auflage 1886/87).

schürfen, allg. svw. eine Oberflächenschicht entfernen.

♦ *bergmänn.* svw. Lagerstätten aufsuchen und zugängl. machen, v. a. mit mechan. Methoden wie Graben oder Bohren.

Schuricht, Carl, * Danzig 3. Juli 1880, † Corseaux bei Vevey 7. Jan. 1967, dt. Dirigent. - Seit 1912 städt. Musikdirektor, 1922–44 Generalmusikdirektor in Wiesbaden; setzte sich bes. für Bruckner und Mahler ein.

Schürmann, Georg Caspar, * Idensen (= Wunstorf) 1672 oder 1673, † Wolfenbüttel 25. Febr. 1751, dt. Komponist. - Hofkapellmeister in Wolfenbüttel, einer der führenden Komponisten der frühen dt. Oper (u. a. „Heinrich der Vogler", 1718–21).

Schurre, geneigte Rinne, auf der Schüttoder Stückgut weitertransportiert wird.

Schuruppak, altoriental. Stadt, heute Ruinenhügel Tall Fara in S-Irak, 60 km sö. von Ad Diwanijja; Ausgrabungen 1902 und 1931 fanden frühdynast. Schichten des 3. Jt. v. Chr., in der jüngeren (um 2600) u. a. frühe sumer. Keilschrifttafeln und Siegelabdrücke, deren Kunststil als Farastil bezeichnet wird; galt als Stadt der babylon. Sintflut.

Schurwald, Teil des Schwäb.-Fränk. Schichtstufenlandes zw. Rems, Neckar und Fils; bis 485 m hoch.

Schurwolle, Bez. für die am lebenden Tier geschorene ↑Wolle.

Schurz, Carl, * Liblar (= Erftstadt) 2. März 1829, † New York 14. Mai 1906, amerikan. Politiker und Publizist dt. Herkunft. - Schloß sich als Student 1848 der demokrat. Bewegung an, nahm am pfälz.-bad. Aufstand 1849 teil, emigrierte 1852 in die USA. Niederlassung als Rechtsanwalt; schloß sich als Gegner der Sklaverei der Republikan. Partei an und hatte maßgebl. Anteil am Wahlsieg A. Lincolns 1860. 1861 kurz Gesandter in Madrid, danach nahm er - zuletzt als General - am Sezessionskrieg teil; 1869–75 Senator von Missouri, als Innenmin. 1877–81 schuf S. mit Verwaltungsreformen die Grundlage für ein unpolit. Berufsbeamtentum und förderte die Integration der Indianer in die amerikan. Gesellschaft. Forderte als bed. Journalist in New York (u. a. Mithg. der „Evening Post") eine Verschmelzung der Nationalitäten und bekämpfte den aufkommenden Imperialismus (Krieg gegen Spanien 1898). - 1930 wurde in New York die *C. S. Memorial Foundation* zur Pflege der dt.-amerikan. Beziehungen gegründet.

Schurz, dem Schutz der darunter getragenen Kleidung dienender Teil der Berufskleidung. In der Freimaurerei ist der weiße Maurer-S. Teil der symbol. Kleidung.

♦ svw. ↑Lendenschurz.

Schürze, zweckbestimmter (Schutz bei der [Haus]arbeit urspr. für Männer und Frauen), aber auch mod. Bestandteil der weibl. Kleidung (seit dem 16. Jh.), bis heute im Dirndlkleid.

Schuschnigg, Kurt [...nɪk], urspr. Kurt Edler von S., * Riva del Garda 14. Dez. 1897, † Mutters bei Innsbruck 18. Nov. 1977, östr. Politiker. - Führer (ab 1930) der Ostmärk. Sturmscharen; 1927–33 für die Christlichsoziale Partei im Nat.rat, 1932–34 Justiz-, ab 1933 zugleich Unterrichtsmin. Als Nachfolger von E. Dollfuß (ab 30. Juli 1934) Bundeskanzler sowie zeitweise Unterrichts-, Außen- und Verteidigungsmin. - hielt an der Idee des autoritären christl. Ständestaates doktrinär fest und verhinderte eine Rückkehr zur Parteiendemokratie. 1936 Ablösung E. R. Fürst Starhembergs als Vizekanzler und Führer der Vaterländ. Front, deren Führung er selbst übernahm, sowie Auflösung der Heimwehren. Stützte sich außenpolit. zunächst auf die Schutzmacht Italien, bemühte sich aber angesichts der Anbahnung der Achse Berlin–Rom um eine Besserung der östr.-dt. Beziehungen. Stimmte, von Hitler unter Druck gesetzt und ohne Rückendeckung Italiens, bei der Berchtesgadener Zusammenkunft (12. Febr. 1938) einer Einengung der östr. Außen- und Verteidigungspolitik, der Aufnahme A. Seyß-Inquarts in das Kabinett und der Amnestie für die östr. Nationalsozialisten zu. Sein Versuch, dieses Abkommen durch die Volksabstimmung über die Unabhängigkeit Österreichs zu unterlaufen, scheiterte und wurde zum Anlaß für den dt. Einmarsch. S. trat am 11. März 1938 zurück, wurde verhaftet und war 1941–45 im KZ. 1948–67 Prof. in Saint Louis (Mo.), lebte seitdem in Österreich.

Schuschtar [pers. ʃuʃˈtær], Ort in Iran, 80 km nördl. von Ahwas, 27 000 E. Verwaltungszentrum; Baumwollverarbeitung, Glaswarenherstellung. - Zahlr. Moscheen, u. a. Freitagsmoschee (10. Jh.), Reste sassanid. Brücken und Dämme.

Schuß, in der *Sprengtechnik* Bez. für ein geladenes, zum Zünden fertiges Sprengbohrloch.

♦ (Einschlag, Eintrag) in der *Textiltechnik* Bez. für die quer (Ggs. Kette) verlaufende Fadengruppe eines Gewebes. - ↑ auch Bindungslehre.

Schussenried, Bad ↑ Bad Schussenried.
Schussenrieder Gruppe ↑ Federsee.
Schußwaffen, Bez. für Geräte, bei denen Geschosse durch einen Lauf getrieben werden und die zum Angriff und zur Verteidigung, zum Sport oder zur Jagd bestimmt sind. Sie sind von Instrumenten zur Auslösung eines Schrecks durch Abgabe eines akust. Signals *(Schreck-S.)* zu unterscheiden (↑ Waffenrecht).

Schußwaffengebrauch, im Polizeirecht eine Form des unmittelbaren Zwangs. Als schärfstes der in den Bundes- und Ländergesetzen geregelten Zwangsmittel für Vollzugsbehörden darf es nur angewendet werden, wenn weniger einschneidende Mittel erfolglos angewendet worden sind. Der S. muß vorher angedroht werden und darf nur erfolgen, um einen Straftäter angriffs- oder fluchtunfähig zu machen. Im Zusammenhang mit dem in der BR Deutschland auftretenden Terrorismus sowie im Zuge des Einsatzes bei Geiselnahmen wurde in der polizeil. Praxis der Streit um die Zulässigkeit des *gezielten Todesschusses* zunehmend positiv entschieden und durch Rechtsprechung legitimiert. Ein sog. „finaler Rettungsschuß" (der mit an Sicherheit grenzender Wahrscheinlichkeit tödl. wirkt) ist jedoch nur dann zulässig, wenn er das einzige Mittel zur Abwehr einer gegenwärtigen Lebensgefahr oder der gegenwärtigen Gefahr einer schwerwiegenden Verletzung der körperl. Unversehrtheit ist.

Schuster, A., Pseud. des dt. Schriftstellers Rudolf ↑ Huch.

Schusterjunge, im graph. Gewerbe Bez. für die Anfangszeile eines neuen Absatzes, wenn sie als letzte Zeile einer Spalte oder Seite erscheint. Im Ggs. dazu wird die Schlußzeile eines Absatzes am Anfang einer neuen Spalte oder Seite als **Hurenkind** bezeichnet.

Schusterkneif (Schustermesser), svw. ↑ Arbelos.

Schusterkugel, früher in Schuhmachereien verwendete mit Wasser gefüllte Glaskugel, die vor einer [Petroleum]lampe hängt und das Licht nach Art einer Linse auf einen bestimmten Bereich konzentriert.

Schusterpalme (Schildblume, Schildnarbe, Fleischerpalme, Aspidistra), Gatt. der Liliengewächse mit acht Arten im östl. Himalaja, in China, Japan und auf Formosa; Pflanzen mit dickem, kurzem, aufrechtem oder kriechendem Erdstamm, großen, grundständigen, in einen aufrechten Blattstiel zusammengezogenen Blättern und einzelnen, nicht oder kaum über die Erdoberfläche tretenden Blüten. Die aus dem südl. Japan stammende **Hohe Schusterpalme** (Aspidistra elatior) mit immergrünen, ledrigen, einschl. Blattstiel bis 70 cm langen und in der Mitte rd. 10 cm breiten Blättern sowie mit schmutzigvioletten, z. T. in den Boden eingesenkten Blüten mit scheibenförmiger Narbe ist eine leicht zu kultivierende, beliebte Zimmerpflanze.

Schustersche Brücke [nach dem dt. Physiker K. Schuster, *1903] (akustische Brücke), Anordnung zur Messung von akust. Widerständen.

Schute [niederdt.], offenes Wasserfahrzeug ohne Eigenantrieb meist zum Transport von Schüttgütern.

♦ (Kiepenhut) um 1800 auftauchende [genähte] hutartige Haube, deren gesteifte, vorn breite, zum Nacken hin meist schmaler werdende Krempe das Gesicht umrahmt (v. a. in der Biedermeiertracht).

Schutt, allg. svw. Trümmer, Bauabfall. Unter **Gehängeschutt** versteht man an geneigten Flächen abrutschende Gesteinstrümmer. Sie häufen sich am Fuß des Hanges bzw. der Wand zu **Schutthalden**, am Auslauf von Steinschlagrinnen zu **Schuttkegeln** an.

schütt, Donauinseln, ↑ Große Schütt, ↑ Kleine Schütt.

Schütte, Johann, * Oldenburg (Oldenburg) 26. Febr. 1873, † Dresden 10. Mai 1940, dt. Ingenieur. - Prof. in Danzig und Berlin; baute mit K. Lanz (*1873, †1921) das stromlinienförmige *S.-Lanz-Luftschiff*.

Schütte (S.krankheit), Abwerfen der Nadeln (auch der abgestorbenen Jungtriebe) bei Nadelbäumen als Schutzreaktion gegen übermäßigen Wasserverlust durch Transpiration bei funktionsuntüchtigen Schließzellen. Ursache hierfür sind Frost *(Frost-S.;* bes. bei Fichten und Douglasien), Immissionen und der Befall mit artspezif. wirksamen Schlauchpilzen, die die sog. *Pilz-S.* hervorrufen. Verbreitet und schädl. ist v. a. die *Kiefern-S.;* sie tritt als Folge des *Kiefernritzenschorfs* in Erscheinung: zuerst gelbl., dann dunkler und größer werdende Flecke auf den Nadeln (Chlorophyllzerstörung), Rötung der Nadeln im Frühjahr und Nadelabwurf im Frühjahr, Herbst und Frühwinter.

Schüttelfrost, Kältegefühl und Muskelzittern zu Beginn eines raschen Fieberanstiegs, wenn der Temperatursollwert im Zwischenhirn durch Einwirkung pyrogener Stoffe erhöht ist und die normale Körpertemperatur daher als „zu kalt" registriert wird.

Schüttellähmung (Paralysis agitans), durch unwillkürl. Muskelzittern und Lähmung der Gliedmaßen gekennzeichneter körperl. Zustand als wesentl. Symptom der Parkinson-Krankheit bzw. des Parkinson-Syndroms.

Schüttelreim ↑Reim.

Schuttfestiger, Bez. für Pflanzenarten der alpinen Region, die mit einem tiefreichenden Wurzelsystem in den ruhenden Schichten von Schutthalden verankert sind. S. stauen hinter ihren meist kräftig entwickelten Blattrosetten rutschenden Schutt auf. S. sind z. B. Alpenmohn und Silberwurz.

Schüttgewicht, das durchschnittl. Gewicht einer Volumeneinheit eines [locker] geschütteten Gutes.

Schüttgut, loses Fördergut in schüttbarer Form, z. B. Erz, Kohle, Getreide.

Schutthalde ↑Schutt.

Schutting, Jutta, * Amstetten (Niederösterreich) 25. Okt. 1937, östr. Schriftstellerin. - Lehrerin; Verf. dingorientierter, reflektiver [Liebes]gedichte: „In der Sprache der Inseln" (1973), „Lichtungen" (1976). Für die Prosa sind Verkürzungen, Variationen und Reihungen, minutiöses Zerlegen einfacher Vorgänge und die Suche nach mögl. Benennungen kennzeichnend; u. a. „Tauchübungen" (1974), „Parkmord" (En., 1976), „Steckenpferd" (En., 1977), „Am Morgen vor der Reise. Die Geschichte zweier Kinder" (1978), „Hundegeschichte" (1986).

Schuttkegel ↑Schutt.

Schutz, Roger [frz. ʃyts], eigtl. R. Schütz-Marsauche, meist „Frère Roger" gen., * Provence (Waadt) 12. Mai 1915, schweizer. und frz. ev. Pfarrer. - Gründer und Prior der „Communauté de ↑Taizé". Ostern 1949 verpflichteten sich unter ihm als Prior die ersten sieben Brüder der Kommunität zu einem Leben in Gütergemeinschaft, Ehelosigkeit und unbedingtem Gehorsam. 1974 wurde von S. das „Konzil der Jugend" begonnen. 1974 erhielt er den Friedenspreis des Börsenvereins des Dt. Buchhandels.

Schütz, Heinrich, latinisiert Henricus Sagittarius, * Köstritz (= Bad Köstritz) 14. Okt. 1585, † Dresden 6. Nov. 1672, dt. Komponist. - S. kam 1599 als Kapellknabe in die hess. Residenz Kassel; erhielt 1609 ein landgräfl. Stipendium zum Studium bei G. Gabrieli in Venedig, dessen Abschluß das „Erste Madrigalbuch" op. 1 (1611) bildet. Nach der Rückkehr wurde er bald Hoforganist in Kassel, dann 1617 kurfürstl.-sächs. Hofkapellmeister in Dresden. Den 26 mehrchörigen „Psalmen Davids" op. 2 (1619) im madrigal. und konzertierenden Stil folgten u. a. die „Auferstehungshistorie" op. 3 (1623), 40 lat. Motetten zu vier instrumental begleiteten Stimmen „Cantiones sacrae" op. 4 (1625) und die 103 vierstimmigen „Psalmen Davids" zu dt. Liederdichtungen C. Beckers op. 5 (1628; Zweitfassung 1661). Für die Hochzeit der Tochter des Kurfürsten schuf S. auf ein von M. Opitz übertragenes Libretto O. Rinuccinis die erste dt. Oper, „Dafne" (Uraufführung 1627 in Torgau; Musik verschollen). Bei einer zweiten Venedig-Reise 1628 entstanden die 20 ein- bis dreistimmigen lat. Vokalkonzerte „Symphoniae sacrae" op. 6 (1629) unter dem Einfluß des affektbetonten Stils Monteverdis. - Wegen des 30jährigen Kriegs ging Schütz 1633 als königl.-dän. Hofkapellmeister nach Kopenhagen. Zurück in Dresden schrieb er 1636 auf den Tod des Landesherrn die „Musikalischen Exequien" op. 7, deren dreiteilige Verbindung von solist.-chor. „Concert in Form einer teutschen Begräbnismesse", doppelchöriger Motette und mehrchörigem „Canticum B. Simeonis" als ein Höhepunkt seines Schaffens gilt. Den Kriegsbedingungen angepaßt sind die insgesamt 55 „Kleinen geistl. Konzerte" op. 8 und 9 (1636 und 1639). Der Krieg zwang Schütz 1636–44 zu Reisen. Erst 1656 erhielt er die seit 1645 beantragte Pensionierung und ging nach Weißenfels, blieb aber als Oberkapellmeister für die damals reorganisierte Dresdner Hofmusik verantwortlich. Hier erschienen der 2. und 3. Teil der „Symphoniae sacrae" op. 10 und 12 (1647 und 1650), eine Sammlung von 27 bzw. 21 geistl. dt. Konzerten für ein bis drei oder drei bis sechs Solostimmen und Instrumente in „italien. Manier" sowie die streng kontrapunkt. Motetten „Geistl. Chormusik" op. 11 (1648). Weiter entstanden u. a. „Zwölf geistl. Gesänge" op. 13 (1657), eine Weihnachts- (1664) und drei Passionshistorien (1665/66) sowie der doppelchörige „Psalm 119 ... nebst dem Anhang des 100. Psalms ... und eines dt. Magnificats" (1671). Das Wesen von S. Kompositionsart liegt im Übersetzen des Sinn- und Affektgehalts des Wortes in die Musik. Seine Technik beruht auf einer Einschmelzung der bei G. Gabrieli erlernten madrigal. Ausdruckskunst und des konzertierenden Stils in die ererbte kontrapunkt. Schreibweise. Kennzeichnend für seinen Personalstil ist die Nachbildung der Sprachakzents des Textes mittels deklamator. Rhythmik und Melodik, seiner Bild- und Ausdruckshaftigkeit mittels musikal.-rhetor. Figur und Harmonik seiner Struktur mittels Thematik, Satzart und Besetzung.

Schütz

📖 *Brodde, O.: H. S. Weg u. Werk. Kassel* ²*1979. - Epstein, H.: H. S. Neuhausen 1975.*

S., Helga, *Falkenhain 2. Okt. 1937, dt. Schriftstellerin. - Ihre Erzählungen und Romane sind gekennzeichnet durch spieler.-unbefangenen Gebrauch der Sprache sowie lebendige, humorvolle Darstellung, u. a. „Das Erdbeben bei Sangershausen" (En., 1974), „Jette in Dresden" (R., 1977; in der BR Deutschland 1977 u. d. T. „Mädchenrätsel").

S., Klaus, *Heidelberg 17. Sept. 1926, dt. Politiker (SPD). - 1954-57 und seit 1963 Mgl. des Berliner Abg.hauses; 1957-61 MdB; 1961-66 Berliner Senator für Bundesangelegenheiten; 1966/67 Staatssekretär des Auswärtigen Amts, 1967-77 Regierender Bürgermeister von Berlin; 1968-77 Vors. der Berliner SPD; 1977-81 Botschafter in Jerusalem; seit März 1981 Intendant der Dt. Welle.

Schütz, [plattenförmige] Absperrvorrichtung an Kanälen, Schleusen, Wehren.
◆ (Schaltschütz) elektromagnet. betätigter Schalter für hohe Ströme.

Schutzanpassung, dem Schutz vor Feinden dienende ↑ Anpassung bei Tieren dergestalt, daß ihr Körper mit Schutzeinrichtungen (Gehäuse, Hüllen, Chitinpanzer, Stachelbildungen usw.) versehen ist oder daß die Tiere (durch entsprechende Tarnung) in Gestalt, Färbung *(Schutzfärbung)* und/oder Zeichnung entweder unscheinbar erscheinen, d. h. sich kaum von ihrer Umgebung abheben, ja Teile aus ihr sogar nachahmen (↑ Mimese), oder aber bes. auffällig und dann abstoßend oder gefährl. aussehen (↑ Mimikry).

Schutzbefohlene, strafrechtl. geschützter Personenkreis, der im StGB nicht einheitl. definiert ist. Dazu gehören Personen unter 16 und 18 Jahren, die jemandem zur Erziehung, Ausbildung oder zur Betreuung in der Lebensführung anvertraut oder jemandem unter 18 Jahren im Rahmen eines Dienst- oder Arbeitsverhältnisses untergeordnet sind sowie leibl. Kinder unter 18 Jahren.

Schutzbrief, die v. a. im MA von einem Territorialherrn - häufig gegen Bezahlung - ausgestellte Urkunde, die einer bestimmten Person oder Gruppe einen bes. Schutz zukommen ließ; z. B. Kaufleuten den Schutz freien Geleits. Im geltenden *Völkerrecht* die in einer Urkunde verbriefte Zusage besonderen Schutzes an bestimmte Personen, meist fremder Staatsangehörigkeit seitens eines Inhabers staatl. Macht. Bes. Bed. haben S. für Vertreter neutraler oder nicht am Krieg beteiligter Mächte beim Betreten eines Kriegsschauplatzes.

Schutzbrillen, meist mit sog. Seitenschutzkörben versehene Brillen zum Schutz des Auges vor mechan. Einwirkungen (Splitter, Spritzer, Funken u. ä.), vor schädigender Strahlung (Schweißbrillen mit Schutzfilter; Lichttransmission unter 3%), vor Dämpfen u. a. Material der Brillengläser: spezielle Kunststoffe hoher opt. Güte, Silicatgläser.

Schutz der Intimsphäre, der verfassungsrechtl. gesicherte (Art. 1 und 2 GG), gegen jedermann bestehende rechtl. Anspruch auf Achtung der Privatsphäre, der sich sowohl gegen den Staat (z. B. bei unzulässiger Wohnungsdurchsuchung) als auch gegen Privatpersonen (z. B. bei unberechtigten Photoaufnahmen) richten kann.

Schütze ↑ Sternbilder (Übersicht).

Schütze, allg. svw. Schießender, insbes. die Mitglieder von ↑ Schützengesellschaften.
◆ in der dt. Bundeswehr ein unterster Mannschaftsdienstgrad beim Heer; früher Waffengatt. der ↑ Infanterie *(Schützen).*

Schützenfische (Toxotidae), Fam. der Barschfische mit vier Arten, v. a. in Mangroven und brackigen Flußmündungen (z. T. auch in Süßgewässern) SO-Asiens; Körper seitl. stark abgeplattet; Mundspalte weit, auffallend nach oben gerichtet. S. „schießen" aus über 1 m Entfernung mit gezieltem Wasserstrahl Insekten von Pflanzen über der Wasseroberfläche herunter.

Schutzengel, nach jüd., islam. und kath. Glauben ein dem Menschen zum Schutz beigegebener ↑ Engel. Die christl. Verehrung der S. ist seit dem 9. Jh. nachweisbar; Fest: 2. Oktober.

Schützengesellschaften (Schützengilden), in den Städten freiwillige Vereinigungen der Bürgerschaft, die sich, durch die städt. Obrigkeit, den Landesherrn oder König bestätigt und u. U. privilegiert, Schießübungen widmeten, um die Bev. im Umgang mit der Waffe zu schulen. Höhepunkt aller Schießveranstaltungen war das jährl. Vogelschießen (**Schützenfest**) um die Würde des Schützenkönigs. Bei diesem Volksfest wurde zunächst auf bes. verzierte Scheiben, dann auch auf hölzerne Vögel (oft Papageien) geschossen. - Die Schützen der BR Deutschland sind im „Dt. Schützenbund", die kath. Schützenbruderschaften im „Bund der Histor. Dt. Schützenbruderschaften e. V. Köln" organisiert.

Schützengraben, Feldbefestigungsanlage im Bewegungs- und im Stellungskrieg; entsteht v. a. durch die Verbindung der vom einzelnen Soldaten zum Schutz gegen feindl. Feuer gegrabenen Löcher (**Schützenlöcher**).

Schützenpanzer ↑ Panzer.

Schützenstück (Doelenstück), niederl. Sonderform des Gruppenbildnisses (Mitglieder einer Schützengesellschaft), entstanden im 16. Jh.; berühmt die S. von F. Hals und Rembrandt (bes. die „Nachtwache").

Schutzepithel, svw. Deckepithel (↑ Epithel).

Schutzerdung ↑ Berührungsspannungsschutz.

Schutzfrist, die zeitl. Begrenzung des ↑ Urheberrechts, nach deren Ablauf das Werk nicht mehr geschützt ist; in der BR Deutschland 70 Jahre nach dem Tode des Autors oder Komponisten.

Schutzstaffel

Schutzgas, reaktionsträges (inertes) Gas (z. B. Edelgase, Stickstoff, Kohlendioxid), das bei chem. und techn. Vorgängen (Schmelzen, Gießen, Löten, Schweißen) oxidationsempfindl. Materialien vom Sauerstoff- und Wasserdampfgehalt der Luft abschirmt.

Schutzgebiete ↑deutsche Kolonien.

Schutzgeist, im Glauben vieler Völker ein das persönl. Schicksal des Menschen bewachender guter Geist, oft Ahnengeist. Daneben gibt es kollektive S. des Hauses und der Felder, z. B. die röm. Penaten und Laren.

Schutzgewahrsam, präventive Festnahme einer Person zu ihrem eigenen Schutz; nur zulässig, wenn dies zur Abwehr einer drohenden Gefahr für Leib oder Leben der festzunehmenden Person erforderl. ist und sie selbst um Gewahrsam nachsucht oder sich erkennbar in einem die freie Willensbestimmung ausschließenden Zustand oder sonst in einer hilflosen Lage befindet oder Selbstmord begehen will. In manchen Staaten wurde und wird der S. (unter verschiedenen Bez.) als Mittel der Ausschaltung polit. Gegner mißbraucht.

Schutzhaft, in Umkehrung des urspr. Wortsinns (heute unter der Bez. ↑Schutzgewahrsam) bes. in Ausnahmesituationen (z. B. im Dt. Reich ab 1916) von totalitären Regimen, aber auch von Rechtsstaaten entwickelte Praxis der polit. motivierten Vorbeugehaft.

Schutzheiliger ↑Patron.

Schutzhelm, am Arbeitsplatz, auf Baustellen o. ä. zu tragende Kopfbedeckung, die den Kopf v. a. gegen Schlag und Stoß schützen soll. Geforderte Eigenschaften: hohe Schlagfestigkeit und hohes Schlagdämpfungsvermögen (durch federnde Innenausstattung, sog. Prallraum zw. Schale und Tragegerüst); Materialien: Aluminium, glasfaserverstärkte Kunststoffe, Polycarbonate, v. a. Polyäthylen. S. werden auch bei verschiedenen Sportarten getragen (u. a. Eishockey, Football, Rugby). - ↑auch Sturzhelm.

Schutzimpfung, aktive oder passive Immunisierung zum Schutz gegen bestimmte Infektionskrankheiten (↑Impfstoffe), z. T. gesetzl. vorgeschrieben oder beim Auftreten von Epidemien bzw. bei der Einreise in bestimmte Länder obligatorisch.

Schutzisolierung ↑Berührungsspannungsschutz.

Schutzkleidung, Spezialkleidung unterschiedl. Art zum Schutz am Arbeitsplatz vor gesundheitsschädigenden Einflüssen, z. B. vor zu hohen Temperaturen (*Hitze-S.* aus Asbestgeweben mit dünner Metallbeschichtung), vor zu hoher Strahlenbelastung (*Strahlen-S.* mit Bleieinlagen).

Schutzkontaktstecker ↑Stecker.

Schutzleiter ↑Berührungsspannungsschutz.

Schutzmacht, bes. Form des diplomat. Schutzes, bei der ein anderer Staat als der Heimatstaat des betreffenden Staatsbürgers

Schutzhelm. Beispiel einer Innenausstattung mit stufenloser Kopfgrößenverstellung, Kinnriemenhalterung und Stoßdämpfungsreserve

für die Erfüllung von in dessen Interesse bestehenden völkerrechtl. Verpflichtungen eintritt. Ein Staat nimmt v. a. dann die Rechte und Interessen eines dritten Staates (und seiner Staatsbürger) gegenüber einem fremden Staat wahr, wenn zwischen diesen keine normalen diplomat. Beziehungen mehr bestehen.

Schutzmantelmadonna, Darstellung Marias, die unter ihrem weiten Mantel mehrere Gläubige schützend birgt (Asyl gewährt); u. a. im 14. und 15. Jahrhundert.

Schutzpolizei (Kurzw. Schupo), Bez. für die uniformierte Vollzugspolizei (↑Polizei).

Schutzraum ↑Zivilschutz.

Schutzstaffel, Abk. SS, 1925 entstandene Sonderorganisation zum Schutz Hitlers und anderer NSDAP-Funktionäre, die unter ihrem Reichsführer H. Himmler (seit 1929) zugleich den „Polizeidienst" innerhalb der NSDAP ausübte. Formal der Obersten SA-Führung (↑Sturmabteilung) unterstellt, betrachtete sich die SS als Hitlers persönl. Instrument und wurde nach dem sog. Röhm-Putsch (30. Juni 1934) als selbständige Gliederung innerhalb der NSDAP Hitler unmittelbar unterstellt.

Neben dem SS-Amt für die allg. Führung und Verwaltung bestand Himmlers Führungsapparat seit 1931 aus dem Rasse- und Siedlungsamt, später **Rasse- und Siedlungshauptamt** (Abk. RuSHA), das für die „rassemäßige Ausrichtung" und die „Planung und Förderung des Siedlungswesens" der SS zuständig war, und aus Himmlers Anspruch erwachsen war, mit der SS einen nat.-soz. Führungsorden auf der Grundlage biolog.

Schutztruppe

Auslese zu bilden, und dem SD-Amt (SD: Abk. für **Sicherheitsdienst**), dem von R. Heydrich gegr. Nachrichtendienst gegen polit. Gegner und Oppositionelle innerhalb der NSDAP, nach der Machtergreifung Informationslieferant für die Gestapo, 1934 als einziger polit. Nachrichtendienst der Partei anerkannt, ab 1936 offizieller Nachrichtendienst des Reiches, der 1937–44 regelmäßig Lageberichte über die Stimmung in der Bev. erstellte. V. a. Sicherheits- und Kontrollaufgaben prägten Ausbau und Tätigkeit der SS nach 1933. Himmlers Ernennung zum „Reichsführer der SS und Chef der Dt. Polizei" (1936) brachte die Kopplung von Partei- und Staatsamt. Von den beiden neuorganisierten Zweigen **Sicherheitspolizei** (Abk. Sipo) - als Teil der SS geschaffene Organisation für die Polit. Polizei (Gestapo) und die Kriminalpolizei unter R. Heydrich und Ordnungspolizei (Schutzpolizei, Gendarmerie) wurde insbes. der erste völlig in die SS integriert, zuletzt durch den Zusammenschluß von Sipo und SD im ↑Reichssicherheitshauptamt 1939. Die damit begonnene Überordnung der Polizei über die Justiz bei Vorbeugung und Strafe nahm ganz neue Dimensionen an, als während des Krieges die **Einsatzgruppen** aufgestellt wurden, die Hunderttausende von Juden, Partisanen und polit. Gegnern ermordeten. Aus dem Reservoir der Allg. SS (berufstätige Mgl. 1939: rd. 240 000) stellte die SS-Führung ab 1933 militär. ausgebildete und bewaffnete kasernierte Verbände auf: die **SS-Verfügungstruppe** (1939: 18 000 Mann) und die **SS-Totenkopfverbände** zur Bewachung der KZ (Ende 1938: 8 500 Mann). Nach Kriegsbeginn übernahm die militär.-terrorist. Doppelfunktion die durch deren rasche Erweiterung gebildete ↑Waffen-SS. Ab 1939 wurden die 3 urspr. Hauptämter der SS auf 12 erweitert. Dem Hauptamt Verwaltung und Wirtschaft unterstanden neben den Wirtschaftsbetrieben der SS ab März 1942 die Verwaltung der KZ und die wirtsch. Ausbeutung der Häftlinge. Das **Stabs-Hauptamt des Reichskommissars** (Himmler) **für die Festigung deutschen Volkstums** und das **Hauptamt Volksdeutsche Mittelstelle** dienten der Germanisierungspolitik durch Aussiedlung „Fremdvölkischer" und Ansiedlung Volksdeutscher an den östl. Rändern des Reiches. In den Nürnberger Prozessen wurde die SS 1946 mit allen Untergliederungen (außer der Reiter-SS) zur verbrecher. Organisation erklärt.
   Anatomie des SS-Staates. Bd. 1: Buchheim, H.: Die SS - das Herrschaftsinstrument Befehl u. Gehorsam. Mchn. ²1979.

Schutztruppe, offizielle Bez. für die in den dt. Kolonien eingesetzten Kolonialtruppen; sie bestanden meist aus eingeborenen Soldaten unter dt. Offizieren und Unteroffizieren.

Schutz und Schirm, im MA Verpflichtungen des Herrn (Grundherr, Vogt usw.) zur Hilfeleistung gegenüber den von ihm Abhängigen (Grundholden usw.) in Gericht und Fehde, die den Anspruch auf Dienst begründeten.

Schutzverwandte (Beisassen), in Deutschland teilweise bis zu Beginn des 20. Jh. Bez. für die - zumeist grundbesitzlosen - Einwohner (Kaufleute, Juden) einer Gemeinde (Stadt), die nicht das volle Bürgerrecht besaßen.

Schutzwald, Waldungen mit beschränkter Nutzung, die zur Verhütung von Gefahren, bes. zum Schutze gegen Bodenabschwemmung, Hangrutsch, Austrocknung von Quellgebieten und Versandung, erhalten und gepflegt werden müssen. Schutzwälder sind aber auch solche, deren Erhaltung und Pflege im Interesse der Menschen (Erholungsfunktion) erforderl. sind.

Schutzzollpolitik, auf Förderung der einheim. Wirtschaft durch Abschirmung vor ausländ. Konkurrenz vermittels erhebl. Importabgaben abzielende staatl. Wirtschaftspolitik, die in systemat. Ausgestaltung zuerst im ↑Merkantilismus begegnet, dann v. a. im Zusammenhang mit der ↑großen Depression Platz griff. In neuerer Zeit treten trotz vorherrschenden Bekenntnisses zu freiem Welthandel und Abbaus verbliebener Handelshemmnisse v. a. in Ländern mit erhebl. Leistungsbilanzdefiziten immer wieder Bestrebungen für eine S. auf.

Schuwalow [russ. ʃu'valɐf], russ. Adelsfam. von bed. Einfluß auf die russ. Politik. Bed. Vertreter:

S., Iwan Iwanowitsch, * 12. Nov. 1727, † Petersburg 25. Nov. 1797. - Günstling der Zarin Elisabeth Petrowna (seit 1741); förderte Wiss. und Künste (u. a. die Gründung der Moskauer Univ. [1755], deren erster Kurator er wurde, und der Akad. der Künste [1757], deren Präs. er bis 1763 war).

S., Pawel Andrejewitsch Graf, * Petersburg 25. Nov. 1830, † Jalta 20. April 1908, General und Diplomat. - Als Botschafter in Berlin (1885–94) beteiligt am Abschluß des Rückversicherungsvertrages (1887); 1894–96 Generalgouverneur von Warschau.

S., Pjotr Andrejewitsch Graf, * Petersburg 27. Juli 1827, † ebd. 22. März 1889, Politiker. - 1864–66 Generalgouverneur der Ostseeprov., 1866–74 Chef der Geheimpolizei, 1874–79 Botschafter in London; 1878 auf dem Berliner Kongreß eigtl. Leiter der russ. Delegation.

Schwa [hebr.], in der hebr. Grammatik Bez. für das Zeichen : , das gewöhnl. unter einem Konsonanten, der keinen Vollvokal neben sich hat, steht; es wird z. T. nicht („Schwa quiescens"), z. T. als Murmelvokal [ə] („Schwa mobile") gesprochen. Danach ist „Schwa" auch Bez. für den Murmellaut [ə].

Schwab, Gustav, * Stuttgart 19. Juni 1792, † ebd. 4. Nov. 1850, dt. Schriftsteller. -

Schwäbischer Bund

Lyriker der schwäb. Schule; 1833–38 mit A. von Chamisso Hg. des „Dt. Musenalmanachs"; schrieb u. a. Romanzen und Balladen sowie volksliedhafte Gedichte; Hg. und Nacherzähler klass. („Die schönsten Sagen des klass. Altertums", 1838–40) und dt. Sagen sowie der „Dt. Volksbücher" (1836/37).

Schwabach, Stadt 15 km südl. von Nürnberg, Bay., 338 m ü. d. M., 35 400 E. Museum; metallverarbeitende Ind., Herstellung von Bauelementen für die Elektronik, Blattgoldschlägereien. - In karoling. Zeit vermutl. Standort eines fränk. Königshofs; erste Erwähnung Anfang des 11. Jh.; um 1300 Markt; 1371 erstmals Stadt gen. - Ev. spätgot. Pfarrkirche (15. und 16. Jh.); Fachwerkrathaus (1509), ehem. Fürstenherberge (18. Jh.), barocker Schöner Brunnen (1716/17).

Schwabacher, vom 15. Jh. bis Mitte des 16. Jh. gebräuchl. (got.) Schrift mit breit wirkenden Buchstaben und bogenförmigen Rundungen; v. a. für dt. Drucke der Reformationszeit.

Schwabacher Artikel, von Luther u. a. erarbeitetes reformator. Bekenntnis in 17 Artikeln, das 1529 auf dem Schwabacher Konvent von Kursachsen und Brandenburg-Ansbach den oberdt. Städten vorgelegt wurde; diente Melanchthon mit den Marburger Artikeln als Grundlage für das Augsburger Bekenntnis.

Schwaben, ehem. Stammes-Hzgt., umfaßte das Elsaß, den westl. Bodenseeraum, die Baar sowie das Gebiet der oberen Donau und des oberen Neckars. Nach der Beseitigung des älteren Hzgt. der Alemannen (746) wurde S. fest ins Fränk. Reich eingegliedert. Aus dem bei der Auflösung des karoling. Großreiches ausbrechenden Machtkampf um die Stammesführung ging Burchard I. als Sieger hervor, der das neue Hzgt. begründete (917). Nach dessen Tode 926 bestimmte König Heinrich I. den fränk. Konradiner Hermann zum Nachfolger und setzte damit den Amtscharakter des Hzgt. durch. Eine dynast. Kontinuität entstand erst mit der Einsetzung des Staufers Friedrich I. zum Herzog (1079). Nach dem Tod des letzten männl. Staufers, Konradin, 1268 setzte der Prozeß der territorialen Auflösung ein, dessen Hauptnutznießer die Grafen von Württemberg wurden; daneben verfügten v. a. die Habsburger über umfangreichen Besitz. Reichsinteressen vertraten bes. die zahlenmäßig starke Reichsritterschaft und die Reichsstädte. Die Schaffung des Schwäb. Reichskreises (1500) garantierte bis zum Ende des Hl. Röm. Reiches eine gewisse übergreifende polit. Ordnung.

S., Reg.-Bez. in Bayern.

Schwaben, Name von Volksstämmen und Volksgruppen: 1. ↑Sweben; 2. dt. Volksstamm, dessen Siedlungsgebiet den größten Teil des heutigen Baden-Württemberg, das bayr. S., das Elsaß, die dt. Schweiz und Vorarlberg umfaßte. Der Stammesname bezeichnet auch das jüngere Stammeshzgt. S.; 3. Banater Schwaben; 4. ↑Donauschwaben; 5. ↑Sathmarer Schwaben.

Schwabenkrieg (Schweizerkrieg), 1499 geführter Krieg der Schweizer Eidgenossen gegen das Haus Österreich und den Schwäb. Bund; Ursachen: habsburg. Territorialpolitik und v. a. die Ausdehnung der Reichsreform auf die Eidgenossenschaft; im Frieden von Basel (22. Sept. 1499) beendet.

Schwabenspiegel, führendes Rechtsbuch des außersächs. Deutschland, 1275/76 von einem Augsburger Franziskaner verfaßt; die Erstausgabe erschien spätestens 1282. Die Bez. S. kam erst im 17. Jh. auf, handschriftl. überliefert ist die Bez. *Land- und Lehnsrechtsbuch* bzw. *Kaiserrecht*. Als Quellenmaterial dienten u. a. der „Sachsenspiegel", german. Volksrechte, röm. und kanon. Recht.

Schwabenstreiche, törichte und sinnlose Handlungen (nach den Abenteuern der Sieben Schwaben).

Schwäbisch, oberdt. Mundart, ↑deutsche Mundarten.

Schwäbisch-Alemannisch, oberdt. Mundart, ↑deutsche Mundarten.

Schwäbische Alb, höchstes Stockwerk des südwestdt. Schichtstufenlandes, zw. sö. Schwarzwald, oberem Neckar, Ries und Donau, rd. 220 km lang, bis 40 km breit, bis 1015 m hoch (Lemberg). Die S. A. erhebt sich mit einer bis 400 m hohen, durch viele Täler gegliederten Stufe (Weißer Jura) über das nördl. Vorland und dacht sich donauwärts auf 450–500 m ü. d. M. ab. Vor dem Albtrauf liegen zahlr. Zeugenberge sowie im Raum Urach einige herauspräparierte vulkan. Tuffschlote. Auf der durch Verkarstung wasserarmen Hochfläche finden sich im gleichen Raum Maare, als feuchte bis vermoorte Hohlformen Ansatzpunkte der frühesten Besiedlung bildeten. Typ. Karsterscheinungen sind neben den über 1000 Höhlen die Trockentäler, die stark schüttenden Quellen am südl. Albrand und die Donauversickerung bei Immendingen, Tuttlingen und Fridingen an der Donau. Das Klima ist v. a. in der Mittleren Alb (zw. Tuttlingen und Ulm) rauh mit langen, schneereichen Wintern. Der Albtrauf ist reich an Laubwald, auf den Hochflächen wechseln Wacholderheide, Wald (Nadelwald in der Ostalb) und Äcker, denn trotz ihrer Klimaungunst und bodenbedingten Trockenheit ist die S. A. Altsiedelland mit stattl. Haufendörfern. Städte entstanden am Rande der S. A. und in breit eingeschnittenen Tälern, in denen sich log. Ind.gassen entwickelten [Aalen–Heidenheim an der Brenz, Ehingen (Donau)–Sigmaringen, Spaichingen–Tuttlingen].

Schwäbischer Bund, am 14. Febr. 1488 in Esslingen am Neckar als Landfriedens-

Schwäbische Rezat

einung des schwäb. Adels und der Reichsstädte gegr. Bund, der in SW-Deutschland zunächst erhebl. polit. Bed. gewann, dann aber zum Instrument habsburg. und fürstl. Interessen absank; 1534 aufgelöst.

Schwäbische Rezat ↑ Rednitz.

Schwäbischer Reichskreis ↑ Reichskreise.

Schwäbischer Städtebund, Zusammenschluß von zunächst 14 schwäb. Städten unter Führung von Ulm am 4. Juli 1376 zur Sicherung ihrer Reichsunmittelbarkeit; behauptete sich gegen Kaiser Karl IV. und Eberhard II. von Württemberg; 1381 Bündnis mit dem Rhein. Städtebund. Nach der Niederlage bei Döffingen (24. Aug. 1388) am 5. Mai 1389 aufgelöst.

Schwäbischer Wald, Ende 1979 gegr. Naturpark im Raum Schorndorf, Ellwangen, Crailsheim und Löwenstein.

schwäbische Schule, auch *schwäb. Dichterbund* oder *schwäb. Romantik* gen. württemberg. Dichterkreis (zw. 1810 und 1850) um L. Uhland und J. Kerner. Die Verbindung des literar. Anspruchsvollen mit dem Privat-Dilettantischen trug der s. S. den Vorwurf biedermeierl.-idyll. Enge und lokalpatriot. Genügsamkeit ein. Weitere Mgl.: G. Schwab, W. Hauff, J. G. Fischer, E. Mörike.

schwäbische Tracht ↑ Volkstrachten.

Schwäbische Türkei ↑ Baranya.

Schwäbisch-Fränkisches Schichtstufenland (Schwäb.-Fränk. Waldberge), von den rechten Neckarnebenflüssen tief zertalter und durch sie gegliederter Teil des südwestdt. Schichtstufenlands zw. dem Neckar im W, den Gäuflächen im N und dem Trauf der Schwäb. Alb im SO.

Schwäbisch Gmünd, Stadt in einer Talweitung der Rems, Bad.-Württ., 321 m ü. d. M., 56 000 E. Forschungsinst. für Edelmetalle und Metallchemie, PH, Fachhochschule für Gestaltung; u. a. Gold- und Silberwaren-, Schmuck-, Metall- und Uhrenind., Glashütten. - Das Gebiet wurde seit dem 8. Jh. besiedelt; 1162 erstmals erwähnt, erste Stadtgründung Friedrichs I. Barbarossa in Schwaben; Mitte des 13. Jh. Reichsstadt; Zerstörung im Schmalkald. Krieg (1546/47) und im Dreißigjährigen Krieg. - Got. Heiligkreuzkirche (14. und 15. Jh.), spätroman. Johanneskirche (um 1210–30) mit roman. Skulpturenschmuck; ehem. Dominikanerkirche (18. Jh.); Rokokorathaus (18. Jh.); Türme der ma. Stadtbefestigung.

Schwäbisch Hall, Krst. am Kocher, Bad.-Württ., 270 m ü. d. M., 30 700 E. Alljährl. Freilichtspiele. Textil-, holzverarbeitende, Elektro- und Baustoffind., Maschinen- und Fahrzeugbau, Mineralwasserind.; Heilbad (Solquelle). - Um 1037 erstmals als **Halle** erwähnt; verdankt seine Entstehung einer schon von den Kelten ausgebeuteten Salzquelle; im Hoch- und Spät-MA eine der wichtigsten Münzprägestätten des Hl. Röm. Reiches (der *Heller* ist um 1200 erstmals bezeugt); erhielt durch Friedrich I. Barbarossa Stadtrecht, wurde 1276 Reichsstadt; 1522–34 Einführung der Reformation; 1930 Vergrößerung der Stadt durch Eingemeindung. - Ev. spätgot. Stadtkirche (ehem. Sankt Michael; 15. und 16. Jh.) mit roman. W-Turm (12. Jh.) und großer Freitreppe, Rokokorathaus (1732 ff.); Gebäude aus Spätgotik, Renaissance und Barock. Reste der Stadtbefestigung. - Am sö. Stadtrand liegt die **Comburg,** ein befestigtes ehem. Benediktinerkloster; Stiftskirche (1700–05) mit 3 roman. Türmen des Vorgängerbaus.

S.-H., Landkr. in Baden-Württemberg.

schwaches Verb, Verb, von dem bei gleichbleibendem Stammvokal die 2. Stamm-

Mehlschwalbe

Rauchschwalbe

form (Präteritum) mit -*t*, die 3. Stammform (2. Partizip) mit -*(e)t* gebildet wird, z. B. zeigen, zeigte, gezeigt. Beim **starken Verb** unterscheidet sich der Stammvokal in der 2. Stammform von dem der 1. Stammform (Präsens), die 3. Stammform wird mit -*en* gebildet, z. B. schwimmen, schwamm, geschwommen. **schwache Wechselwirkung** ↑ Wechselwirkung.

Schwachsichtigkeit (Amblyopie), Bez. für verschiedene Formen der eingeschränkten Sehfähigkeit, bes. für diejenige, der keine oder nur geringe organ. Veränderungen des Auges zugrundeliegen. Diese tritt häufig bei Kindern auf und zwar durch (längeren) Nichtgebrauch eines (oft weniger sehtüchtigen) Auges.

Schwachsinn, die verschiedenen Formen der ↑Oligophrenie zusammenfassende Bez. für einen ererbten, angeborenen oder frühkindlich erworbenen Intelligenzdefekt.

Schwachstromtechnik, früher gebräuchl. Bez. für Nachrichtentechnik.

Schwaden (Süßgras, Glyceria), Gatt. der Süßgräser mit etwa 30 Arten, v. a. auf der N-Halbkugel, einige Arten auch in S-Amerika und Australien; ausdauernde, feuchtigkeitsliebende Gräser mit stielrunden oder seitl. zusammengedrückten Ährchen in lockeren Rispen. In Deutschland einheim. sind 6 Arten; bekannt sind der in langsam fließenden und stehenden Gewässern wachsende **Flutende Schwaden** (Manna-S., Glyceria fluitans), dessen Früchte früher für Grütze *(S.grütze)* verwendet wurden, sowie der bis 2 m hohe, rohrartige, in Verlandungszonen vorkommende **Wasser-S.** (Großer S., Glyceria maxima).

Schwaden, von der Sense oder Mähmaschine abgelegte Längsreihen von Gras, Getreide u. a.

Schwadron [zu italien. squadrone, eigtl. „großes Viereck"] ↑ Eskadron.

Schwadroneur [...'nøːr; italien.-frz.], Prahler, angeber. Schwätzer.

Schwägerschaft, das durch die Ehe begr., jedoch unabhängig von ihr fortbestehende Verwandschaftsverhältnis zu den Verwandten des Ehegatten.

Schwaiger, Brigitte, *Freistadt (Oberösterreich) 6. April 1949, östr. Schriftstellerin. - Verf. [autobiograph.] Prosa, die die Fragwürdigkeiten bürgerl. Lebensgefühls u. akadem. Selbstschätzung entlarvt, z. B. in den Romanen „Wie kommt das Salz ins Meer" (1977), „Lange Abwesenheit" (1980), „Der Himmel ist süß" (1984).

Schwalbach, Bad ↑ Bad Schwalbach.

Schwalben (Hirundinidae), mit Ausnahme von Neuseeland, Arktis und Antarktis weltweit verbreitete, rd. 75 Arten umfassende Fam. 10–23 cm langer Singvögel, vorwiegend Fluginsekten fressende, schnell und gewandt fliegende, i. d. R. braune oder weiß und schwarz gefärbte Vögel mit großen Augen, kurzem Schnabel, weit aufreißbarer Mundöffnung und langen, spitzen, schmalen Flügeln; Beine kurz, dienen nur dem Aufsetzen, z. B. auf Dachfirsten und Telefonleitungen; Schwanz gerade abgeschnitten oder gegabelt; meist kein Geschlechtsdimorphismus; häufig gesellige Koloniebrüter. Die meisten S.arten bauen (häufig auch an Gebäuden) aus Speichel und Lehm sog. Mörtelnester. Bekannte Arten sind: **Felsenschwalbe** (Ptyonoprogne rupestris), etwa 15 cm lang, oberseits bräunl., unterseits schmutzig weiß, in felsigen Landschaften S-Europas, Vorder- und Z-Asiens und Afrikas; **Mehlschwalbe** (Hausschwalbe, Delichon urbica), etwa 13 cm lang, oberseits (mit Ausnahme des weißen Bürzels) blauschwarz, unterseits weiß, in menschl. Siedlungen und offenen Landschaften Eurasiens (Zugvogel) und NW-Afrikas; **Rauchschwalbe** (Hirundo rustica), etwa 20 cm lang, oberseits blauschwarz, unterseits rahmweiß, in offenen Landschaften N-Afrikas, Eurasiens und N-Amerikas; Schwanz tief gegabelt; Nest napfförmig, an Gebäuden; brütet 2mal; Zugvogel; **Uferschwalbe** (Riparia riparia), etwa 12 cm lang, oberseits erdbraun, unterseits (mit Ausnahme eines braunen Brustbandes) weiß; Verbreitung wie Rauch-S.; gräbt sich zum Nisten bis 1,5 m tiefe, horizontale Röhren in senkrechte Erdwände (Flußufer); Zugvogel.

Geschichte: Im Altertum wurden S. als Frühlingsboten von singenden Kindern begrüßt. Weitverbreitet war der Glaube, daß ihr Erscheinen Glück bringe und ihre Nester Blitz, Sturm und Hagel abwehren.

Schwalbennest, Bez. für einen früher bei Kriegsschiffen übl. Geschützstände, die seitl. halbkreisförmig über die Bordwand hinausragten.

Schwalbennestersuppe ↑ Salanganen.

Schwalbenschwanz (Papilio machaon), bis 7 cm spannender Ritterfalter; von N-Afrika über Europa und das gemäßigte Asien bis Japan verbreitet; Flügel gelb mit schwarzen Zeichnungen (darunter von gelben Mondflecken durchsetzter, schwarzer Saum); Hinterflügelrand bogig gezahnt, mit schwarzartiger Spitze, schwarzblauer Saumbinde und rotem, blau gerandetem Augenfleck; Raupen grün, mit schwarzen Querstreifen, roten Punkten und vorstreckbarer, fleischiger Nackengabel; fressen an Doldengewächsen.

Schwalbenschwanzverbindung (Schwalbenschwanzzinkung), Verbindung von 2 Holzteilen durch trapezförmige, ineinandergreifende Teile (Zinken).

Schwalbenschwanzziegel ↑ Dachziegel.

Schwalbenwurz (Schwalbwurz, Hundswürger, Cynanchum), Gatt. der S.gewächse mit mehr als 150 Arten in allen wärmeren und gemäßigten Gebieten; in Deutschland kommt vereinzelt in lichten Wäldern und Gebüschen nur die **Weiße Schwalbenwurz** (Cynanchum vincetoxicum) vor: 0,3 bis 1,2 m

Schwalbenwurzgewächse

hohe Staude mit gegenständigen, dreieckigen, eiförmigen, lang zugespitzten Blättern; Blüten zu mehreren in den Blattachseln, sternförmig, gelblichweiß; Frucht als langer, schmaler Balg ausgebildet; Samen mit weißem Haarschopf.

Schwalbenwurzgewächse (Seidenpflanzengewächse, Asclepiadaceae), Pflanzenfam. der Zweikeimblättrigen mit rd. 2000 Arten in 250 Gatt., v. a. in den Tropen (v. a. in Afrika); meist mehr oder weniger windende Halbsträucher, seltener Stauden oder Sträucher, mit oft reduzierten Blättern und saftigfleischigen, kakteenartigen Sprossen; Blüten 5zählig, einzeln oder in doldenartigen Blütenständen; Frucht als 2 Balgfrüchtchen ausgebildet; Samen mit Haarschopf. Die S. zeichnen sich durch ungegliederte Milchröhren und durch den Gehalt an Alkaloiden und giftigen Glykosiden aus. Bekannte Gatt. sind Schwalbenwurz, Seidenpflanze und Wachsblume.

Schwalch, früher übl. Bez. für die Öffnung zw. Schmelz- und Heizraum bei Schmelzöfen.

Schwalm, Landschaft beiderseits der Schwalm (rechter Nebenfluß der Eder), zw. Alsfeld und Neuental.

Schwalme (Podargidae), Fam. etwa 20–55 cm langer, lang- und spitzflügeliger, kurzfüßiger Nachtschwalben mit 12 Arten, v. a. in Wäldern und Baumsteppen SO-Asiens bis Australiens; vorwiegend Insekten, Schnekken, Frösche und Früchte fressende, baumrindenartig gezeichnete, dämmerungs- und nachtaktive Vögel, die bei Störungen am Tage eine typ. Schreckstellung einnehmen, die die Tiere wie einen abgebrochenen Ast erscheinen lassen.

Schwalm-Eder-Kreis, Landkr. in Hessen.

Schwalmstadt, hess. Stadt an der Schwalm, 200–240 m ü. d. M., 17 900 E. Maschinenbau, Schuhfabrik, Kunststoffverarbeitung, Möbel-, Textil-, chem. Ind. – Entstand 1970 durch Zusammenschluß von Treysa, Ziegenhain und 6 weiteren Gemeinden (bis 1972 Eingliederung von 5 weiteren Gemeinden). **Treysa** ist seit etwa 800 belegt; vor 1270 Stadterhebung. **Ziegenhain** entstand wohl in Anlehnung an die schon um 900 nachgewiesene steinerne Rundburg, Stammsitz der Grafen von Ziegenhain; um 1200 befestigt; vor 1308 zur Stadt erhoben; 1537–43 von den hess. Landgrafen zur starken Festung ausgebaut, 1761 zerstört, 1807 geschleift. – In **Treysa** Ruine der spätroman. Pfarrkirche Sankt Martin (13. Jh.); Stadtkirche (14. Jh.) mit Barockorgel, got. Kapelle des Heiliggeisthospitals (14. Jh.); Rathaus mit got. Maßwerk, Fachwerkhäuser, Reste der ma. Stadtbefestigung. In **Ziegenhain** ev. barocke Pfarrkirche (17. Jh.), ehem. Schloß (15. und 16. Jh.; heute Strafanstalt), Steinernes Haus (1659/60), Fachwerkhäuser (16.–19. Jh.).

Schwamm ↑ Schwämme.
◆ Sammelbez. für holzzerstörenden Befall verbauten Holzes in Gebäuden durch verschiedene Pilze, z. B. den Echten ↑ Hausschwamm und den ↑ Kellerschwamm (Naßfäule).
◆ poröse, locker zusammenhängende Metallkörper; z. B. der als Katalysator verwendete Platinschwamm.

Schwämmchen, svw. ↑ Soor.

Schwämme (Porifera, Spongiae), Stamm vorwiegend meerbewohnender Wirbelloser (Abteilung Parazoa) mit nahezu 5000 Arten, von wenigen Millimetern bis etwa 2 m Größe (eine Fam. in Süßgewässern: ↑ Süßwasserschwämme); auf dem Untergrund festsitzende, krusten-, strauch-, becher-, sack- oder pilzförmige Tiere von ungewöhnl. einfacher Organisation und ohne echte Gewebe und Organe. Der Körper der S. besteht aus zahlr. Zellen, die in eine gallertartige Grundsubstanz eingebettet sind. Diese wird stets durch eine Stützsubstanz aus Kalk (*Kalkschwämme*), Kieselsäure (*Kieselschwämme*) oder aus hornartigem Material (*Hornschwämme*, darunter der *Badeschwamm*) gestützt. S. besitzen eine oder mehrere Ausströmöffnungen; ihre Körperwand ist von zahlr. Poren durchsetzt. Der höhlenförmige Binnenraum und die Porenkanäle werden von einer Schicht Kragengeißelzellen ausgekleidet. Durch die synchrone Tätigkeit der darin schwingenden Geißeln wird ein Strom erzeugt, der Wasser durch die Poren einströmen und durch die Ausströmöffnungen ausströmen läßt. Die dabei mitgeführten Kleinstlebewesen und Gewebeteilchen bleiben am klebrigen, die Geißel umgebenden Plasmakragen der Geißelzellen haften und werden dem Körper als Nahrung zugeführt. – S. sind äußerst regenerationsfähig; viele Zellen (*Archäozyten*) bleiben undifferenziert und können sich zu allen anderen Zelltypen umwandeln. Die ungeschlechtl. Fortpflanzung erfolgt entweder durch Knospung oder (v. a. bei Süßwasser-S.) durch Bildung von Gemmulae (↑ Gemmula). Geschlechtl. vermehren sich die S. über eine hohle, begeißelte, sich später festsetzende Schwimmlarve (*Amphiblastula*) oder eine größere (bis 2 mm lange), von Zellen erfüllte und bereits teilweise differenzierte, ebenfalls begeißelte, anfangs schwimmfähige *Parenchymula*. – Die Färbung der S. ist sehr variabel (gelb, rot, violett bis blau, braun bis grau). – S. kennt man bereits aus dem Kambrium. Sie bildeten bes. in der Trias und im Jura häufig Riffe.

Schwämme, landschaftl. Bez. für größere Fruchtkörper ausbildende Ständerpilze.

Schwammgurke (Schwammkürbis, Luffa), Gatt. der Kürbisgewächse mit 8 Arten in den Tropen, v. a. der Alten Welt; 1jährige Kletterkräuter mit 5–7lappigen Blättern und 2–5spaltigen Ranken; Blüten meist gelb und einhäusig; Frucht gurkenähnl., trockene Beere, an der Spitze mit einem Deckel aufspringend (unreif als Gemüse verwendet).

Schwammparenchym ↑Laubblatt.

Schwan ↑Sternbilder (Übersicht).

Schwan ↑Schwäne.

Schwandorf, Krst. an der mittleren Naab, Bay., 365 m ü. d. M., 26 400 E. Keram., Aluminium- und Porzellanindustrie; Brauereien - Erste Erwähnung 1006; 1283 Markt; 1299 Stadtrechtsverleihung. - Kath. Pfarrkirche (um 1400) am histor. Marktplatz.

S., Landkr. in Bayern.

Schwäne (Cygninae), Unterfam. bis 1,8 m langer, kräftiger, langhalsiger Entenvögel mit 5 Arten, v. a. auf vegetationsreichen Süßgewässern der gemäßigten und kalten Regionen aller Kontinente (mit Ausnahme von Afrika). S. ernähren sich vorwiegend von Wasserpflanzen, die sie gründelnd abweiden. Sie bauen im Schilfgürtel ein Schwimmnest aus Wasserpflanzen und können zur Brutzeit sehr aggressiv werden; Zugvögel. - Zu den S. gehören u. a. **Höckerschwan** (Cygnus olor), mit ausgestrecktem Hals rd. 1,5 m lang, rein weiß, Schnabel orangerot, oben mit schwarzem Höcker; ♀ wie ♂ gefärbt; Hals wird beim Schwimmen meist S-förmig gebogen, beim Drohen werden die Flügel segelartig über dem Rücken aufgestellt; die Jungvögel haben graubraunes Gefieder; **Schwarzhalsschwan** (Cygnus melanocoryphus), etwa 1,2 m lang, Kopf und Hals schwarz, sonst weiß, ♂♂ haben einen stark aufgetriebenen, roten Schnabelhöcker; auf Süßgewässern S-Amerikas; **Singschwan** (Cygnus cygnus), etwa 1,5 m lang, weiß, Schnabel ohne Höcker, schwarz mit gelber Basis; ruft häufig im Flug laut und wohlklingend; in Sümpfen Islands und N-Eurasiens; **Trauerschwan** (Schwarzer S., Cygnus atratus), etwa 1,1 m lang, mit Ausnahme der weißen Handschwinge schwarz, mit weißer Binde am roten Schnabel; in Australien und Tasmanien.

Geschichte: In der Antike war der S. der heilige Vogel des Apollon. Zeus erschien Leda in Gestalt eines Schwans. In Sagen und Märchen nord. Völker wird von Schwanenjungfrauen berichtet, von Nornen und Wallküren, die Schwanengestalt annehmen.

Schwanengesang, nach dem griech. Mythos Sterbegesang der Schwäne; danach übertragen: letztes Werk [bes. eines Musikers oder Dichters].

Schwanenhals, wm. Bez. für eine zum Fang von Raubwild (z. B. Füchse) bestimmte Schlagfalle, bei der die beiden halbkreisförmigen Bügel so kräftig zusammenschlagen, daß das Tier augenblickl. getötet wird.

◆ in der *Technik* Bez. für S-förmig gekrümmte Bauteile, insbes. Rohre.

Schwangau, Gem. am S-Ufer des Forggensees, Bay., 796 m ü. d. M., 3 400 E. Luftkurort und Wintersportplatz. - Auf Gem.gebiet liegen die Schlösser Hohenschwangau und Neuschwanstein sowie die barocke Wallfahrtskirche Sankt Koloman (1671 ff.).

Schwangerschaft [zu althochdt. swangar, eigtl. „schwerfällig"] (Gravidität), in der Humanmedizin Bez. für die Zeitspanne zw. der Einnistung (↑Nidation) der befruchteten Eizelle und der Geburt. Vom biolog. Standpunkt aus gesehen beginnt die Entwicklung der Leibesfrucht mit der Besamung der Eizelle und der nachfolgenden Befruchtung. Vom mütterl. Organismus aus betrachtet, beginnt die eigtl. S. *(Gestationsphase)* jedoch erst nach erfolgter Nidation. Der Zeitabstand vom Eisprung bis zur Nidation wird daher in Abgrenzung zur eigtl. S. auch Progestationsphase gen. - Das befruchtete Ei erreicht die Gebärmutterhöhle gewöhnl. am 18. Tag des Menstruationszyklus. Die Nidation des Eies in die vorbereitete Gebärmutterschleimhaut beginnt wahrscheinl. am 22. Tag. Es folgt die Differenzierung des Trophoblasten in *Zytotrophoblast* und *Synzytiotrophoblast*, der durch enzymat. Einschmelzung der oberen Schichten der Gebärmutterschleimhaut den Vorgang der Nidation am 27. Tag beendet. 4 Tage später wird der Keimling an die mütterl. Blutgefäße angeschlossen; es beginnt die Ausbildung einer ↑Plazenta. Die am 28. Tag erwartete Menstruation bleibt aus, die S.tests werden um den 38. Tag herum positiv. Der Ort der Implantation der Leibesfrucht ist gewöhnl. die Hinterwand des oberen Gebärmutterabschnitts.

Unter dem Einfluß des (plazentären) Choriongonadotropins (HCG) bleibt der schwangerschaftserhaltende Gelbkörper im mütterl. Eierstock erhalten, bis die Plazenta vom 3. S.monat an selbst ausreichende Progesteron- und Östrogenmengen produzieren kann; die

Höckerschwan mit Jungen

Schwangerschaftsabbruch

Stimulierung dieser Steroidhormonsynthese ist möglicherweise die wichtigste Wirkung von Choriongonadotropin überhaupt. Ein 2. plazentäres Peptidhormon ist *HPL* (Abk. für engl.: human placental lactogen [laktogenes Hormon des Mutterkuchens]), das prolaktinähnl. Wirkungen hat. Progesteron erhält vom 3. S.monat an allein die S., es ist darüber hinaus zus. mit den Östrogenen v. a. auch an den S.veränderungen des mütterl. Körpers wesentl. beteiligt (Größenzunahme der Gebärmutter, Auflockerung auch der übrigen Genitalorgane, Brustwachstum). Der mütterl. Körper macht während der S. eine Reihe von Veränderungen durch, die sich v. a. an den Genitalorganen, z. T. aber auch extragenital abspielen und v. a. durch die hormonellen Umstellungen, bzw. durch die Funktion der Plazenta als Hormondrüse, zu erklären sind. Bis zum Ende der S. nimmt die Muskelmasse der *Gebärmutter* durch Vergrößerung der glatten Muskelzellen von etwa 50 g auf über 1 000 g zu, entsprechend ist auch die Durchblutung des Uterus verstärkt. In der 16. Woche steht der Gebärmuttergrund in der Mitte zw. Nabel und Schambeinfuge, in der 24. Woche in Nabelhöhe, in der 32. Woche zw. Nabel und Schwertfortsatz, um in der 36. Woche den höchsten Stand am Rippenbogen zu erreichen.

Lunarmonat (28 Tage; Ende)	tatsächl. Länge der Frucht (in cm)	Gewicht der Frucht (in g)
2	3,0	1,1
3	9,8	14,2
4	18,0	108,0
5	25,0	316,0
6	31,5	630,0
7	37,1	1 045,0
8	42,5	1 680,0
9	47,0	2 375,0
10	50,0	3 405,0

Während der S. kommt es am *Herz-Kreislauf-System* der Mutter zu einer Verlagerung und Vergrößerung des Herzens, zur Zunahme des Blut- und Herzzeitvolumens und der Pulsfrequenz. Die wachsende Leibesfrucht verursacht schließl. eine Zunahme des Venendrucks in den unteren Körperpartien mit der Gefahr der Entstehung von Krampfadern in den Beinen. Auch die *Atemtätigkeit* ist (entsprechend einer Erhöhung des Sauerstoffverbrauchs und Grundumsatzes) um rd. 20% gesteigert. Der Calciumbedarf der Schwangeren ist durch den Knochenaufbau des Fetus auf 1,5 g tägl. gesteigert, ein Mehrbedarf, der v. a. durch Milch und Milchprodukte gedeckt werden kann. Auch der Eisenbedarf ist im letzten Drittel der S. auf 12–15 mg tägl. erhöht. Die *Gewichtszunahme* der Schwangeren beträgt normalerweise rd. 10–12 kg. Davon entfallen auf das ausgetragene Kind 3–3,5 kg, auf das Fruchtwasser in der Fruchtblase und den Mutterkuchen 1,5–2 kg, auf die vergrößerte Gebärmutter 1 kg, auf die Brüste rd. 0,5–1 kg, auf Flüssigkeitsansammlungen etwa 4 kg. - Der Embryo bzw. der Fetus wird während der S. über die Plazenta ernährt. Diese ist allerdings zugleich auch durchgängig für Immunstoffe, manche Medikamente, Alkohol, Nikotin und die Erreger bestimmter Krankheiten (z. B. Syphilis, Toxoplasmose). - Die S. endet mit der Geburt des Kindes und der folgenden Nachgeburt.

S.dauer und Errechnung des Geburtstermins: Die S.dauer rechnet man von der Nidation bis zur Geburt; im allg. vergehen beim Menschen durchschnittl. 260 Tage (sog. *wahre Tragezeit*). Da das befruchtete Ei vorher noch etwa 5 Tage durch den Eileiter wandert, wären von der Befruchtung der Eizelle bis zur Geburt rd. 265 Tage anzunehmen. Für den prakt. Gebrauch, z. B. zur Berechnung des wahrscheinl. Geburtstermins, geht man dagegen vom 1. Tag der letzten Regelblutung aus; von diesem Zeitpunkt an beträgt die durchschnittl. *Periodentragzeit* rd. 280 Tage. Nach der sog. *Naegele-Regel* (nach dem dt. Gynäkologen F. K. Naegele, * 1777, † 1851) errechnet man den zu erwartenden Geburtstermin unter den gleichen Voraussetzungen noch einfacher, indem man vom 1. Tag der letzten Regelblutung 3 Monate abzieht und 7 Tage hinzuzählt. Beispiel: 10. Juni 1969 (Beginn der letzten Regel), weniger 3 Monate = 10. März 1969, plus 7 Tage (und 1 Jahr) = 17. März 1970 (voraussichtl. Geburtstermin).

Schwangerschaftsbezogene *Beratung* (u. a. über einen mögl. † Schwangerschaftsabbruch, über Ehe- und Familienprobleme) wird außer vom Arzt v. a. von † Pro Familia und regional von konfessionellen Beratungsstellen wahrgenommen.

  *Kitzinger, S.: S. u. Geburt. Mchn. ²1985. - S., Geburt u. Säuglingspflege. Dt. Übers. Bearb. v. K. Stehr. Mchn. ⁶1985. - Pasini, W.: Psychosomatik in Sexualität u. Gynäkologie. Dt. Übers. Stg. 1980.

Schwangerschaftsabbruch (Schwangerschaftsunterbrechung, Abtreibung, Abortus artificialis, Interruption, Interruptio graviditatis), gynäkolog.-fachärztl. Eingriff zum Abbruch einer intakten Schwangerschaft. Der Eingriff bei S. muß laut Gesetz von einem Facharzt für Gynäkologie in einem Krankenhaus ausgeführt werden. Bis zum 3. Monat kann ein Absaugen des Unterusinhalts durchgeführt werden. Danach erfolgt ein S. durch Ausschabung oder dadurch, daß Prostaglandine in den Gebärmutterhals eingebracht werden - eine umstrittene Methode, da die bezweckte Spontanausstoßung frühestens nach 24 Stunden unter wehenartigen Schmerzen erfolgt. Ist dies nicht der Fall, so muß die Frucht operativ entfernt werden, wobei während des

Schwangerschaftsabbruch

Ablösens der Plazenta schwerste Blutungen auftreten können.
Die seit dem Jh.wende geführte Diskussion über die Strafwürdigkeit des S. hat mit der Verkündung des 15. Strafrechtsänderungsgesetzes, das am 21. 6. 1976 in Kraft trat, ihr vorläufiges Ende gefunden. Schon im Reichsstrafgesetzbuch (RStGB) von 1871 war die Selbstabtreibung in § 218 RStGB mit Zuchthaus bis zu 5 Jahren bedroht. In der Weimarer Zeit war die Bestrafung der Abtreibung außerordentl. umstritten; 1926 wurde das Strafmaß herabgesetzt, und 1927 erkannte das Reichsgericht die sog. medizin. Indikation als rechtfertigenden übergesetzl. Notstand an. Das nat.-soz. Regime verschärfte die Strafbarkeit des S. Ab 1943 wurde die Fremd- und Selbstabtreibung (in bes. schweren Fällen) mit Zuchthaus bzw. die Fremdabtreibung im Falle eines „Angriffs auf die Lebenskraft des dt. Volkes" mit dem Tode bestraft. Nach 1945 wurde jede Selbst- und Fremdabtreibung gemäß § 218 StGB mit Freiheitsstrafe bis zu 5 bzw. bei Fremdabtreibung bis zu 10 Jahren bestraft. - Erst 1972 wurde eine grundlegende Reform der Strafbarkeit des S. in die Wege geleitet mit dem Ziel (bei einer Dunkelziffer von schätzungsweise 75 000 bis 300 000 illegalen Abtreibungen pro Jahr), durch teilweise Rücknahme der Strafandrohung eine legale Lösung unzumutbarer Konfliktlagen zu ermöglichen. Nach kontroversen Auseinandersetzungen im Parlament und der Öffentlichkeit wurde statt der (auf Antrag der Länder Bad.-Württ. und Bay.) für verfassungswidrig erklärten **Fristenlösung** (5. StrafrechtsreformG vom 18. 6. 1974), die den S. durch einen Arzt innerhalb der ersten 3 Monate seit Empfängnis bei vorheriger Beratung der Schwangeren zulassen wollte, eine umfassende medizin.-soz. Indikationenkonzeption eingeführt. Nach der Neufassung der §§ 218 ff. StGB wird der S. grundsätzl. mit Freiheitsstrafe bis zu 3 Jahren oder mit Geldstrafe bestraft. Für die Schwangere ist der Strafrahmen im Höchstmaß auf Freiheitsstrafe bis zu 1 Jahr oder Geldstrafe beschränkt. Der mit Einwilligung der Schwangeren durch einen Arzt vorgenommene S. ist jedoch legalisiert, wenn er auf Grund einer der folgenden Indikationen erfolgt: 1. **medizin. Indikation** (nicht auf andere, zumutbare Weise abwendbare Gefahr für das Leben oder die körperl. oder seel. Gesundheitszustand der Schwangeren); 2. **eugen. (kindl.) Indikation** (Gefahr einer so schwerwiegenden, nicht behebbaren Schädigung des Gesundheitszustandes des Kindes, daß die Fortsetzung der Schwangerschaft nicht verlangt werden kann); 3. **eth. (kriminolog.) Indikation** (dringende Gründe für die Annahme, daß die Schwangerschaft auf einer an der Schwangeren begangenen rechtswidrigen Tat [Vergewaltigung] beruht); 4. **soziale Indikation** (nicht auf andere, zumutbare Weise abwendbare Gefahr einer so schwerwiegenden Notlage, daß die Fortsetzung der Schwangerschaft nicht verlangt werden kann).
Nach den Zeitphasen der Schwangerschaft sind ohne Ausnahme straffrei nidationshemmende Handlungen († Nidation); strafbar hingegen sind Abbruchshandlungen nach der 22. Woche mit Ausnahme der Fälle der medizin. Indikation, bis zur 22. Woche ist der S. zulässig bei der eugen. Indikation und bis zur 12. Woche bei der eth. und sozialen Indikation.
Vor der Ausführung des S. muß die Schwangere ein Beratungsverfahren bei einer anerkannten Beratungsstelle oder einem sachkundigen Arzt, der den S. jedoch nicht selbst vornehmen darf, durchlaufen, um das gesetzl. geforderte, von einem Arzt auszustellende Indikationsschreiben (Feststellung, daß eine Indikation vorliegt) zu erhalten. Bei einem nicht durch einen Arzt und ohne vorherige Beratung durchgeführten S. kann (nur) bei der Schwangeren ausnahmsweise von Strafe abgesehen werden, wenn sie sich zur Zeit des Eingriffs in Bedrängnis befunden hat. Der Abbruch eines sich in der Retorte entwickelnden Lebens ist unabhängig vom Entwicklungsstand straffrei, da Schutzgut der §§ 218 ff. StGB das durch Nidation im weibl. Schoß bzw. in die Gebärmutterschleimhaut eingenistete Ei ist.
Durch eine Weigerungsklausel ist klargestellt, daß „niemand verpflichtet ist, an einem S. mitzuwirken". Damit gibt es gegenüber bestimmten Ärzten, ärztl. Hilfspersonal oder einem Krankenhaus keinen Anspruch auf Durchführung, Mitwirkung oder Zulassung eines indizierten S. Die öffentl.-rechtl. Körperschaften (Gemeinden, Landkreise) haben jedoch kein Weigerungsrecht (wie es von Kreistagen in Bad.-Württ. und Bay. beansprucht wurde). Sie können nur dann einen S. ablehnen, wenn die personellen und/oder sachl. Voraussetzungen für die Durchführung eines Eingriffs nicht gegeben sind; es besteht auch keine Verpflichtung, die Voraussetzungen für die Vornahme von S. zu schaffen.
Als ergänzende Maßnahmen zur Neuregelung des S. gibt es nach der Reichsversicherungsordnung einen Anspruch auf Beratung über Fragen der Empfängnisverhütung sowie auf Leistungen bei einem gerechtfertigten S. Ferner besteht nach den jeweiligen Gesetzen ein Anspruch auf Entgeltfortzahlung, wenn die Arbeitsunfähigkeit infolge eines rechtmäßigen, von einem Arzt vorgenommenen S. eintritt.
In **Österreich** wird der S. mit Freiheitsstrafe bedroht (§ 96 StGB). Der S. durch einen Arzt ist jedoch nicht strafbar, wenn er innerhalb der ersten 3 Monate nach Beginn der Schwangerschaft vorgenommen wird (Fristenlösung), wenn eine medizin. oder eugen. Indikation

Schwangerschaftserbrechen

vorliegt oder wenn die Schwangere zur Zeit der Schwängerung unmündig war. Auch ohne ärztl. Hilfe ist der S. straffrei, wenn er zur Rettung aus unmittelbarer Lebensgefahr erforderl. ist. Kein Arzt ist im übrigen zur Durchführung eines S. verpflichtet, sofern nicht unmittelbare Lebensgefahr gegeben ist. In der *Schweiz* wird der S. als Abtreibung bzw. Fremdabtreibung grundsätzl. bestraft. Jedoch liegt eine Abtreibung gesetzestechn. nicht vor, wenn die Schwangerschaft mit schriftl. Zustimmung der Schwangeren im Falle einer medizin. Indikation durch einen Arzt - nach vorheriger Einholung eines Gutachtens - abgebrochen wird.
S. Bearb. v. R. Engelbert. Gött. ²*1985. - Bräutigam, H. H./Grimes, D.: Ärztl. Aspekte des legalen S. in der BR Deutschland u. in den Vereinigten Staaten von Nordamerika. Hg. v. G. Martius u. a. Stg. 1984. - König, U.: Gewalt über Frauen. Hamb. 1980. - Runte, K. P.: § 218 nach der Reform. Köln 1978.*

Schwangerschaftserbrechen (Emesis gravidarum), bei rd. 70% aller Schwangeren auftretende morgendl. Übelkeit mit Brechreiz, Speichelfluß, Appetitlosigkeit und Ekel vor bestimmten Speisen; sie setzt gewöhnl. mit der 5.-12. Schwangerschaftswoche ein und verschwindet ohne bes. Behandlung zumeist innerhalb von 3 Monaten. Ursachen sind neben den hormonellen Umstellungen während der ersten 3 Schwangerschaftsmonate psych. Faktoren (z. B. Angst). Infolge endokriner Fehlsteuerungen kann sich das S. für Mutter und Kind zum lebensbedrohenden „unstillbaren" S. steigern.

Schwangerschaftshormone ↑ Gestagene.

Schwangerschaftsnarben (Schwangerschaftsstreifen, Striae gravidarum), anfängl. blaurötliche, später gelblichweiße, umschriebene Hautatrophien infolge Überdehnung der Haut im Bereich des Unterbauchs und der Brüste bei Schwangeren.

Schwangerschaftstests, Laboruntersuchungen zur (möglichst frühzeitigen) Feststellung einer Schwangerschaft. Die biolog. und immunolog. S. beruhen auf dem Nachweis von HCG (Choriongonadotropin) im Urin der Schwangeren. Zu den *biolog. S.* gehört die **Aschheim-Zondek-Reaktion** (Auftreten von blutgefüllten Follikeln und Gelbkörpern bei infantilen Mäusen nach Injektion von HCG-haltigem Urin) und der **Galli-Mainini-Test** bzw. **Hogben-Test** (Spermatorrhö bei ♂ Erdkröten [*Krötentest*] oder Wasserfröschen [*Froschtest*] nach Zufuhr von Schwangerenurin). Die biolog. S. werden 6-10 Tage nach Ausbleiben der erwarteten Regelblutungen positiv und haben eine Sicherheit von etwa 98%. Der Nachteil größeren Zeitbedarfs (bei der Aschheim-Zondek-Reaktion 4 Tage, beim Krötentest immerhin auch noch einige Stunden) besteht nicht bei den modernen *immunolog. S.*, die das Ergebnis schon innerhalb von Minuten (auf dem Objektträger) oder innerhalb von 2 Stunden (im Reagenzglas) liefern. Sie erlauben, eine Schwangerschaft schon vom 7. Tag nach Ausbleiben der Periode an ohne Versuchstiere nachzuweisen. Ihre Treffwahrscheinlichkeit liegt bei über 95%. Die immunolog. S. beruhen im Prinzip darauf, daß HCG, bei Tieren injiziert, als Antigen wirkt und die Bildung von spezif. Antikörpern anregt. Mit Hilfe von Antiseren, die man derartig sensibilierten Tieren entnimmt und die spezif. (HCG-feindl.) Antikörper enthalten, gelingt es, das menschl., die Schwangerschaft anzeigende Gonadotropin nachzuweisen. I. w. S. gehören zu den S. auch die sog. **Hormontests**. Sie beruhen darauf, daß eine Östrogen-Gestagen-Mischung, an 2 aufeinanderfolgenden Tagen injiziert oder in Form von Dragées verabreicht, bei einer sekundären Amenorrhö innerhalb einiger Tage zur Blutung führt, diese Blutung beim Vorliegen einer Schwangerschaft aber ausbleibt. - Schließl. ist (als bes. einfacher und frühzeitig abzulesender Schwangerschaftstest) auch noch der **Temperaturtest** zu erwähnen, der nur die Ermittlung der Basaltemperatur (rektale Messung der Morgentemperatur vor dem Aufstehen) erfordert. Normalerweise steigt die Basaltemperatur bei 28tägigem Zyklus am 15.-16. Tag nach Eintritt der letzten Regelblutung von rd. 36,5 °C auf rd. 37 °C an und fällt mit der Rückbildung des Gelbkörpers kurz vor der nächsten Regelblutung wieder ab. Tritt eine Schwangerschaft ein, so bleibt der Gelbkörper bestehen, und die Temperatur ist auch weiterhin erhöht. Zur Ausführung des Temperaturtests wird (nach Ausbleiben der Regelblutung) 3 Tage lang morgens die Basaltemperatur gemessen und diese Serie von Messungen nach Wochenfrist wiederholt. Beträgt die Temperatur dann immer noch mehr als 37 °C, so ist (wenn keine Schilddrüsenüberfunktion oder fieberhafte Infektion vorliegt) eine Schwangerschaft sehr wahrscheinlich.

Schwangerschaftstoxikosen, Gesundheitsstörungen bei der werdenden Mutter, die im Zusammenhang mit der Schwangerschaft stehen oder durch sie ausgelöst werden, v. a. bedingt durch die hormonellen Umstellungen im Organismus der Schwangeren. Zu den zu Beginn der Schwangerschaft auftretenden sog. *Frühgestosen* zählt das Schwangerschaftserbrechen. Als *Spätgestose* tritt im letzten Drittel der Schwangerschaft ↑Eklampsie auf.

Schwangerschaftszeichen, mehr oder weniger sichere Hinweise subjektiver und objektiver Natur, die das Vorliegen, u. U. auch den Entwicklungsstand einer Schwangerschaft anzeigen. Zu den *unsicheren (mutmaßl.) S.* gehören u. a. auch die Vergrößerung des Leibesumfangs, das Auftreten von Schwangerschaftspigmentierungen und Schwangerschaftsstreifen (↑ Schwangerschaftsnarben), Störungen des Allgemeinbefindens wie Appetitlosigkeit, Übelkeit und morgendl. Brechreiz. Die *wahrscheinl. S.* bestehen v. a. in Veränderungen im Bereich der Geschlechtsorgane und Brüste hinsichtl. Gestalt, Beschaffenheit und Funktion. Man zählt dazu: das Ausbleiben der regelmäßigen Menstruation, die bläul. Verfärbung und Schwellung der äußeren Geschlechtsorgane sowie die vermehrte Absonderung aus den Geschlechtsorganen, die Auflockerung der Gebärmutter sowie die Vergrößerung, pralle Füllung und Spannung der Brüste. *Sichere S.* gibt es nur während der 2. Hälfte der Schwangerschaft. Hierher gehören alle Erscheinungen, die unmittelbar vom Kind ausgehen: Fühlen von Kindsteilen, Hören, Sehen und Fühlen von Kindsbewegungen, Hören der kindl. Herztöne und die Ultraschalldiagnostik (bes. zum Nachweis einer Zwillingsschwangerschaft).

Schwank [zu mittelhochdt. swanc „lustiger Einfall"], seit dem 15. Jh. literar. Begriff für scherzhafte Erzählungen in Vers und Prosa; seit Ende des 19. Jh. auch lustiges Schauspiel mit Situations- und Typenkomik. Gegenstand ist der Alltag mit seinen Tücken, die Verspottung eines Dummen durch einen Listigen, Schlauen. Zur **Schwankliteratur** zählen die verschiedenen Arten schwankhafter Dichtung, z. B. die ma. *S.erzählungen* (als Verserzählung *S.märe*) von H. Rosenplüt, H. Sachs und dem Stricker, die frz. *Fabliaux*, die italien. *Fazetie* (G. F. Poggio Bracciolini), *S.märchen* (↑ Märchen), *S.sammlungen* (z. B. von J. Wickram), *S.romane* wie das „Lalebuch" von 1597. An die Tradition der *S.spiele* knüpften im 19. und 20. Jh. u. a. F. und P. Schönthan und L. Thoma an.

Schwankmärchen ↑ Märchen.

Schwann, Theodor, * Neuss 7. Dez. 1810, † Köln 14. Jan. 1882, dt. Anatom und Physiologe. - Prof. in Löwen und Lüttich; Arbeiten u. a. über Verdauung (Entdeckung des Pepsins, 1836), über Muskeln und Nerven. S. erkannte die prinzipielle Gleichheit der pflanzl. und tier. Zellen und gilt - mit dem Botaniker M. J. Schleiden - als Begründer der Zelltheorie.

Schwann-Scheide [nach T. Schwann] (Neurilemm) ↑ Nervenzelle.

Schwanthaler, Bildhauerfamilie des 17., 18. und 19. Jh. in Oberösterreich und Bayern. Bed.:

S., Ludwig von (seit 1844), * München 26. Aug. 1802, † ebd. 14. Nov. 1848. - Sohn und Schüler von Franz S. (* 1760, † 1820), Studien an der Münchner Akad. 1826/27 in Rom bei B. Thorvaldsen. Durch die Förderung König Ludwigs I. war er der meistbeschäftigte Künstler des Münchner Klassizismus. Zur Fülle seiner Aufträge gehören Denkmäler („Bavaria", 1837 ff.), Grabmäler und Bauplastik (antikisierende Giebelfelder für die Glyptothek, München, die Propyläen, ebd., und die Walhalla bei Regensburg). Seine Einzelfiguren (Tänzerinnen, Nymphen) zeigen auch romant. Züge.

Ludwig von Schwanthaler, Quellnymphe (um 1845). Anif bei Salzburg, Schloß

S., Thomas, * Ried im Innkreis 5. Juni 1634, † ebd. 13. Febr. 1707. - Sein Hauptwerk ist der barocke Doppelaltar in der Wallfahrtskirche Sankt Wolfgang im Salzkammergut (1675/76).

Schwanz, (Cauda) bei Wirbeltieren eine oberhalb des Afters nach hinten verlaufende, verschmälerte, von den S.wirbeln gestützte und mit Muskulatur versehene Verlängerung des Körpers im Anschluß an den Rumpf; ohne Leibeshöhlen- und Eingeweideanteil. Bei verschiedenen Wirbeltieren ist der S. weitgehend (bis auf nur wenige S.wirbel) reduziert und tritt nicht mehr als S. in Erscheinung (v. a. bei erwachsenen Froschlurchen, bei Menschenaffen und beim Menschen). Bei den Fischen ist kein eigener S.teil abgrenzbar, da auch keine bes. S.wirbel unterschieden werden können. - Die S.länge bzw. die Anzahl der S.wirbel ist von Art zu Art sehr verschieden, auch innerhalb der Arten variabel. Bes. starke Unterschiede (auch in bezug auf die

Schwanzagutis

Ausbildungsform) finden sich bei den Rassen verschiedener Haustiere, v. a. bei denen des Haushunds.
Urspr., d. h. bei den primitiven wasserbewohnenden Wirbeltieren mit schlängelnder Fortbewegung wie den S.lurchen, später auch bei Reptilien, ist der S. Hauptfortbewegungsorgan. Bei den höheren Landwirbeltieren ist der S., soweit er nicht bedeutungslos geworden ist, ein Balancierorgan (z. B. bei Mäusen, Meerkatzen) oder ein Steuerorgan (bei Weitspringern wie Katzen, Eichhörnchen), oder er bildet eine Sitzstütze (z. B. bei Riesenkänguruhs, Erdferkeln und Springmäusen). Als Greif-S. ist er z. B. bei den Neuweltaffen, aber auch beim Chamäleon ausgebildet. Mit Endquaste versehen (z. B. bei den Rindern), kann er (wie auch der Pferdeschweif) als Fliegenwedel dienen. Eine bes. Haltung oder bes. Bewegungen des S. können auf Artgenossen Signalwirkung haben bzw. Ausdruck einer bestimmten Stimmungslage sein (z. B. das S.wedeln als Ausdruck der Freude beim Hund).
◆ Bez. für das Hinterleibsende (Abdomenende) vieler Wirbelloser.

Schwanzagutis (Myoprocta), Gatt. etwa 30–40 cm körperlanger (einschl. Schwanz bis 45 cm messender) Nagetiere (Fam. Agutis) mit 2 Arten in Wäldern und buschreichen Landschaften des nördl. und zentralen S-Amerika; überwiegend tagaktiv; graben Erdbaue.

Schwanzborsten (Cerci, Afterraife, Analraife, Raife, Aftergriffel, Afterfühler), bei vielen primitiven Insekten (z. B. bei den Borstenschwänzen, Schaben) ein Paar kurzer, z. T. zangenförmiger (z. B. bei Ohrwürmern, Libellen-♂♂), eingliedriger oder mehr- bis vielgliedriger, antennenartiger Extremitäten des letzten (11.) Hinterleibssegments.

Schwanzdrüsen, an der Schwanzwurzel verschiedener Säugetiere (z. B. bei Bisamrüßlern an der Schwanzunterseite) mündende Hautdrüsen, die als Duftorgane dienen und deren Sekret (Pheromone) während der Paarungszeit zur Abgrenzung des Reviers (Duftmarkierung) und zur Anlockung bzw. Stimulation des Geschlechtspartners eingesetzt wird.

Schwänzeltanz ↑ Honigbienen.

Schwanzfedern (Steuerfedern, Rectrices), bes. lange, breite Federn am Schwanz der Vögel; mit steifem Schaft und fester Fahne, wobei die seitl. S. durch eine schmalere, steifere Außenfahne und eine breitere, weichere Innenfahne unsymmetr. gebaut sind. Meist trägt der Schwanz 10–12 S.; i. d. R. dienen die S. als Seiten- und Höhensteuer beim Flug, auch als Bremse bei der Landung (durch Nachuntenschwenken des aufgefächerten Schwanzes) und als Stützorgan (beim Specht). Ein auffälliges Zurschaustellen bei der Balz gibt den S. bei den ♂♂ vieler Vögel (z. B. Fasanen, manche Paradiesvögel, Auer- und Birkhuhn, Leierschwanz) Schmuckfedercharakter. - ↑ auch Vogelfeder.

Schwanzflosse (Pinna caudalis), i. e. S. der bei Fischen seitl. abgeplattete, der Fortbewegung (Vortrieb durch Rückstoß) und als Steuerruder dienende hinterste Teil des Körpers, der den unpaaren Flossen zuzurechnen ist. Den Fischen entsprechende S. kommen noch bei den Fischechsen vor und, rückentwickelt, bei den geschwänzten Amphibien. - Der Fisch-S. nicht entsprechend sind die waagrecht stehenden „Schwanzflossen" der Wale: Ihr Schwanzteil (*Fluke*) ist im Anschluß an eine sehr muskulöse, im Querschnitt ovale Schwanzwurzel an den Seiten ausgezogen und wird so beim Auf- und Abwärtsschlagen zum Hauptfortbewegungsorgan.

Schwanzlurche (Caudata, Urodelen, Urodela), mit wenigen Ausnahmen (höhere Gebirgslagen S-Amerikas) auf die gemäßigten Regionen der N-Halbkugel beschränkte, rd. 220 knapp 4 cm bis maximal 150 cm (Jap. Riesensalamander) lange Arten und viele Unterarten umfassende Ordnung der Lurche; leben erwachsen meist an Land, v. a. in feuchten Lebensräumen, z. B. auf der Laub- und Moosschicht des Waldbodens, sind vorwiegend nachtaktiv und ernähren sich v. a. von Gliederfüßern und Würmern; Körper langgeschwänzt und langgestreckt, mit vom Rumpf abgesetztem Kopf und mit nackter, drüsenreicher Haut, deren äußere Hornschicht mehrmals im Jahr, meist in einzelnen Fetzen, abgestreift und erneuert wird; ausgenommen bei den Armmolchen, sind 2 kurze, schwache Gliedmaßenpaare ausgebildet, mit vorn 4 Fingern, hinten 5 Zehen; der Rachen ist bezahnt; äußeres Ohr, Trommelfell und Paukenhöhle fehlen; die Besamung erfolgt über Spermatophoren. Die Entwicklung verläuft meist über eine Metamorphose, wobei die im Wasser von verschiedenen Kleinlebewesen lebenden Larven äußere Büschelkiemen und wohlausgebildete Gliedmaßen besitzen. Manche zeitlebens im Wasser verbleibende S. behalten neben den Kiemen auch ihr larvales Aussehen bei und werden in diesem Stadium geschlechtsreif (z. B. ↑Axolotl). Die Entwicklung kann auch innerhalb der am Land abgelegten Eier oder innerhalb der im Mutterleib verbleibenden Eier erfolgen, wobei dann fertig ausgebildete Larven (z. B. beim Feuersalamander) oder kleine Jungsalamander (z. B. beim Alpensalamander) geboren werden. - Man unterscheidet v. a. folgende Fam.: Aalmolche, Armmolche, Lungenlose Salamander, Olme, Querzahnmolche, Riesensalamander, Winkelzahnmolche.

Schwanzmeise ↑Meisen.

Schwanzwirbel (Kaudalwirbel, Vertebrae coccygeae), die letzten (hintersten) Wirbel der Wirbelsäule im Anschluß an die Sakralwirbel bzw. das Kreuzbein, d. h. den Bereich, in dem der Beckengürtel befestigt ist. Die S. bilden die Stütze des Schwanzes oder können reduziert und miteinander verschmolzen sein (z. B. bei den höheren Affen und beim Menschen zum Steißbein).

Schwarm, bei verschiedenen Tierarten von einer unterschiedl. Individuenzahl gebildete Gruppe, die z. B. bei Insektenarten einen kugeligen bis wolkenartigen (z. B. bei Wanderheuschrecken), bei Fischarten einen ellipsoiden bis langgestreckten Raum unterschiedl. Ausdehnung einnimmt. Der oft nur kurzfristig bestehende, zu artspezif. Zeiten und an artspezif. Orten gebildete S. von Insektenarten dient häufig der Kopulation, z. B. bei vielen Stech- und Zuckmückenarten, bei den geflügelten Geschlechtstieren vieler Ameisenarten und bei den geflügelten ♂♂ von Glühwürmchen. Soziale Bienen (↑ Honigbienen) bilden einen S. zur Gründung eines neuen Staates. - Teils große Schwärme bilden verschiedene Vogelarten, z. B. Seeschwalben, kleinere und nur kurzzeitige u. a. Kormorane und Meisen. Schwarmfische bilden einen S. als dauerhafte soziale Ordnung, andere Fische nur als kurzfristige Schutzformation *(Flucht-* oder *Angst-S.)* und Raubfische (z. B. Haifischarten) zum Angriff *(Raubschwarm).*

Schwärmen ↑ Honigbienen.

Schwärmer (Sphingidae), Fam. z. T. sehr stattl. (bis knapp 20 cm spannender) Schmetterlinge mit rd. 1 000 Arten, v. a. in den Tropen (davon etwa 30 Arten in Europa); Vorderflügel schmal, in Ruhe dachförmig zurückgelegt; Hinterflügel wesentl. kleiner als die Vorderflügel; kräftige, pfeilschnelle Flieger, die als Wanderfalter oft weite Strecken zurücklegen; meist dämmerungs- und nachtaktive, einige Arten auch tagaktive Besucher von Schwärmerblumen, vor denen sie häufig im Rüttelflug "stehen", um an den tief in der Blüte verborgenen Nektar zu gelangen; Saugrüssel deshalb z. T. extrem lang, z. T. kurz und sehr kräftig wie bei dem zu piepsenden Lautäußerungen fähigen Totenkopfschwärmer; Raupen glatt oder mit gekörnelter Haut, oft auffallend bunt (z. B. die des Wolfsmilchschwärmers), mit einem spitzen Horn oder (seltener) nur einer stumpfen Erhebung auf dem vorletzten Segment; Verpuppung meist in einer Erdhöhle. - Zu den europ. Arten der S. gehört das Abendpfauenauge.

Schwärmerblumen (Nachtfalterblumen, Sphingophile), Pflanzen, deren Blüten regelmäßig von Schwärmern besucht und bestäubt werden. S. haben meist weiße, gelbe oder blaß purpurfarbene Blüten mit waagrechten oder hängenden, engen, oft sehr langen Kronröhren, in deren Tiefe der Nektar liegt. Ihr Duft ist süßlich. Bekannte S. sind Wunderblume, Nachtkerzen und Abendlichtnelke.

Schwarmfische, Bez. für Fische, die in mehr oder weniger großen Verbänden (manchmal, z. B. bei den Wanderzügen der Elritze, sind es Mill. von Tieren) ohne Rangordnung zusammengeschlossen sind, häufig gleichgerichtet schwimmen und auf bestimmte Reize hin einheitl. reagieren; es kommt zu keiner Paarbildung von Dauer. S. sind die Hauptbeute der Raubfische und haben daher i. d. R. hohe Eizahlen. Meist bestehen die Schwärme aus nur einer Fischart; es können sich aber auch gemischte Schwärme bilden. Häufig sind die Schwärme nach Geschlechtern oder Altersstufen (sog. Schulen) getrennt, wie etwa die Jungfische im Schwarm. Bekannte S. sind (außer der Elritze) z. B. Heringe, Sardinen, Sardellen, Sandaale und zahlr. Salmlerarten.

Schwarmgeister (Schwärmer), auf M. Luther zurückgehende, urspr. gegen die „Zwickauer Propheten" Karlstadt und T. Müntzer formulierte und später allg. auf Luthers Gegner ausgeweitete polem. Bez. für Anhänger einer nicht in den im staatskirchenrechtl. Sinne legalisierten Landes- und Konfessionskirchen stehenden religiösen Gruppierungen, die ein negatives theolog. Werturteil beinhaltet und auf jede von der „offiziellen" Reformationsbewegung abweichende Strömung angewendet wurde. In neueren histor. Arbeiten dient der Begriff S. nur für die Vertreter einer revolutionären Glaubenshaltung, die den unveränderten Inhalt des Evangeliums mit aktivem Sendungsbewußtsein und unter Berufung auf den in den Großkirchen vernachlässigten Hl. Geist durch die Tat sichtbar machen und verwirklichen wollen.

Schwarmzeit, die artspezif. Zeit des Schwärmens bei verschiedenen Insektenarten, bes. bei der Honigbiene (Mai–Juli). Der Imker unterscheidet in dieser Zeit *Vorschwarm* (mit der alten Königin), *Nachschwarm* (mit der jungen Königin) und *Jungfern-* oder *Heidschwarm* (der sich im gleichen Jahr von den zuvor gen. abzweigt).

Schwartau, Bad ↑ Bad Schwartau.

Schwarte, 1. dicke, derbe Haut, v. a. vom Schwein; wird u. a. bei der Zubereitung von Blutwurst und S.magen verwendet; 2. weit. Bez. für die Haut von Schwarzwild, Dachs und Murmeltier.

♦ in der *Medizin* große, breitflächige, bindegewebige Narbe, v. a. im Bereich des Brustfells (Pleuraschwarte).

♦ (Schellstück) das beim Längsschneiden von Stammholz anfallende erste und letzte Stück mit einseitiger Schnittfläche.

Schwartz, Melvin, * New York 2. Nov. 1932, amerikan. Physiker. - Ab 1963 Prof. an der Stanford University (Calif.). Für die Neutrinostrahlen-Methode und den Nachweis der Paarstruktur der Leptonen und die Entdeckung des Myon-Neutrinos erhielt er 1988 zus. mit L. M. Lederman und J. Steinberger den Nobelpreis für Physik.

Schwarz

Schwarz, (Schwartz) Berthold, Mönch des 14. Jh., ↑ Berthold der Schwarze.

S., Christoph, * München um 1548, † ebd. 15. April 1592, dt. Maler. - Zunächst der Donauschule verpflichtet. 1570–73 in Venedig, dann in München. In seinen bed. Altarbildern, v. a. Hochaltarblatt der Kirche Sankt Michael in München (1587–89), und in den zerstörten Fresken in München, Augsburg und Landshut vermittelte S. der frühbarocken süddt. Malerei den venezian. Einfluß von Tizian und Veronese.

S., Georg, * Nürtingen 16. Juli 1902, dt. Schriftsteller. - Schrieb Romane, Novellen, Essays und Hörspiele, meist über Persönlichkeiten und Ereignisse der schwäb. Geschichte, u. a. „Jörg Ratgeb" (R., 1937), „Die ewige Spur" (Essays, 1946), „Das Sommerschiff" (Ged., 1967), „Tröster Vers" (Ged., 1982).

S., Hans, * Augsburg um 1492, † nach 1532, dt. Bildschnitzer und Medailleur. - Tätig in Augsburg, Nürnberg und als Wanderkünstler u. a. in Polen, Dänemark und in Paris. Schuf hervorragende Kleinplastiken. Gilt als Schöpfer der dt. Bildnismedaille (erhalten sind etwa 175 Modelle und viele Vorzeichnungen).

S., Jewgeni Lwowitsch, * Kasan 21. Okt. 1896, † Leningrad 15. Jan. 1958, russ.-sowjet. Schriftsteller. - Seine satir.-philosoph. Dramen weisen auch märchenhafte Züge auf, u. a. „Der Schatten" (1940), „Der Drache" (1943).

S., Rudolf, * Straßburg 15. Mai 1897, † Köln 3. April 1961, dt. Architekt. - Bed. Vertreter des kath. Kirchenbaus. Neben den Kirchenbauten der Fronleichnamskirche in Aachen (1931, mit H. Schwippert), von Sankt Michael in Frankfurt am Main (1954) und Sankt Anna in Düren (1951–56) stehen als Profanbauten v. a. der Aufbau des Gürzenich (1955) und des Wallraf-Richartz-Museums (1957) in Köln.

S., Wjatscheslaw Grigorjewitsch, * Kursk 4. Okt. 1838, † 10. April 1869, russ. Maler. - Schuf Historienbilder mit Themen v. a. aus dem 16. und 17. Jh. („Iwan der Schreckliche an der Leiche seines Sohnes", 1864; Moskau, Tretjakow-Galerie).

Schwarz [zu althochdt. swarz, urspr. „schmutzfarbig"], Bez. für die dunkelsten Körperfarben der Graureihe (Dunkelstufe $D \geq 8$ in DIN-Farbsystem). Nach W. Ostwald ist *absolutes S. (Tief-S.)* die Farbe eines nicht selbstleuchtenden Körpers, der alles auffallende Licht vollständig absorbiert (ideales S., Dunkelstufe $D = 10$). Zum S.färben dienen Pigmente wie Ruß, Knochenkohle, organ. Farbstoffe wie Anilinschwarz und Nigrosine. - ↑ auch Farbensymbolik.

Schwarzadrigkeit (Adernschwärze, Braunfäule, Schwarzfäule), Bakteriose bei Kreuzblütern (v. a. bei Gemüsekohl, Wasserrübe, Raps u. a. Kohlarten) durch das in die Leitbündel der Blattspreiten eindringende Bakterium Xanthomonas campestris. Die Blattadern werden zerstört, schwärzen sich, und die Blätter vergilben.

Schwarzarbeit, Dienst- oder Werkleistungen von erhebl. Umfang unter vorsätzl. Mißachtung der wettbewerbs- und gewerberechtl. Vorschriften. Nach dem Gesetz zur Bekämpfung der S. wird mit Geldstrafe bestraft, wer aus Gewinnsucht solche Leistungen erbringt, obwohl er vorsätzl. der Anzeigepflicht nach dem Arbeitsförderungsgesetz, der Gewerbeordnung oder der Handwerksordnung nicht nachgekommen ist. Ebenso wird bestraft, wer einen anderen aus Gewinnsucht vorsätzl. mit S. beauftragt.

Schwarzbär (Baribal, Ursus americanus), in N-Amerika weitverbreitete Bärenart; kleiner und gedrungener als der Braunbär; Körperlänge etwa 1,5–1,8 m, Schulterhöhe bis knapp 1 m; Kopf schmal, mit relativ spitzer Schnauze; Färbung sehr variabel: schwarz, silbergrau („Silberbär") oder braun („Zimtbär") bis fast weiß; hält Winterruhe; klettert sehr gut; weitgehend allesfressend; wird in Schutzgebieten sehr zutraul., kann jedoch für den Menschen gefährl. werden.

Schwarzblech, Handelsbez. für gewöhnl., mit [Walz]zunder behaftetes Feinblech.

Schwarz-Braun-Lot ↑ Glasmalerei.

Schwarzbrot, Roggenschrotbrot, auch Roggenmischbrot.

Schwarzbüffel ↑ Kaffernbüffel.

Schwarzbuntes Niederungsvieh ↑ Niederungsvieh.

Hans Schwarz, Der Tod und das Mädchen (um 1520). Berlin-Dahlem